Walt Disney

Lustiges Taschenbuch

PREMIUM

Geschichten aus Entenhafen

EGMONT EHAPA MEDIA GMBH

INHALT

GESCHICHTEN AUS ENTENHAFEN

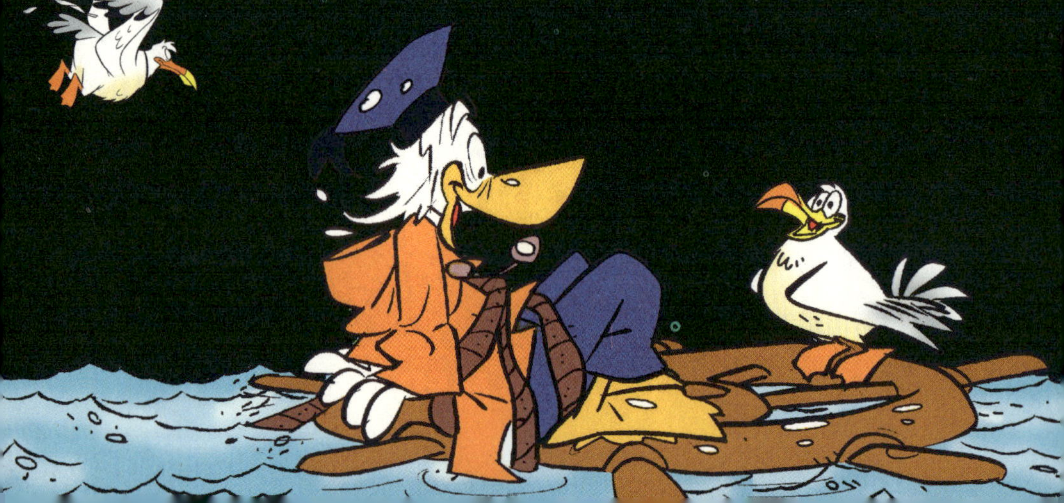

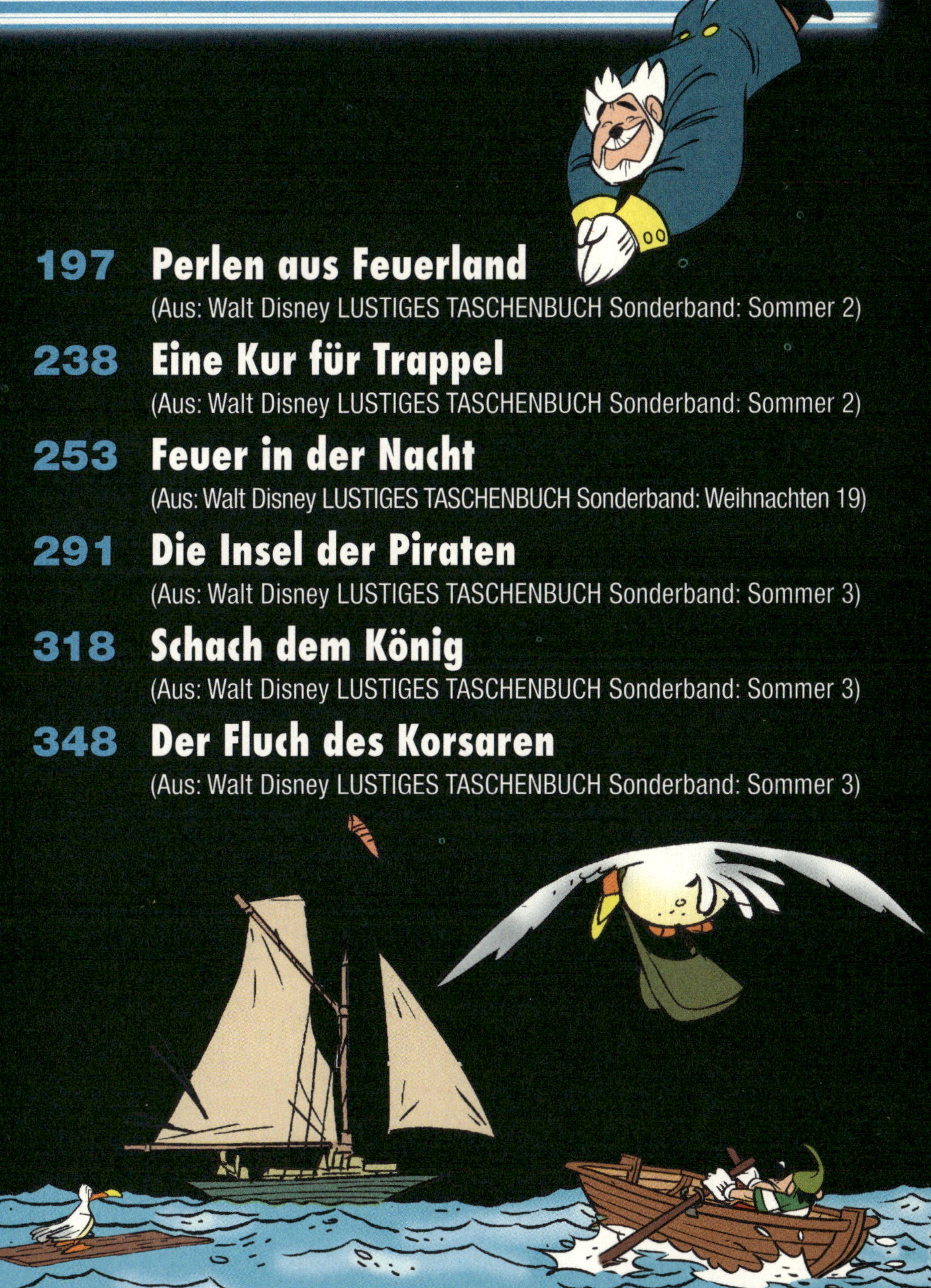

EDITORIAL

Liebe Leserinnen und Leser,

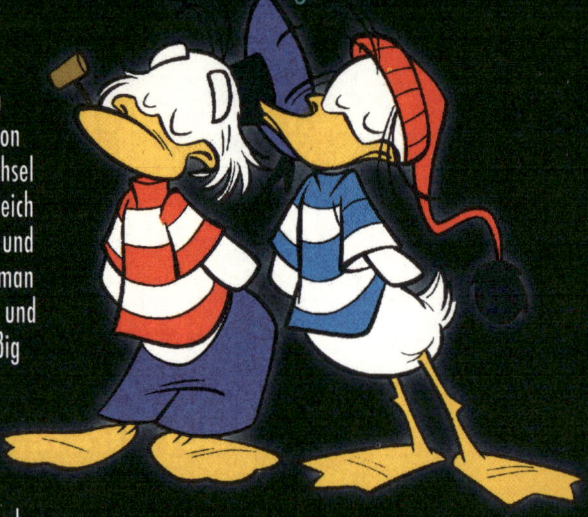

herzlich willkommen in Entenhau… ähm, Entenhafen! Ja, nix Gumpe, wir befinden uns in einer beschaulichen Bucht unweit von Gantersund. Und neben einem Ortswechsel wagen wir in diesem LTB Premium auch gleich noch einen Sprung in die Vergangenheit und hüpfen geradewegs in die Zeit, in der man die See auf stolzen Galeonen befuhr und Piraten die sieben Weltmeere regelmäßig unsicher machten. Na, spürt ihr die stramme Brise, hört ihr das Knarren der Balken, das Kichern des Klabautermanns? Dann seid ihr in der Welt der Perlenfischer Moby Duck und Dümpel angekommen! Die beiden haben einen gewissen Verschleiß an Schiffen … Oder sagen wir einfach, ihre „Goldfisch" erhält im Laufe der Geschichten mehrere Upgrades, ja? Auch wenn zu langer Landgang Moby gesundheitlich schwer zu schaffen macht, sind er und sein herrlich dusseliger Kompagnon in Sachen Freundschaft fest in Entenhafen verankert. In der „Schwarzen Perle" kommt man mit Entenhafener Urgesteinen wie Isidor oder Nina zusammen und trinkt gemeinsam eine Fassbrause, vorausgesetzt, dass diese nicht bereits von der gierigen, aber ebenso treuen Möwe Trappel weggeschlürft wurde. Zusammenhalt ist in Entenhafen dringend nötig, denn Hinterhältling Azimut van Schreckschnabel wohnt gleich auf der nächsten Klippe. Und wenn dieser sich dann auch noch mit den Panzerkn… ähm, Verzeihung … mit einer Schatztruhen knackenden Piratenbande einlässt, ist Gefahr im Verzug! Also dann …

Leinen los und ahoi ruft

die LTB-Redaktion

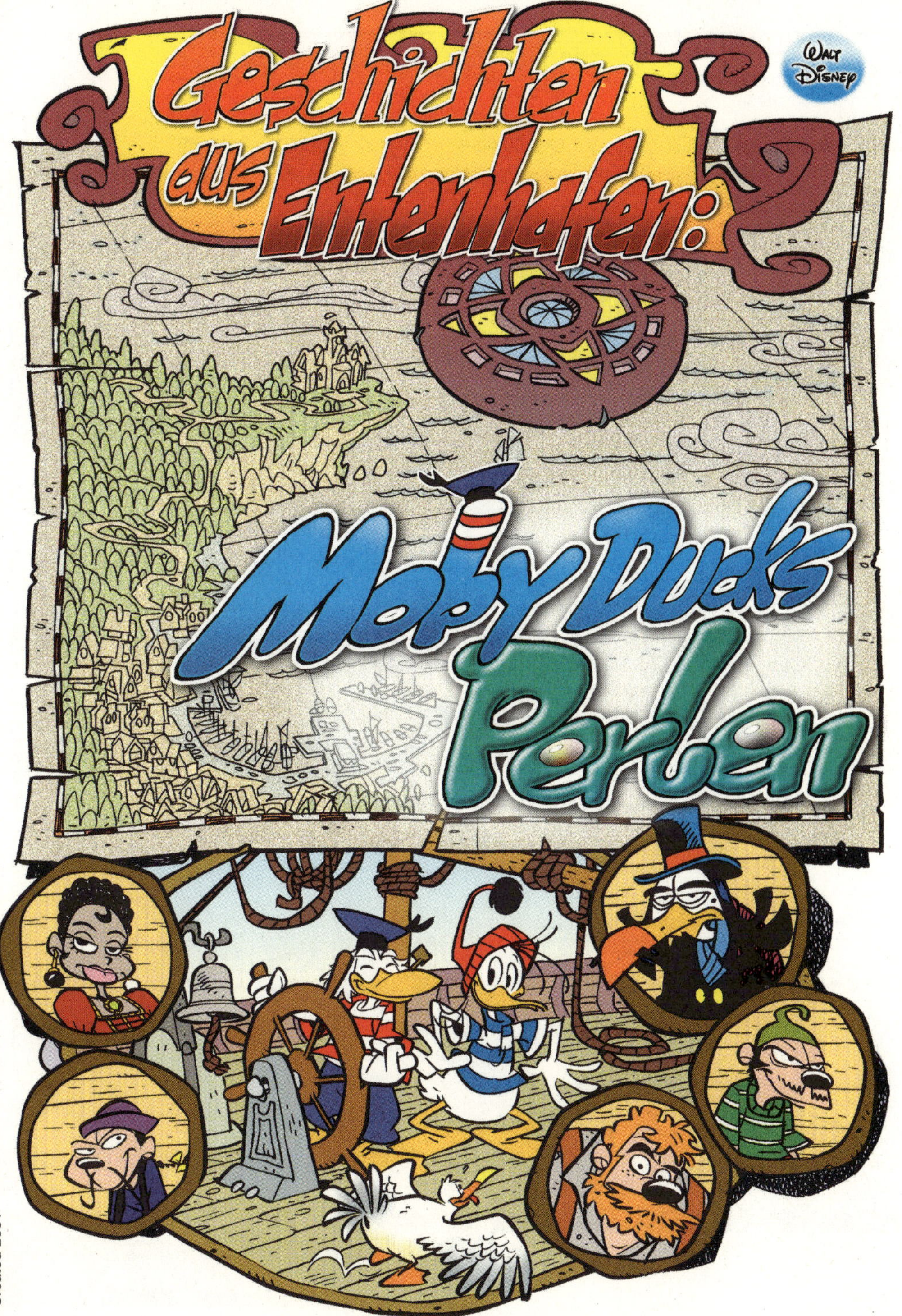

Created 2001

Alberto Savini (Story), Silvio Camboni (Zeichnungen)

I TL 2380-1

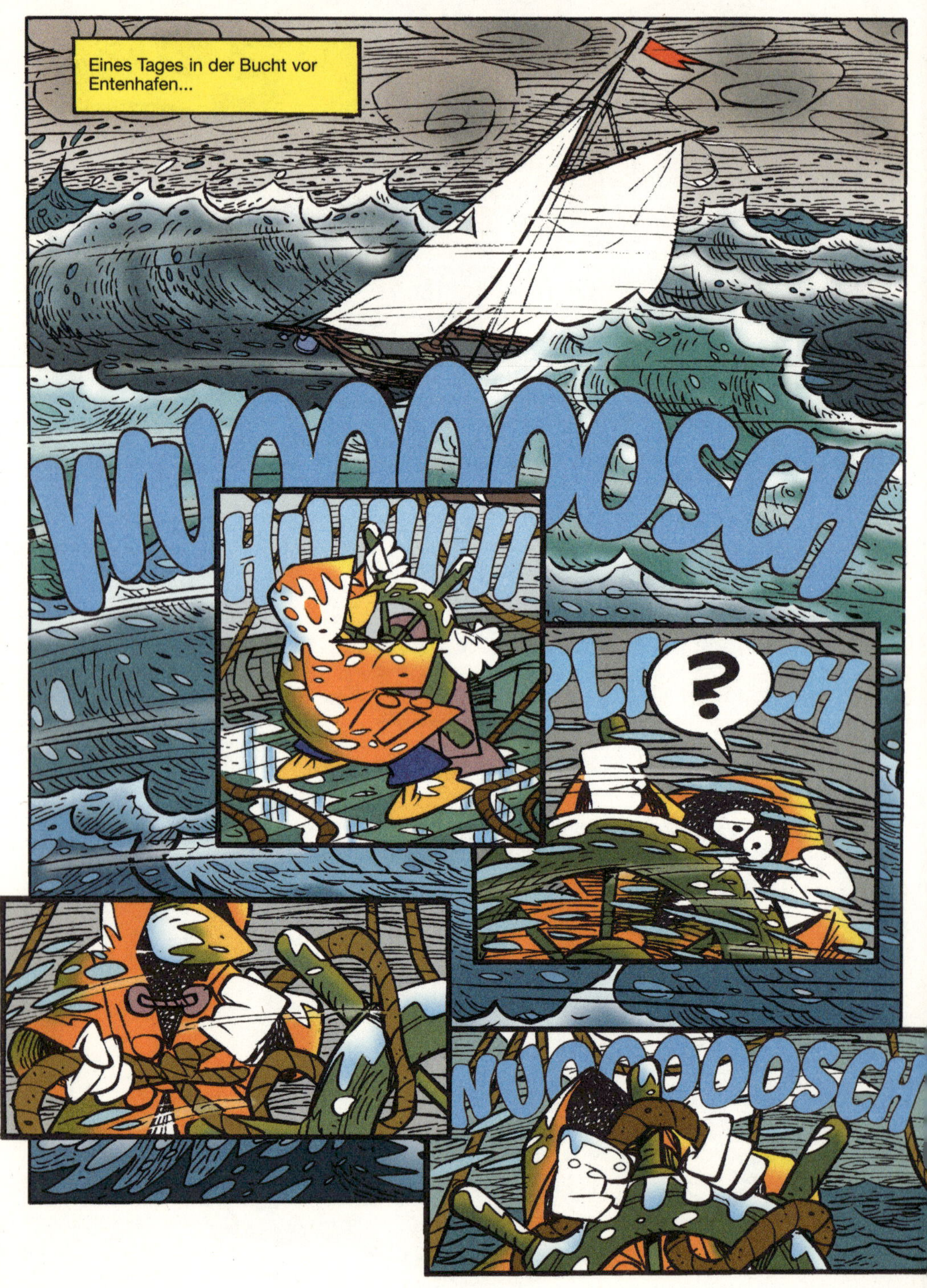
Eines Tages in der Bucht vor Entenhafen...
?

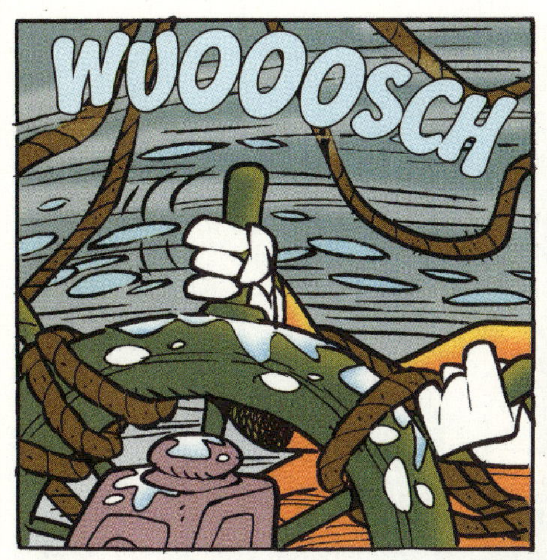
WUOOOSCH
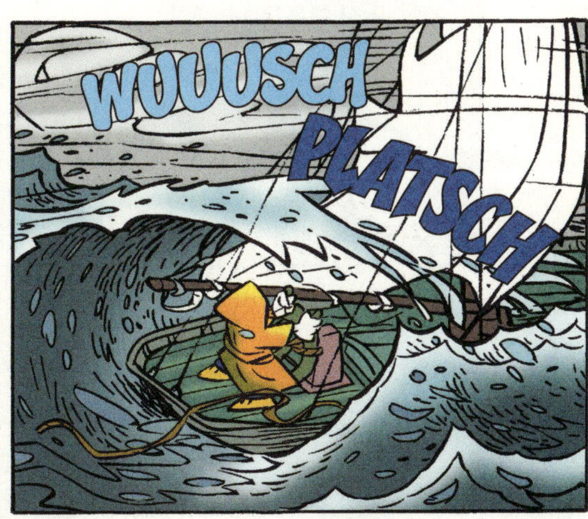
WUUUSCH
PLATSCH
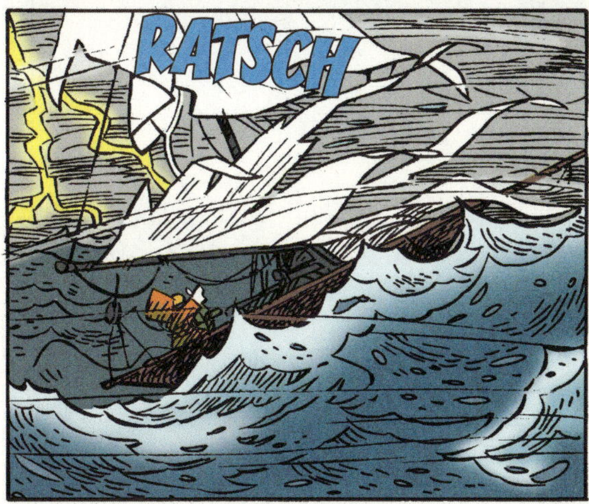
RATSCH
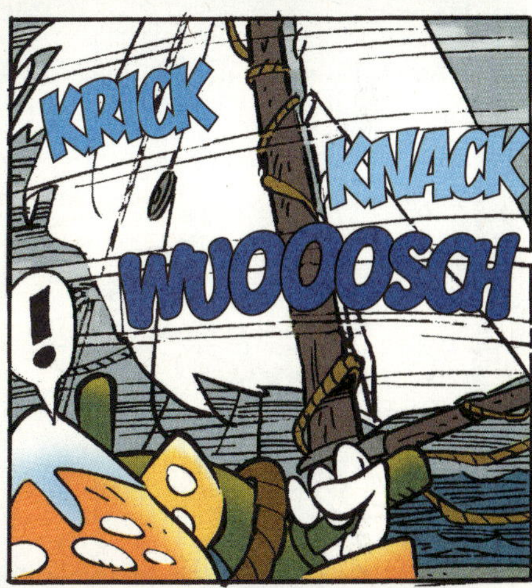
KRICK
KNACK
WUOOOSCH
!
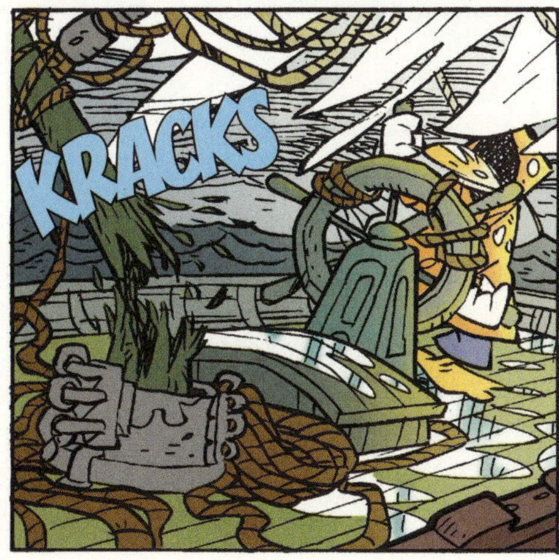
KRACKS
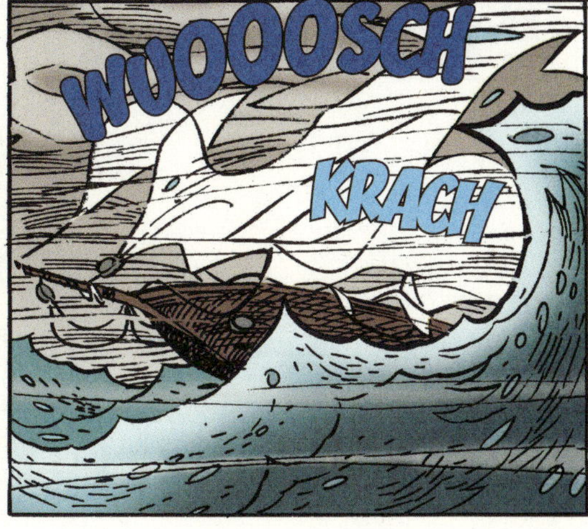
WUOOOOSCH
KRACH

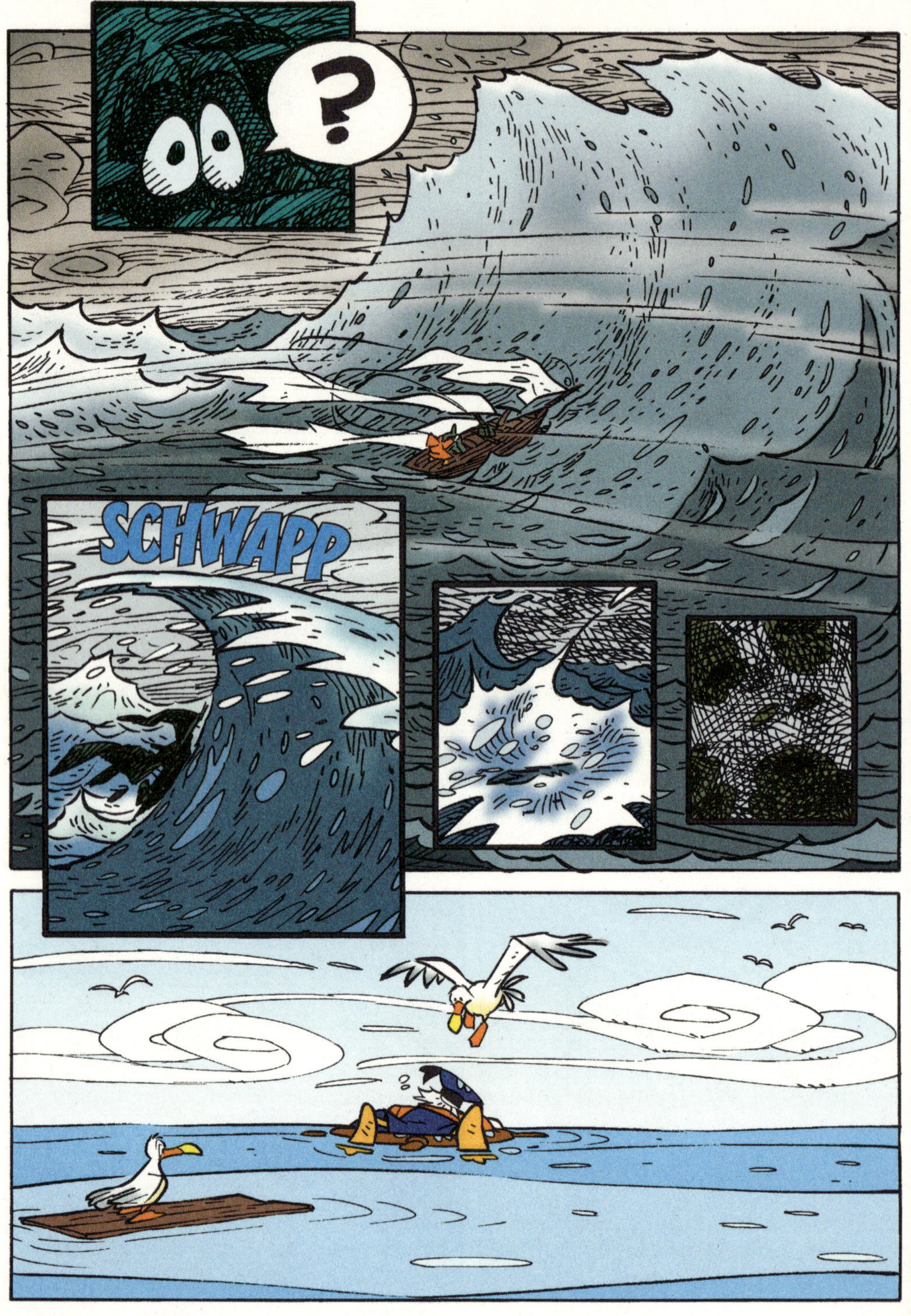
?
SCHWAPP

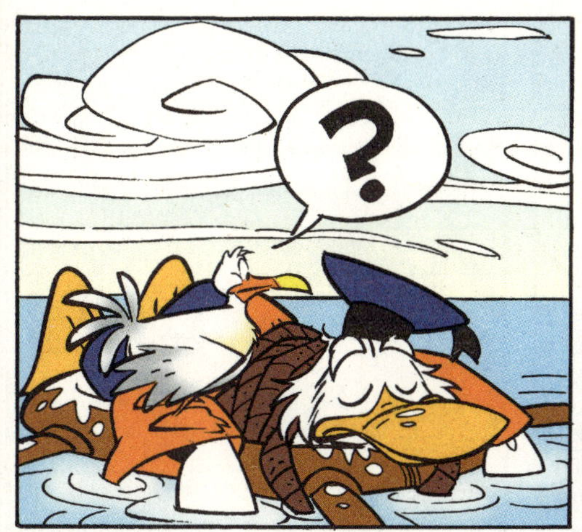
?

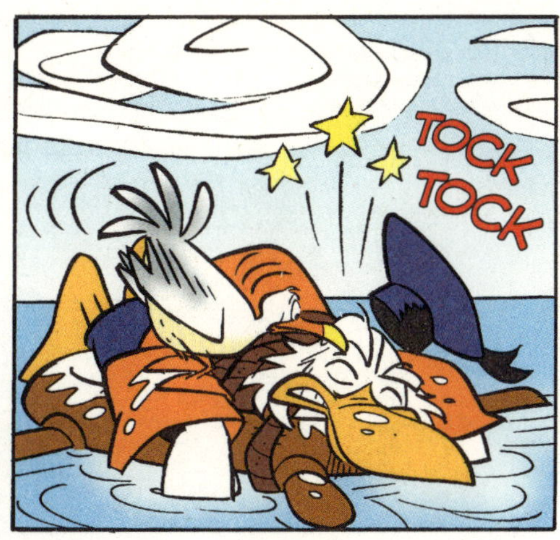
TOCK
TOCK

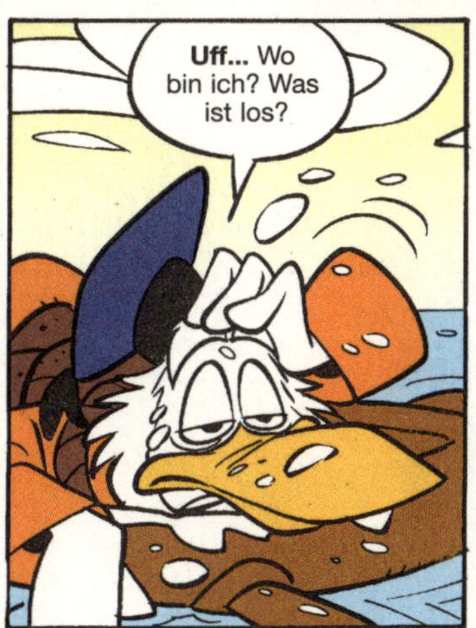
Uff... Wo bin ich? Was ist los?

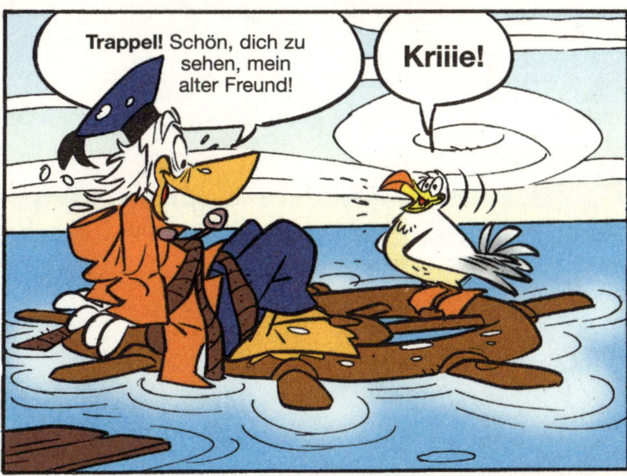
Trappel! Schön, dich zu sehen, mein alter Freund!
Kriiie!

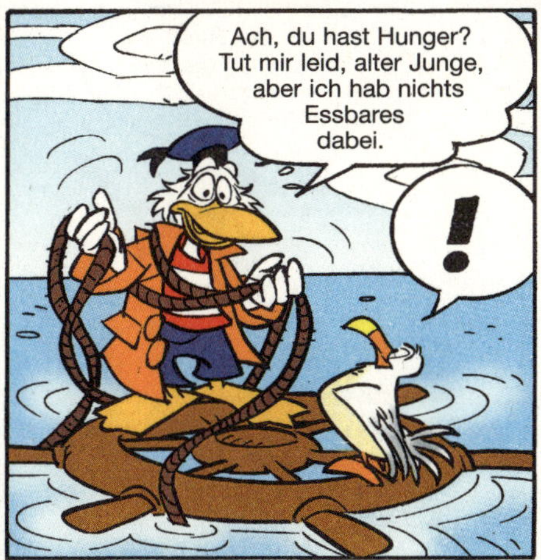
Ach, du hast Hunger? Tut mir leid, alter Junge, aber ich hab nichts Essbares dabei.
!

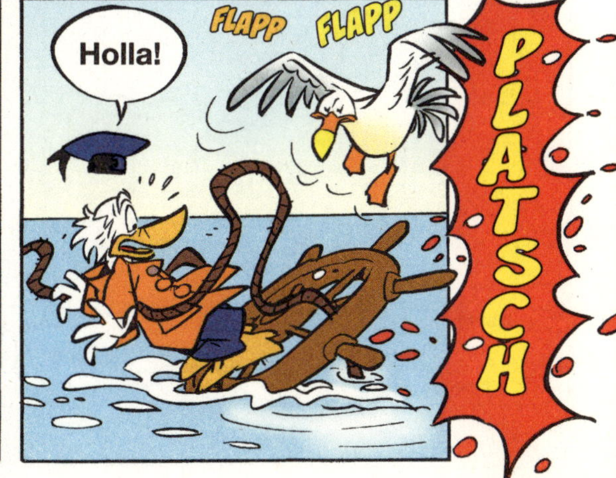
Holla!
FLAPP
FLAPP
PLATSCH

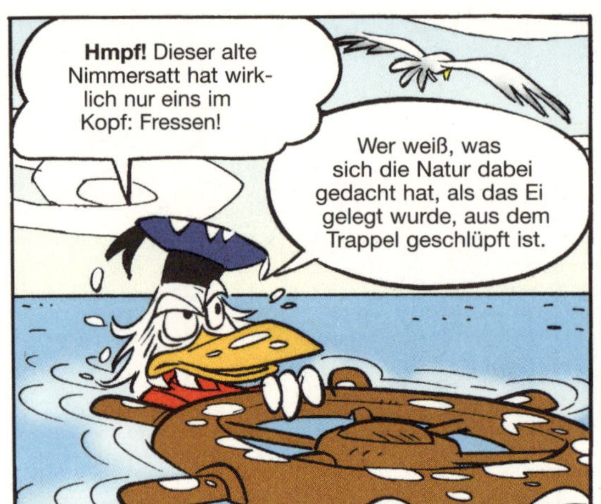
Hmpf! Dieser alte Nimmersatt hat wirklich nur eins im Kopf: Fressen!
Wer weiß, was sich die Natur dabei gedacht hat, als das Ei gelegt wurde, aus dem Trappel geschlüpft ist.

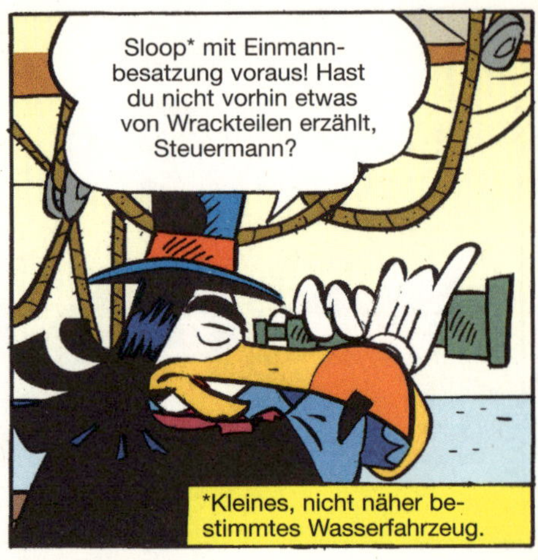
Sloop* mit Einmannbesatzung voraus! Hast du nicht vorhin etwas von Wrackteilen erzählt, Steuermann?
*Kleines, nicht näher bestimmtes Wasserfahrzeug.

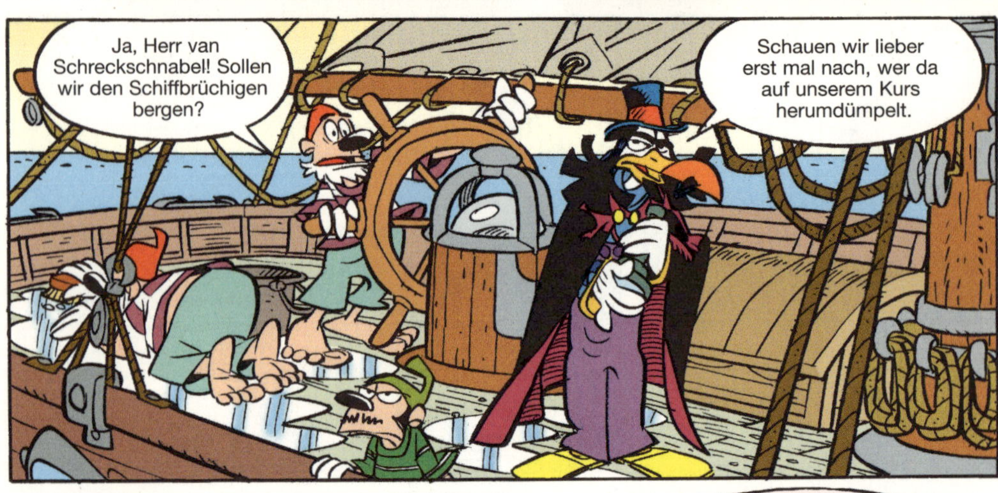
Ja, Herr van Schreckschnabel! Sollen wir den Schiffbrüchigen bergen?
Schauen wir lieber erst mal nach, wer da auf unserem Kurs herumdümpelt.

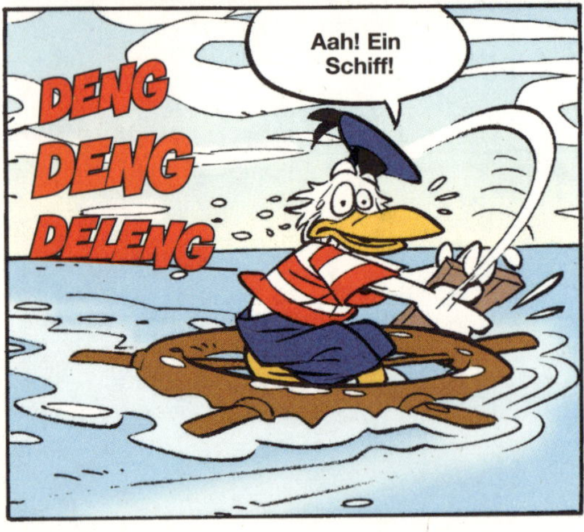
DENG
DENG
DELENG
Aah! Ein Schiff!

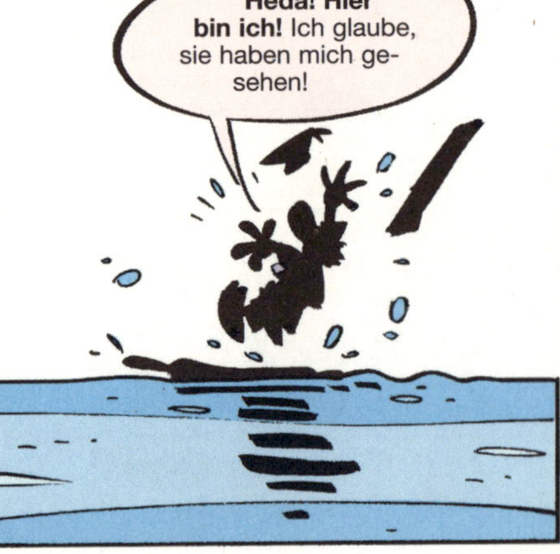
Heda! Hier bin ich! Ich glaube, sie haben mich gesehen!

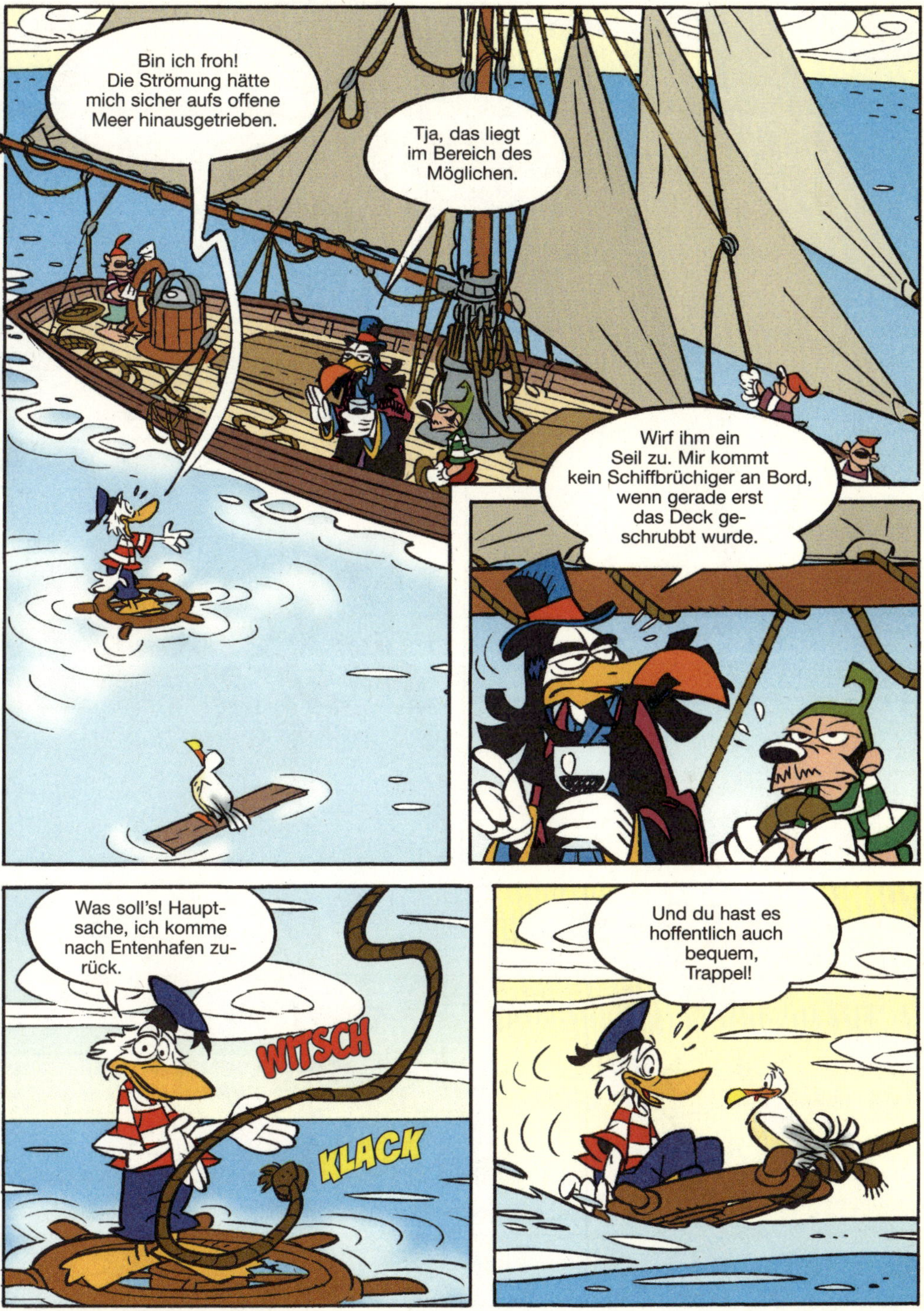

Bin ich froh! Die Strömung hätte mich sicher aufs offene Meer hinausgetrieben.

Tja, das liegt im Bereich des Möglichen.

Wirf ihm ein Seil zu. Mir kommt kein Schiffbrüchiger an Bord, wenn gerade erst das Deck geschrubbt wurde.

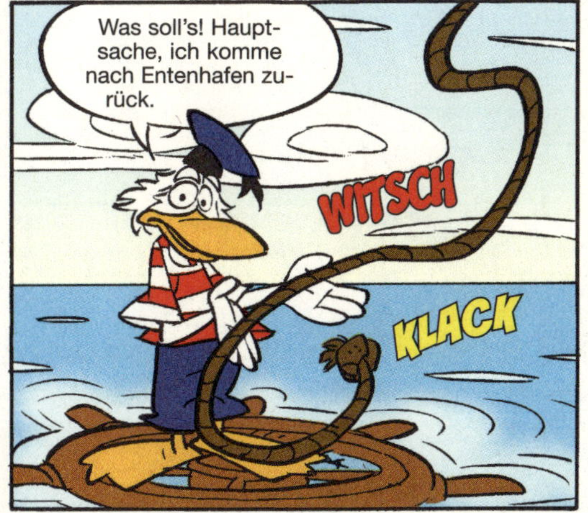

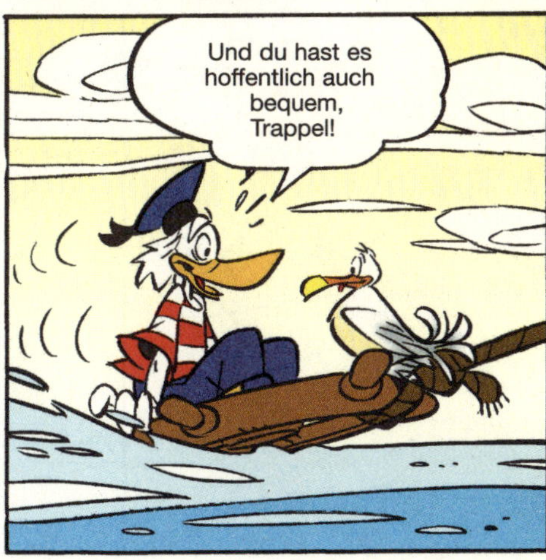

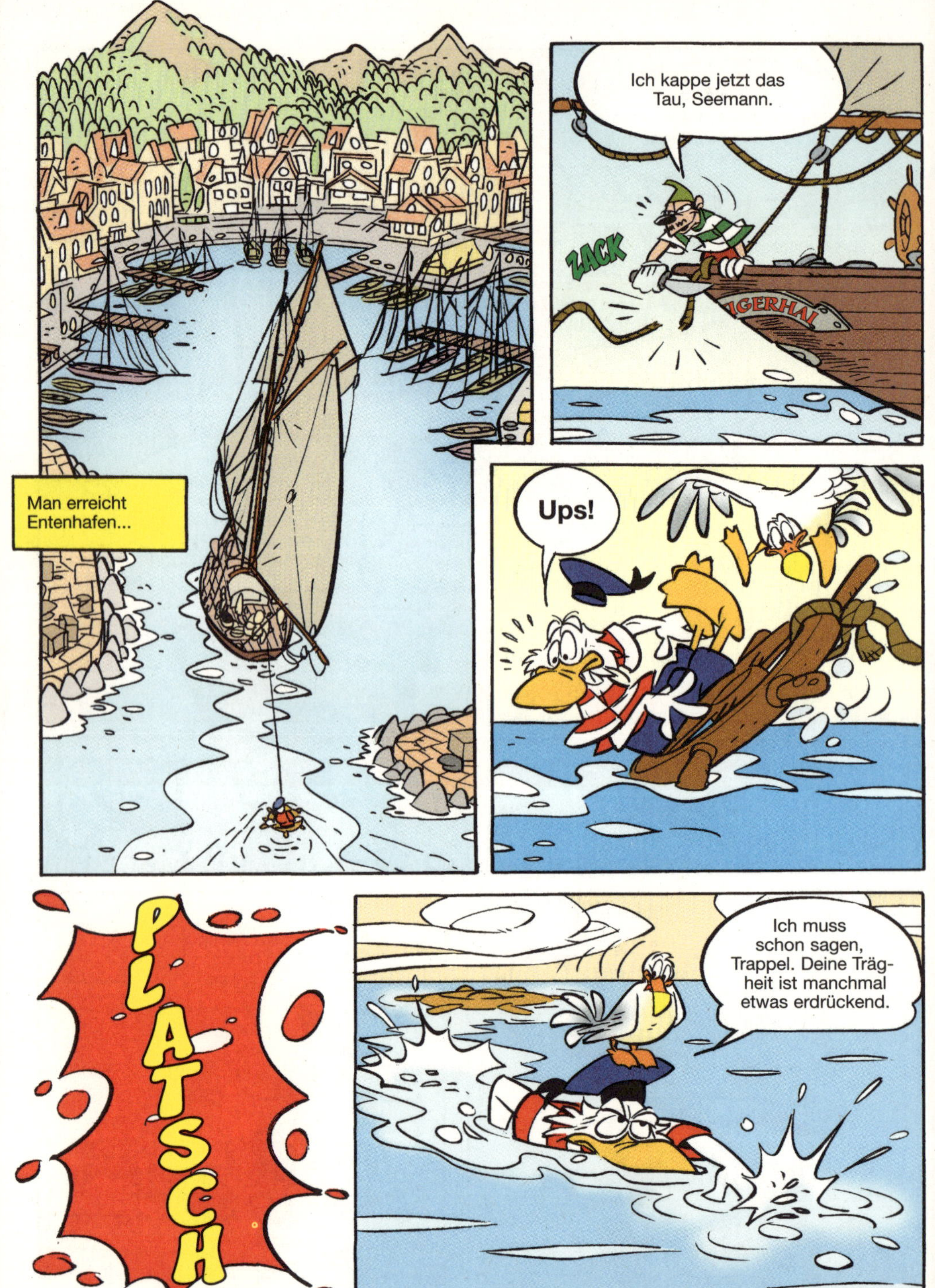
Man erreicht Entenhafen...
Ich kappe jetzt das Tau, Seemann.
ZACK
Ups!
PLATSCH
Ich muss schon sagen, Trappel. Deine Träg-heit ist manchmal etwas erdrückend.

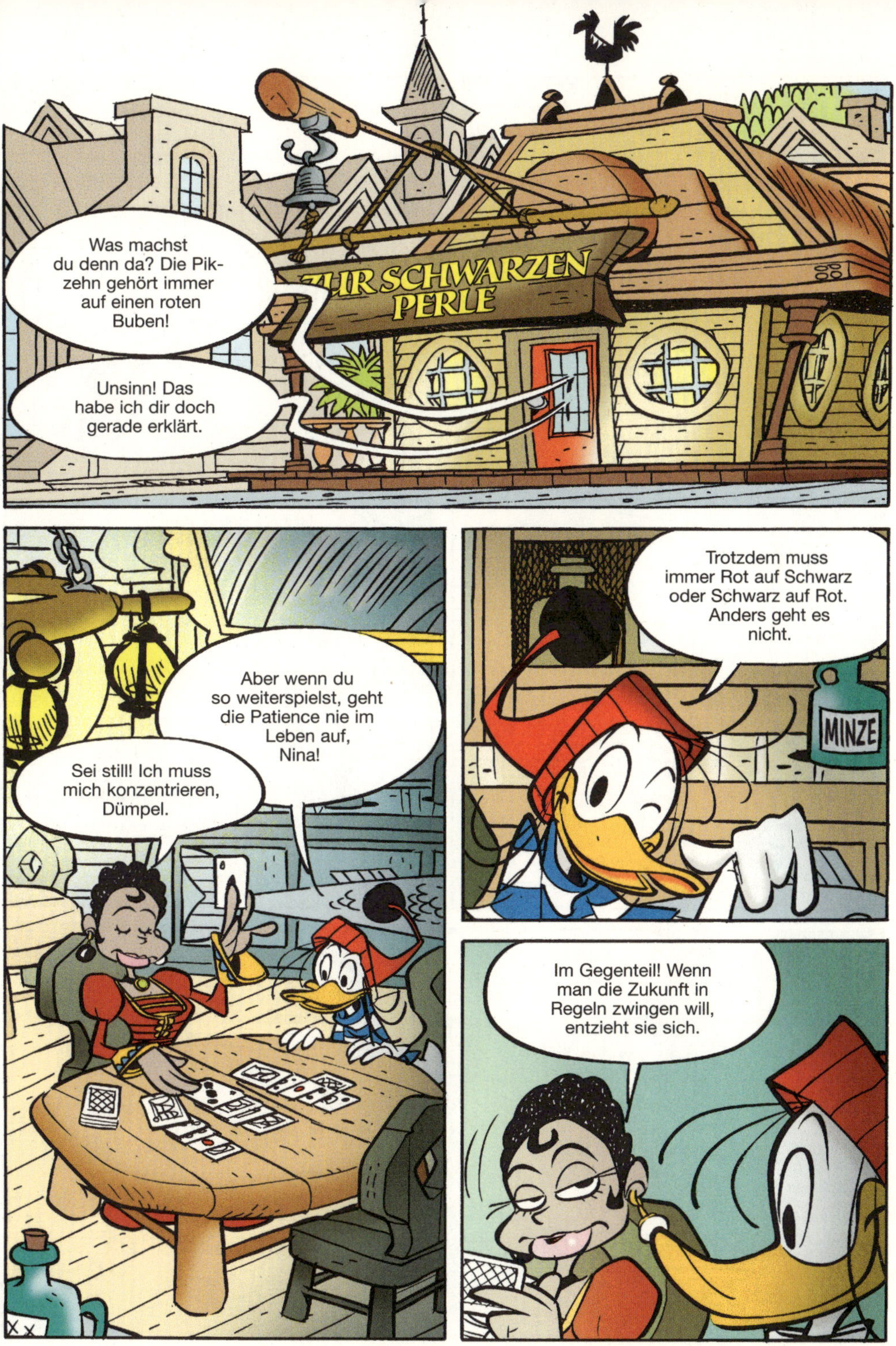

ZUR SCHWARZEN PERLE

Was machst du denn da? Die Pik-zehn gehört immer auf einen roten Buben!

Unsinn! Das habe ich dir doch gerade erklärt.

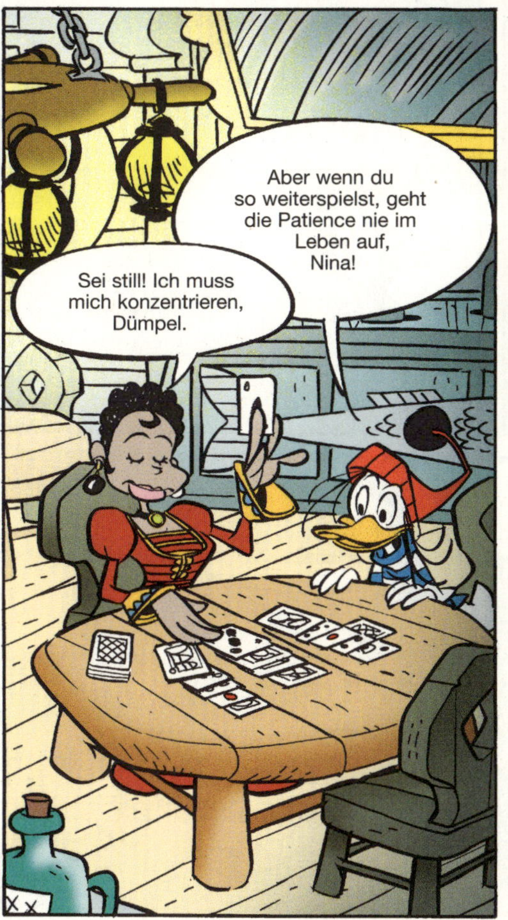

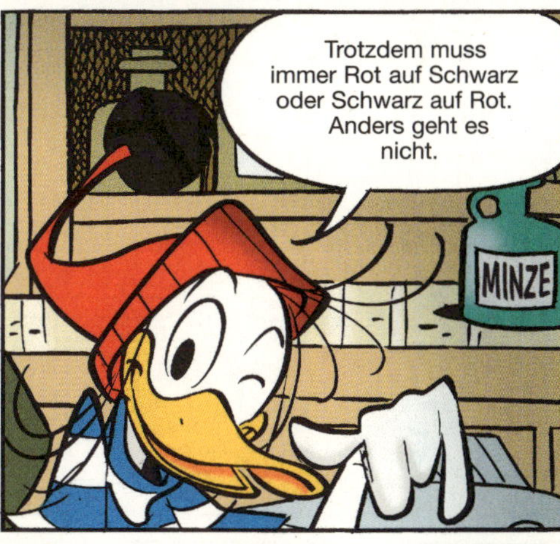

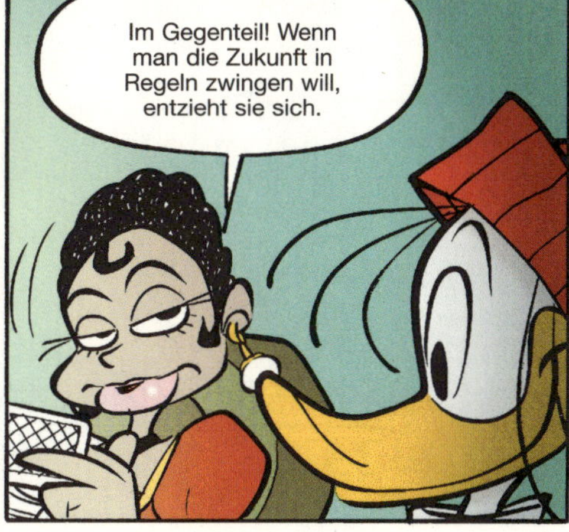

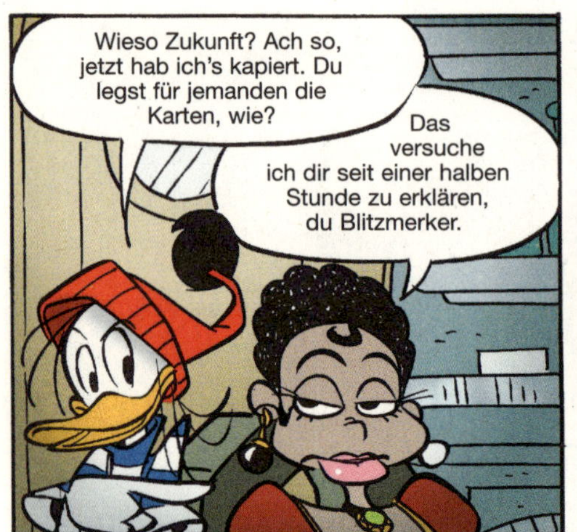
Wieso Zukunft? Ach so, jetzt hab ich's kapiert. Du legst für jemanden die Karten, wie?
Das versuche ich dir seit einer halben Stunde zu erklären, du Blitzmerker.

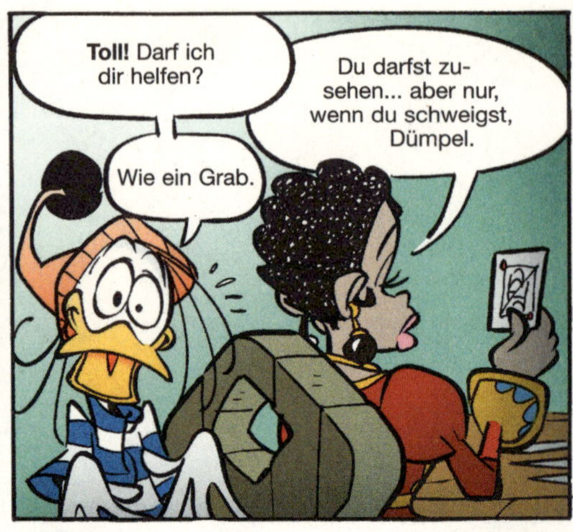
Toll! Darf ich dir helfen?
Du darfst zusehen... aber nur, wenn du schweigst, Dümpel.
Wie ein Grab.

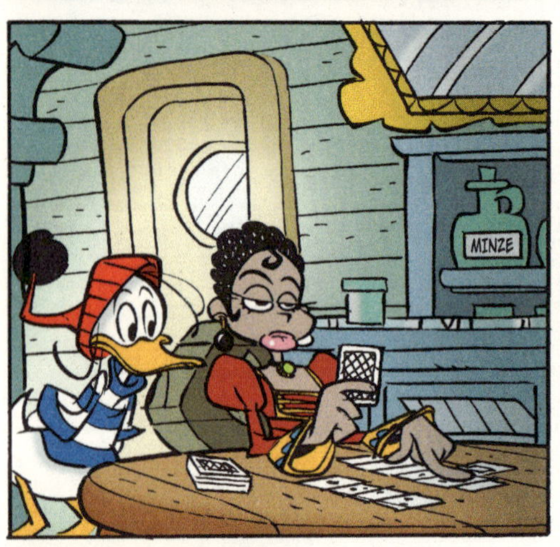
MINZE

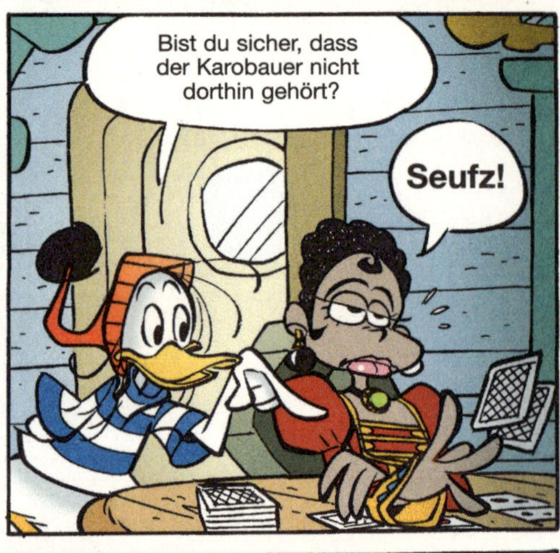
Bist du sicher, dass der Karobauer nicht dorthin gehört?
Seufz!

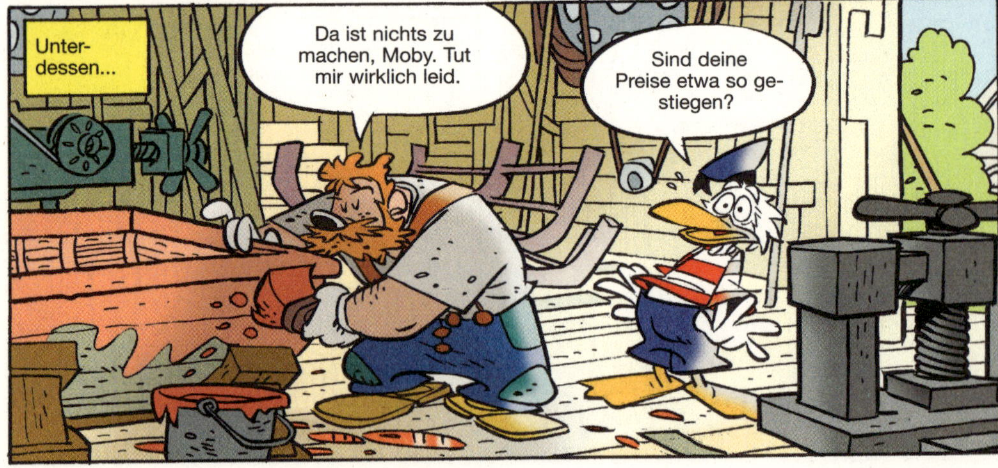
Unterdessen...
Da ist nichts zu machen, Moby. Tut mir wirklich leid.
Sind deine Preise etwa so gestiegen?

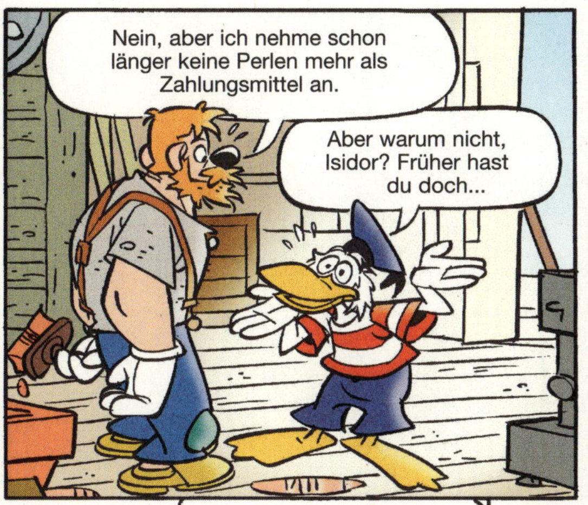
Nein, aber ich nehme schon länger keine Perlen mehr als Zahlungsmittel an.
Aber warum nicht, Isidor? Früher hast du doch...

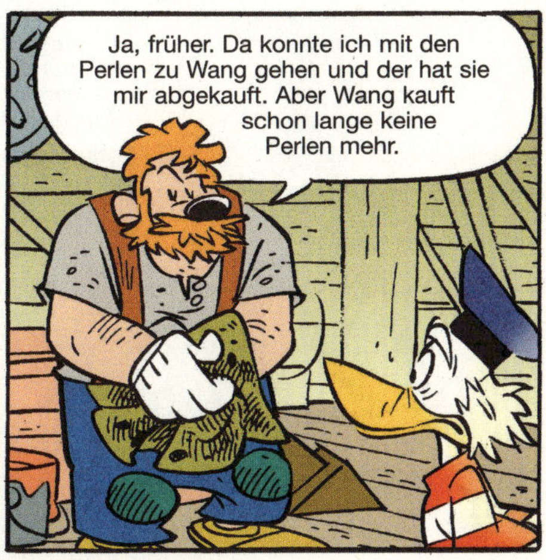
Ja, früher. Da konnte ich mit den Perlen zu Wang gehen und der hat sie mir abgekauft. Aber Wang kauft schon lange keine Perlen mehr.

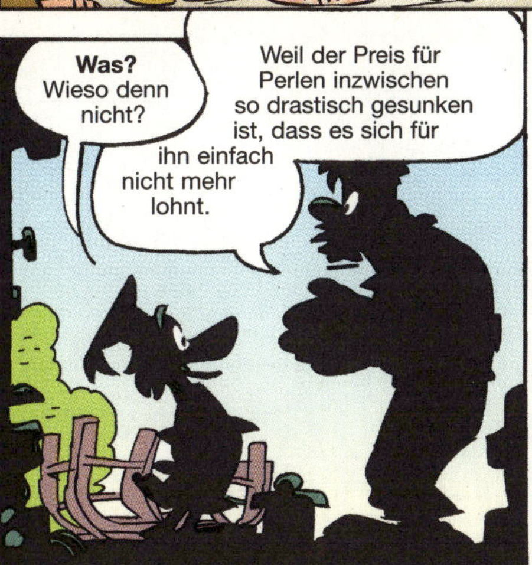
Was? Wieso denn nicht?
Weil der Preis für Perlen inzwischen so drastisch gesunken ist, dass es sich für ihn einfach nicht mehr lohnt.

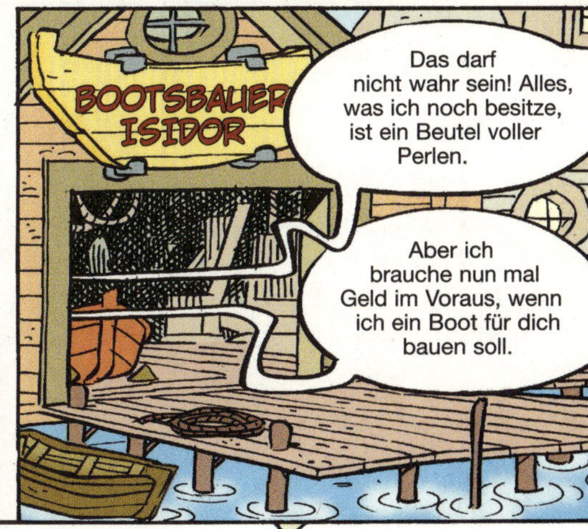
BOOTSBAUER ISIDOR
Das darf nicht wahr sein! Alles, was ich noch besitze, ist ein Beutel voller Perlen.
Aber ich brauche nun mal Geld im Voraus, wenn ich ein Boot für dich bauen soll.

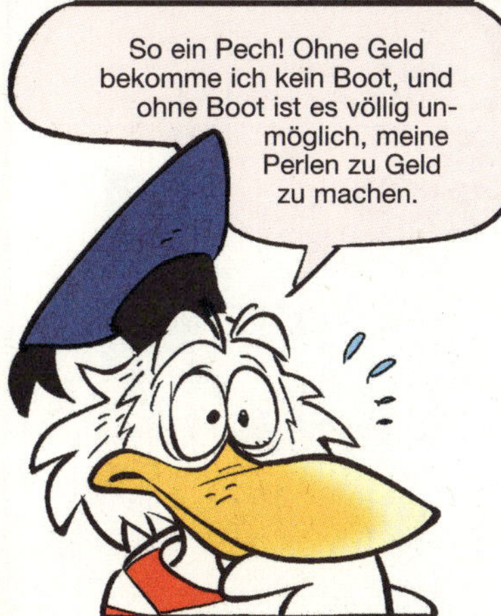
So ein Pech! Ohne Geld bekomme ich kein Boot, und ohne Boot ist es völlig unmöglich, meine Perlen zu Geld zu machen.

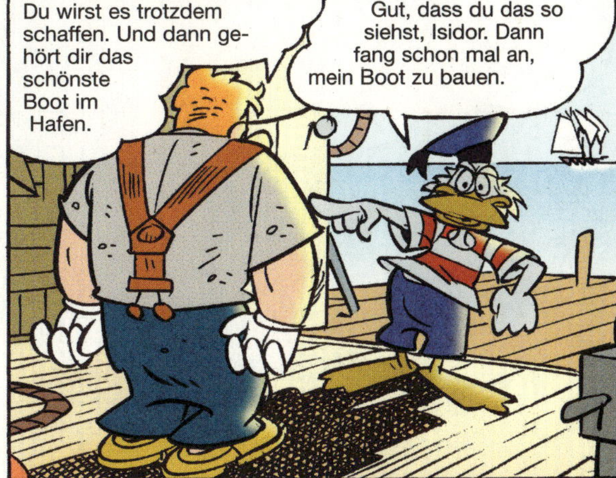
Du wirst es trotzdem schaffen. Und dann gehört dir das schönste Boot im Hafen.
Gut, dass du das so siehst, Isidor. Dann fang schon mal an, mein Boot zu bauen.

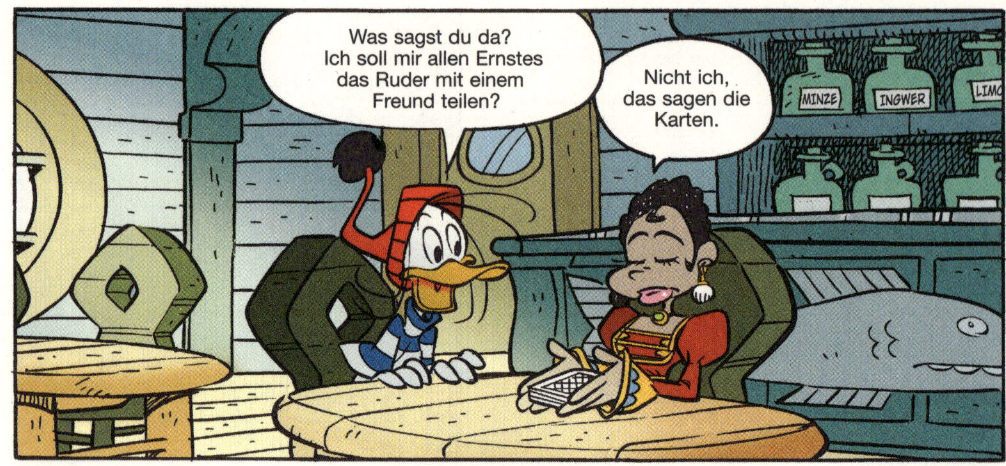
Was sagst du da? Ich soll mir allen Ernstes das Ruder mit einem Freund teilen?
Nicht ich, das sagen die Karten.
MINZE
INGWER

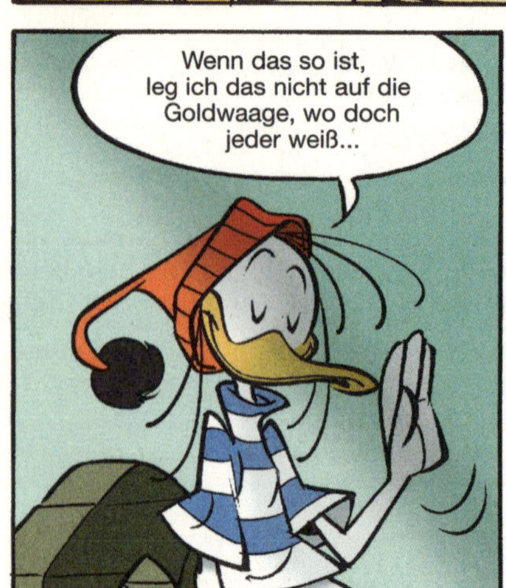
Wenn das so ist, leg ich das nicht auf die Goldwaage, wo doch jeder weiß...

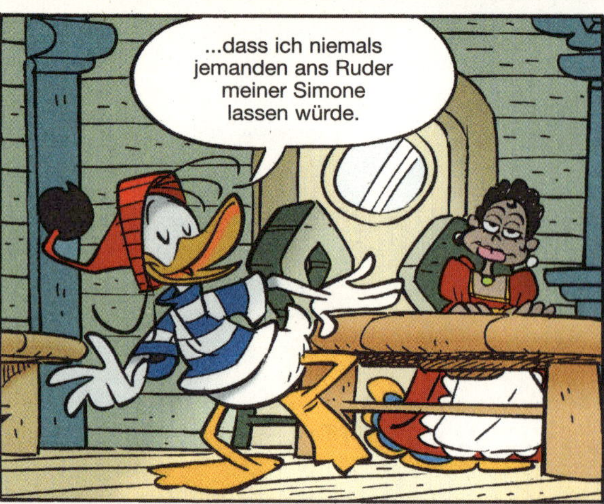
...dass ich niemals jemanden ans Ruder meiner Simone lassen würde.

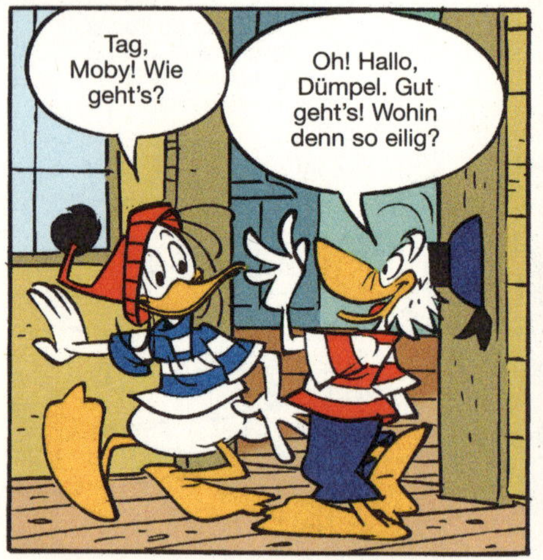
Tag, Moby! Wie geht's?
Oh! Hallo, Dümpel. Gut geht's! Wohin denn so eilig?

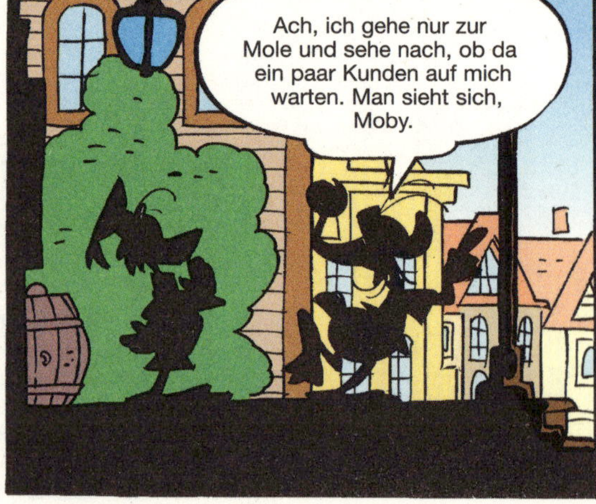
Ach, ich gehe nur zur Mole und sehe nach, ob da ein paar Kunden auf mich warten. Man sieht sich, Moby.

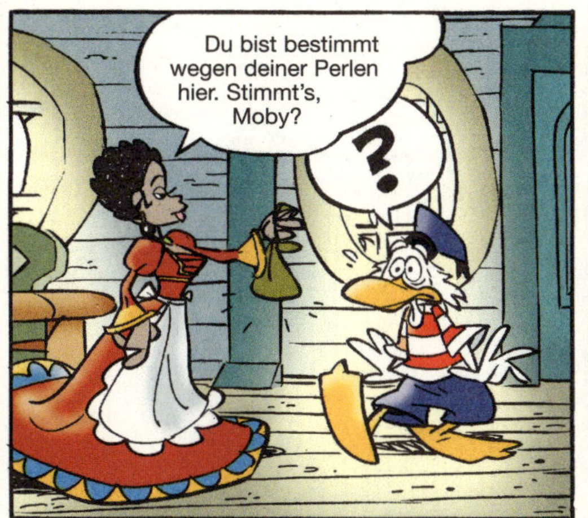
Du bist bestimmt wegen deiner Perlen hier. Stimmt's, Moby?
?

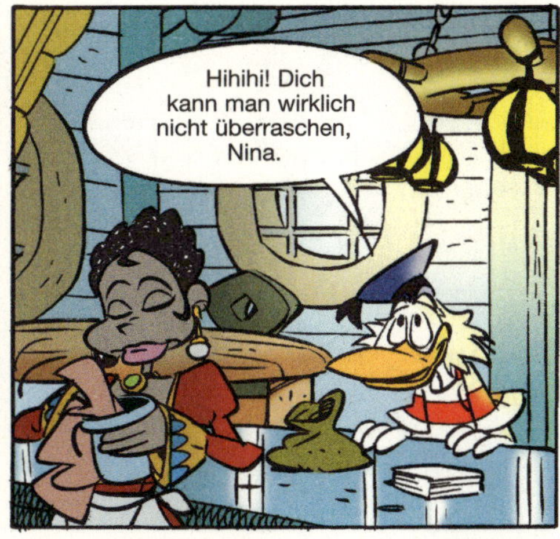
Hihihi! Dich kann man wirklich nicht überraschen, Nina.

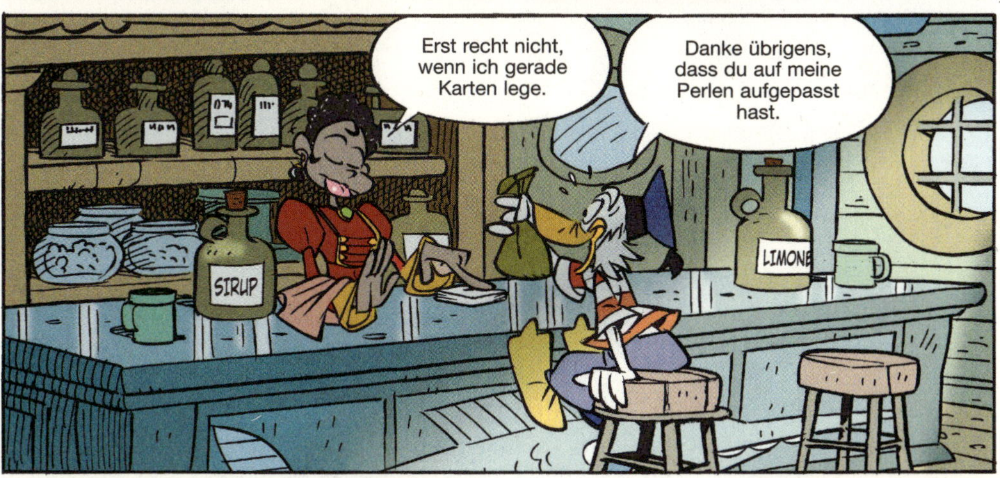
Erst recht nicht, wenn ich gerade Karten lege.
Danke übrigens, dass du auf meine Perlen aufgepasst hast.
SIRUP
LIMONE

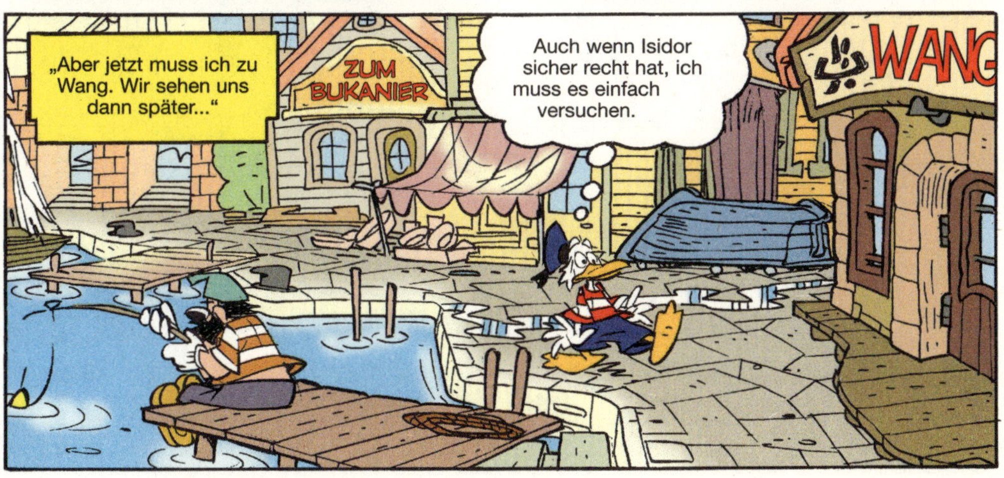
„Aber jetzt muss ich zu Wang. Wir sehen uns dann später..."
ZUM BUKANIER
Auch wenn Isidor sicher recht hat, ich muss es einfach versuchen.
WANG

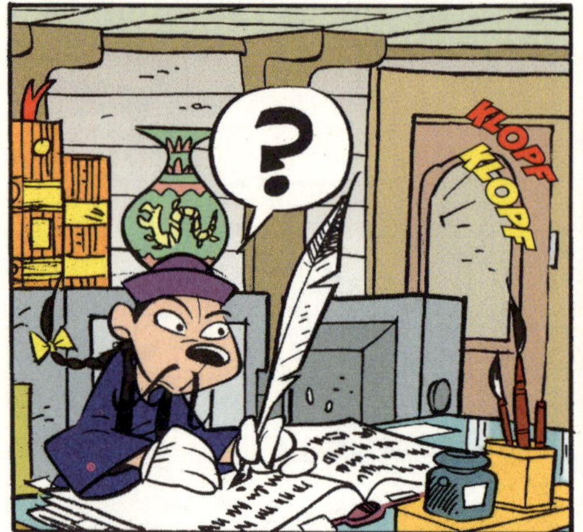
?
KLOPF
KLOPF

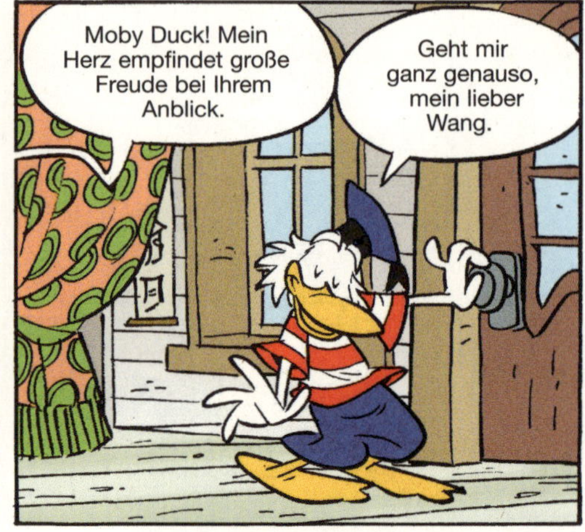
Moby Duck! Mein Herz empfindet große Freude bei Ihrem Anblick.
Geht mir ganz genauso, mein lieber Wang.

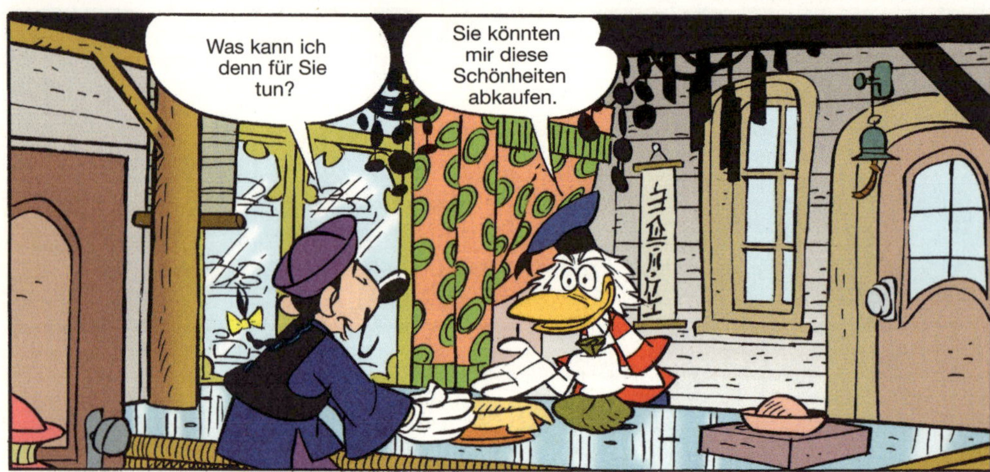
Was kann ich denn für Sie tun?
Sie könnten mir diese Schönheiten abkaufen.

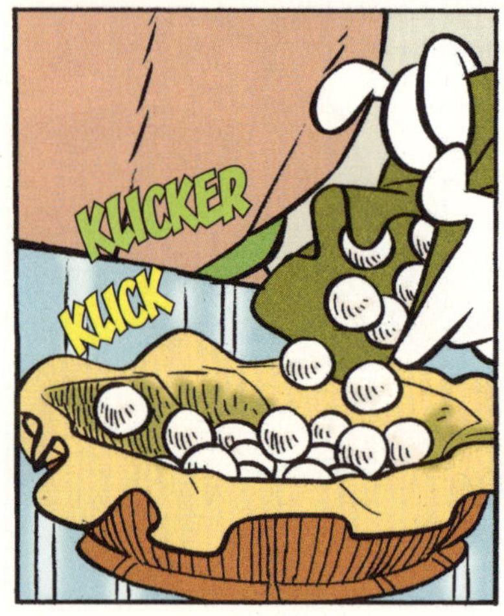
KLICKER
KLICK

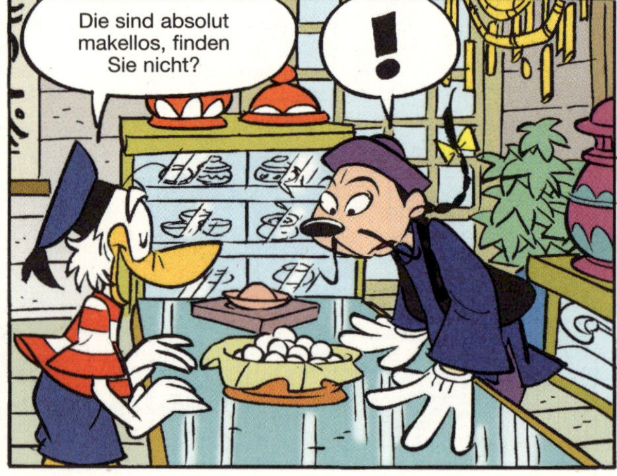
Die sind absolut makellos, finden Sie nicht?
!

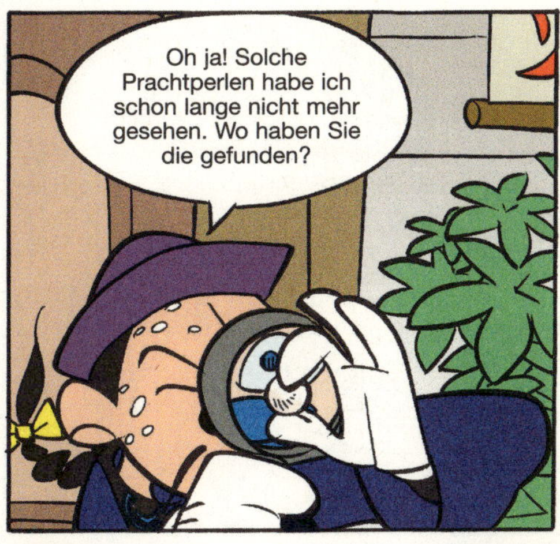
Oh ja! Solche Prachtperlen habe ich schon lange nicht mehr gesehen. Wo haben Sie die gefunden?

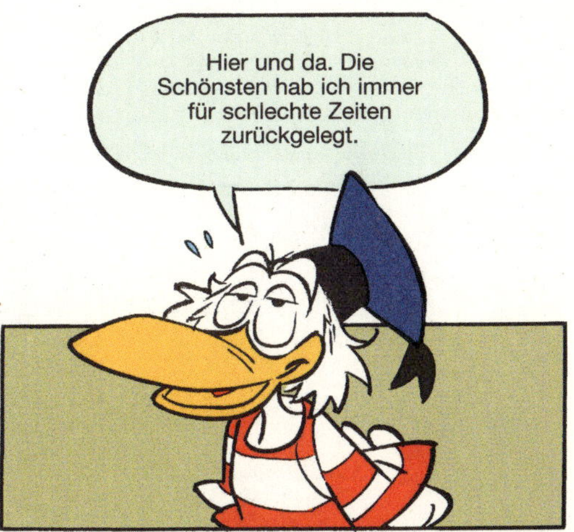
Hier und da. Die Schönsten hab ich immer für schlechte Zeiten zurückgelegt.

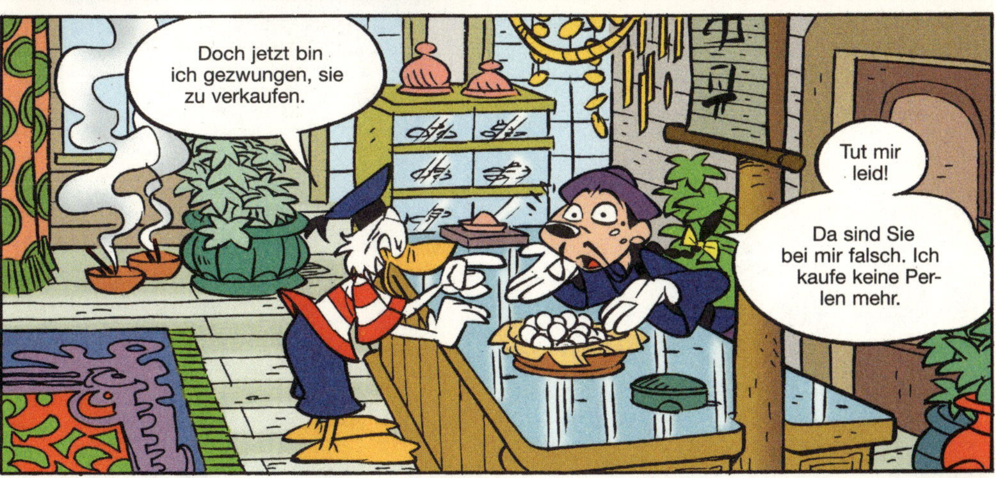
Doch jetzt bin ich gezwungen, sie zu verkaufen.
Tut mir leid!
Da sind Sie bei mir falsch. Ich kaufe keine Perlen mehr.

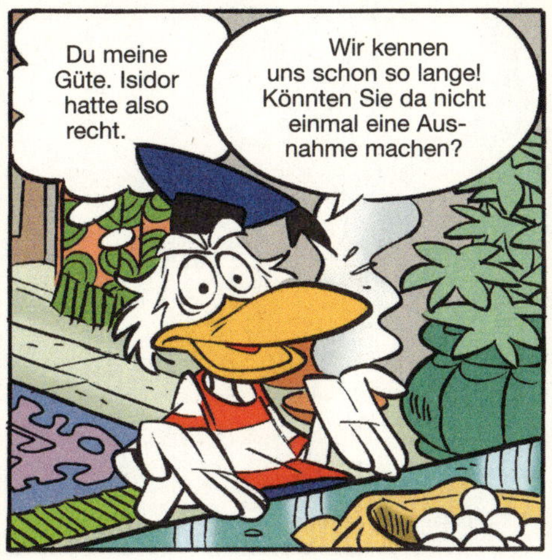
Du meine Güte. Isidor hatte also recht.
Wir kennen uns schon so lange! Könnten Sie da nicht einmal eine Ausnahme machen?

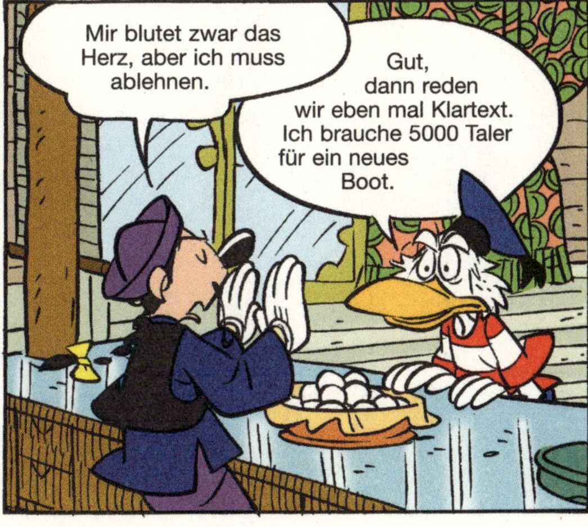
Mir blutet zwar das Herz, aber ich muss ablehnen.
Gut, dann reden wir eben mal Klartext. Ich brauche 5000 Taler für ein neues Boot.

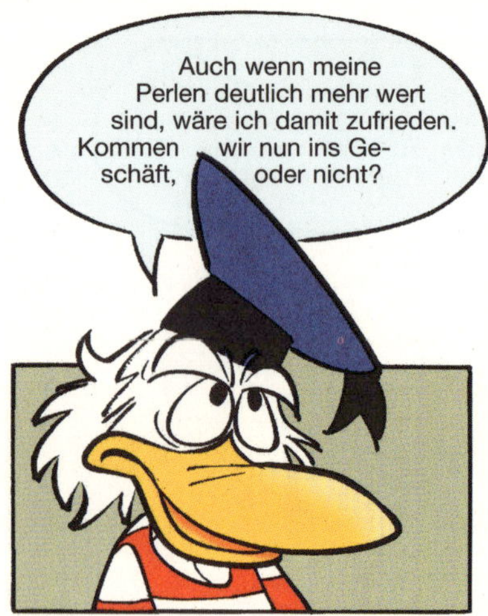
Auch wenn meine Perlen deutlich mehr wert sind, wäre ich damit zufrieden. Kommen wir nun ins Geschäft, oder nicht?

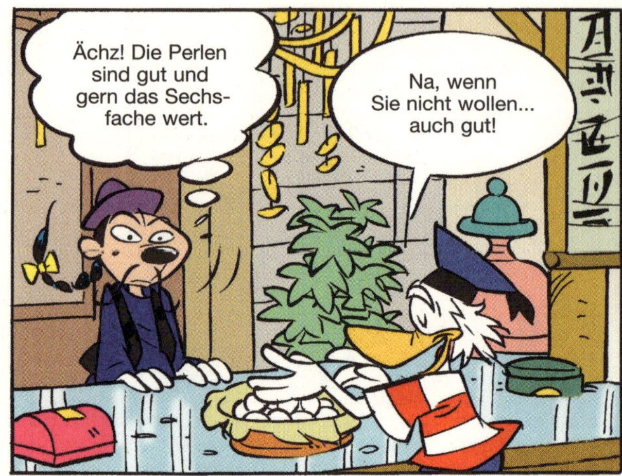
Ächz! Die Perlen sind gut und gern das Sechsfache wert.
Na, wenn Sie nicht wollen... auch gut!

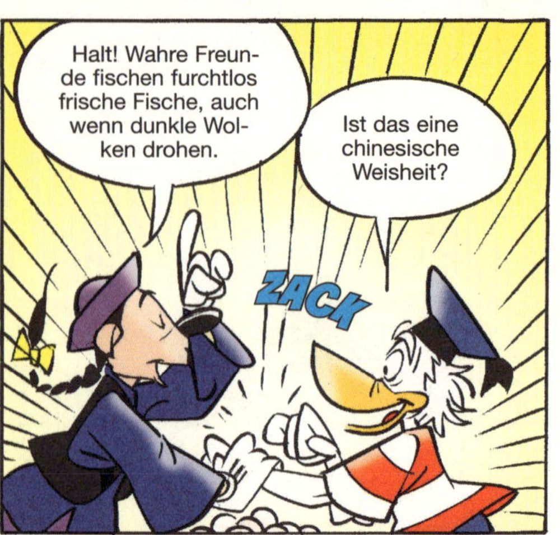
Halt! Wahre Freunde fischen furchtlos frische Fische, auch wenn dunkle Wolken drohen.
Ist das eine chinesische Weisheit?
ZACK

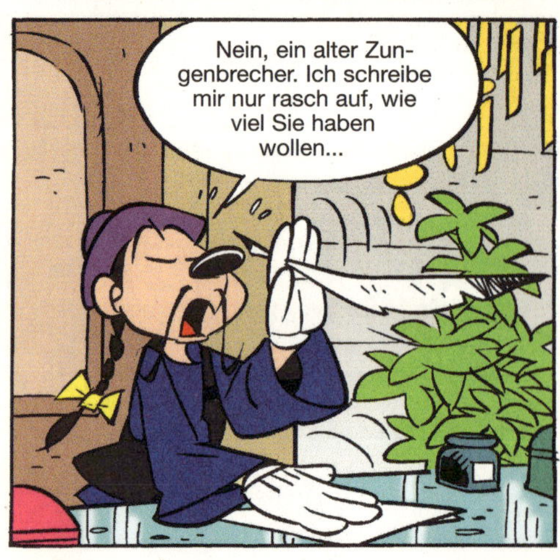
Nein, ein alter Zungenbrecher. Ich schreibe mir nur rasch auf, wie viel Sie haben wollen...

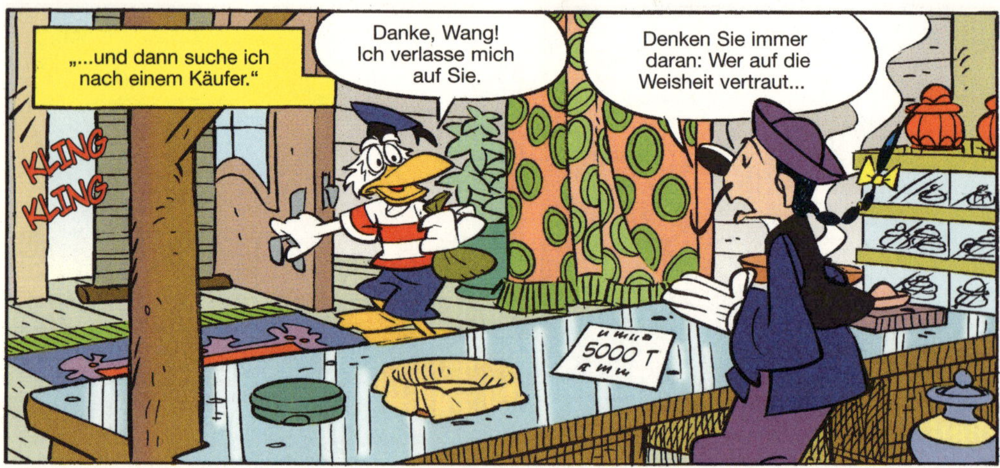
„...und dann suche ich nach einem Käufer."
KLING
KLING
Danke, Wang! Ich verlasse mich auf Sie.
Denken Sie immer daran: Wer auf die Weisheit vertraut...
5000 T

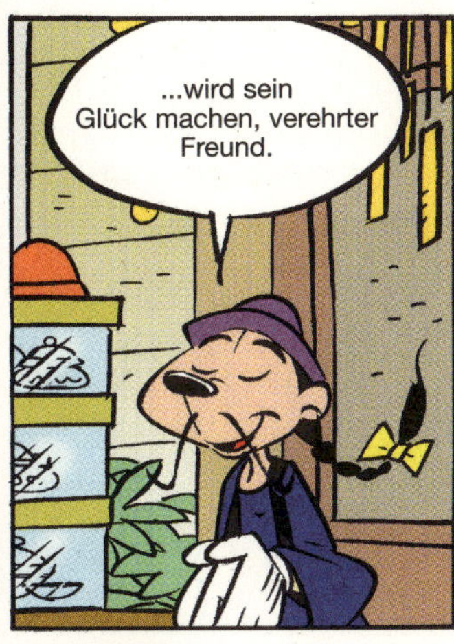
...wird sein
Glück machen, verehrter
Freund.

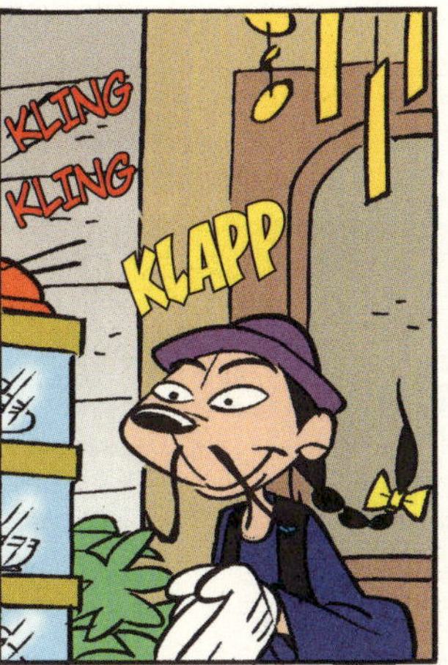
KLING
KLING
KLAPP

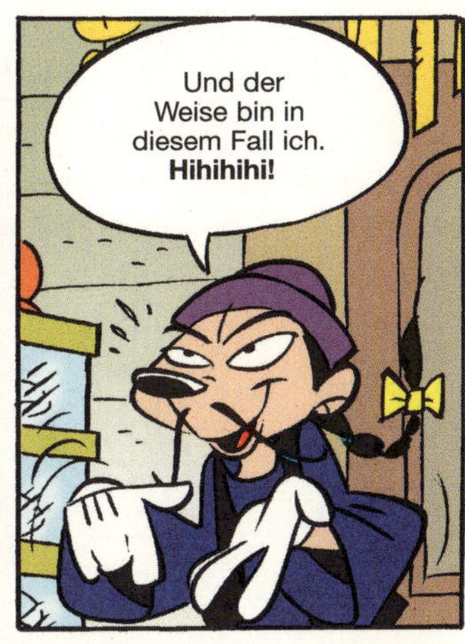
Und der
Weise bin in
diesem Fall ich.
Hihihihi!

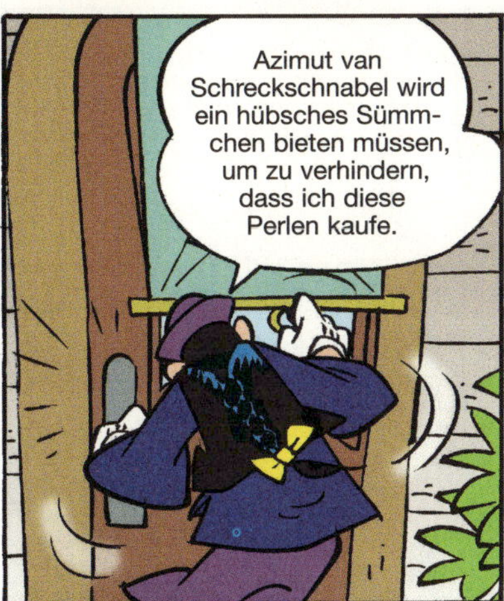
Azimut van
Schreckschnabel wird
ein hübsches Sümm-
chen bieten müssen,
um zu verhindern,
dass ich diese
Perlen kaufe.

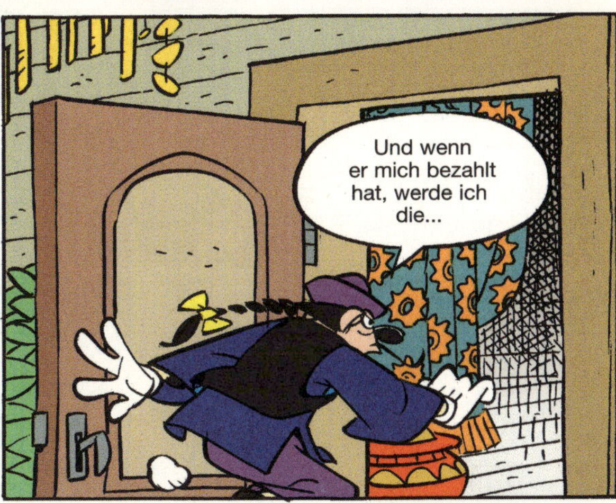
Und wenn
er mich bezahlt
hat, werde ich
die...

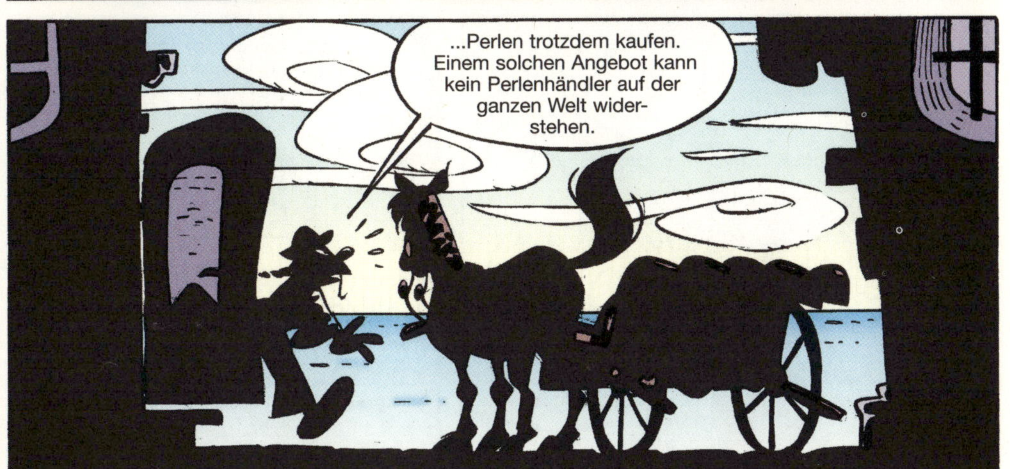
...Perlen trotzdem kaufen.
Einem solchen Angebot kann
kein Perlenhändler auf der
ganzen Welt wider-
stehen.

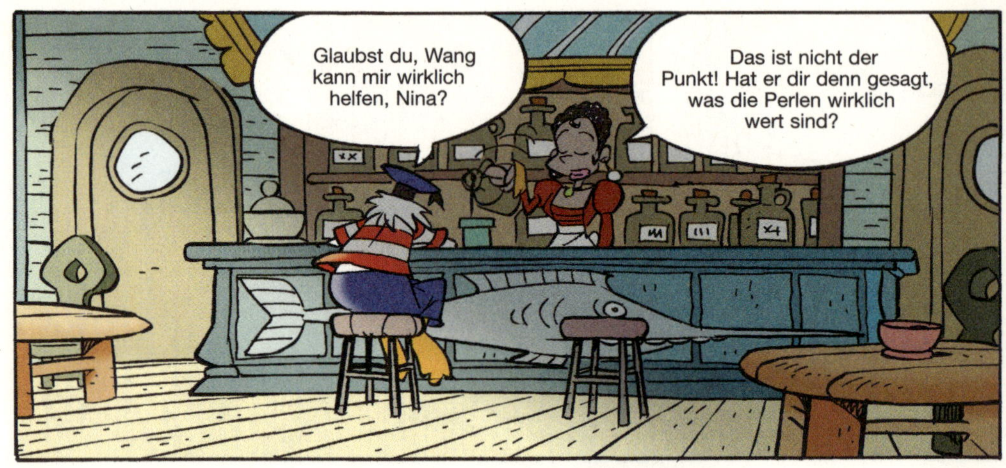
Glaubst du, Wang kann mir wirklich helfen, Nina?
Das ist nicht der Punkt! Hat er dir denn gesagt, was die Perlen wirklich wert sind?

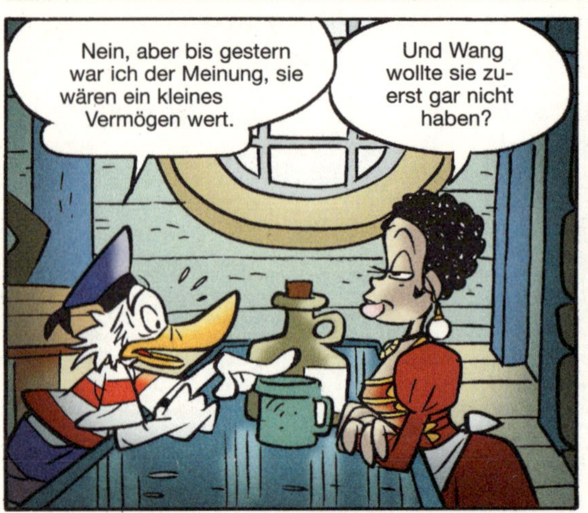
Nein, aber bis gestern war ich der Meinung, sie wären ein kleines Vermögen wert.
Und Wang wollte sie zuerst gar nicht haben?

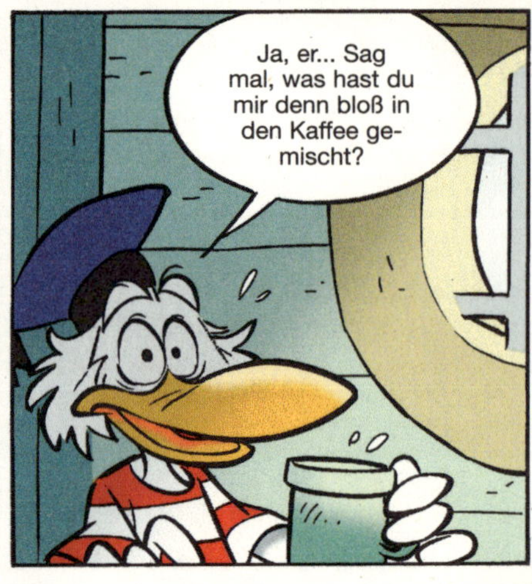
Ja, er... Sag mal, was hast du mir denn bloß in den Kaffee gemischt?

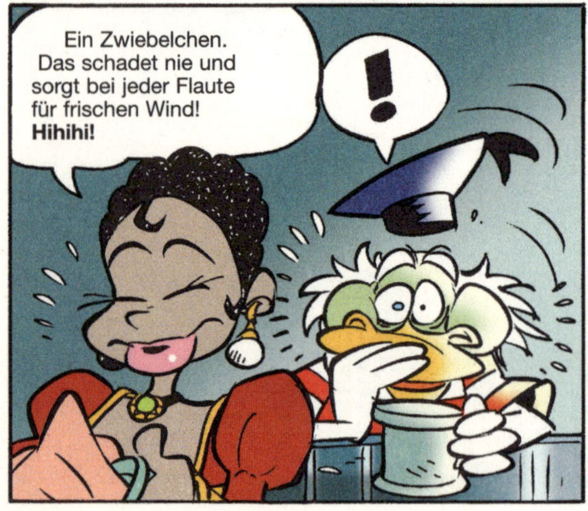
Ein Zwiebelchen. Das schadet nie und sorgt bei jeder Flaute für frischen Wind! **Hihihi!**
!

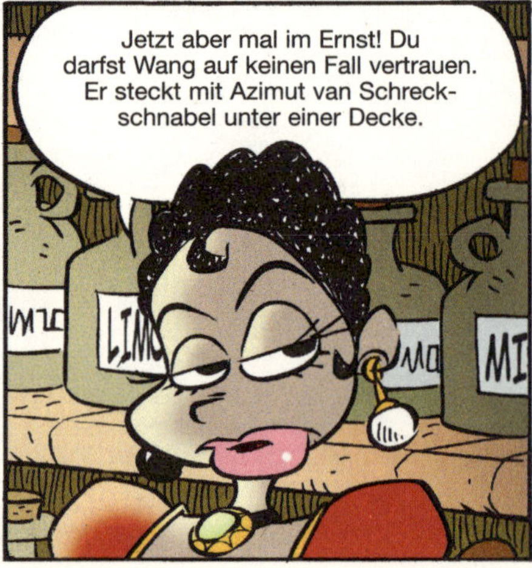
Jetzt aber mal im Ernst! Du darfst Wang auf keinen Fall vertrauen. Er steckt mit Azimut van Schreckschnabel unter einer Decke.

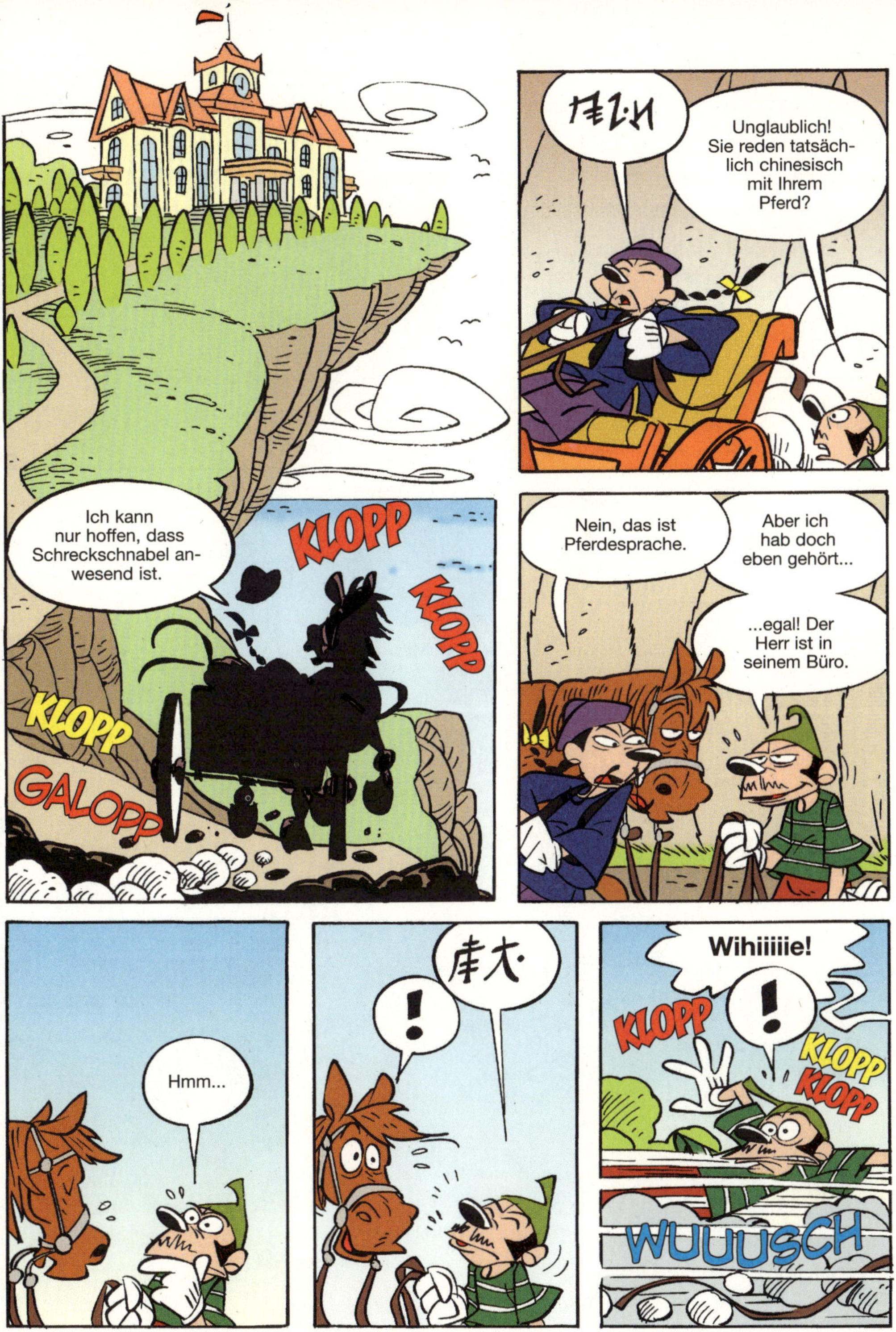

Ich kann nur hoffen, dass Schreckschnabel anwesend ist.

KLOPP

KLOPP

KLOPP

GALOPP

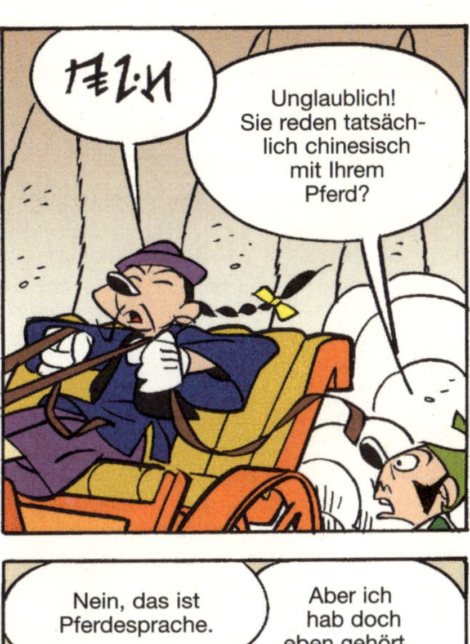

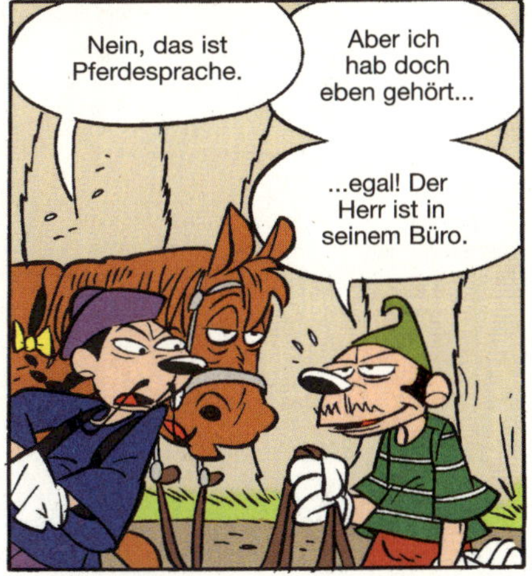

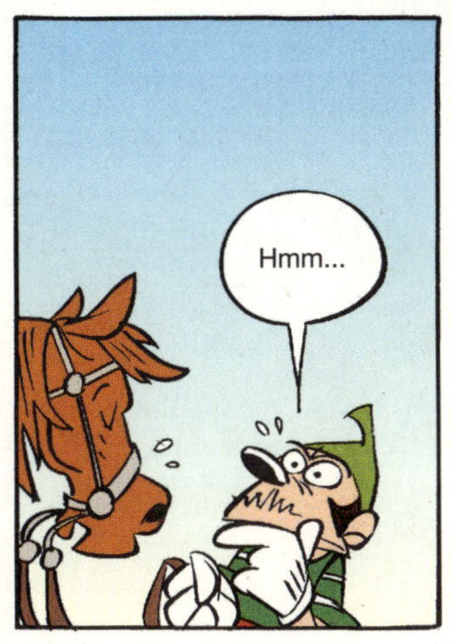

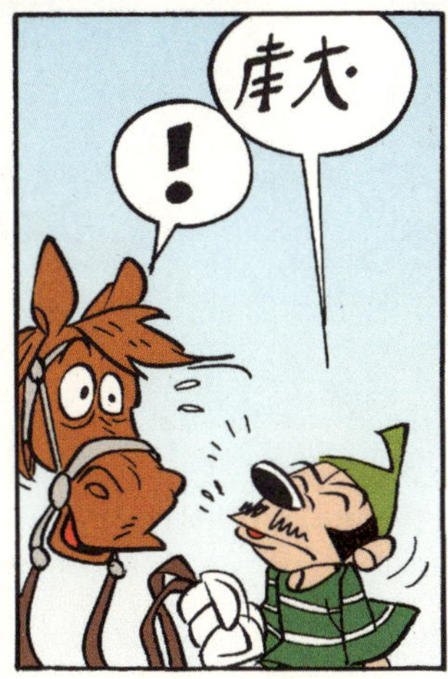

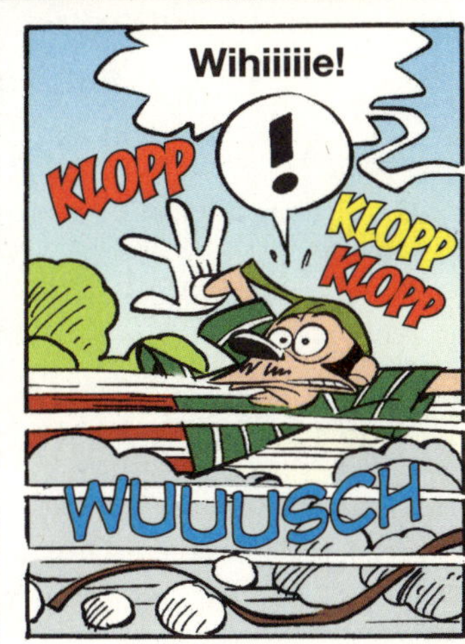

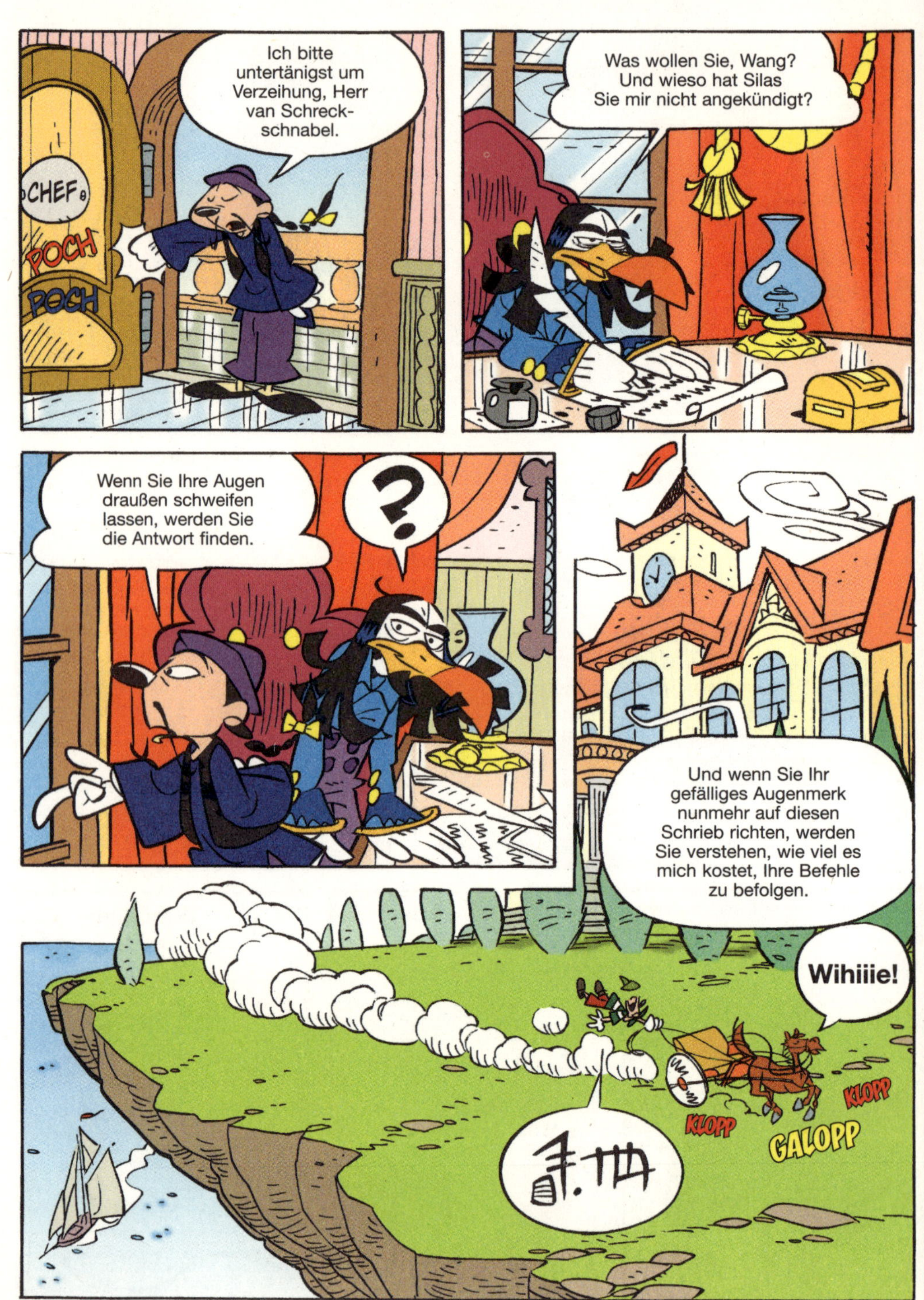
CHEF
POCH
POCH
Ich bitte untertänigst um Verzeihung, Herr van Schreck-schnabel.
Was wollen Sie, Wang? Und wieso hat Silas Sie mir nicht angekündigt?
Wenn Sie Ihre Augen draußen schweifen lassen, werden Sie die Antwort finden.
?
Und wenn Sie Ihr gefälliges Augenmerk nunmehr auf diesen Schrieb richten, werden Sie verstehen, wie viel es mich kostet, Ihre Befehle zu befolgen.
Wihiiie!
KLOPP
KLOPP
GALOPP

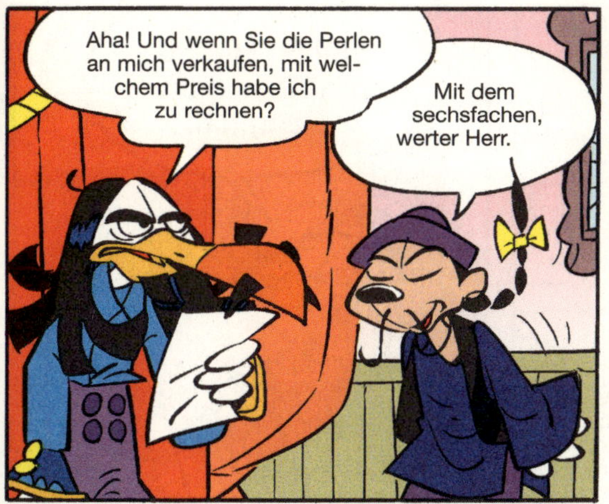
Aha! Und wenn Sie die Perlen an mich verkaufen, mit welchem Preis habe ich zu rechnen?
Mit dem sechsfachen, werter Herr.

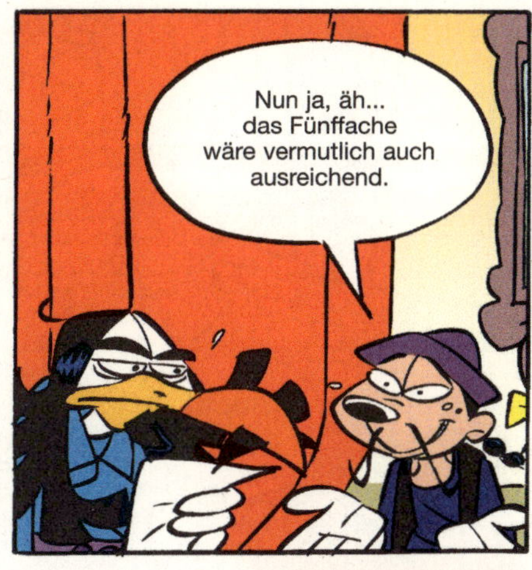
Nun ja, äh... das Fünffache wäre vermutlich auch ausreichend.

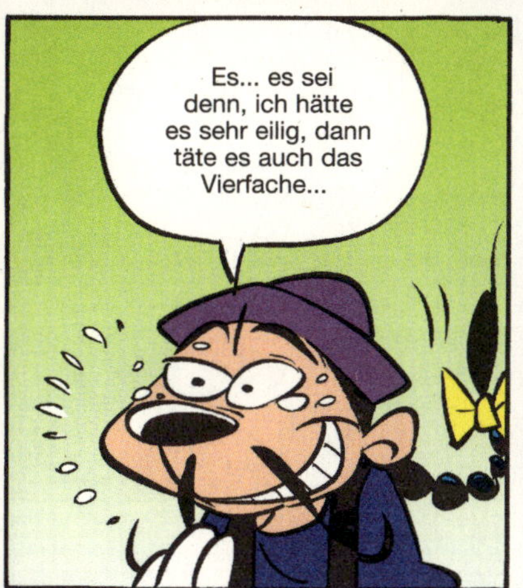
Es... es sei denn, ich hätte es sehr eilig, dann täte es auch das Vierfache...

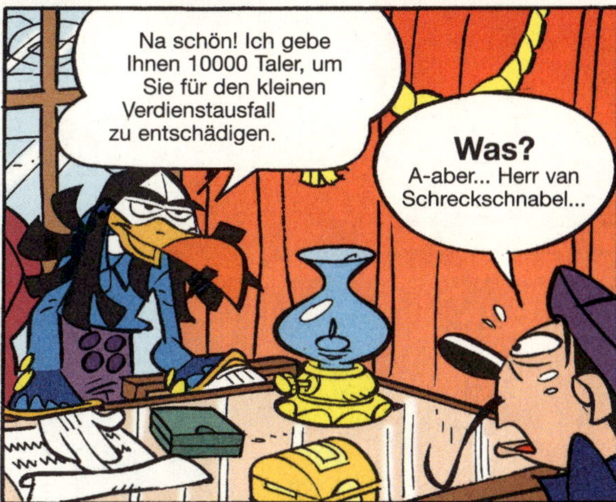
Na schön! Ich gebe Ihnen 10000 Taler, um Sie für den kleinen Verdienstausfall zu entschädigen.
Was?
A-aber... Herr van Schreckschnabel...

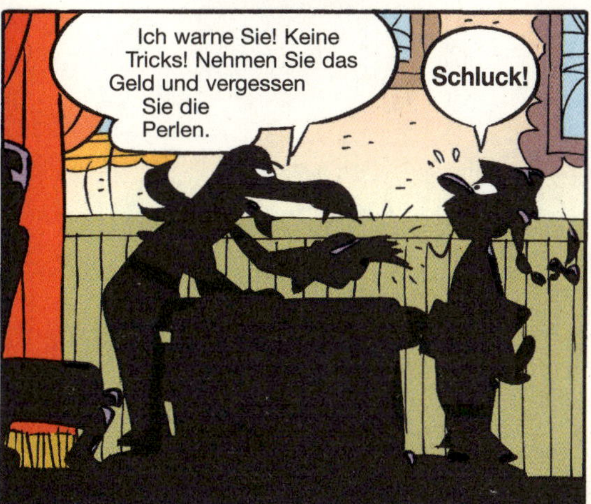
Ich warne Sie! Keine Tricks! Nehmen Sie das Geld und vergessen Sie die Perlen.
Schluck!

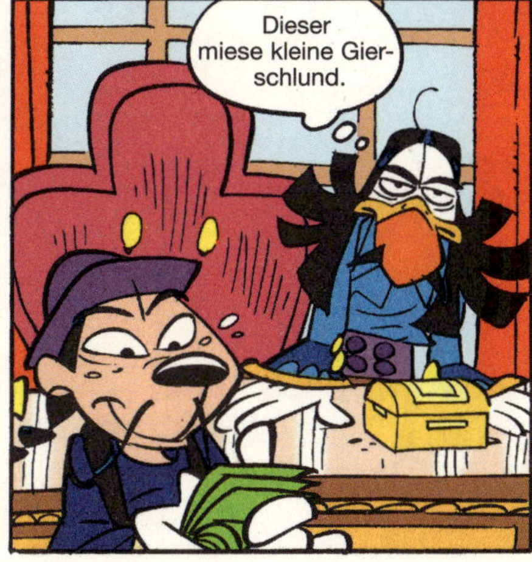
Dieser miese kleine Gierschlund.

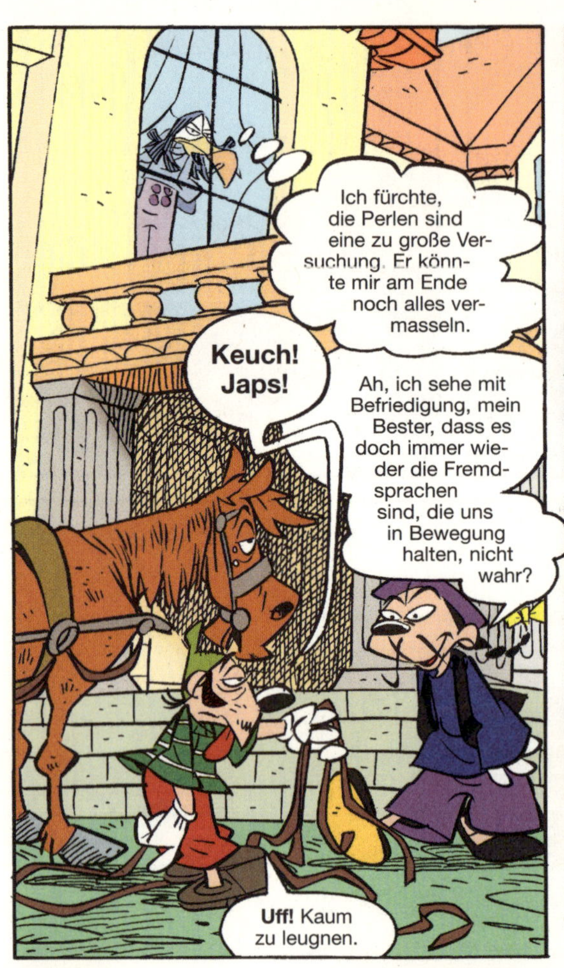
Ich fürchte, die Perlen sind eine zu große Versuchung. Er könnte mir am Ende noch alles vermasseln.
Keuch! Japs!
Ah, ich sehe mit Befriedigung, mein Bester, dass es doch immer wieder die Fremdsprachen sind, die uns in Bewegung halten, nicht wahr?
Uff! Kaum zu leugnen.
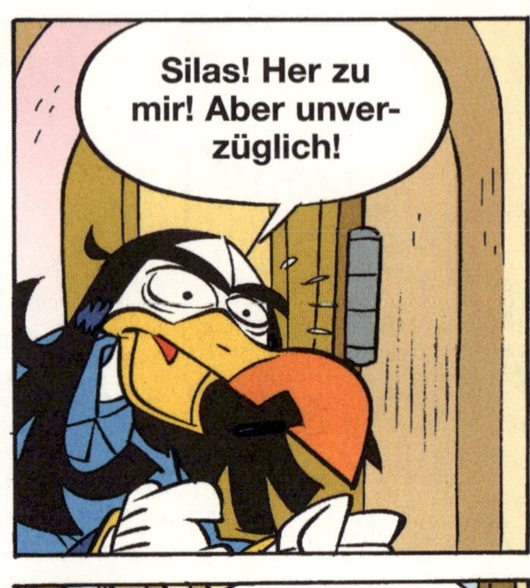
Silas! Her zu mir! Aber unverzüglich!
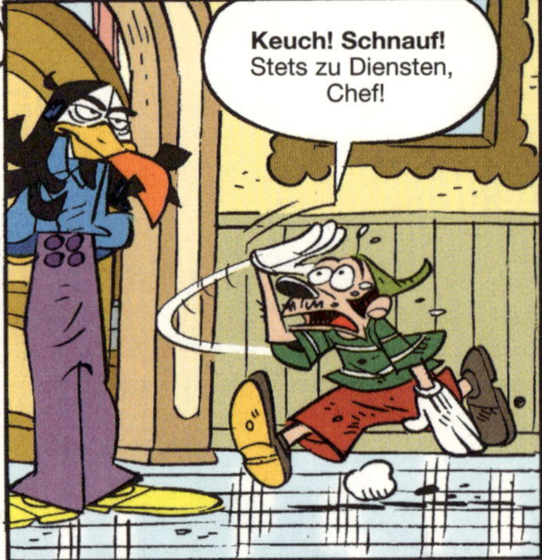
Keuch! Schnauf! Stets zu Diensten, Chef!
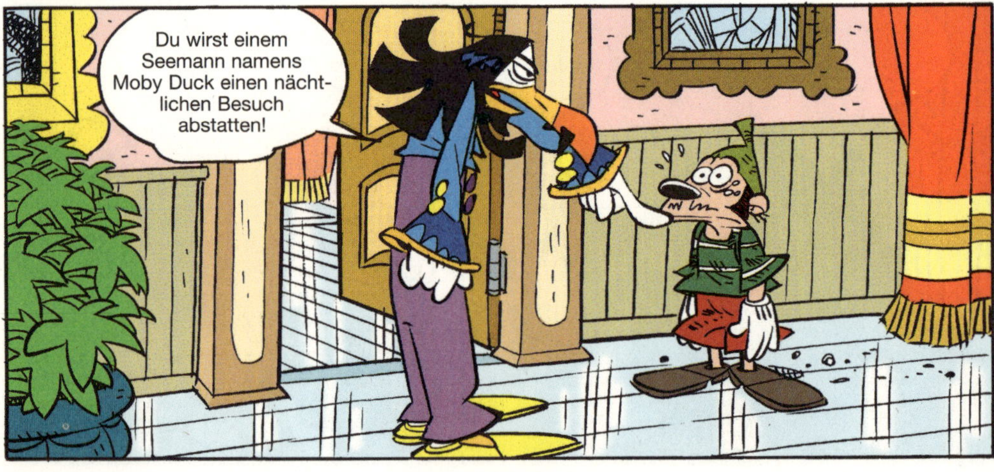
Du wirst einem Seemann namens Moby Duck einen nächtlichen Besuch abstatten!

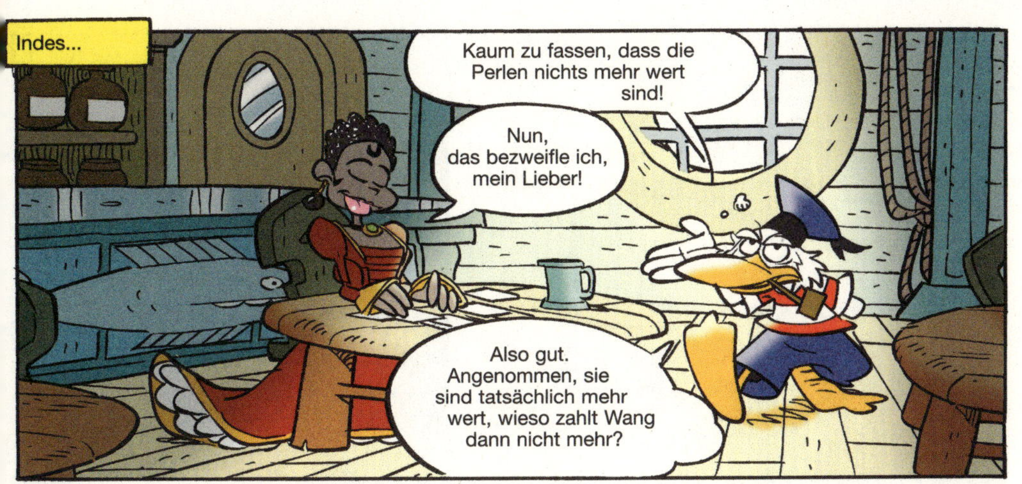
Indes...
Kaum zu fassen, dass die Perlen nichts mehr wert sind!
Nun, das bezweifle ich, mein Lieber!
Also gut. Angenommen, sie sind tatsächlich mehr wert, wieso zahlt Wang dann nicht mehr?

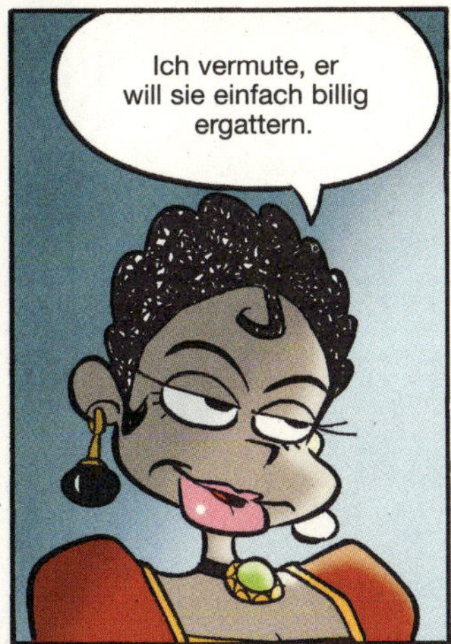
Ich vermute, er will sie einfach billig ergattern.

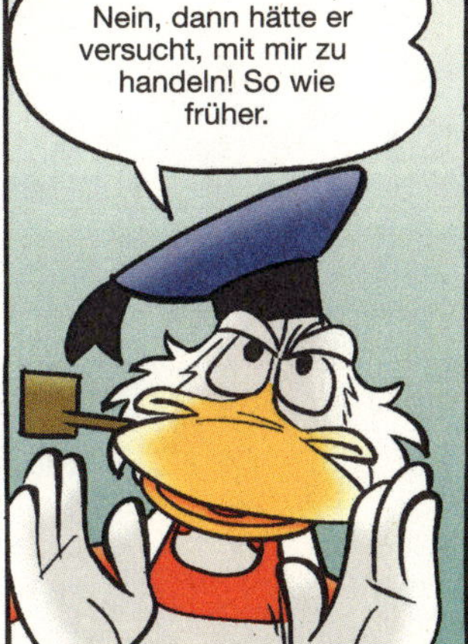
Nein, dann hätte er versucht, mit mir zu handeln! So wie früher.

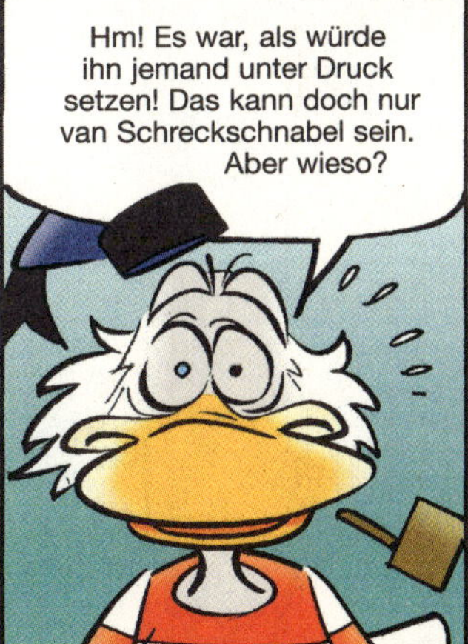
Hm! Es war, als würde ihn jemand unter Druck setzen! Das kann doch nur van Schreckschnabel sein. Aber wieso?

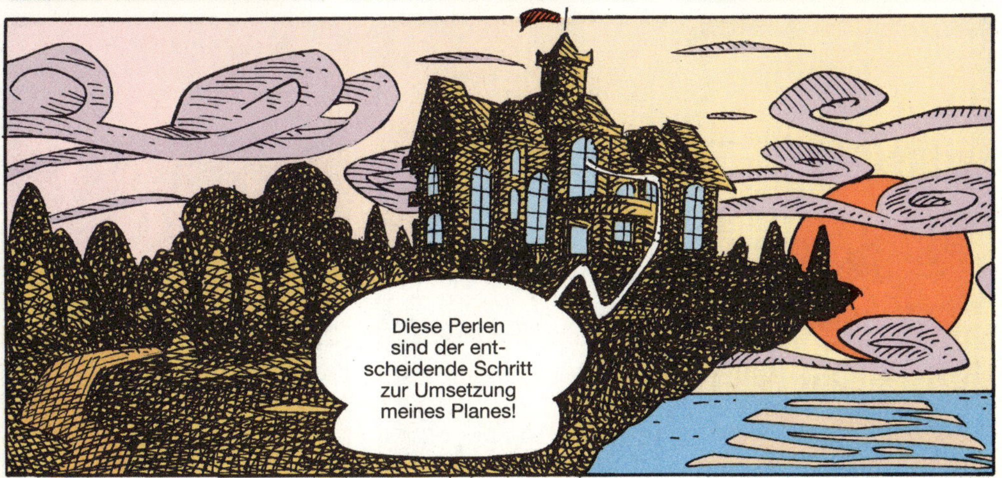
Diese Perlen sind der entscheidende Schritt zur Umsetzung meines Planes!

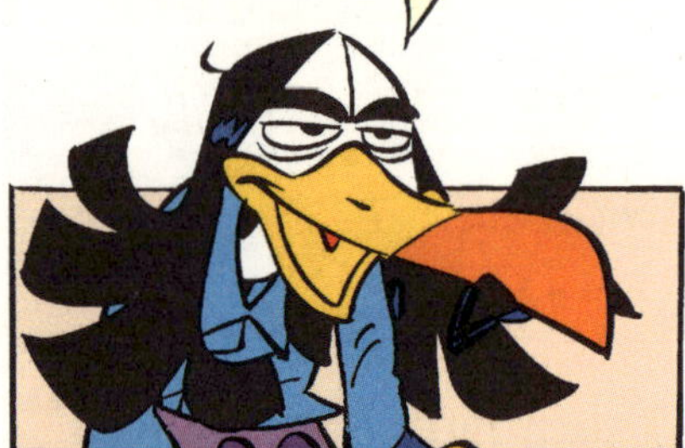
Vorausge-
setzt, dass Wang
kein doppeltes Spiel
spielt, werde ich die
Perlenfischer bald in die
Knie gezwungen haben.

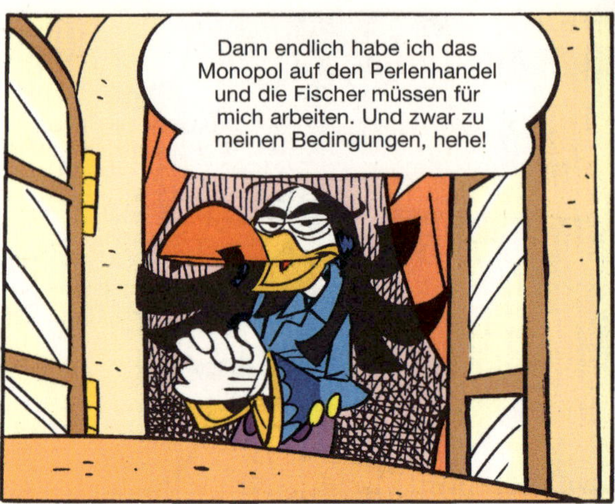
Dann endlich habe ich das
Monopol auf den Perlenhandel
und die Fischer müssen für
mich arbeiten. Und zwar zu
meinen Bedingungen, hehe!

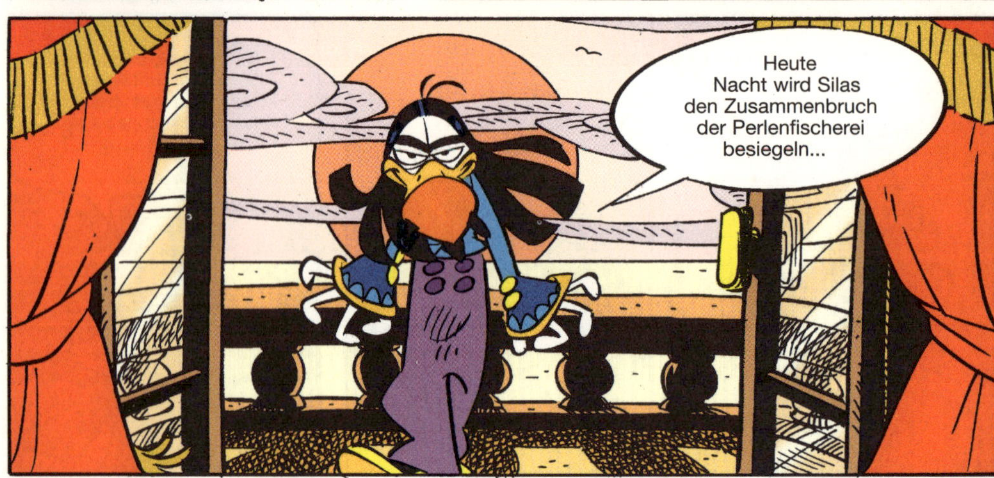
Heute
Nacht wird Silas
den Zusammenbruch
der Perlenfischerei
besiegeln...

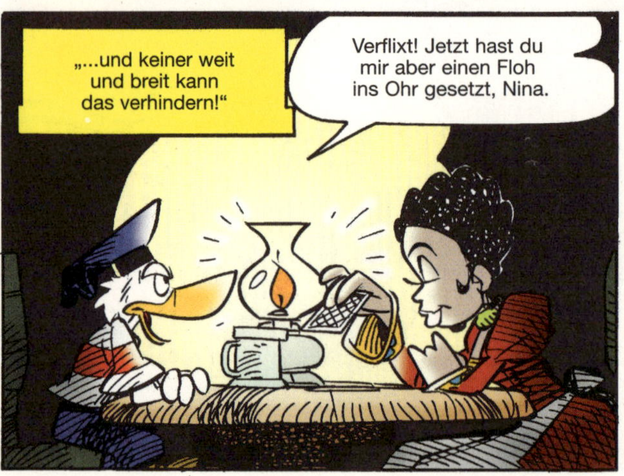
„...und keiner weit
und breit kann
das verhindern!“
Verflixt! Jetzt hast du
mir aber einen Floh
ins Ohr gesetzt, Nina.

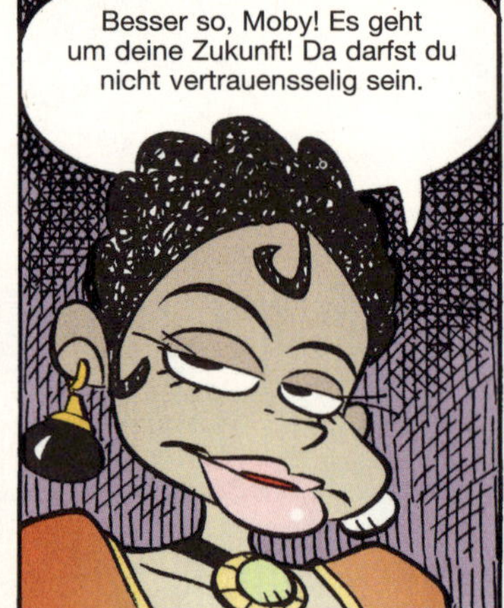
Besser so, Moby! Es geht
um deine Zukunft! Da darfst du
nicht vertrauensselig sein.

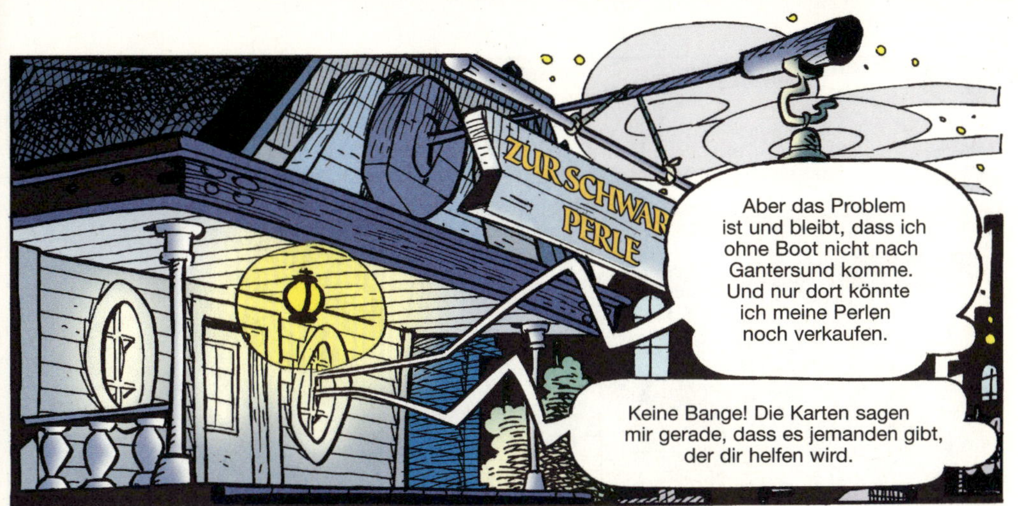
ZUR SCHWAR
PERLE
Aber das Problem ist und bleibt, dass ich ohne Boot nicht nach Gantersund komme. Und nur dort könnte ich meine Perlen noch verkaufen.
Keine Bange! Die Karten sagen mir gerade, dass es jemanden gibt, der dir helfen wird.

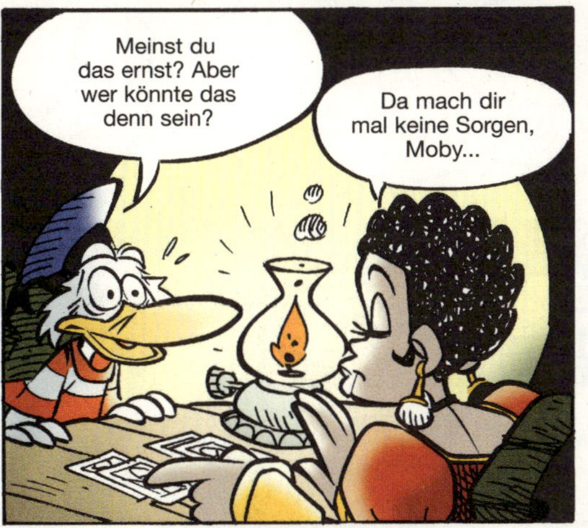
Meinst du das ernst? Aber wer könnte das denn sein?
Da mach dir mal keine Sorgen, Moby...

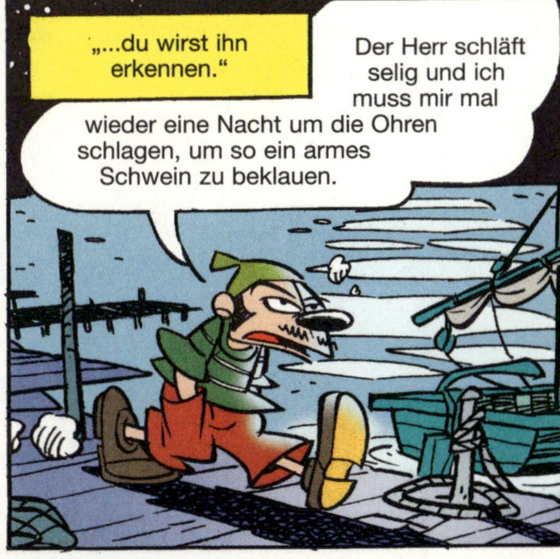
„...du wirst ihn erkennen."
Der Herr schläft selig und ich muss mir mal wieder eine Nacht um die Ohren schlagen, um so ein armes Schwein zu beklauen.

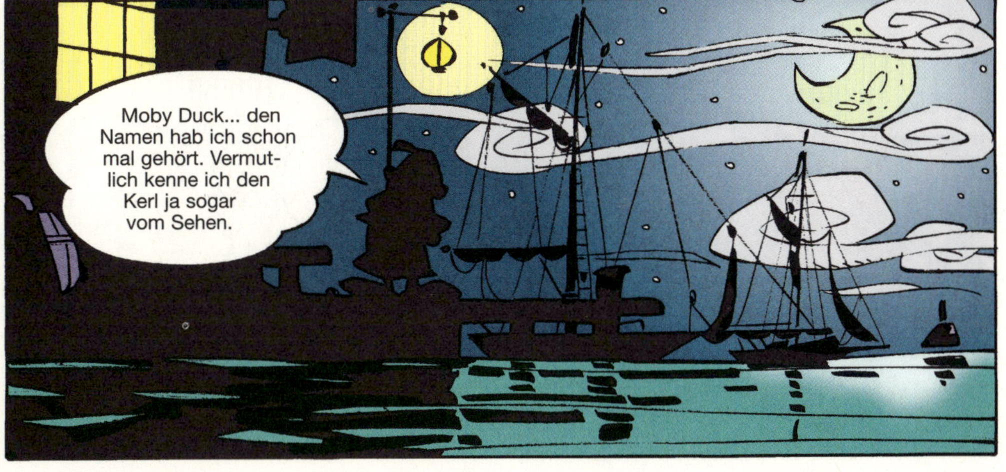
Moby Duck... den Namen hab ich schon mal gehört. Vermutlich kenne ich den Kerl ja sogar vom Sehen.

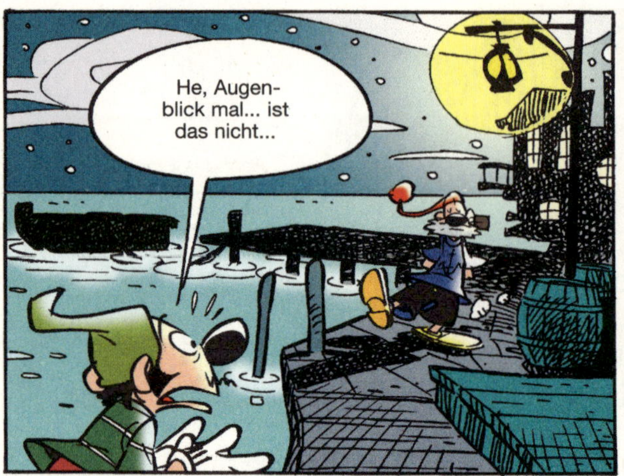
He, Augenblick mal... ist das nicht...

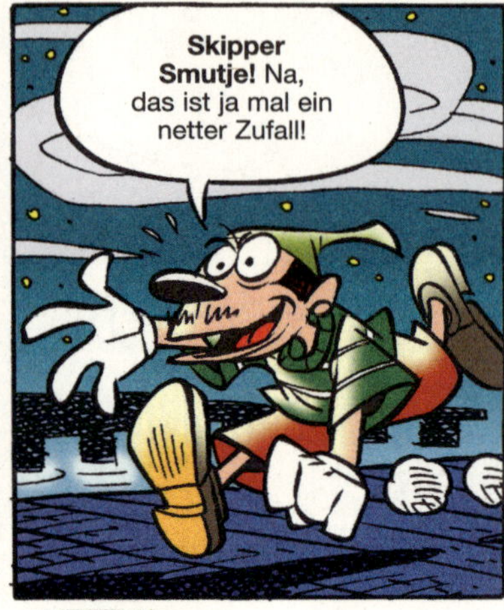
Skipper Smutje! Na, das ist ja mal ein netter Zufall!

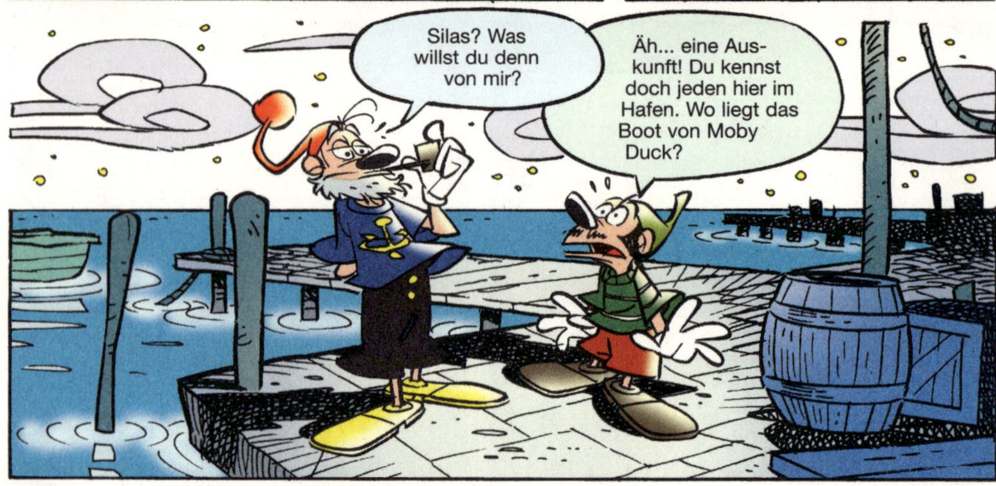
Silas? Was willst du denn von mir?
Äh... eine Auskunft! Du kennst doch jeden hier im Hafen. Wo liegt das Boot von Moby Duck?

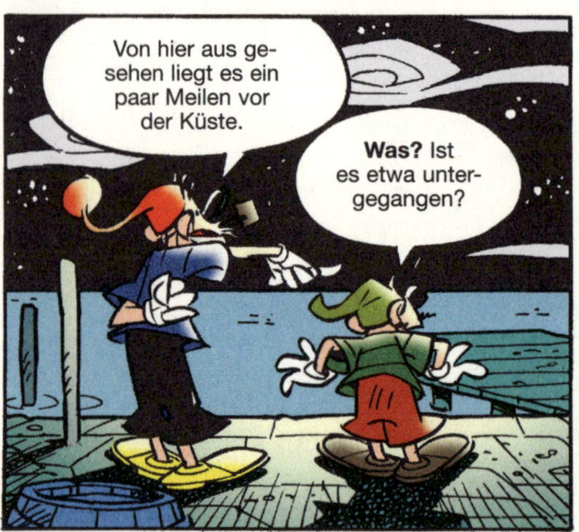
Von hier aus gesehen liegt es ein paar Meilen vor der Küste.
Was? Ist es etwa untergegangen?

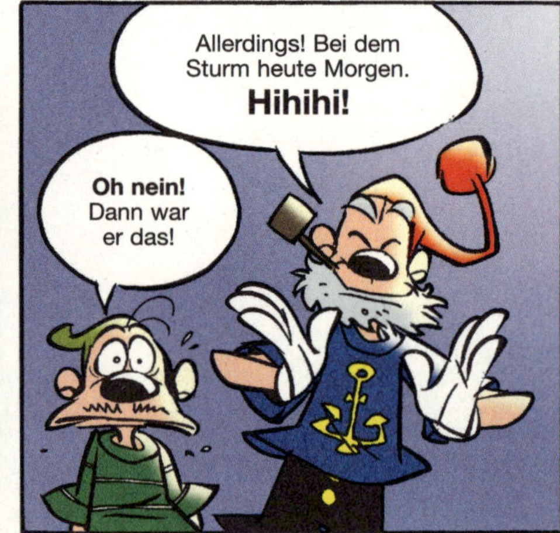
Allerdings! Bei dem Sturm heute Morgen. **Hihihi!**
Oh nein! Dann war er das!

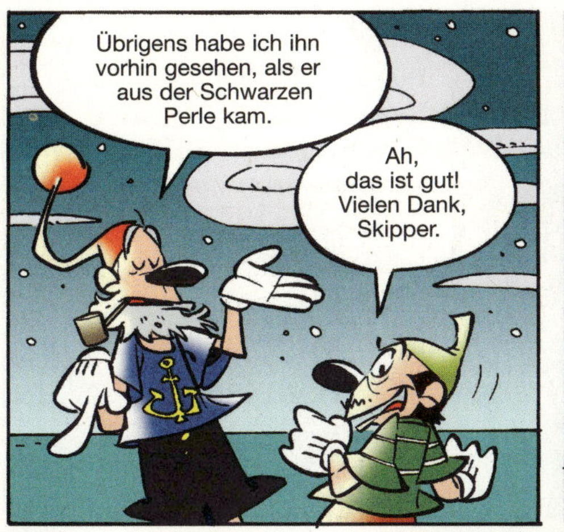
Übrigens habe ich ihn vorhin gesehen, als er aus der Schwarzen Perle kam.
Ah, das ist gut! Vielen Dank, Skipper.

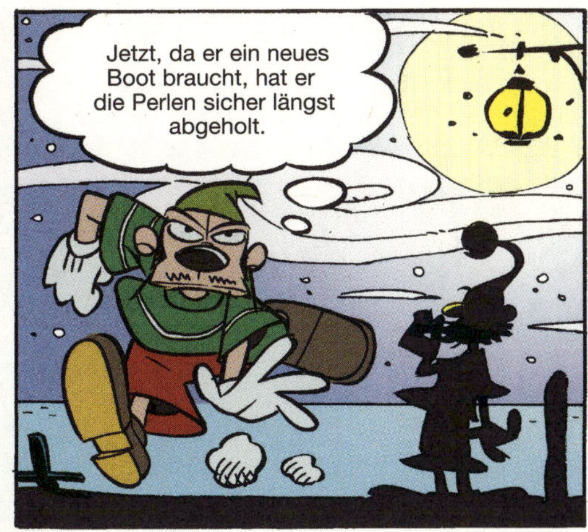
Jetzt, da er ein neues Boot braucht, hat er die Perlen sicher längst abgeholt.

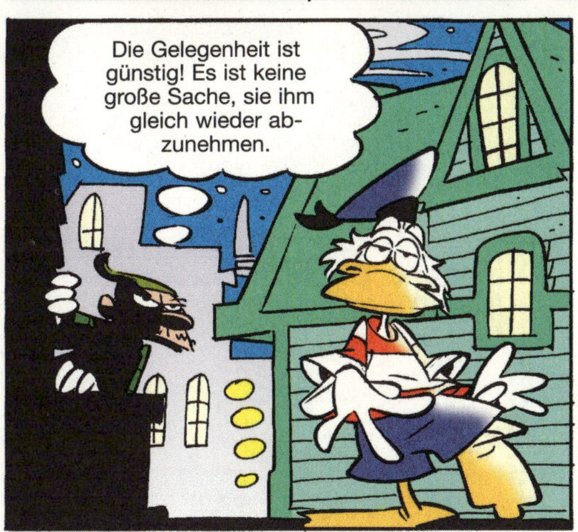
Die Gelegenheit ist günstig! Es ist keine große Sache, sie ihm gleich wieder ab-zunehmen.

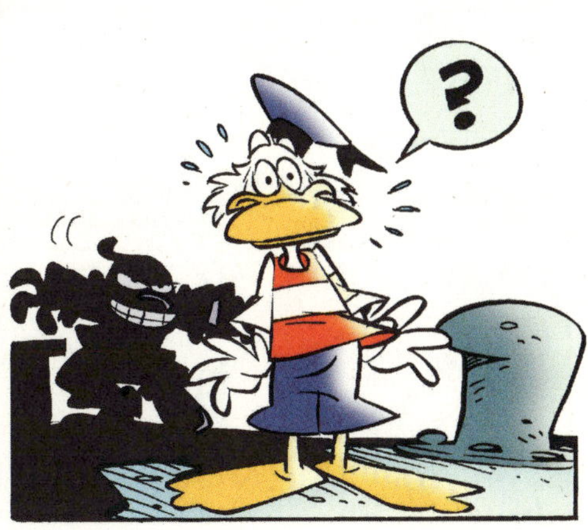
?

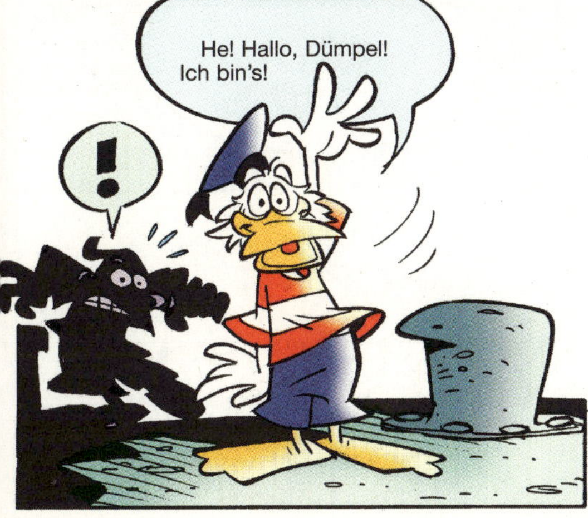
He! Hallo, Dümpel! Ich bin's!
!

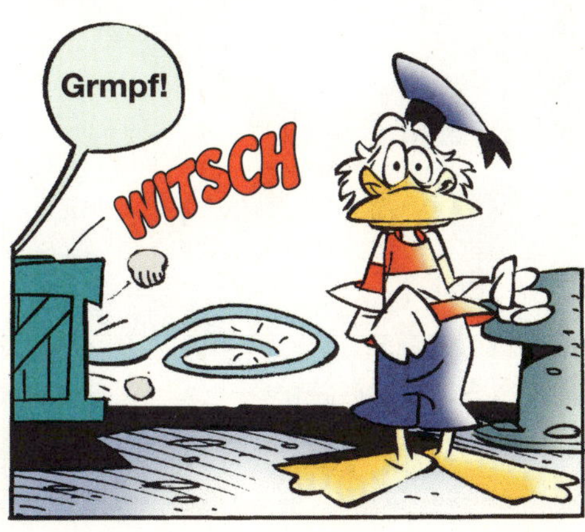
Grmpf!
WITSCH

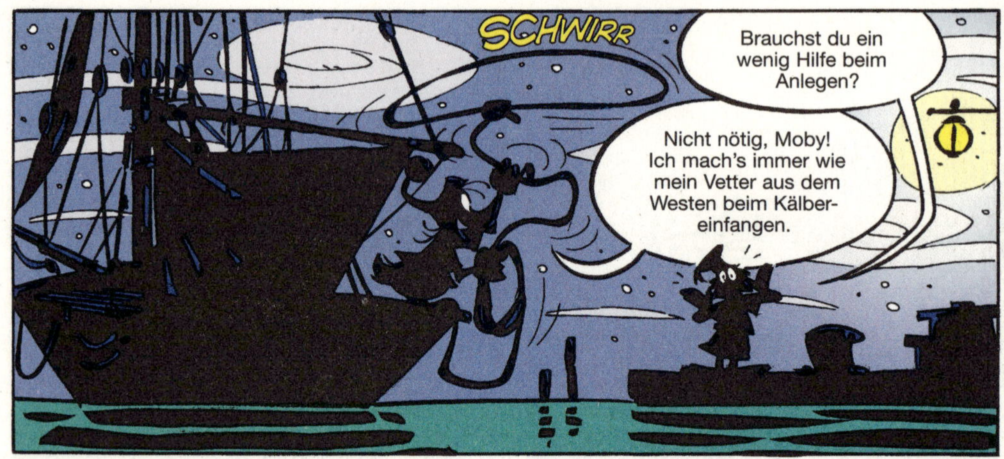
SCHWIRR
Brauchst du ein wenig Hilfe beim Anlegen?
Nicht nötig, Moby! Ich mach's immer wie mein Vetter aus dem Westen beim Kälber-einfangen.

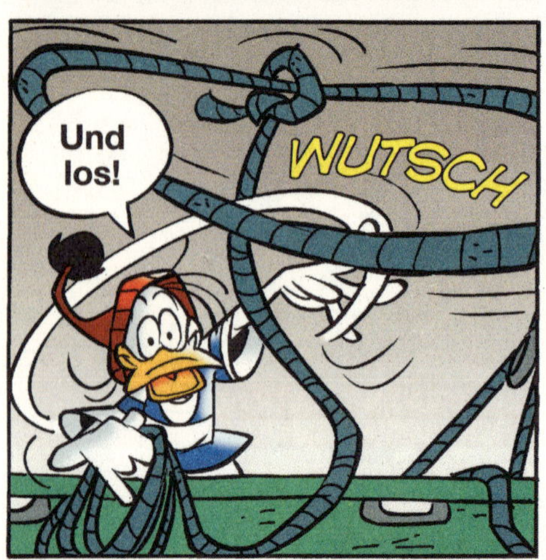
Und los!
WUTSCH

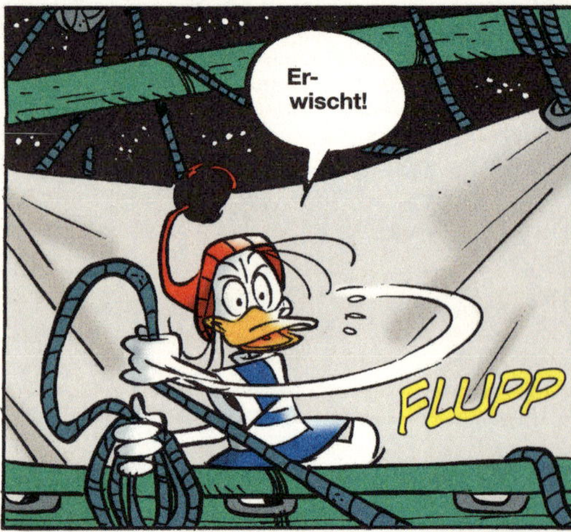
Er-wischt!
FLUPP

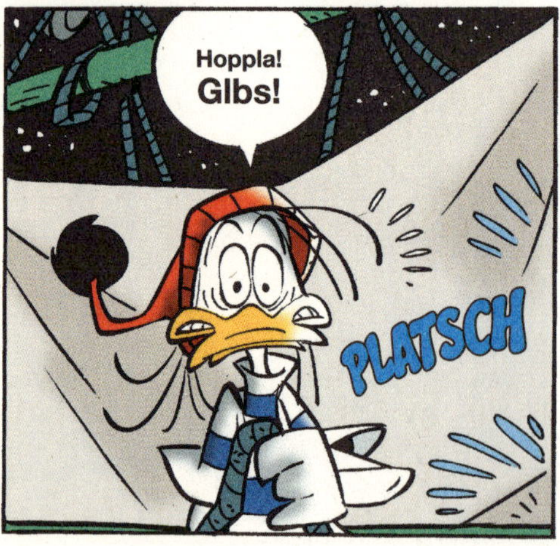
Hoppla! Glbs!
PLATSCH

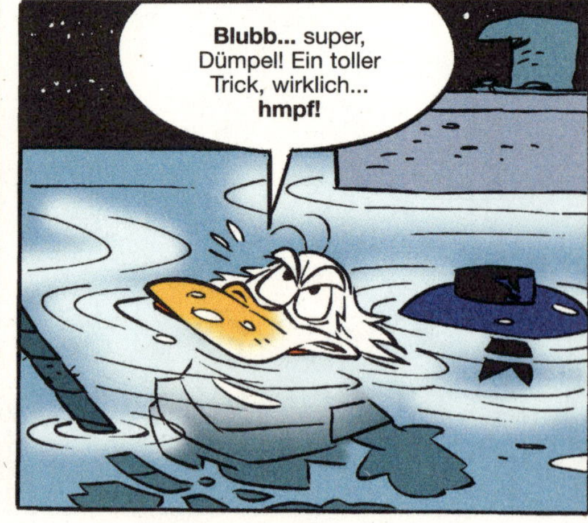
Blubb... super, Dümpel! Ein toller Trick, wirklich... hmpf!

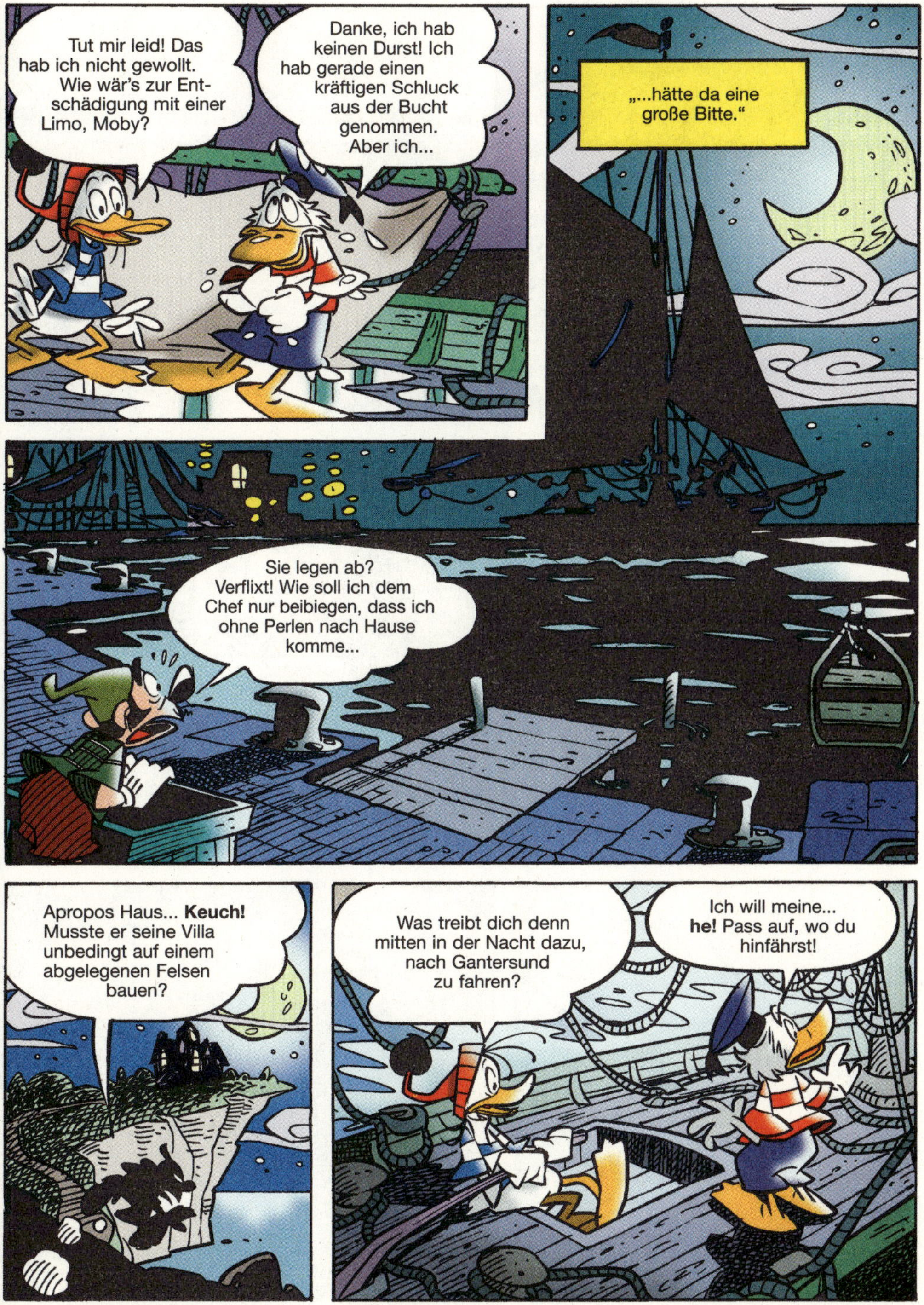

Tut mir leid! Das hab ich nicht gewollt. Wie wär's zur Entschädigung mit einer Limo, Moby?

Danke, ich hab keinen Durst! Ich hab gerade einen kräftigen Schluck aus der Bucht genommen. Aber ich...

„...hätte da eine große Bitte."

Sie legen ab? Verflixt! Wie soll ich dem Chef nur beibiegen, dass ich ohne Perlen nach Hause komme...

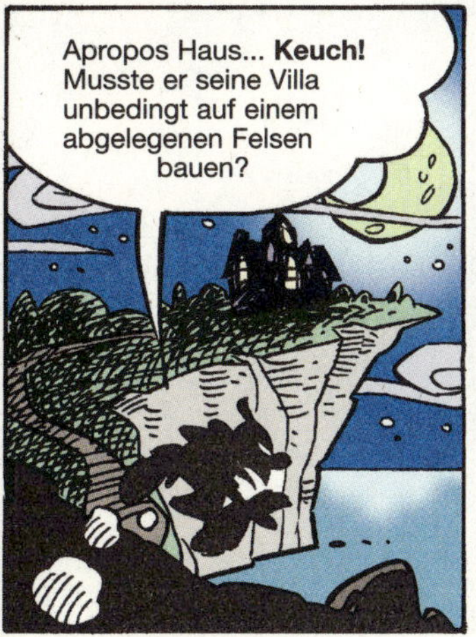

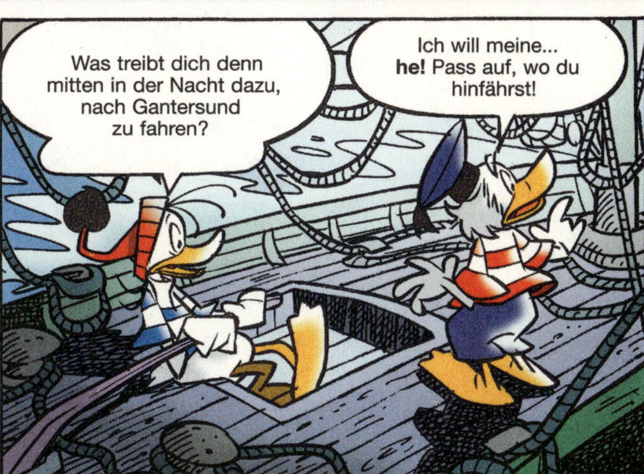

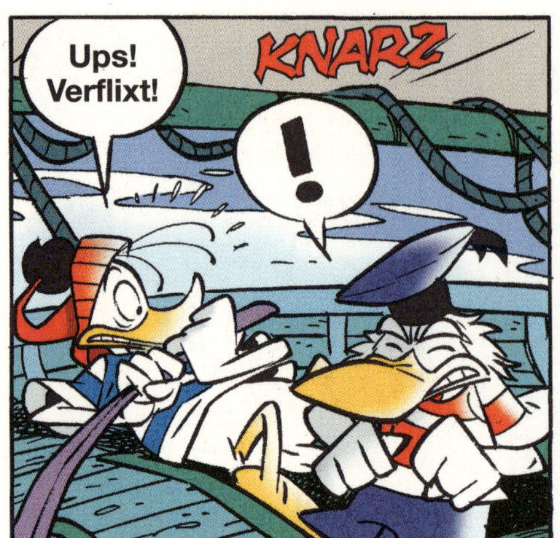
Ups! Verflixt!
KNARZ
!

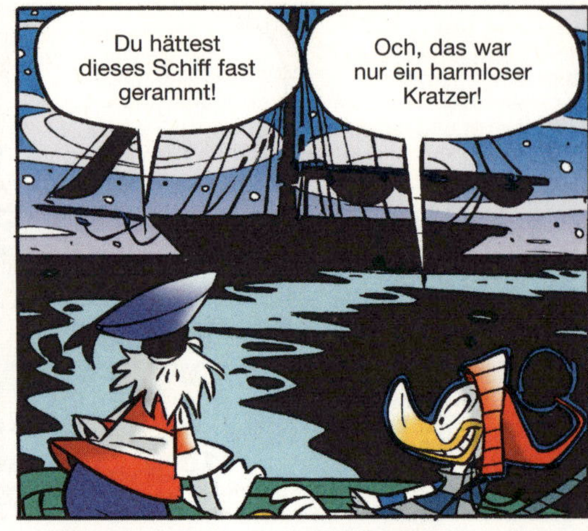
Du hättest dieses Schiff fast gerammt!
Och, das war nur ein harmloser Kratzer!

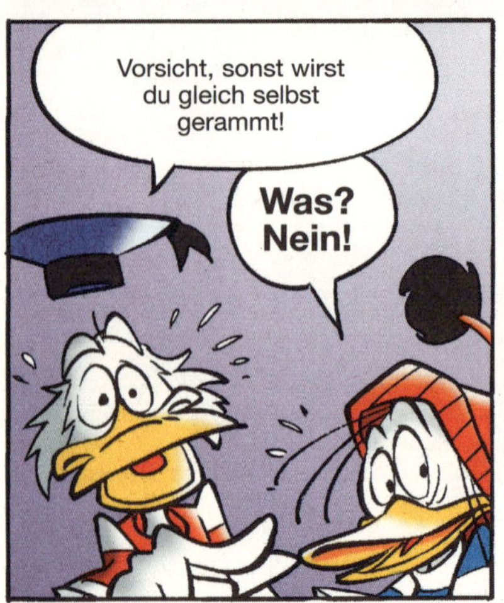
Vorsicht, sonst wirst du gleich selbst gerammt!
Was? Nein!

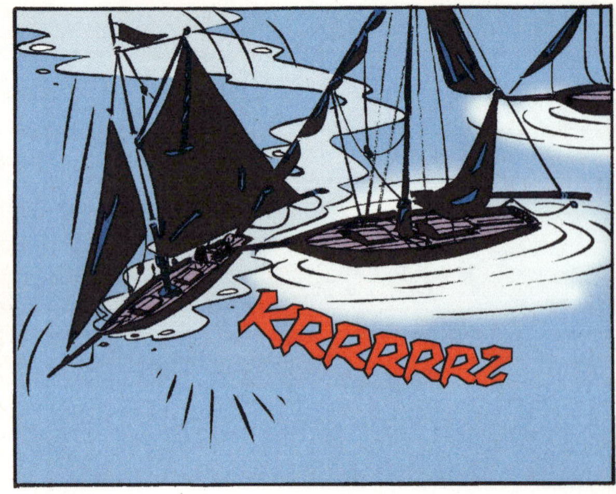
KRRRRRZ

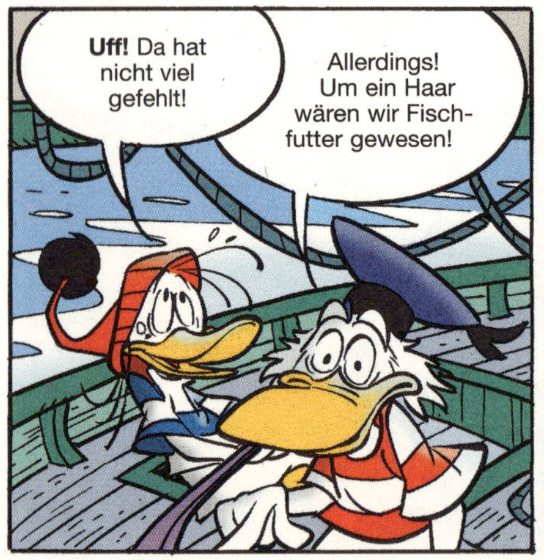
Uff! Da hat nicht viel gefehlt!
Allerdings! Um ein Haar wären wir Fisch-futter gewesen!

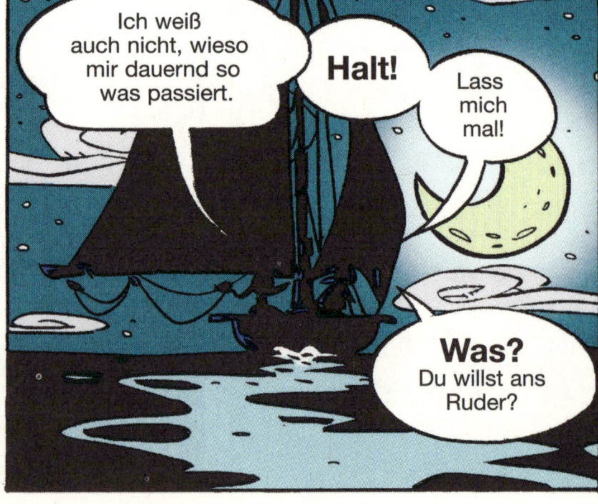
Ich weiß auch nicht, wieso mir dauernd so was passiert.
Halt!
Lass mich mal!
Was? Du willst ans Ruder?

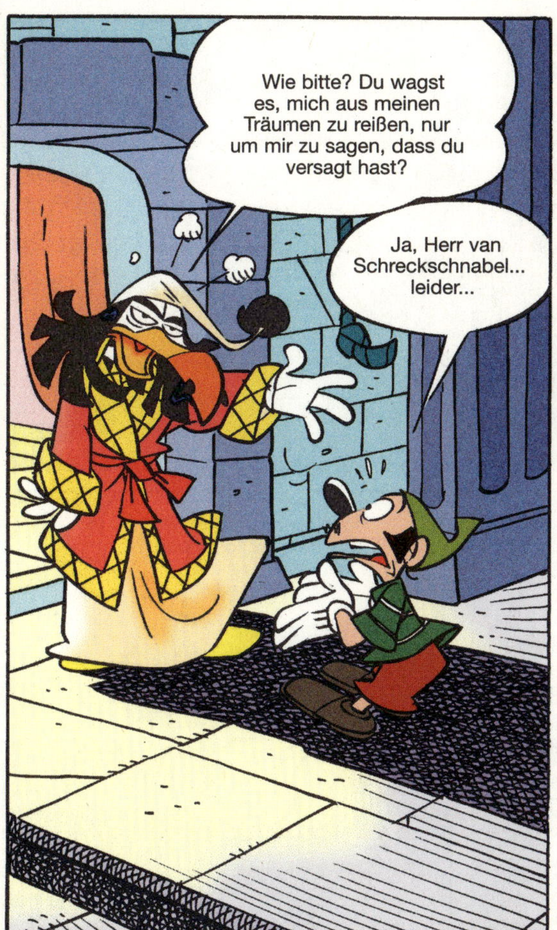
Wie bitte? Du wagst es, mich aus meinen Träumen zu reißen, nur um mir zu sagen, dass du versagt hast?
Ja, Herr van Schreckschnabel... leider...

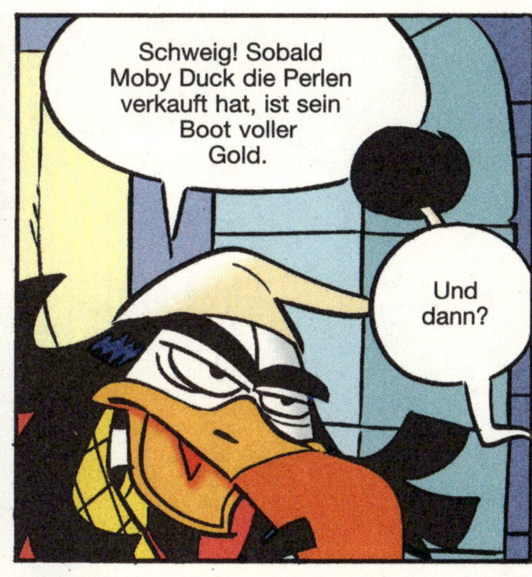
Schweig! Sobald Moby Duck die Perlen verkauft hat, ist sein Boot voller Gold.
Und dann?

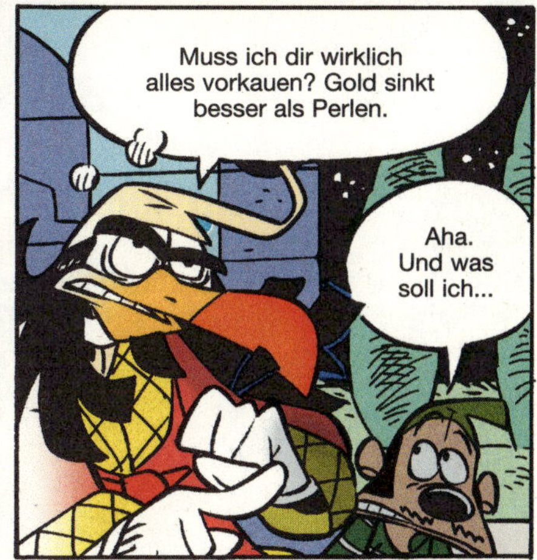
Muss ich dir wirklich alles vorkauen? Gold sinkt besser als Perlen.
Aha. Und was soll ich...

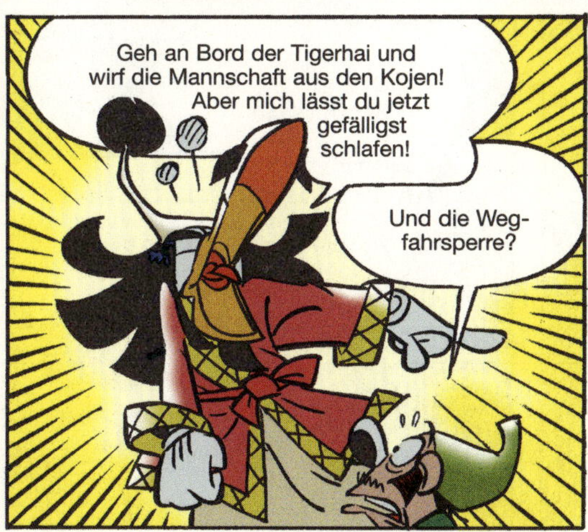
Geh an Bord der Tigerhai und wirf die Mannschaft aus den Kojen! Aber mich lässt du jetzt gefälligst schlafen!
Und die Wegfahrsperre?

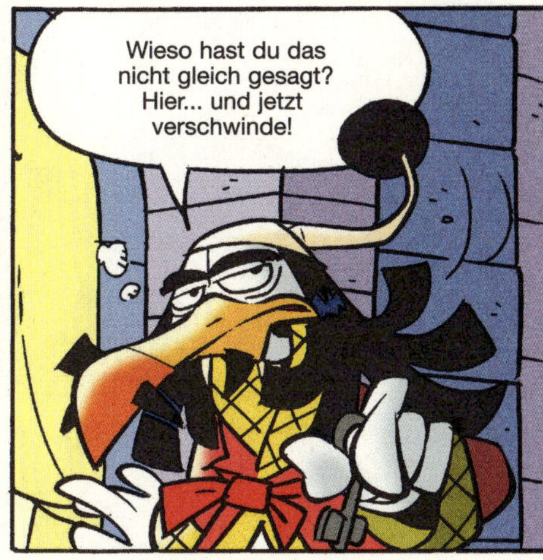
Wieso hast du das nicht gleich gesagt? Hier... und jetzt verschwinde!

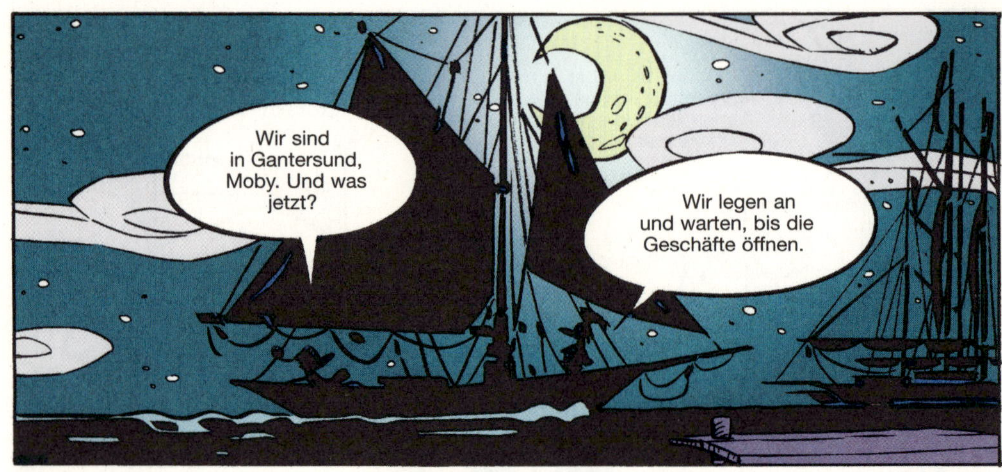
Wir sind in Gantersund, Moby. Und was jetzt?
Wir legen an und warten, bis die Geschäfte öffnen.

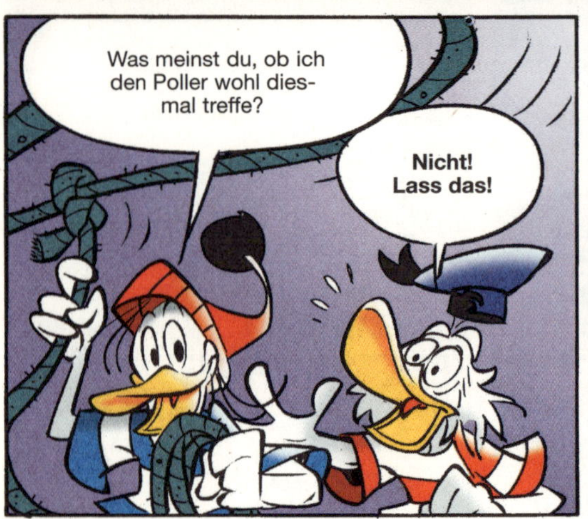
Was meinst du, ob ich den Poller wohl diesmal treffe?
Nicht! Lass das!

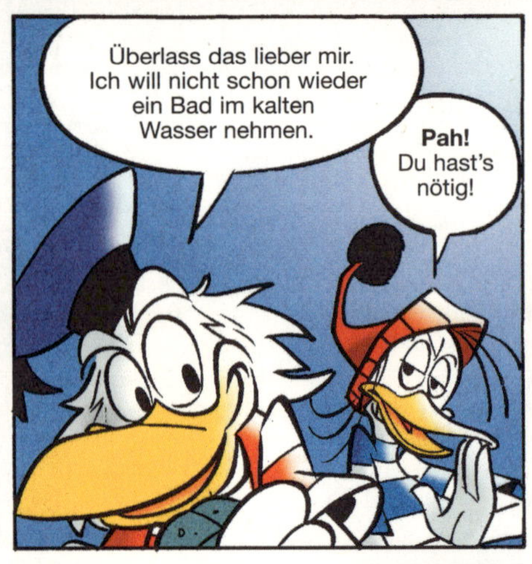
Überlass das lieber mir. Ich will nicht schon wieder ein Bad im kalten Wasser nehmen.
Pah! Du hast's nötig!

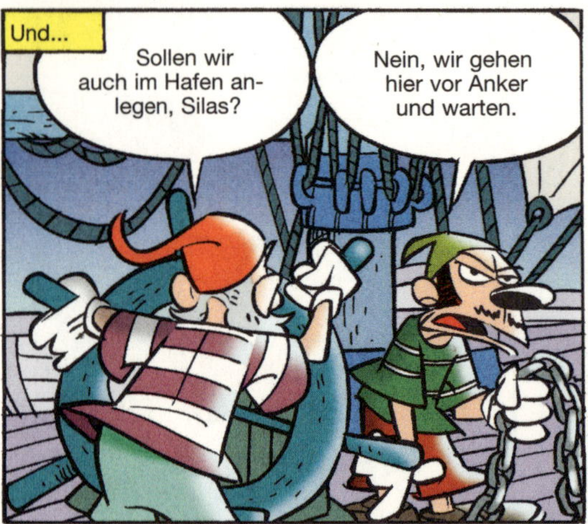
Und...
Sollen wir auch im Hafen anlegen, Silas?
Nein, wir gehen hier vor Anker und warten.

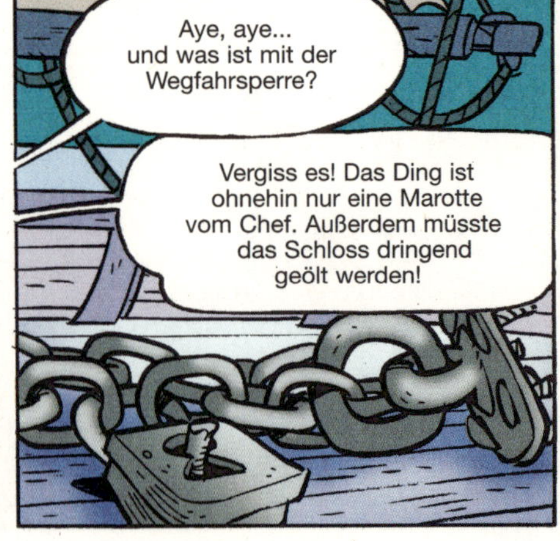
Aye, aye... und was ist mit der Wegfahrsperre?
Vergiss es! Das Ding ist ohnehin nur eine Marotte vom Chef. Außerdem müsste das Schloss dringend geölt werden!

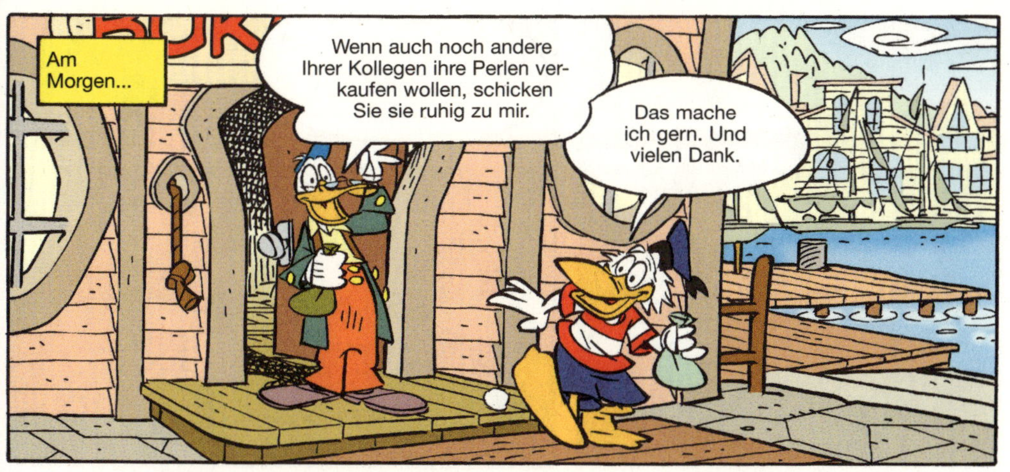
Am Morgen...
Wenn auch noch andere Ihrer Kollegen ihre Perlen verkaufen wollen, schicken Sie sie ruhig zu mir.
Das mache ich gern. Und vielen Dank.

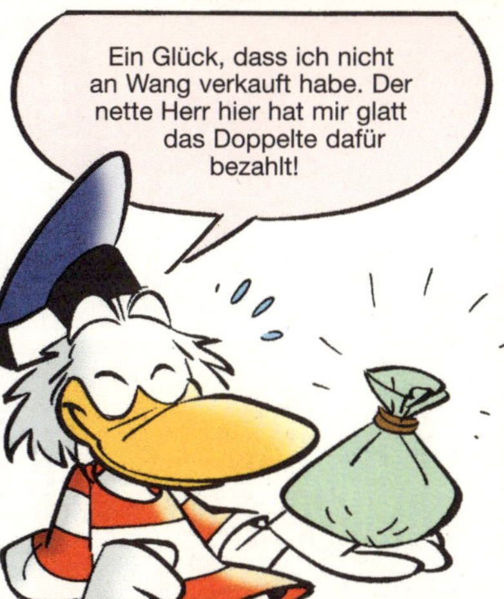
Ein Glück, dass ich nicht an Wang verkauft habe. Der nette Herr hier hat mir glatt das Doppelte dafür bezahlt!

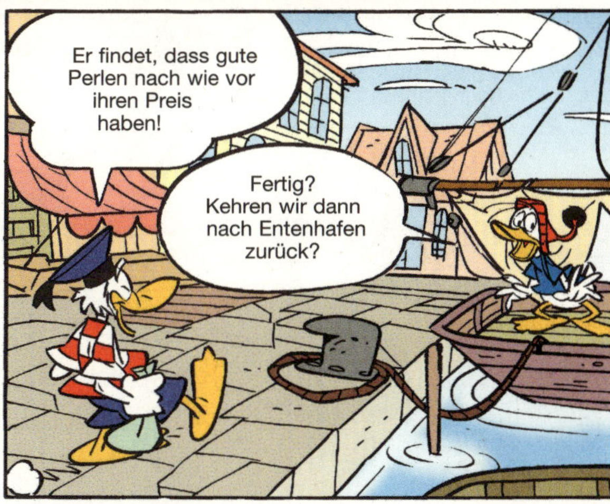
Er findet, dass gute Perlen nach wie vor ihren Preis haben!
Fertig? Kehren wir dann nach Entenhafen zurück?

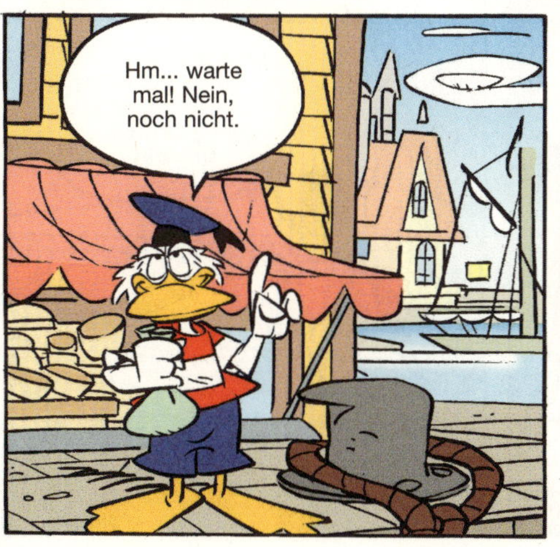
Hm... warte mal! Nein, noch nicht.

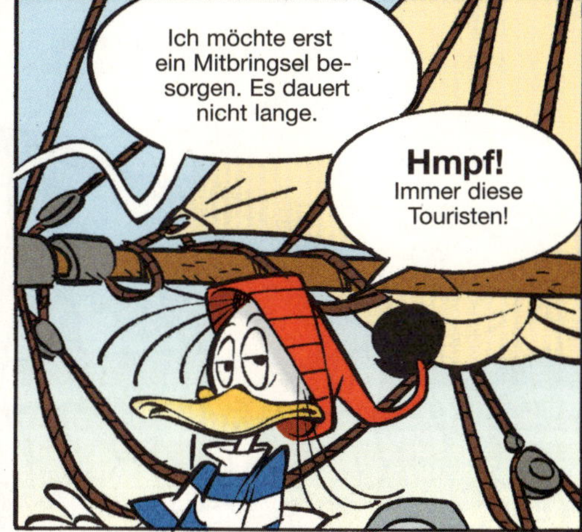
Ich möchte erst ein Mitbringsel besorgen. Es dauert nicht lange.
Hmpf! Immer diese Touristen!

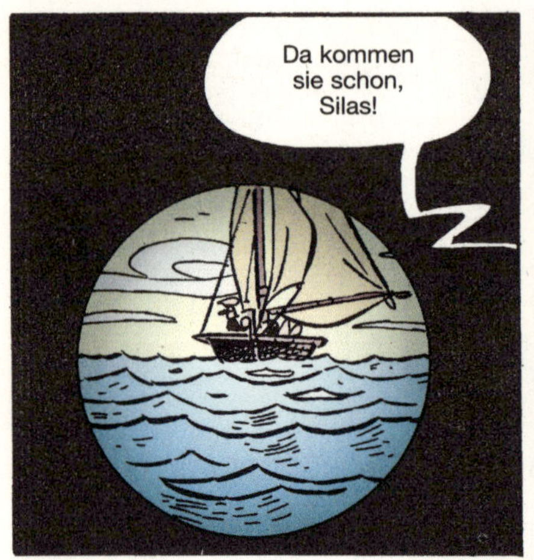
Da kommen sie schon, Silas!

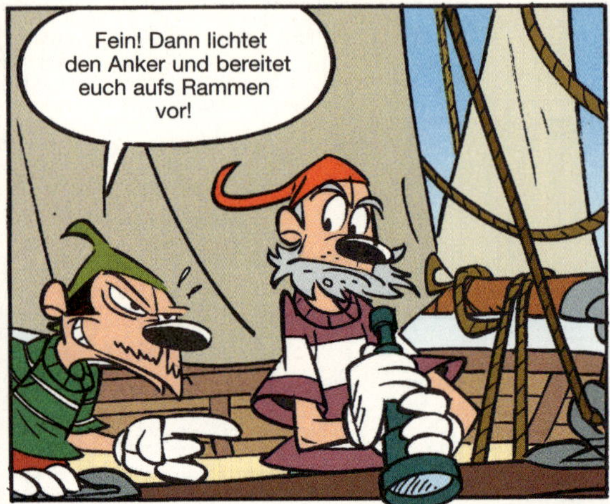
Fein! Dann lichtet den Anker und bereitet euch aufs Rammen vor!

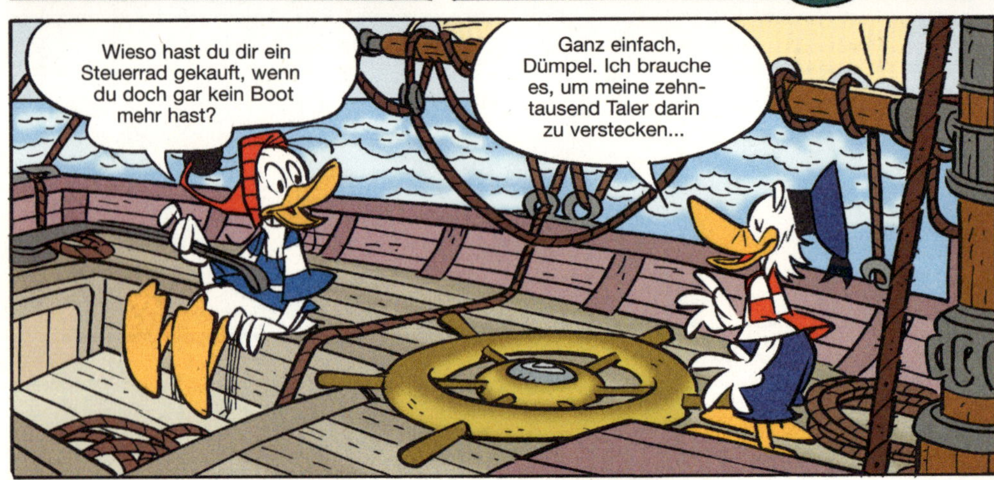
Wieso hast du dir ein Steuerrad gekauft, wenn du doch gar kein Boot mehr hast?
Ganz einfach, Dümpel. Ich brauche es, um meine zehntausend Taler darin zu verstecken...

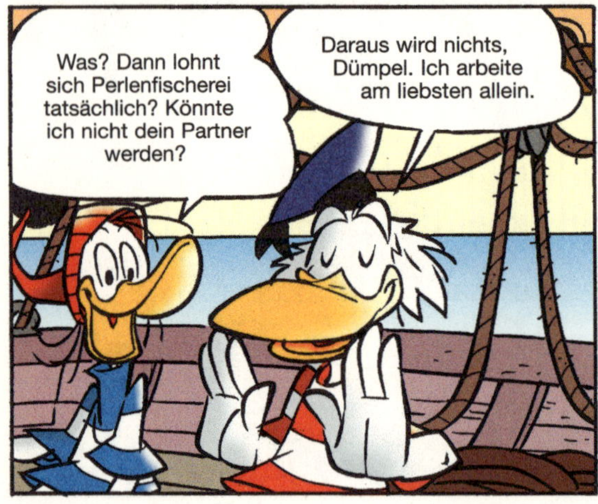
Was? Dann lohnt sich Perlenfischerei tatsächlich? Könnte ich nicht dein Partner werden?
Daraus wird nichts, Dümpel. Ich arbeite am liebsten allein.

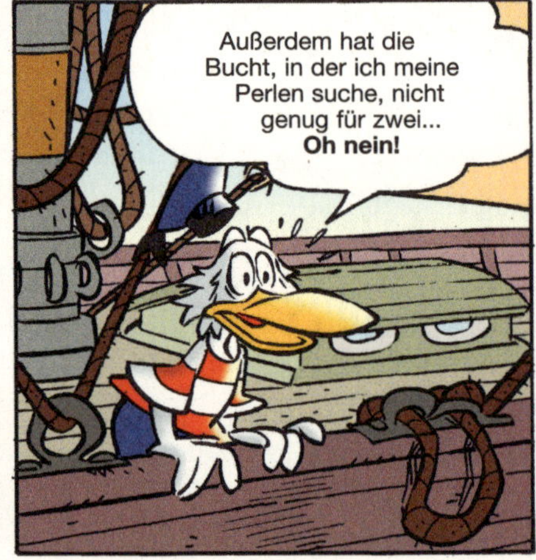
Außerdem hat die Bucht, in der ich meine Perlen suche, nicht genug für zwei...
Oh nein!

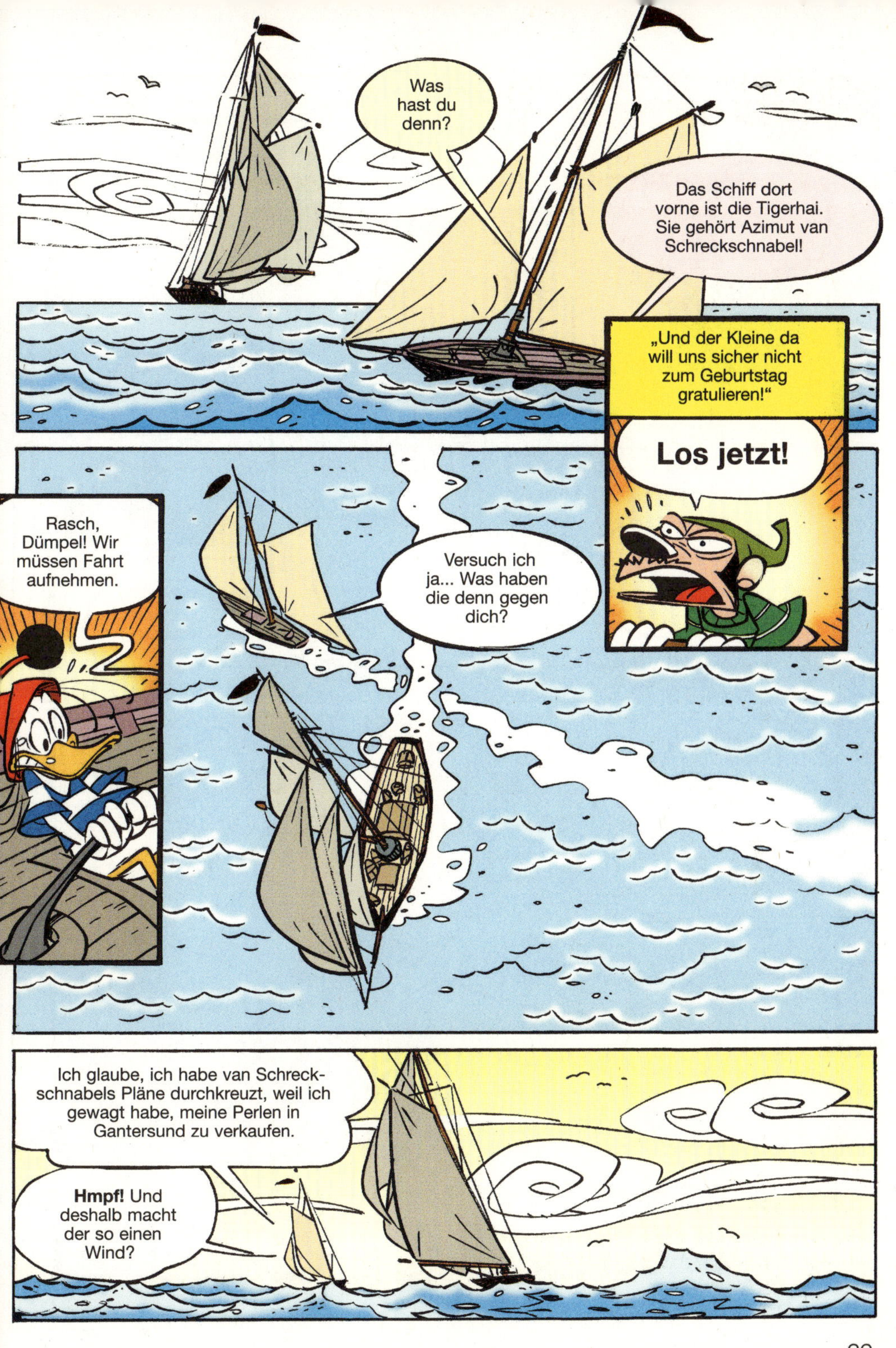
Was hast du denn?
Das Schiff dort vorne ist die Tigerhai. Sie gehört Azimut van Schreckschnabel!
„Und der Kleine da will uns sicher nicht zum Geburtstag gratulieren!“
Los jetzt!
Rasch, Dümpel! Wir müssen Fahrt aufnehmen.
Versuch ich ja... Was haben die denn gegen dich?
Ich glaube, ich habe van Schreckschnabels Pläne durchkreuzt, weil ich gewagt habe, meine Perlen in Gantersund zu verkaufen.
Hmpf! Und deshalb macht der so einen Wind?

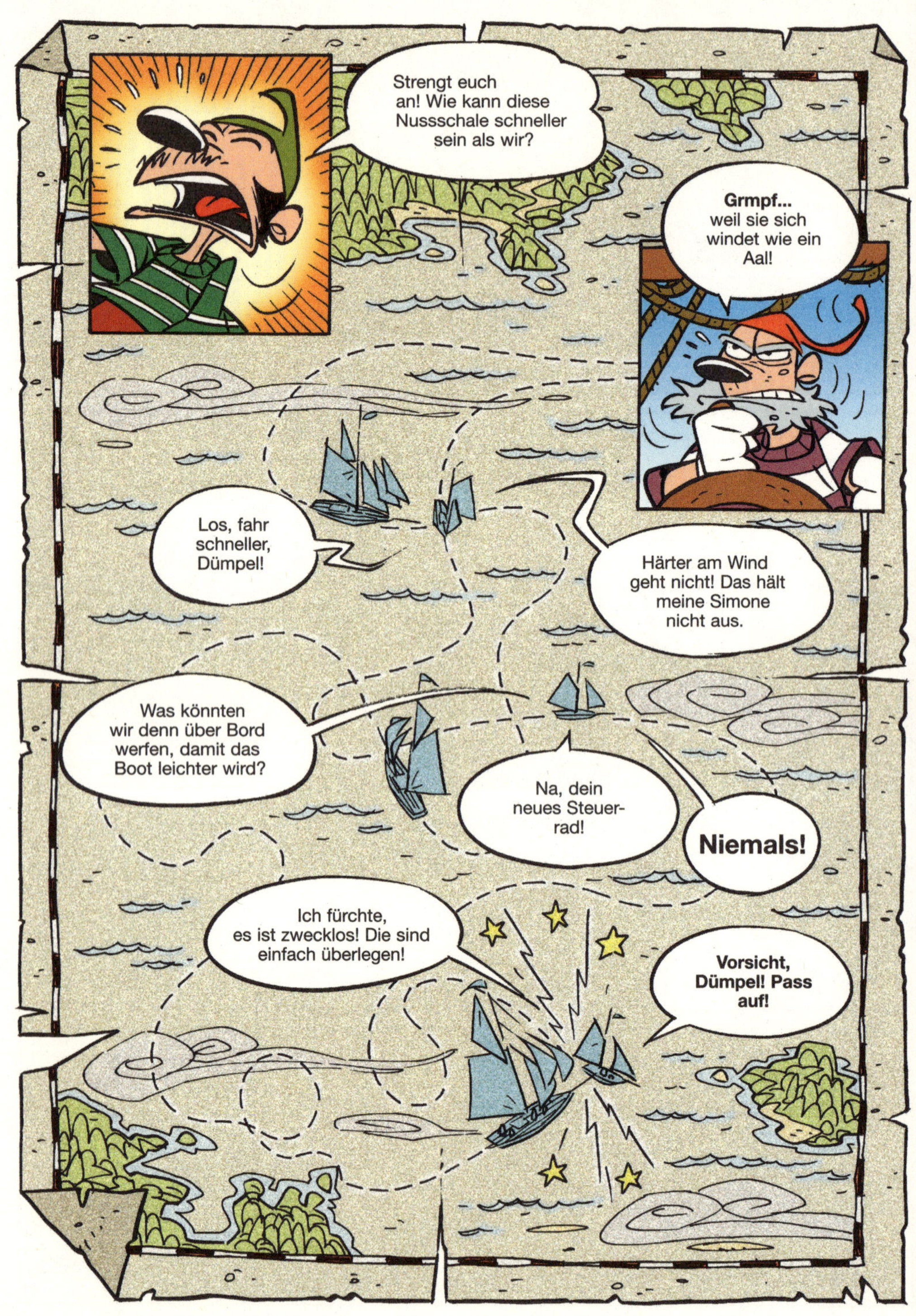
Strengt euch an! Wie kann diese Nussschale schneller sein als wir?
Grmpf... weil sie sich windet wie ein Aal!
Los, fahr schneller, Dümpel!
Härter am Wind geht nicht! Das hält meine Simone nicht aus.
Was könnten wir denn über Bord werfen, damit das Boot leichter wird?
Na, dein neues Steuerrad!
Niemals!
Ich fürchte, es ist zwecklos! Die sind einfach überlegen!
Vorsicht, Dümpel! Pass auf!

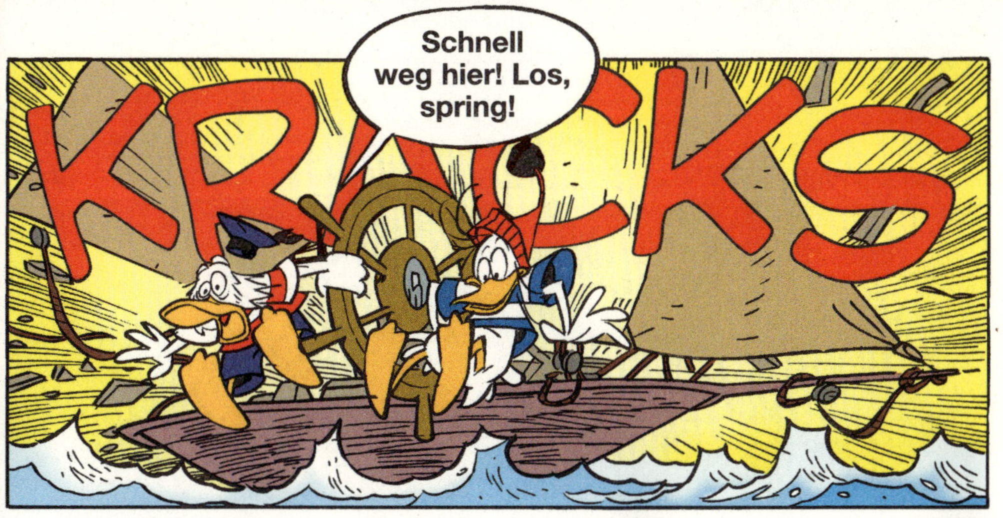
KRACKS
Schnell weg hier! Los, spring!

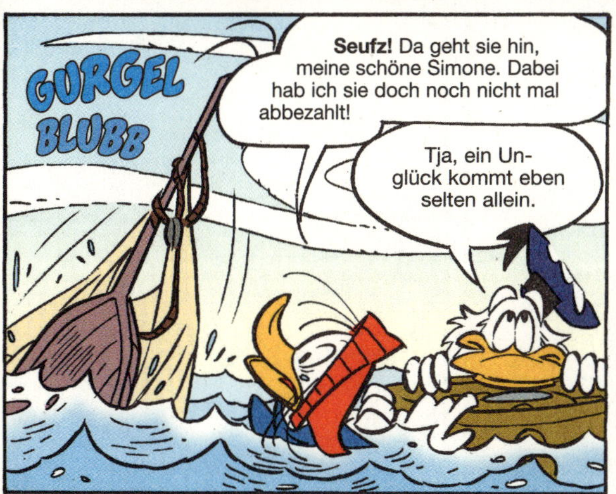
GURGEL
BLUBB
Seufz! Da geht sie hin, meine schöne Simone. Dabei hab ich sie doch noch nicht mal abbezahlt!
Tja, ein Unglück kommt eben selten allein.

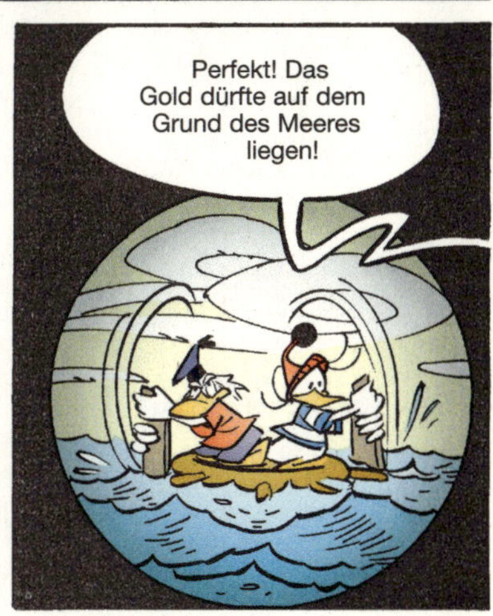
Perfekt! Das Gold dürfte auf dem Grund des Meeres liegen!

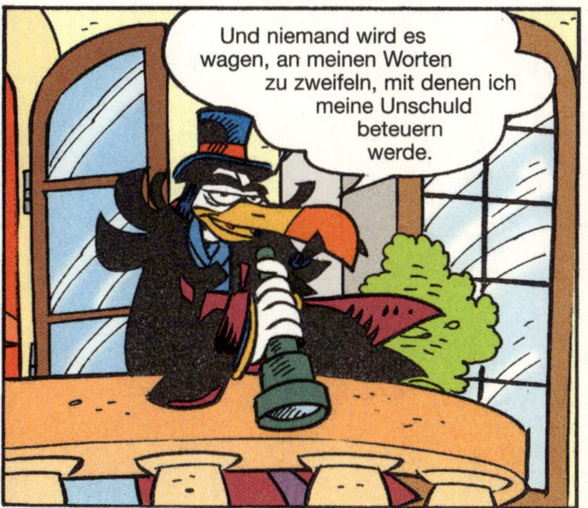
Und niemand wird es wagen, an meinen Worten zu zweifeln, mit denen ich meine Unschuld beteuern werde.

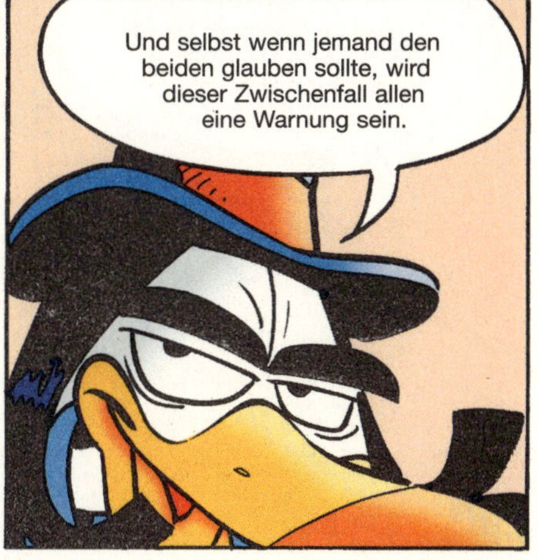
Und selbst wenn jemand den beiden glauben sollte, wird dieser Zwischenfall allen eine Warnung sein.

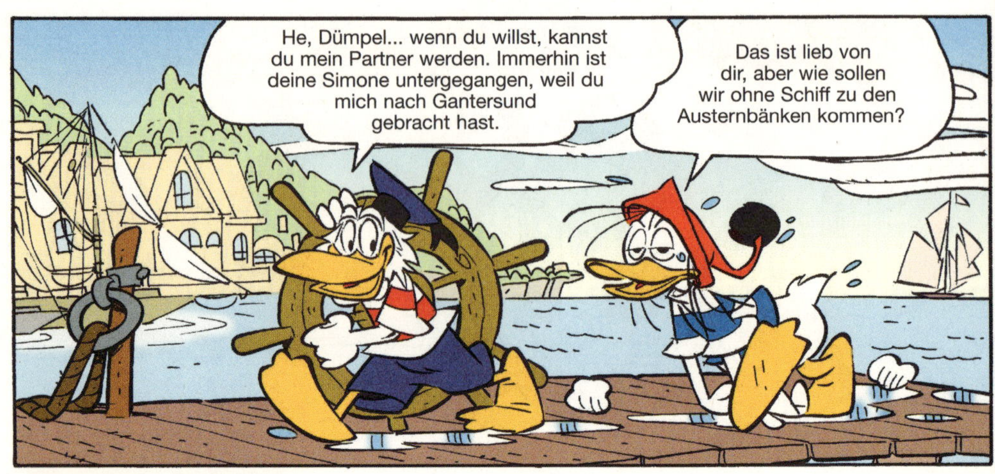
He, Dümpel... wenn du willst, kannst du mein Partner werden. Immerhin ist deine Simone untergegangen, weil du mich nach Gantersund gebracht hast.
Das ist lieb von dir, aber wie sollen wir ohne Schiff zu den Austernbänken kommen?

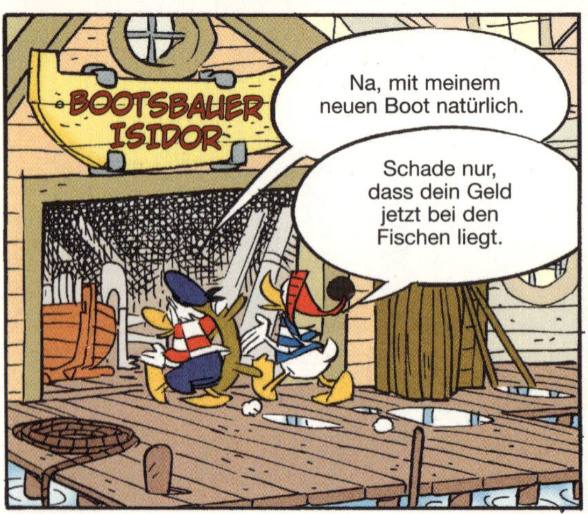
BOOTSBAUER ISIDOR
Na, mit meinem neuen Boot natürlich.
Schade nur, dass dein Geld jetzt bei den Fischen liegt.

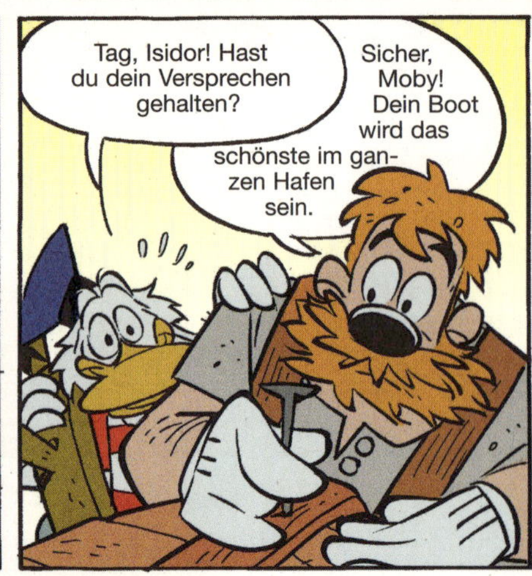
Tag, Isidor! Hast du dein Versprechen gehalten?
Sicher, Moby! Dein Boot wird das schönste im ganzen Hafen sein.

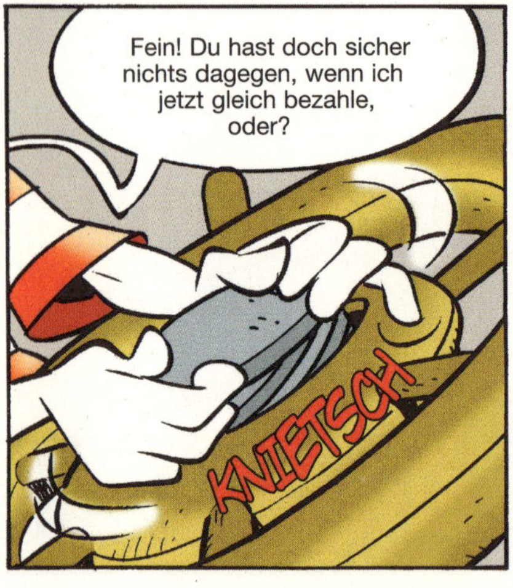
Fein! Du hast doch sicher nichts dagegen, wenn ich jetzt gleich bezahle, oder?
KNIETSCH

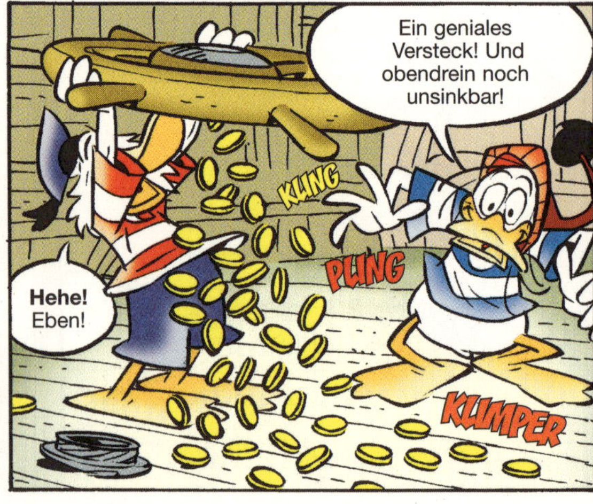
Ein geniales Versteck! Und obendrein noch unsinkbar!
KLING
PLING
Hehe! Eben!
KLIMPER

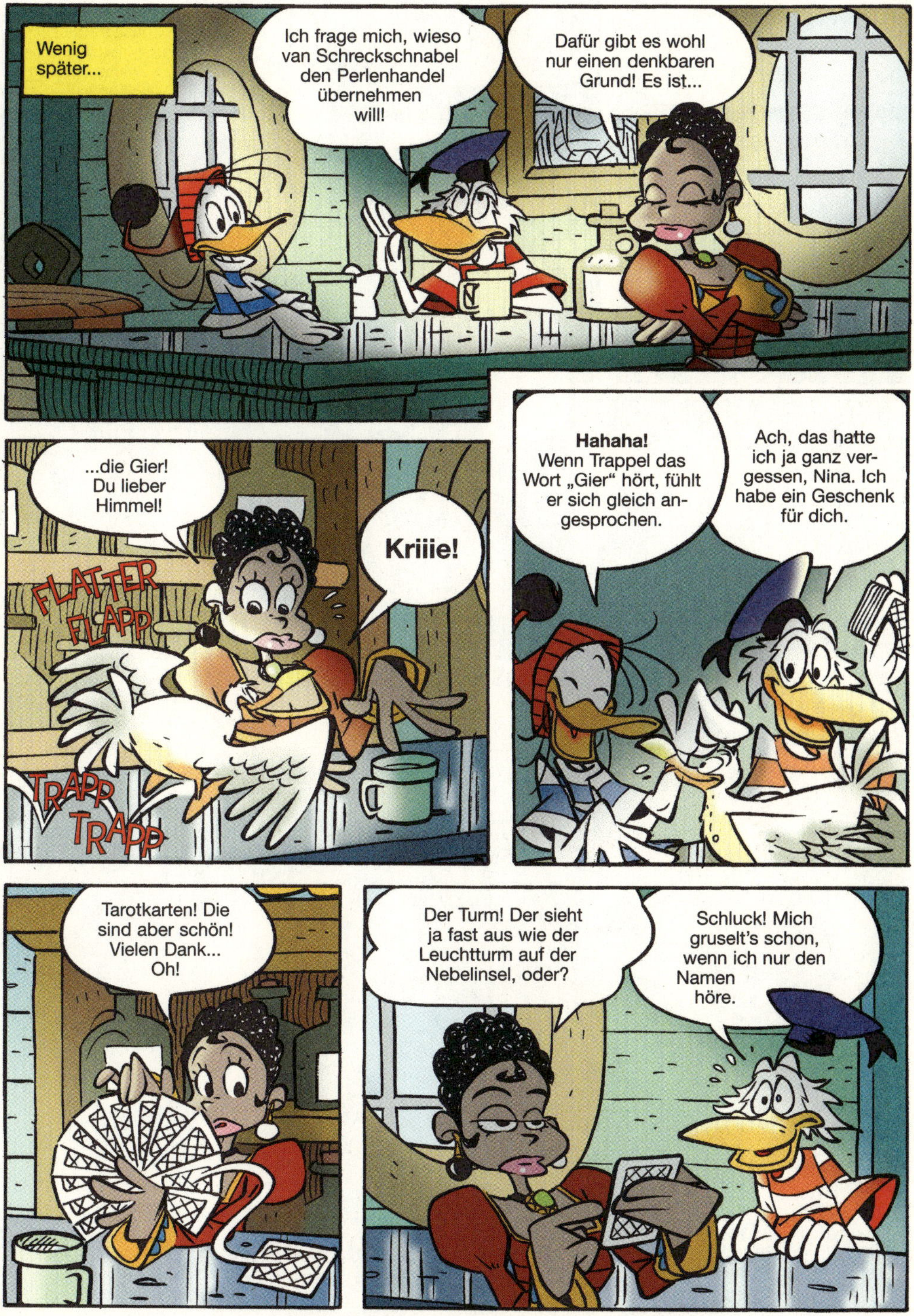

Wenig später...
Ich frage mich, wieso van Schreckschnabel den Perlenhandel übernehmen will!
Dafür gibt es wohl nur einen denkbaren Grund! Es ist...

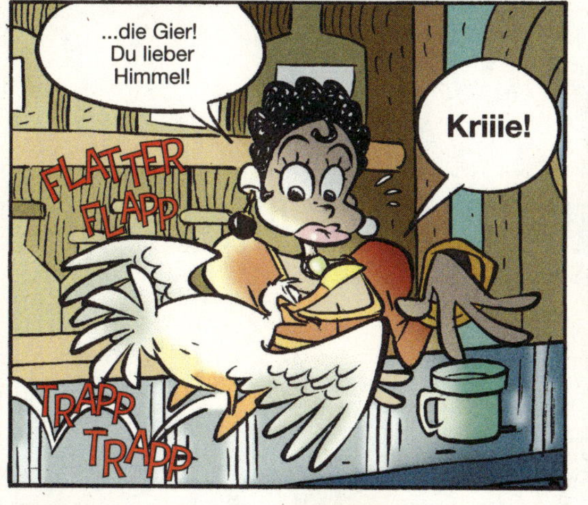

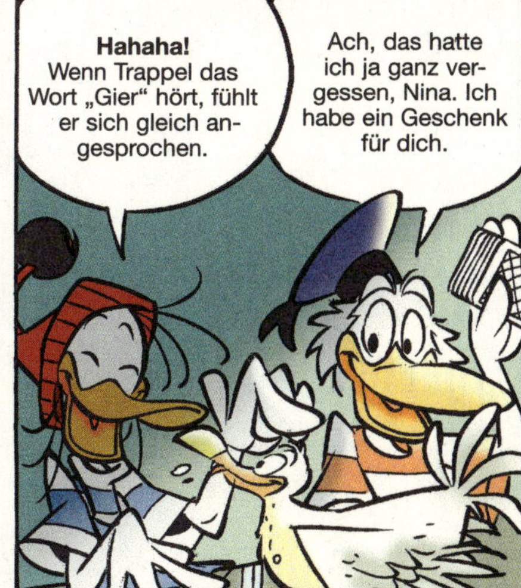

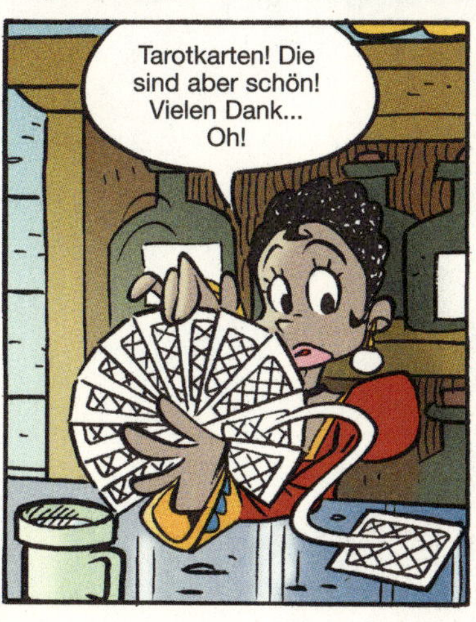

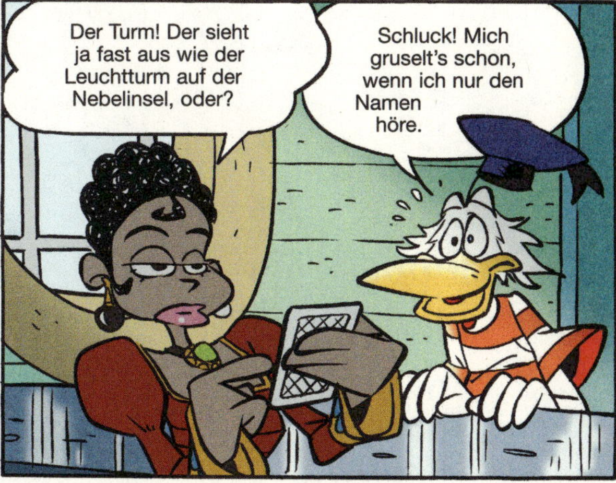

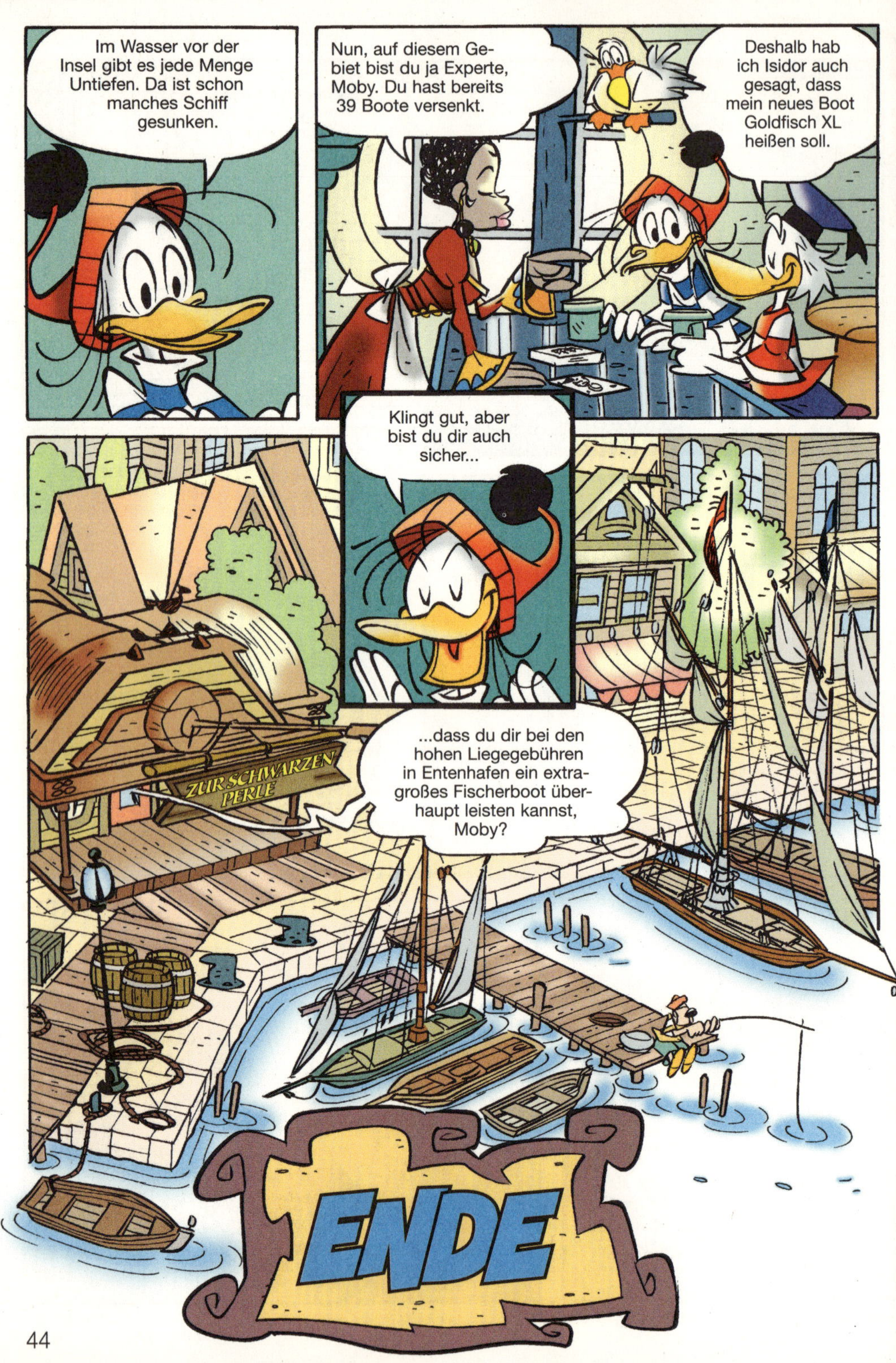
Im Wasser vor der Insel gibt es jede Menge Untiefen. Da ist schon manches Schiff gesunken.
Nun, auf diesem Gebiet bist du ja Experte, Moby. Du hast bereits 39 Boote versenkt.
Deshalb hab ich Isidor auch gesagt, dass mein neues Boot Goldfisch XL heißen soll.
Klingt gut, aber bist du dir auch sicher...
...dass du dir bei den hohen Liegegebühren in Entenhafen ein extragroßes Fischerboot überhaupt leisten kannst, Moby?
ZUR SCHWARZEN PERLE
ENDE

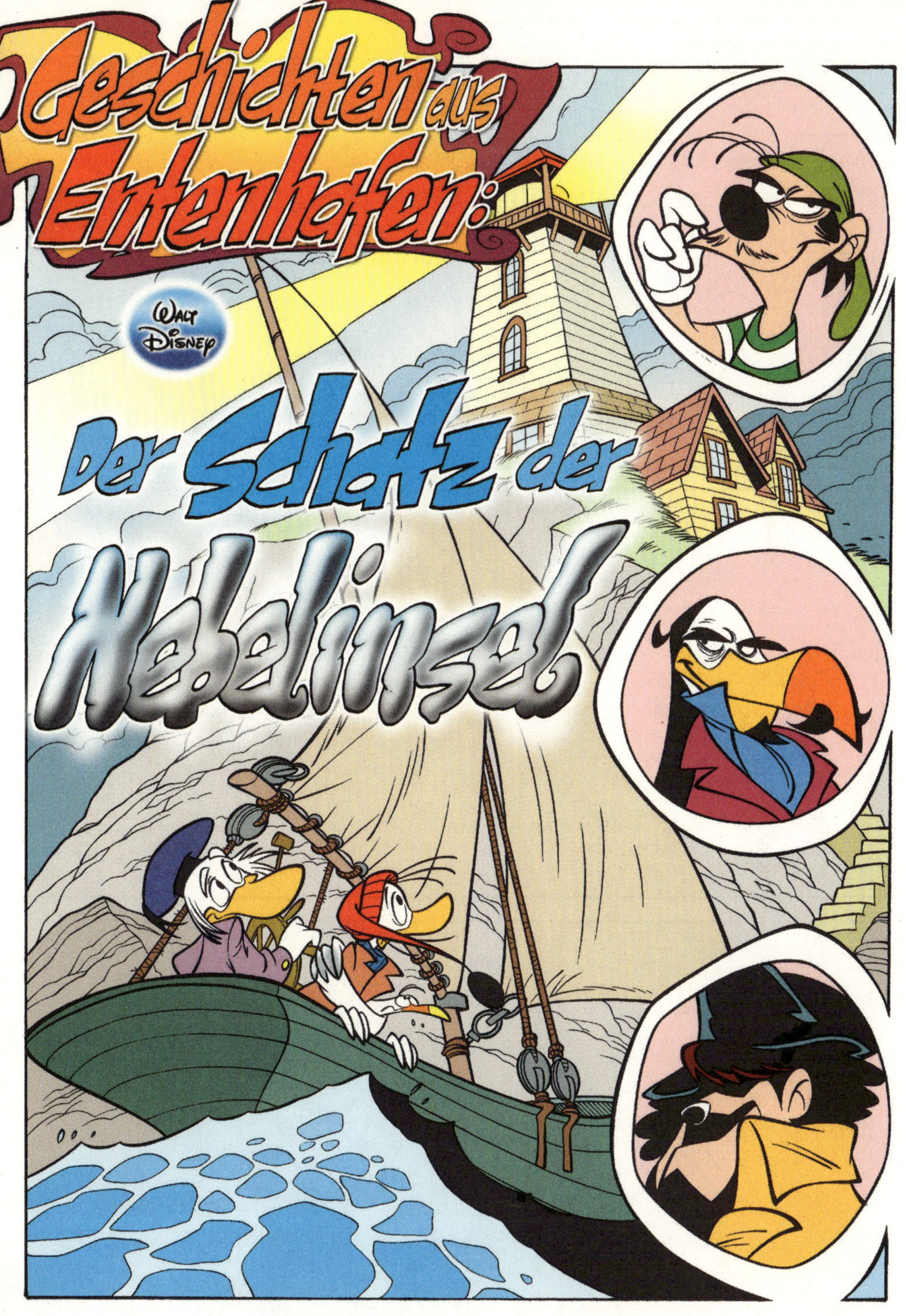

Alberto Savini (Story), Stefano Turconi, Roberta Zanotta (Zeichnungen) *I TL 2381-6*

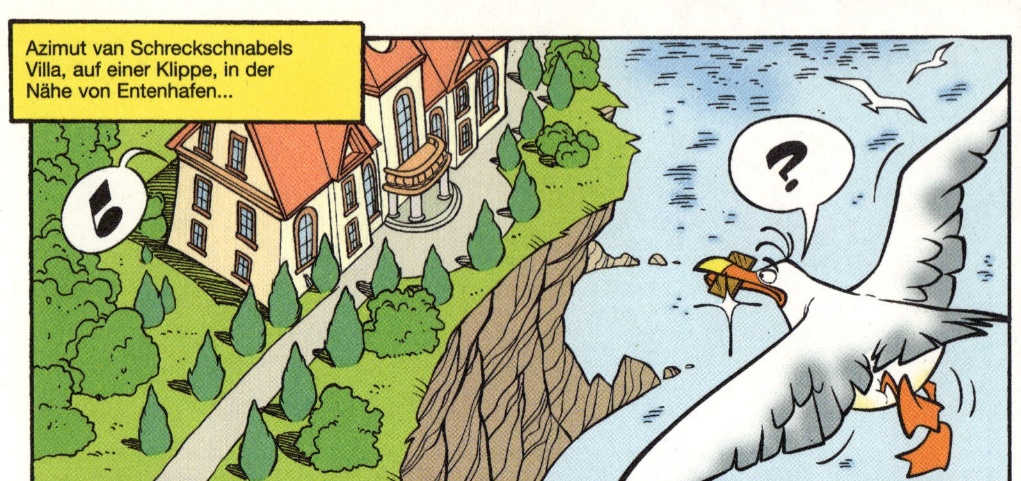
Azimut van Schreckschnabels Villa, auf einer Klippe, in der Nähe von Entenhafen...
?

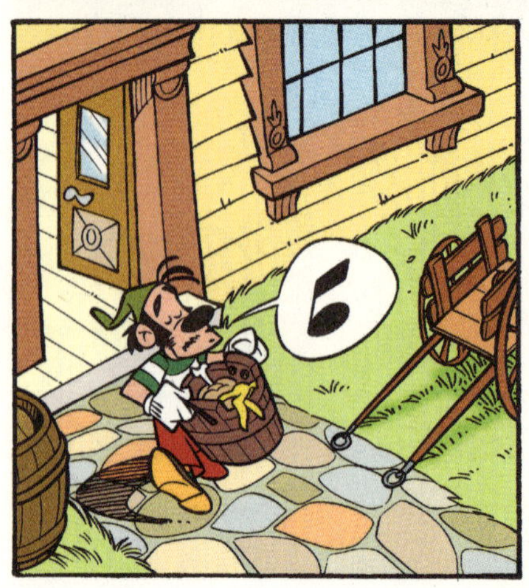

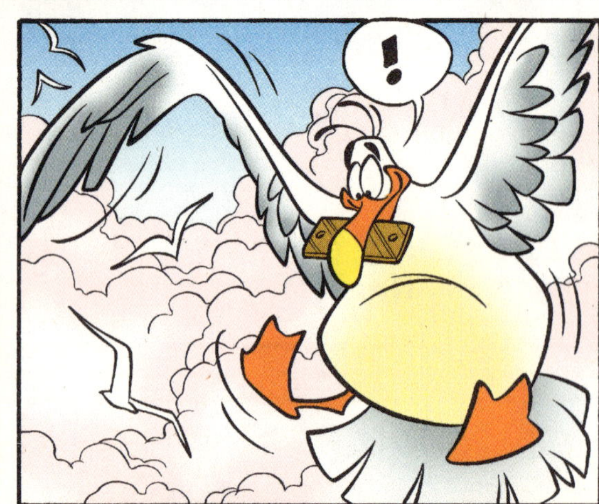
!

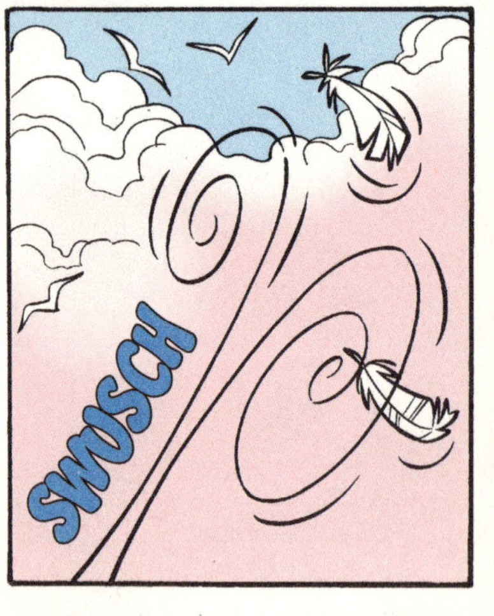
SWUSCH

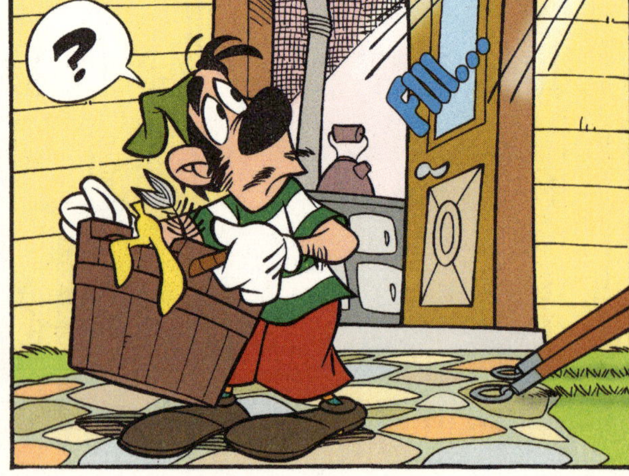
?
FIII...

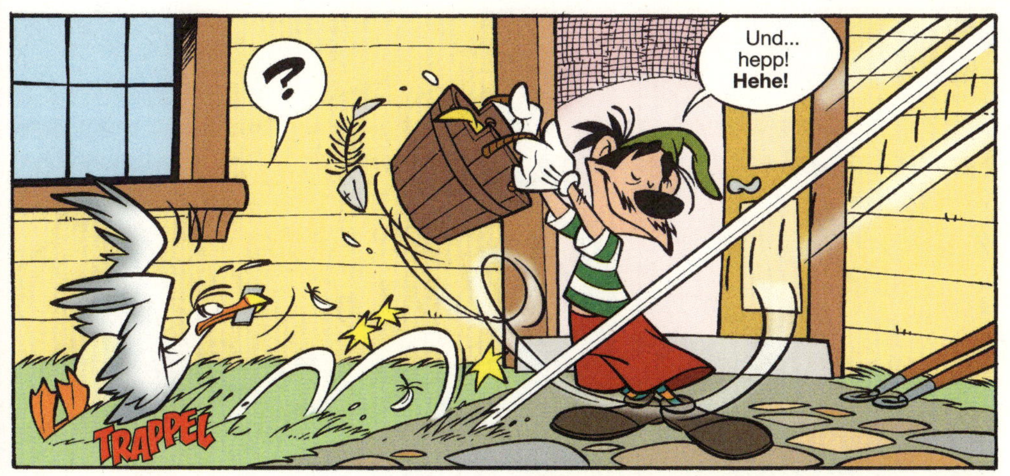
?
Und...
hepp!
Hehe!
TRAPPEL

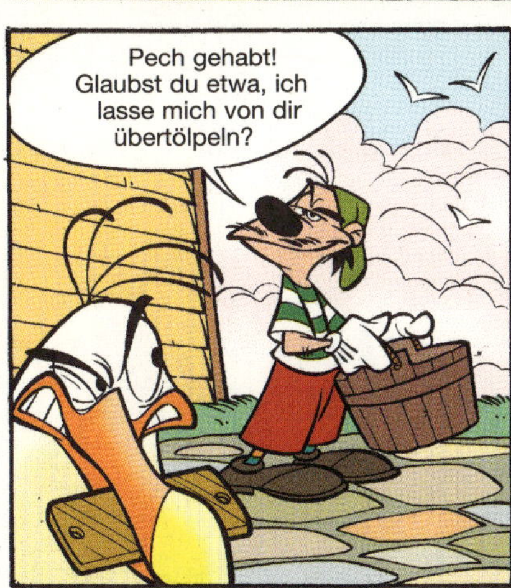
Pech gehabt!
Glaubst du etwa, ich
lasse mich von dir
übertölpeln?

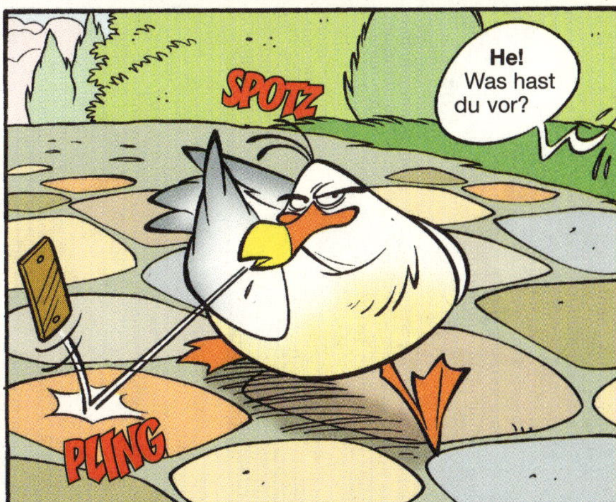
SPOTZ
He!
Was hast
du vor?
PLING

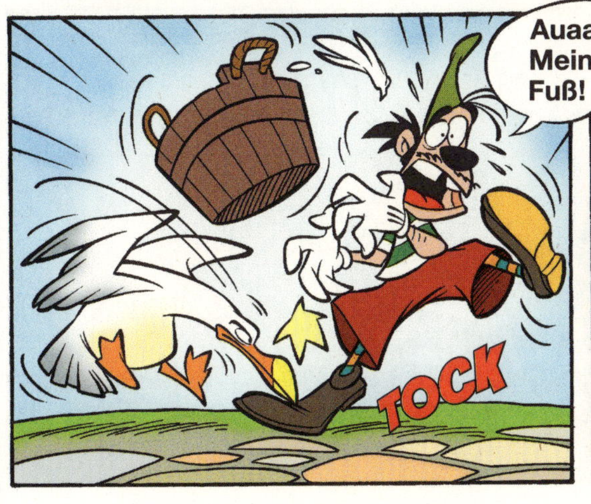
**Auaaa!
Mein
Fuß!**
TOCK

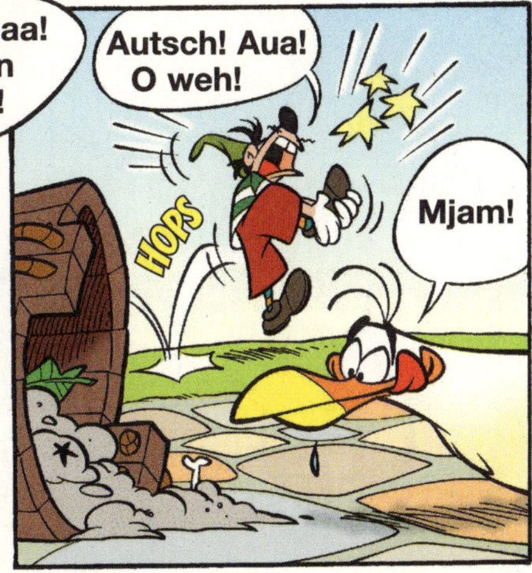
**Autsch! Aua!
O weh!**
HOPS
Mjam!

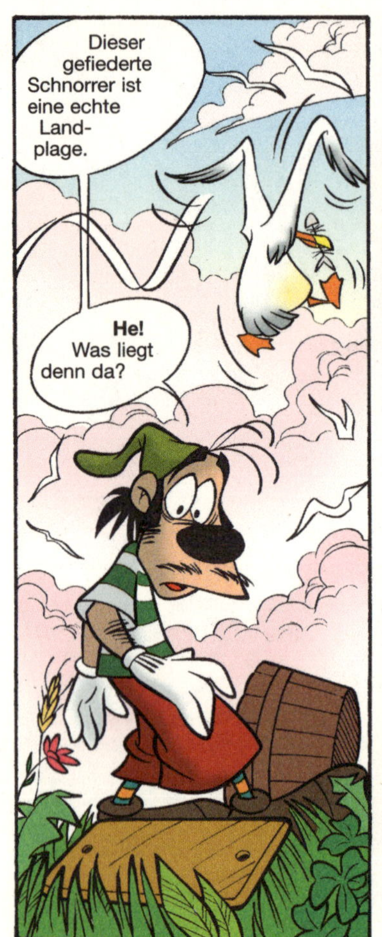
Dieser gefiederte Schnorrer ist eine echte Land-plage.
He! Was liegt denn da?

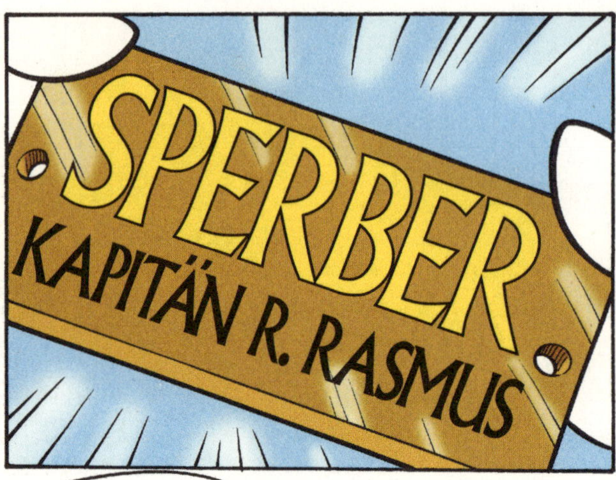
SPERBER
KAPITÄN R. RASMUS

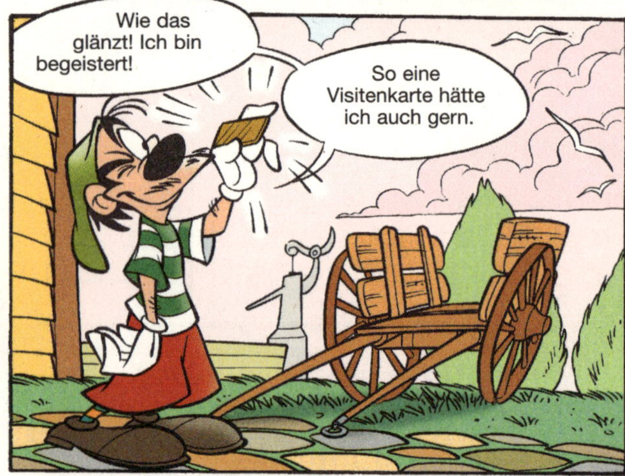
Wie das glänzt! Ich bin begeistert!
So eine Visitenkarte hätte ich auch gern.

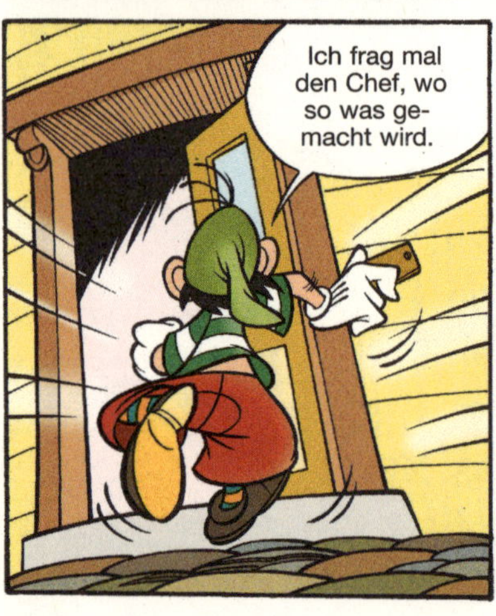
Ich frag mal den Chef, wo so was ge-macht wird.

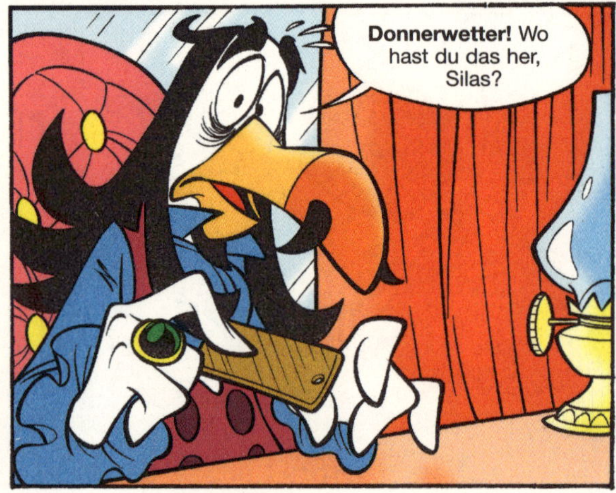
Donnerwetter! Wo hast du das her, Silas?

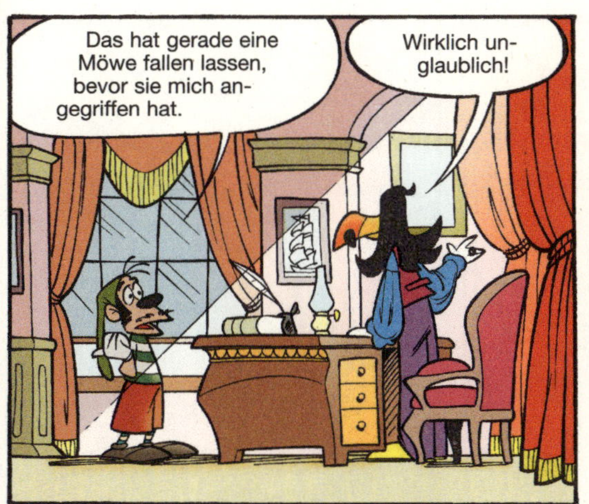
Das hat gerade eine Möwe fallen lassen, bevor sie mich angegriffen hat.
Wirklich unglaublich!

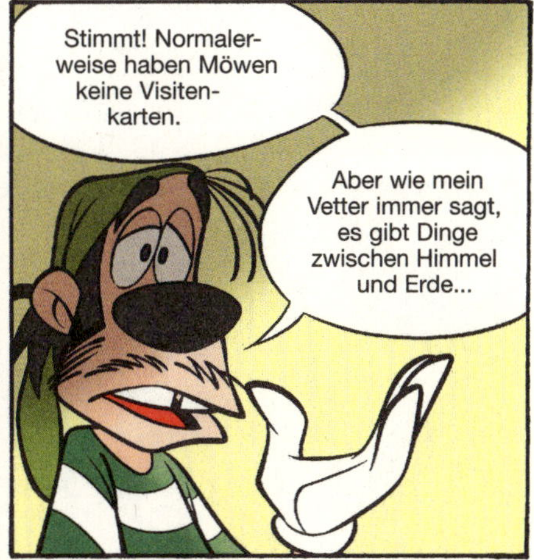
Stimmt! Normalerweise haben Möwen keine Visitenkarten.
Aber wie mein Vetter immer sagt, es gibt Dinge zwischen Himmel und Erde...

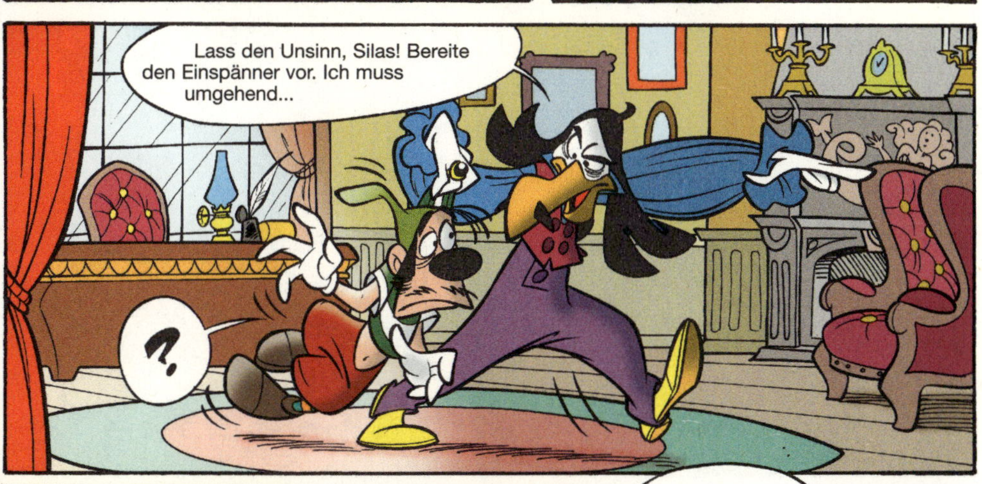
Lass den Unsinn, Silas! Bereite den Einspänner vor. Ich muss umgehend...
?

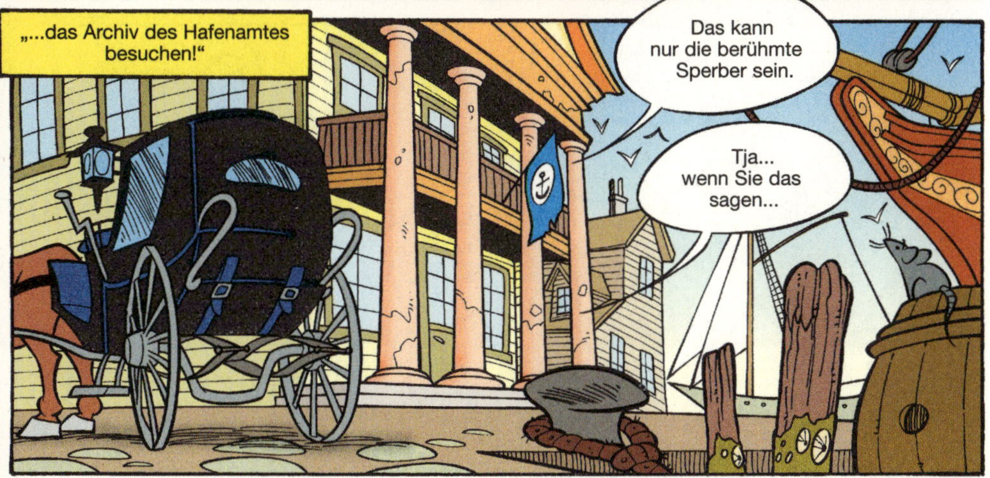
„...das Archiv des Hafenamtes besuchen!“
Das kann nur die berühmte Sperber sein.
Tja... wenn Sie das sagen...

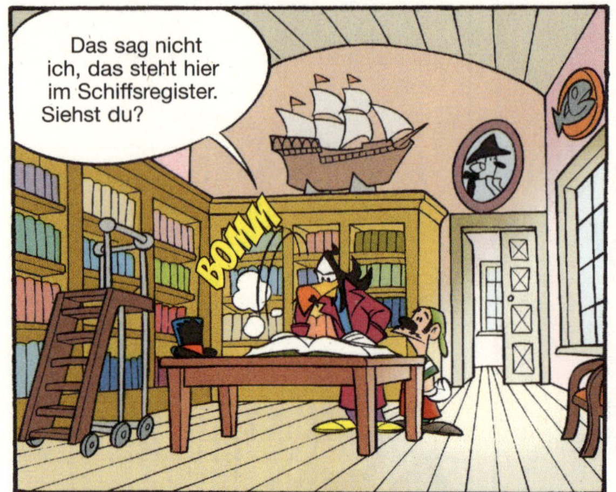
Das sag nicht ich, das steht hier im Schiffsregister. Siehst du?
BOMM

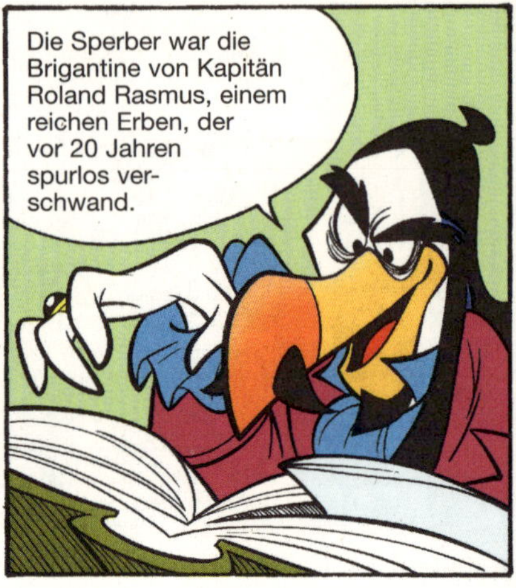
Die Sperber war die Brigantine von Kapitän Roland Rasmus, einem reichen Erben, der vor 20 Jahren spurlos verschwand.

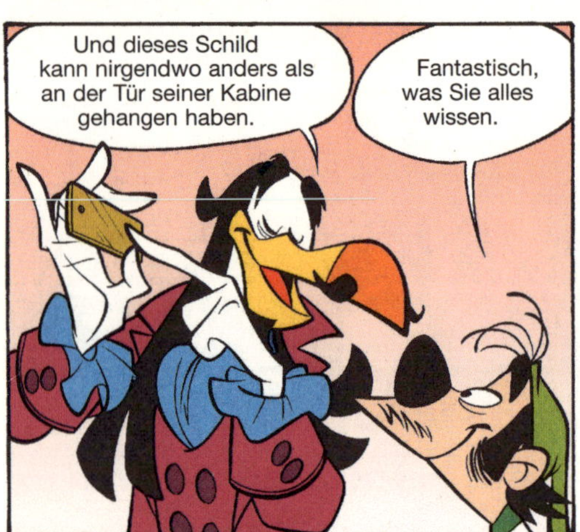
Und dieses Schild kann nirgendwo anders als an der Tür seiner Kabine gehangen haben.
Fantastisch, was Sie alles wissen.

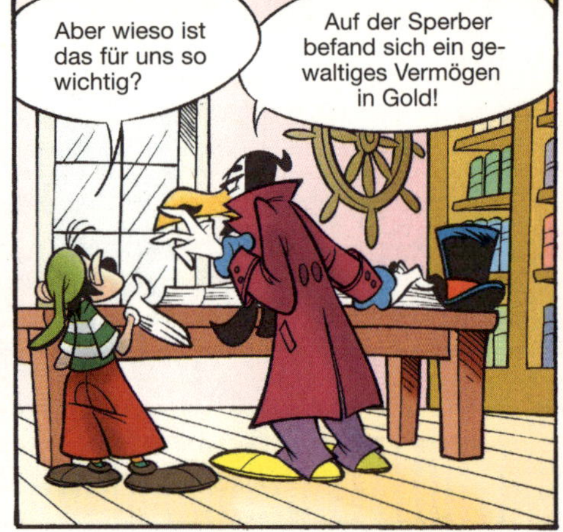
Aber wieso ist das für uns so wichtig?
Auf der Sperber befand sich ein gewaltiges Vermögen in Gold!

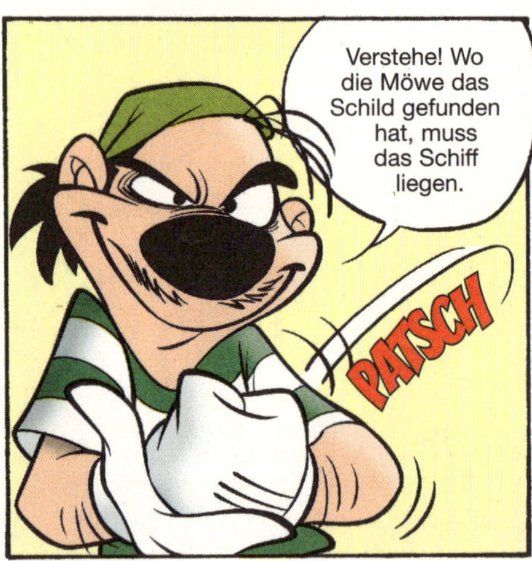
Verstehe! Wo die Möwe das Schild gefunden hat, muss das Schiff liegen.
PATSCH

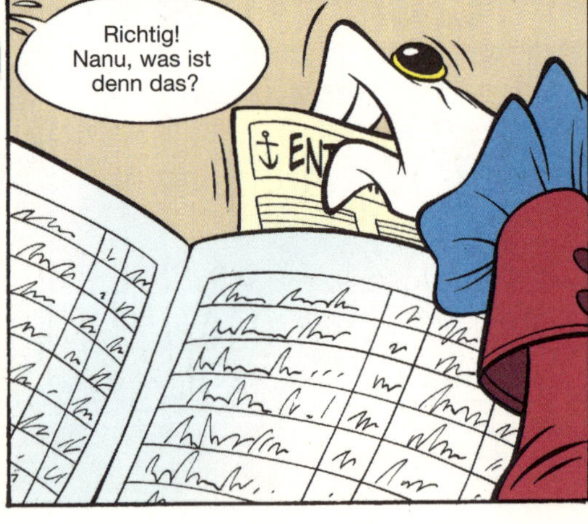
Richtig! Nanu, was ist denn das?

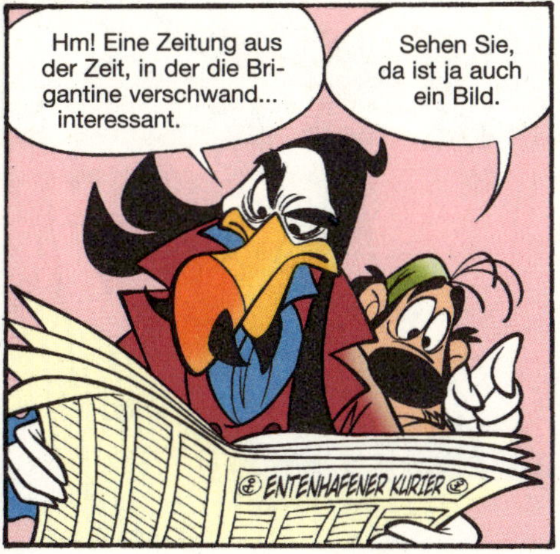
Hm! Eine Zeitung aus der Zeit, in der die Brigantine verschwand... interessant.
Sehen Sie, da ist ja auch ein Bild.
ENTENHAFENER KURIER

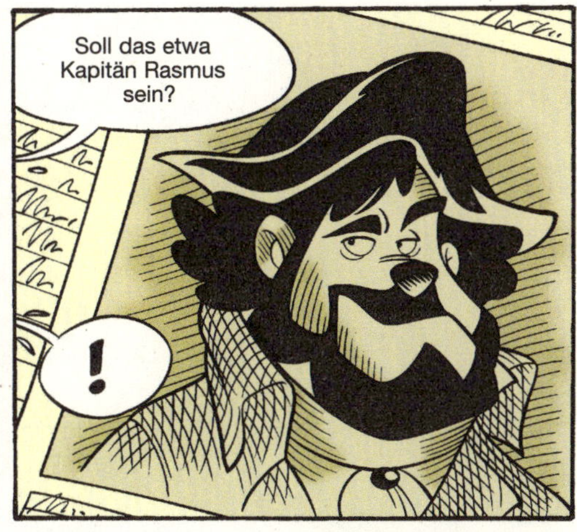
Soll das etwa Kapitän Rasmus sein?
!

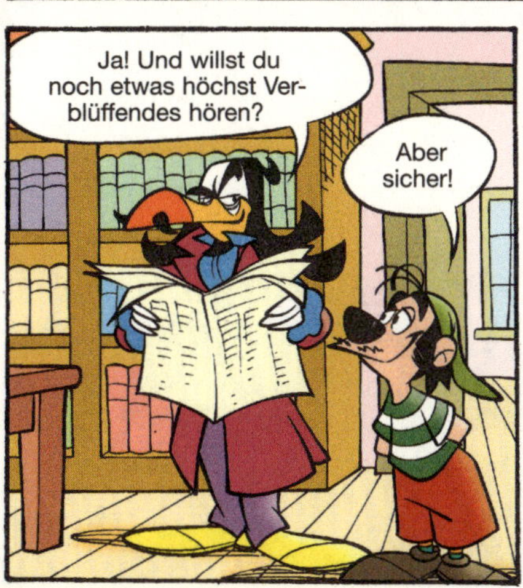
Ja! Und willst du noch etwas höchst Verblüffendes hören?
Aber sicher!

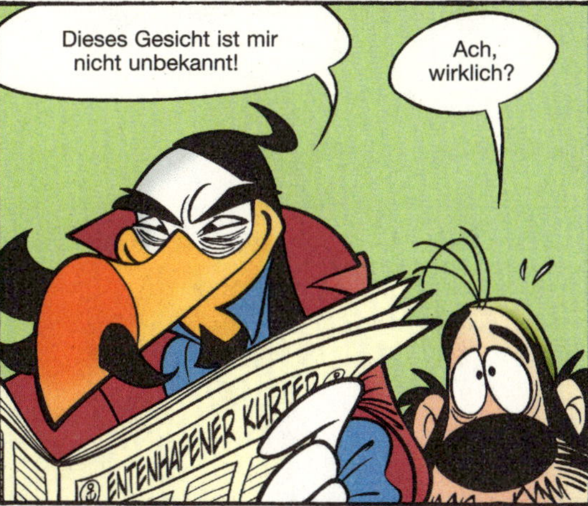
Dieses Gesicht ist mir nicht unbekannt!
Ach, wirklich?
ENTENHAFENER KURIER

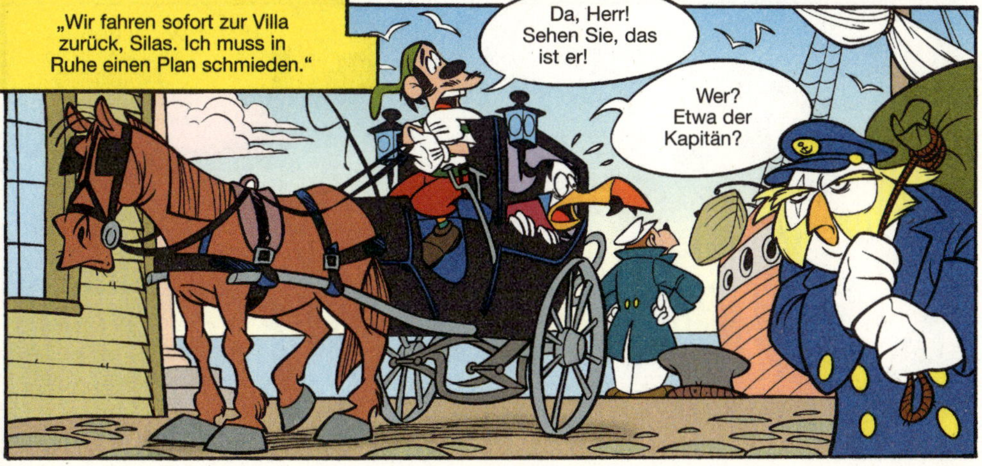
„Wir fahren sofort zur Villa zurück, Silas. Ich muss in Ruhe einen Plan schmieden.“
Da, Herr! Sehen Sie, das ist er!
Wer? Etwa der Kapitän?

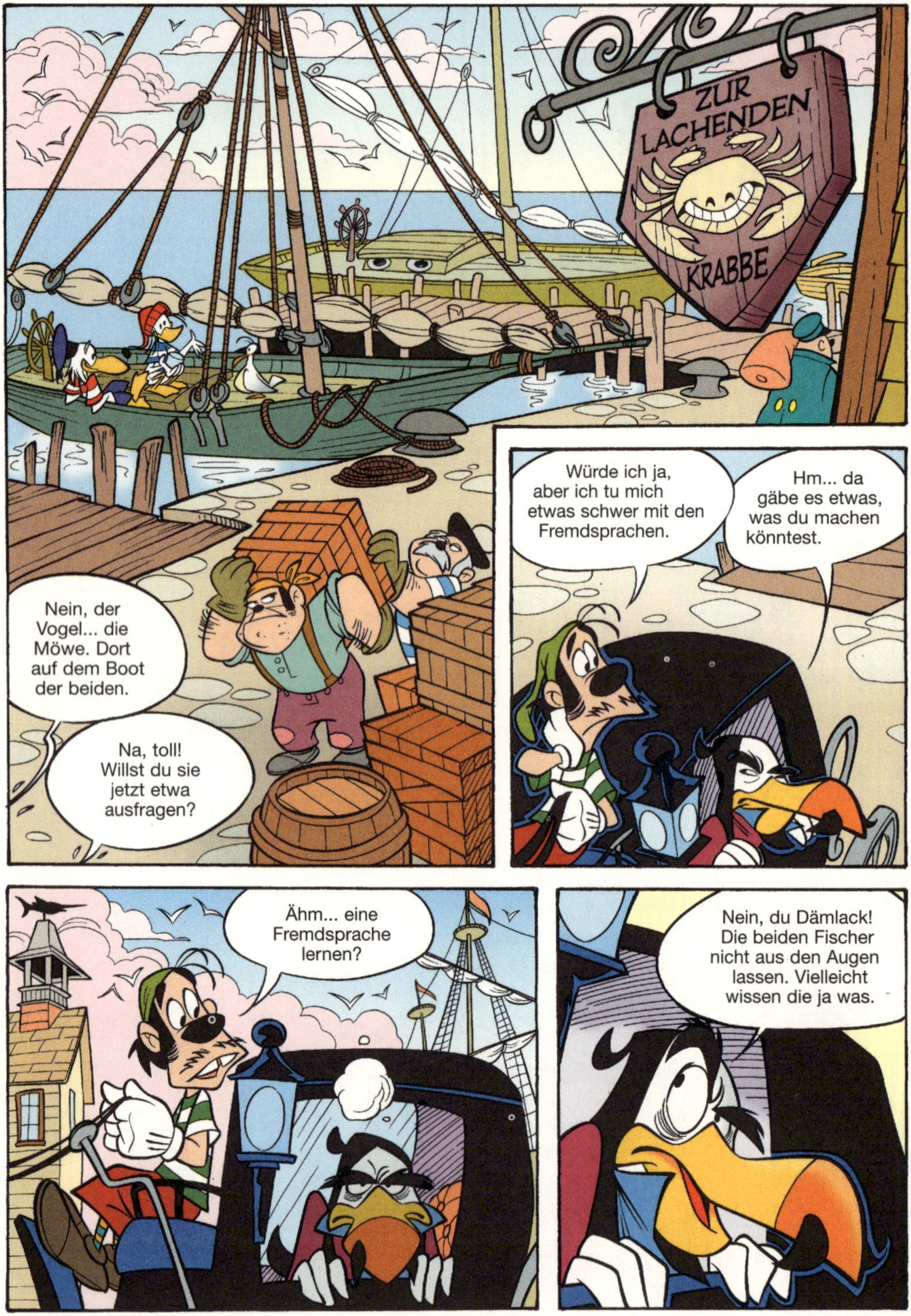

ZUR LACHENDEN KRABBE

Nein, der Vogel... die Möwe. Dort auf dem Boot der beiden.

Na, toll! Willst du sie jetzt etwa ausfragen?

Würde ich ja, aber ich tu mich etwas schwer mit den Fremdsprachen.

Hm... da gäbe es etwas, was du machen könntest.

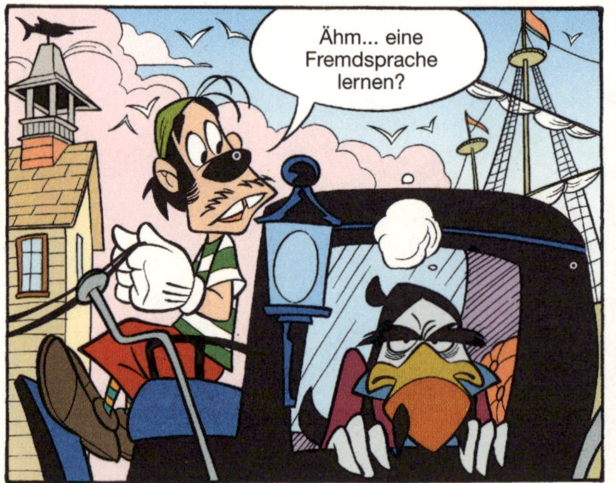

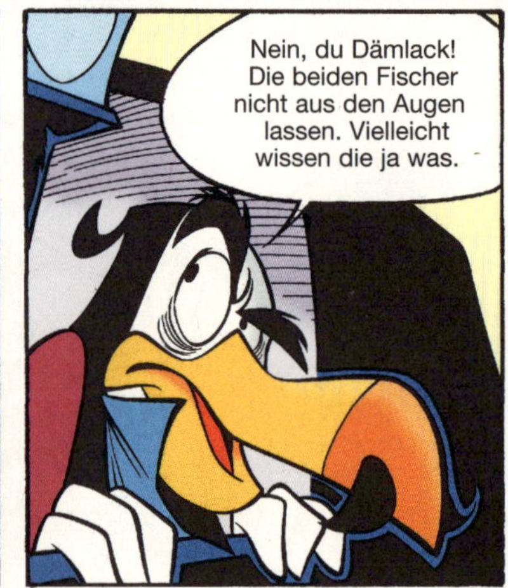

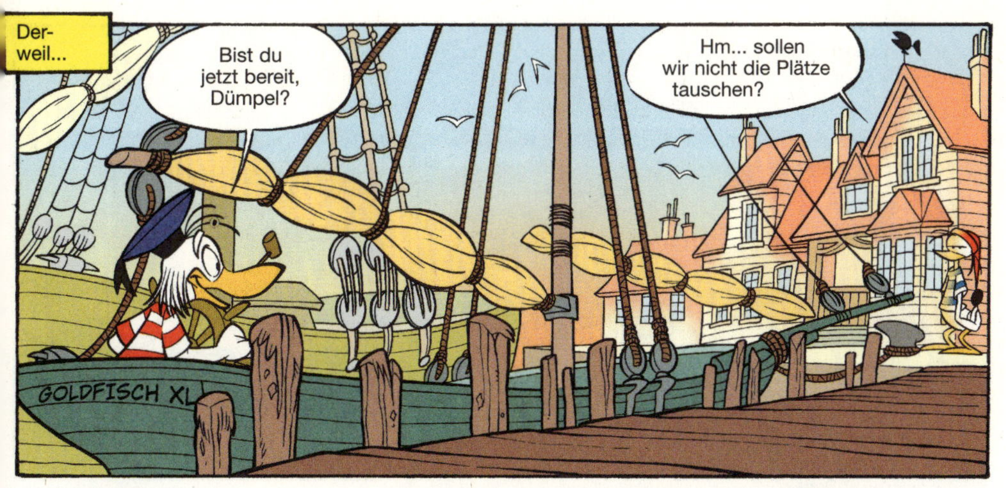
Der-
weil...
Bist du
jetzt bereit,
Dümpel?
Hm... sollen
wir nicht die Plätze
tauschen?
GOLDFISCH XL

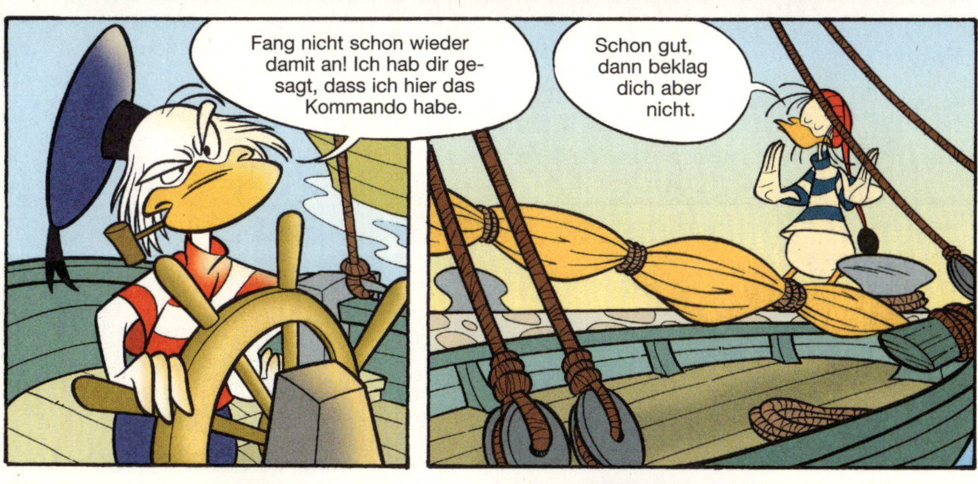
Fang nicht schon wieder
damit an! Ich hab dir ge-
sagt, dass ich hier das
Kommando habe.
Schon gut,
dann beklag
dich aber
nicht.

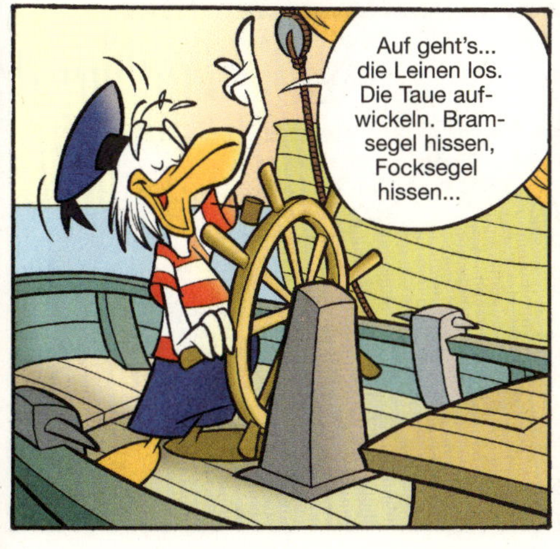
Auf geht's...
die Leinen los.
Die Taue auf-
wickeln. Bram-
segel hissen,
Focksegel
hissen...

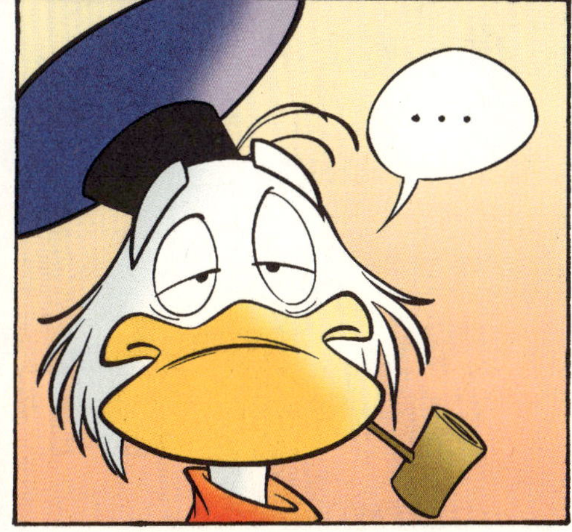
...

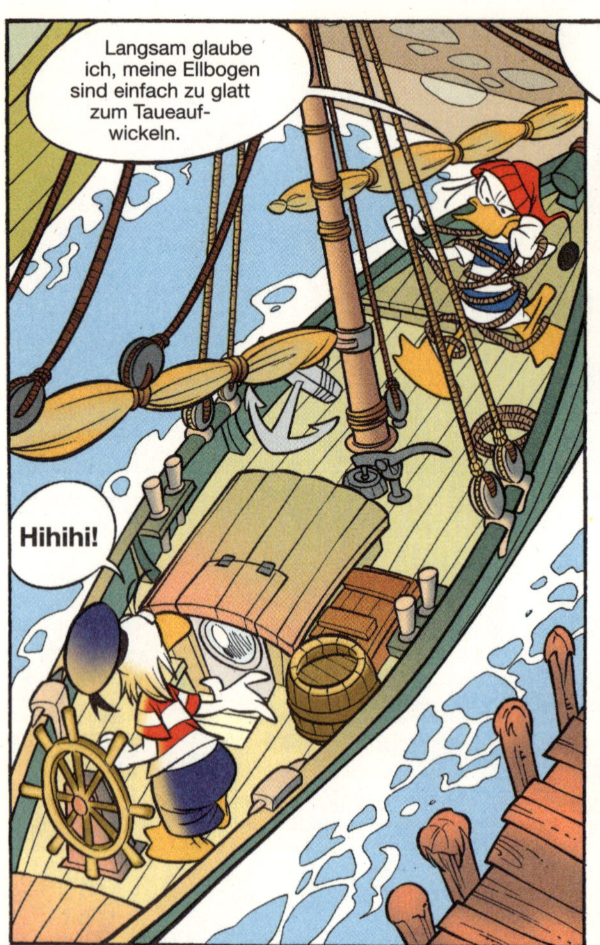
Langsam glaube ich, meine Ellbogen sind einfach zu glatt zum Taueauf-wickeln.
Hihihi!

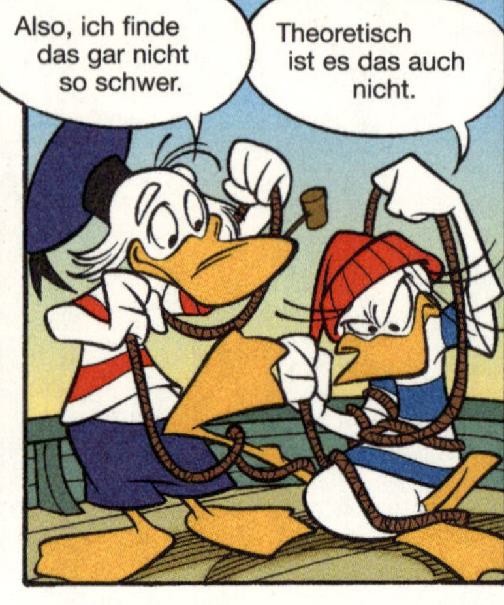
Also, ich finde das gar nicht so schwer.
Theoretisch ist es das auch nicht.

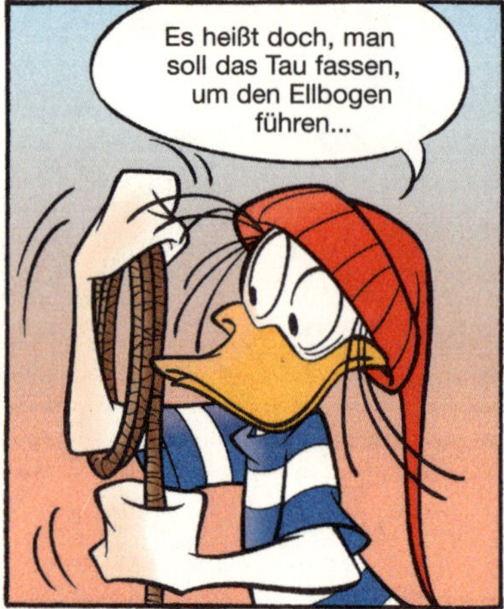
Es heißt doch, man soll das Tau fassen, um den Ellbogen führen...

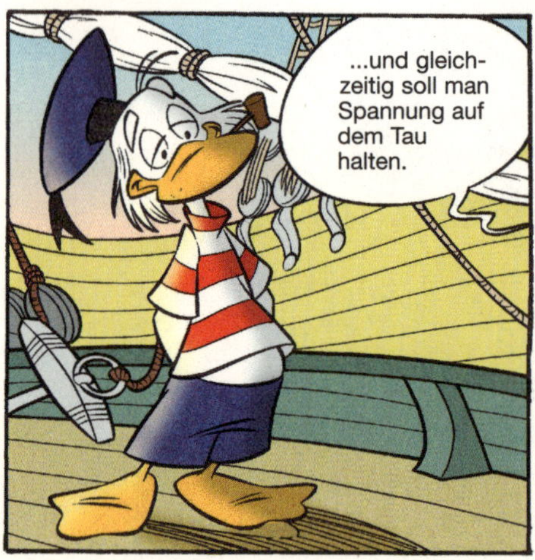
...und gleich-zeitig soll man Spannung auf dem Tau halten.

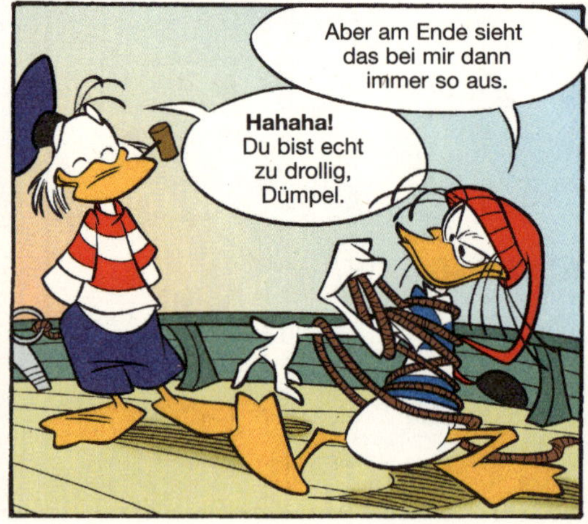
Aber am Ende sieht das bei mir dann immer so aus.
Hahaha! Du bist echt zu drollig, Dümpel.

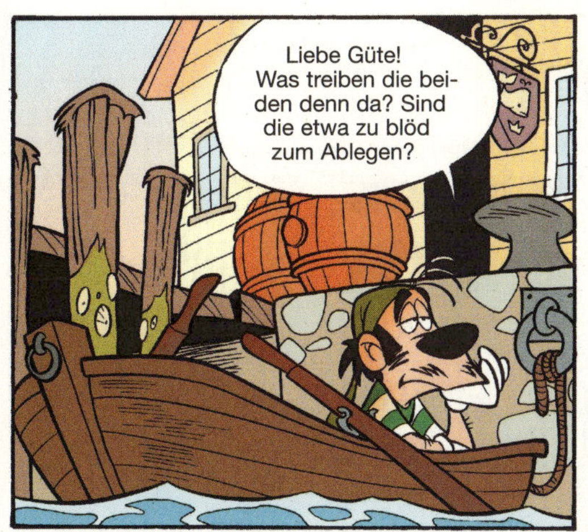
Liebe Güte!
Was treiben die beiden denn da? Sind die etwa zu blöd zum Ablegen?

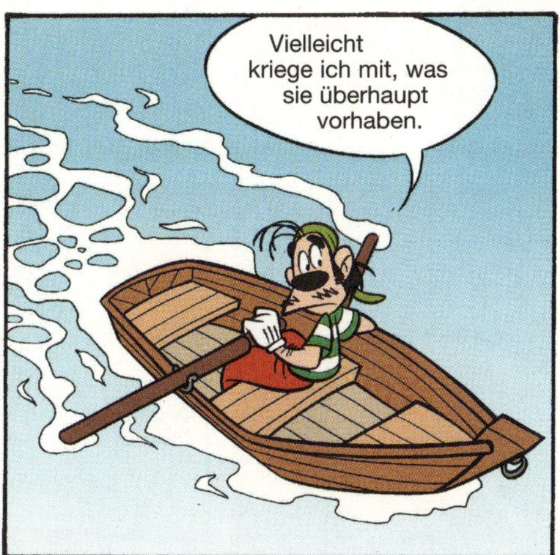
Vielleicht kriege ich mit, was sie überhaupt vorhaben.

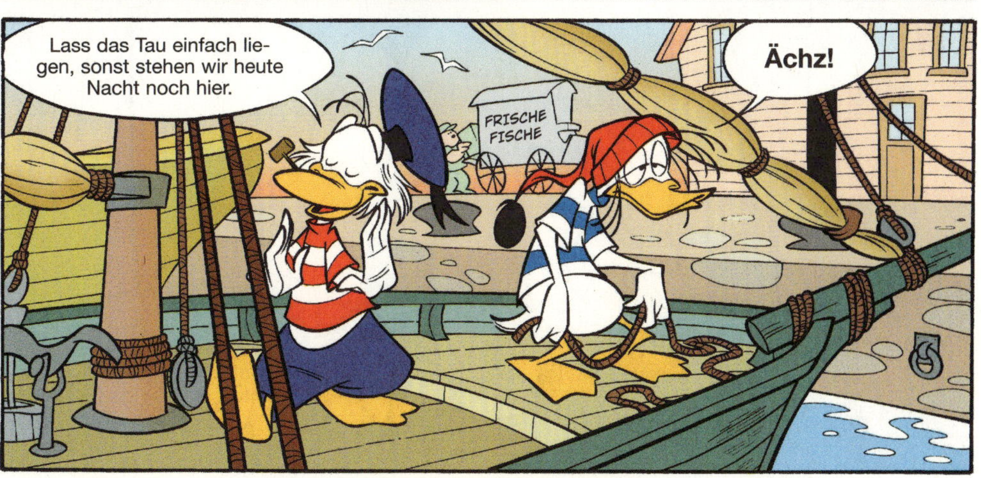
Lass das Tau einfach liegen, sonst stehen wir heute Nacht noch hier.
FRISCHE FISCHE
Ächz!

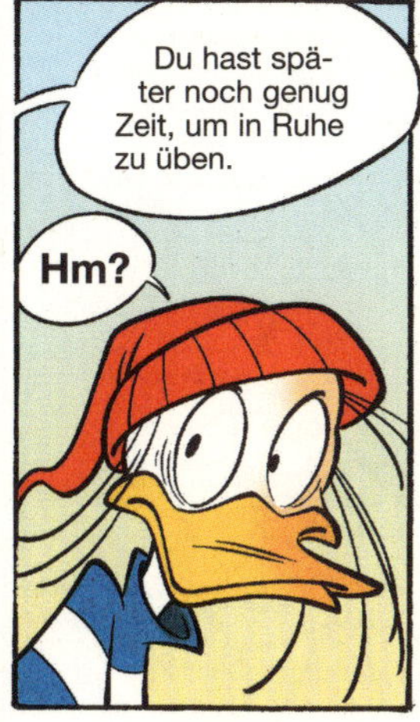
Du hast später noch genug Zeit, um in Ruhe zu üben.
Hm?

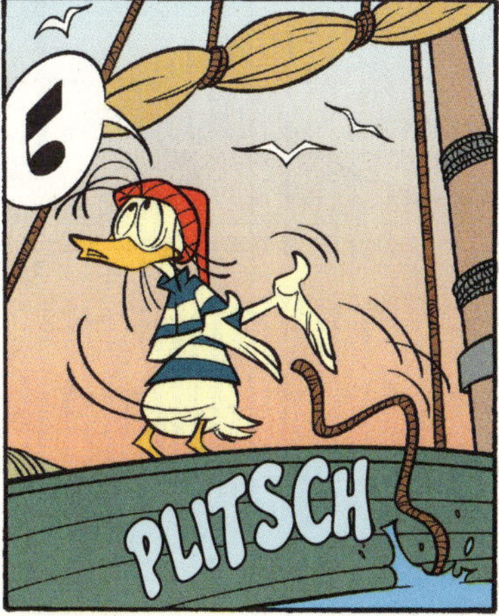
PLITSCH

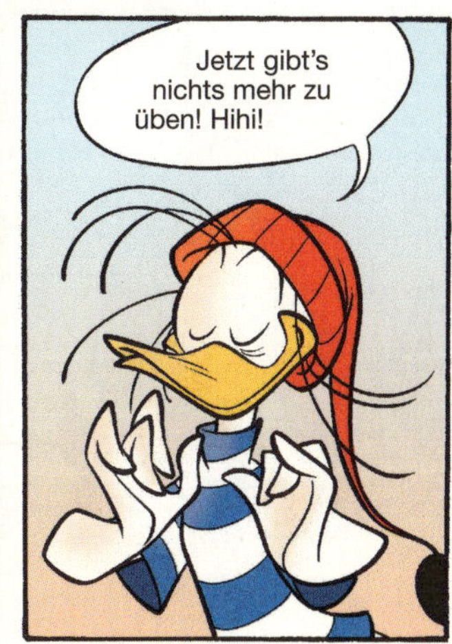
Jetzt gibt's nichts mehr zu üben! Hihi!

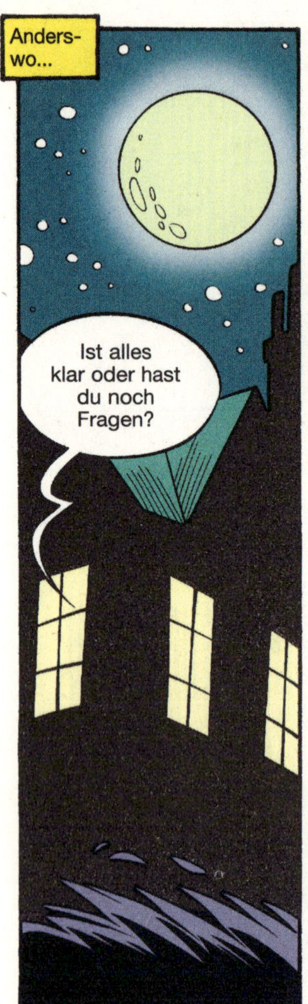
Anders-
wo...
Ist alles klar oder hast du noch Fragen?

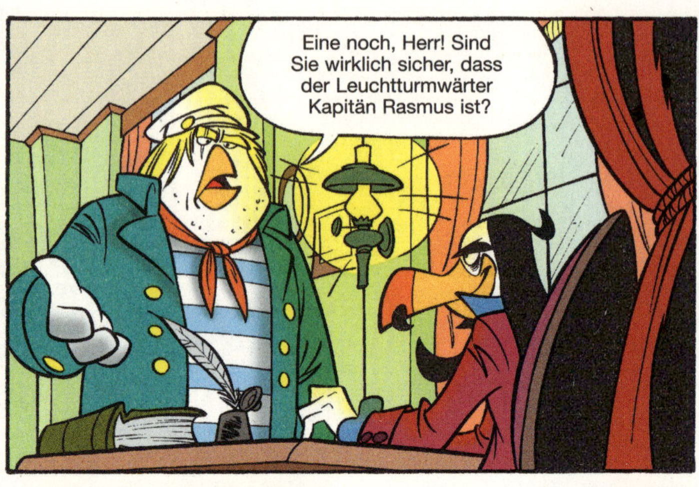
Eine noch, Herr! Sind Sie wirklich sicher, dass der Leuchtturmwärter Kapitän Rasmus ist?

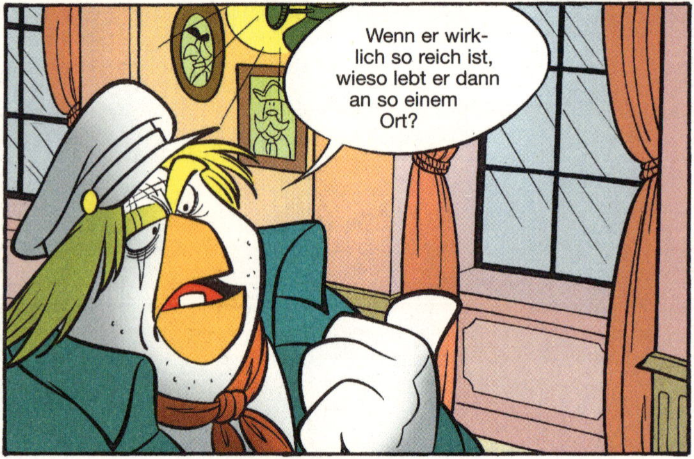
Wenn er wirklich so reich ist, wieso lebt er dann an so einem Ort?

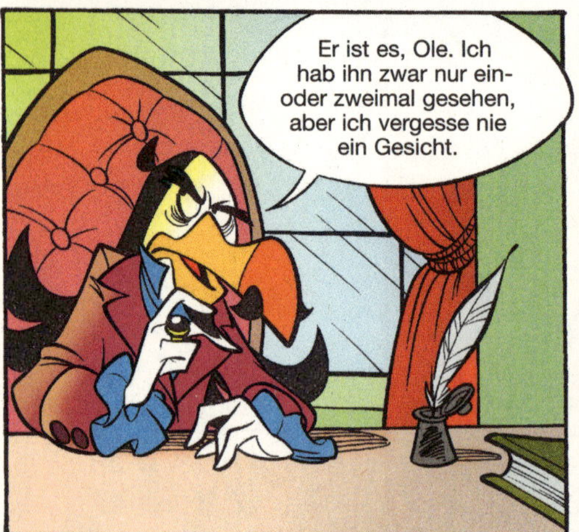
Er ist es, Ole. Ich hab ihn zwar nur ein- oder zweimal gesehen, aber ich vergesse nie ein Gesicht.

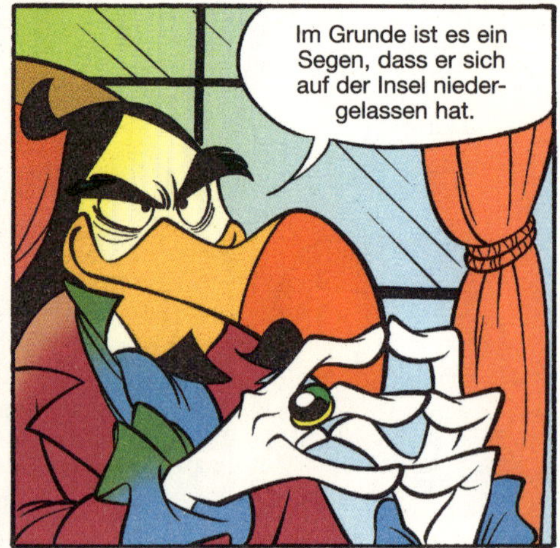
Im Grunde ist es ein Segen, dass er sich auf der Insel niedergelassen hat.

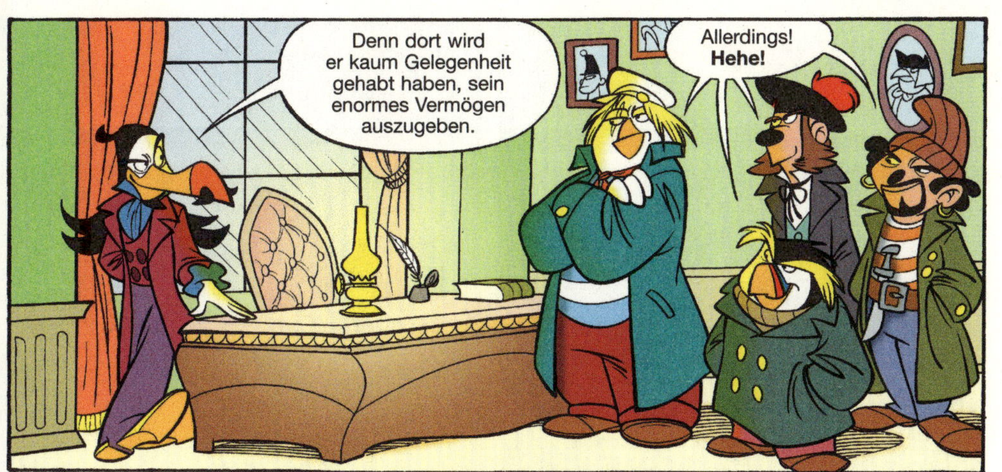
Denn dort wird er kaum Gelegenheit gehabt haben, sein enormes Vermögen auszugeben.
Allerdings! **Hehe!**

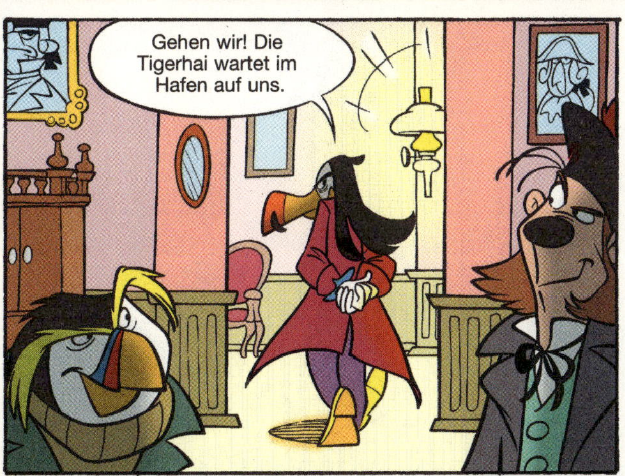
Gehen wir! Die Tigerhai wartet im Hafen auf uns.

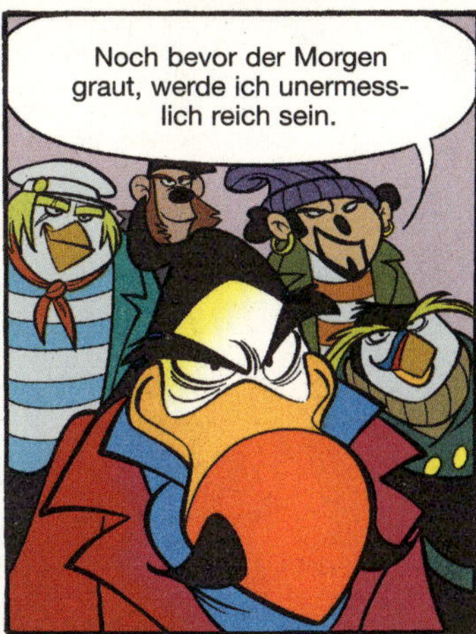
Noch bevor der Morgen graut, werde ich unermess-lich reich sein.

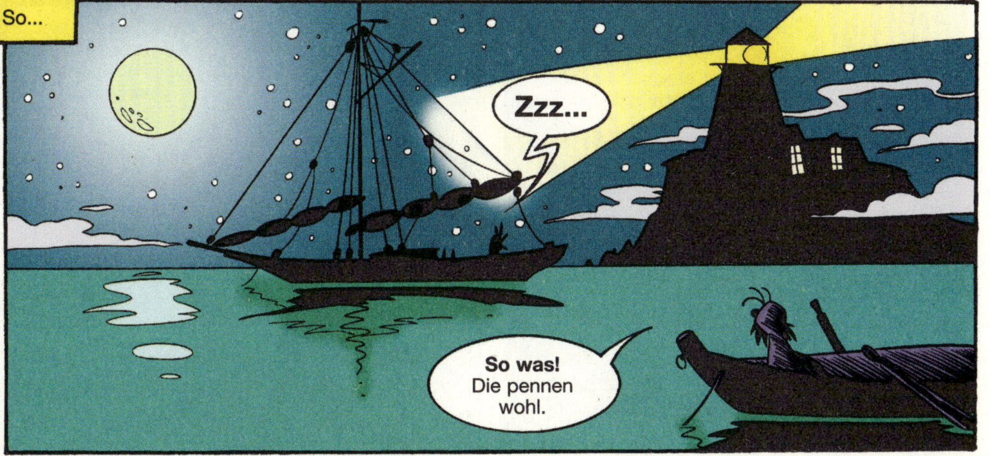
So...
Zzz...
So was! Die pennen wohl.

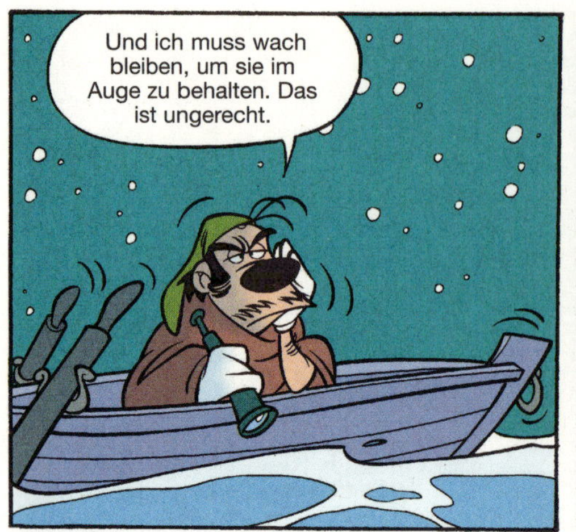
Und ich muss wach bleiben, um sie im Auge zu behalten. Das ist ungerecht.

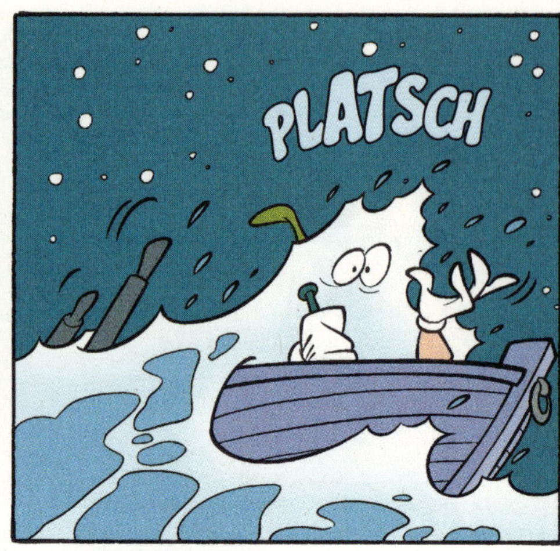
PLATSCH

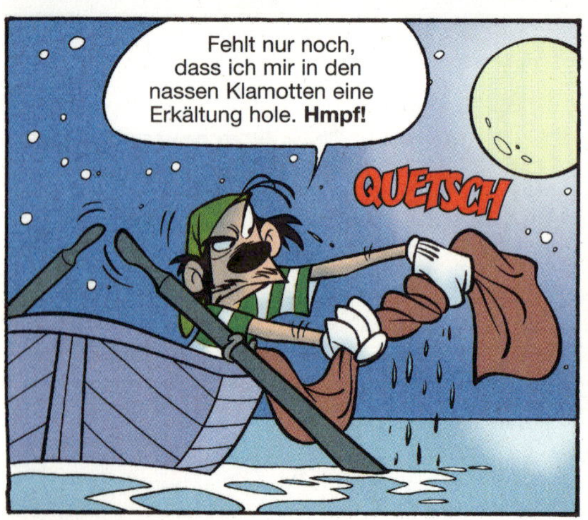
Fehlt nur noch, dass ich mir in den nassen Klamotten eine Erkältung hole. **Hmpf!**
QUETSCH

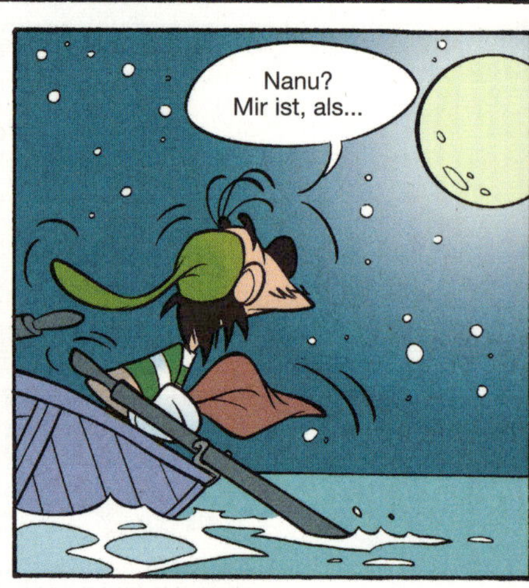
Nanu? Mir ist, als...

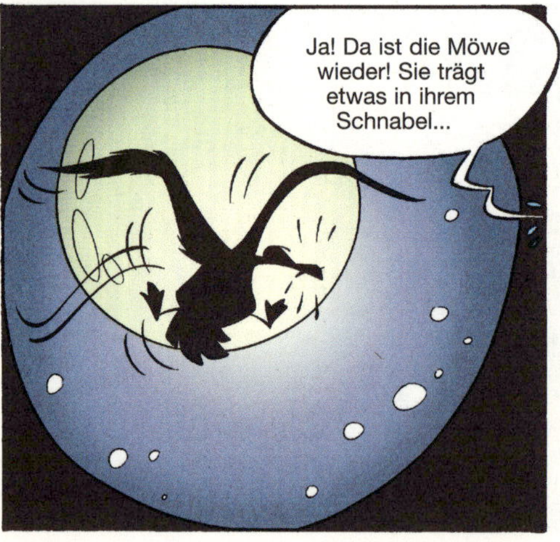
Ja! Da ist die Möwe wieder! Sie trägt etwas in ihrem Schnabel...

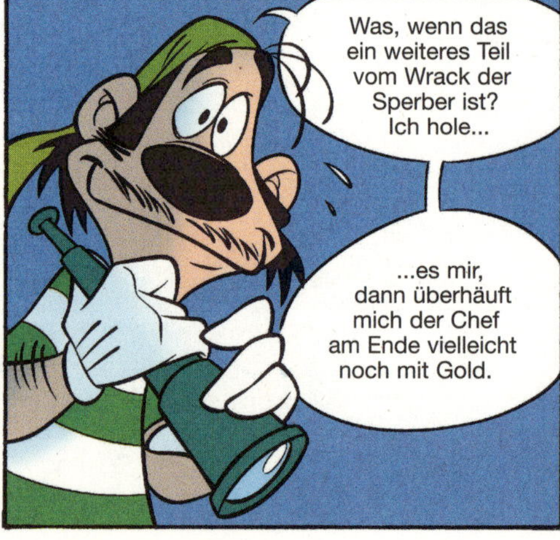
Was, wenn das ein weiteres Teil vom Wrack der Sperber ist? Ich hole...
...es mir, dann überhäuft mich der Chef am Ende vielleicht noch mit Gold.

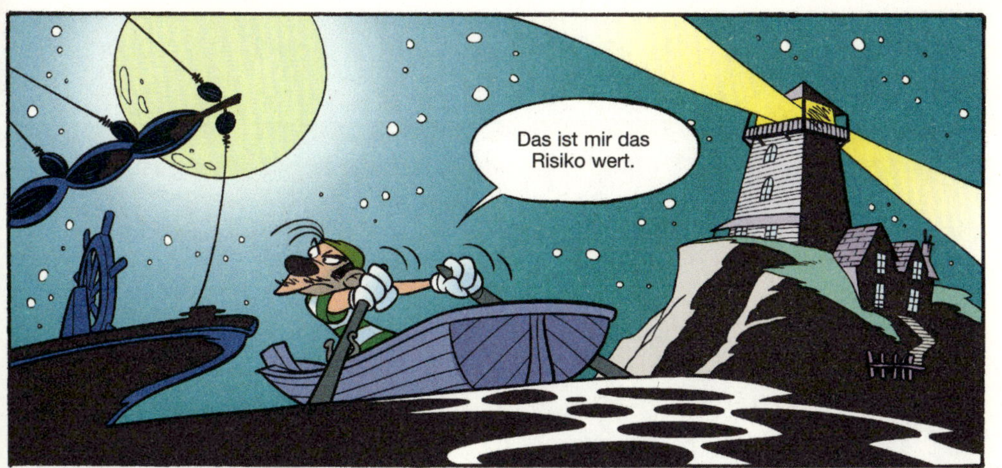
Das ist mir das
Risiko wert.

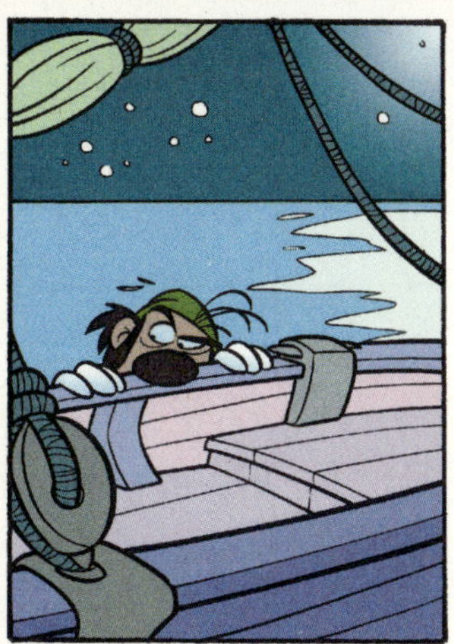

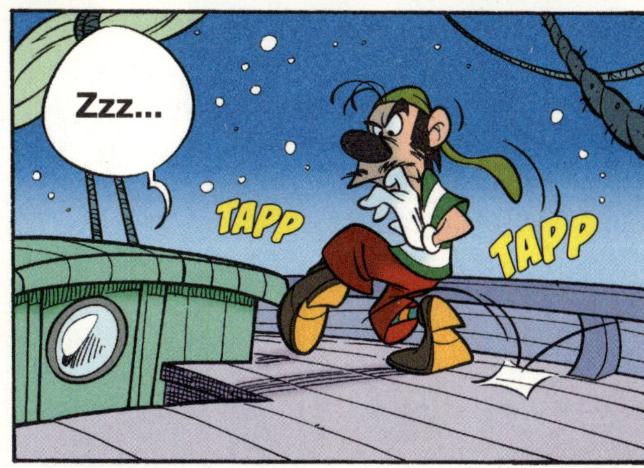
Zzz...
TAPP
TAPP

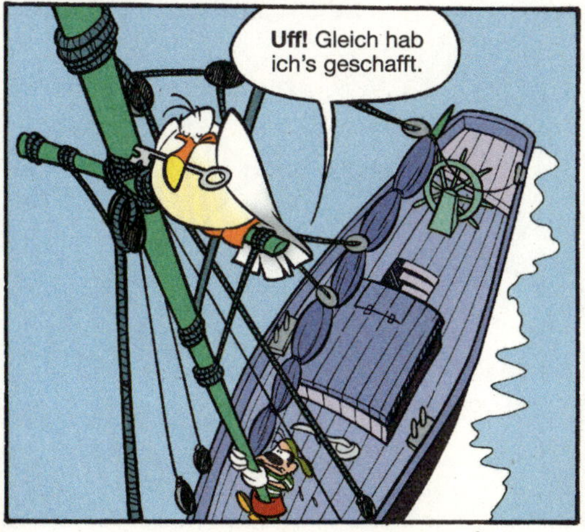
Uff! Gleich hab
ich's geschafft.

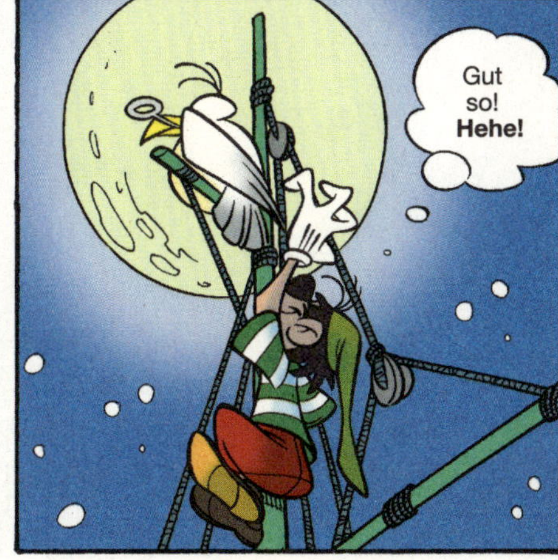
Gut
so!
Hehe!

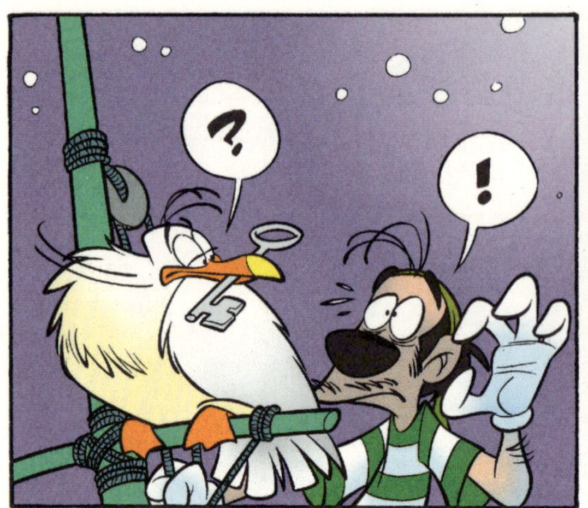
?
!
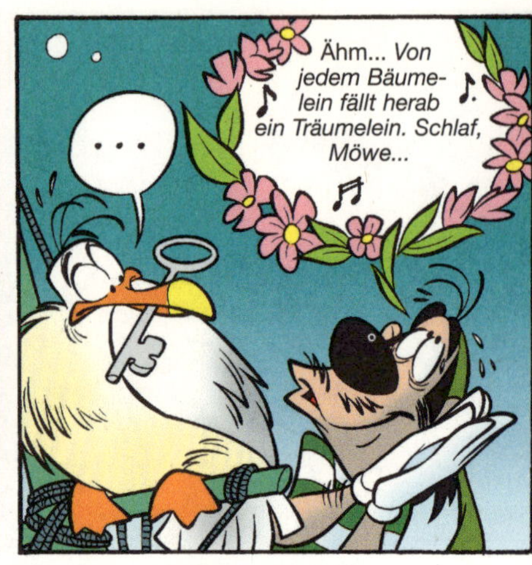
...
Ähm... *Von jedem Bäume-lein fällt herab ein Träumelein. Schlaf, Möwe...*
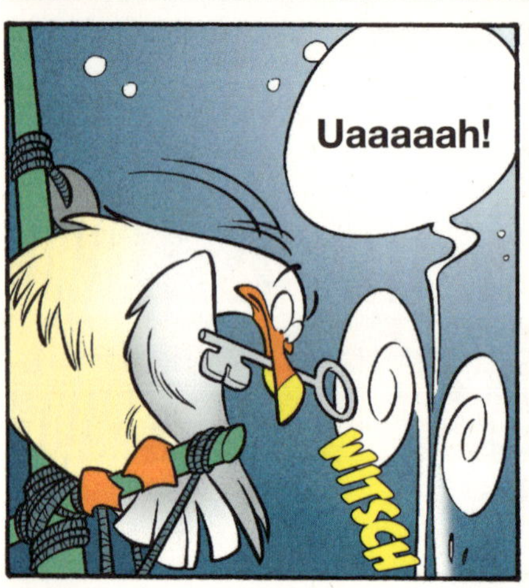
Uaaaaah!
WITSCH
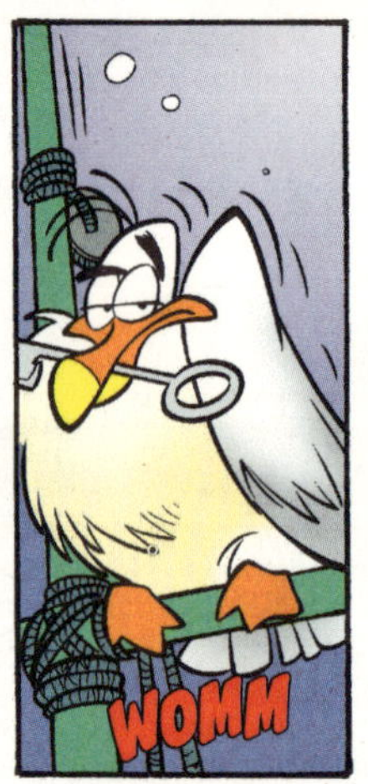
WOMM
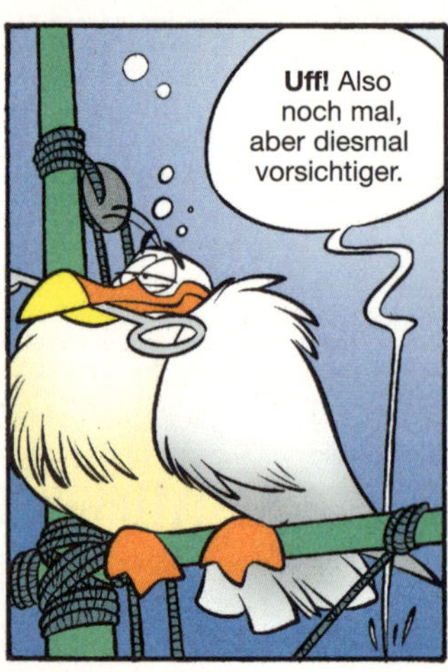
Uff! Also noch mal, aber diesmal vorsichtiger.
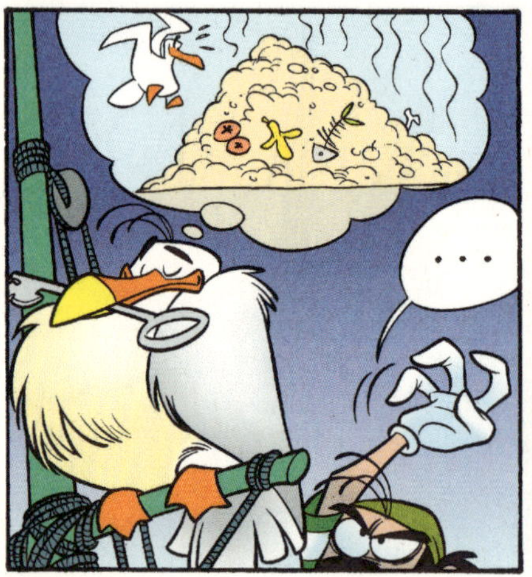
...
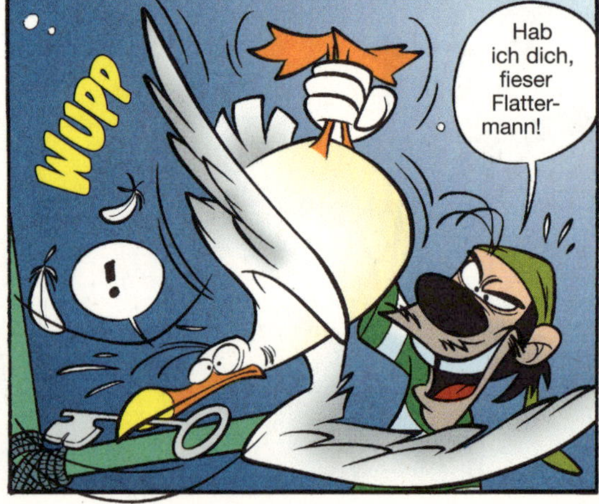
WUPP
Hab ich dich, fieser Flatter-mann!
!

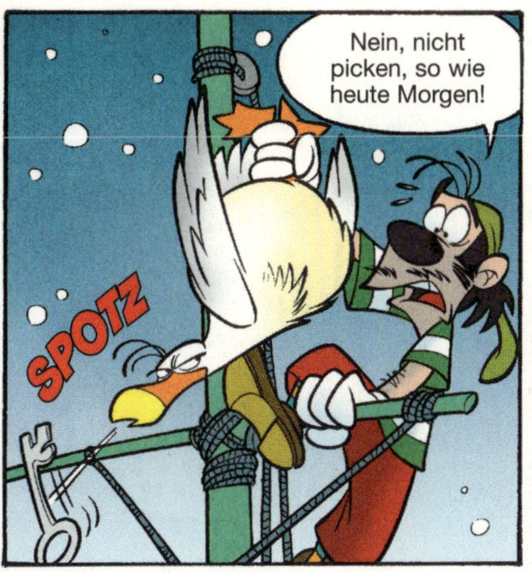
Nein, nicht picken, so wie heute Morgen!
SPOTZ

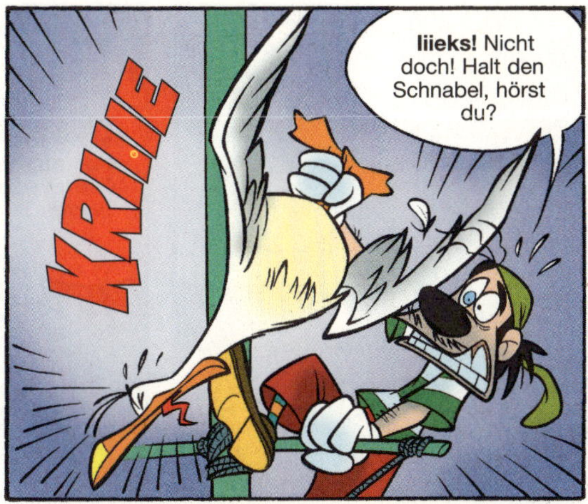
KRIIIE
Iieks! Nicht doch! Halt den Schnabel, hörst du?

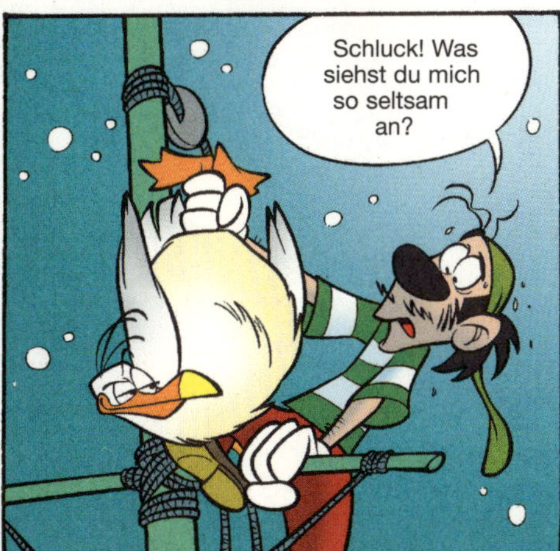
Schluck! Was siehst du mich so seltsam an?

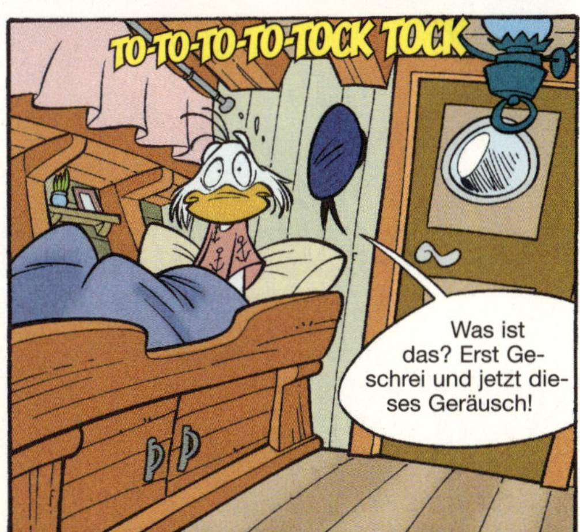
TO-TO-TO-TO-TOCK TOCK
Was ist das? Erst Geschrei und jetzt dieses Geräusch!

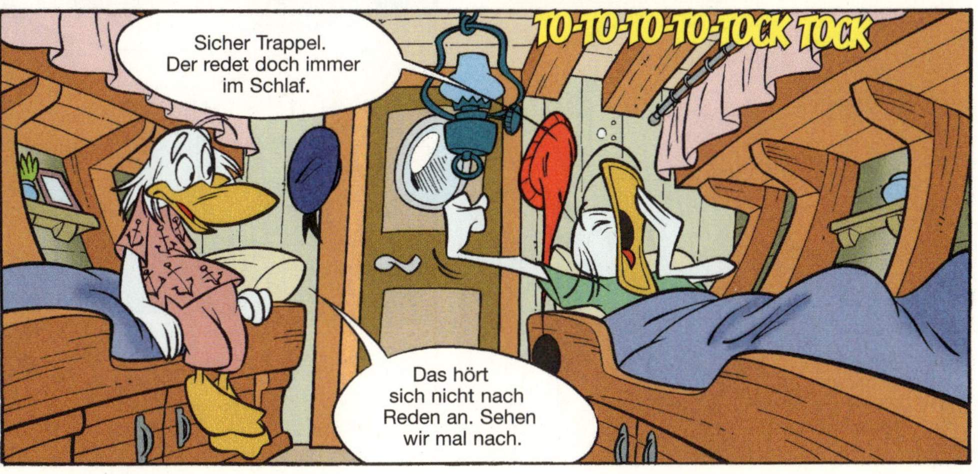
TO-TO-TO-TO-TOCK TOCK
Sicher Trappel. Der redet doch immer im Schlaf.
Das hört sich nicht nach Reden an. Sehen wir mal nach.

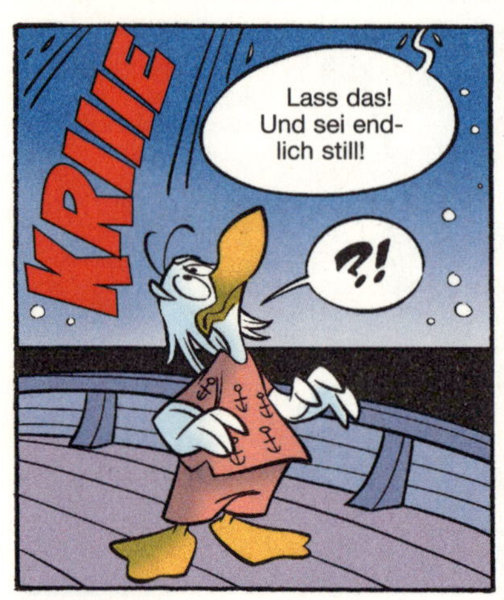
KRIIE
Lass das! Und sei endlich still!
?!

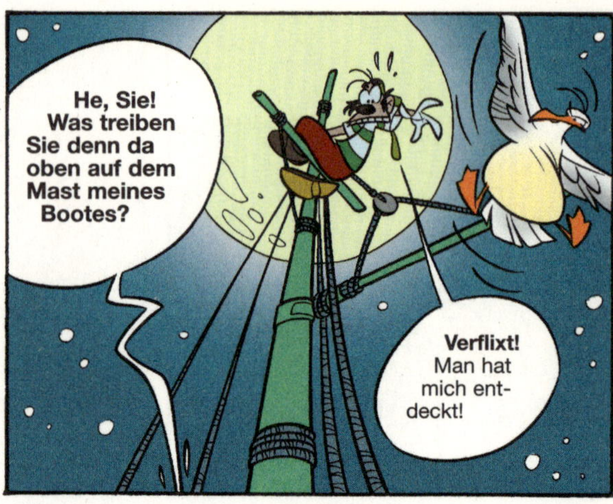
He, Sie! Was treiben Sie denn da oben auf dem Mast meines Bootes?
Verflixt! Man hat mich entdeckt!

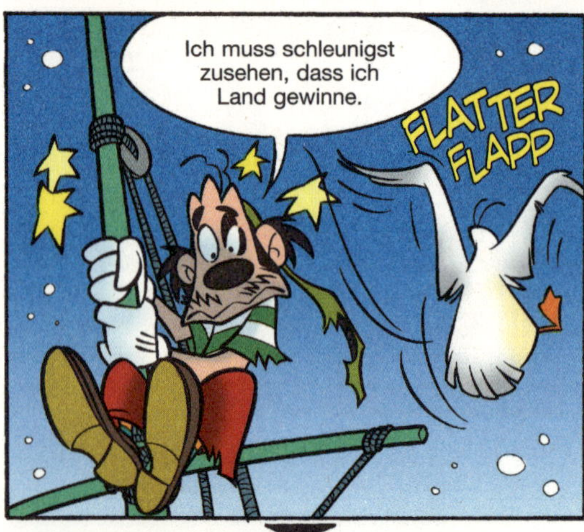
Ich muss schleunigst zusehen, dass ich Land gewinne.
FLATTER FLAPP

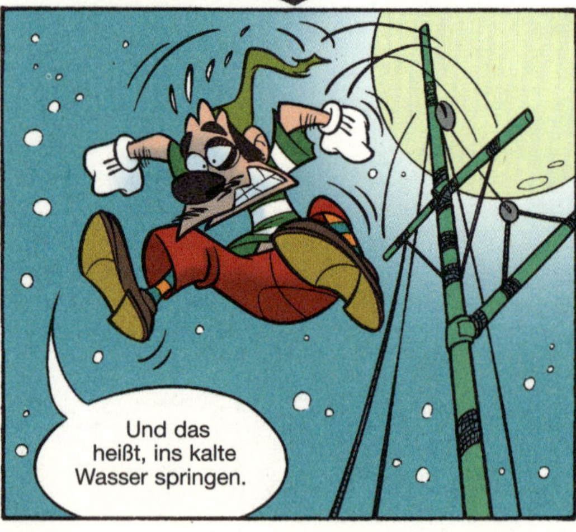
Und das heißt, ins kalte Wasser springen.

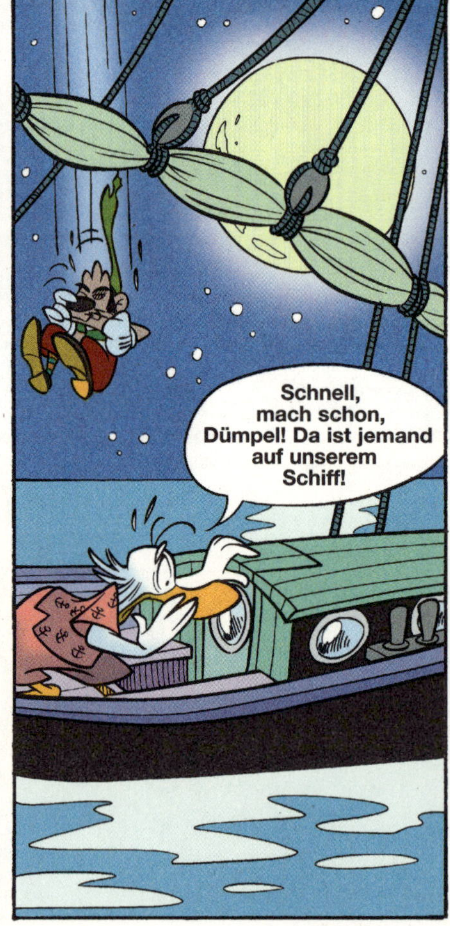
Schnell, mach schon, Dümpel! Da ist jemand auf unserem Schiff!

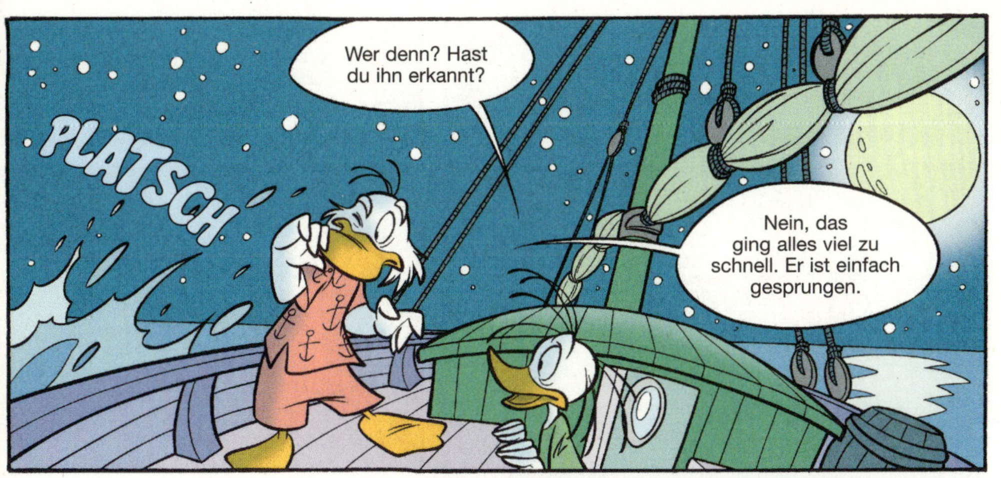
PLATSCH
Wer denn? Hast du ihn erkannt?
Nein, das ging alles viel zu schnell. Er ist einfach gesprungen.

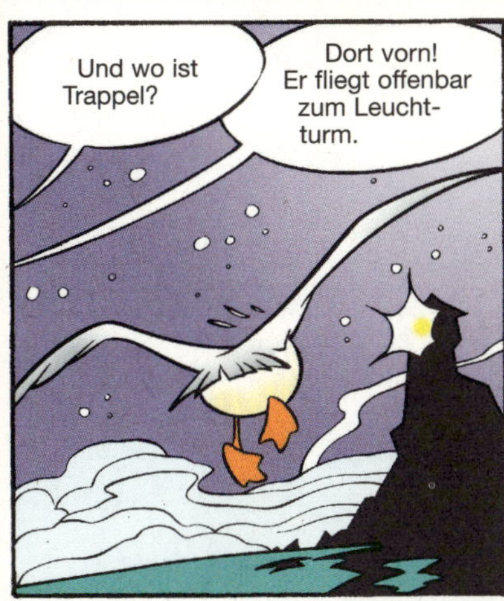
Und wo ist Trappel?
Dort vorn! Er fliegt offenbar zum Leucht- turm.

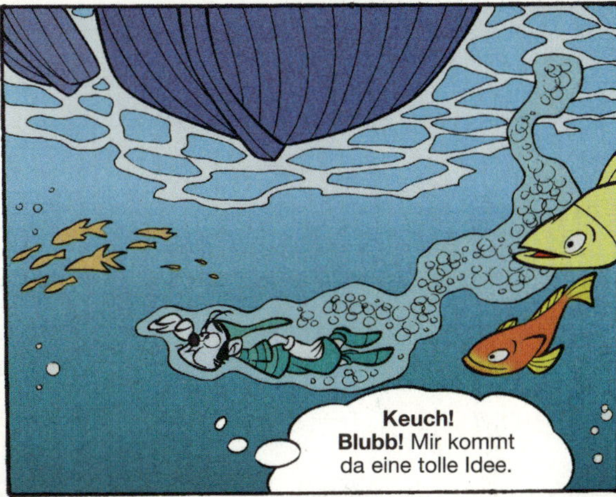
Keuch! Blubb! Mir kommt da eine tolle Idee.

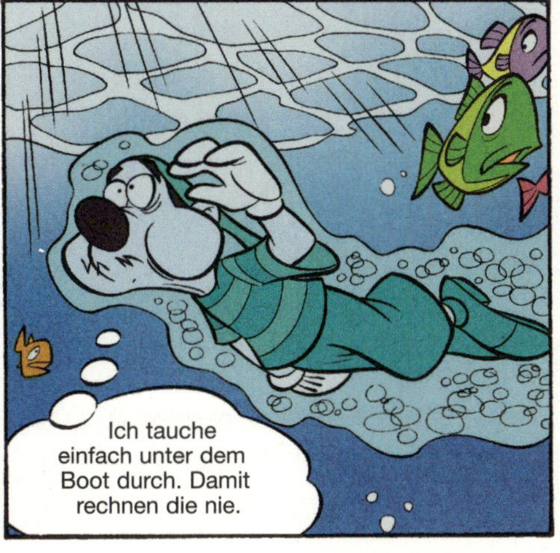
Ich tauche einfach unter dem Boot durch. Damit rechnen die nie.

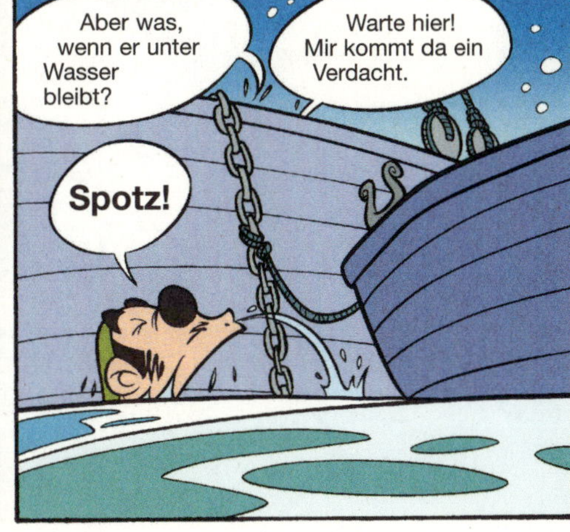
Aber was, wenn er unter Wasser bleibt?
Warte hier! Mir kommt da ein Verdacht.
Spotz!

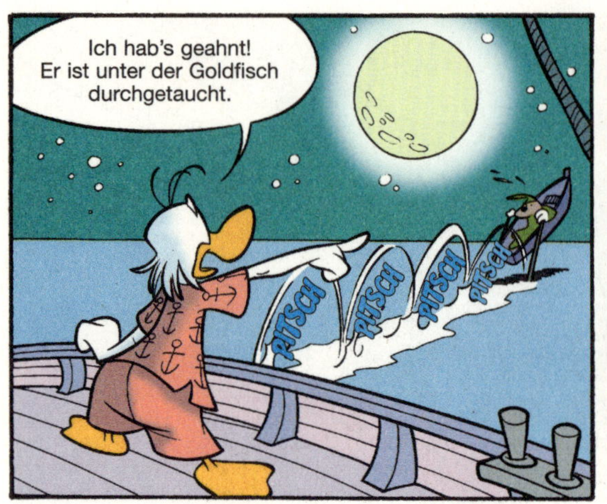
Ich hab's geahnt!
Er ist unter der Goldfisch durchgetaucht.
PITSCH
PITSCH
PITSCH
PITSCH

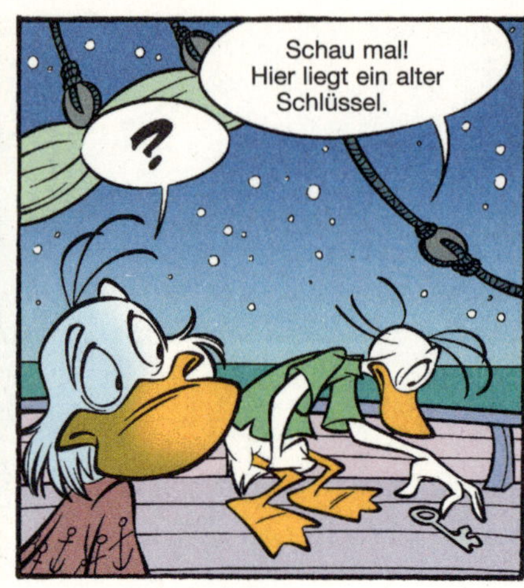
Schau mal!
Hier liegt ein alter Schlüssel.
?

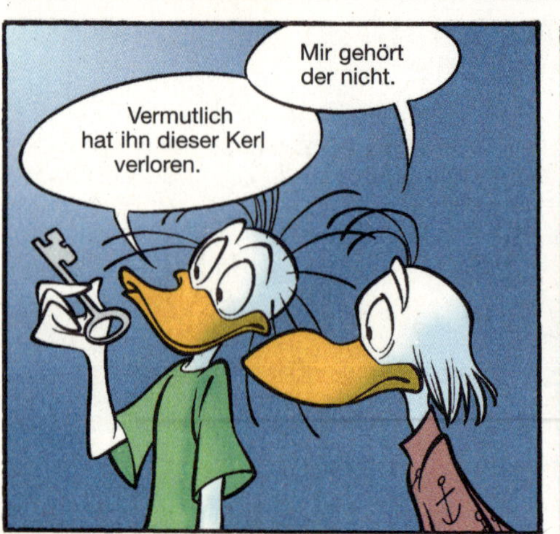
Vermutlich hat ihn dieser Kerl verloren.
Mir gehört der nicht.

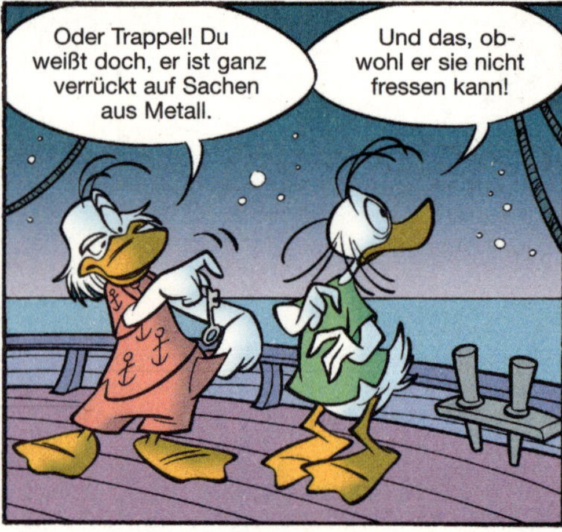
Oder Trappel! Du weißt doch, er ist ganz verrückt auf Sachen aus Metall.
Und das, obwohl er sie nicht fressen kann!

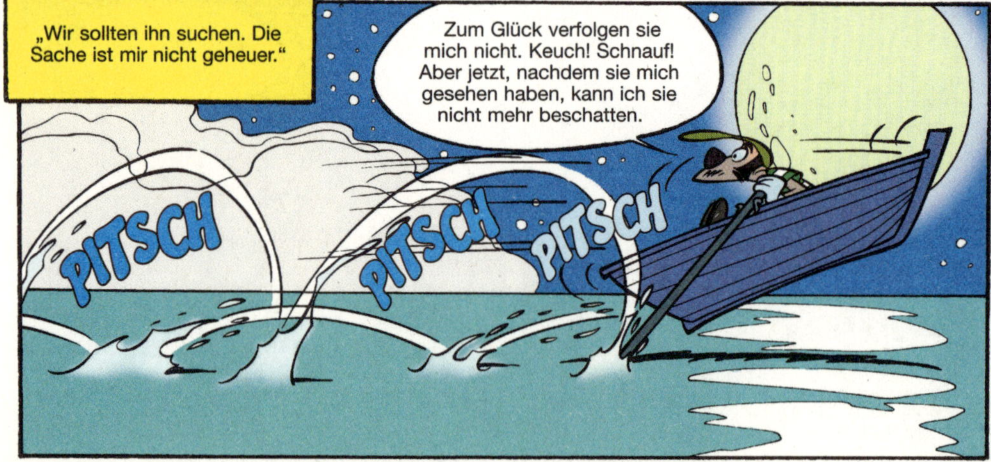
„Wir sollten ihn suchen. Die Sache ist mir nicht geheuer."
Zum Glück verfolgen sie mich nicht. Keuch! Schnauf! Aber jetzt, nachdem sie mich gesehen haben, kann ich sie nicht mehr beschatten.
PITSCH
PITSCH
PITSCH

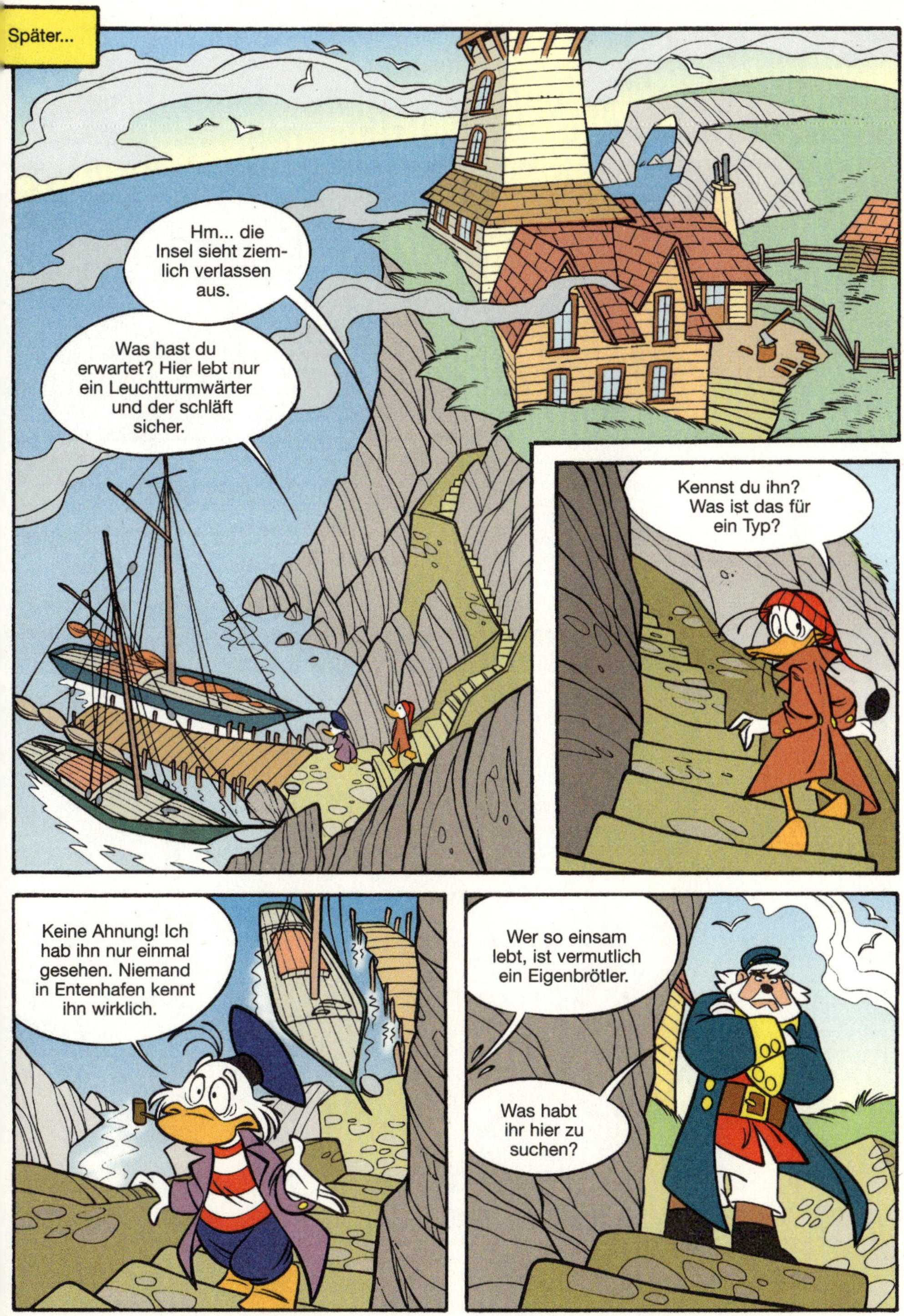

Später...

Hm... die Insel sieht ziemlich verlassen aus.

Was hast du erwartet? Hier lebt nur ein Leuchtturmwärter und der schläft sicher.

Kennst du ihn? Was ist das für ein Typ?

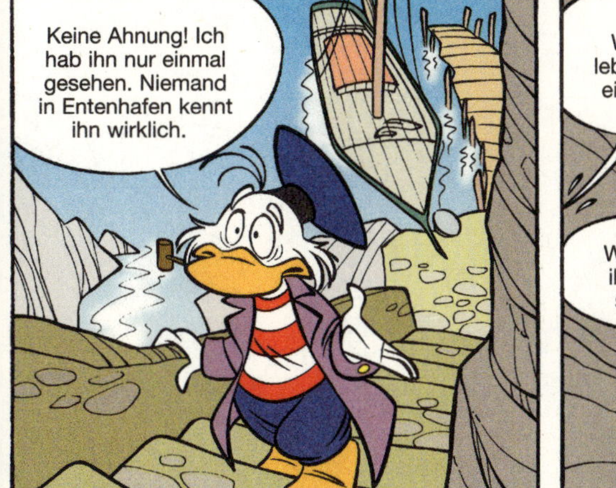

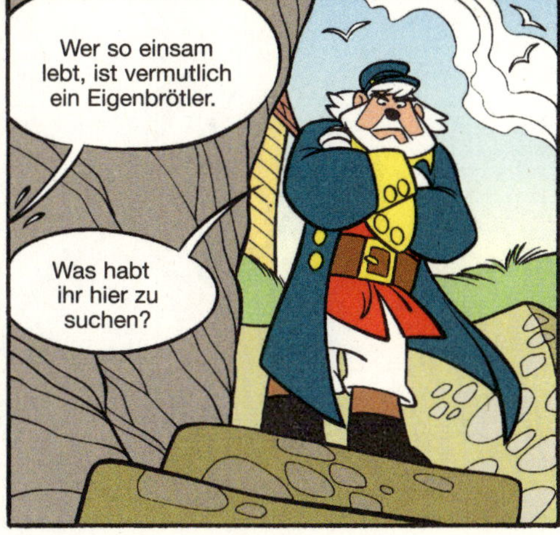

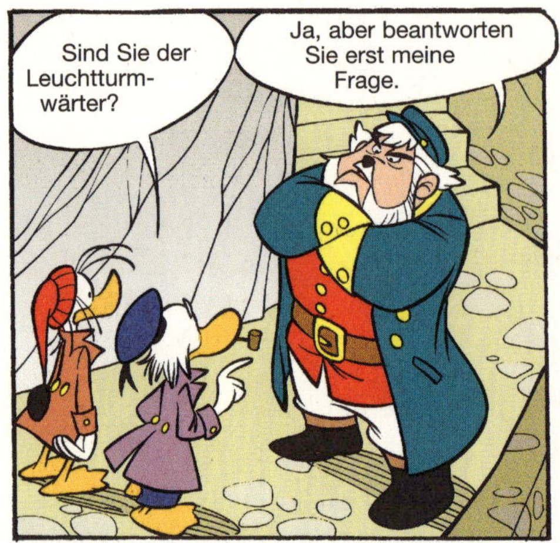
Sind Sie der Leuchtturm-wärter?
Ja, aber beantworten Sie erst meine Frage.

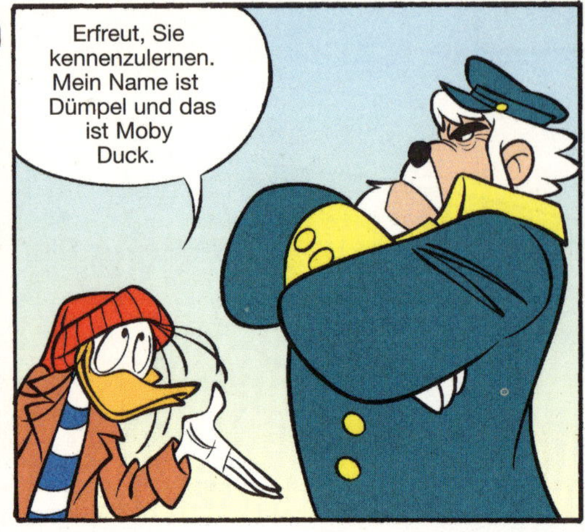
Erfreut, Sie kennenzulernen. Mein Name ist Dümpel und das ist Moby Duck.

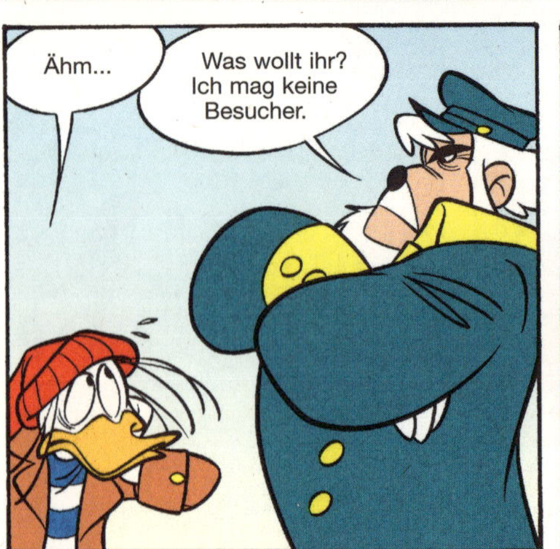
Ähm...
Was wollt ihr? Ich mag keine Besucher.

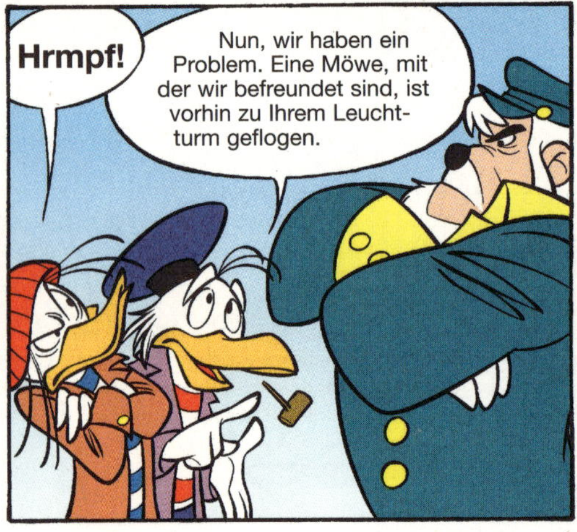
Hrmpf!
Nun, wir haben ein Problem. Eine Möwe, mit der wir befreundet sind, ist vorhin zu Ihrem Leucht-turm geflogen.

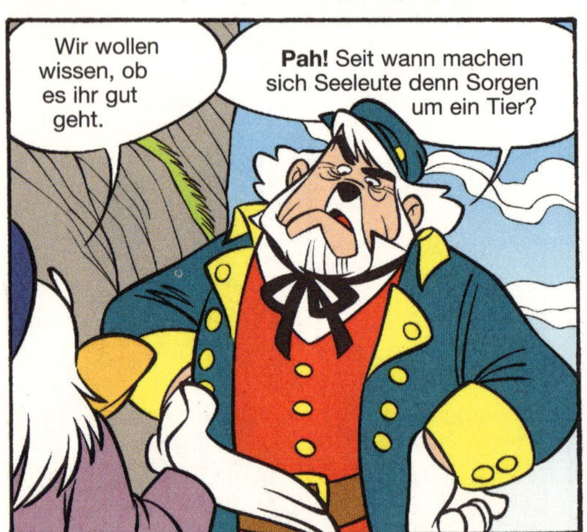
Wir wollen wissen, ob es ihr gut geht.
Pah! Seit wann machen sich Seeleute denn Sorgen um ein Tier?

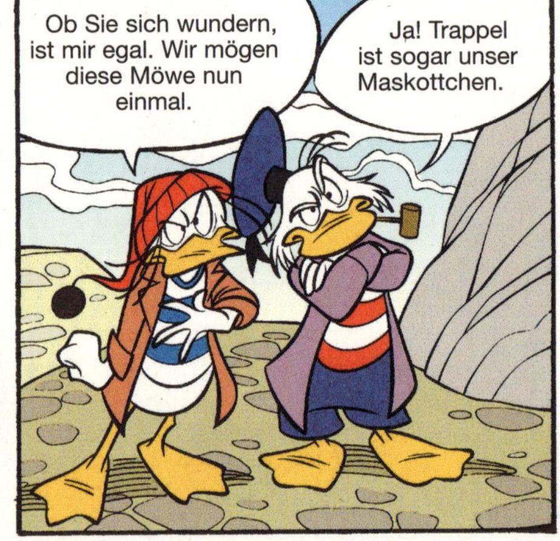
Ob Sie sich wundern, ist mir egal. Wir mögen diese Möwe nun einmal.
Ja! Trappel ist sogar unser Maskottchen.

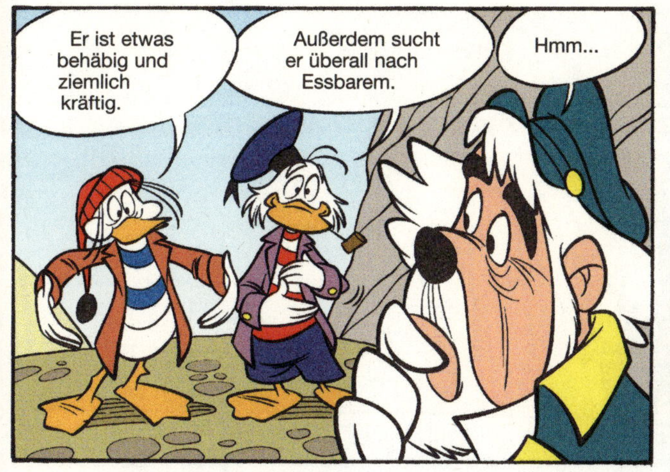
Er ist etwas behäbig und ziemlich kräftig.
Außerdem sucht er überall nach Essbarem.
Hmm...

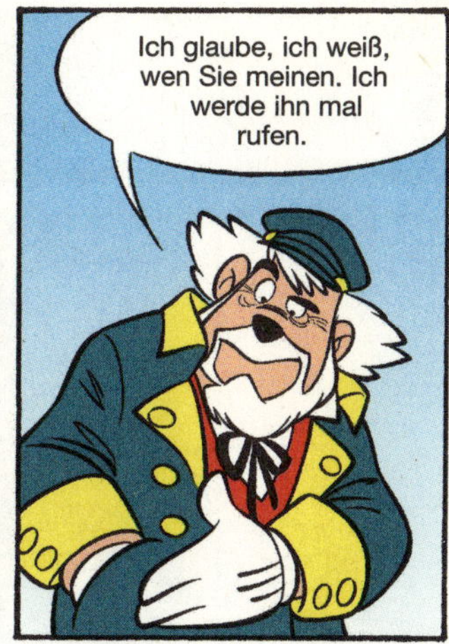
Ich glaube, ich weiß, wen Sie meinen. Ich werde ihn mal rufen.

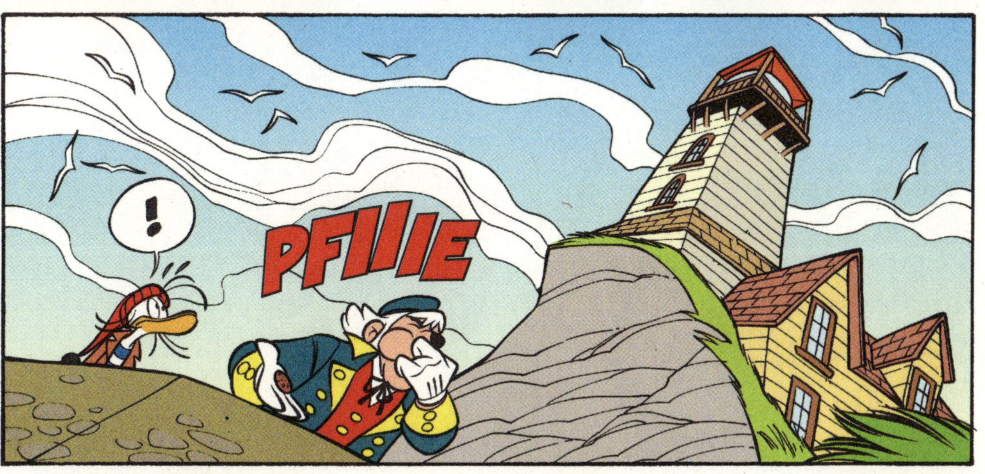
!
PFIIIE

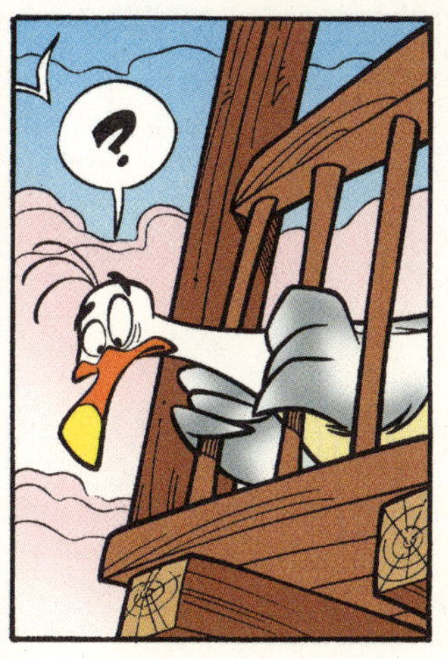
?

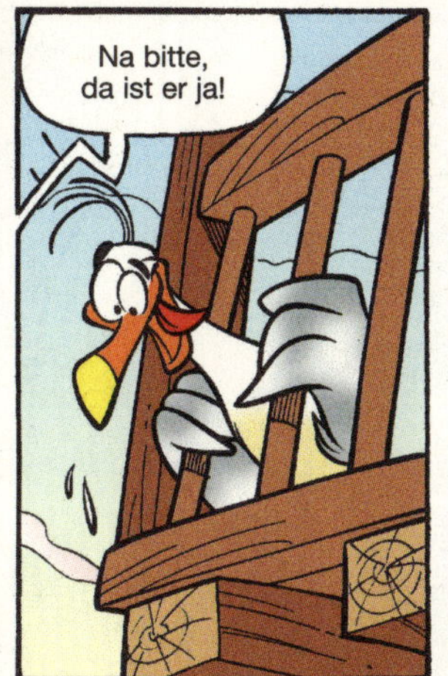
Na bitte, da ist er ja!

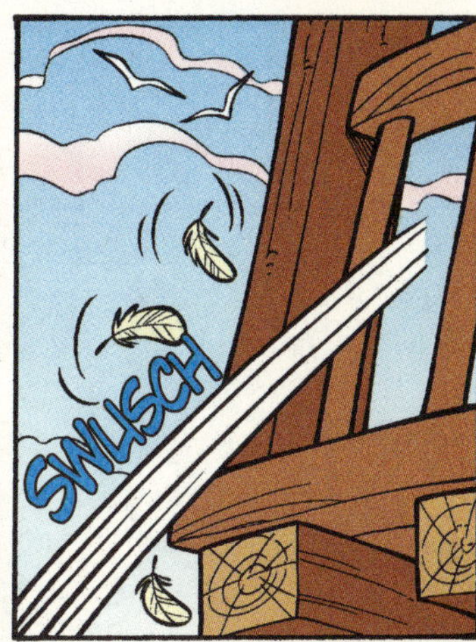
SWUSCH

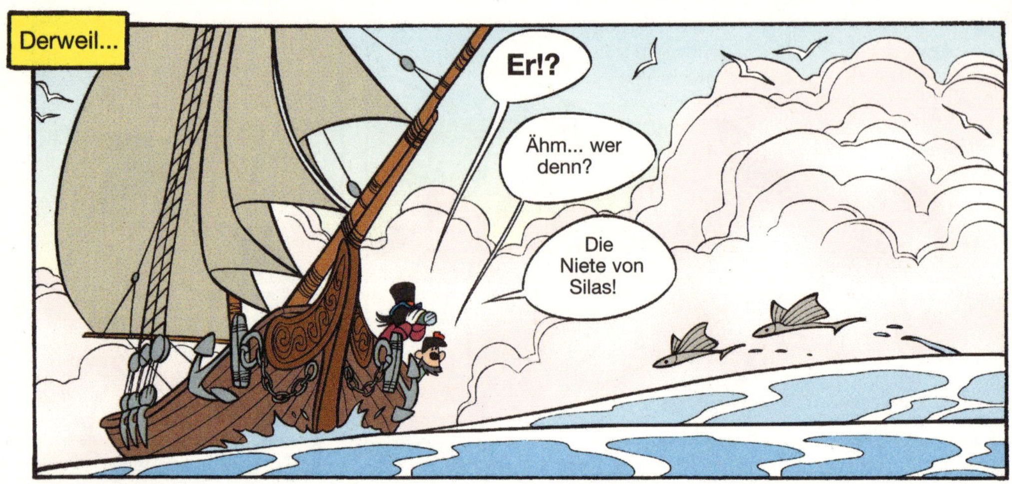
Derweil...
Er!?
Ähm... wer denn?
Die Niete von Silas!

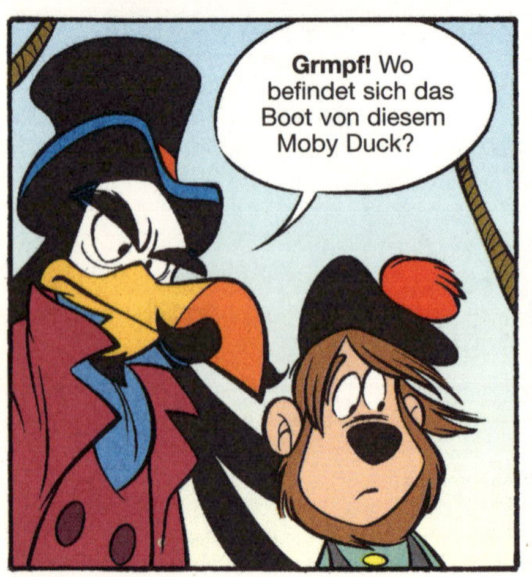
Grmpf! Wo befindet sich das Boot von diesem Moby Duck?

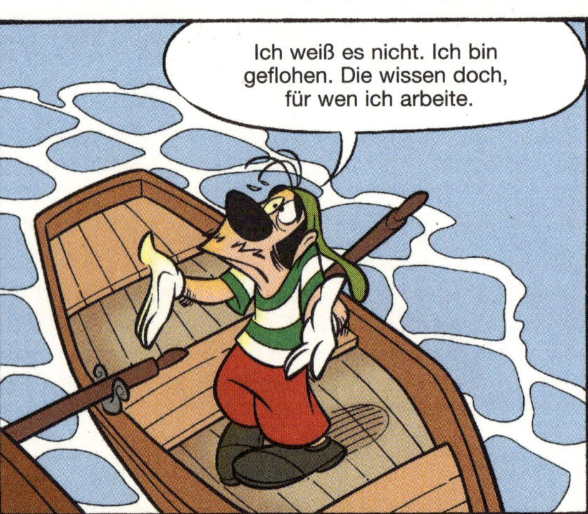
Ich weiß es nicht. Ich bin geflohen. Die wissen doch, für wen ich arbeite.

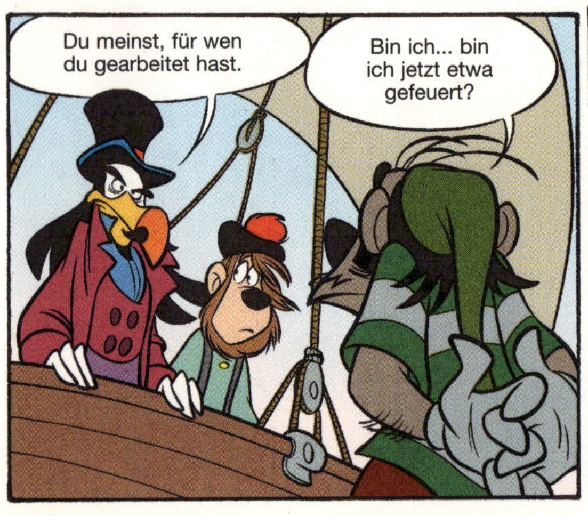
Du meinst, für wen du gearbeitet hast.
Bin ich... bin ich jetzt etwa gefeuert?

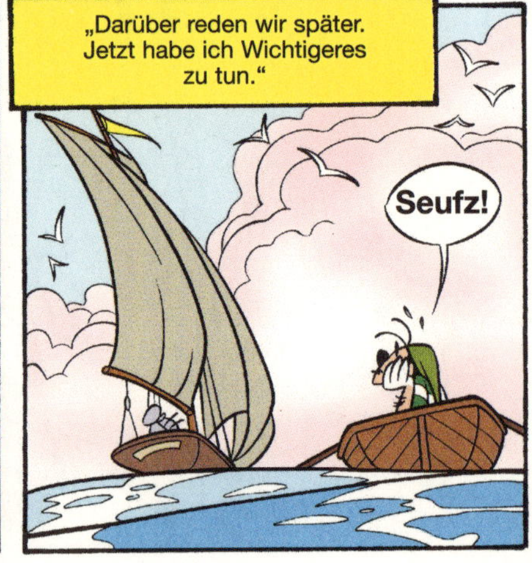
„Darüber reden wir später. Jetzt habe ich Wichtigeres zu tun."
Seufz!

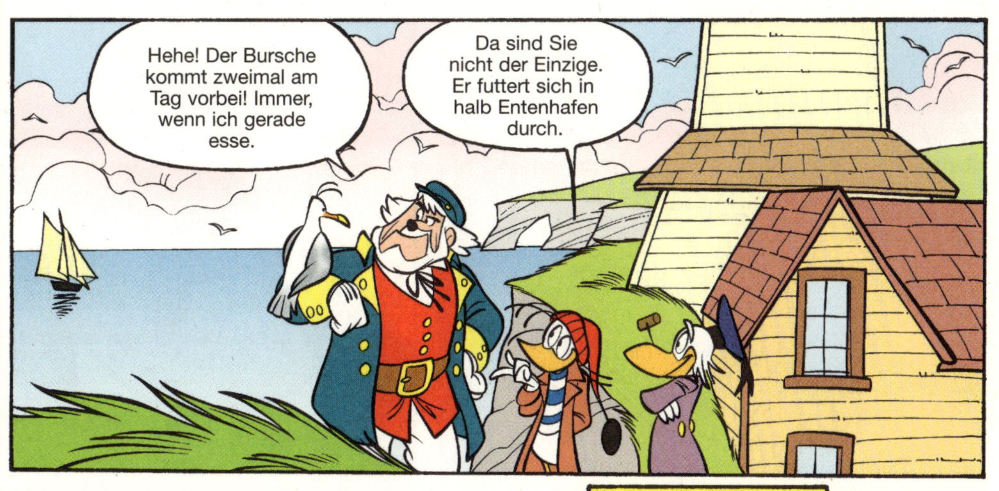
Hehe! Der Bursche kommt zweimal am Tag vorbei! Immer, wenn ich gerade esse.
Da sind Sie nicht der Einzige. Er futtert sich in halb Entenhafen durch.

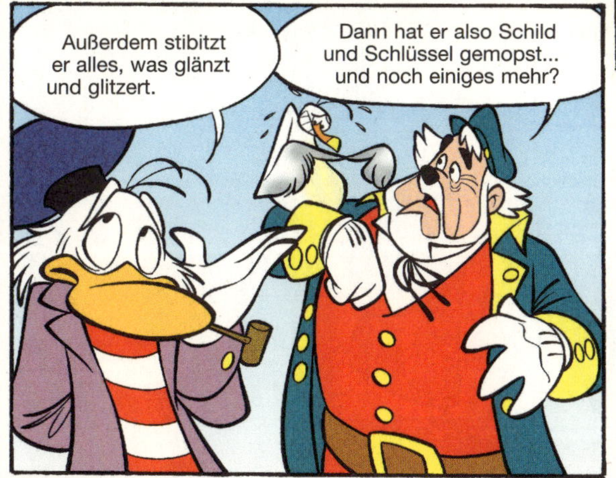
Außerdem stibitzt er alles, was glänzt und glitzert.
Dann hat er also Schild und Schlüssel gemopst... und noch einiges mehr?

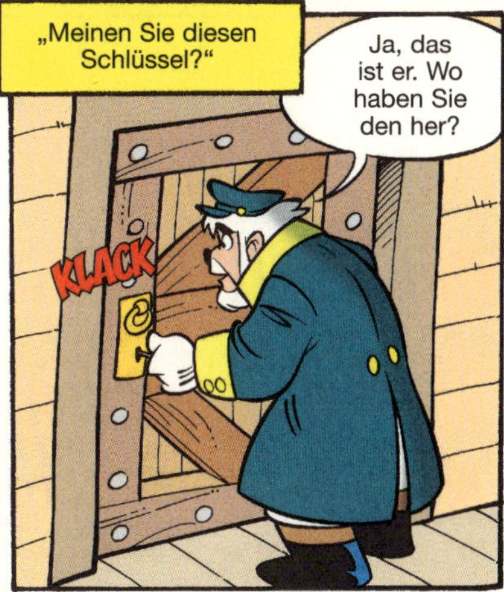
„Meinen Sie diesen Schlüssel?“
Ja, das ist er. Wo haben Sie den her?
KLACK

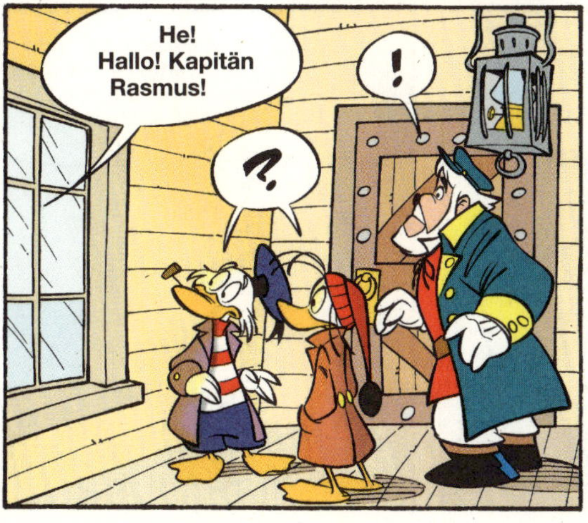
He! Hallo! Kapitän Rasmus!
!
?

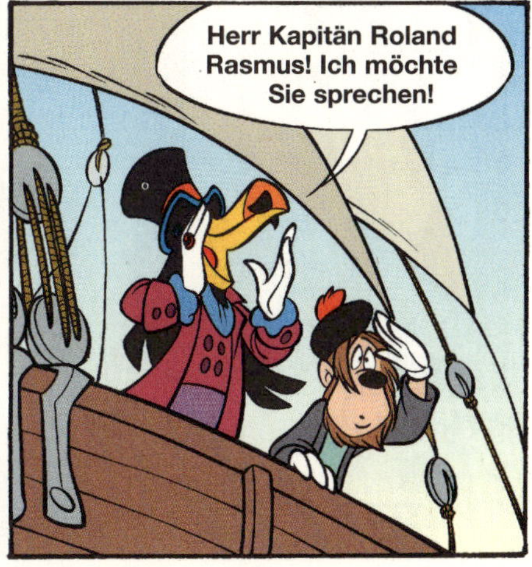
Herr Kapitän Roland Rasmus! Ich möchte Sie sprechen!

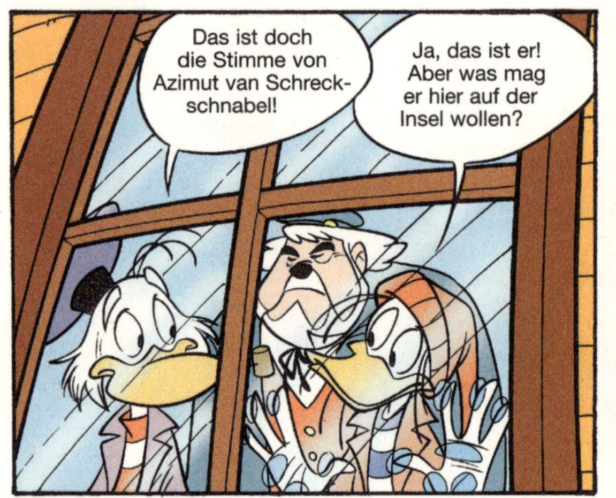
Das ist doch die Stimme von Azimut van Schreck-schnabel!
Ja, das ist er! Aber was mag er hier auf der Insel wollen?

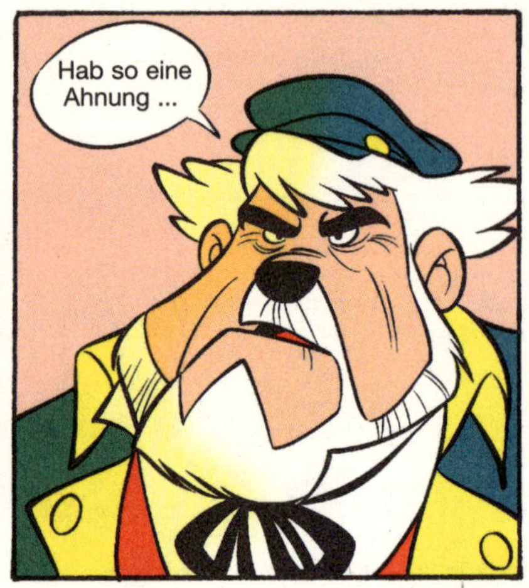
Hab so eine Ahnung ...

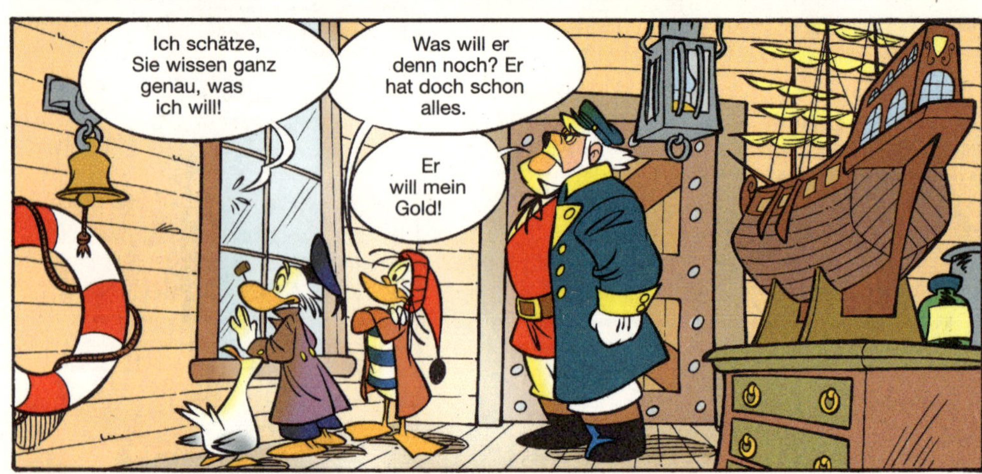
Ich schätze, Sie wissen ganz genau, was ich will!
Was will er denn noch? Er hat doch schon alles.
Er will mein Gold!

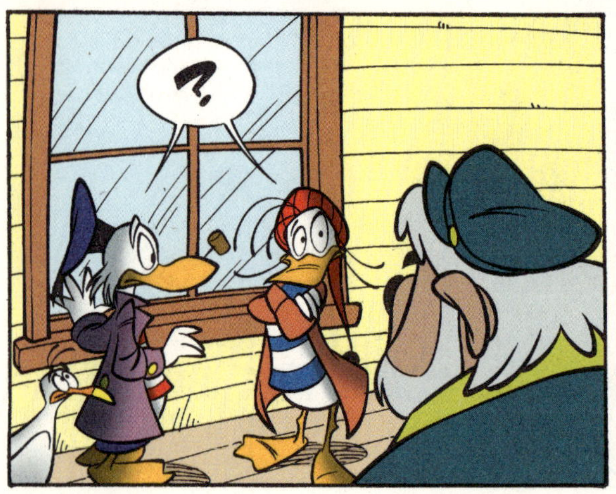
?

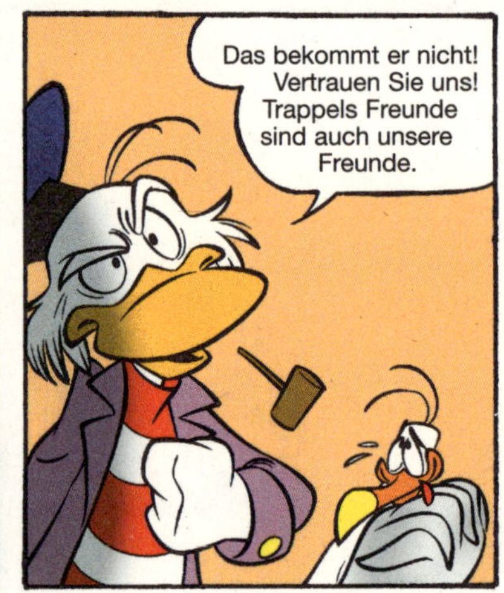
Das bekommt er nicht! Vertrauen Sie uns! Trappels Freunde sind auch unsere Freunde.

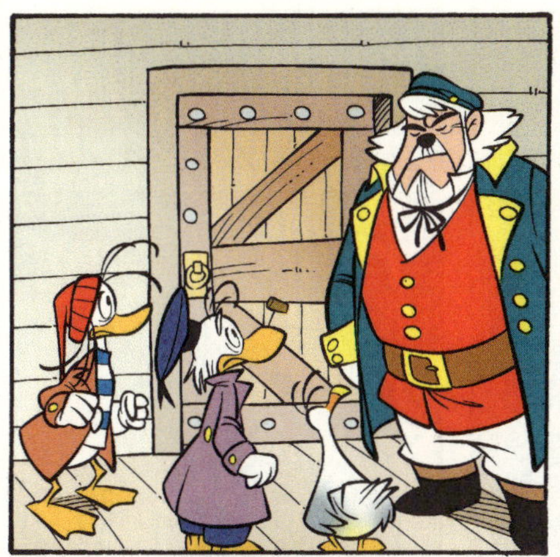

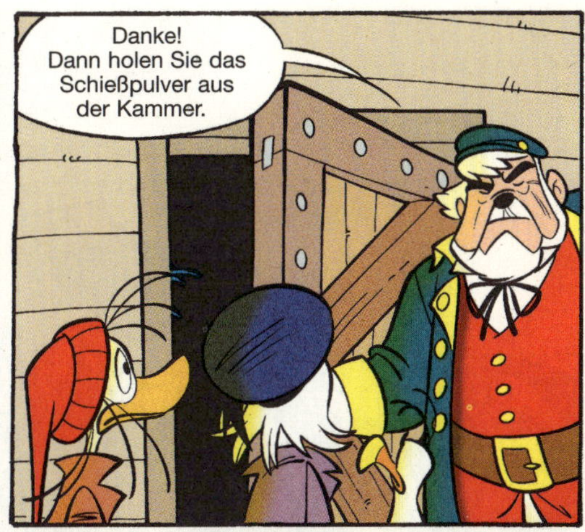
Danke!
Dann holen Sie das Schießpulver aus der Kammer.

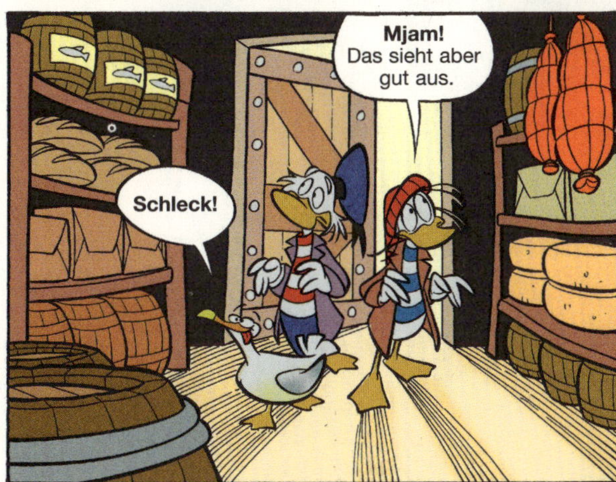
Mjam! Das sieht aber gut aus.
Schleck!

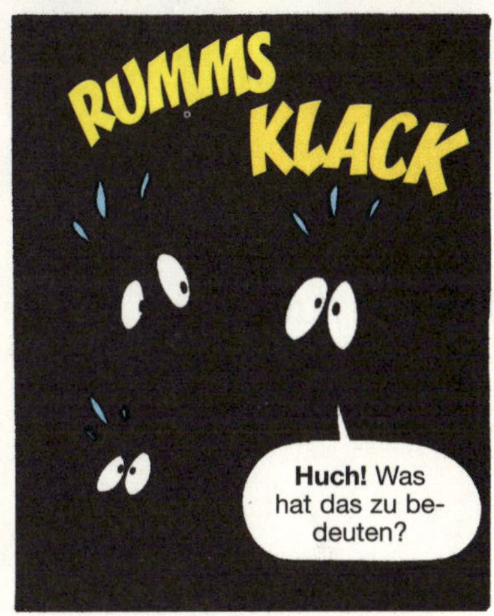
RUMMS
KLACK
Huch! Was hat das zu bedeuten?

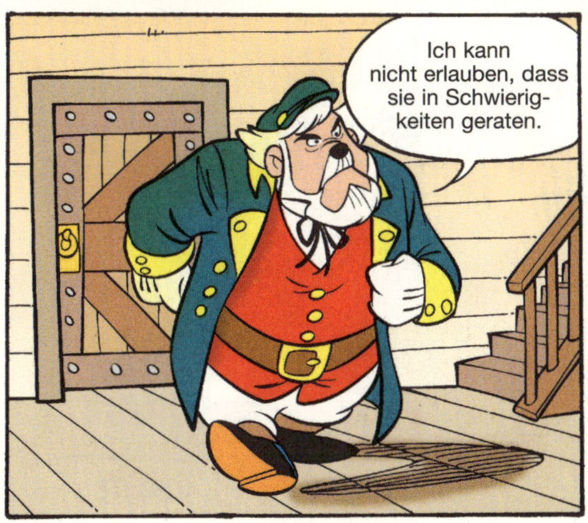
Ich kann nicht erlauben, dass sie in Schwierigkeiten geraten.

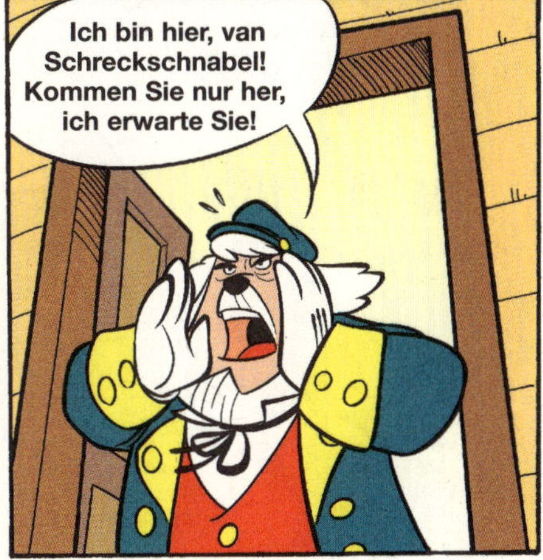
Ich bin hier, van Schreckschnabel! Kommen Sie nur her, ich erwarte Sie!

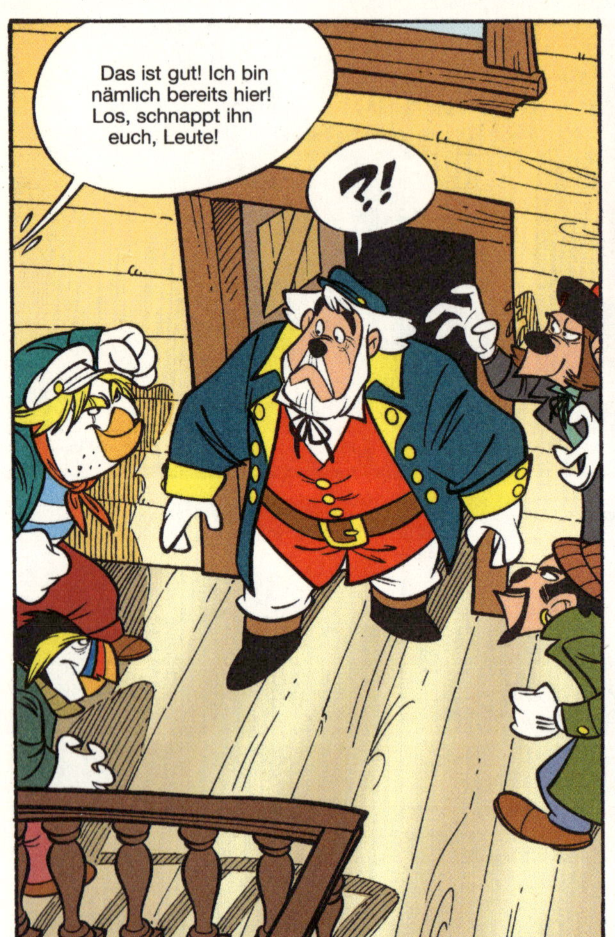
Das ist gut! Ich bin nämlich bereits hier! Los, schnappt ihn euch, Leute!
?!

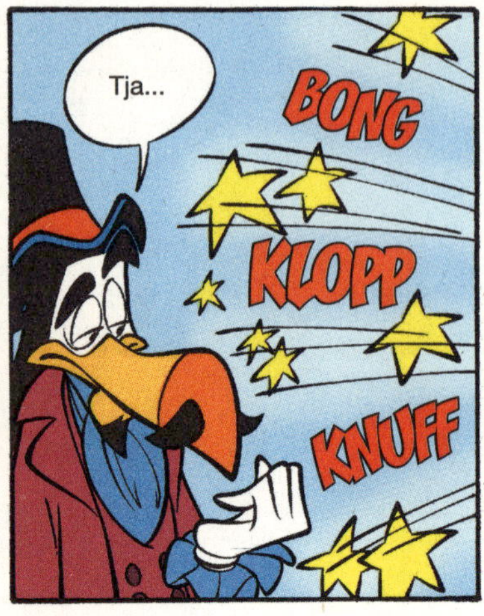
Tja...
BONG
KLOPP
KNUFF

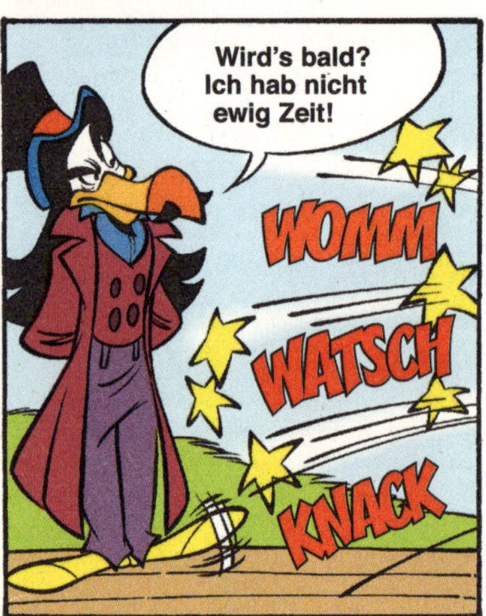
Wird's bald? Ich hab nicht ewig Zeit!
WOMM
WATSCH
KNACK

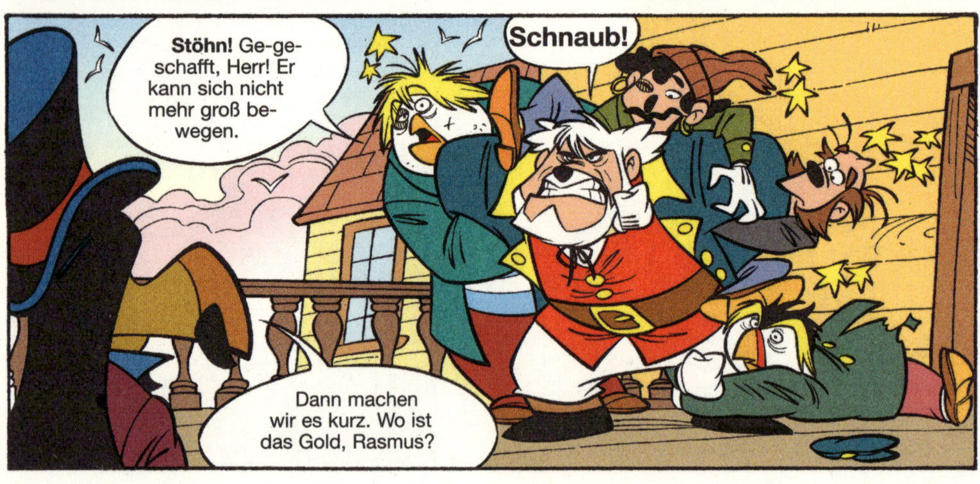
Stöhn! Ge-geschafft, Herr! Er kann sich nicht mehr groß bewegen.
Schnaub!
Dann machen wir es kurz. Wo ist das Gold, Rasmus?

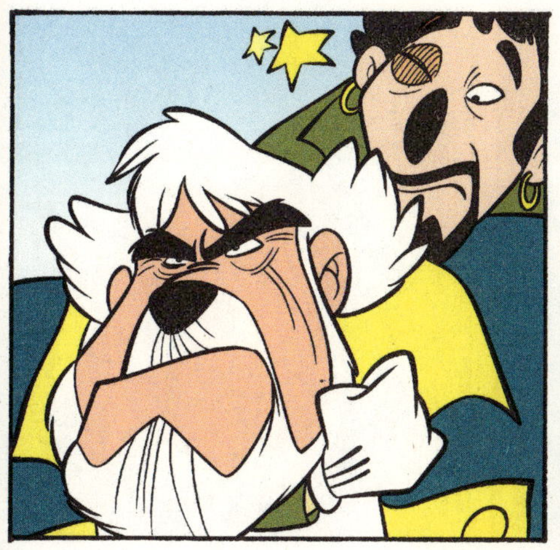

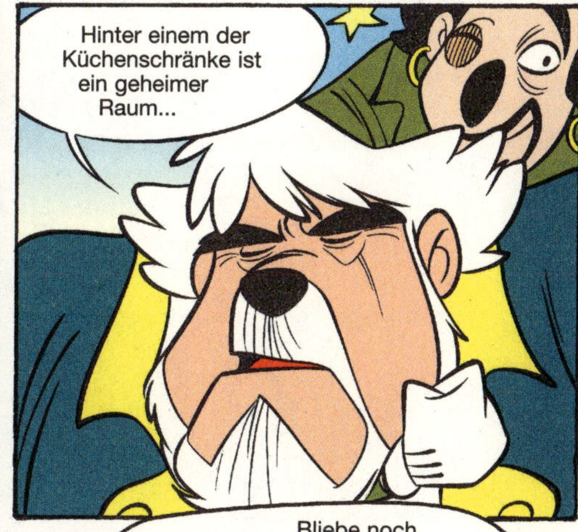
Hinter einem der Küchenschränke ist ein geheimer Raum...

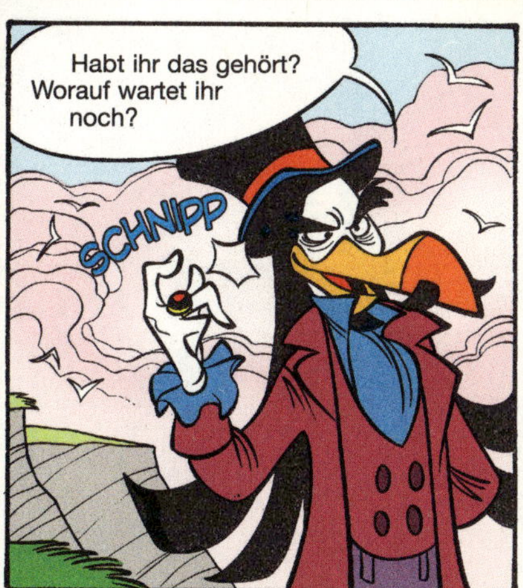
Habt ihr das gehört? Worauf wartet ihr noch?
SCHNIPP

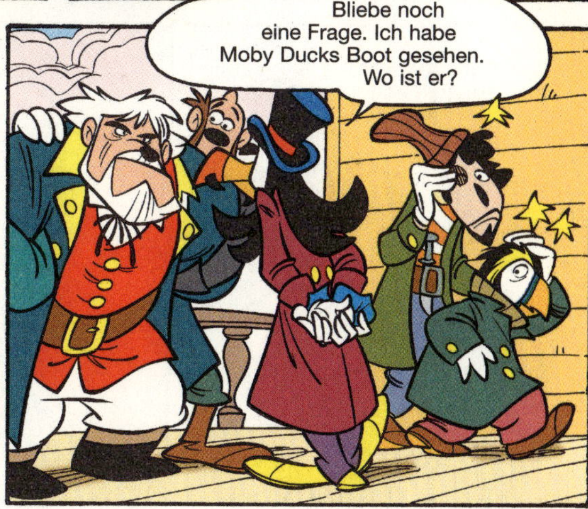
Bliebe noch eine Frage. Ich habe Moby Ducks Boot gesehen. Wo ist er?

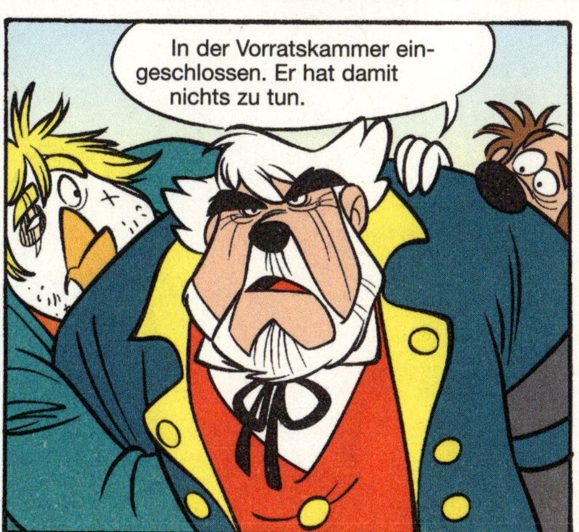
In der Vorratskammer ein-geschlossen. Er hat damit nichts zu tun.

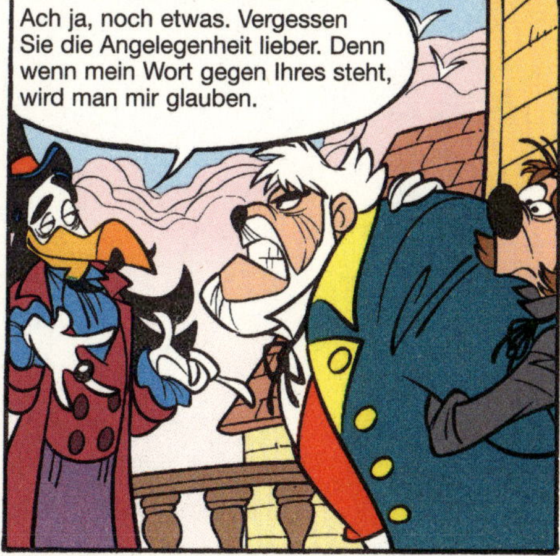
Ach ja, noch etwas. Vergessen Sie die Angelegenheit lieber. Denn wenn mein Wort gegen Ihres steht, wird man mir glauben.

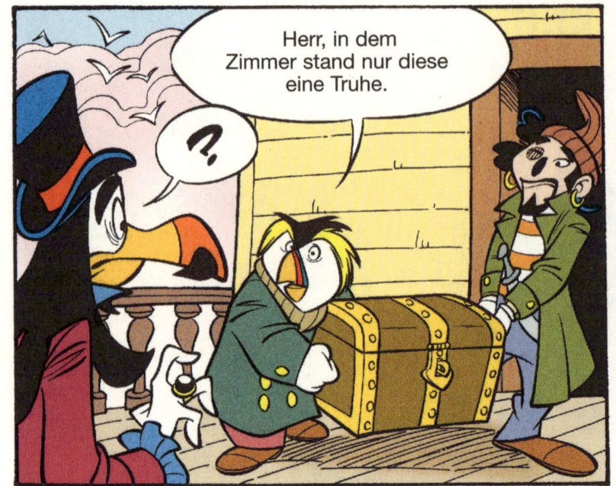
?
Herr, in dem Zimmer stand nur diese eine Truhe.

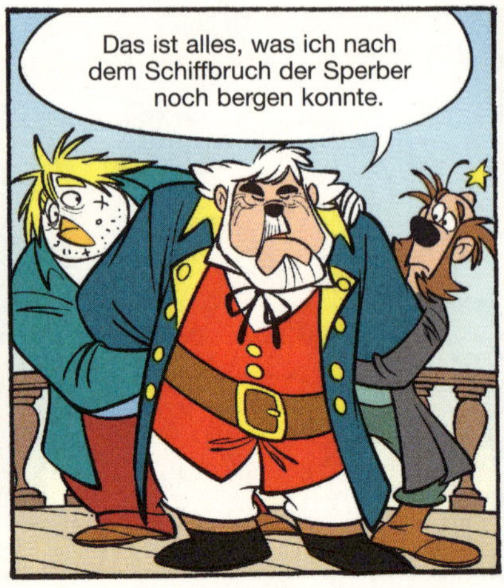
Das ist alles, was ich nach dem Schiffbruch der Sperber noch bergen konnte.

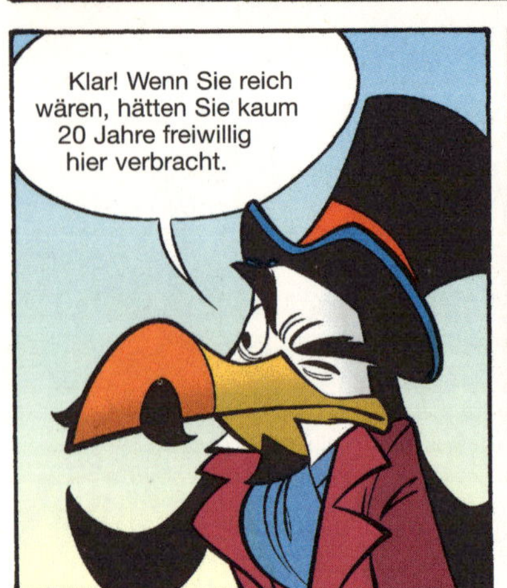
Klar! Wenn Sie reich wären, hätten Sie kaum 20 Jahre freiwillig hier verbracht.

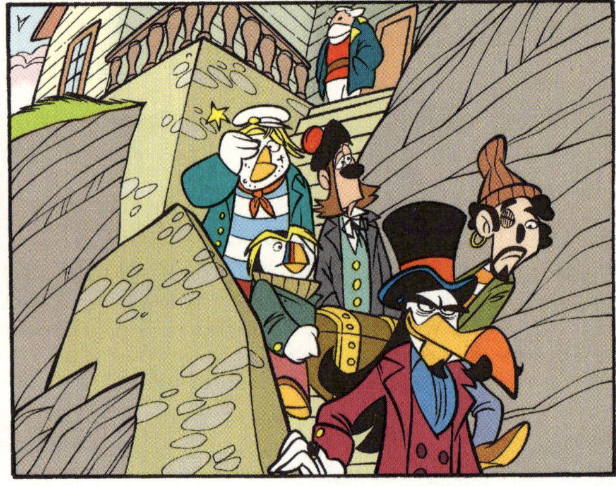

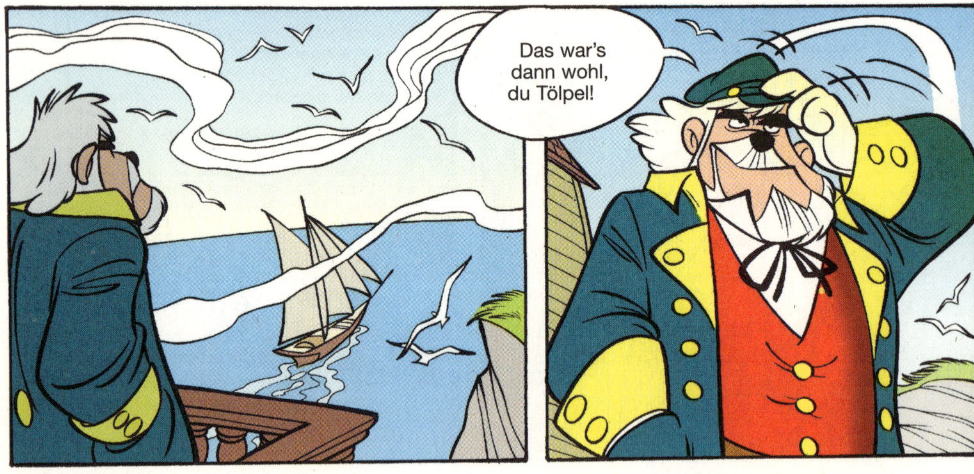
Das war's dann wohl, du Tölpel!

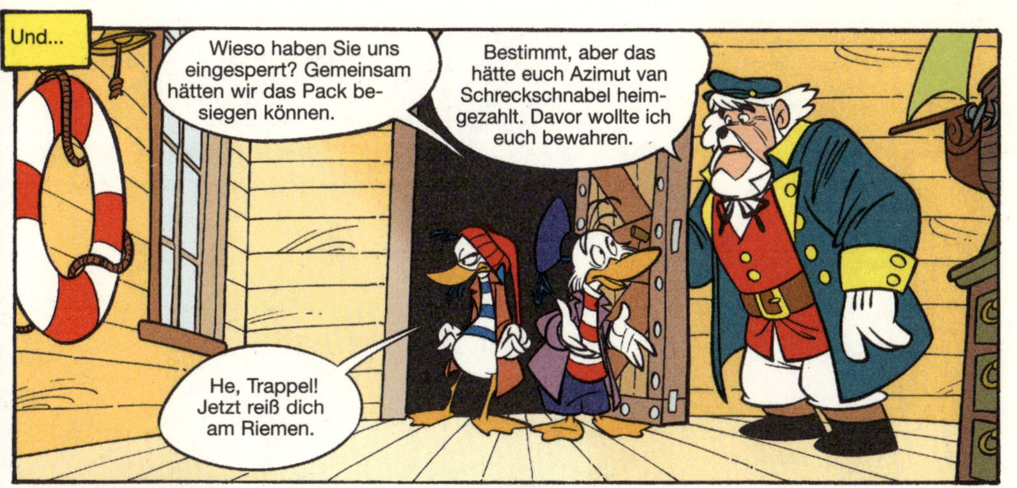
Und...
Wieso haben Sie uns eingesperrt? Gemeinsam hätten wir das Pack besiegen können.
Bestimmt, aber das hätte euch Azimut van Schreckschnabel heimgezahlt. Davor wollte ich euch bewahren.
He, Trappel! Jetzt reiß dich am Riemen.

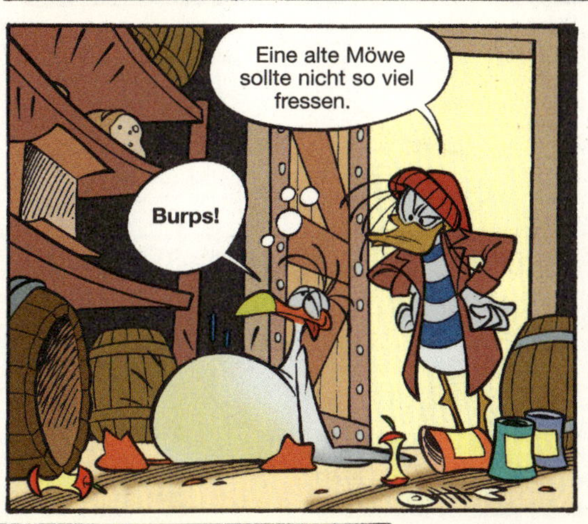
Eine alte Möwe sollte nicht so viel fressen.
Burps!

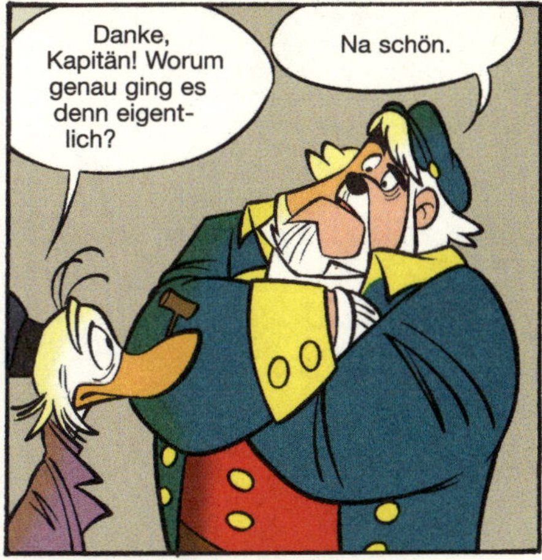
Danke, Kapitän! Worum genau ging es denn eigentlich?
Na schön.

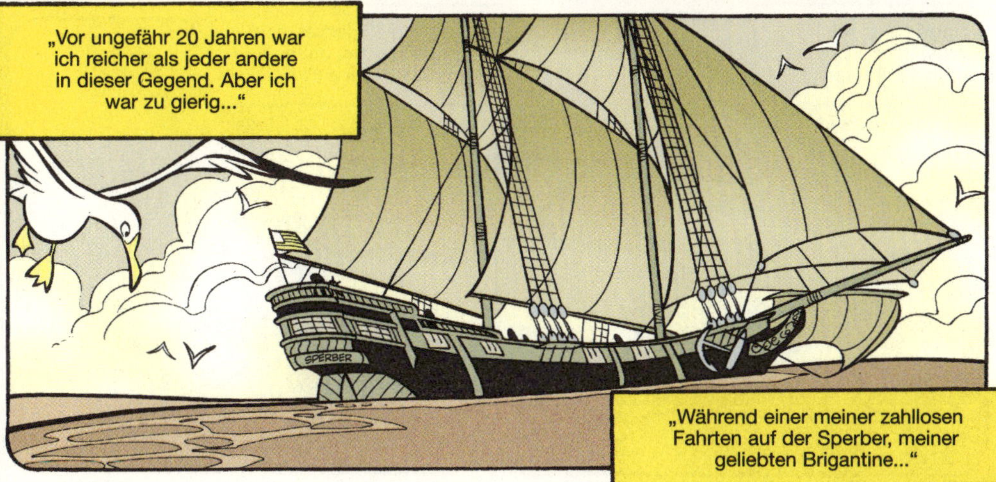
„Vor ungefähr 20 Jahren war ich reicher als jeder andere in dieser Gegend. Aber ich war zu gierig..."
SPERBER
„Während einer meiner zahllosen Fahrten auf der Sperber, meiner geliebten Brigantine..."

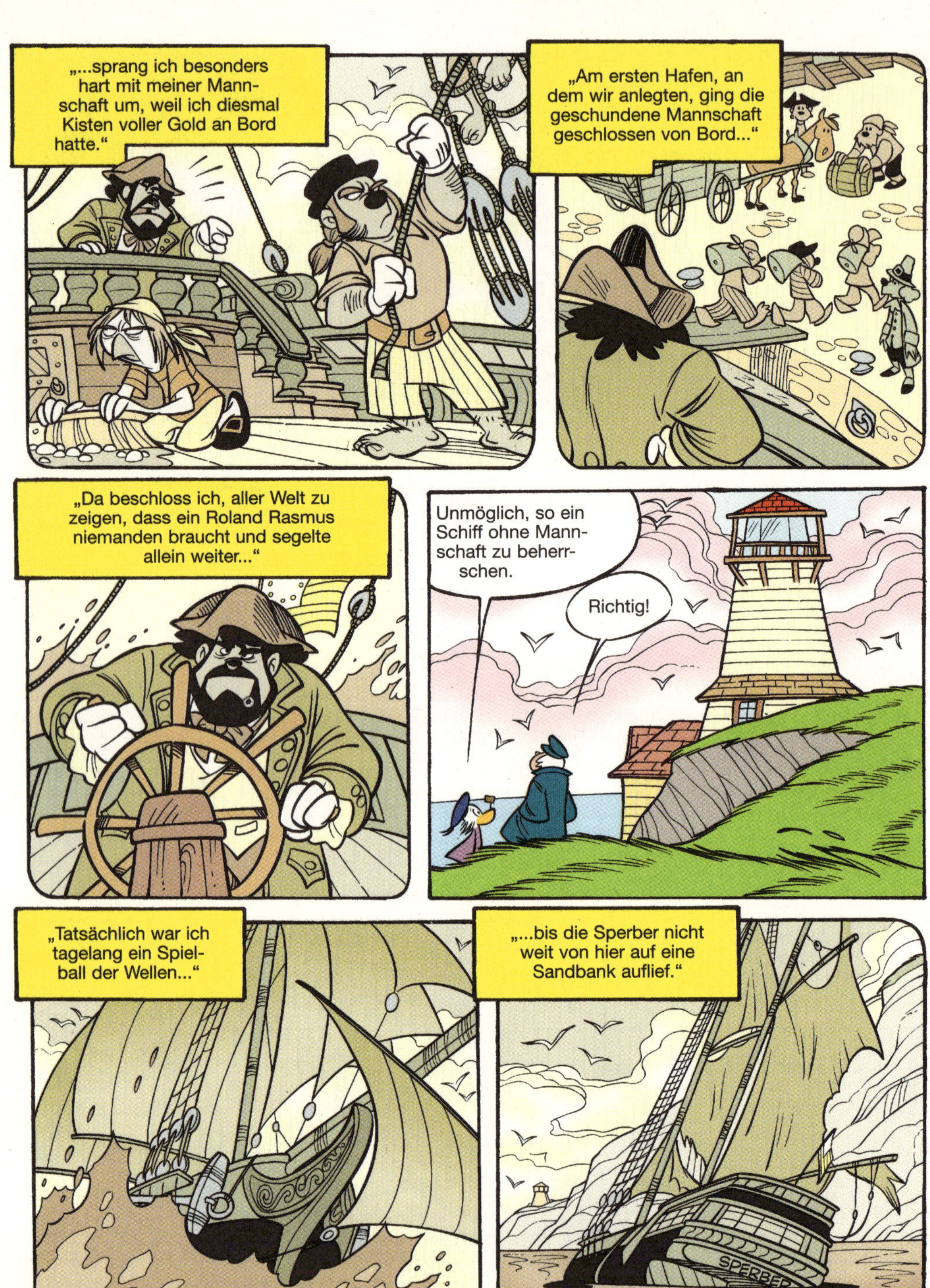
„...sprang ich besonders hart mit meiner Mannschaft um, weil ich diesmal Kisten voller Gold an Bord hatte."
„Am ersten Hafen, an dem wir anlegten, ging die geschundene Mannschaft geschlossen von Bord..."
„Da beschloss ich, aller Welt zu zeigen, dass ein Roland Rasmus niemanden braucht und segelte allein weiter..."
Unmöglich, so ein Schiff ohne Mannschaft zu beherrschen.
Richtig!
„Tatsächlich war ich tagelang ein Spielball der Wellen..."
„...bis die Sperber nicht weit von hier auf eine Sandbank auflief."
SPERBER

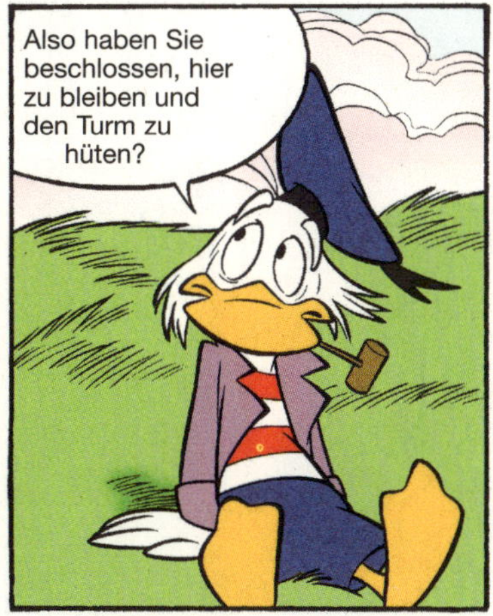
Also haben Sie beschlossen, hier zu bleiben und den Turm zu hüten?

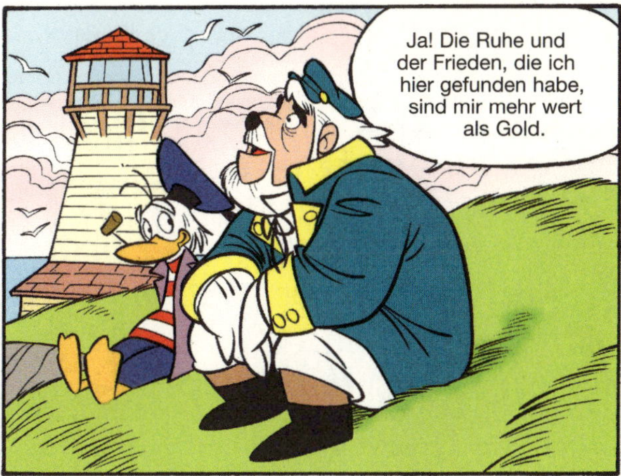
Ja! Die Ruhe und der Frieden, die ich hier gefunden habe, sind mir mehr wert als Gold.

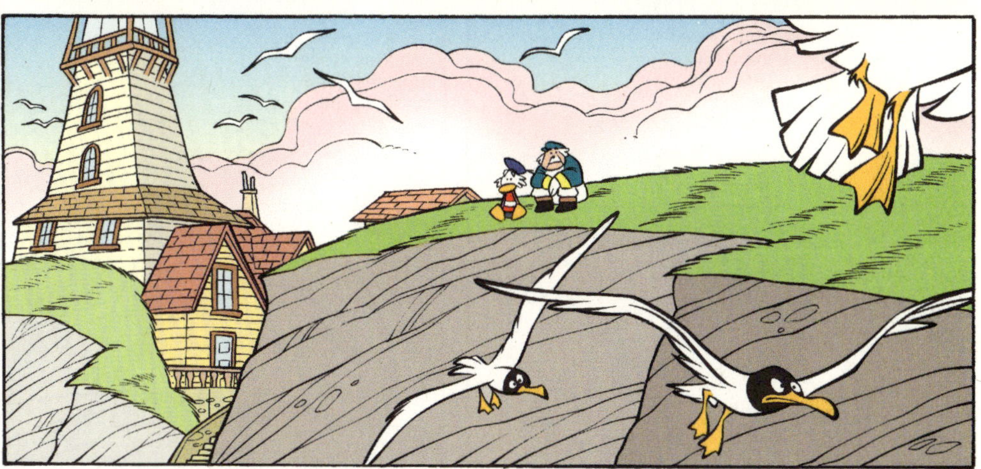

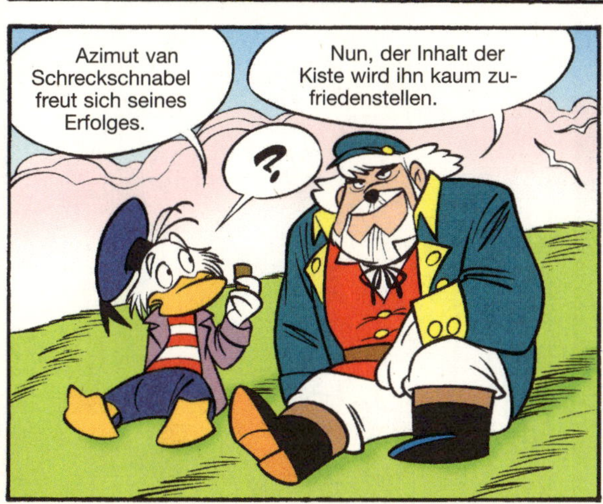
Azimut van Schreckschnabel freut sich seines Erfolges.
Nun, der Inhalt der Kiste wird ihn kaum zufriedenstellen.
?

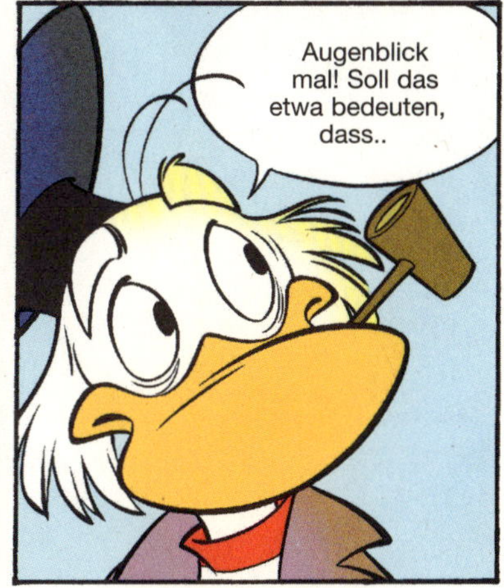
Augenblick mal! Soll das etwa bedeuten, dass..

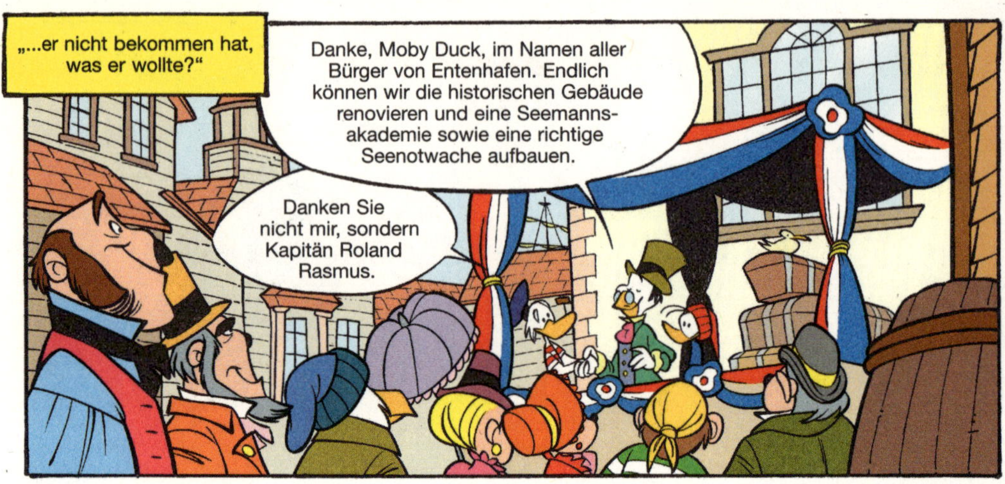
„...er nicht bekommen hat, was er wollte?“
Danke, Moby Duck, im Namen aller Bürger von Entenhafen. Endlich können wir die historischen Gebäude renovieren und eine Seemanns-akademie sowie eine richtige Seenotwache aufbauen.
Danken Sie nicht mir, sondern Kapitän Roland Rasmus.

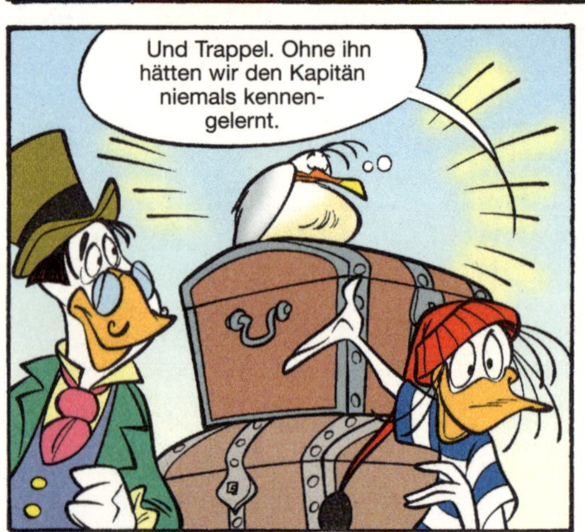
Und Trappel. Ohne ihn hätten wir den Kapitän niemals kennen-gelernt.

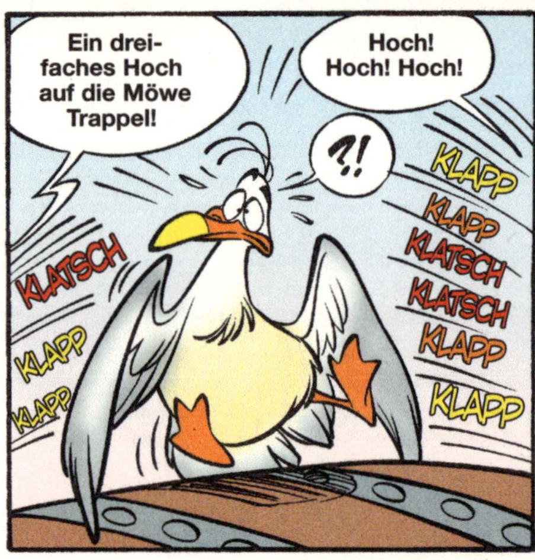
Ein drei-faches Hoch auf die Möwe Trappel!
Hoch! Hoch! Hoch!
?!
KLATSCH
KLAPP
KLAPP
KLAPP
KLAPP
KLATSCH
KLATSCH
KLAPP
KLAPP

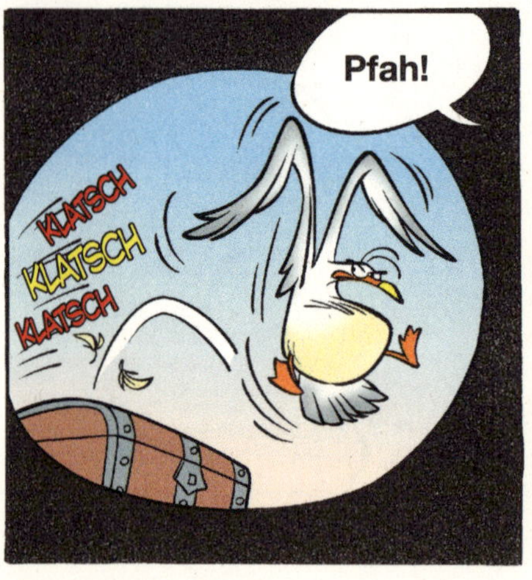
Pfah!
KLATSCH
KLATSCH
KLATSCH

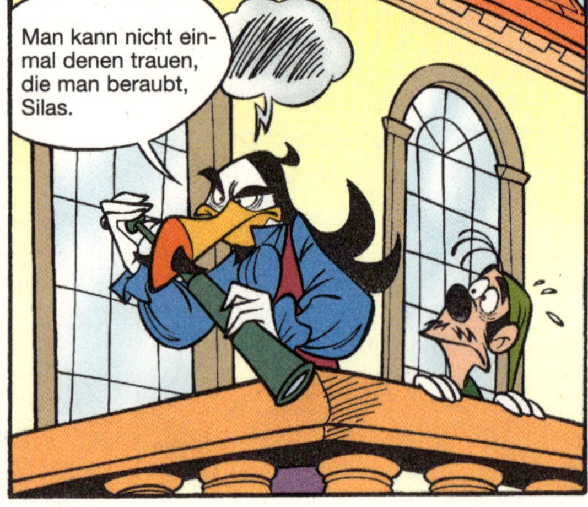
Man kann nicht ein-mal denen trauen, die man beraubt, Silas.

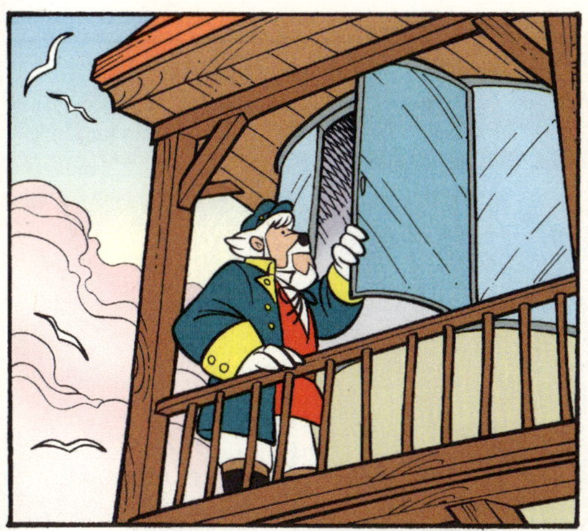
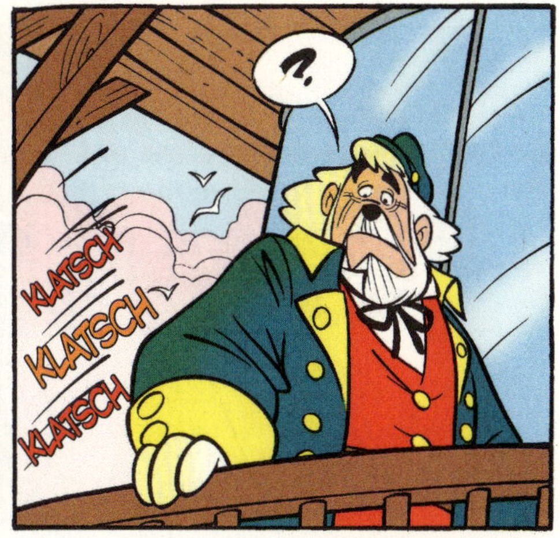
?
KLATSCH
KLATSCH
KLATSCH
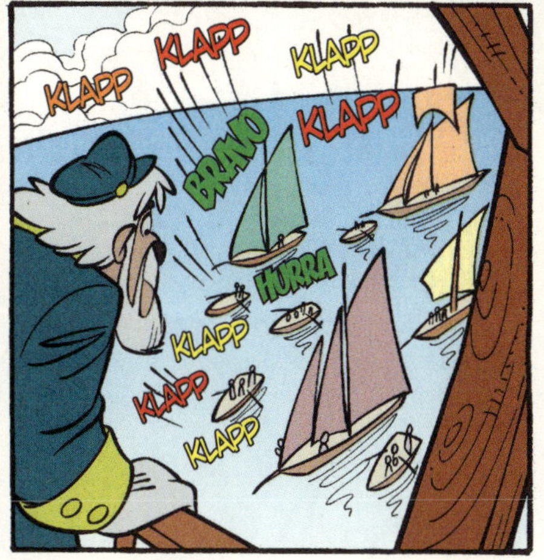
KLAPP
KLAPP
KLAPP
BRAVO
KLAPP
HURRA
KLAPP
KLAPP
KLAPP
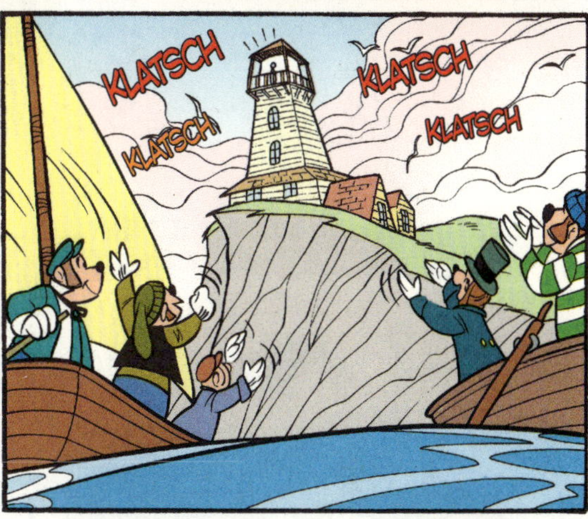
KLATSCH
KLATSCH
KLATSCH
KLATSCH
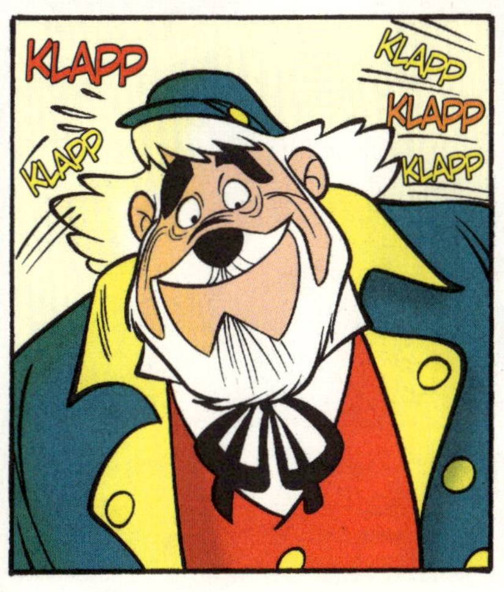
KLAPP
KLAPP
KLAPP
KLAPP
KLAPP
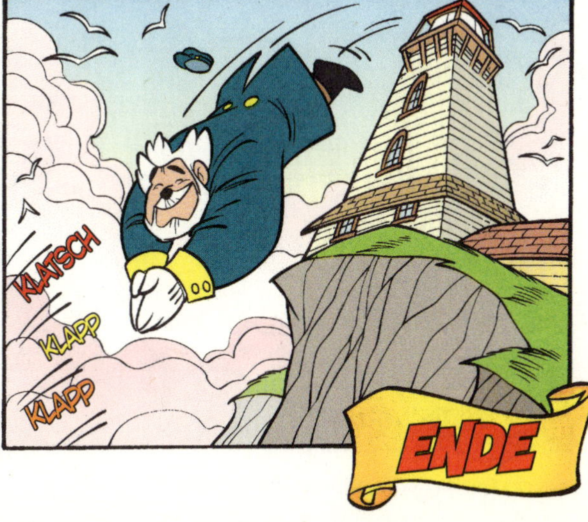
KLATSCH
KLAPP
KLAPP
ENDE

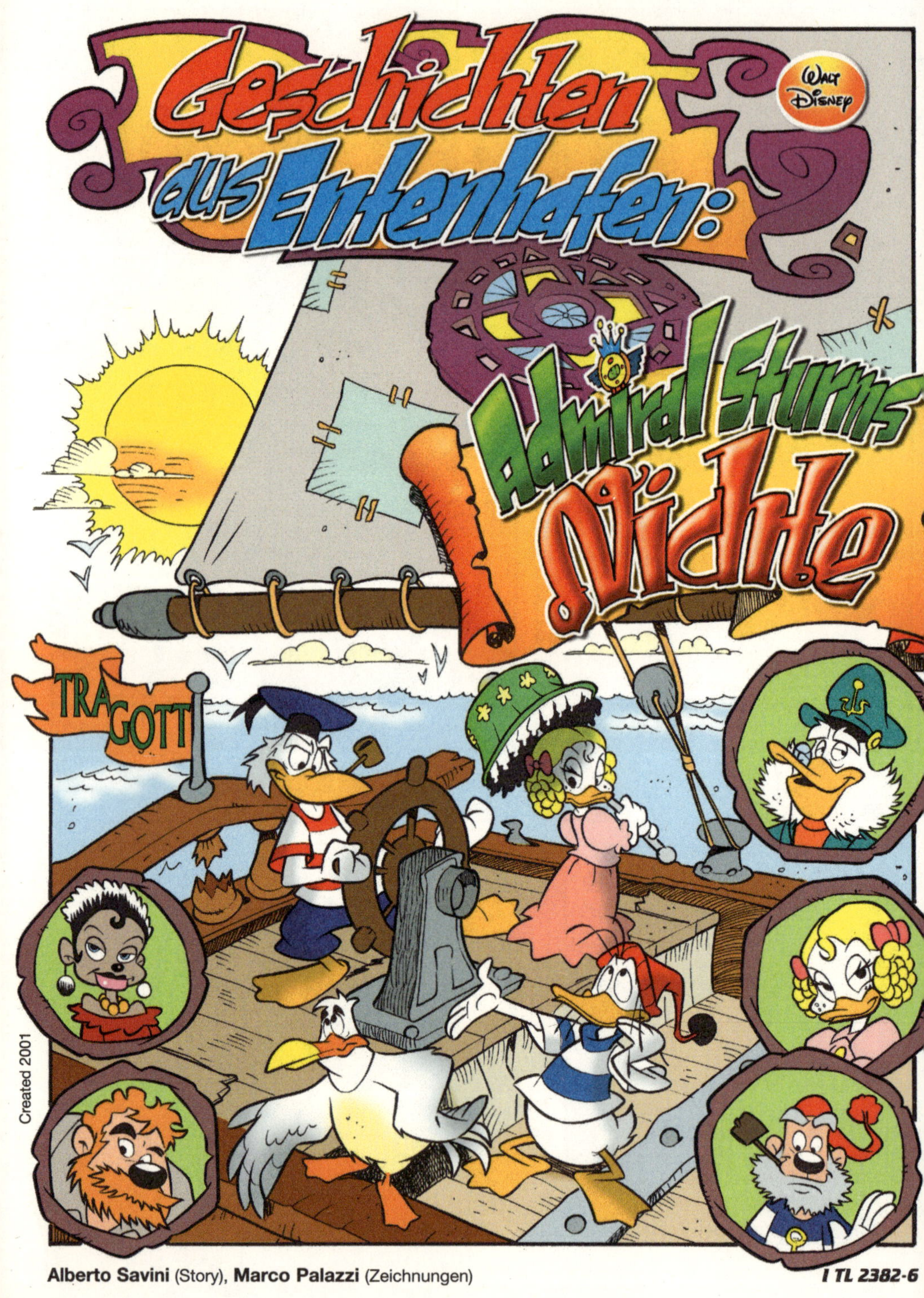

Alberto Savini (Story), **Marco Palazzi** (Zeichnungen)

I TL 2382-6

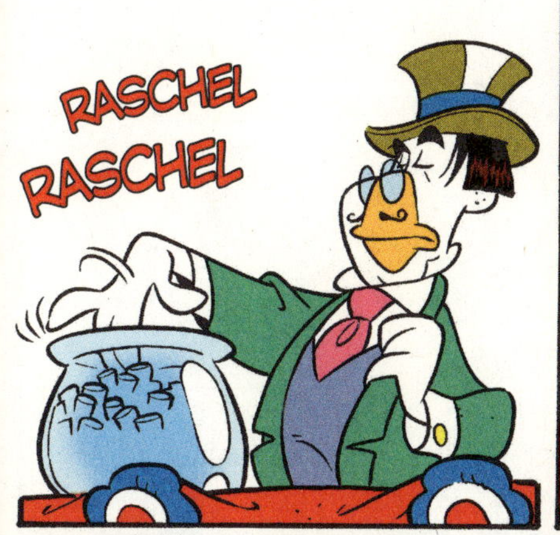
RASCHEL
RASCHEL
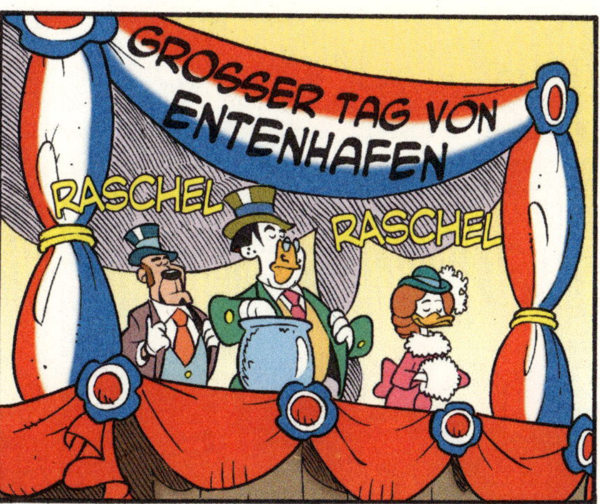
GROSSER TAG VON ENTENHAFEN
RASCHEL
RASCHEL
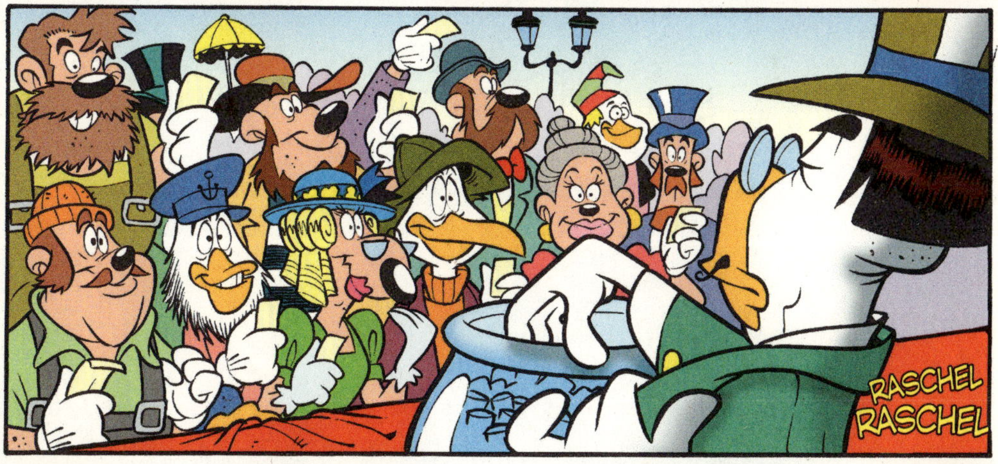
RASCHEL
RASCHEL
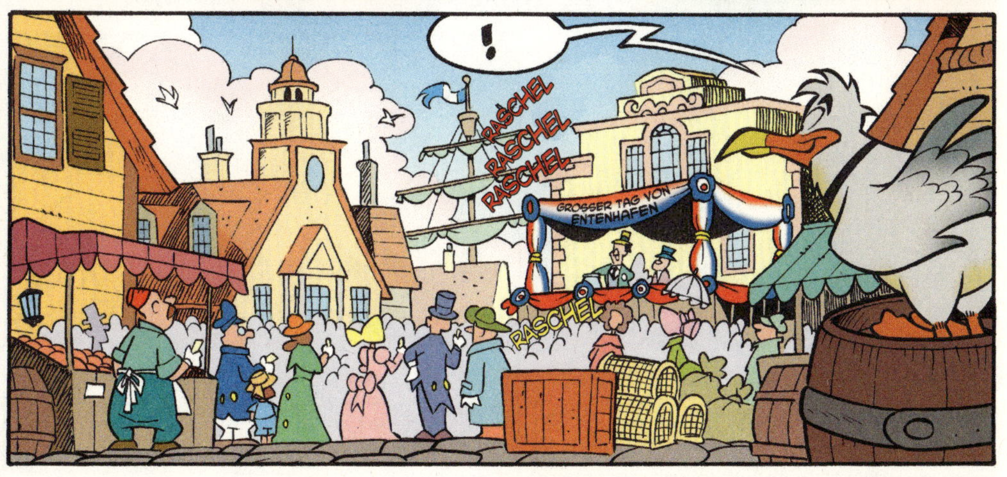
!
RASCHEL
RASCHEL
RASCHEL
GROSSER TAG VON ENTENHAFEN
RASCHEL

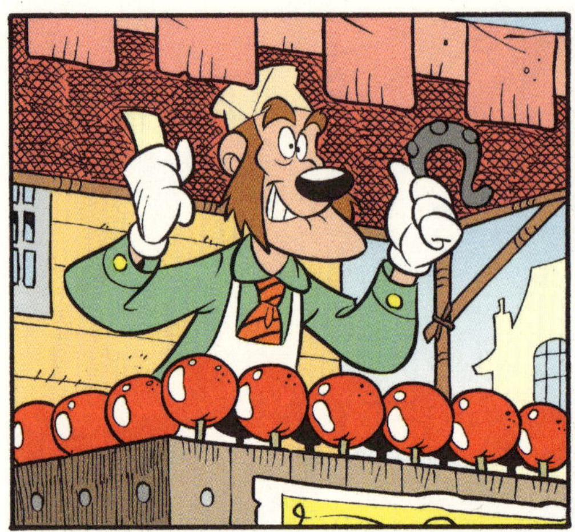
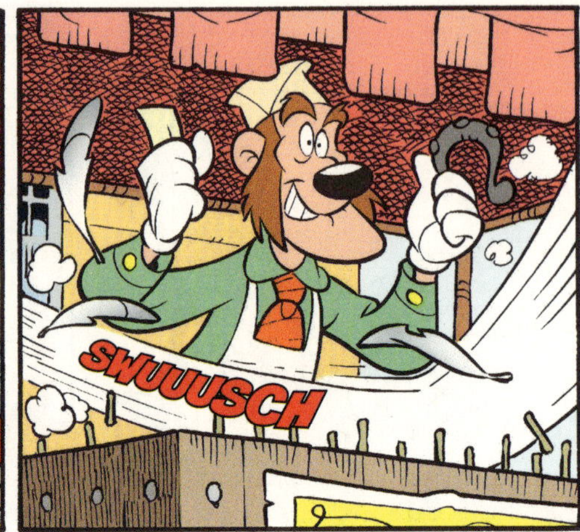
SWUUUSCH
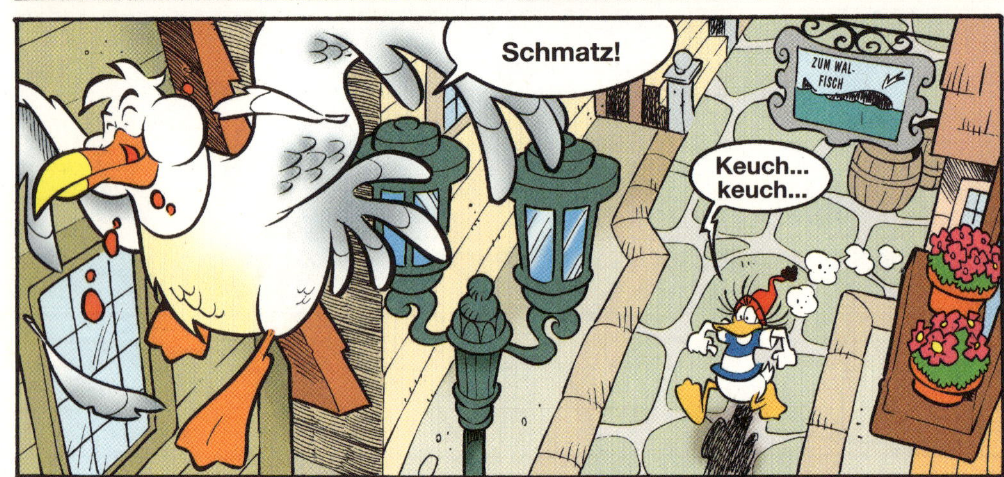
Schmatz!
ZUM WAL-
FISCH
Keuch... keuch...
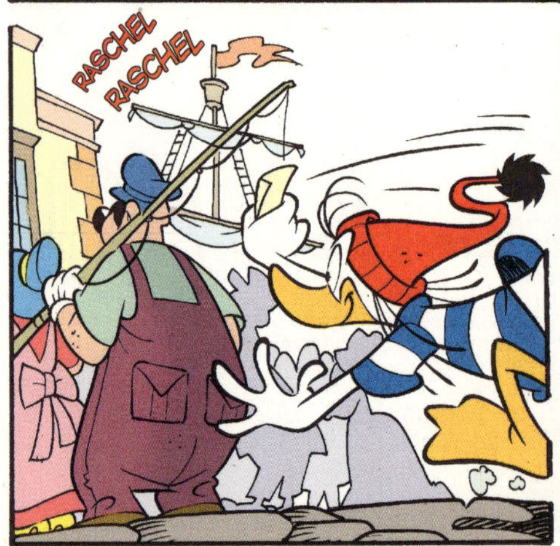
RASCHEL
RASCHEL
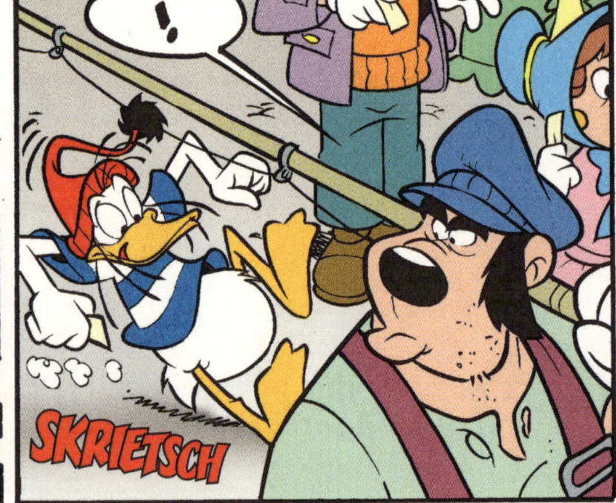
!
SKRIETSCH

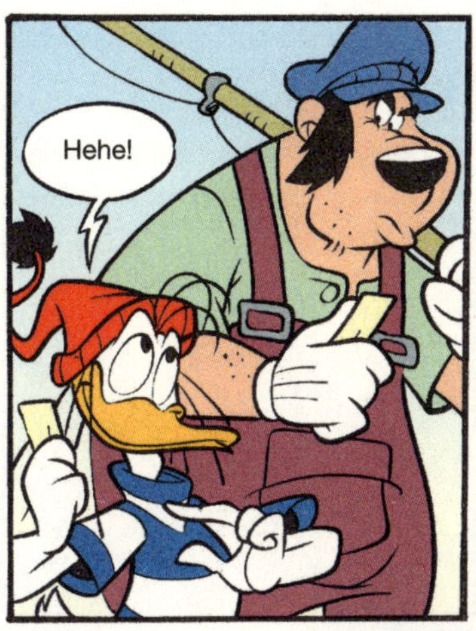
Hehe!

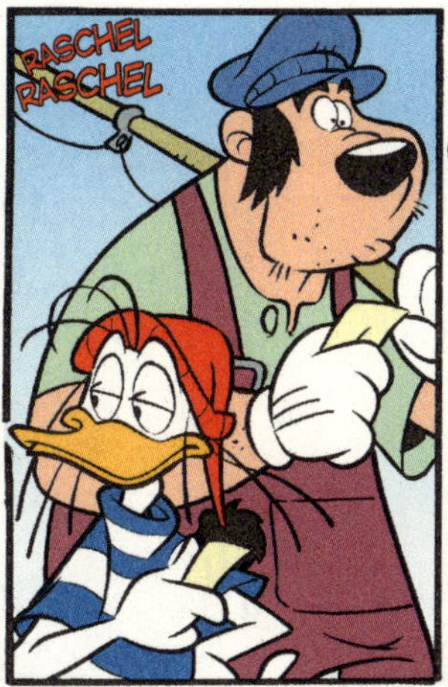
RASCHEL
RASCHEL

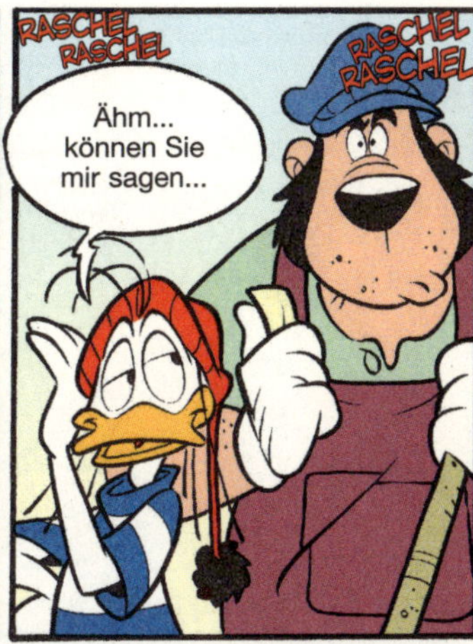
RASCHEL
RASCHEL
Ähm... können Sie mir sagen...
RASCHEL
RASCHEL

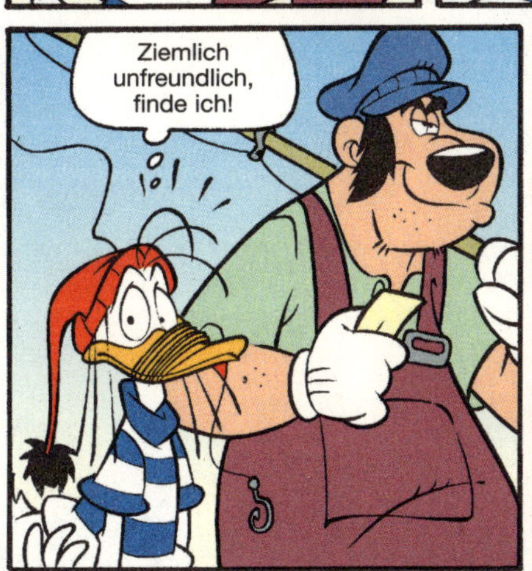
Ziemlich unfreundlich, finde ich!

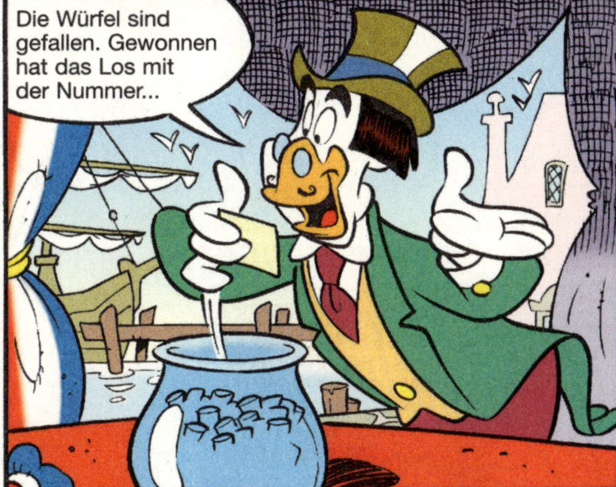
Die Würfel sind gefallen. Gewonnen hat das Los mit der Nummer...

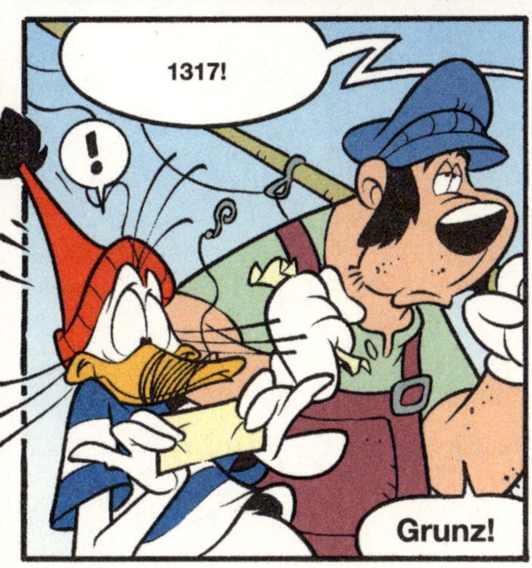
1317!
!
Grunz!

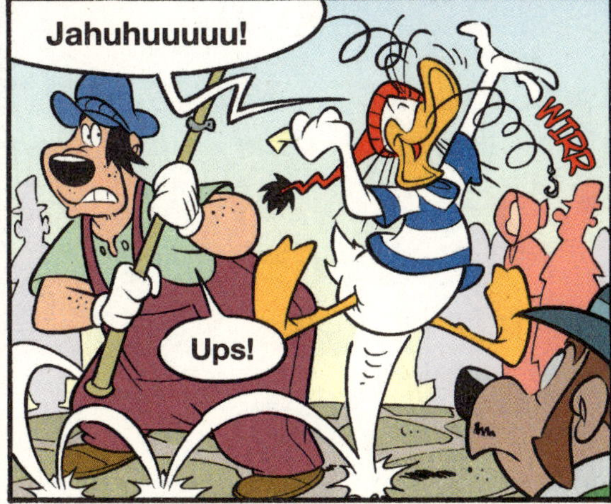
Jahuhuuuuu!
WIRR
Ups!

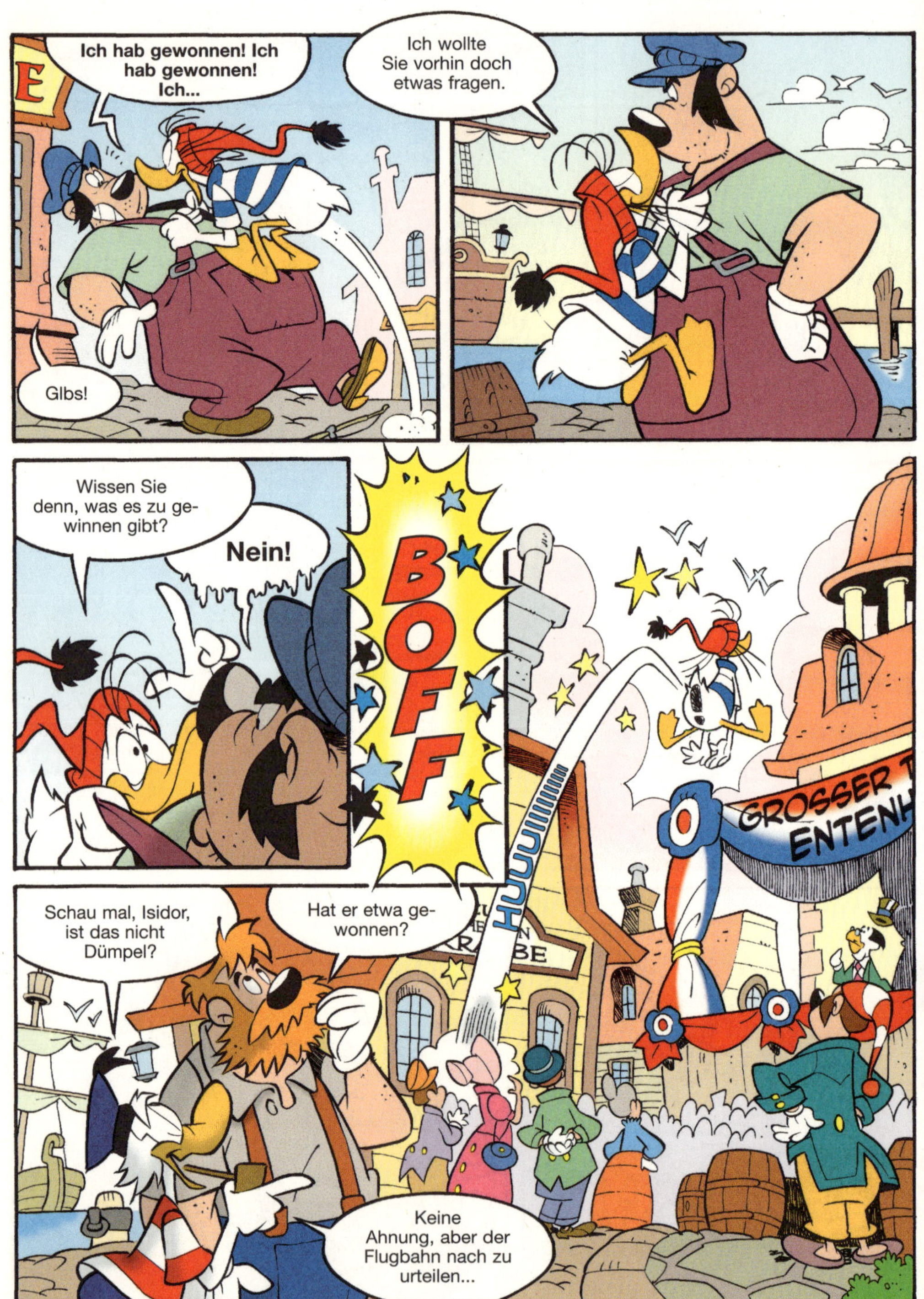
Ich hab gewonnen! Ich hab gewonnen! Ich...
Glbs!
Ich wollte Sie vorhin doch etwas fragen.
Wissen Sie denn, was es zu gewinnen gibt?
Nein!
BOFF
HUUIIIIIIIIII
GROSSER T
ENTENH
Schau mal, Isidor, ist das nicht Dümpel?
Hat er etwa gewonnen?
Keine Ahnung, aber der Flugbahn nach zu urteilen...

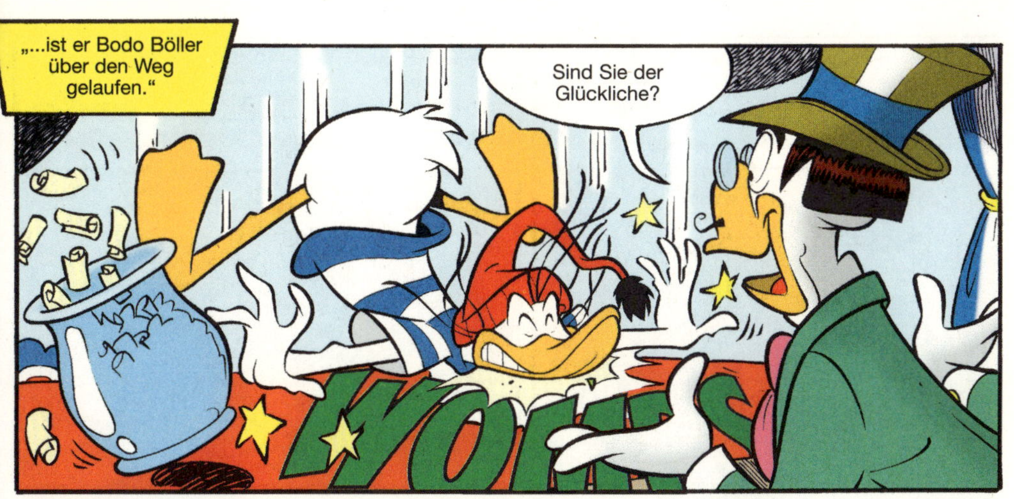
„...ist er Bodo Böller über den Weg gelaufen.“
Sind Sie der Glückliche?

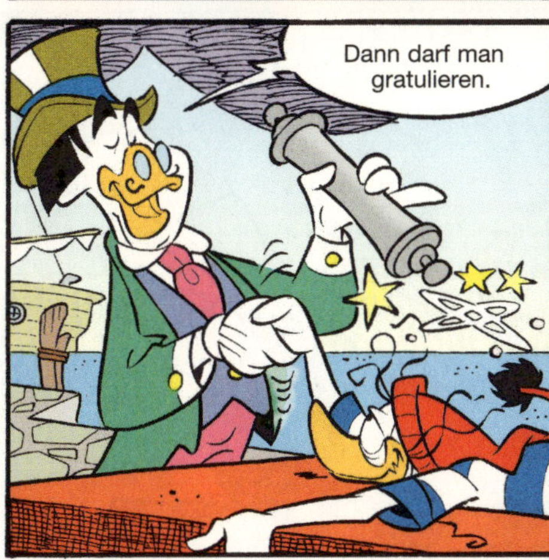
Dann darf man gratulieren.

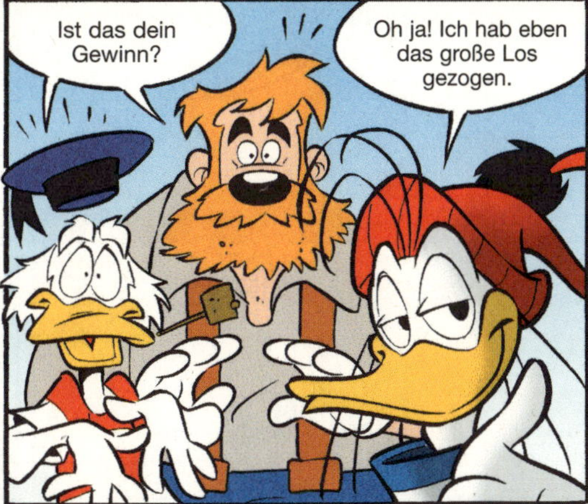
Ist das dein Gewinn?
Oh ja! Ich hab eben das große Los gezogen.

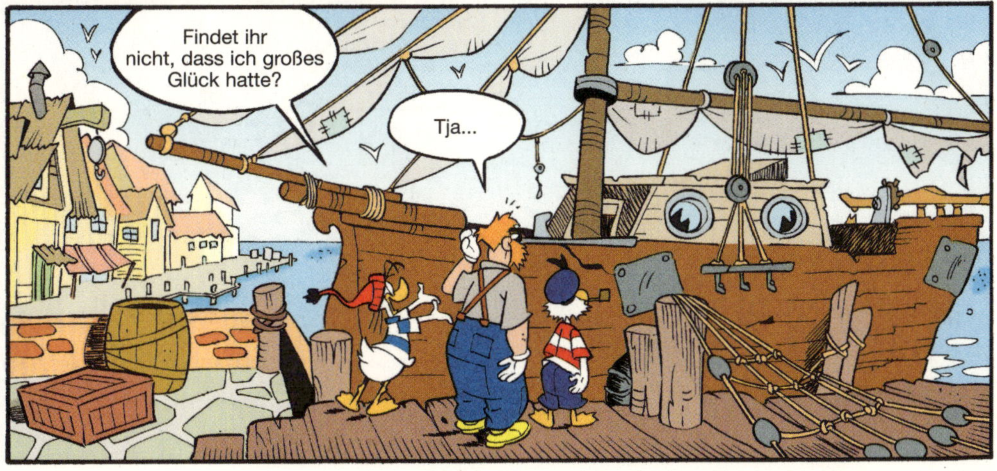
Findet ihr nicht, dass ich großes Glück hatte?
Tja...

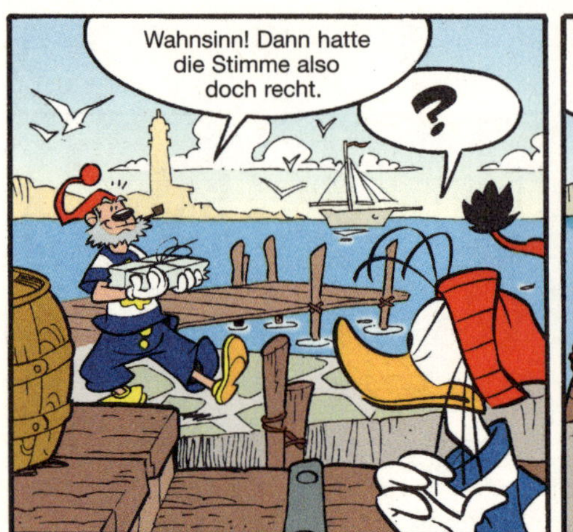
Wahnsinn! Dann hatte die Stimme also doch recht.
?

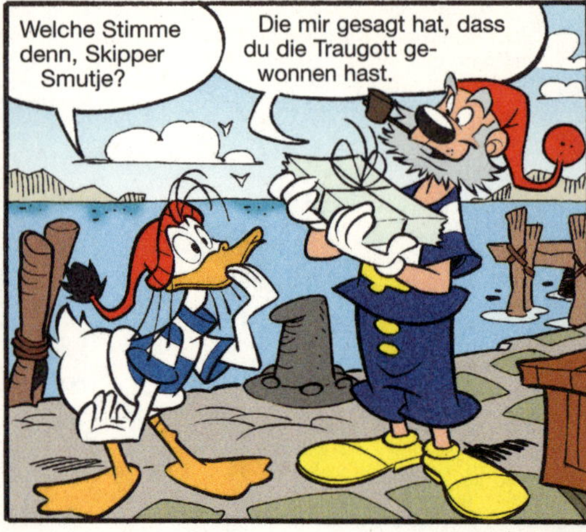
Welche Stimme denn, Skipper Smutje?
Die mir gesagt hat, dass du die Traugott gewonnen hast.

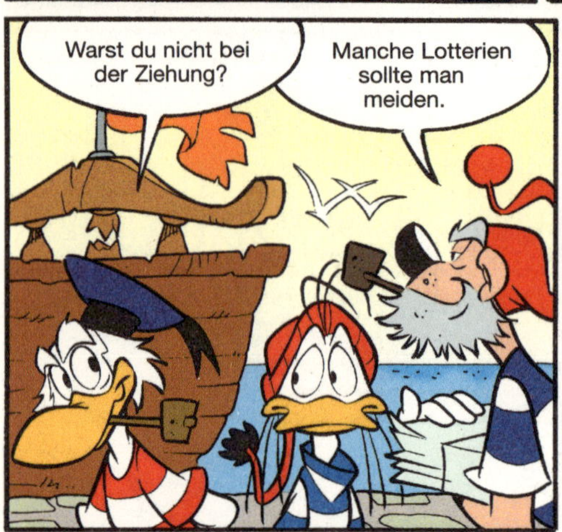
Warst du nicht bei der Ziehung?
Manche Lotterien sollte man meiden.

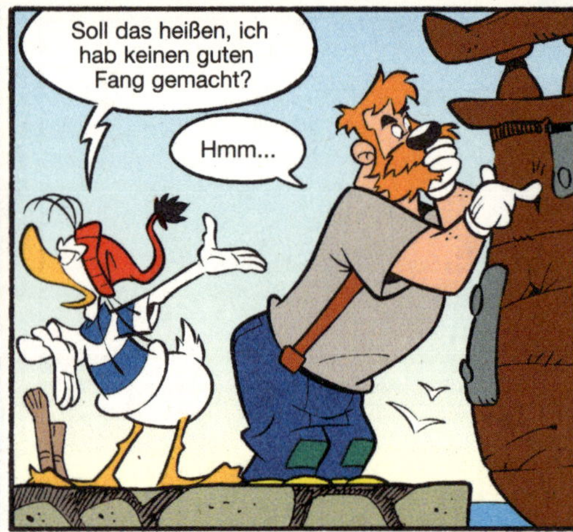
Soll das heißen, ich hab keinen guten Fang gemacht?
Hmm...

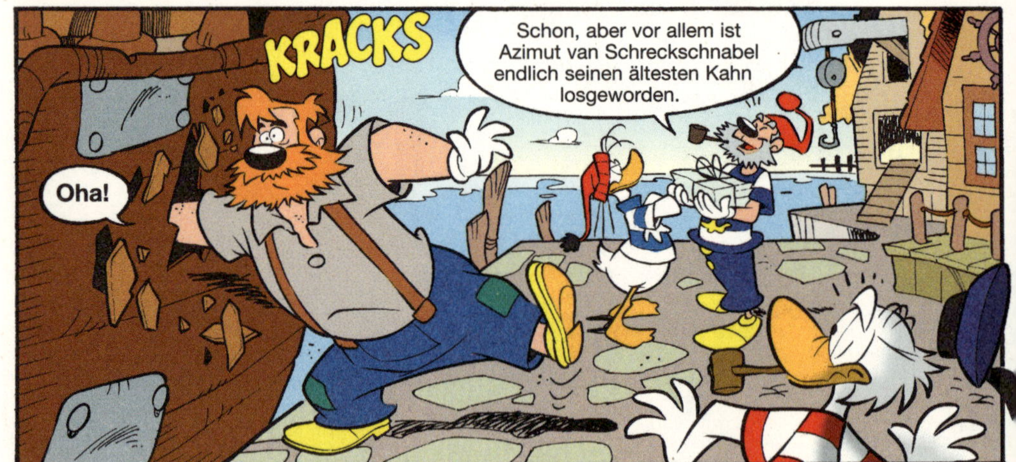
KRACKS
Oha!
Schon, aber vor allem ist Azimut van Schreckschnabel endlich seinen ältesten Kahn losgeworden.

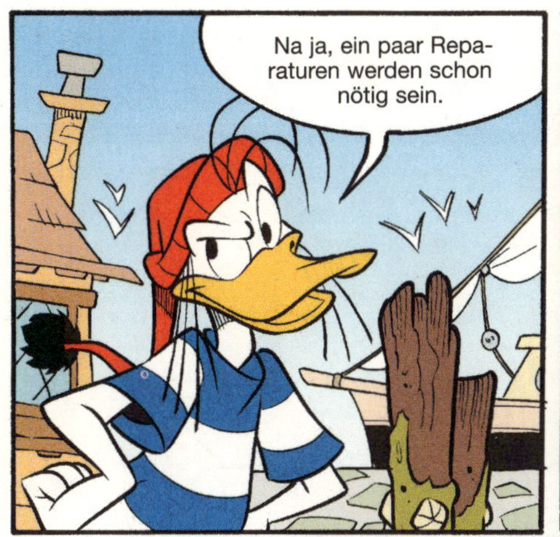
Na ja, ein paar Reparaturen werden schon nötig sein.

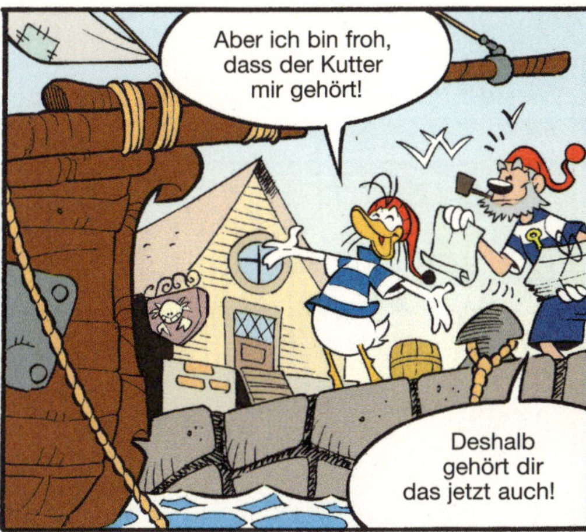
Aber ich bin froh, dass der Kutter mir gehört!
Deshalb gehört dir das jetzt auch!

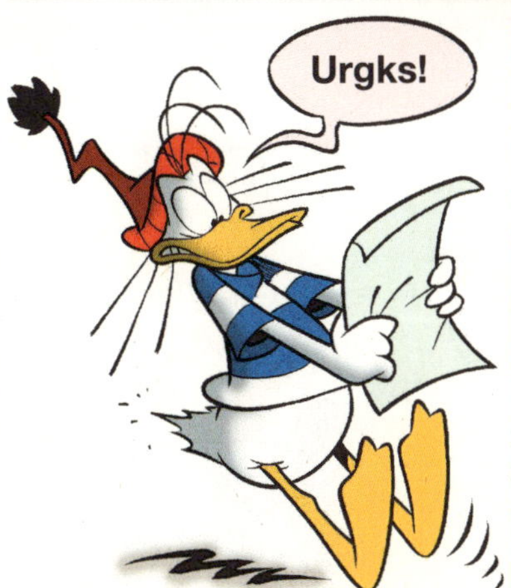
Urgks!

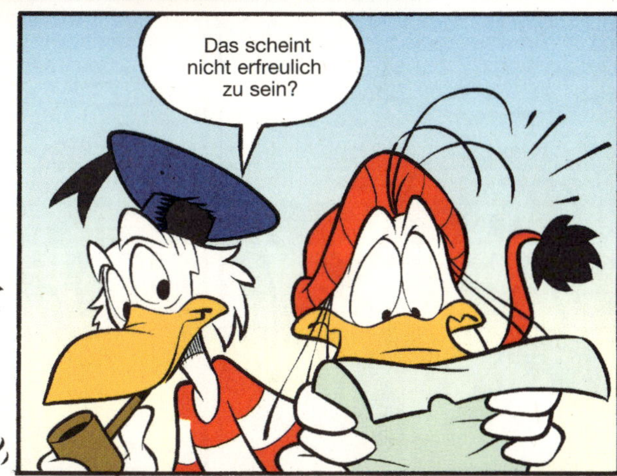
Das scheint nicht erfreulich zu sein?

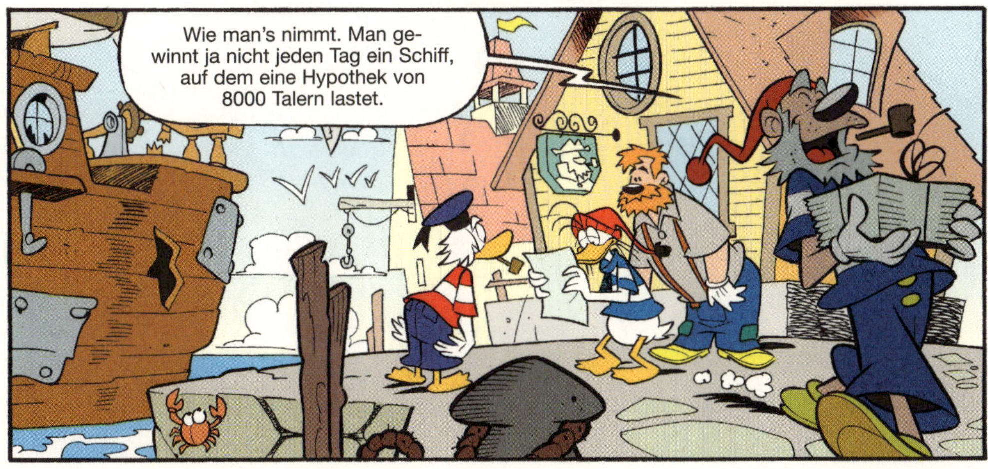
Wie man's nimmt. Man gewinnt ja nicht jeden Tag ein Schiff, auf dem eine Hypothek von 8000 Talern lastet.

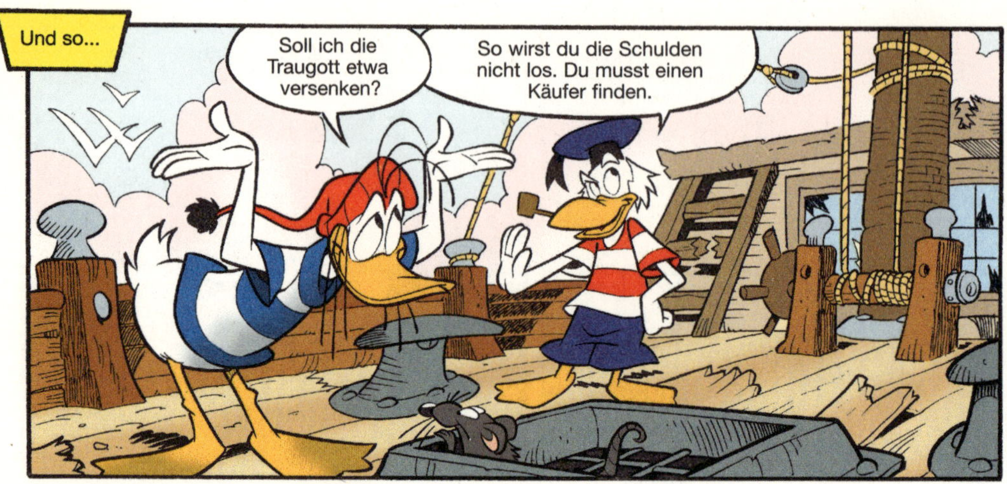
Und so...
Soll ich die Traugott etwa versenken?
So wirst du die Schulden nicht los. Du musst einen Käufer finden.

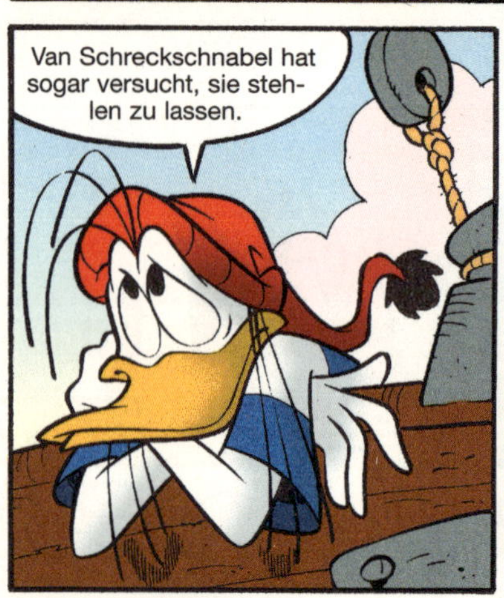
Van Schreckschnabel hat sogar versucht, sie steh-len zu lassen.

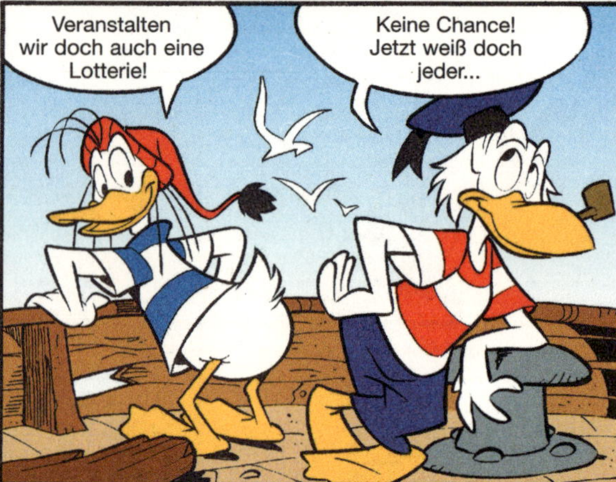
Veranstalten wir doch auch eine Lotterie!
Keine Chance! Jetzt weiß doch jeder...

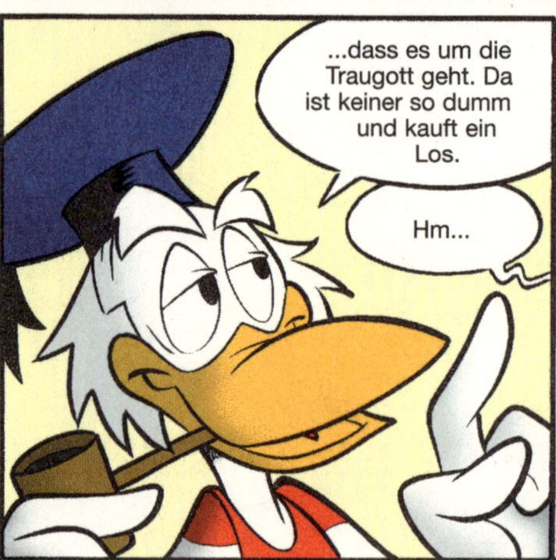
...dass es um die Traugott geht. Da ist keiner so dumm und kauft ein Los.
Hm...

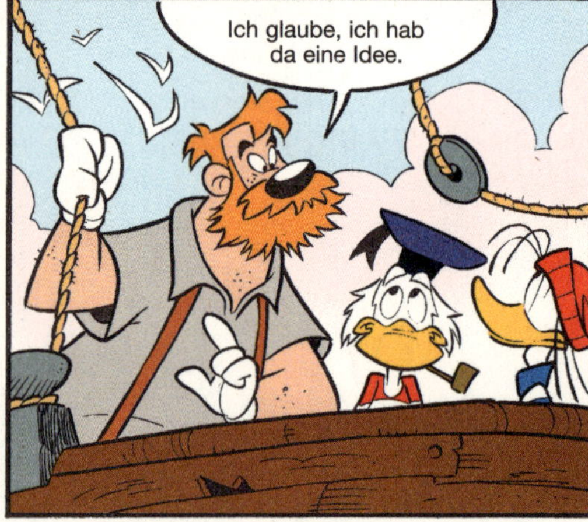
Ich glaube, ich hab da eine Idee.

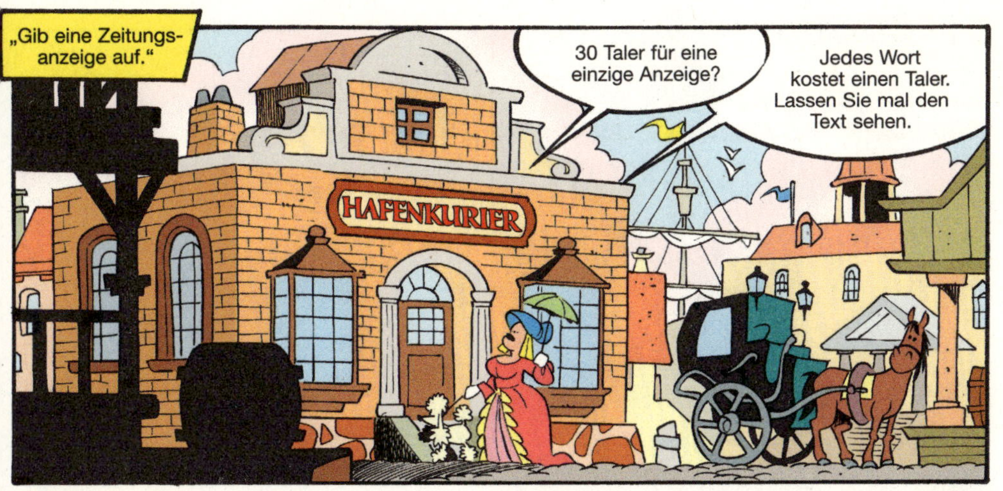
„Gib eine Zeitungs-
anzeige auf."
30 Taler für eine
einzige Anzeige?
Jedes Wort
kostet einen Taler.
Lassen Sie mal den
Text sehen.
HAFENKURIER

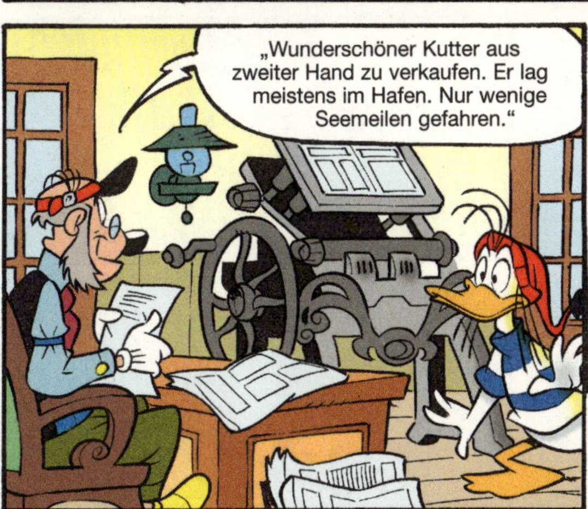
„Wunderschöner Kutter aus
zweiter Hand zu verkaufen. Er lag
meistens im Hafen. Nur wenige
Seemeilen gefahren."

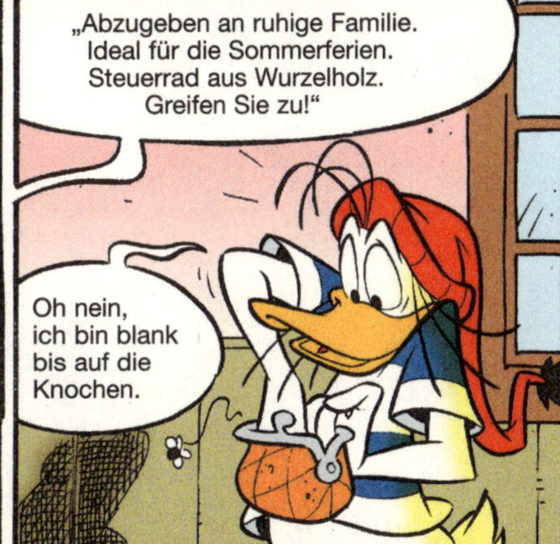
„Abzugeben an ruhige Familie.
Ideal für die Sommerferien.
Steuerrad aus Wurzelholz.
Greifen Sie zu!"
Oh nein,
ich bin blank
bis auf die
Knochen.

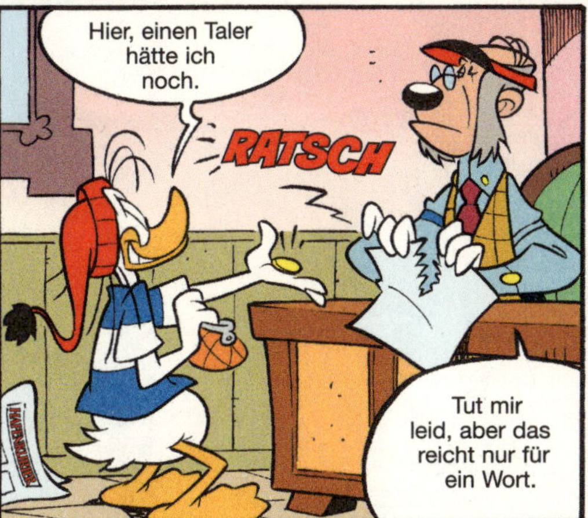
Hier, einen Taler
hätte ich
noch.
RATSCH
Tut mir
leid, aber das
reicht nur für
ein Wort.

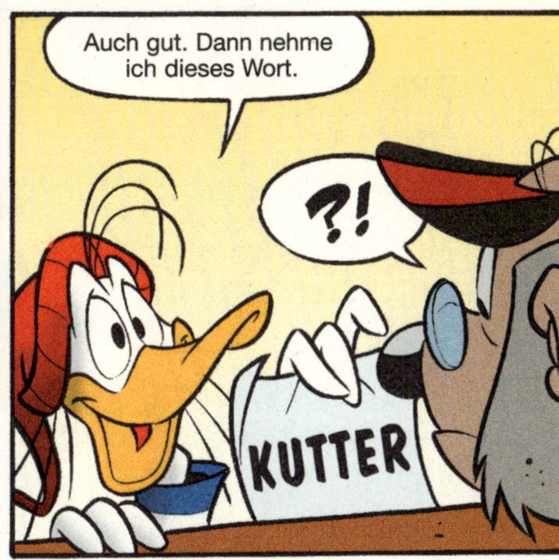
Auch gut. Dann nehme
ich dieses Wort.
?!
KUTTER

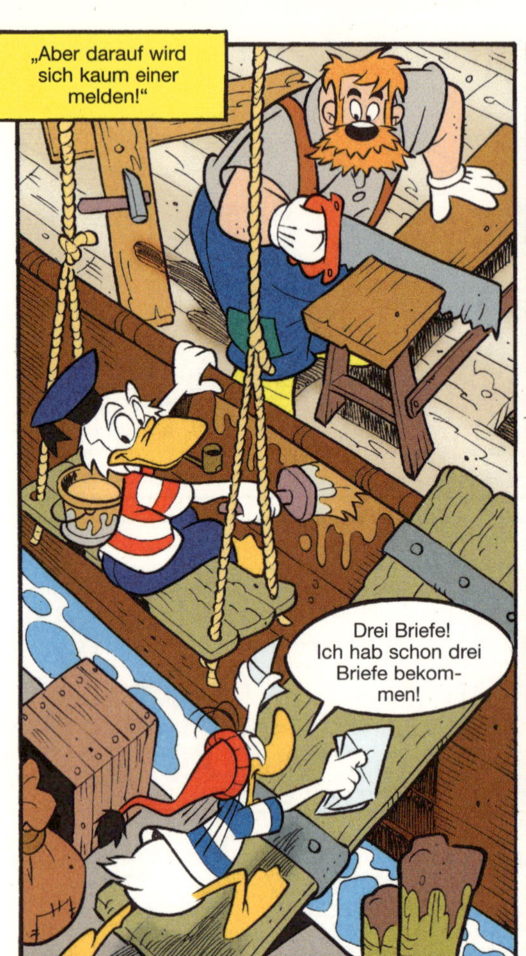
„Aber darauf wird sich kaum einer melden!“
Drei Briefe! Ich hab schon drei Briefe bekom-men!

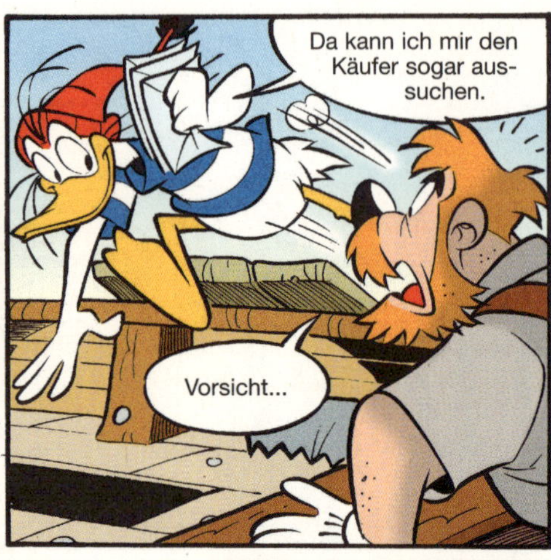
Da kann ich mir den Käufer sogar aus-suchen.
Vorsicht...

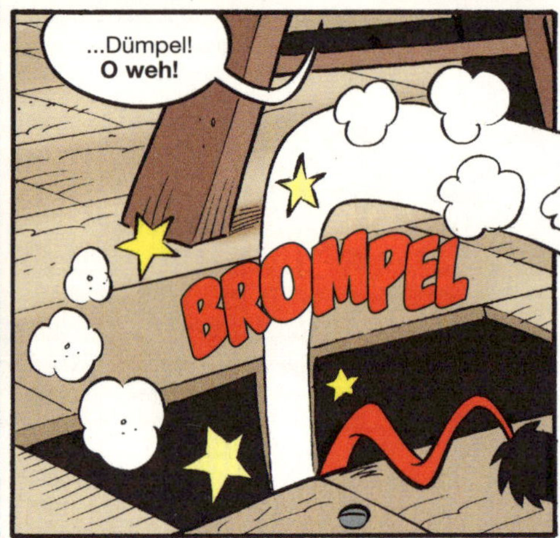
...Dümpel! **O weh!**
BROMPEL

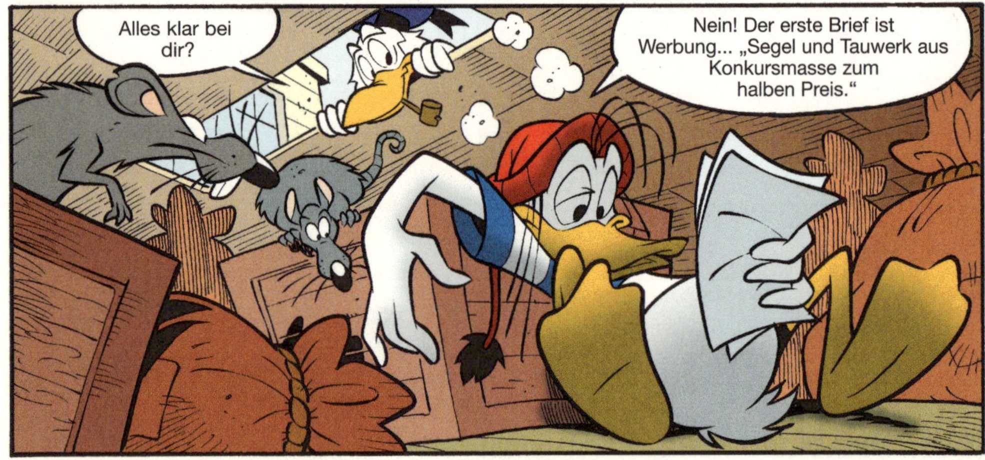
Alles klar bei dir?
Nein! Der erste Brief ist Werbung... „Segel und Tauwerk aus Konkursmasse zum halben Preis.“

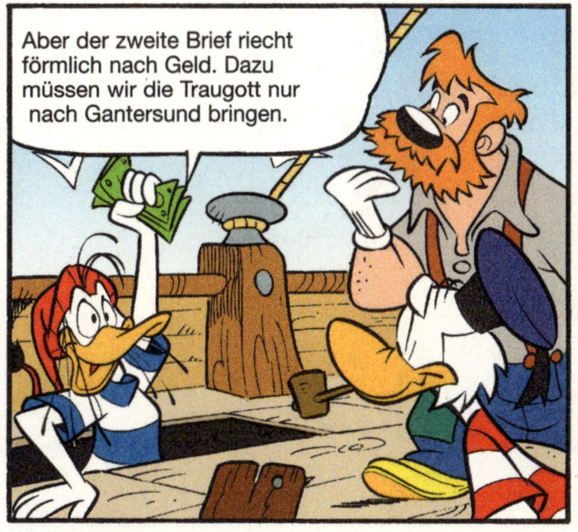
Aber der zweite Brief riecht förmlich nach Geld. Dazu müssen wir die Traugott nur nach Gantersund bringen.
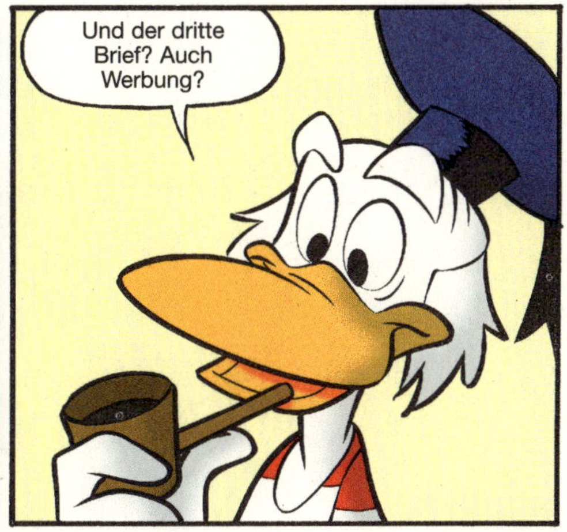
Und der dritte Brief? Auch Werbung?
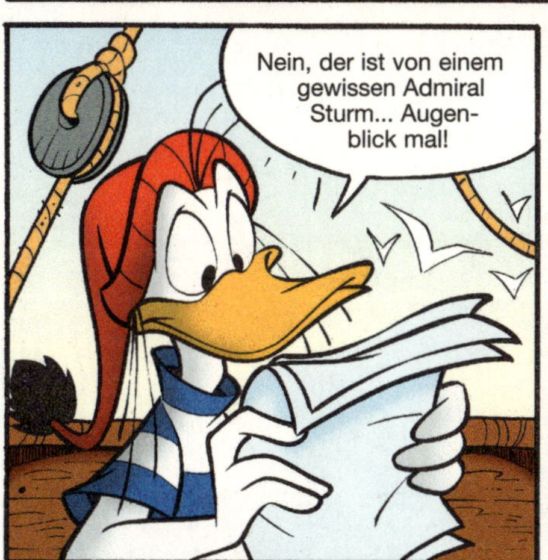
Nein, der ist von einem gewissen Admiral Sturm... Augen-blick mal!
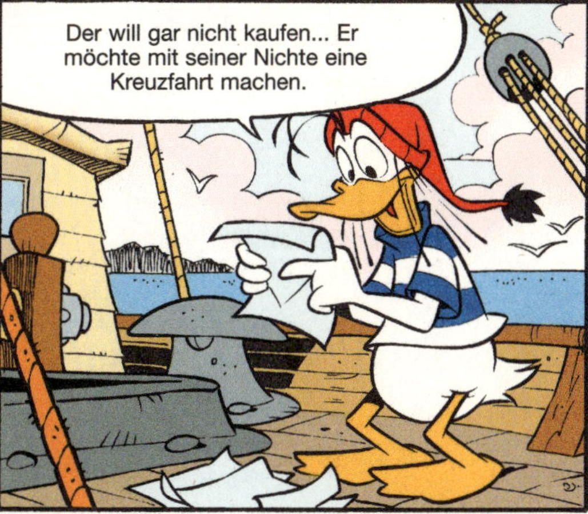
Der will gar nicht kaufen... Er möchte mit seiner Nichte eine Kreuzfahrt machen.
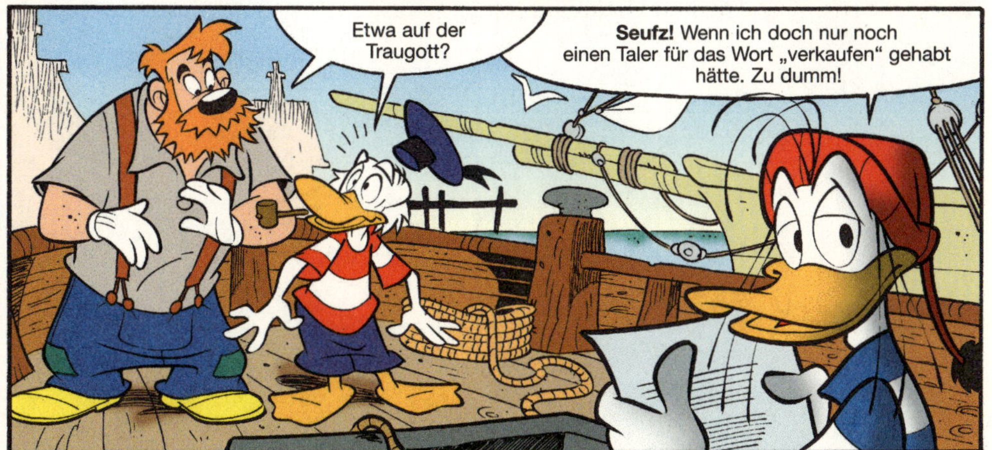
Etwa auf der Traugott?
Seufz! Wenn ich doch nur noch einen Taler für das Wort „verkaufen“ gehabt hätte. Zu dumm!

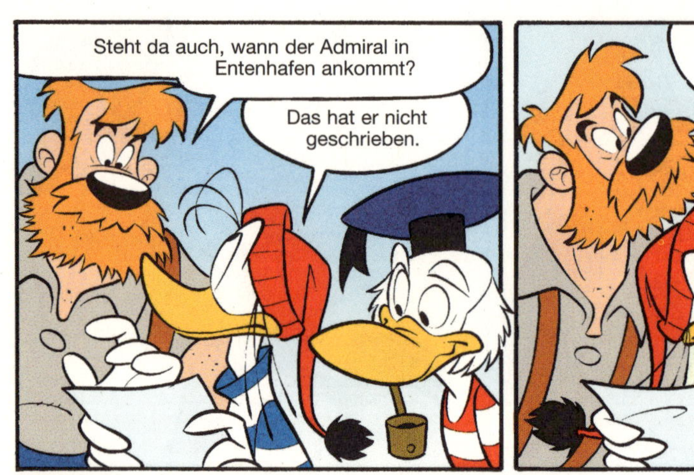
Steht da auch, wann der Admiral in Entenhafen ankommt?
Das hat er nicht geschrieben.

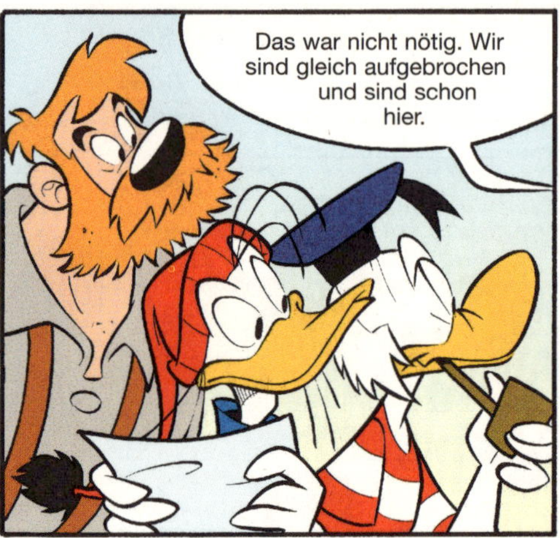
Das war nicht nötig. Wir sind gleich aufgebrochen und sind schon hier.

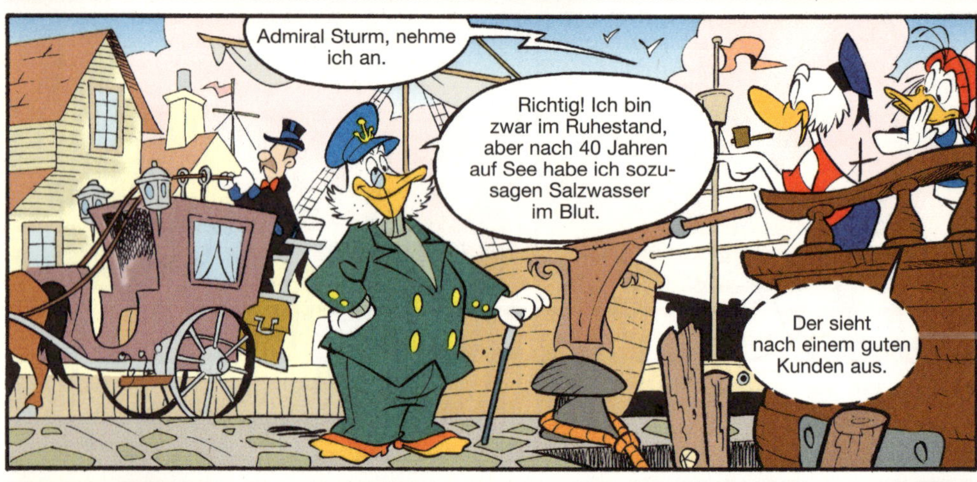
Admiral Sturm, nehme ich an.
Richtig! Ich bin zwar im Ruhestand, aber nach 40 Jahren auf See habe ich sozusagen Salzwasser im Blut.
Der sieht nach einem guten Kunden aus.

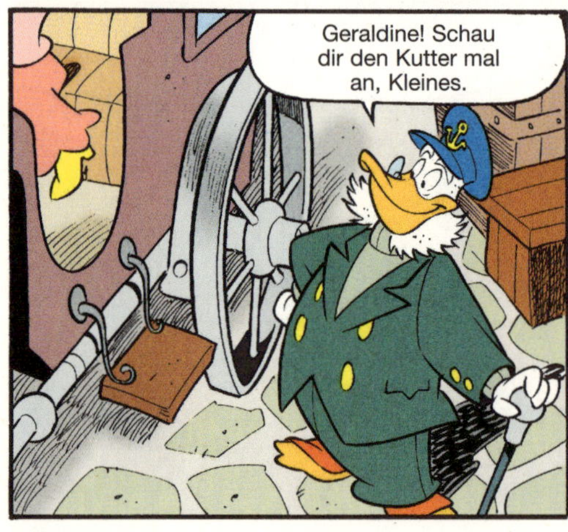
Geraldine! Schau dir den Kutter mal an, Kleines.

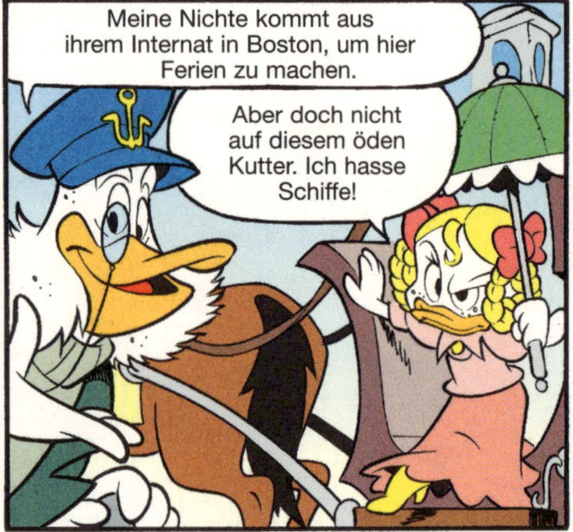
Meine Nichte kommt aus ihrem Internat in Boston, um hier Ferien zu machen.
Aber doch nicht auf diesem öden Kutter. Ich hasse Schiffe!

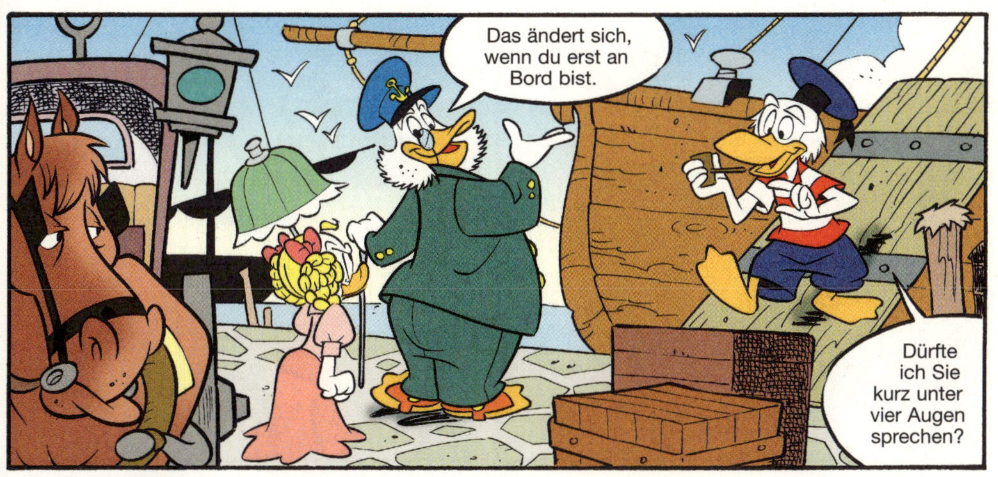
Das ändert sich, wenn du erst an Bord bist.
Dürfte ich Sie kurz unter vier Augen sprechen?

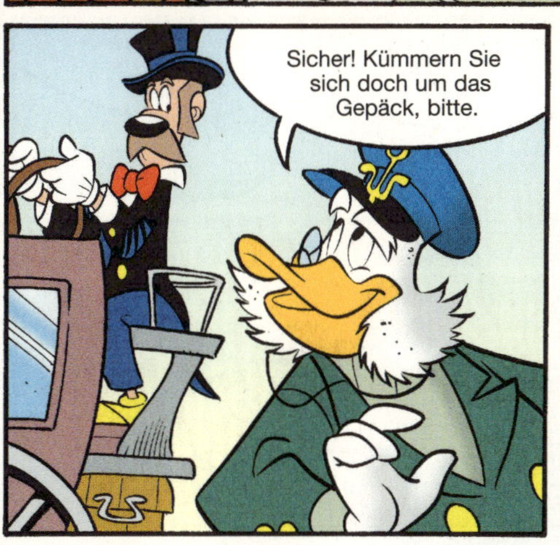
Sicher! Kümmern Sie sich doch um das Gepäck, bitte.

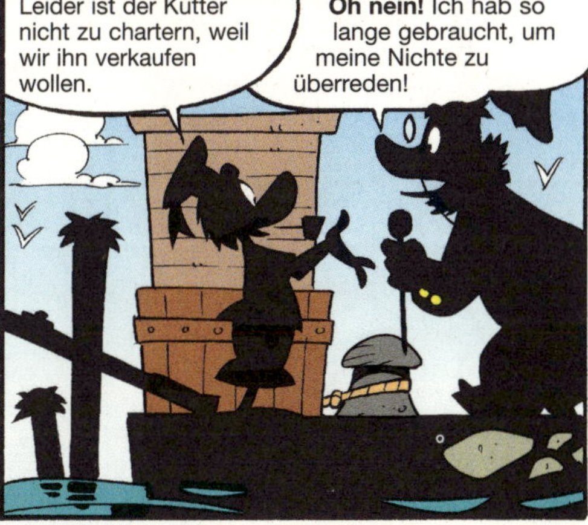
Leider ist der Kutter nicht zu chartern, weil wir ihn verkaufen wollen.
Oh nein! Ich hab so lange gebraucht, um meine Nichte zu überreden!

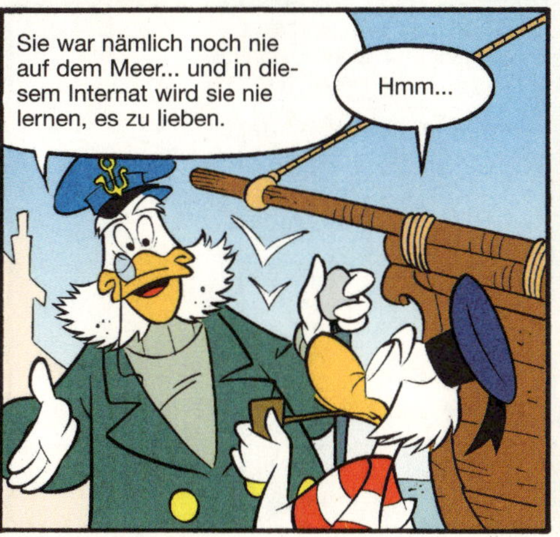
Sie war nämlich noch nie auf dem Meer... und in diesem Internat wird sie nie lernen, es zu lieben.
Hmm...

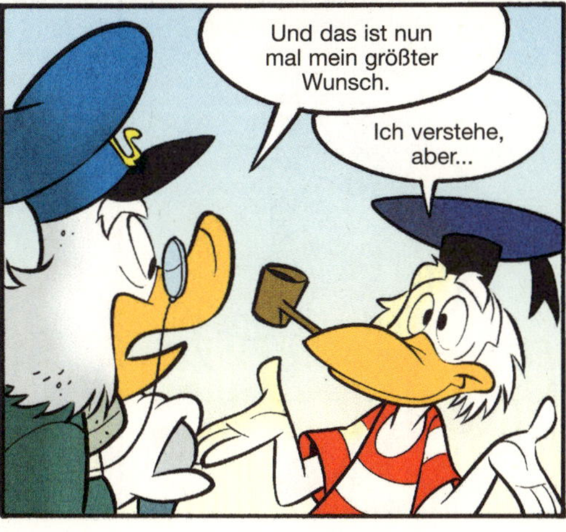
Und das ist nun mal mein größter Wunsch.
Ich verstehe, aber...

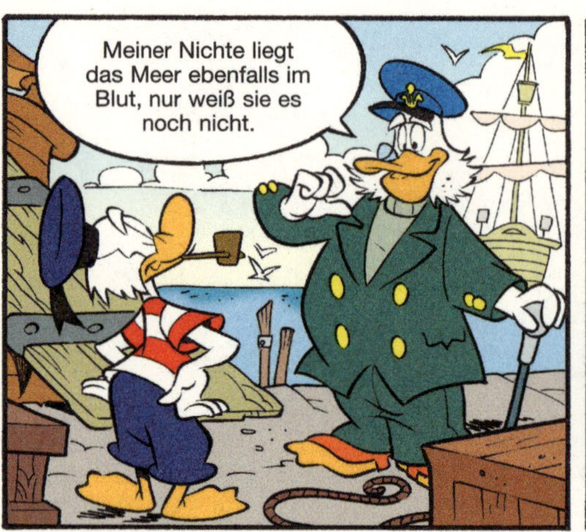
Meiner Nichte liegt das Meer ebenfalls im Blut, nur weiß sie es noch nicht.

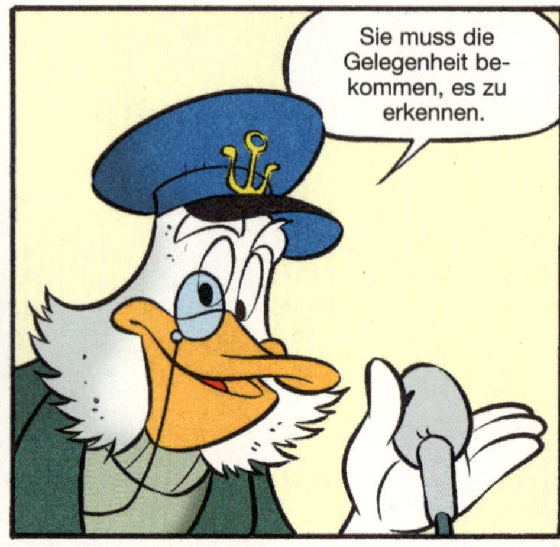
Sie muss die Gelegenheit bekommen, es zu erkennen.

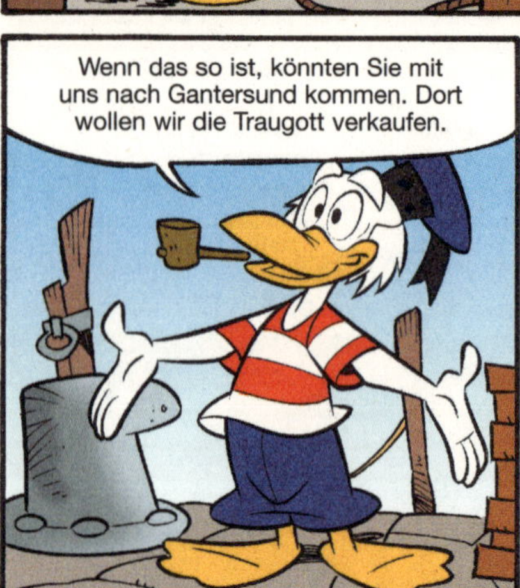
Wenn das so ist, könnten Sie mit uns nach Gantersund kommen. Dort wollen wir die Traugott verkaufen.

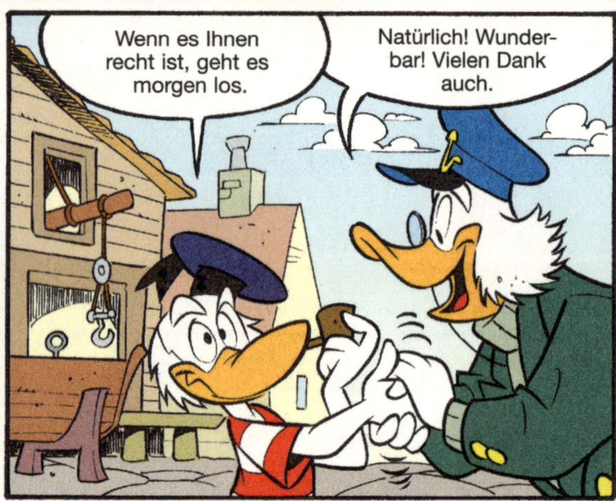
Wenn es Ihnen recht ist, geht es morgen los.
Natürlich! Wunderbar! Vielen Dank auch.

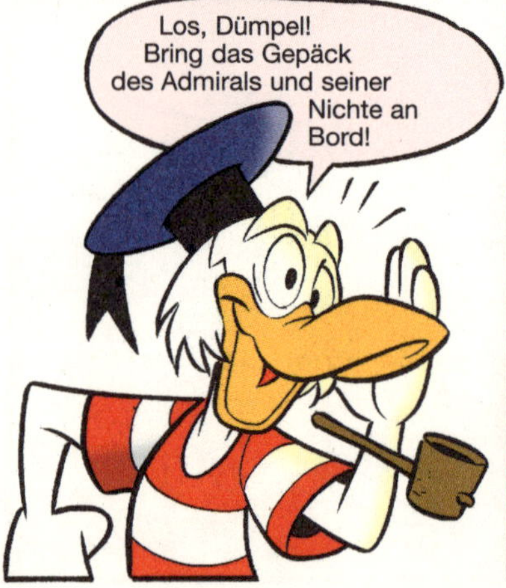
Los, Dümpel! Bring das Gepäck des Admirals und seiner Nichte an Bord!

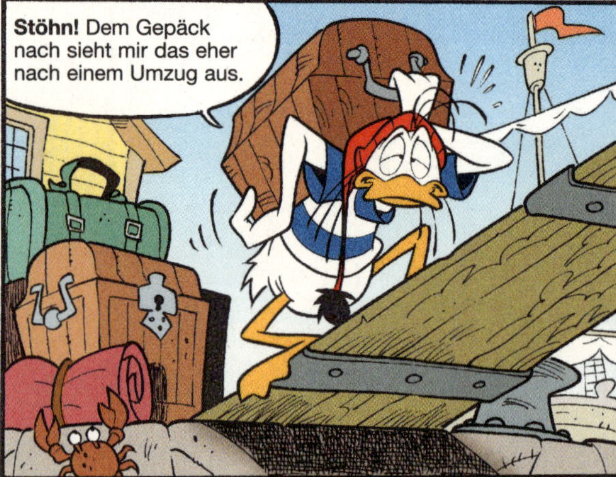
Stöhn! Dem Gepäck nach sieht mir das eher nach einem Umzug aus.

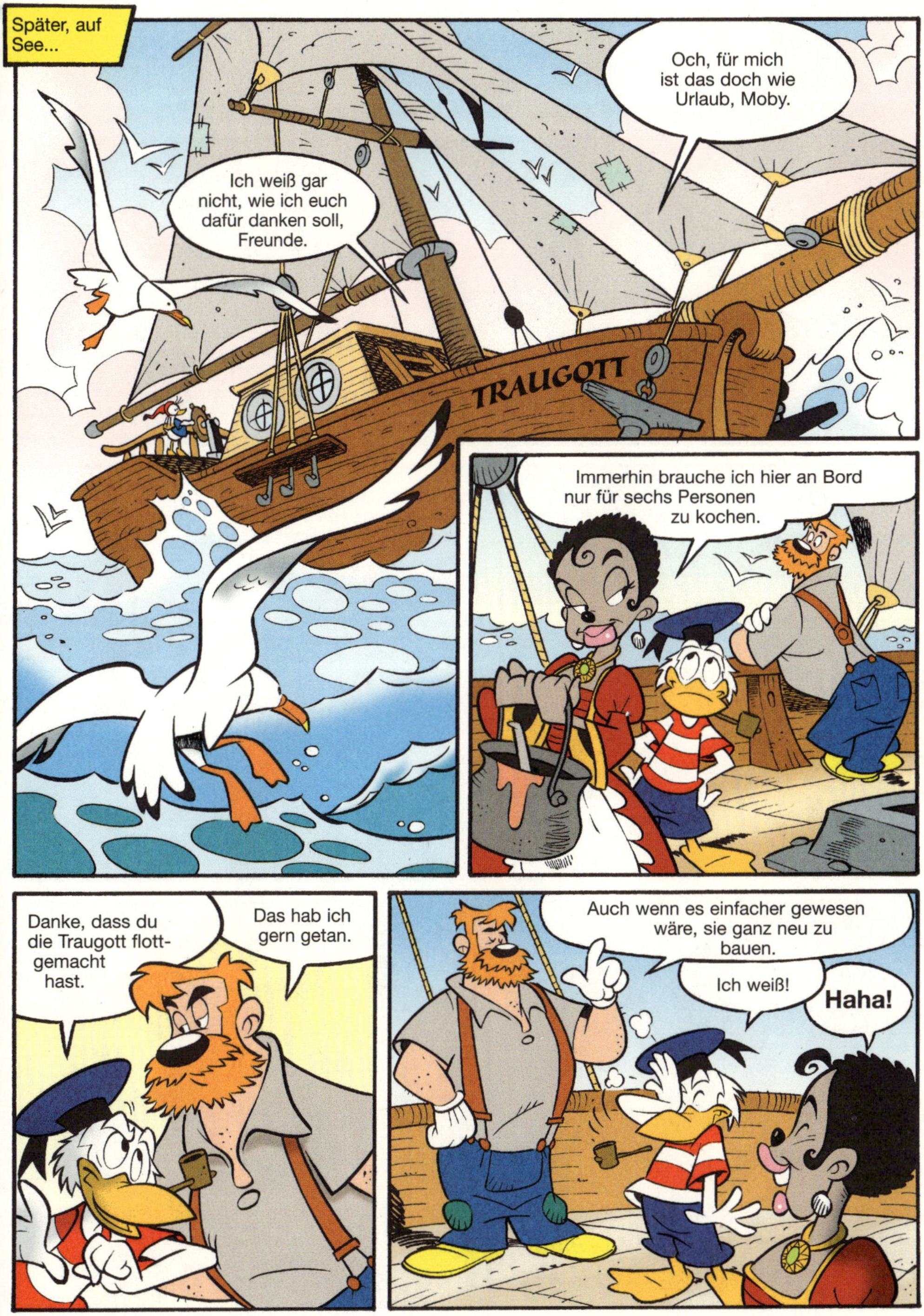

Später, auf See...

Ich weiß gar nicht, wie ich euch dafür danken soll, Freunde.

Och, für mich ist das doch wie Urlaub, Moby.

TRAUGOTT

Immerhin brauche ich hier an Bord nur für sechs Personen zu kochen.

Danke, dass du die Traugott flottgemacht hast.

Das hab ich gern getan.

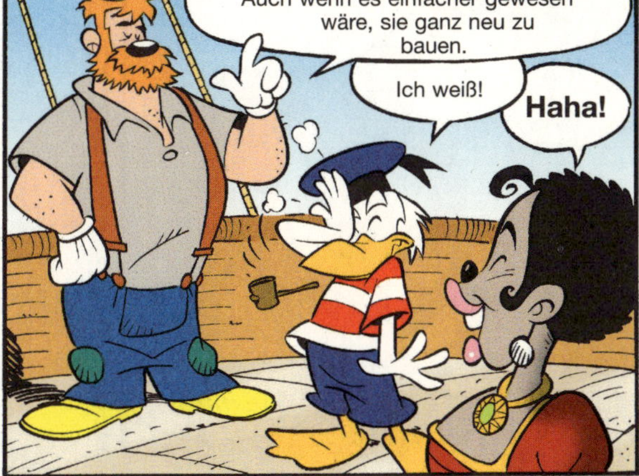

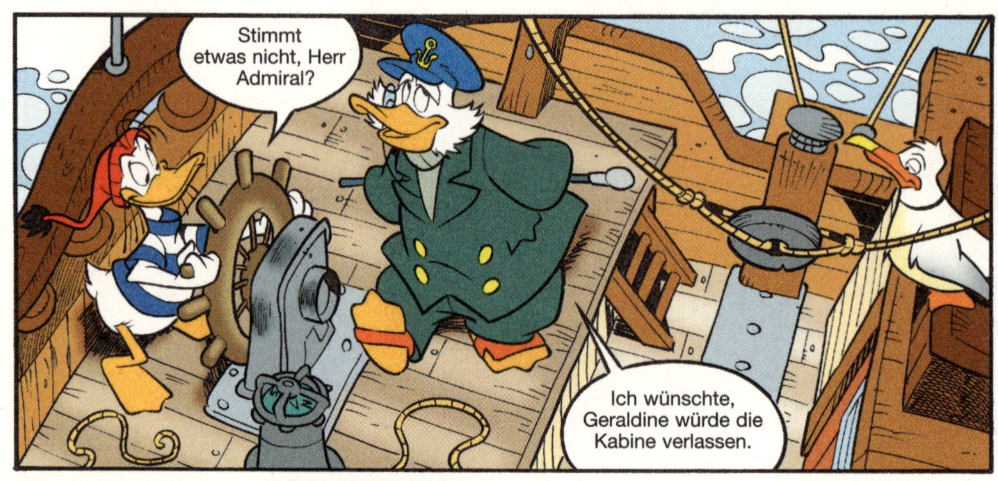
Stimmt etwas nicht, Herr Admiral?
Ich wünschte, Geraldine würde die Kabine verlassen.

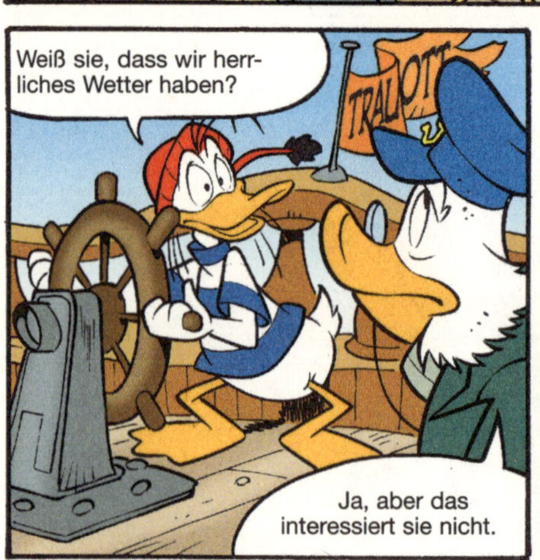
Weiß sie, dass wir herrliches Wetter haben?
Ja, aber das interessiert sie nicht.

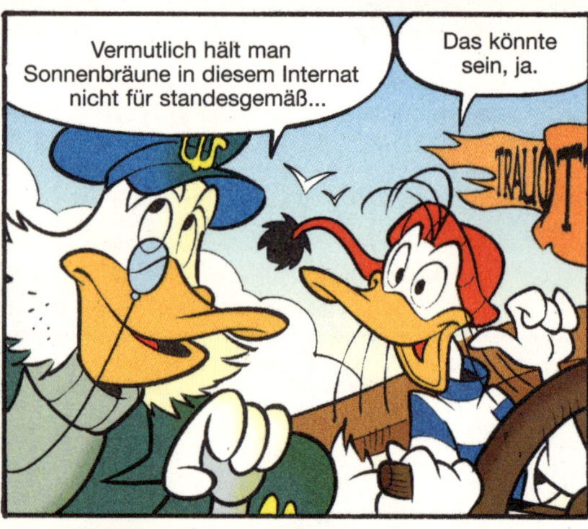
Vermutlich hält man Sonnenbräune in diesem Internat nicht für standesgemäß...
Das könnte sein, ja.

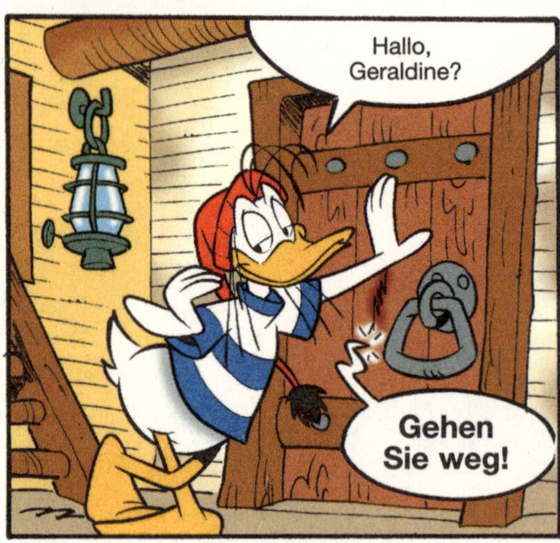
Hallo, Geraldine?
Gehen Sie weg!

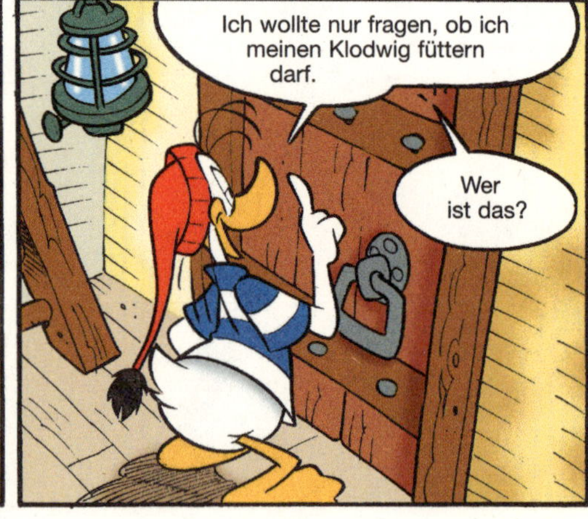
Ich wollte nur fragen, ob ich meinen Klodwig füttern darf.
Wer ist das?

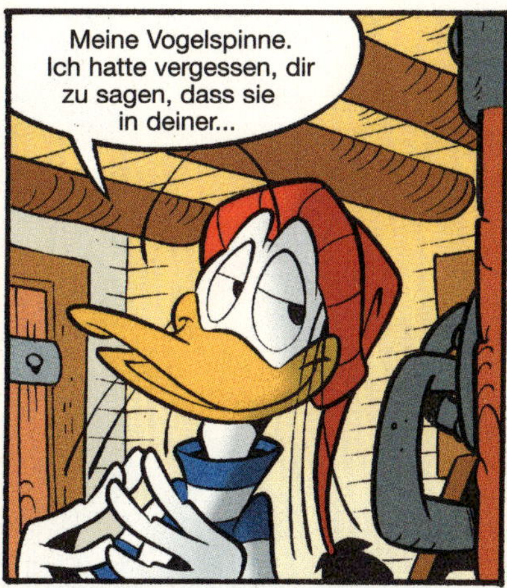
Meine Vogelspinne. Ich hatte vergessen, dir zu sagen, dass sie in deiner...

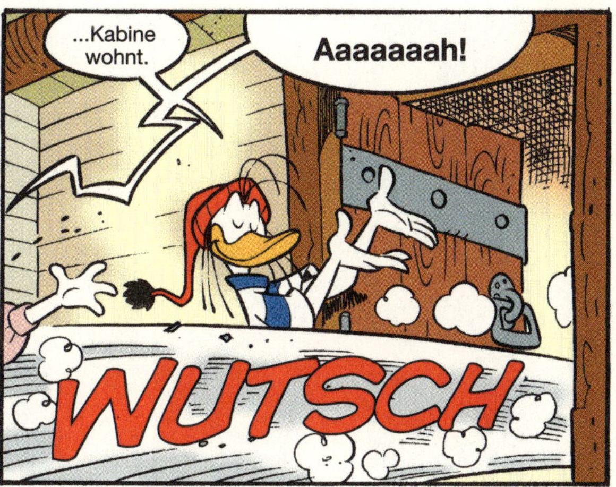
...Kabine wohnt.
Aaaaaaah!
WUTSCH

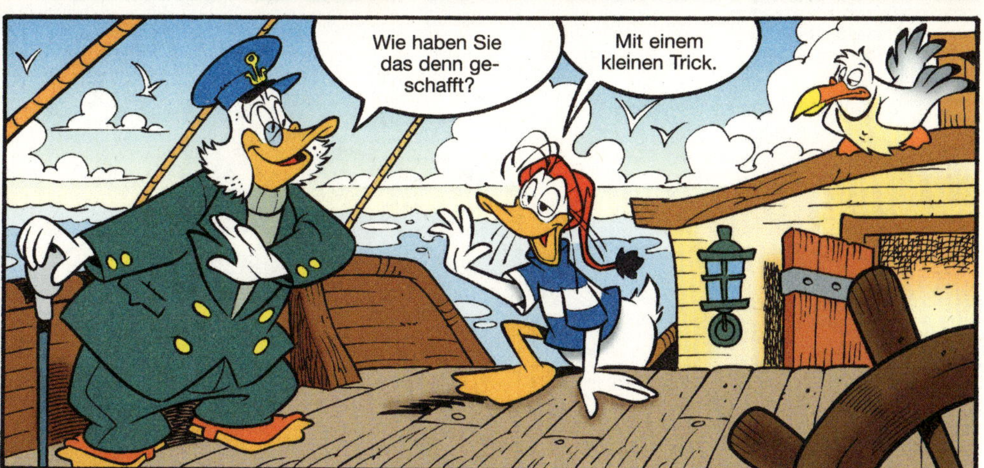
Wie haben Sie das denn geschafft?
Mit einem kleinen Trick.

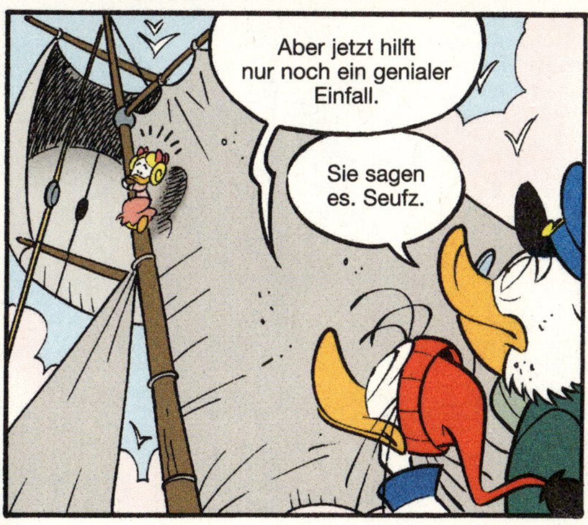
Aber jetzt hilft nur noch ein genialer Einfall.
Sie sagen es. Seufz.

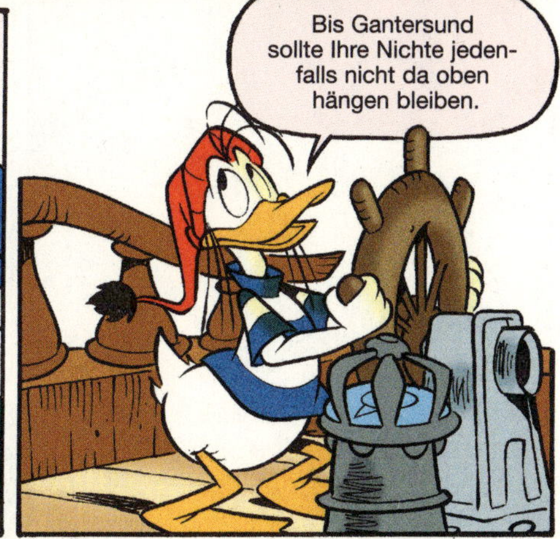
Bis Gantersund sollte Ihre Nichte jedenfalls nicht da oben hängen bleiben.

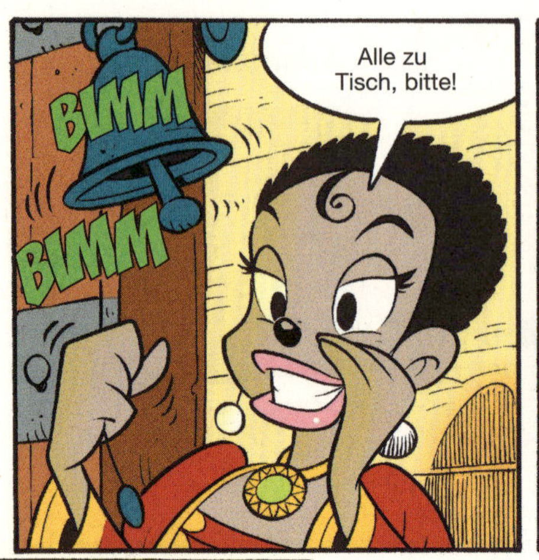
BIMM
BIMM
Alle zu Tisch, bitte!

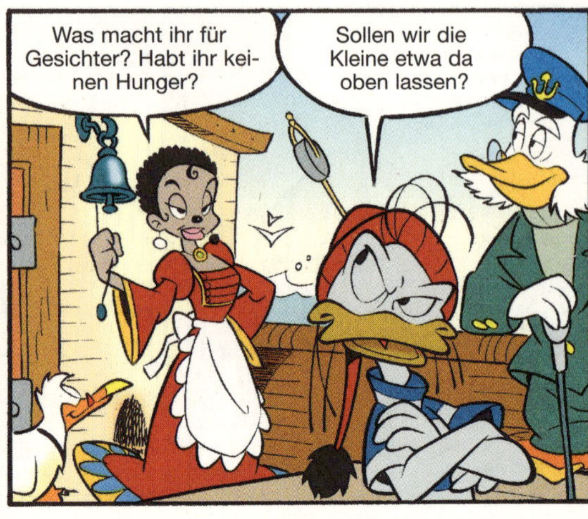
Was macht ihr für Gesichter? Habt ihr keinen Hunger?
Sollen wir die Kleine etwa da oben lassen?

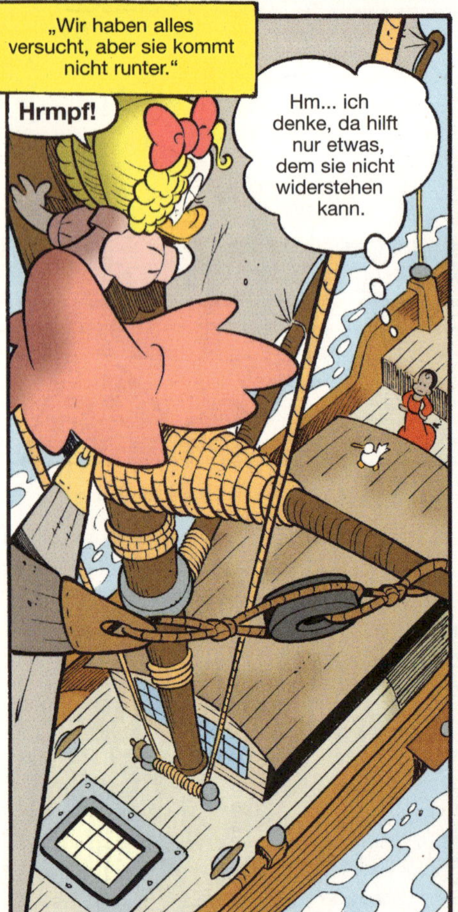
„Wir haben alles versucht, aber sie kommt nicht runter.“
Hrmpf!
Hm... ich denke, da hilft nur etwas, dem sie nicht widerstehen kann.

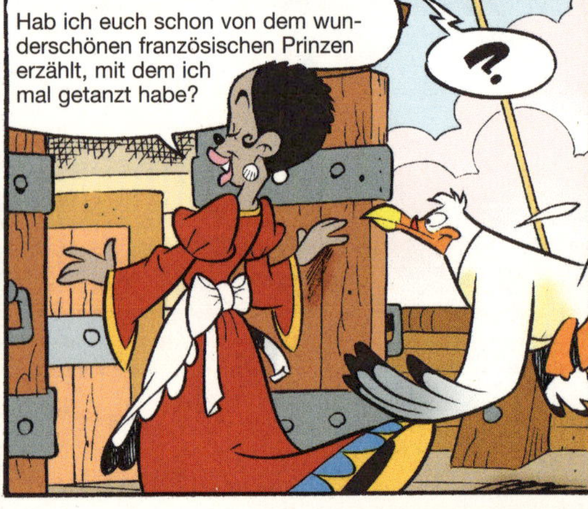
Hab ich euch schon von dem wunderschönen französischen Prinzen erzählt, mit dem ich mal getanzt habe?
?

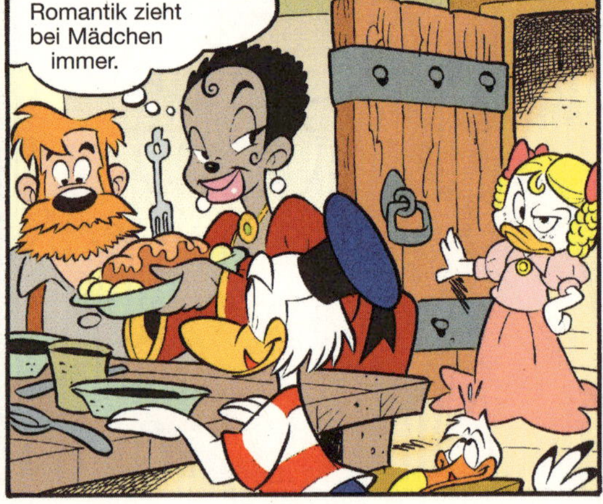
Romantik zieht bei Mädchen immer.

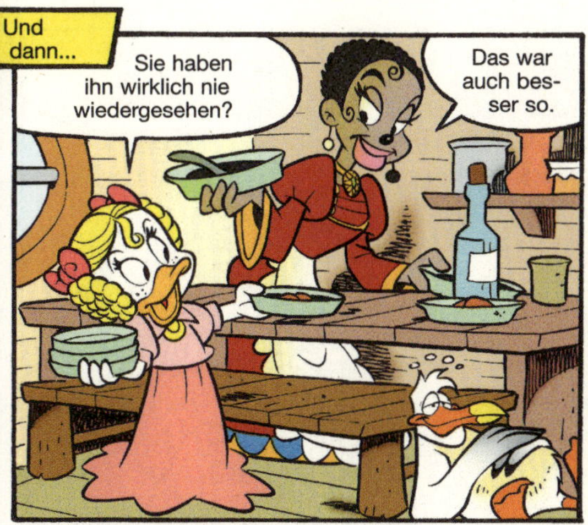
Und dann...
Sie haben ihn wirklich nie wiedergesehen?
Das war auch besser so.

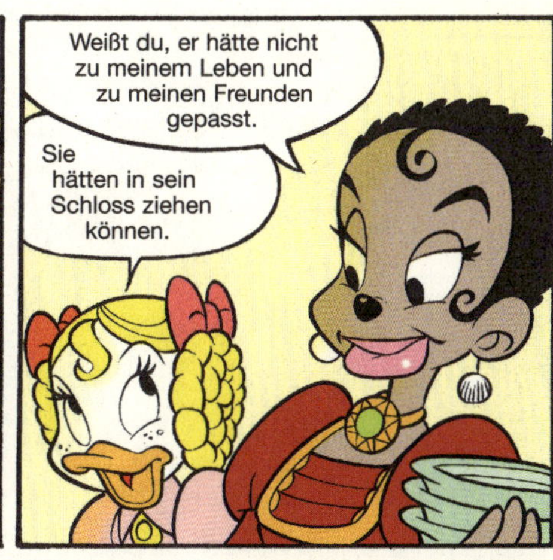
Weißt du, er hätte nicht zu meinem Leben und zu meinen Freunden gepasst.
Sie hätten in sein Schloss ziehen können.

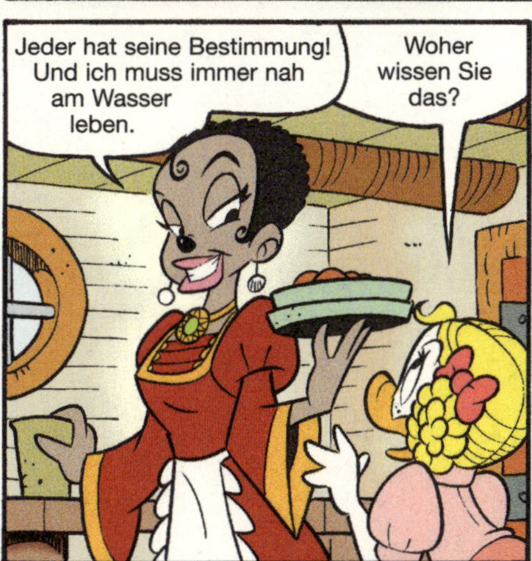
Jeder hat seine Bestimmung! Und ich muss immer nah am Wasser leben.
Woher wissen Sie das?

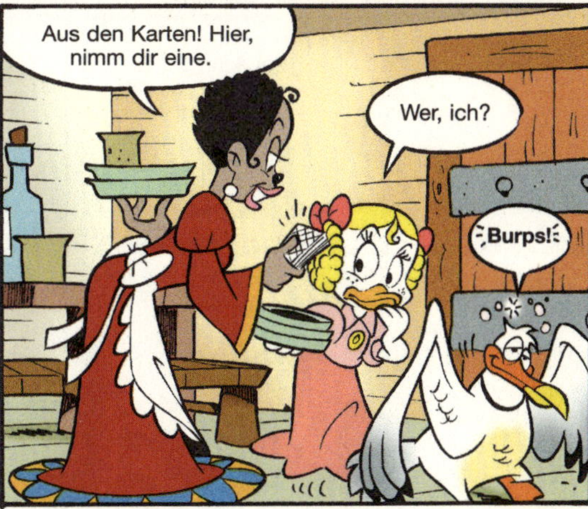
Aus den Karten! Hier, nimm dir eine.
Wer, ich?
Burps!

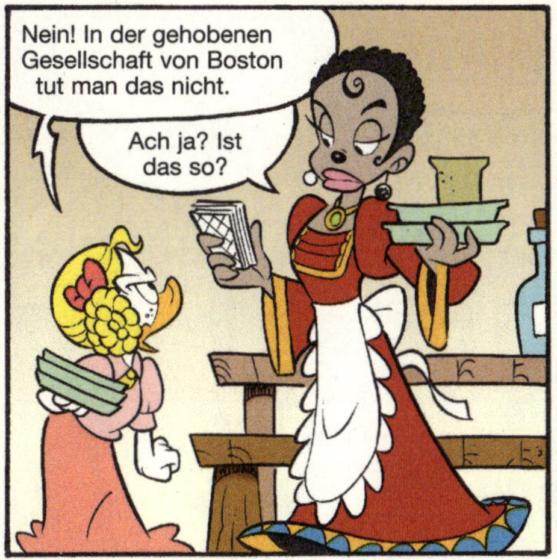
Nein! In der gehobenen Gesellschaft von Boston tut man das nicht.
Ach ja? Ist das so?

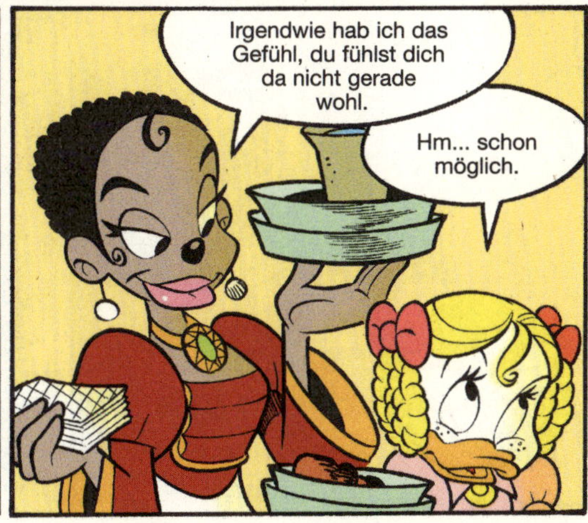
Irgendwie hab ich das Gefühl, du fühlst dich da nicht gerade wohl.
Hm... schon möglich.

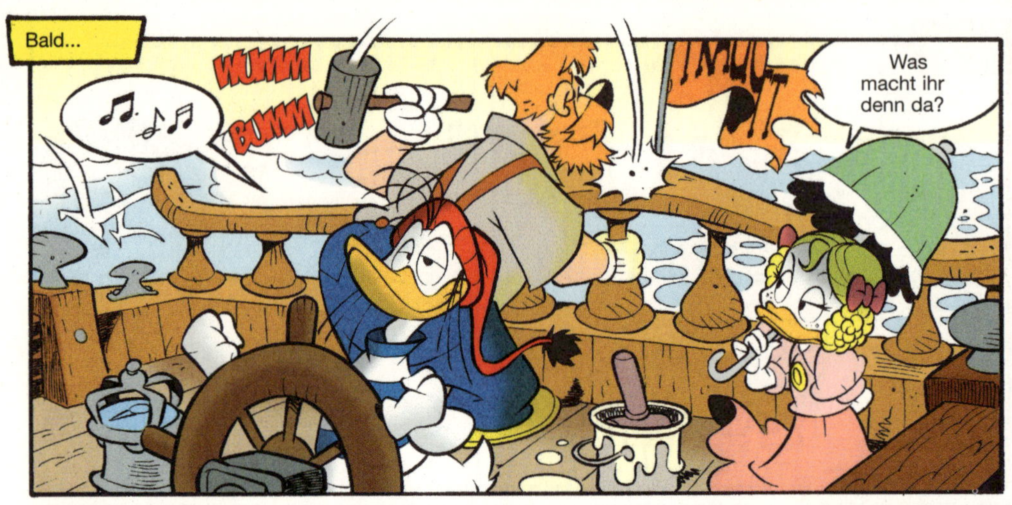
Bald...
♫ ♪♬
WUMM
BUMM
Was macht ihr denn da?

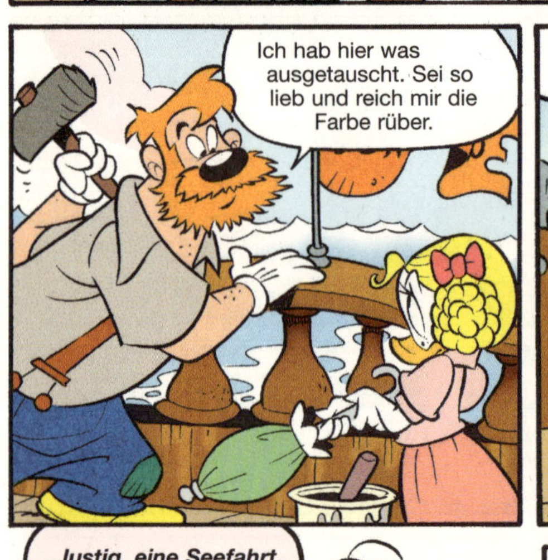
Ich hab hier was ausgetauscht. Sei so lieb und reich mir die Farbe rüber.

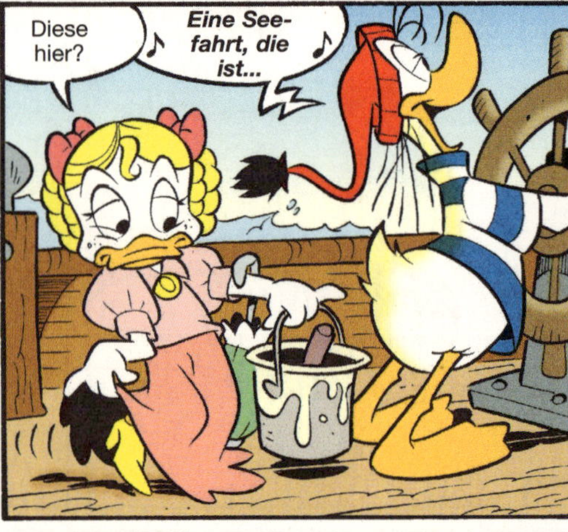
Diese hier?
♪ Eine Seefahrt, die ist... ♪

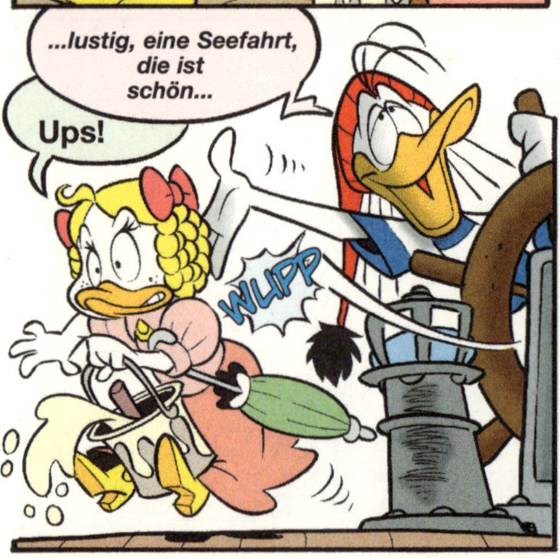
...lustig, eine Seefahrt, die ist schön...
Ups!
WUPP

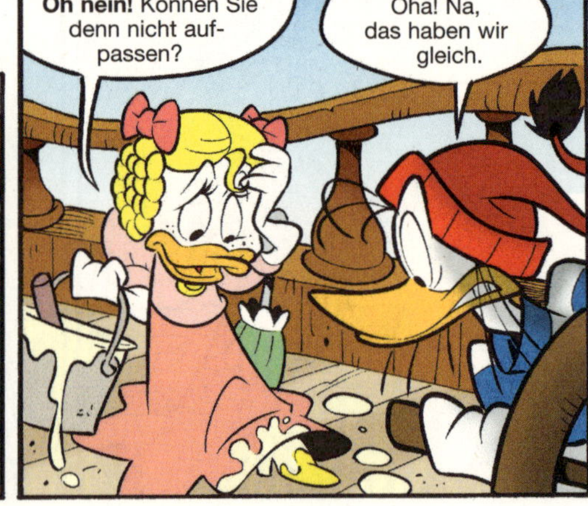
Oh nein! Können Sie denn nicht aufpassen?
Oha! Na, das haben wir gleich.

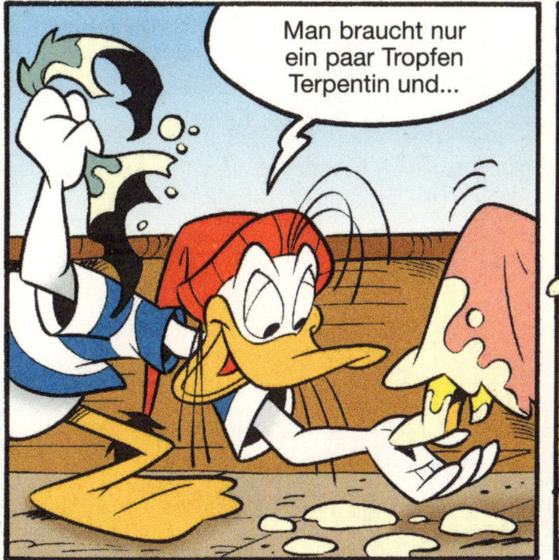
Man braucht nur
ein paar Tropfen
Terpentin und...

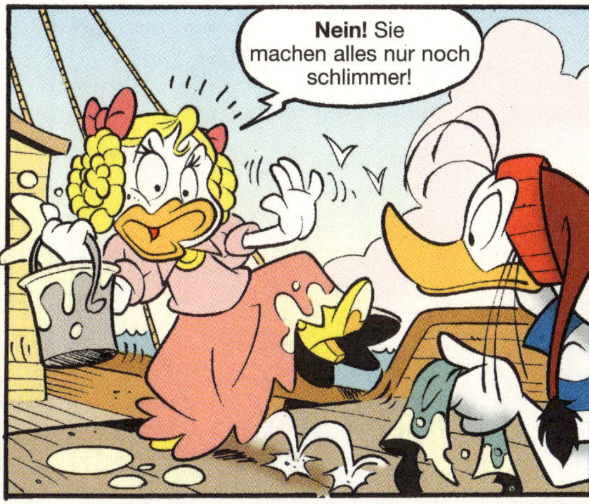
Nein! Sie
machen alles nur noch
schlimmer!

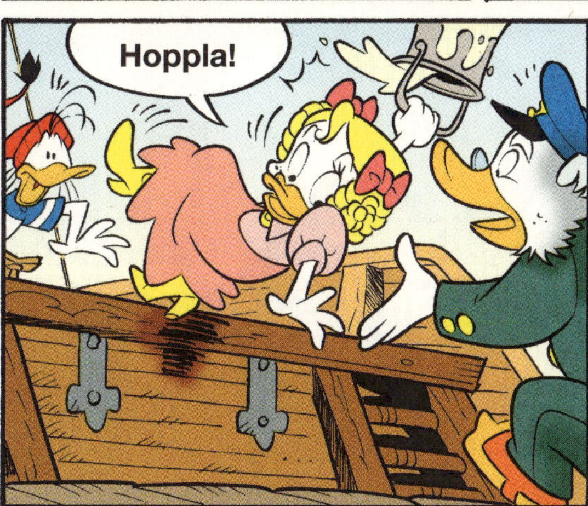
Hoppla!

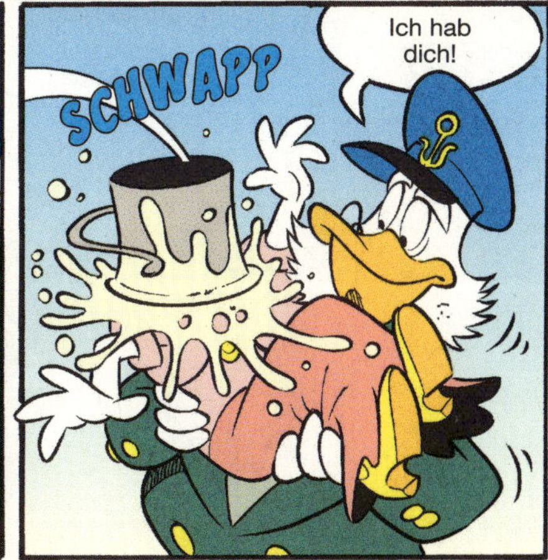
SCHWAPP
Ich hab
dich!

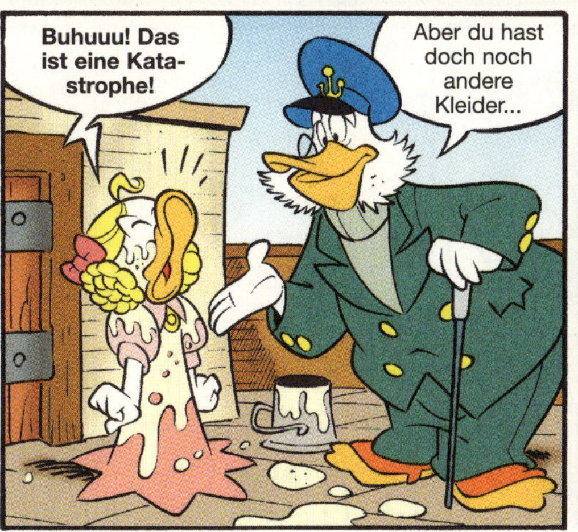
**Buhuuu! Das
ist eine Kata-
strophe!**
Aber du hast
doch noch
andere
Kleider...

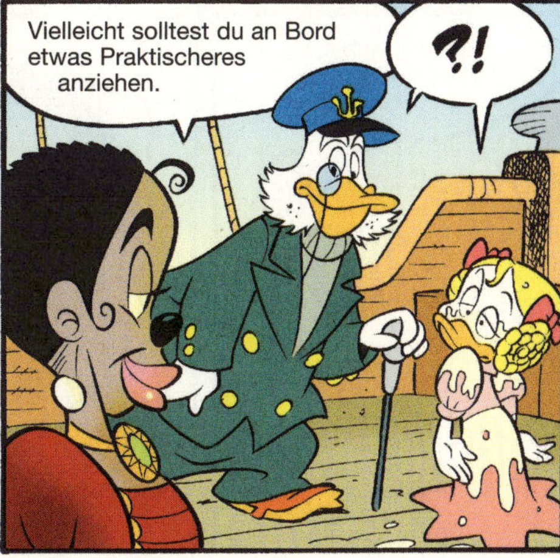
Vielleicht solltest du an Bord
etwas Praktischeres
anziehen.
?!

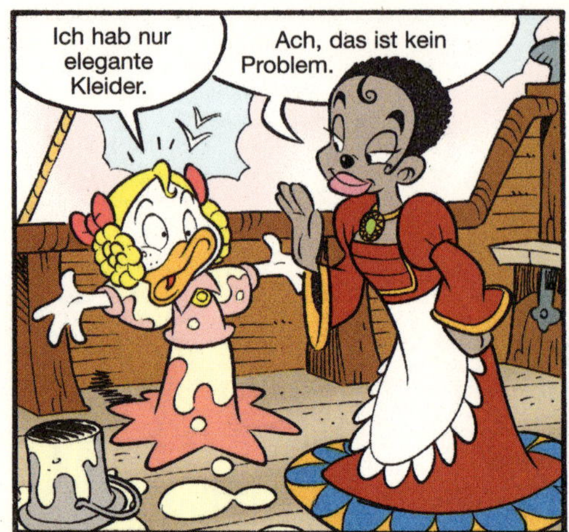
Ich hab nur elegante Kleider.
Ach, das ist kein Problem.

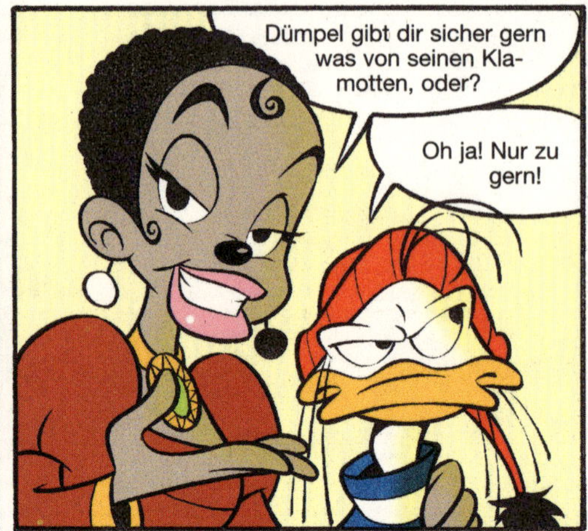
Dümpel gibt dir sicher gern was von seinen Klamotten, oder?
Oh ja! Nur zu gern!

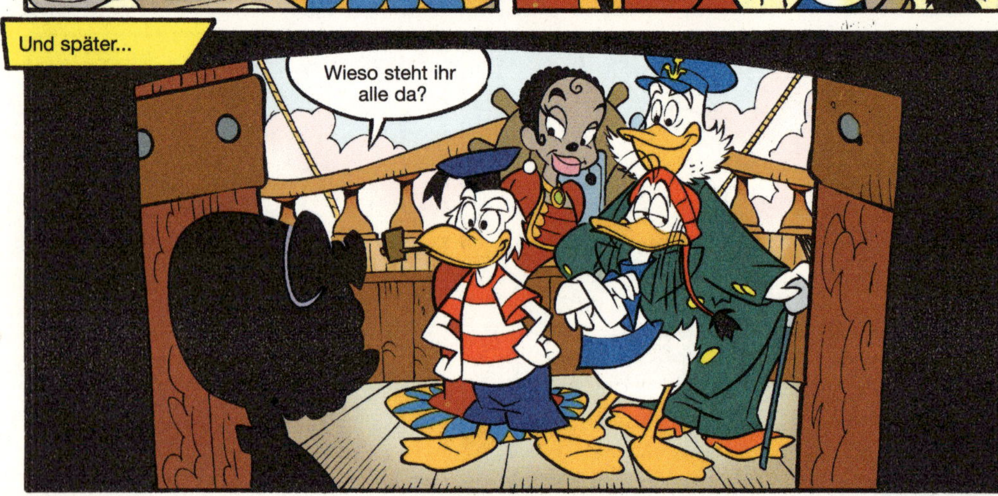
Und später...
Wieso steht ihr alle da?

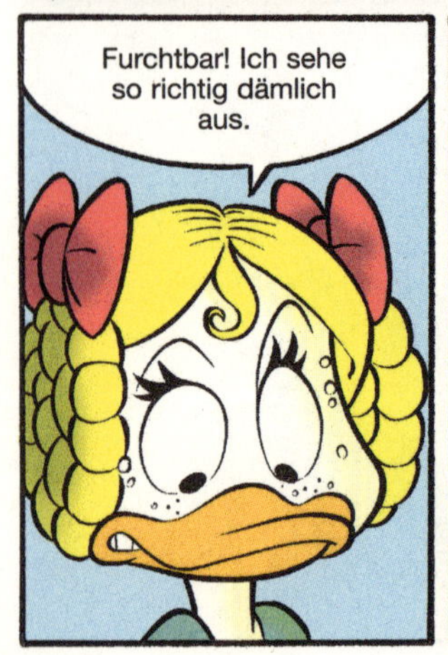
Furchtbar! Ich sehe so richtig dämlich aus.

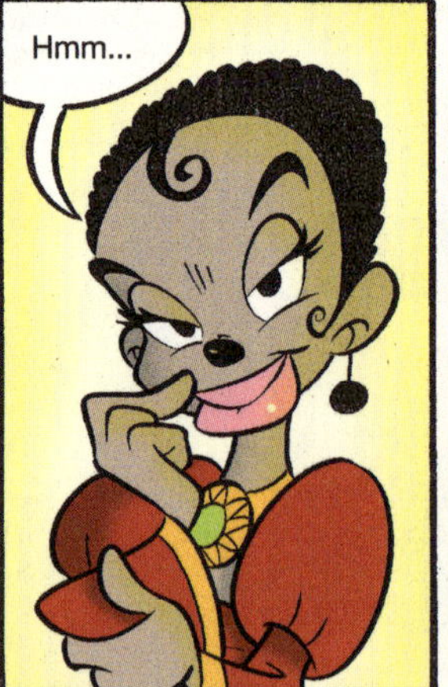
Hmm...

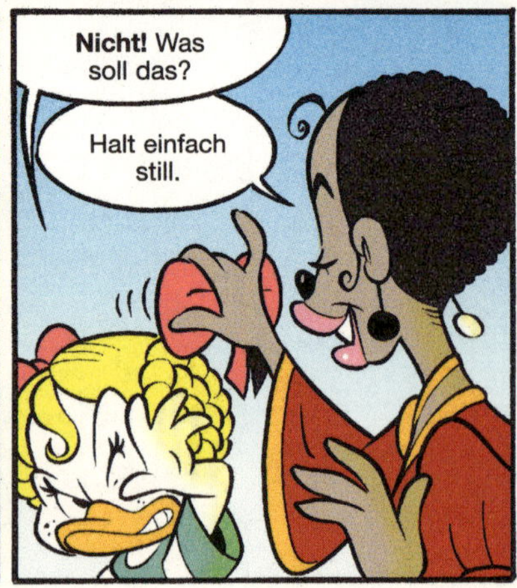
Nicht! Was soll das?
Halt einfach still.

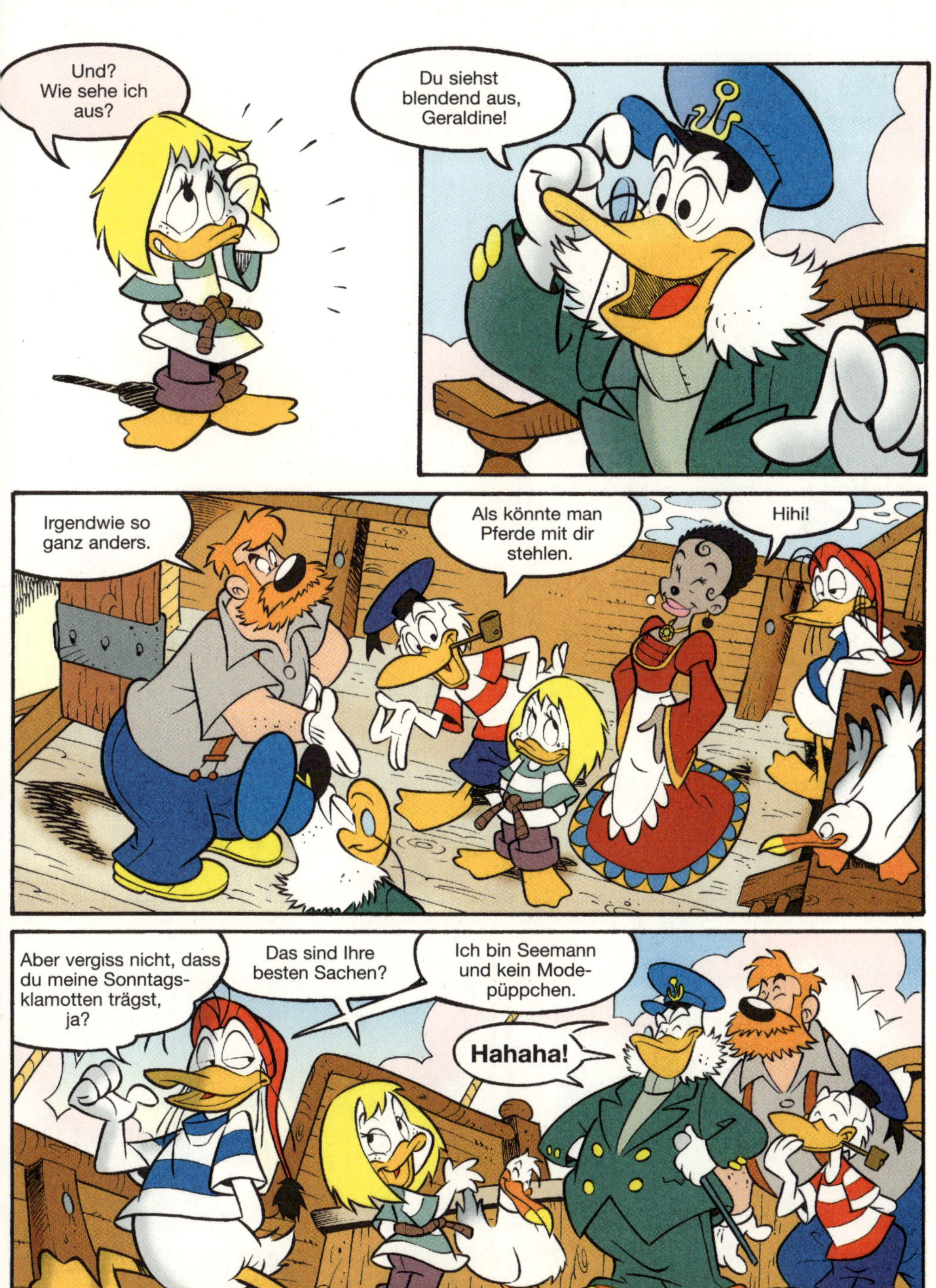
Und?
Wie sehe ich aus?
Du siehst blendend aus, Geraldine!
Irgendwie so ganz anders.
Als könnte man Pferde mit dir stehlen.
Hihi!
Aber vergiss nicht, dass du meine Sonntags-klamotten trägst, ja?
Das sind Ihre besten Sachen?
Ich bin Seemann und kein Mode-püppchen.
Hahaha!

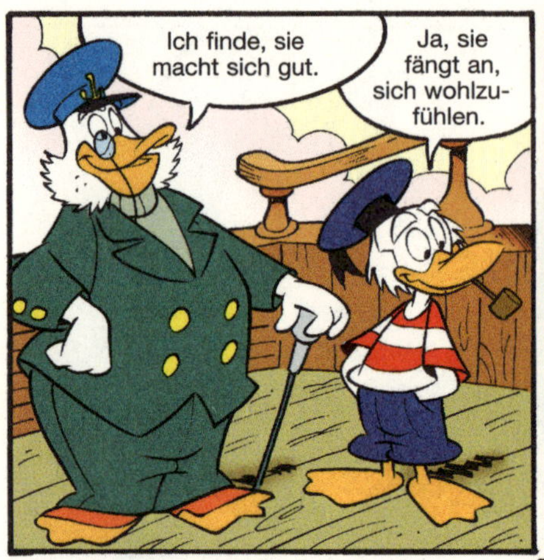
Ich finde, sie macht sich gut.
Ja, sie fängt an, sich wohlzufühlen.

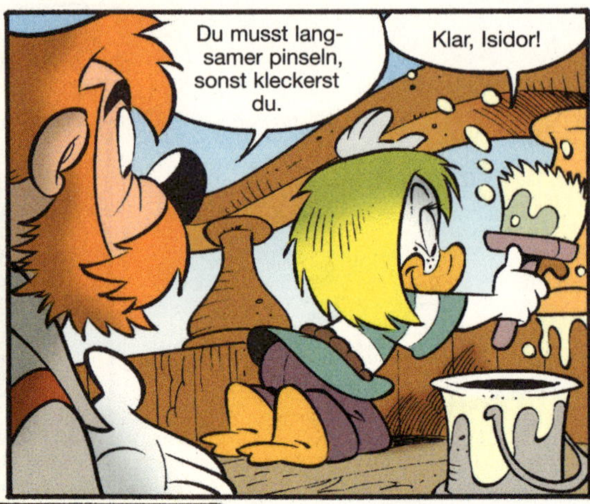
Du musst langsamer pinseln, sonst kleckerst du.
Klar, Isidor!

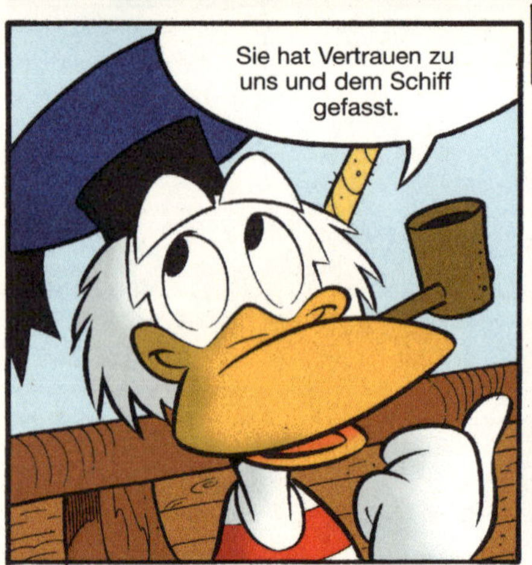
Sie hat Vertrauen zu uns und dem Schiff gefasst.

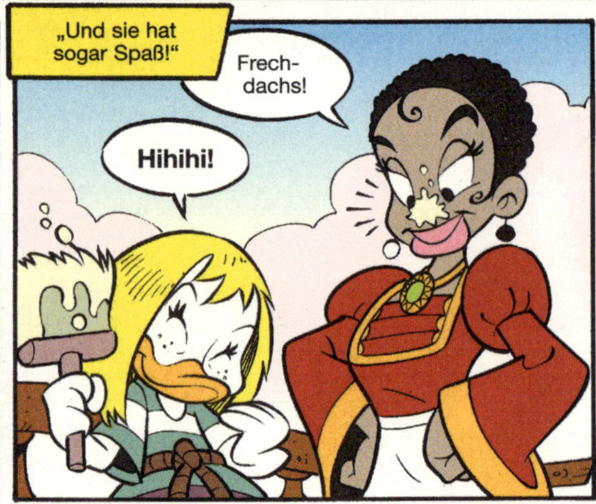
„Und sie hat sogar Spaß!“
Frechdachs!
Hihihi!

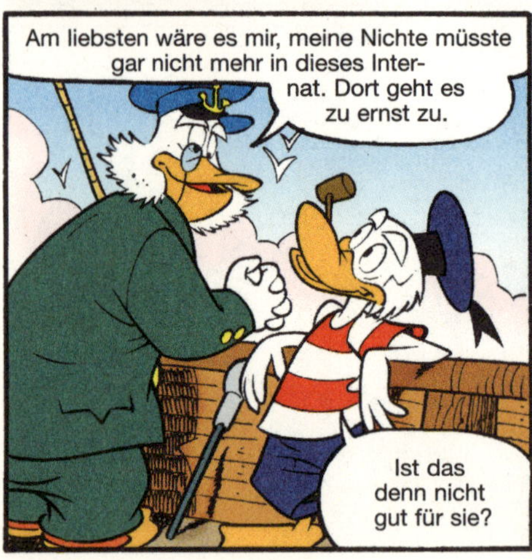
Am liebsten wäre es mir, meine Nichte müsste gar nicht mehr in dieses Internat. Dort geht es zu ernst zu.
Ist das denn nicht gut für sie?

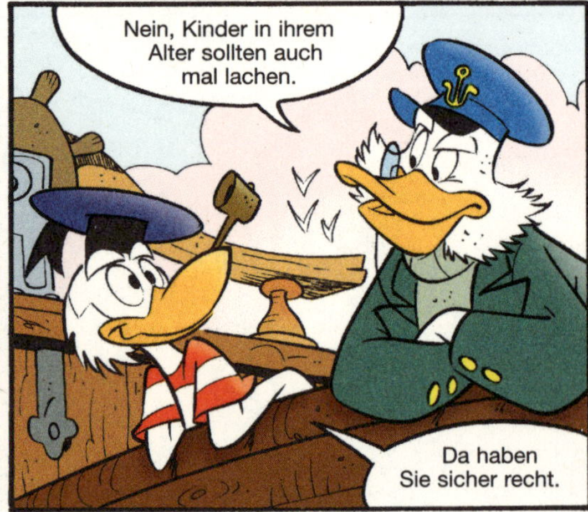
Nein, Kinder in ihrem Alter sollten auch mal lachen.
Da haben Sie sicher recht.

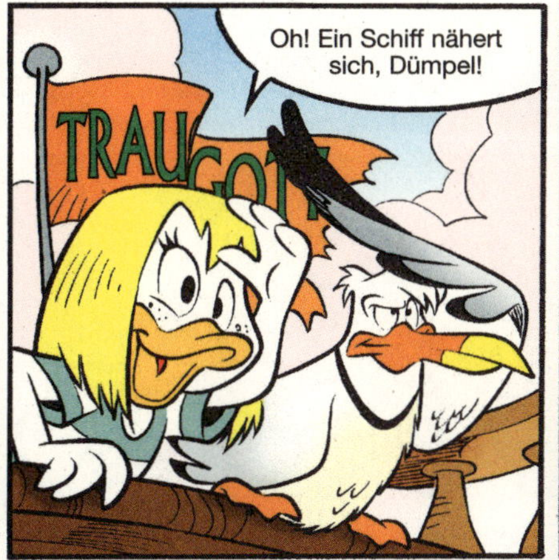
Oh! Ein Schiff nähert sich, Dümpel!
TRAUGOTT

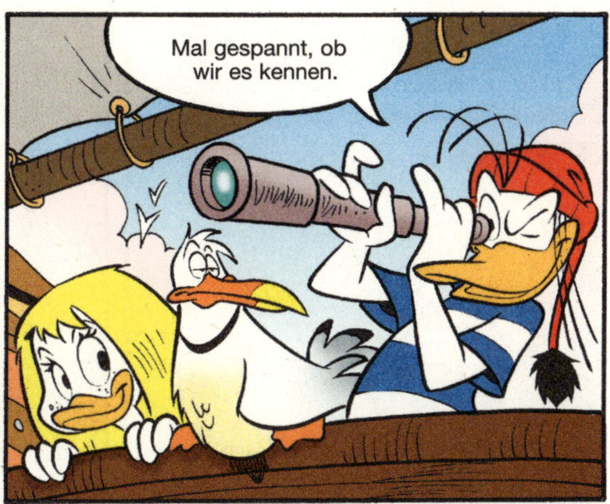
Mal gespannt, ob wir es kennen.

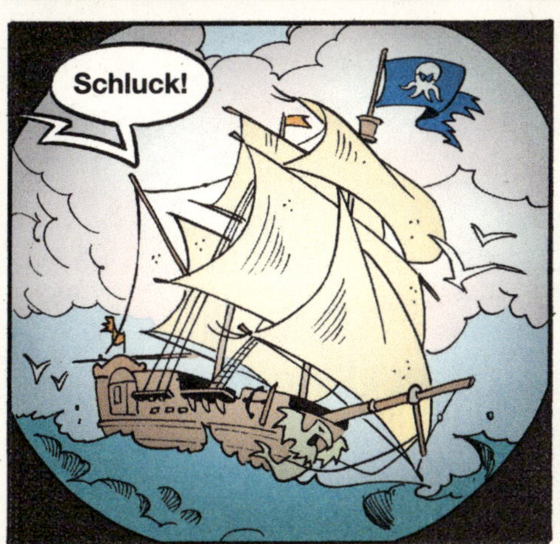
Schluck!

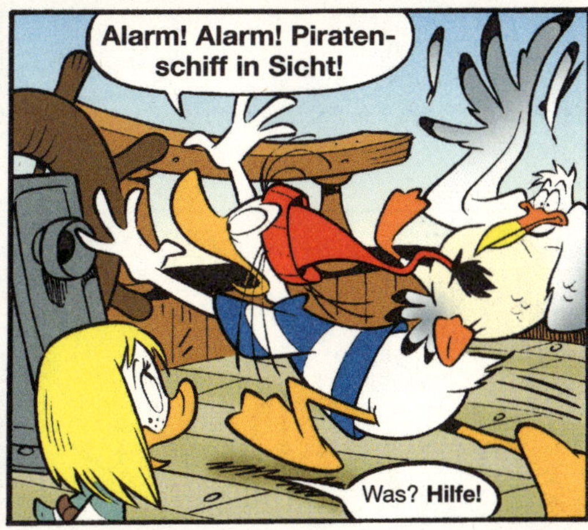
Alarm! Alarm! Piraten-schiff in Sicht!
Was? **Hilfe!**

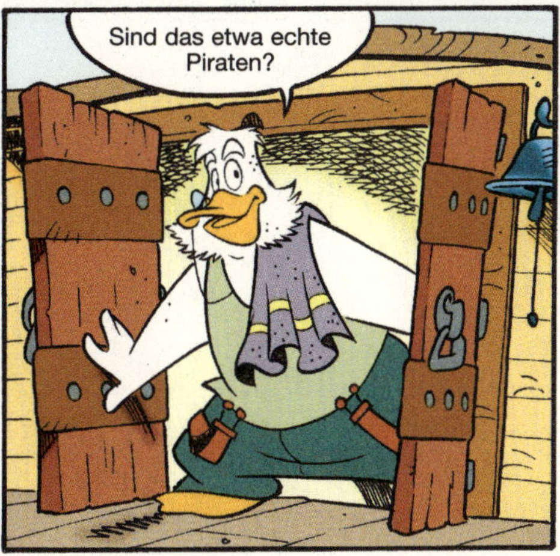
Sind das etwa echte Piraten?

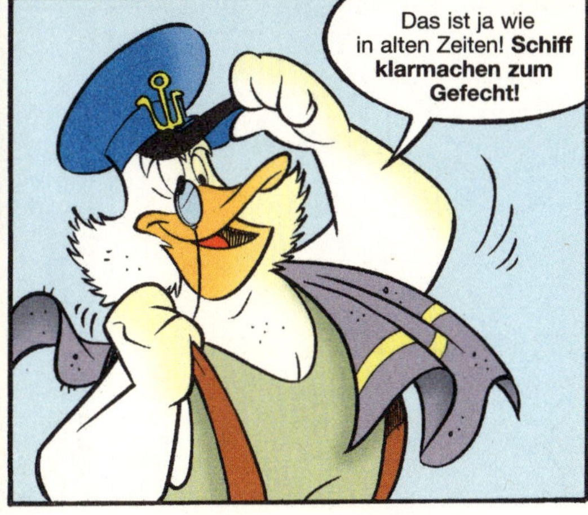
Das ist ja wie in alten Zeiten! **Schiff klarmachen zum Gefecht!**

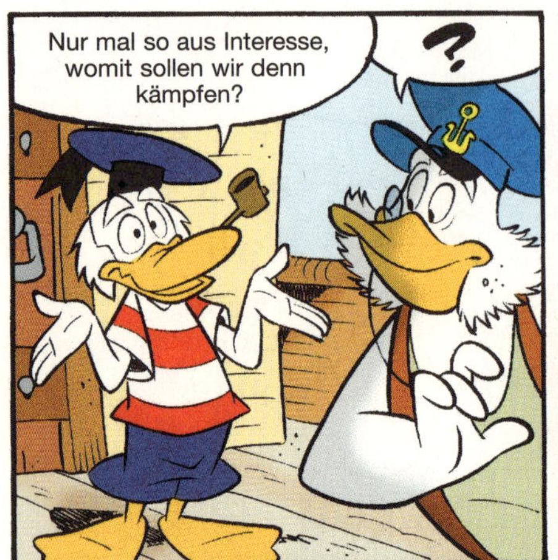
Nur mal so aus Interesse, womit sollen wir denn kämpfen?
?

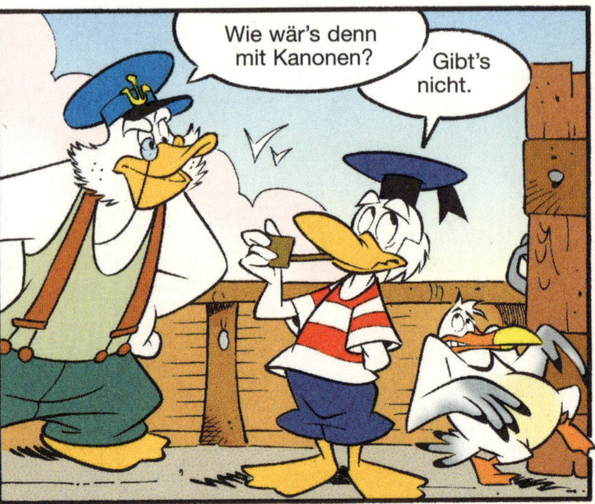
Wie wär's denn mit Kanonen?
Gibt's nicht.

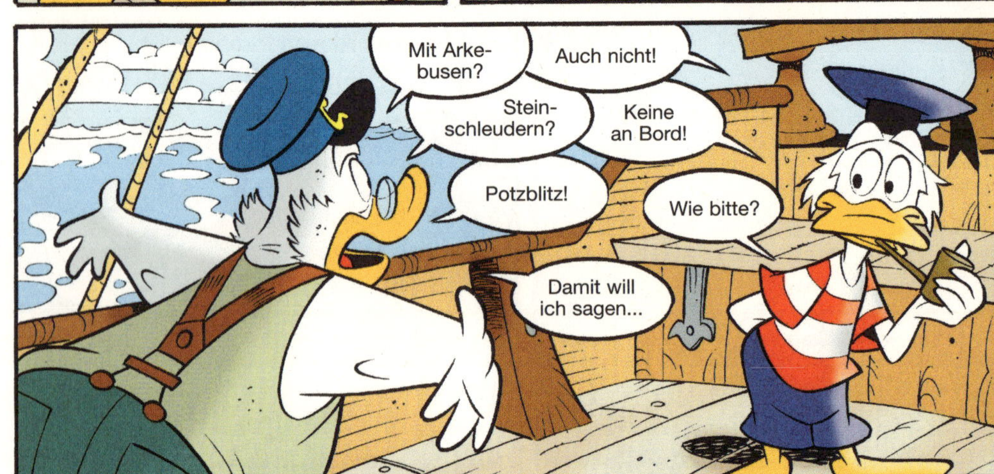
Mit Arke-busen?
Auch nicht!
Stein-schleudern?
Keine an Bord!
Potzblitz!
Wie bitte?
Damit will ich sagen...

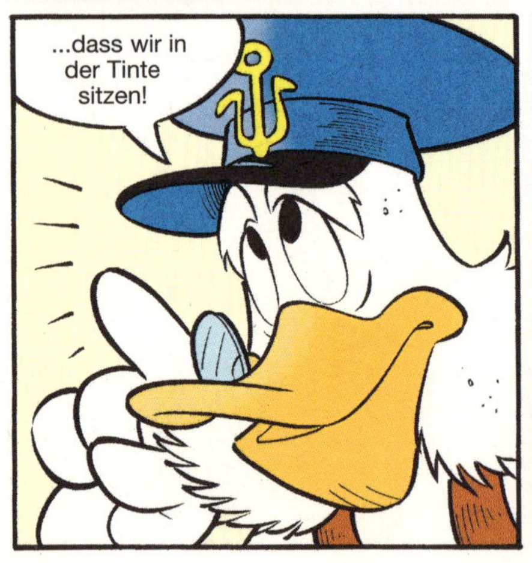
...dass wir in der Tinte sitzen!

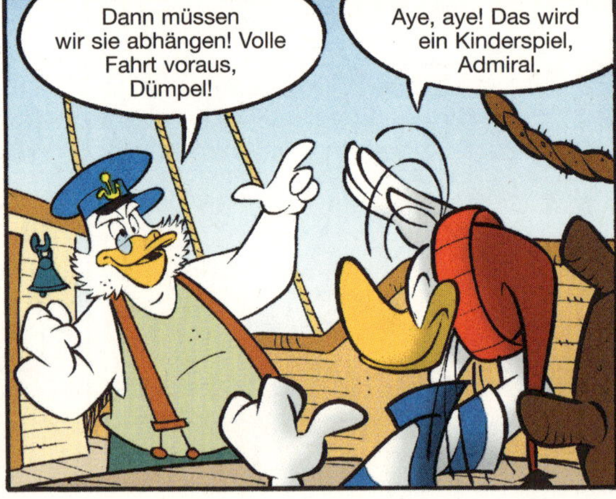
Dann müssen wir sie abhängen! Volle Fahrt voraus, Dümpel!
Aye, aye! Das wird ein Kinderspiel, Admiral.

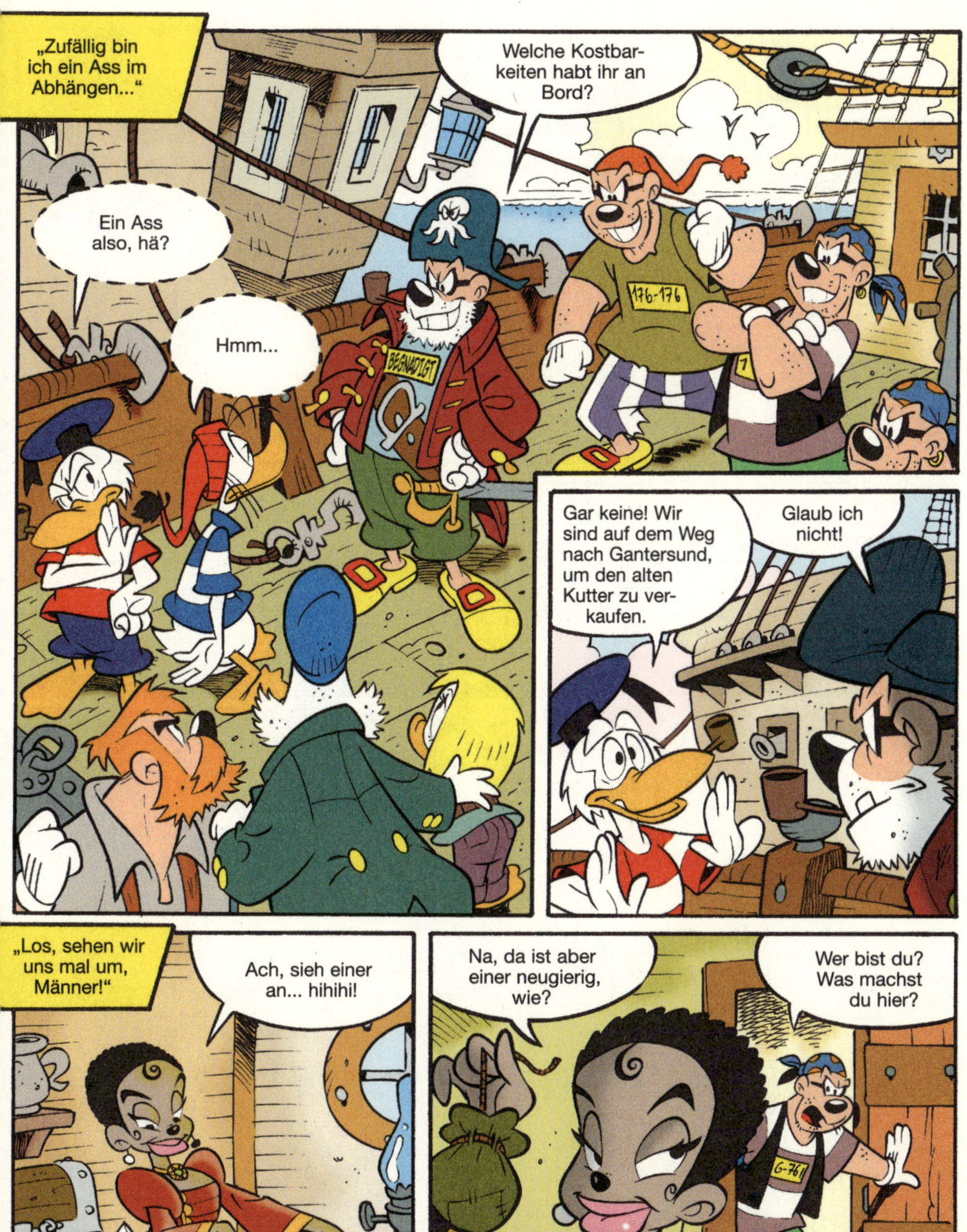
„Zufällig bin ich ein Ass im Abhängen…“
Welche Kostbarkeiten habt ihr an Bord?
Ein Ass also, hä?
Hmm…
176-176
BEGNADIGT
Gar keine! Wir sind auf dem Weg nach Gantersund, um den alten Kutter zu verkaufen.
Glaub ich nicht!
„Los, sehen wir uns mal um, Männer!“
Ach, sieh einer an… hihihi!
Na, da ist aber einer neugierig, wie?
Wer bist du? Was machst du hier?
6-761

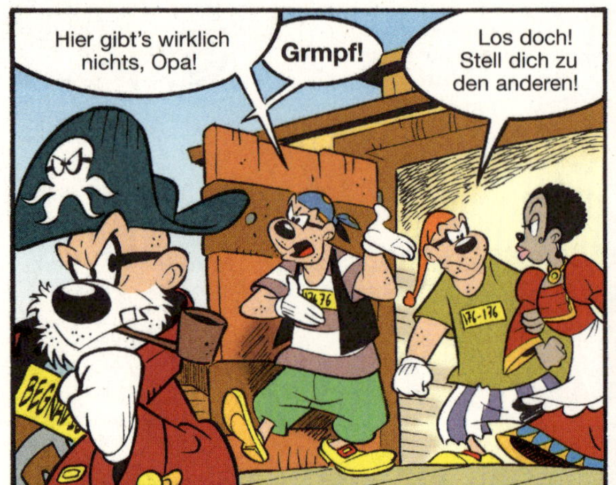
Hier gibt's wirklich nichts, Opa!
Grmpf!
Los doch! Stell dich zu den anderen!
BEGNADIGT
176-176
176-176

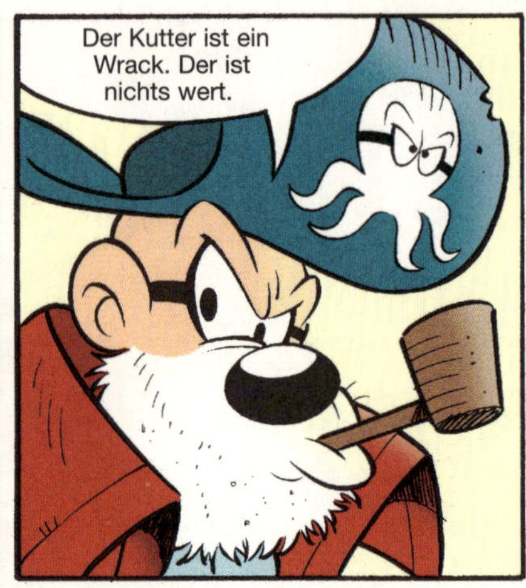
Der Kutter ist ein Wrack. Der ist nichts wert.

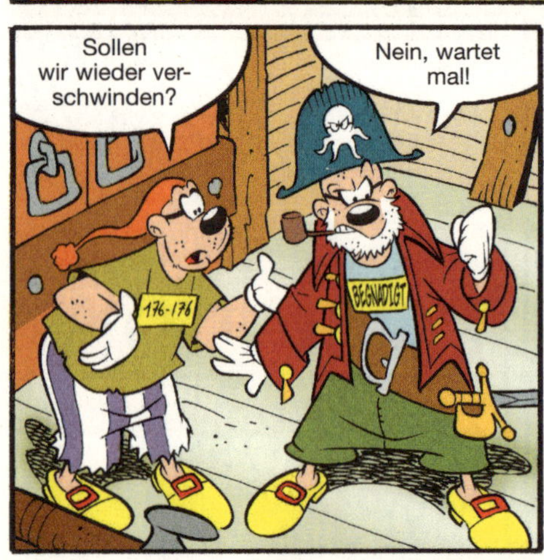
Sollen wir wieder verschwinden?
Nein, wartet mal!
176-176
BEGNADIGT

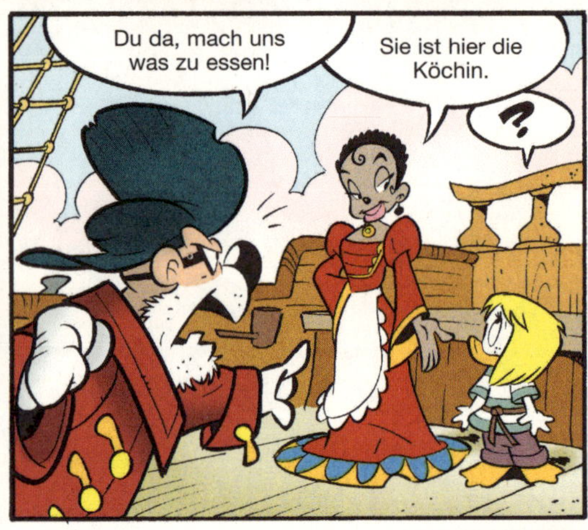
Du da, mach uns was zu essen!
Sie ist hier die Köchin.
?

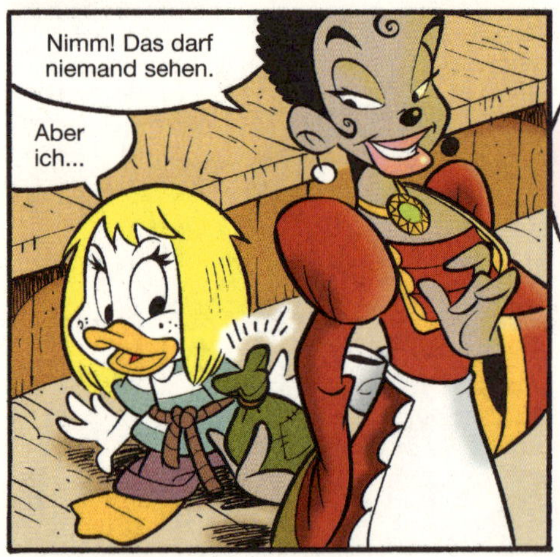
Nimm! Das darf niemand sehen.
Aber ich...

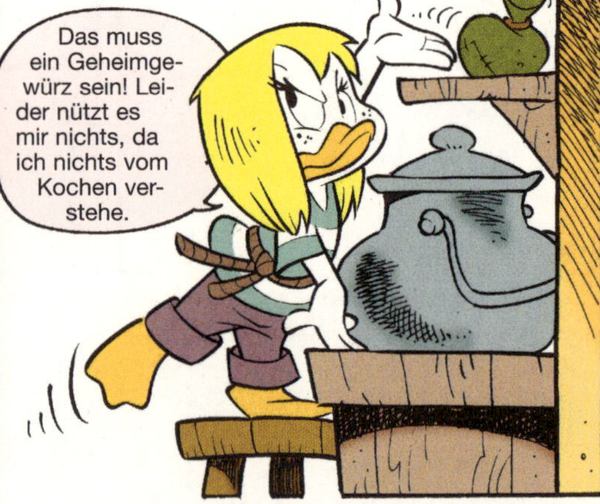
Das muss ein Geheimgewürz sein! Leider nützt es mir nichts, da ich nichts vom Kochen verstehe.

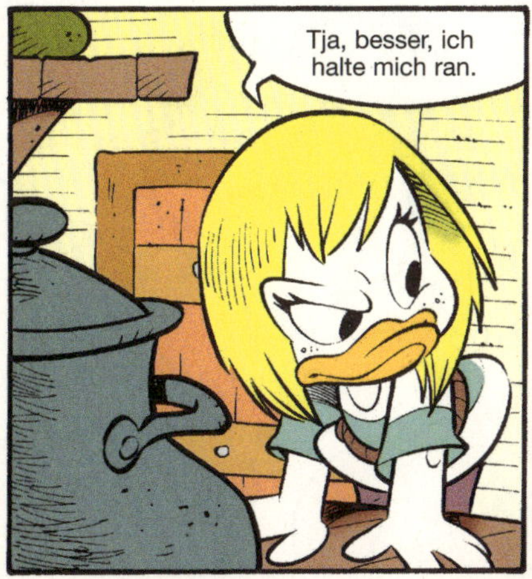
Tja, besser, ich halte mich ran.

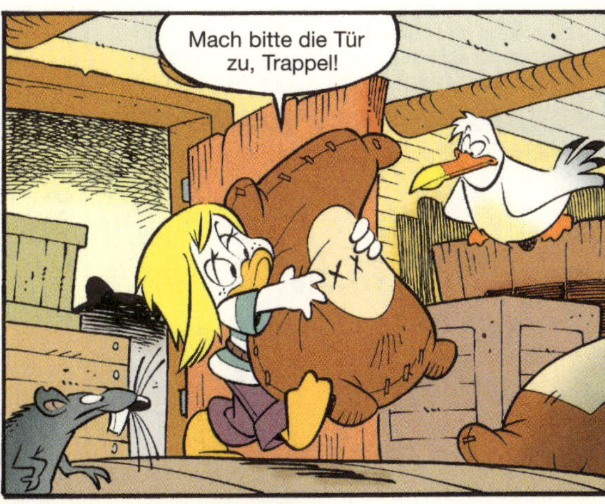
Mach bitte die Tür zu, Trappel!

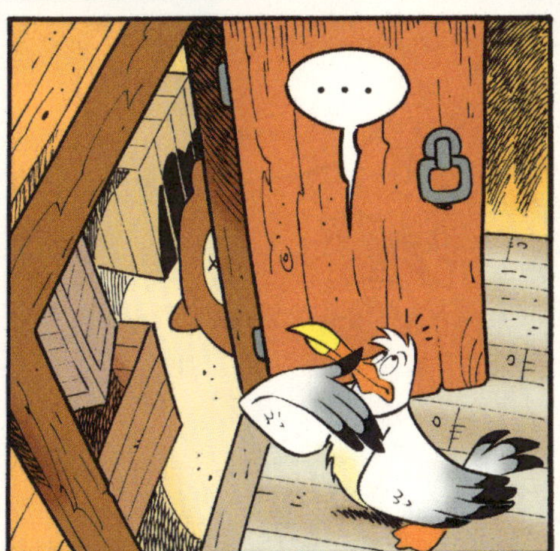
...

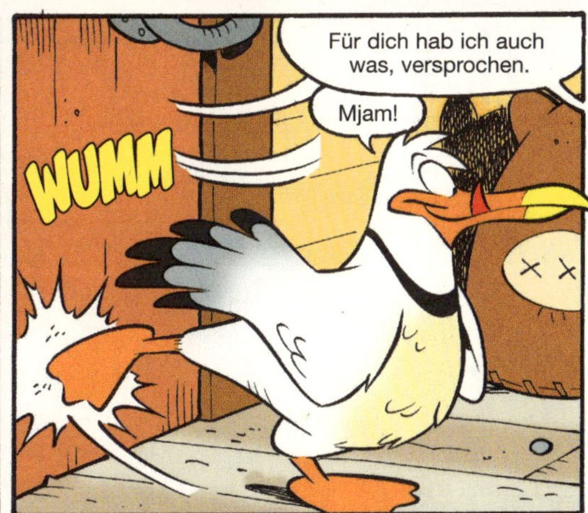
Für dich hab ich auch was, versprochen.
Mjam!
WUMM

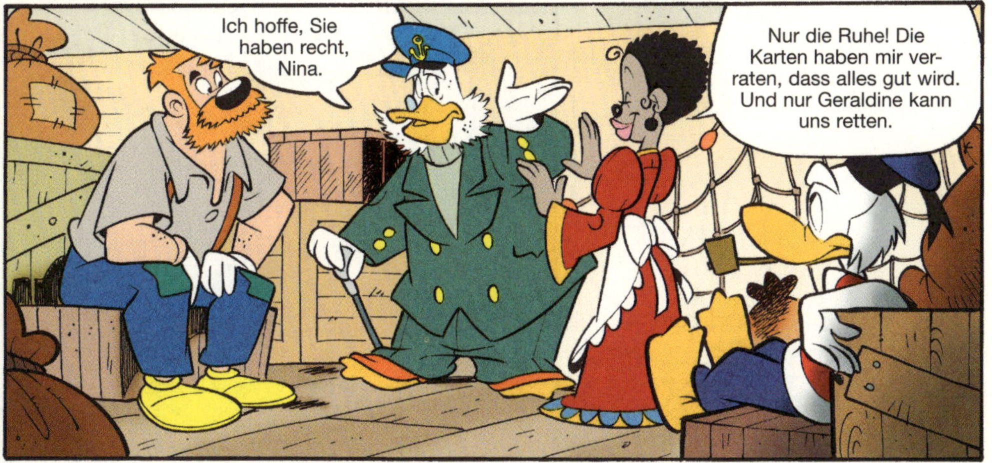
Ich hoffe, Sie haben recht, Nina.
Nur die Ruhe! Die Karten haben mir verraten, dass alles gut wird. Und nur Geraldine kann uns retten.

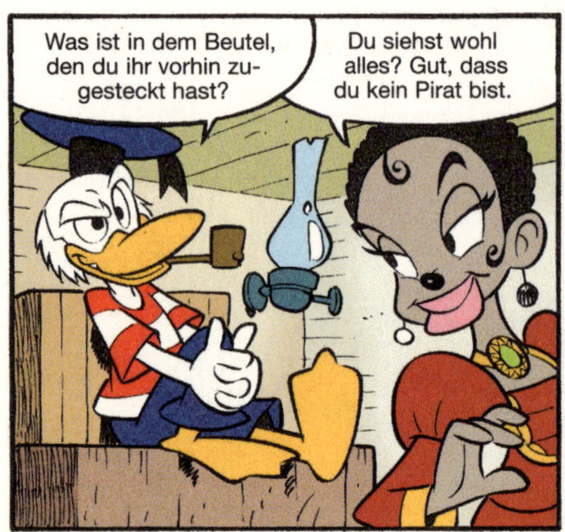
Was ist in dem Beutel, den du ihr vorhin zugesteckt hast?
Du siehst wohl alles? Gut, dass du kein Pirat bist.

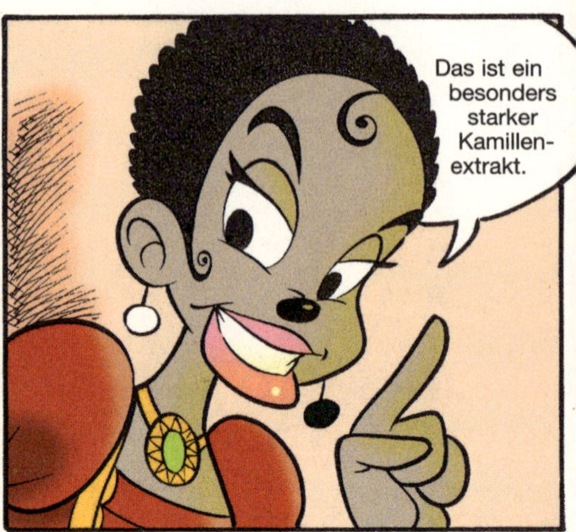
Das ist ein besonders starker Kamillenextrakt.

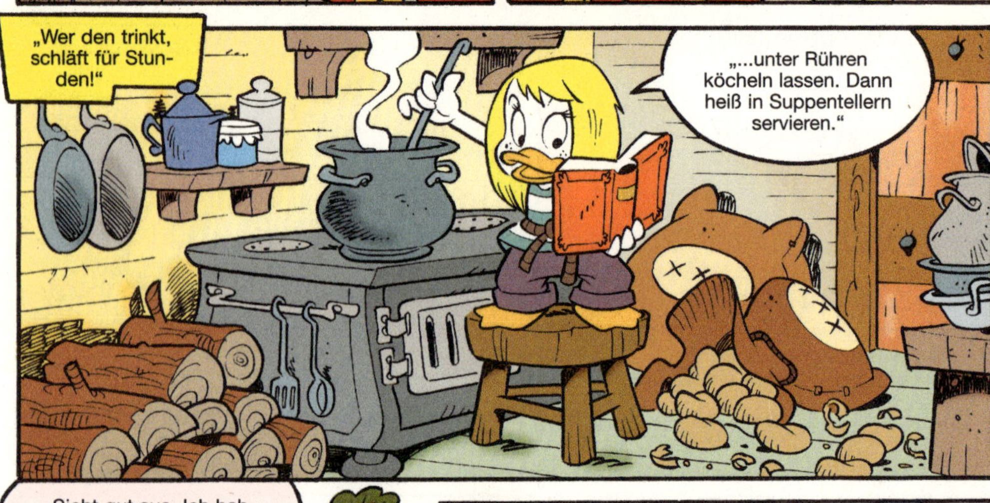
„Wer den trinkt, schläft für Stunden!“
„...unter Rühren köcheln lassen. Dann heiß in Suppentellern servieren.“

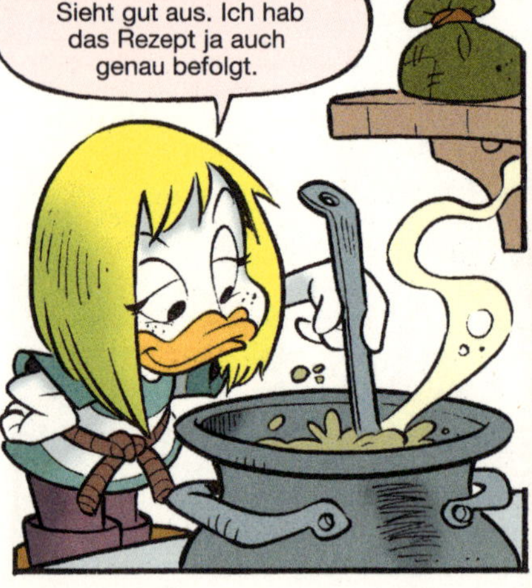
Sieht gut aus. Ich hab das Rezept ja auch genau befolgt.

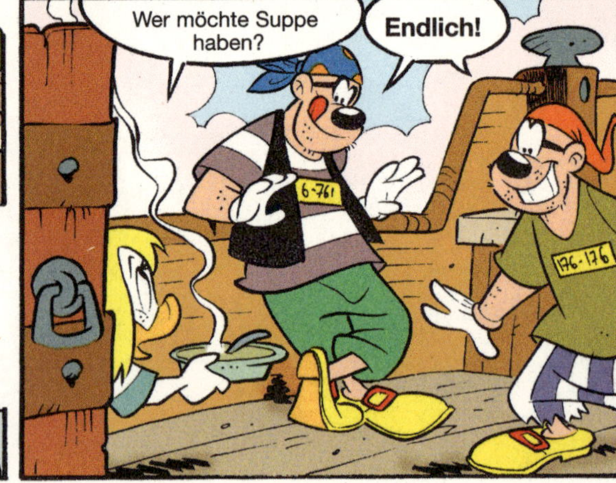
Wer möchte Suppe haben?
Endlich!
6-761
176-176

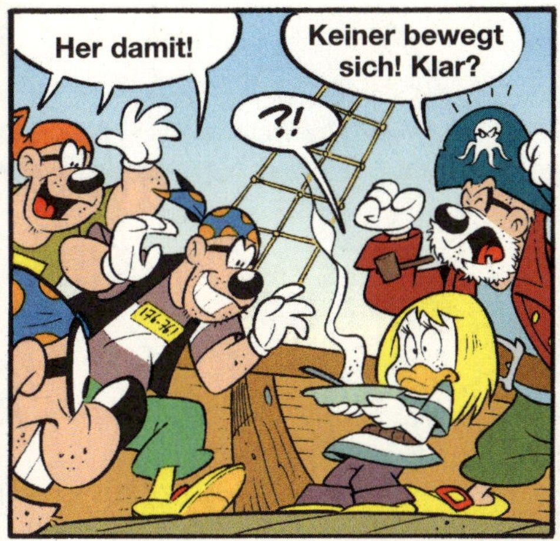
Her damit!
Keiner bewegt sich! Klar?
?!

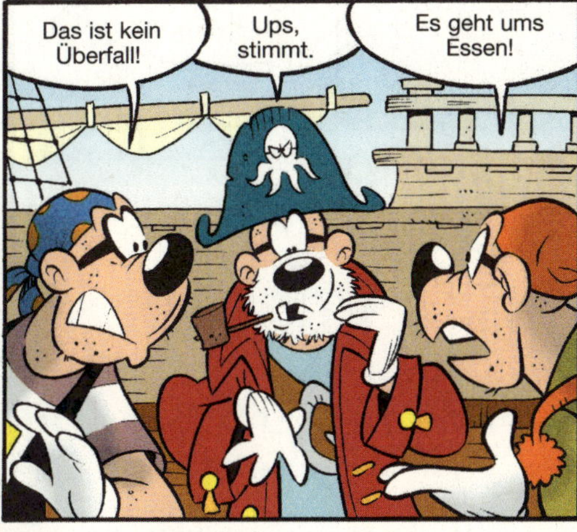
Das ist kein Überfall!
Ups, stimmt.
Es geht ums Essen!

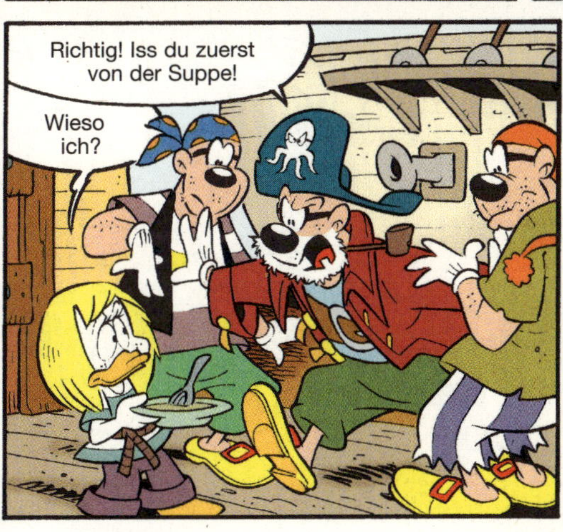
Richtig! Iss du zuerst von der Suppe!
Wieso ich?

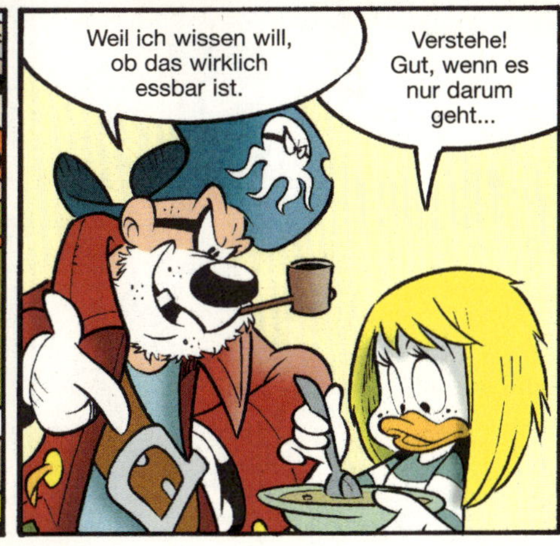
Weil ich wissen will, ob das wirklich essbar ist.
Verstehe! Gut, wenn es nur darum geht...

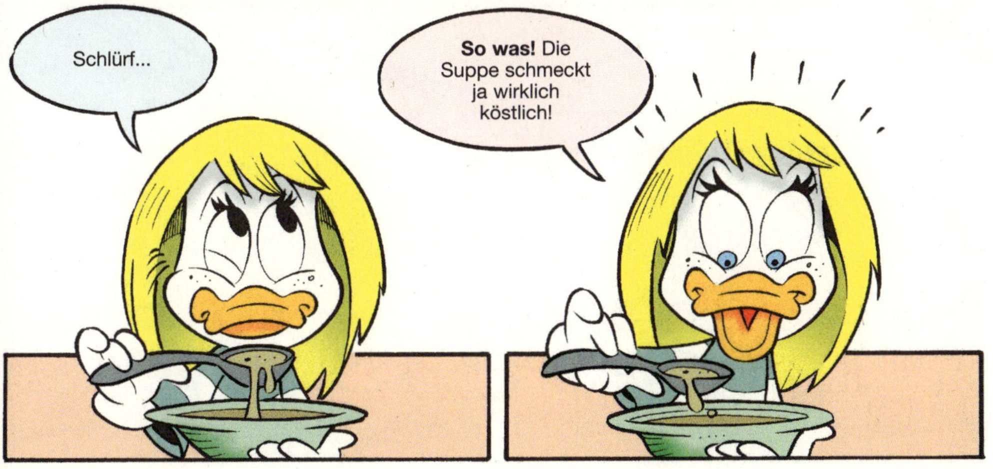
Schlürf...
So was! Die Suppe schmeckt ja wirklich köstlich!

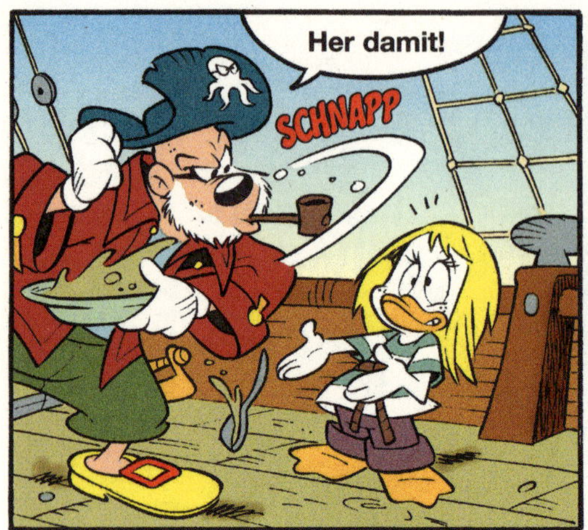
Her damit!
SCHNAPP

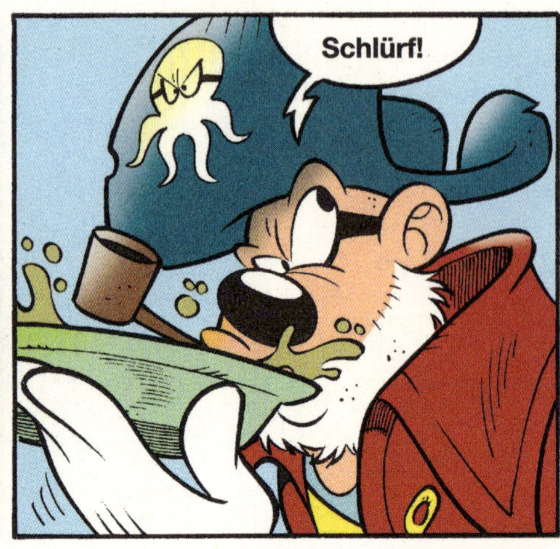
Schlürf!

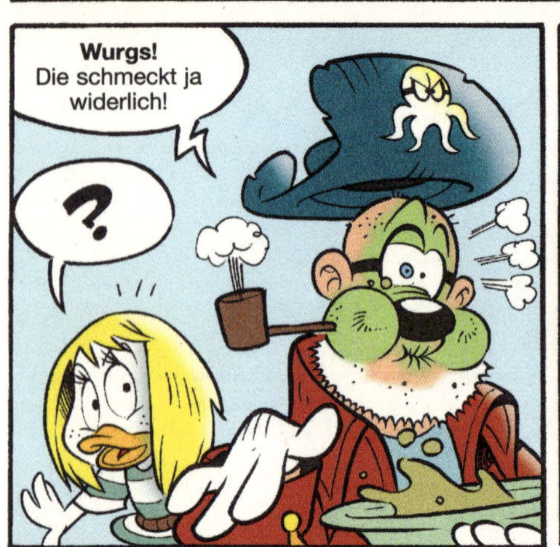
Wurgs! Die schmeckt ja widerlich!
?

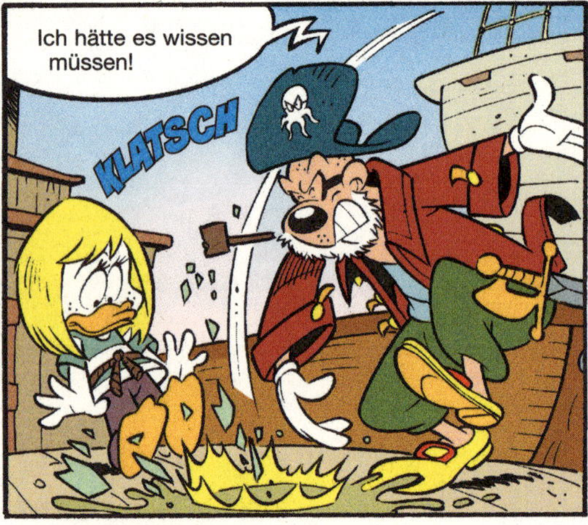
Ich hätte es wissen müssen!
KLATSCH

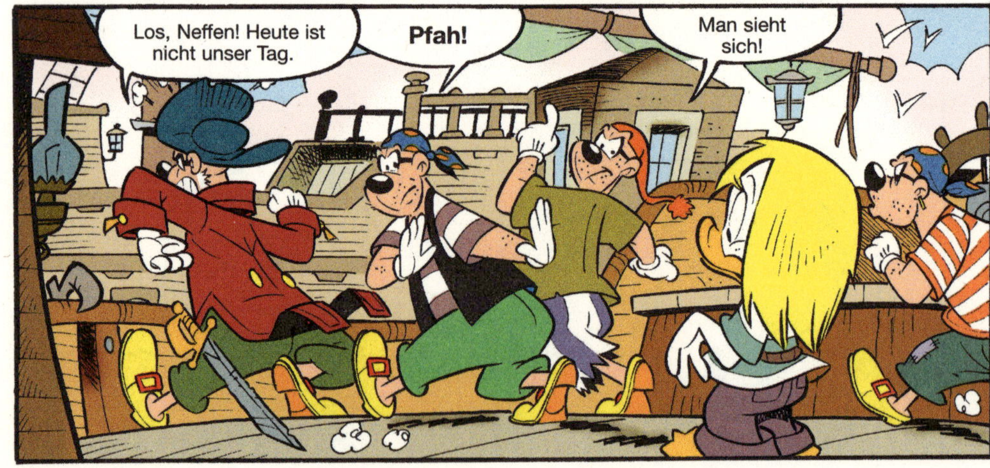
Los, Neffen! Heute ist nicht unser Tag.
Pfah!
Man sieht sich!

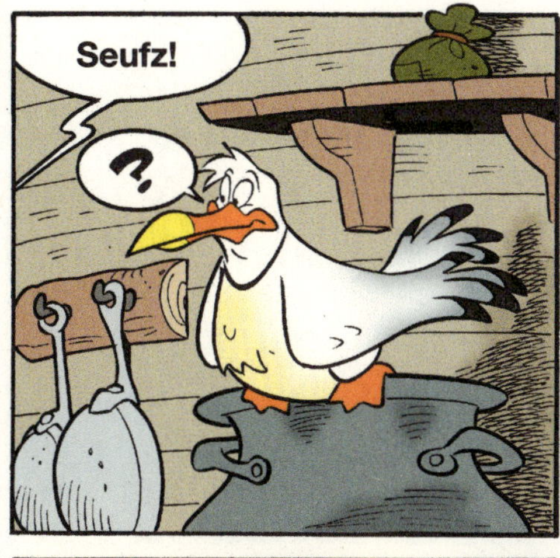
Seufz!
?

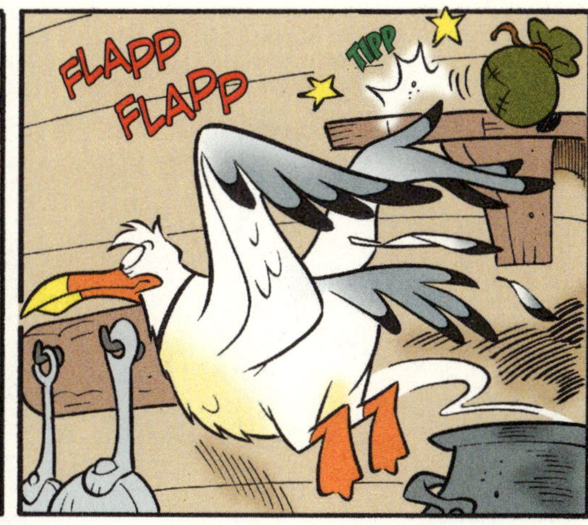
FLAPP
FLAPP
TIPP

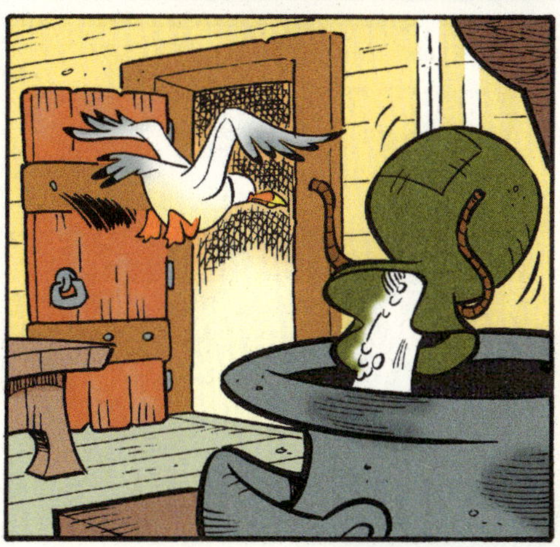

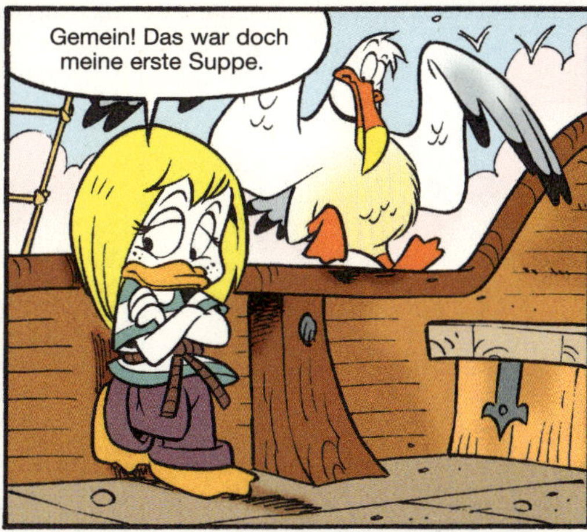
Gemein! Das war doch meine erste Suppe.

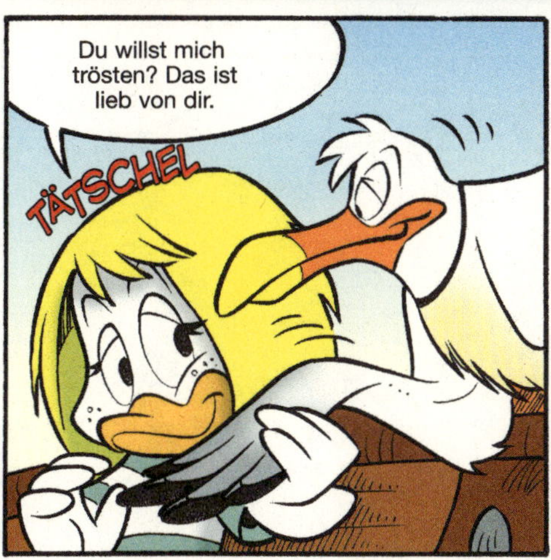
Du willst mich trösten? Das ist lieb von dir.
TÄTSCHEL

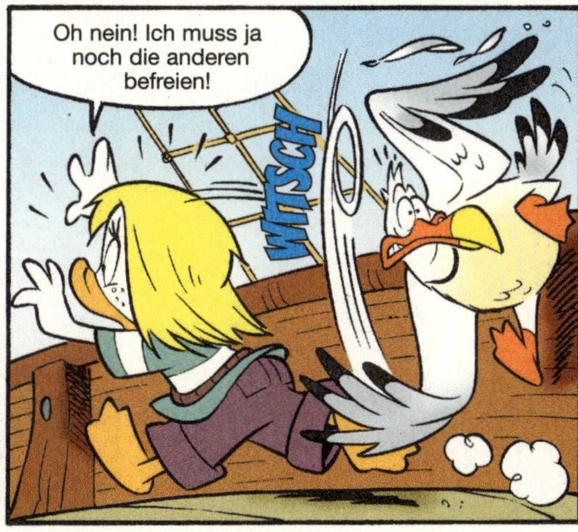
Oh nein! Ich muss ja noch die anderen befreien!
WITSCH

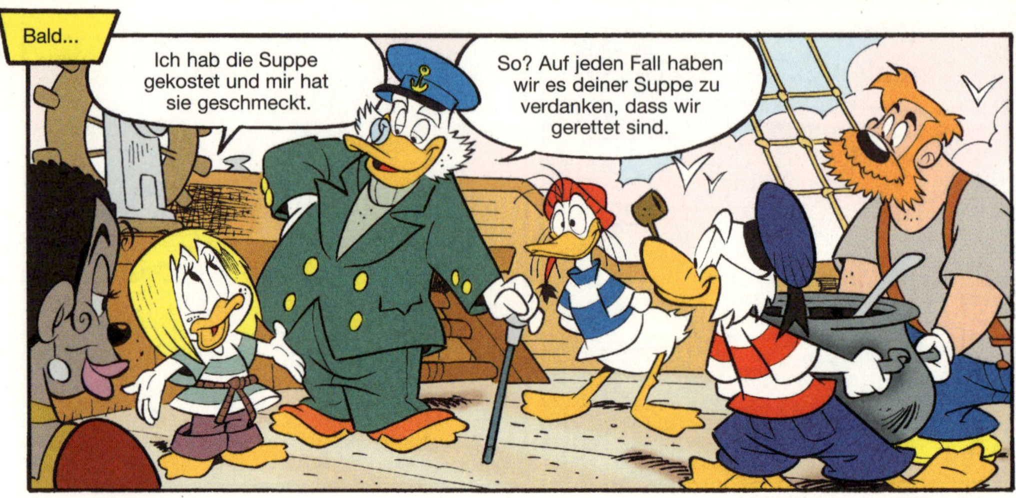
Bald...
Ich hab die Suppe gekostet und mir hat sie geschmeckt.
So? Auf jeden Fall haben wir es deiner Suppe zu verdanken, dass wir gerettet sind.

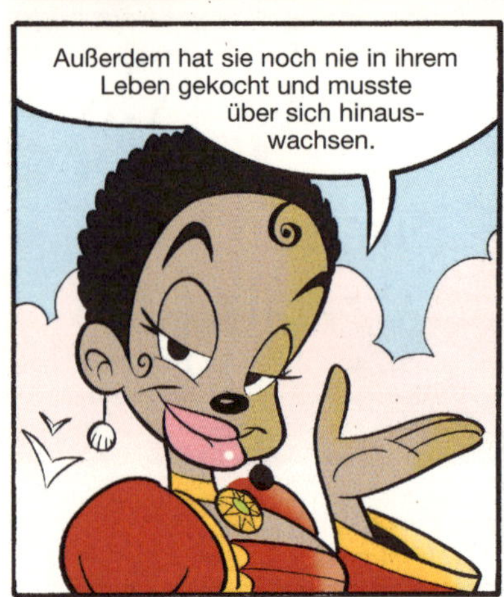
Außerdem hat sie noch nie in ihrem Leben gekocht und musste über sich hinauswachsen.

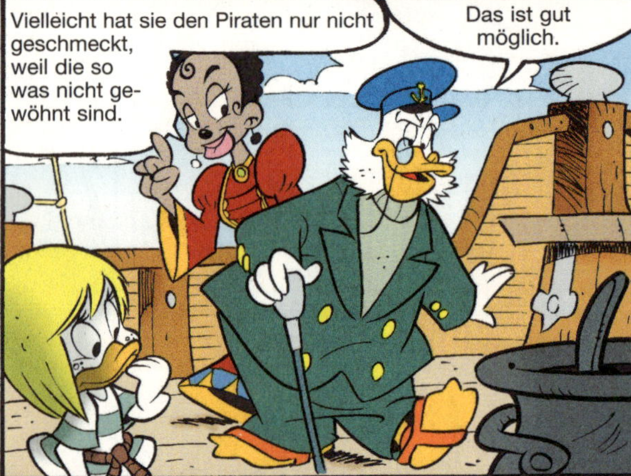
Vielleicht hat sie den Piraten nur nicht geschmeckt, weil die so was nicht gewöhnt sind.
Das ist gut möglich.

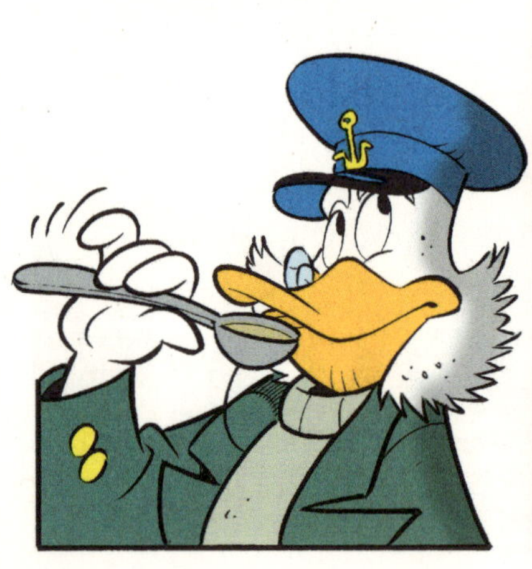

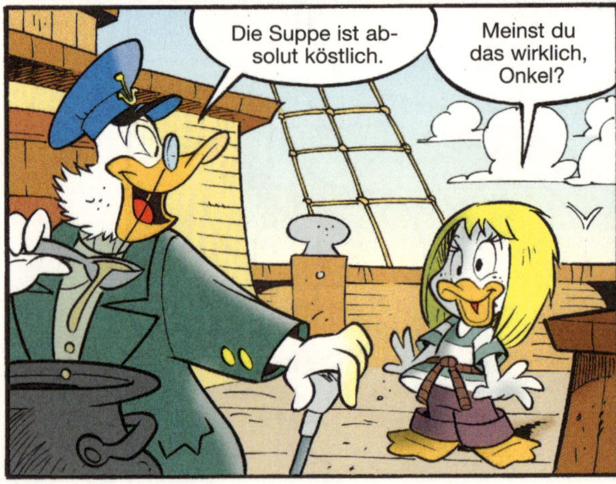
Die Suppe ist absolut köstlich.
Meinst du das wirklich, Onkel?

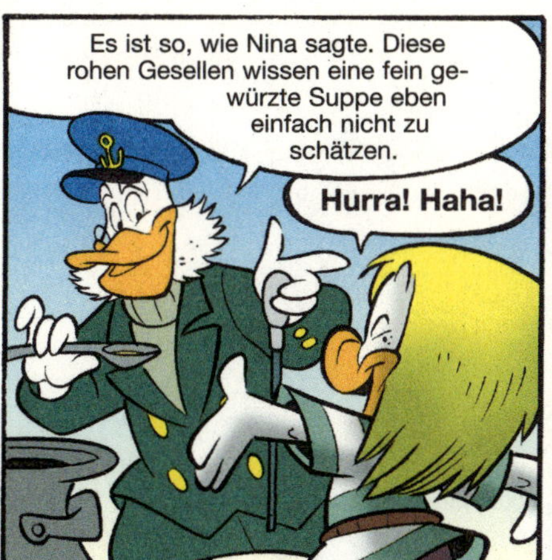
Es ist so, wie Nina sagte. Diese rohen Gesellen wissen eine fein gewürzte Suppe eben einfach nicht zu schätzen.
Hurra! Haha!

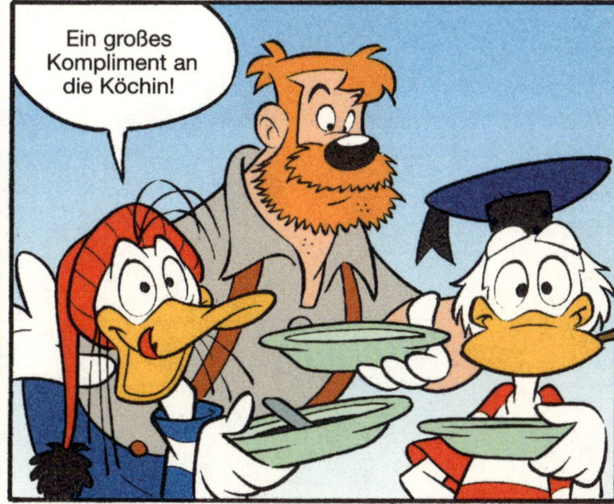
Ein großes Kompliment an die Köchin!

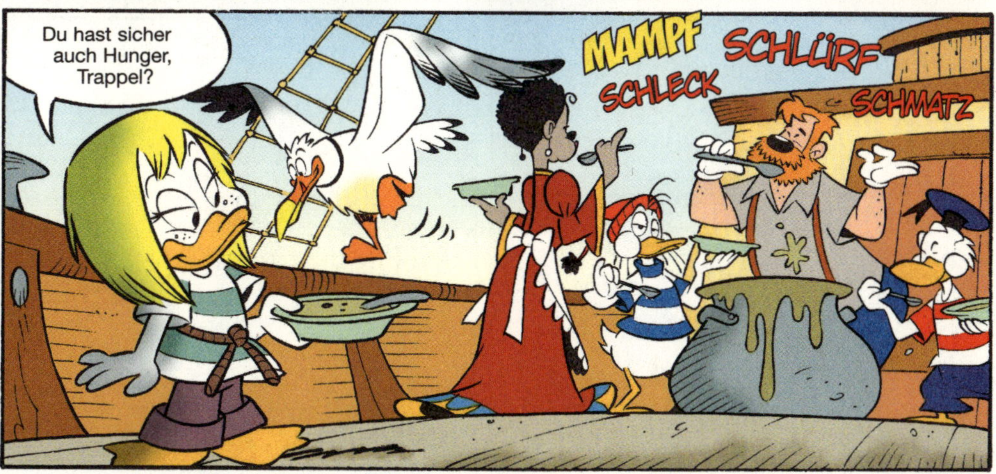
Du hast sicher auch Hunger, Trappel?
MAMPF
SCHLÜRF
SCHLECK
SCHMATZ

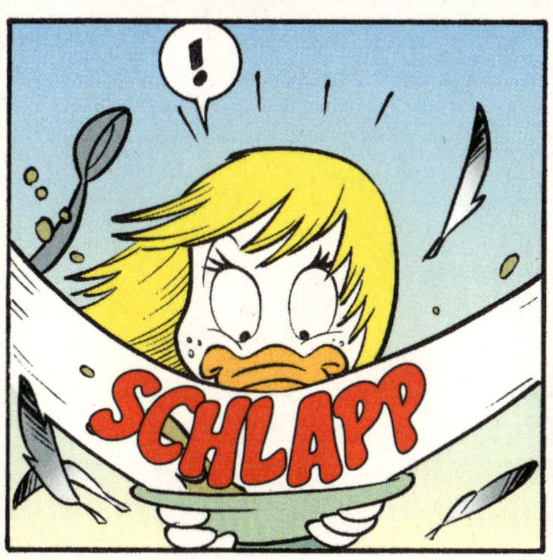
!
SCHLAPP

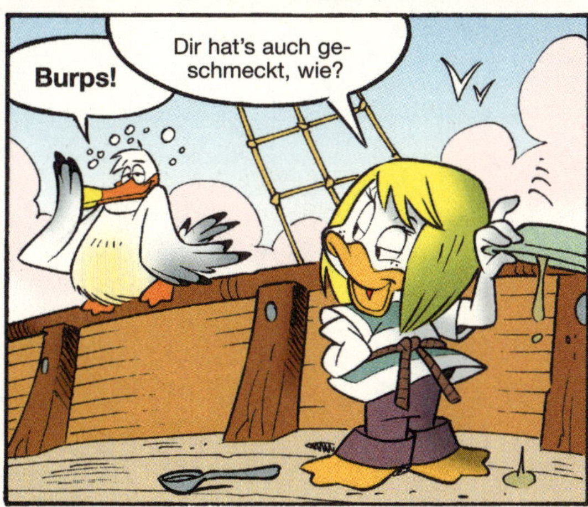
Burps!
Dir hat's auch geschmeckt, wie?

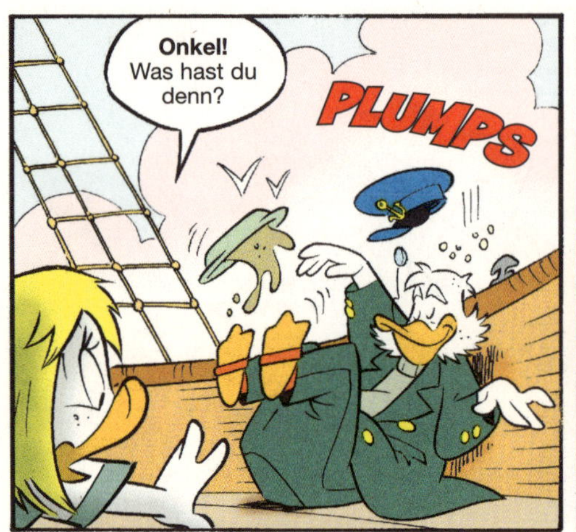
Onkel! Was hast du denn?
PLUMPS

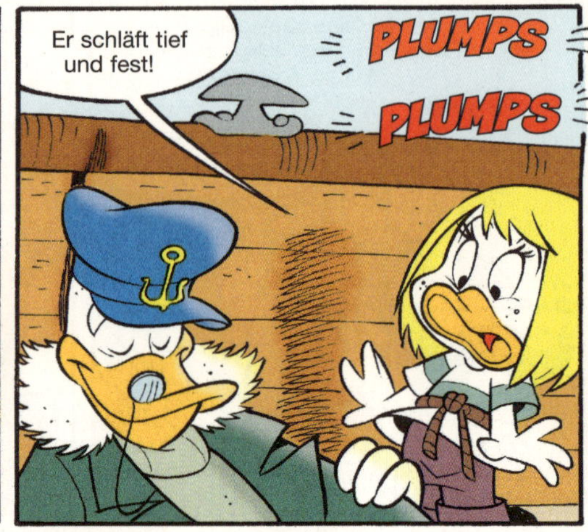
Er schläft tief und fest!
PLUMPS
PLUMPS

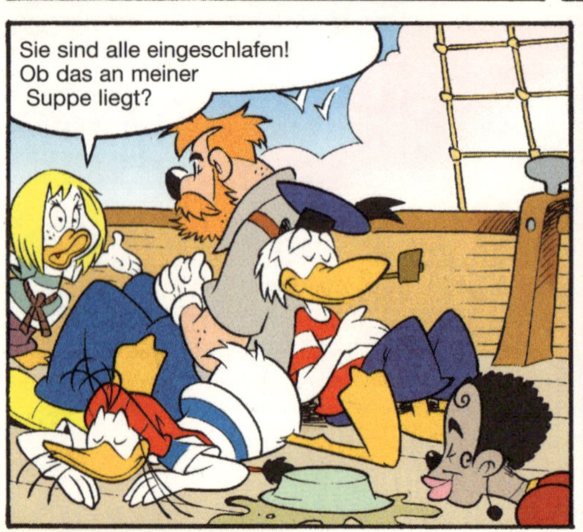
Sie sind alle eingeschlafen! Ob das an meiner Suppe liegt?

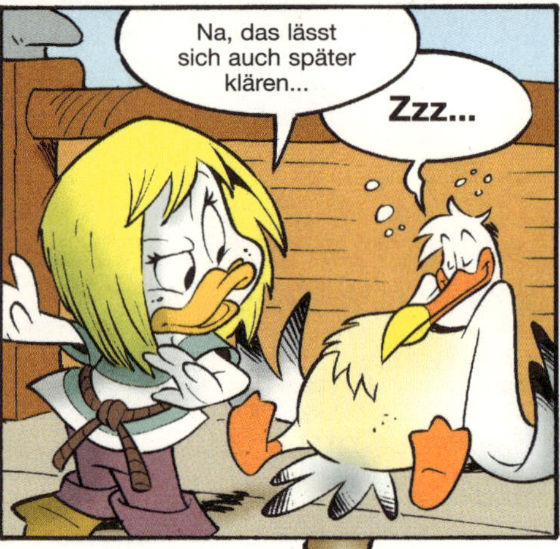
Na, das lässt sich auch später klären...
Zzz...

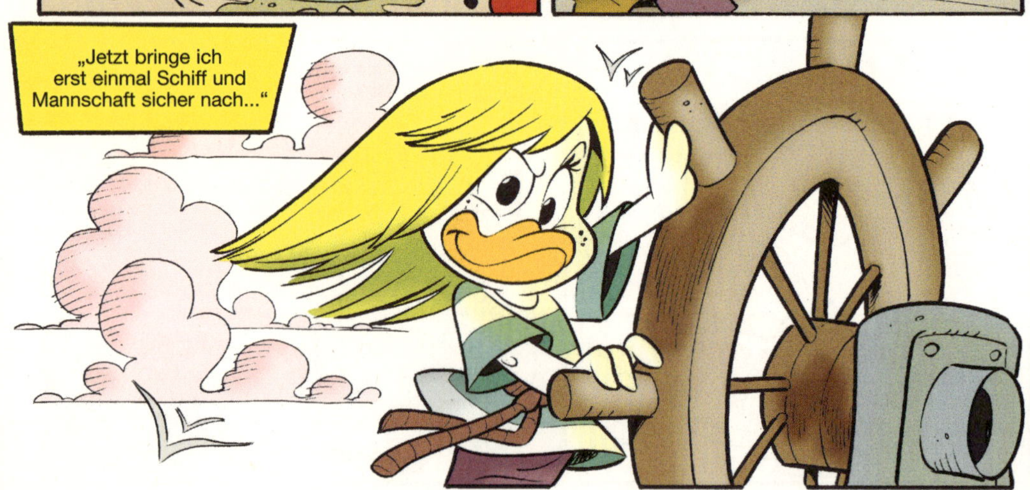
„Jetzt bringe ich erst einmal Schiff und Mannschaft sicher nach..."

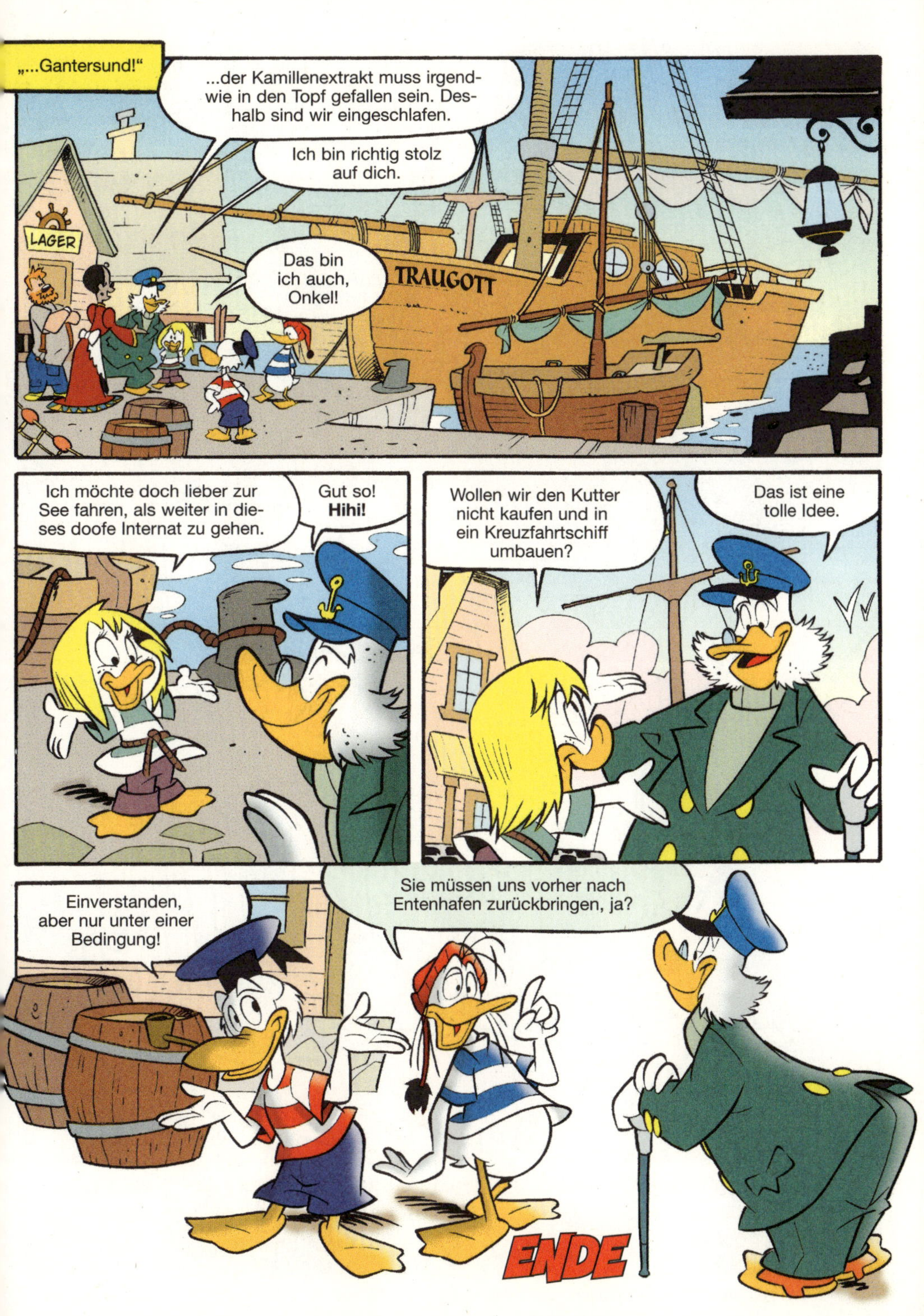
„...Gantersund!“
...der Kamillenextrakt muss irgendwie in den Topf gefallen sein. Deshalb sind wir eingeschlafen.
Ich bin richtig stolz auf dich.
LAGER
TRAUGOTT
Das bin ich auch, Onkel!
Ich möchte doch lieber zur See fahren, als weiter in dieses doofe Internat zu gehen.
Gut so! **Hihi!**
Wollen wir den Kutter nicht kaufen und in ein Kreuzfahrtschiff umbauen?
Das ist eine tolle Idee.
Einverstanden, aber nur unter einer Bedingung!
Sie müssen uns vorher nach Entenhafen zurückbringen, ja?
ENDE

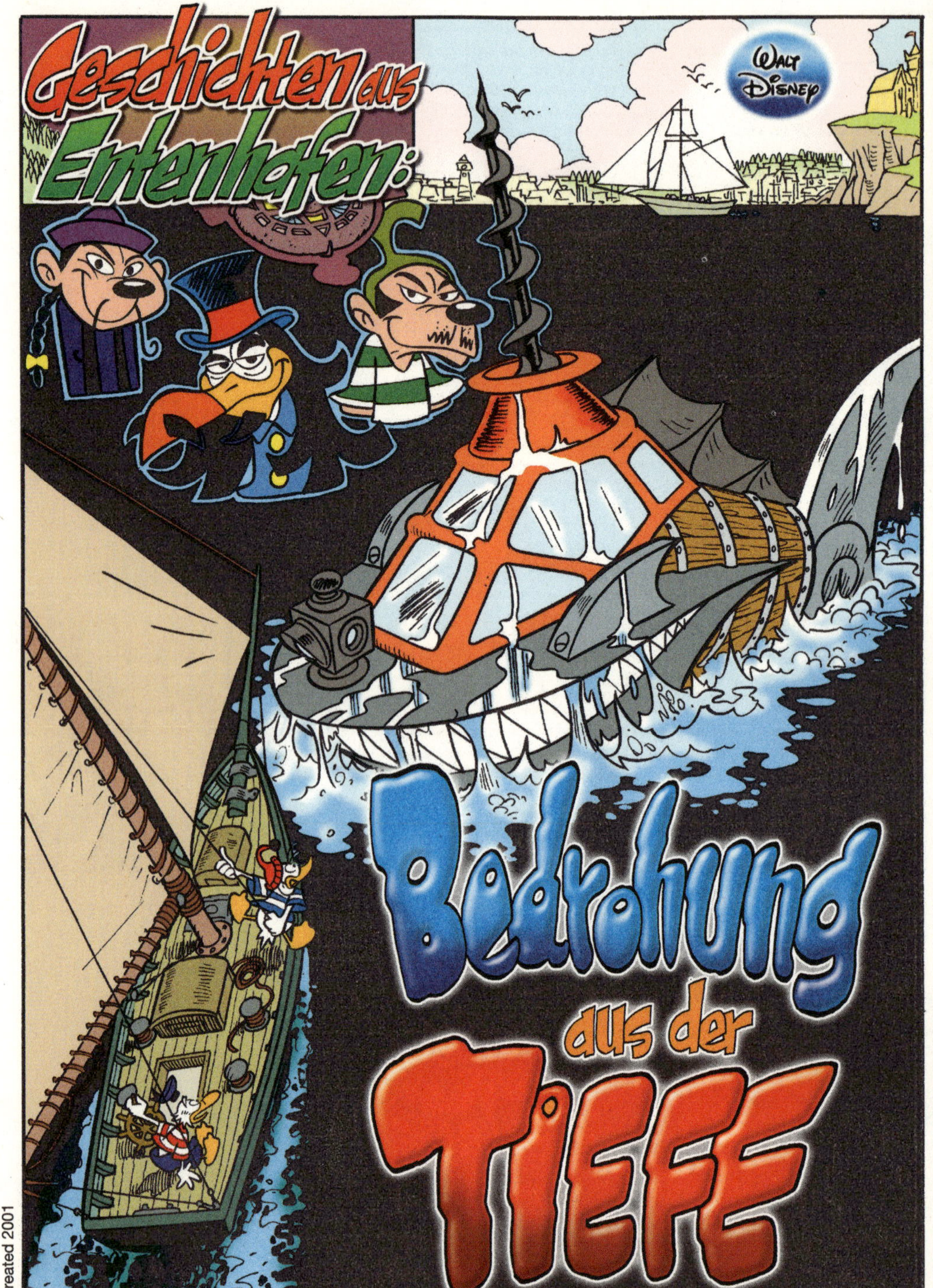

Created 2001

Alberto Savini (Story), **Alessio Coppola** (Zeichnungen) *I TL 2383-5*

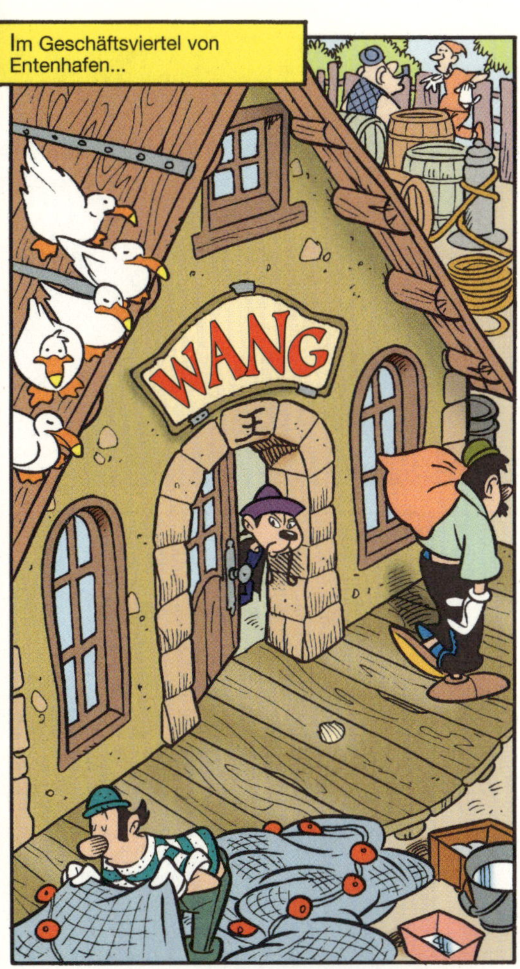
Im Geschäftsviertel von Entenhafen...
WANG
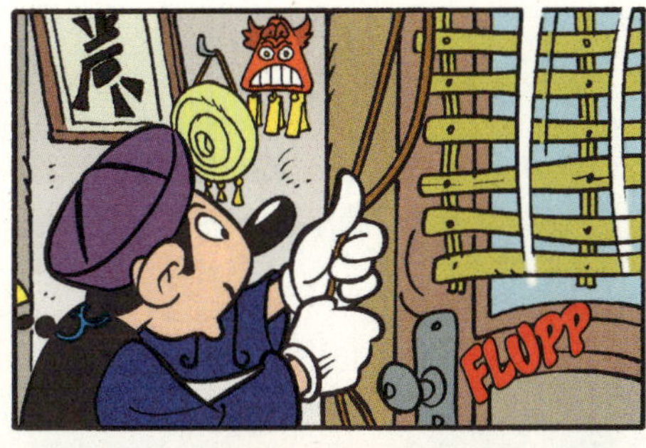
FLUPP
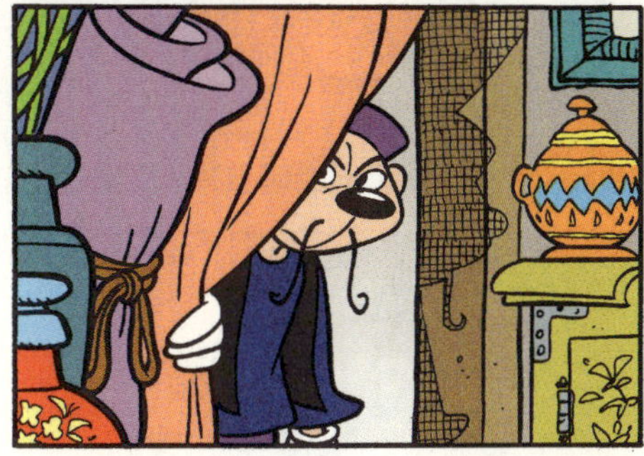
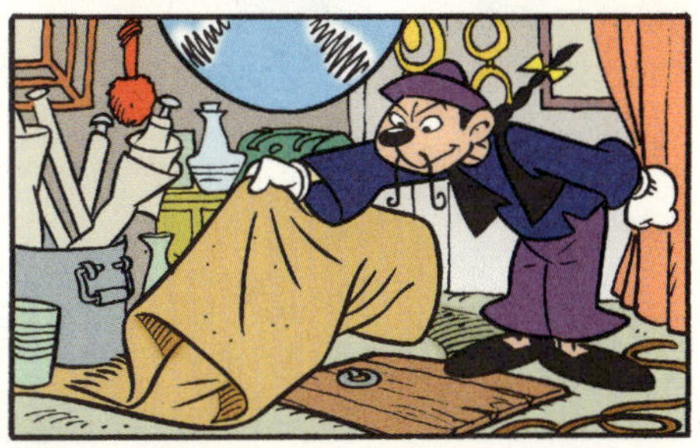
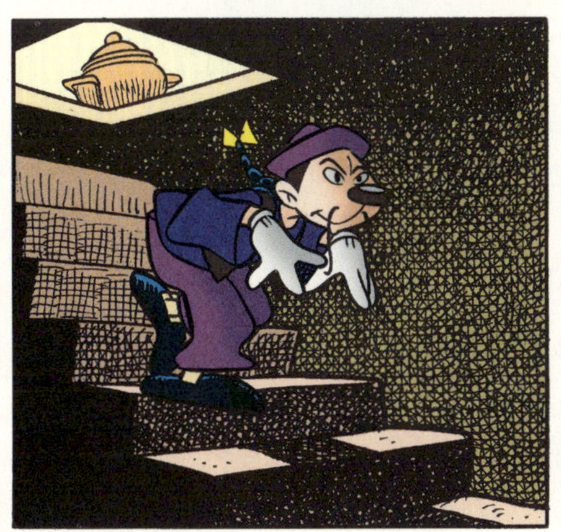
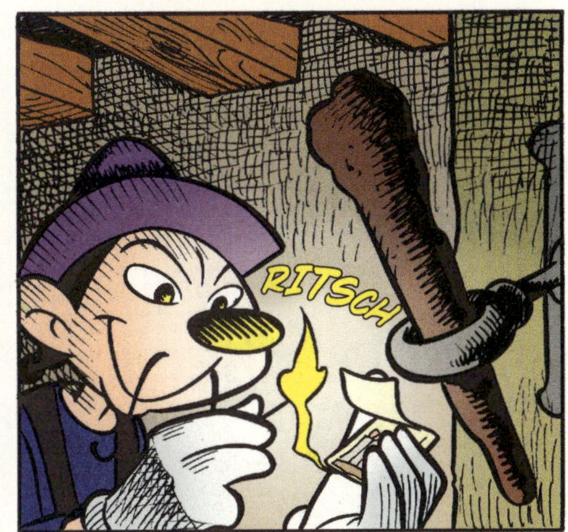
RITSCH

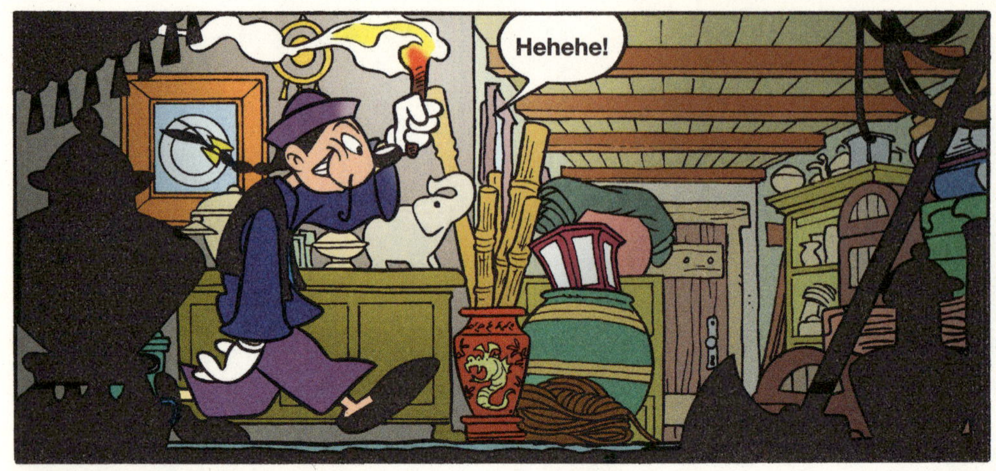
Hehehe!

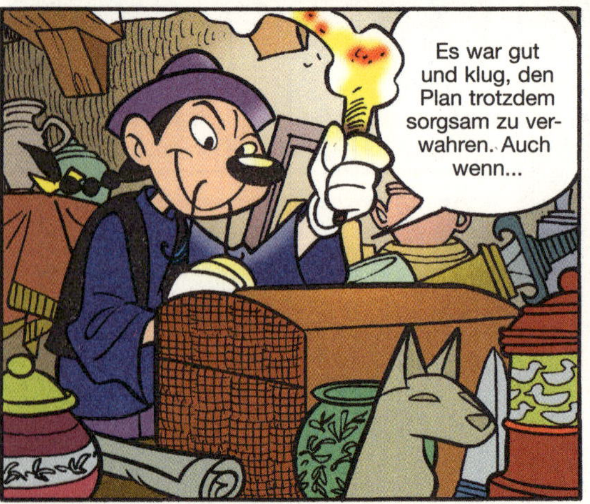
Es war gut und klug, den Plan trotzdem sorgsam zu verwahren. Auch wenn...

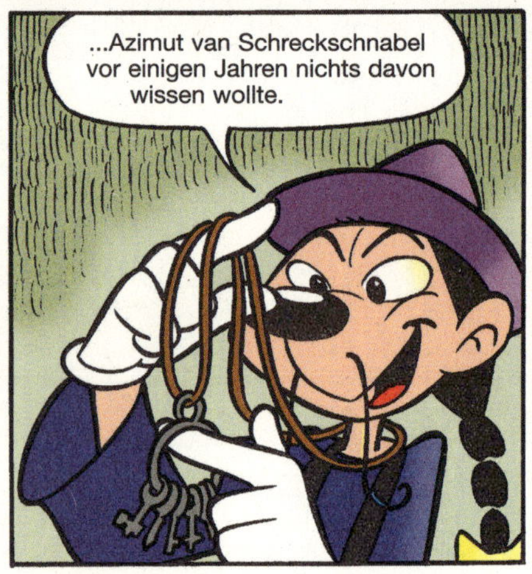
...Azimut van Schreckschnabel vor einigen Jahren nichts davon wissen wollte.

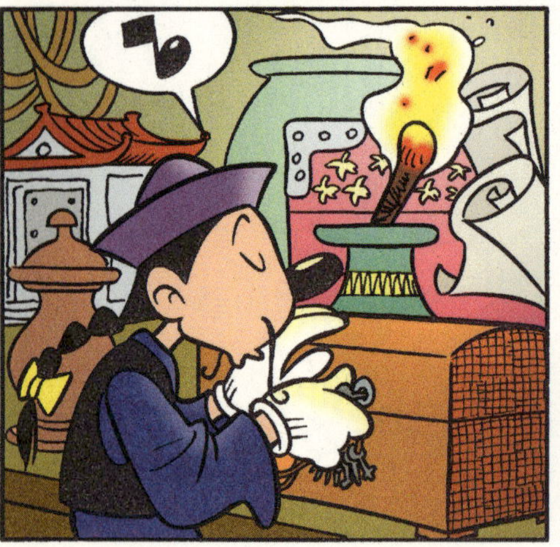

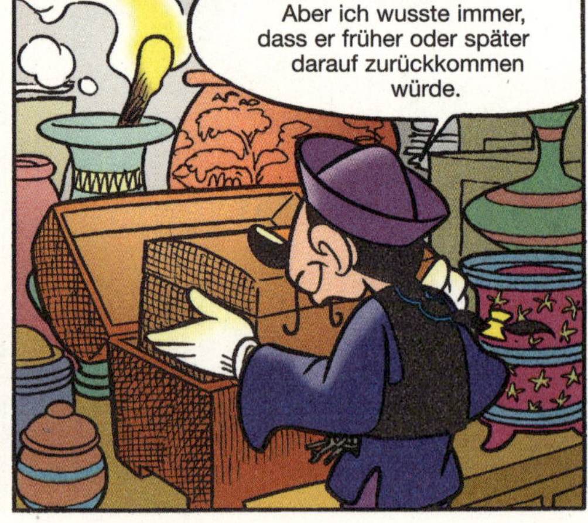
Aber ich wusste immer, dass er früher oder später darauf zurückkommen würde.

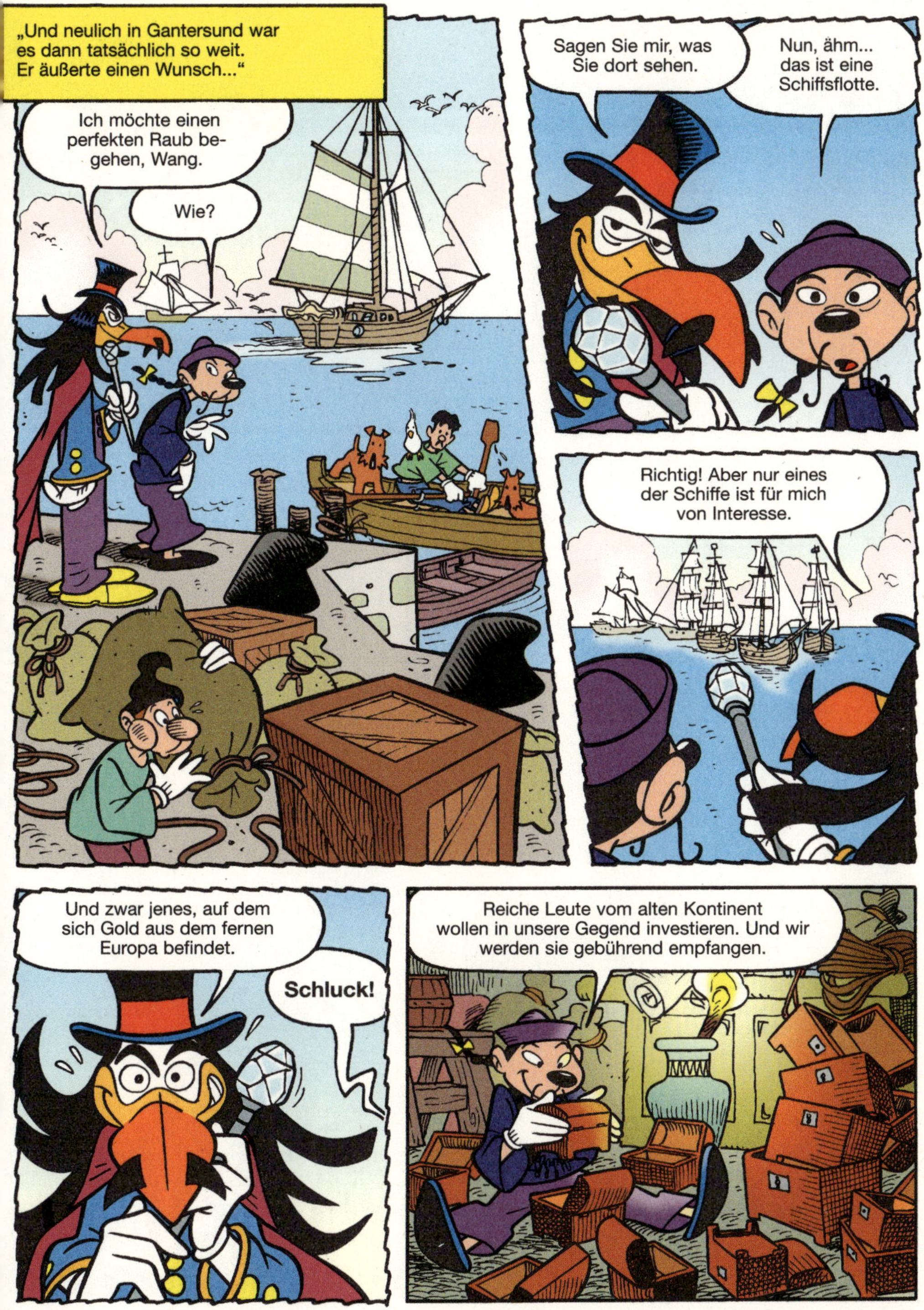

„Und neulich in Gantersund war es dann tatsächlich so weit. Er äußerte einen Wunsch..."

Ich möchte einen perfekten Raub begehen, Wang.

Wie?

Sagen Sie mir, was Sie dort sehen.

Nun, ähm... das ist eine Schiffsflotte.

Richtig! Aber nur eines der Schiffe ist für mich von Interesse.

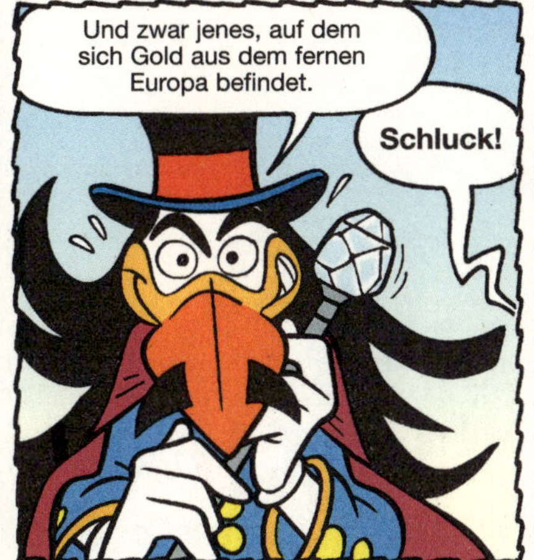

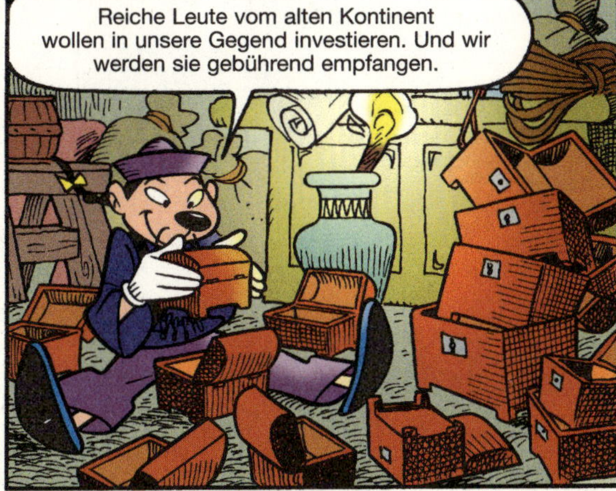

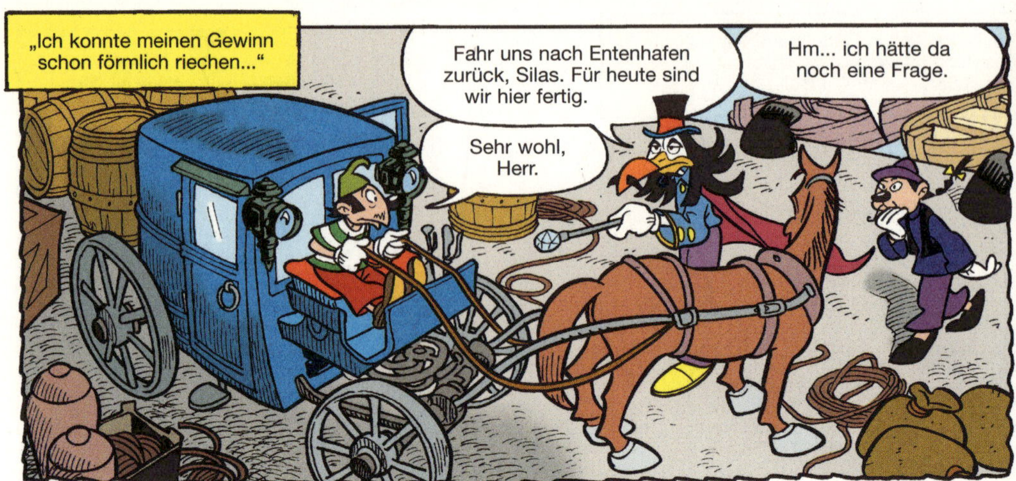
„Ich konnte meinen Gewinn schon förmlich riechen…“
Fahr uns nach Entenhafen zurück, Silas. Für heute sind wir hier fertig.
Sehr wohl, Herr.
Hm… ich hätte da noch eine Frage.

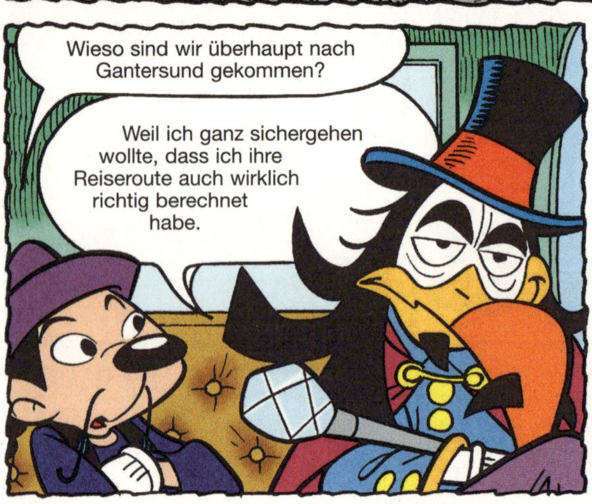
Wieso sind wir überhaupt nach Gantersund gekommen?
Weil ich ganz sichergehen wollte, dass ich ihre Reiseroute auch wirklich richtig berechnet habe.

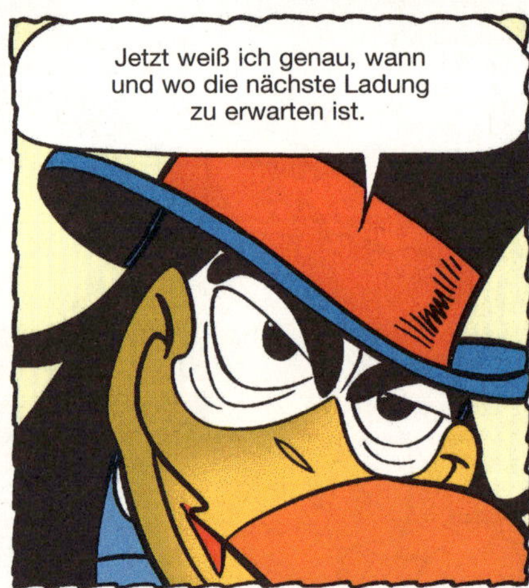
Jetzt weiß ich genau, wann und wo die nächste Ladung zu erwarten ist.

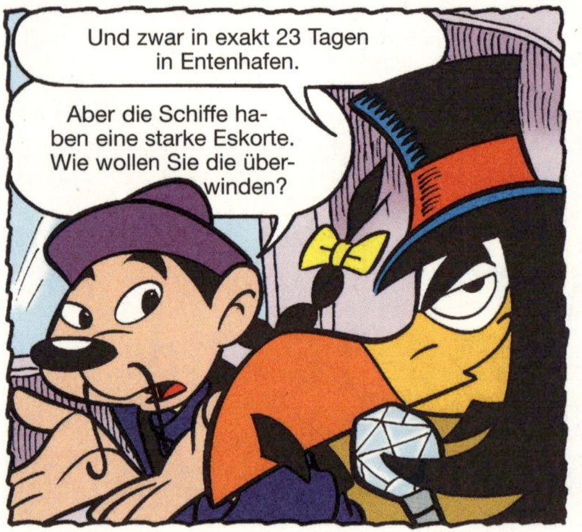
Und zwar in exakt 23 Tagen in Entenhafen.
Aber die Schiffe haben eine starke Eskorte. Wie wollen Sie die überwinden?

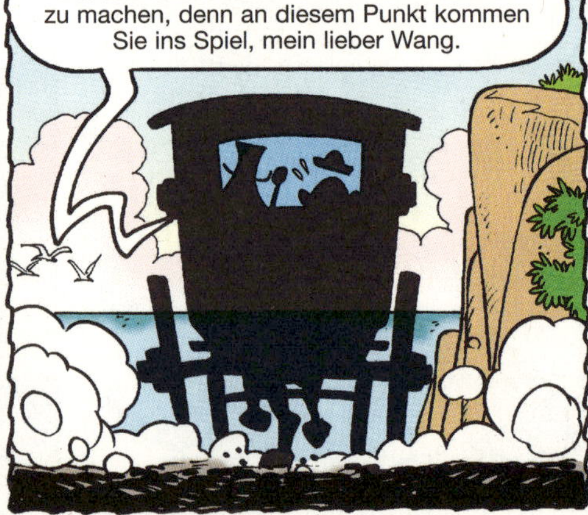
Darüber brauche ich mir keine Gedanken zu machen, denn an diesem Punkt kommen Sie ins Spiel, mein lieber Wang.

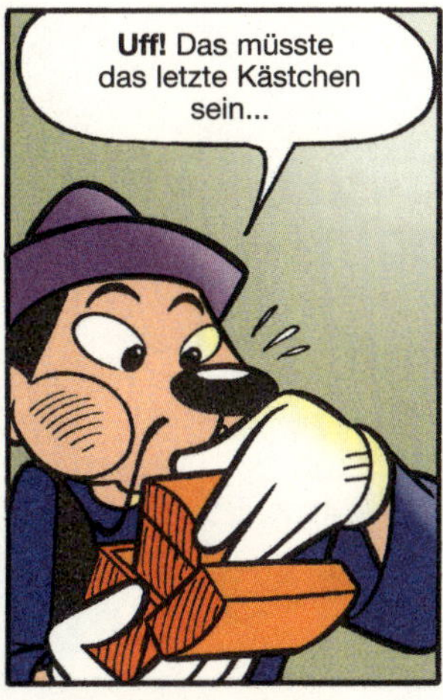
Uff! Das müsste das letzte Kästchen sein...

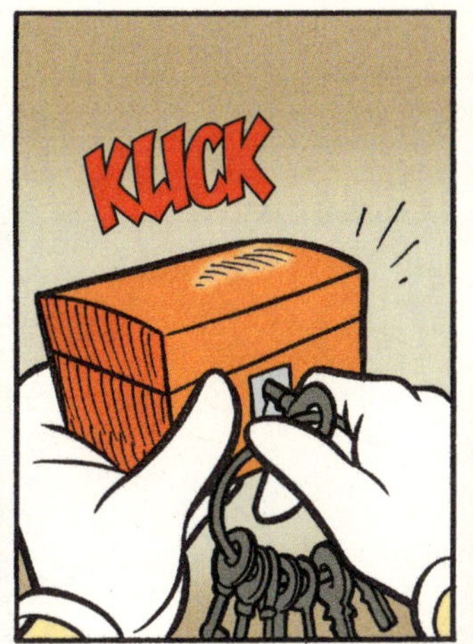
KLICK

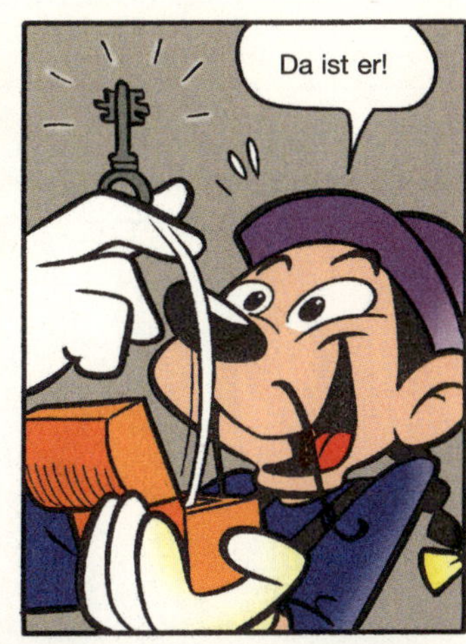
Da ist er!

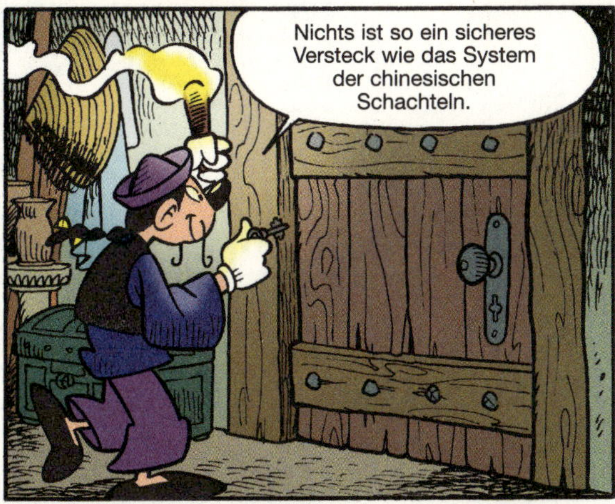
Nichts ist so ein sicheres Versteck wie das System der chinesischen Schachteln.

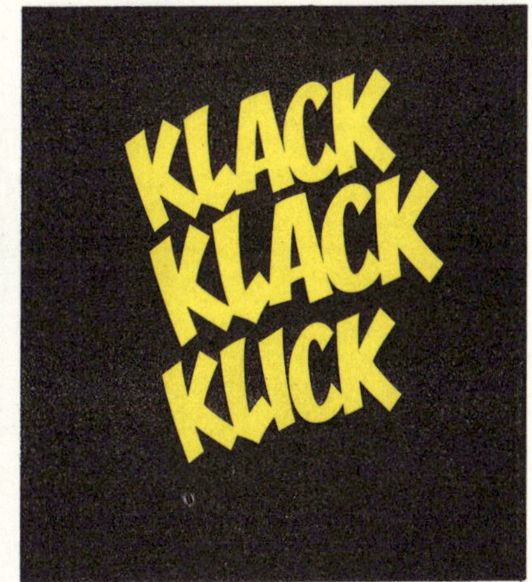
KLACK
KLACK
KLICK

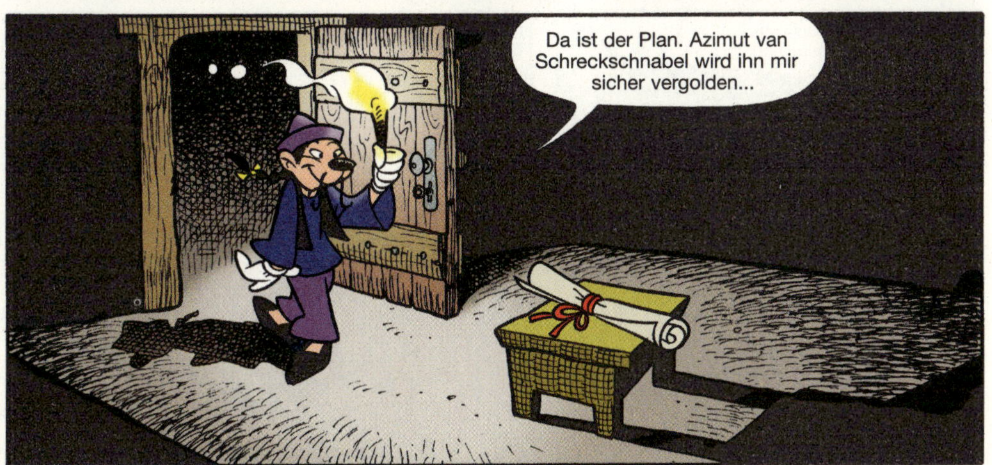
Da ist der Plan. Azimut van Schreckschnabel wird ihn mir sicher vergolden...

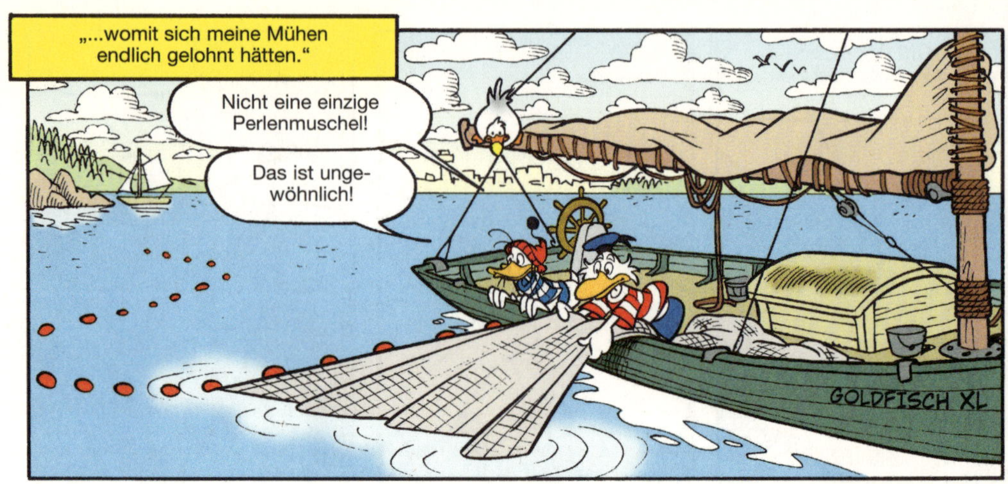
„...womit sich meine Mühen endlich gelohnt hätten."
Nicht eine einzige Perlenmuschel!
Das ist ungewöhnlich!
GOLDFISCH XL

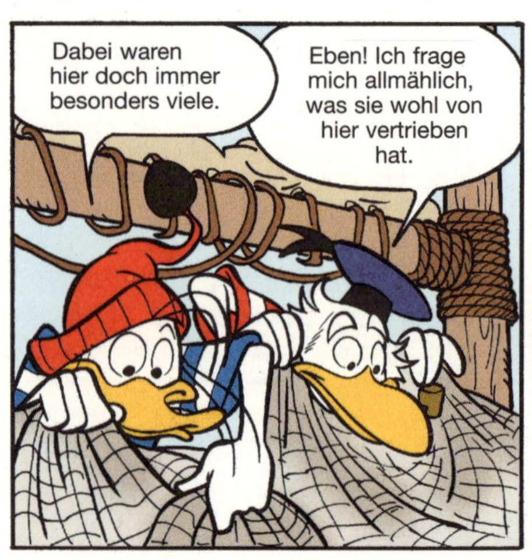
Dabei waren hier doch immer besonders viele.
Eben! Ich frage mich allmählich, was sie wohl von hier vertrieben hat.

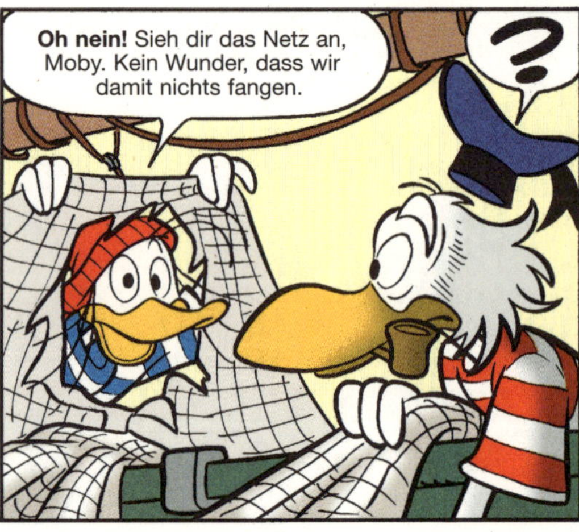
Oh nein! Sieh dir das Netz an, Moby. Kein Wunder, dass wir damit nichts fangen.
?

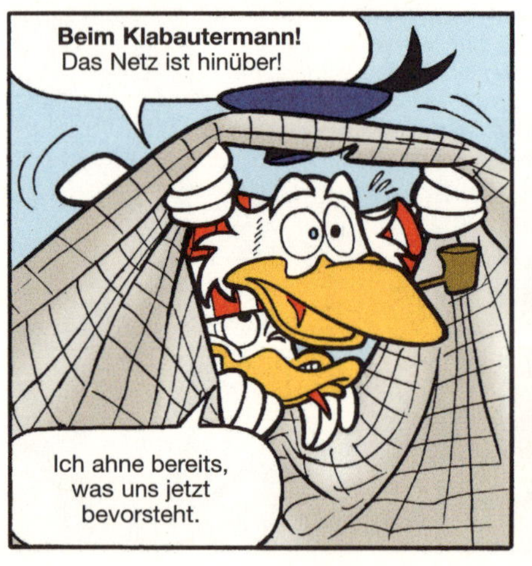
Beim Klabautermann! Das Netz ist hinüber!
Ich ahne bereits, was uns jetzt bevorsteht.

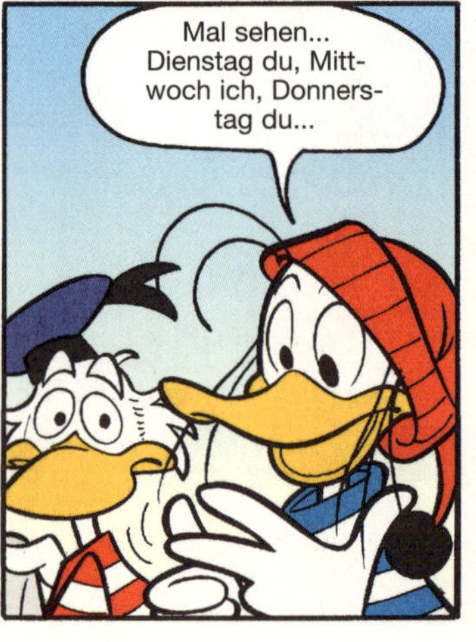
Mal sehen... Dienstag du, Mittwoch ich, Donnerstag du...

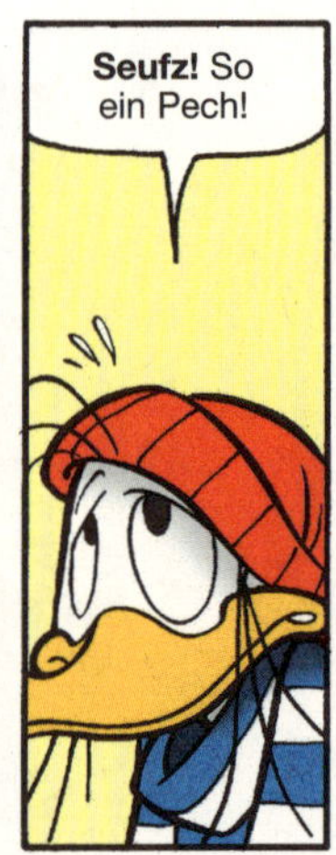
Seufz! So ein Pech!

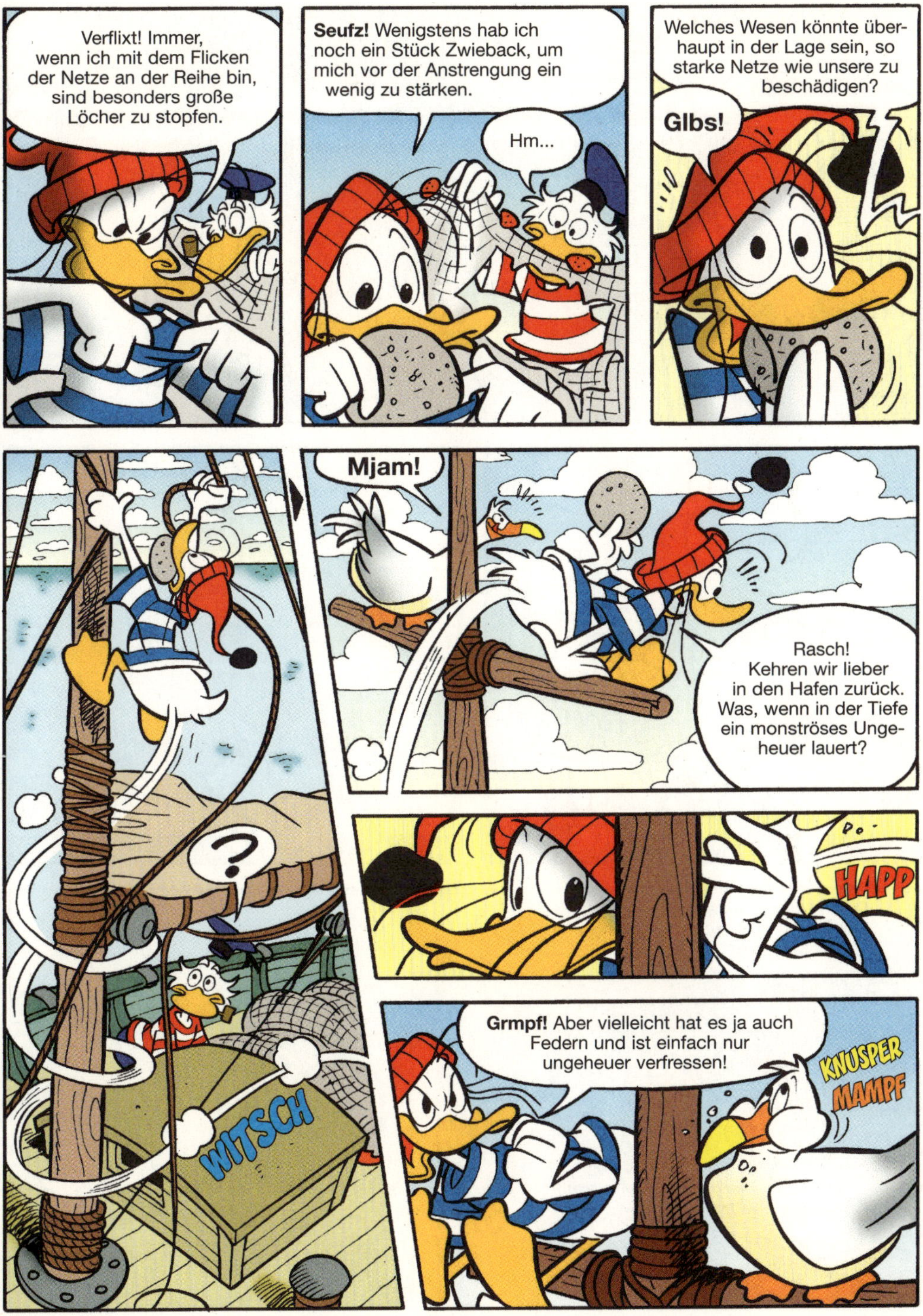

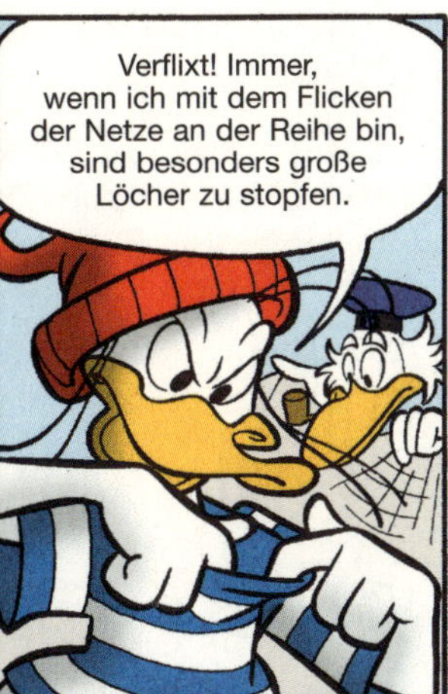

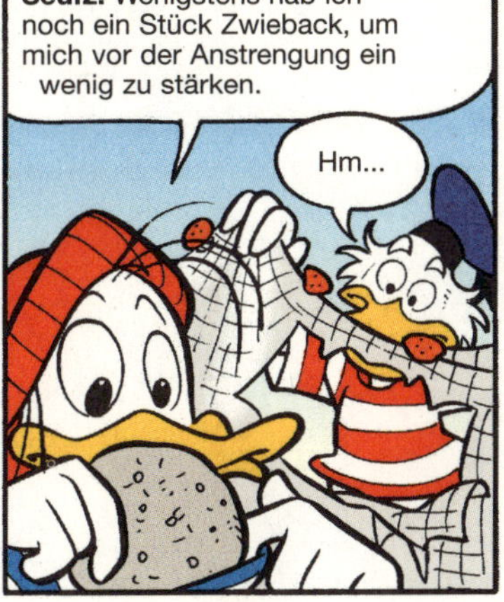

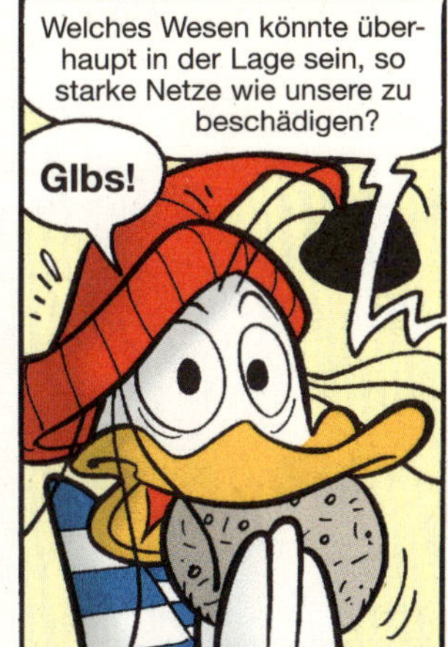

Mjam!

WITSCH

?

Rasch! Kehren wir lieber in den Hafen zurück. Was, wenn in der Tiefe ein monströses Ungeheuer lauert?

HAPP

Grmpf! Aber vielleicht hat es ja auch Federn und ist einfach nur ungeheuer verfressen!

KNUSPER
MAMPF

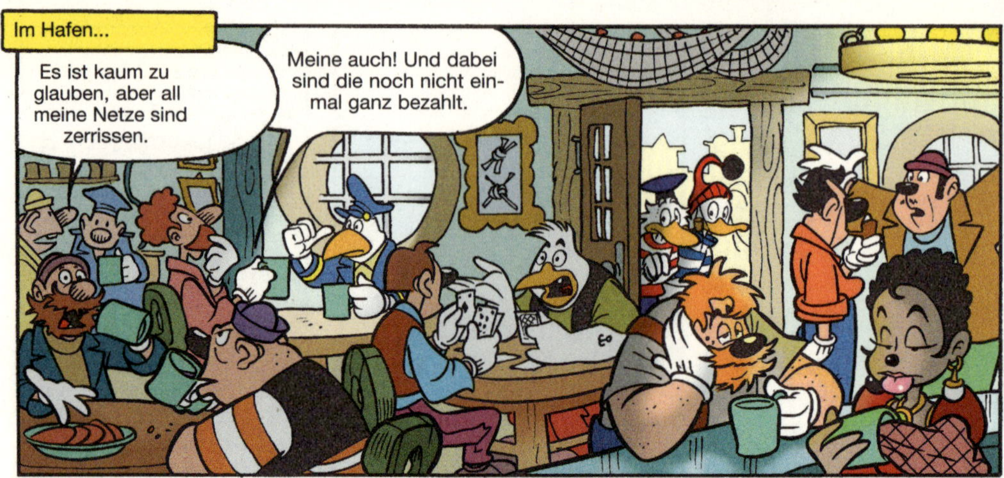
Im Hafen...
Es ist kaum zu glauben, aber all meine Netze sind zerrissen.
Meine auch! Und dabei sind die noch nicht einmal ganz bezahlt.

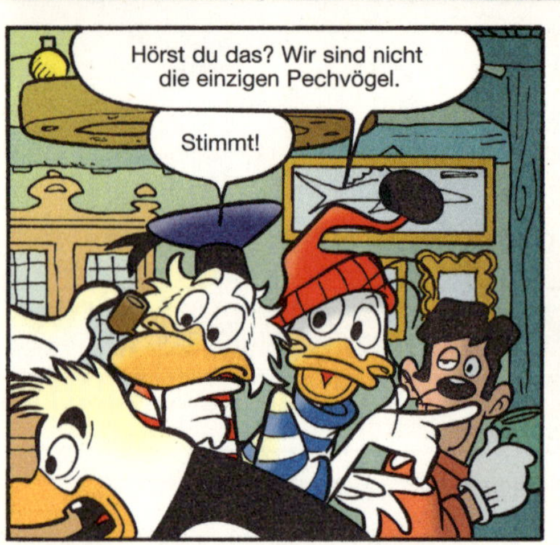
Hörst du das? Wir sind nicht die einzigen Pechvögel.
Stimmt!

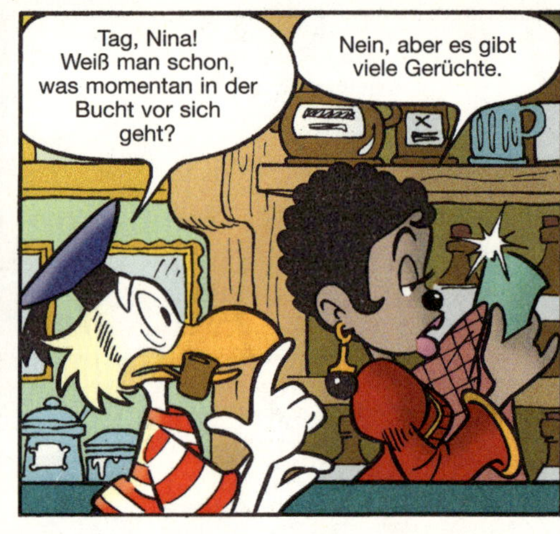
Tag, Nina! Weiß man schon, was momentan in der Bucht vor sich geht?
Nein, aber es gibt viele Gerüchte.

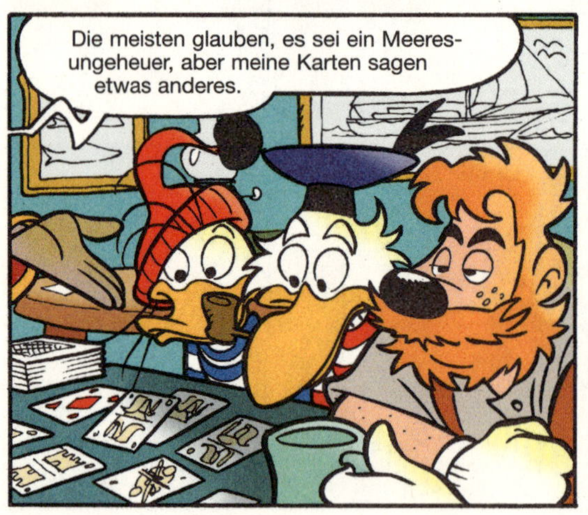
Die meisten glauben, es sei ein Meeresungeheuer, aber meine Karten sagen etwas anderes.

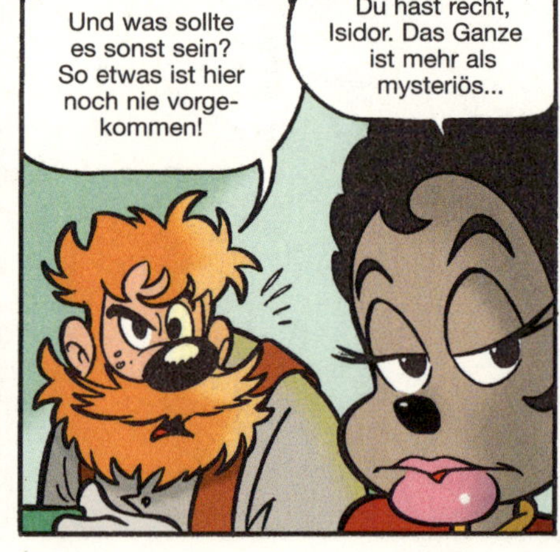
Und was sollte es sonst sein? So etwas ist hier noch nie vorgekommen!
Du hast recht, Isidor. Das Ganze ist mehr als mysteriös...

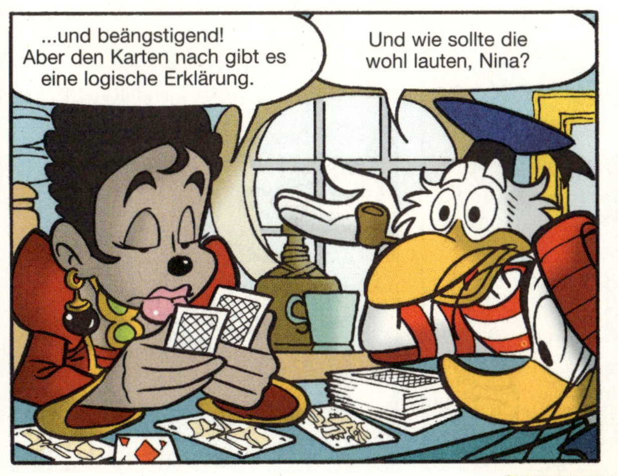

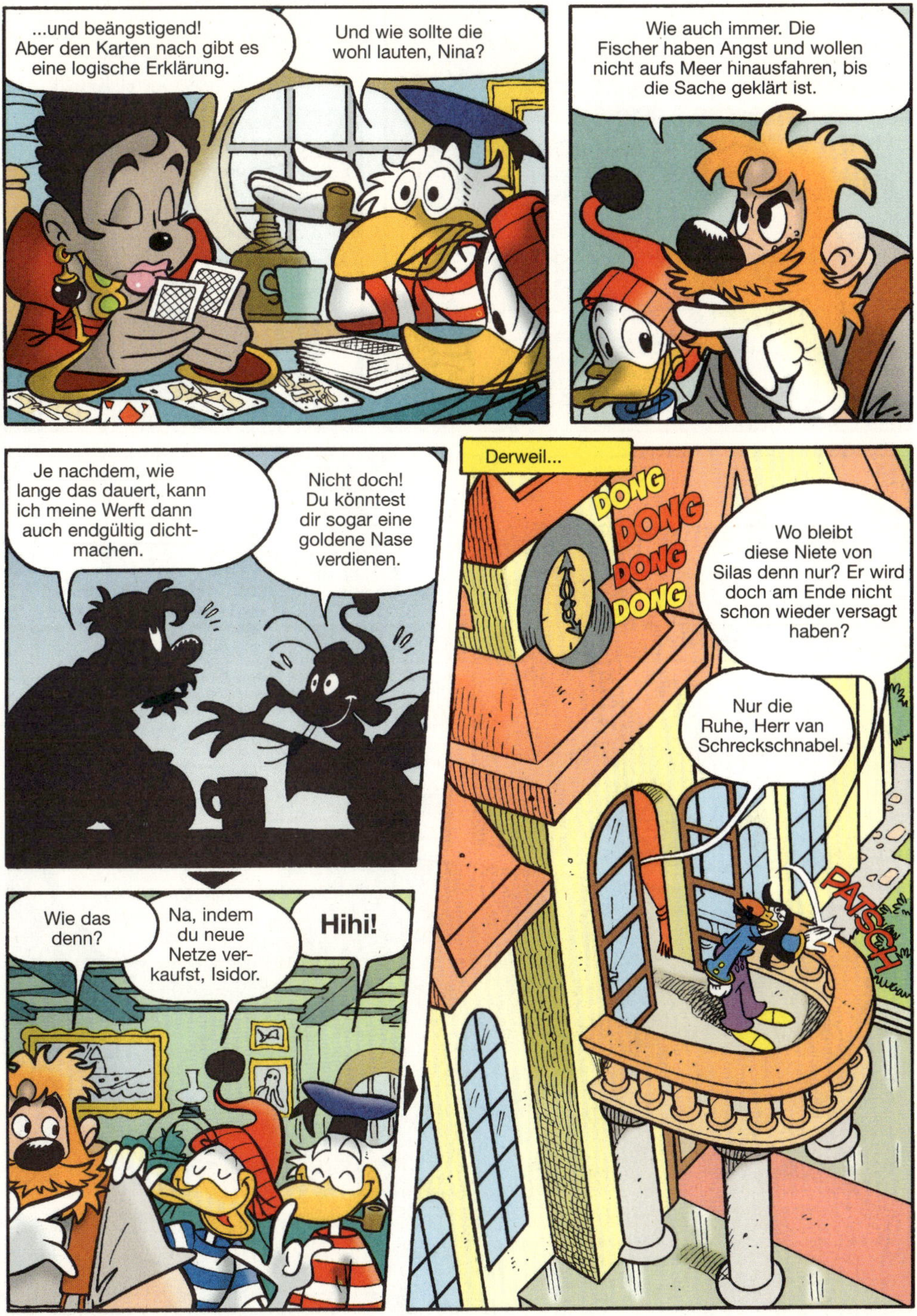

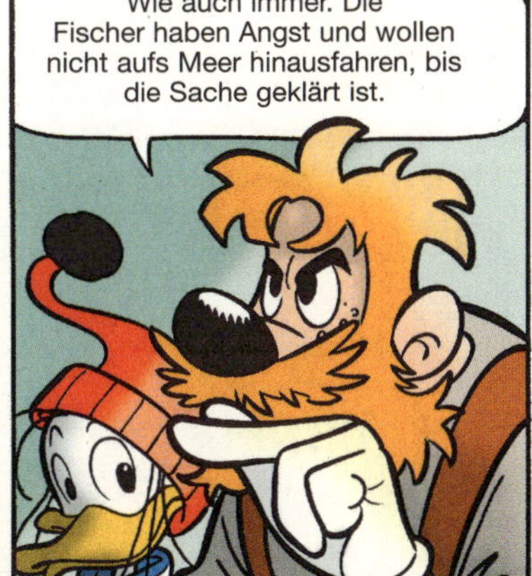

Je nachdem, wie lange das dauert, kann ich meine Werft dann auch endgültig dichtmachen.

Nicht doch! Du könntest dir sogar eine goldene Nase verdienen.

Wie das denn?

Na, indem du neue Netze verkaufst, Isidor.

Hihi!

Derweil...

DONG DONG DONG DONG

Wo bleibt diese Niete von Silas denn nur? Er wird doch am Ende nicht schon wieder versagt haben?

Nur die Ruhe, Herr van Schreckschnabel.

PATSCH

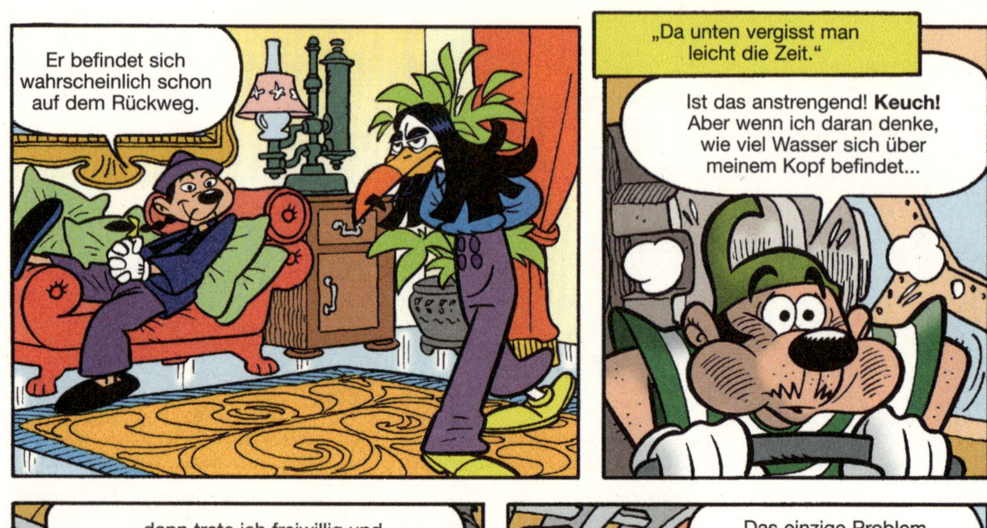
Er befindet sich wahrscheinlich schon auf dem Rückweg.
„Da unten vergisst man leicht die Zeit.“
Ist das anstrengend! **Keuch!** Aber wenn ich daran denke, wie viel Wasser sich über meinem Kopf befindet...
...dann trete ich freiwillig und mit aller Kraft in die Pedale.
GNIEK
GNIEK
GNIEK
Das einzige Problem ist und bleibt immer noch...
...der Luftschlauch. Wenn der reißt oder verstopft wird, dann gute Nacht.
BLUBB
BLUBB

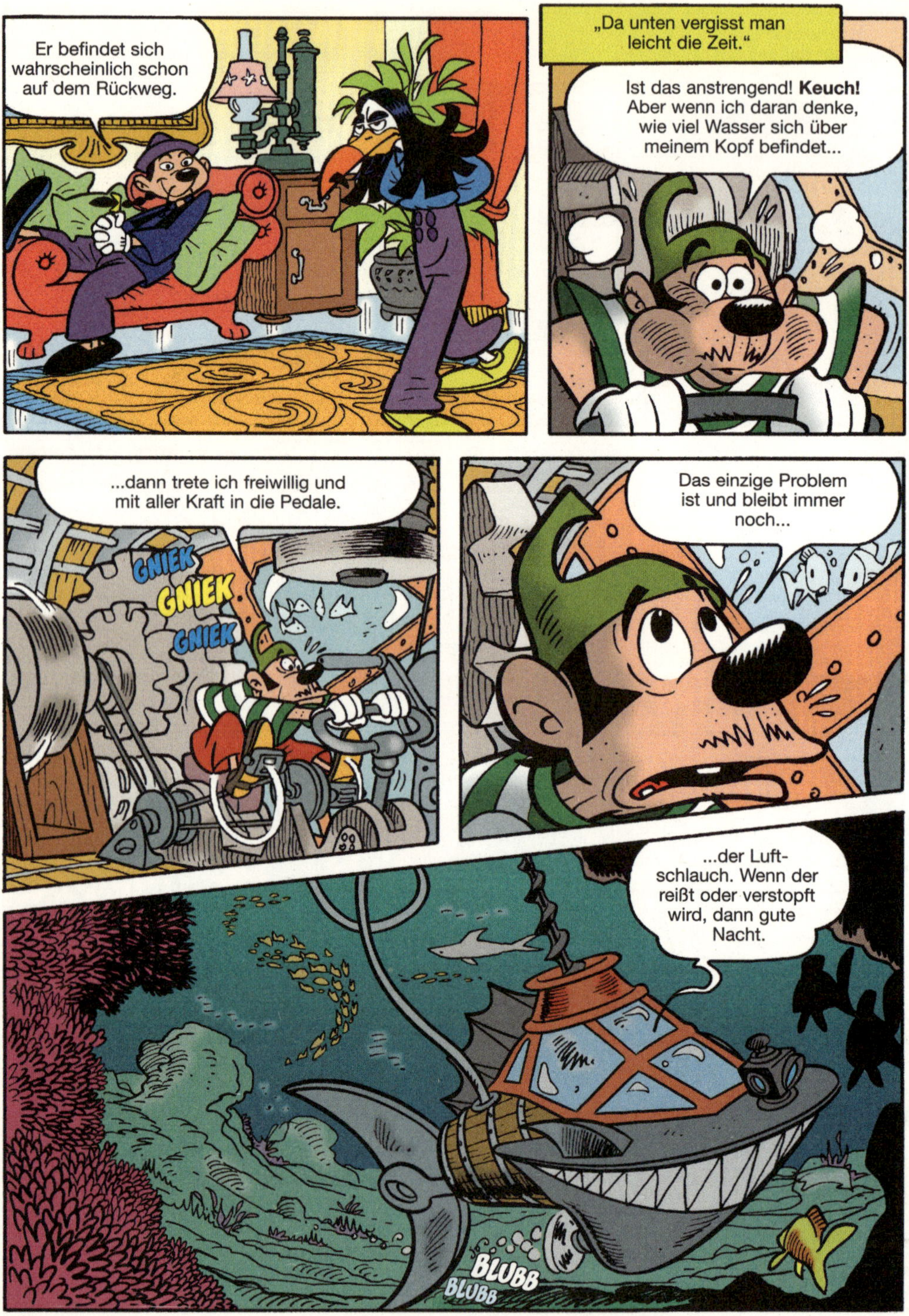

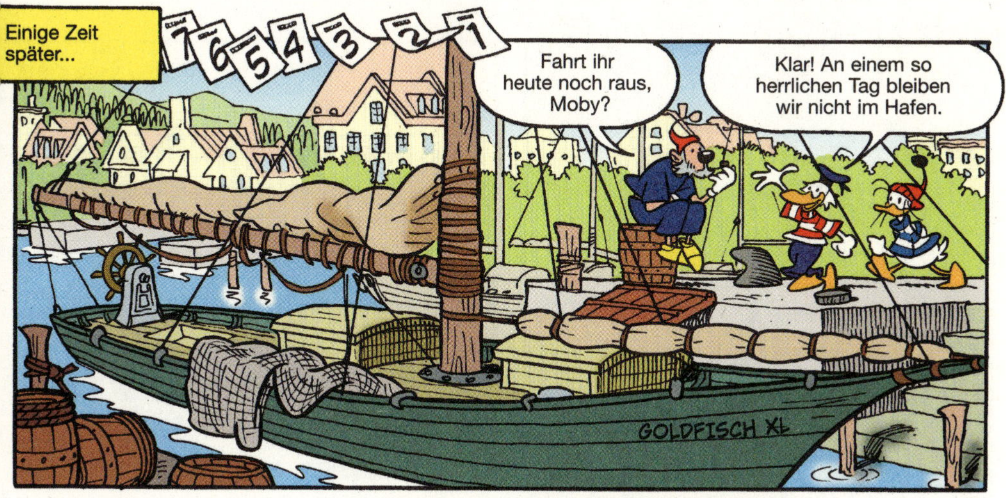
Einige Zeit später...
7
6
5
4
3
2
1
Fahrt ihr heute noch raus, Moby?
Klar! An einem so herrlichen Tag bleiben wir nicht im Hafen.
GOLDFISCH XL

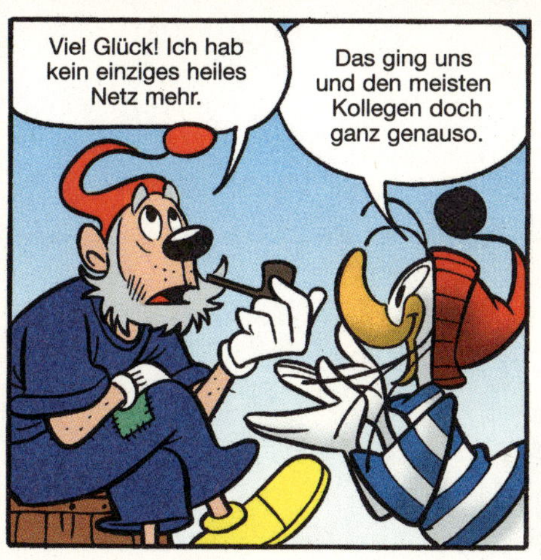
Viel Glück! Ich hab kein einziges heiles Netz mehr.
Das ging uns und den meisten Kollegen doch ganz genauso.

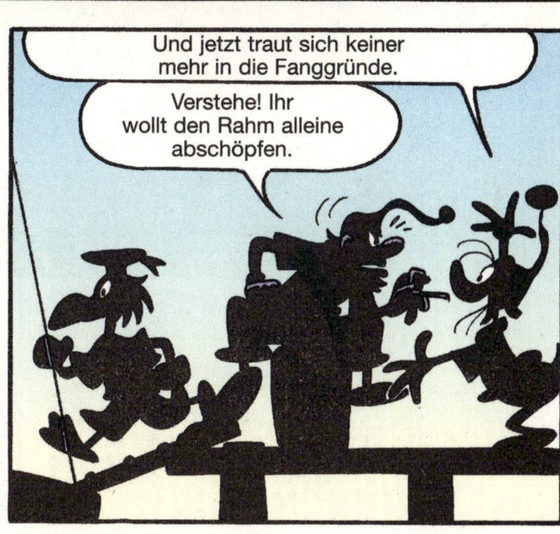
Und jetzt traut sich keiner mehr in die Fanggründe.
Verstehe! Ihr wollt den Rahm alleine abschöpfen.

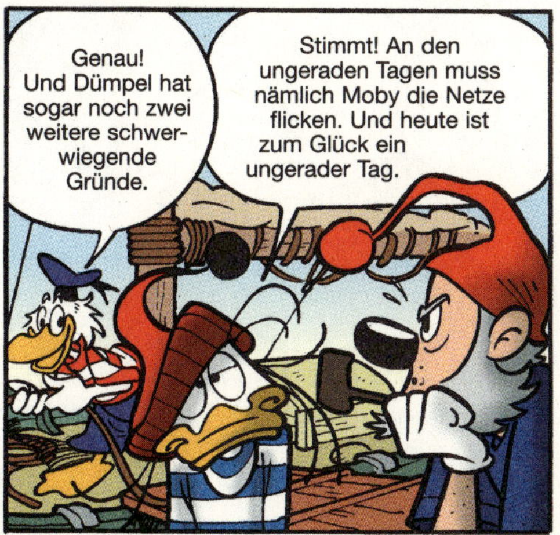
Genau! Und Dümpel hat sogar noch zwei weitere schwer-wiegende Gründe.
Stimmt! An den ungeraden Tagen muss nämlich Moby die Netze flicken. Und heute ist zum Glück ein ungerader Tag.

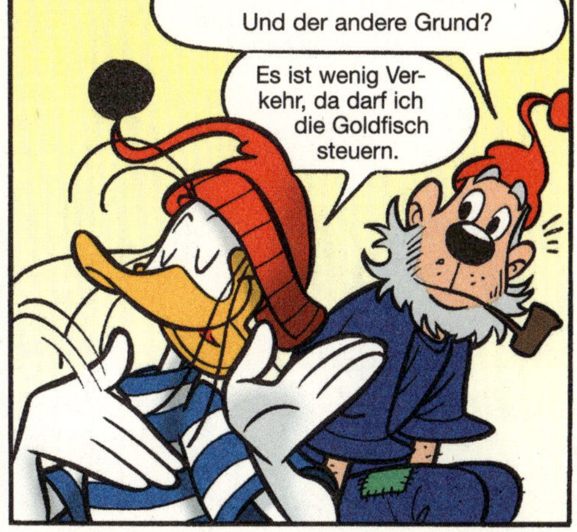
Und der andere Grund?
Es ist wenig Ver-kehr, da darf ich die Goldfisch steuern.

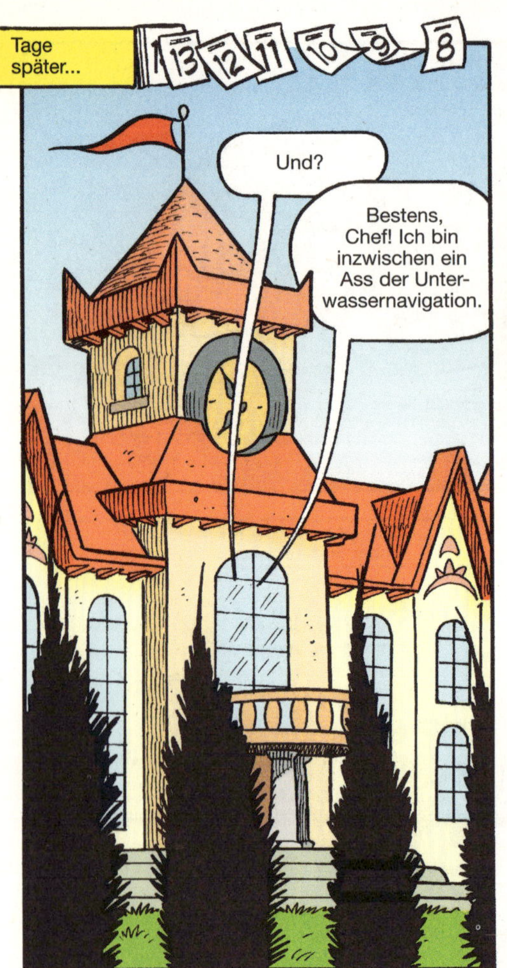
Tage später...
13 12 11 10 9 8
Und?
Bestens, Chef! Ich bin inzwischen ein Ass der Unterwassernavigation.

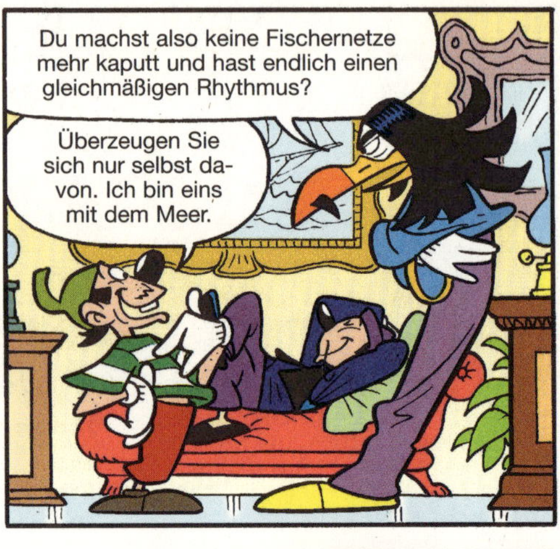
Du machst also keine Fischernetze mehr kaputt und hast endlich einen gleichmäßigen Rhythmus?
Überzeugen Sie sich nur selbst davon. Ich bin eins mit dem Meer.

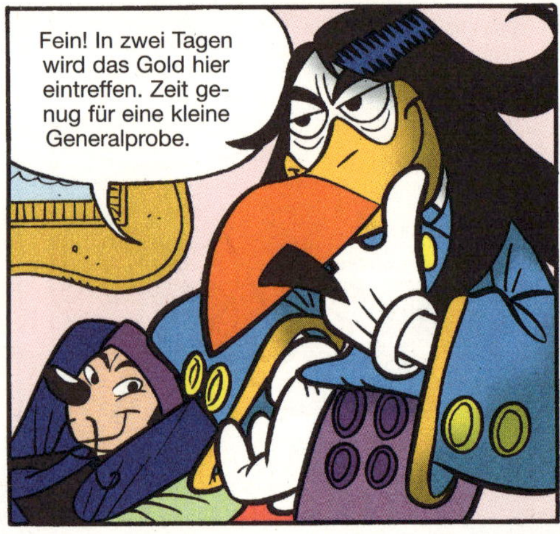
Fein! In zwei Tagen wird das Gold hier eintreffen. Zeit genug für eine kleine Generalprobe.

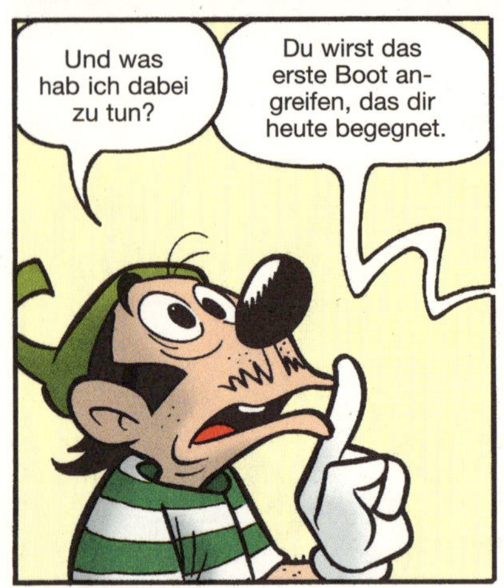
Und was hab ich dabei zu tun?
Du wirst das erste Boot angreifen, das dir heute begegnet.

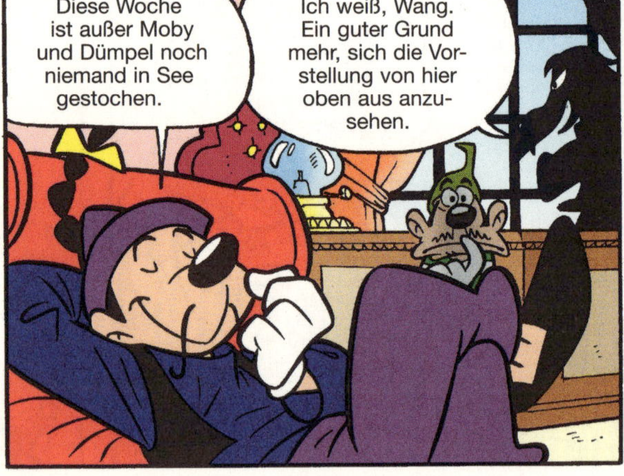
Diese Woche ist außer Moby und Dümpel noch niemand in See gestochen.
Ich weiß, Wang. Ein guter Grund mehr, sich die Vorstellung von hier oben aus anzusehen.

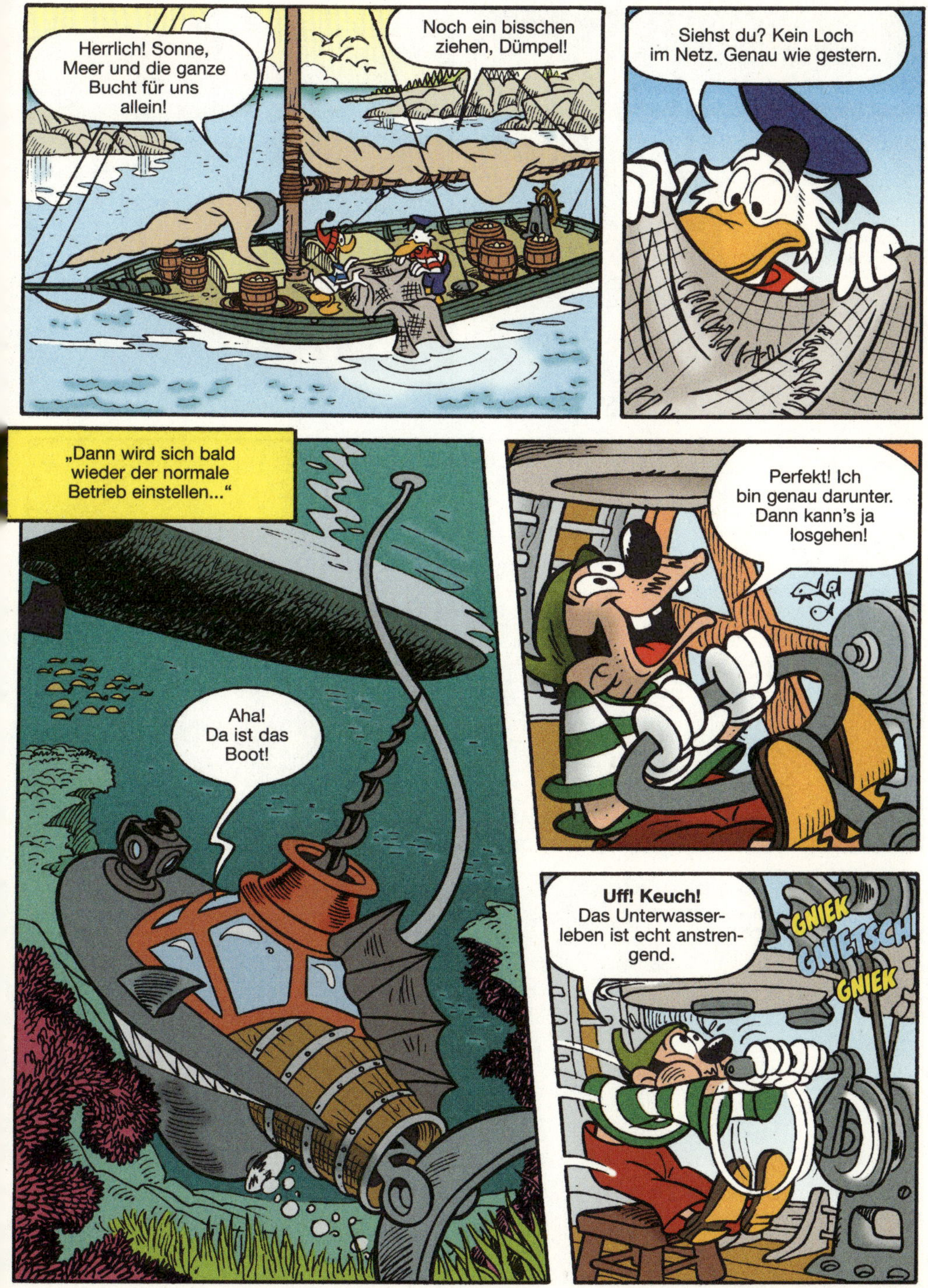

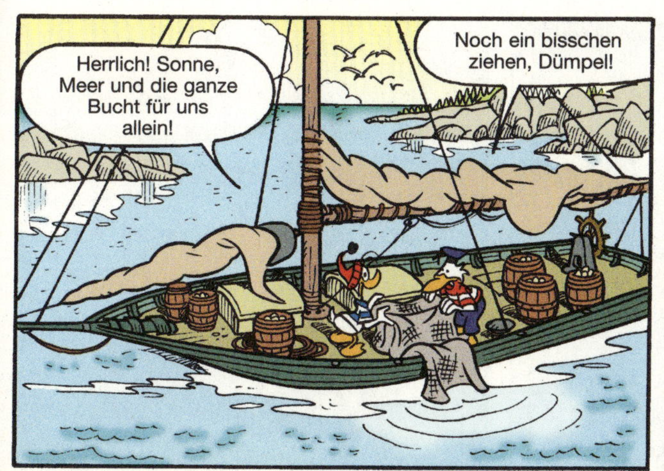

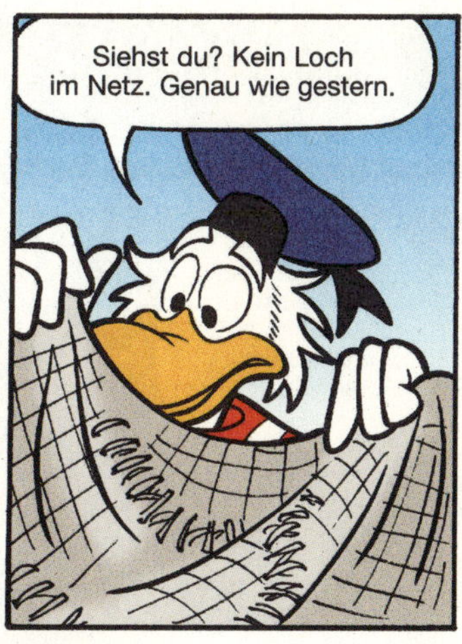

„Dann wird sich bald wieder der normale Betrieb einstellen...“

Aha! Da ist das Boot!

Perfekt! Ich bin genau darunter. Dann kann's ja losgehen!

Uff! Keuch! Das Unterwasserleben ist echt anstrengend.

GNIEK

GNIETSCH

GNIEK

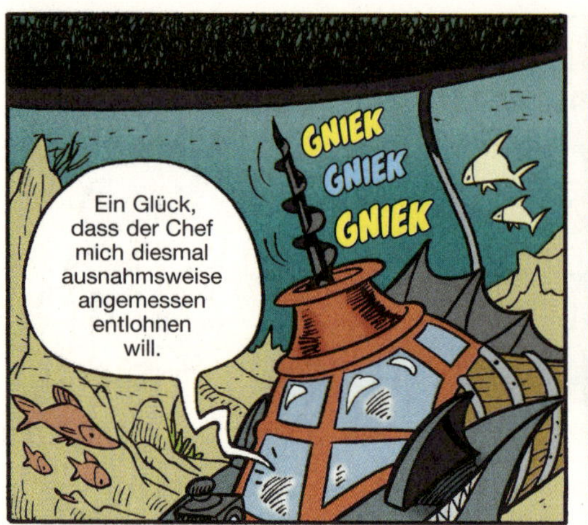
GNIEK
GNIEK
GNIEK
Ein Glück, dass der Chef mich diesmal ausnahmsweise angemessen entlohnen will.

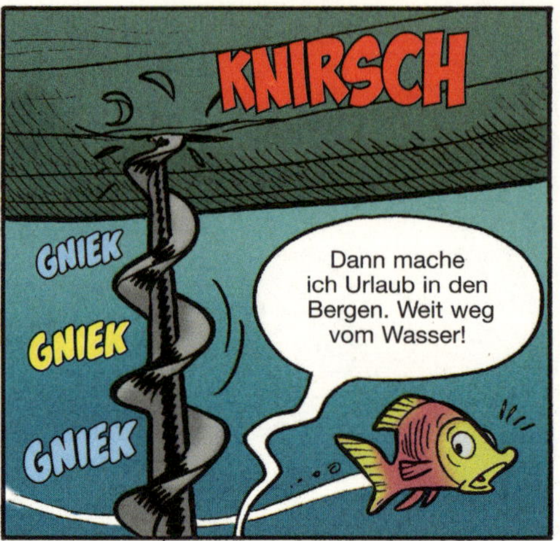
KNIRSCH
GNIEK
GNIEK
GNIEK
Dann mache ich Urlaub in den Bergen. Weit weg vom Wasser!

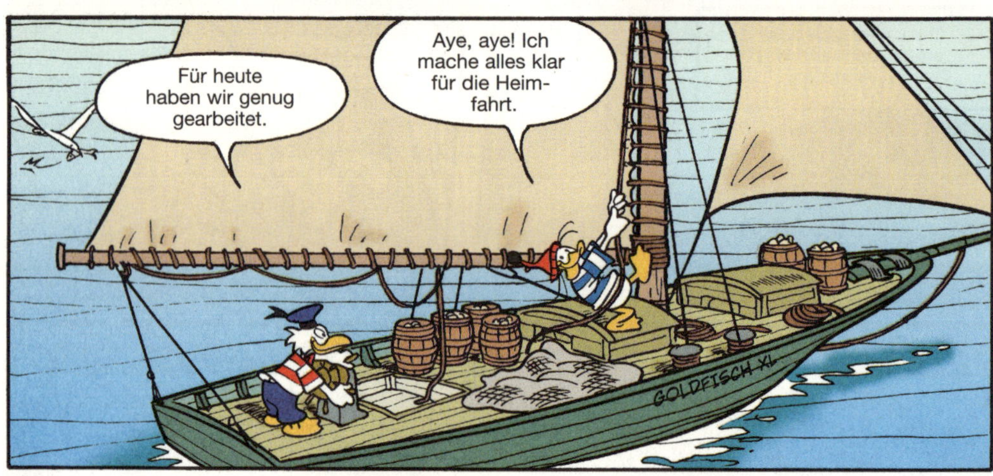
Für heute haben wir genug gearbeitet.
Aye, aye! Ich mache alles klar für die Heim-fahrt.
GOLDFISCH XL

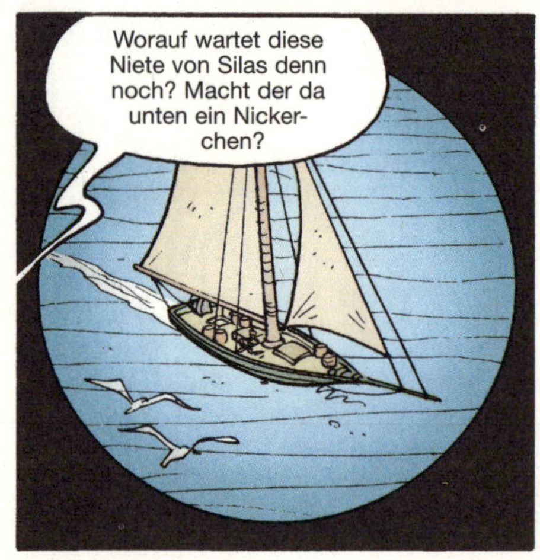
Worauf wartet diese Niete von Silas denn noch? Macht der da unten ein Nicker-chen?

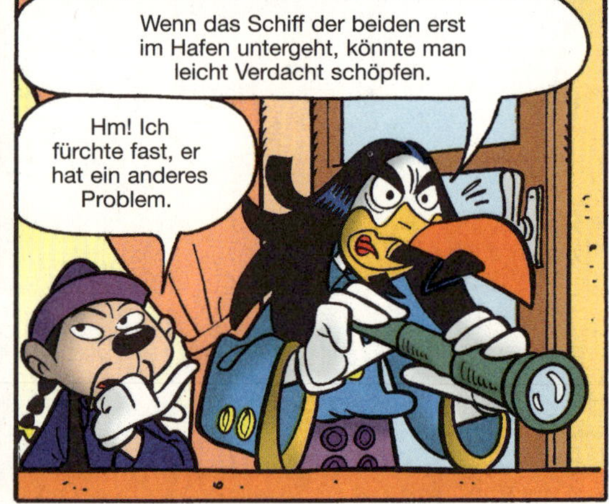
Wenn das Schiff der beiden erst im Hafen untergeht, könnte man leicht Verdacht schöpfen.
Hm! Ich fürchte fast, er hat ein anderes Problem.

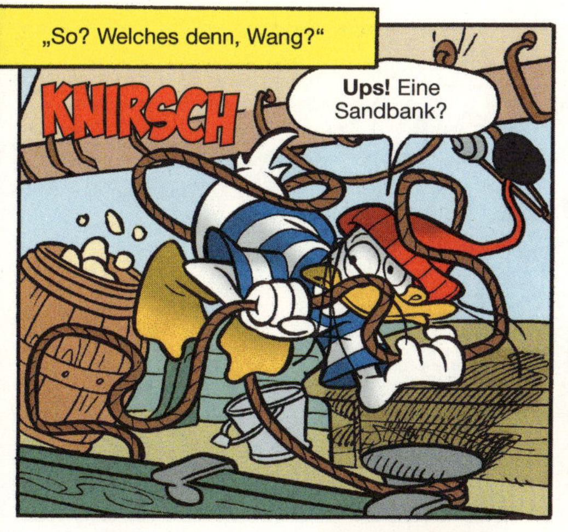
„So? Welches denn, Wang?“
KNIRSCH
Ups! Eine Sandbank?

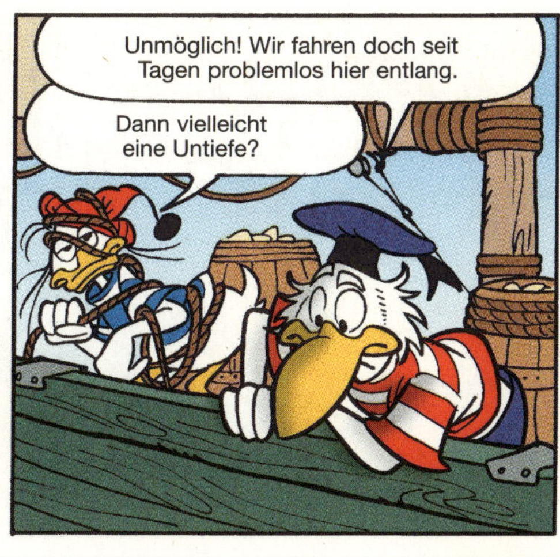
Unmöglich! Wir fahren doch seit Tagen problemlos hier entlang.
Dann vielleicht eine Untiefe?

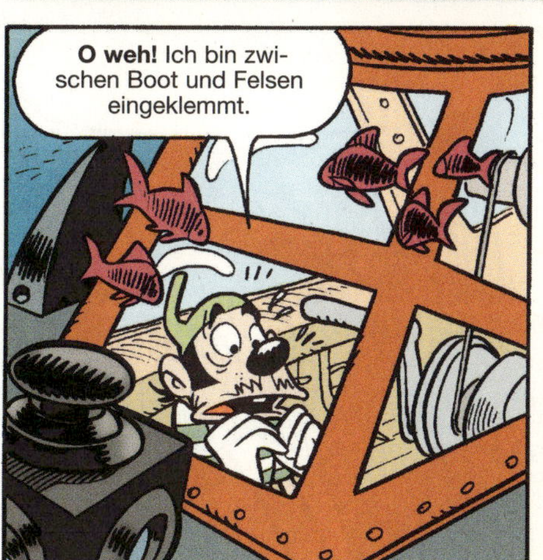
O weh! Ich bin zwischen Boot und Felsen eingeklemmt.

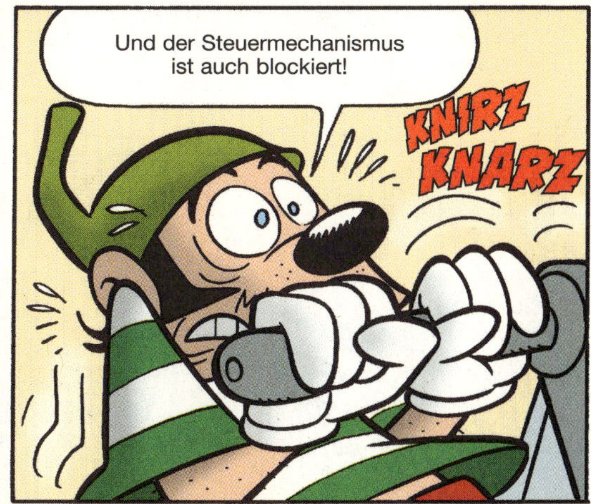
Und der Steuermechanismus ist auch blockiert!
KNIRZ KNARZ

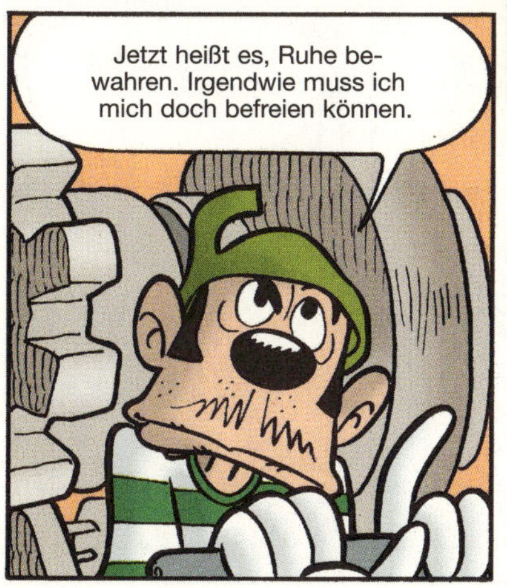
Jetzt heißt es, Ruhe bewahren. Irgendwie muss ich mich doch befreien können.

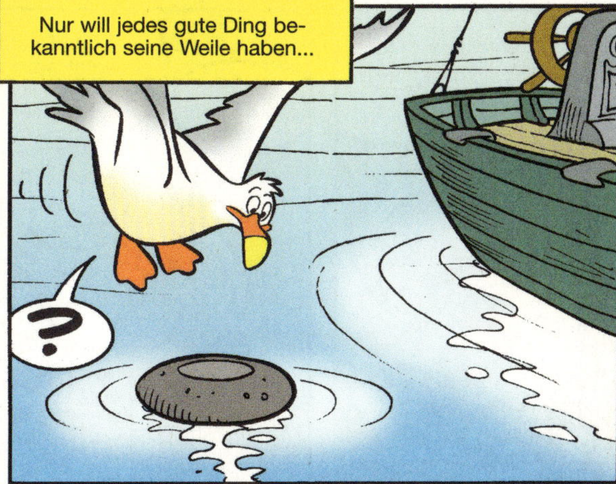
Nur will jedes gute Ding bekanntlich seine Weile haben...
?

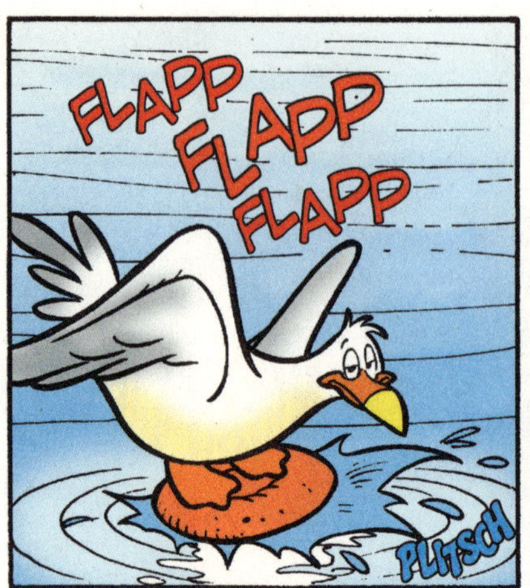
FLAPP
FLAPP
FLAPP
PLITSCH

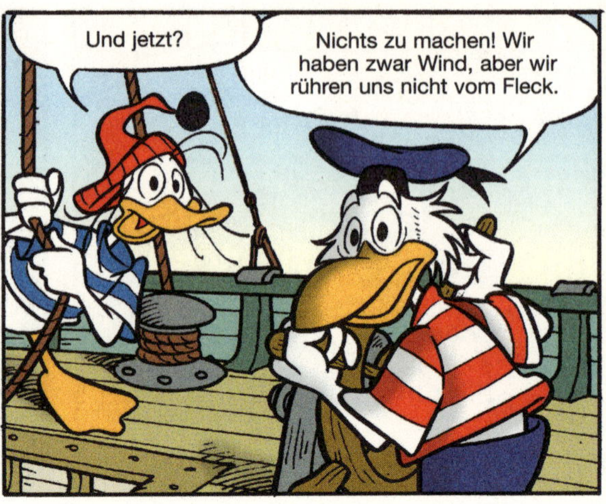
Und jetzt?
Nichts zu machen! Wir haben zwar Wind, aber wir rühren uns nicht vom Fleck.

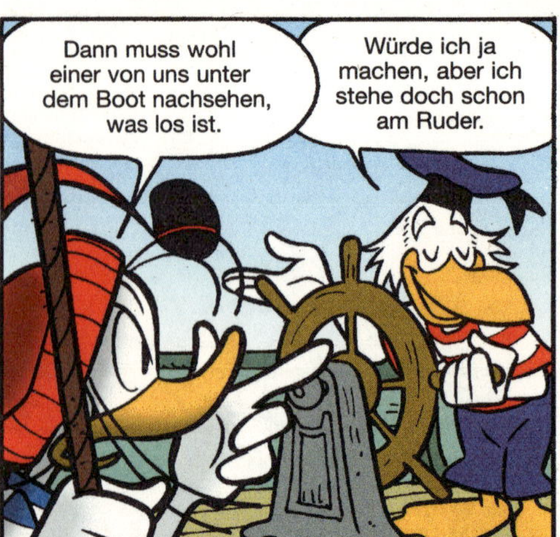
Dann muss wohl einer von uns unter dem Boot nachsehen, was los ist.
Würde ich ja machen, aber ich stehe doch schon am Ruder.

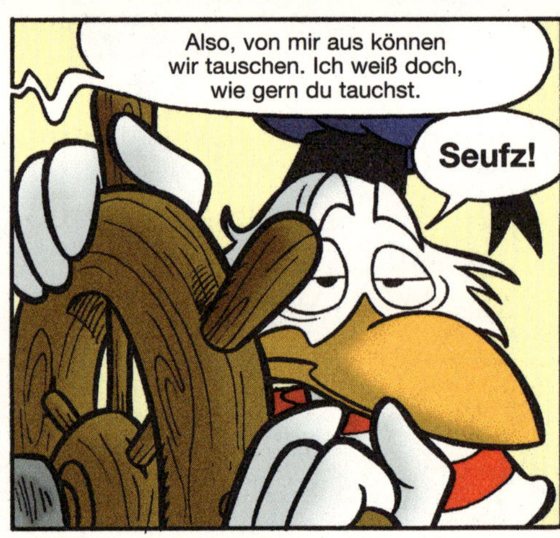
Also, von mir aus können wir tauschen. Ich weiß doch, wie gern du tauchst.
Seufz!

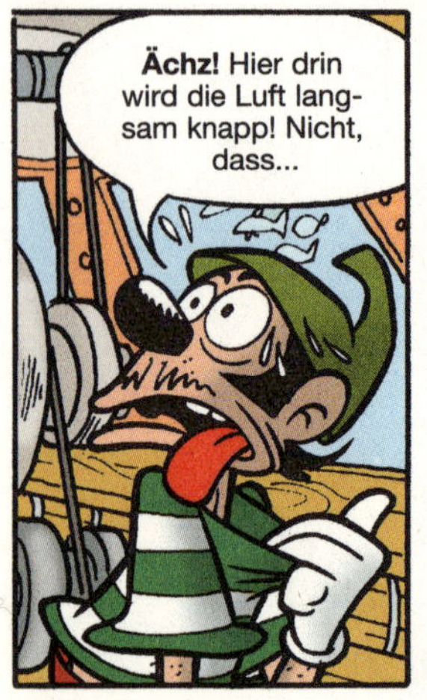
Ächz! Hier drin wird die Luft langsam knapp! Nicht, dass...

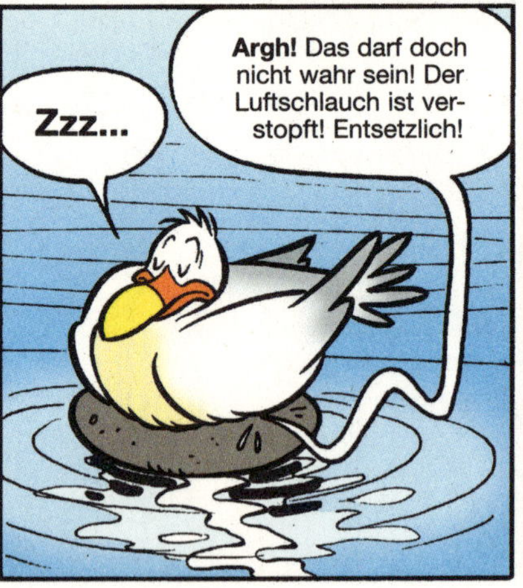
Zzz...
Argh! Das darf doch nicht wahr sein! Der Luftschlauch ist verstopft! Entsetzlich!

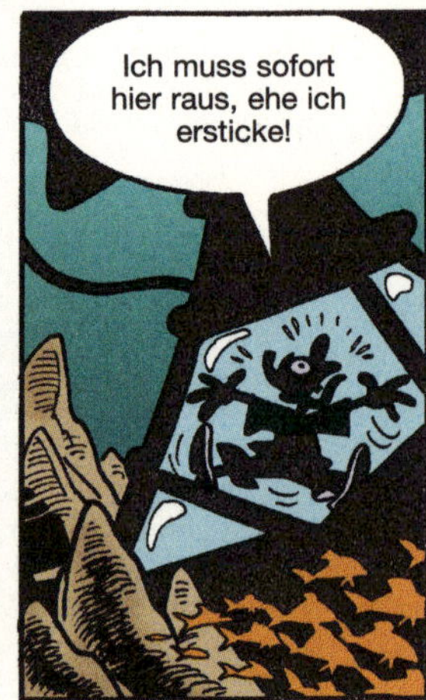
Ich muss sofort hier raus, ehe ich ersticke!

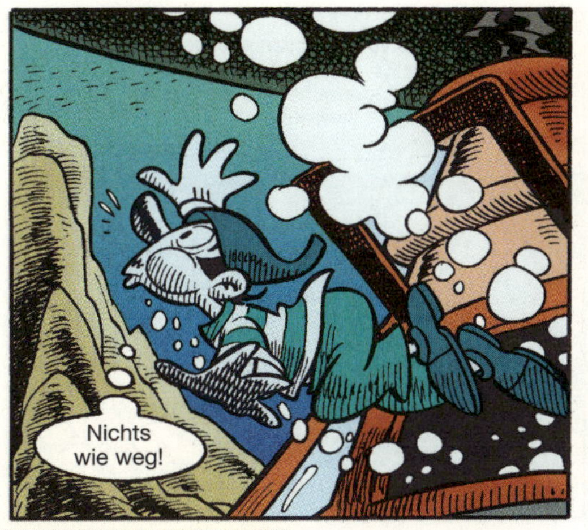

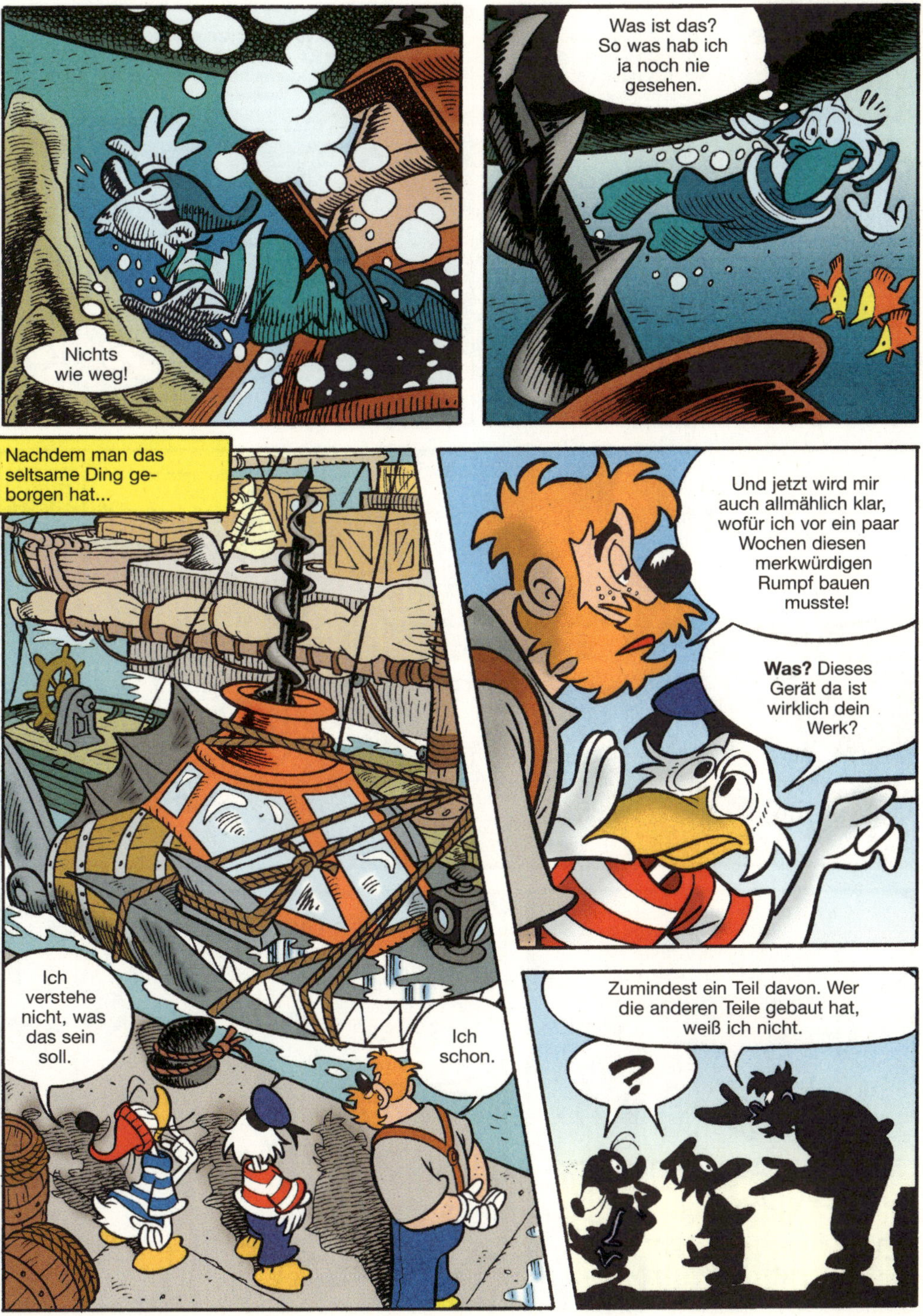

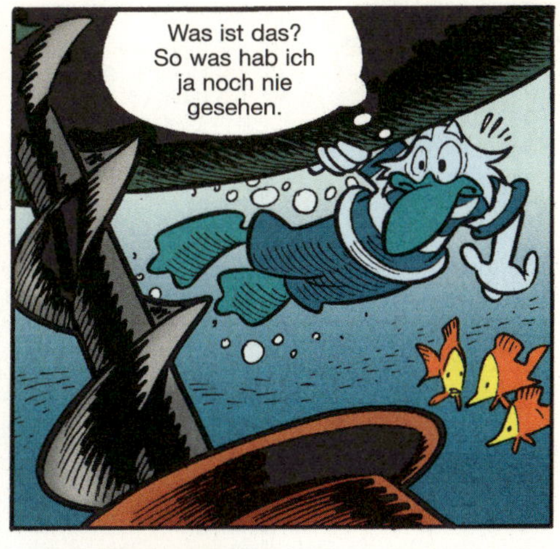

Nachdem man das seltsame Ding geborgen hat...

Ich verstehe nicht, was das sein soll.

Ich schon.

Und jetzt wird mir auch allmählich klar, wofür ich vor ein paar Wochen diesen merkwürdigen Rumpf bauen musste!

Was? Dieses Gerät da ist wirklich dein Werk?

Zumindest ein Teil davon. Wer die anderen Teile gebaut hat, weiß ich nicht.

?

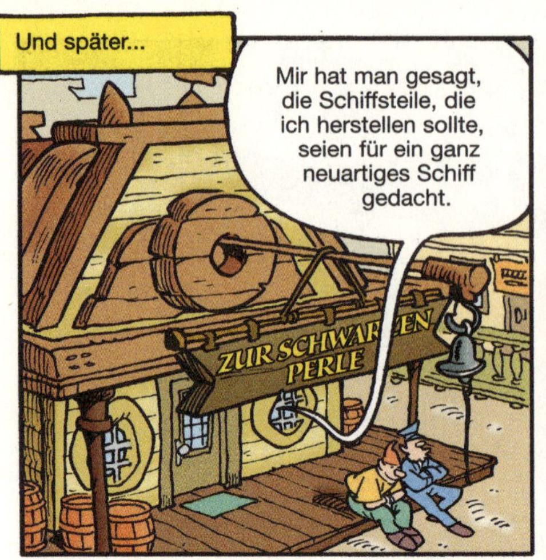
Und später...
Mir hat man gesagt, die Schiffsteile, die ich herstellen sollte, seien für ein ganz neuartiges Schiff gedacht.
ZUR SCHWARZEN PERLE

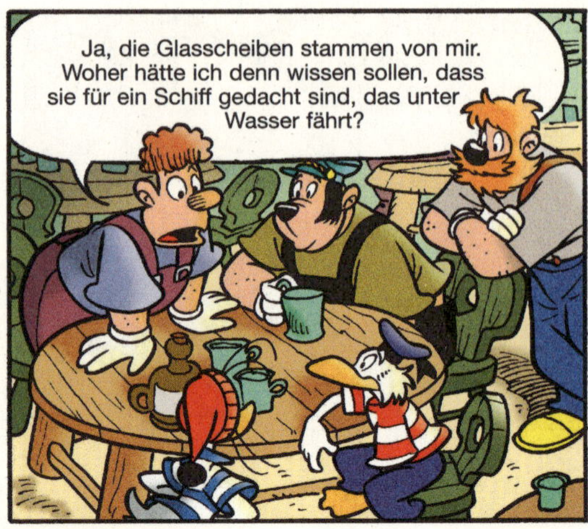
Ja, die Glasscheiben stammen von mir. Woher hätte ich denn wissen sollen, dass sie für ein Schiff gedacht sind, das unter Wasser fährt?

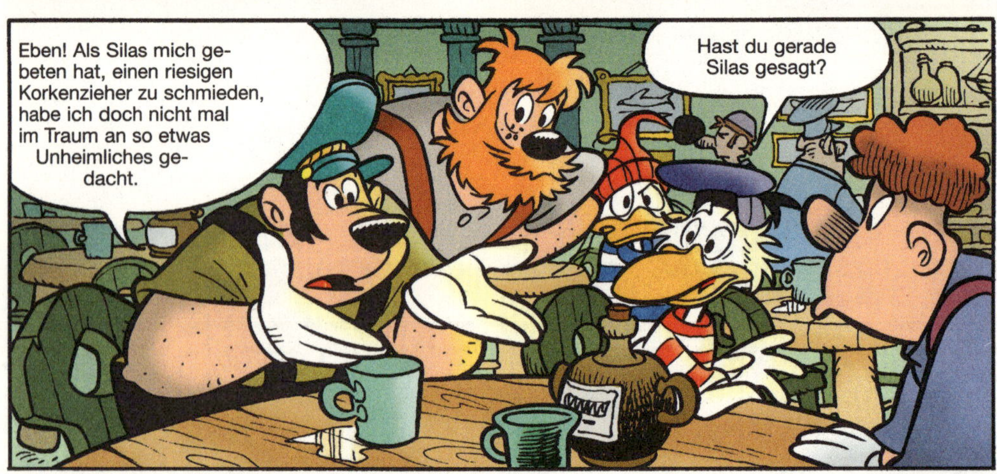
Eben! Als Silas mich gebeten hat, einen riesigen Korkenzieher zu schmieden, habe ich doch nicht mal im Traum an so etwas Unheimliches gedacht.
Hast du gerade Silas gesagt?

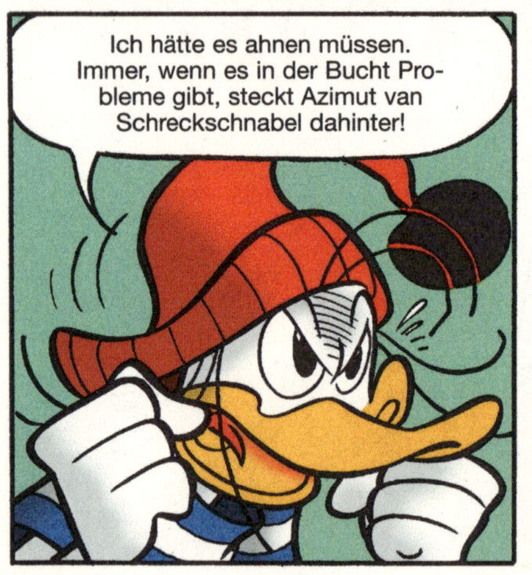
Ich hätte es ahnen müssen. Immer, wenn es in der Bucht Probleme gibt, steckt Azimut van Schreckschnabel dahinter!

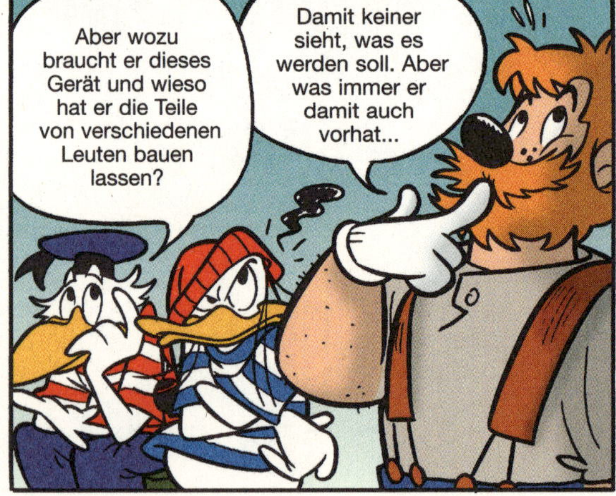
Aber wozu braucht er dieses Gerät und wieso hat er die Teile von verschiedenen Leuten bauen lassen?
Damit keiner sieht, was es werden soll. Aber was immer er damit auch vorhat...

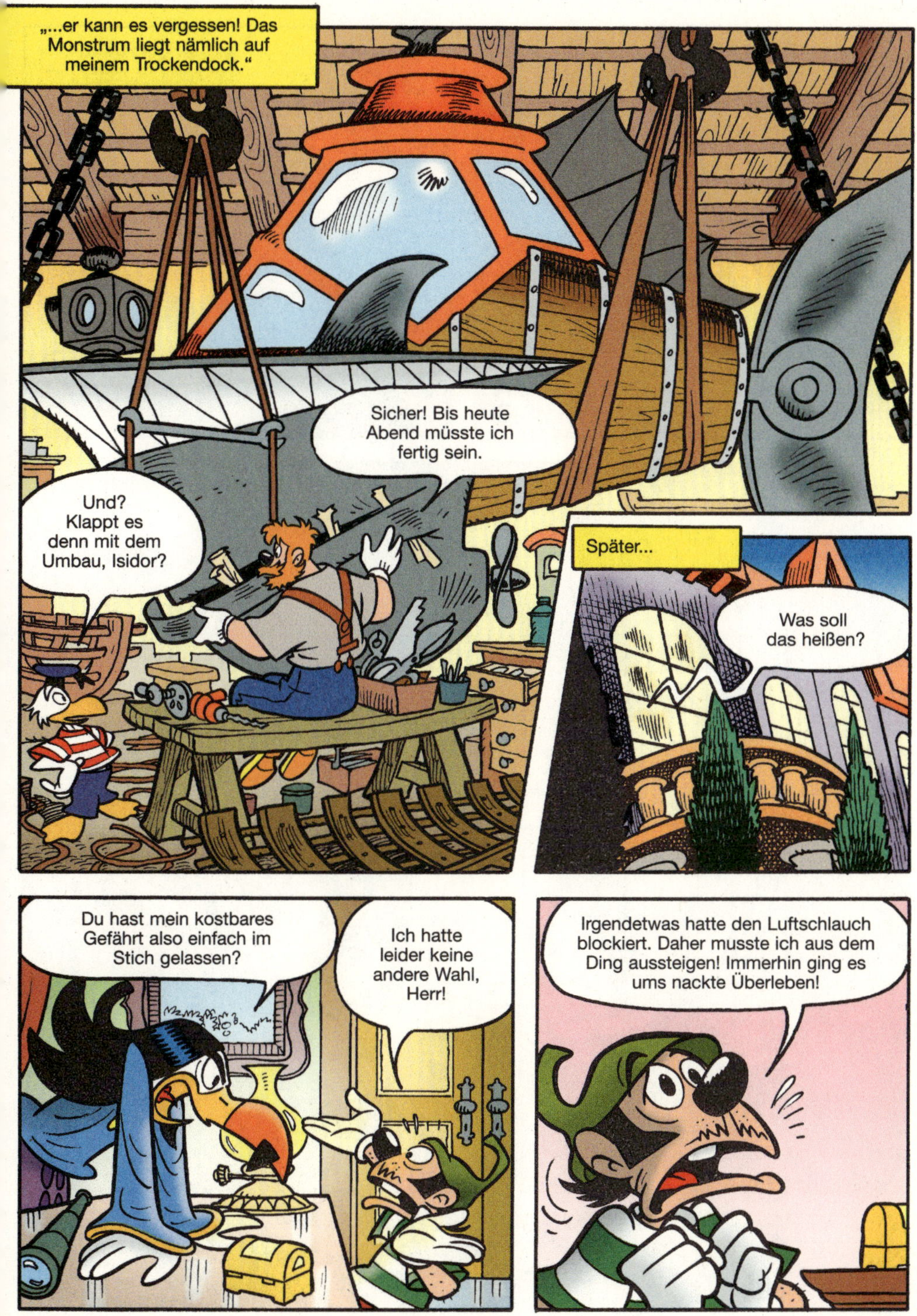

„...er kann es vergessen! Das Monstrum liegt nämlich auf meinem Trockendock."

Und? Klappt es denn mit dem Umbau, Isidor?

Sicher! Bis heute Abend müsste ich fertig sein.

Später...

Was soll das heißen?

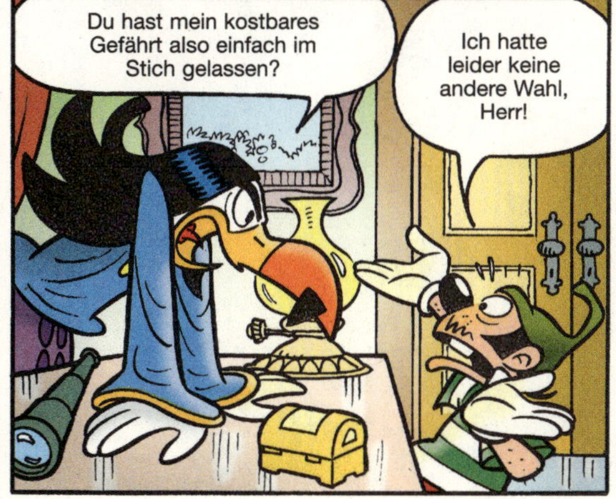

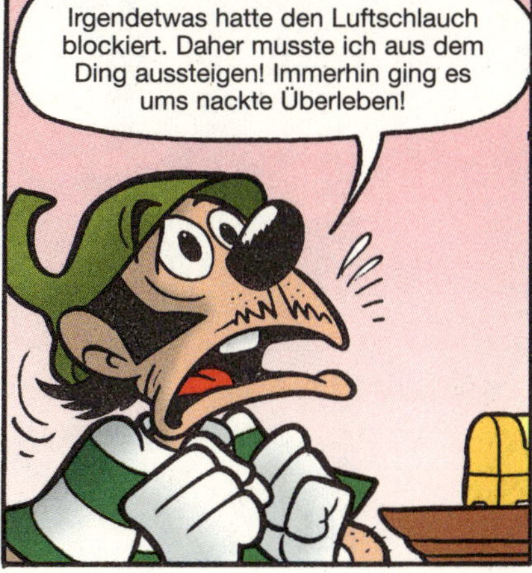

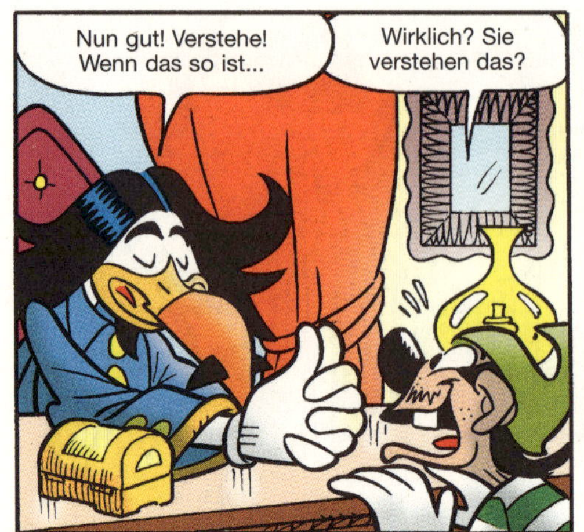
Nun gut! Verstehe! Wenn das so ist...
Wirklich? Sie verstehen das?

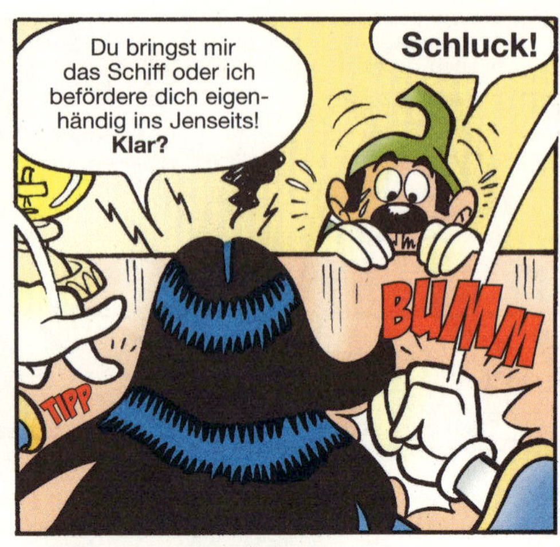
Du bringst mir das Schiff oder ich befördere dich eigenhändig ins Jenseits! **Klar?**
Schluck!
BUMM
TIPP

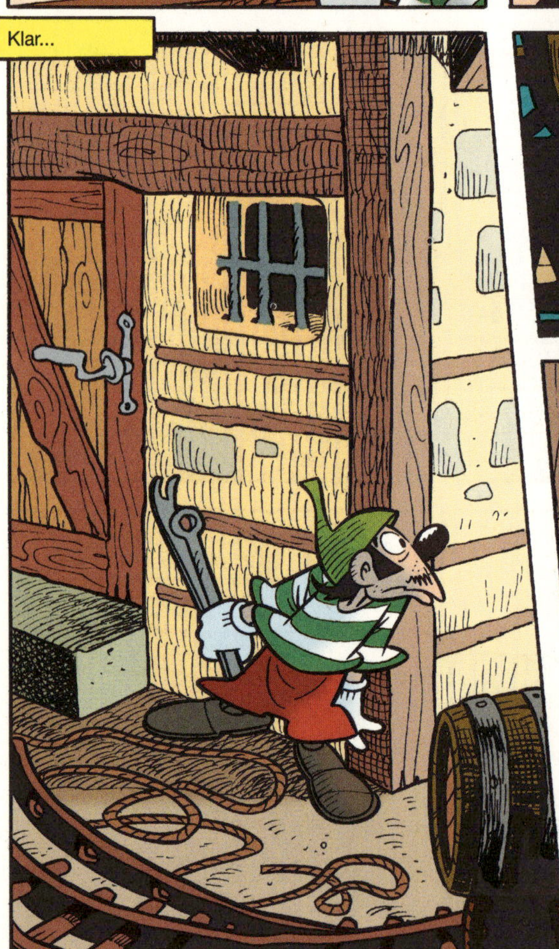
Klar...

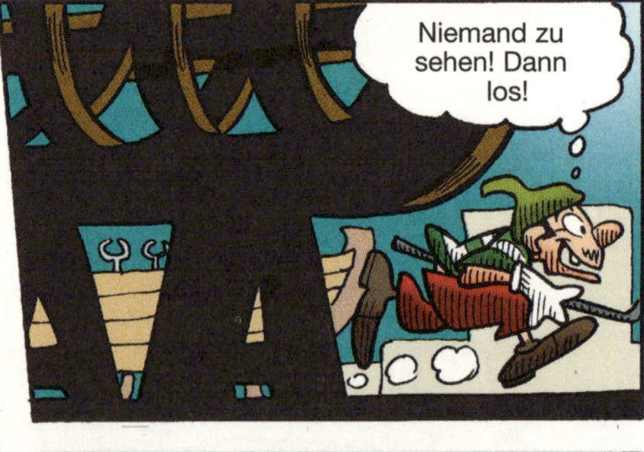
Niemand zu sehen! Dann los!

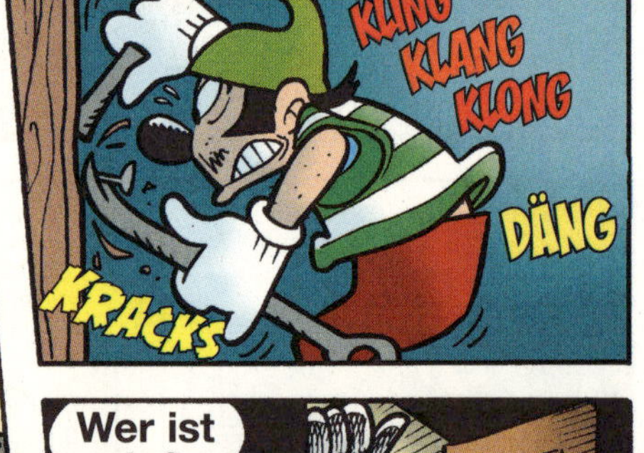
KLING
KLANG
KLONG
DÄNG
KRACKS

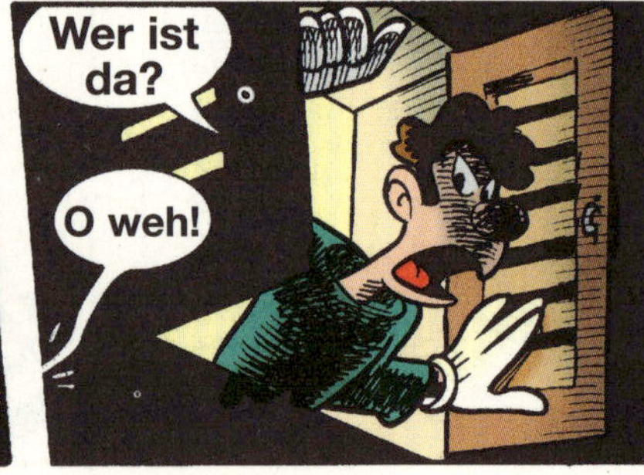
Wer ist da?
O weh!

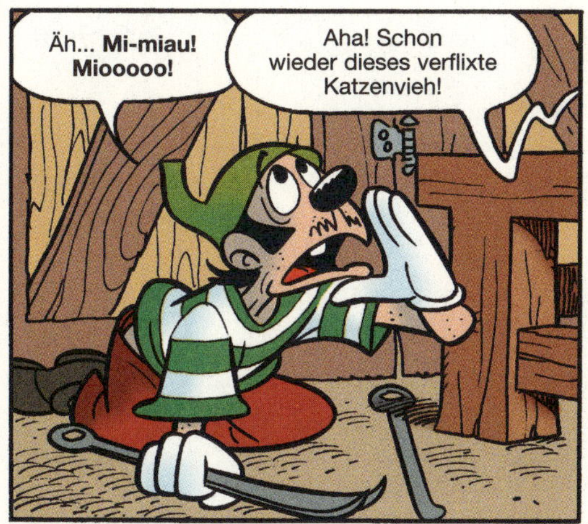
Äh... **Mi-miau! Miooooo!**
Aha! Schon wieder dieses verflixte Katzenvieh!

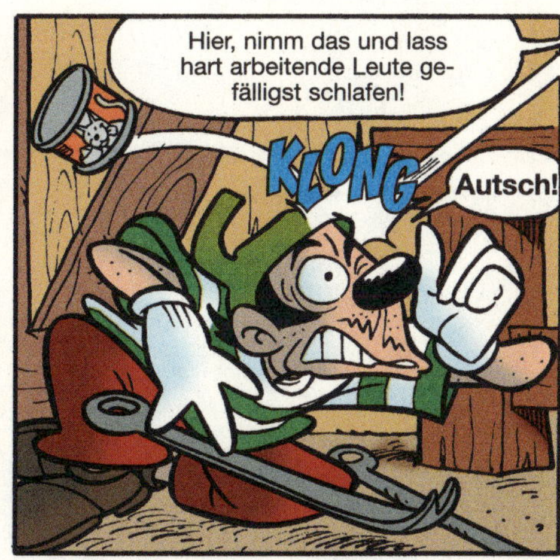
Hier, nimm das und lass hart arbeitende Leute gefälligst schlafen!
KLONG
Autsch!

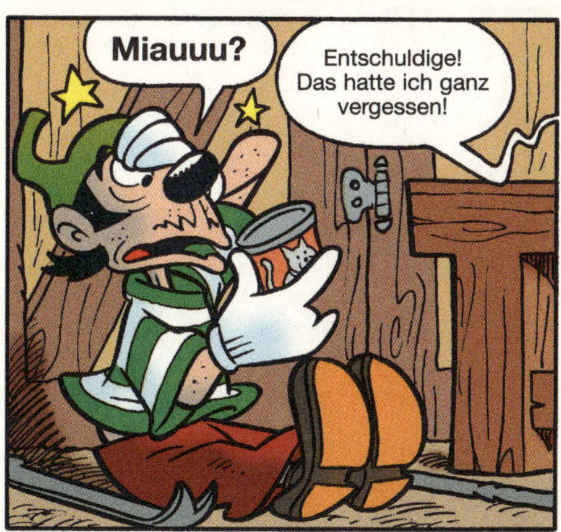
Miauuu?
Entschuldige! Das hatte ich ganz vergessen!

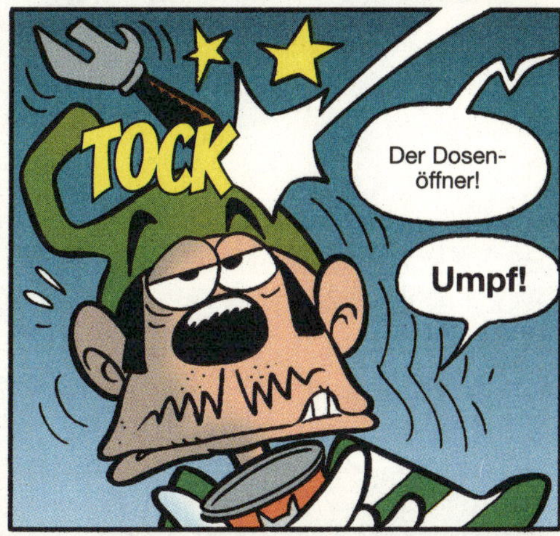
TOCK
Der Dosenöffner!
Umpf!

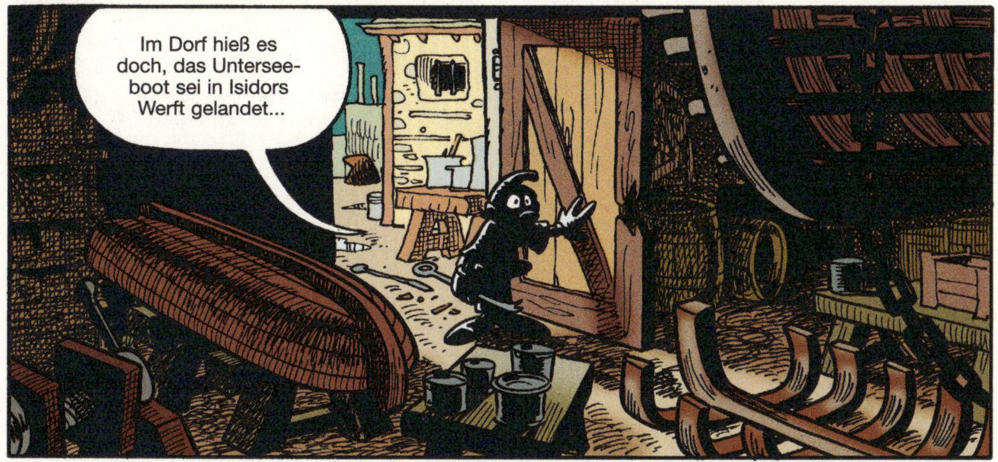
Im Dorf hieß es doch, das Unterseeboot sei in Isidors Werft gelandet...

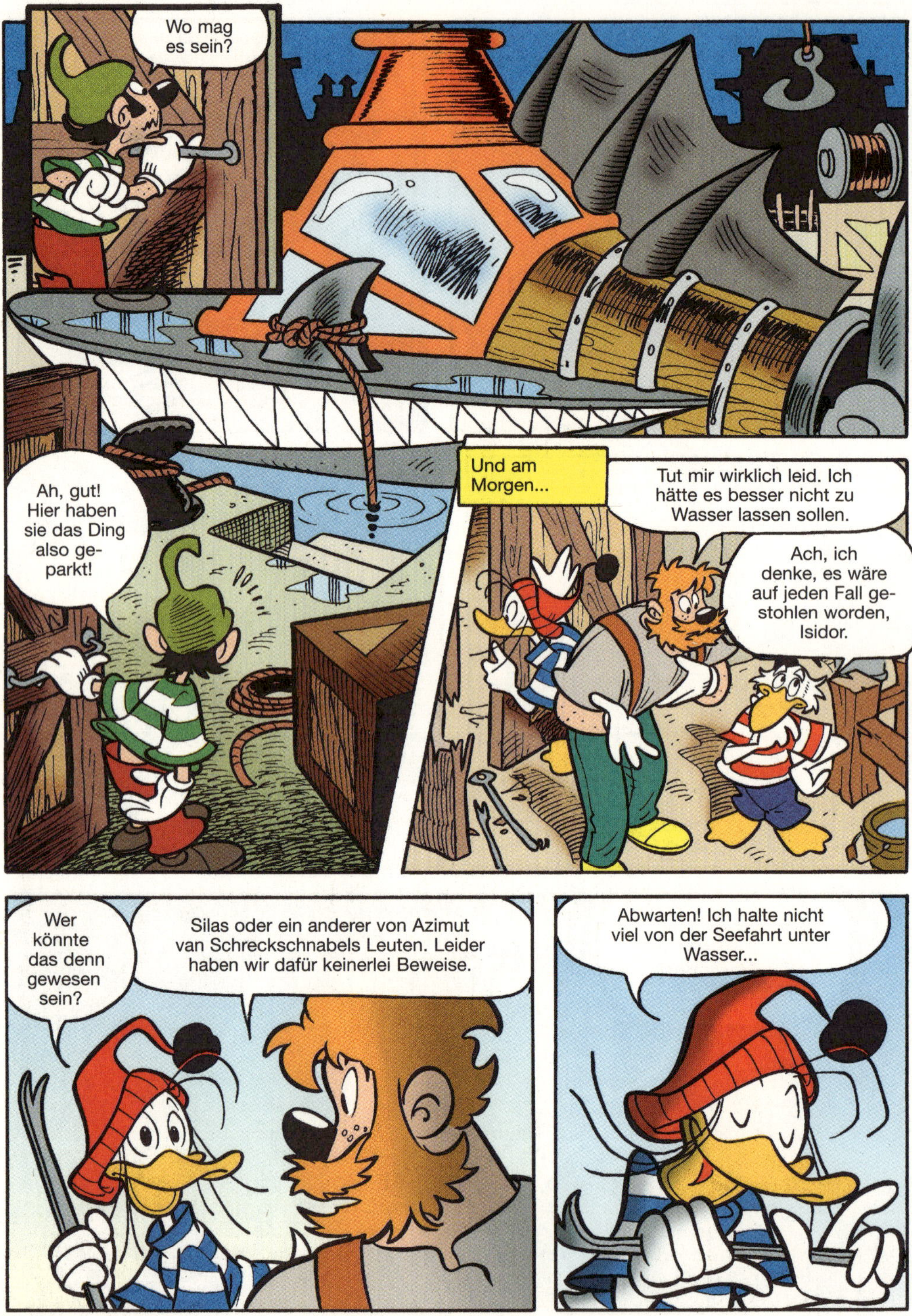

Wo mag es sein?

Ah, gut! Hier haben sie das Ding also geparkt!

Und am Morgen...

Tut mir wirklich leid. Ich hätte es besser nicht zu Wasser lassen sollen.

Ach, ich denke, es wäre auf jeden Fall gestohlen worden, Isidor.

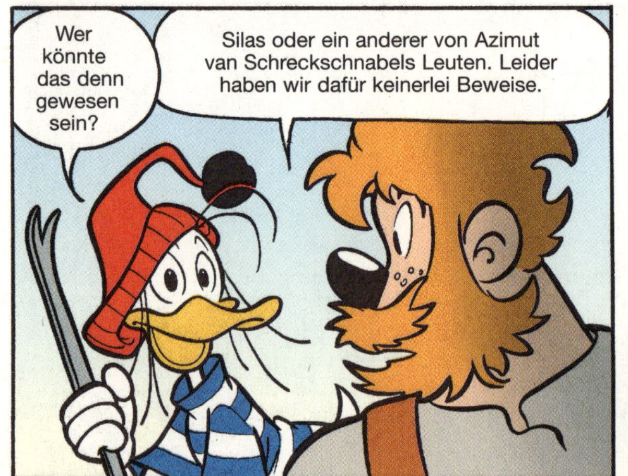

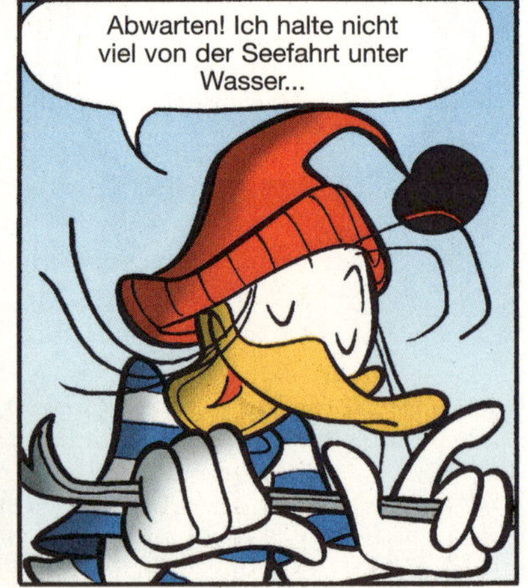

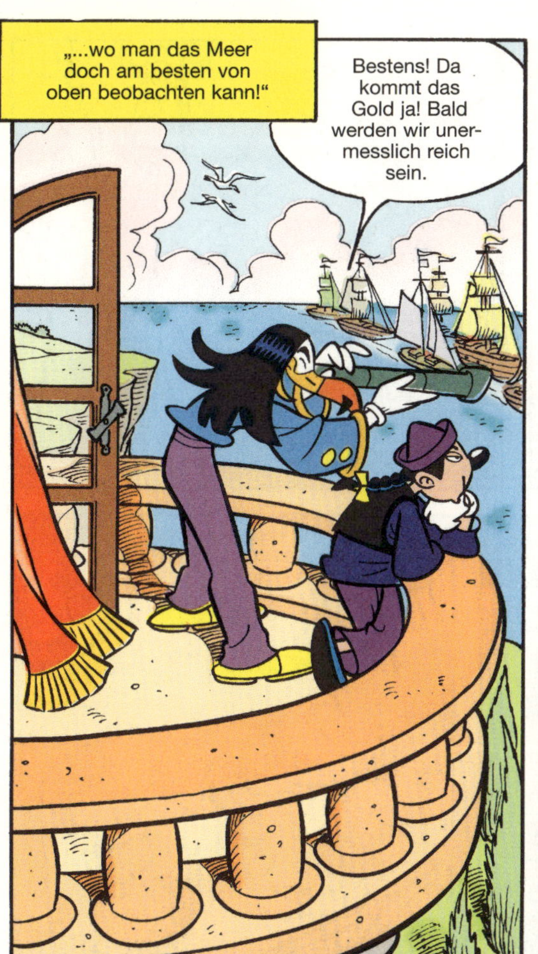
„...wo man das Meer doch am besten von oben beobachten kann!“
Bestens! Da kommt das Gold ja! Bald werden wir unermesslich reich sein.

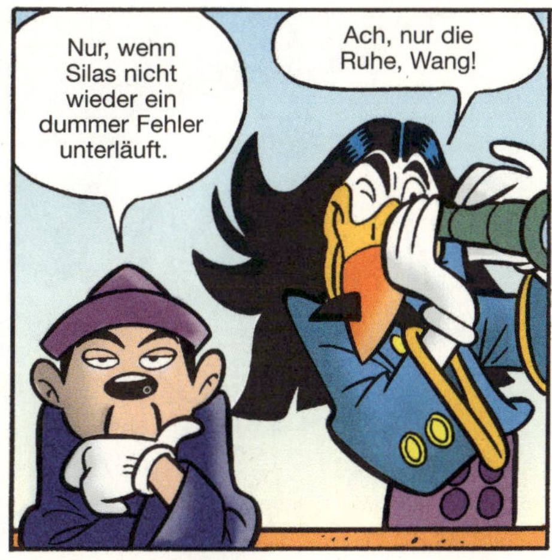
Nur, wenn Silas nicht wieder ein dummer Fehler unterläuft.
Ach, nur die Ruhe, Wang!

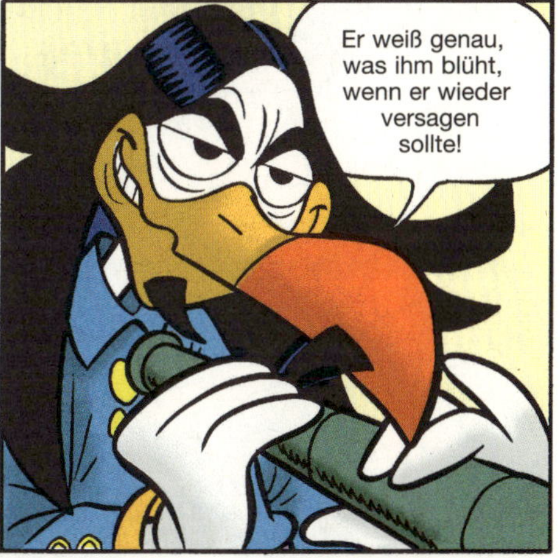
Er weiß genau, was ihm blüht, wenn er wieder versagen sollte!

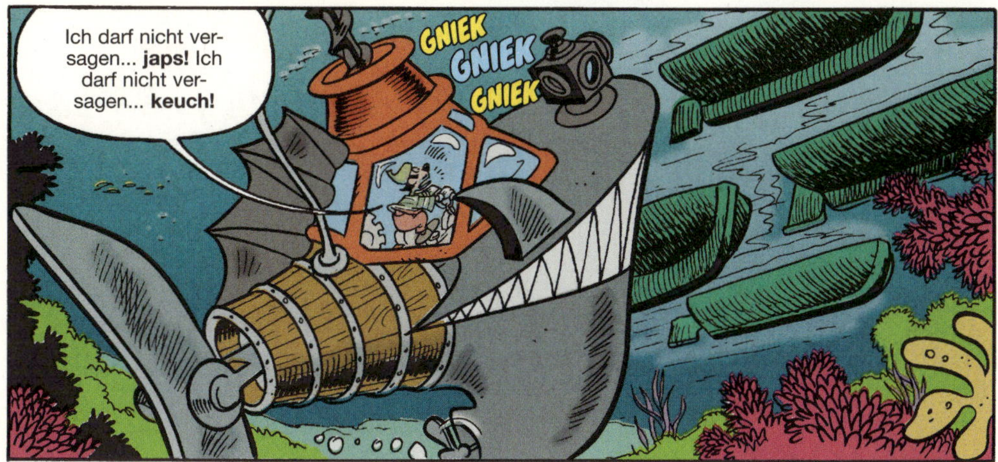
Ich darf nicht versagen... **japs!** Ich darf nicht versagen... **keuch!**
GNIEK
GNIEK
GNIEK

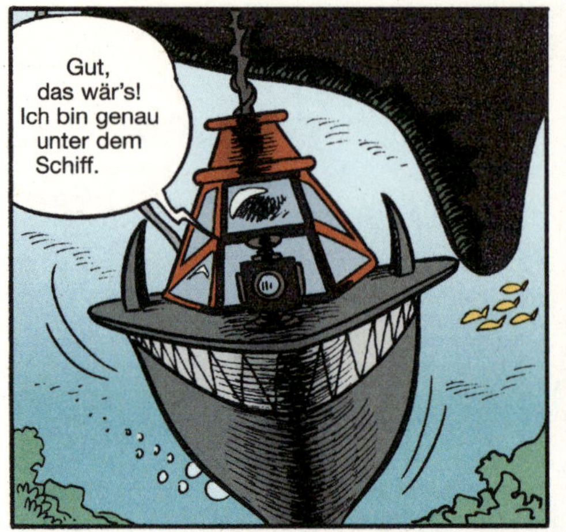
Gut,
das wär's!
Ich bin genau
unter dem
Schiff.

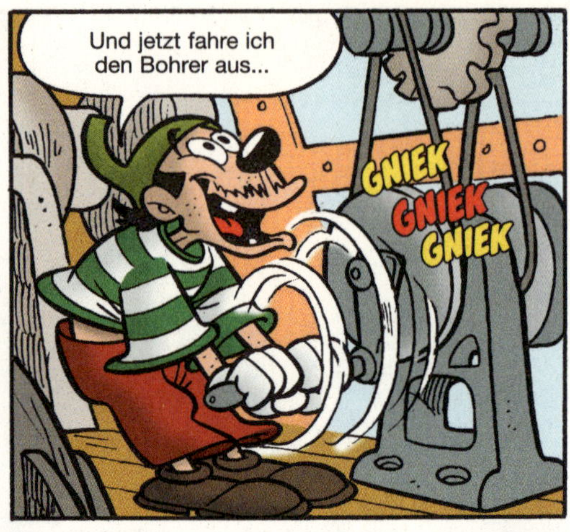
Und jetzt fahre ich
den Bohrer aus...
GNIEK
GNIEK
GNIEK

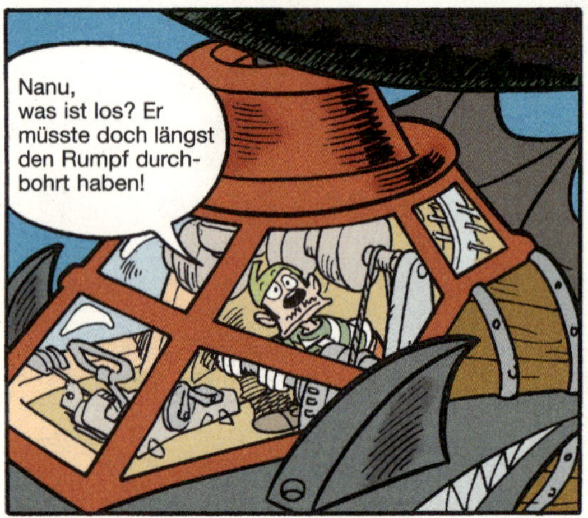
Nanu,
was ist los? Er
müsste doch längst
den Rumpf durch-
bohrt haben!

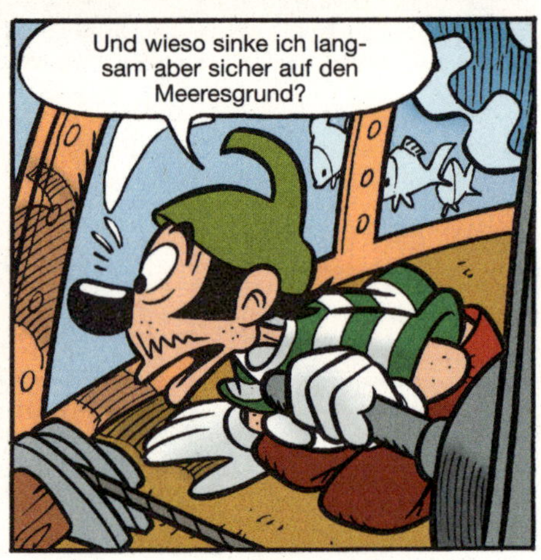
Und wieso sinke ich lang-
sam aber sicher auf den
Meeresgrund?

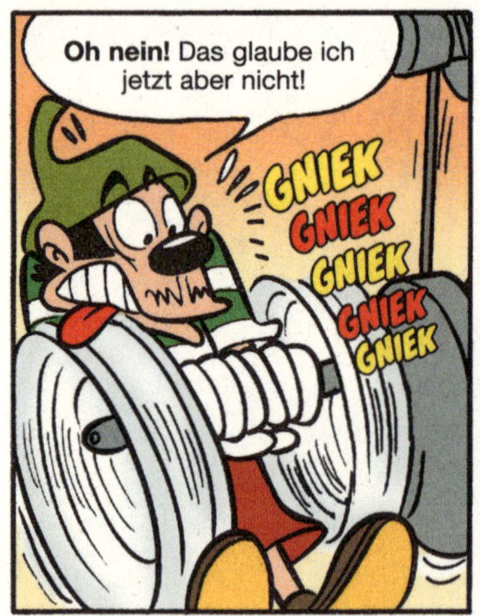
Oh nein! Das glaube ich
jetzt aber nicht!
GNIEK
GNIEK
GNIEK
GNIEK
GNIEK

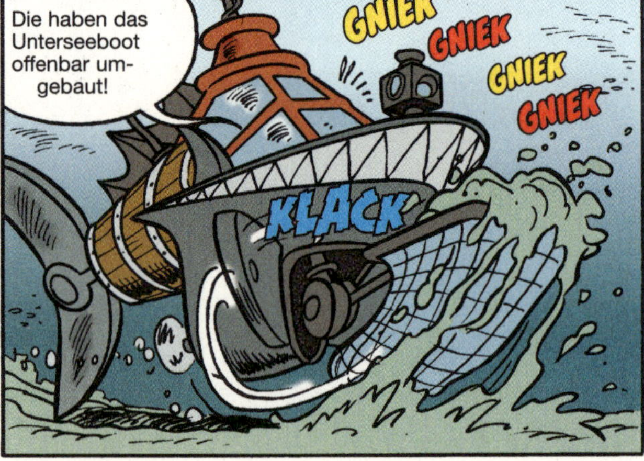
Die haben das
Unterseeboot
offenbar um-
gebaut!
GNIEK
GNIEK
GNIEK
GNIEK
KLACK

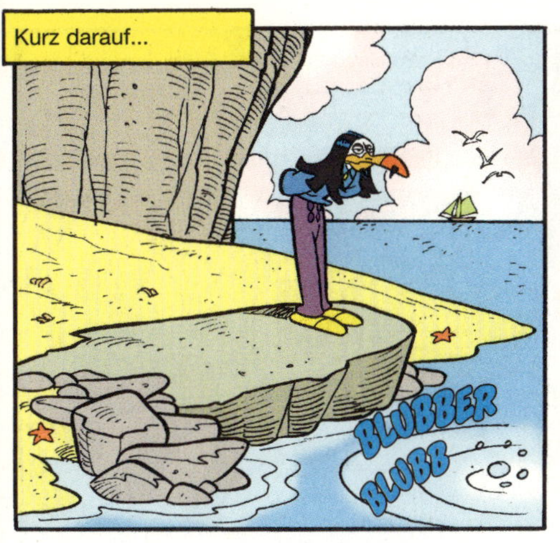
Kurz darauf...
BLUBBER
BLUBB

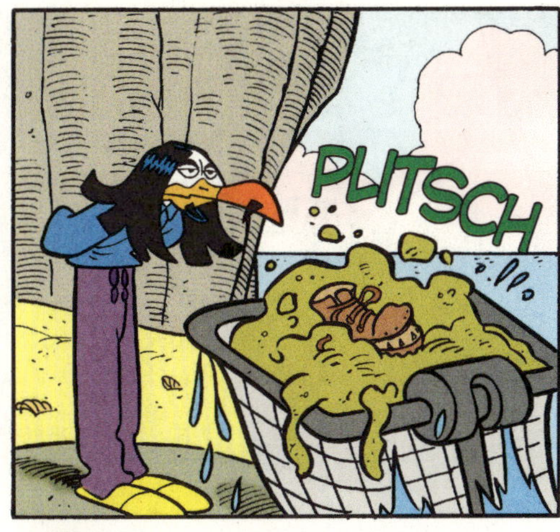
PLITSCH

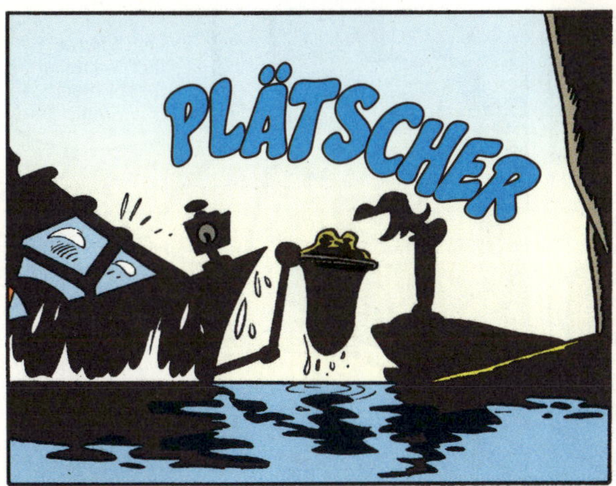
PLÄTSCHER

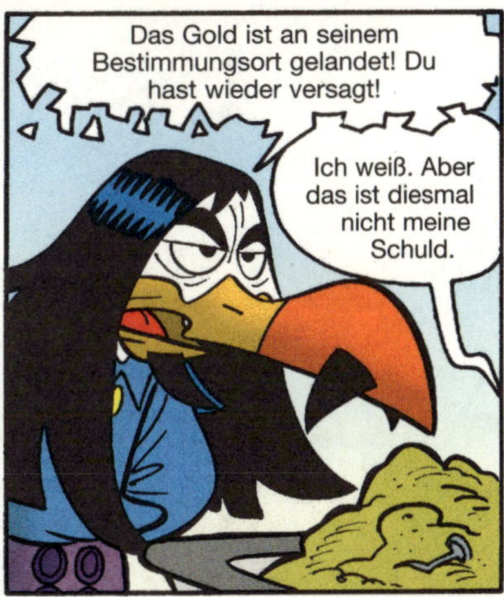
Das Gold ist an seinem Bestimmungsort gelandet! Du hast wieder versagt!
Ich weiß. Aber das ist diesmal nicht meine Schuld.

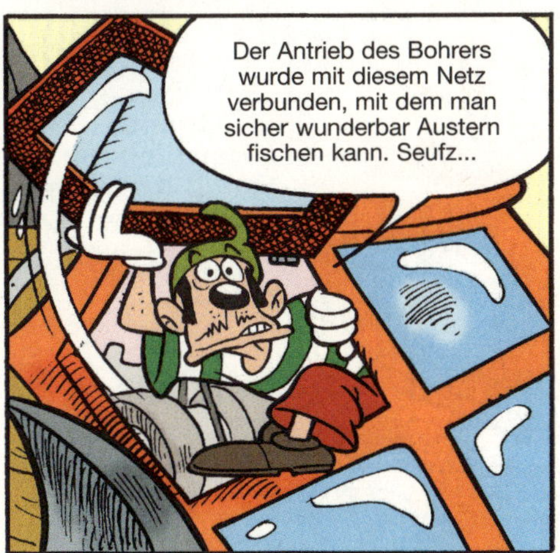
Der Antrieb des Bohrers wurde mit diesem Netz verbunden, mit dem man sicher wunderbar Austern fischen kann. Seufz...

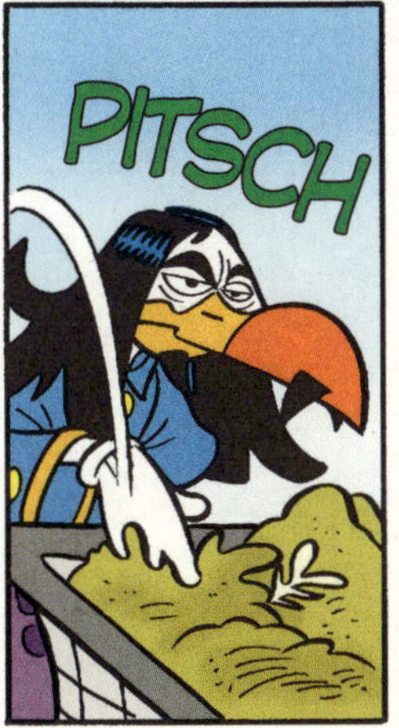
PITSCH

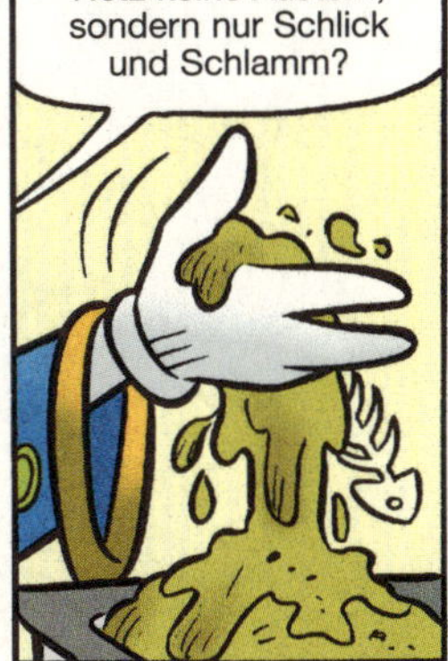
Und wieso sehe ich dann in diesem Netz keine Austern, sondern nur Schlick und Schlamm?

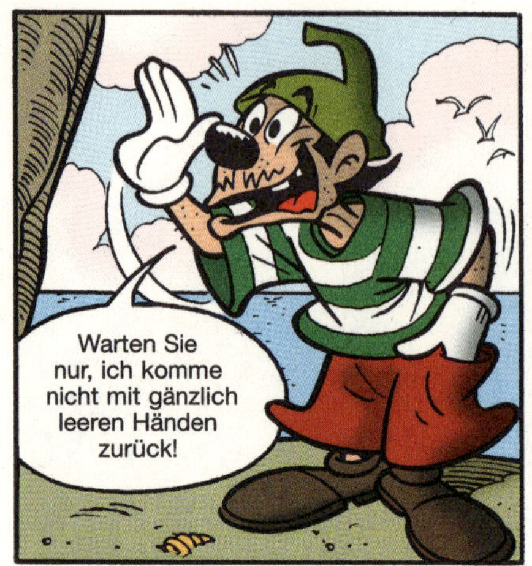
Warten Sie nur, ich komme nicht mit gänzlich leeren Händen zurück!

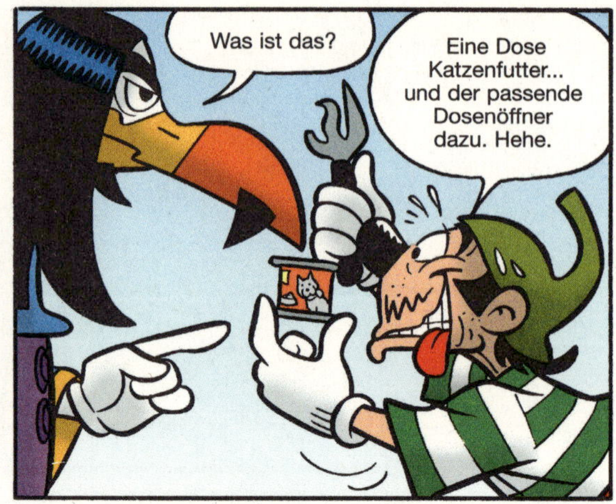
Was ist das?
Eine Dose Katzenfutter... und der passende Dosenöffner dazu. Hehe.

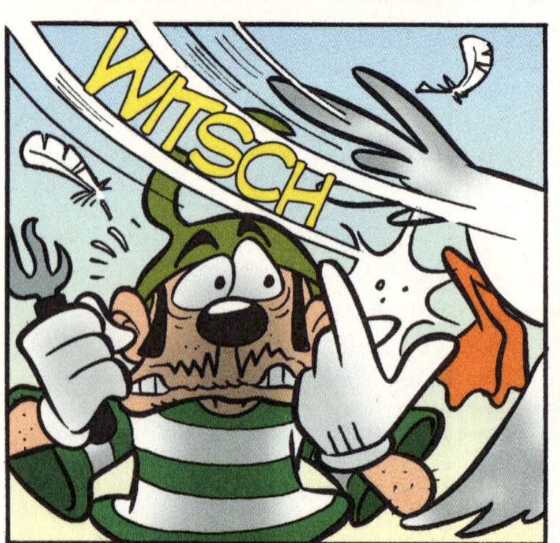
WITSCH

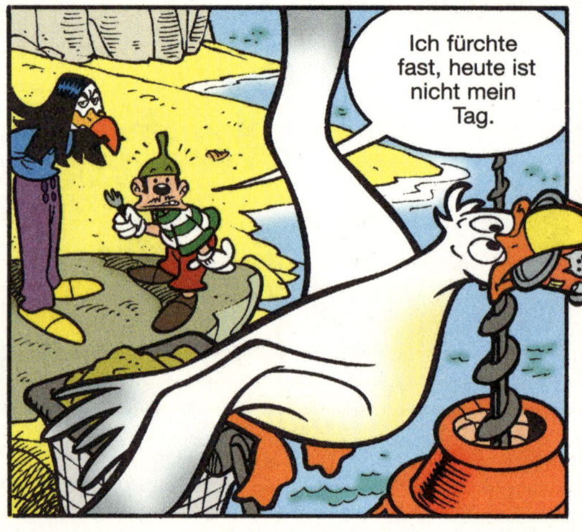
Ich fürchte fast, heute ist nicht mein Tag.

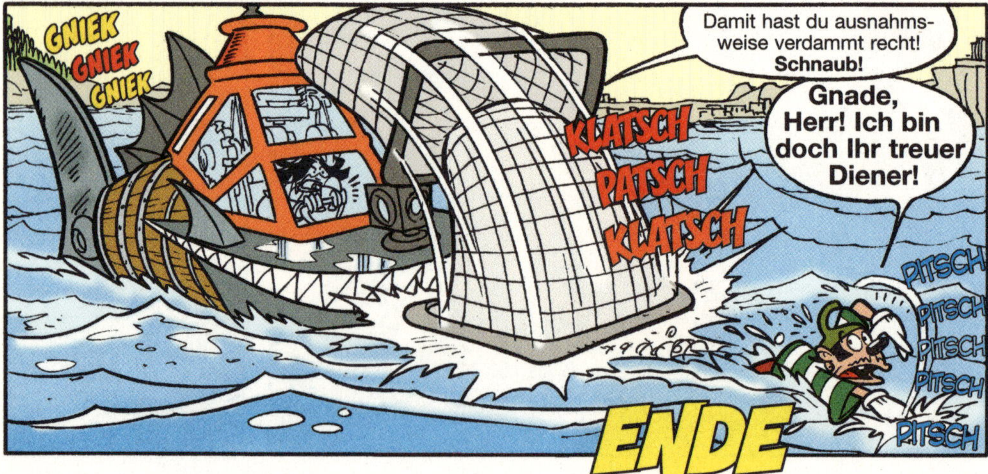
GNIEK
GNIEK
GNIEK
Damit hast du ausnahmsweise verdammt recht! **Schnaub!**
Gnade, Herr! Ich bin doch Ihr treuer Diener!
KLATSCH
PATSCH
KLATSCH
PITSCH
PITSCH
PITSCH
PITSCH
PITSCH
ENDE

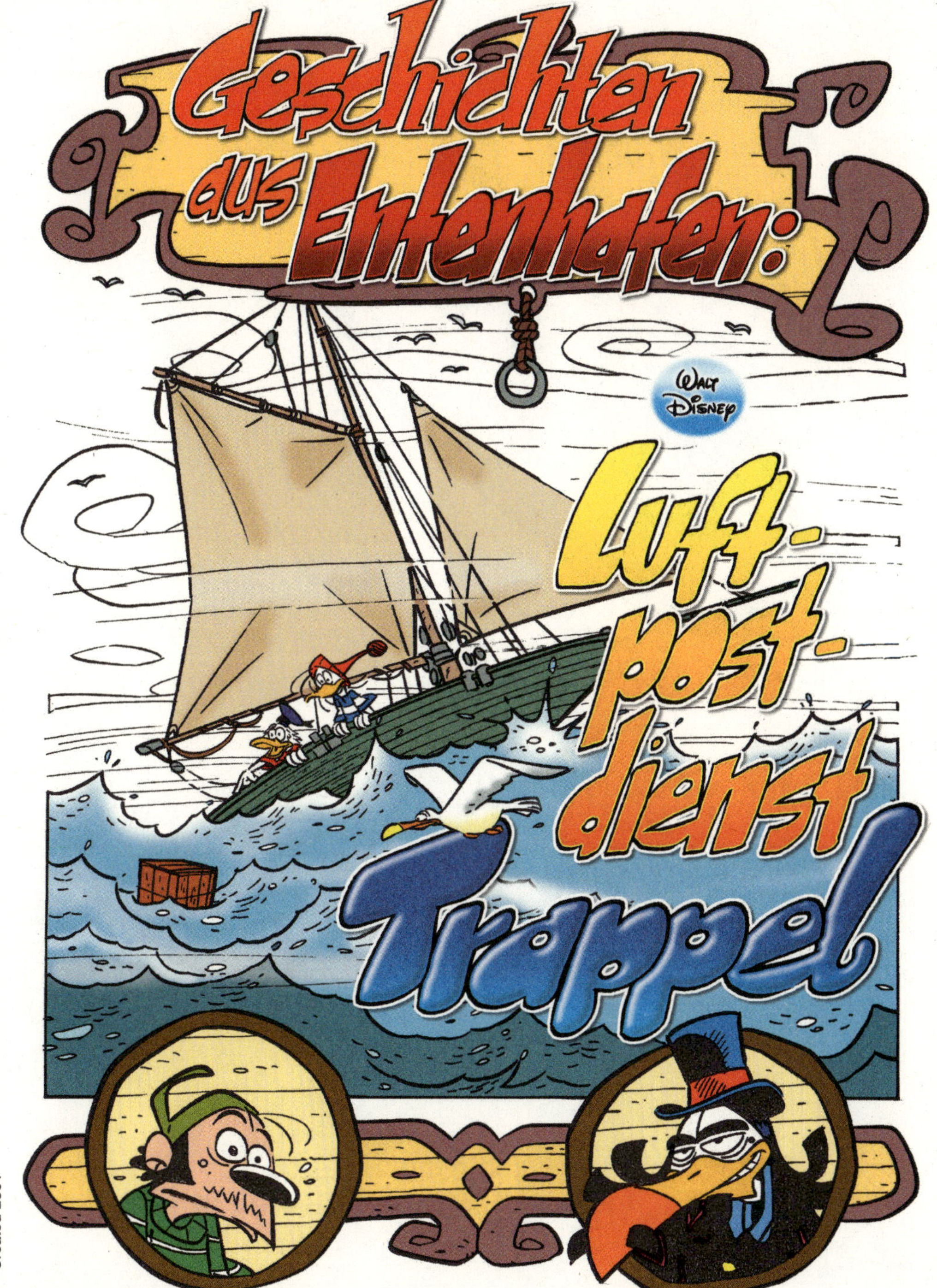

Created 2001

Alberto Savini, Augusto Macchetto (Story), **Silvio Camboni** (Zeichnungen) ***I TL 2384-5***

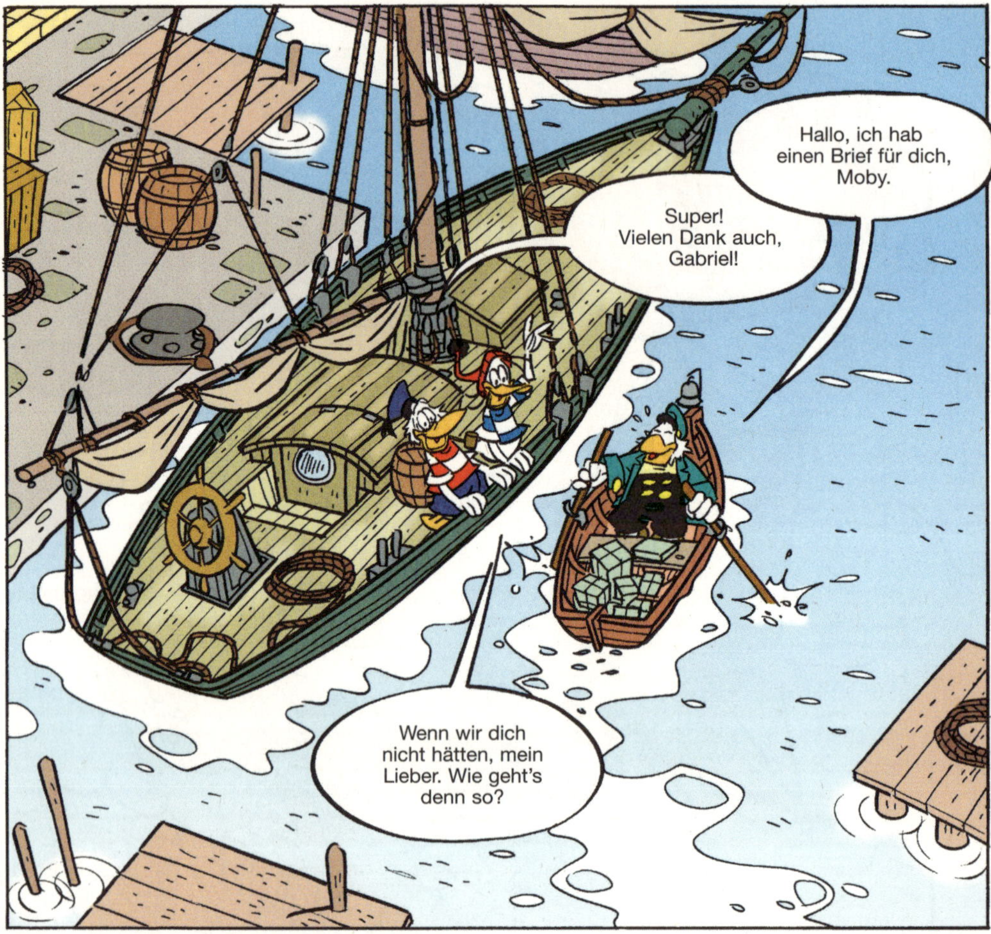

Hallo, ich hab einen Brief für dich, Moby.
Super! Vielen Dank auch, Gabriel!
Wenn wir dich nicht hätten, mein Lieber. Wie geht's denn so?

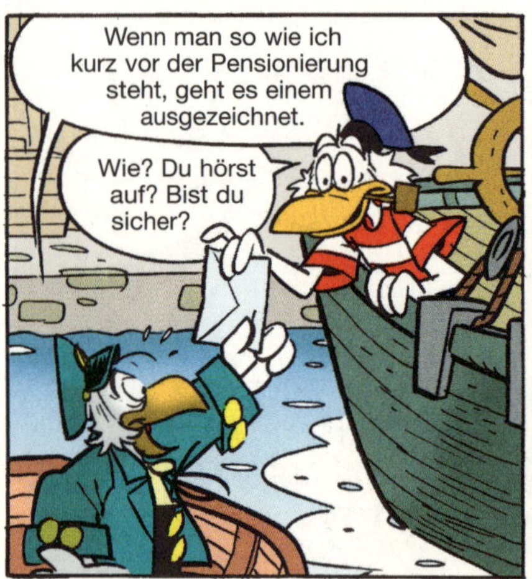

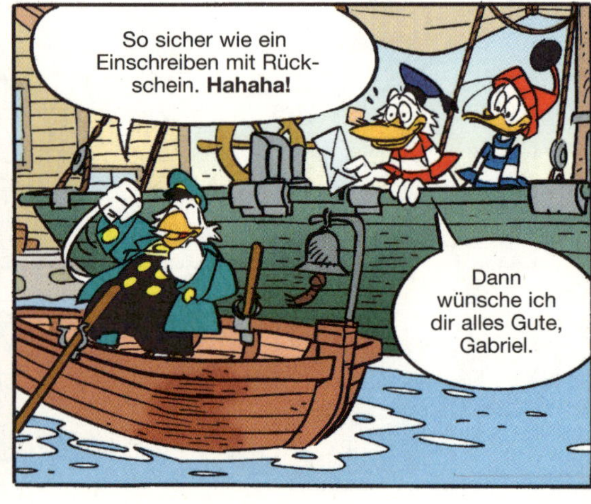

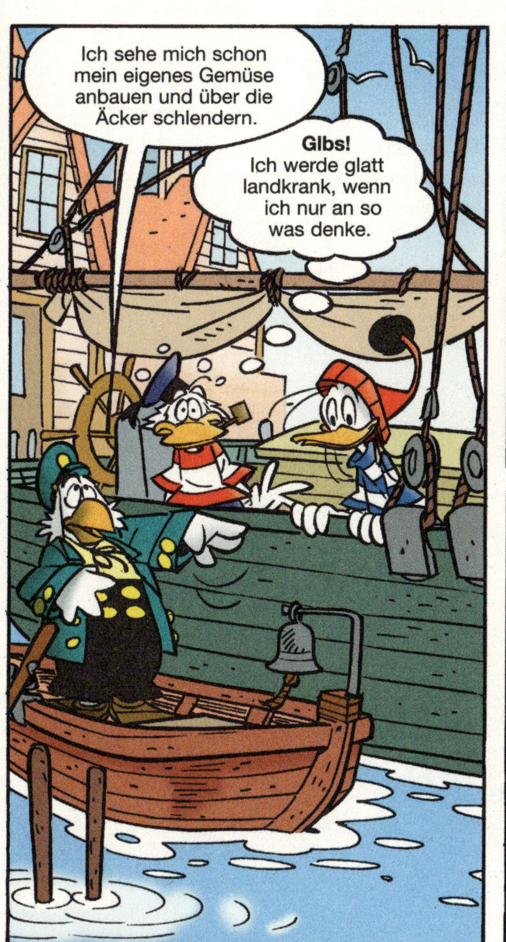
Ich sehe mich schon mein eigenes Gemüse anbauen und über die Äcker schlendern.
Glbs! Ich werde glatt landkrank, wenn ich nur an so was denke.

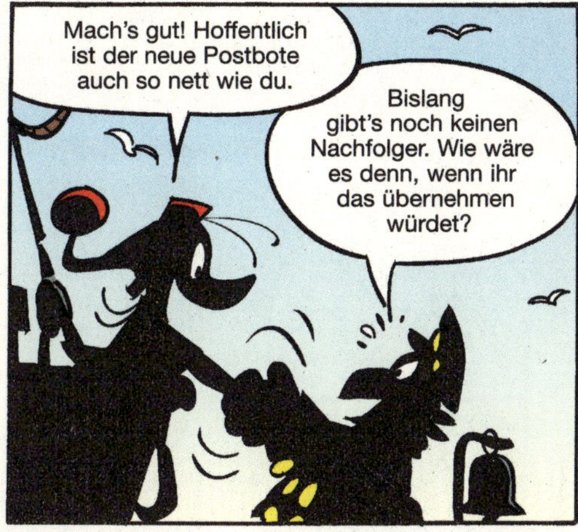
Mach's gut! Hoffentlich ist der neue Postbote auch so nett wie du.
Bislang gibt's noch keinen Nachfolger. Wie wäre es denn, wenn ihr das übernehmen würdet?

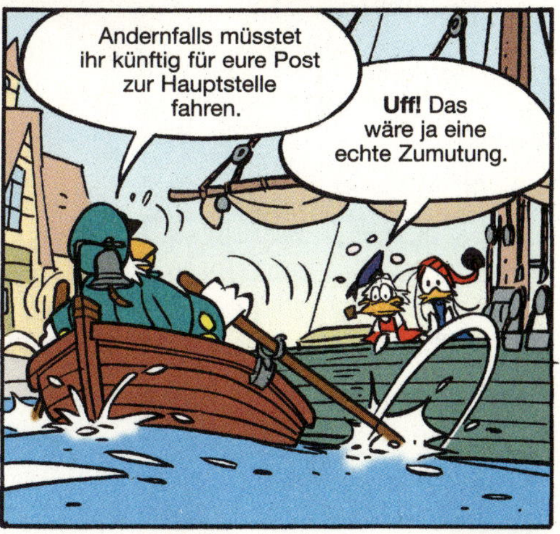
Andernfalls müsstet ihr künftig für eure Post zur Hauptstelle fahren.
Uff! Das wäre ja eine echte Zumutung.

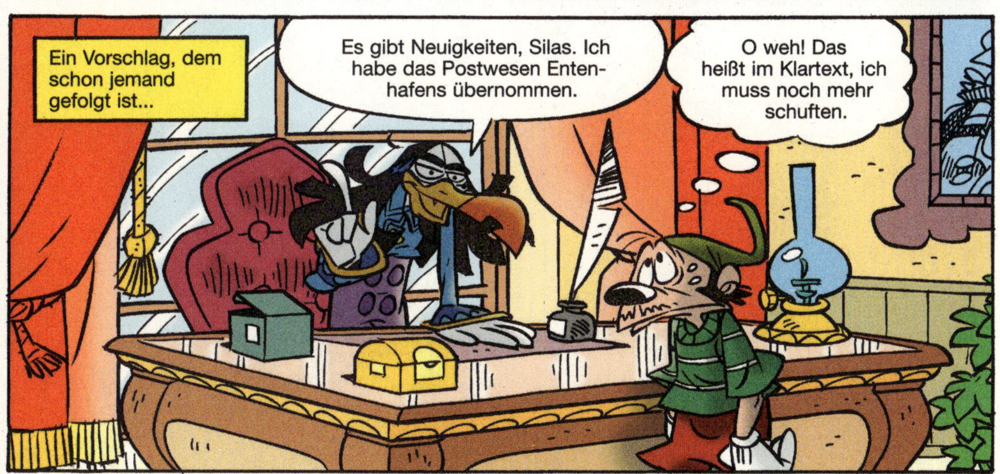
Ein Vorschlag, dem schon jemand gefolgt ist...
Es gibt Neuigkeiten, Silas. Ich habe das Postwesen Entenhafens übernommen.
O weh! Das heißt im Klartext, ich muss noch mehr schuften.

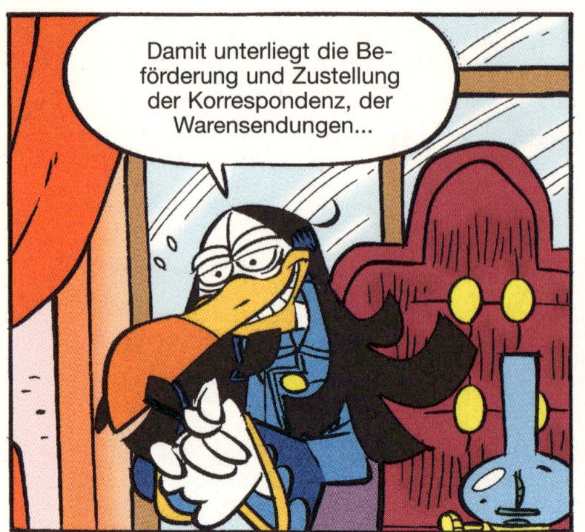
Damit unterliegt die Beförderung und Zustellung der Korrespondenz, der Warensendungen...

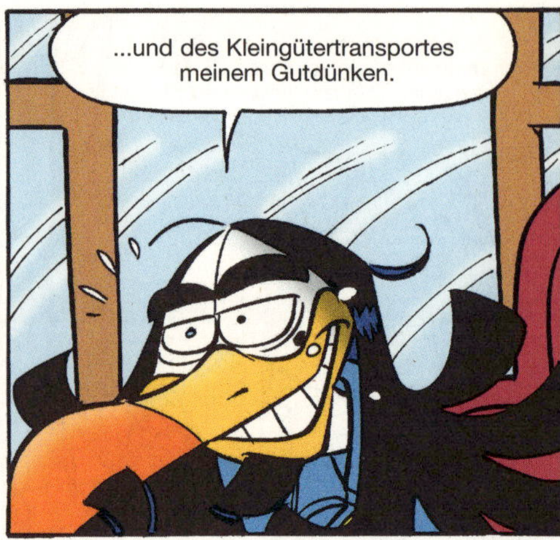
...und des Kleingütertransportes meinem Gutdünken.

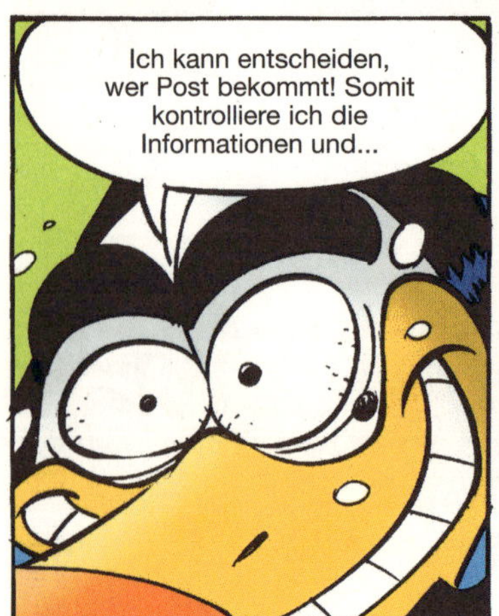
Ich kann entscheiden, wer Post bekommt! Somit kontrolliere ich die Informationen und...

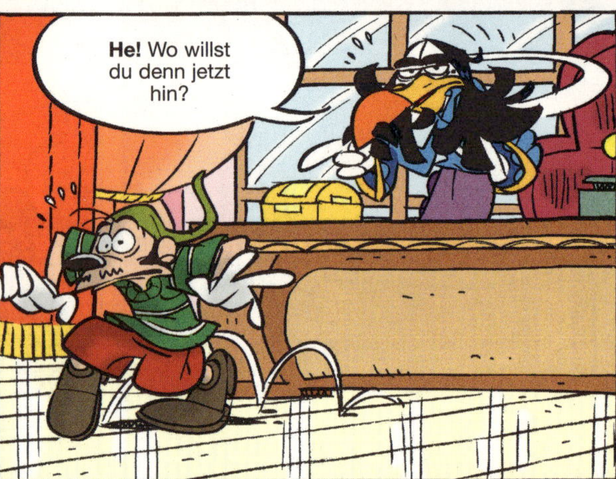
He! Wo willst du denn jetzt hin?

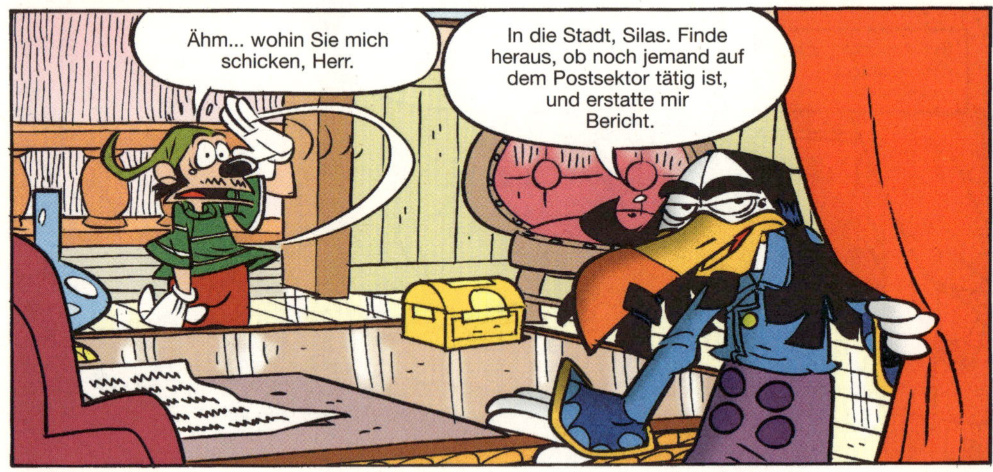
Ähm... wohin Sie mich schicken, Herr.
In die Stadt, Silas. Finde heraus, ob noch jemand auf dem Postsektor tätig ist, und erstatte mir Bericht.

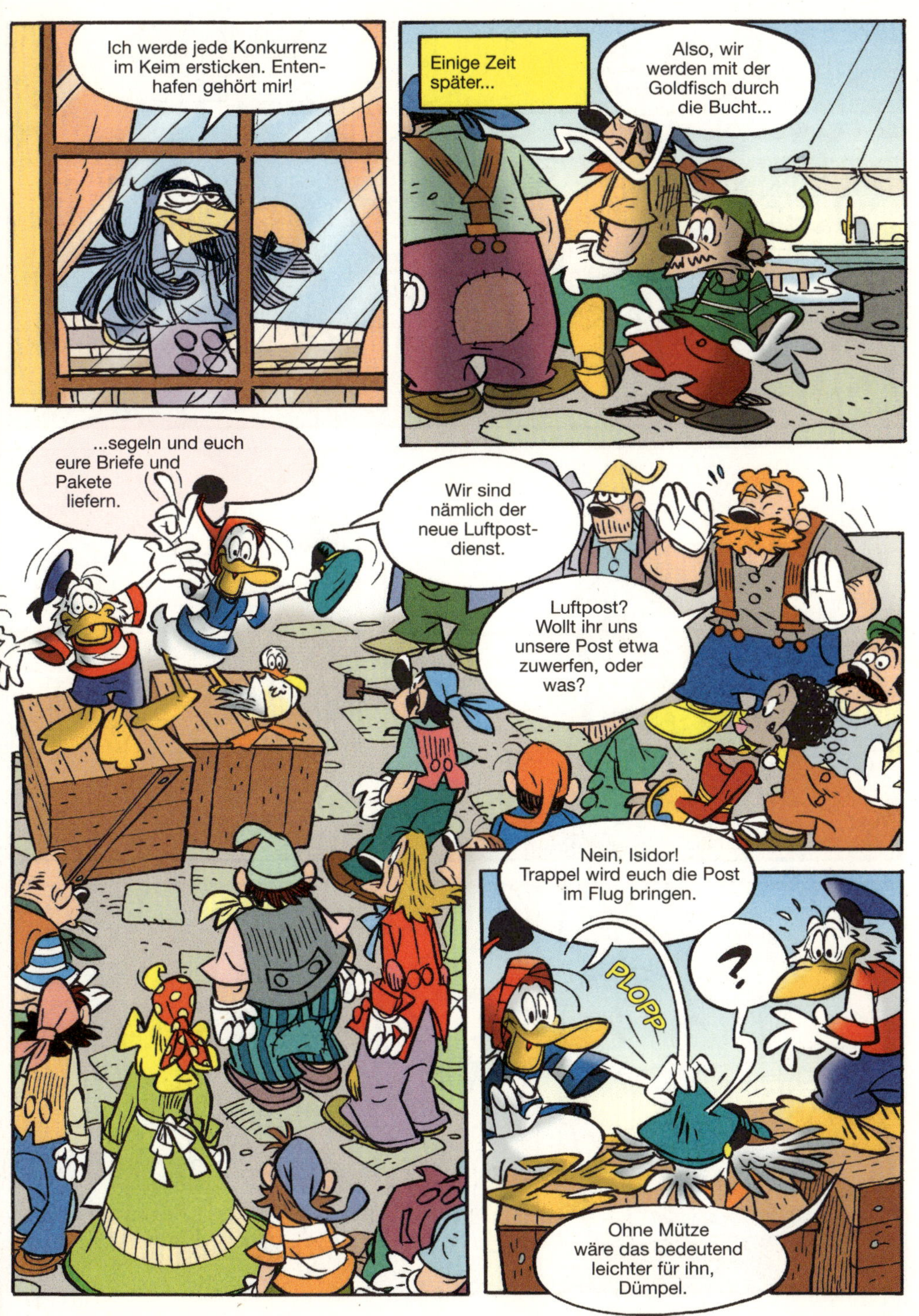
Ich werde jede Konkurrenz im Keim ersticken. Entenhafen gehört mir!
Einige Zeit später...
Also, wir werden mit der Goldfisch durch die Bucht...
...segeln und euch eure Briefe und Pakete liefern.
Wir sind nämlich der neue Luftpostdienst.
Luftpost? Wollt ihr uns unsere Post etwa zuwerfen, oder was?
Nein, Isidor! Trappel wird euch die Post im Flug bringen.
PLOPP
?
Ohne Mütze wäre das bedeutend leichter für ihn, Dümpel.

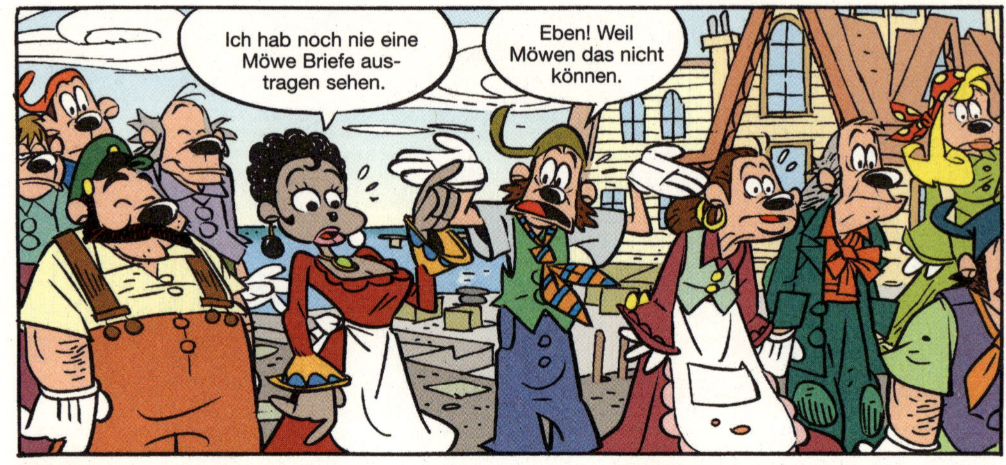
Ich hab noch nie eine Möwe Briefe austragen sehen.
Eben! Weil Möwen das nicht können.

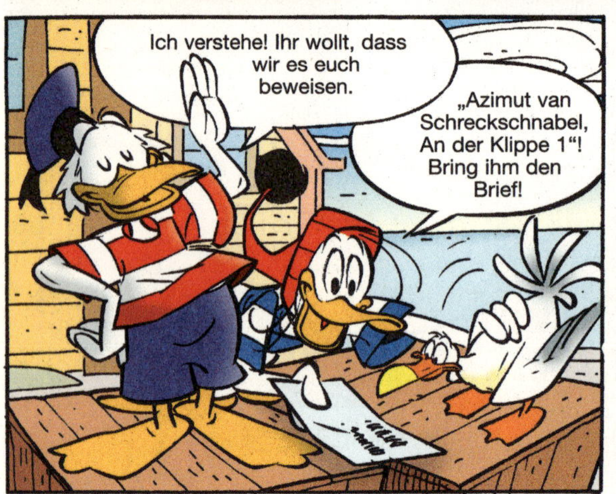
Ich verstehe! Ihr wollt, dass wir es euch beweisen.
„Azimut van Schreckschnabel, An der Klippe 1“! Bring ihm den Brief!

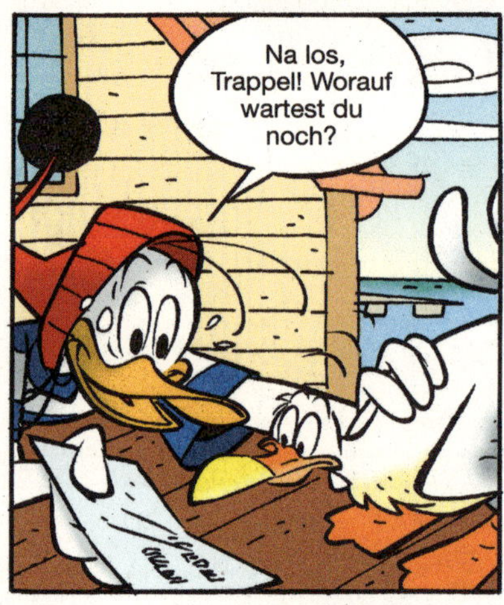
Na los, Trappel! Worauf wartest du noch?

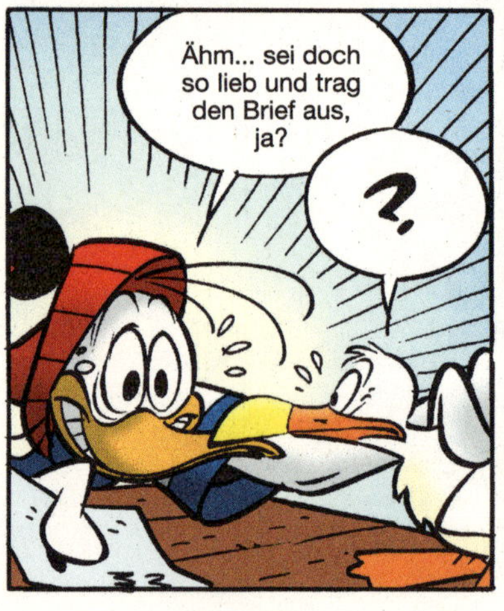
Ähm... sei doch so lieb und trag den Brief aus, ja?
?

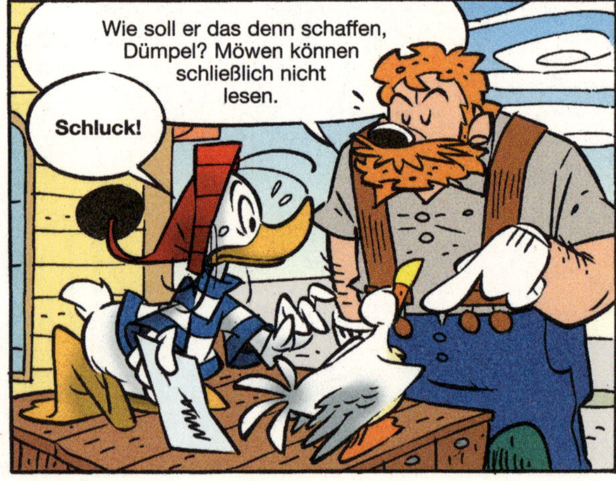
Wie soll er das denn schaffen, Dümpel? Möwen können schließlich nicht lesen.
Schluck!

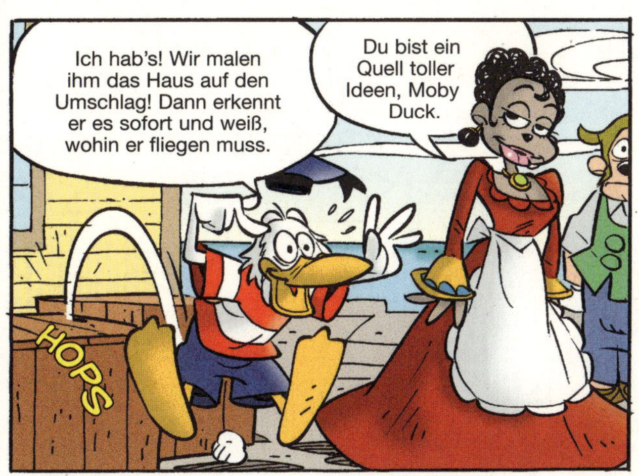
Ich hab's! Wir malen ihm das Haus auf den Umschlag! Dann erkennt er es sofort und weiß, wohin er fliegen muss.
Du bist ein Quell toller Ideen, Moby Duck.
HOPS

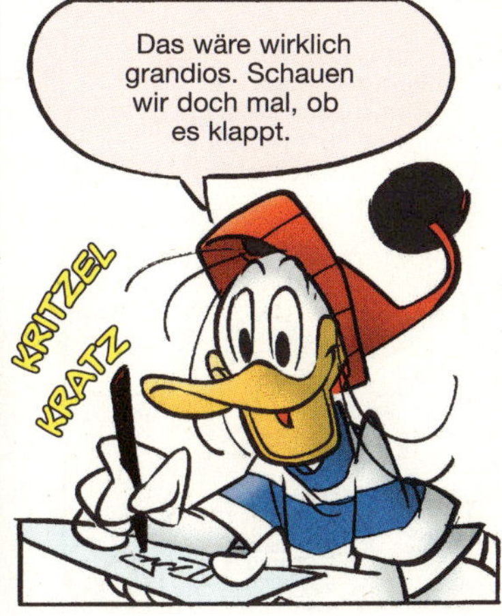
Das wäre wirklich grandios. Schauen wir doch mal, ob es klappt.
KRITZEL
KRATZ

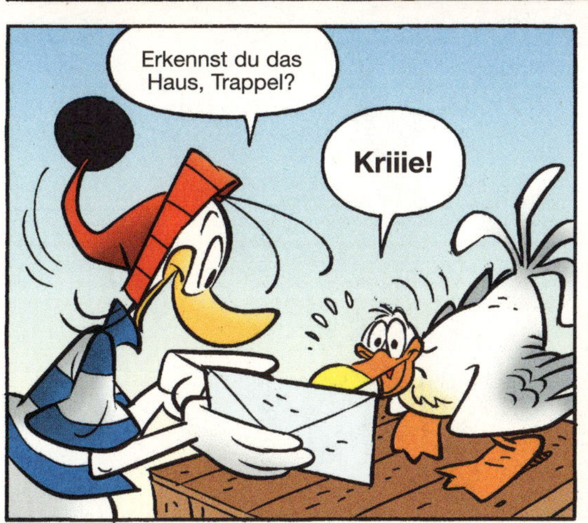
Erkennst du das Haus, Trappel?
Kriiie!

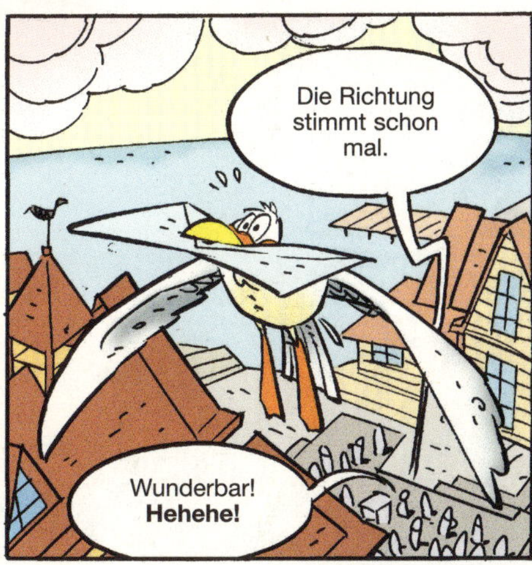
Die Richtung stimmt schon mal.
Wunderbar! **Hehehe!**

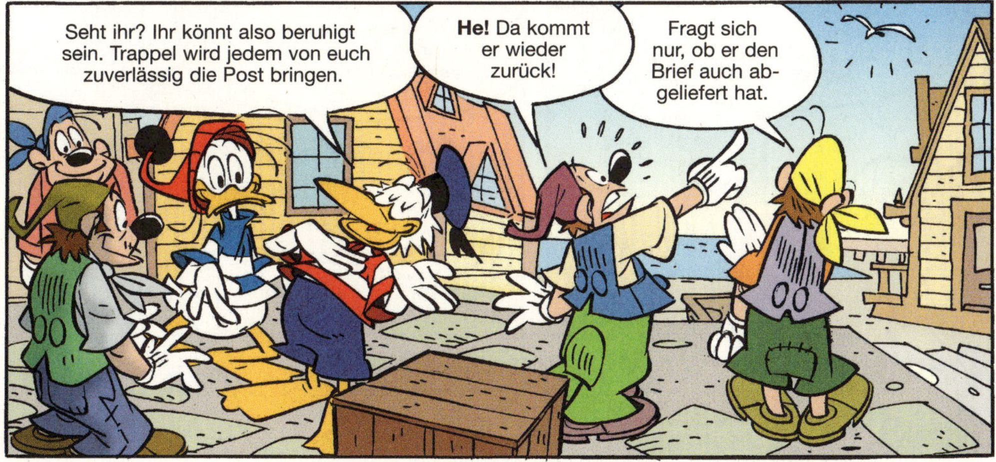
Seht ihr? Ihr könnt also beruhigt sein. Trappel wird jedem von euch zuverlässig die Post bringen.
He! Da kommt er wieder zurück!
Fragt sich nur, ob er den Brief auch abgeliefert hat.

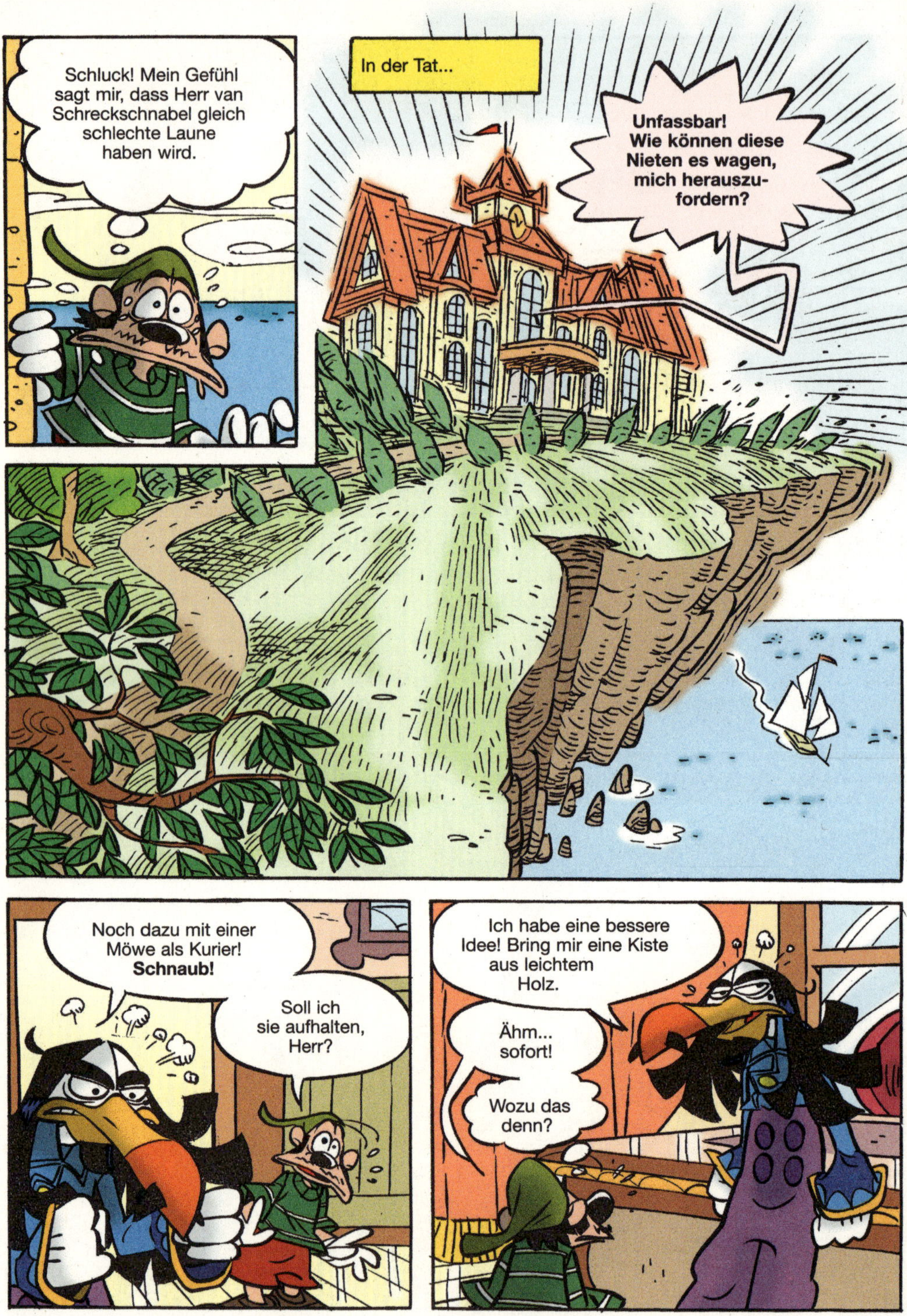

Schluck! Mein Gefühl sagt mir, dass Herr van Schreckschnabel gleich schlechte Laune haben wird.

In der Tat...

Unfassbar! Wie können diese Nieten es wagen, mich herauszufordern?

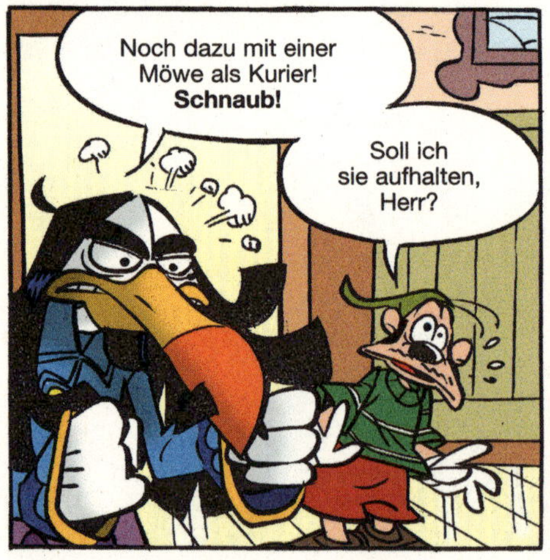

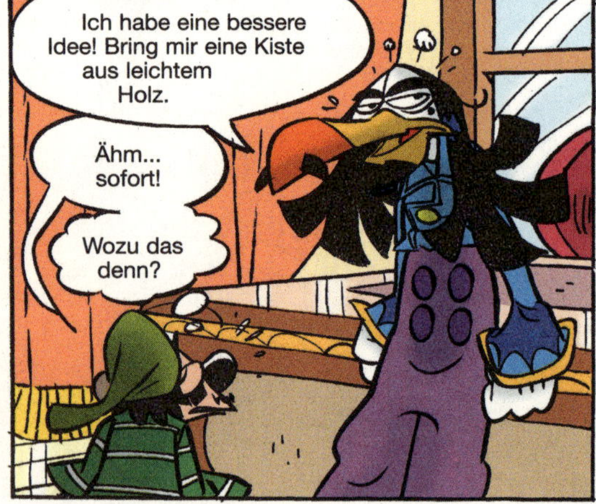

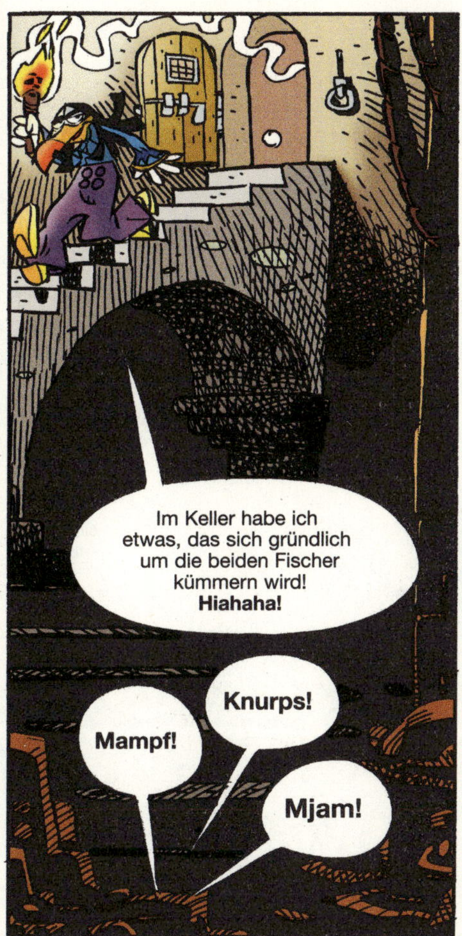
Im Keller habe ich
etwas, das sich gründlich
um die beiden Fischer
kümmern wird!
Hiahaha!
Mampf!
Knurps!
Mjam!

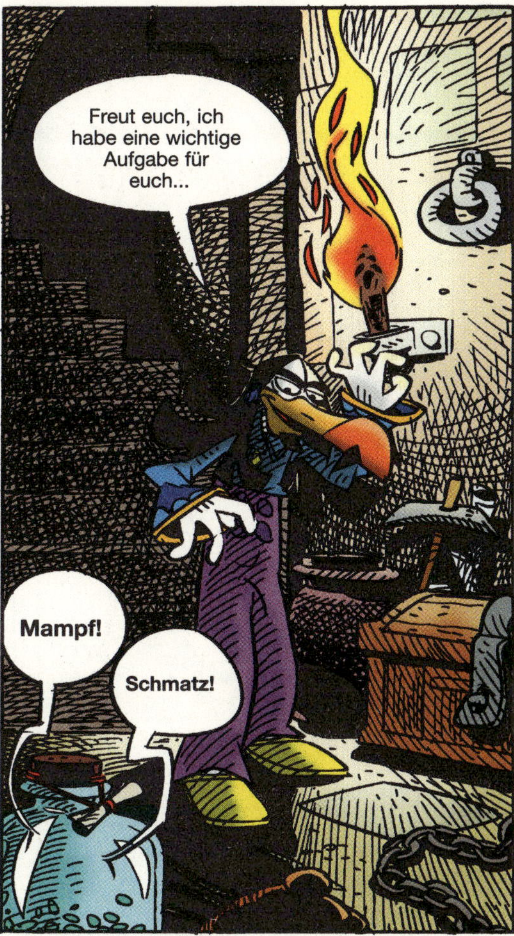
Freut euch, ich
habe eine wichtige
Aufgabe für
euch...
Mampf!
Schmatz!

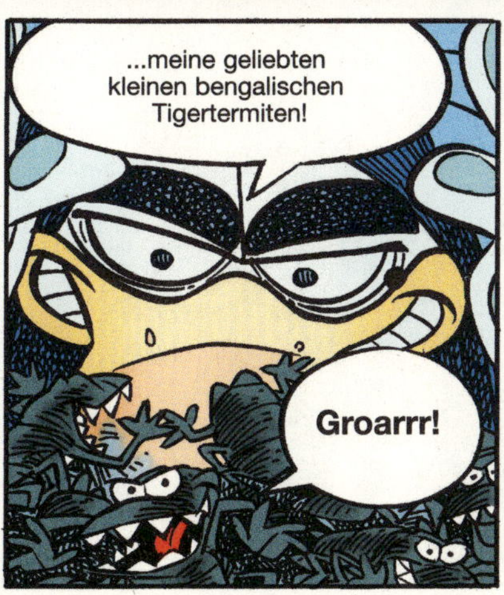
...meine geliebten
kleinen bengalischen
Tigertermiten!
Groarrr!

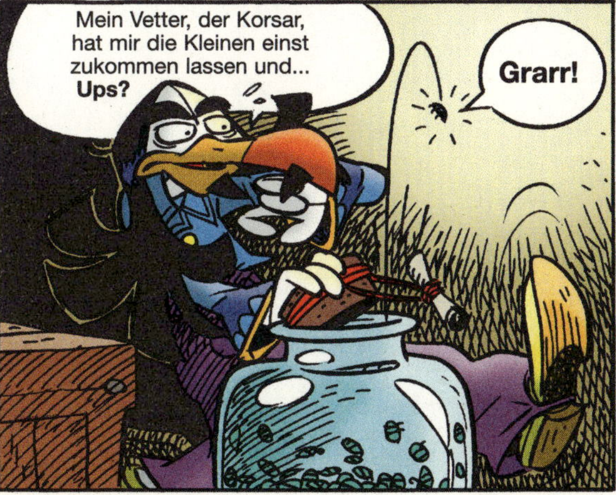
Mein Vetter, der Korsar,
hat mir die Kleinen einst
zukommen lassen und...
Ups?
Grarr!

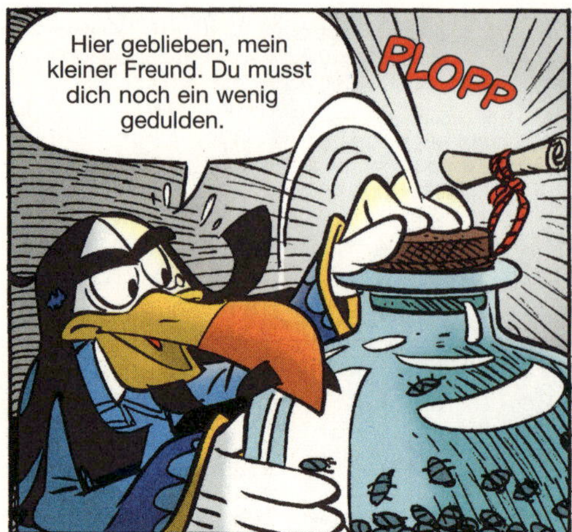
Hier geblieben, mein kleiner Freund. Du musst dich noch ein wenig gedulden.
PLOPP

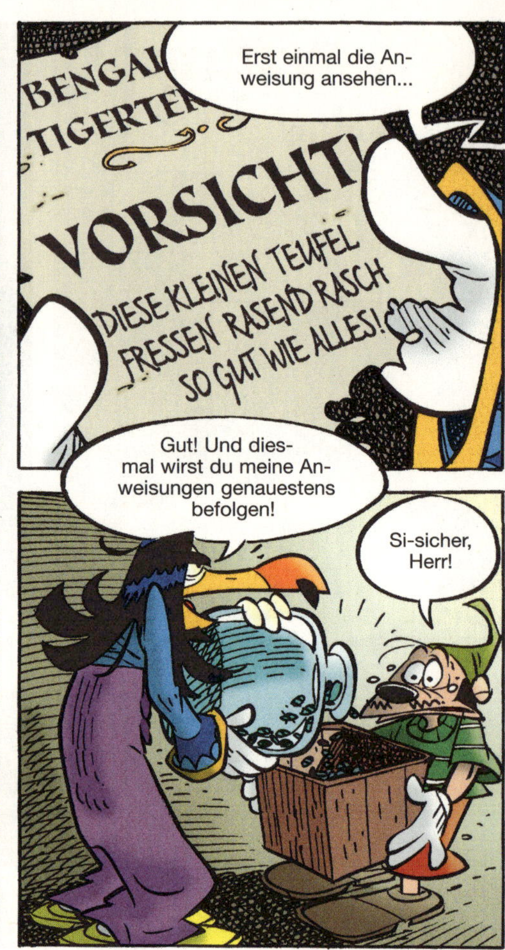
Erst einmal die Anweisung ansehen...
BENGAL
TIGERTE
VORSICHT!
DIESE KLEINEN TEUFEL FRESSEN RASEND RASCH SO GUT WIE ALLES!
Gut! Und diesmal wirst du meine Anweisungen genauestens befolgen!
Si-sicher, Herr!

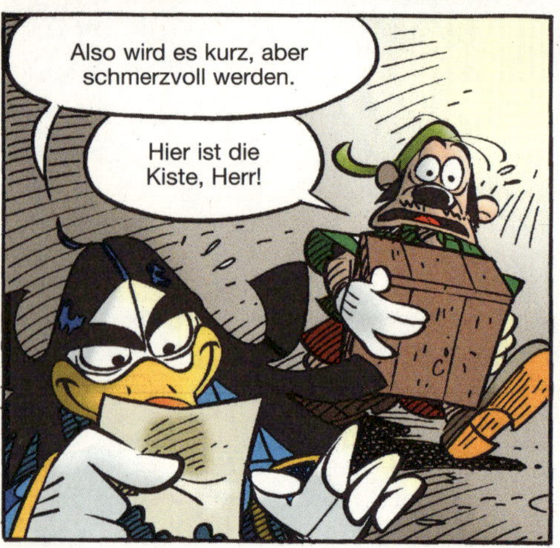
Also wird es kurz, aber schmerzvoll werden.
Hier ist die Kiste, Herr!

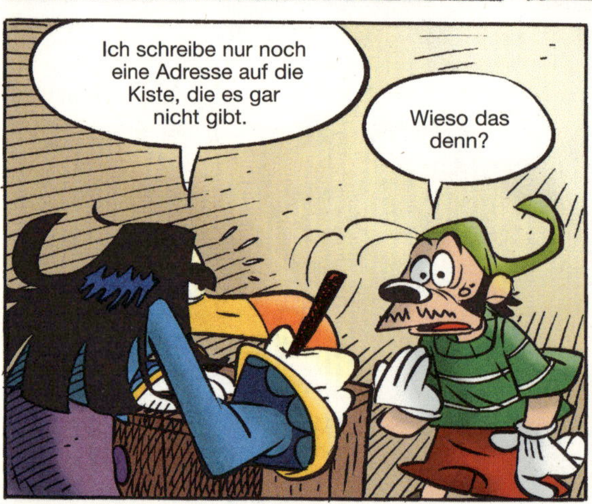
Ich schreibe nur noch eine Adresse auf die Kiste, die es gar nicht gibt.
Wieso das denn?

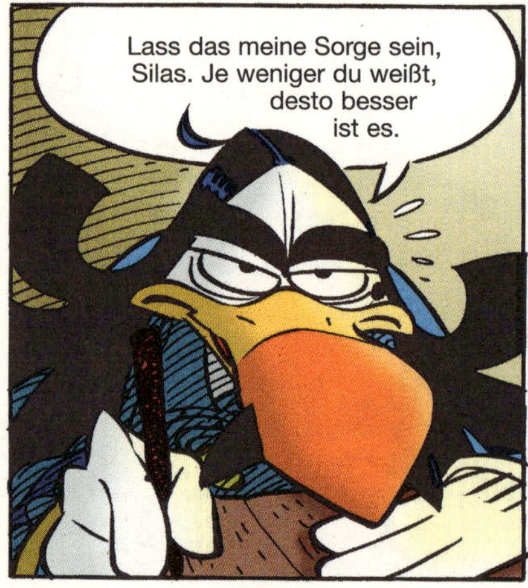
Lass das meine Sorge sein, Silas. Je weniger du weißt, desto besser ist es.

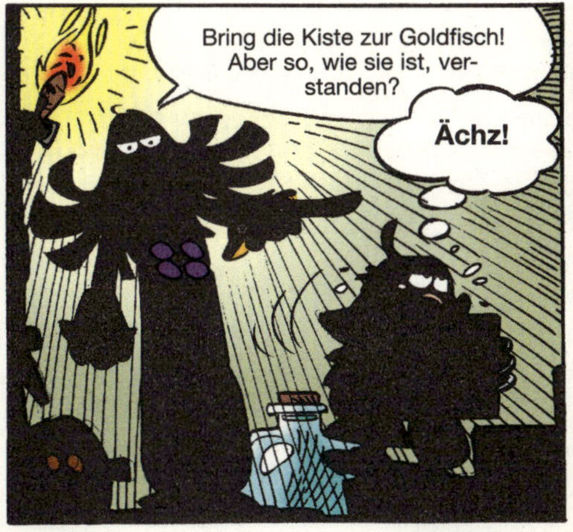
Bring die Kiste zur Goldfisch! Aber so, wie sie ist, verstanden?
Ächz!

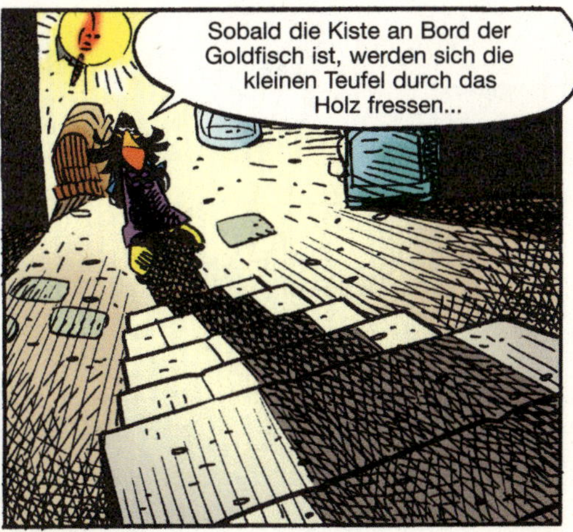
Sobald die Kiste an Bord der Goldfisch ist, werden sich die kleinen Teufel durch das Holz fressen...

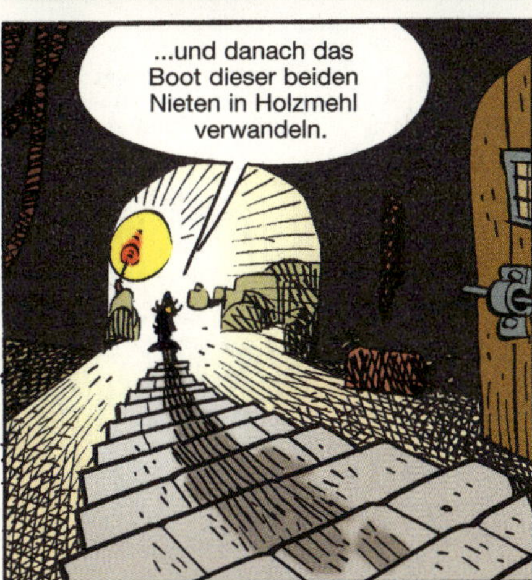
...und danach das Boot dieser beiden Nieten in Holzmehl verwandeln.

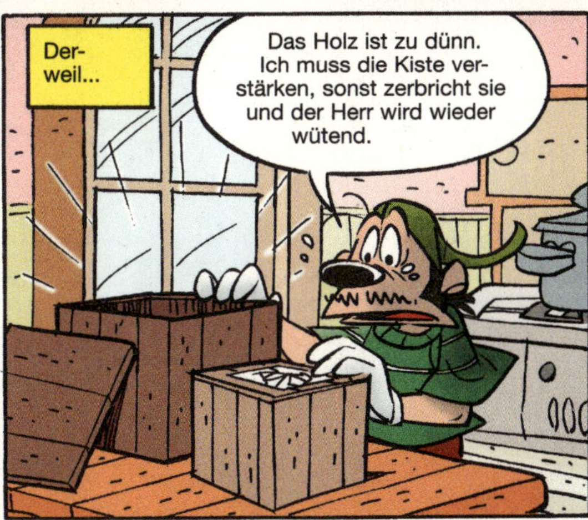
Derweil...
Das Holz ist zu dünn. Ich muss die Kiste verstärken, sonst zerbricht sie und der Herr wird wieder wütend.

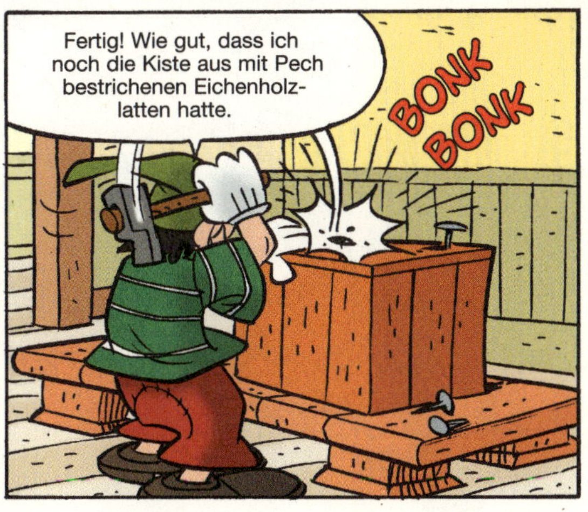
Fertig! Wie gut, dass ich noch die Kiste aus mit Pech bestrichenen Eichenholzlatten hatte.
BONK
BONK

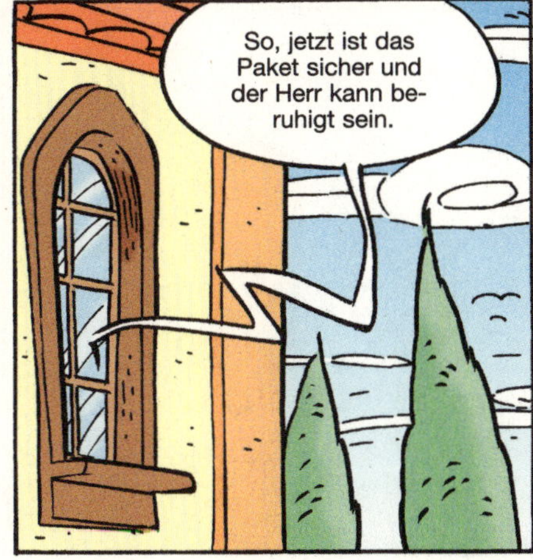
So, jetzt ist das Paket sicher und der Herr kann beruhigt sein.

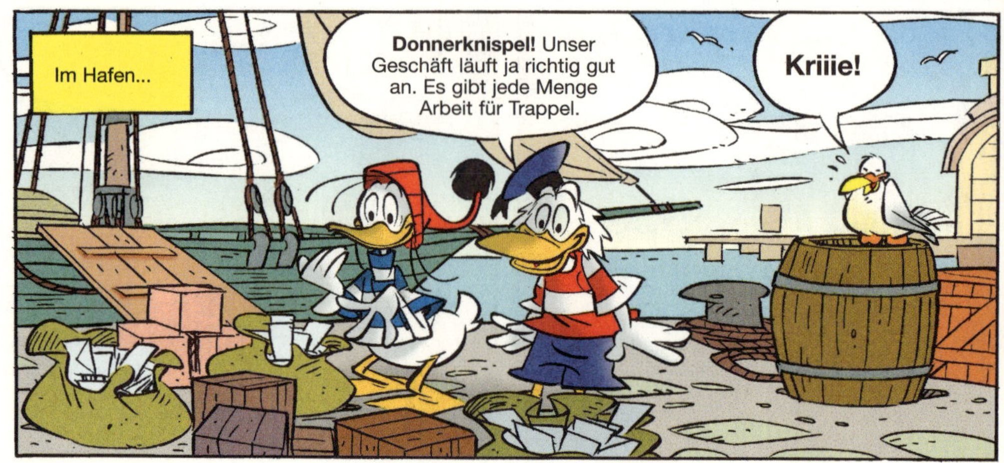
Im Hafen...
Donnerknispel! Unser Geschäft läuft ja richtig gut an. Es gibt jede Menge Arbeit für Trappel.
Kriiie!

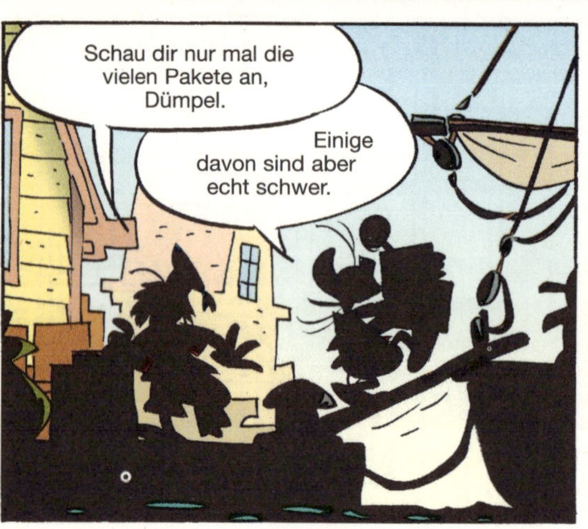
Schau dir nur mal die vielen Pakete an, Dümpel.
Einige davon sind aber echt schwer.

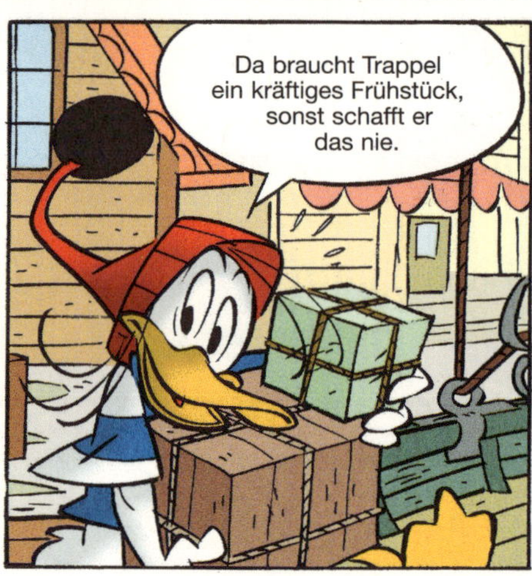
Da braucht Trappel ein kräftiges Frühstück, sonst schafft er das nie.

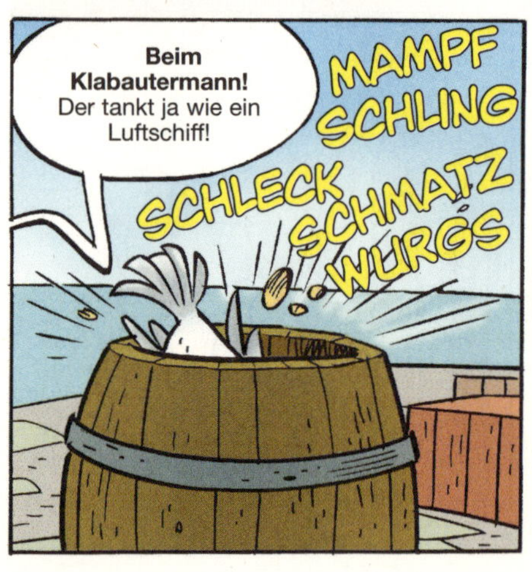
Beim Klabautermann! Der tankt ja wie ein Luftschiff!
MAMPF
SCHLING
SCHLECK
SCHMATZ
WÜRGS

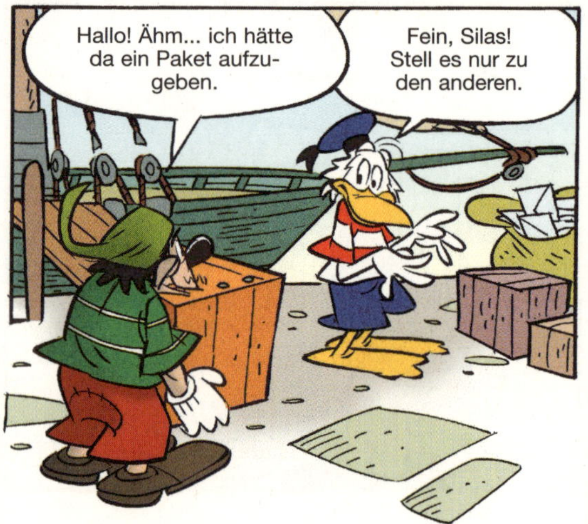
Hallo! Ähm... ich hätte da ein Paket aufzu-geben.
Fein, Silas! Stell es nur zu den anderen.

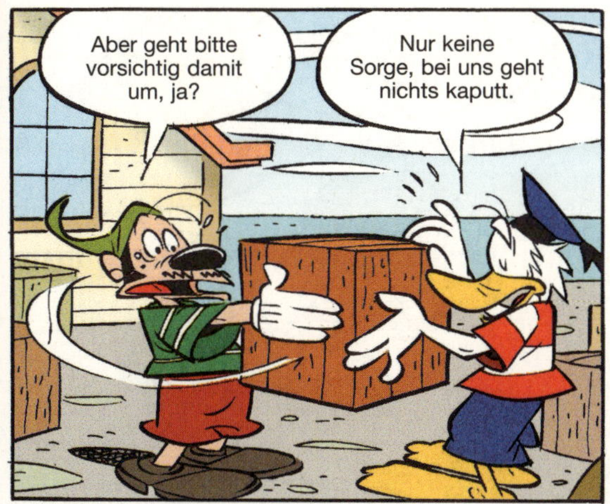
Aber geht bitte vorsichtig damit um, ja?
Nur keine Sorge, bei uns geht nichts kaputt.

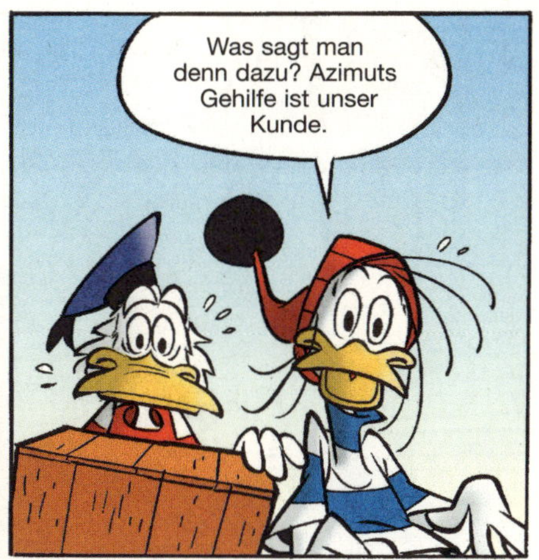
Was sagt man denn dazu? Azimuts Gehilfe ist unser Kunde.

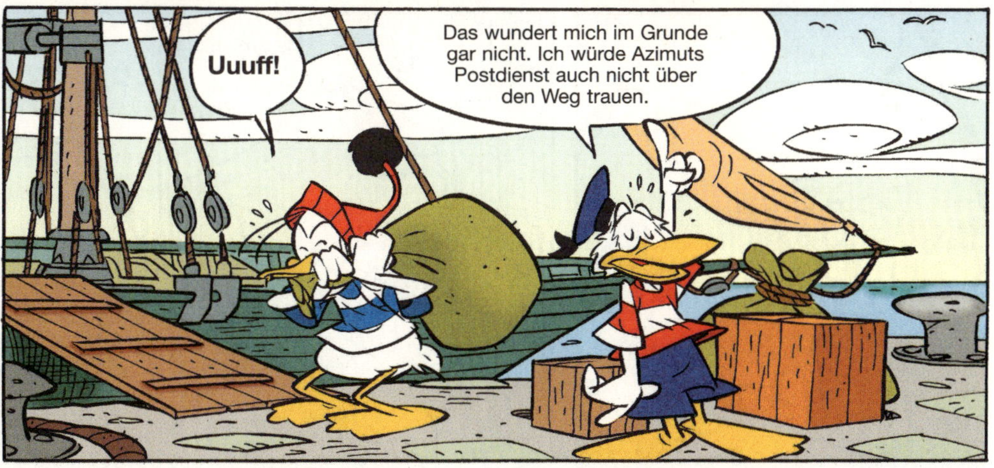
Uuuff!
Das wundert mich im Grunde gar nicht. Ich würde Azimuts Postdienst auch nicht über den Weg trauen.

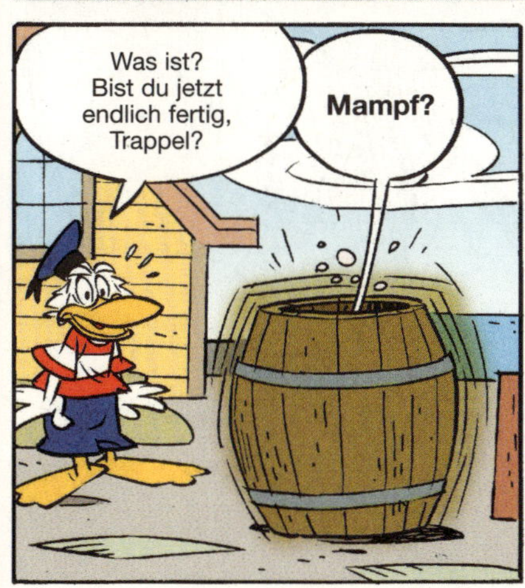
Was ist? Bist du jetzt endlich fertig, Trappel?
Mampf?

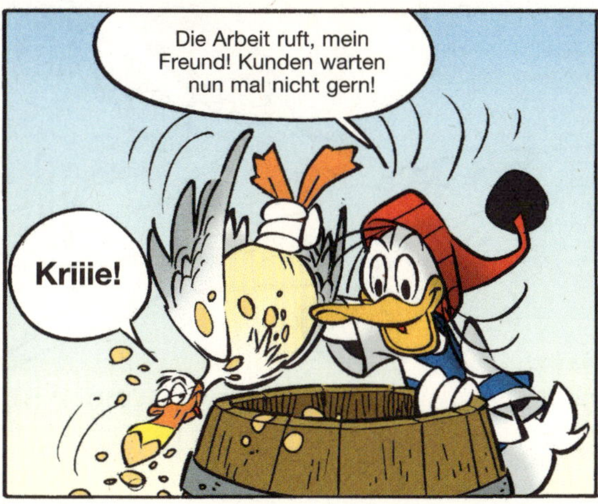
Die Arbeit ruft, mein Freund! Kunden warten nun mal nicht gern!
Kriiie!

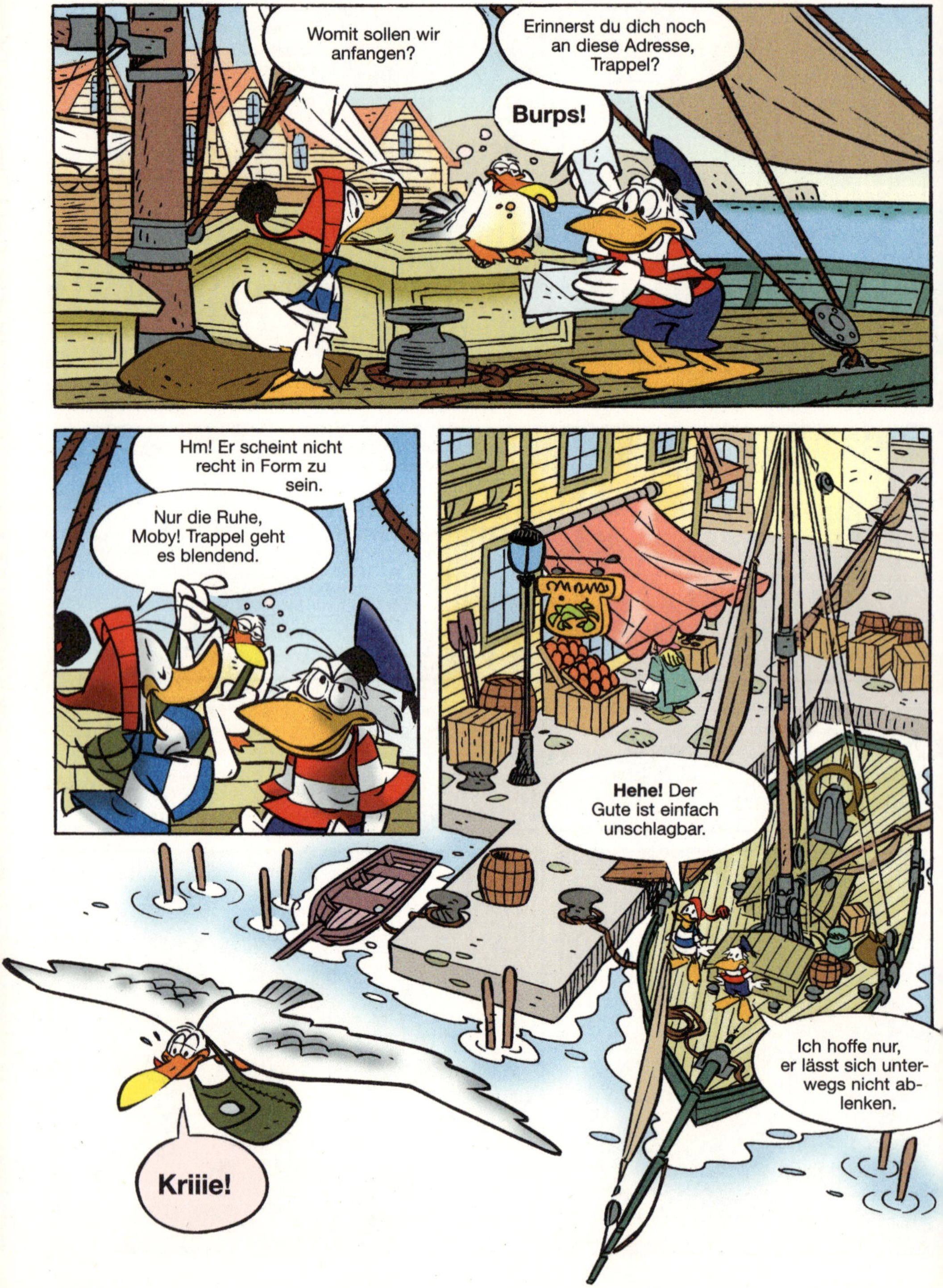

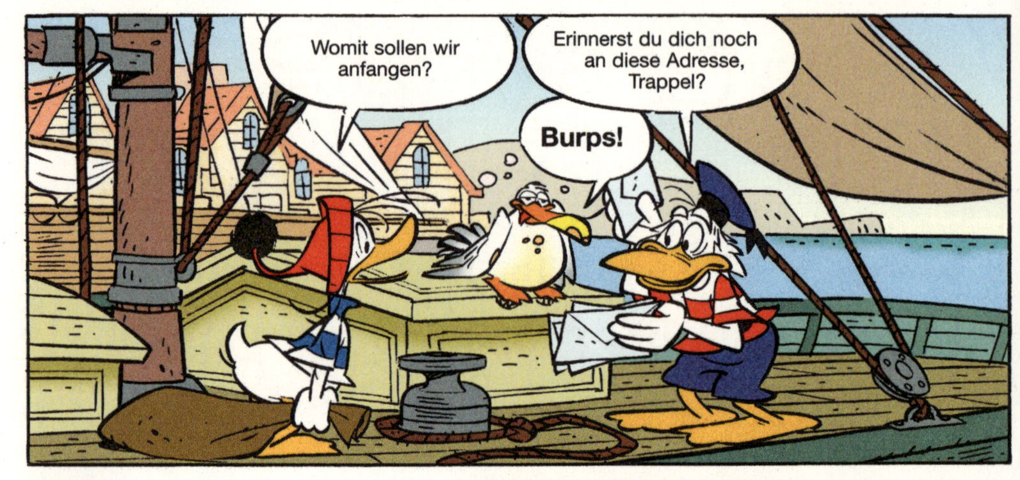

Hm! Er scheint nicht recht in Form zu sein.

Nur die Ruhe, Moby! Trappel geht es blendend.

Hehe! Der Gute ist einfach unschlagbar.

Ich hoffe nur, er lässt sich unterwegs nicht ablenken.

Kriiie!

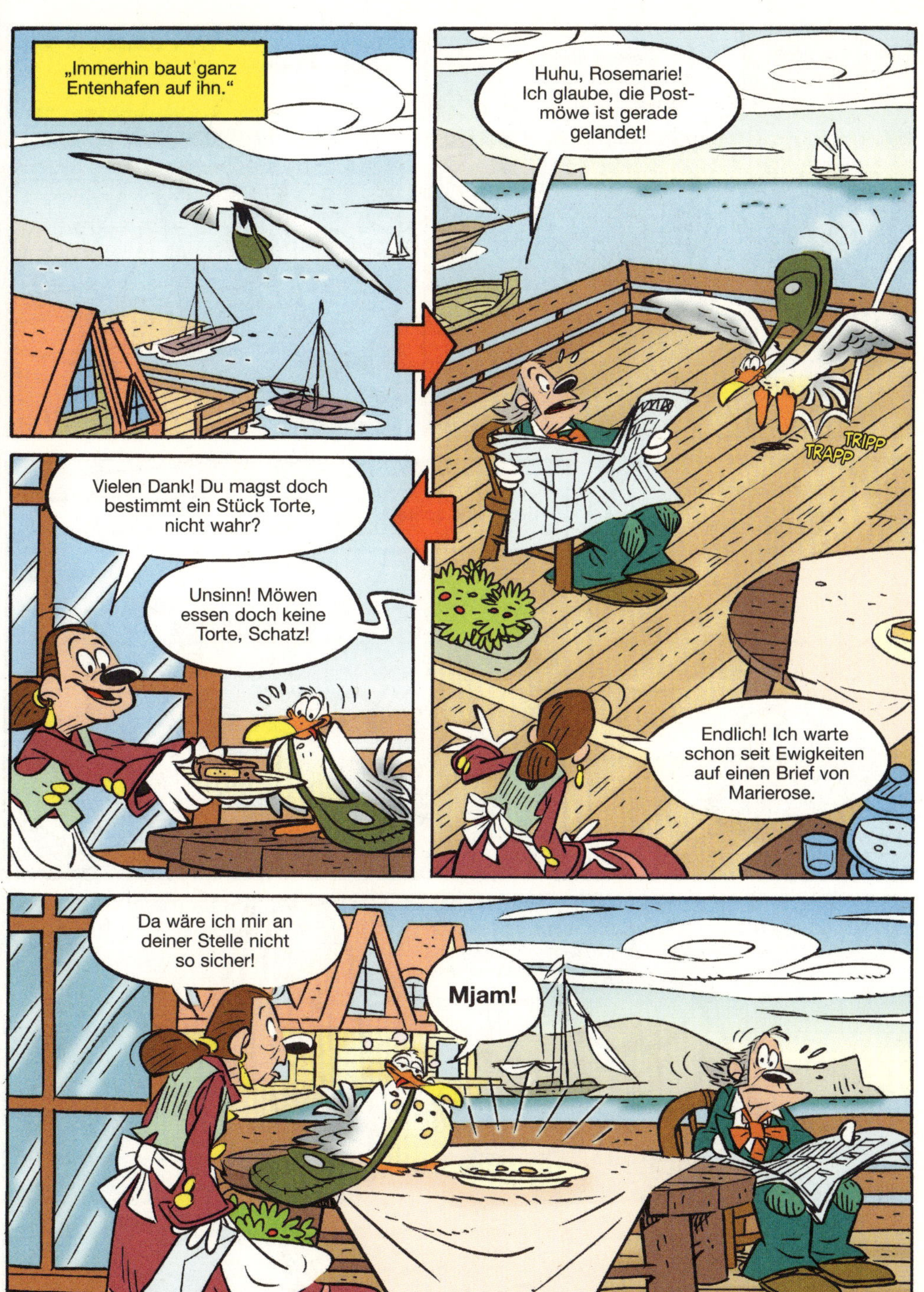
„Immerhin baut ganz Entenhafen auf ihn."
Huhu, Rosemarie! Ich glaube, die Postmöwe ist gerade gelandet!
TRIPP
TRAPP
Endlich! Ich warte schon seit Ewigkeiten auf einen Brief von Marierose.
Vielen Dank! Du magst doch bestimmt ein Stück Torte, nicht wahr?
Unsinn! Möwen essen doch keine Torte, Schatz!
Da wäre ich mir an deiner Stelle nicht so sicher!
Mjam!

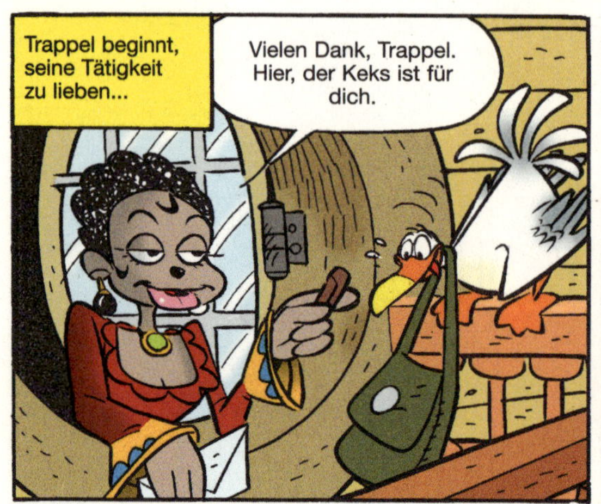

Trappel beginnt, seine Tätigkeit zu lieben...
Vielen Dank, Trappel. Hier, der Keks ist für dich.

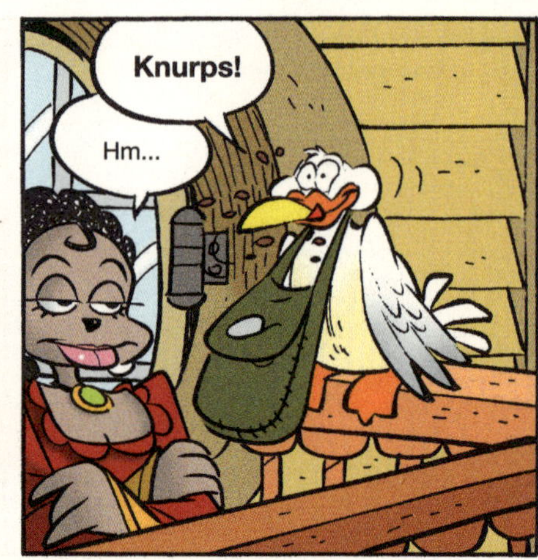

Knurps!
Hm...

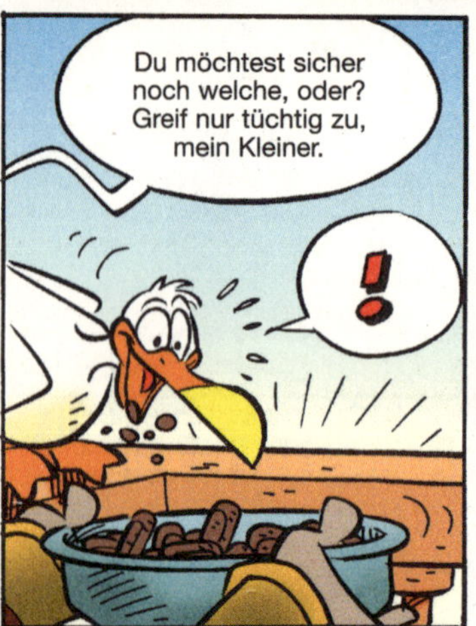

Du möchtest sicher noch welche, oder? Greif nur tüchtig zu, mein Kleiner.
!

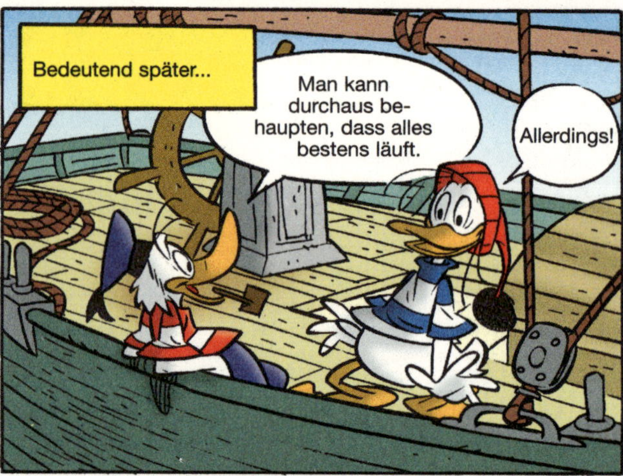

Bedeutend später...
Man kann durchaus behaupten, dass alles bestens läuft.
Allerdings!

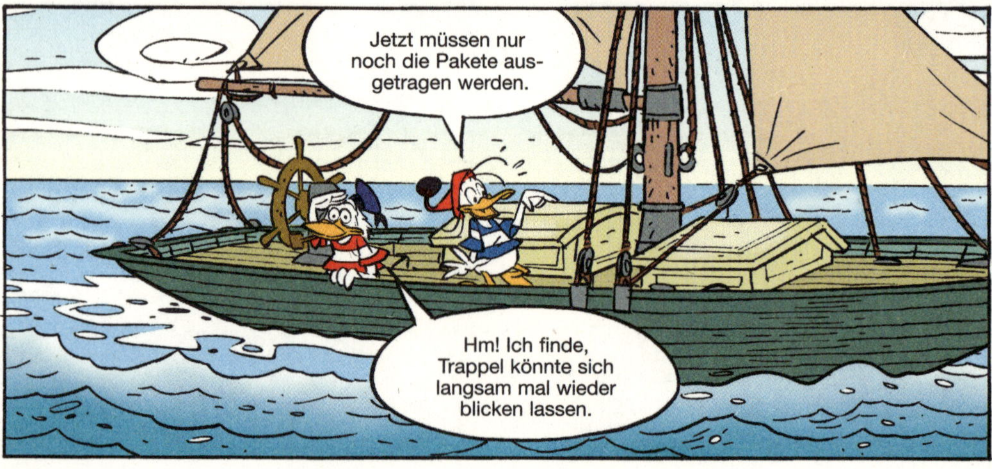

Jetzt müssen nur noch die Pakete ausgetragen werden.
Hm! Ich finde, Trappel könnte sich langsam mal wieder blicken lassen.

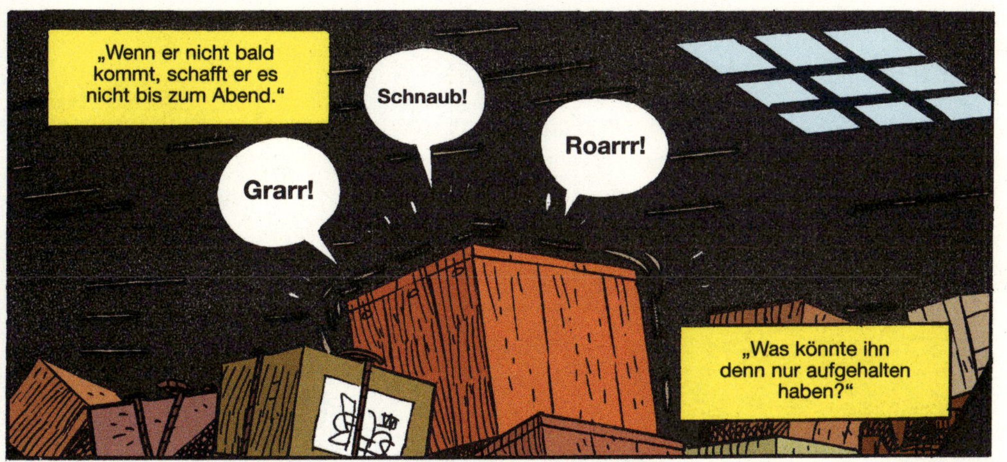
„Wenn er nicht bald kommt, schafft er es nicht bis zum Abend.“
Schnaub!
Roarrr!
Grarr!
„Was könnte ihn denn nur aufgehalten haben?“

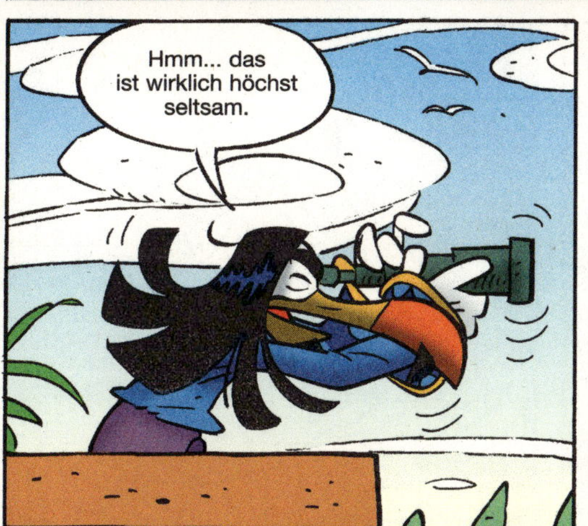
Hmm... das ist wirklich höchst seltsam.

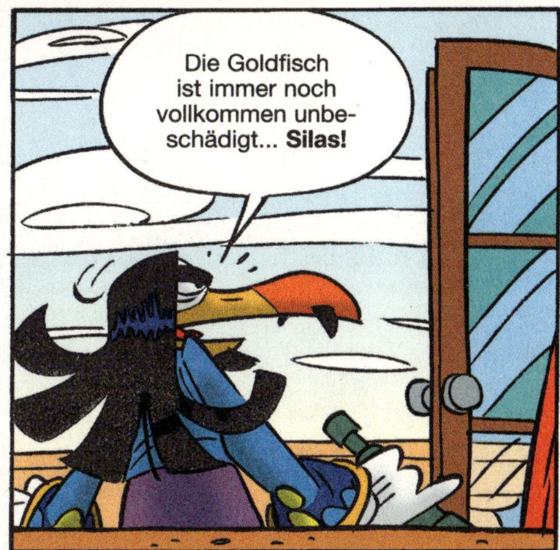
Die Goldfisch ist immer noch vollkommen unbeschädigt... **Silas!**

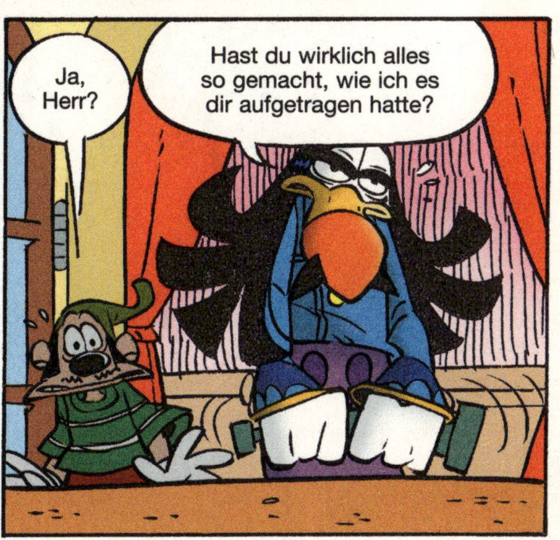
Ja, Herr?
Hast du wirklich alles so gemacht, wie ich es dir aufgetragen hatte?

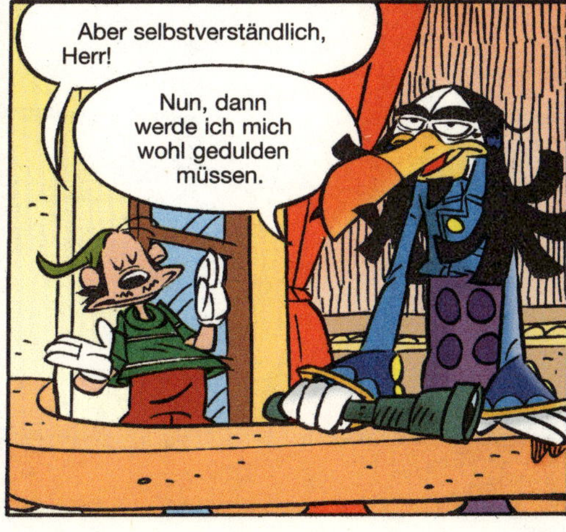
Aber selbstverständlich, Herr!
Nun, dann werde ich mich wohl gedulden müssen.

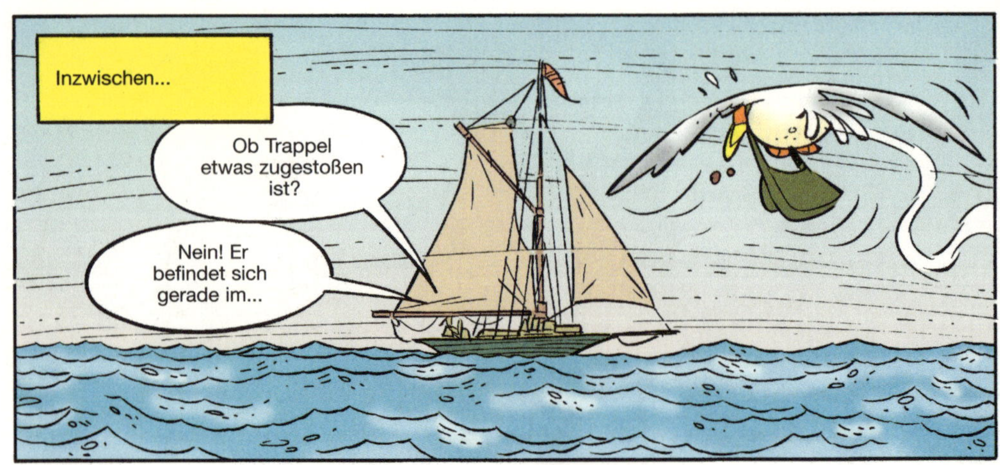
Inzwischen...
Ob Trappel etwas zugestoßen ist?
Nein! Er befindet sich gerade im...

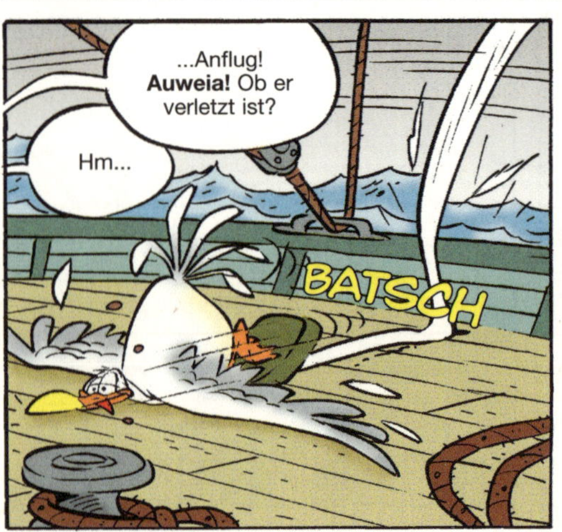
...Anflug! **Auweia!** Ob er verletzt ist?
Hm...
BATSCH

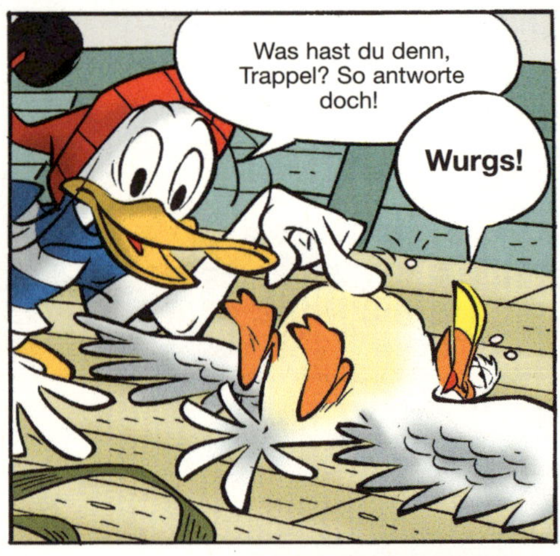
Was hast du denn, Trappel? So antworte doch!
Wurgs!

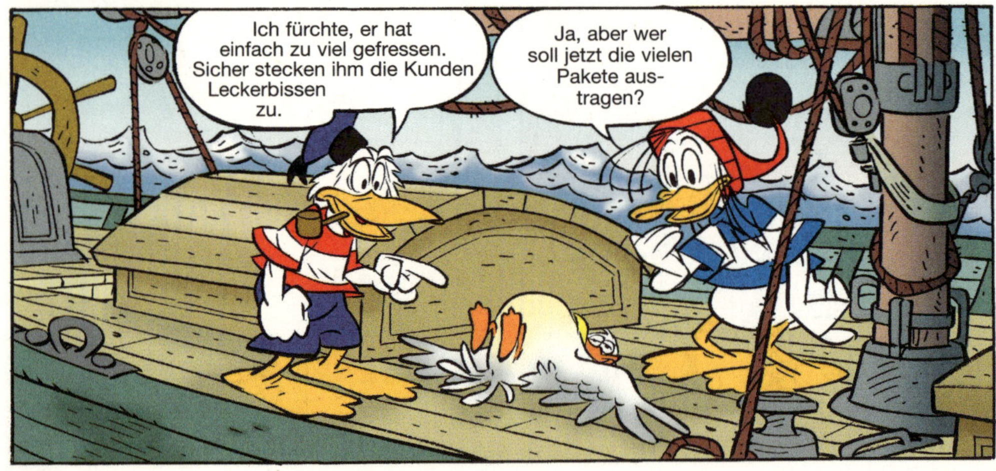
Ich fürchte, er hat einfach zu viel gefressen. Sicher stecken ihm die Kunden Leckerbissen zu.
Ja, aber wer soll jetzt die vielen Pakete austragen?

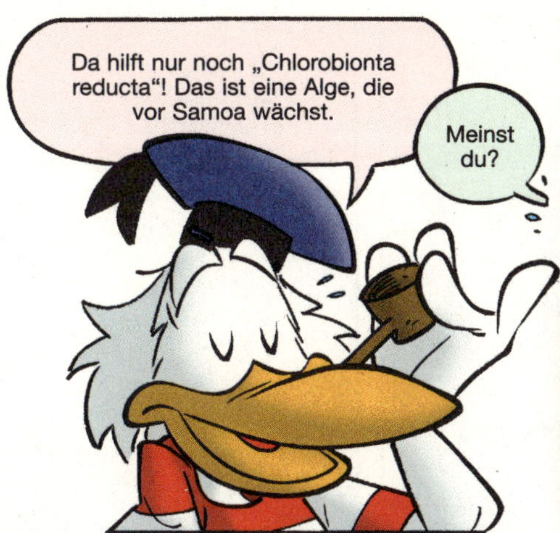
Da hilft nur noch „Chlorobionta reducta“! Das ist eine Alge, die vor Samoa wächst.
Meinst du?

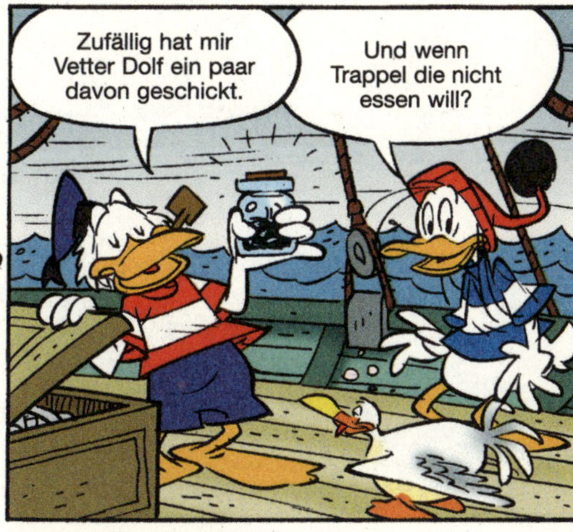
Zufällig hat mir Vetter Dolf ein paar davon geschickt.
Und wenn Trappel die nicht essen will?

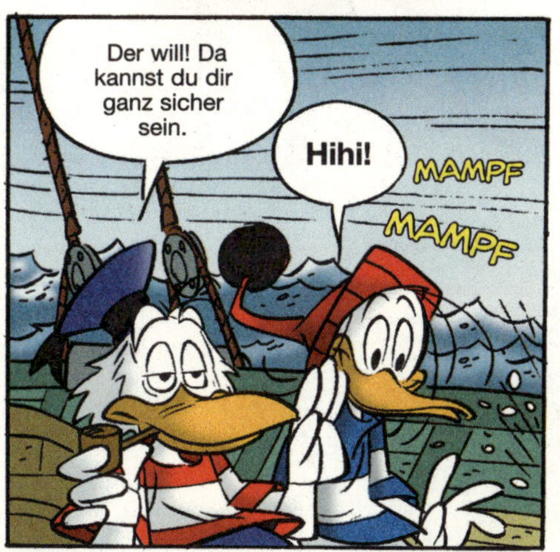
Der will! Da kannst du dir ganz sicher sein.
Hihi!
MAMPF
MAMPF

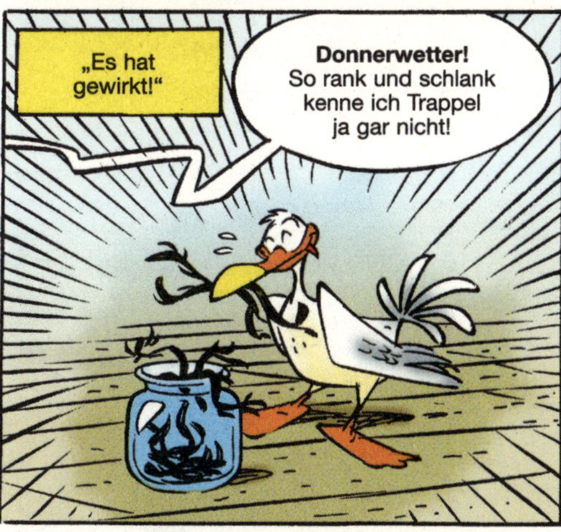
„Es hat gewirkt!“
Donnerwetter! So rank und schlank kenne ich Trappel ja gar nicht!

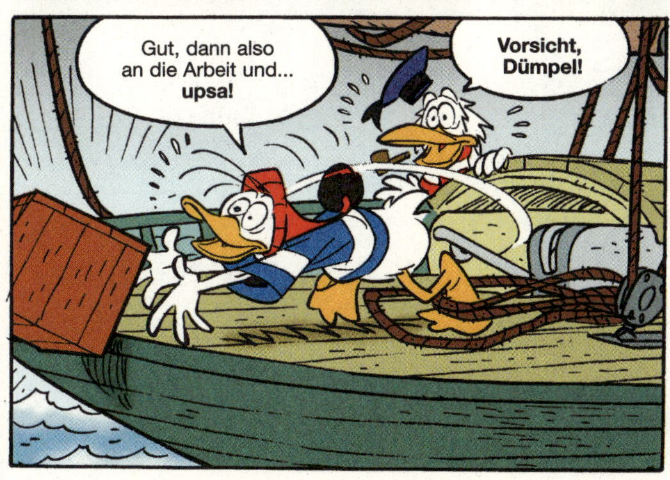
Gut, dann also an die Arbeit und... upsa!
Vorsicht, Dümpel!

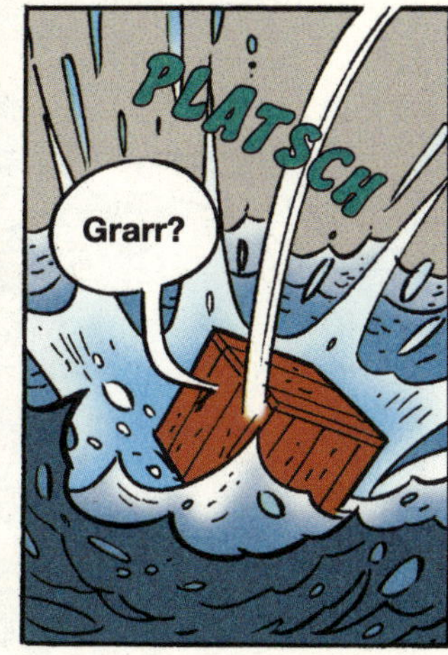
PLATSCH
Grarr?

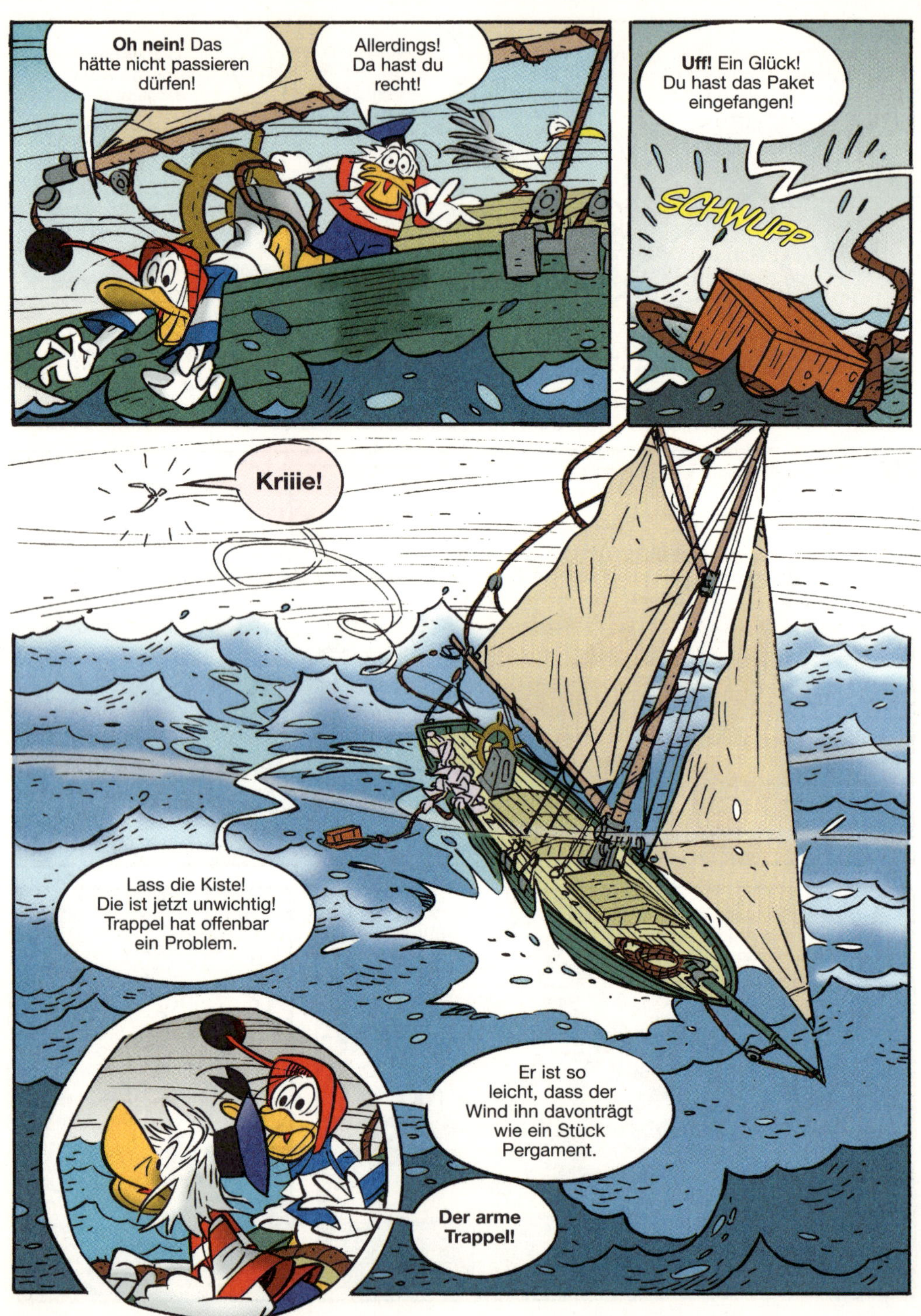

Oh nein! Das hätte nicht passieren dürfen!
Allerdings! Da hast du recht!
Uff! Ein Glück! Du hast das Paket eingefangen!
SCHWUPP
Kriiie!
Lass die Kiste! Die ist jetzt unwichtig! Trappel hat offenbar ein Problem.
Er ist so leicht, dass der Wind ihn davonträgt wie ein Stück Pergament.
Der arme Trappel!

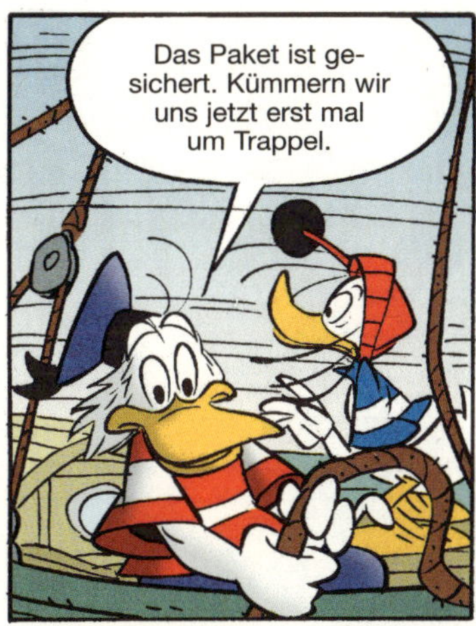
Das Paket ist gesichert. Kümmern wir uns jetzt erst mal um Trappel.

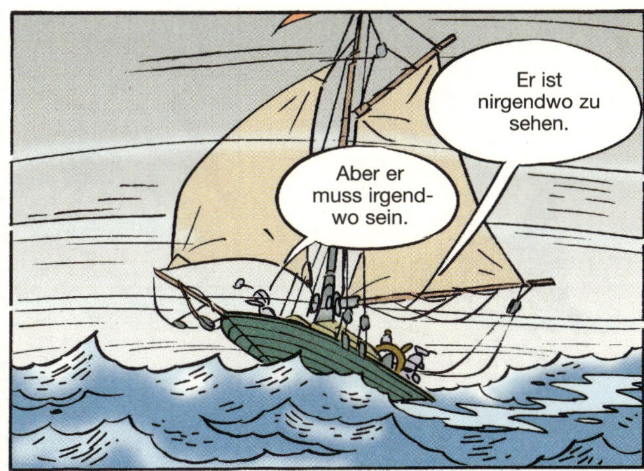
Er ist nirgendwo zu sehen.
Aber er muss irgendwo sein.

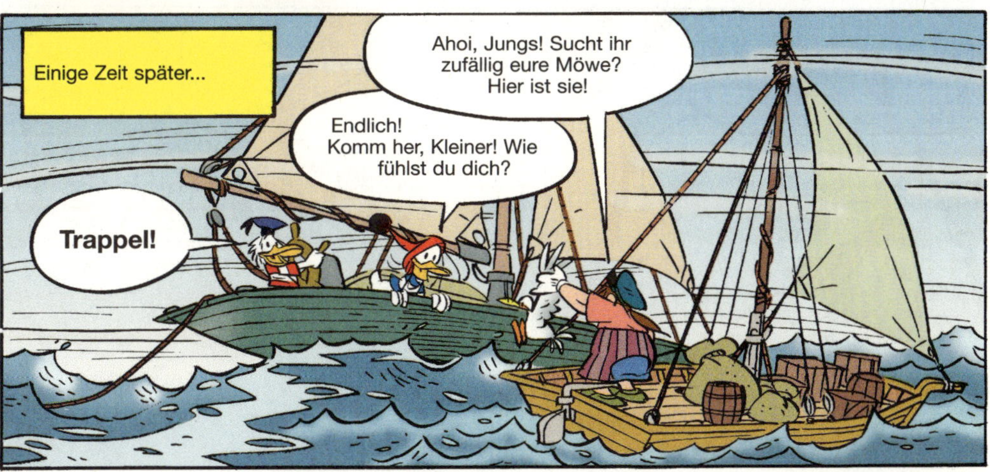
Einige Zeit später...
Ahoi, Jungs! Sucht ihr zufällig eure Möwe? Hier ist sie!
Endlich! Komm her, Kleiner! Wie fühlst du dich?
Trappel!

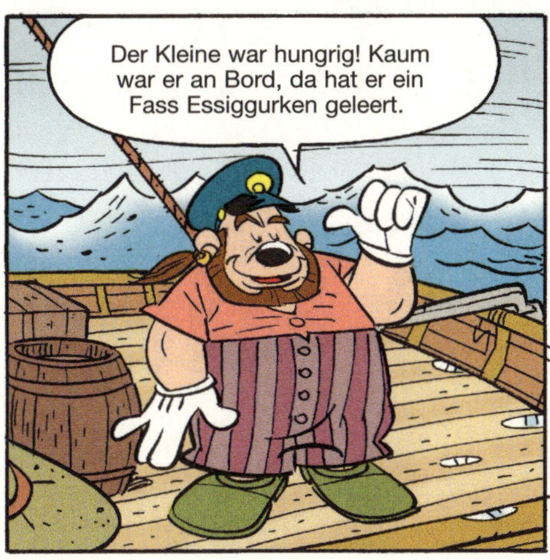
Der Kleine war hungrig! Kaum war er an Bord, da hat er ein Fass Essiggurken geleert.

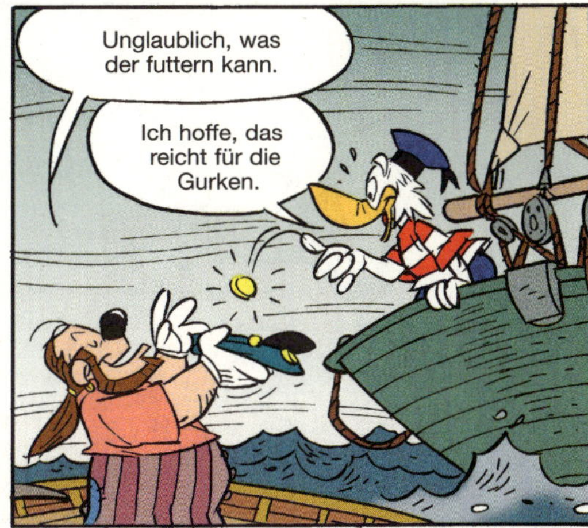
Unglaublich, was der futtern kann.
Ich hoffe, das reicht für die Gurken.

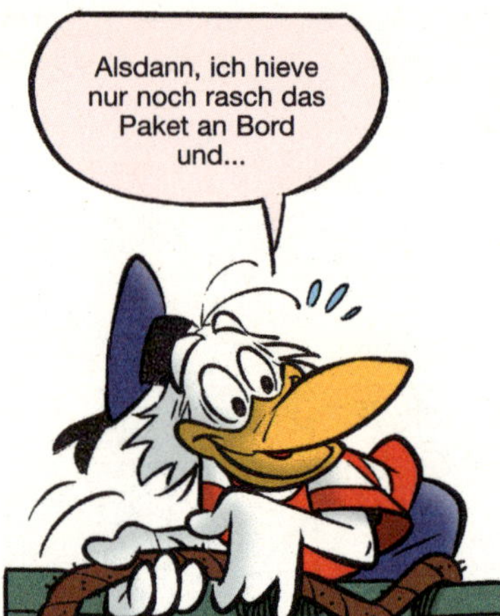
Alsdann, ich hieve nur noch rasch das Paket an Bord und...

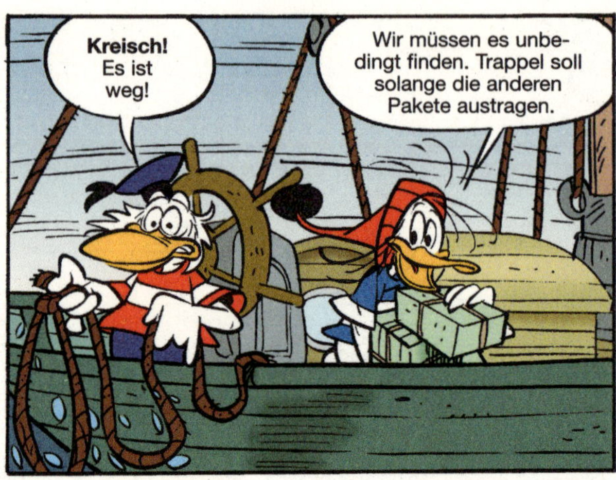
Kreisch! Es ist weg!
Wir müssen es unbedingt finden. Trappel soll solange die anderen Pakete austragen.

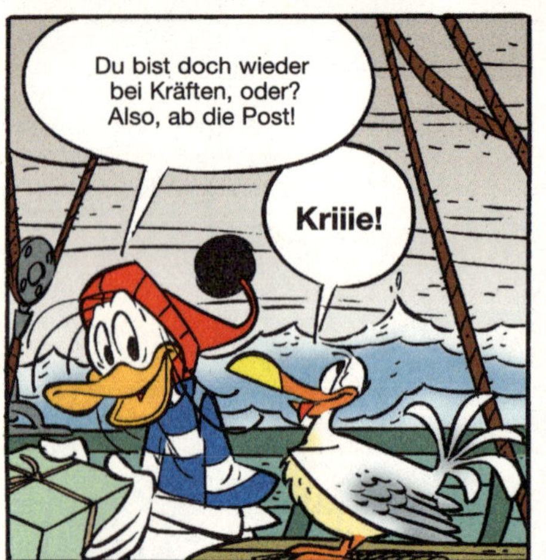
Du bist doch wieder bei Kräften, oder? Also, ab die Post!
Kriiie!

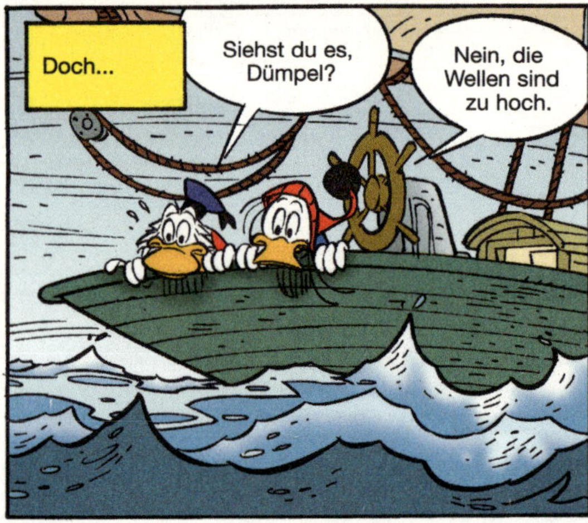
Doch...
Siehst du es, Dümpel?
Nein, die Wellen sind zu hoch.

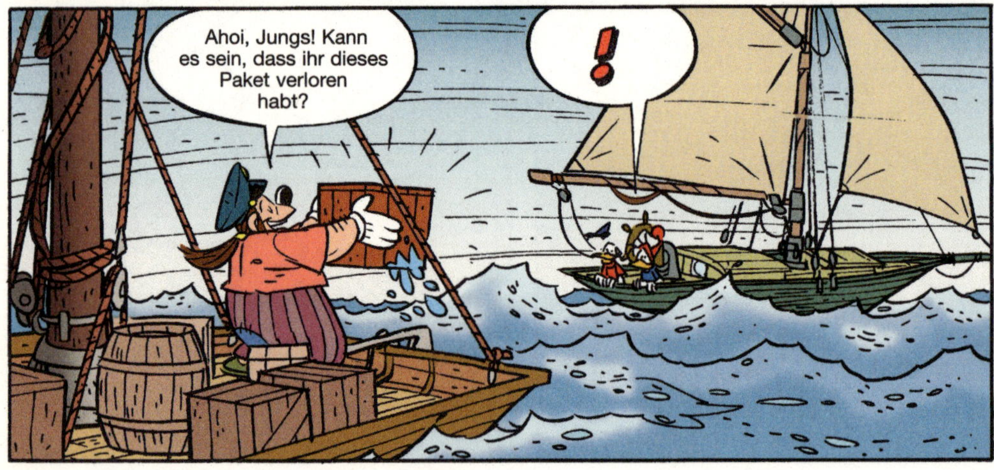
Ahoi, Jungs! Kann es sein, dass ihr dieses Paket verloren habt?
!

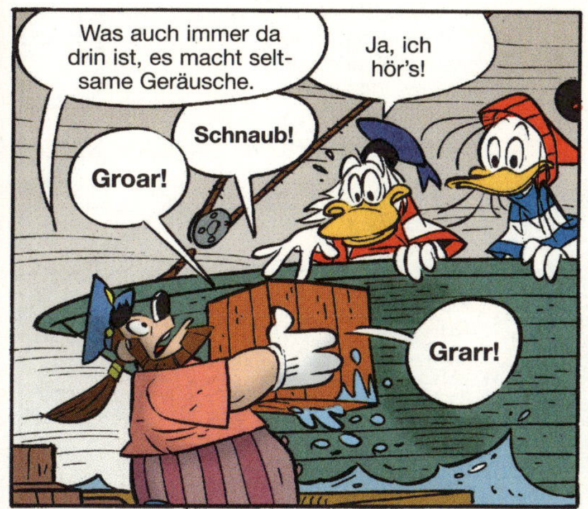
Was auch immer da drin ist, es macht seltsame Geräusche.
Ja, ich hör's!
Schnaub!
Groar!
Grarr!

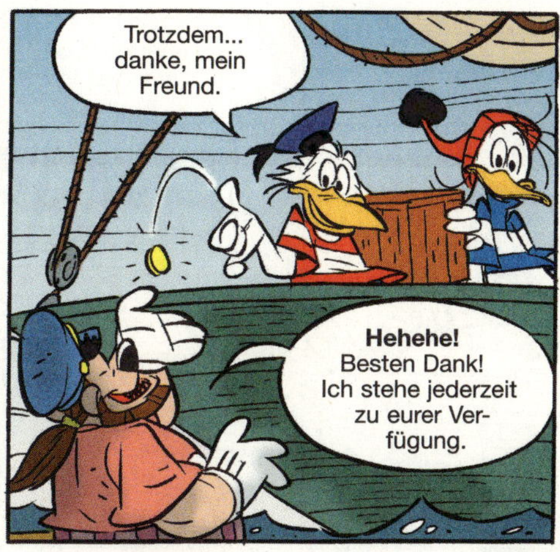
Trotzdem... danke, mein Freund.
Hehehe! Besten Dank! Ich stehe jederzeit zu eurer Verfügung.

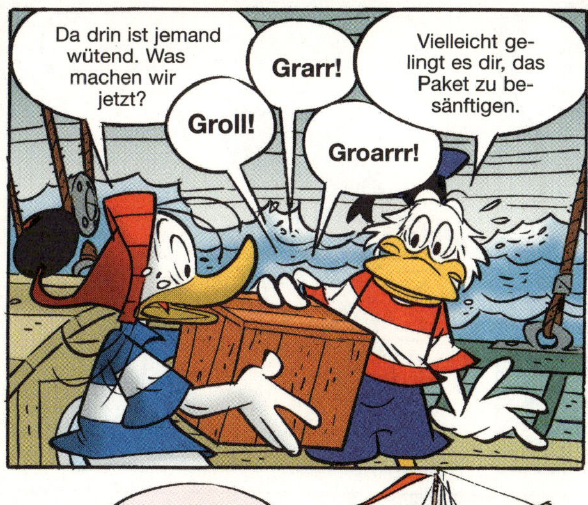
Da drin ist jemand wütend. Was machen wir jetzt?
Grarr!
Vielleicht gelingt es dir, das Paket zu besänftigen.
Groll!
Groarrr!

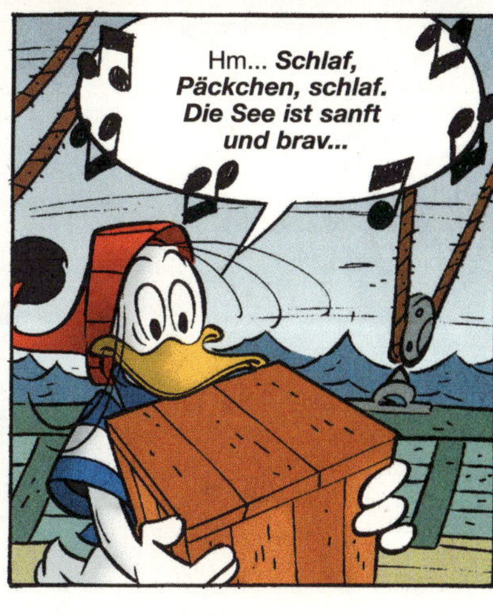
Hm... Schlaf, Päckchen, schlaf. Die See ist sanft und brav...

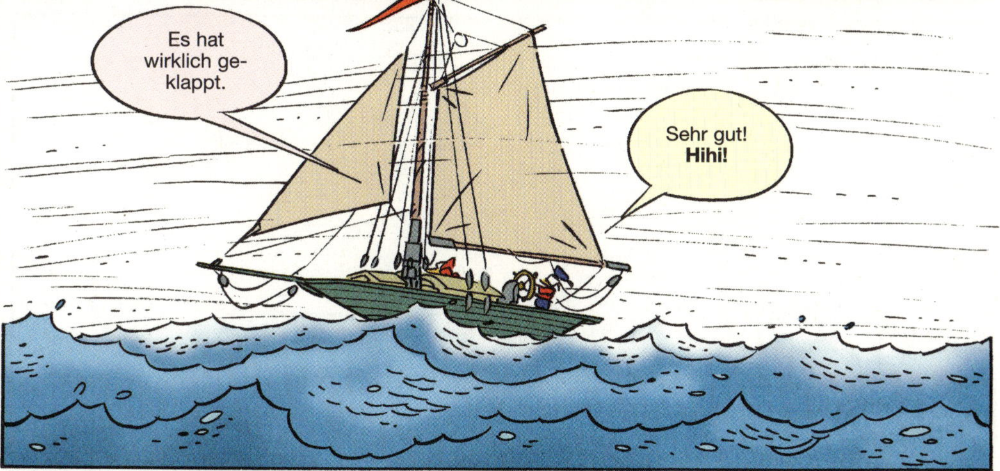
Es hat wirklich geklappt.
Sehr gut! Hihi!

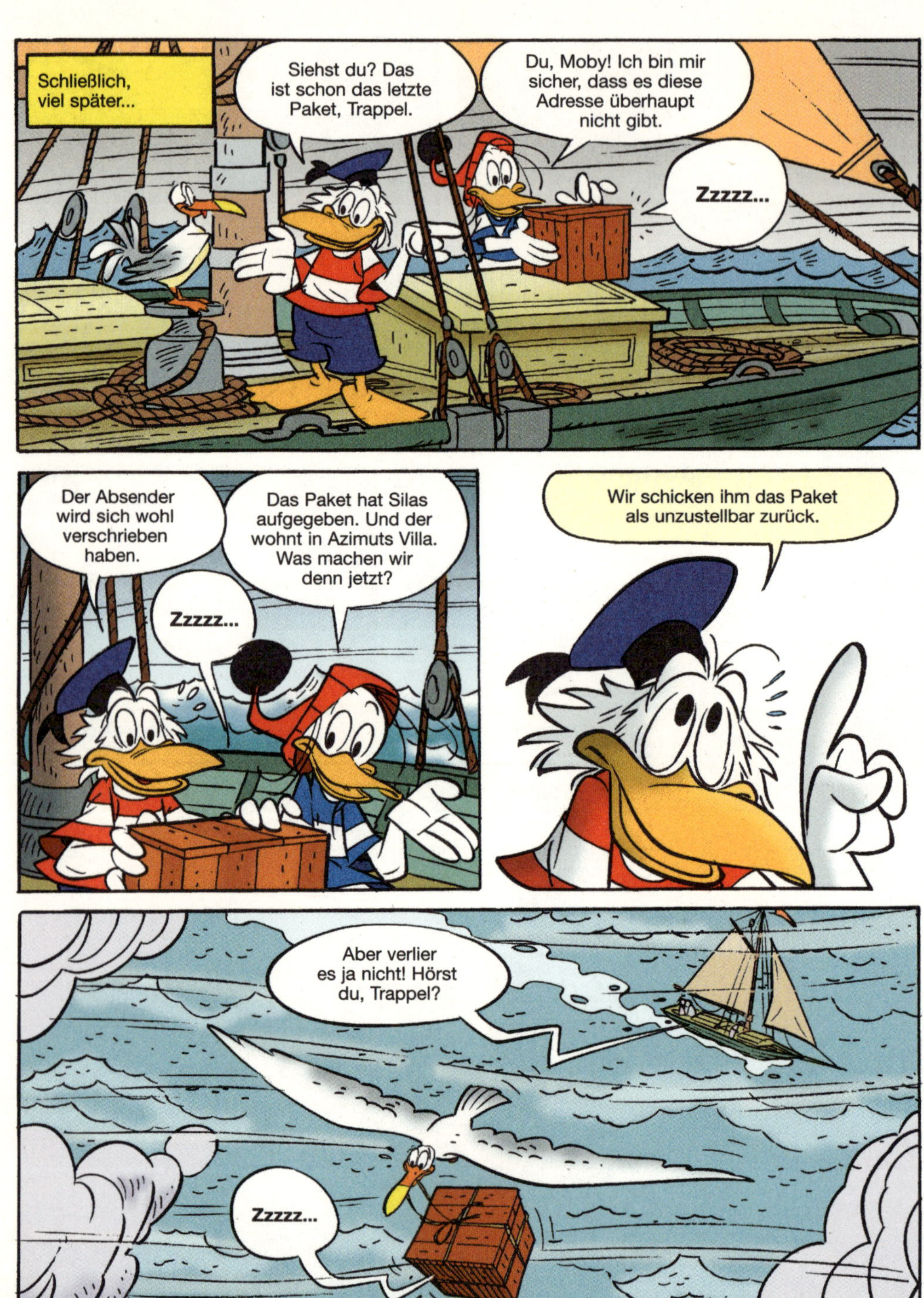
Schließlich, viel später...
Siehst du? Das ist schon das letzte Paket, Trappel.
Du, Moby! Ich bin mir sicher, dass es diese Adresse überhaupt nicht gibt.
Zzzzz...
Der Absender wird sich wohl verschrieben haben.
Das Paket hat Silas aufgegeben. Und der wohnt in Azimuts Villa. Was machen wir denn jetzt?
Zzzzz...
Wir schicken ihm das Paket als unzustellbar zurück.
Aber verlier es ja nicht! Hörst du, Trappel?
Zzzzz...

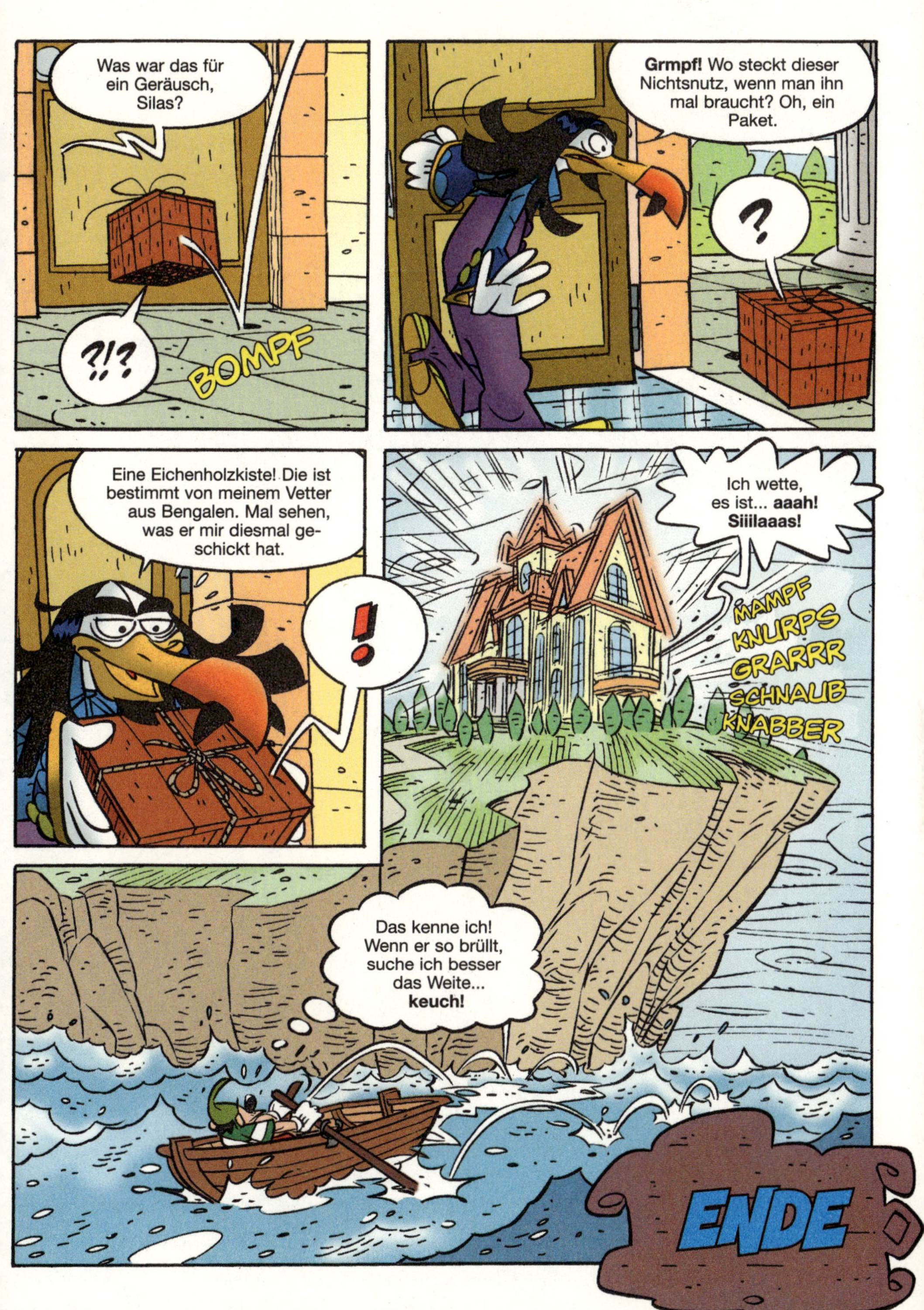
Was war das für ein Geräusch, Silas?
?!?
BOMPF
Grmpf! Wo steckt dieser Nichtsnutz, wenn man ihn mal braucht? Oh, ein Paket.
?
Eine Eichenholzkiste! Die ist bestimmt von meinem Vetter aus Bengalen. Mal sehen, was er mir diesmal geschickt hat.
!
Ich wette, es ist... aaah! Siiilaaas!
MAMPF
KNURPS
GRARRR
SCHNAUB
KNABBER
Das kenne ich! Wenn er so brüllt, suche ich besser das Weite... keuch!
ENDE

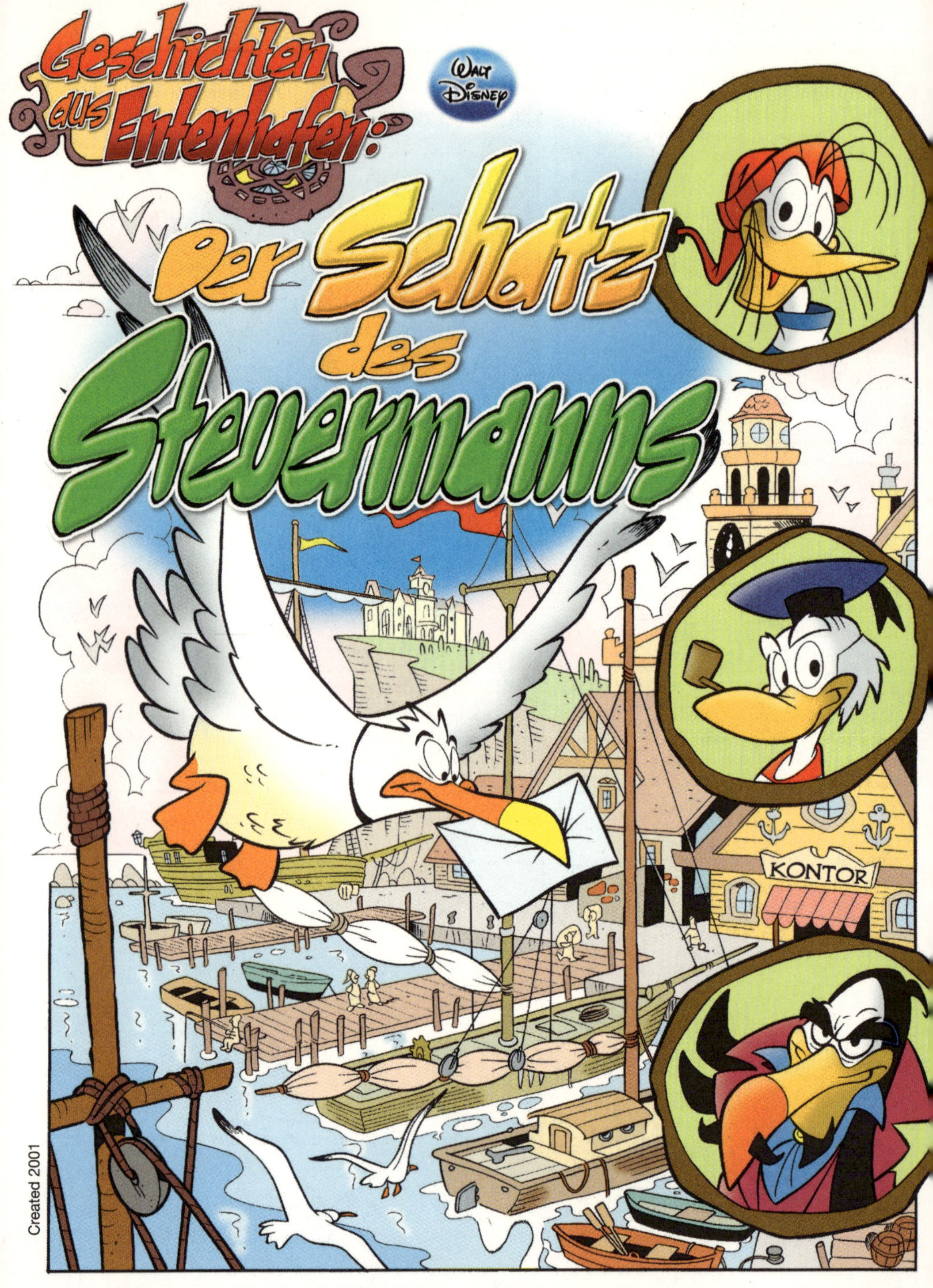

Alberto Savini, Marco Bosco (Story), **Marco Palazzi, Riccardo Sisti** (Zeichnungen) ***I TL 2385-6***

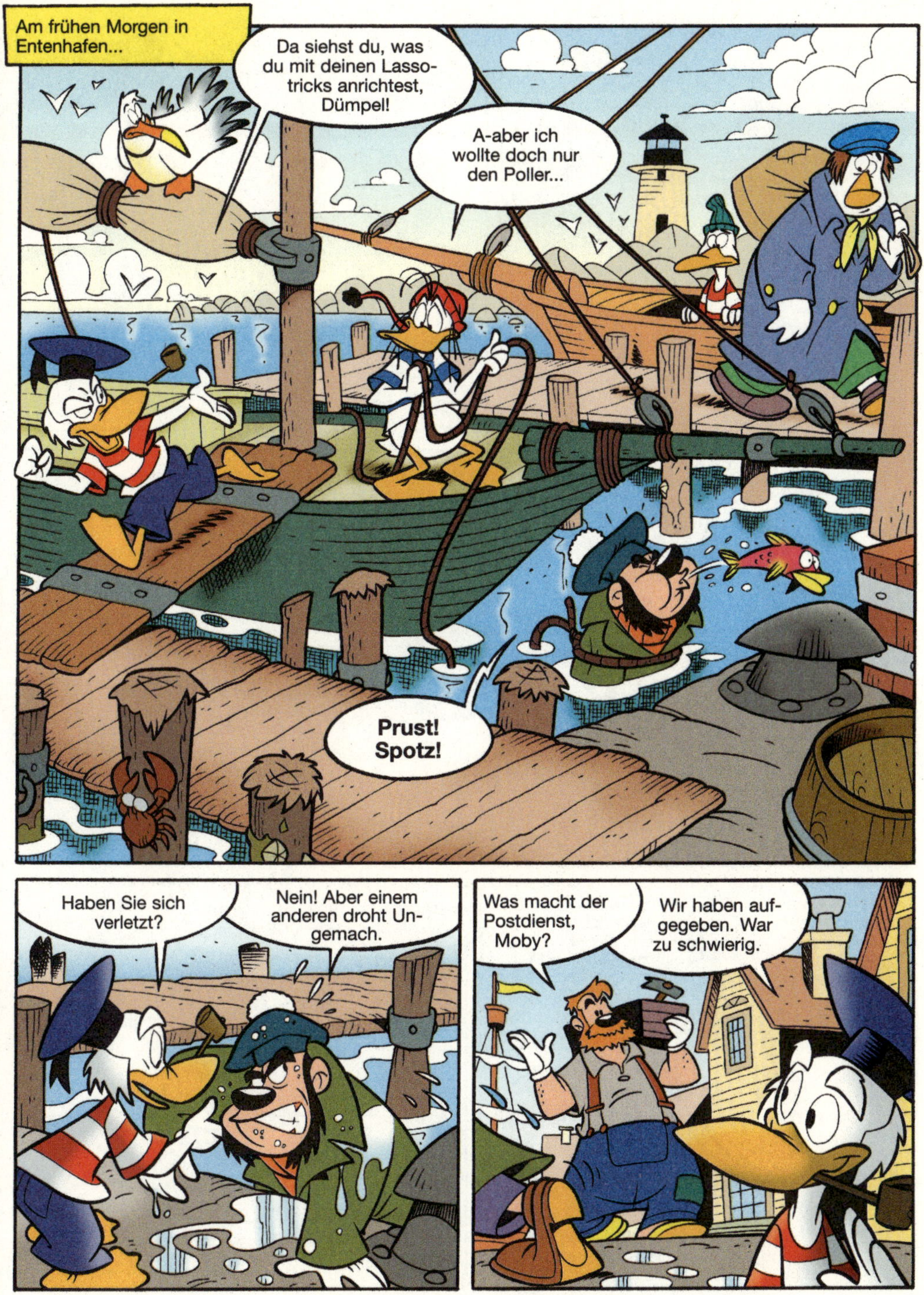

Am frühen Morgen in Entenhafen...

Da siehst du, was du mit deinen Lassotricks anrichtest, Dümpel!

A-aber ich wollte doch nur den Poller...

Prust! Spotz!

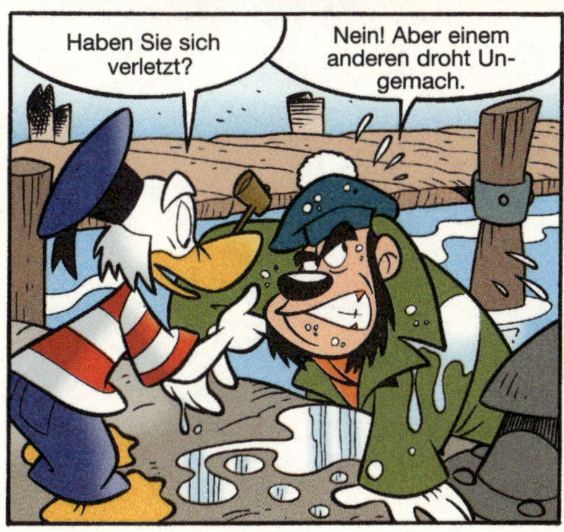

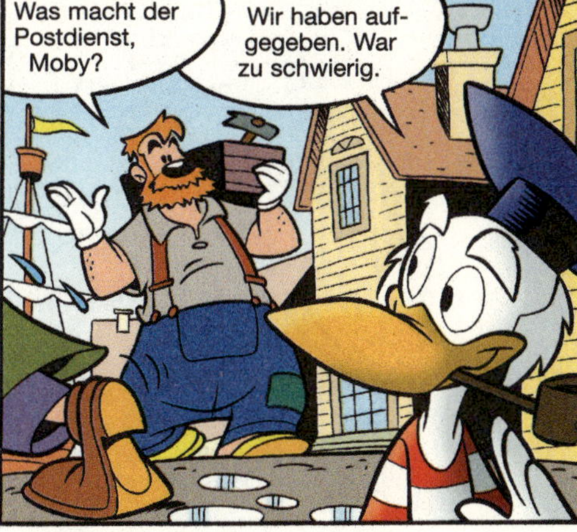

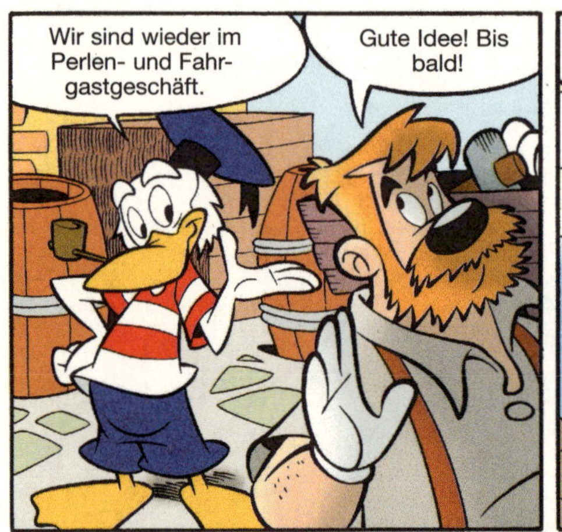
Wir sind wieder im Perlen- und Fahrgastgeschäft.
Gute Idee! Bis bald!

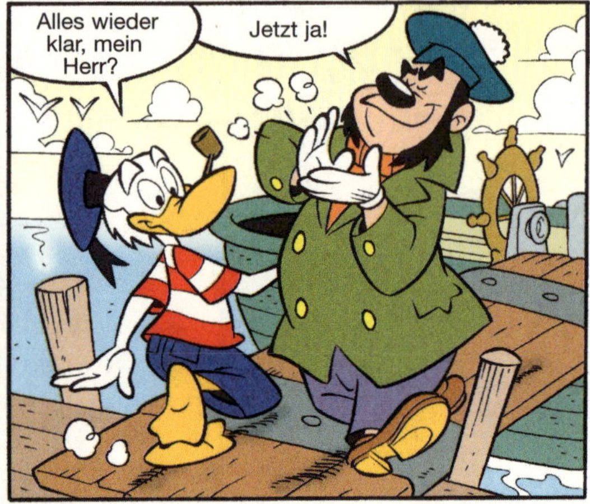
Alles wieder klar, mein Herr?
Jetzt ja!

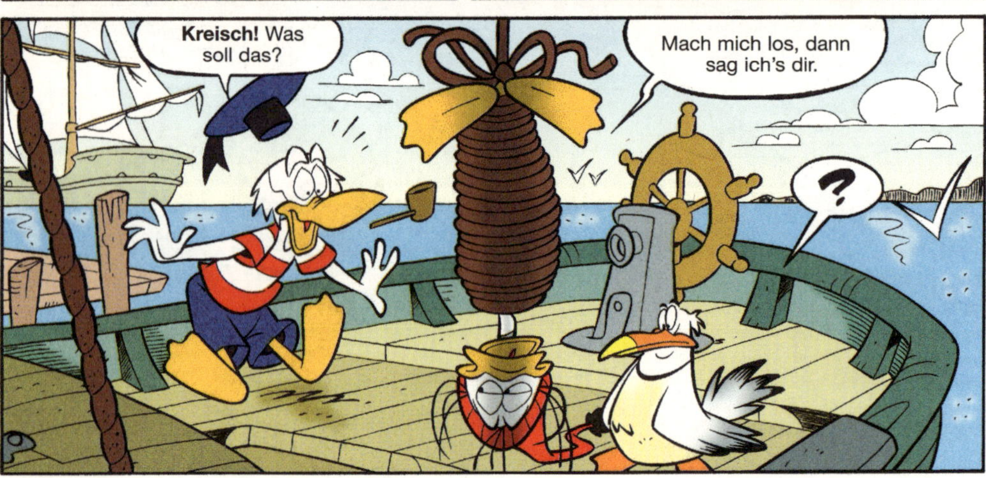
Kreisch! Was soll das?
Mach mich los, dann sag ich's dir.
?

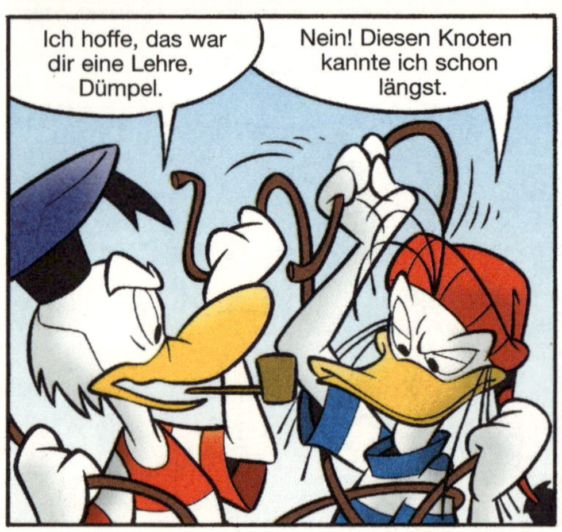
Ich hoffe, das war dir eine Lehre, Dümpel.
Nein! Diesen Knoten kannte ich schon längst.

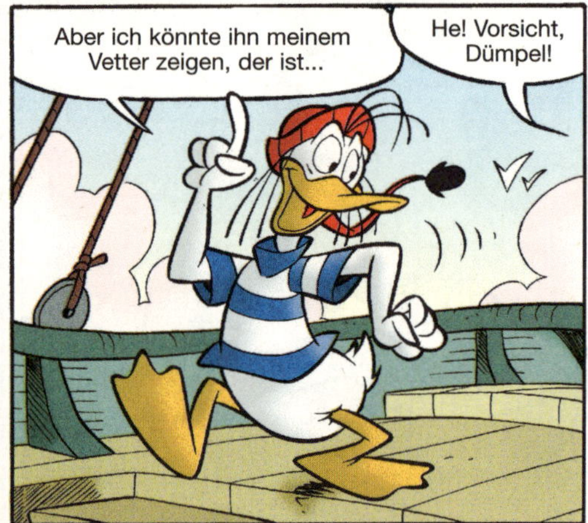
Aber ich könnte ihn meinem Vetter zeigen, der ist...
He! Vorsicht, Dümpel!

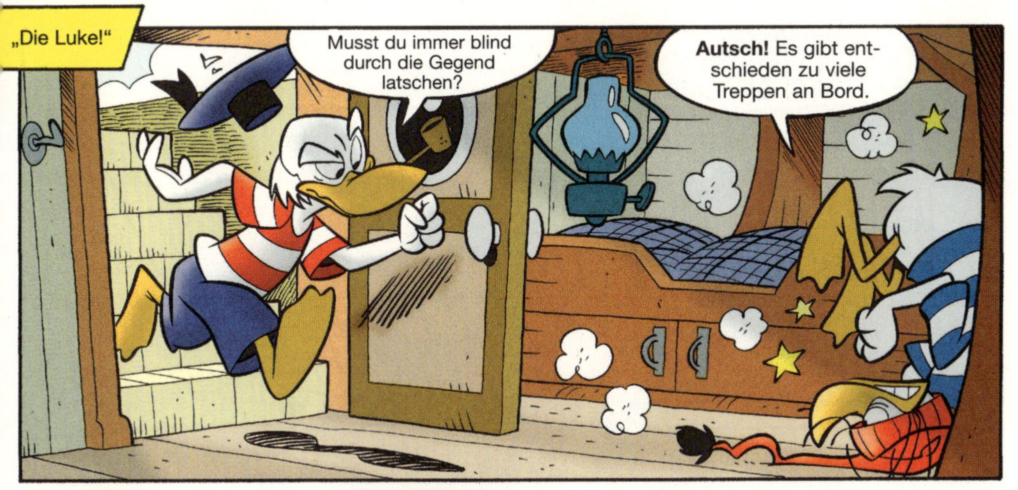
„Die Luke!“
Musst du immer blind durch die Gegend latschen?
Autsch! Es gibt entschieden zu viele Treppen an Bord.

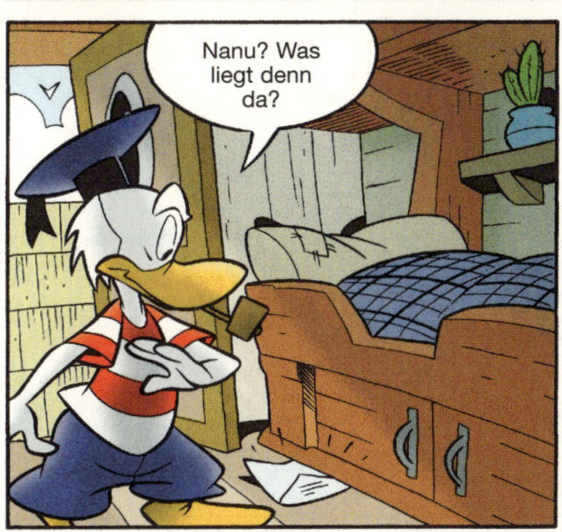
Nanu? Was liegt denn da?

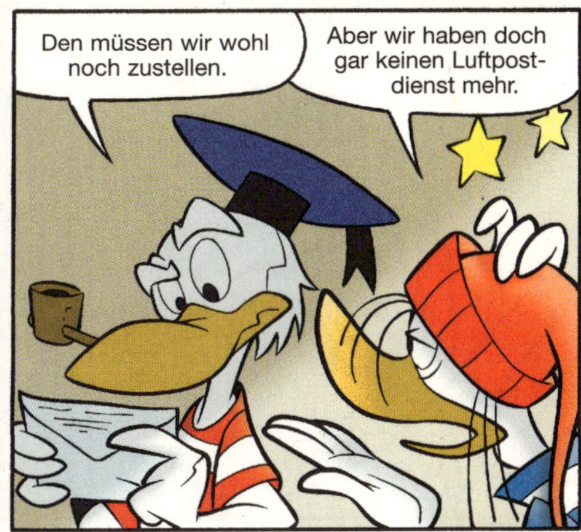
Den müssen wir wohl noch zustellen.
Aber wir haben doch gar keinen Luftpostdienst mehr.

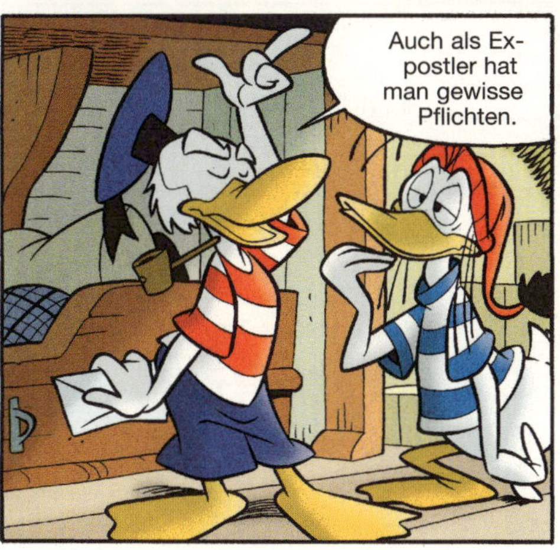
Auch als Expostler hat man gewisse Pflichten.

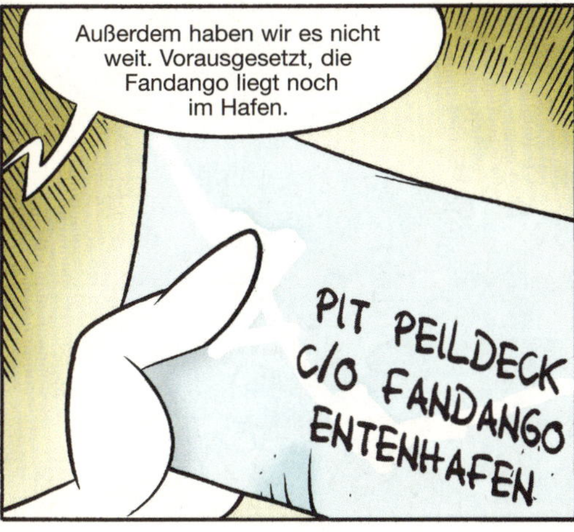
Außerdem haben wir es nicht weit. Vorausgesetzt, die Fandango liegt noch im Hafen.
PIT PEILDECK
C/O FANDANGO
ENTENHAFEN

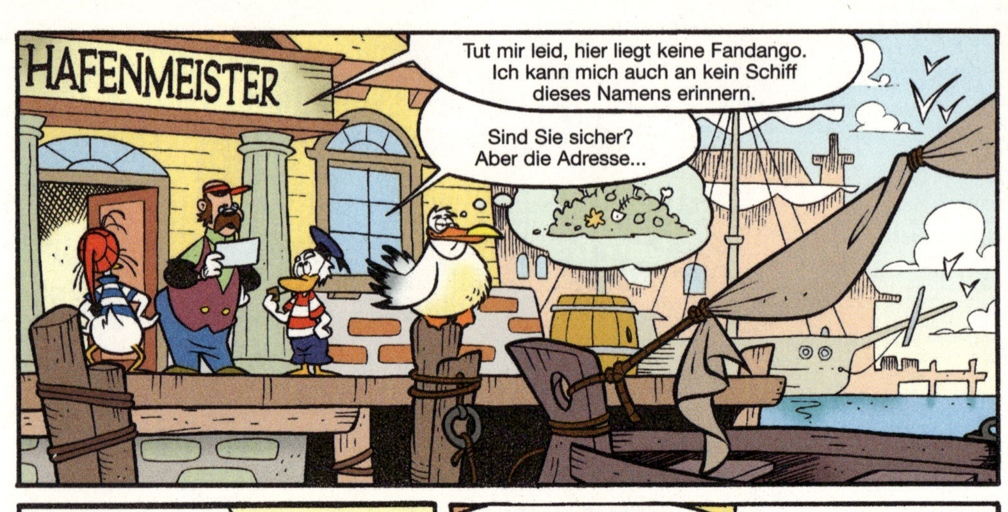
HAFENMEISTER
Tut mir leid, hier liegt keine Fandango. Ich kann mich auch an kein Schiff dieses Namens erinnern.
Sind Sie sicher? Aber die Adresse...

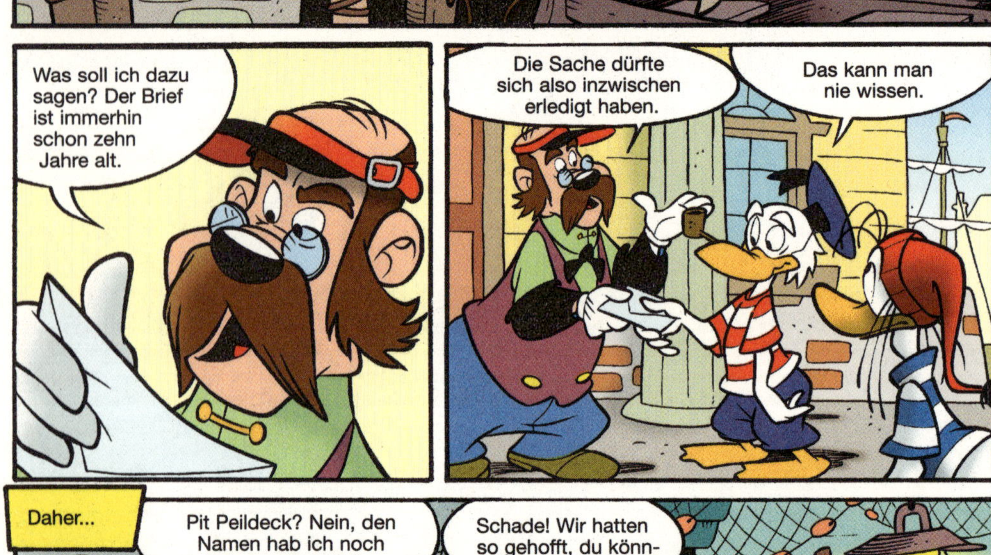
Was soll ich dazu sagen? Der Brief ist immerhin schon zehn Jahre alt.
Die Sache dürfte sich also inzwischen erledigt haben.
Das kann man nie wissen.

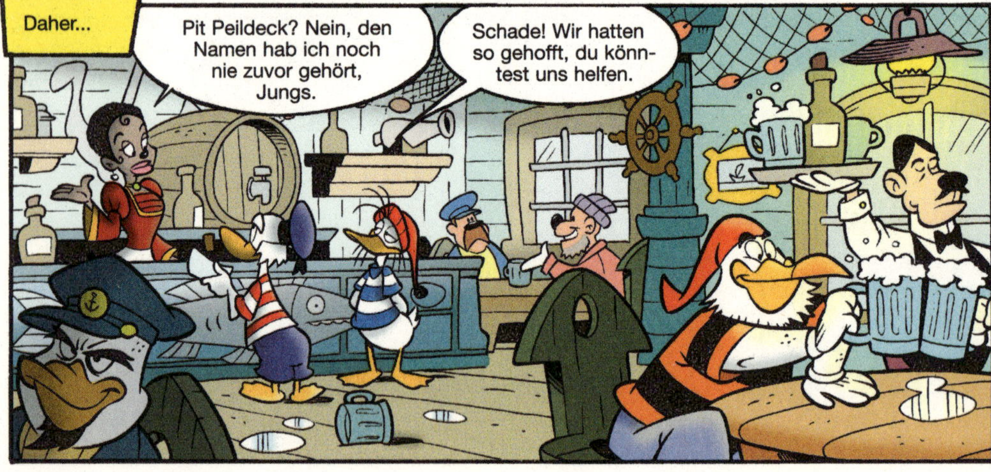
Daher...
Pit Peildeck? Nein, den Namen hab ich noch nie zuvor gehört, Jungs.
Schade! Wir hatten so gehofft, du könntest uns helfen.

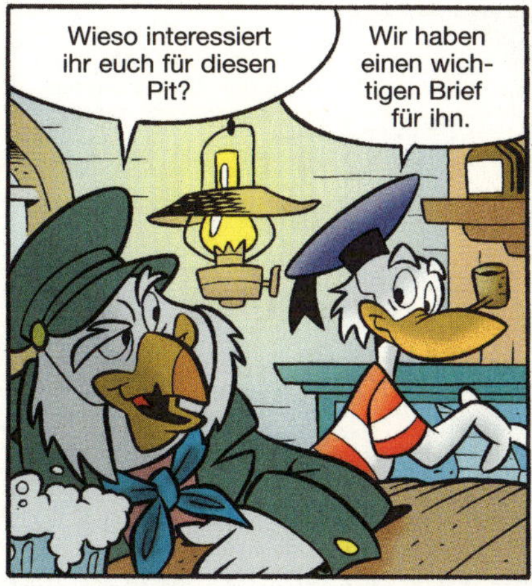
Wieso interessiert ihr euch für diesen Pit?
Wir haben einen wichtigen Brief für ihn.

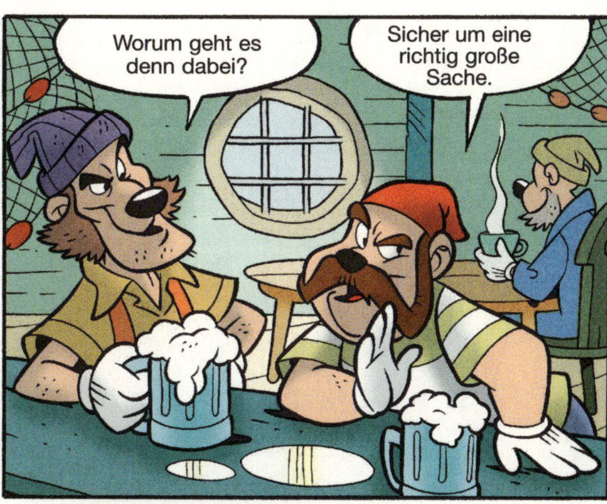
Worum geht es denn dabei?
Sicher um eine richtig große Sache.

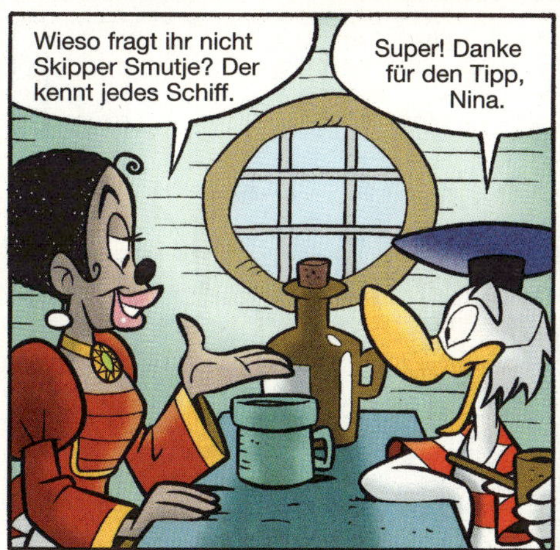
Wieso fragt ihr nicht Skipper Smutje? Der kennt jedes Schiff.
Super! Danke für den Tipp, Nina.

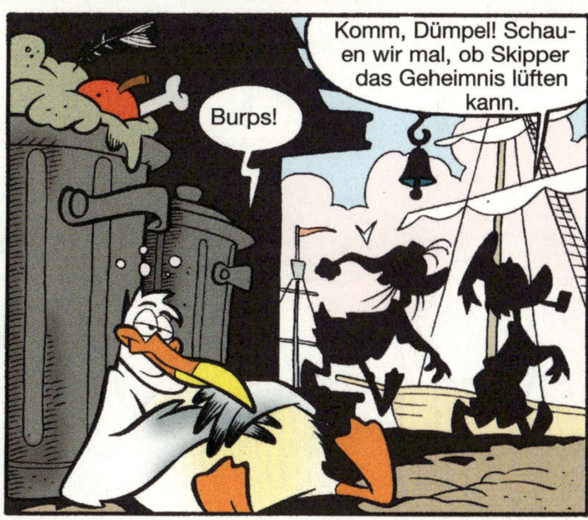
Burps!
Komm, Dümpel! Schauen wir mal, ob Skipper das Geheimnis lüften kann.

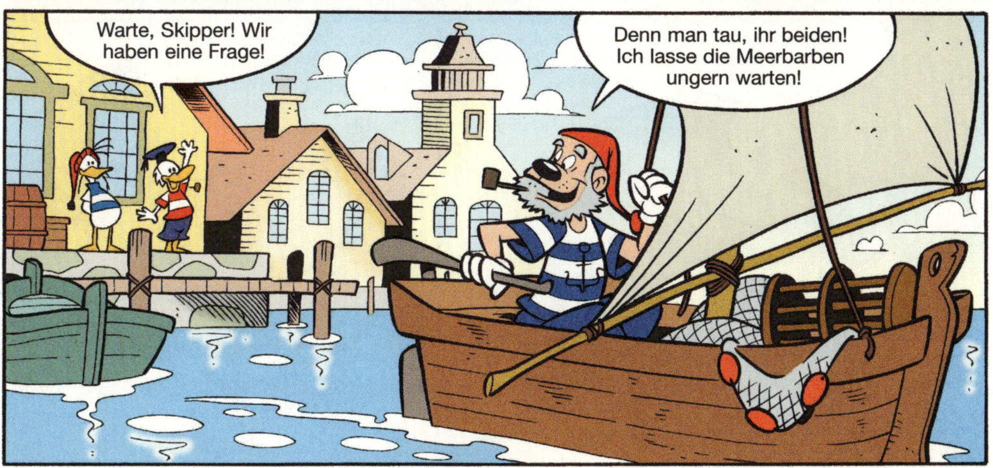
Warte, Skipper! Wir haben eine Frage!
Denn man tau, ihr beiden! Ich lasse die Meerbarben ungern warten!

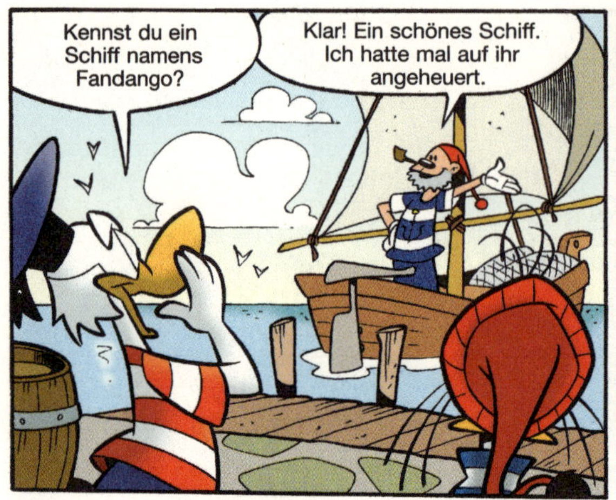
Kennst du ein Schiff namens Fandango?
Klar! Ein schönes Schiff. Ich hatte mal auf ihr angeheuert.

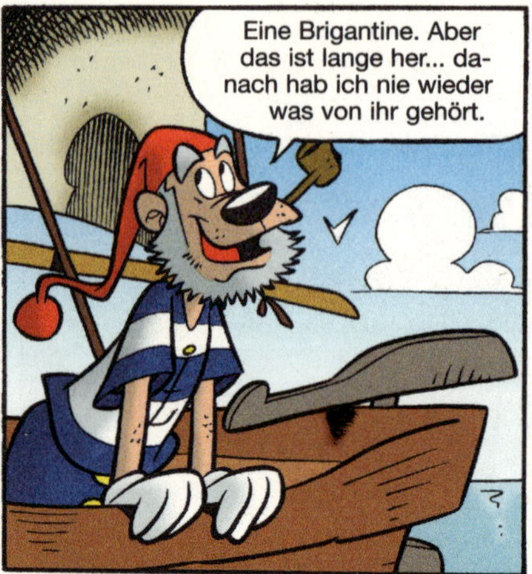
Eine Brigantine. Aber das ist lange her... danach hab ich nie wieder was von ihr gehört.

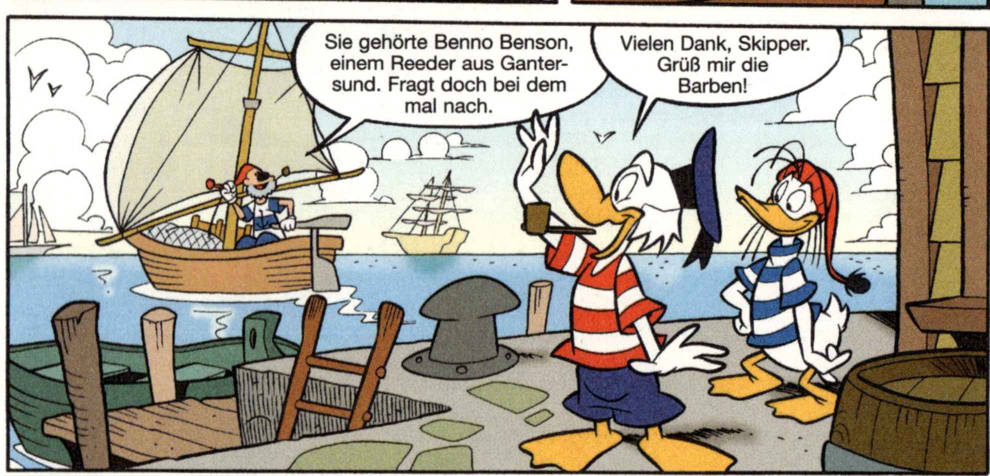
Sie gehörte Benno Benson, einem Reeder aus Gantersund. Fragt doch bei dem mal nach.
Vielen Dank, Skipper. Grüß mir die Barben!

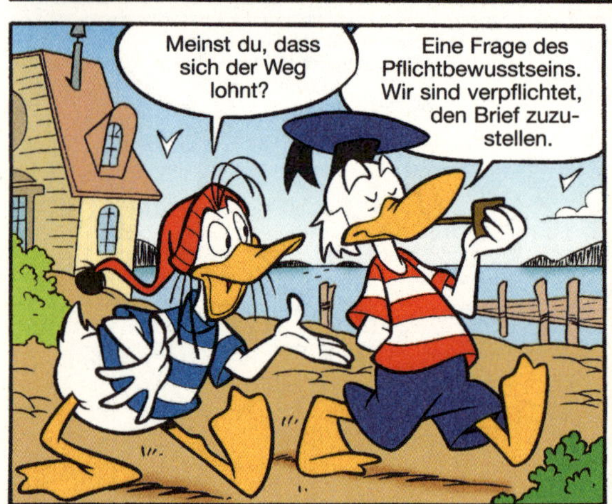
Meinst du, dass sich der Weg lohnt?
Eine Frage des Pflichtbewusstseins. Wir sind verpflichtet, den Brief zuzustellen.

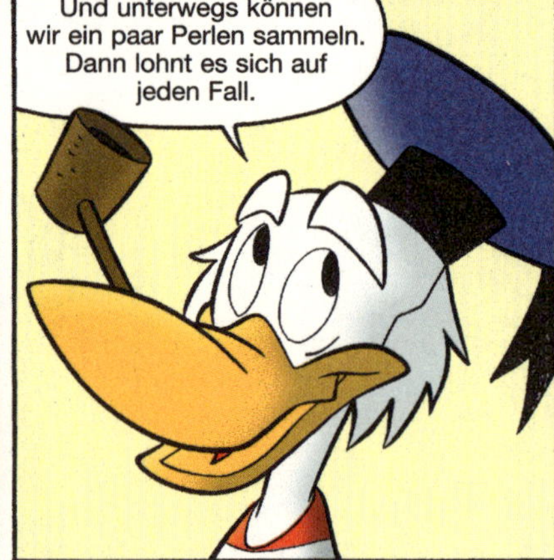
Und unterwegs können wir ein paar Perlen sammeln. Dann lohnt es sich auf jeden Fall.

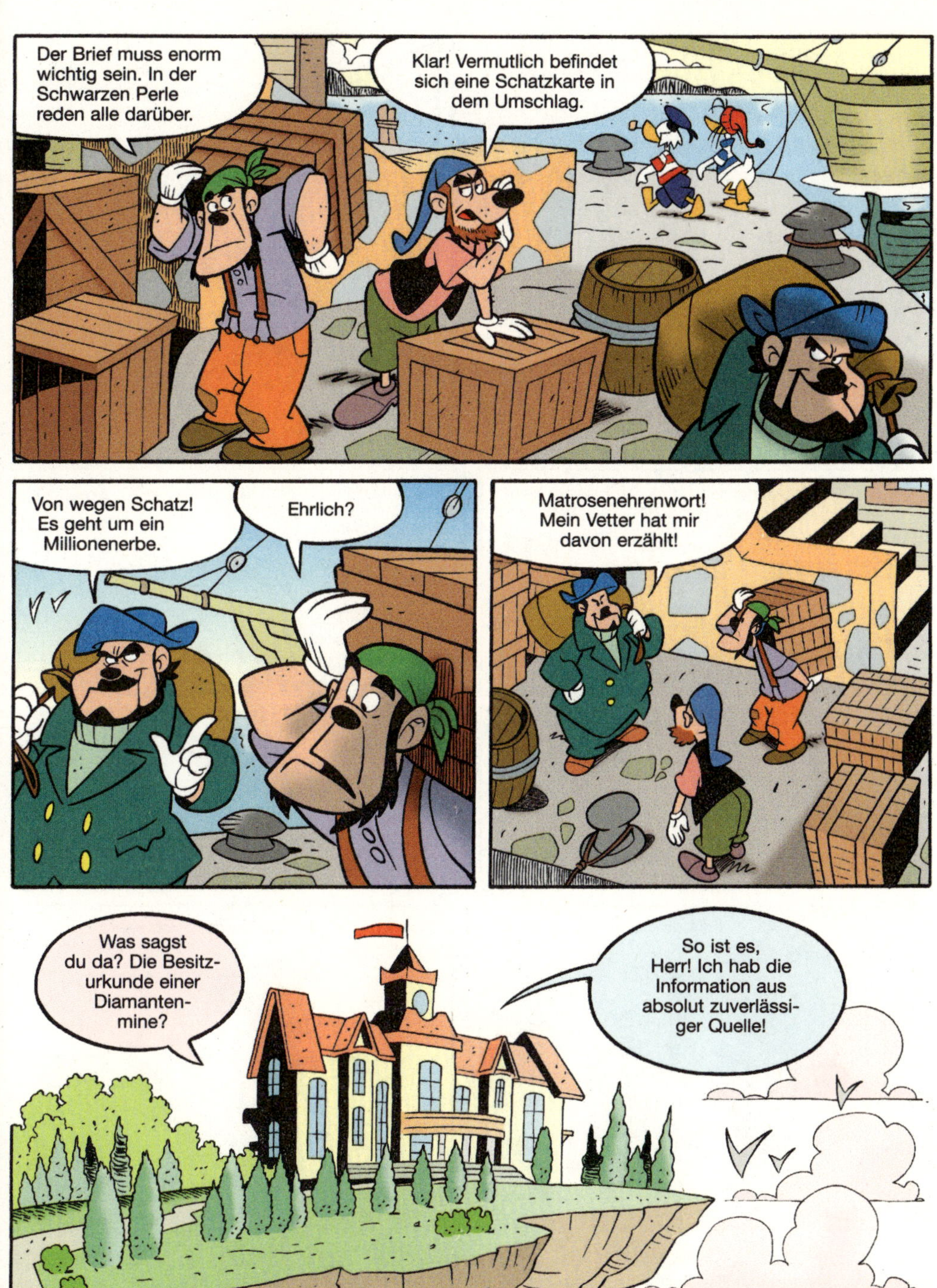
Der Brief muss enorm wichtig sein. In der Schwarzen Perle reden alle darüber.
Klar! Vermutlich befindet sich eine Schatzkarte in dem Umschlag.
Von wegen Schatz! Es geht um ein Millionenerbe.
Ehrlich?
Matrosenehrenwort! Mein Vetter hat mir davon erzählt!
Was sagst du da? Die Besitz-urkunde einer Diamanten-mine?
So ist es, Herr! Ich hab die Information aus absolut zuverlässi-ger Quelle!

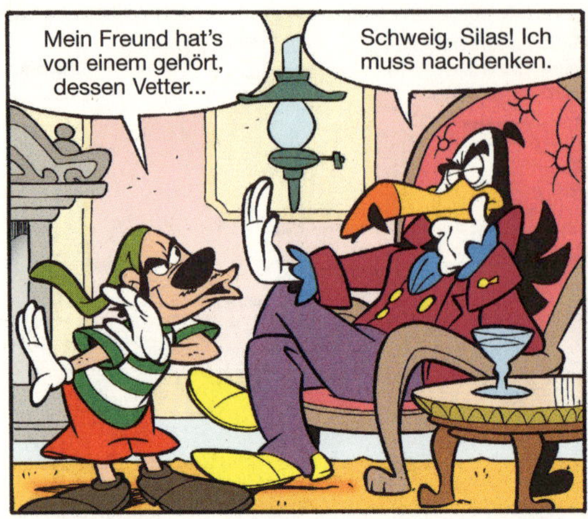
Mein Freund hat's von einem gehört, dessen Vetter...
Schweig, Silas! Ich muss nachdenken.

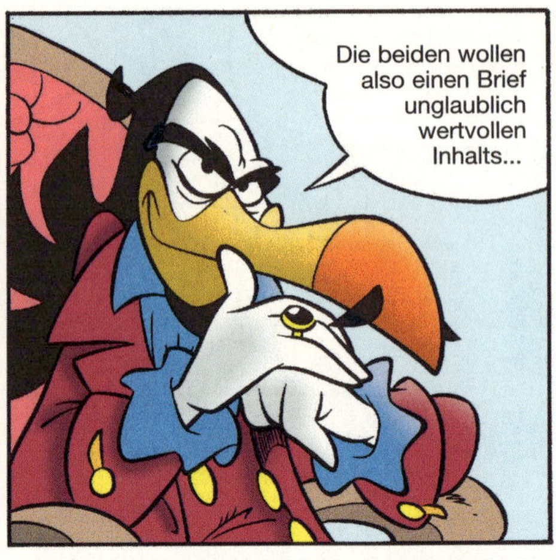
Die beiden wollen also einen Brief unglaublich wertvollen Inhalts...

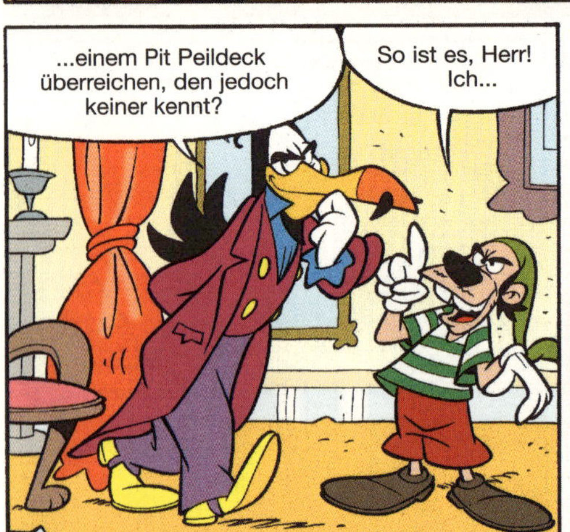
...einem Pit Peildeck überreichen, den jedoch keiner kennt?
So ist es, Herr! Ich...

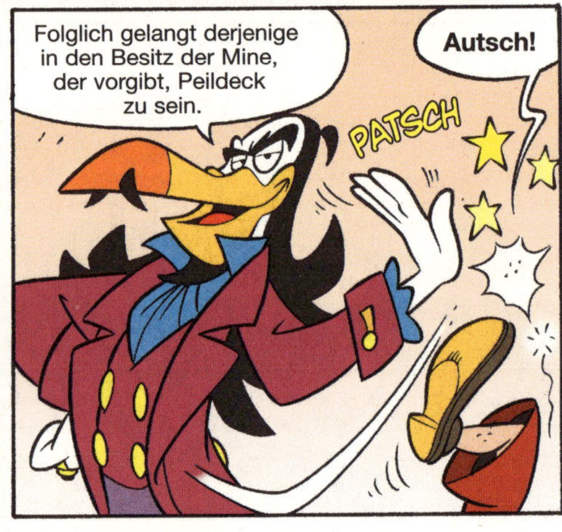
Folglich gelangt derjenige in den Besitz der Mine, der vorgibt, Peildeck zu sein.
PATSCH
Autsch!

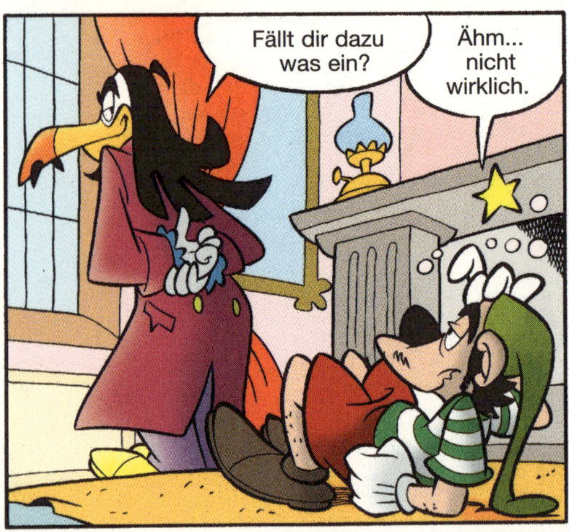
Fällt dir dazu was ein?
Ähm... nicht wirklich.

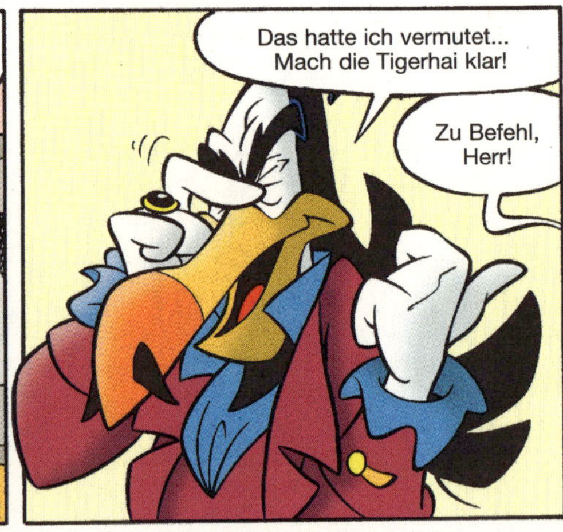
Das hatte ich vermutet... Mach die Tigerhai klar!
Zu Befehl, Herr!

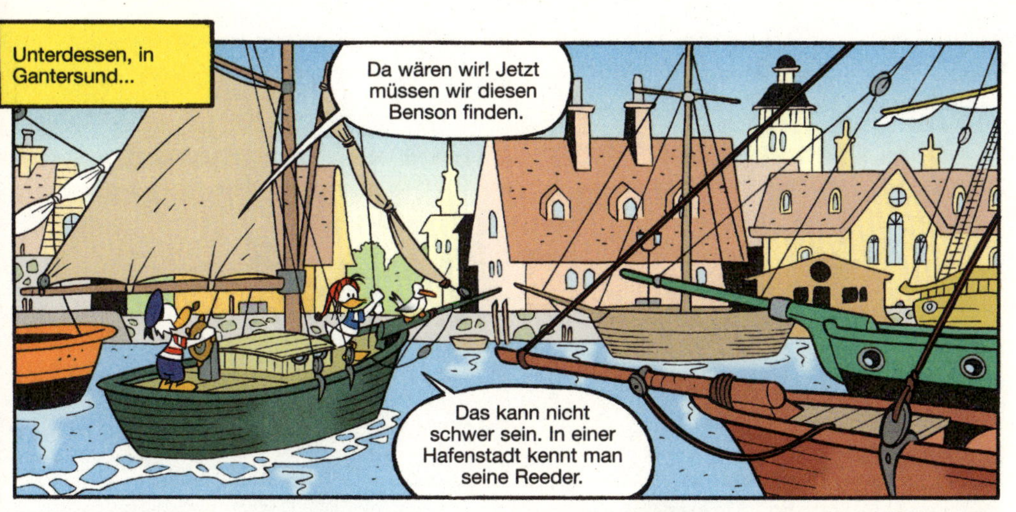
Unterdessen, in Gantersund...
Da wären wir! Jetzt müssen wir diesen Benson finden.
Das kann nicht schwer sein. In einer Hafenstadt kennt man seine Reeder.

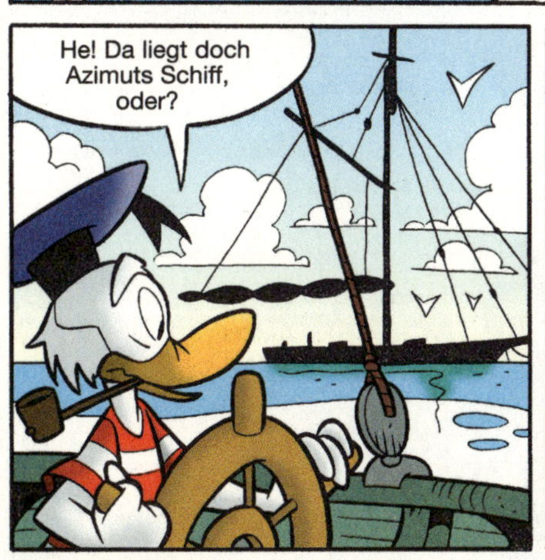
He! Da liegt doch Azimuts Schiff, oder?

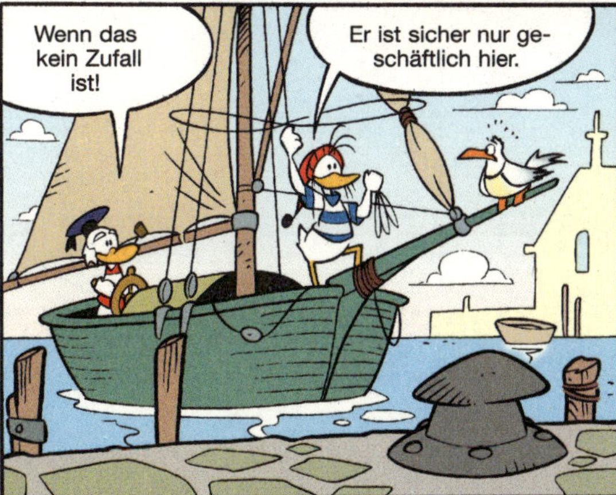
Wenn das kein Zufall ist!
Er ist sicher nur geschäftlich hier.

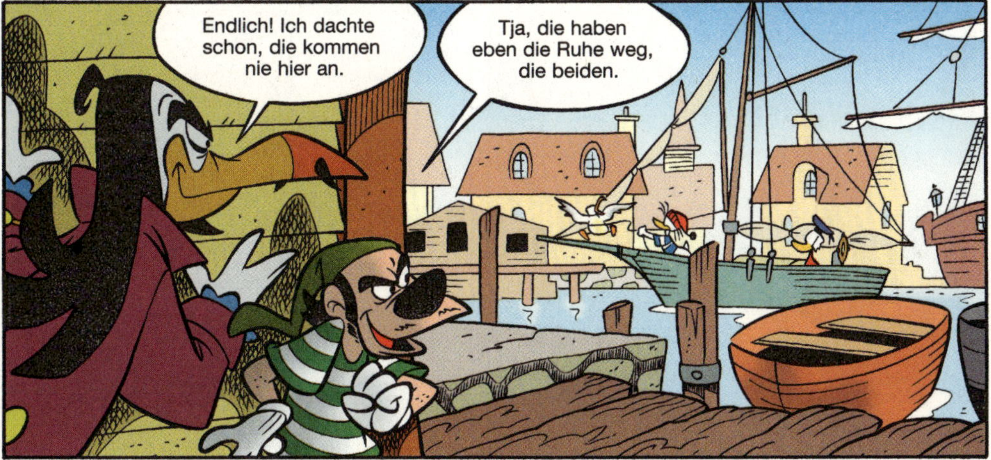
Endlich! Ich dachte schon, die kommen nie hier an.
Tja, die haben eben die Ruhe weg, die beiden.

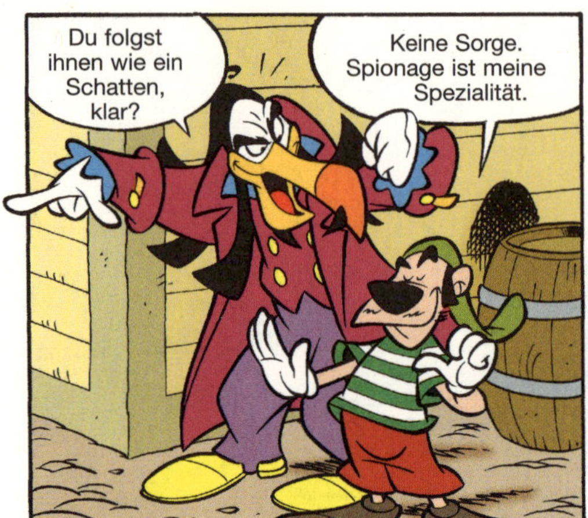
Du folgst ihnen wie ein Schatten, klar?
Keine Sorge. Spionage ist meine Spezialität.

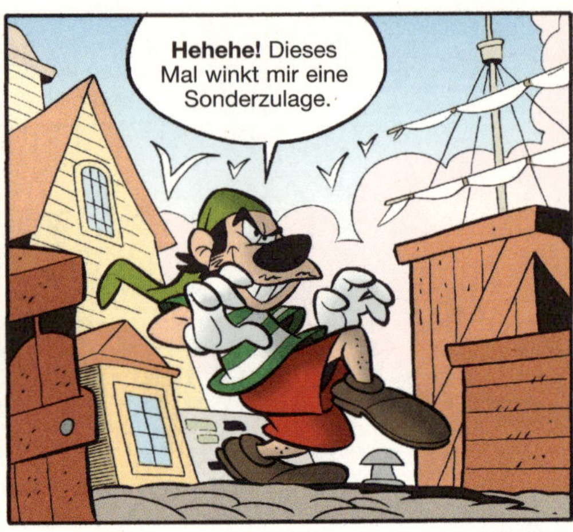
Hehehe! Dieses Mal winkt mir eine Sonderzulage.

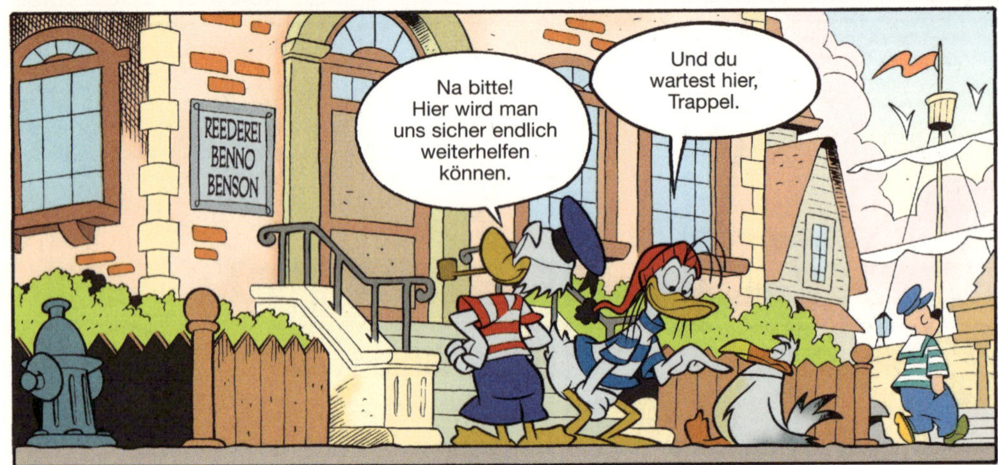
REEDEREI BENNO BENSON
Na bitte! Hier wird man uns sicher endlich weiterhelfen können.
Und du wartest hier, Trappel.

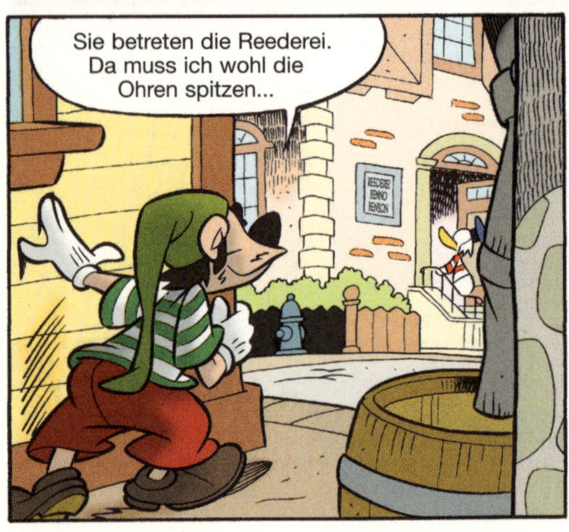
Sie betreten die Reederei. Da muss ich wohl die Ohren spitzen...

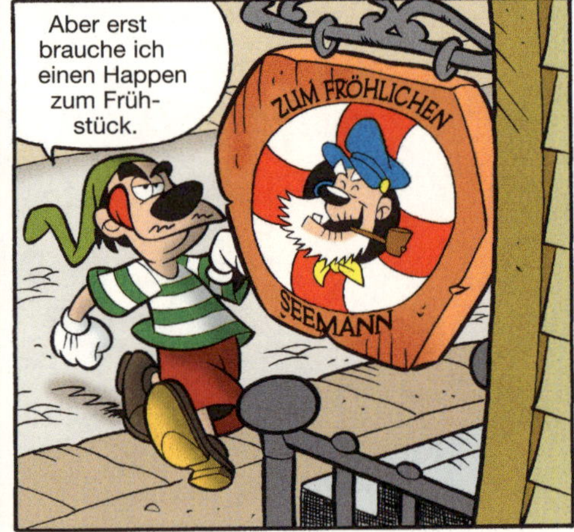
Aber erst brauche ich einen Happen zum Früh-stück.
ZUM FRÖHLICHEN SEEMANN

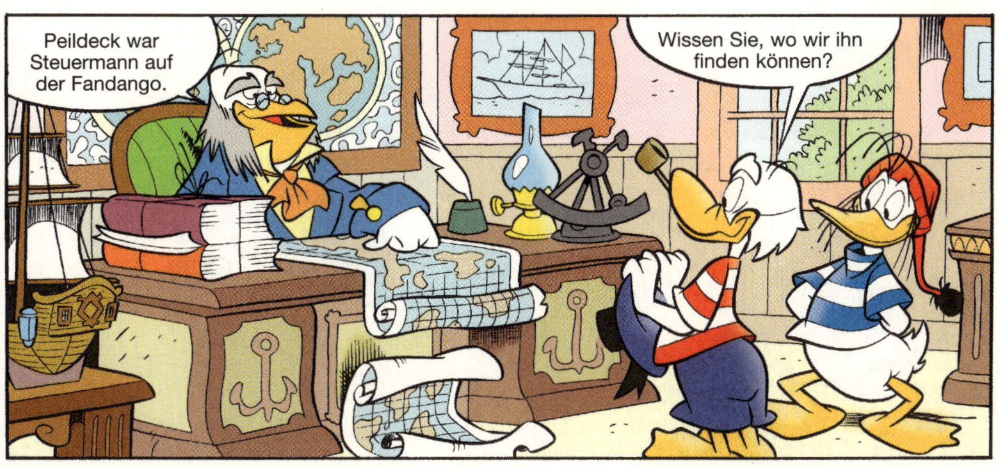
Peildeck war Steuermann auf der Fandango.
Wissen Sie, wo wir ihn finden können?

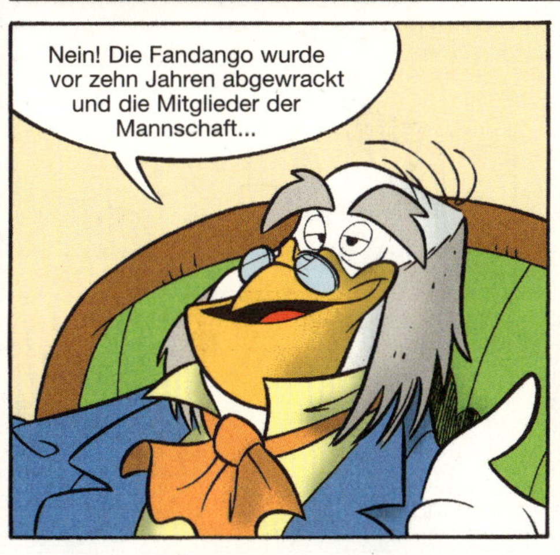
Nein! Die Fandango wurde vor zehn Jahren abgewrackt und die Mitglieder der Mannschaft...

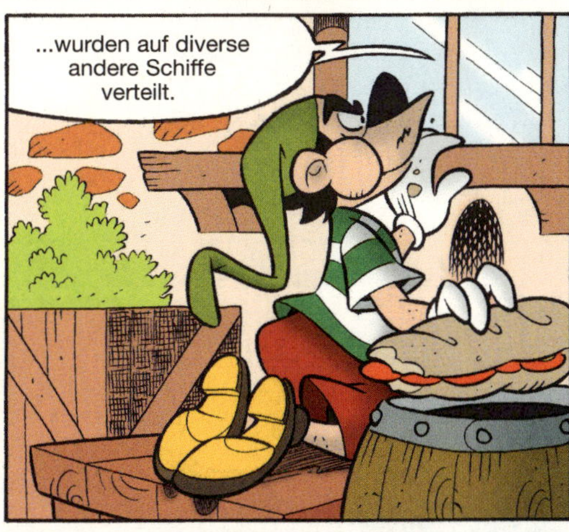
...wurden auf diverse andere Schiffe verteilt.

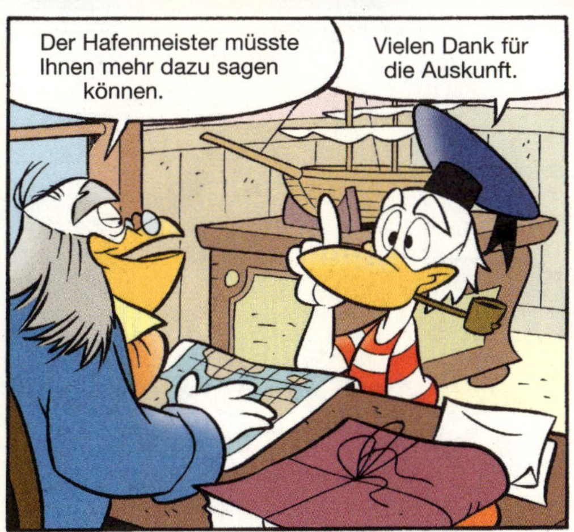
Der Hafenmeister müsste Ihnen mehr dazu sagen können.
Vielen Dank für die Auskunft.

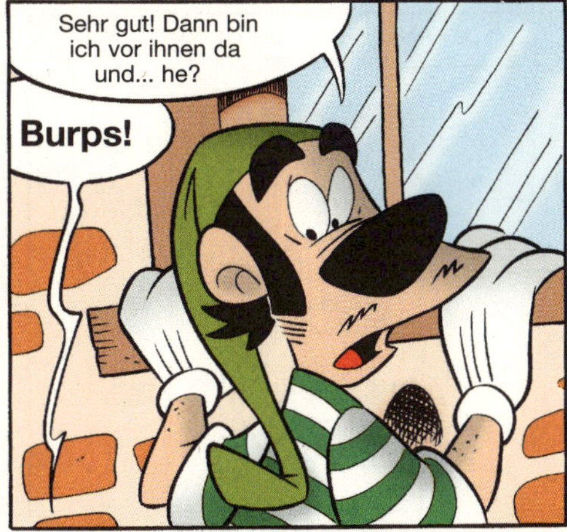
Sehr gut! Dann bin ich vor ihnen da und... he?
Burps!

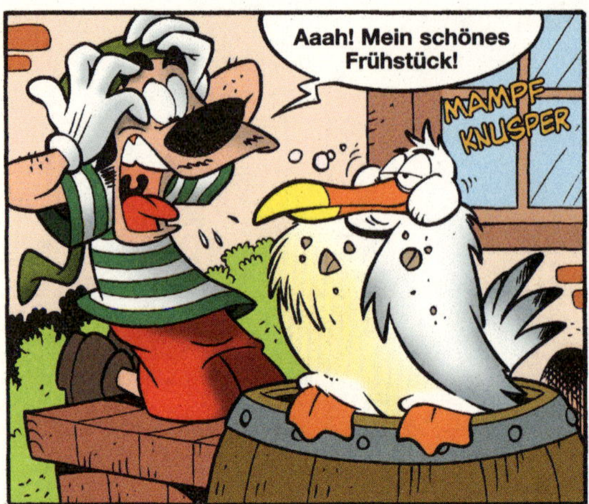
Aaah! Mein schönes Frühstück!
MAMPF
KNUSPER

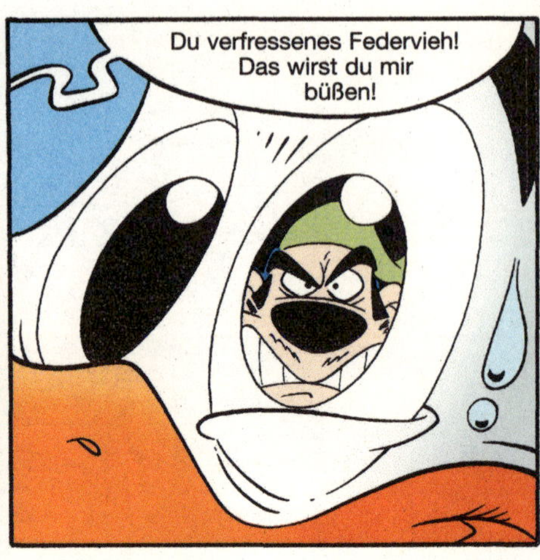
Du verfressenes Federvieh! Das wirst du mir büßen!

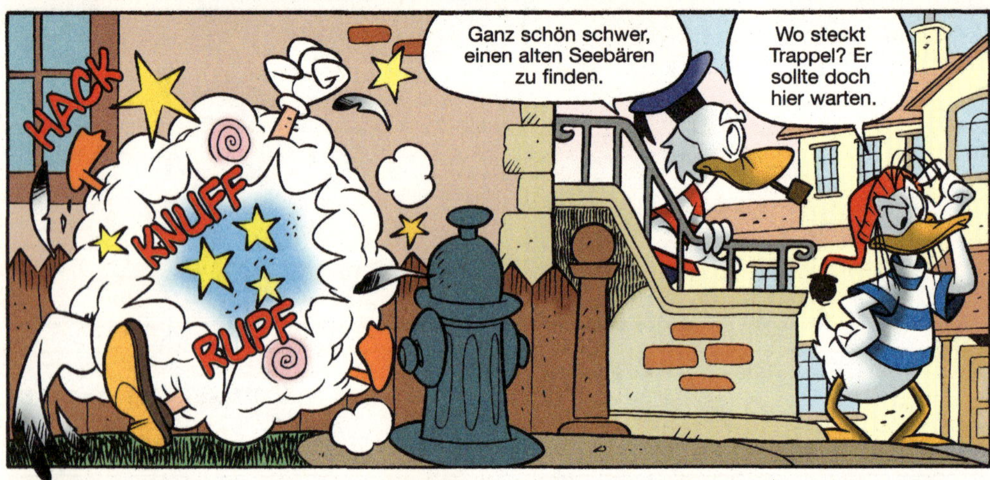
HACK
KNUFF
RUPF
Ganz schön schwer, einen alten Seebären zu finden.
Wo steckt Trappel? Er sollte doch hier warten.

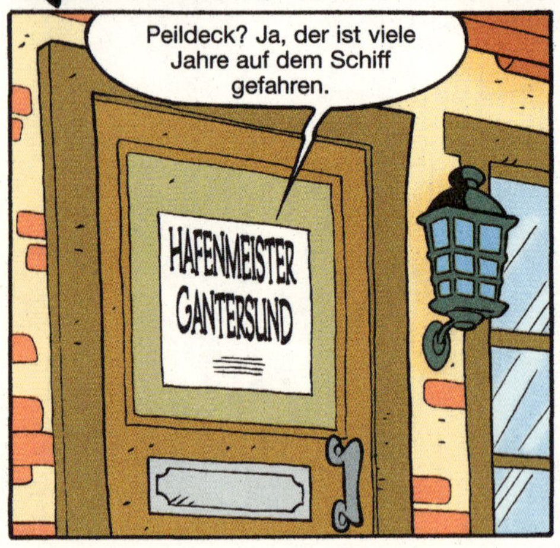
Peildeck? Ja, der ist viele Jahre auf dem Schiff gefahren.
HAFENMEISTER GANTERSUND

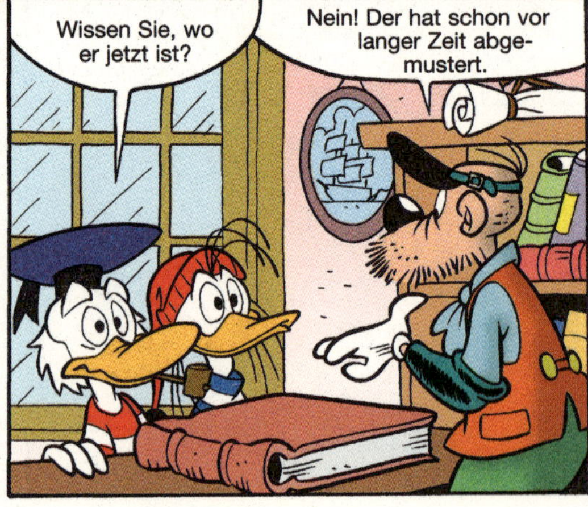
Wissen Sie, wo er jetzt ist?
Nein! Der hat schon vor langer Zeit abgemustert.

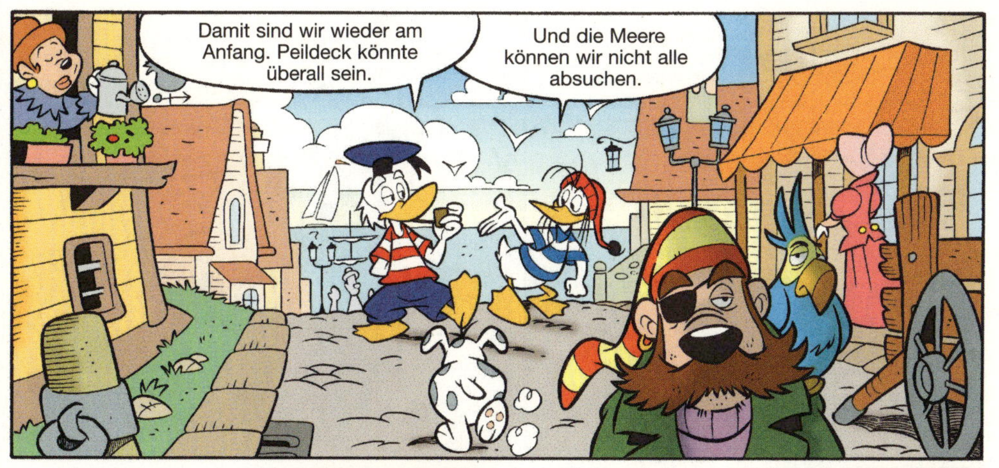
Damit sind wir wieder am Anfang. Peildeck könnte überall sein.
Und die Meere können wir nicht alle absuchen.

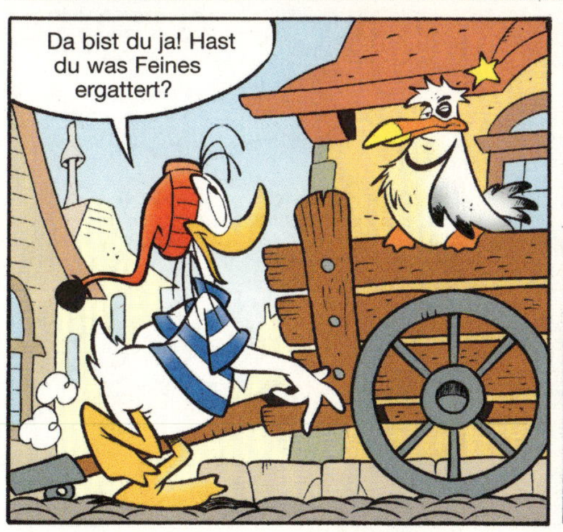
Da bist du ja! Hast du was Feines ergattert?

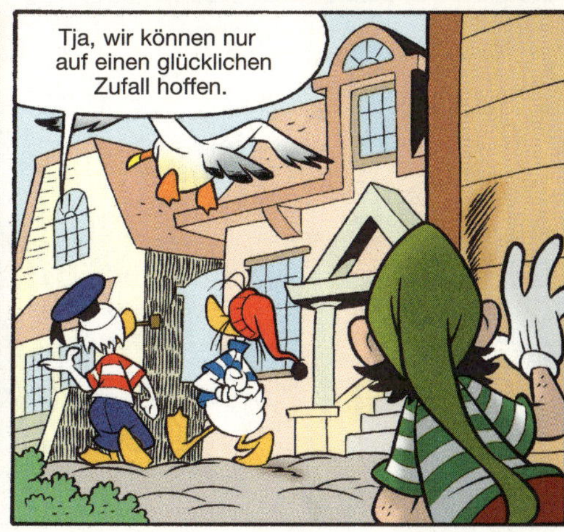
Tja, wir können nur auf einen glücklichen Zufall hoffen.

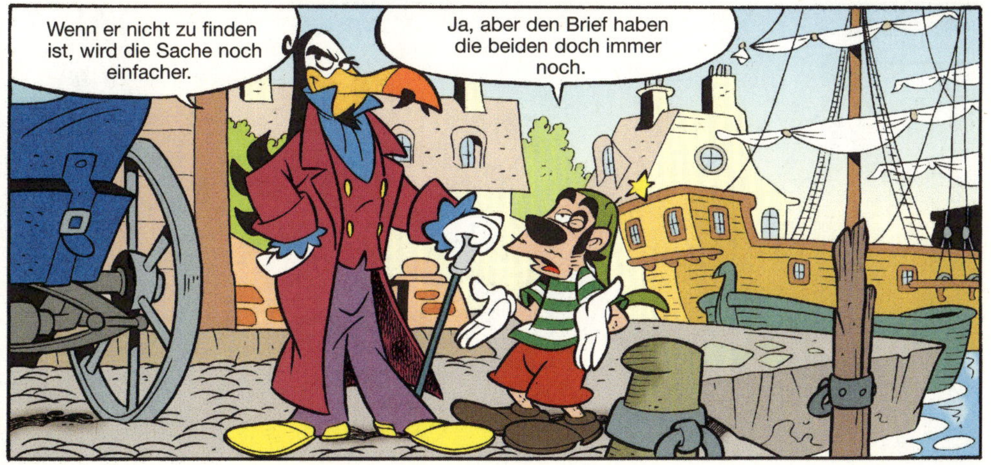
Wenn er nicht zu finden ist, wird die Sache noch einfacher.
Ja, aber den Brief haben die beiden doch immer noch.

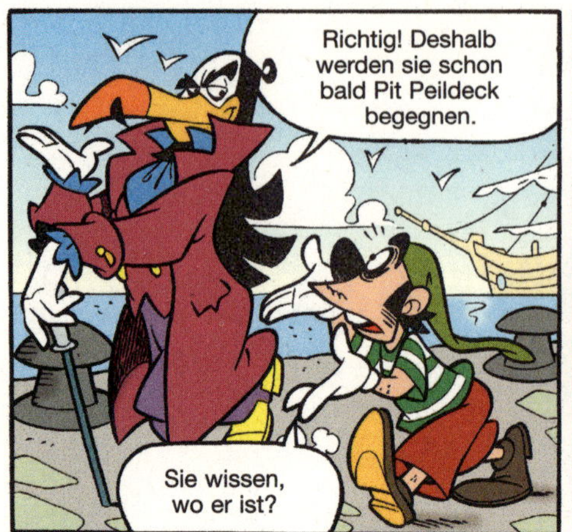
Richtig! Deshalb werden sie schon bald Pit Peildeck begegnen.
Sie wissen, wo er ist?

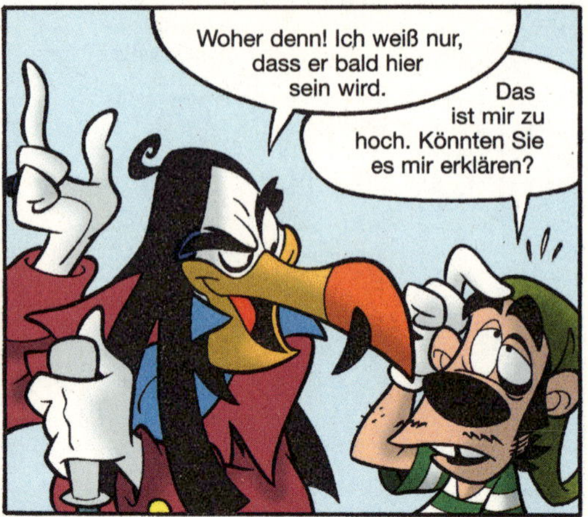
Woher denn! Ich weiß nur, dass er bald hier sein wird.
Das ist mir zu hoch. Könnten Sie es mir erklären?

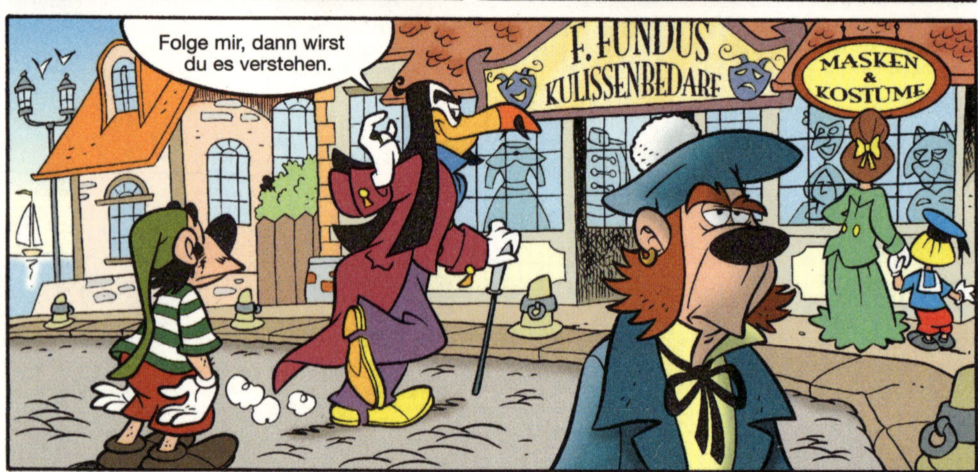
Folge mir, dann wirst du es verstehen.
F. FUNDUS KULISSENBEDARF
MASKEN & KOSTÜME

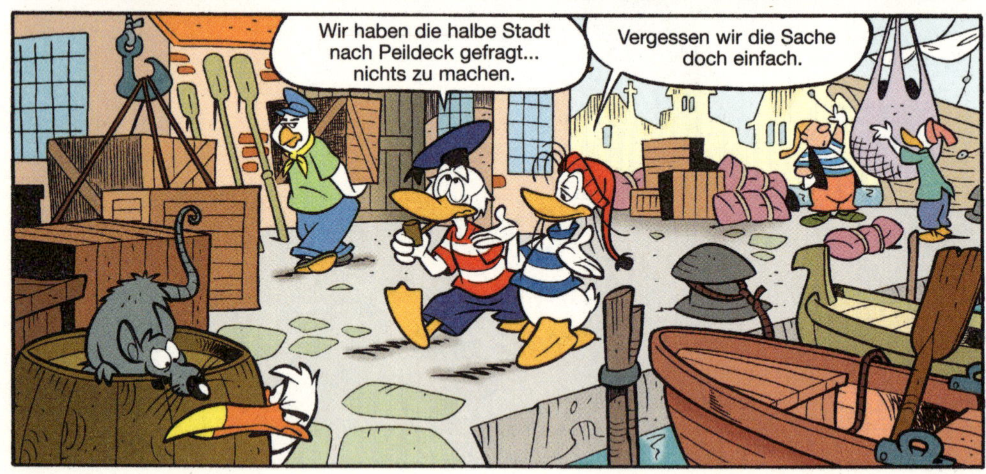
Wir haben die halbe Stadt nach Peildeck gefragt... nichts zu machen.
Vergessen wir die Sache doch einfach.

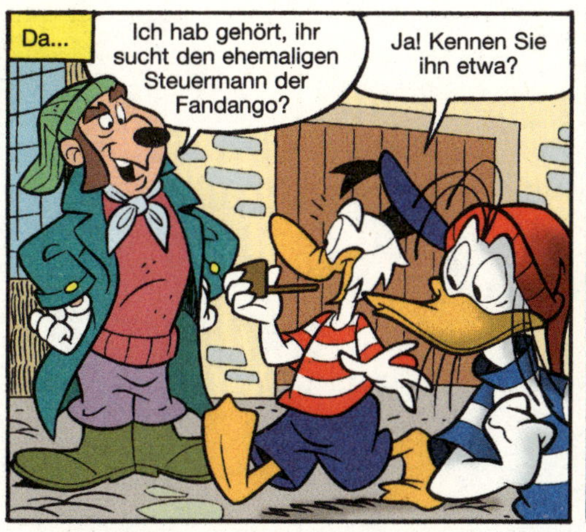
Da...
Ich hab gehört, ihr sucht den ehemaligen Steuermann der Fandango?
Ja! Kennen Sie ihn etwa?

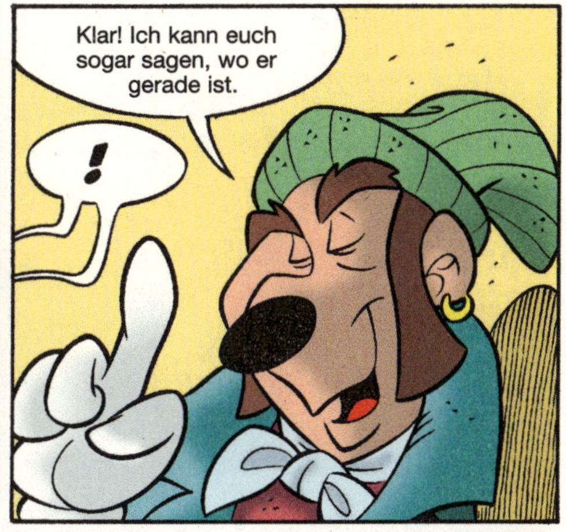
Klar! Ich kann euch sogar sagen, wo er gerade ist.
!

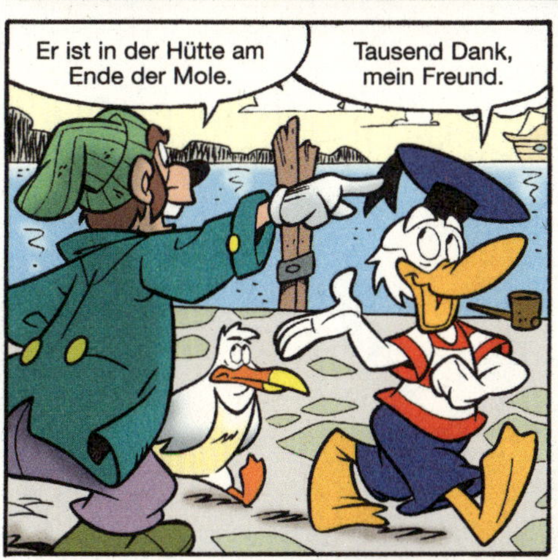
Er ist in der Hütte am Ende der Mole.
Tausend Dank, mein Freund.

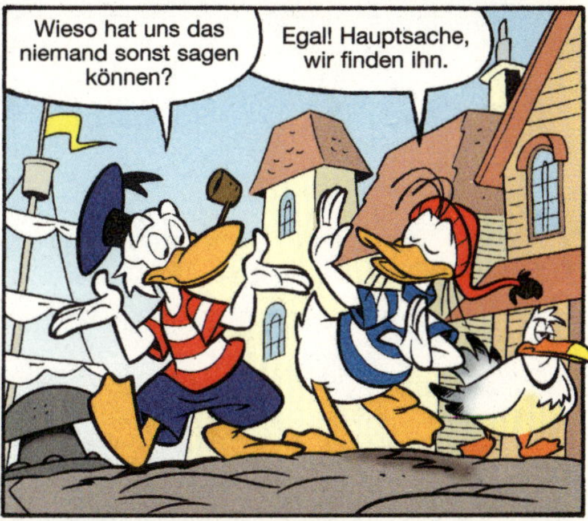
Wieso hat uns das niemand sonst sagen können?
Egal! Hauptsache, wir finden ihn.

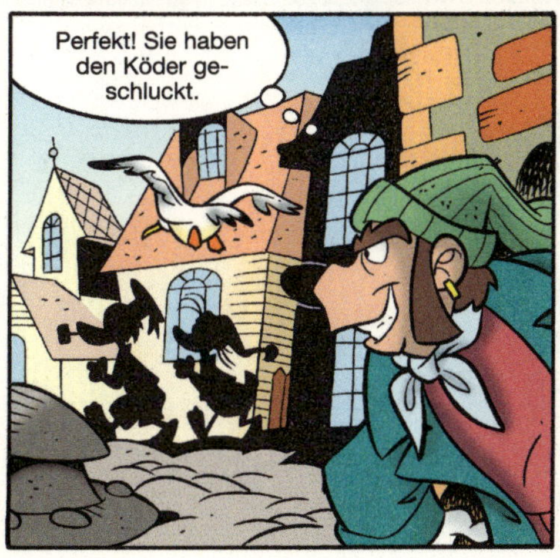
Perfekt! Sie haben den Köder geschluckt.

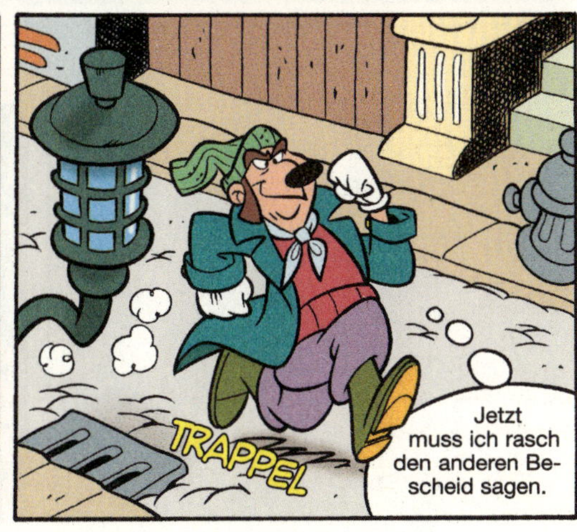
TRAPPEL
Jetzt muss ich rasch den anderen Bescheid sagen.

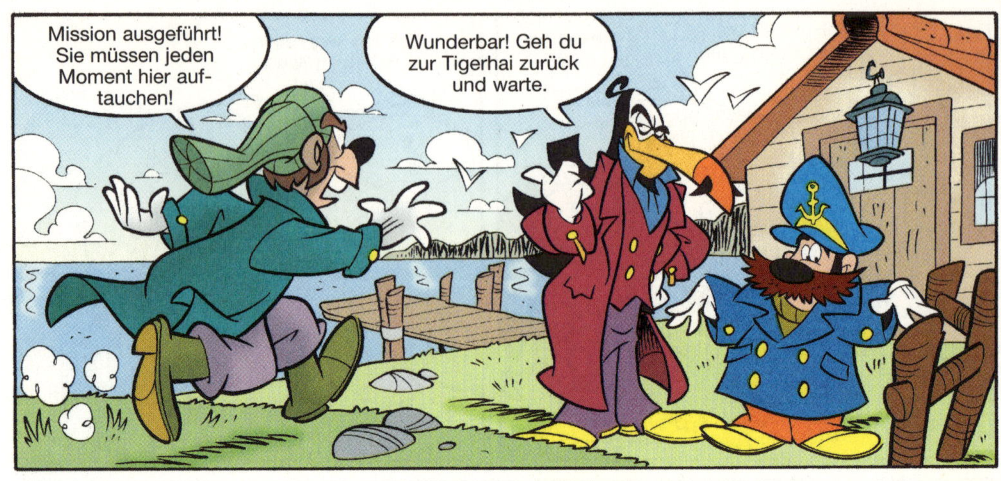
Mission ausgeführt! Sie müssen jeden Moment hier auftauchen!
Wunderbar! Geh du zur Tigerhai zurück und warte.

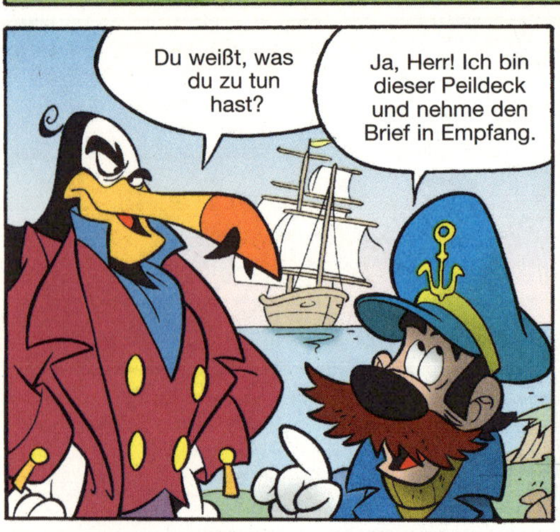
Du weißt, was du zu tun hast?
Ja, Herr! Ich bin dieser Peildeck und nehme den Brief in Empfang.

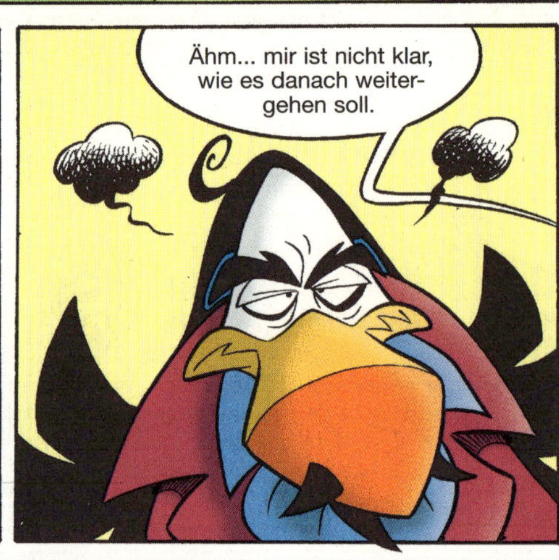
Ähm... mir ist nicht klar, wie es danach weitergehen soll.

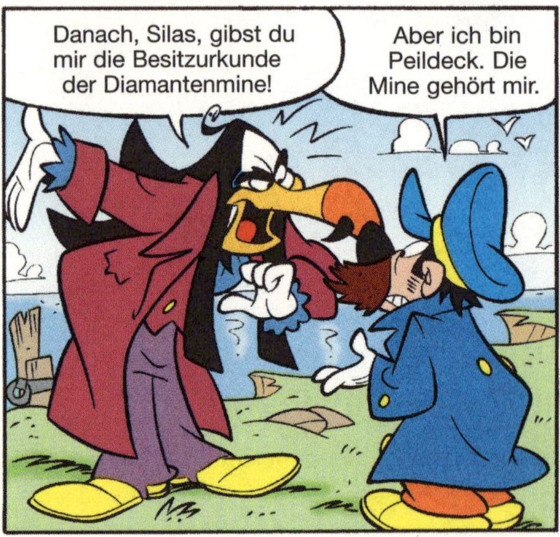
Danach, Silas, gibst du mir die Besitzurkunde der Diamantenmine!
Aber ich bin Peildeck. Die Mine gehört mir.

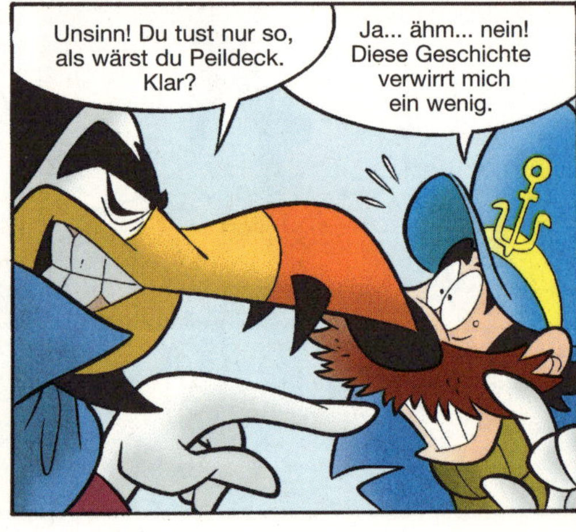
Unsinn! Du tust nur so, als wärst du Peildeck. Klar?
Ja... ähm... nein! Diese Geschichte verwirrt mich ein wenig.

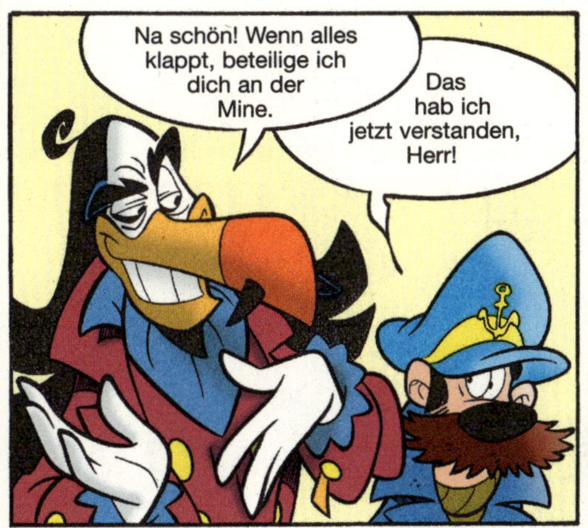
Na schön! Wenn alles klappt, beteilige ich dich an der Mine.
Das hab ich jetzt verstanden, Herr!

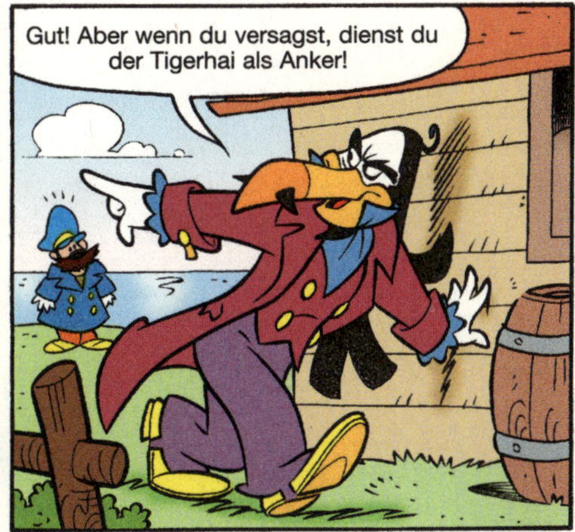
Gut! Aber wenn du versagst, dienst du der Tigerhai als Anker!

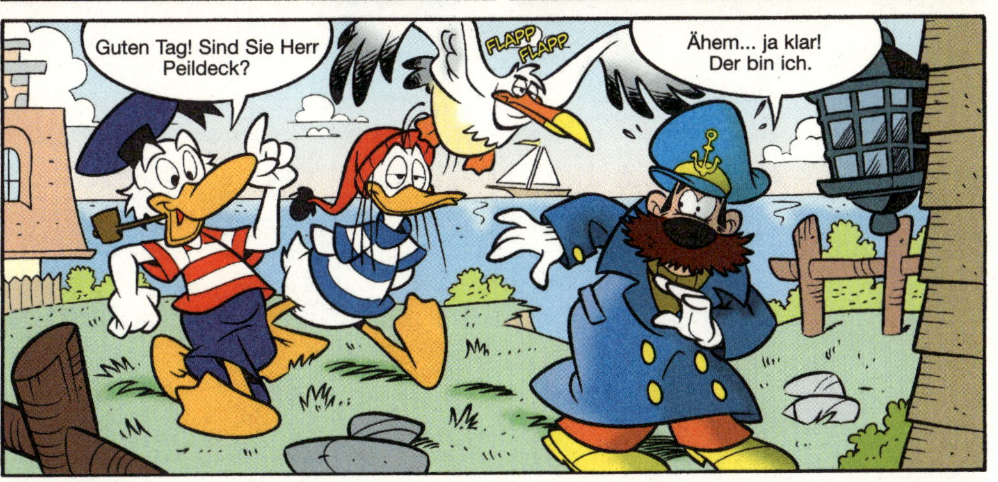
Guten Tag! Sind Sie Herr Peildeck?
FLAPP FLAPP
Ähem... ja klar! Der bin ich.

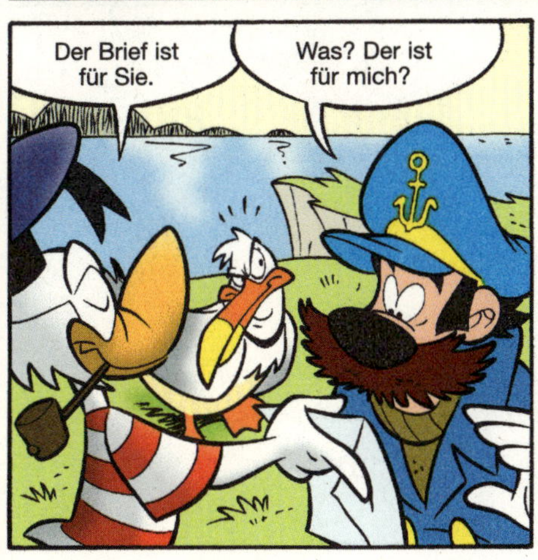
Der Brief ist für Sie.
Was? Der ist für mich?

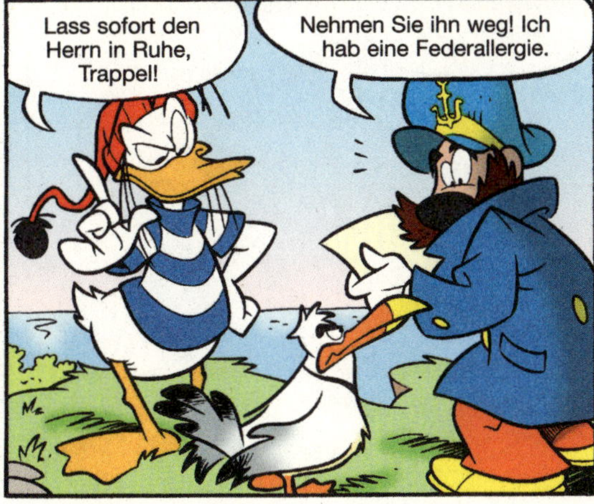
Lass sofort den Herrn in Ruhe, Trappel!
Nehmen Sie ihn weg! Ich hab eine Federallergie.

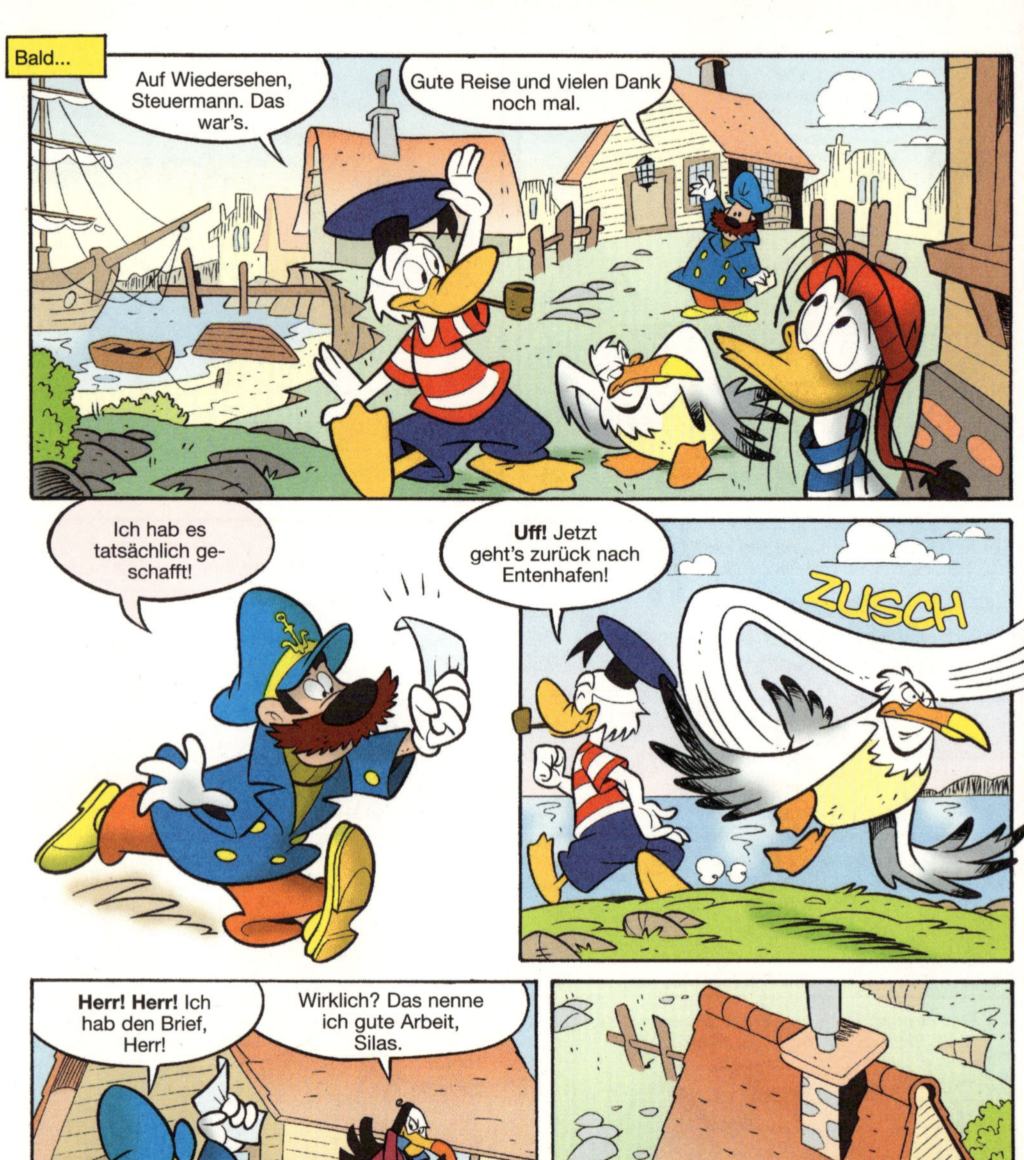
Bald...
Auf Wiedersehen, Steuermann. Das war's.
Gute Reise und vielen Dank noch mal.
Ich hab es tatsächlich geschafft!
Uff! Jetzt geht's zurück nach Entenhafen!
ZUSCH
Herr! Herr! Ich hab den Brief, Herr!
Wirklich? Das nenne ich gute Arbeit, Silas.

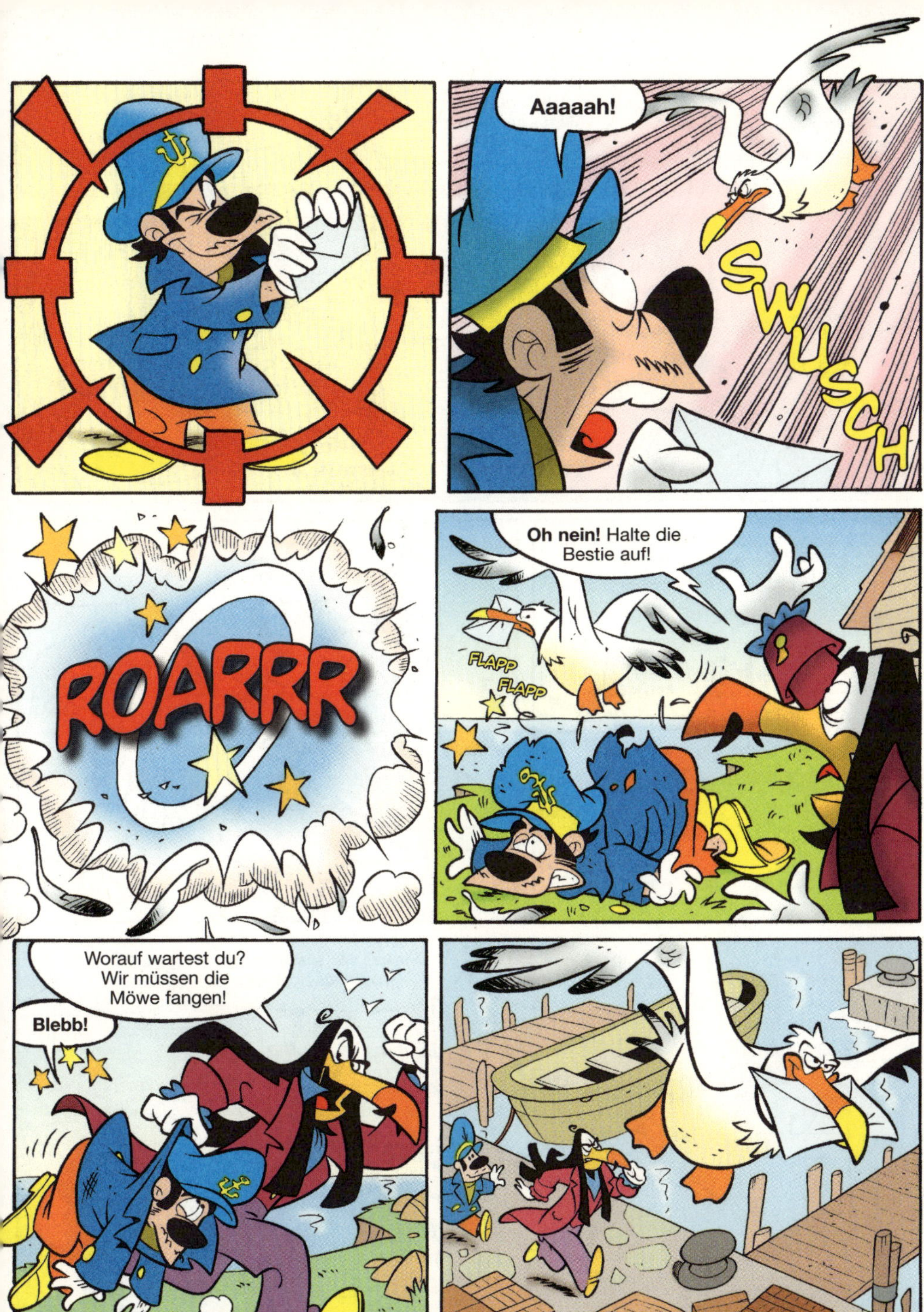
Aaaaah!
SWUSCH
ROARRR
Oh nein! Halte die Bestie auf!
FLAPP
FLAPP
Worauf wartest du? Wir müssen die Möwe fangen!
Blebb!

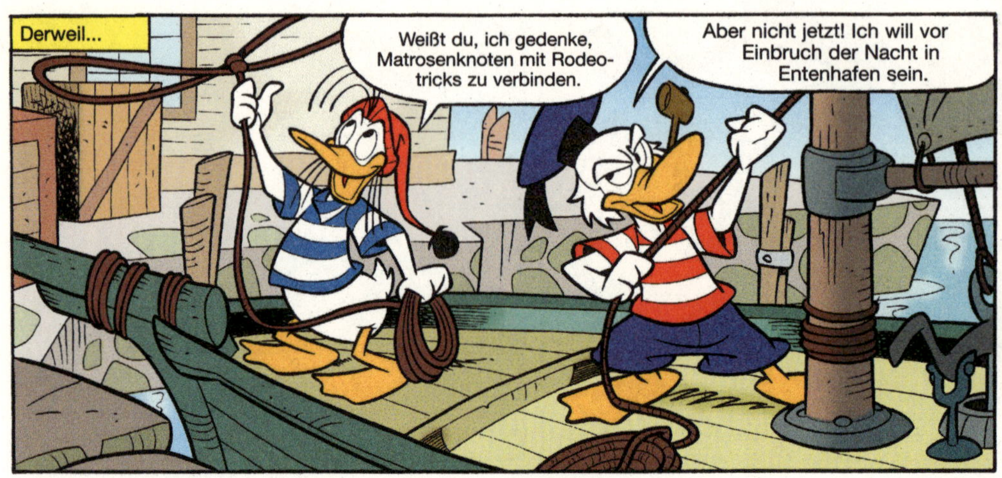
Derweil...
Weißt du, ich gedenke, Matrosenknoten mit Rodeotricks zu verbinden.
Aber nicht jetzt! Ich will vor Einbruch der Nacht in Entenhafen sein.

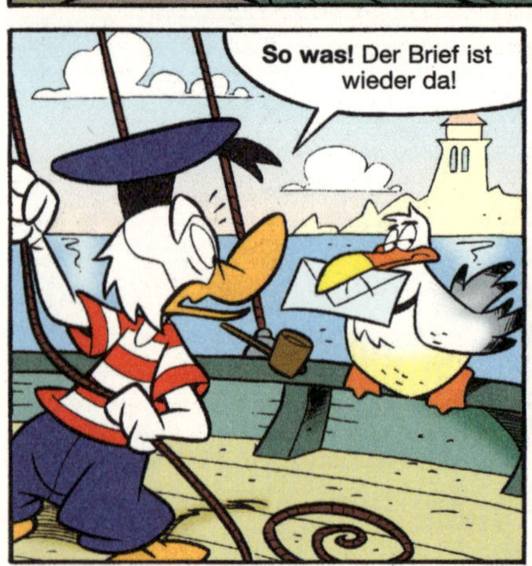
So was! Der Brief ist wieder da!

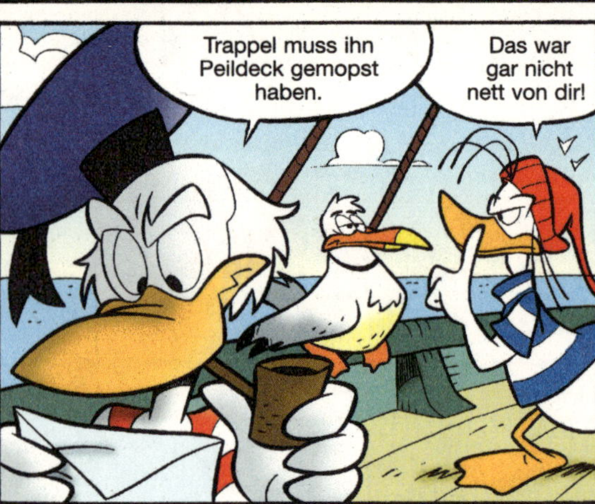
Trappel muss ihn Peildeck gemopst haben.
Das war gar nicht nett von dir!

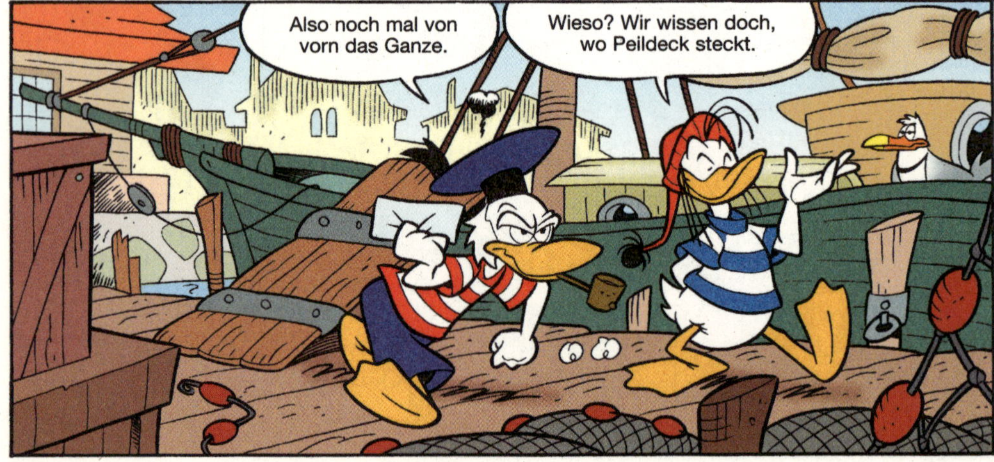
Also noch mal von vorn das Ganze.
Wieso? Wir wissen doch, wo Peildeck steckt.

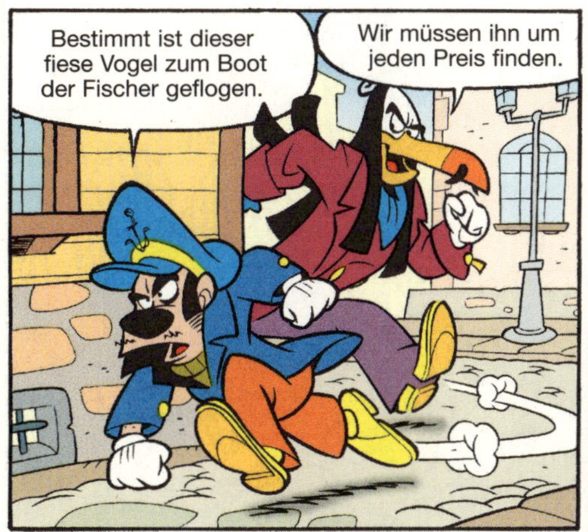
Bestimmt ist dieser fiese Vogel zum Boot der Fischer geflogen.
Wir müssen ihn um jeden Preis finden.

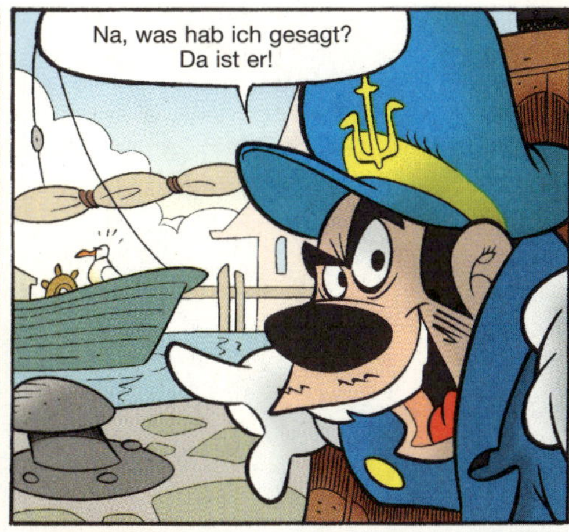
Na, was hab ich gesagt? Da ist er!

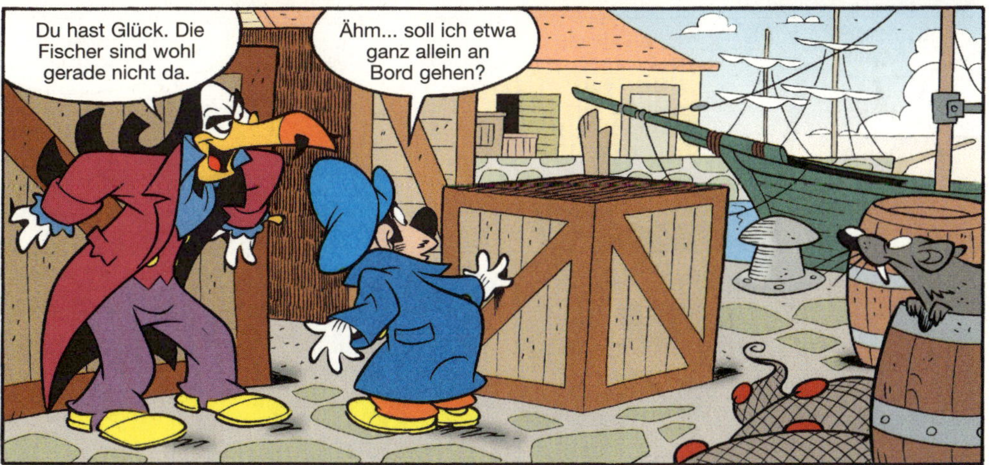
Du hast Glück. Die Fischer sind wohl gerade nicht da.
Ähm... soll ich etwa ganz allein an Bord gehen?

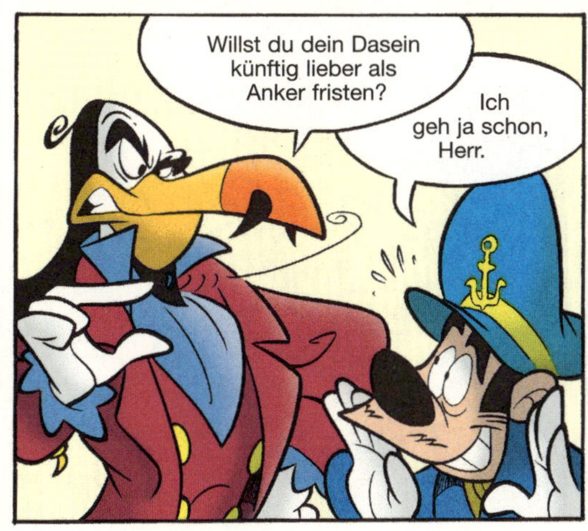
Willst du dein Dasein künftig lieber als Anker fristen?
Ich geh ja schon, Herr.

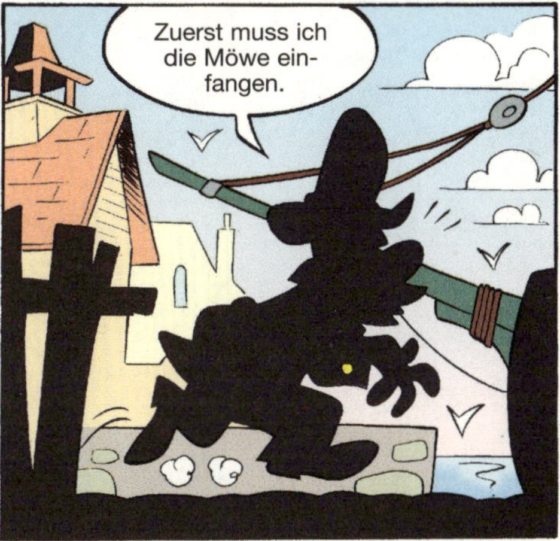
Zuerst muss ich die Möwe ein-fangen.

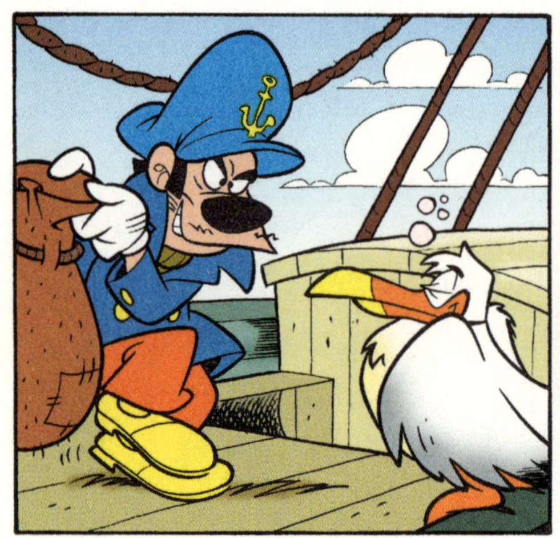

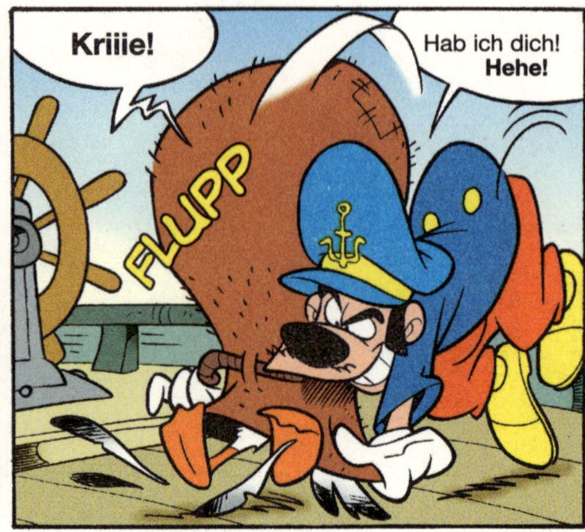
Kriiie!
Hab ich dich! Hehe!
FLUPP

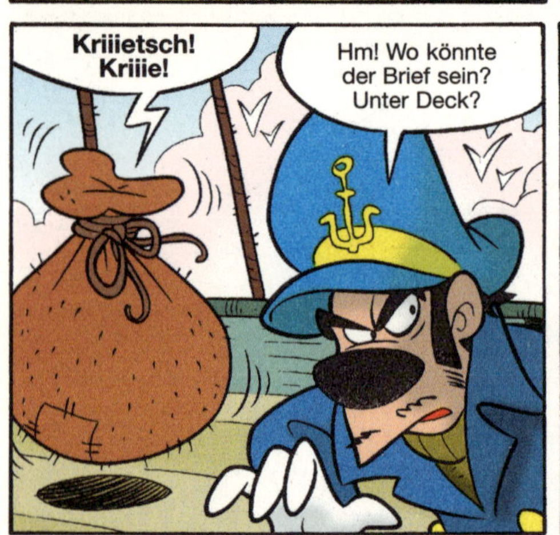
Kriiietsch! Kriiie!
Hm! Wo könnte der Brief sein? Unter Deck?

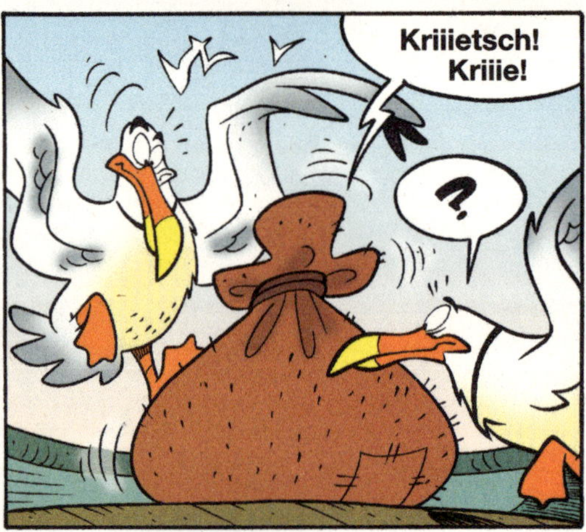
Kriiietsch! Kriiie!
?

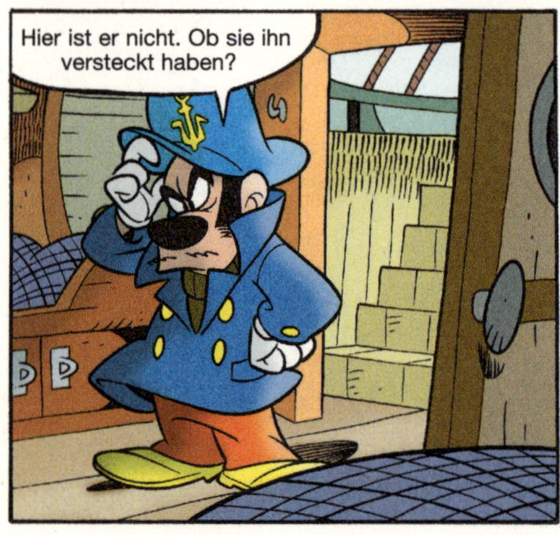
Hier ist er nicht. Ob sie ihn versteckt haben?

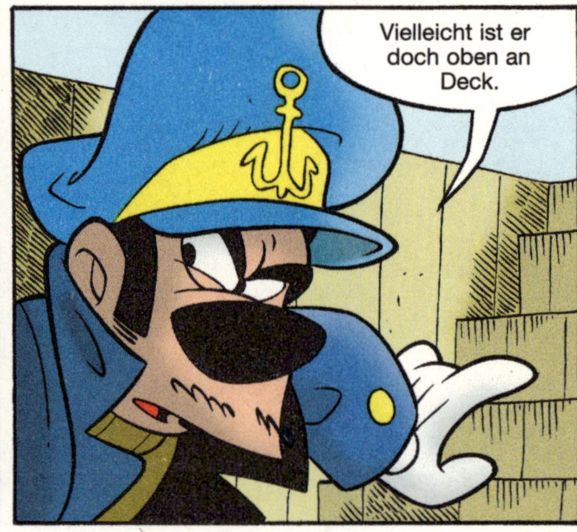
Vielleicht ist er doch oben an Deck.

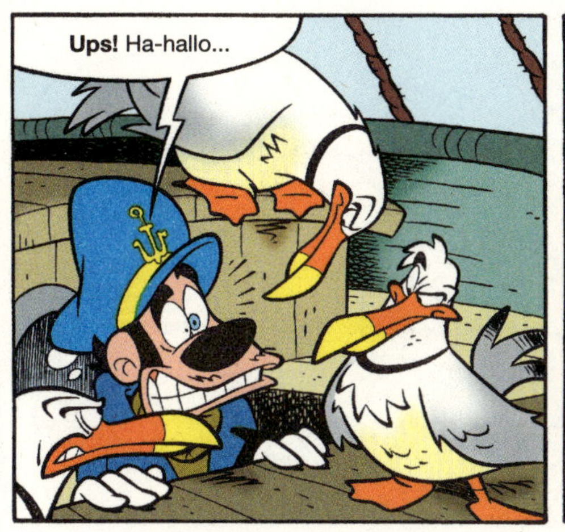
Ups! Ha-hallo...

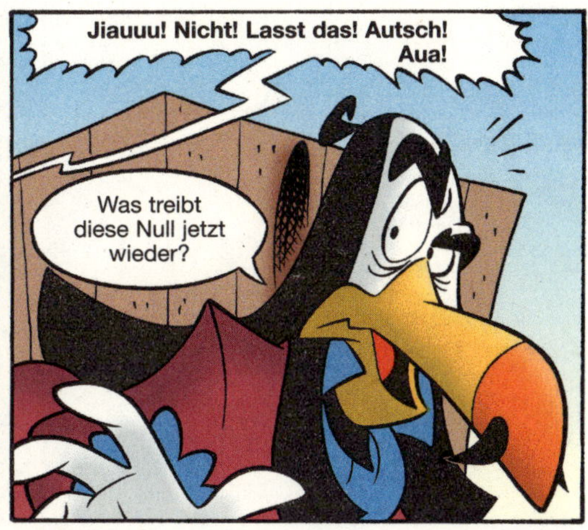
Jiauuu! Nicht! Lasst das! Autsch! Aua!
Was treibt diese Null jetzt wieder?

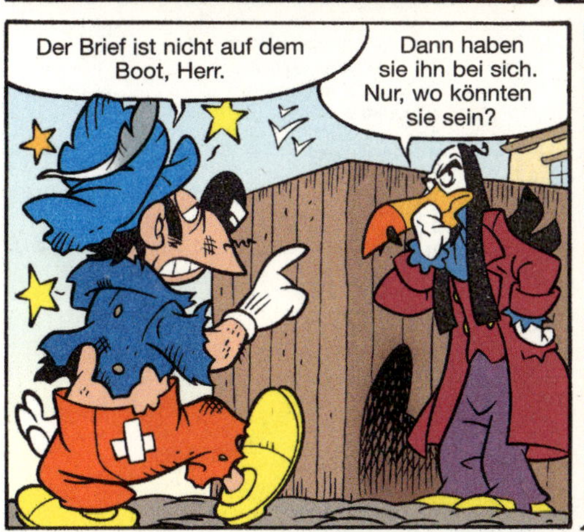
Der Brief ist nicht auf dem Boot, Herr.
Dann haben sie ihn bei sich. Nur, wo könnten sie sein?

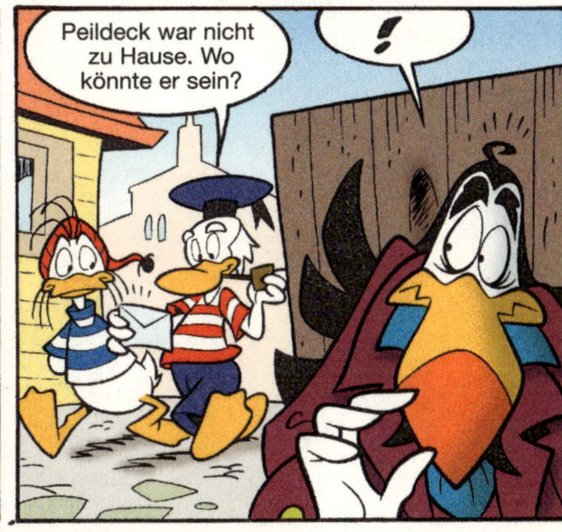
Peildeck war nicht zu Hause. Wo könnte er sein?
!

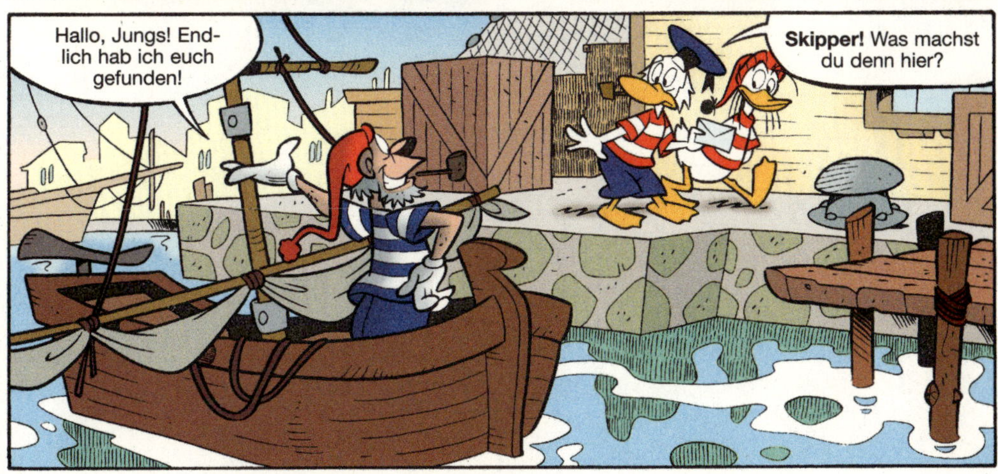
Hallo, Jungs! Endlich hab ich euch gefunden!
Skipper! Was machst du denn hier?

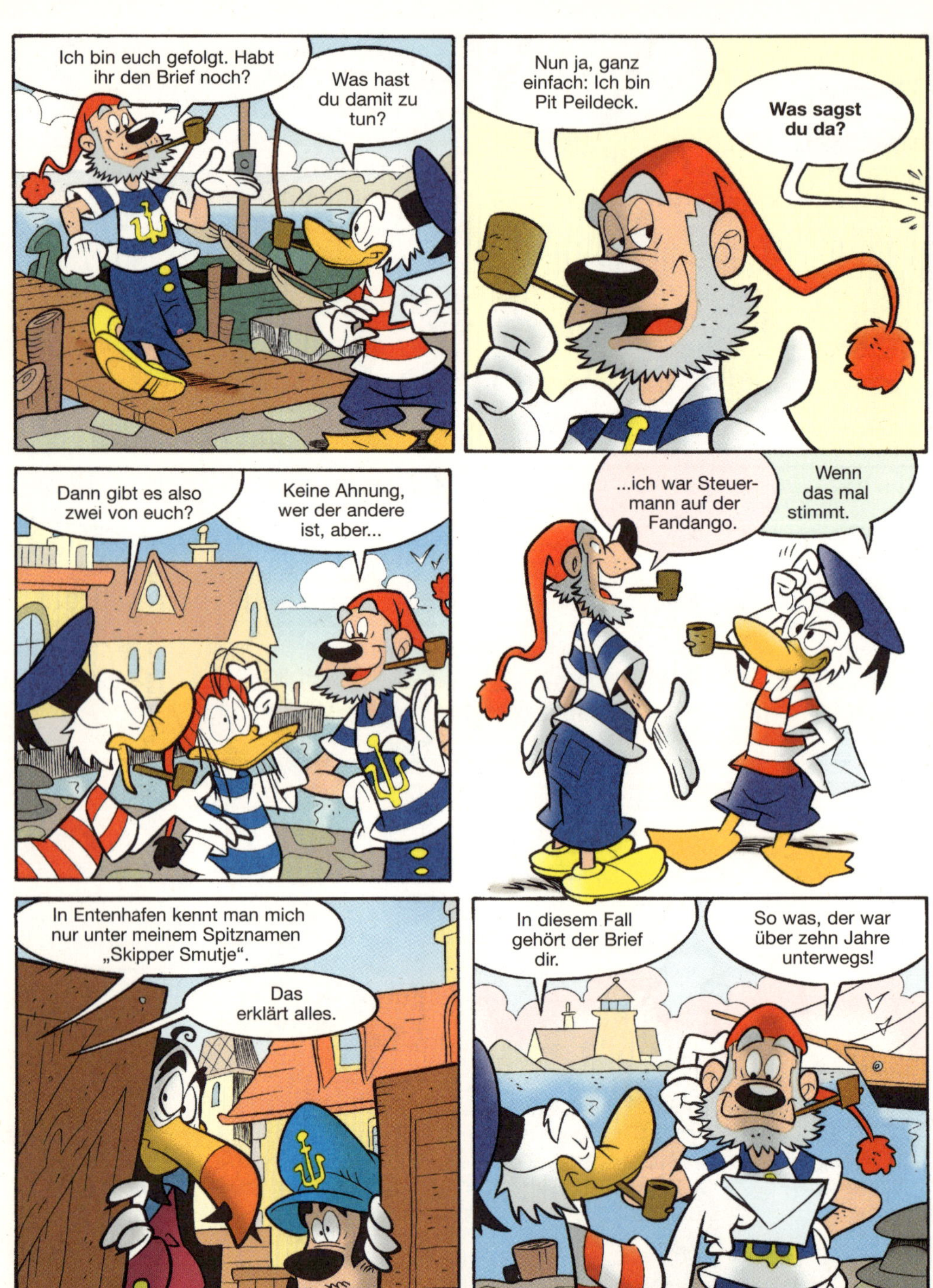
Ich bin euch gefolgt. Habt ihr den Brief noch?
Was hast du damit zu tun?
Nun ja, ganz einfach: Ich bin Pit Peildeck.
Was sagst du da?
Dann gibt es also zwei von euch?
Keine Ahnung, wer der andere ist, aber...
...ich war Steuermann auf der Fandango.
Wenn das mal stimmt.
In Entenhafen kennt man mich nur unter meinem Spitznamen „Skipper Smutje“.
Das erklärt alles.
In diesem Fall gehört der Brief dir.
So was, der war über zehn Jahre unterwegs!

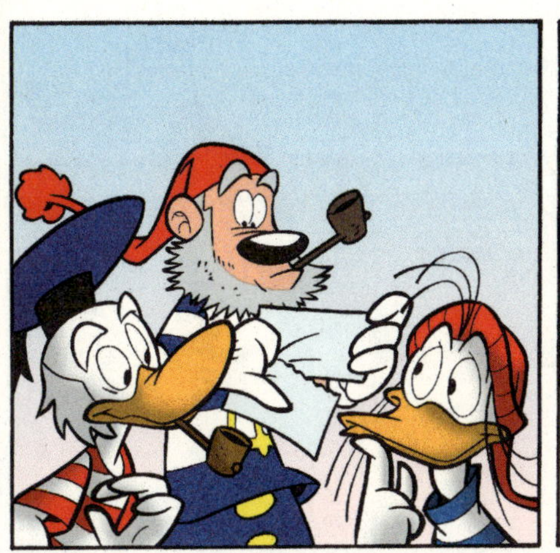

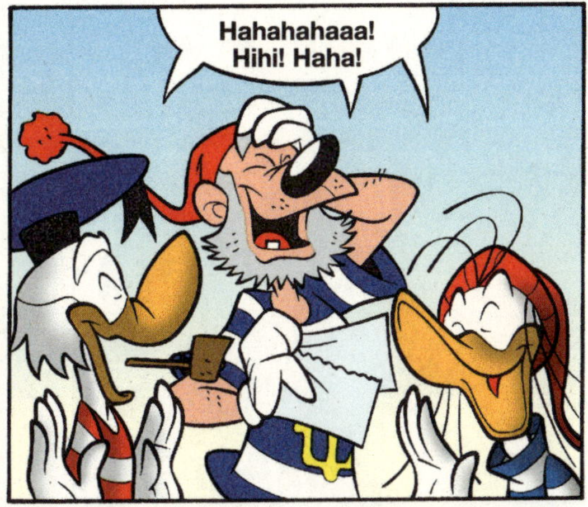
Hahahahaaa!
Hihi! Haha!

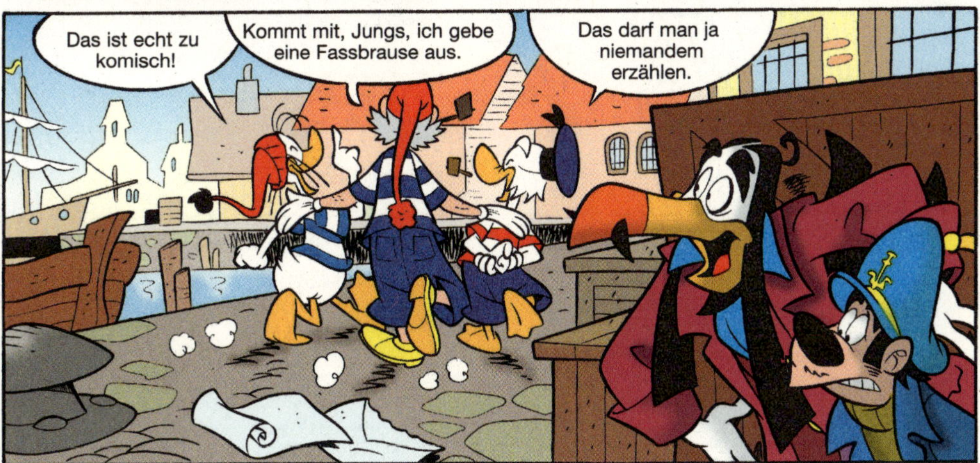
Das ist echt zu komisch!
Kommt mit, Jungs, ich gebe eine Fassbrause aus.
Das darf man ja niemandem erzählen.

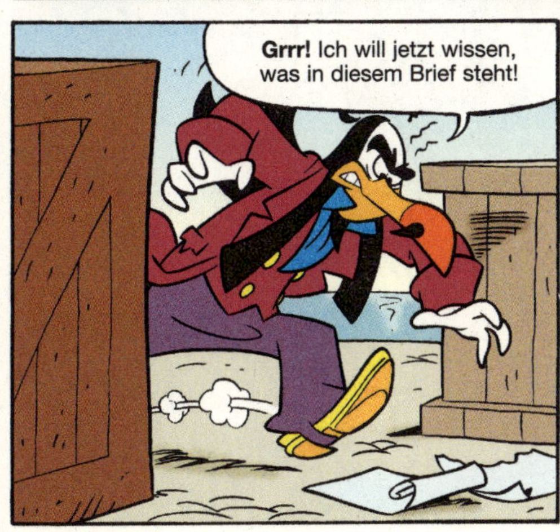
Grrr! Ich will jetzt wissen, was in diesem Brief steht!

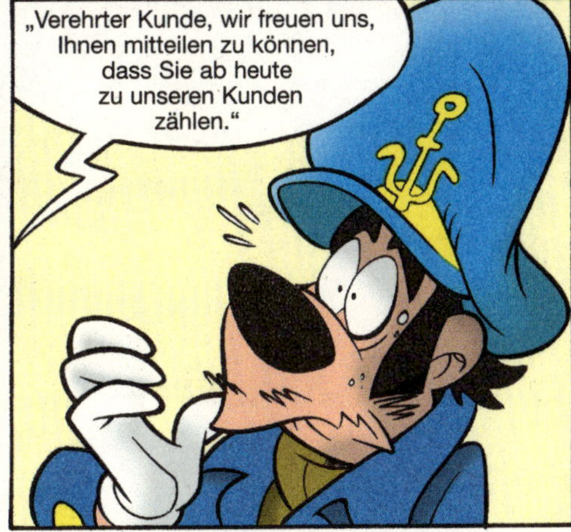
„Verehrter Kunde, wir freuen uns, Ihnen mitteilen zu können, dass Sie ab heute zu unseren Kunden zählen.“

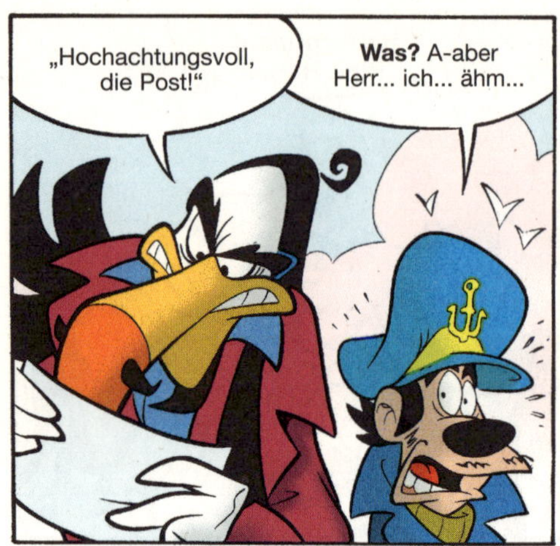

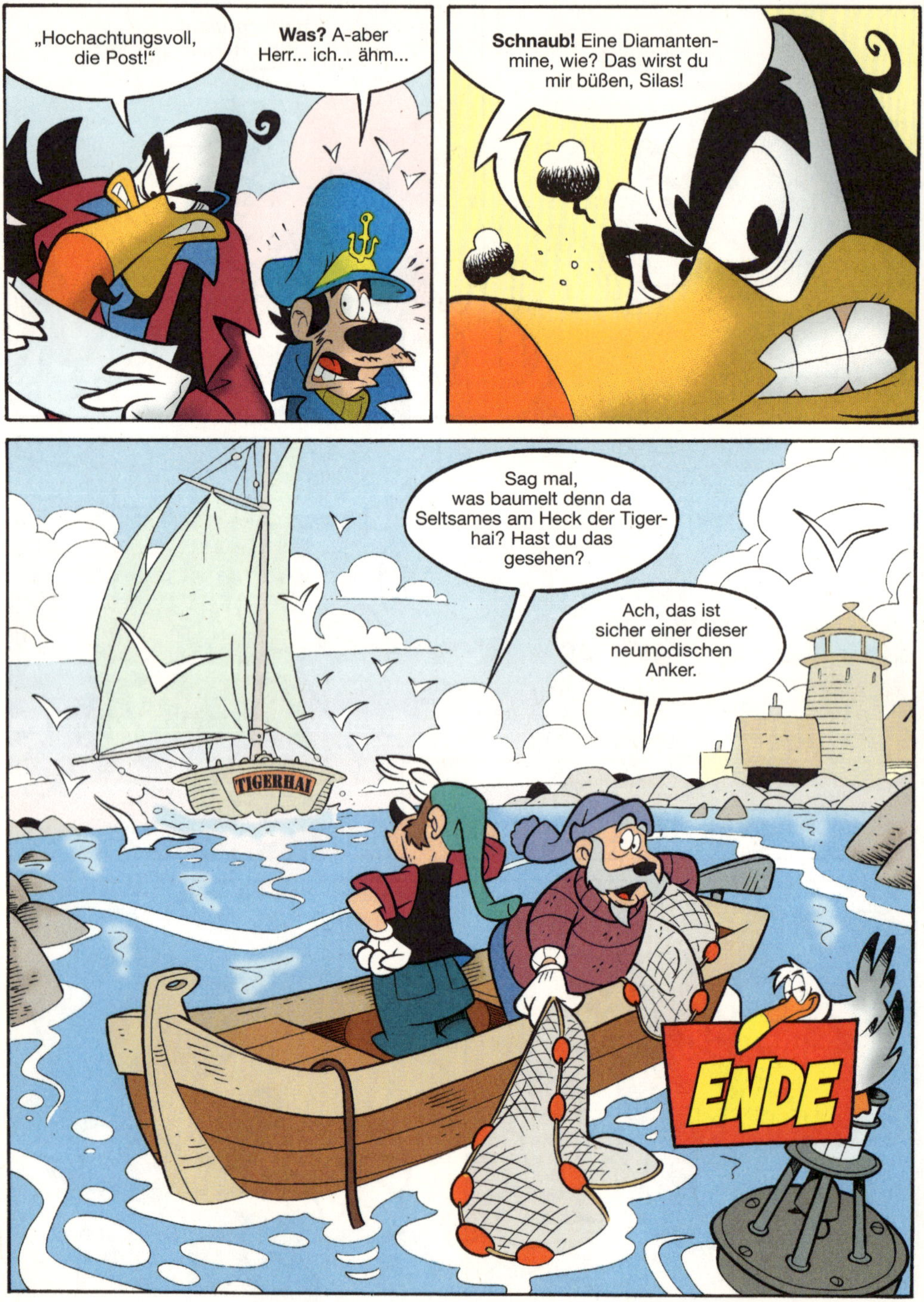

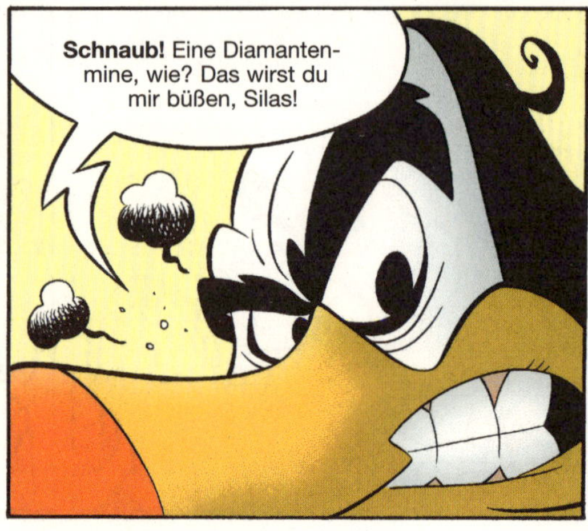

Sag mal, was baumelt denn da Seltsames am Heck der Tiger-hai? Hast du das gesehen?

Ach, das ist sicher einer dieser neumodischen Anker.

TIGERHAI

ENDE

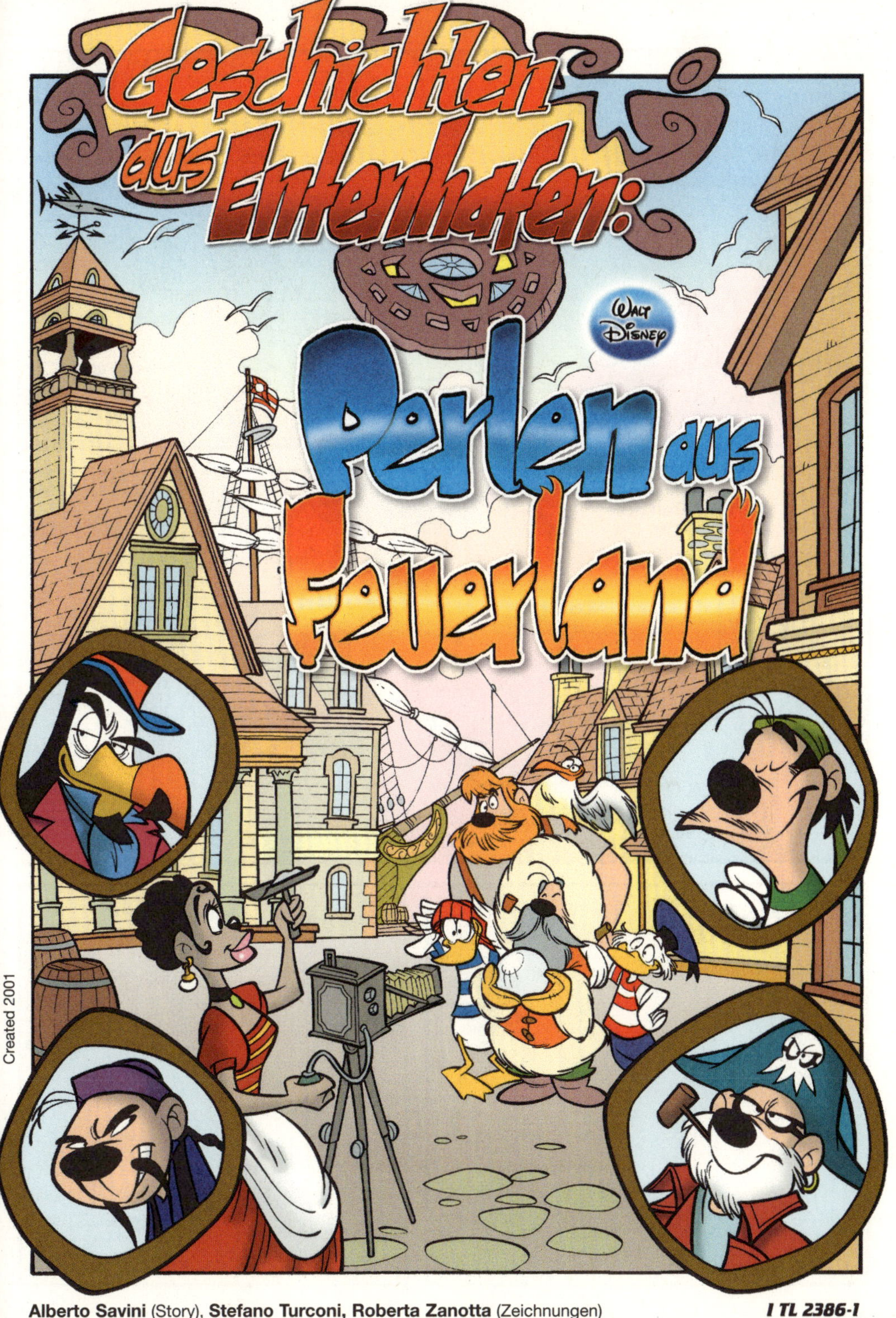

Created 2001

Alberto Savini (Story), **Stefano Turconi, Roberta Zanotta** (Zeichnungen) ***I TL 2386-1***

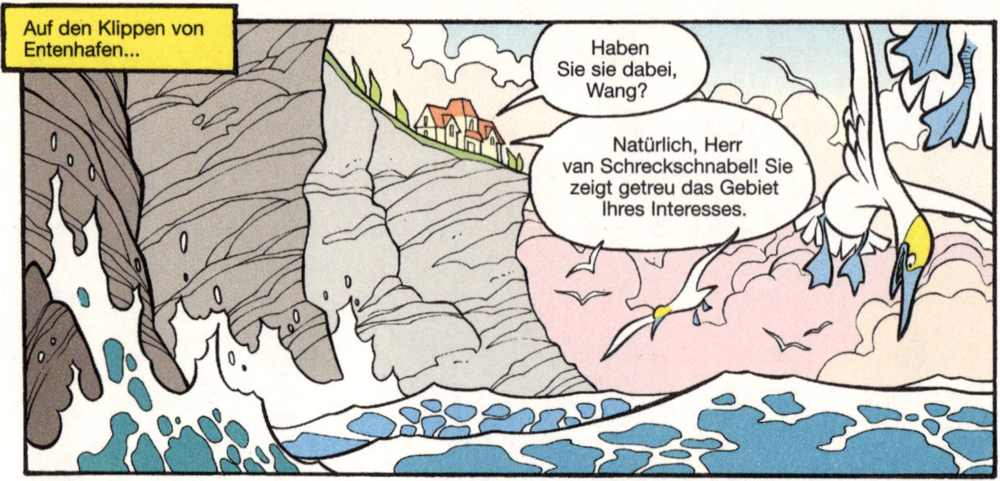
Auf den Klippen von Entenhafen...
Haben Sie sie dabei, Wang?
Natürlich, Herr van Schreckschnabel! Sie zeigt getreu das Gebiet Ihres Interesses.

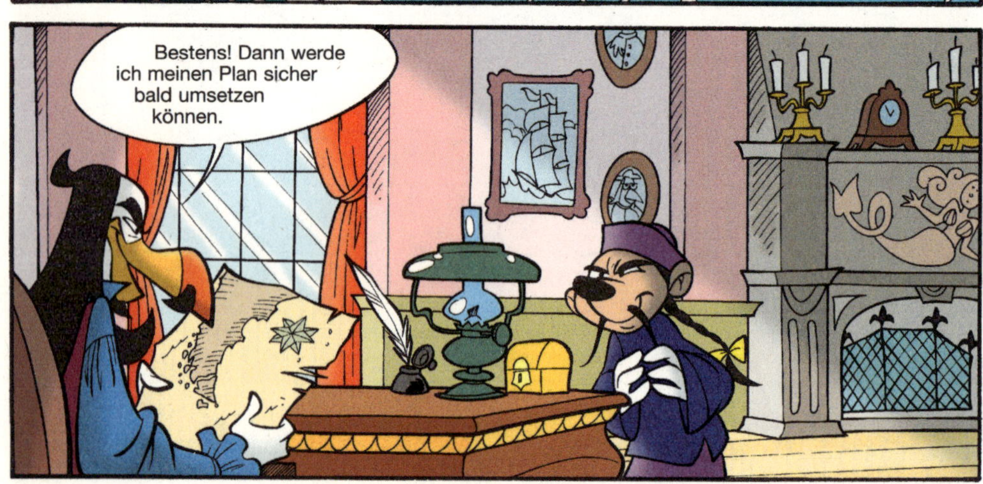
Bestens! Dann werde ich meinen Plan sicher bald umsetzen können.

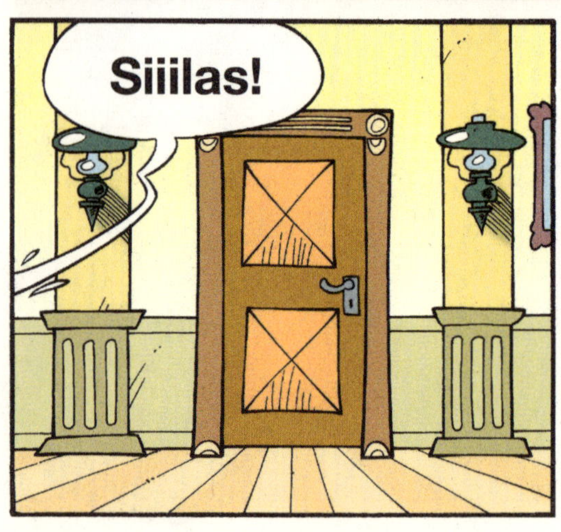
Siiilas!

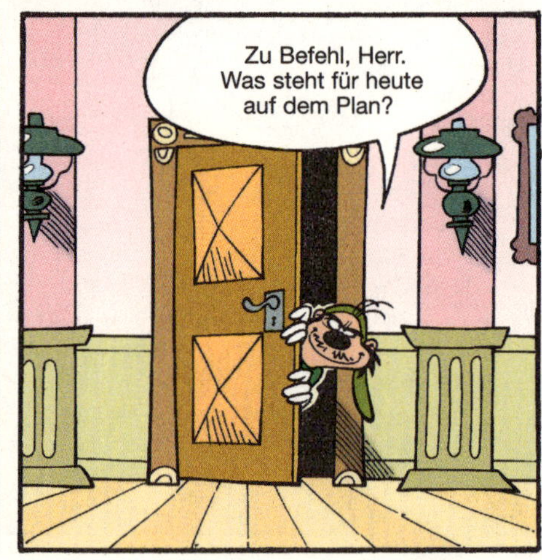
Zu Befehl, Herr. Was steht für heute auf dem Plan?

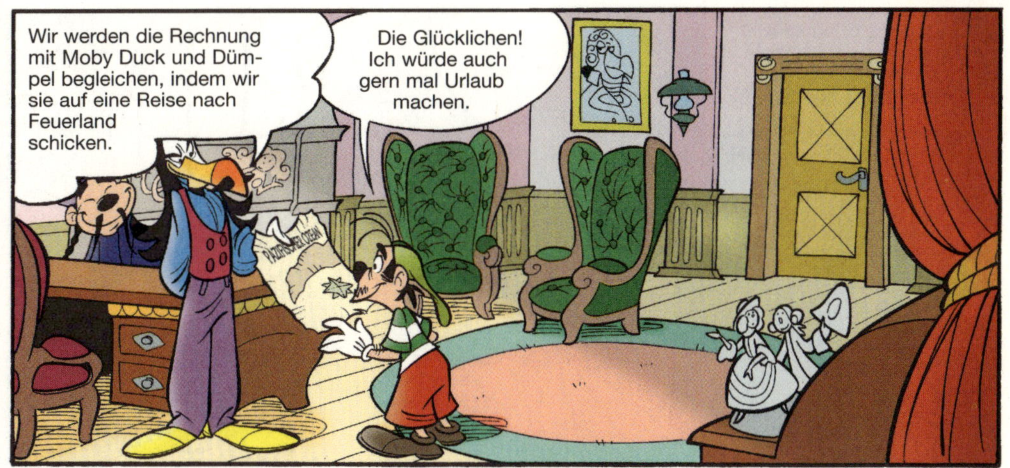
Wir werden die Rechnung mit Moby Duck und Dümpel begleichen, indem wir sie auf eine Reise nach Feuerland schicken.
Die Glücklichen! Ich würde auch gern mal Urlaub machen.

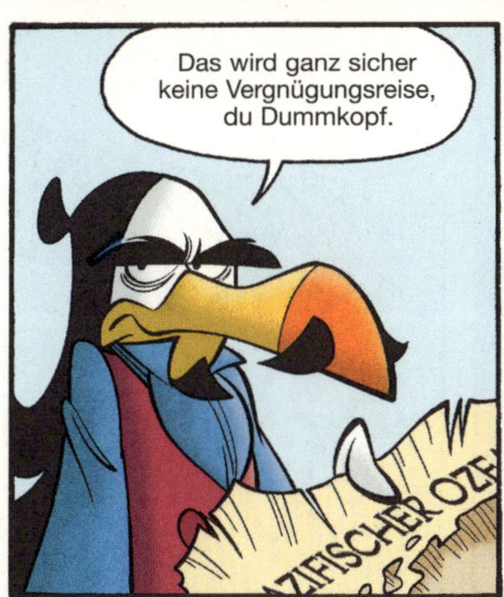
Das wird ganz sicher keine Vergnügungsreise, du Dummkopf.
ZIFISCHER OZE

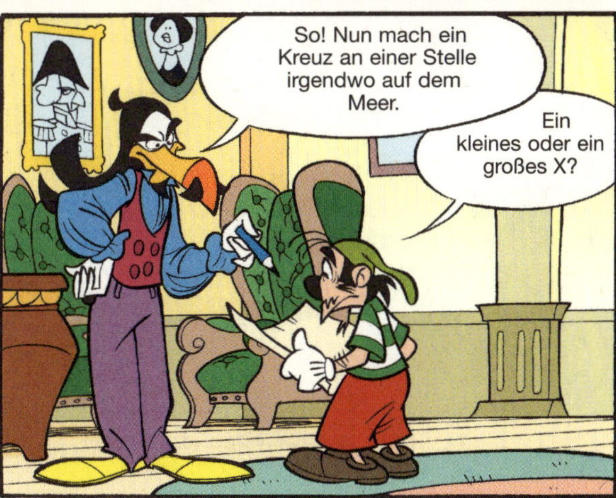
So! Nun mach ein Kreuz an einer Stelle irgendwo auf dem Meer.
Ein kleines oder ein großes X?

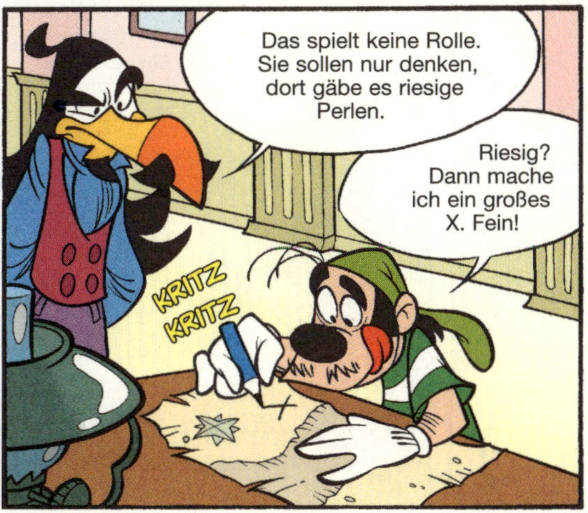
Das spielt keine Rolle. Sie sollen nur denken, dort gäbe es riesige Perlen.
Riesig? Dann mache ich ein großes X. Fein!
KRITZ
KRITZ

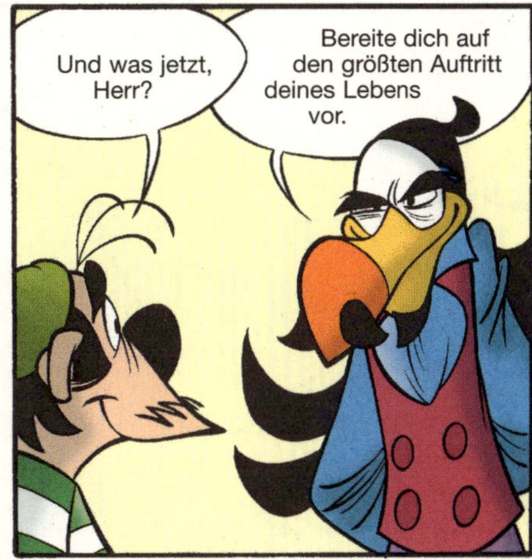
Und was jetzt, Herr?
Bereite dich auf den größten Auftritt deines Lebens vor.

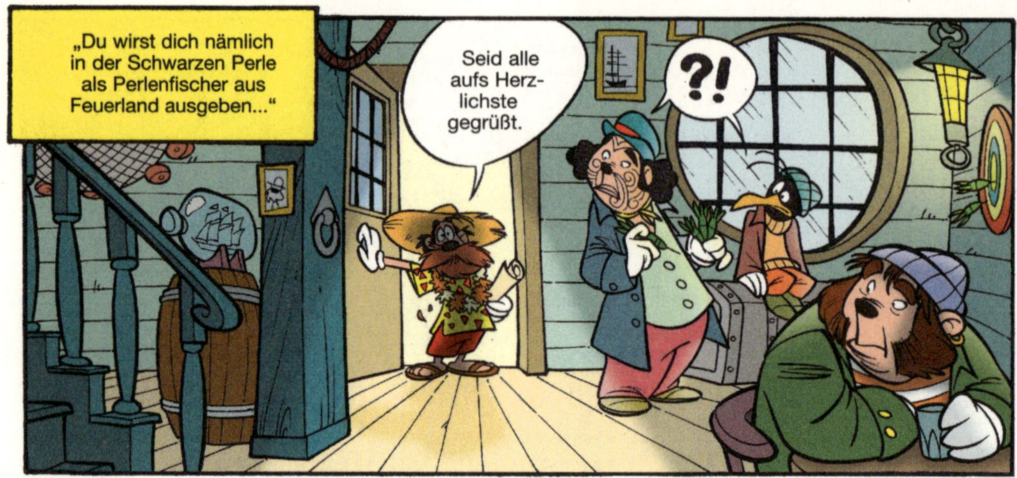
„Du wirst dich nämlich in der Schwarzen Perle als Perlenfischer aus Feuerland ausgeben...“
Seid alle aufs Herzlichste gegrüßt.
?!

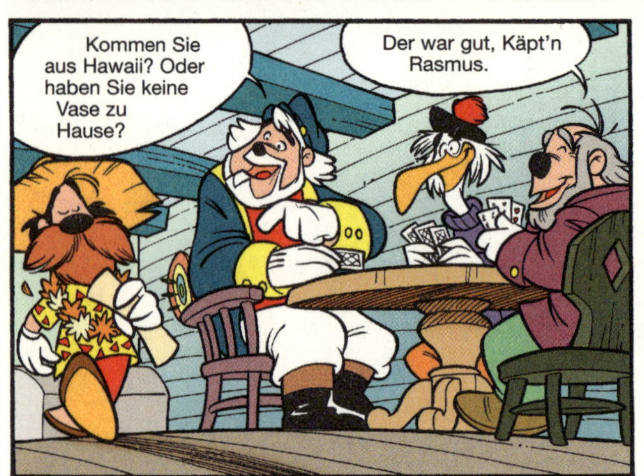
Kommen Sie aus Hawaii? Oder haben Sie keine Vase zu Hause?
Der war gut, Käpt'n Rasmus.

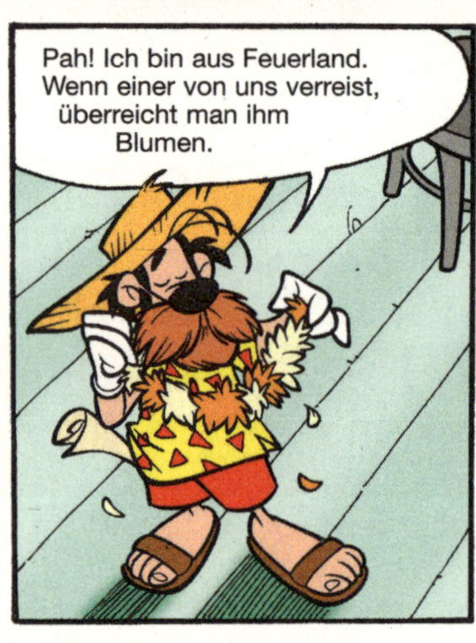
Pah! Ich bin aus Feuerland. Wenn einer von uns verreist, überreicht man ihm Blumen.

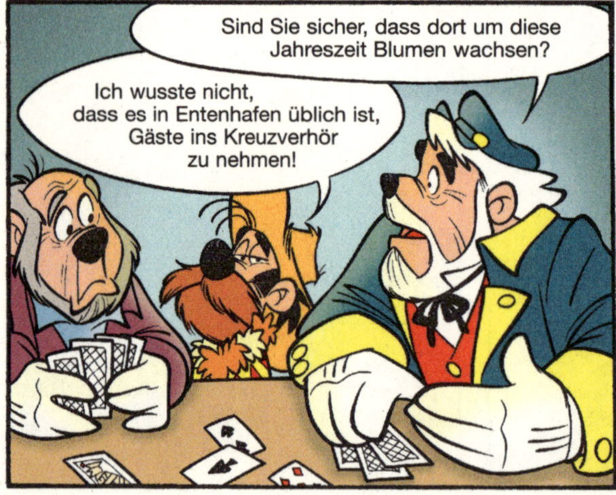
Sind Sie sicher, dass dort um diese Jahreszeit Blumen wachsen?
Ich wusste nicht, dass es in Entenhafen üblich ist, Gäste ins Kreuzverhör zu nehmen!

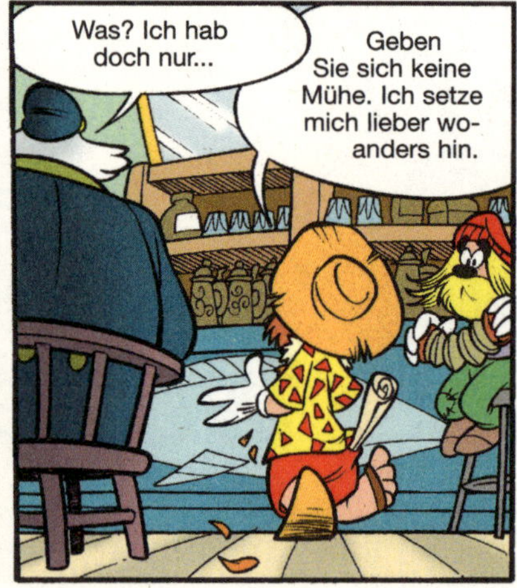
Was? Ich hab doch nur...
Geben Sie sich keine Mühe. Ich setze mich lieber woanders hin.

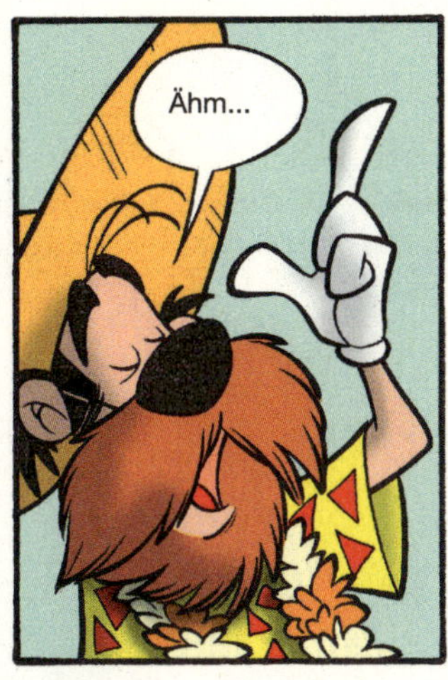
Ähm...

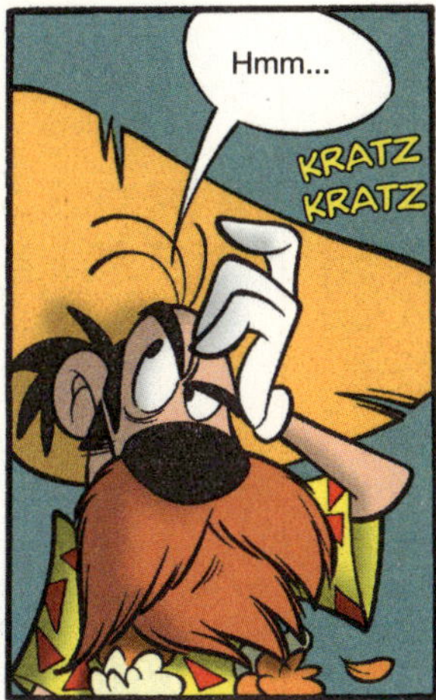
Hmm...
KRATZ
KRATZ

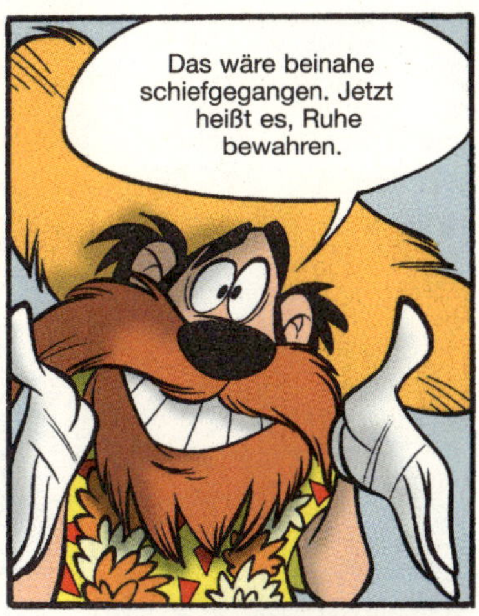
Das wäre beinahe schiefgegangen. Jetzt heißt es, Ruhe bewahren.

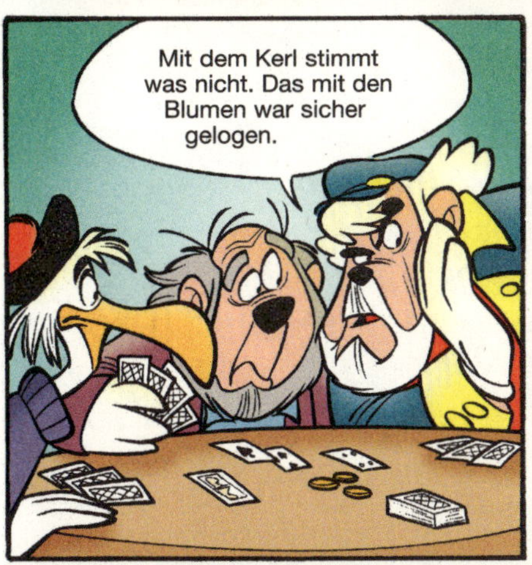
Mit dem Kerl stimmt was nicht. Das mit den Blumen war sicher gelogen.

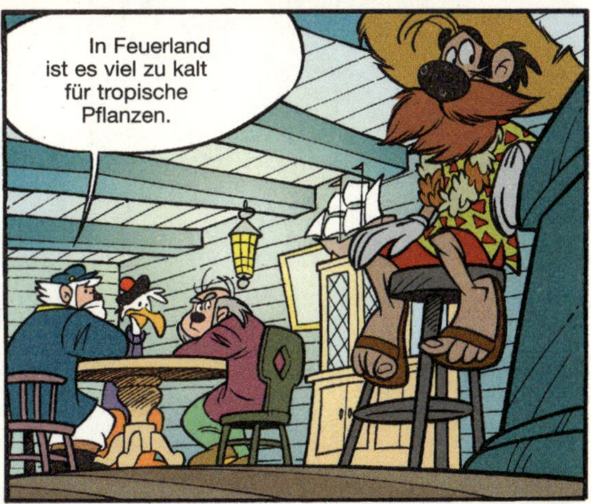
In Feuerland ist es viel zu kalt für tropische Pflanzen.

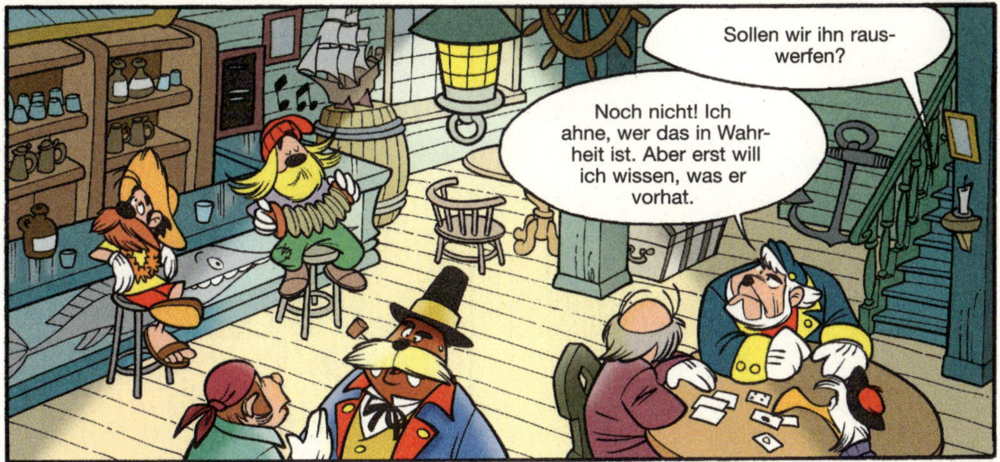
Sollen wir ihn raus-werfen?
Noch nicht! Ich ahne, wer das in Wahr-heit ist. Aber erst will ich wissen, was er vorhat.

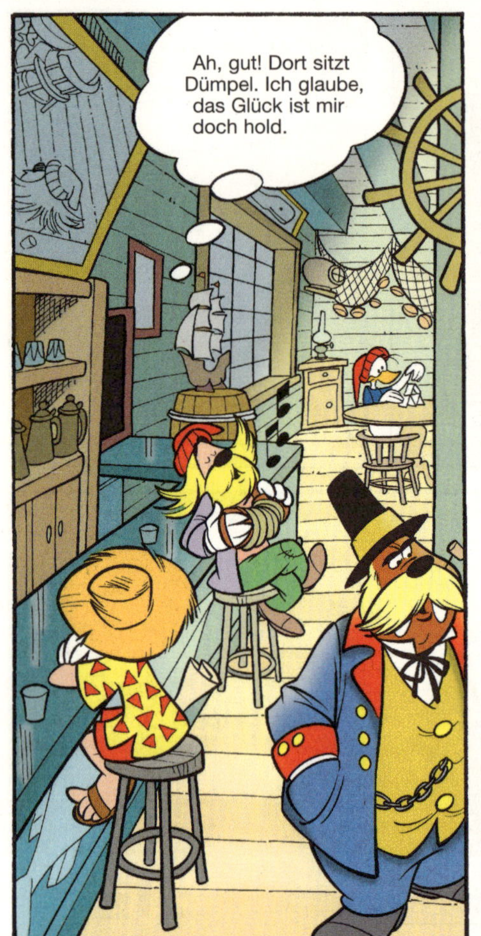
Ah, gut! Dort sitzt Dümpel. Ich glaube, das Glück ist mir doch hold.

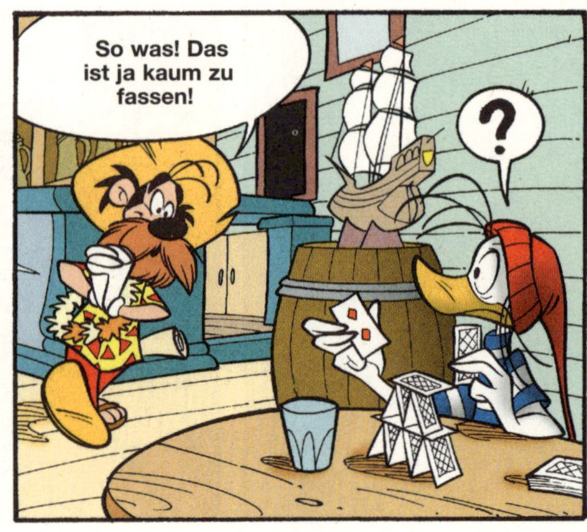
So was! Das ist ja kaum zu fassen!
?

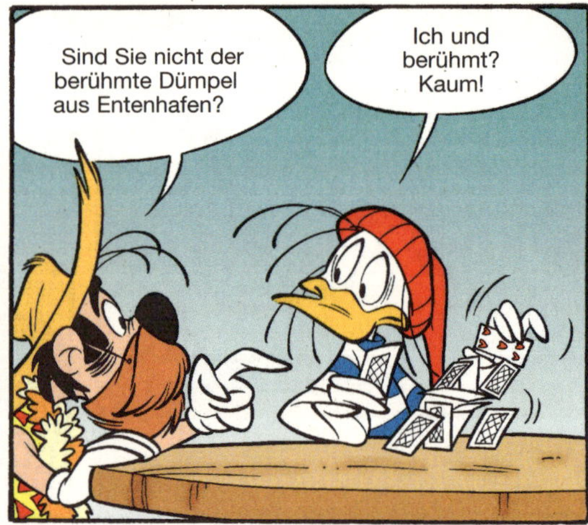
Sind Sie nicht der berühmte Dümpel aus Entenhafen?
Ich und berühmt? Kaum!

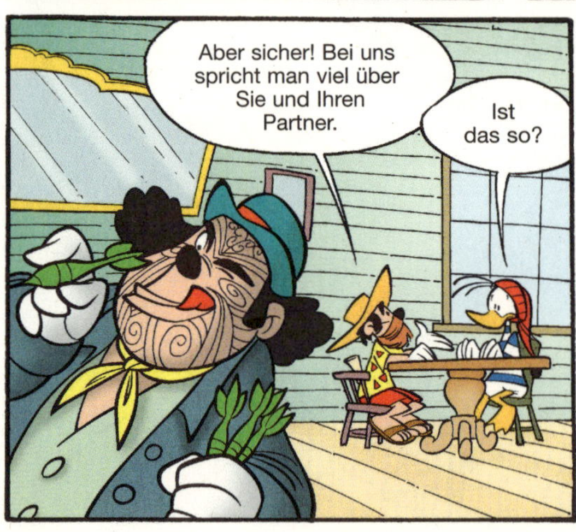
Aber sicher! Bei uns spricht man viel über Sie und Ihren Partner.
Ist das so?

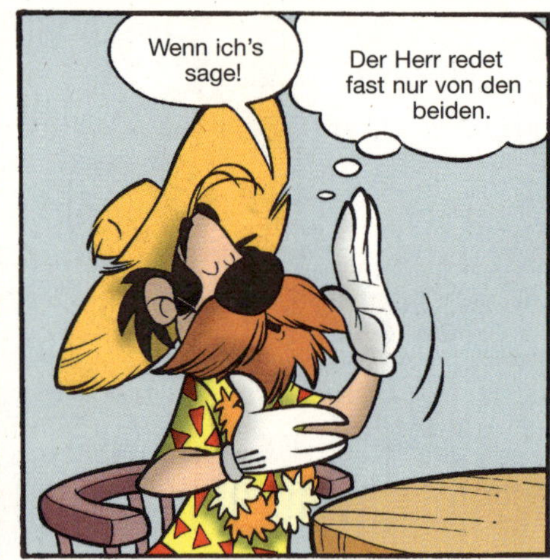
Wenn ich's sage!
Der Herr redet fast nur von den beiden.

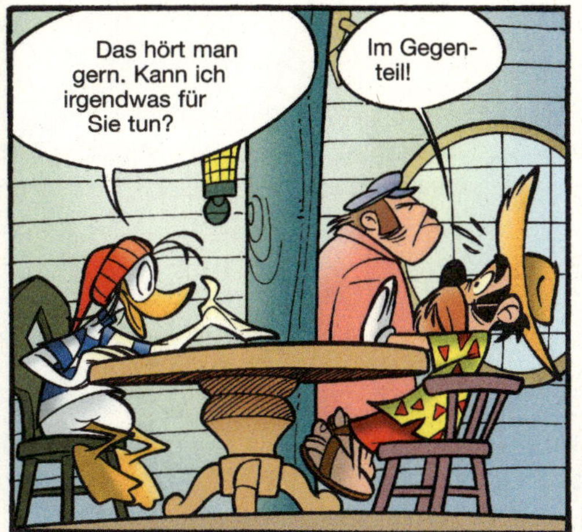
Das hört man
gern. Kann ich
irgendwas für
Sie tun?
Im Gegen-
teil!

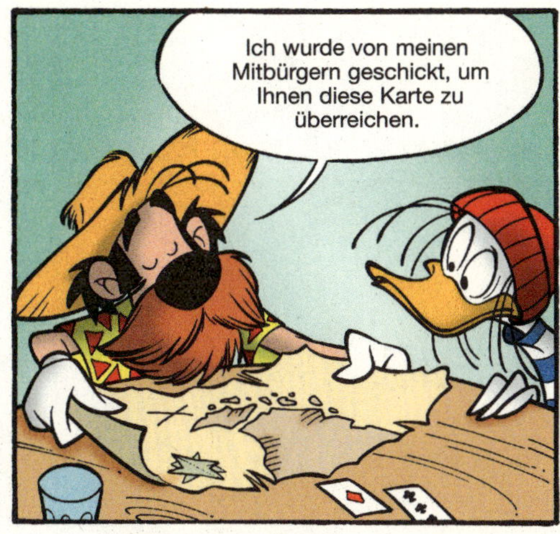
Ich wurde von meinen
Mitbürgern geschickt, um
Ihnen diese Karte zu
überreichen.

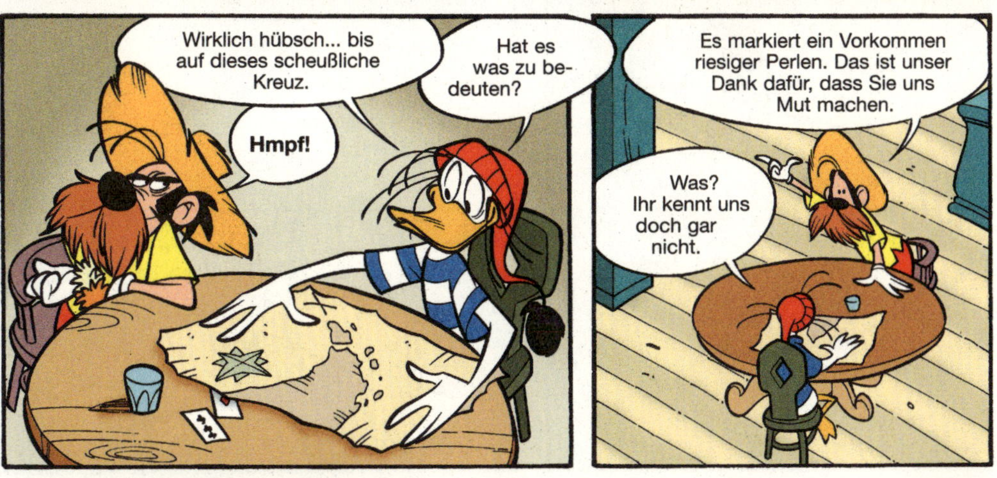
Wirklich hübsch... bis
auf dieses scheußliche
Kreuz.
Hmpf!
Hat es
was zu be-
deuten?
Es markiert ein Vorkommen
riesiger Perlen. Das ist unser
Dank dafür, dass Sie uns
Mut machen.
Was?
Ihr kennt uns
doch gar
nicht.

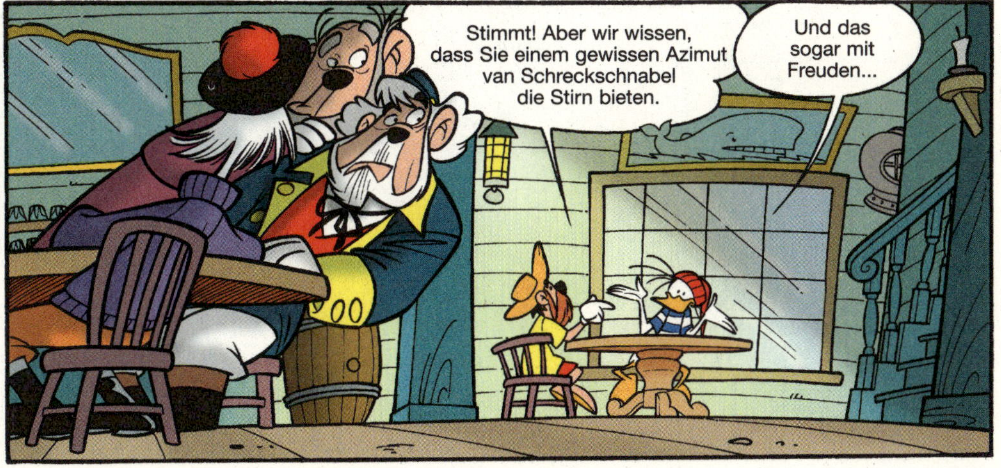
Stimmt! Aber wir wissen,
dass Sie einem gewissen Azimut
van Schreckschnabel
die Stirn bieten.
Und das
sogar mit
Freuden...

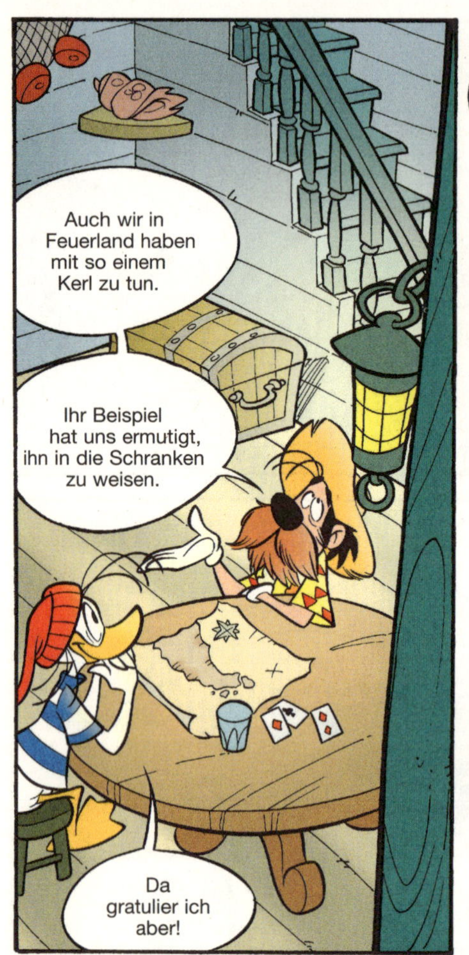
Auch wir in Feuerland haben mit so einem Kerl zu tun.
Ihr Beispiel hat uns ermutigt, ihn in die Schranken zu weisen.
Da gratulier ich aber!

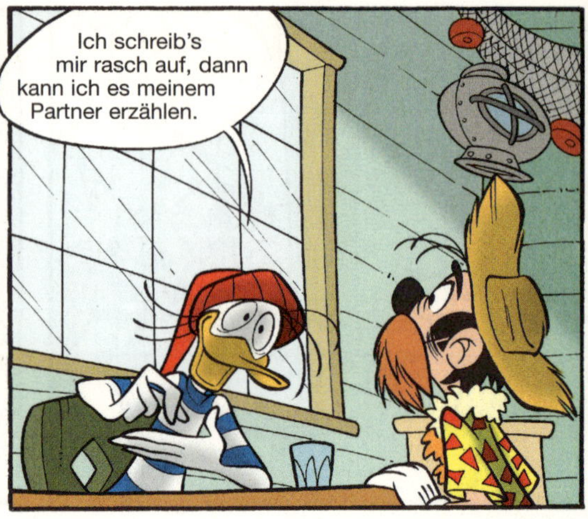
Ich schreib's mir rasch auf, dann kann ich es meinem Partner erzählen.

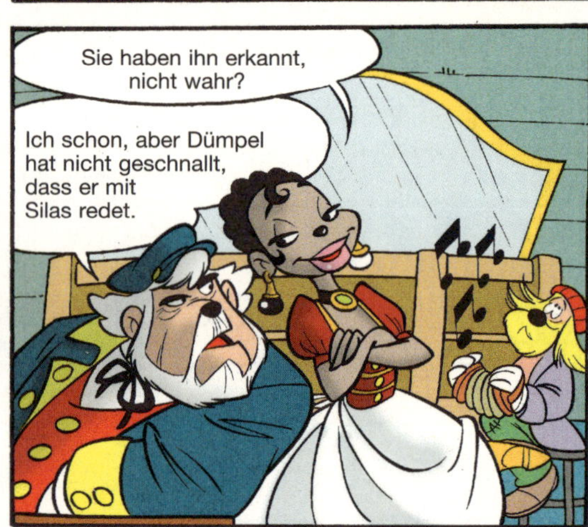
Sie haben ihn erkannt, nicht wahr?
Ich schon, aber Dümpel hat nicht geschnallt, dass er mit Silas redet.

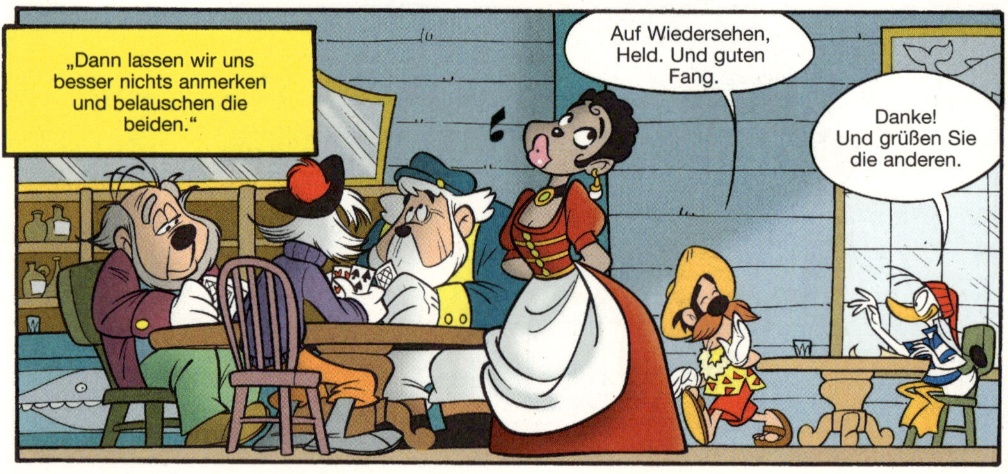
„Dann lassen wir uns besser nichts anmerken und belauschen die beiden.“
Auf Wiedersehen, Held. Und guten Fang.
Danke! Und grüßen Sie die anderen.

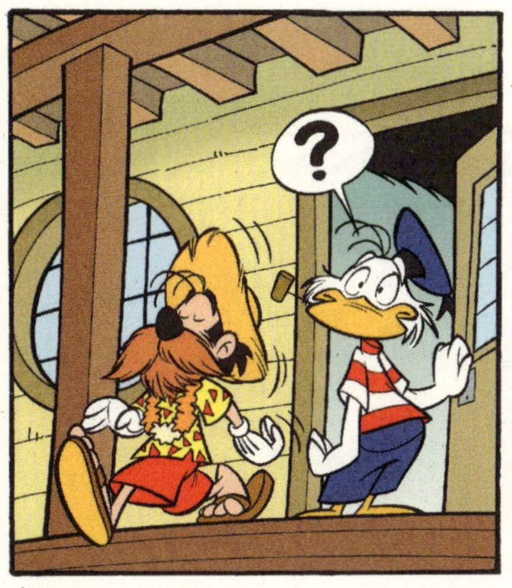
?

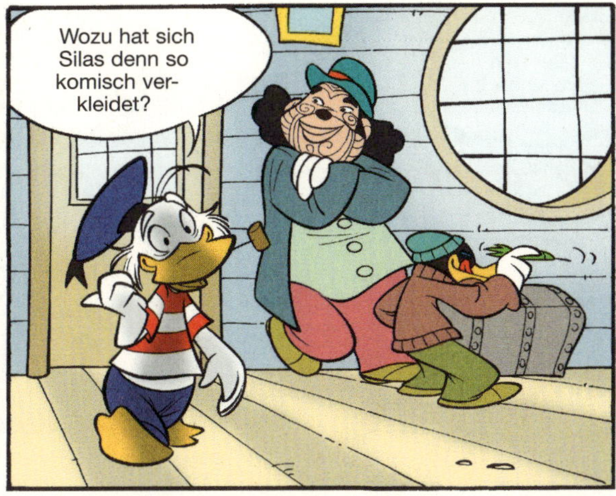
Wozu hat sich Silas denn so komisch verkleidet?

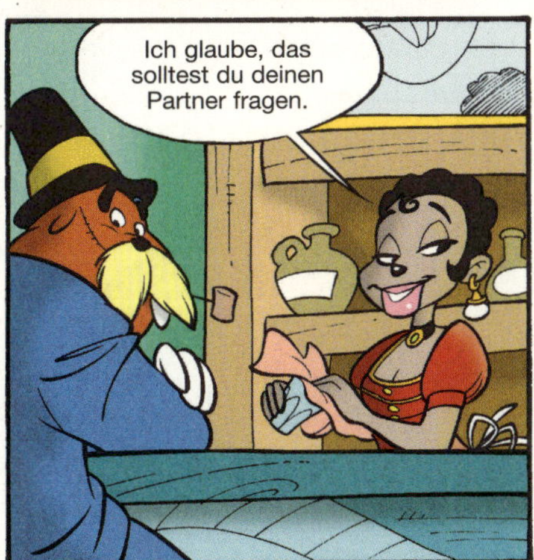
Ich glaube, das solltest du deinen Partner fragen.

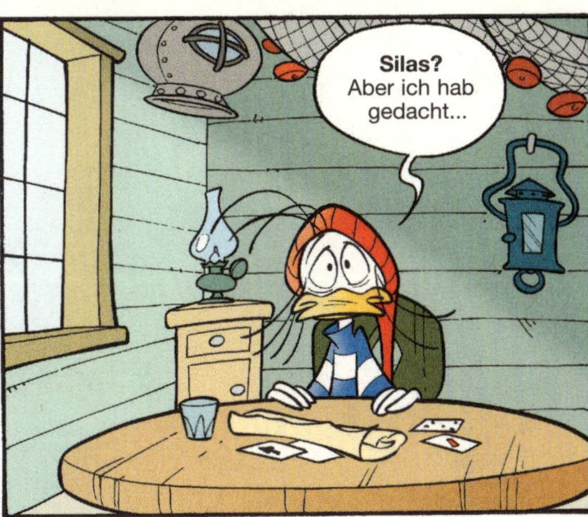
Silas? Aber ich hab gedacht...

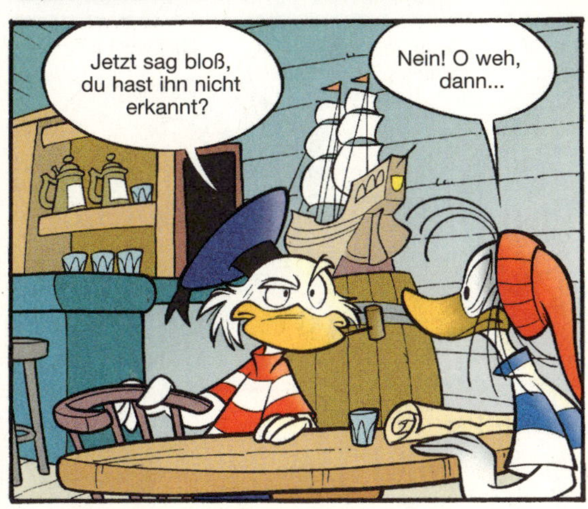
Jetzt sag bloß, du hast ihn nicht erkannt?
Nein! O weh, dann...

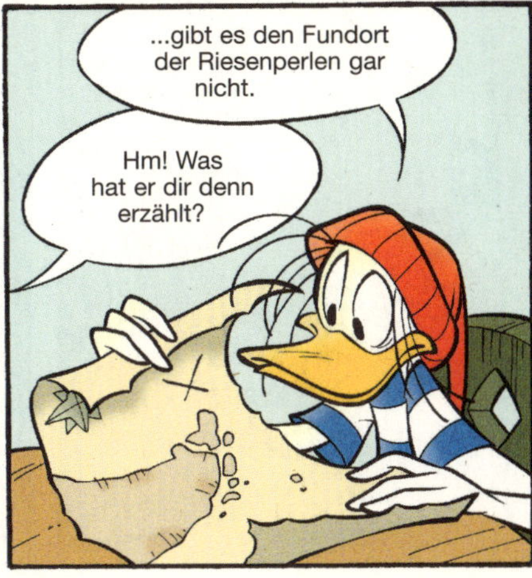
...gibt es den Fundort der Riesenperlen gar nicht.
Hm! Was hat er dir denn erzählt?

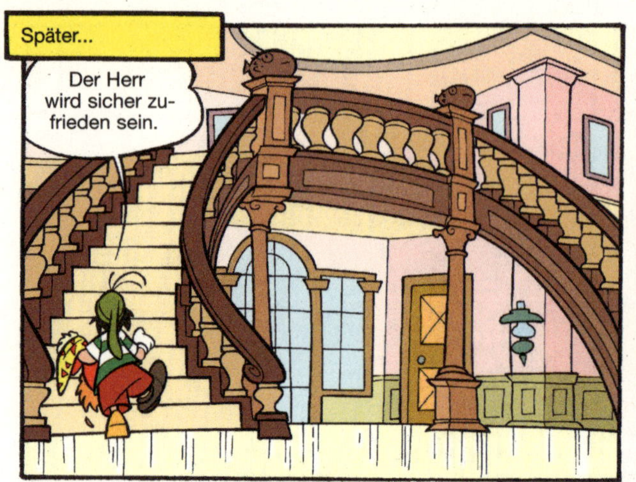
Später...
Der Herr wird sicher zufrieden sein.

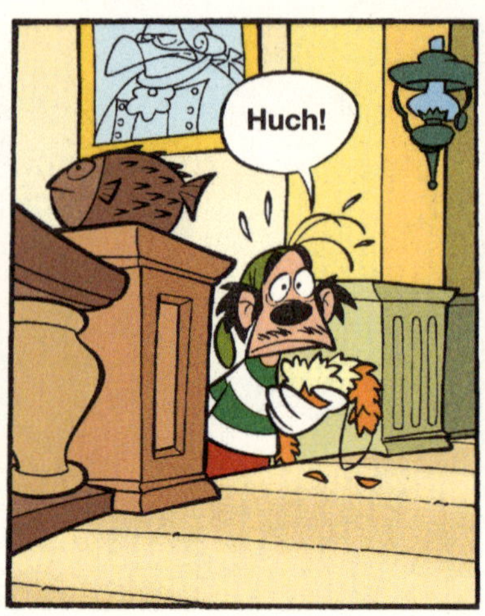
Huch!

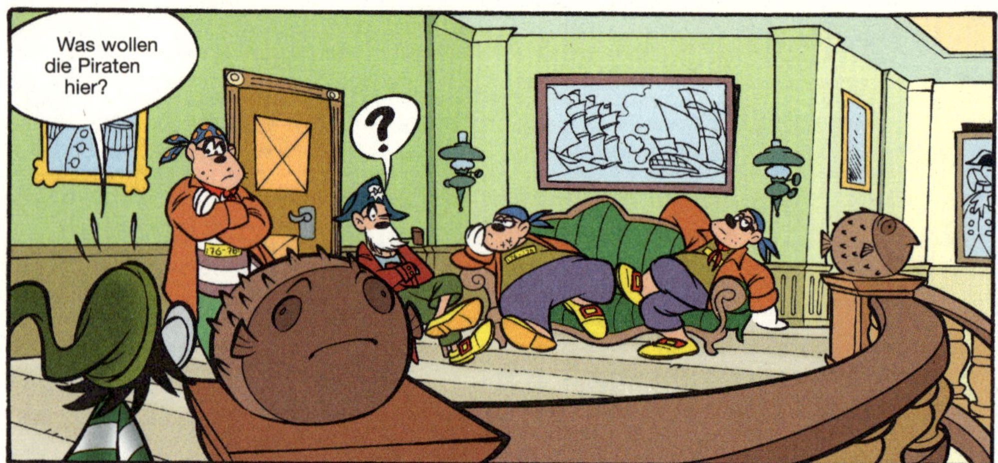
Was wollen die Piraten hier?
?

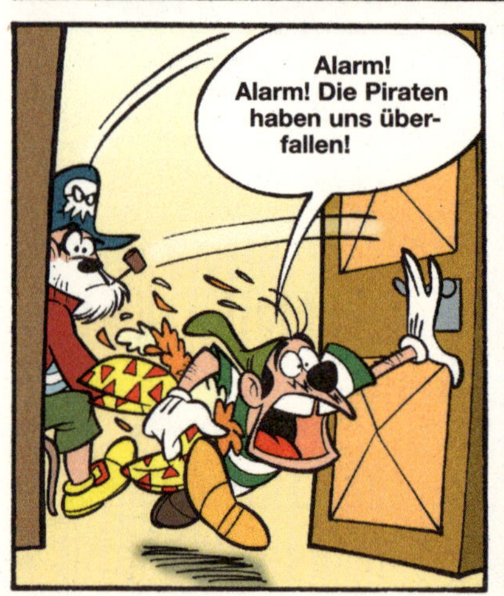
Alarm! Alarm! Die Piraten haben uns überfallen!

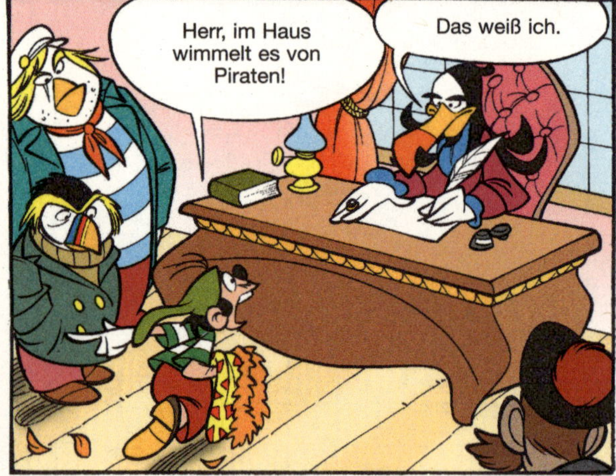
Herr, im Haus wimmelt es von Piraten!
Das weiß ich.

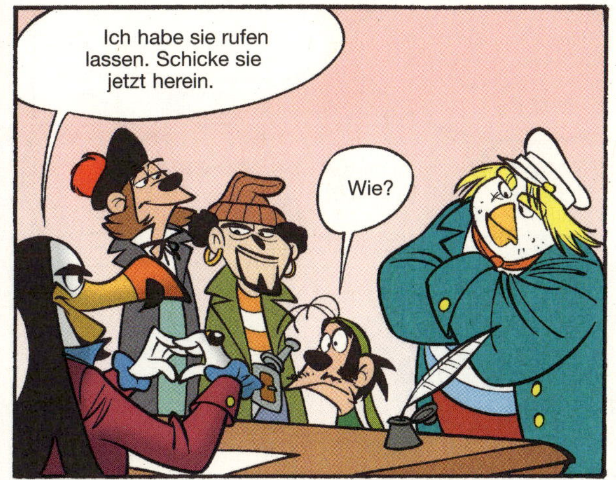
Ich habe sie rufen lassen. Schicke sie jetzt herein.
Wie?

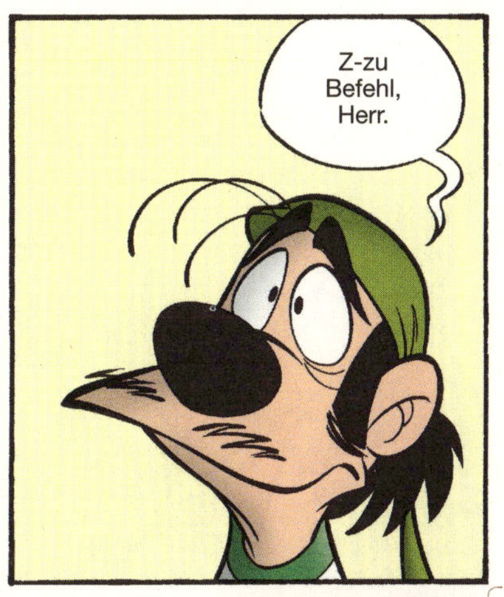
Z-zu Befehl, Herr.

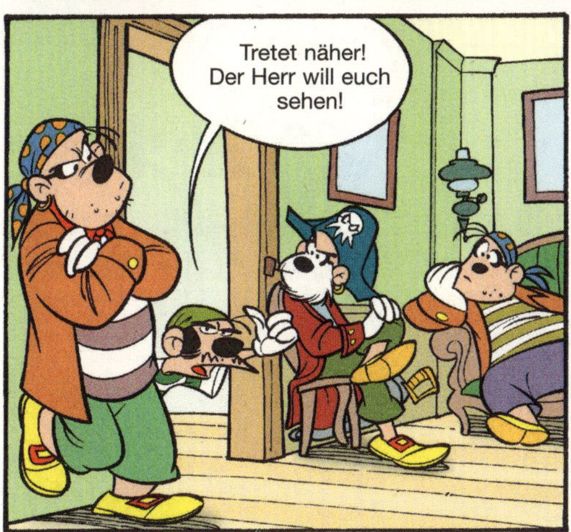
Tretet näher! Der Herr will euch sehen!

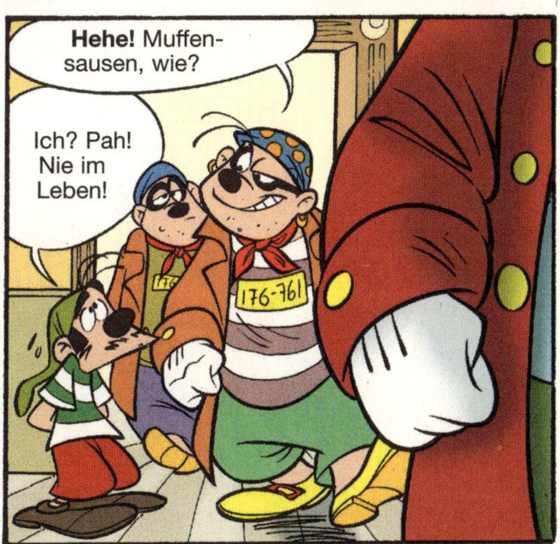
Hehe! Muffen-sausen, wie?
Ich? Pah! Nie im Leben!
176-761

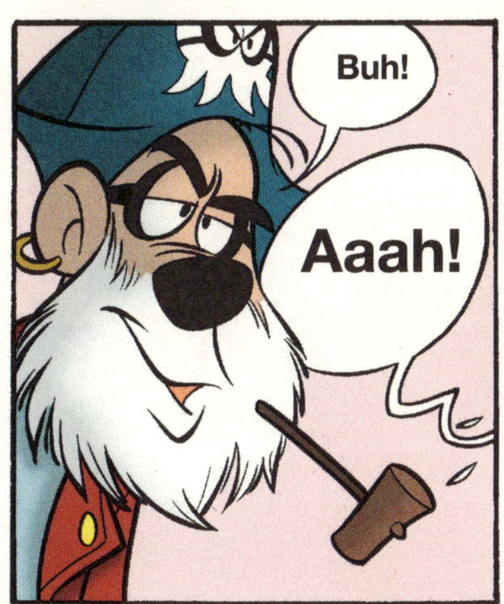
Buh!
Aaah!

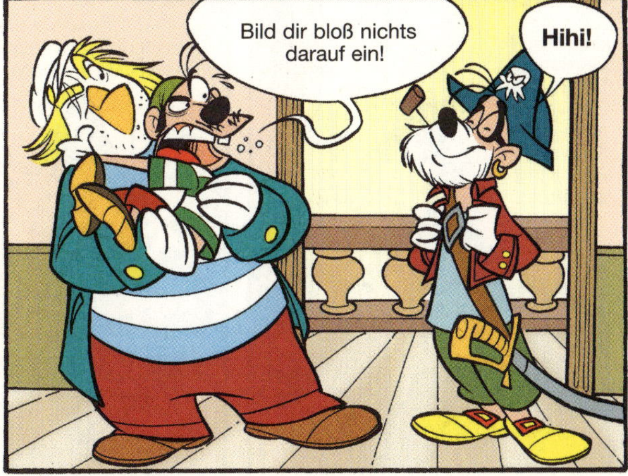
Bild dir bloß nichts darauf ein!
Hihi!

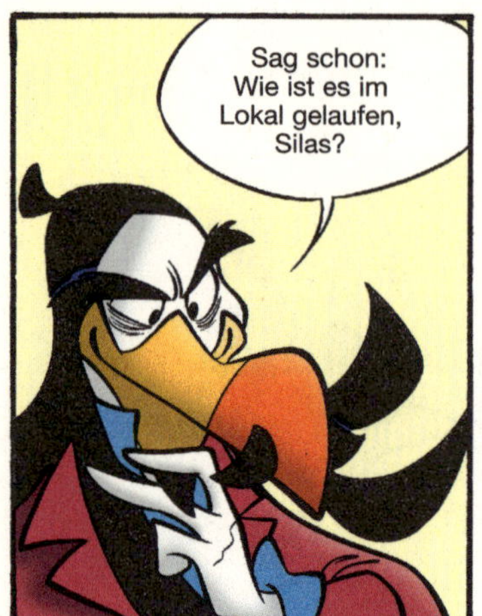
Sag schon: Wie ist es im Lokal gelaufen, Silas?

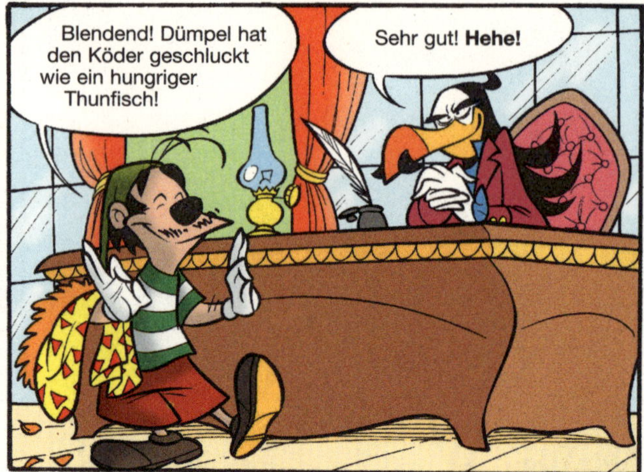
Blendend! Dümpel hat den Köder geschluckt wie ein hungriger Thunfisch!
Sehr gut! **Hehe!**

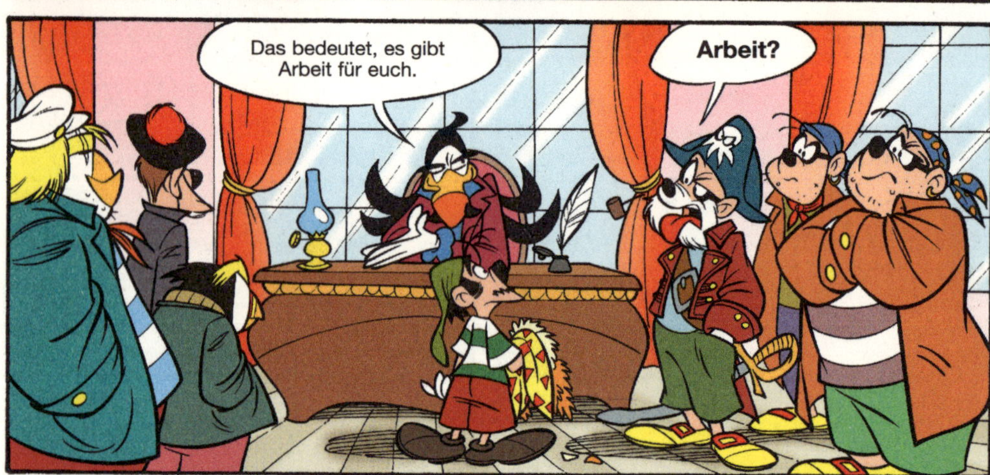
Das bedeutet, es gibt Arbeit für euch.
Arbeit?

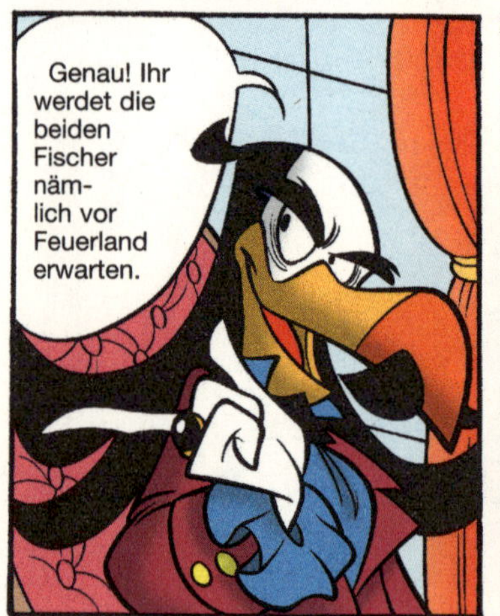
Genau! Ihr werdet die beiden Fischer nämlich vor Feuerland erwarten.

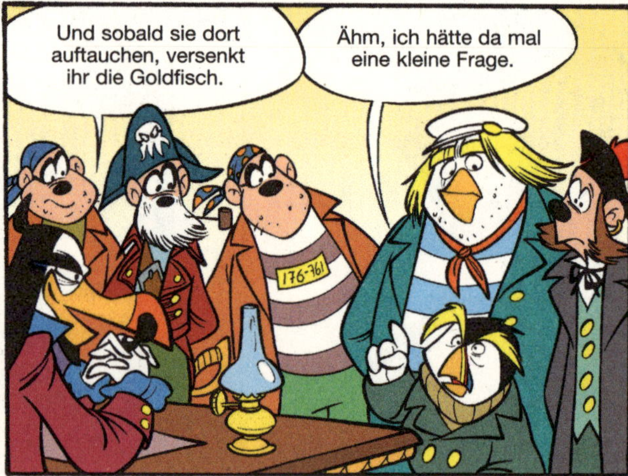
Und sobald sie dort auftauchen, versenkt ihr die Goldfisch.
Ähm, ich hätte da mal eine kleine Frage.
176-761

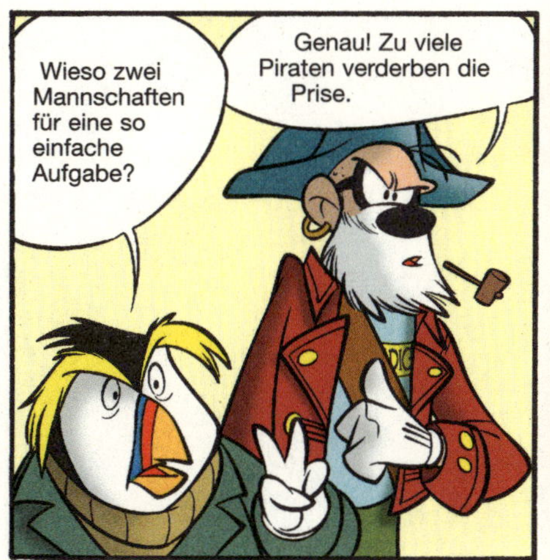
Wieso zwei Mannschaften für eine so einfache Aufgabe?
Genau! Zu viele Piraten verderben die Prise.

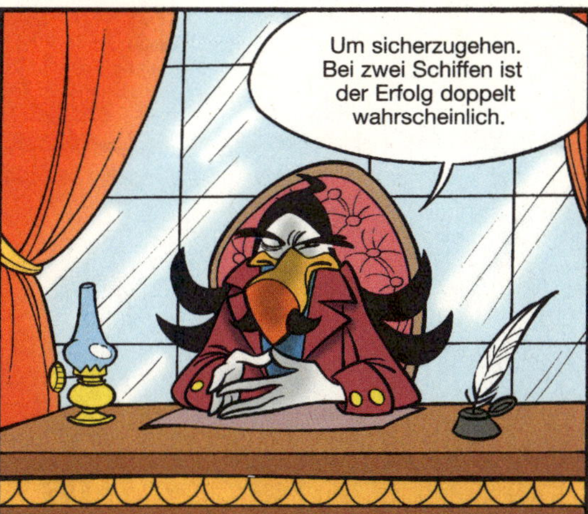
Um sicherzugehen. Bei zwei Schiffen ist der Erfolg doppelt wahrscheinlich.

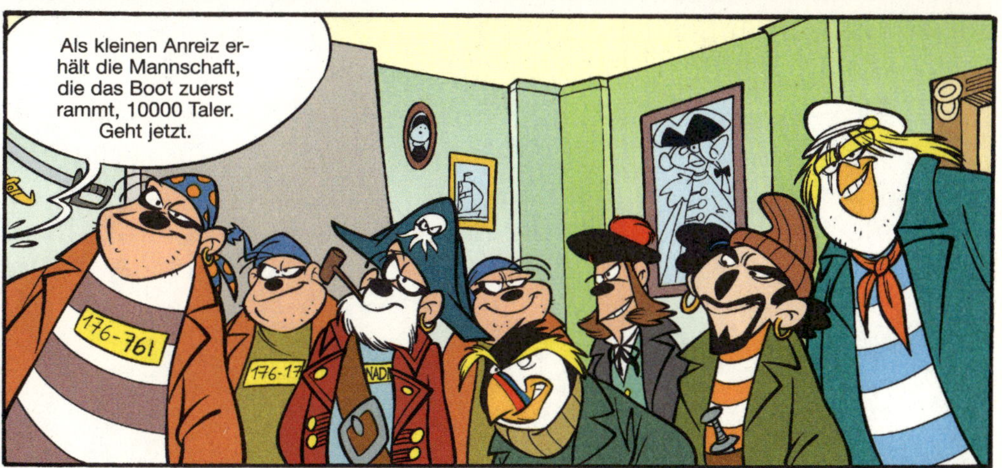
Als kleinen Anreiz erhält die Mannschaft, die das Boot zuerst rammt, 10000 Taler. Geht jetzt.
176-761
176-17

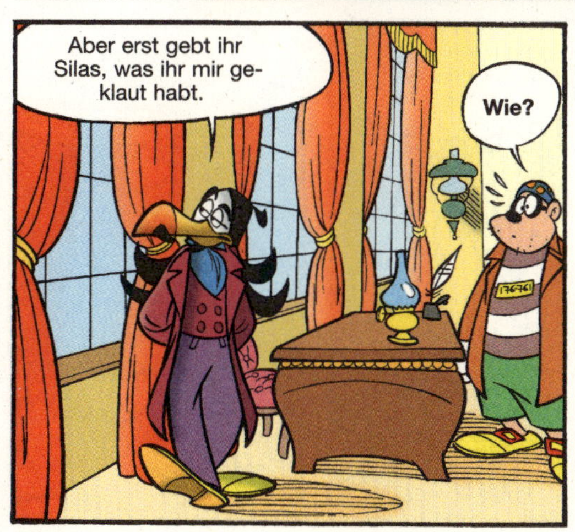
Aber erst gebt ihr Silas, was ihr mir geklaut habt.
Wie?

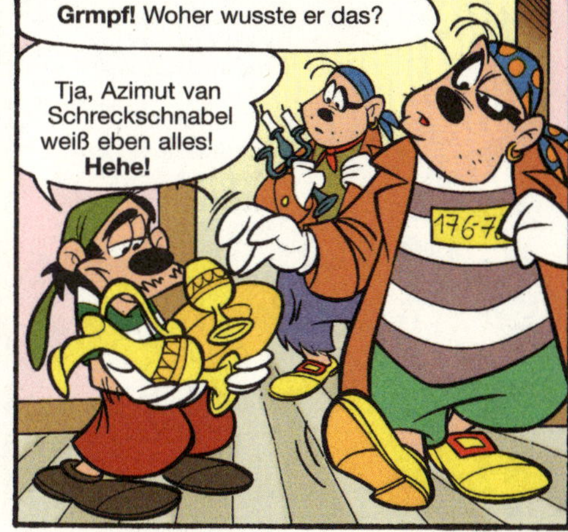
Grmpf! Woher wusste er das?
Tja, Azimut van Schreckschnabel weiß eben alles! **Hehe!**

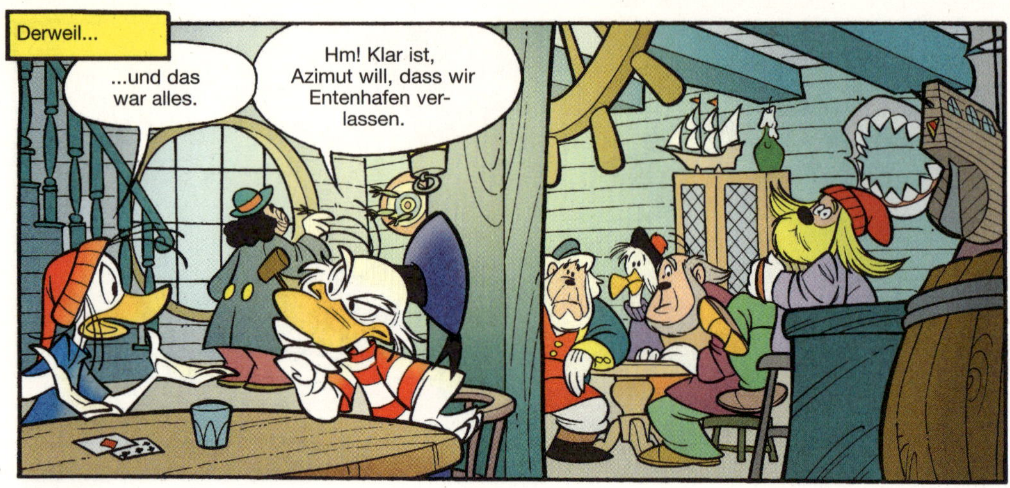
Derweil...
...und das war alles.
Hm! Klar ist, Azimut will, dass wir Entenhafen verlassen.

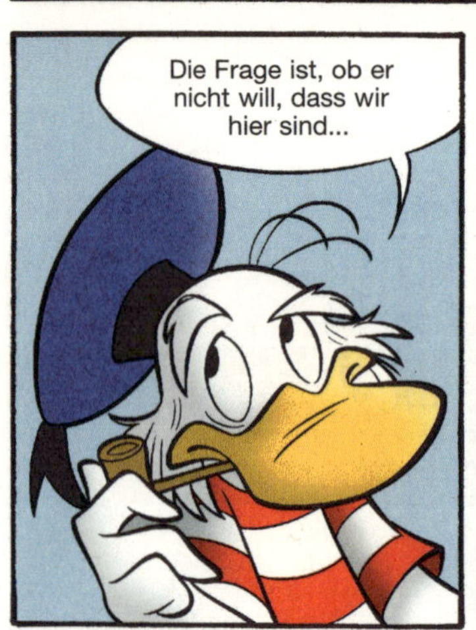
Die Frage ist, ob er nicht will, dass wir hier sind...

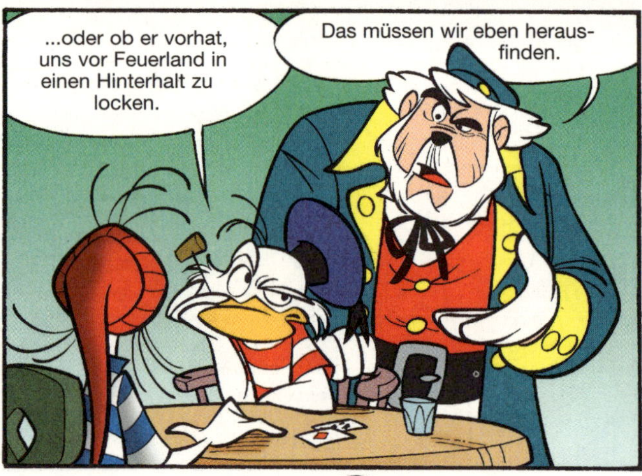
...oder ob er vorhat, uns vor Feuerland in einen Hinterhalt zu locken.
Das müssen wir eben herausfinden.

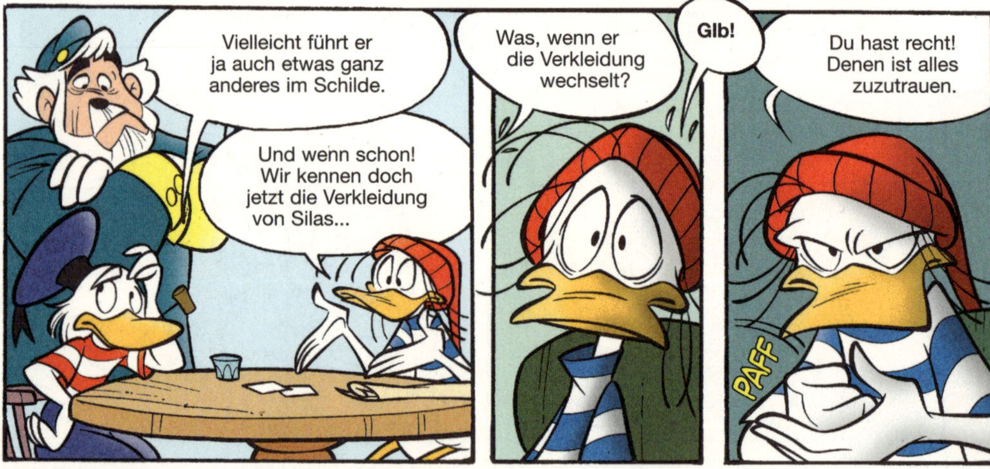
Vielleicht führt er ja auch etwas ganz anderes im Schilde.
Und wenn schon! Wir kennen doch jetzt die Verkleidung von Silas...
Was, wenn er die Verkleidung wechselt?
Glb!
Du hast recht! Denen ist alles zuzutrauen.
PAFF

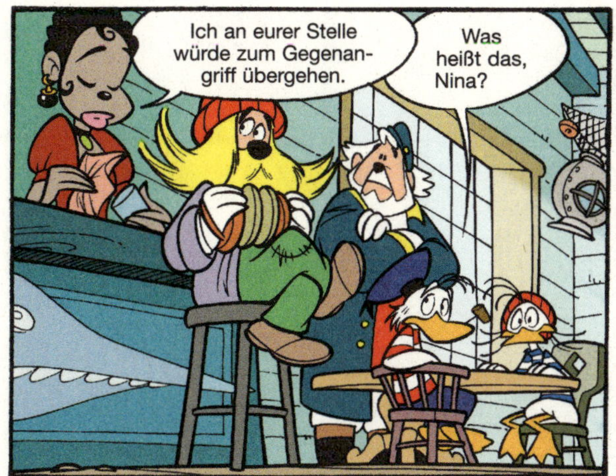
Ich an eurer Stelle würde zum Gegenangriff übergehen.
Was heißt das, Nina?

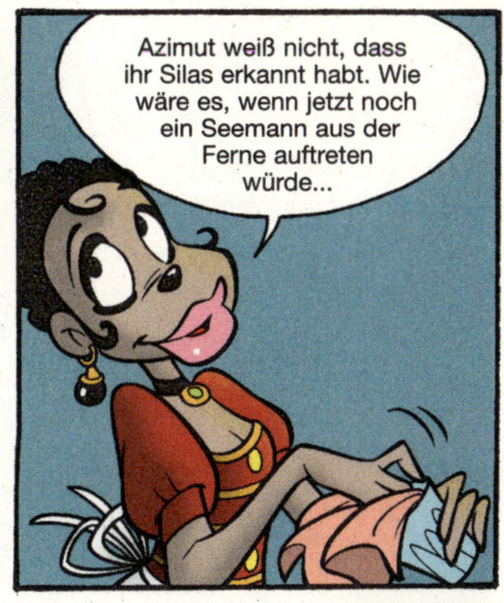
Azimut weiß nicht, dass ihr Silas erkannt habt. Wie wäre es, wenn jetzt noch ein Seemann aus der Ferne auftreten würde...

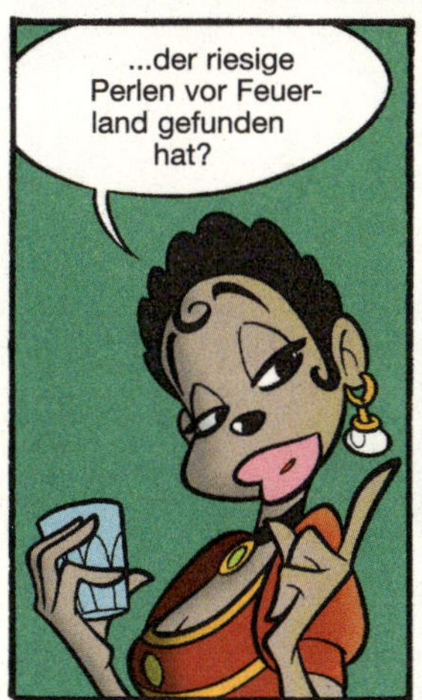
...der riesige Perlen vor Feuerland gefunden hat?

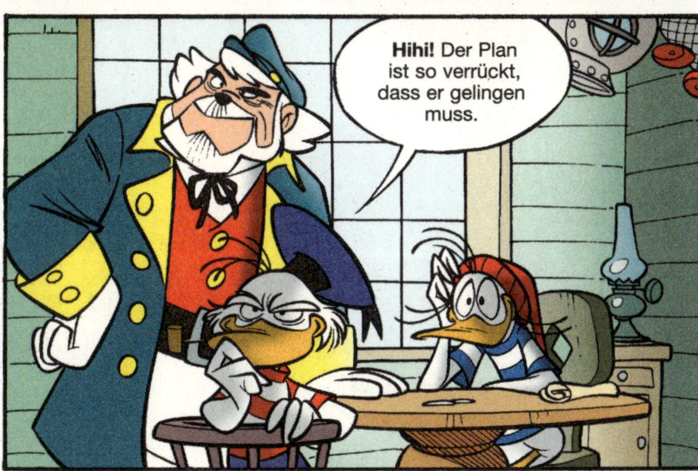
Hihi! Der Plan ist so verrückt, dass er gelingen muss.

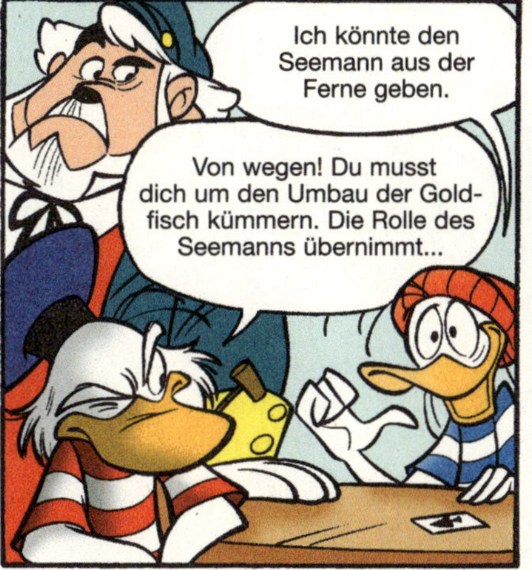
Ich könnte den Seemann aus der Ferne geben.
Von wegen! Du musst dich um den Umbau der Goldfisch kümmern. Die Rolle des Seemanns übernimmt...

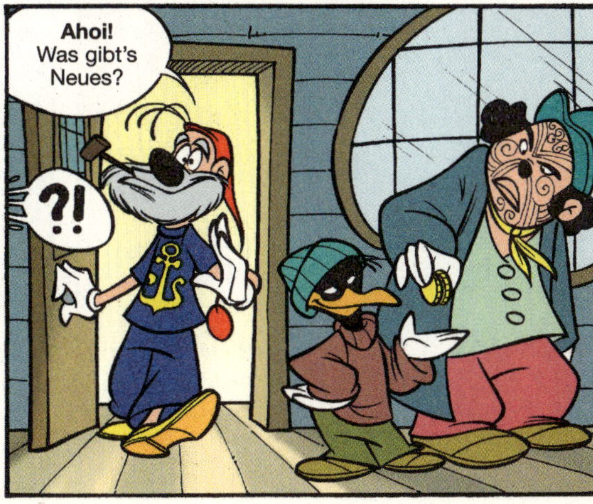
Ahoi! Was gibt's Neues?
?!

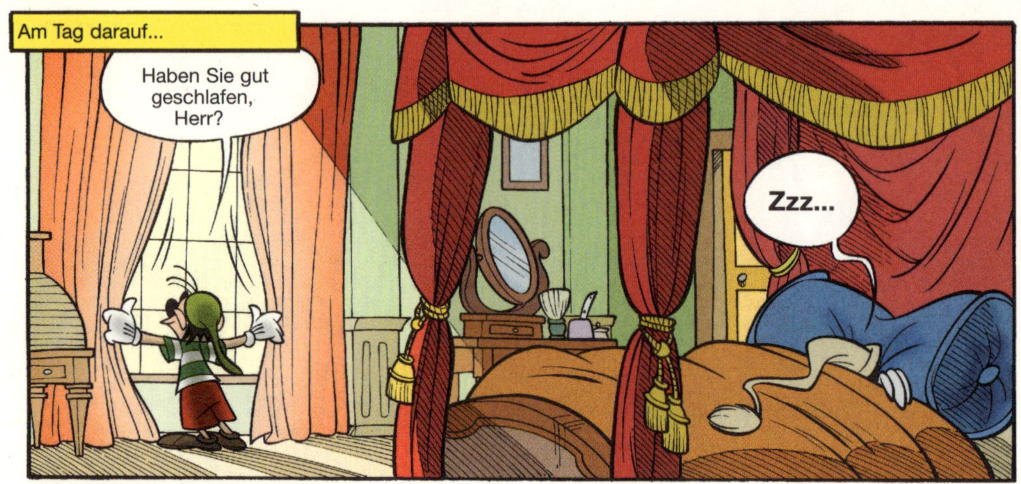
Am Tag darauf...
Haben Sie gut geschlafen, Herr?
Zzz...

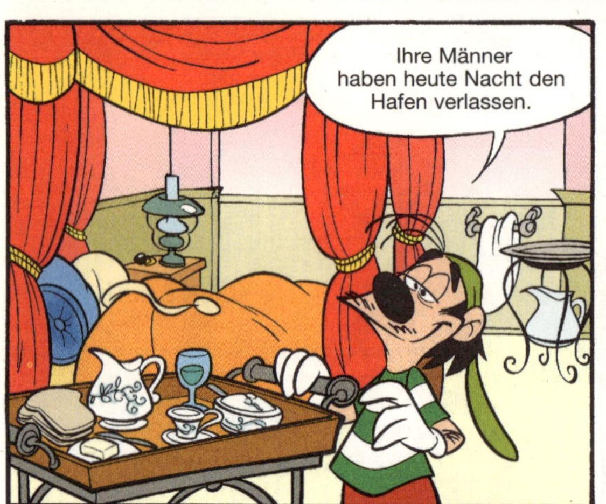
Ihre Männer haben heute Nacht den Hafen verlassen.

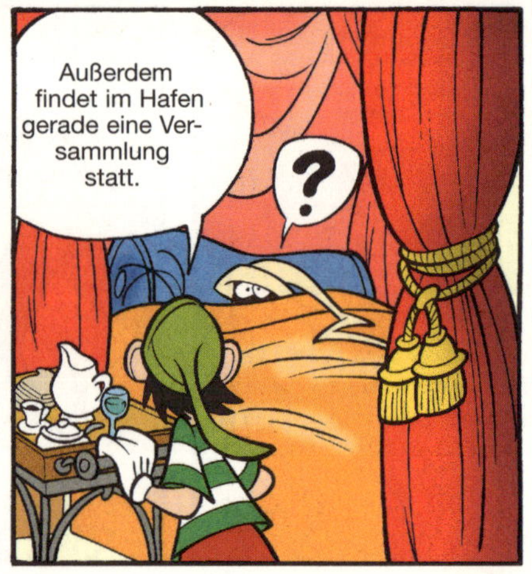
Außerdem findet im Hafen gerade eine Versammlung statt.
?

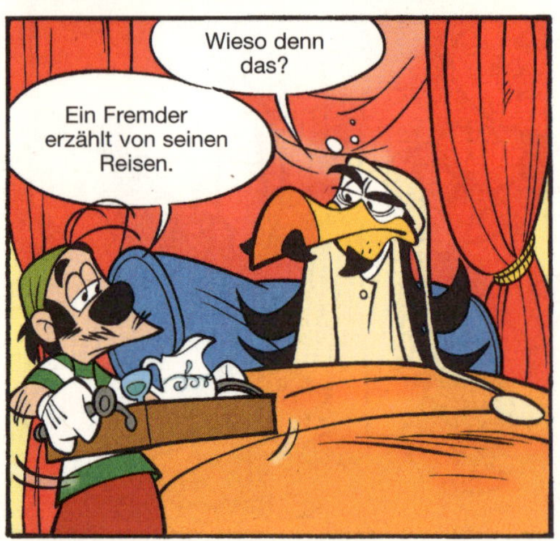
Wieso denn das?
Ein Fremder erzählt von seinen Reisen.

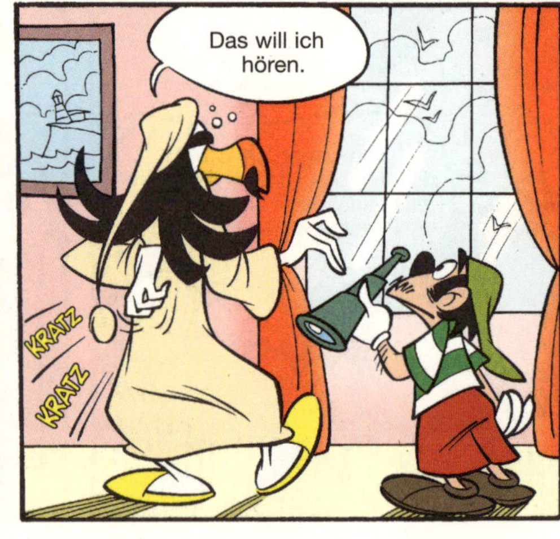
Das will ich hören.
KRATZ
KRATZ

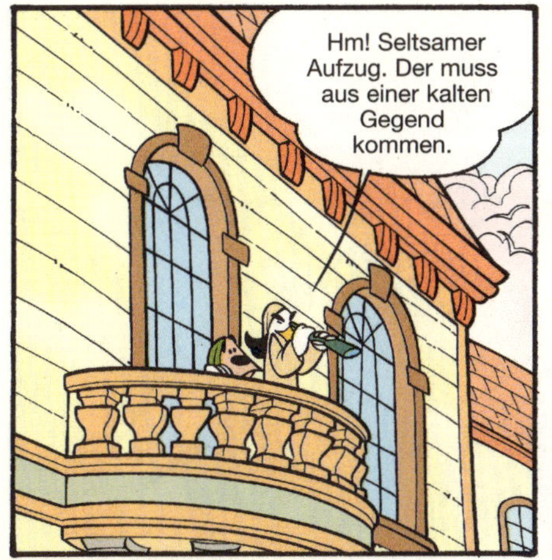
Hm! Seltsamer Aufzug. Der muss aus einer kalten Gegend kommen.

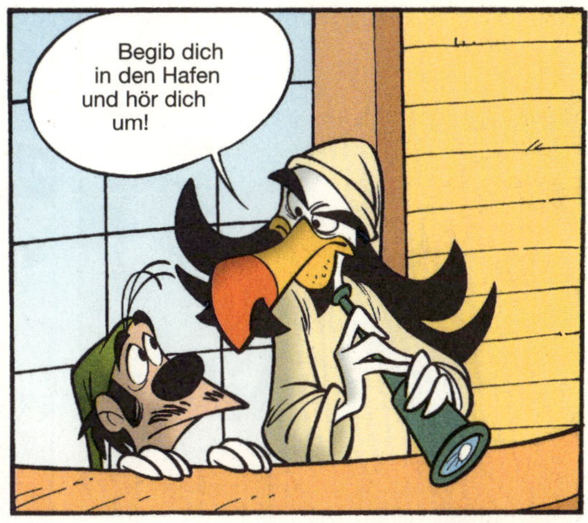
Begib dich in den Hafen und hör dich um!

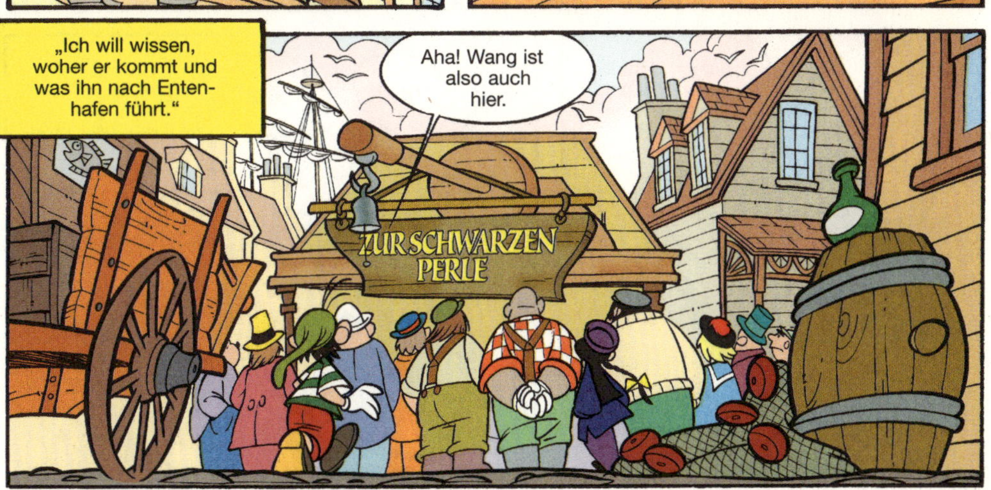
„Ich will wissen, woher er kommt und was ihn nach Entenhafen führt."
Aha! Wang ist also auch hier.
ZUR SCHWARZEN PERLE

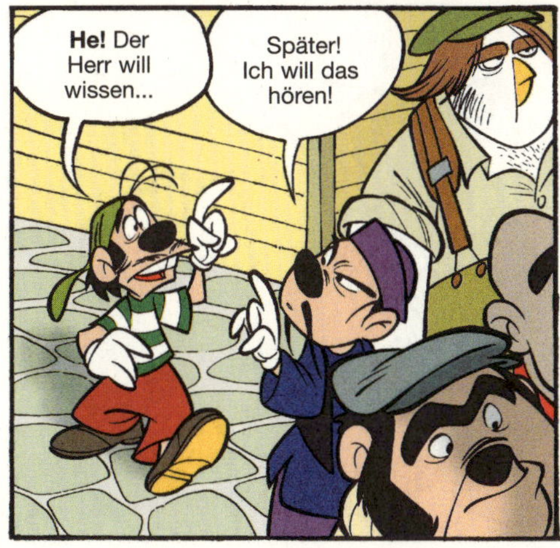
He! Der Herr will wissen...
Später! Ich will das hören!

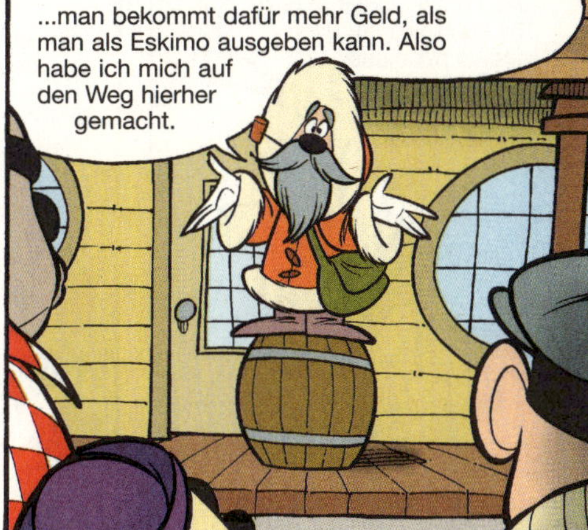
...man bekommt dafür mehr Geld, als man als Eskimo ausgeben kann. Also habe ich mich auf den Weg hierher gemacht.

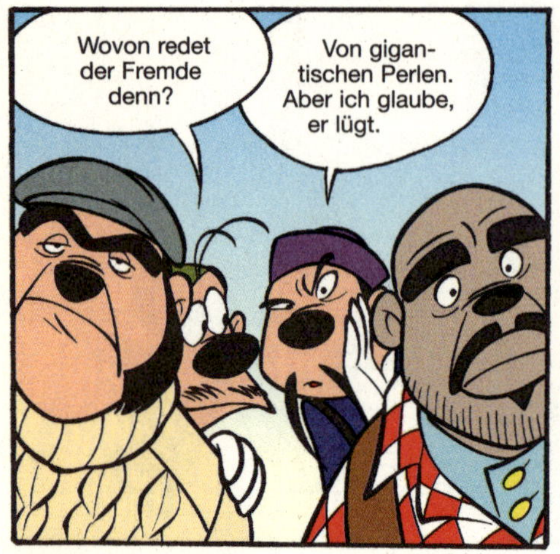
Wovon redet der Fremde denn?
Von gigantischen Perlen. Aber ich glaube, er lügt.

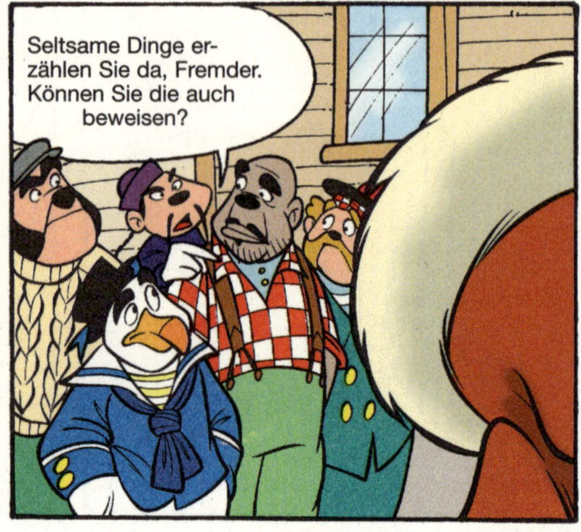
Seltsame Dinge erzählen Sie da, Fremder. Können Sie die auch beweisen?

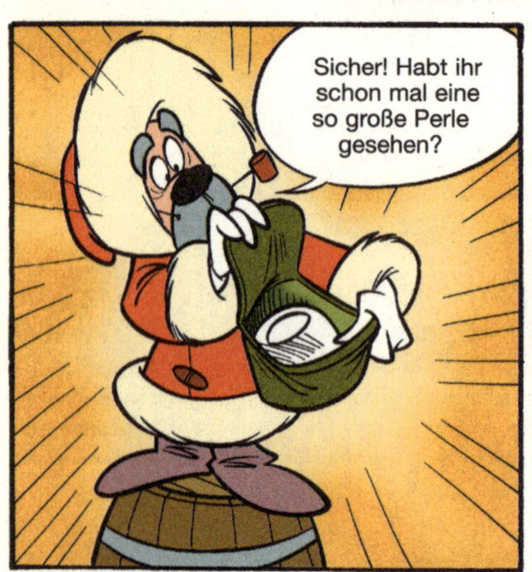
Sicher! Habt ihr schon mal eine so große Perle gesehen?

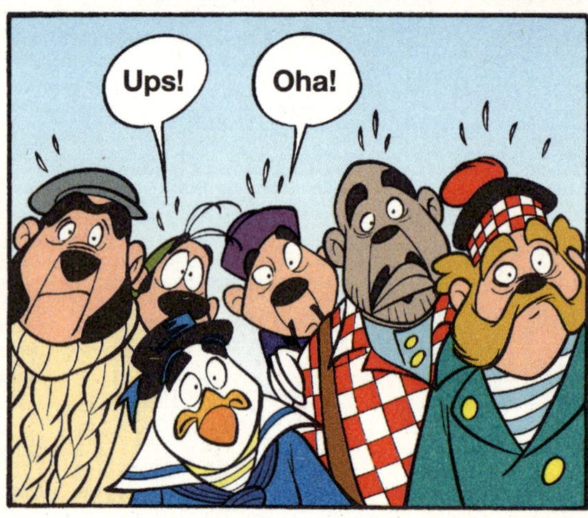
Ups!
Oha!

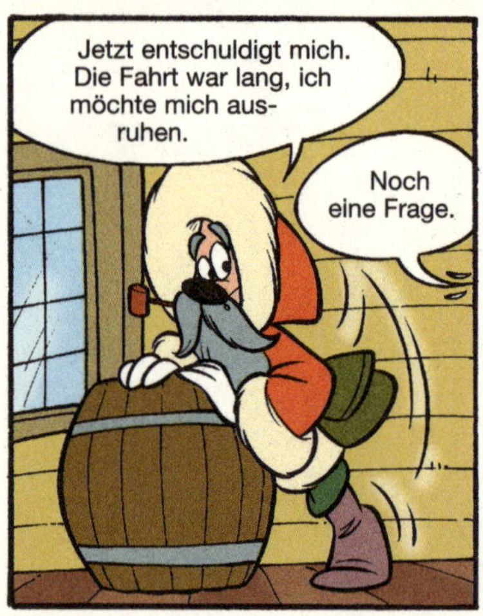
Jetzt entschuldigt mich. Die Fahrt war lang, ich möchte mich ausruhen.
Noch eine Frage.

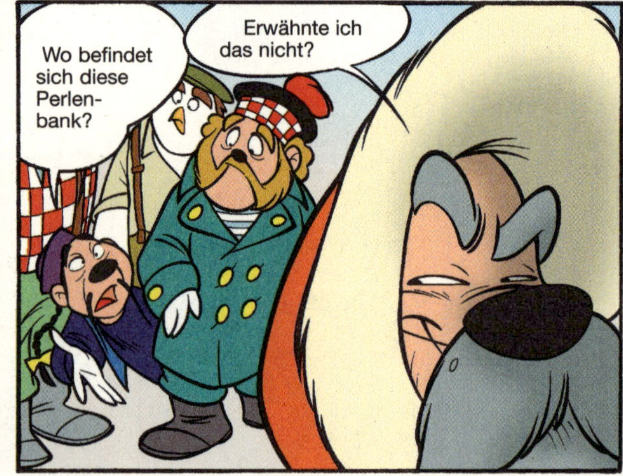
Wo befindet sich diese Perlenbank?
Erwähnte ich das nicht?

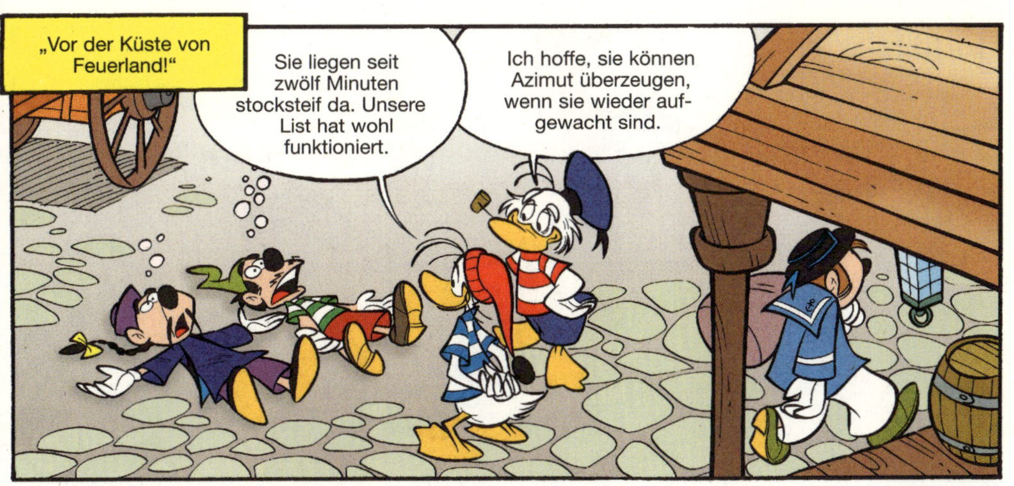
„Vor der Küste von Feuerland!“
Sie liegen seit zwölf Minuten stocksteif da. Unsere List hat wohl funktioniert.
Ich hoffe, sie können Azimut überzeugen, wenn sie wieder aufgewacht sind.

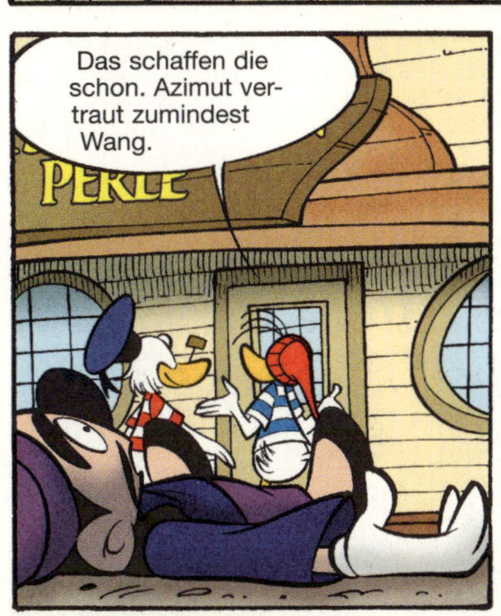
Das schaffen die schon. Azimut vertraut zumindest Wang.
PERLE

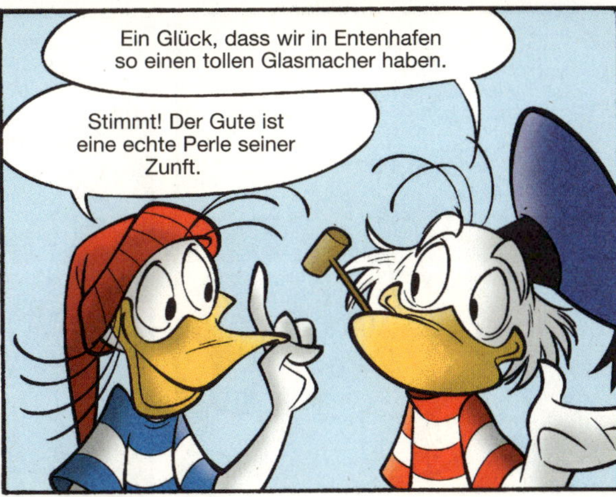
Ein Glück, dass wir in Entenhafen so einen tollen Glasmacher haben.
Stimmt! Der Gute ist eine echte Perle seiner Zunft.

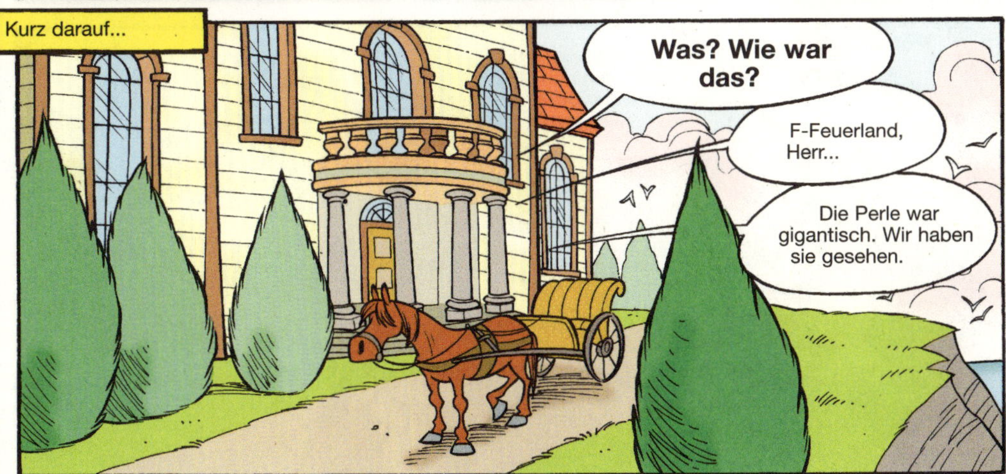
Kurz darauf...
Was? Wie war das?
F-Feuerland, Herr...
Die Perle war gigantisch. Wir haben sie gesehen.

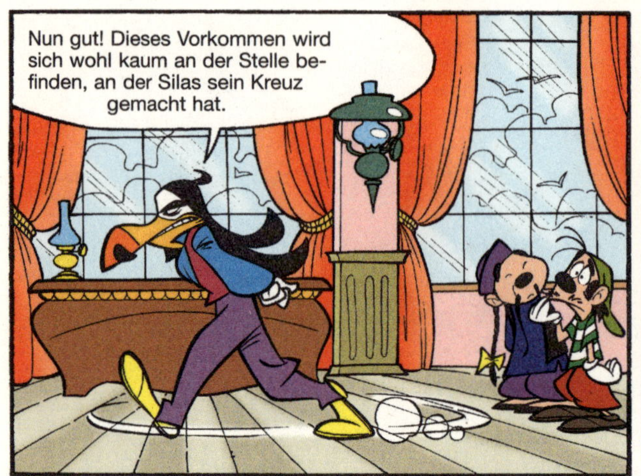
Nun gut! Dieses Vorkommen wird sich wohl kaum an der Stelle befinden, an der Silas sein Kreuz gemacht hat.

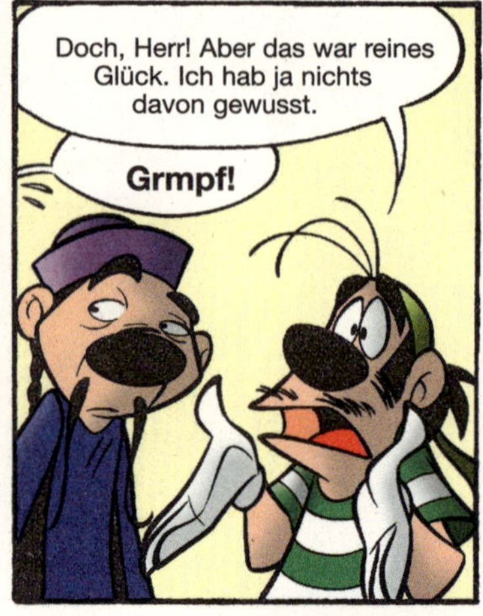
Doch, Herr! Aber das war reines Glück. Ich hab ja nichts davon gewusst.
Grmpf!

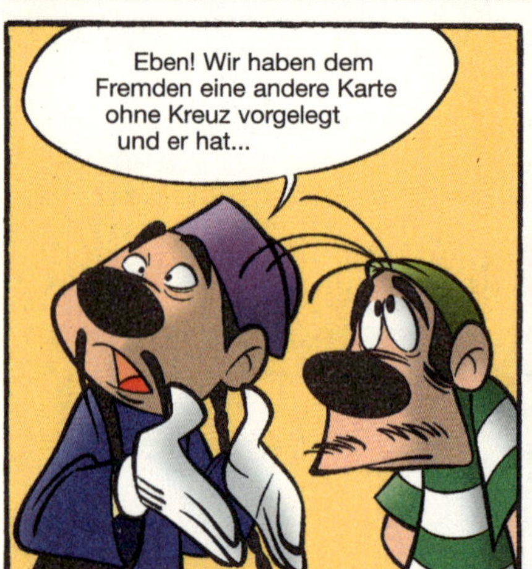
Eben! Wir haben dem Fremden eine andere Karte ohne Kreuz vorgelegt und er hat...

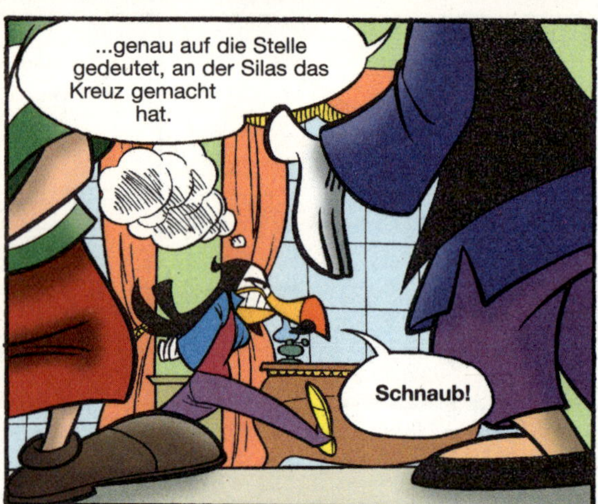
...genau auf die Stelle gedeutet, an der Silas das Kreuz gemacht hat.
Schnaub!

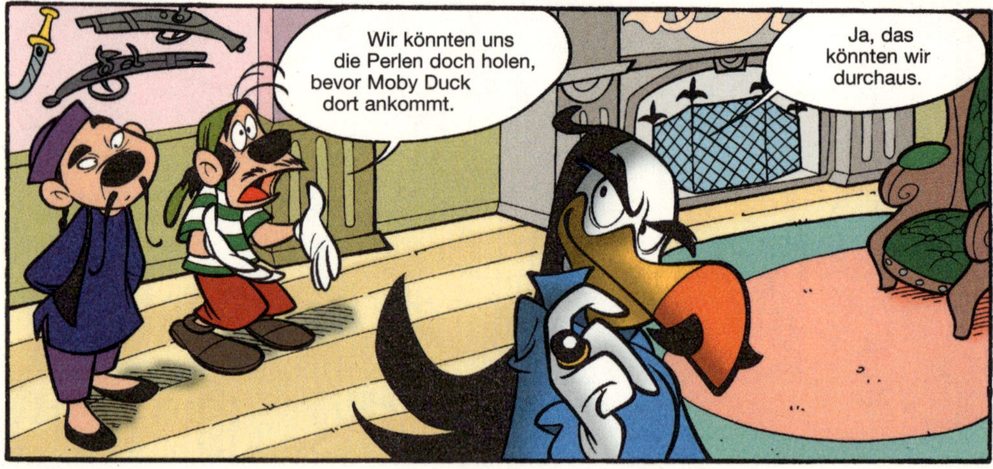
Wir könnten uns die Perlen doch holen, bevor Moby Duck dort ankommt.
Ja, das könnten wir durchaus.

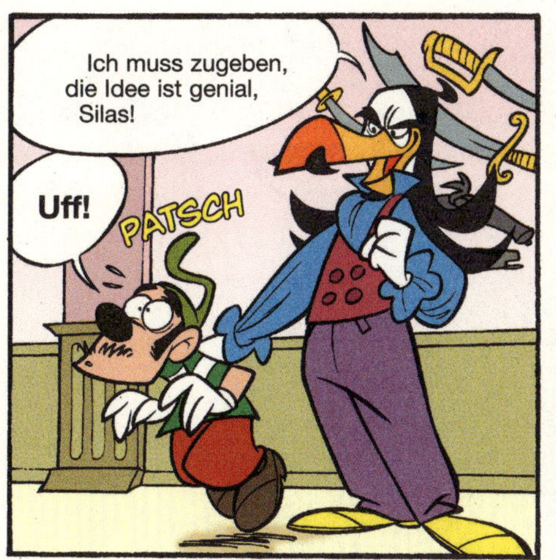
Ich muss zugeben, die Idee ist genial, Silas!
Uff!
PATSCH

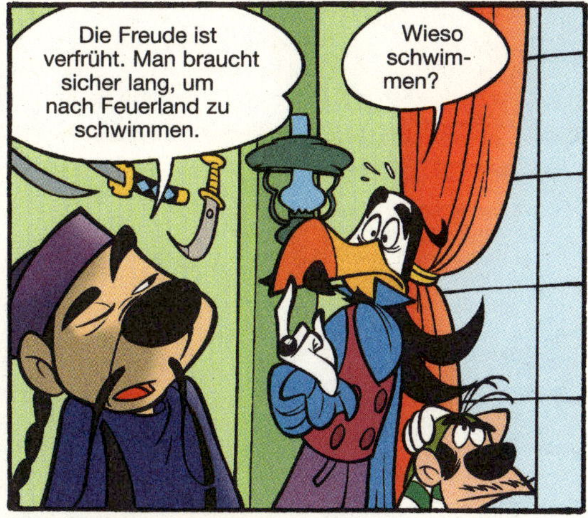
Die Freude ist verfrüht. Man braucht sicher lang, um nach Feuerland zu schwimmen.
Wieso schwimmen?

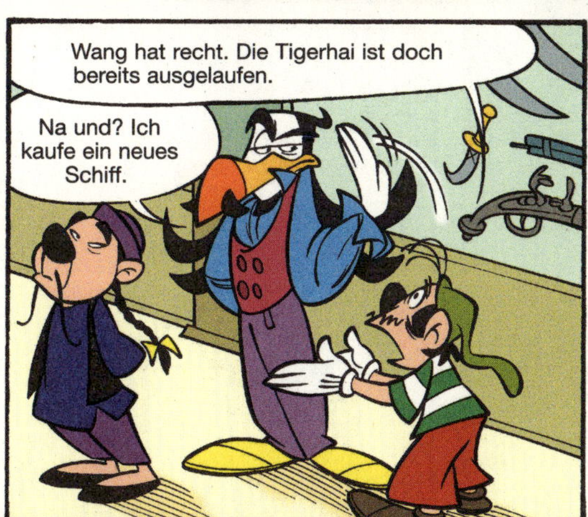
Wang hat recht. Die Tigerhai ist doch bereits ausgelaufen.
Na und? Ich kaufe ein neues Schiff.

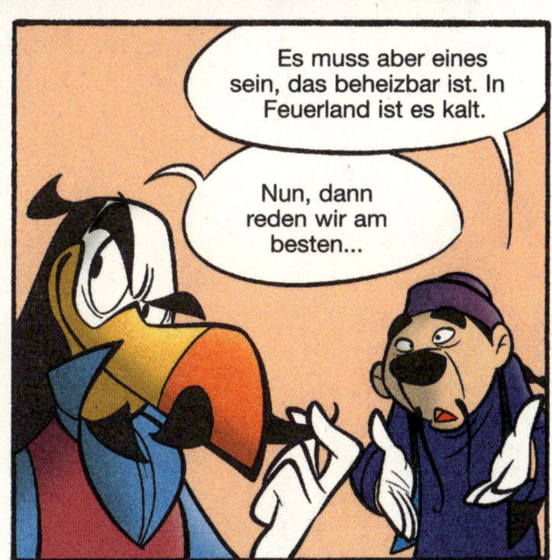
Es muss aber eines sein, das beheizbar ist. In Feuerland ist es kalt.
Nun, dann reden wir am besten...

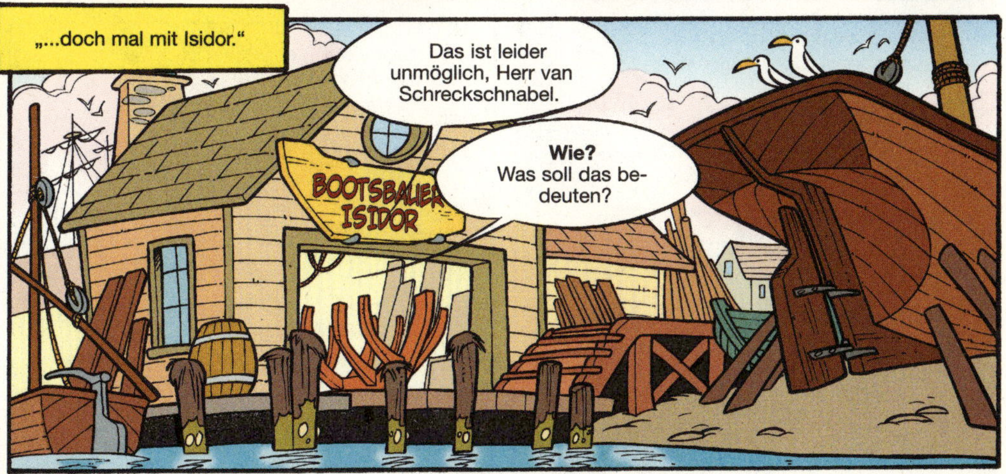
„...doch mal mit Isidor."
Das ist leider unmöglich, Herr van Schreckschnabel.
BOOTSBAUER ISIDOR
Wie? Was soll das bedeuten?

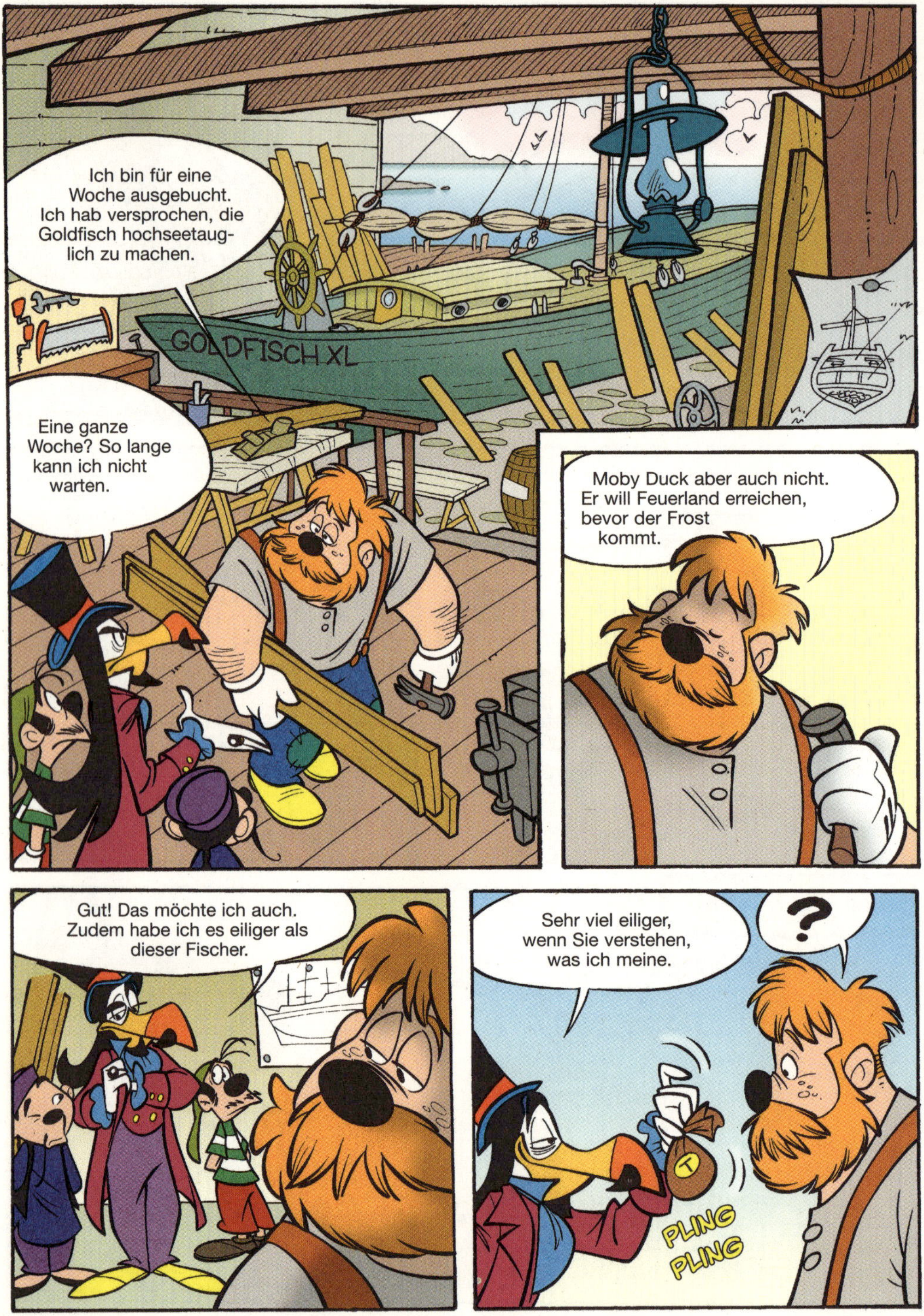

Ich bin für eine Woche ausgebucht. Ich hab versprochen, die Goldfisch hochseetauglich zu machen.
GOLDFISCH XL
Eine ganze Woche? So lange kann ich nicht warten.
Moby Duck aber auch nicht. Er will Feuerland erreichen, bevor der Frost kommt.

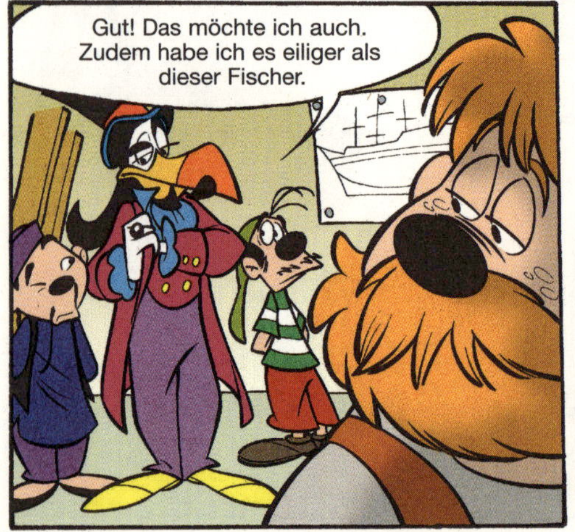
Gut! Das möchte ich auch. Zudem habe ich es eiliger als dieser Fischer.

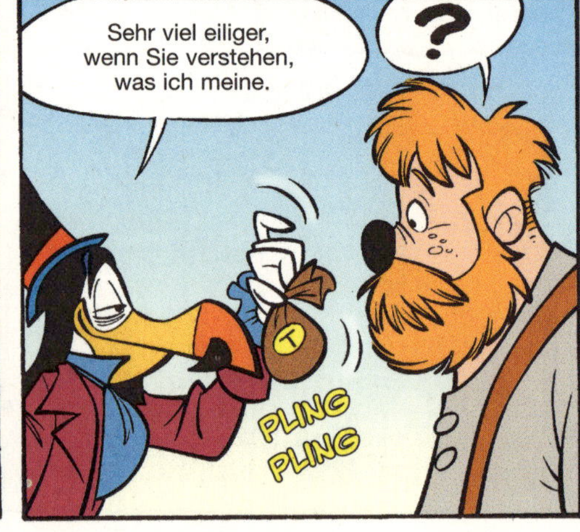
Sehr viel eiliger, wenn Sie verstehen, was ich meine.
?
PLING PLING

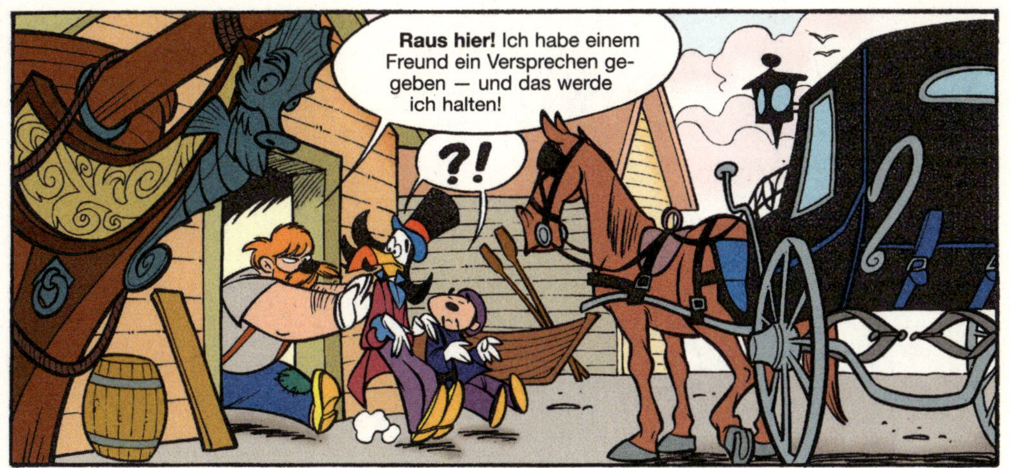
Raus hier! Ich habe einem Freund ein Versprechen gegeben — und das werde ich halten!
?!

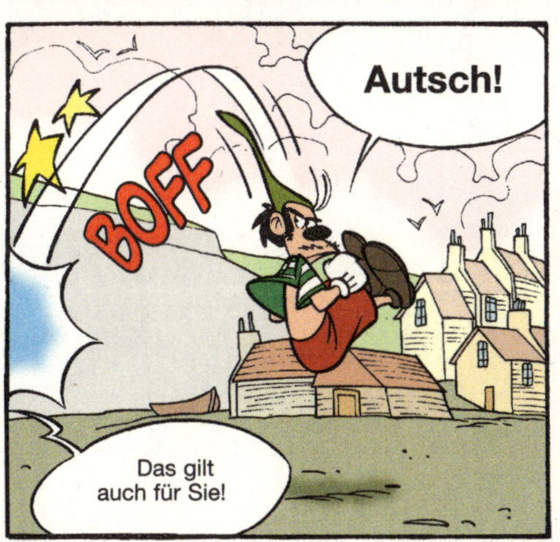
Autsch!
BOFF
Das gilt auch für Sie!

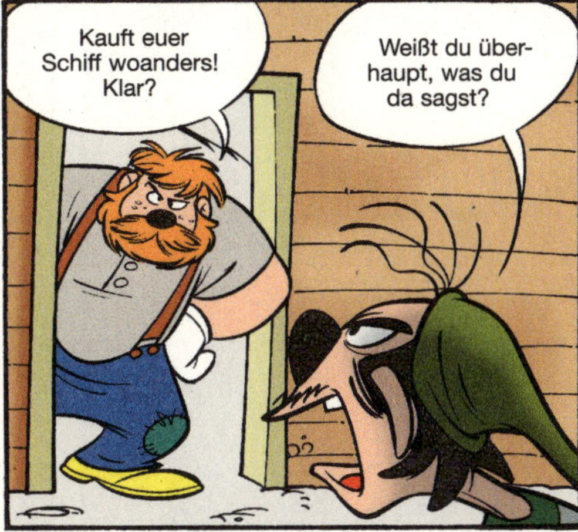
Kauft euer Schiff woanders! Klar?
Weißt du überhaupt, was du da sagst?

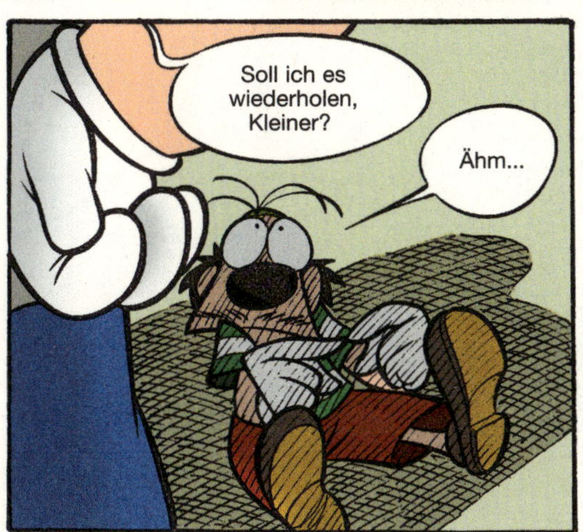
Soll ich es wiederholen, Kleiner?
Ähm...

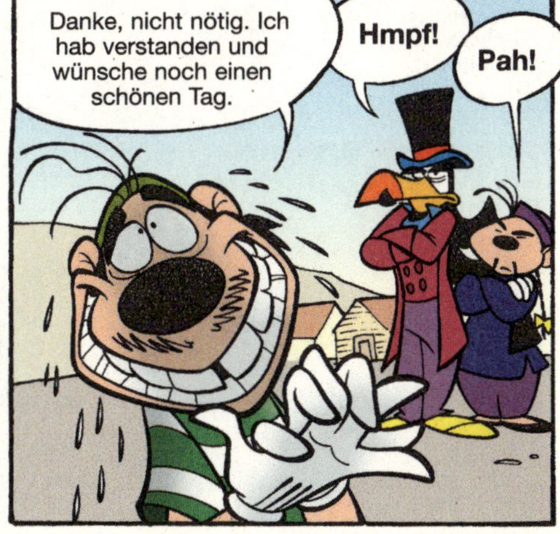
Danke, nicht nötig. Ich hab verstanden und wünsche noch einen schönen Tag.
Hmpf!
Pah!

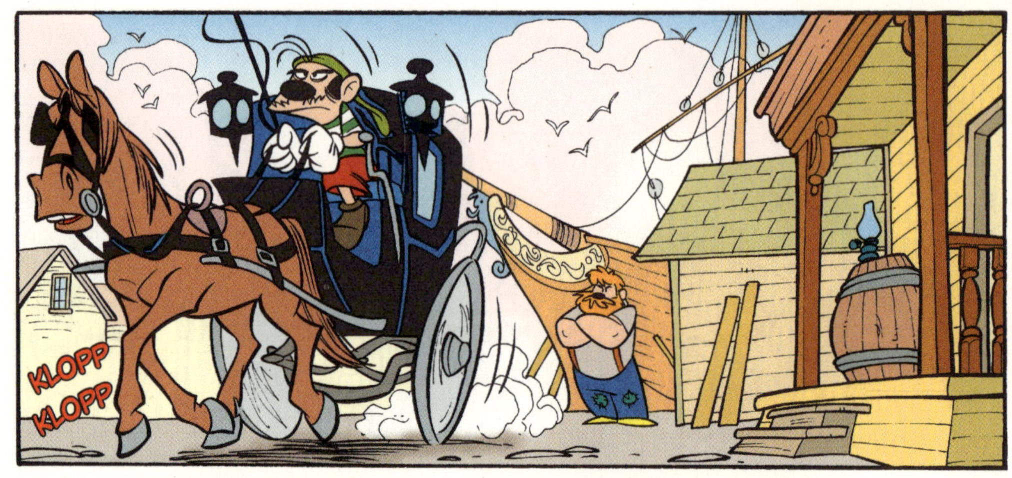
KLOPP
KLOPP

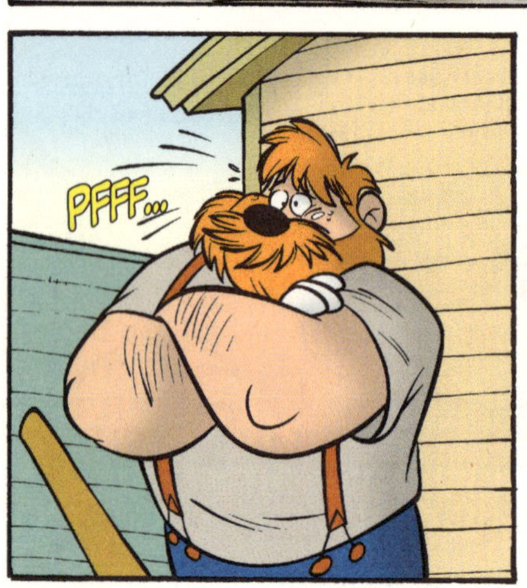
PFFF...

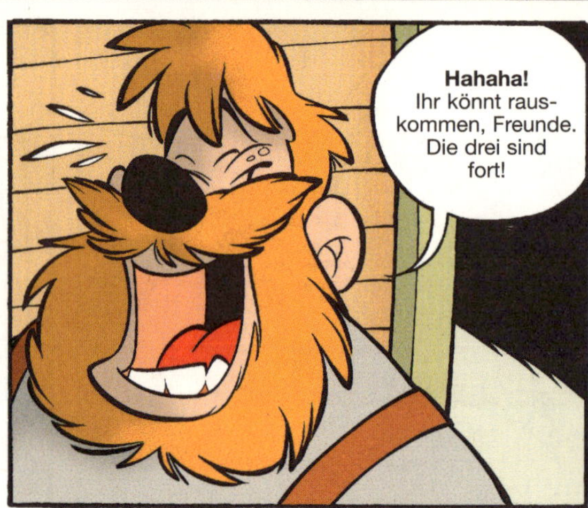
Hahaha! Ihr könnt raus-kommen, Freunde. Die drei sind fort!

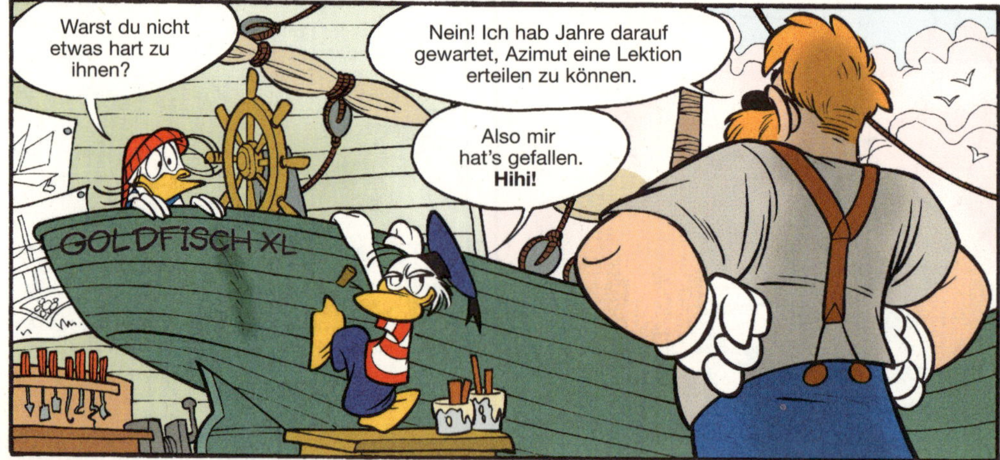
Warst du nicht etwas hart zu ihnen?
Nein! Ich hab Jahre darauf gewartet, Azimut eine Lektion erteilen zu können.
Also mir hat's gefallen. **Hihi!**
GOLDFISCH XL

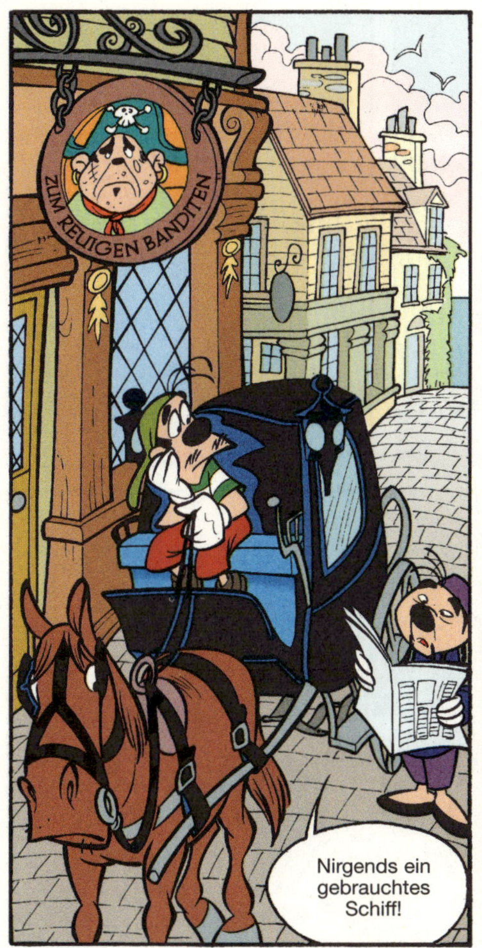
ZUM REUIGEN BANDITEN
Nirgends ein gebrauchtes Schiff!

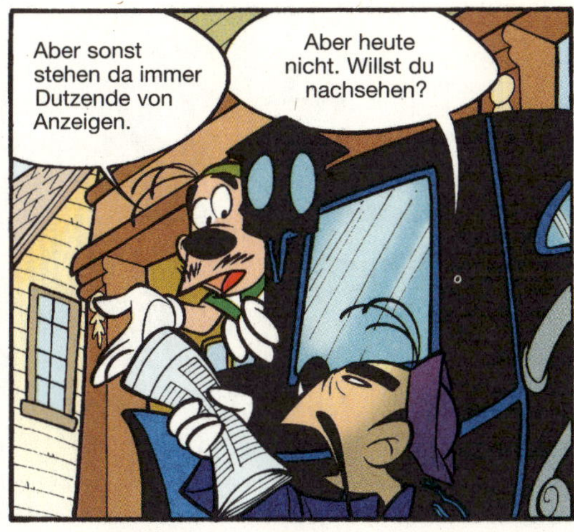
Aber sonst stehen da immer Dutzende von Anzeigen.
Aber heute nicht. Willst du nachsehen?

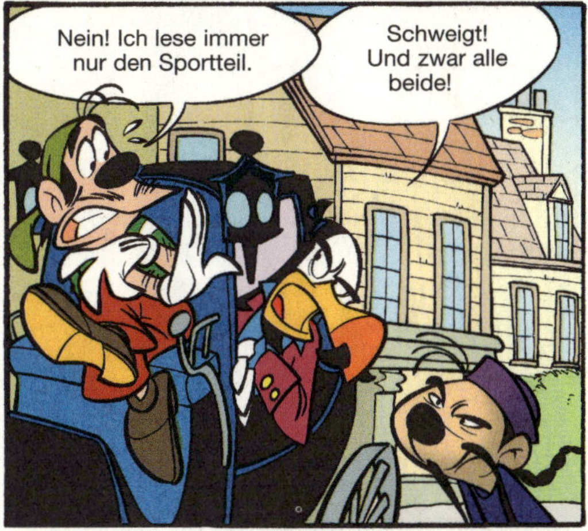
Nein! Ich lese immer nur den Sportteil.
Schweigt! Und zwar alle beide!

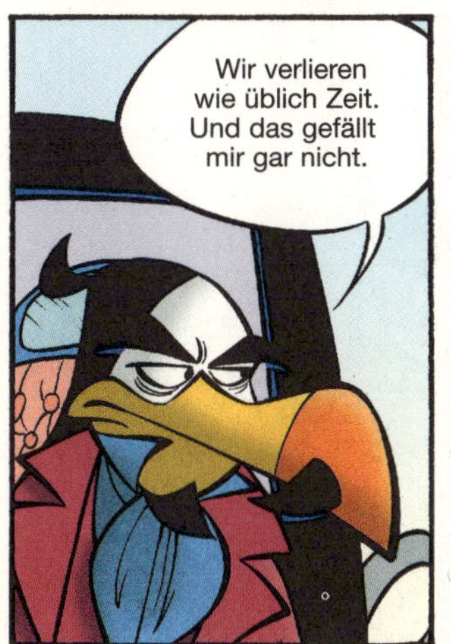
Wir verlieren wie üblich Zeit. Und das gefällt mir gar nicht.

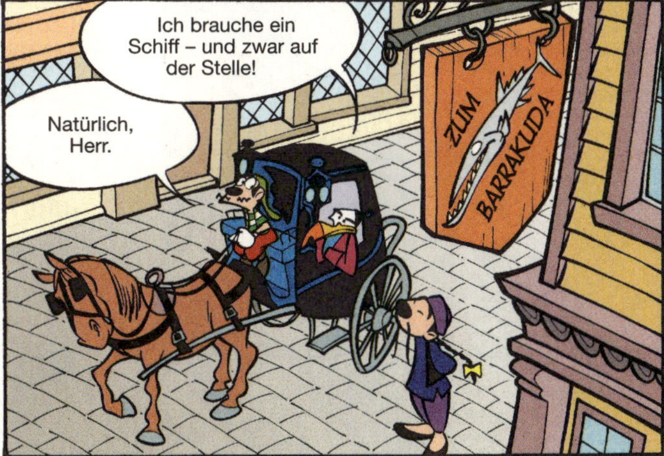
Ich brauche ein Schiff – und zwar auf der Stelle!
Natürlich, Herr.
ZUM BARRAKUDA

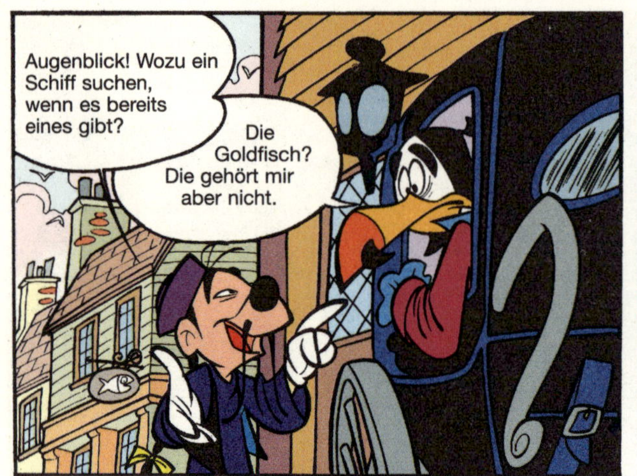
Augenblick! Wozu ein Schiff suchen, wenn es bereits eines gibt?
Die Goldfisch? Die gehört mir aber nicht.

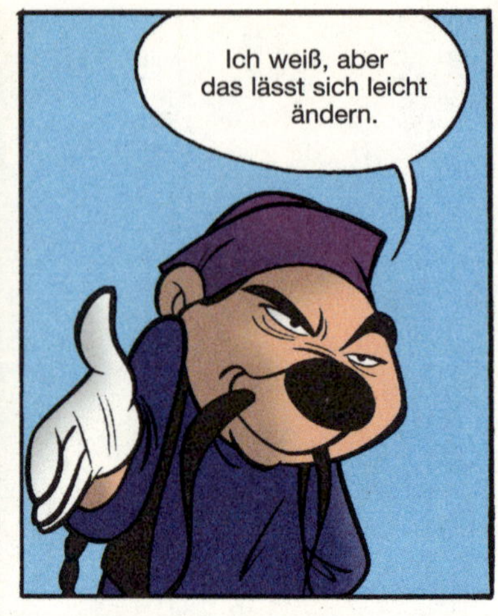
Ich weiß, aber das lässt sich leicht ändern.

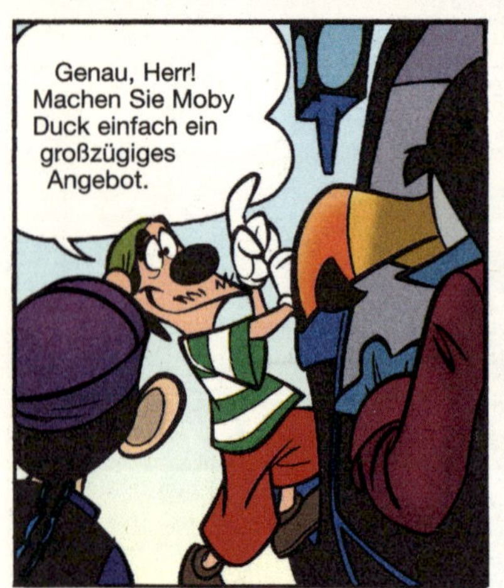
Genau, Herr! Machen Sie Moby Duck einfach ein großzügiges Angebot.

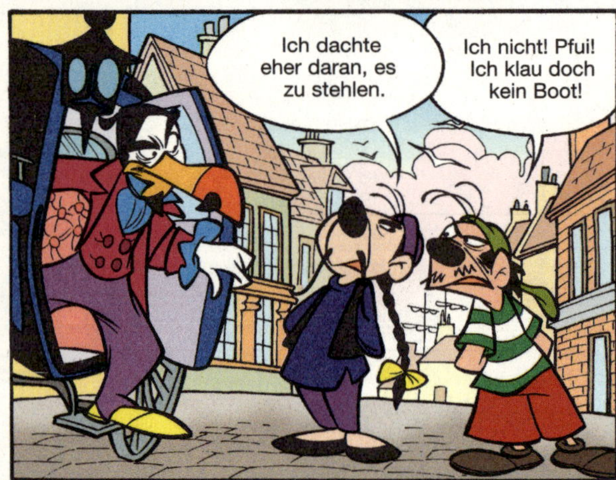
Ich dachte eher daran, es zu stehlen.
Ich nicht! Pfui! Ich klau doch kein Boot!

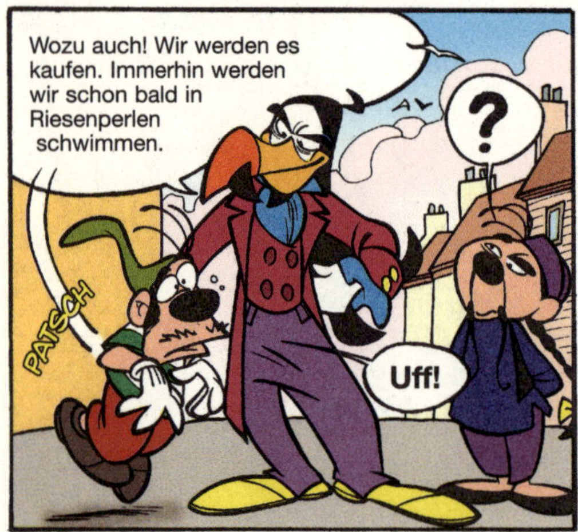
Wozu auch! Wir werden es kaufen. Immerhin werden wir schon bald in Riesenperlen schwimmen.
?
PATSCH
Uff!

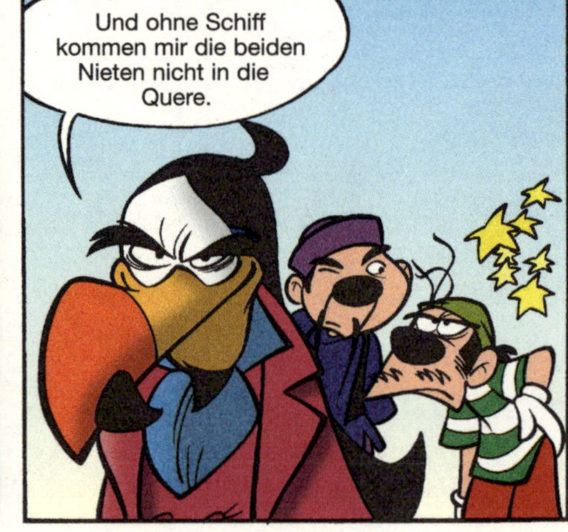
Und ohne Schiff kommen mir die beiden Nieten nicht in die Quere.

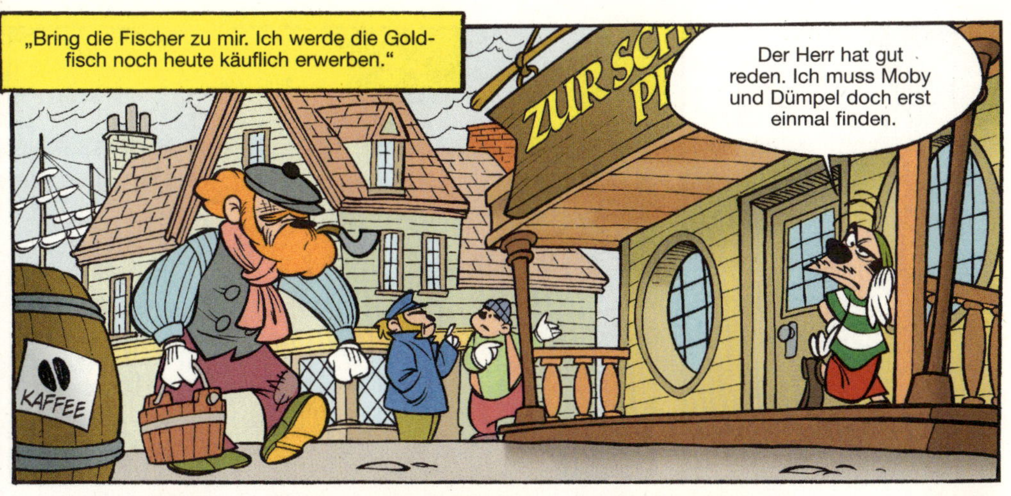
„Bring die Fischer zu mir. Ich werde die Goldfisch noch heute käuflich erwerben."
ZUR SCH
PF
Der Herr hat gut reden. Ich muss Moby und Dümpel doch erst einmal finden.
KAFFEE

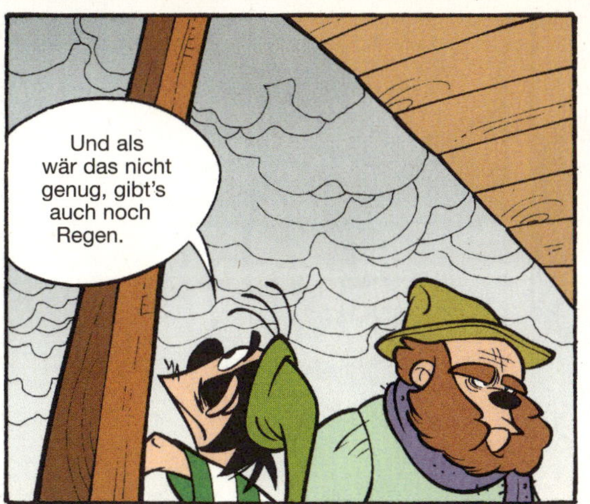
Und als wär das nicht genug, gibt's auch noch Regen.

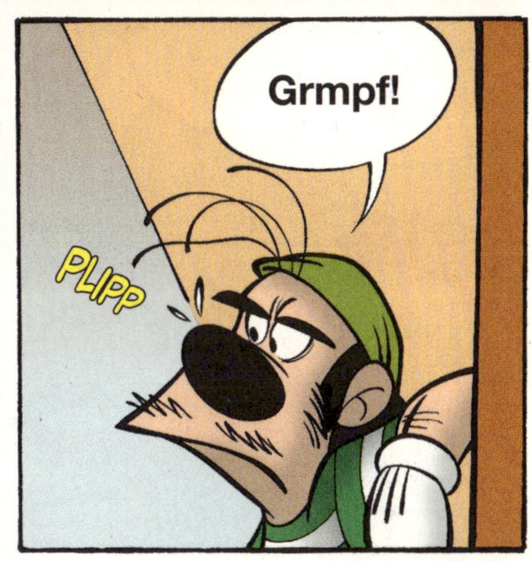
Grmpf!
PLIPP

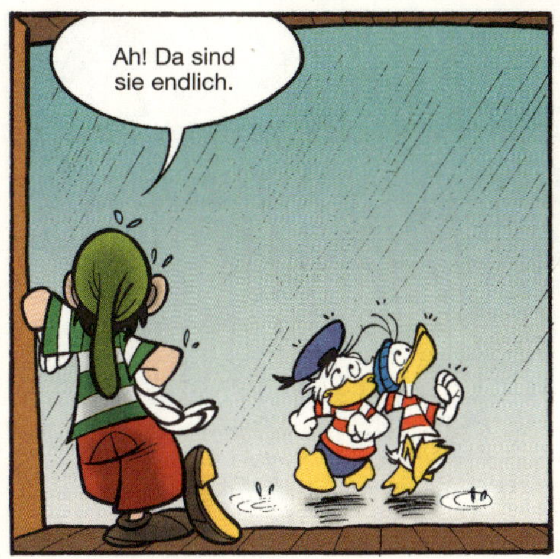
Ah! Da sind sie endlich.

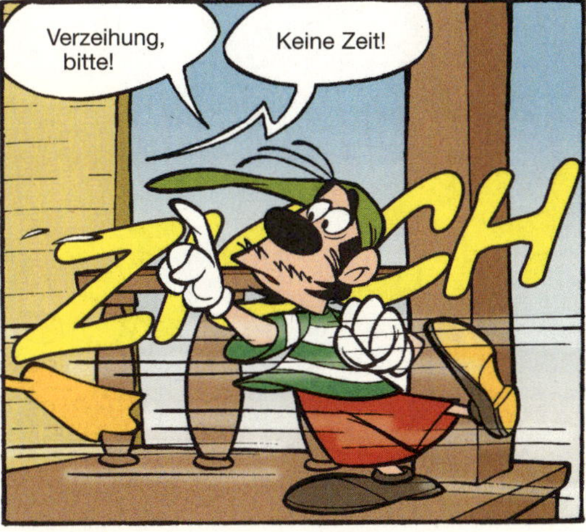
Verzeihung, bitte!
Keine Zeit!

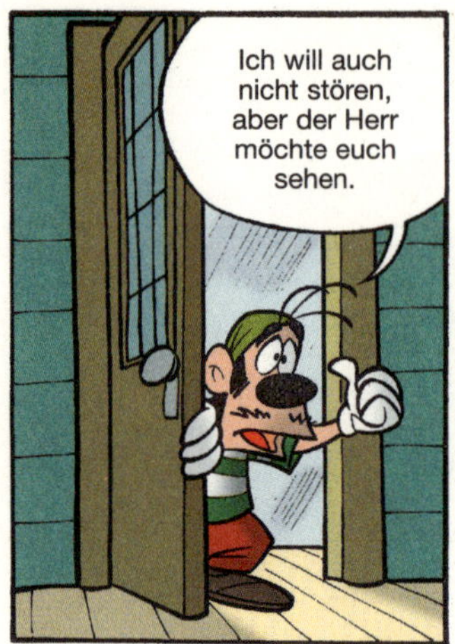
Ich will auch nicht stören, aber der Herr möchte euch sehen.

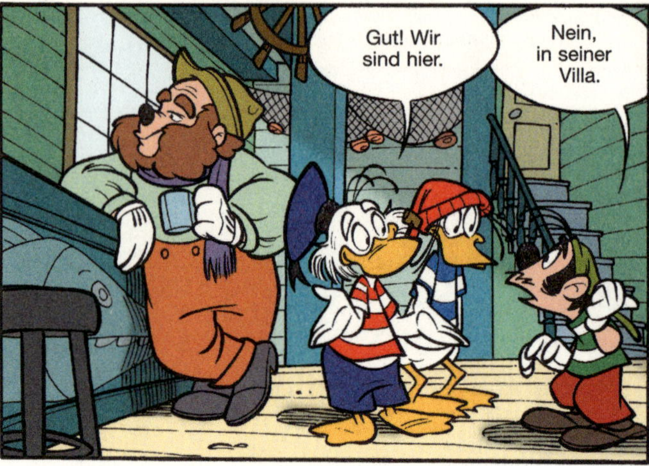
Gut! Wir sind hier.
Nein, in seiner Villa.

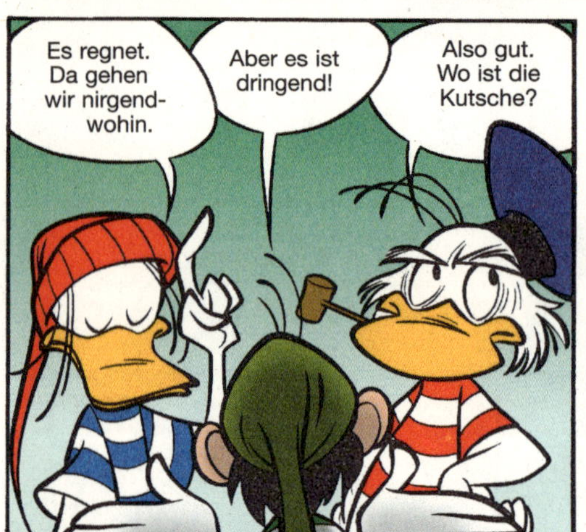
Es regnet. Da gehen wir nirgend-wohin.
Aber es ist dringend!
Also gut. Wo ist die Kutsche?

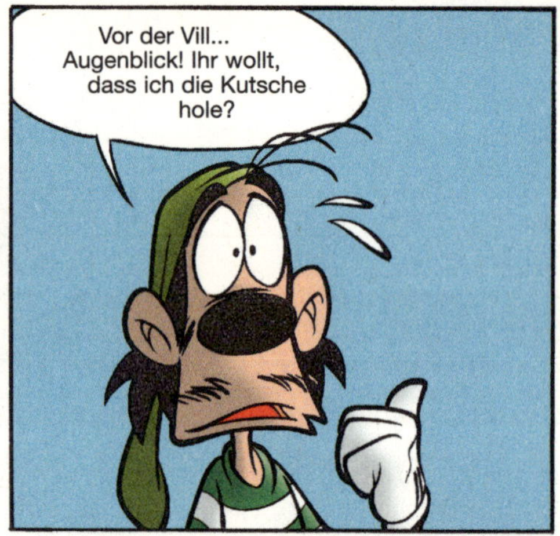
Vor der Vill... Augenblick! Ihr wollt, dass ich die Kutsche hole?

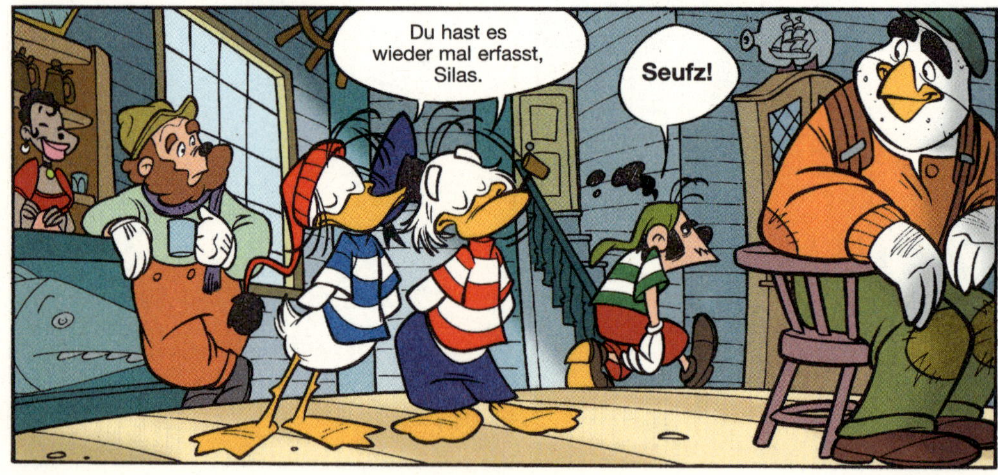
Du hast es wieder mal erfasst, Silas.
Seufz!

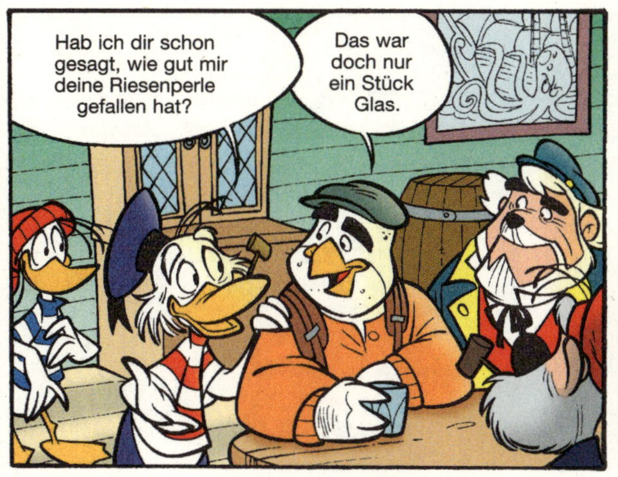
Hab ich dir schon gesagt, wie gut mir deine Riesenperle gefallen hat?
Das war doch nur ein Stück Glas.

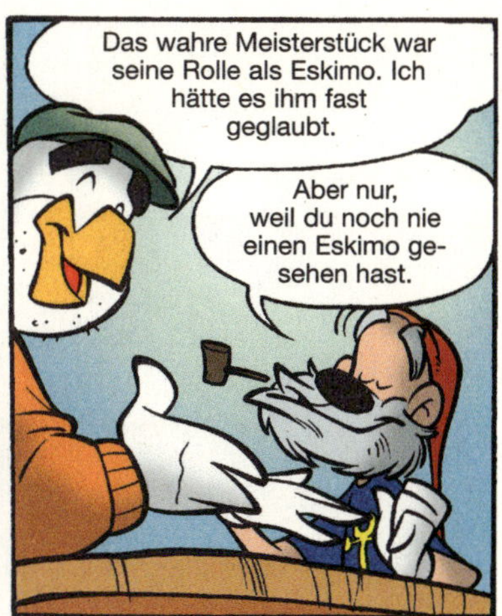
Das wahre Meisterstück war seine Rolle als Eskimo. Ich hätte es ihm fast geglaubt.
Aber nur, weil du noch nie einen Eskimo gesehen hast.

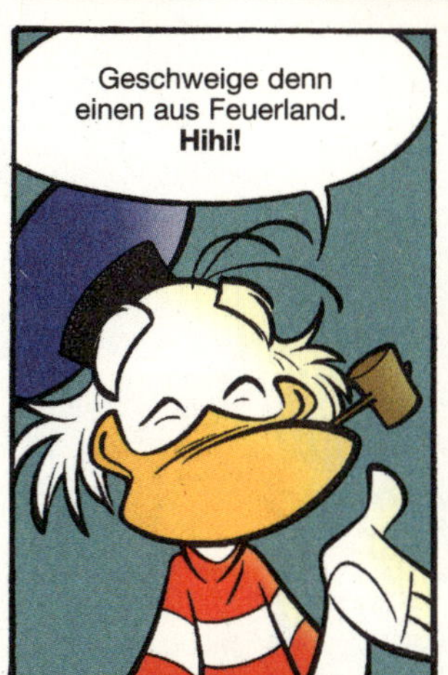
Geschweige denn einen aus Feuerland. **Hihi!**

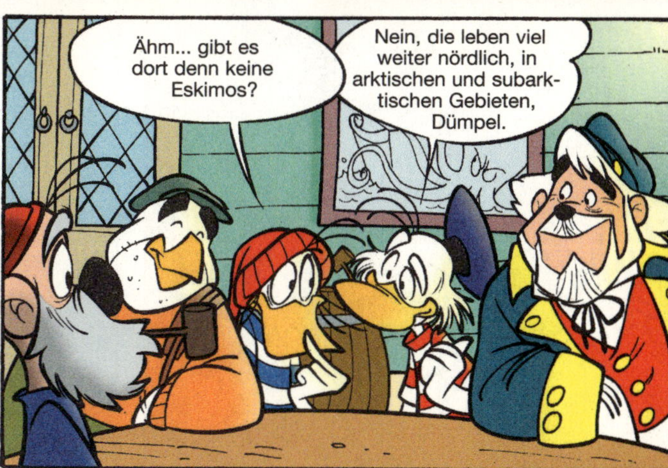
Ähm... gibt es dort denn keine Eskimos?
Nein, die leben viel weiter nördlich, in arktischen und subarktischen Gebieten, Dümpel.

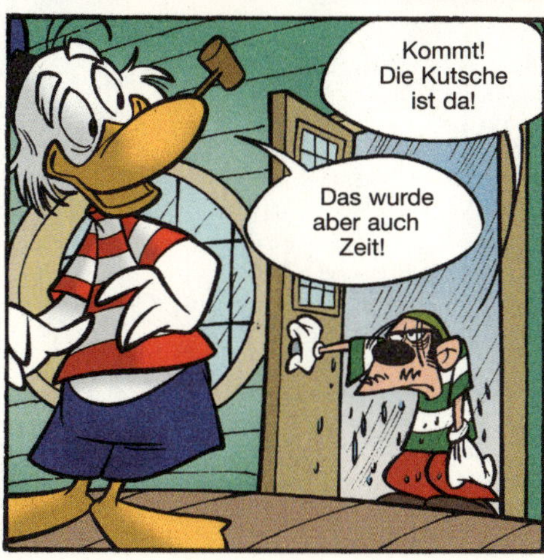
Kommt! Die Kutsche ist da!
Das wurde aber auch Zeit!

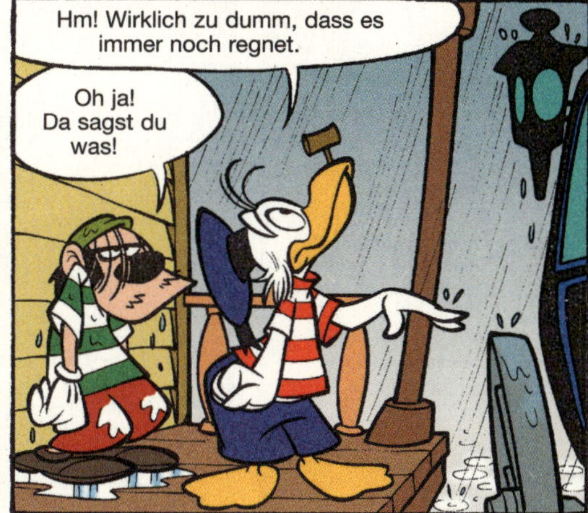
Hm! Wirklich zu dumm, dass es immer noch regnet.
Oh ja! Da sagst du was!

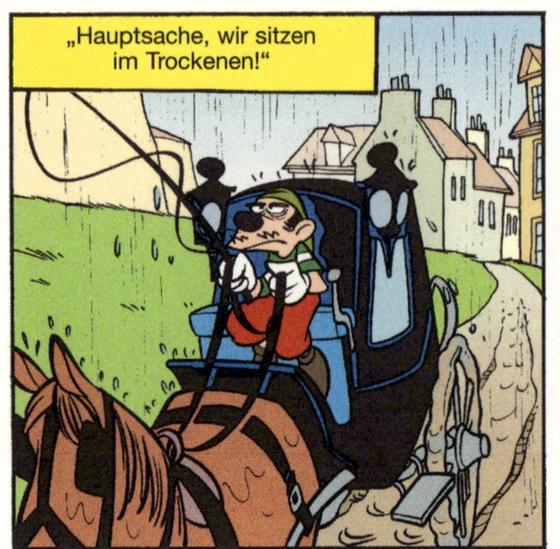
„Hauptsache, wir sitzen im Trockenen!“

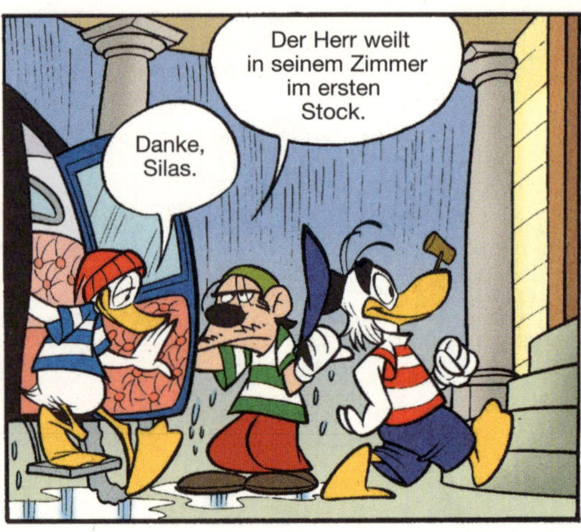
Der Herr weilt in seinem Zimmer im ersten Stock.
Danke, Silas.

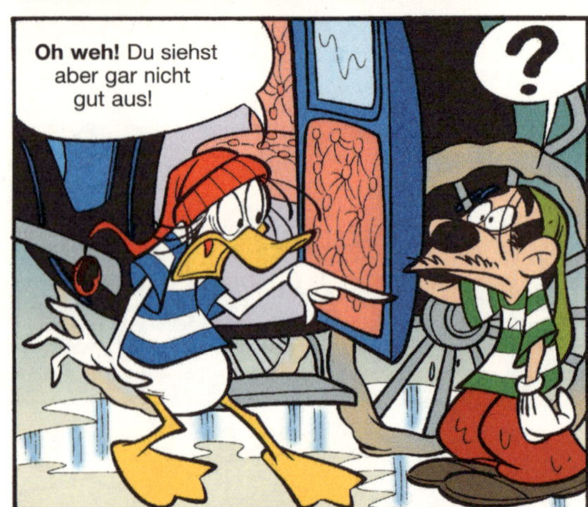
Oh weh! Du siehst aber gar nicht gut aus!
?

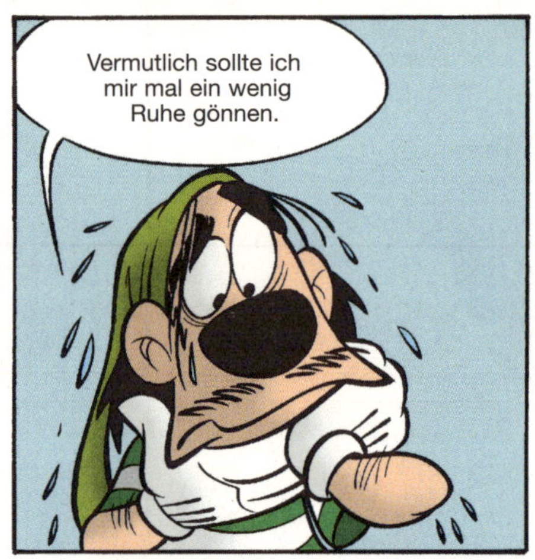
Vermutlich sollte ich mir mal ein wenig Ruhe gönnen.

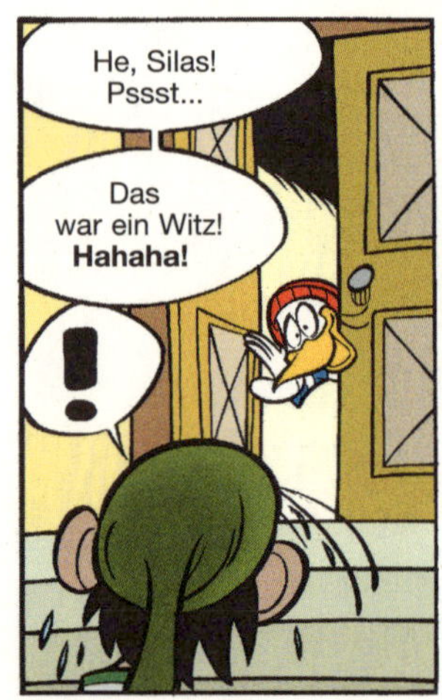
He, Silas! Pssst...
Das war ein Witz! **Hahaha!**
!

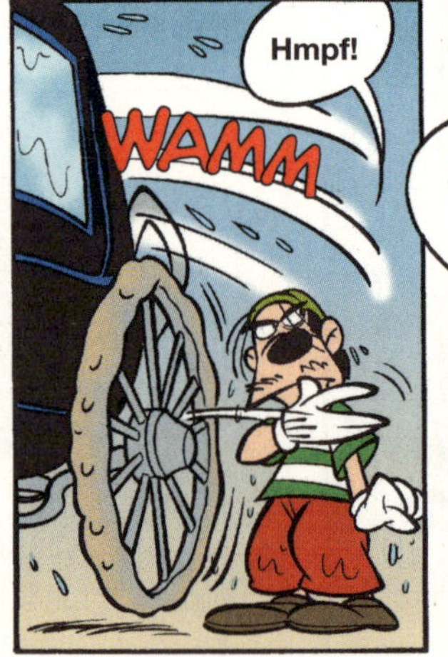
Hmpf!
WAMM

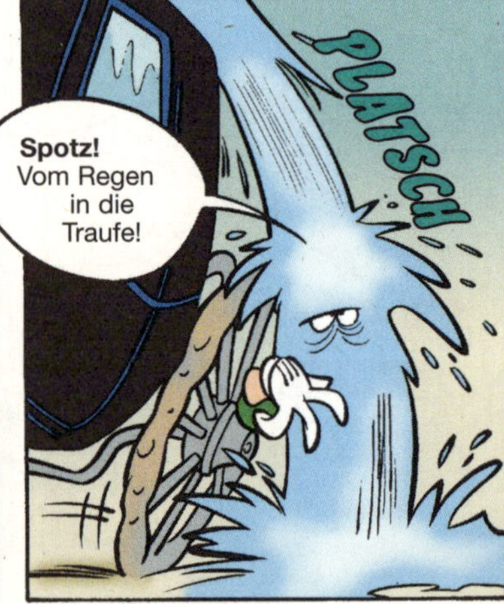
PLATSCH
Spotz! Vom Regen in die Traufe!

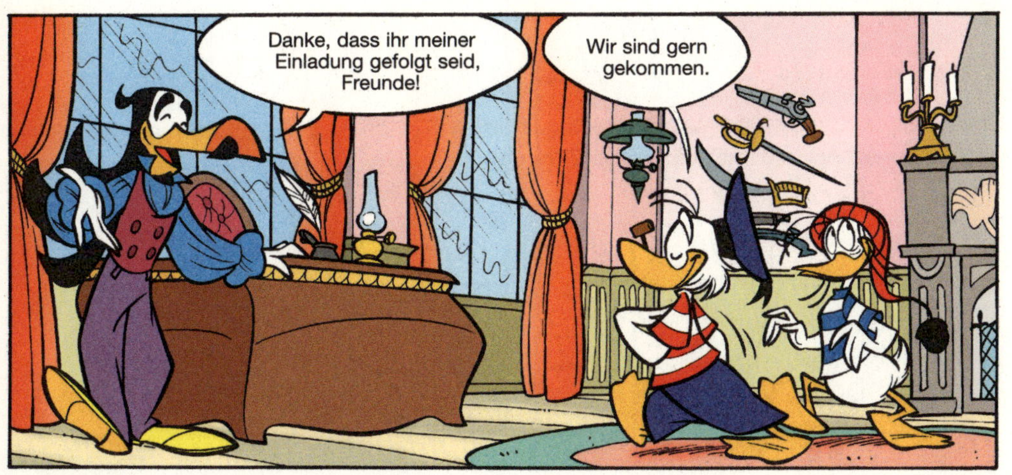
Danke, dass ihr meiner Einladung gefolgt seid, Freunde!
Wir sind gern gekommen.

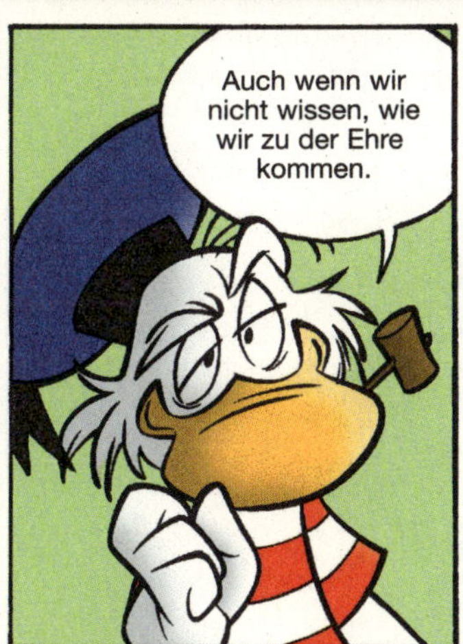
Auch wenn wir nicht wissen, wie wir zu der Ehre kommen.

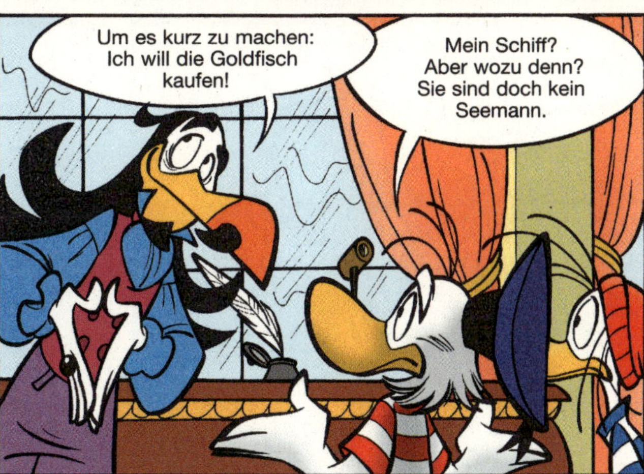
Um es kurz zu machen: Ich will die Goldfisch kaufen!
Mein Schiff? Aber wozu denn? Sie sind doch kein Seemann.

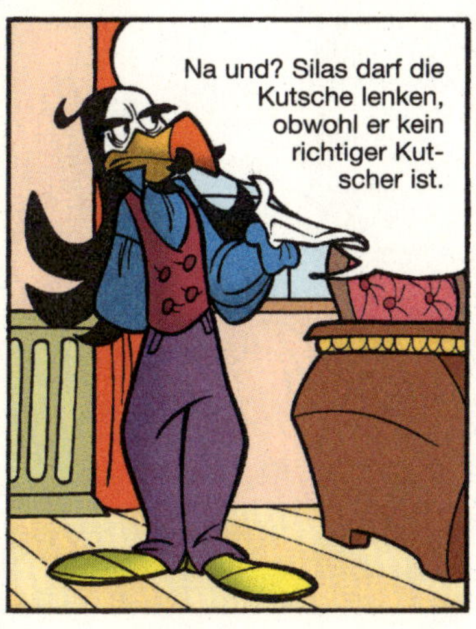
Na und? Silas darf die Kutsche lenken, obwohl er kein richtiger Kut-scher ist.

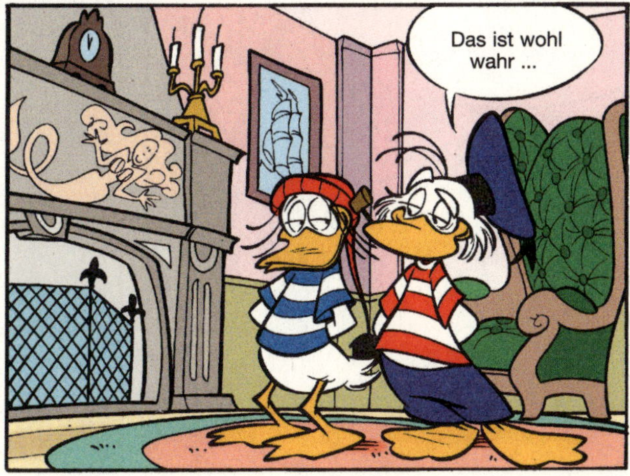
Das ist wohl wahr ...

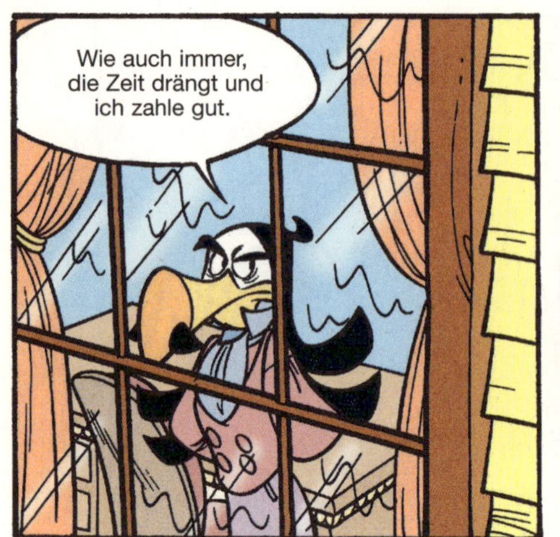
Wie auch immer, die Zeit drängt und ich zahle gut.

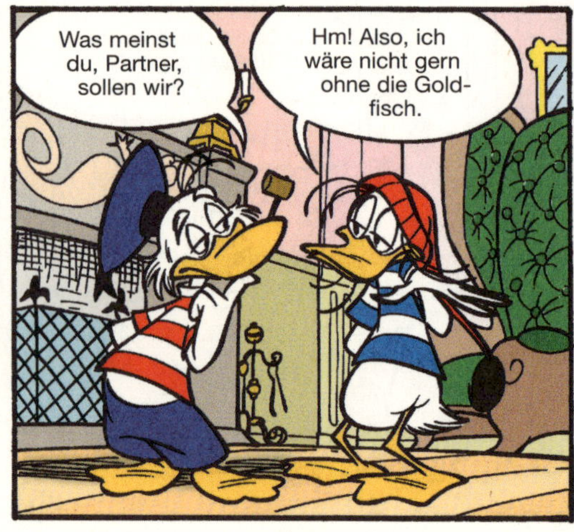
Was meinst du, Partner, sollen wir?
Hm! Also, ich wäre nicht gern ohne die Goldfisch.

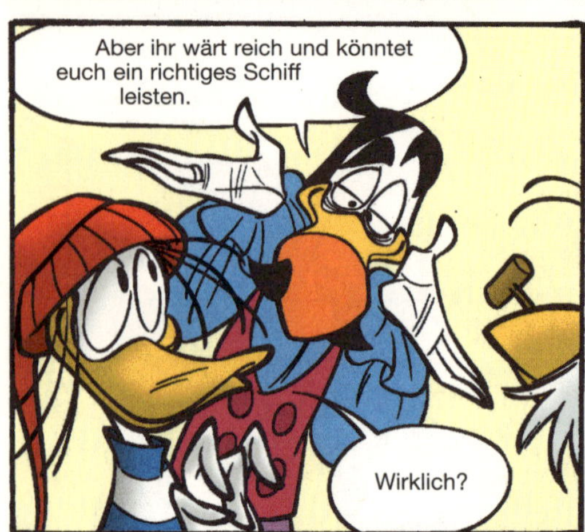
Aber ihr wärt reich und könntet euch ein richtiges Schiff leisten.
Wirklich?

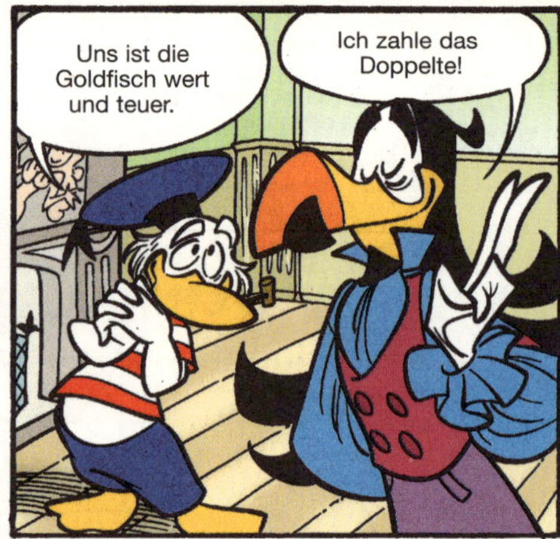
Uns ist die Goldfisch wert und teuer.
Ich zahle das Doppelte!

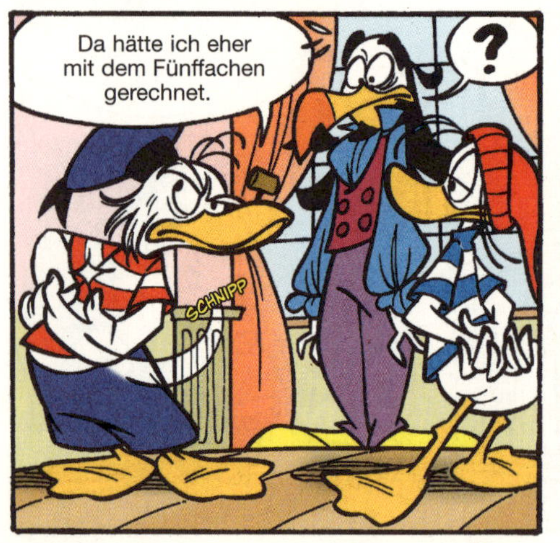
Da hätte ich eher mit dem Fünffachen gerechnet.
?
SCHNIPP

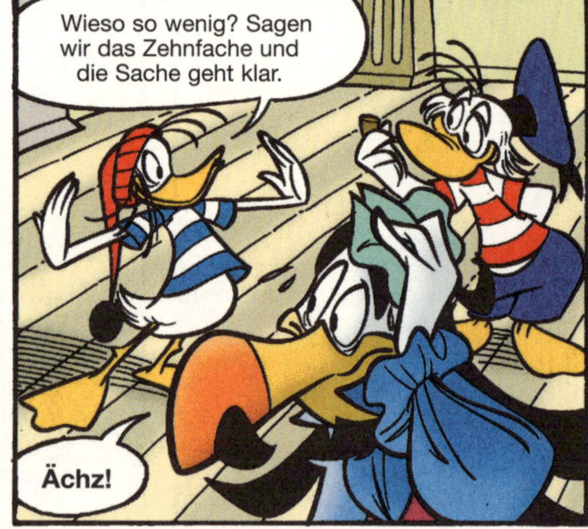
Wieso so wenig? Sagen wir das Zehnfache und die Sache geht klar.
Ächz!

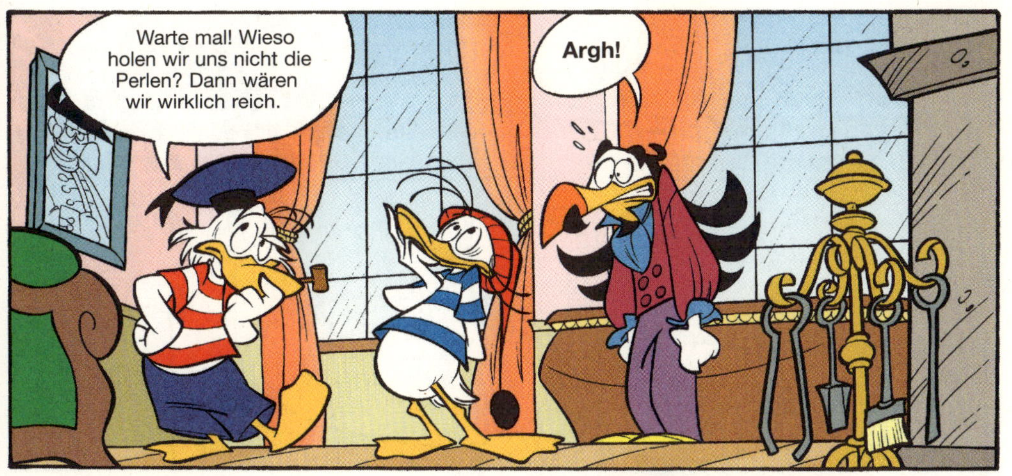
Warte mal! Wieso holen wir uns nicht die Perlen? Dann wären wir wirklich reich.
Argh!

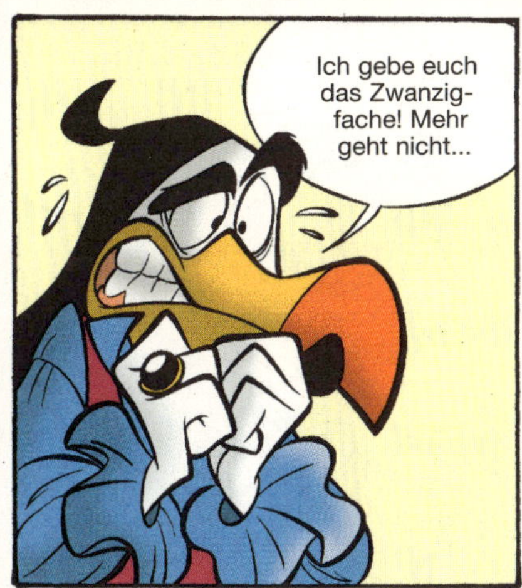
Ich gebe euch das Zwanzigfache! Mehr geht nicht...

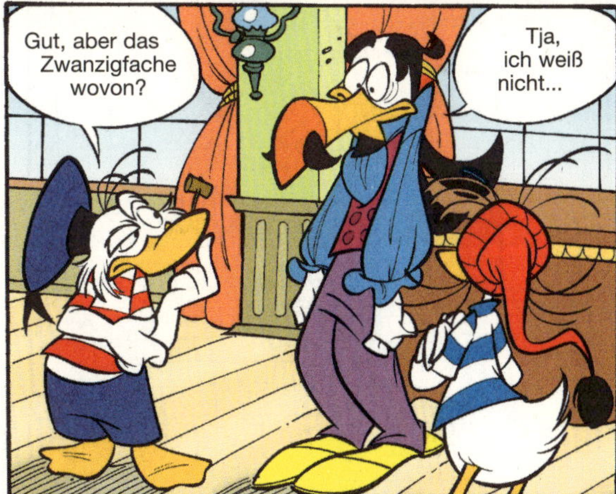
Gut, aber das Zwanzigfache wovon?
Tja, ich weiß nicht...

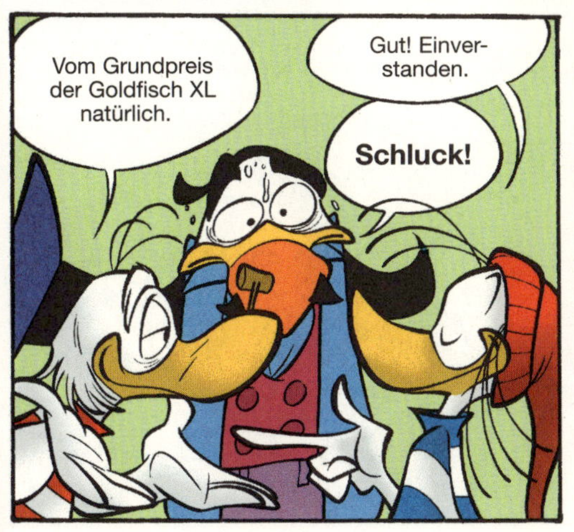
Vom Grundpreis der Goldfisch XL natürlich.
Gut! Einverstanden.
Schluck!

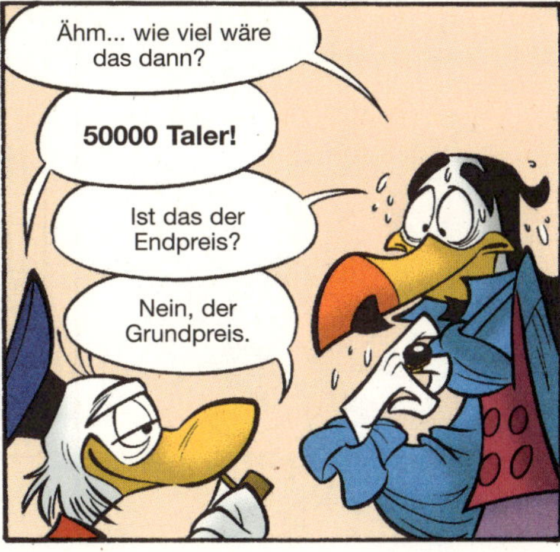
Ähm... wie viel wäre das dann?
50000 Taler!
Ist das der Endpreis?
Nein, der Grundpreis.

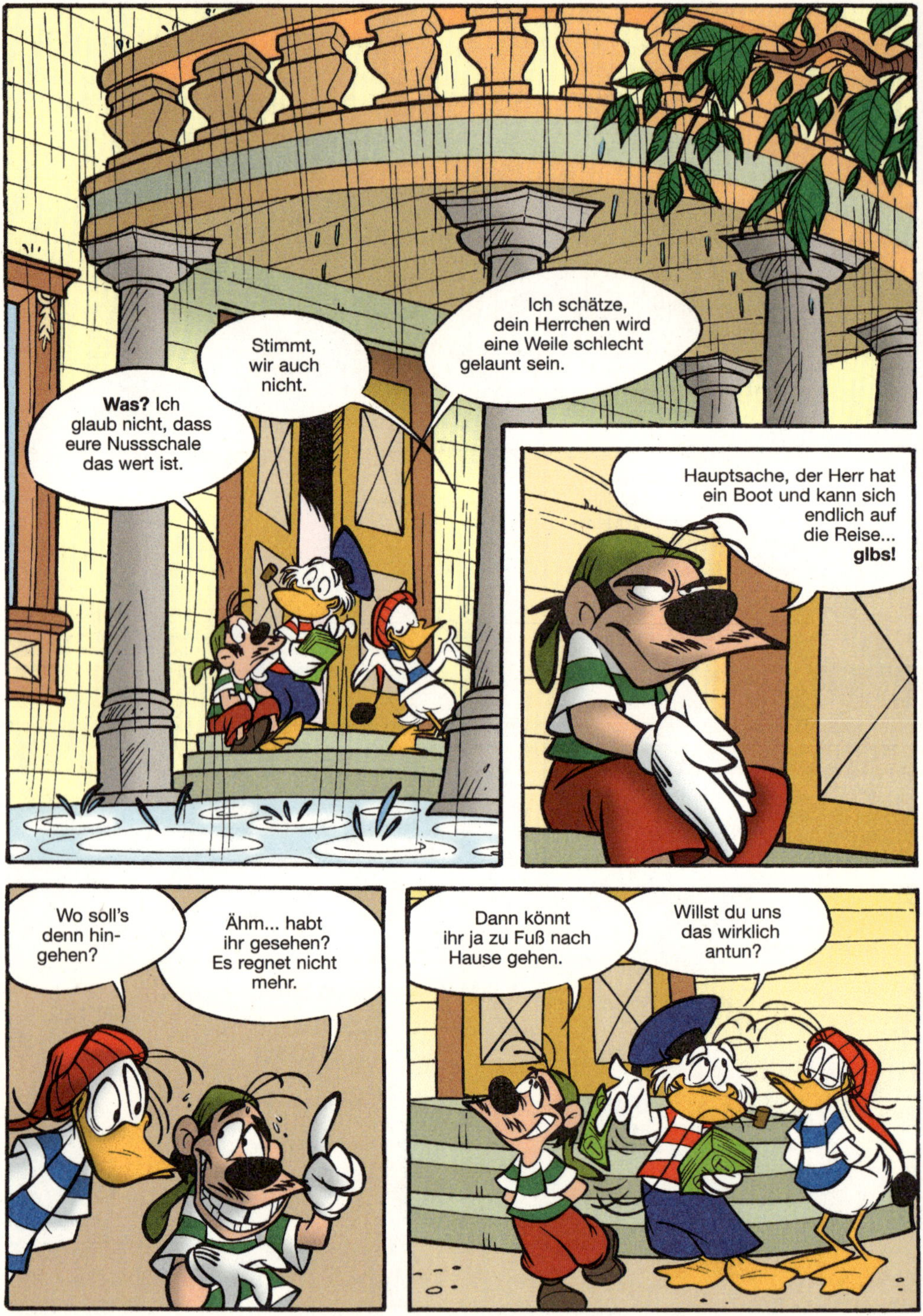

Was? Ich glaub nicht, dass eure Nussschale das wert ist.

Stimmt, wir auch nicht.

Ich schätze, dein Herrchen wird eine Weile schlecht gelaunt sein.

Hauptsache, der Herr hat ein Boot und kann sich endlich auf die Reise... **glbs!**

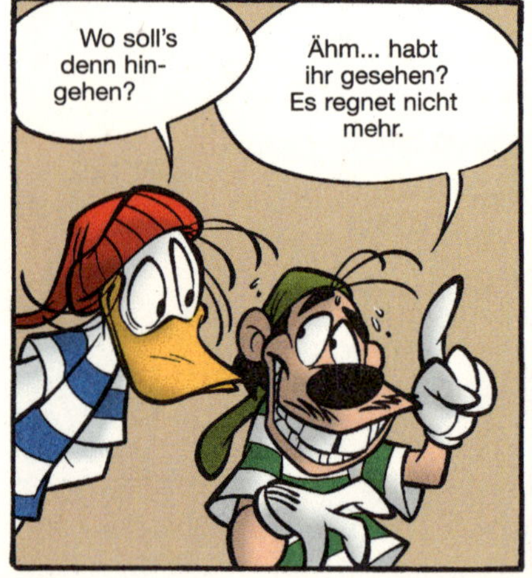

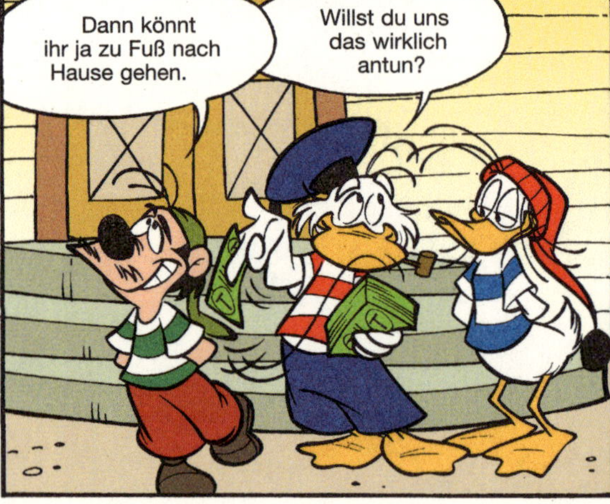

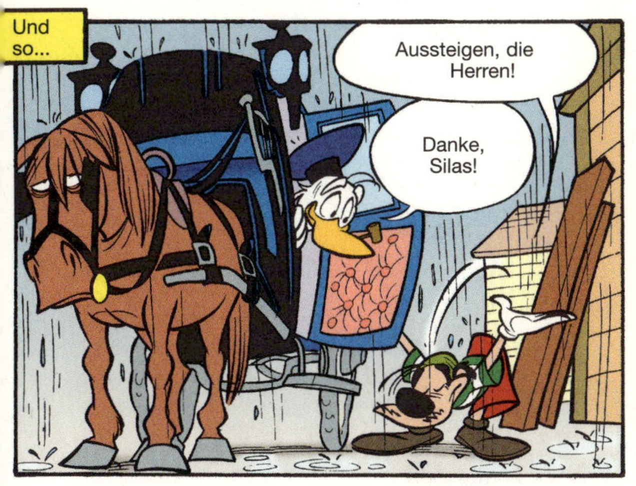

Und so...
Aussteigen, die Herren!
Danke, Silas!

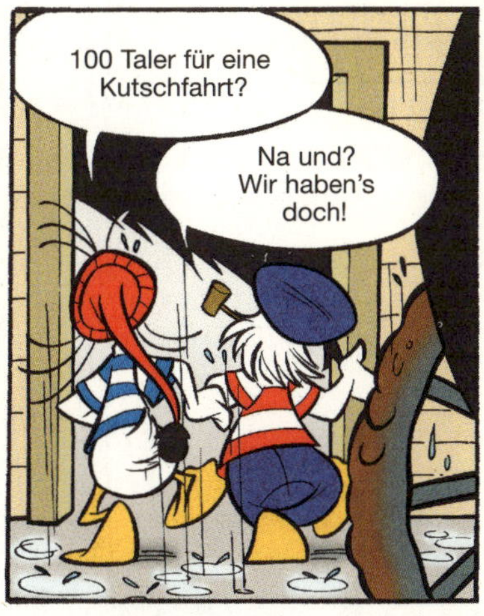

100 Taler für eine Kutschfahrt?
Na und? Wir haben's doch!

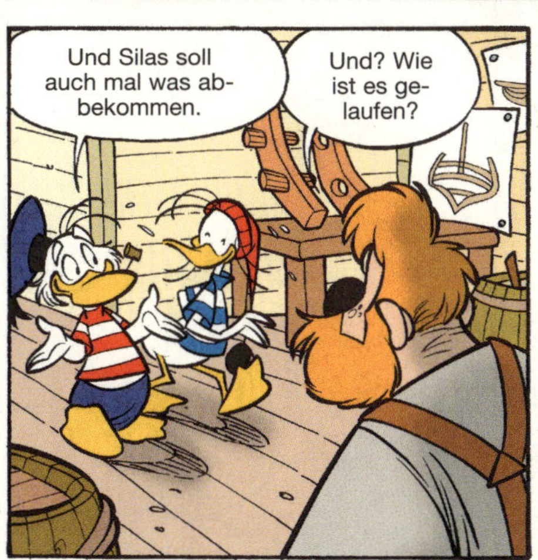

Und Silas soll auch mal was abbekommen.
Und? Wie ist es gelaufen?

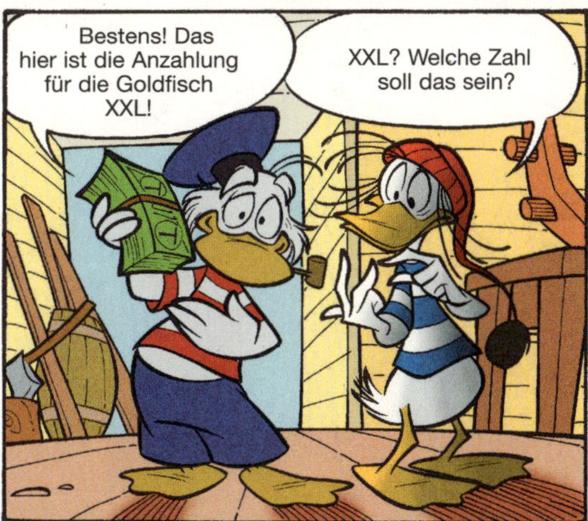

Bestens! Das hier ist die Anzahlung für die Goldfisch XXL!
XXL? Welche Zahl soll das sein?

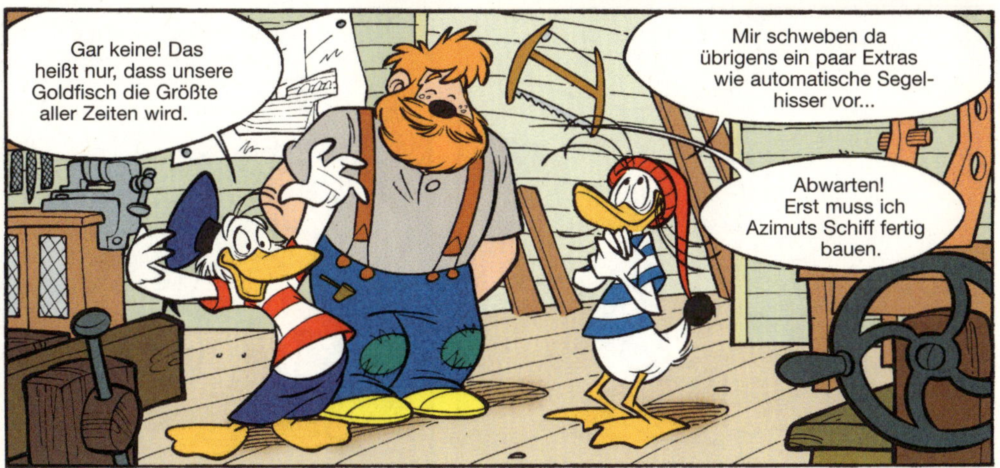

Gar keine! Das heißt nur, dass unsere Goldfisch die Größte aller Zeiten wird.
Mir schweben da übrigens ein paar Extras wie automatische Segelhisser vor...
Abwarten! Erst muss ich Azimuts Schiff fertig bauen.

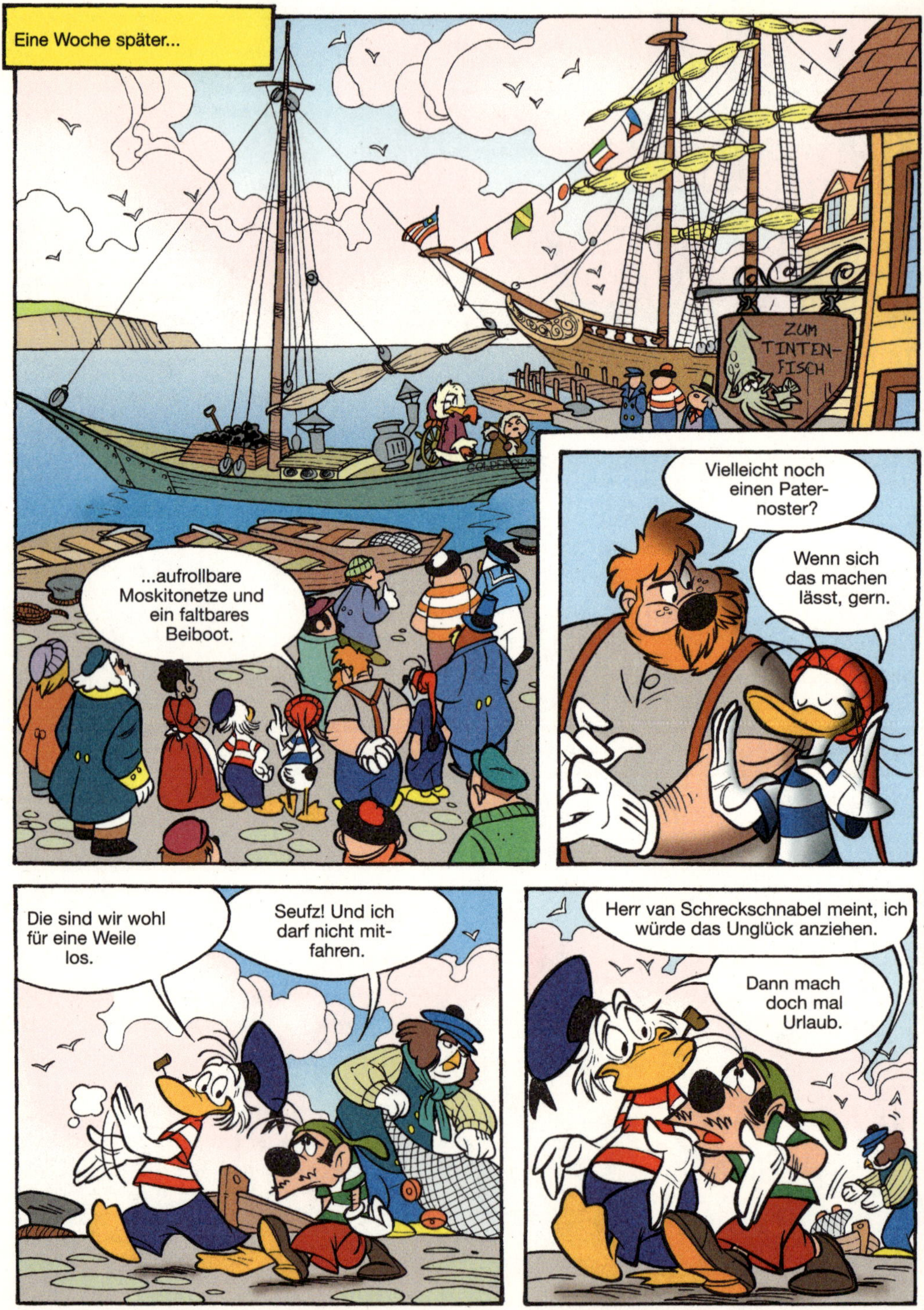

Eine Woche später...

ZUM TINTEN-FISCH

...aufrollbare Moskitonetze und ein faltbares Beiboot.

Vielleicht noch einen Paternoster?

Wenn sich das machen lässt, gern.

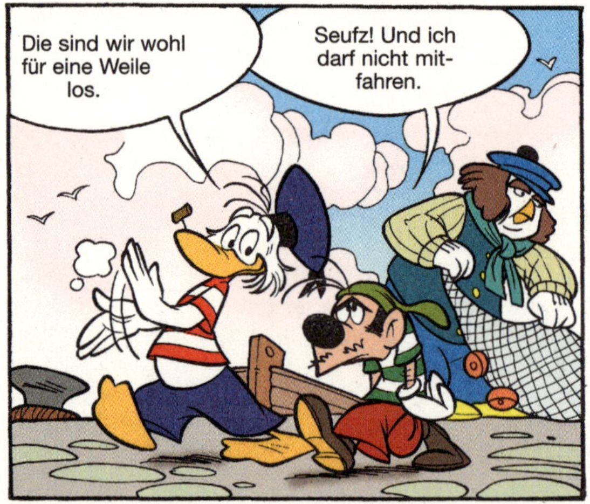

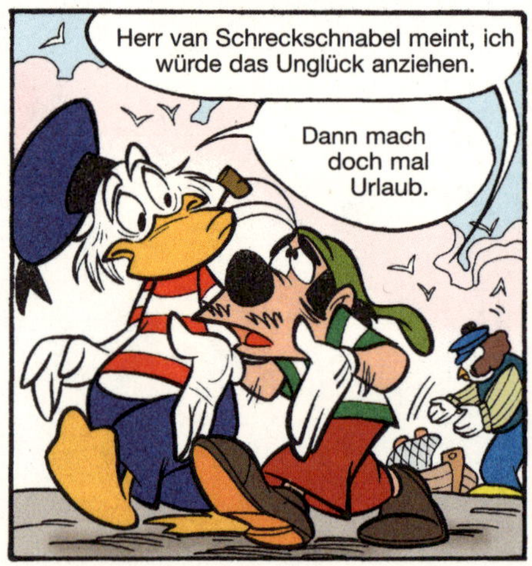

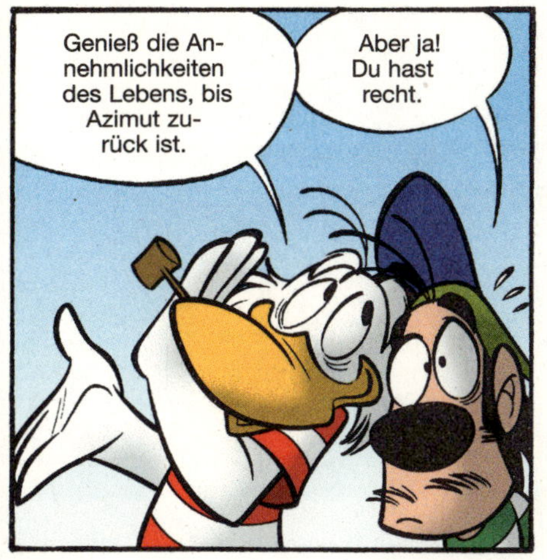
Genieß die Annehmlichkeiten des Lebens, bis Azimut zurück ist.
Aber ja! Du hast recht.

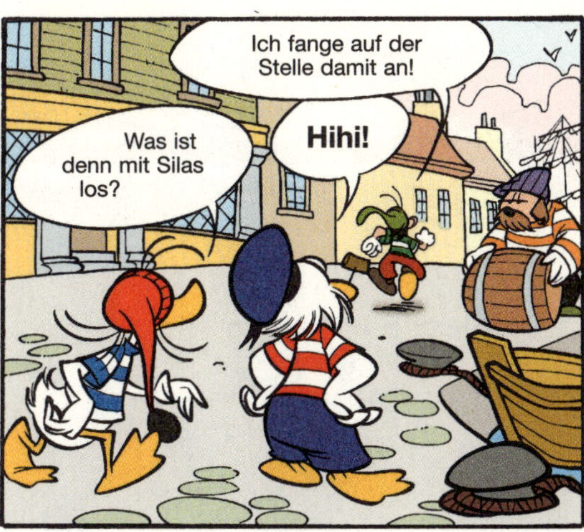
Ich fange auf der Stelle damit an!
Hihi!
Was ist denn mit Silas los?

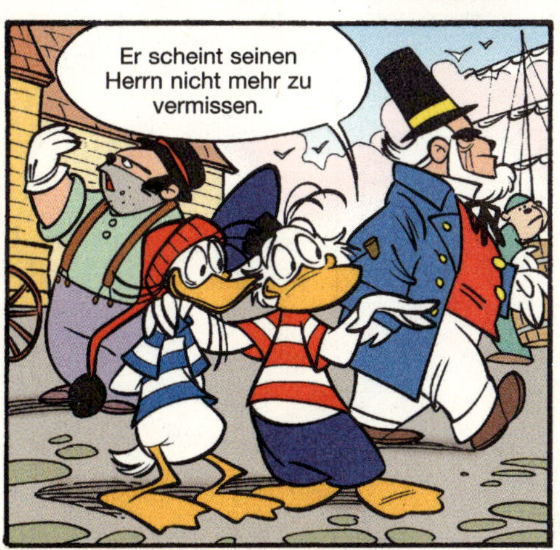
Er scheint seinen Herrn nicht mehr zu vermissen.

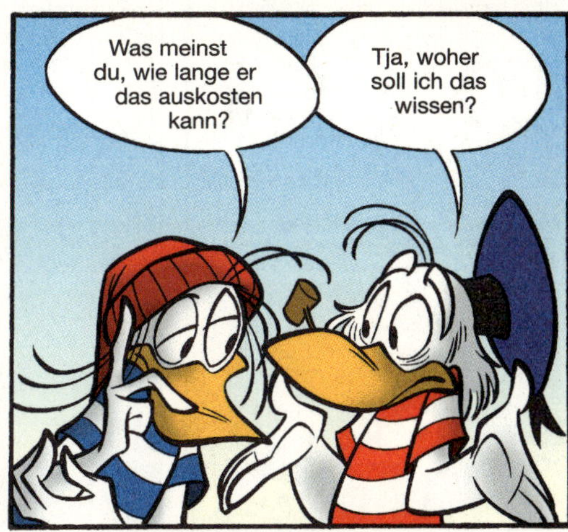
Was meinst du, wie lange er das auskosten kann?
Tja, woher soll ich das wissen?

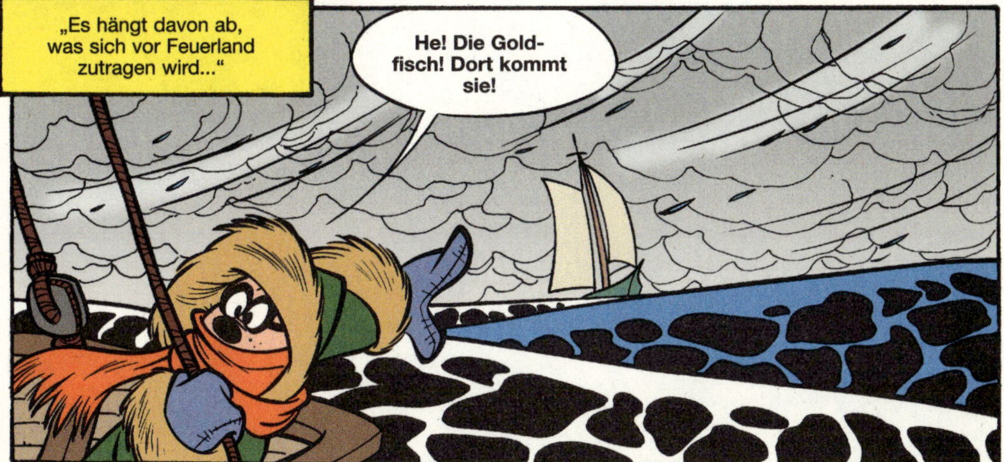
„Es hängt davon ab, was sich vor Feuerland zutragen wird..."
He! Die Goldfisch! Dort kommt sie!

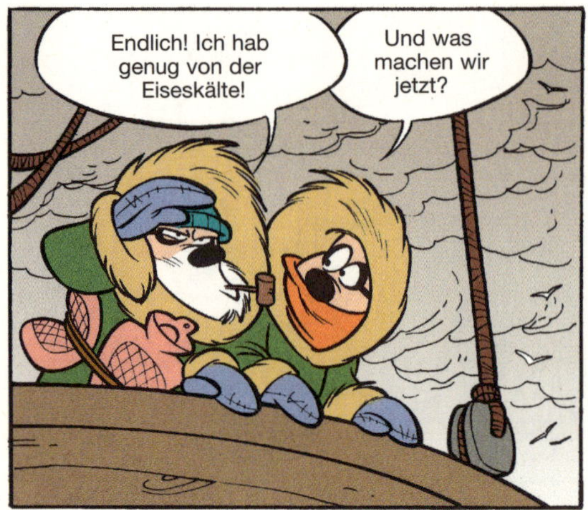
Endlich! Ich hab genug von der Eiseskälte!
Und was machen wir jetzt?

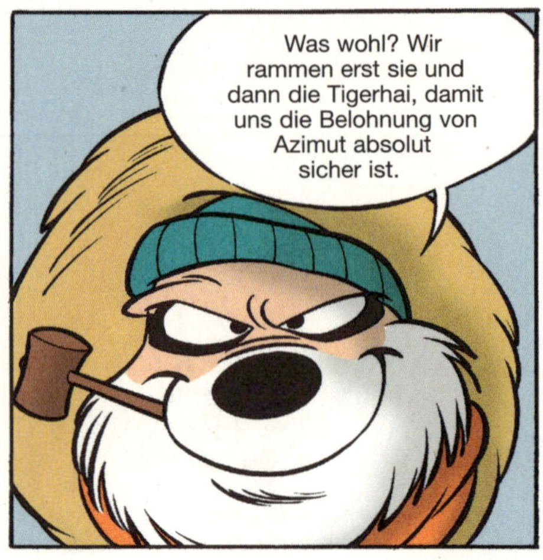
Was wohl? Wir rammen erst sie und dann die Tigerhai, damit uns die Belohnung von Azimut absolut sicher ist.

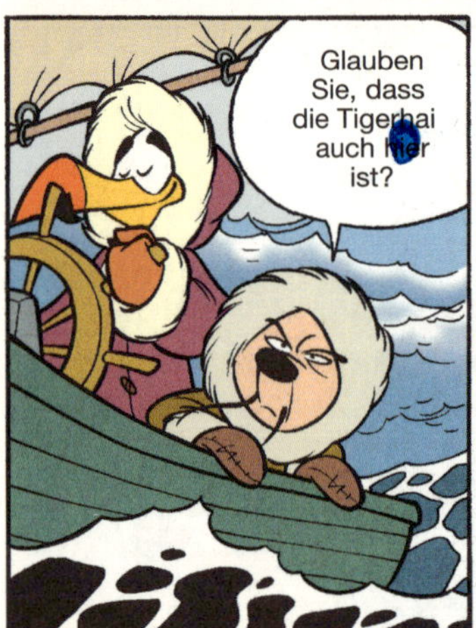
Glauben Sie, dass die Tigerhai auch hier ist?

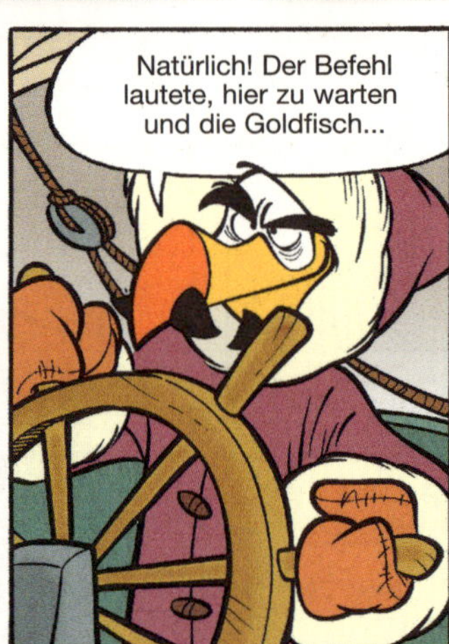
Natürlich! Der Befehl lautete, hier zu warten und die Goldfisch...

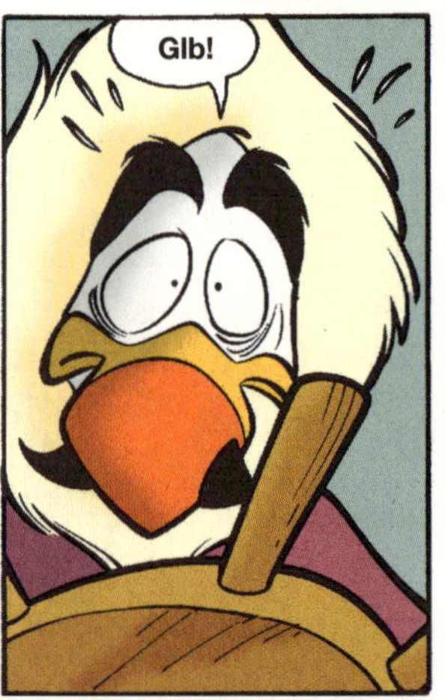
Glb!

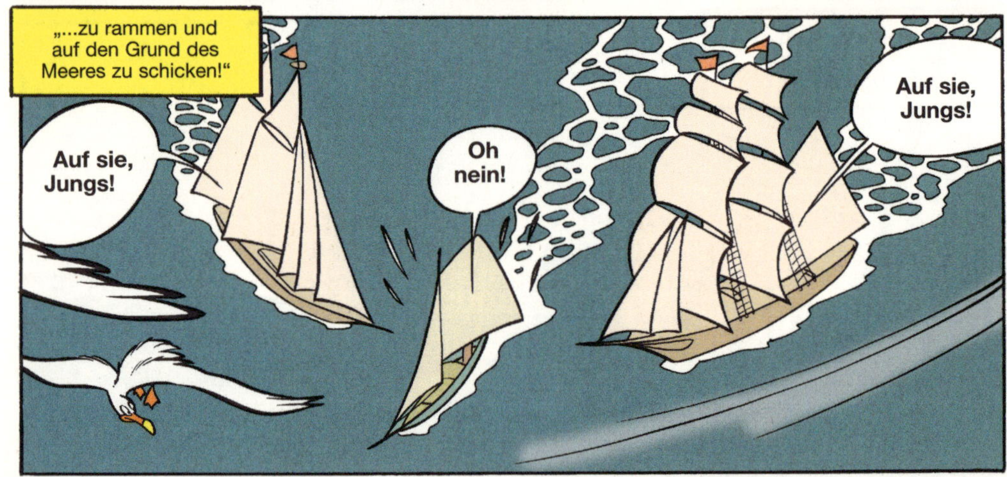
„...zu rammen und auf den Grund des Meeres zu schicken!“
Auf sie, Jungs!
Oh nein!
Auf sie, Jungs!

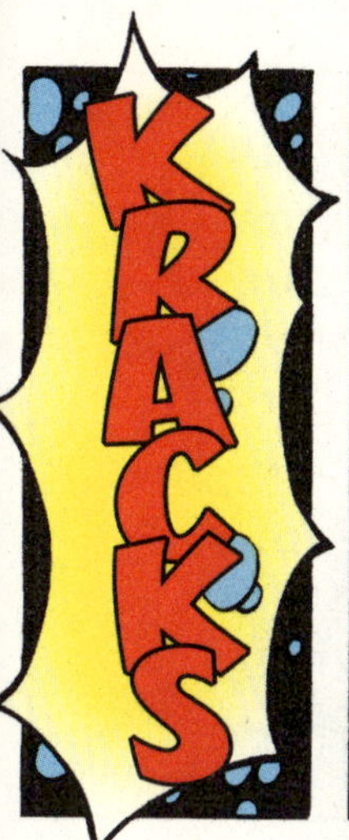
KRACKS

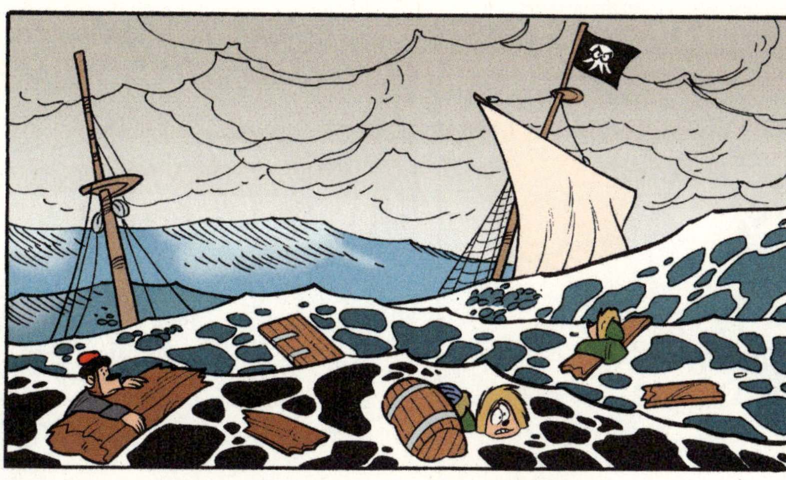

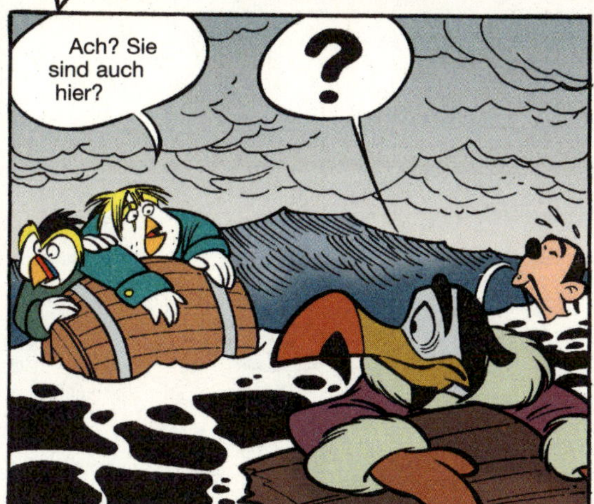
Ach? Sie sind auch hier?
?

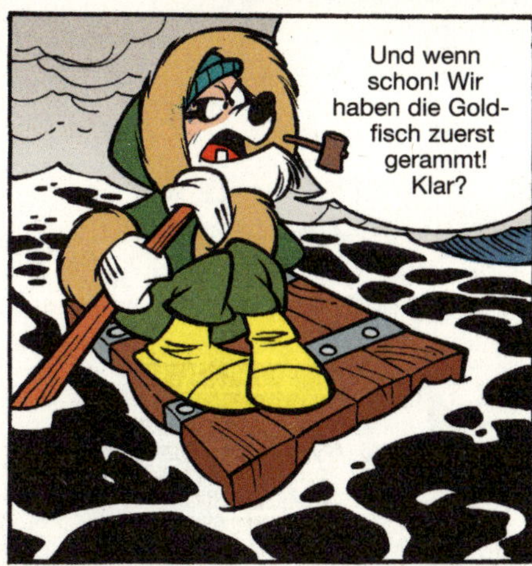
Und wenn schon! Wir haben die Goldfisch zuerst gerammt! Klar?

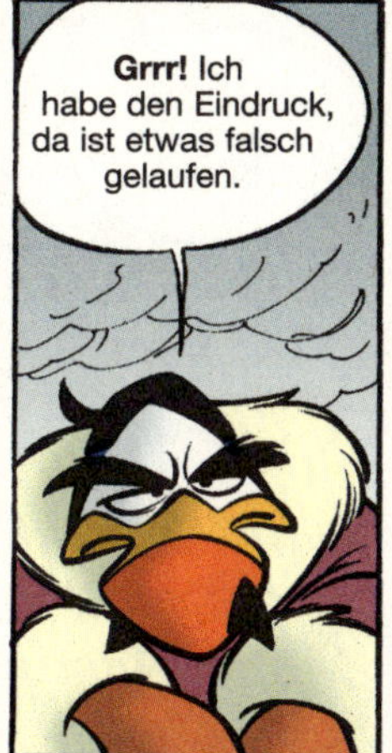
Grrr! Ich habe den Eindruck, da ist etwas falsch gelaufen.

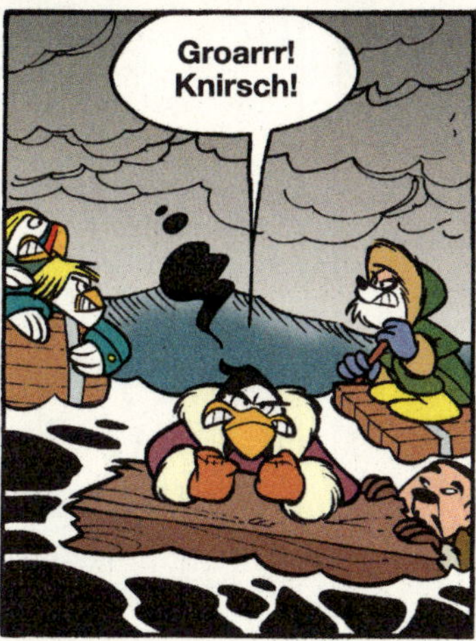
Groarrr! Knirsch!

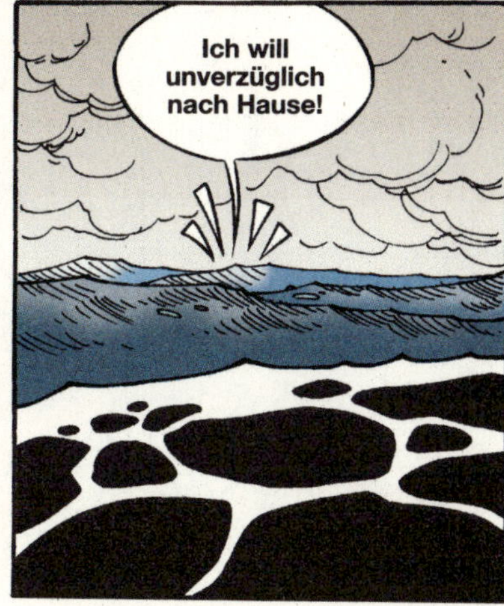
Ich will unverzüglich nach Hause!

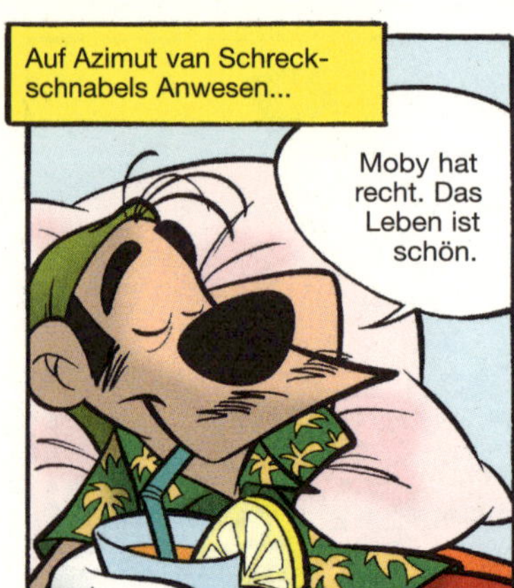
Auf Azimut van Schreck-
schnabels Anwesen...
Moby hat recht. Das Leben ist schön.

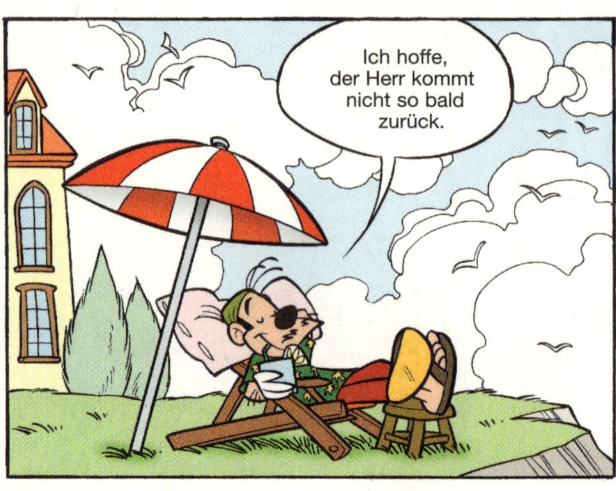
Ich hoffe, der Herr kommt nicht so bald zurück.

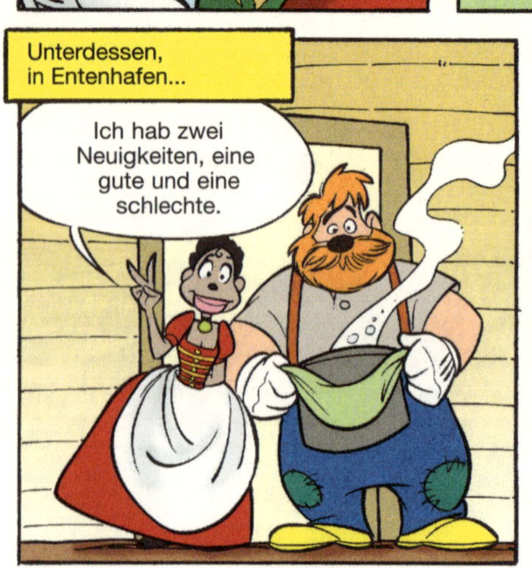
Unterdessen, in Entenhafen...
Ich hab zwei Neuigkeiten, eine gute und eine schlechte.

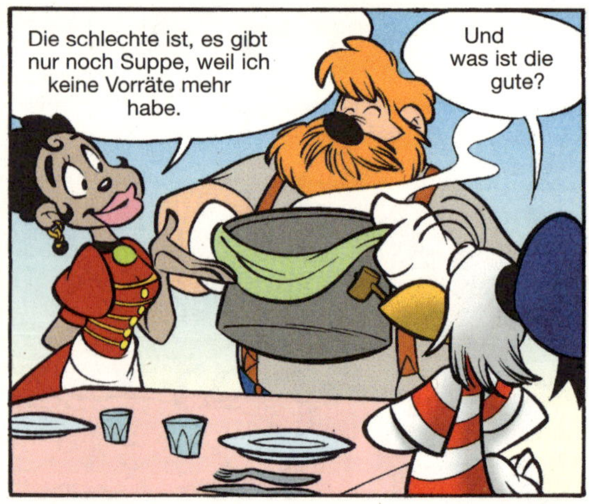
Die schlechte ist, es gibt nur noch Suppe, weil ich keine Vorräte mehr habe.
Und was ist die gute?

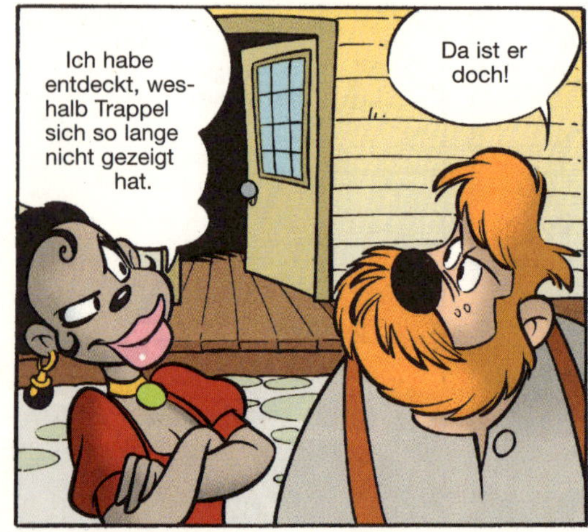
Ich habe entdeckt, weshalb Trappel sich so lange nicht gezeigt hat.
Da ist er doch!

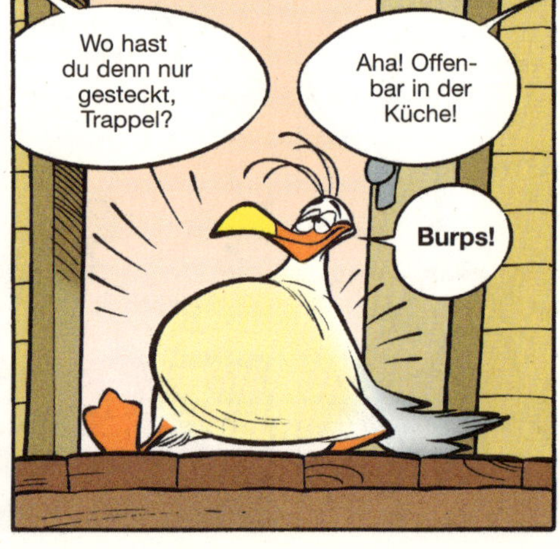
Wo hast du denn nur gesteckt, Trappel?
Aha! Offenbar in der Küche!
Burps!

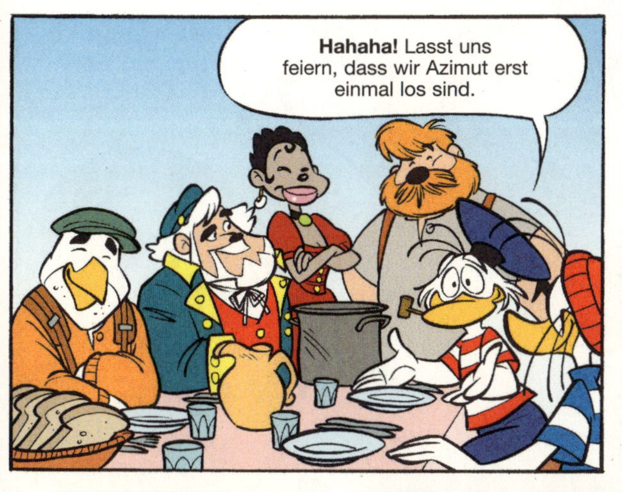

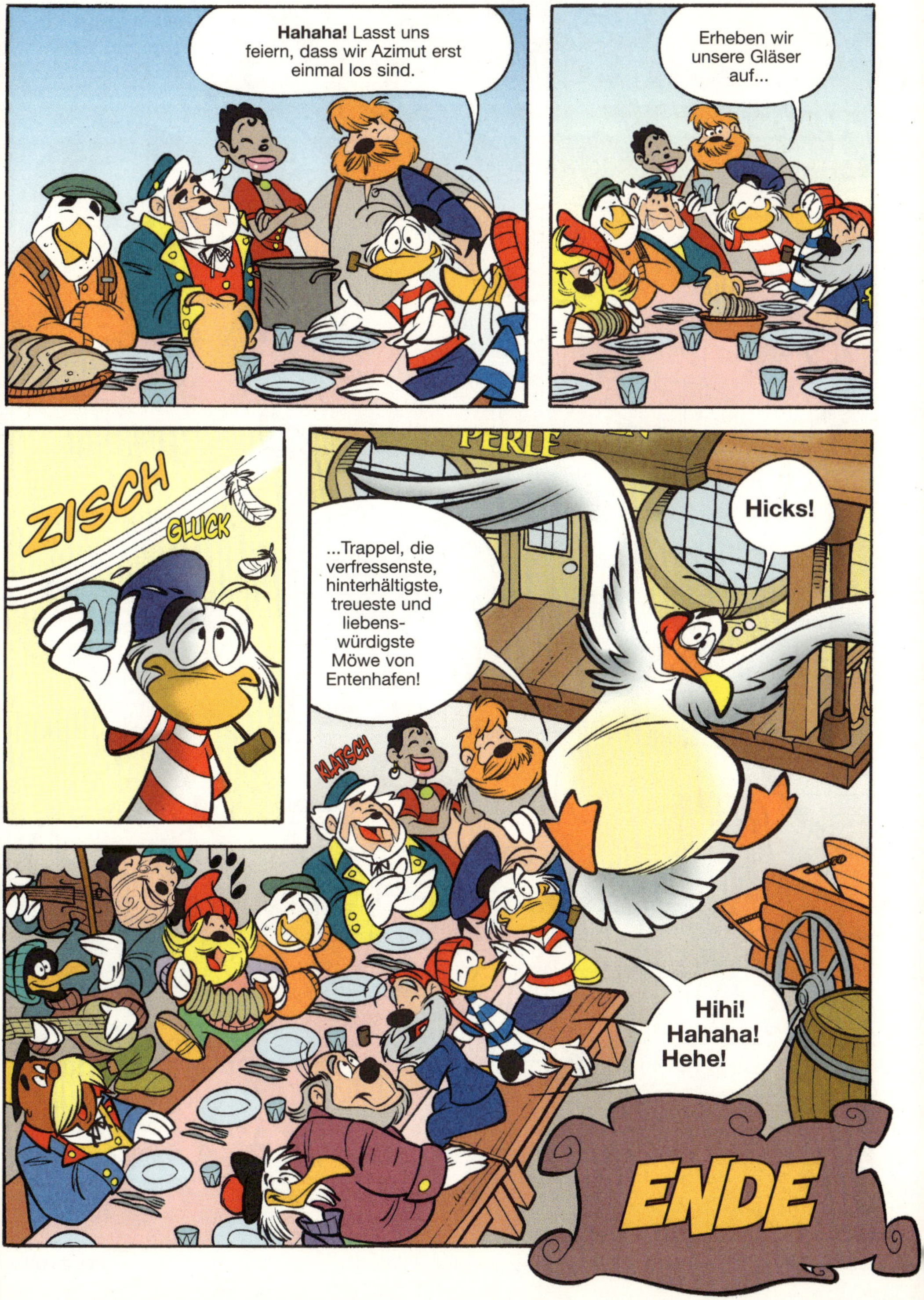

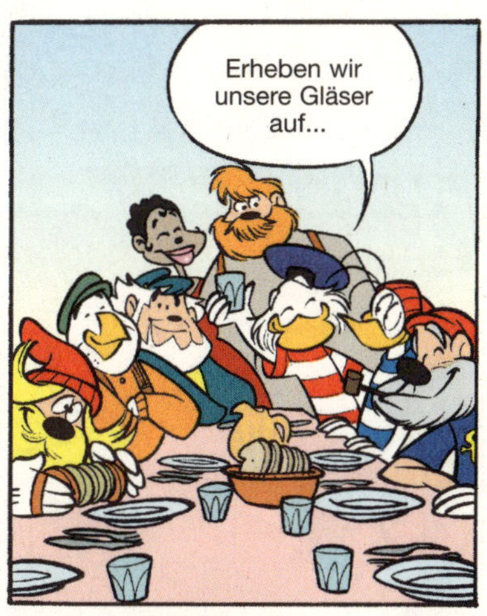

ZISCH
GLUCK

PERLE
...Trappel, die verfressenste, hinterhältigste, treueste und liebenswürdigste Möwe von Entenhafen!
Hicks!
KLATSCH

Hihi! Hahaha! Hehe!

ENDE

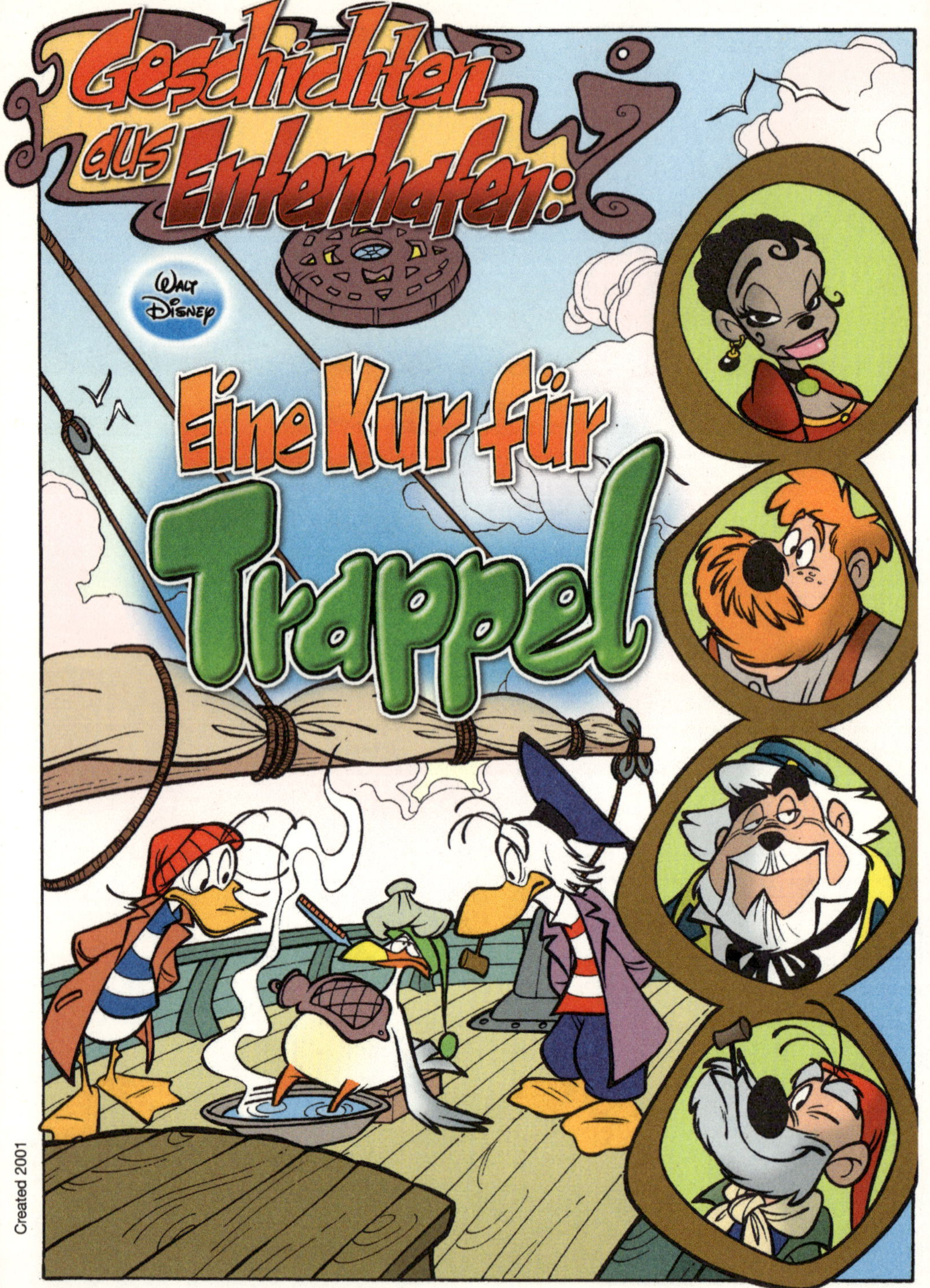

Alberto Savini (Story), Stefano Turconi (Zeichnungen)

I TL 2402-2

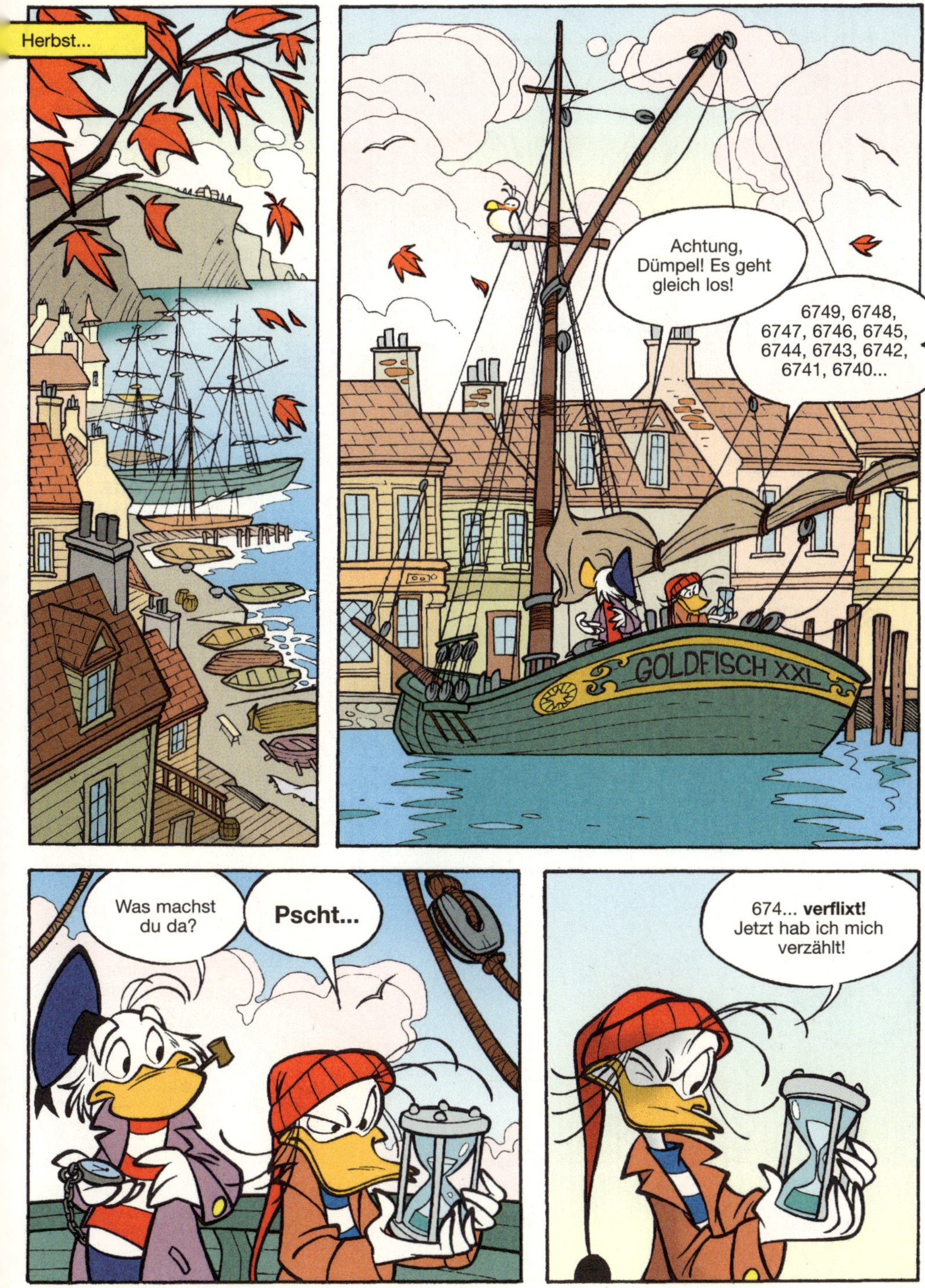

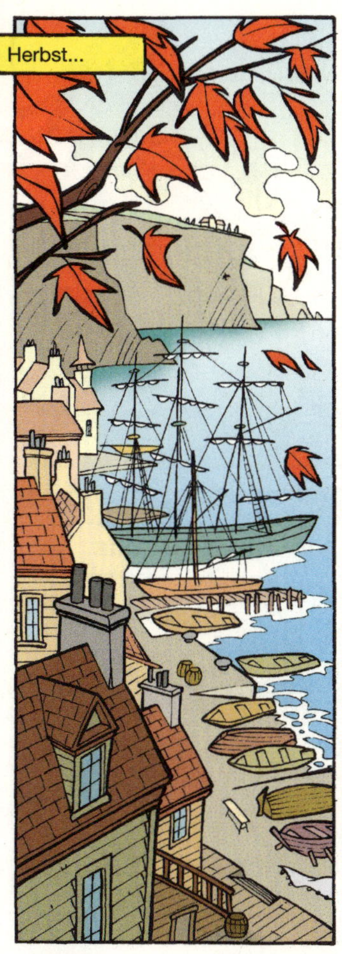

GOLDFISCH XXL

Achtung, Dümpel! Es geht gleich los!

6749, 6748, 6747, 6746, 6745, 6744, 6743, 6742, 6741, 6740...

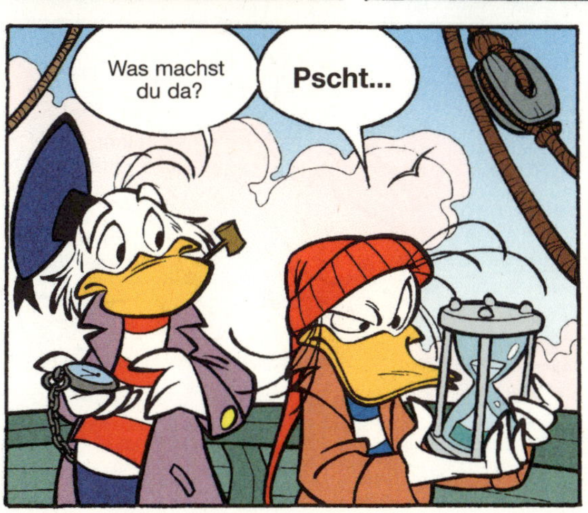

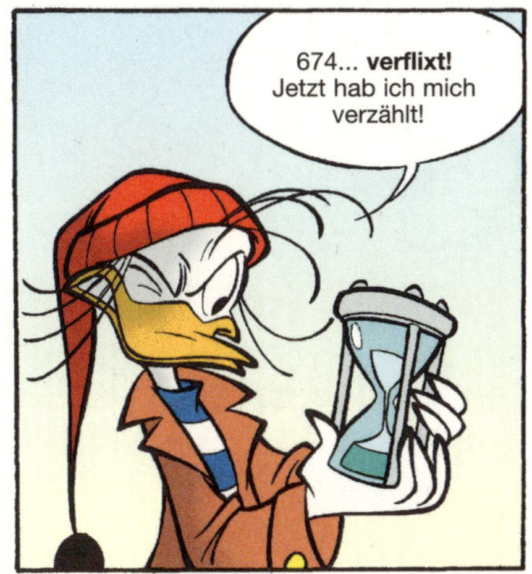

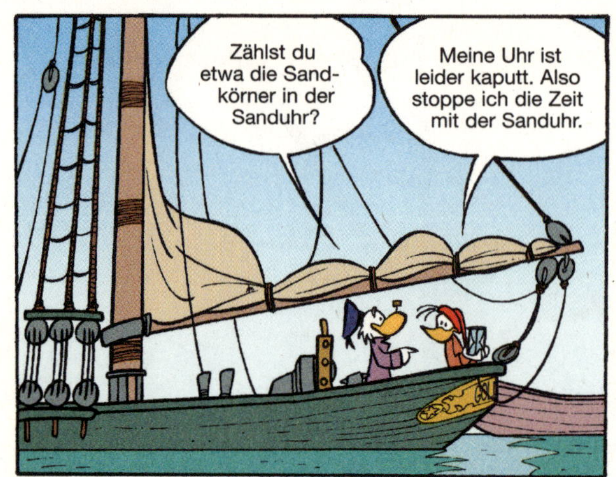
Zählst du etwa die Sand-körner in der Sanduhr?
Meine Uhr ist leider kaputt. Also stoppe ich die Zeit mit der Sanduhr.

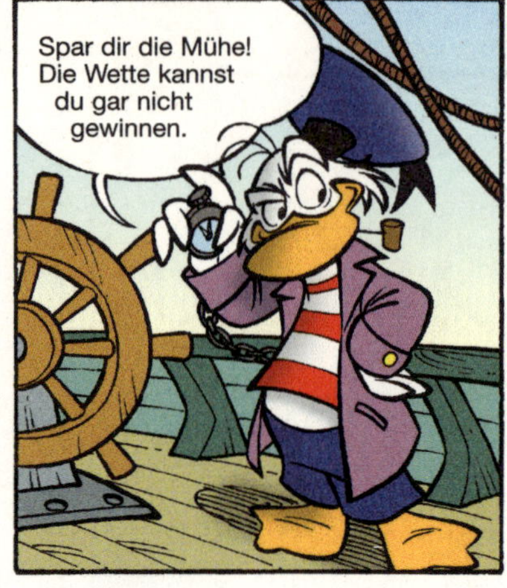
Spar dir die Mühe! Die Wette kannst du gar nicht gewinnen.

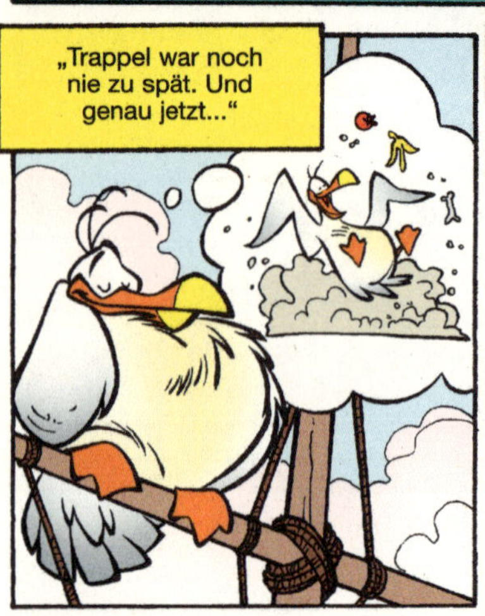
„Trappel war noch nie zu spät. Und genau jetzt..."

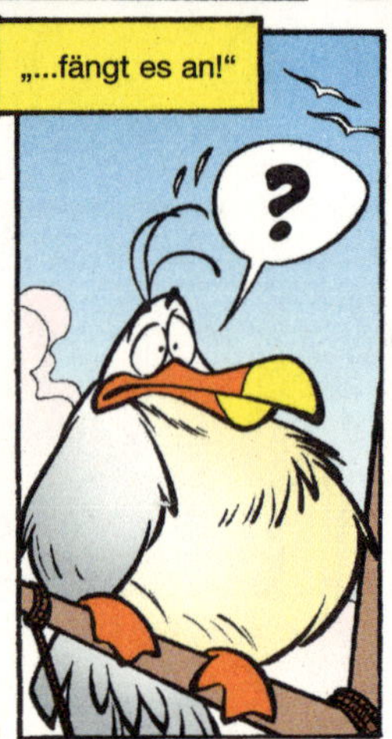
„...fängt es an!"
?

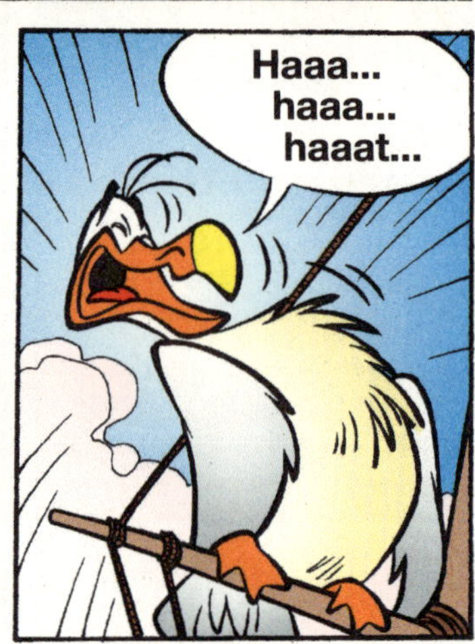
Haaa... haaa... haaat...

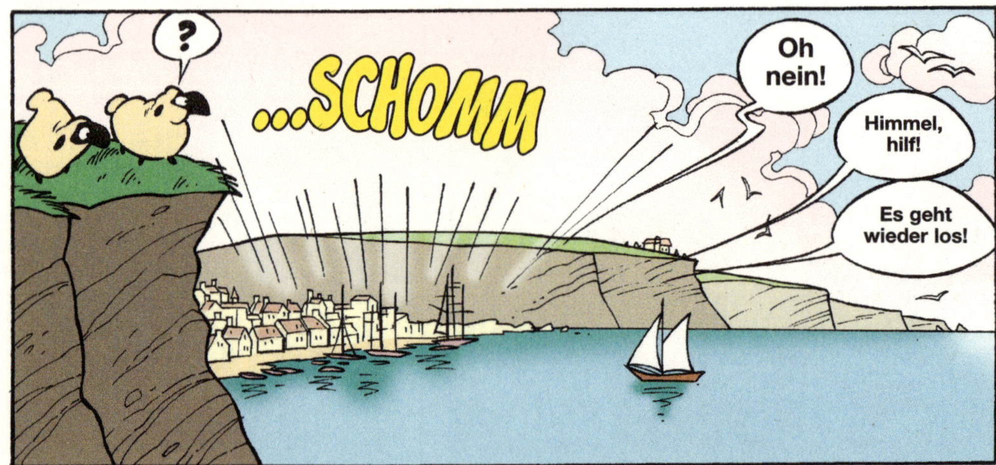
?
...SCHOMM
Oh nein!
Himmel, hilf!
Es geht wieder los!

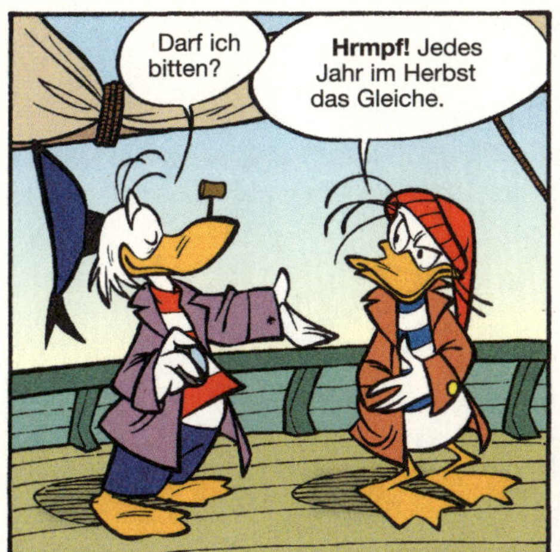
Darf ich bitten?
Hrmpf! Jedes Jahr im Herbst das Gleiche.

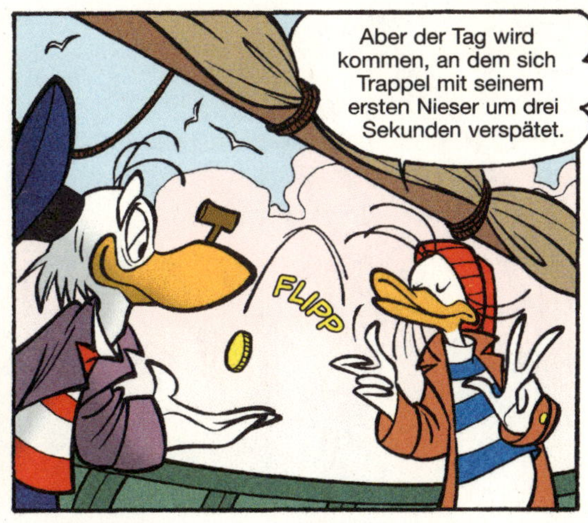
Aber der Tag wird kommen, an dem sich Trappel mit seinem ersten Nieser um drei Sekunden verspätet.
FLIPP

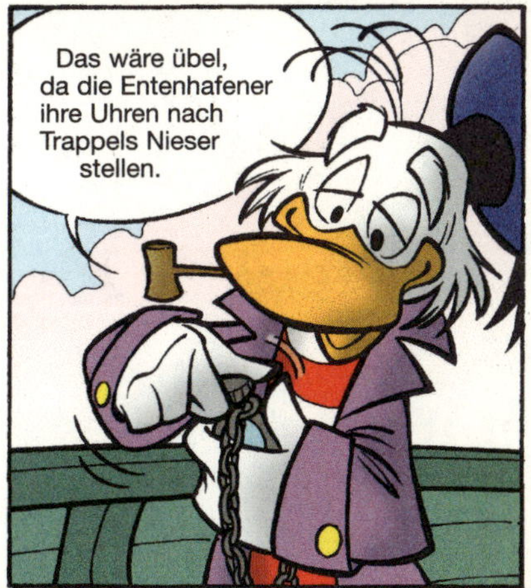
Das wäre übel, da die Entenhafener ihre Uhren nach Trappels Nieser stellen.

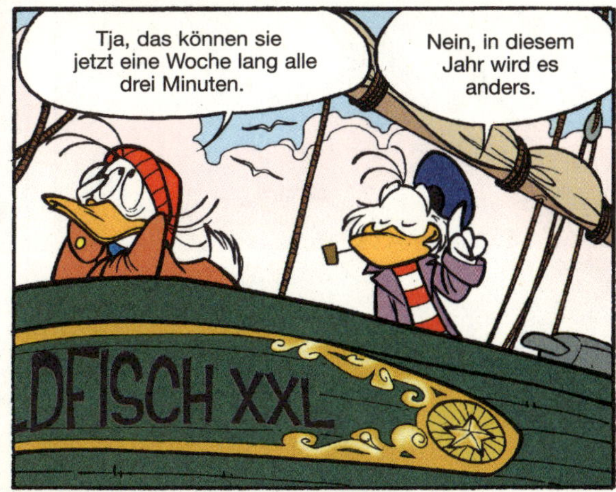
Tja, das können sie jetzt eine Woche lang alle drei Minuten.
Nein, in diesem Jahr wird es anders.
LDFISCH XXL

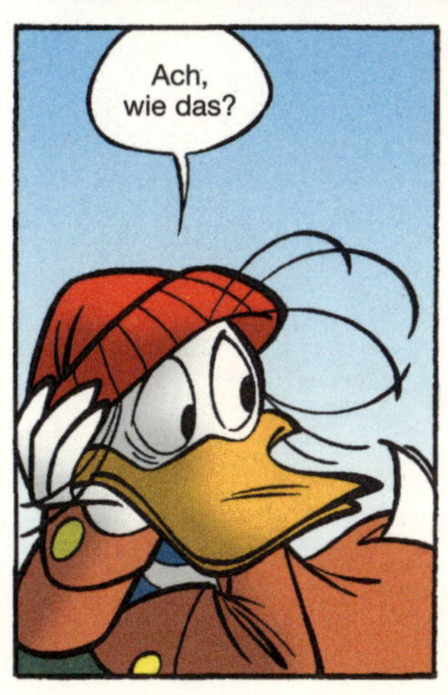
Ach, wie das?

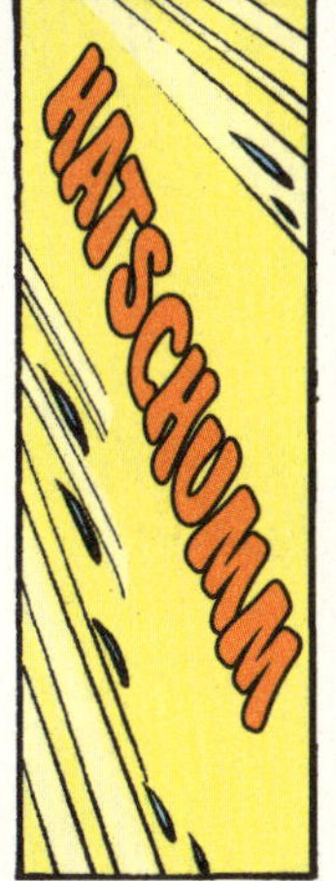
HATSCHUMM

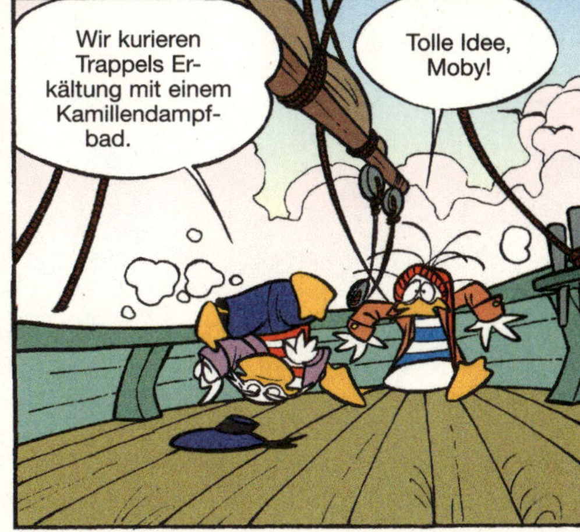
Wir kurieren Trappels Erkältung mit einem Kamillendampfbad.
Tolle Idee, Moby!

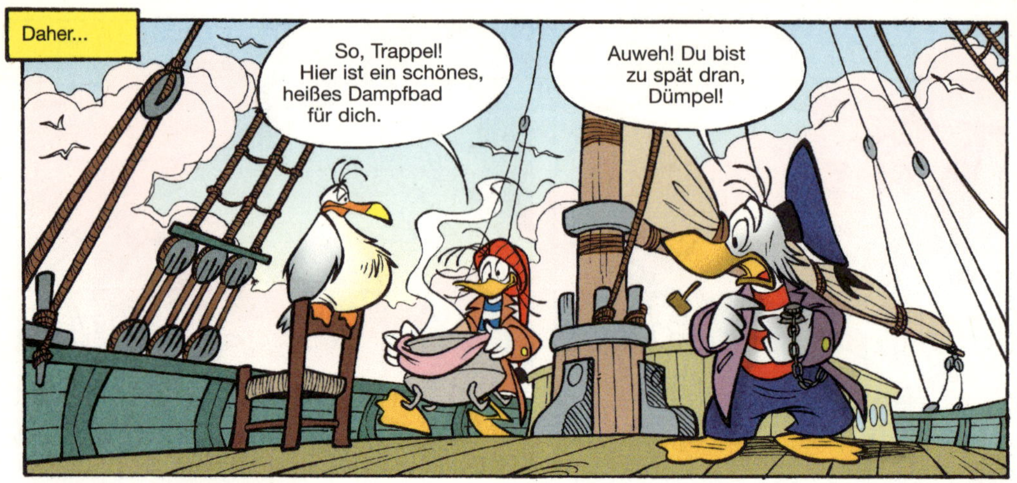
Daher...
So, Trappel! Hier ist ein schönes, heißes Dampfbad für dich.
Auweh! Du bist zu spät dran, Dümpel!

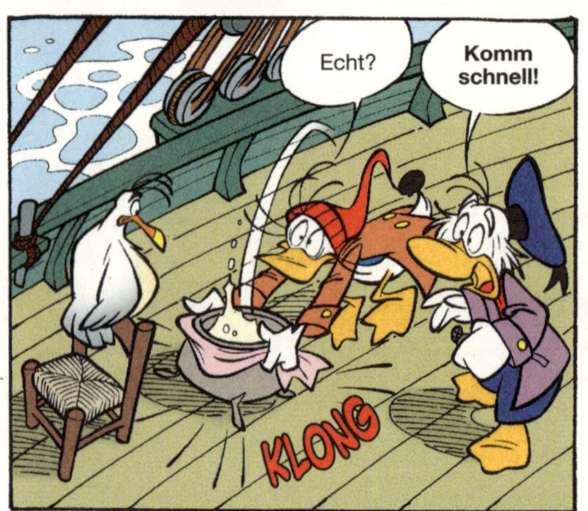
Echt?
Komm schnell!
KLONG

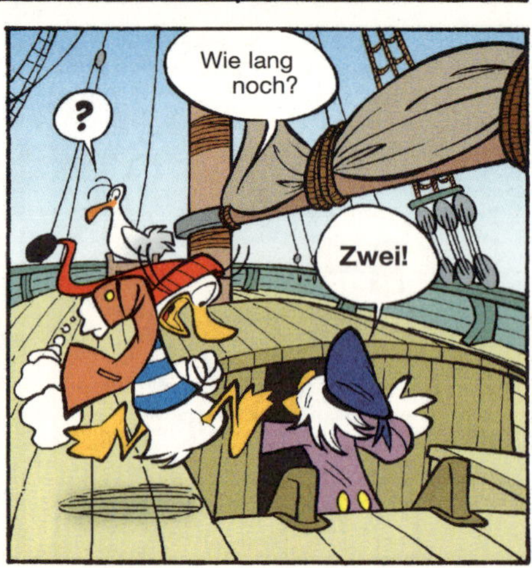
?
Wie lang noch?
Zwei!

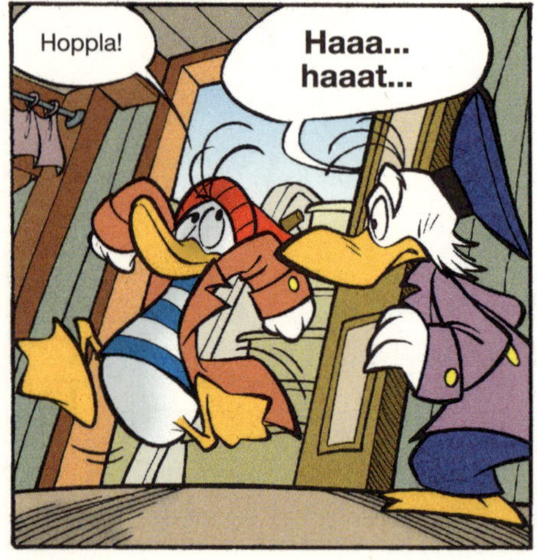
Hoppla!
Haaa... haaat...

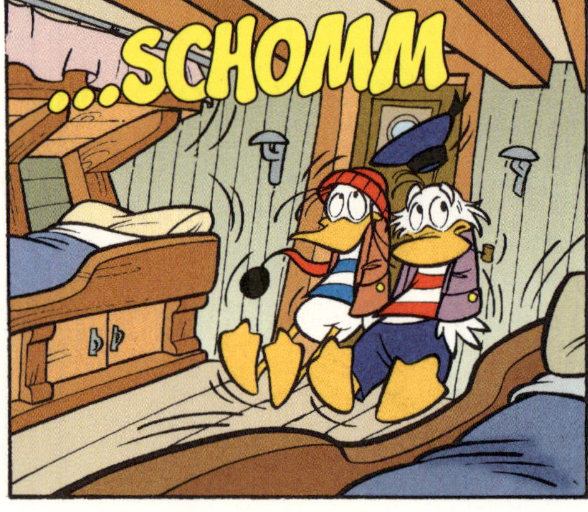
...SCHOMM

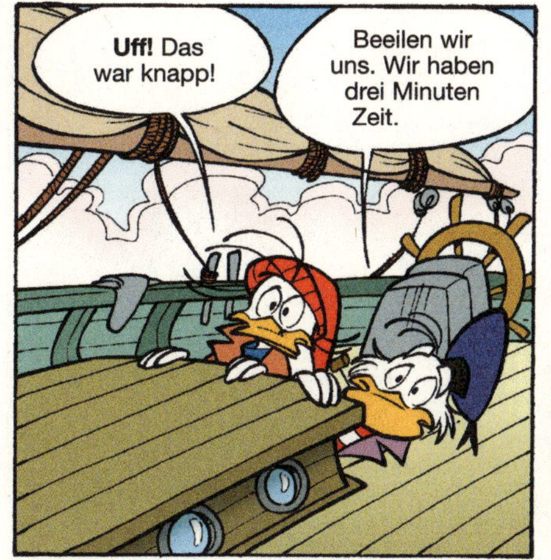
Uff! Das war knapp!
Beeilen wir uns. Wir haben drei Minuten Zeit.

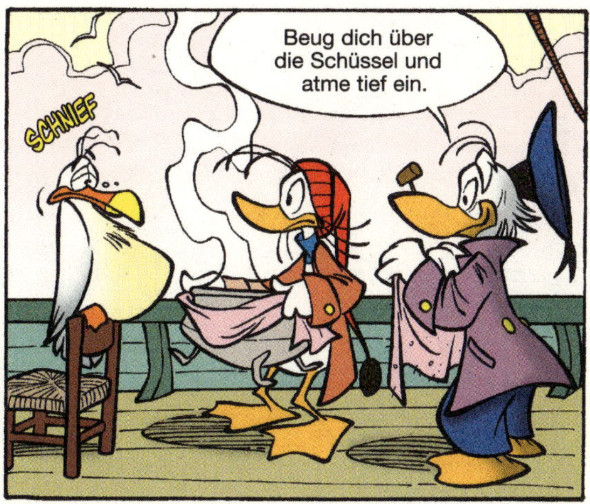
SCHNIEF
Beug dich über die Schüssel und atme tief ein.

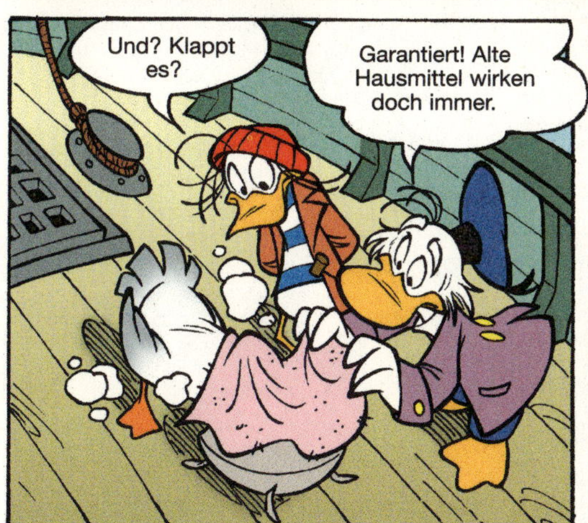
Und? Klappt es?
Garantiert! Alte Hausmittel wirken doch immer.

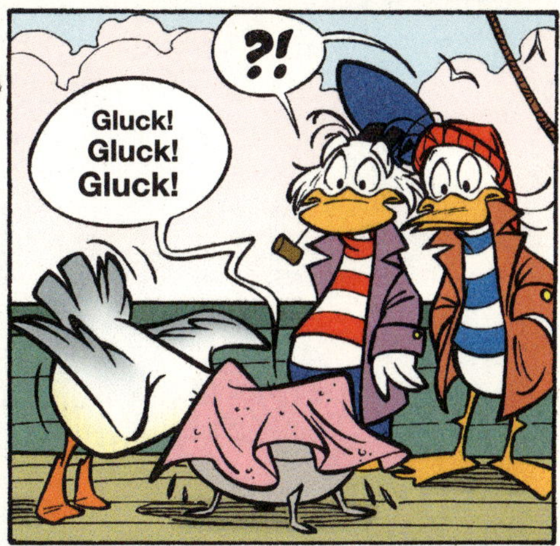
?!
Gluck! Gluck! Gluck!

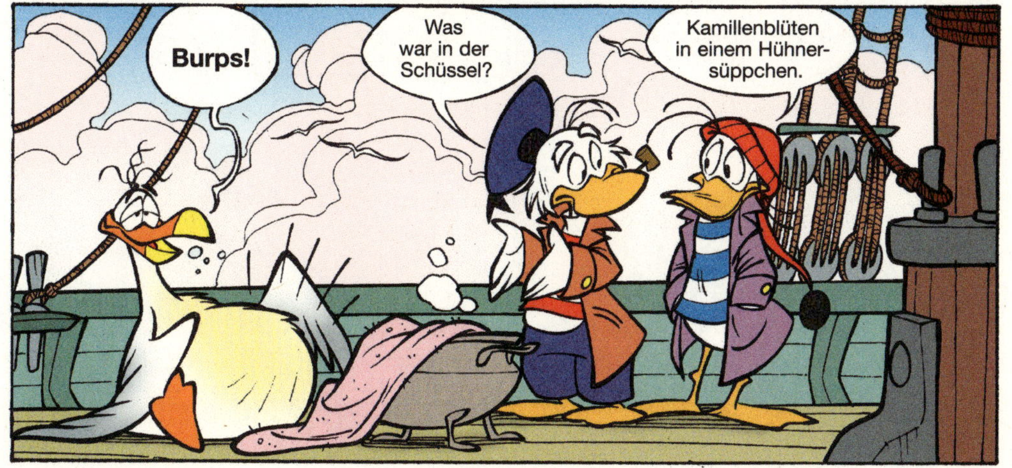
Burps!
Was war in der Schüssel?
Kamillenblüten in einem Hühnersüppchen.

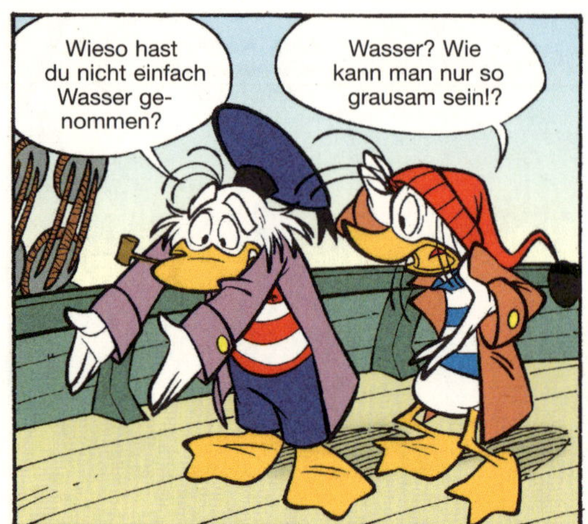
Wieso hast du nicht einfach Wasser genommen?
Wasser? Wie kann man nur so grausam sein!?

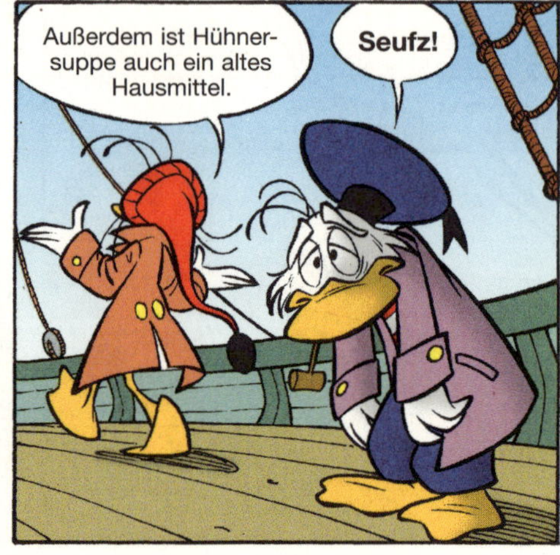
Außerdem ist Hühnersuppe auch ein altes Hausmittel.
Seufz!

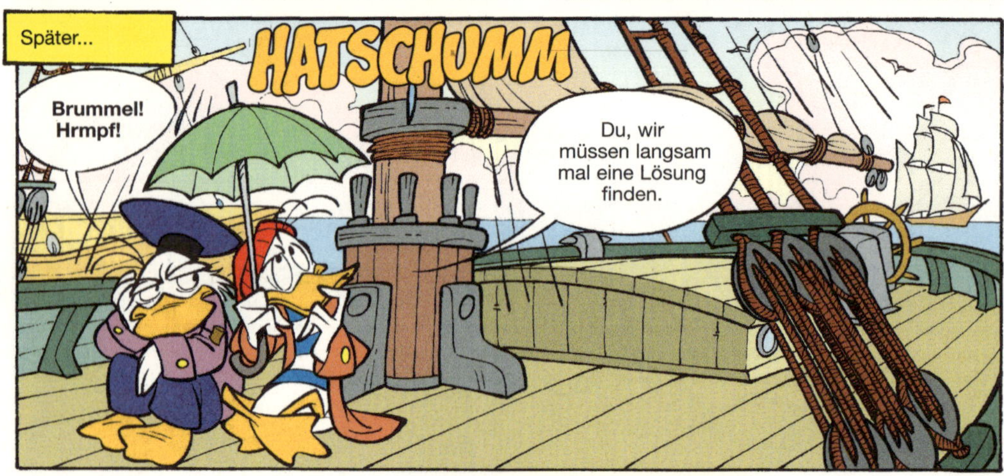
Später...
HATSCHUMM
Brummel! Hrmpf!
Du, wir müssen langsam mal eine Lösung finden.

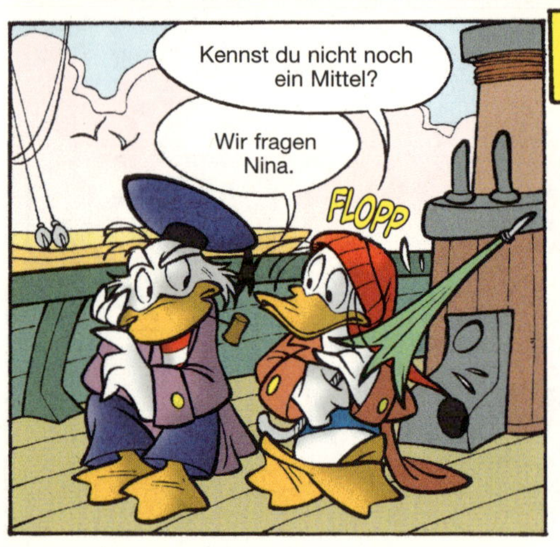
Kennst du nicht noch ein Mittel?
Wir fragen Nina.
FLOPP

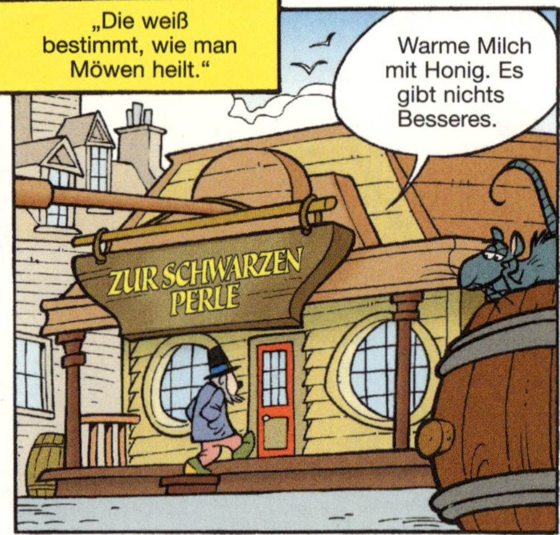
„Die weiß bestimmt, wie man Möwen heilt."
Warme Milch mit Honig. Es gibt nichts Besseres.
ZUR SCHWARZEN PERLE

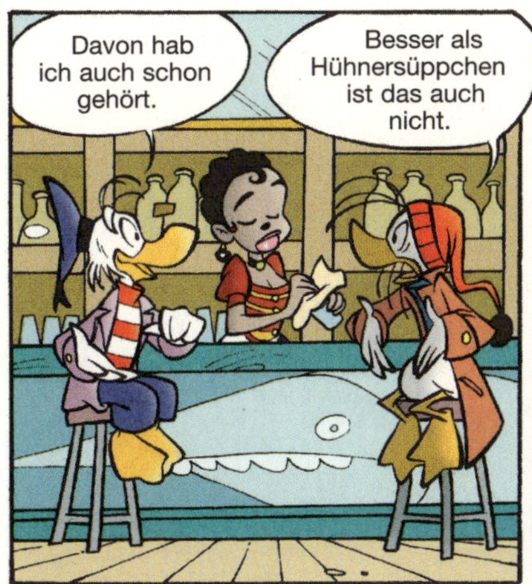
Davon hab ich auch schon gehört.
Besser als Hühnersüppchen ist das auch nicht.

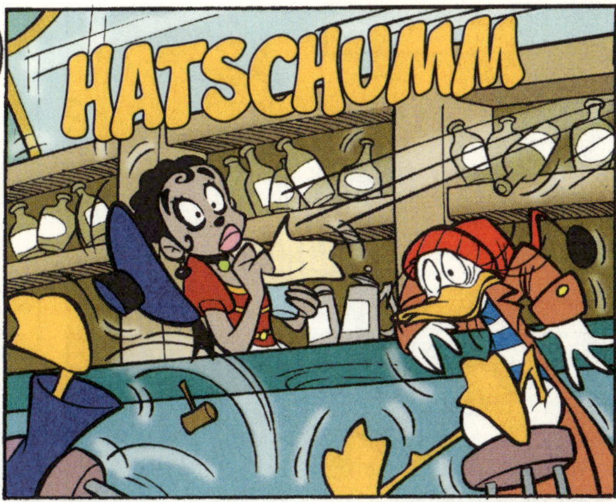
HATSCHUMM

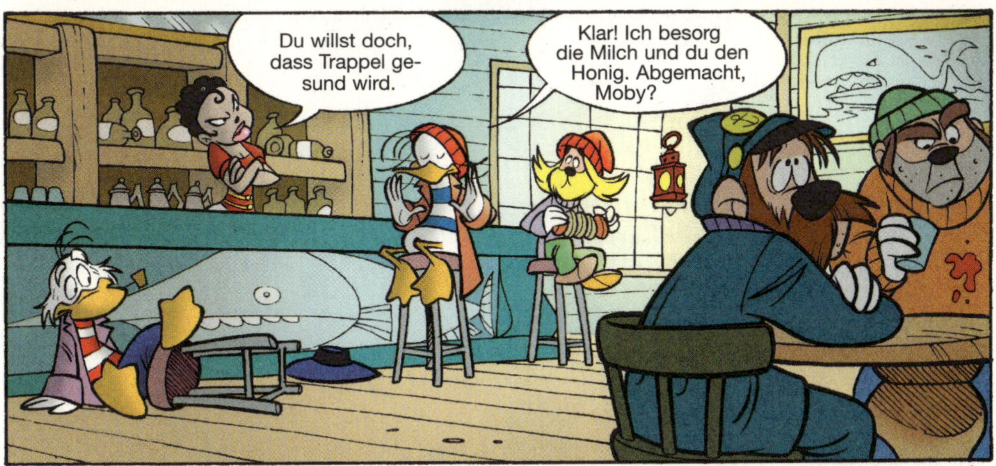
Du willst doch, dass Trappel gesund wird.
Klar! Ich besorg die Milch und du den Honig. Abgemacht, Moby?

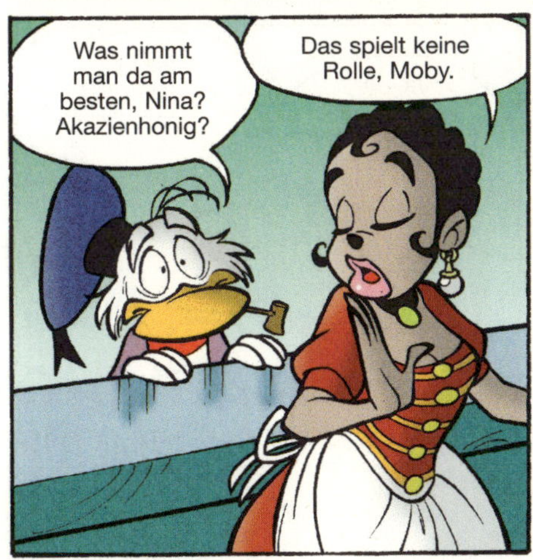
Was nimmt man da am besten, Nina? Akazienhonig?
Das spielt keine Rolle, Moby.

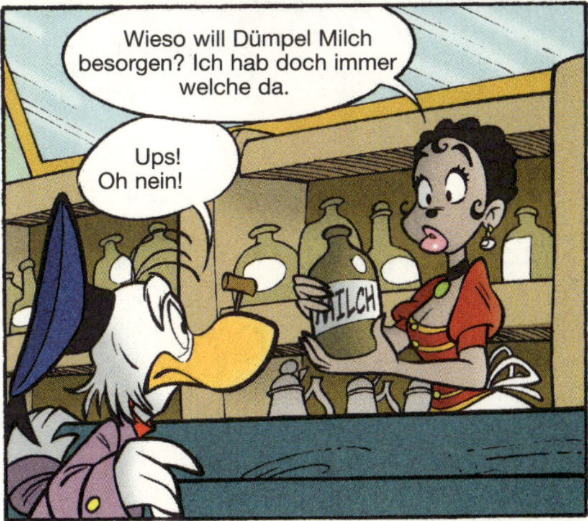
Wieso will Dümpel Milch besorgen? Ich hab doch immer welche da.
Ups! Oh nein!
MILCH

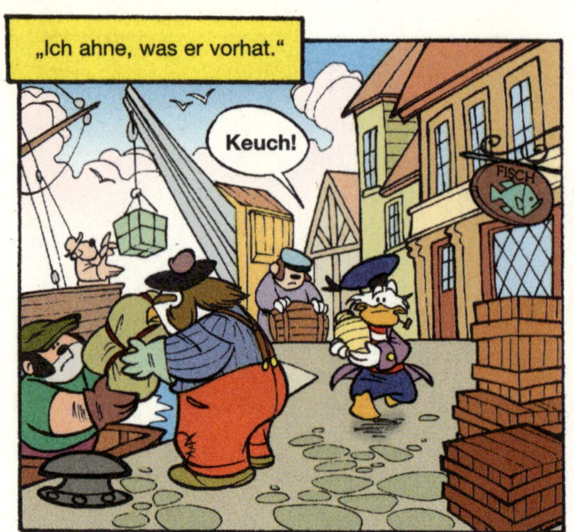

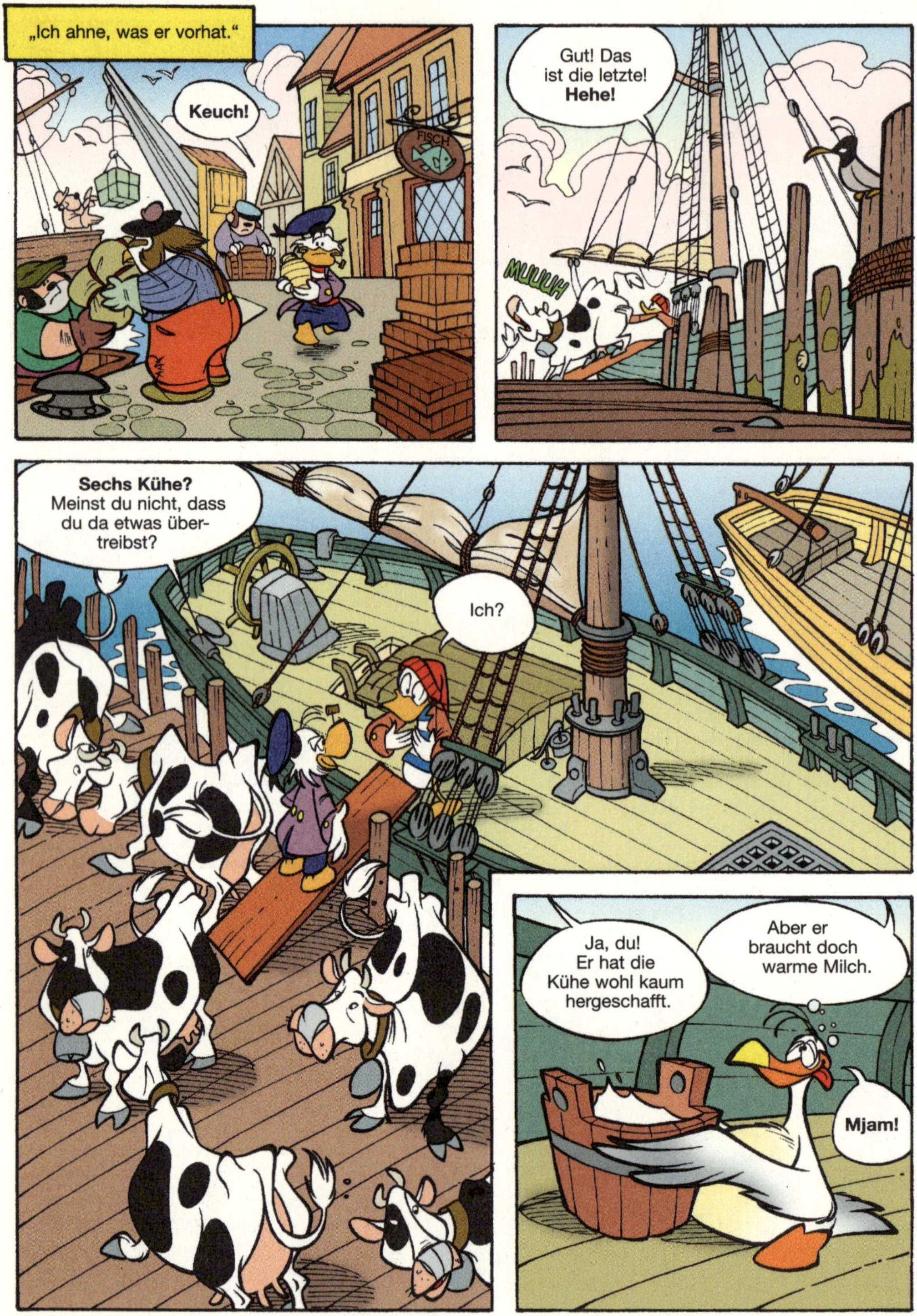

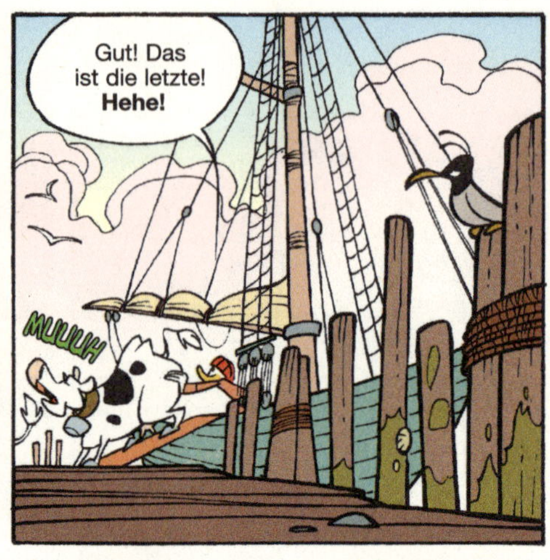

Sechs Kühe? Meinst du nicht, dass du da etwas übertreibst?

Ich?

Ja, du! Er hat die Kühe wohl kaum hergeschafft.

Aber er braucht doch warme Milch.

Mjam!

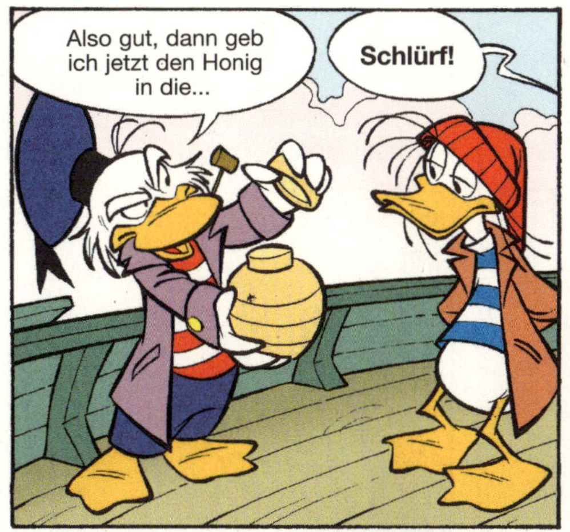
Also gut, dann geb ich jetzt den Honig in die...
Schlürf!

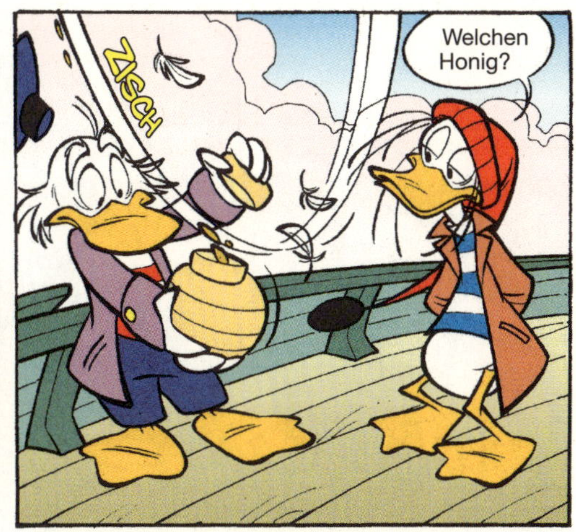
ZISCH
Welchen Honig?

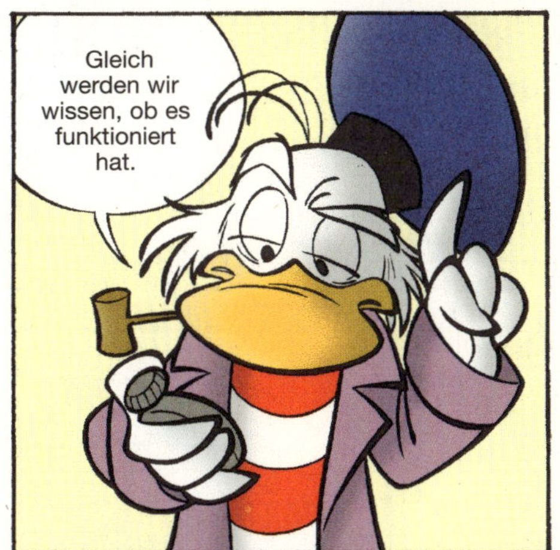
Gleich werden wir wissen, ob es funktioniert hat.

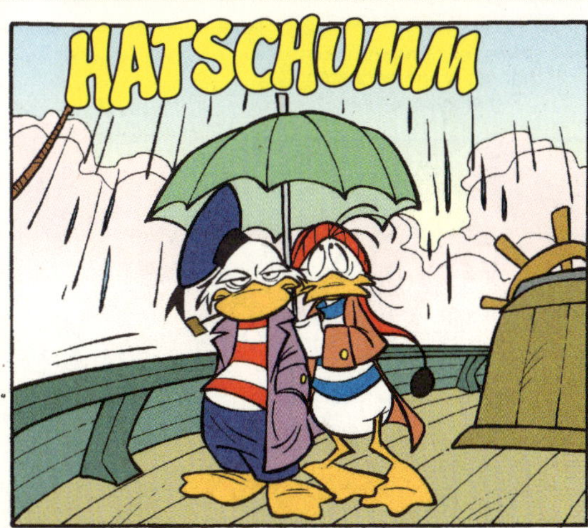
HATSCHUMM

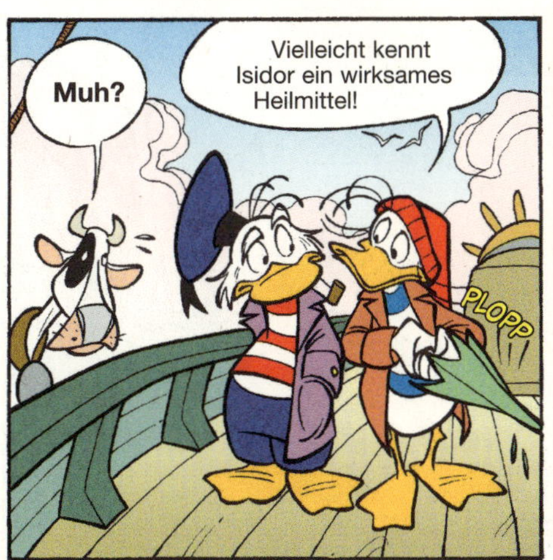
Muh?
Vielleicht kennt Isidor ein wirksames Heilmittel!
PLOPP

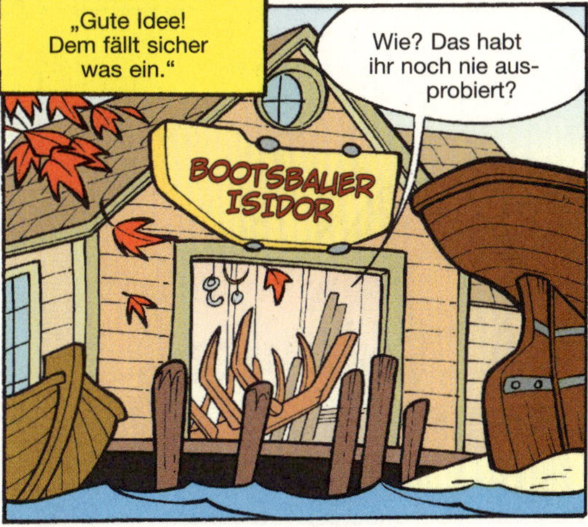
„Gute Idee! Dem fällt sicher was ein."
Wie? Das habt ihr noch nie ausprobiert?
BOOTSBAUER ISIDOR

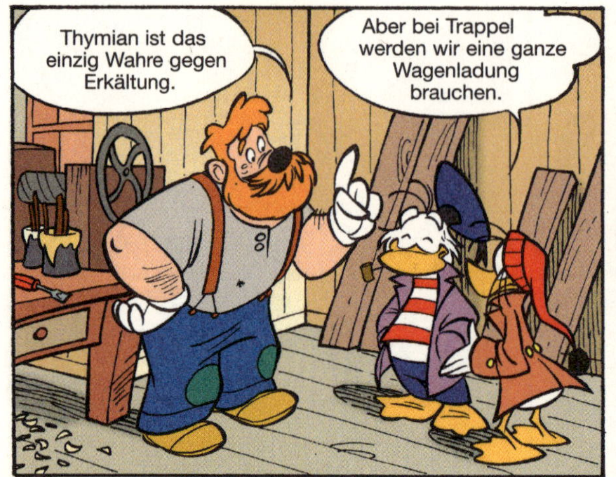
Thymian ist das einzig Wahre gegen Erkältung.
Aber bei Trappel werden wir eine ganze Wagenladung brauchen.

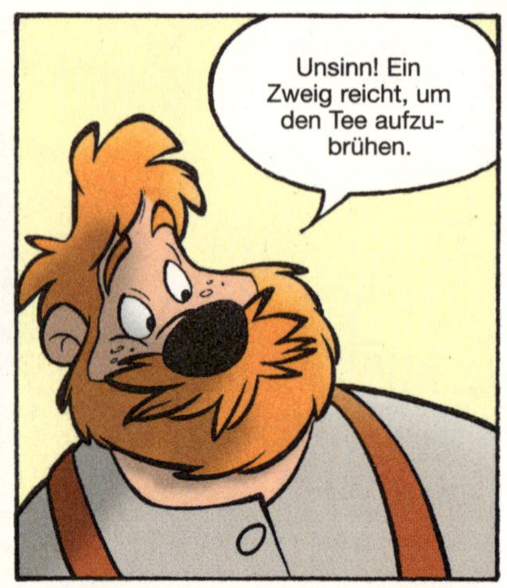
Unsinn! Ein Zweig reicht, um den Tee aufzubrühen.

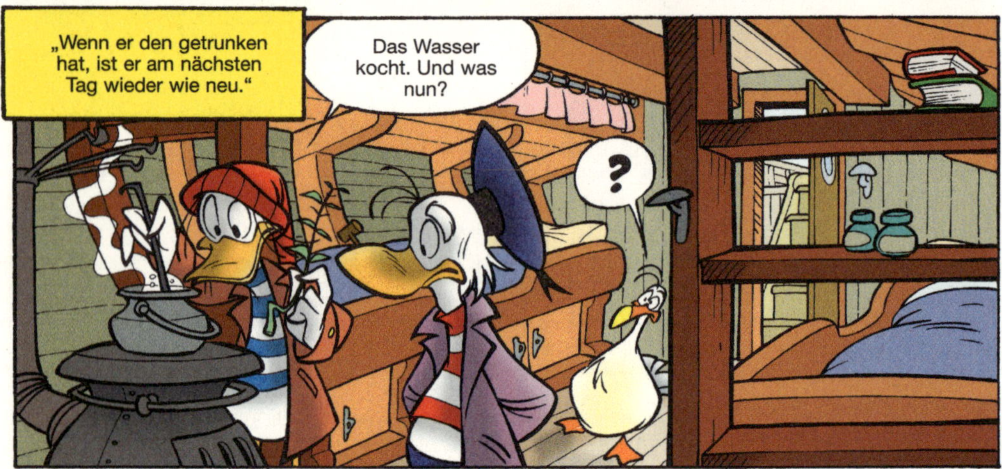
„Wenn er den getrunken hat, ist er am nächsten Tag wieder wie neu."
Das Wasser kocht. Und was nun?
?

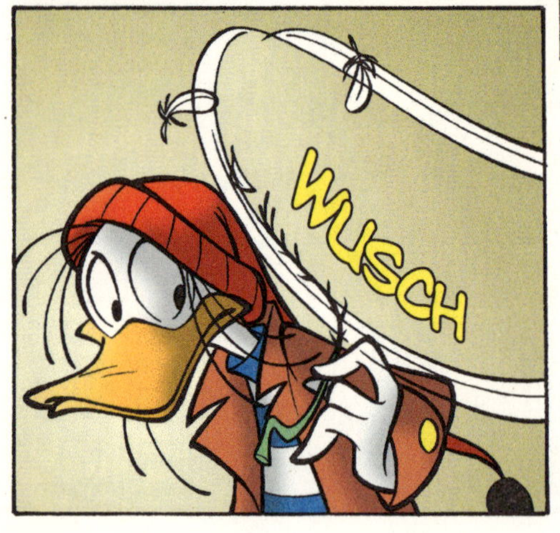
WUSCH

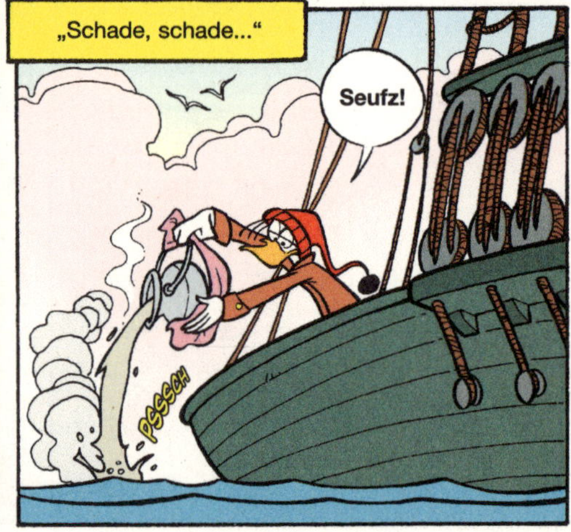
„Schade, schade..."
Seufz!
PSSSCH

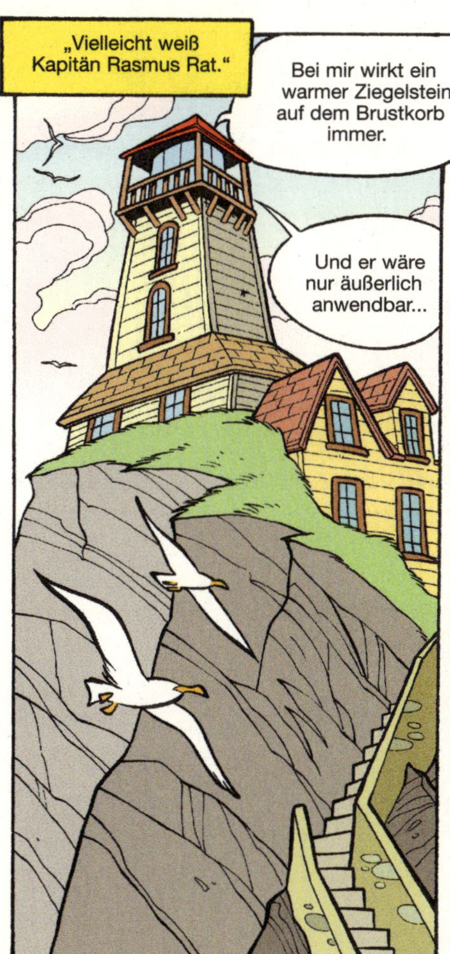
„Vielleicht weiß Kapitän Rasmus Rat."
Bei mir wirkt ein warmer Ziegelstein auf dem Brustkorb immer.
Und er wäre nur äußerlich anwendbar...

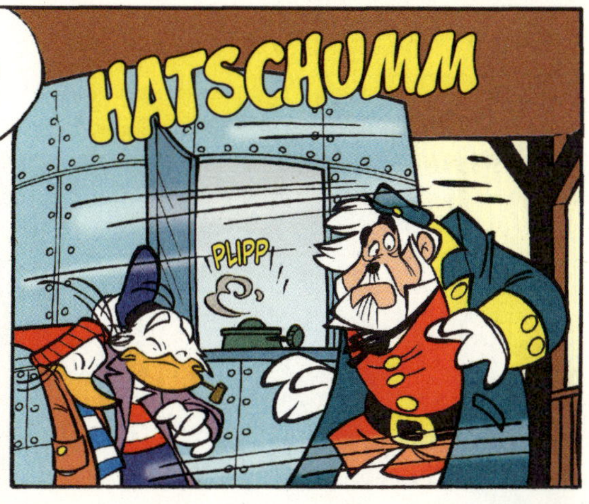
HATSCHUMM
PLIPP

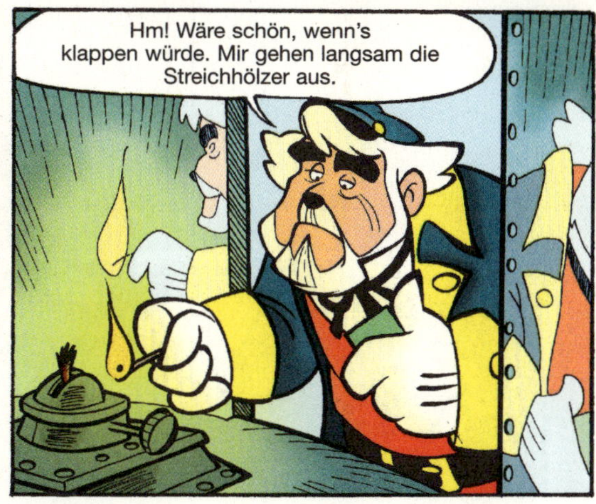
Hm! Wäre schön, wenn's klappen würde. Mir gehen langsam die Streichhölzer aus.

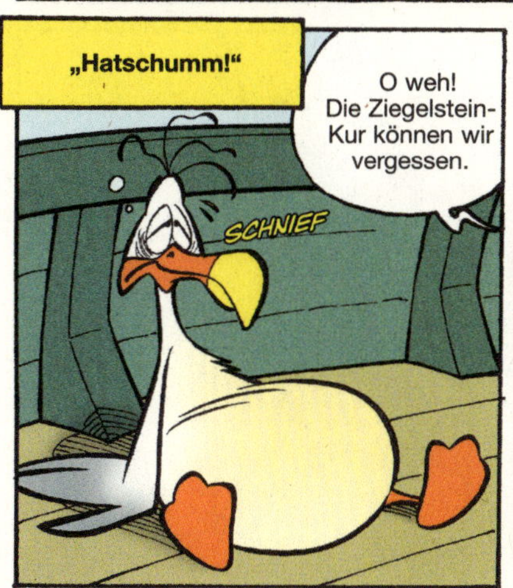
„Hatschumm!"
O weh! Die Ziegelstein-Kur können wir vergessen.
SCHNIEF

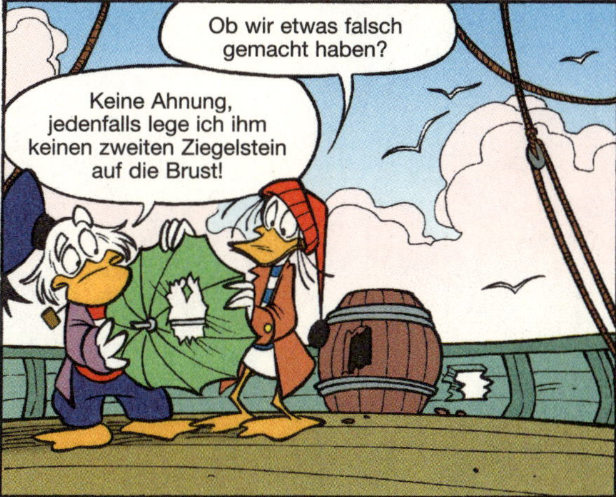
Ob wir etwas falsch gemacht haben?
Keine Ahnung, jedenfalls lege ich ihm keinen zweiten Ziegelstein auf die Brust!

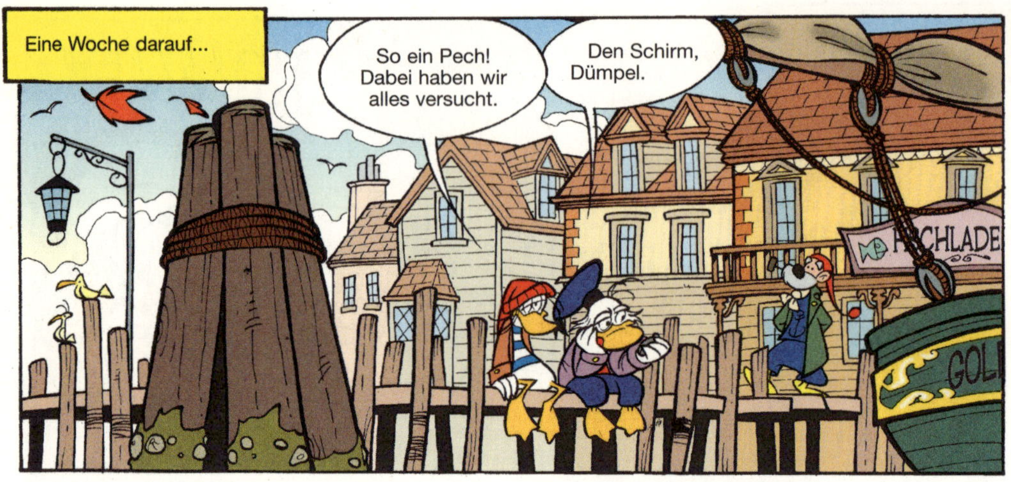
Eine Woche darauf...
So ein Pech! Dabei haben wir alles versucht.
Den Schirm, Dümpel.

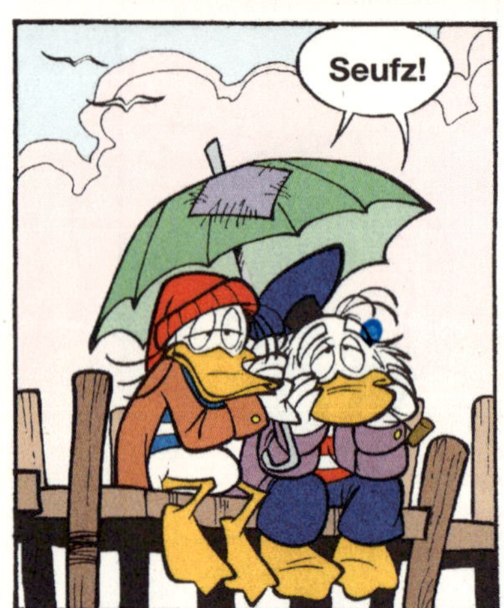
Seufz!

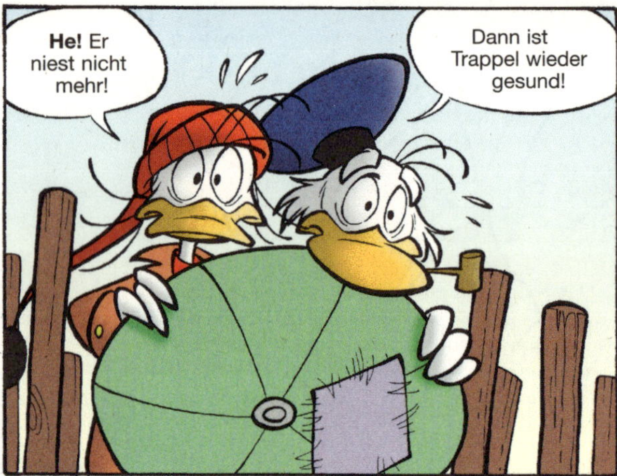
He! Er niest nicht mehr!
Dann ist Trappel wieder gesund!

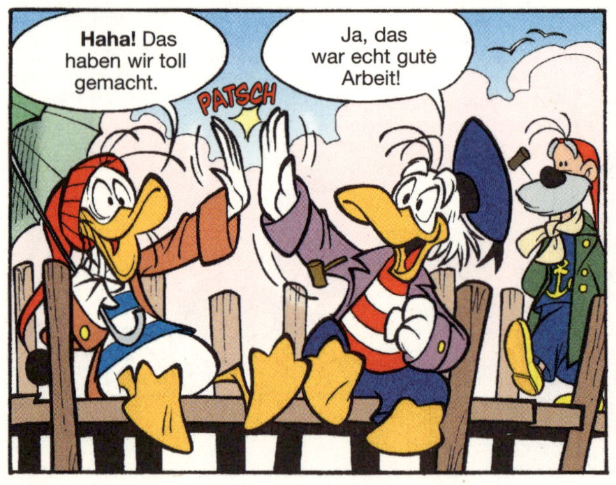
Haha! Das haben wir toll gemacht.
PATSCH
Ja, das war echt gute Arbeit!

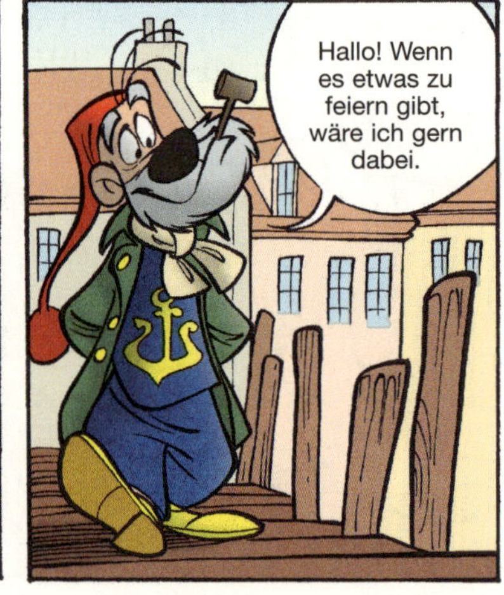
Hallo! Wenn es etwas zu feiern gibt, wäre ich gern dabei.

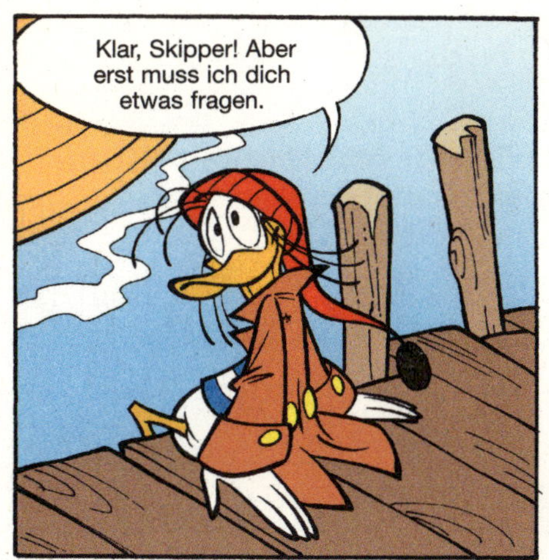
Klar, Skipper! Aber erst muss ich dich etwas fragen.

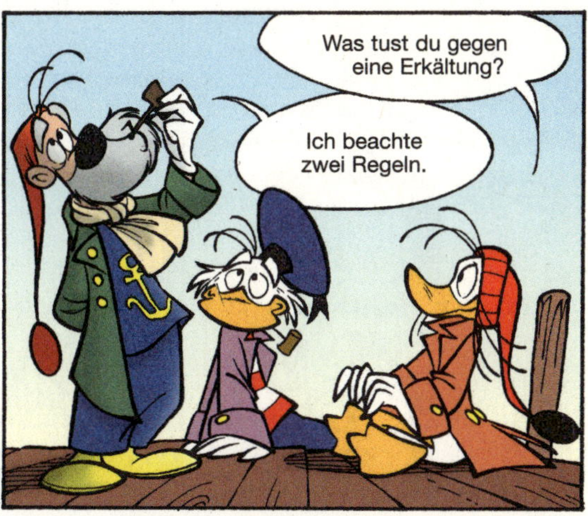
Was tust du gegen eine Erkältung?
Ich beachte zwei Regeln.

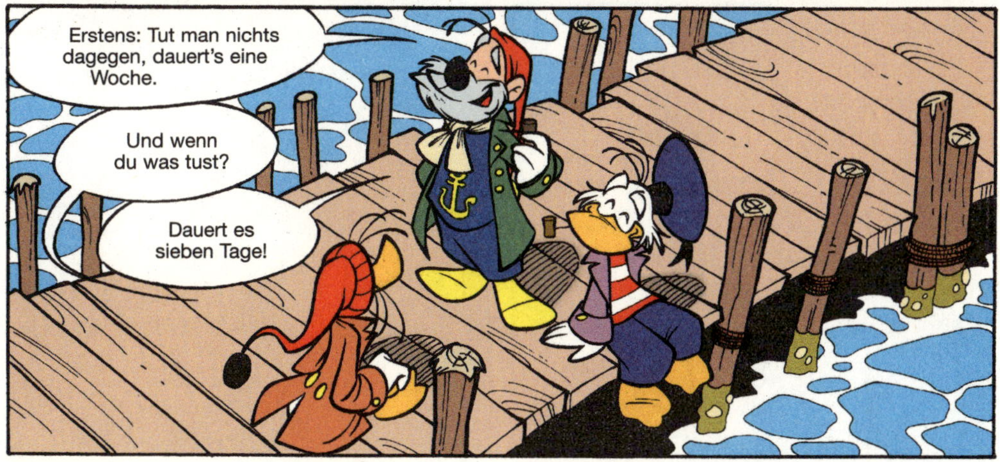
Erstens: Tut man nichts dagegen, dauert's eine Woche.
Und wenn du was tust?
Dauert es sieben Tage!

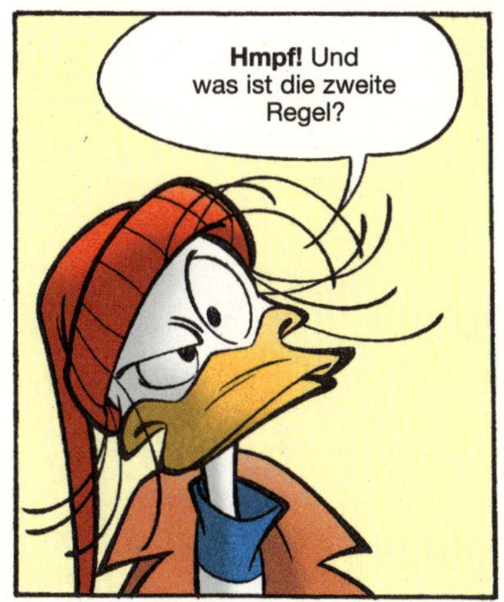
Hmpf! Und was ist die zweite Regel?

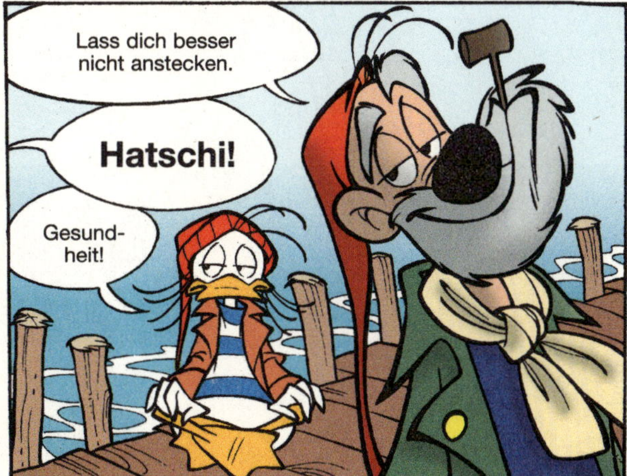
Lass dich besser nicht anstecken.
Hatschi!
Gesund-heit!

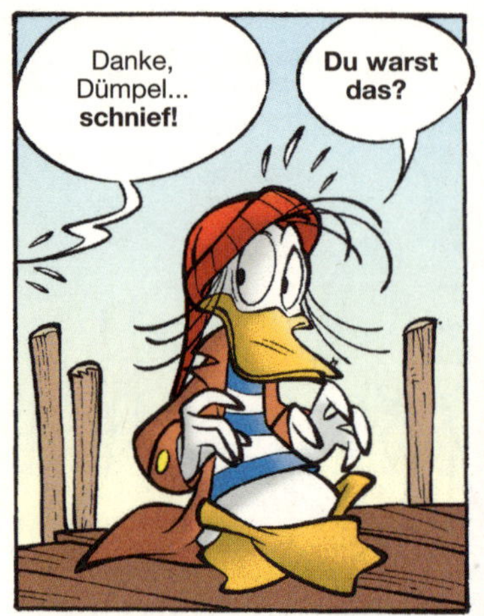
Danke, Dümpel... **schnief!**
Du warst das?

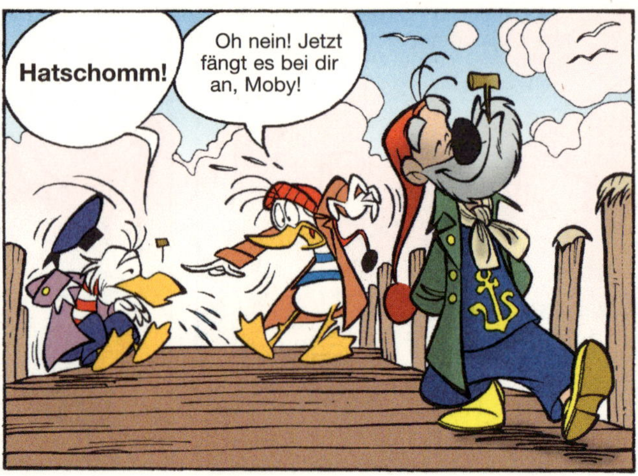
Hatschomm!
Oh nein! Jetzt fängt es bei dir an, Moby!

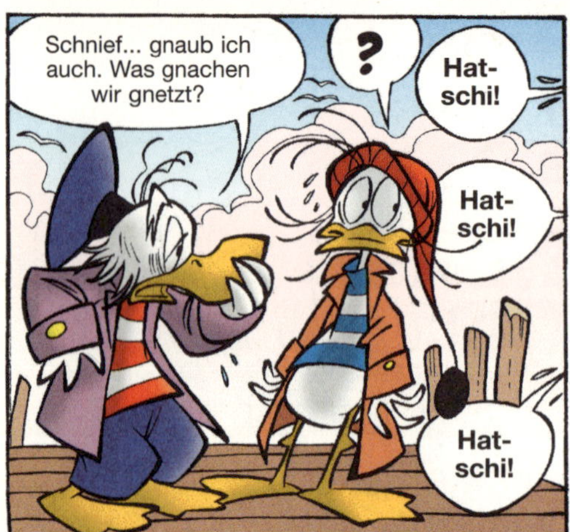
Schnief... gnaub ich auch. Was gnachen wir gnetzt?
?
Hat-schi!
Hat-schi!
Hat-schi!

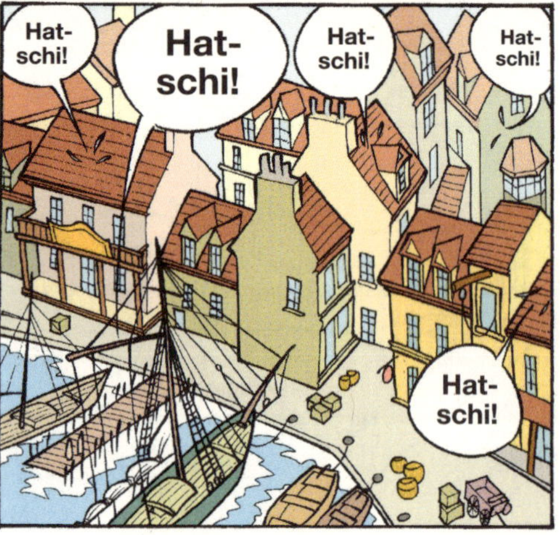
Hat-schi!
Hat-schi!
Hat-schi!
Hat-schi!
Hat-schi!

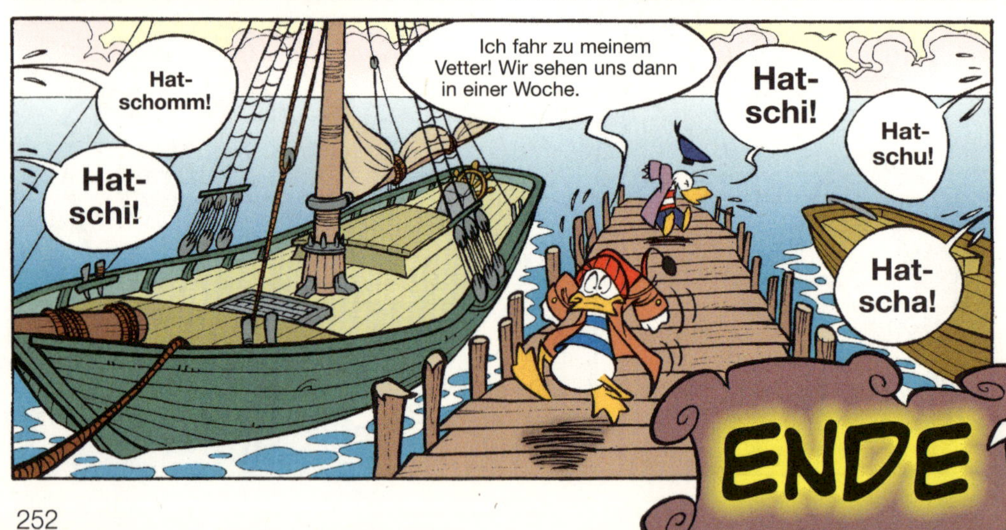
Hat-schomm!
Hat-schi!
Ich fahr zu meinem Vetter! Wir sehen uns dann in einer Woche.
Hat-schi!
Hat-schu!
Hat-scha!
ENDE

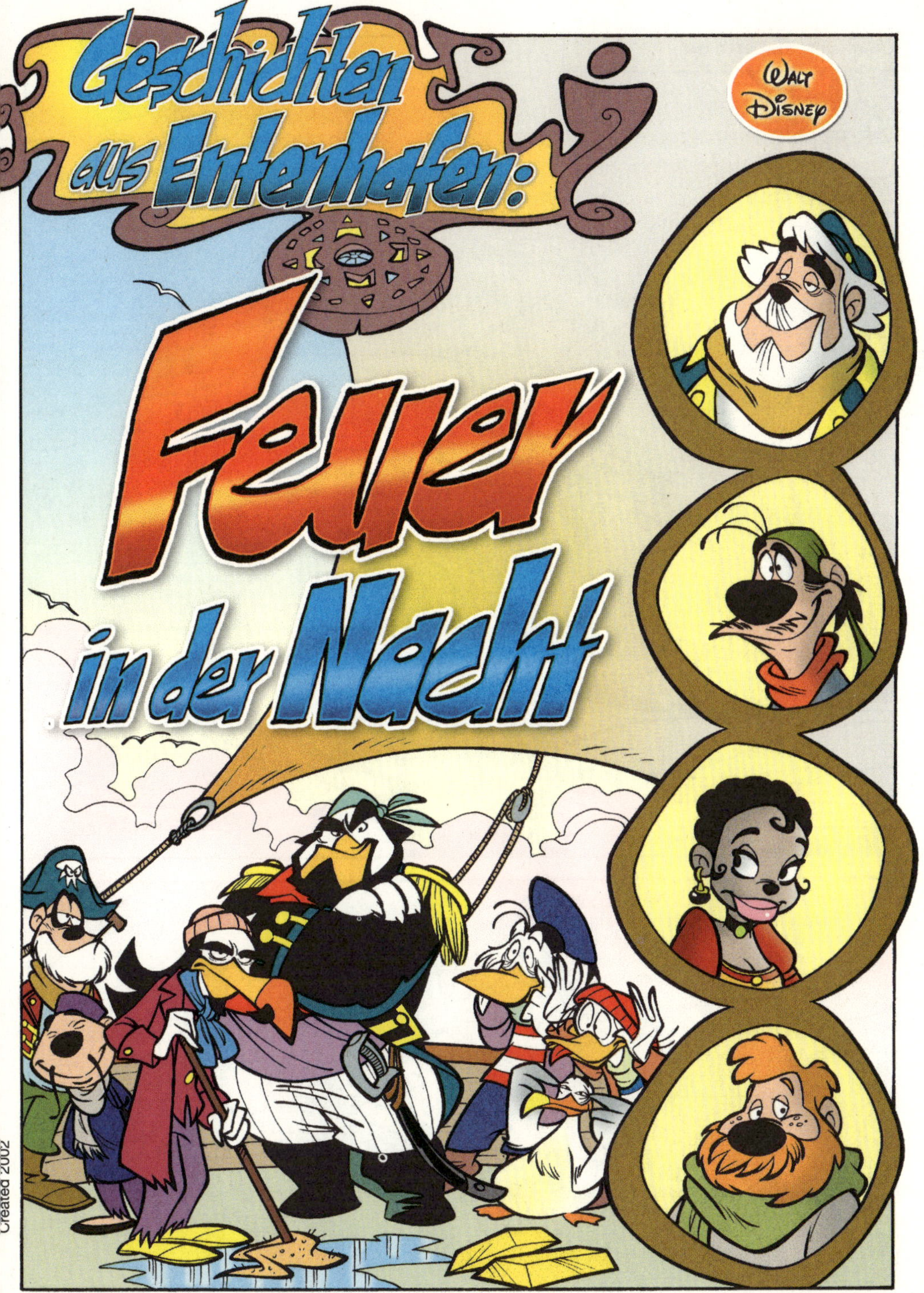

Alberto Savini (Story), **Stefano Turconi** (Zeichnungen) ***I TL 2406-6***

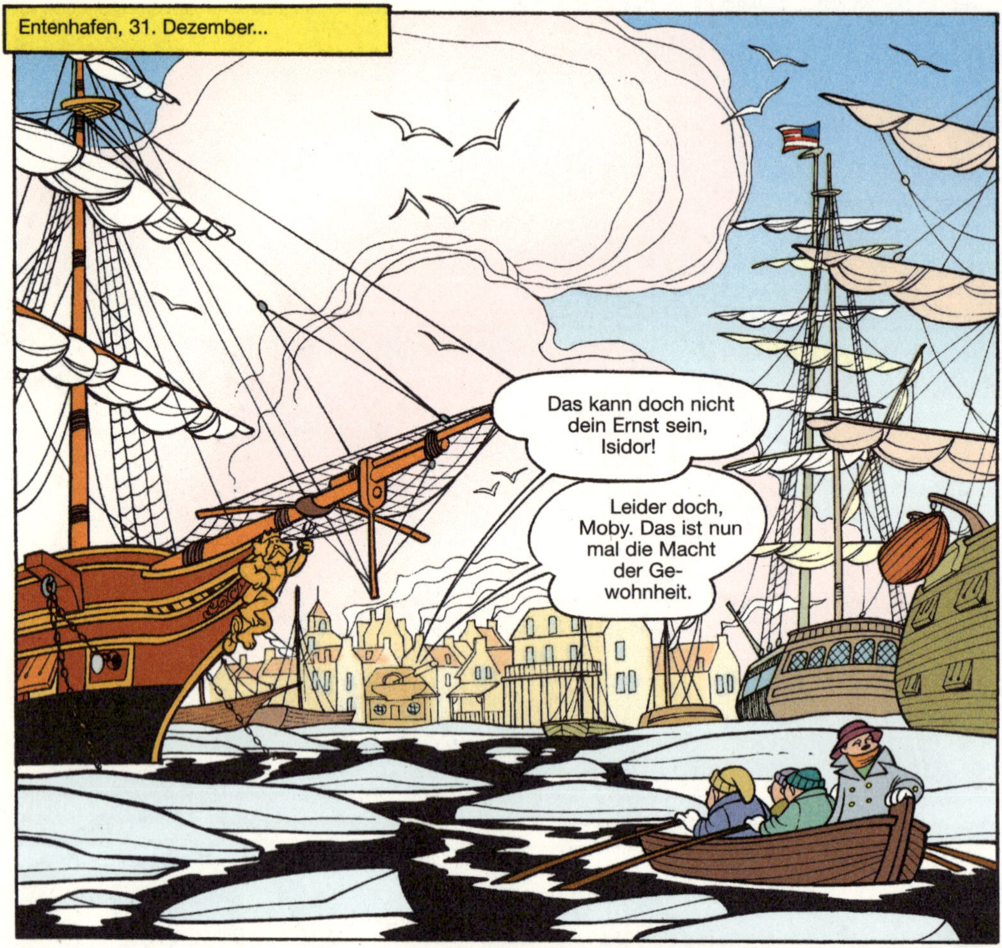

Entenhafen, 31. Dezember...

Das kann doch nicht dein Ernst sein, Isidor!

Leider doch, Moby. Das ist nun mal die Macht der Gewohnheit.

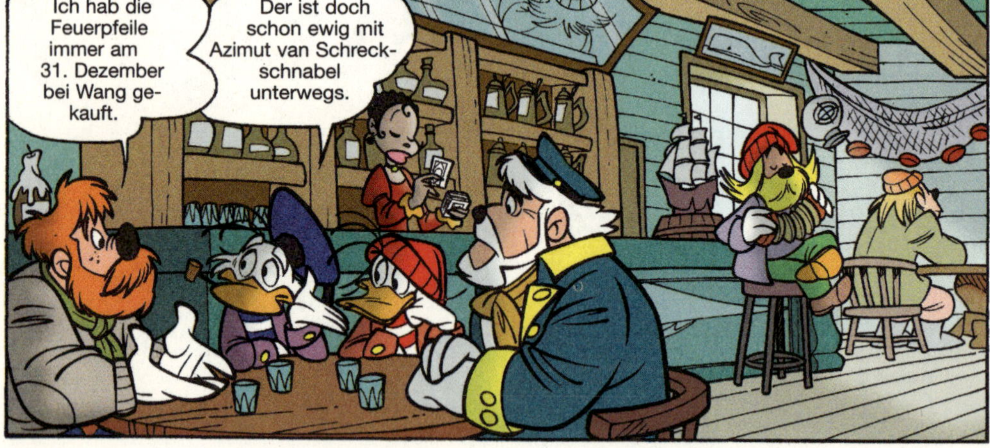

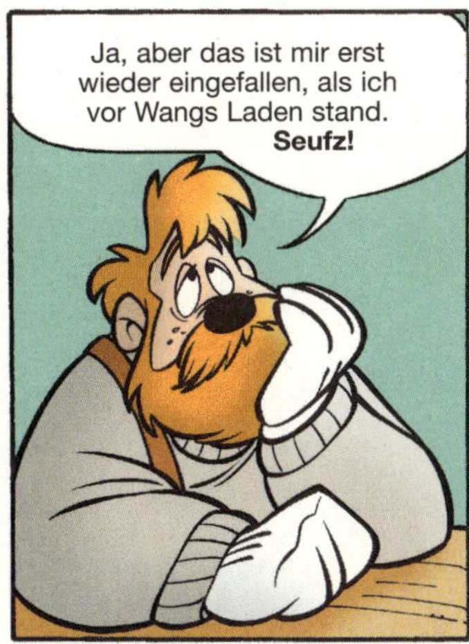
Ja, aber das ist mir erst wieder eingefallen, als ich vor Wangs Laden stand.
Seufz!

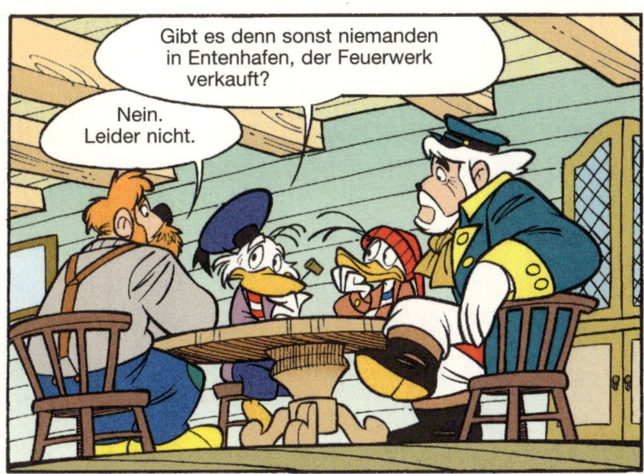
Gibt es denn sonst niemanden in Entenhafen, der Feuerwerk verkauft?
Nein. Leider nicht.

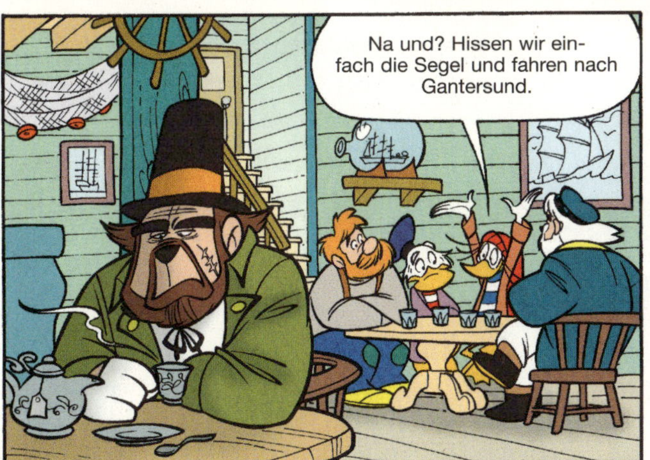
Na und? Hissen wir einfach die Segel und fahren nach Gantersund.

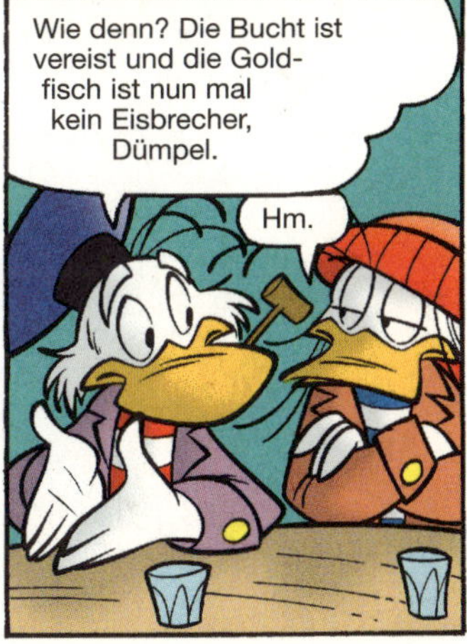
Wie denn? Die Bucht ist vereist und die Goldfisch ist nun mal kein Eisbrecher, Dümpel.
Hm.

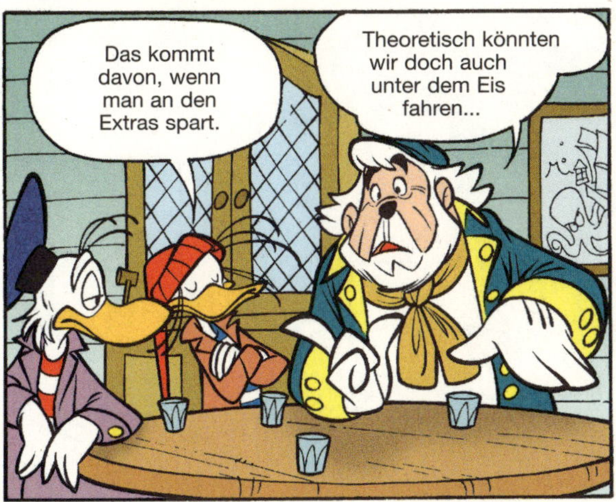
Das kommt davon, wenn man an den Extras spart.
Theoretisch könnten wir doch auch unter dem Eis fahren...

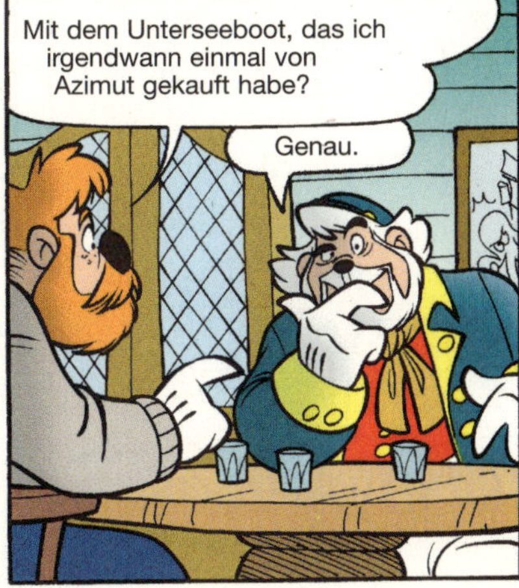
Mit dem Unterseeboot, das ich irgendwann einmal von Azimut gekauft habe?
Genau.

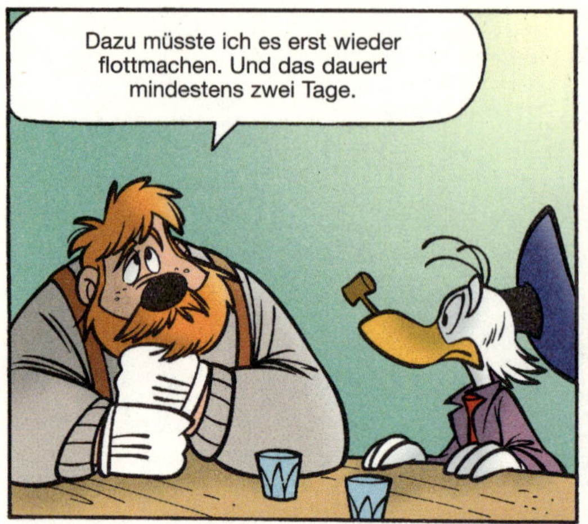
Dazu müsste ich es erst wieder flottmachen. Und das dauert mindestens zwei Tage.

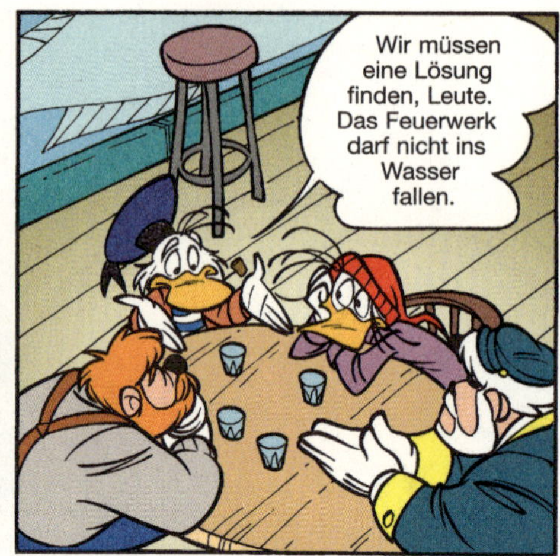
Wir müssen eine Lösung finden, Leute. Das Feuerwerk darf nicht ins Wasser fallen.

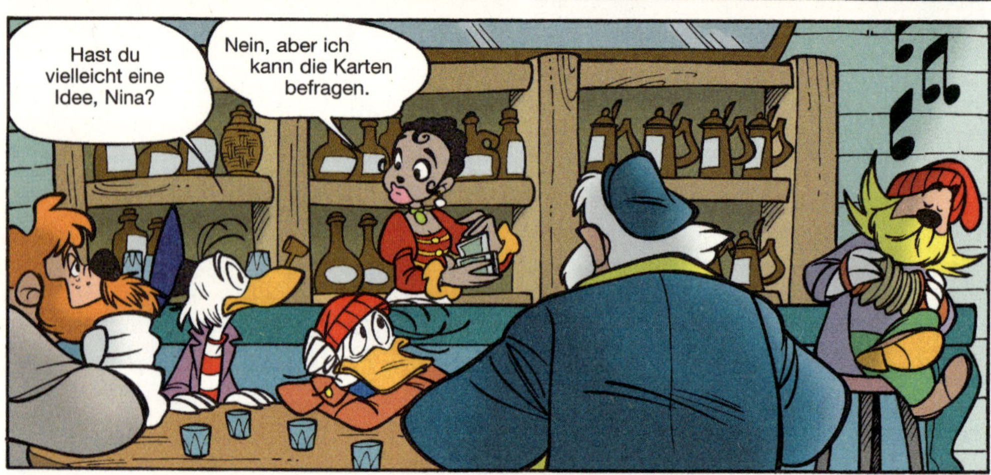
Hast du vielleicht eine Idee, Nina?
Nein, aber ich kann die Karten befragen.

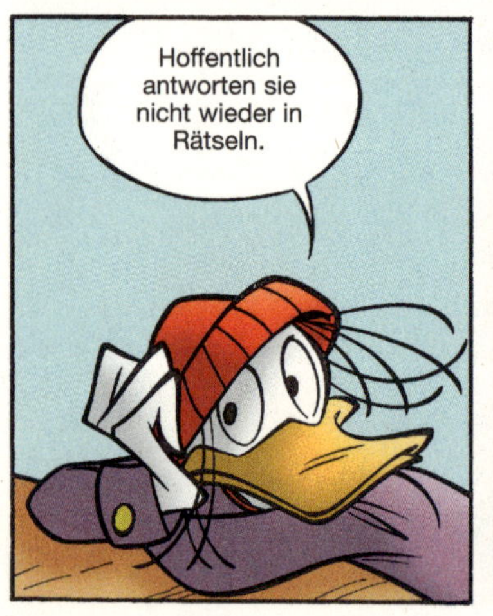
Hoffentlich antworten sie nicht wieder in Rätseln.

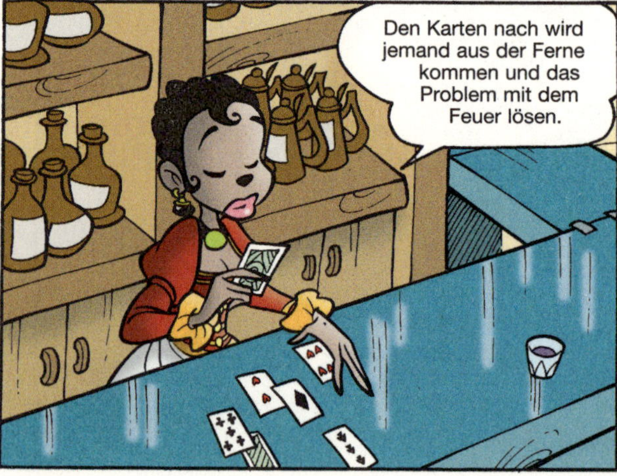
Den Karten nach wird jemand aus der Ferne kommen und das Problem mit dem Feuer lösen.

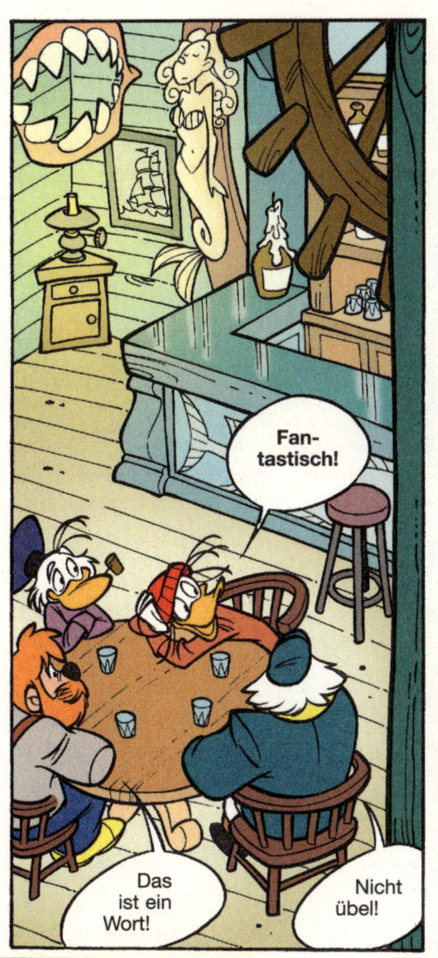
Fantastisch!
Das ist ein Wort!
Nicht übel!

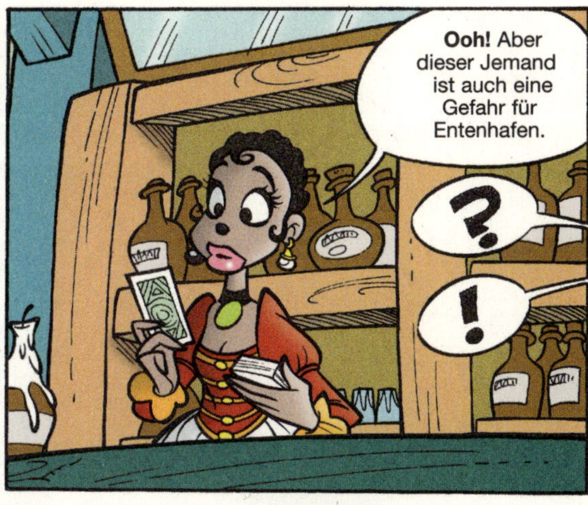
Ooh! Aber dieser Jemand ist auch eine Gefahr für Entenhafen.
?
!

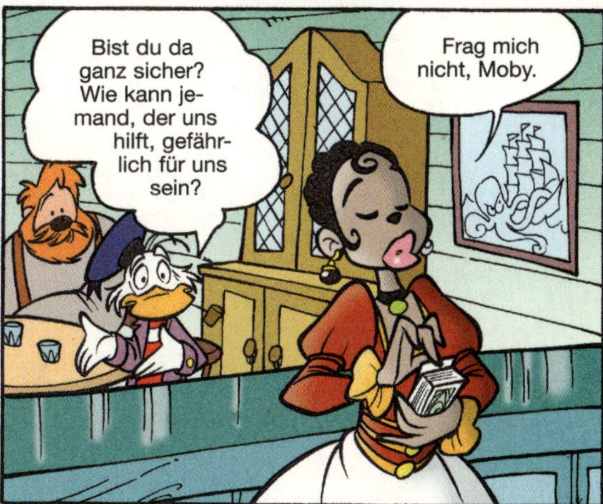
Bist du da ganz sicher? Wie kann jemand, der uns hilft, gefährlich für uns sein?
Frag mich nicht, Moby.

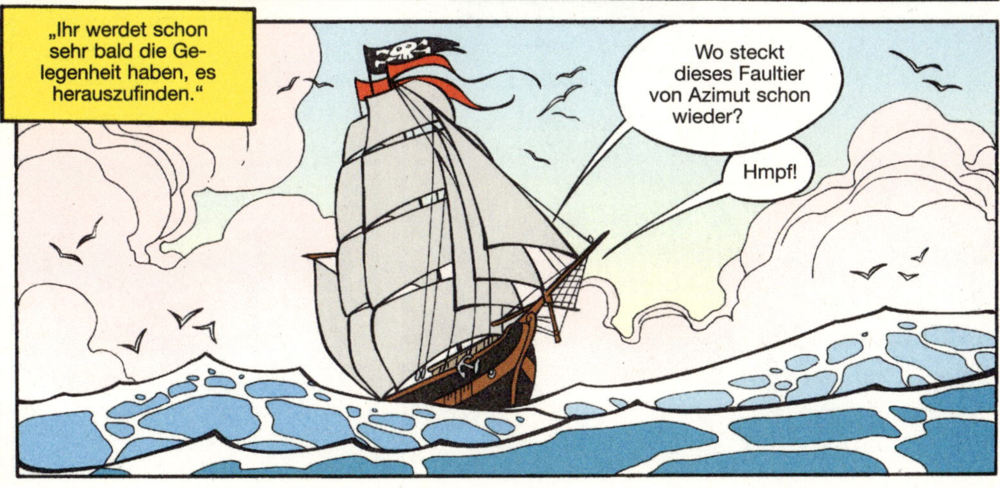
„Ihr werdet schon sehr bald die Gelegenheit haben, es herauszufinden."
Wo steckt dieses Faultier von Azimut schon wieder?
Hmpf!

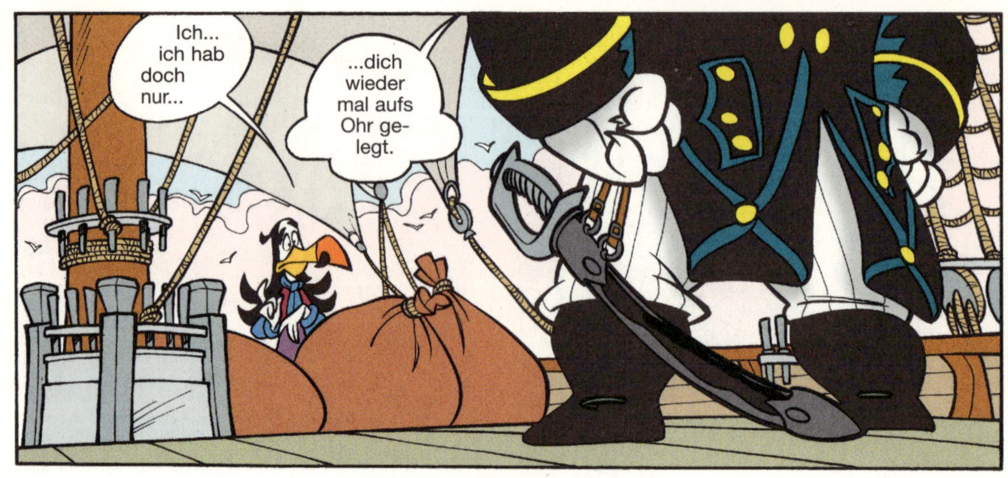
Ich... ich hab doch nur...
...dich wieder mal aufs Ohr gelegt.

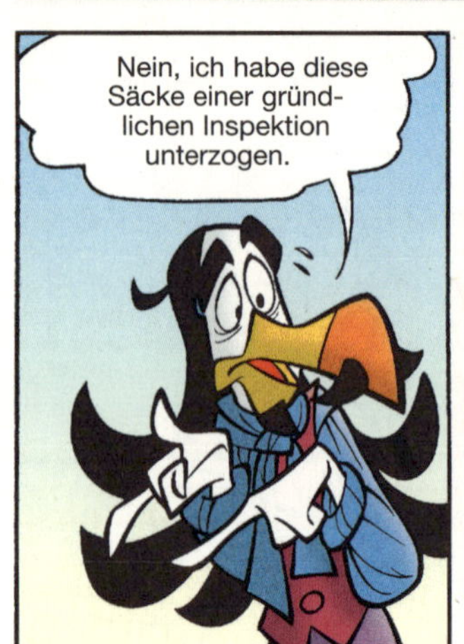
Nein, ich habe diese Säcke einer gründlichen Inspektion unterzogen.

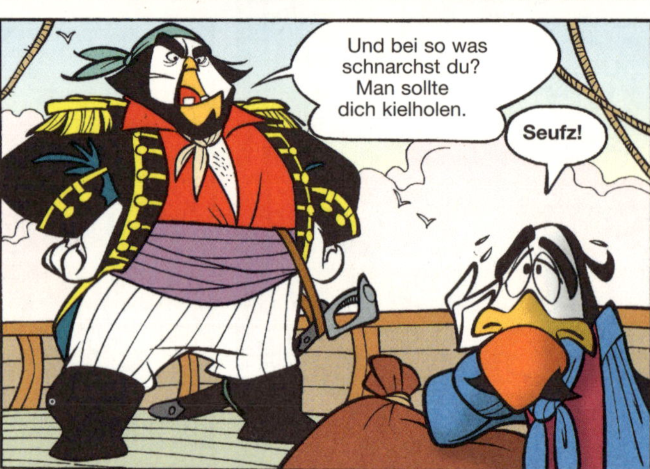
Und bei so was schnarchst du? Man sollte dich kielholen.
Seufz!

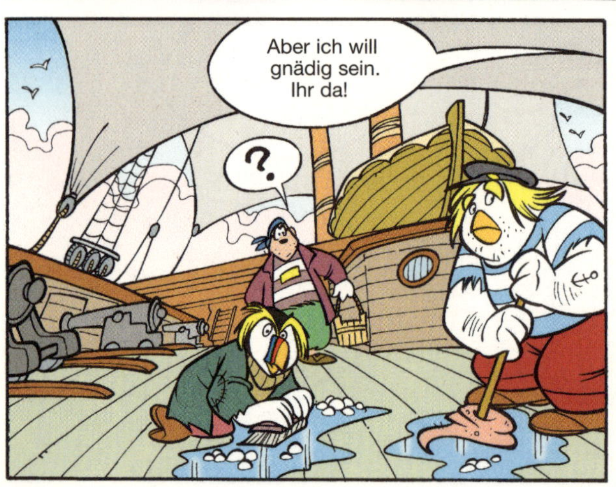
Aber ich will gnädig sein. Ihr da!
?

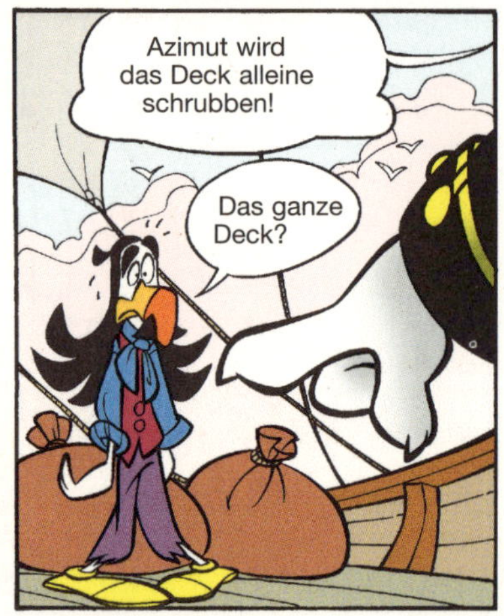
Azimut wird das Deck alleine schrubben!
Das ganze Deck?

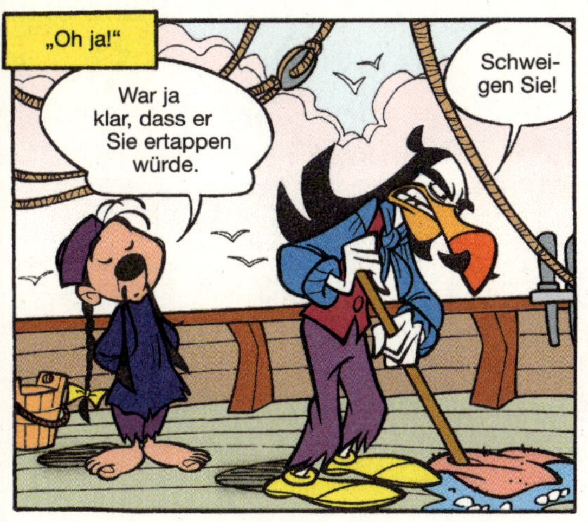
„Oh ja!“
War ja klar, dass er Sie ertappen würde.
Schweigen Sie!

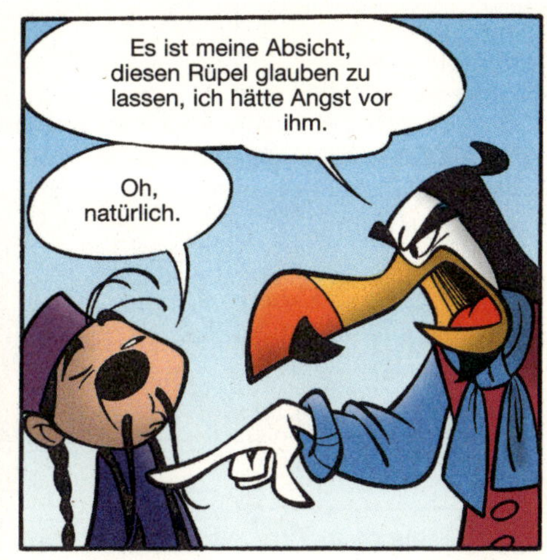
Es ist meine Absicht, diesen Rüpel glauben zu lassen, ich hätte Angst vor ihm.
Oh, natürlich.

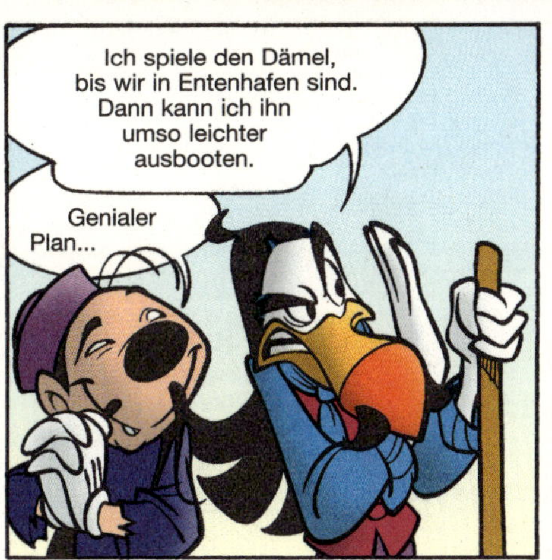
Ich spiele den Dämel, bis wir in Entenhafen sind. Dann kann ich ihn umso leichter ausbooten.
Genialer Plan...

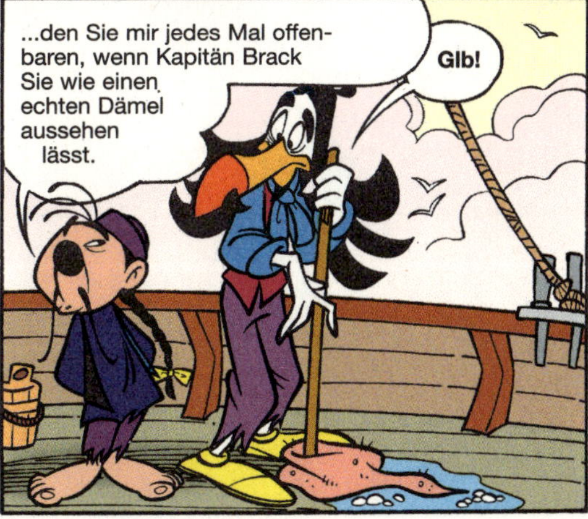
...den Sie mir jedes Mal offenbaren, wenn Kapitän Brack Sie wie einen echten Dämel aussehen lässt.
Glb!

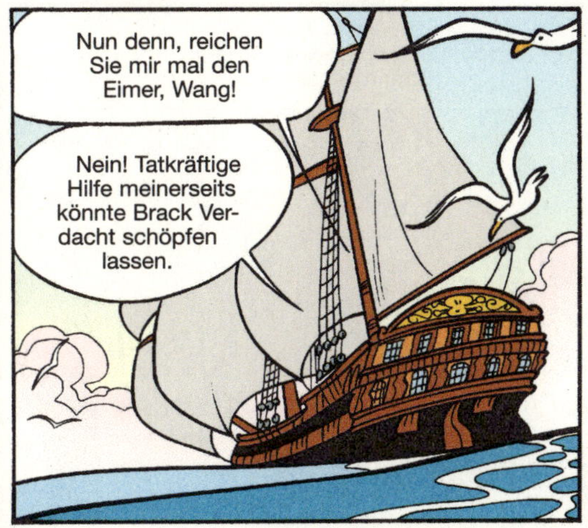
Nun denn, reichen Sie mir mal den Eimer, Wang!
Nein! Tatkräftige Hilfe meinerseits könnte Brack Verdacht schöpfen lassen.

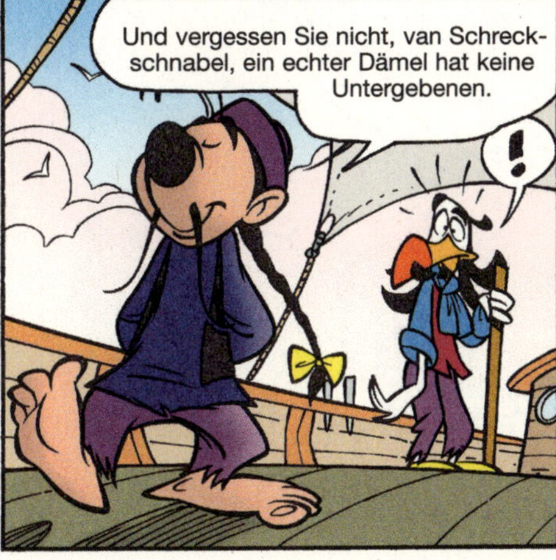
Und vergessen Sie nicht, van Schreckschnabel, ein echter Dämel hat keine Untergebenen.
!

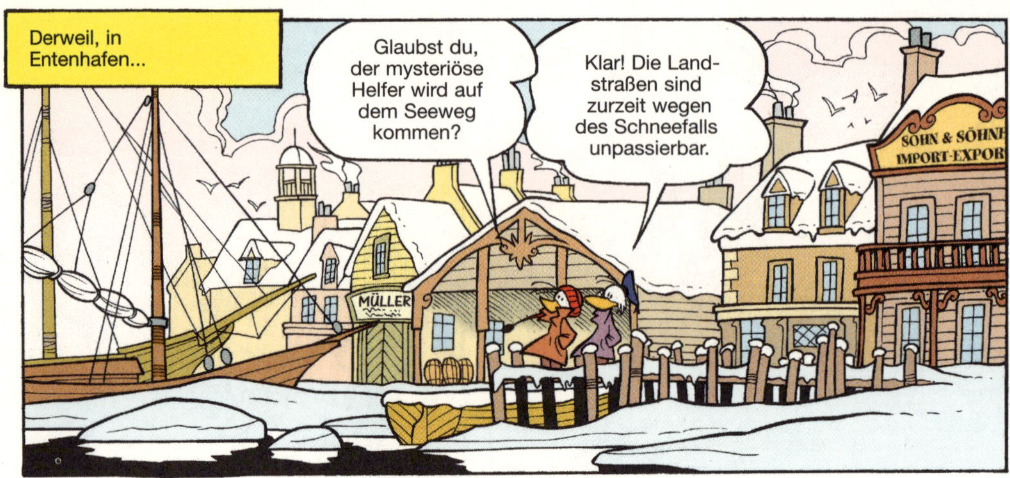
Derweil, in Entenhafen...
Glaubst du, der mysteriöse Helfer wird auf dem Seeweg kommen?
Klar! Die Landstraßen sind zurzeit wegen des Schneefalls unpassierbar.
MÜLLER
SÖHN & SÖHNE IMPORT-EXPOR

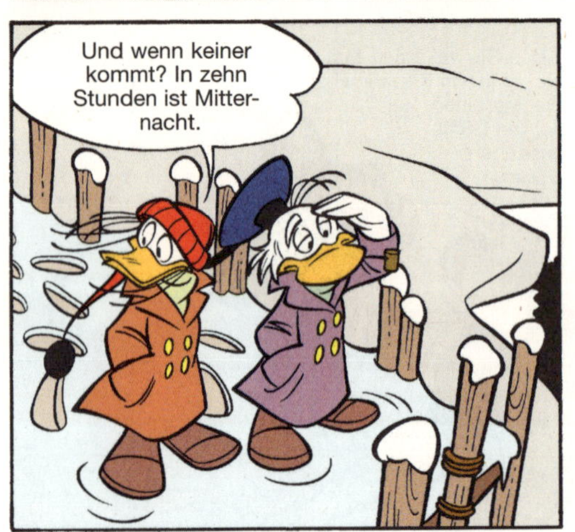
Und wenn keiner kommt? In zehn Stunden ist Mitternacht.

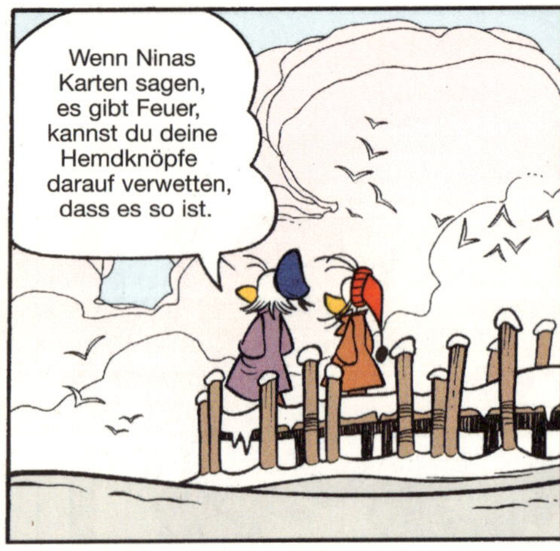
Wenn Ninas Karten sagen, es gibt Feuer, kannst du deine Hemdknöpfe darauf verwetten, dass es so ist.

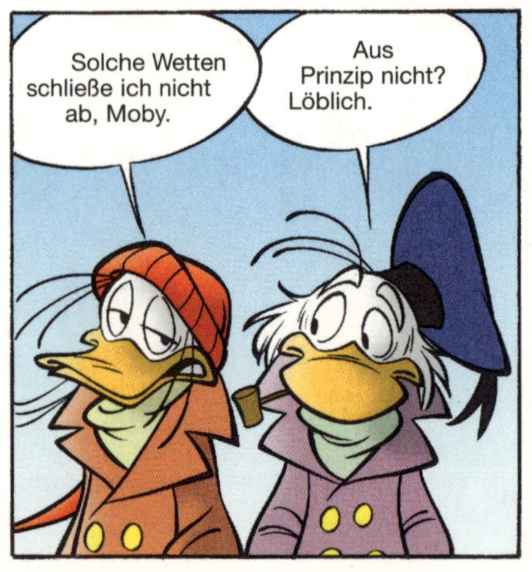
Solche Wetten schließe ich nicht ab, Moby.
Aus Prinzip nicht? Löblich.

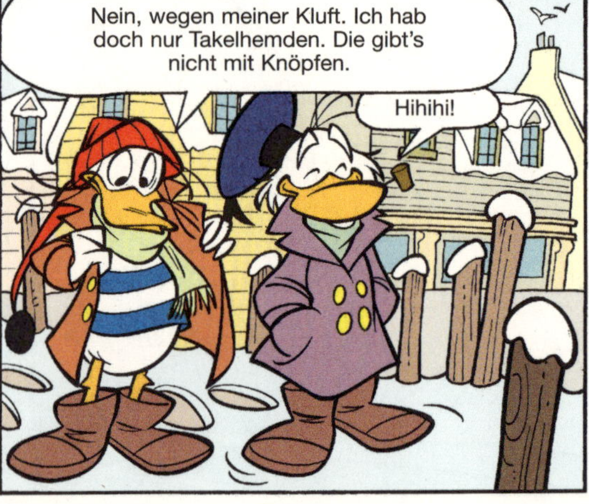
Nein, wegen meiner Kluft. Ich hab doch nur Takelhemden. Die gibt's nicht mit Knöpfen.
Hihihi!

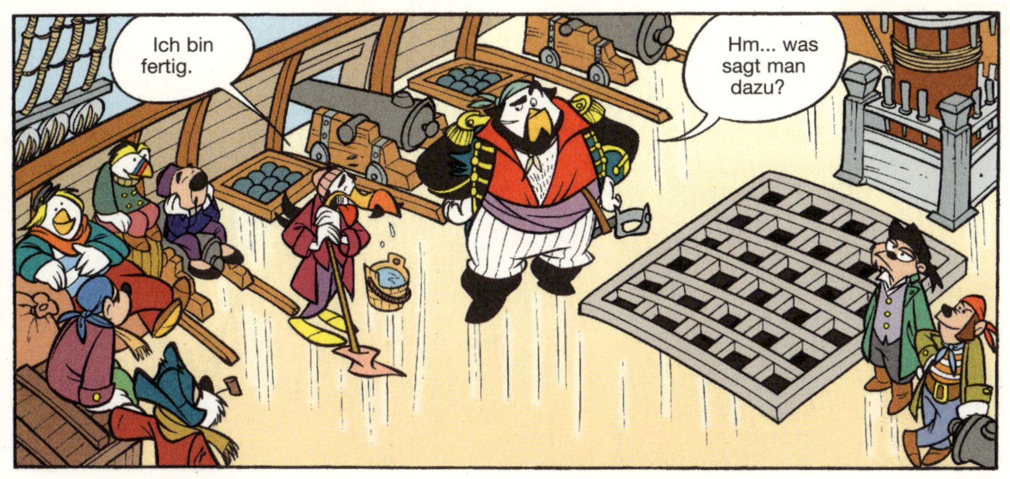
Ich bin fertig.
Hm... was sagt man dazu?

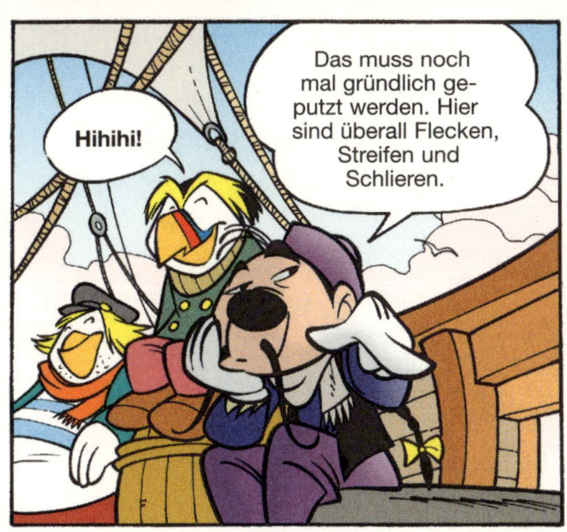
Hihihi!
Das muss noch mal gründlich ge- putzt werden. Hier sind überall Flecken, Streifen und Schlieren.

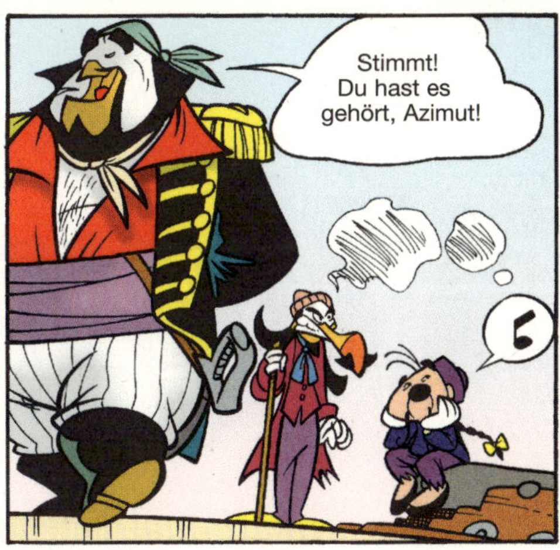
Stimmt! Du hast es gehört, Azimut!

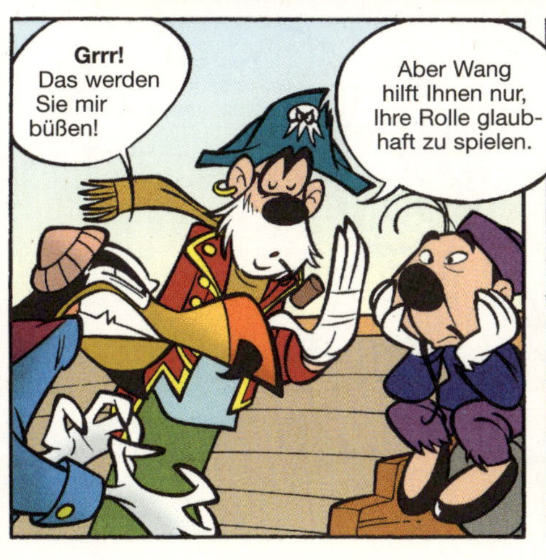
Grrr! Das werden Sie mir büßen!
Aber Wang hilft Ihnen nur, Ihre Rolle glaub- haft zu spielen.

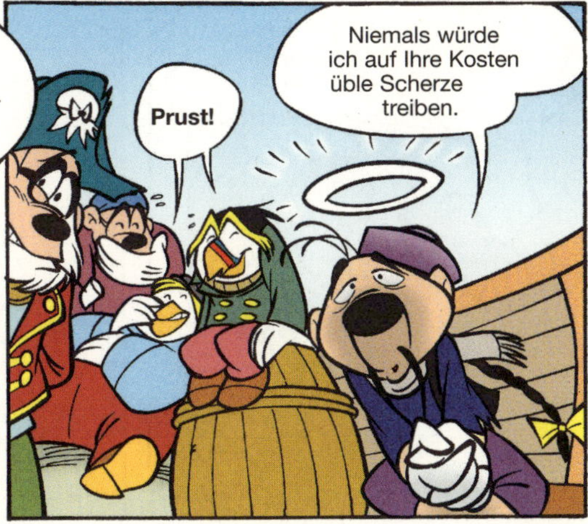
Prust!
Niemals würde ich auf Ihre Kosten üble Scherze treiben.

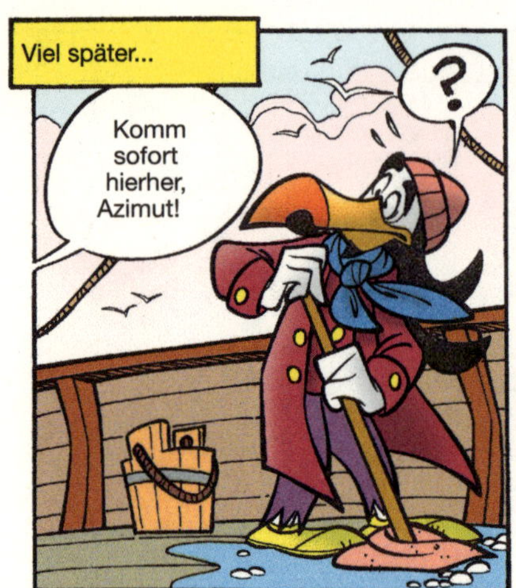
Viel später...
?
Komm sofort hierher, Azimut!

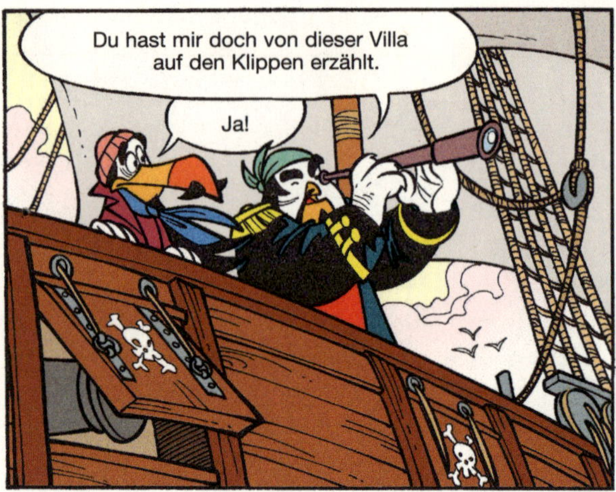
Du hast mir doch von dieser Villa auf den Klippen erzählt.
Ja!

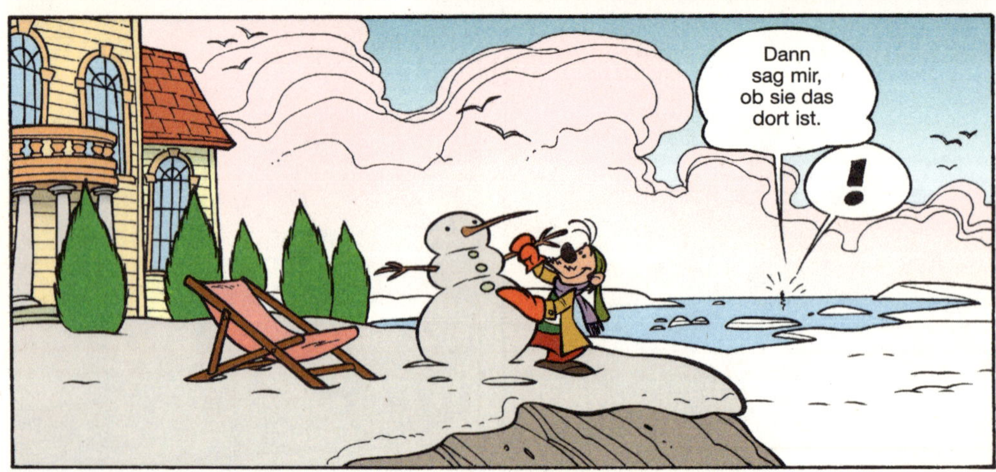
Dann sag mir, ob sie das dort ist.
!

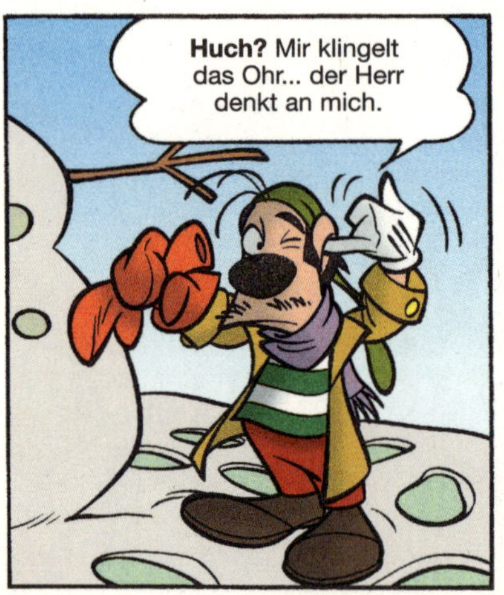
Huch? Mir klingelt das Ohr... der Herr denkt an mich.

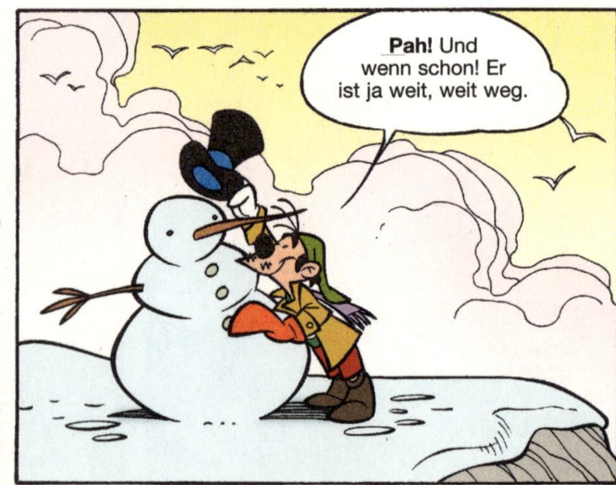
Pah! Und wenn schon! Er ist ja weit, weit weg.

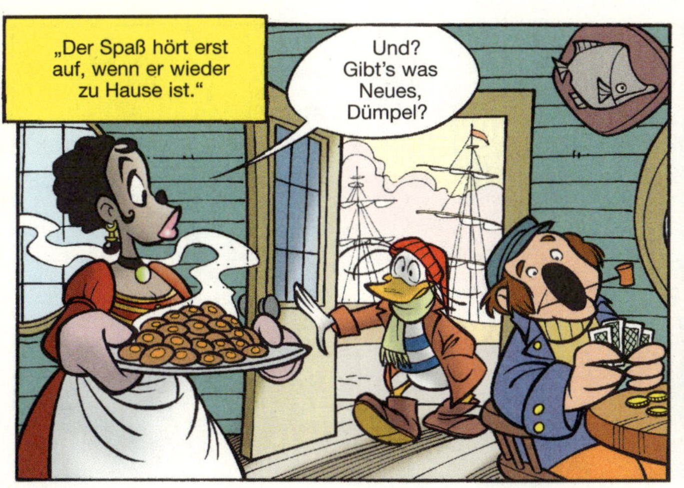
„Der Spaß hört erst auf, wenn er wieder zu Hause ist."
Und? Gibt's was Neues, Dümpel?

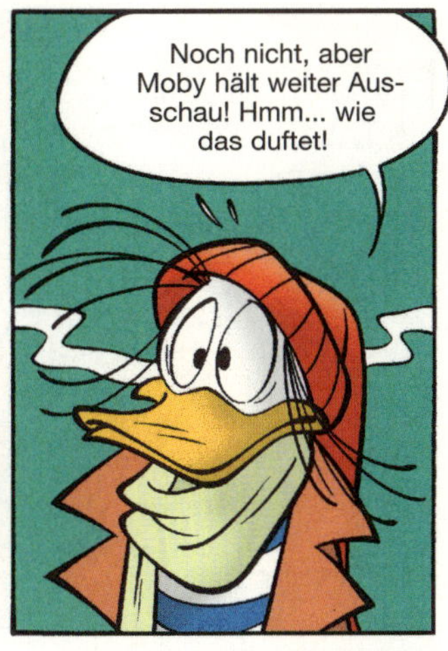
Noch nicht, aber Moby hält weiter Ausschau! Hmm... wie das duftet!

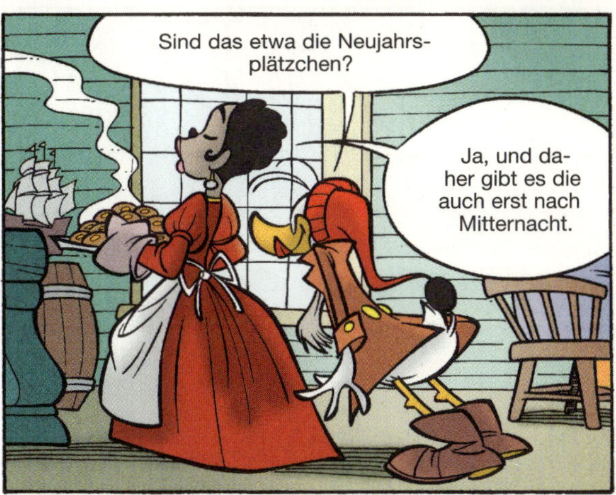
Sind das etwa die Neujahrsplätzchen?
Ja, und daher gibt es die auch erst nach Mitternacht.

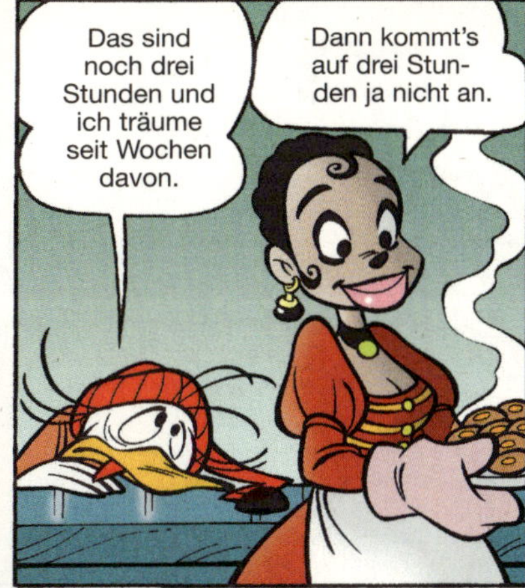
Das sind noch drei Stunden und ich träume seit Wochen davon.
Dann kommt's auf drei Stunden ja nicht an.

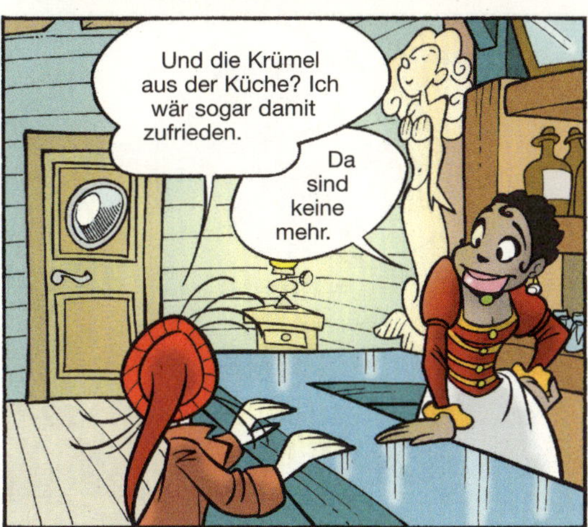
Und die Krümel aus der Küche? Ich wär sogar damit zufrieden.
Da sind keine mehr.

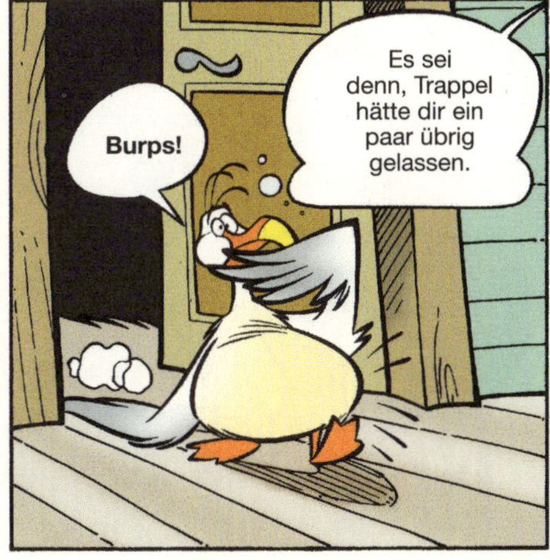
Burps!
Es sei denn, Trappel hätte dir ein paar übrig gelassen.

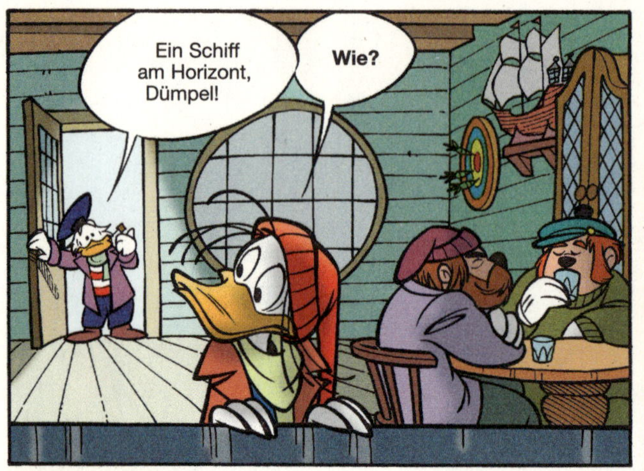
Ein Schiff am Horizont, Dümpel!
Wie?

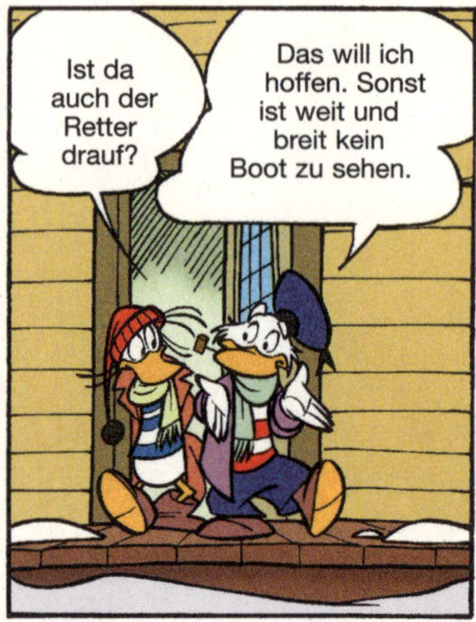
Ist da auch der Retter drauf?
Das will ich hoffen. Sonst ist weit und breit kein Boot zu sehen.

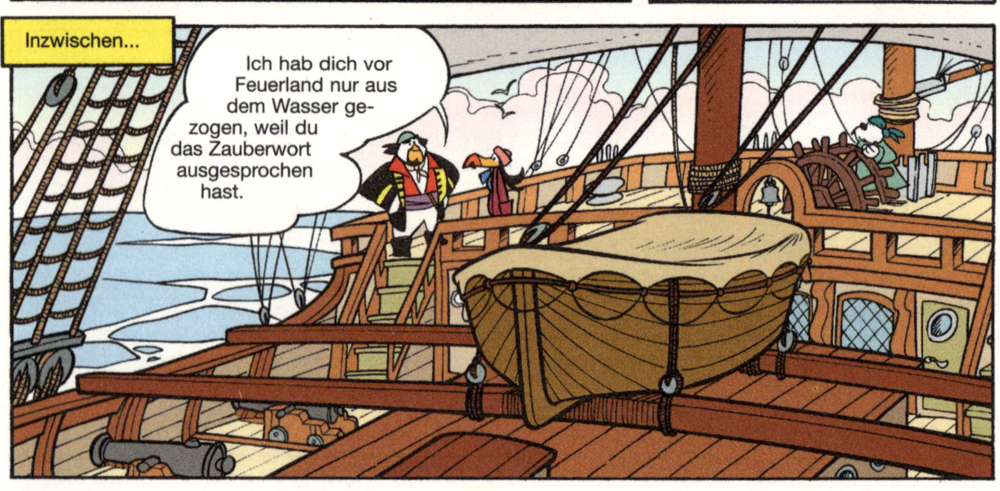
Inzwischen...
Ich hab dich vor Feuerland nur aus dem Wasser gezogen, weil du das Zauberwort ausgesprochen hast.

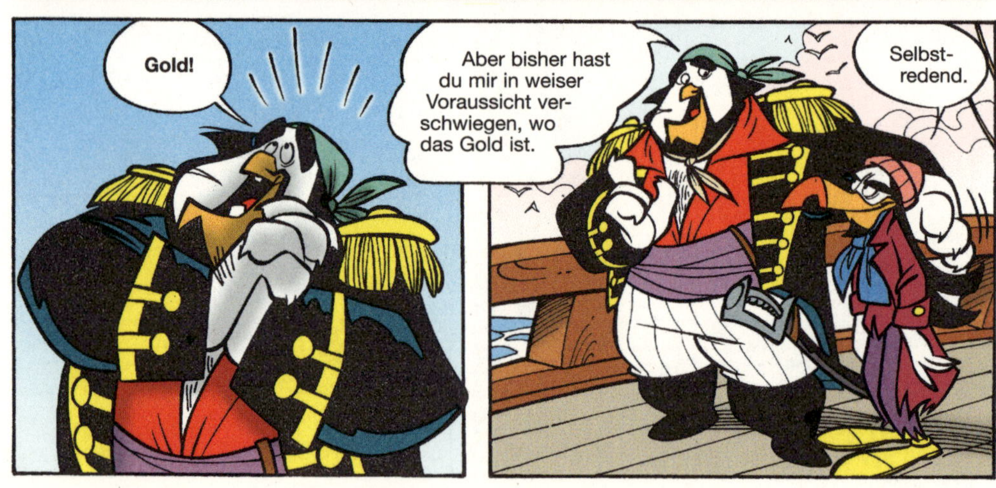
Gold!
Aber bisher hast du mir in weiser Voraussicht verschwiegen, wo das Gold ist.
Selbstredend.

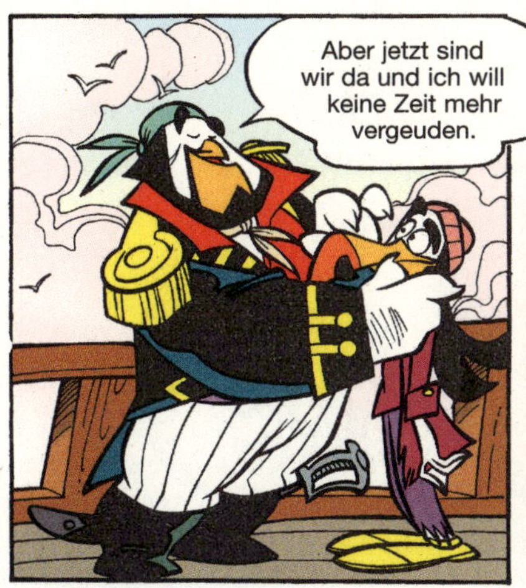
Aber jetzt sind wir da und ich will keine Zeit mehr vergeuden.

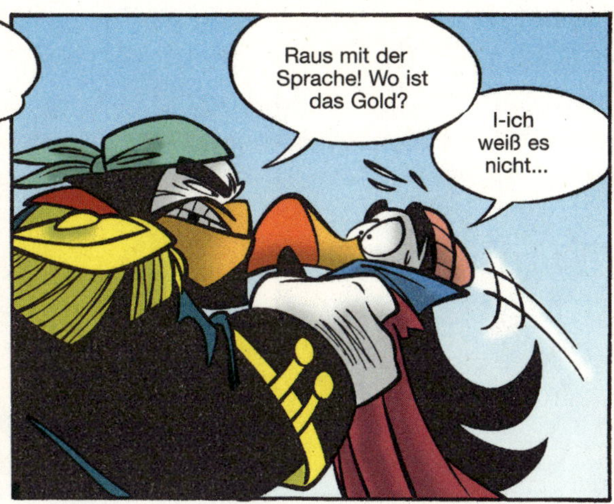
Raus mit der Sprache! Wo ist das Gold?
I-ich weiß es nicht...

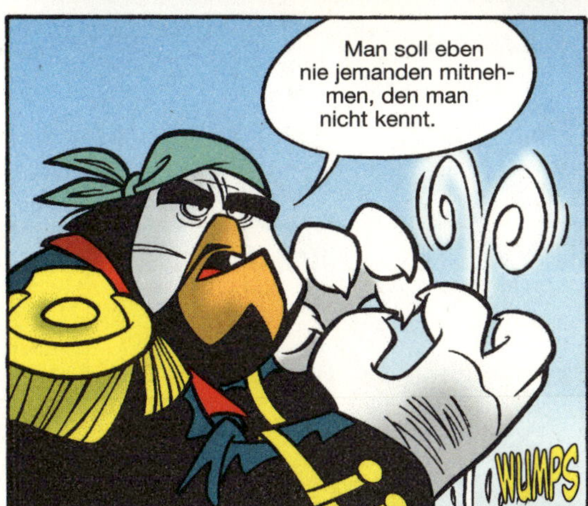
Man soll eben nie jemanden mitneh-men, den man nicht kennt.
WUMPS

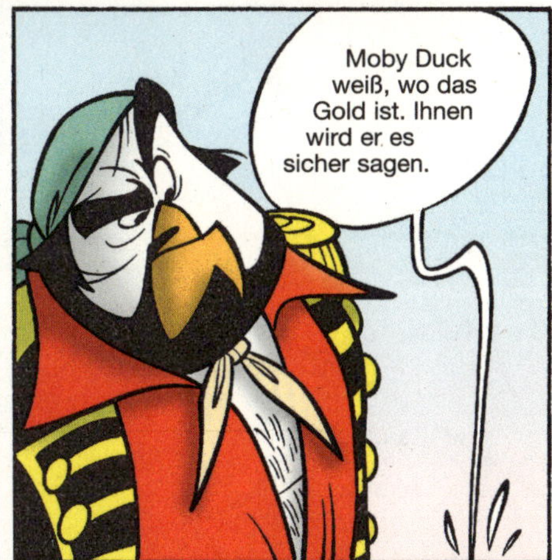
Moby Duck weiß, wo das Gold ist. Ihnen wird er es sicher sagen.

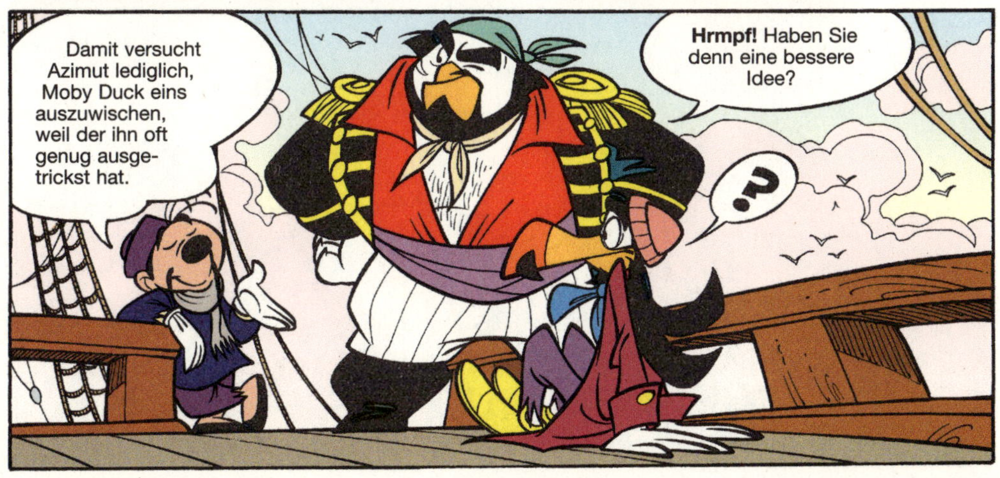
Damit versucht Azimut lediglich, Moby Duck eins auszuwischen, weil der ihn oft genug ausge-trickst hat.
Hrmpf! Haben Sie denn eine bessere Idee?
?

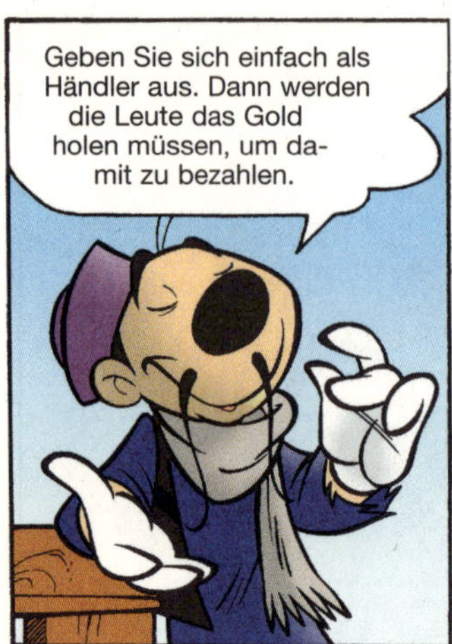
Geben Sie sich einfach als Händler aus. Dann werden die Leute das Gold holen müssen, um damit zu bezahlen.

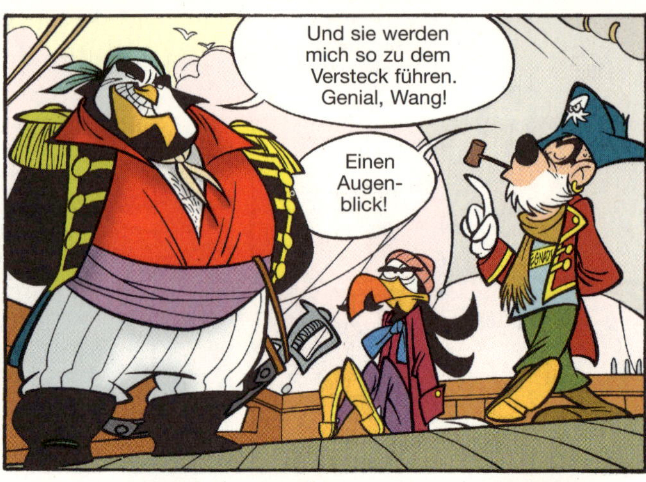
Und sie werden mich so zu dem Versteck führen. Genial, Wang!
Einen Augenblick!

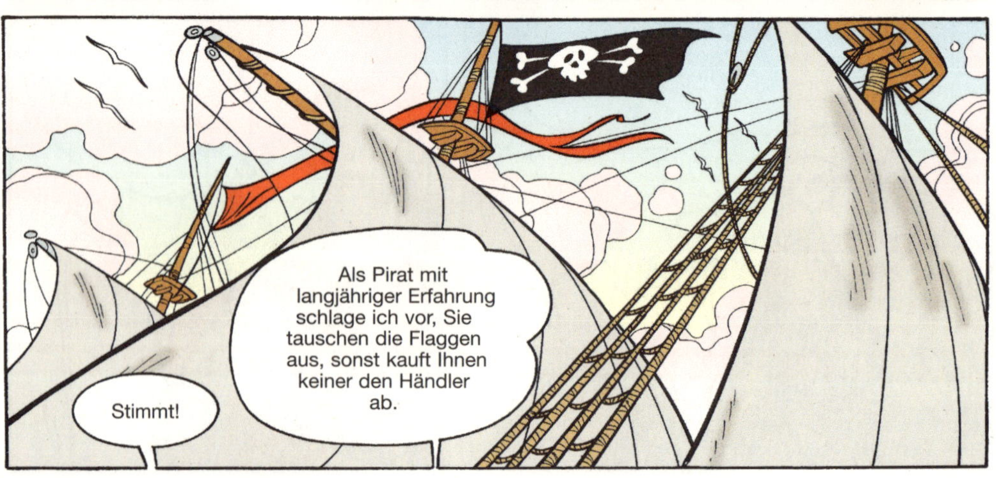
Als Pirat mit langjähriger Erfahrung schlage ich vor, Sie tauschen die Flaggen aus, sonst kauft Ihnen keiner den Händler ab.
Stimmt!

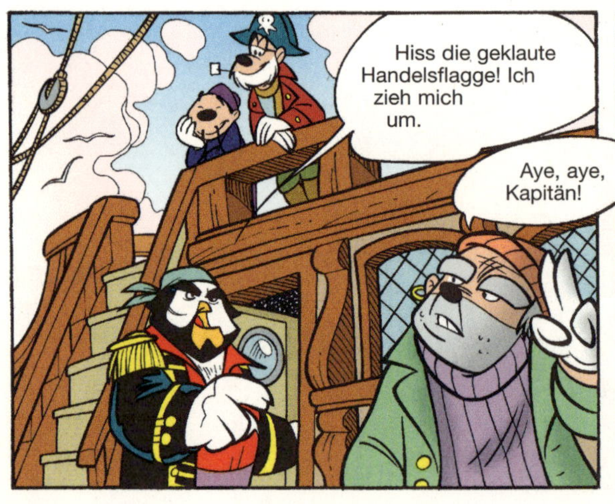
Hiss die geklaute Handelsflagge! Ich zieh mich um.
Aye, aye, Kapitän!

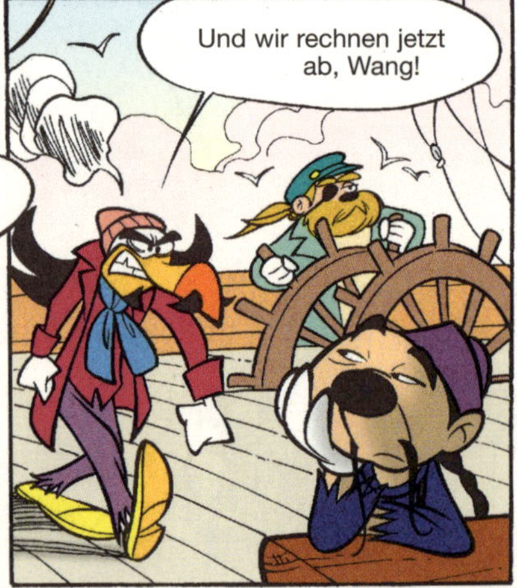
Und wir rechnen jetzt ab, Wang!

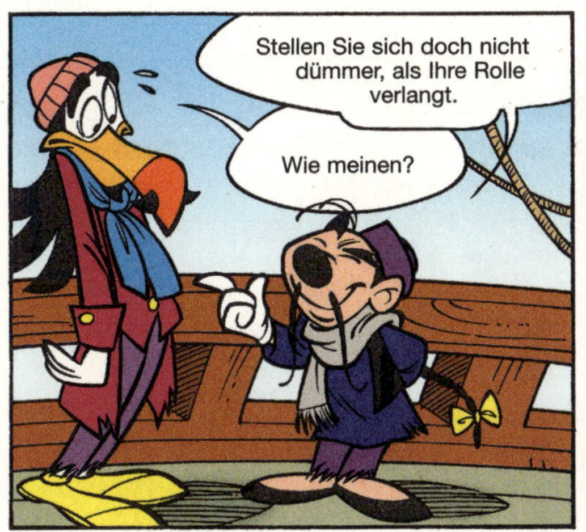
Stellen Sie sich doch nicht dümmer, als Ihre Rolle verlangt.
Wie meinen?

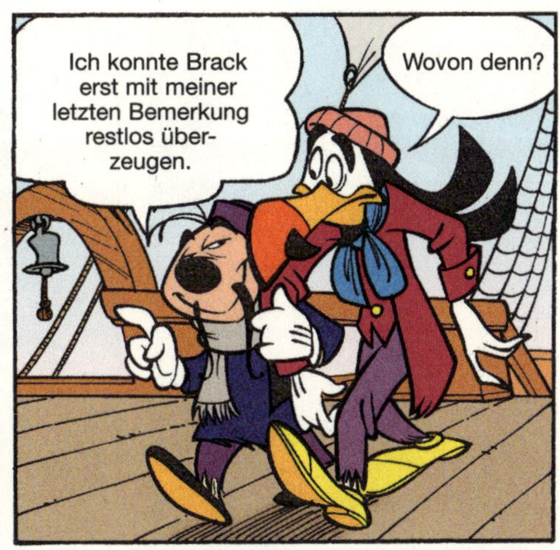
Ich konnte Brack erst mit meiner letzten Bemerkung restlos über-zeugen.
Wovon denn?

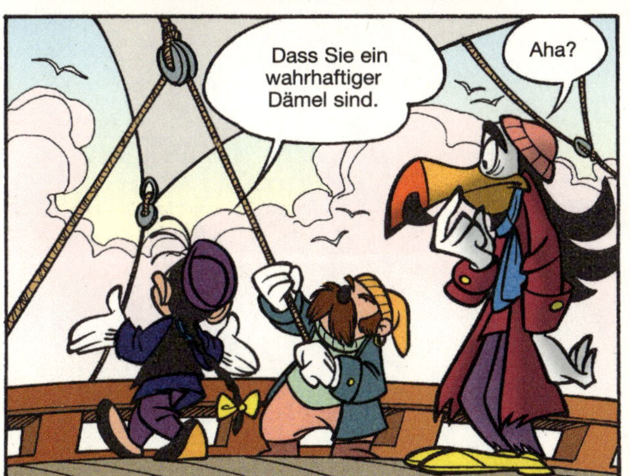
Dass Sie ein wahrhaftiger Dämel sind.
Aha?

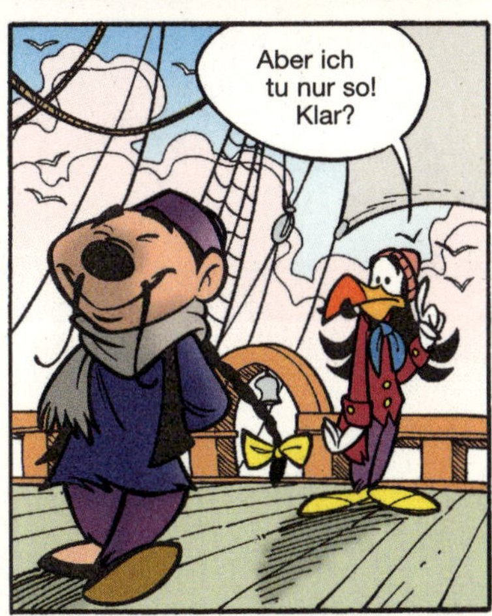
Aber ich tu nur so! Klar?

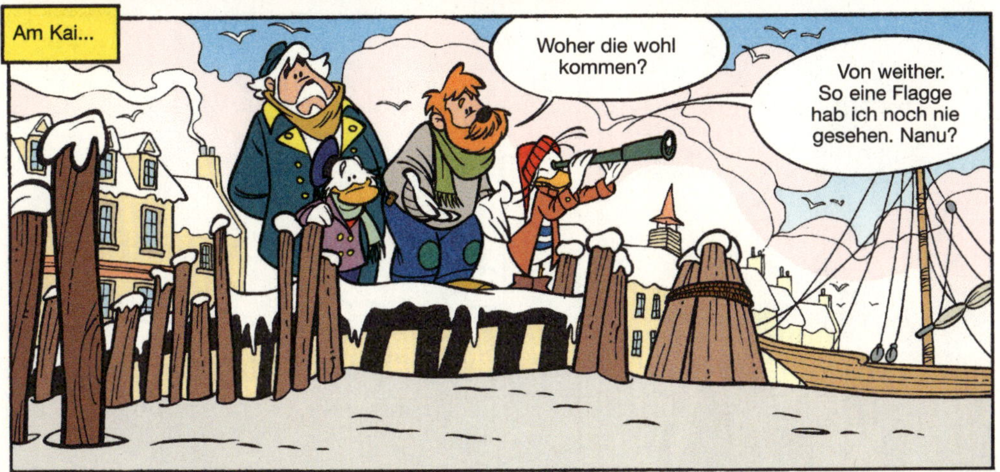
Am Kai...
Woher die wohl kommen?
Von weither. So eine Flagge hab ich noch nie gesehen. Nanu?

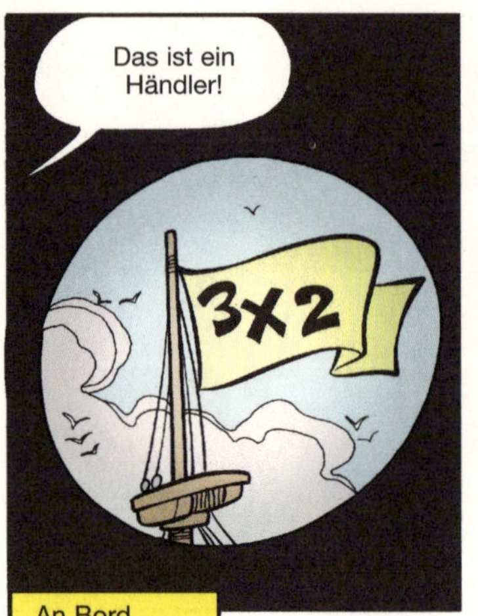
Das ist ein Händler!
3x2

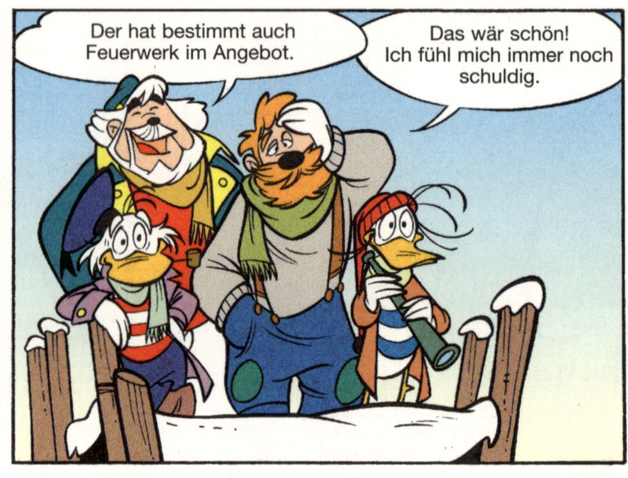
Der hat bestimmt auch Feuerwerk im Angebot.
Das wär schön! Ich fühl mich immer noch schuldig.

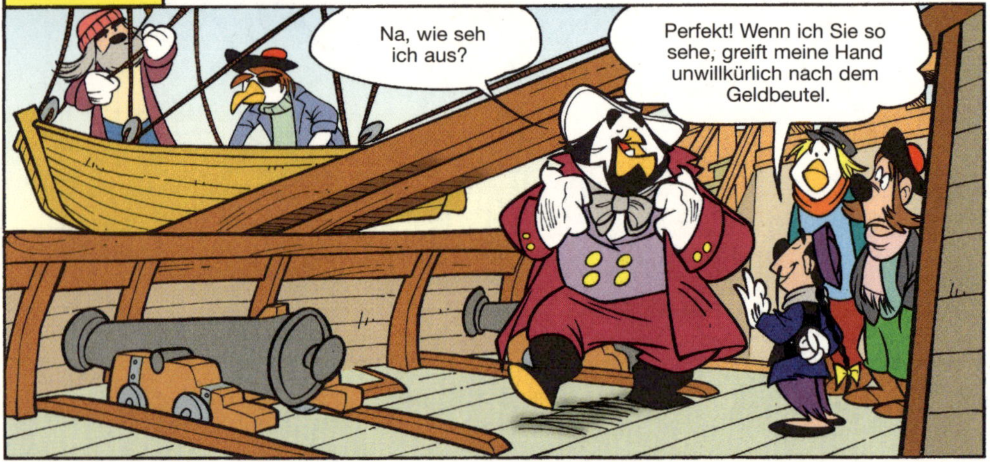
An Bord...
Na, wie seh ich aus?
Perfekt! Wenn ich Sie so sehe, greift meine Hand unwillkürlich nach dem Geldbeutel.

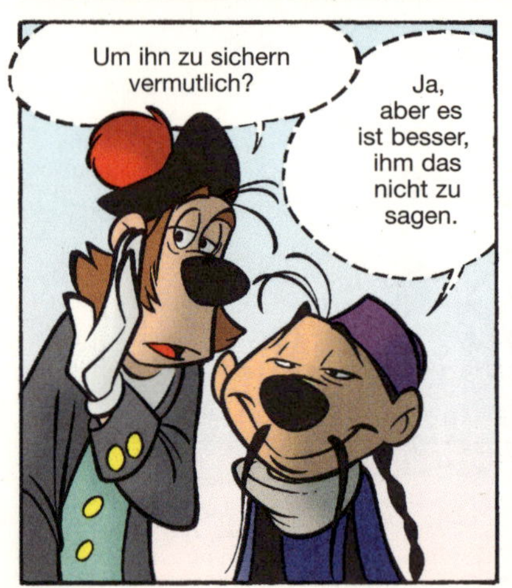
Um ihn zu sichern vermutlich?
Ja, aber es ist besser, ihm das nicht zu sagen.

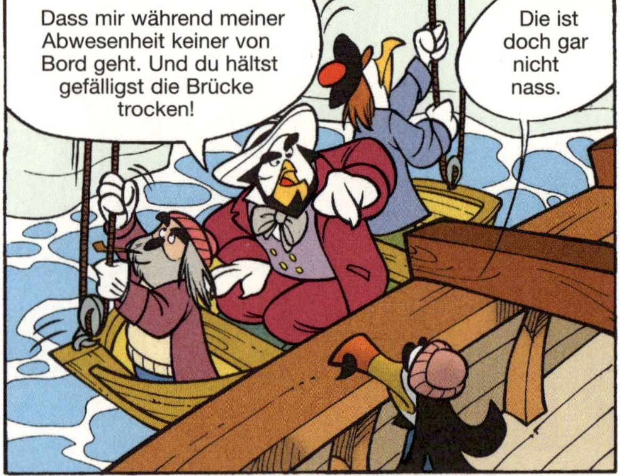
Dass mir während meiner Abwesenheit keiner von Bord geht. Und du hältst gefälligst die Brücke trocken!
Die ist doch gar nicht nass.

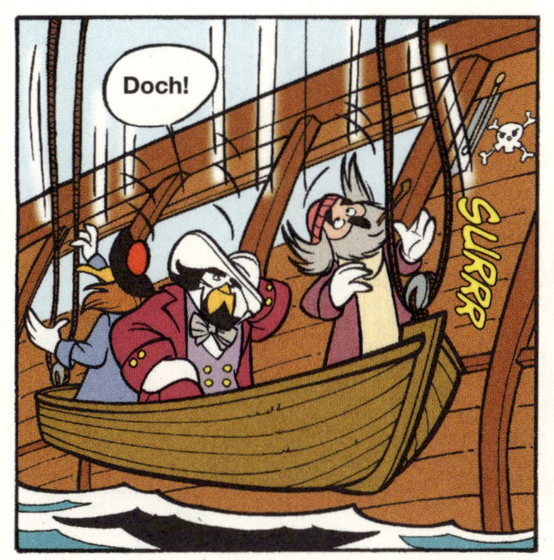
Doch!
SURRR

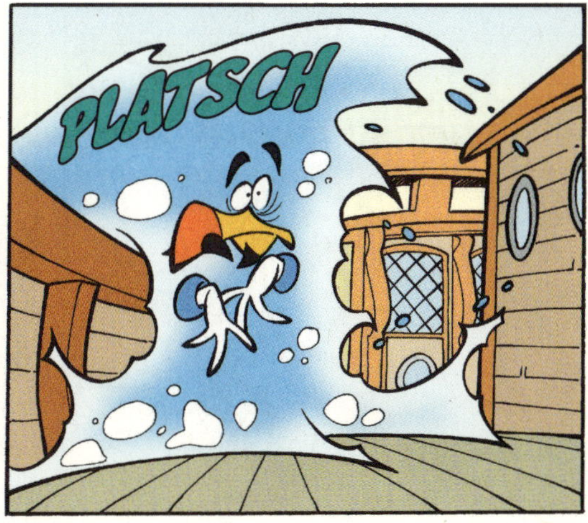
PLATSCH

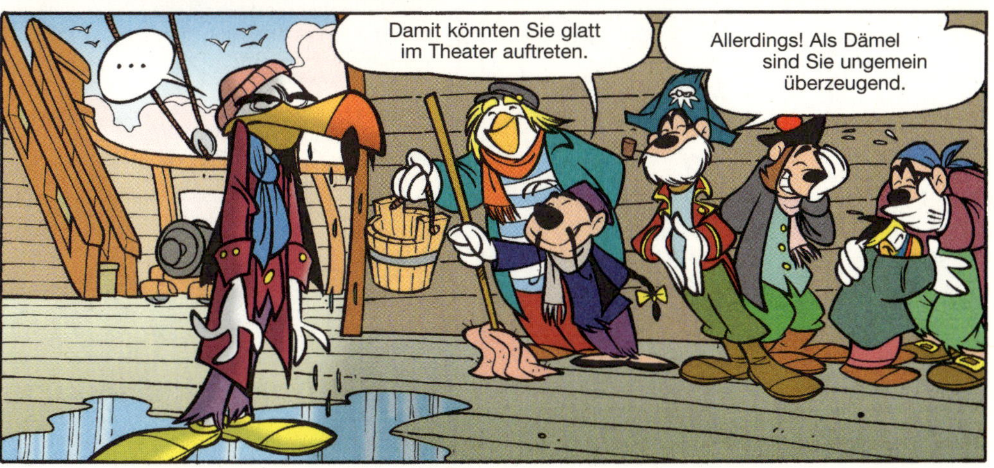
...
Damit könnten Sie glatt im Theater auftreten.
Allerdings! Als Dämel sind Sie ungemein überzeugend.

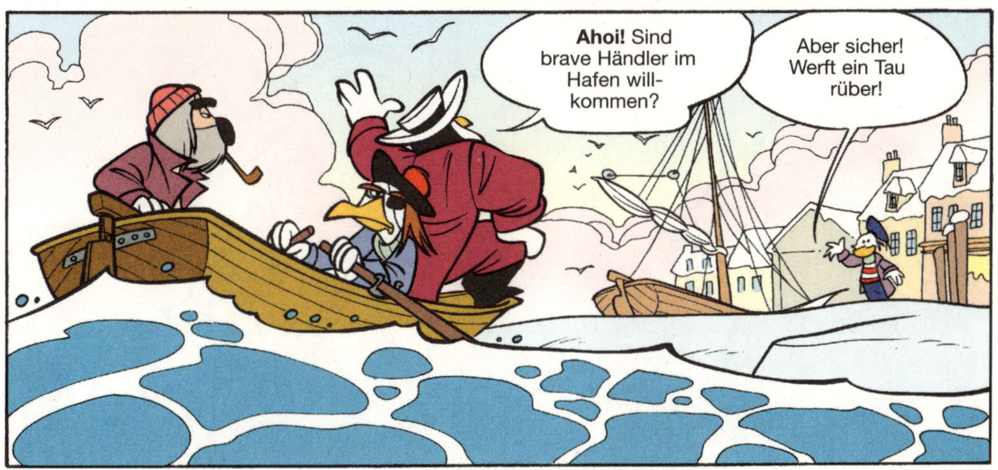
Ahoi! Sind brave Händler im Hafen willkommen?
Aber sicher! Werft ein Tau rüber!

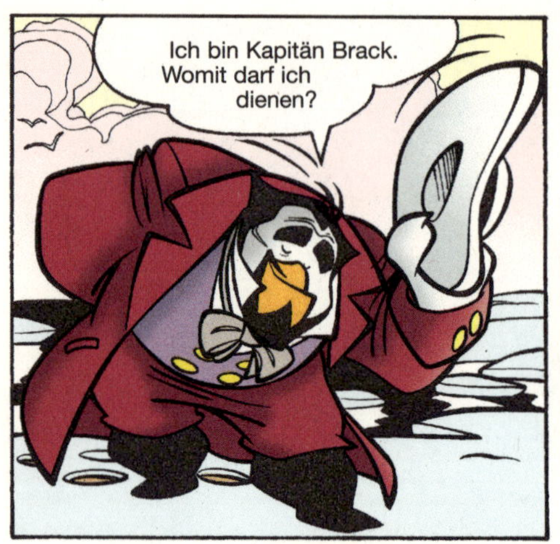
Ich bin Kapitän Brack. Womit darf ich dienen?

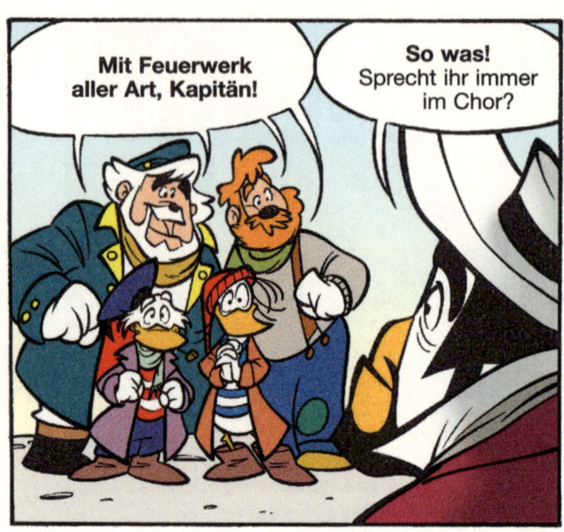
Mit Feuerwerk aller Art, Kapitän!
So was! Sprecht ihr immer im Chor?

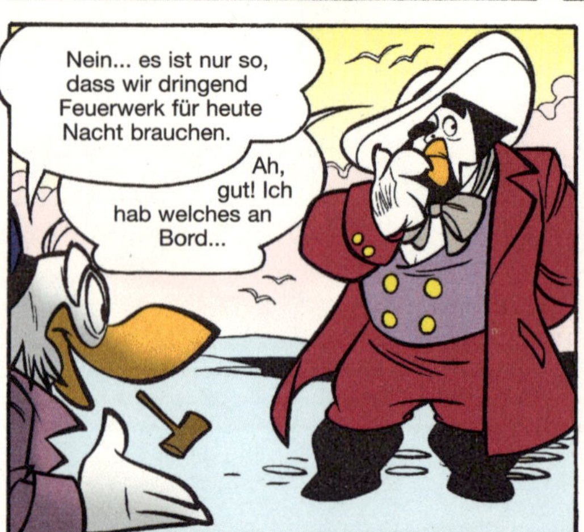
Nein... es ist nur so, dass wir dringend Feuerwerk für heute Nacht brauchen.
Ah, gut! Ich hab welches an Bord...

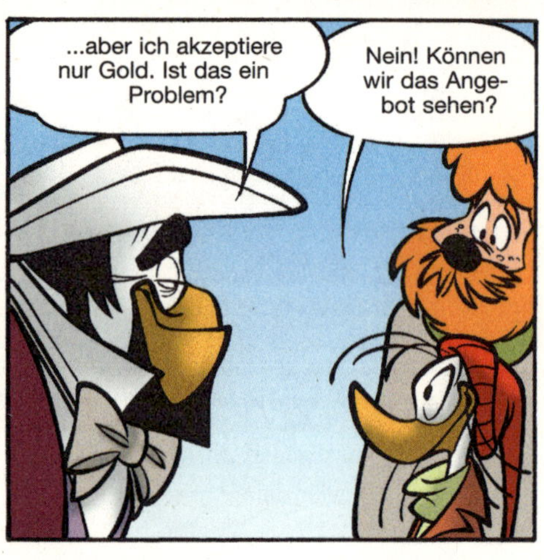
...aber ich akzeptiere nur Gold. Ist das ein Problem?
Nein! Können wir das Angebot sehen?

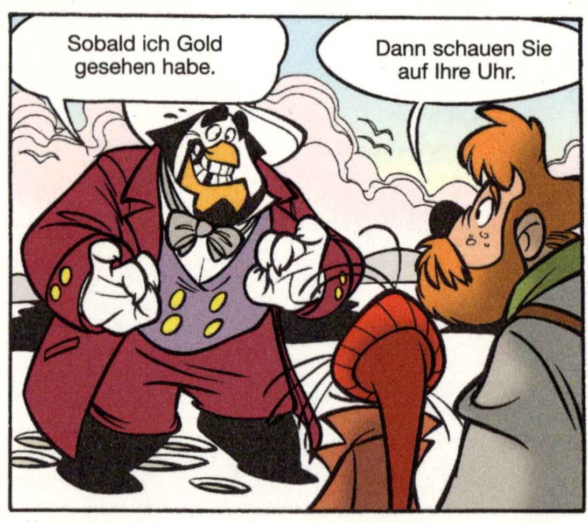
Sobald ich Gold gesehen habe.
Dann schauen Sie auf Ihre Uhr.

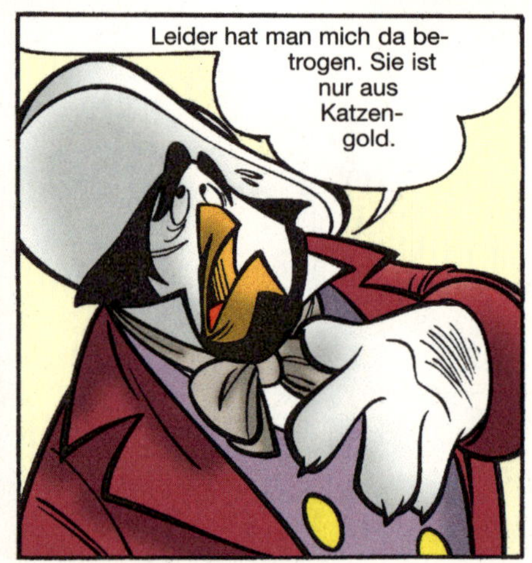
Leider hat man mich da betrogen. Sie ist nur aus Katzengold.

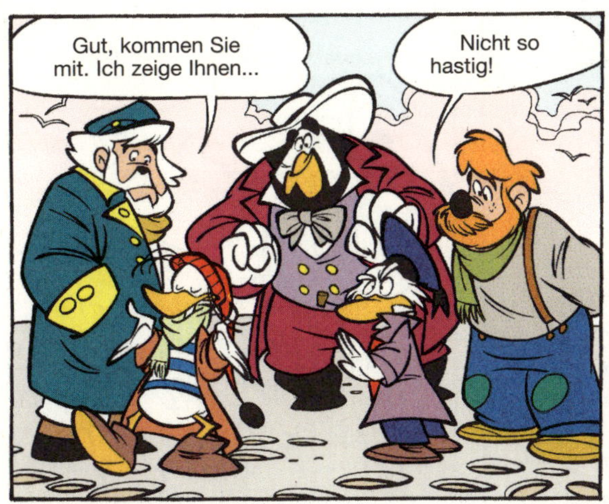
Gut, kommen Sie mit. Ich zeige Ihnen...
Nicht so hastig!

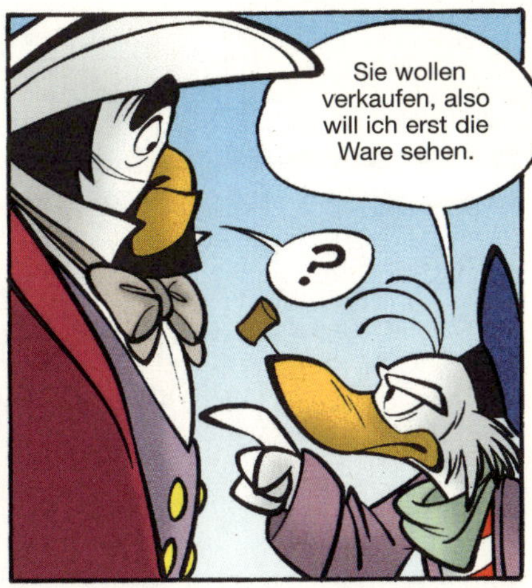
Sie wollen verkaufen, also will ich erst die Ware sehen.
?

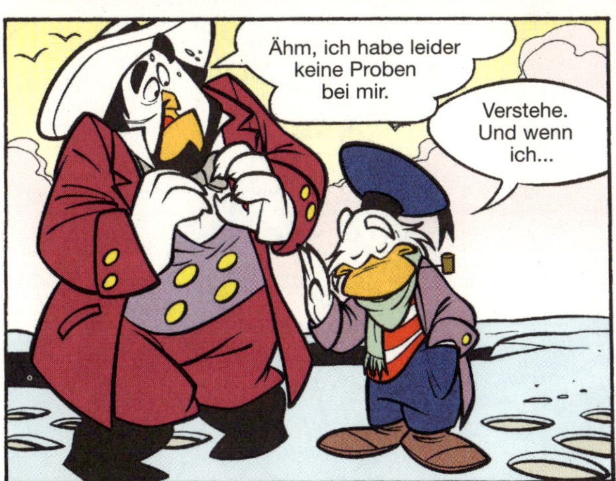
Ähm, ich habe leider keine Proben bei mir.
Verstehe. Und wenn ich...

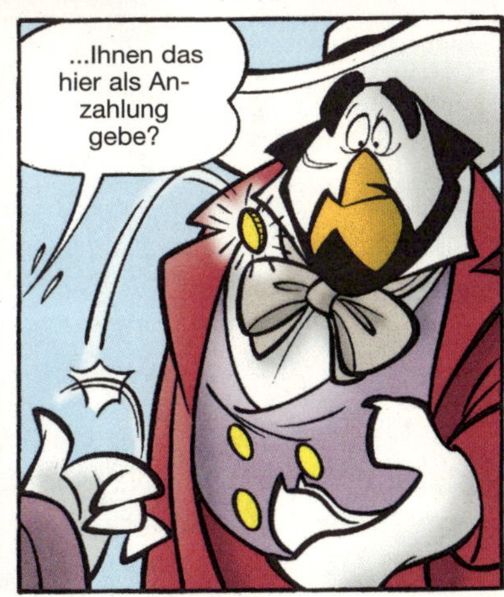
...Ihnen das hier als Anzahlung gebe?

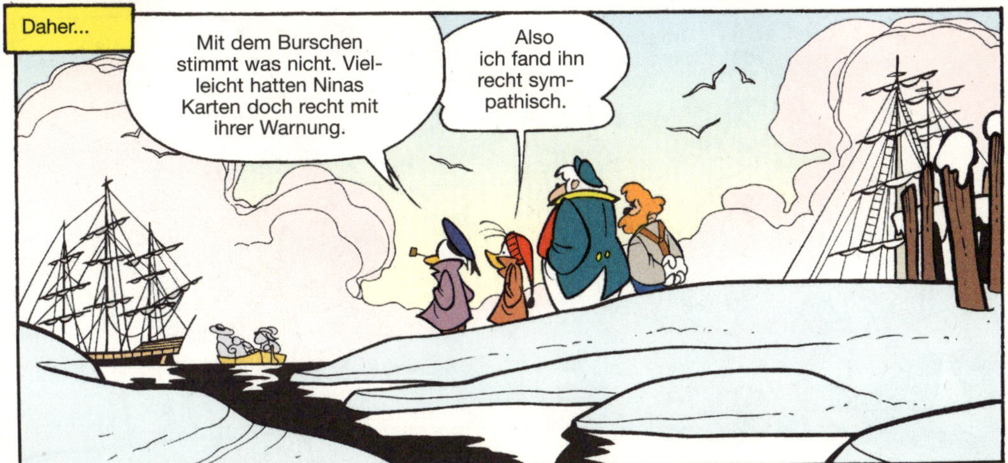
Daher...
Mit dem Burschen stimmt was nicht. Vielleicht hatten Ninas Karten doch recht mit ihrer Warnung.
Also ich fand ihn recht sympathisch.

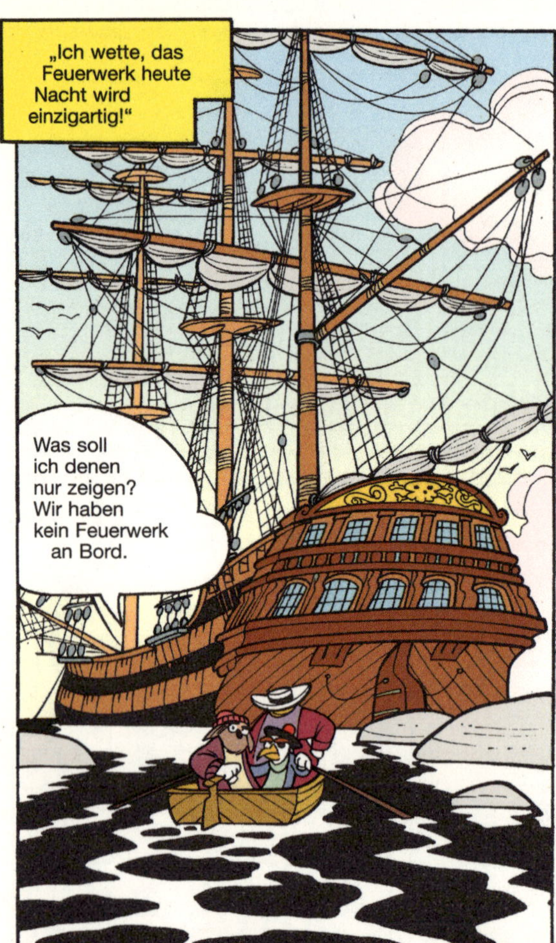
„Ich wette, das Feuerwerk heute Nacht wird einzigartig!“
Was soll ich denen nur zeigen? Wir haben kein Feuerwerk an Bord.

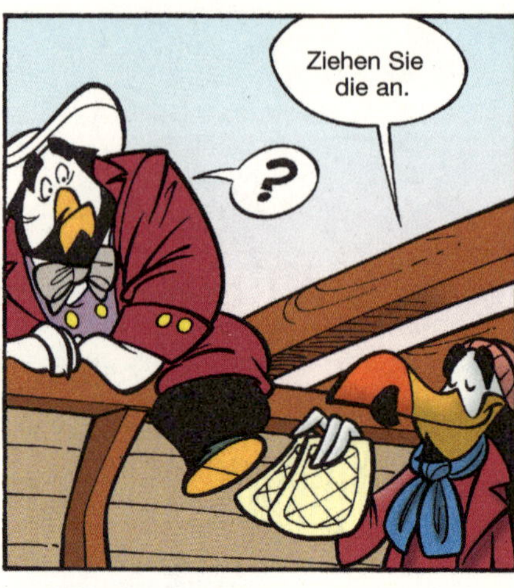
?
Ziehen Sie die an.

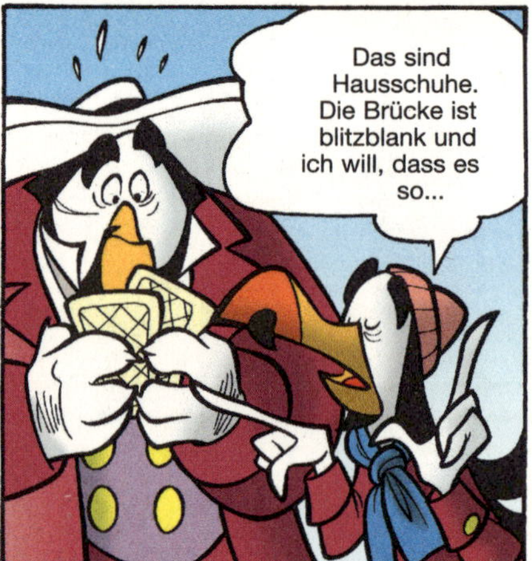
Das sind Hausschuhe. Die Brücke ist blitzblank und ich will, dass es so...

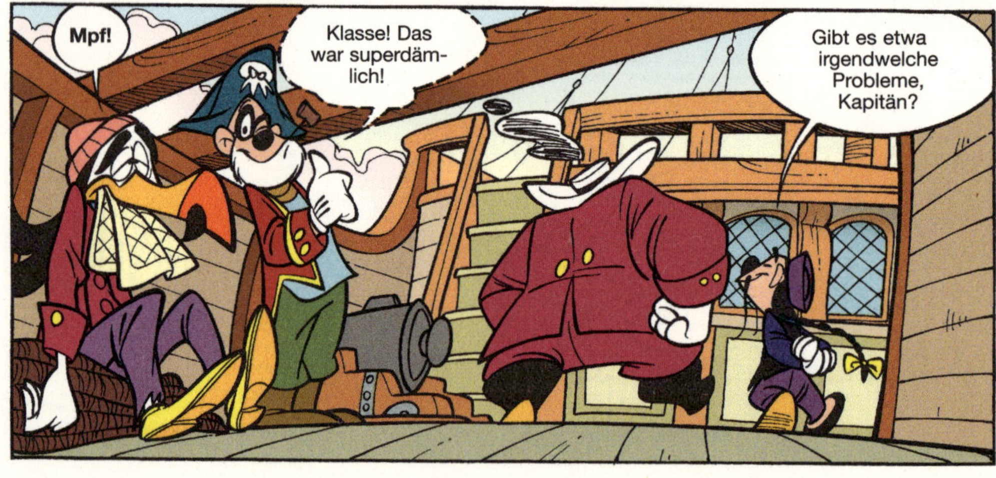
Mpf!
Klasse! Das war superdämlich!
Gibt es etwa irgendwelche Probleme, Kapitän?

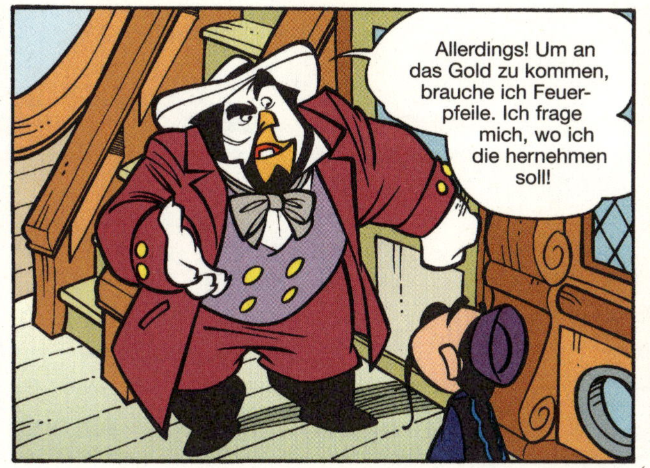
Allerdings! Um an das Gold zu kommen, brauche ich Feuerpfeile. Ich frage mich, wo ich die hernehmen soll!

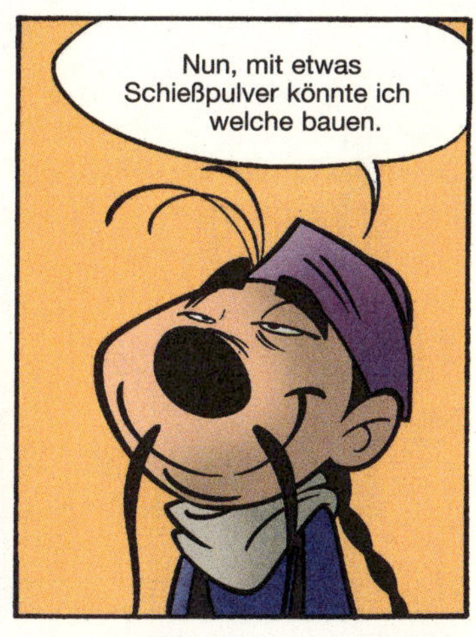
Nun, mit etwas Schießpulver könnte ich welche bauen.

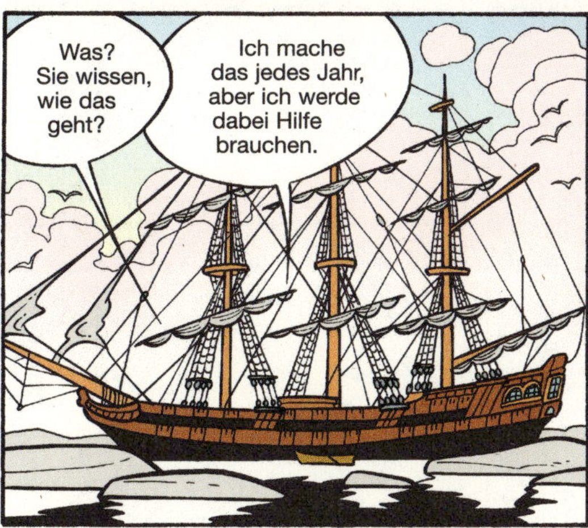
Was? Sie wissen, wie das geht?
Ich mache das jedes Jahr, aber ich werde dabei Hilfe brauchen.

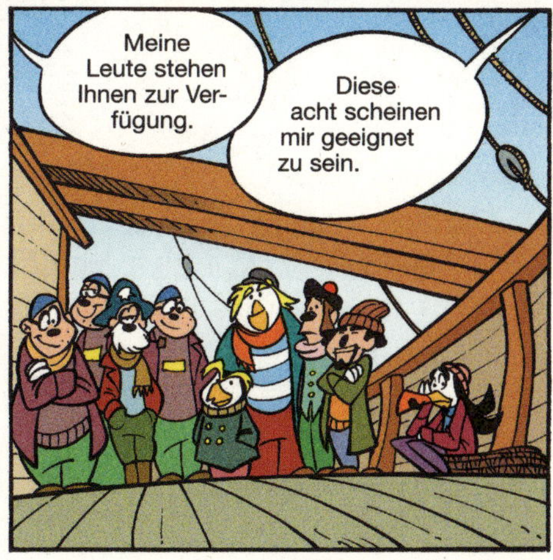
Meine Leute stehen Ihnen zur Verfügung.
Diese acht scheinen mir geeignet zu sein.

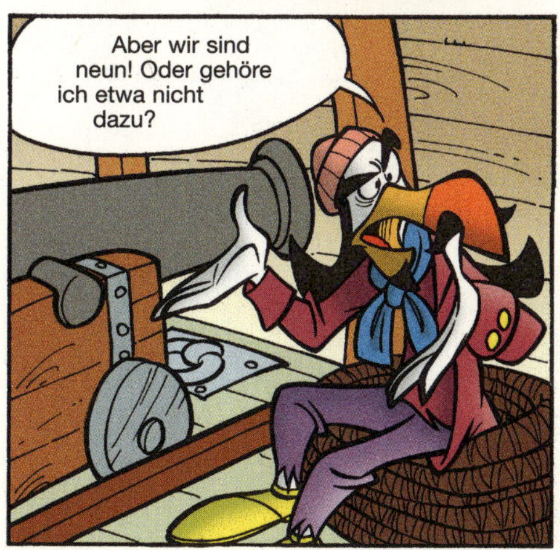
Aber wir sind neun! Oder gehöre ich etwa nicht dazu?

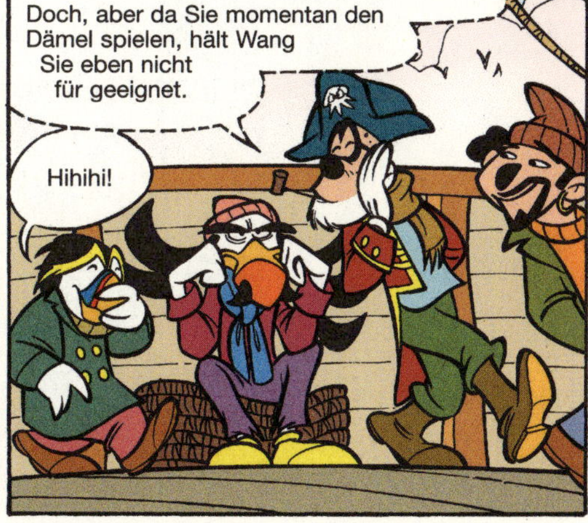
Doch, aber da Sie momentan den Dämel spielen, hält Wang Sie eben nicht für geeignet.
Hihihi!

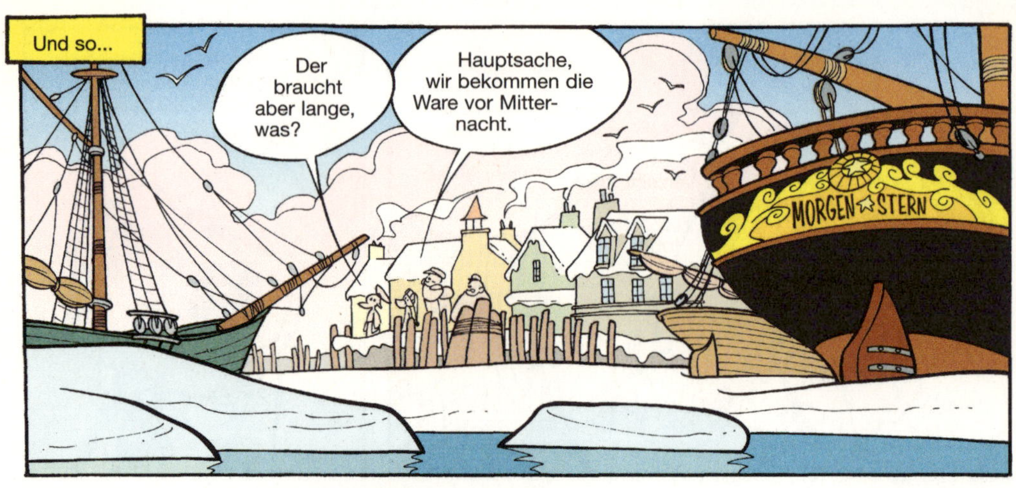
Und so...
Der braucht aber lange, was?
Hauptsache, wir bekommen die Ware vor Mitter-nacht.
MORGEN STERN

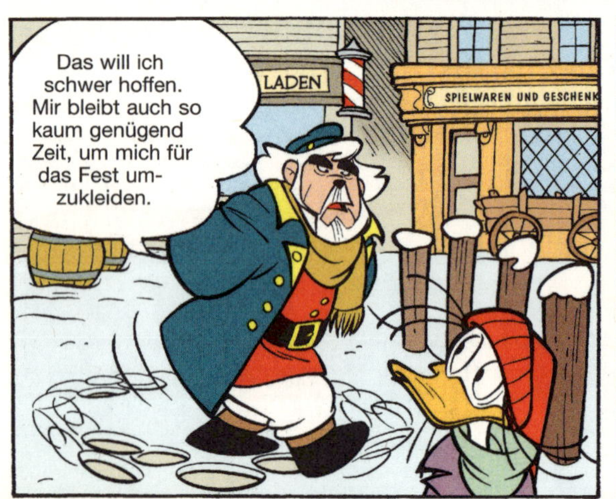
Das will ich schwer hoffen. Mir bleibt auch so kaum genügend Zeit, um mich für das Fest um-zukleiden.
LADEN
SPIELWAREN UND GESCHENK

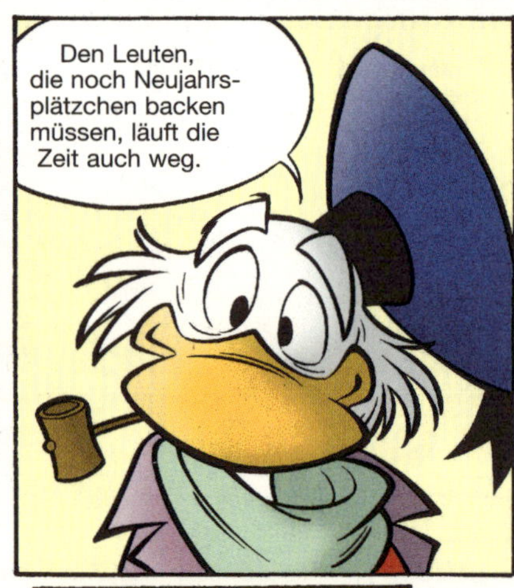
Den Leuten, die noch Neujahrs-plätzchen backen müssen, läuft die Zeit auch weg.

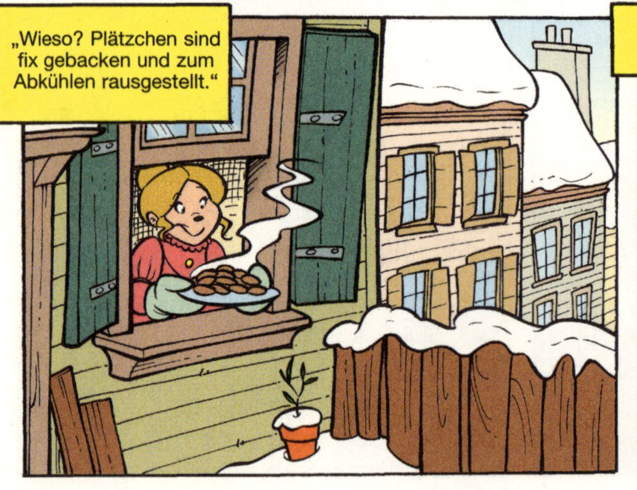
„Wieso? Plätzchen sind fix gebacken und zum Abkühlen rausgestellt."

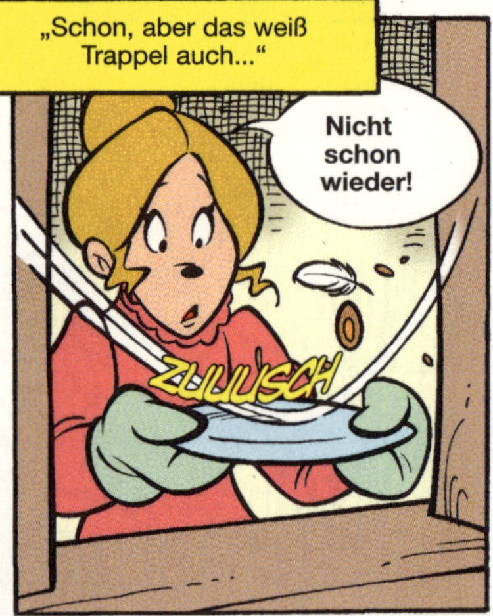
„Schon, aber das weiß Trappel auch..."
Nicht schon wieder!
ZUUUSCH

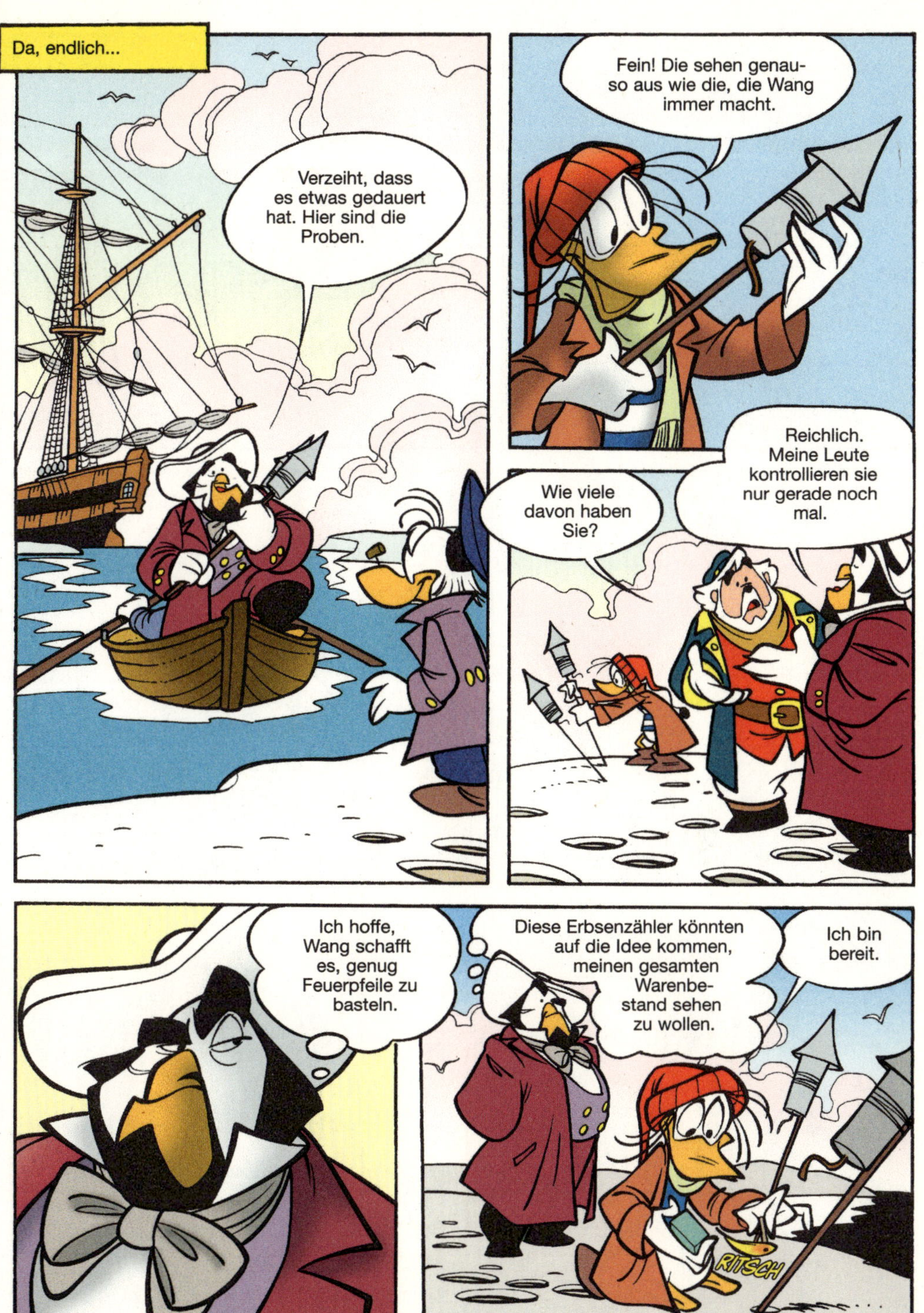
Da, endlich...
Verzeiht, dass es etwas gedauert hat. Hier sind die Proben.
Fein! Die sehen genau-so aus wie die, die Wang immer macht.
Wie viele davon haben Sie?
Reichlich. Meine Leute kontrollieren sie nur gerade noch mal.
Ich hoffe, Wang schafft es, genug Feuerpfeile zu basteln.
Diese Erbsenzähler könnten auf die Idee kommen, meinen gesamten Warenbe-stand sehen zu wollen.
Ich bin bereit.
RITSCH

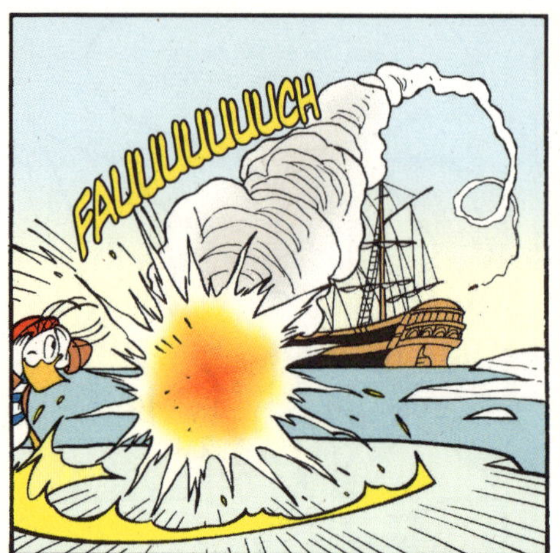
FAUUUUUUUCH

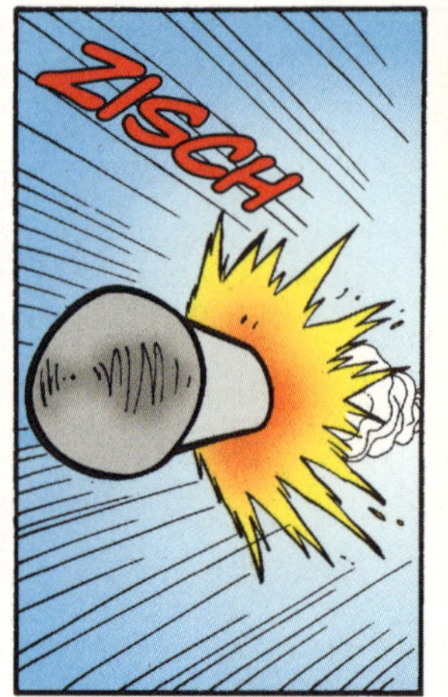
ZISCH

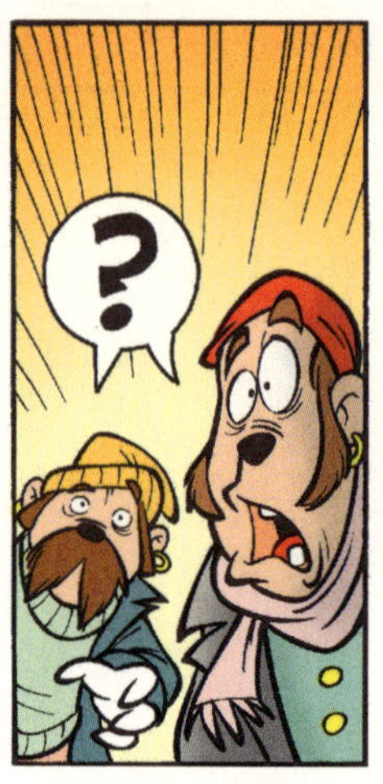
?

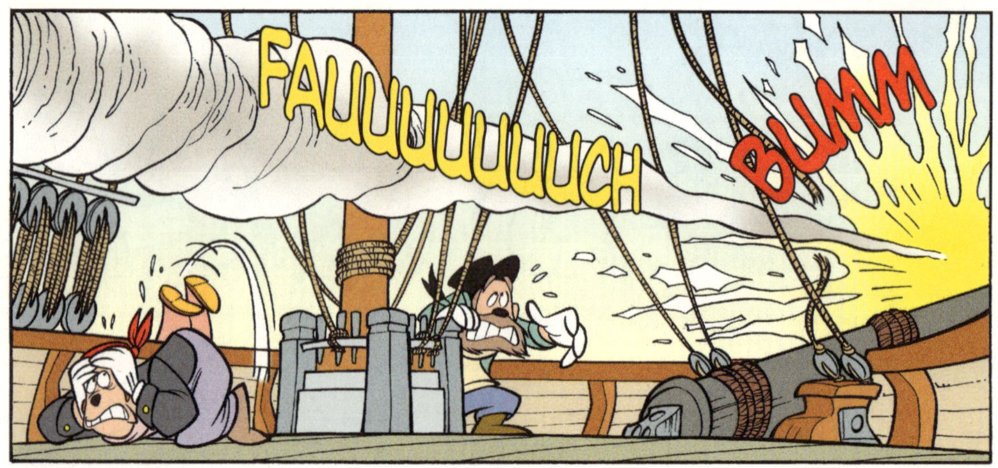
FAUUUUUUUUCH
BUMM

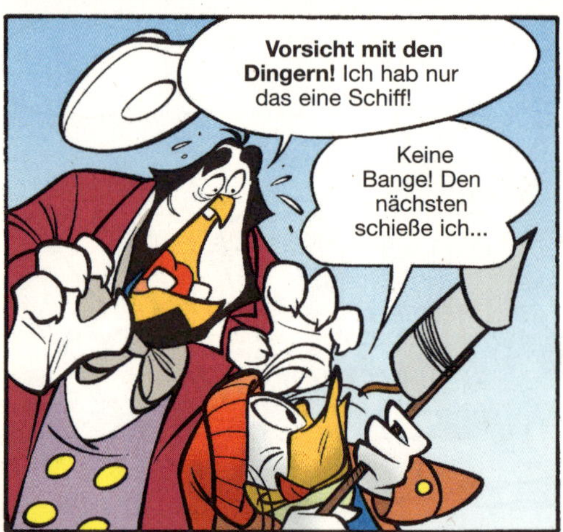
Vorsicht mit den Dingern! Ich hab nur das eine Schiff!
Keine Bange! Den nächsten schieße ich...

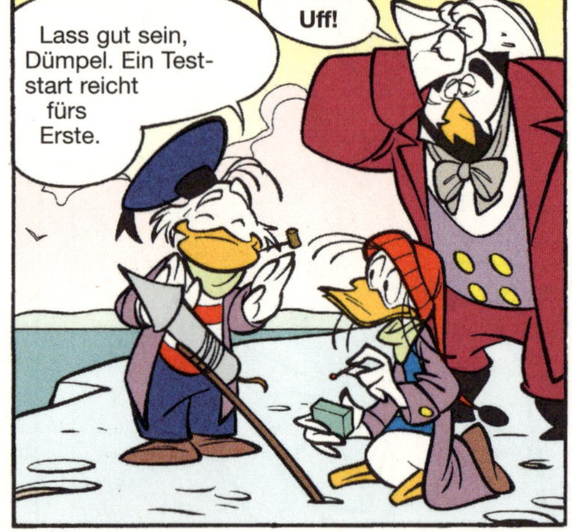
Uff!
Lass gut sein, Dümpel. Ein Test-start reicht fürs Erste.

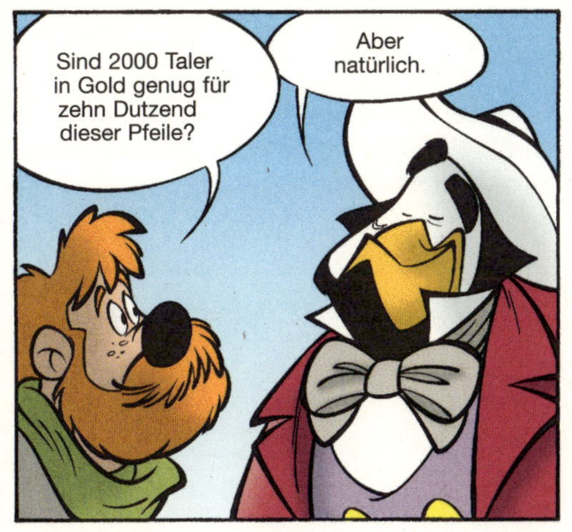
Sind 2000 Taler in Gold genug für zehn Dutzend dieser Pfeile?
Aber natürlich.

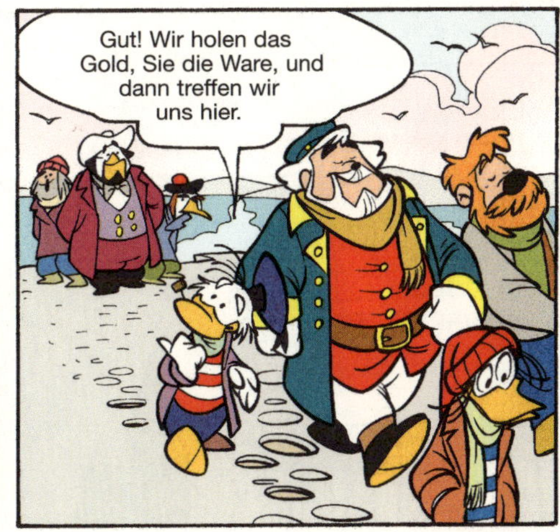
Gut! Wir holen das Gold, Sie die Ware, und dann treffen wir uns hier.

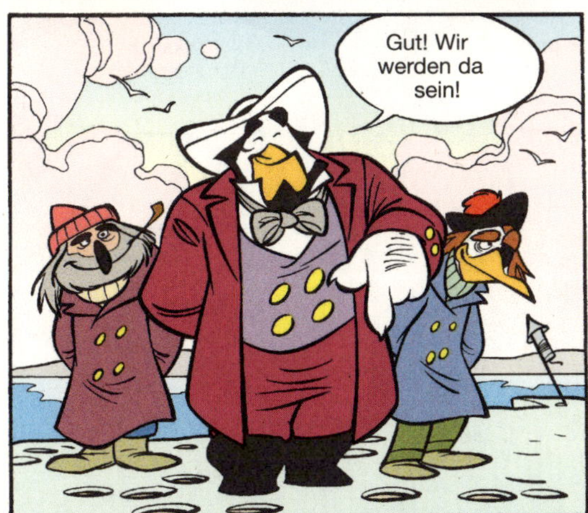
Gut! Wir werden da sein!

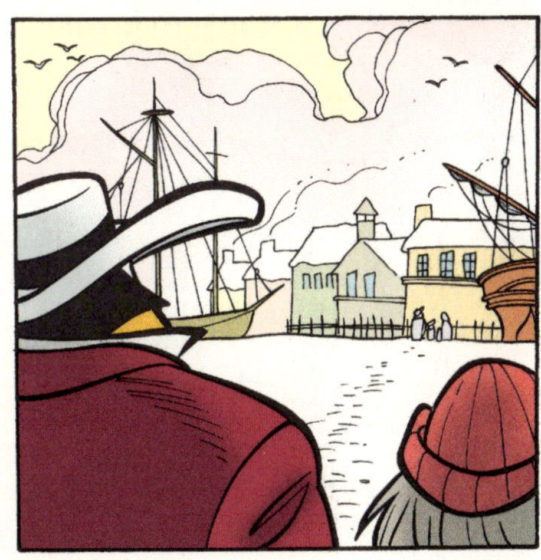

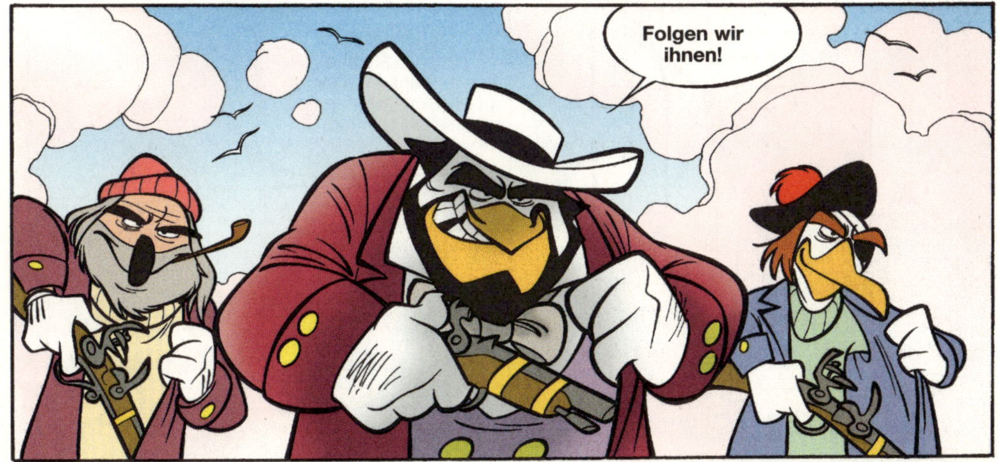
Folgen wir ihnen!

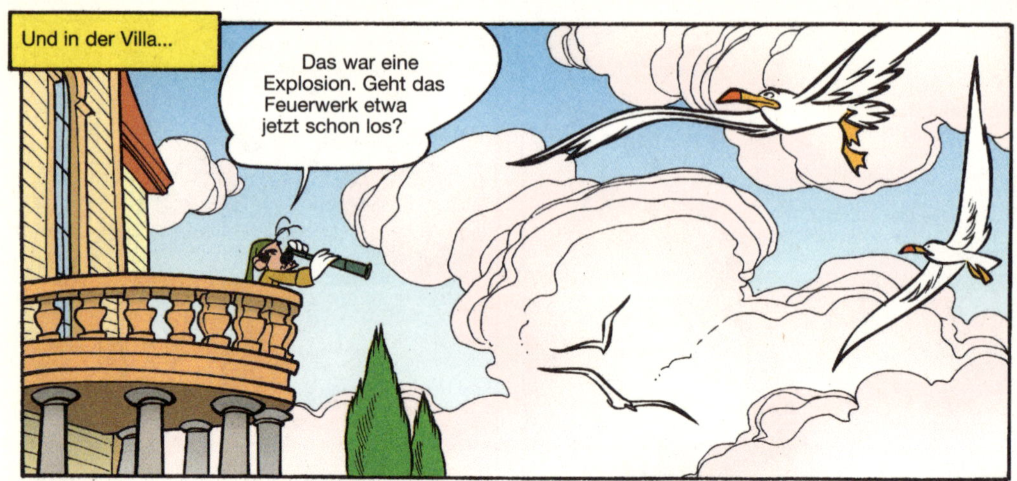
Und in der Villa...
Das war eine Explosion. Geht das Feuerwerk etwa jetzt schon los?

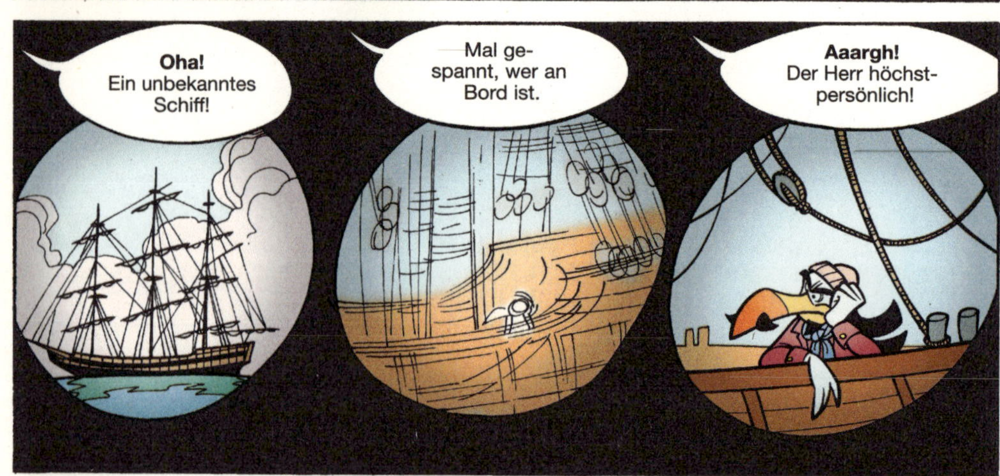
Oha! Ein unbekanntes Schiff!
Mal gespannt, wer an Bord ist.
Aaargh! Der Herr höchstpersönlich!

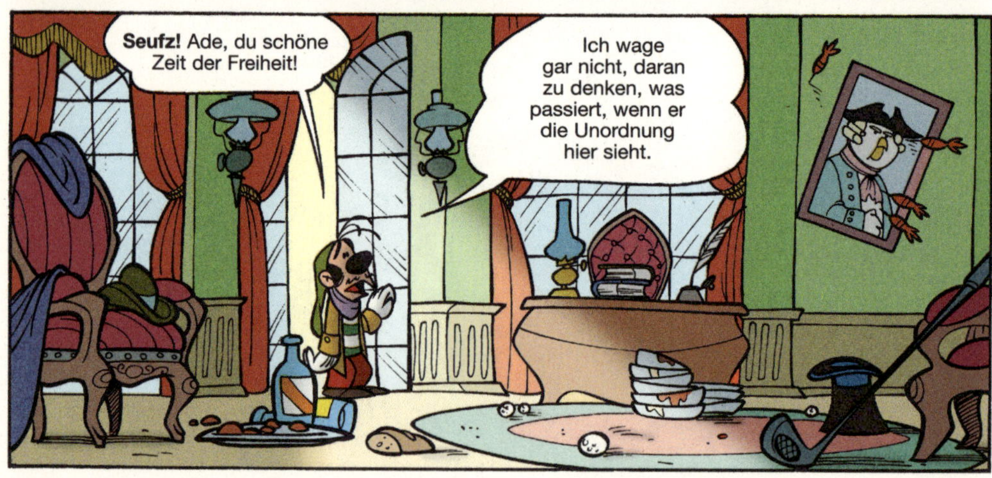
Seufz! Ade, du schöne Zeit der Freiheit!
Ich wage gar nicht, daran zu denken, was passiert, wenn er die Unordnung hier sieht.

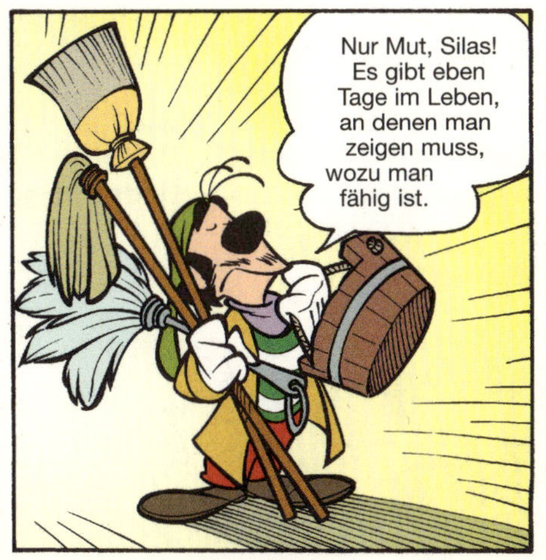
Nur Mut, Silas! Es gibt eben Tage im Leben, an denen man zeigen muss, wozu man fähig ist.

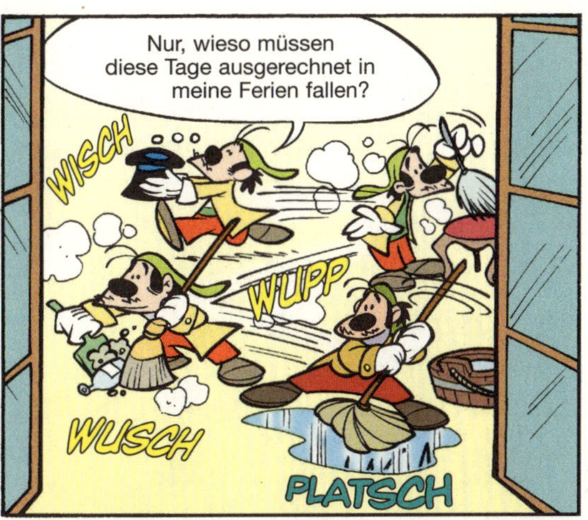
Nur, wieso müssen diese Tage ausgerechnet in meine Ferien fallen?
WISCH
WUPP
WUSCH
PLATSCH

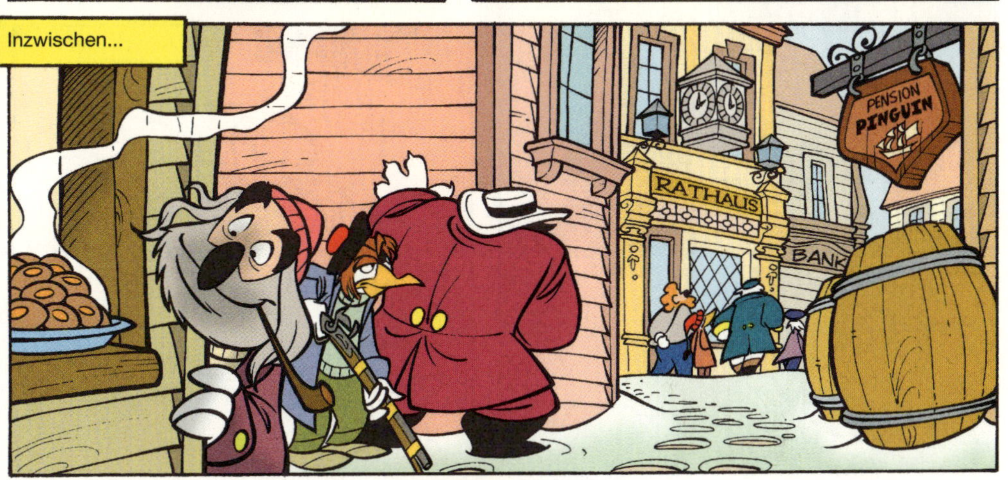
Inzwischen...
PENSION PINGUIN
RATHAUS
BANK

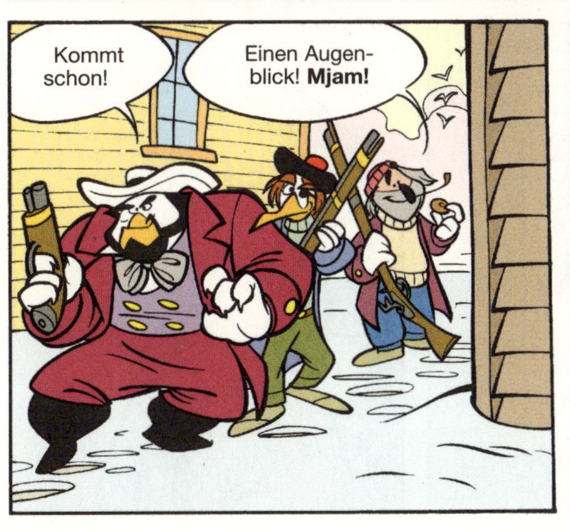
Kommt schon!
Einen Augen-blick! **Mjam!**

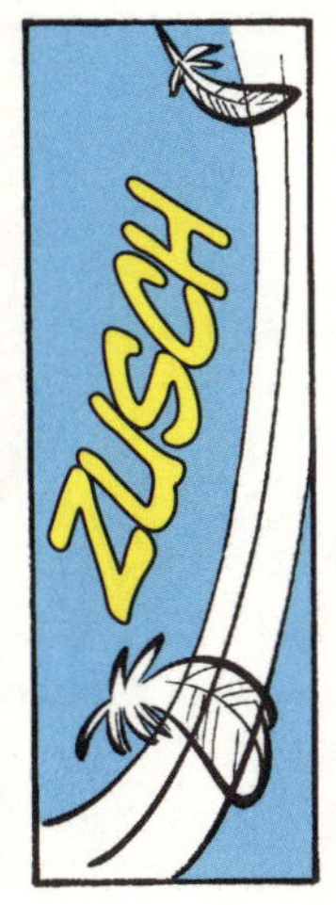
ZUSCH

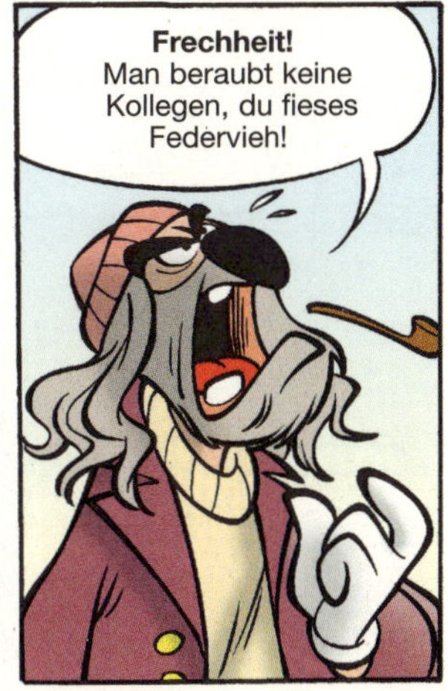
Frechheit! Man beraubt keine Kollegen, du fieses Federvieh!

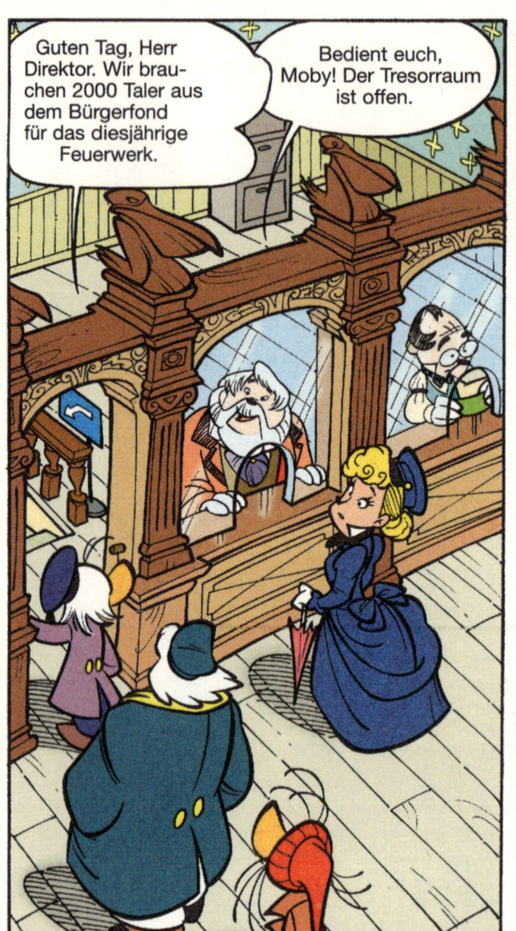
Guten Tag, Herr Direktor. Wir brauchen 2000 Taler aus dem Bürgerfond für das diesjährige Feuerwerk.
Bedient euch, Moby! Der Tresorraum ist offen.

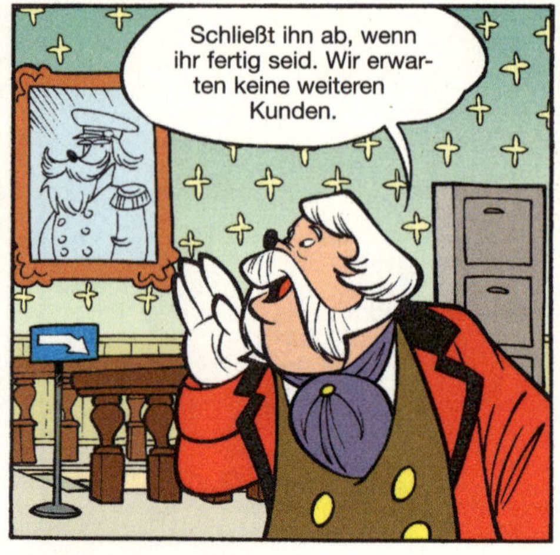
Schließt ihn ab, wenn ihr fertig seid. Wir erwarten keine weiteren Kunden.

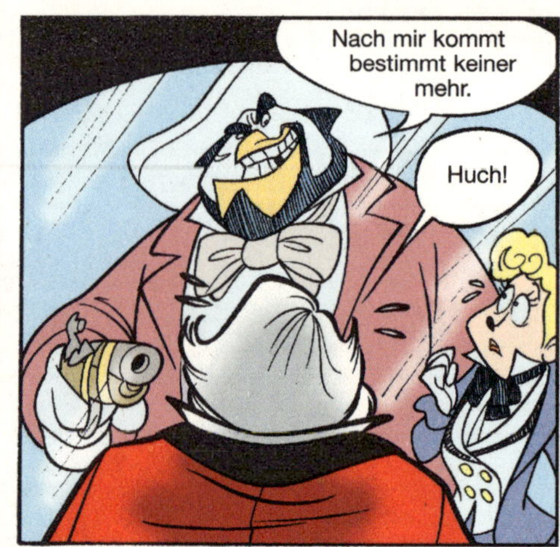
Nach mir kommt bestimmt keiner mehr.
Huch!

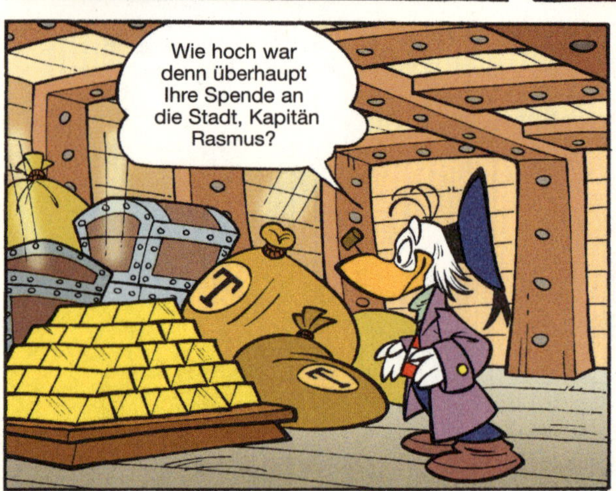
Wie hoch war denn überhaupt Ihre Spende an die Stadt, Kapitän Rasmus?

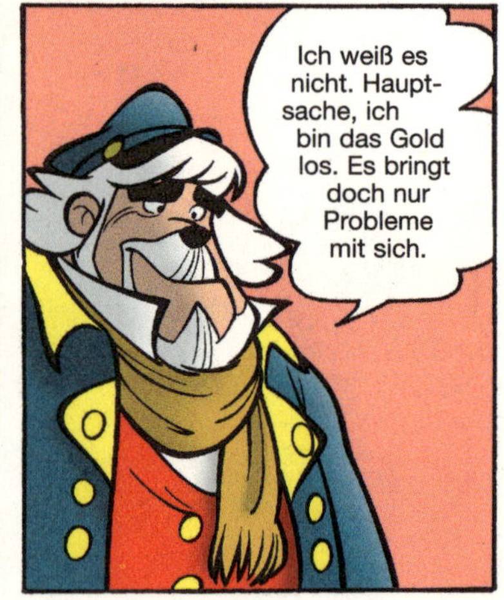
Ich weiß es nicht. Hauptsache, ich bin das Gold los. Es bringt doch nur Probleme mit sich.

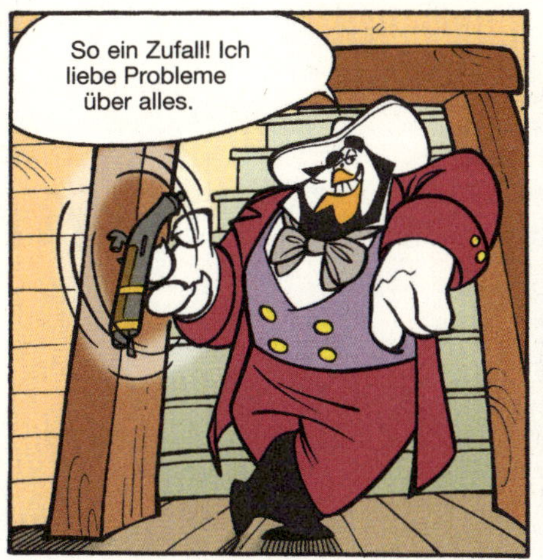
So ein Zufall! Ich liebe Probleme über alles.

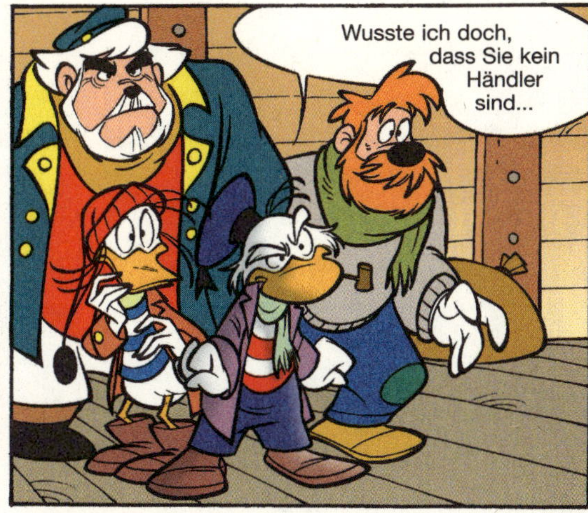
Wusste ich doch, dass Sie kein Händler sind...

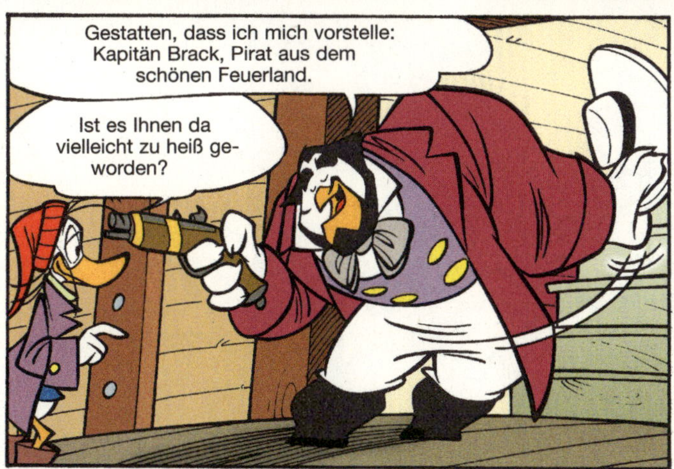
Gestatten, dass ich mich vorstelle: Kapitän Brack, Pirat aus dem schönen Feuerland.
Ist es Ihnen da vielleicht zu heiß geworden?

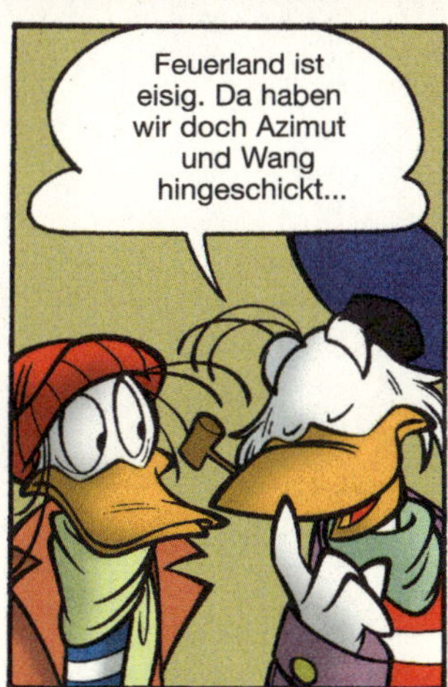
Feuerland ist eisig. Da haben wir doch Azimut und Wang hingeschickt...

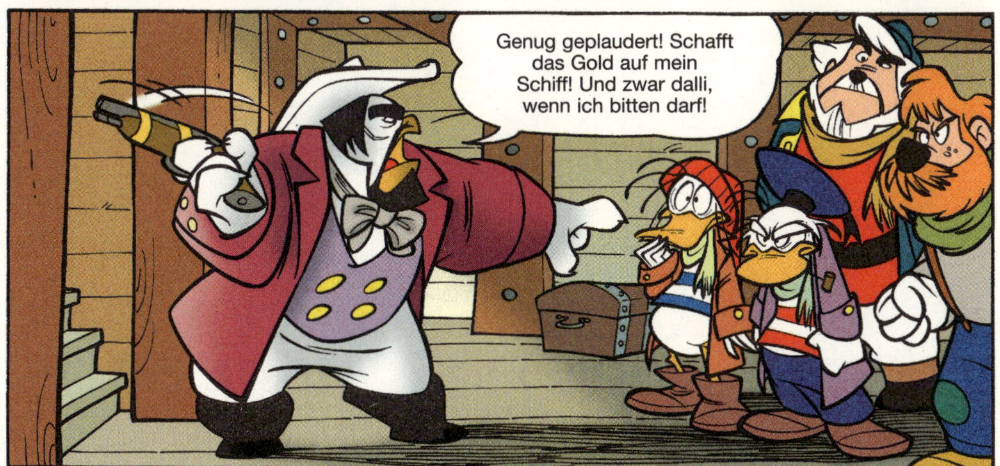
Genug geplaudert! Schafft das Gold auf mein Schiff! Und zwar dalli, wenn ich bitten darf!

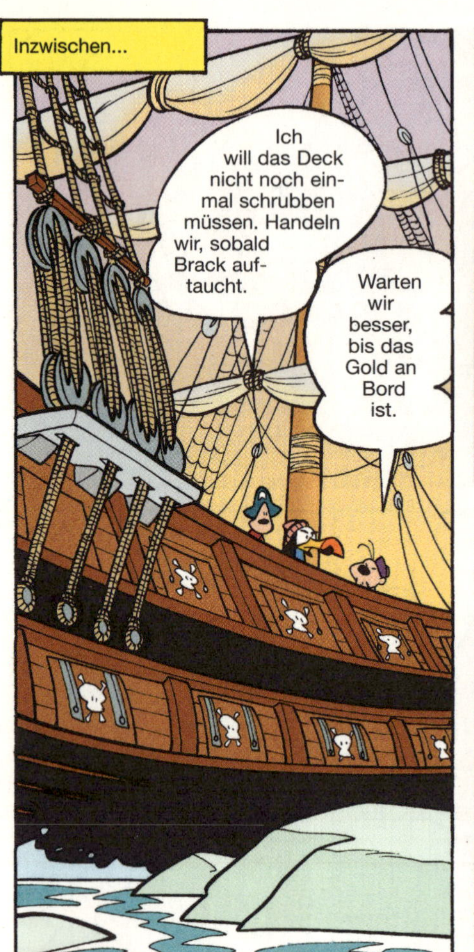
Inzwischen...
Ich will das Deck nicht noch einmal schrubben müssen. Handeln wir, sobald Brack auftaucht.
Warten wir besser, bis das Gold an Bord ist.
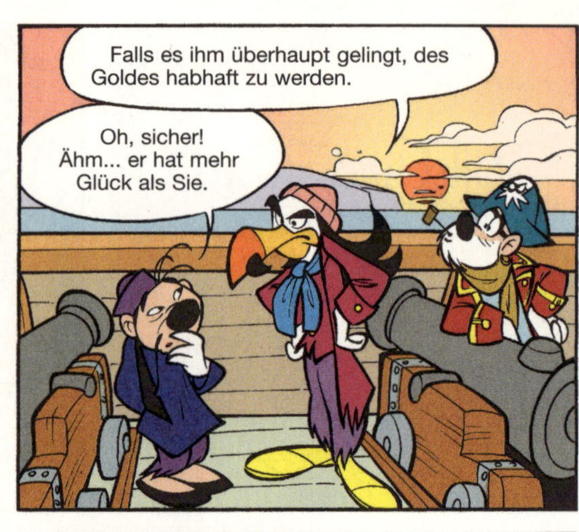
Falls es ihm überhaupt gelingt, des Goldes habhaft zu werden.
Oh, sicher! Ähm... er hat mehr Glück als Sie.
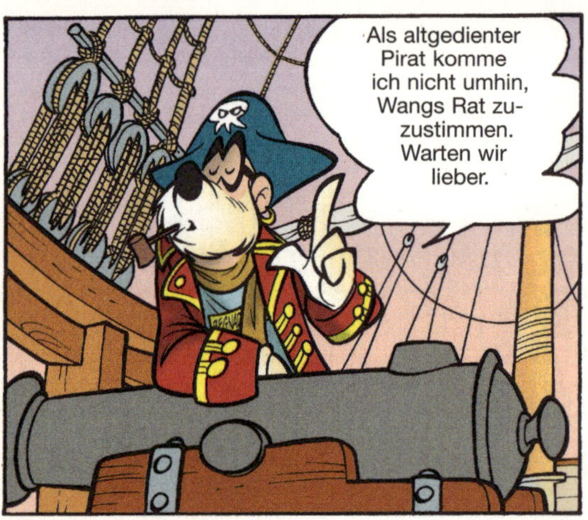
Als altgedienter Pirat komme ich nicht umhin, Wangs Rat zuzustimmen. Warten wir lieber.
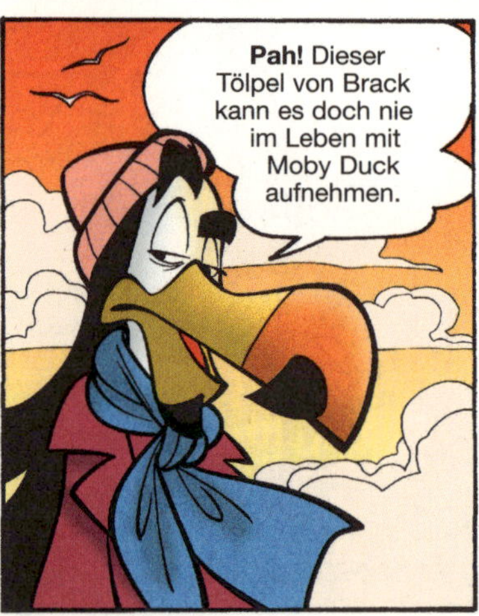
Pah! Dieser Tölpel von Brack kann es doch nie im Leben mit Moby Duck aufnehmen.
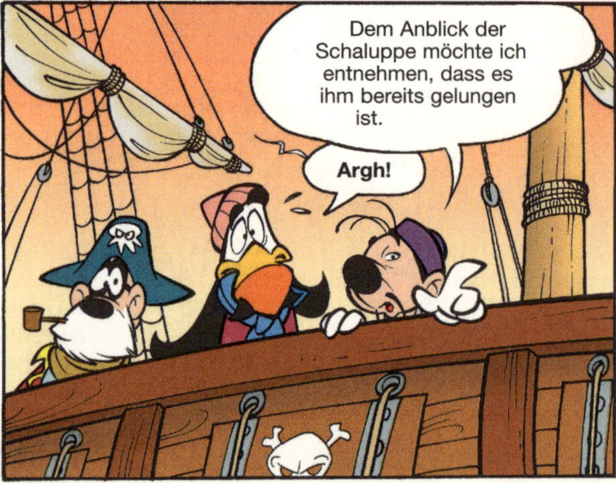
Dem Anblick der Schaluppe möchte ich entnehmen, dass es ihm bereits gelungen ist.
Argh!

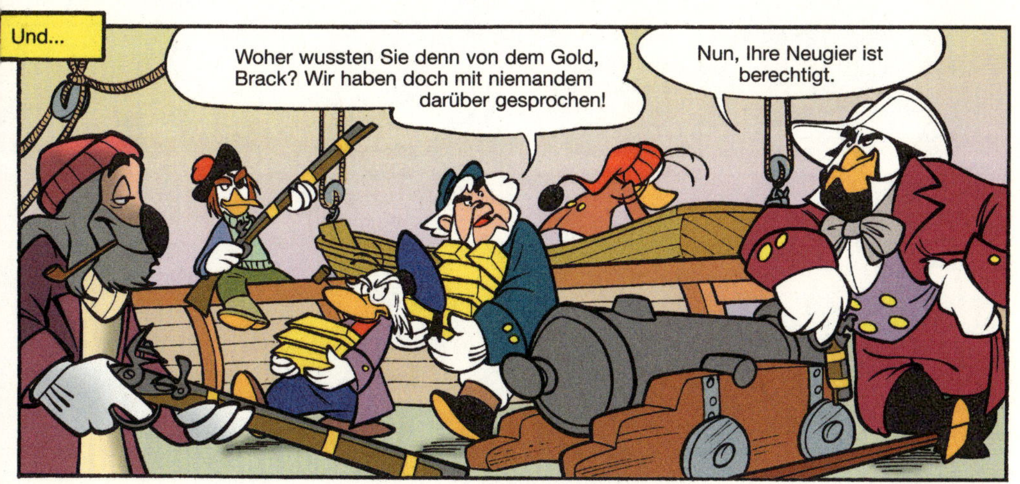
Und...
Woher wussten Sie denn von dem Gold, Brack? Wir haben doch mit niemandem darüber gesprochen!
Nun, Ihre Neugier ist berechtigt.

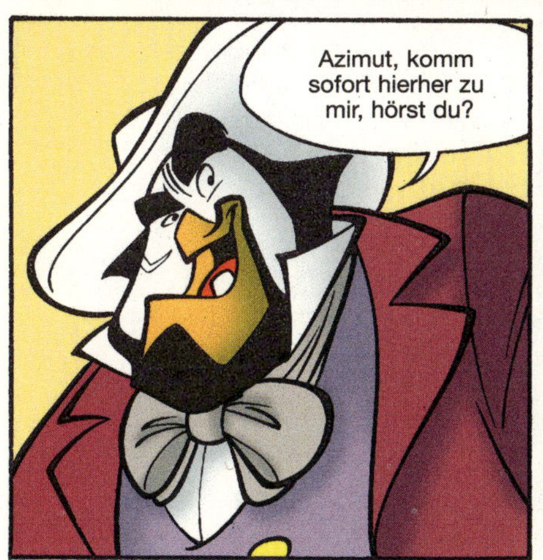
Azimut, komm sofort hierher zu mir, hörst du?

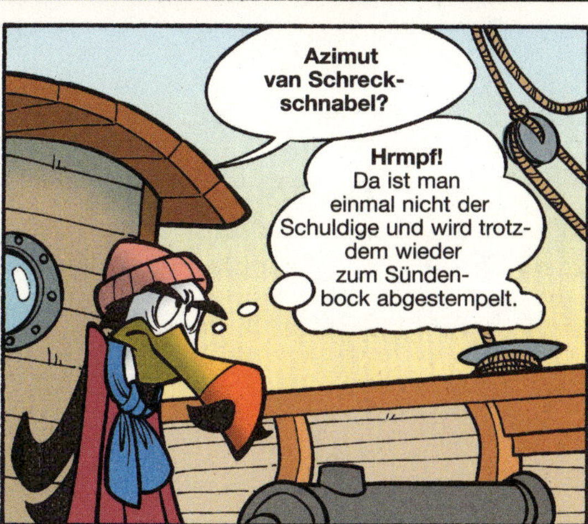
Azimut van Schreck-schnabel?
Hrmpf! Da ist man einmal nicht der Schuldige und wird trotz-dem wieder zum Sünden-bock abgestempelt.

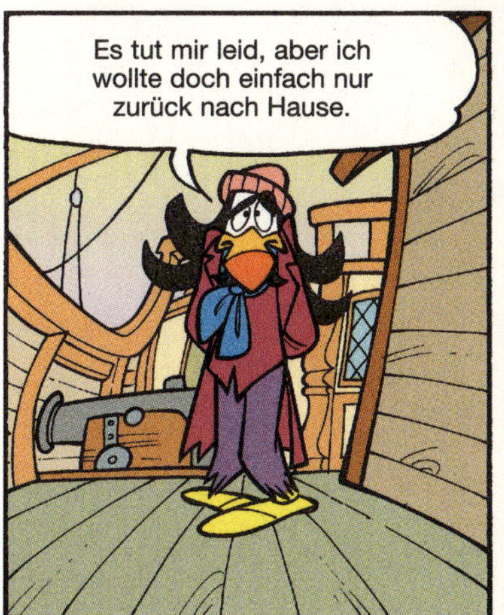
Es tut mir leid, aber ich wollte doch einfach nur zurück nach Hause.

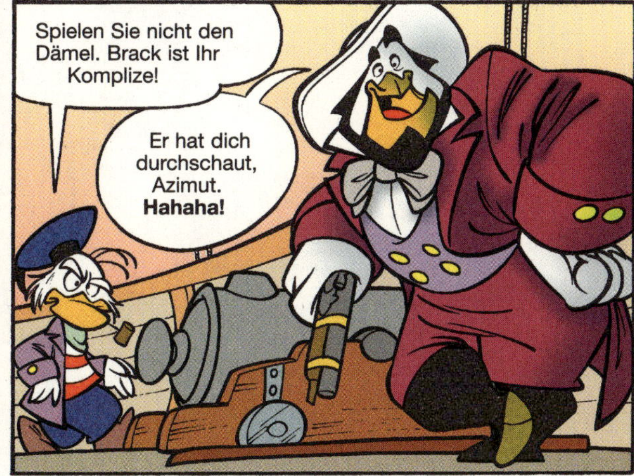
Spielen Sie nicht den Dämel. Brack ist Ihr Komplize!
Er hat dich durchschaut, Azimut. **Hahaha!**

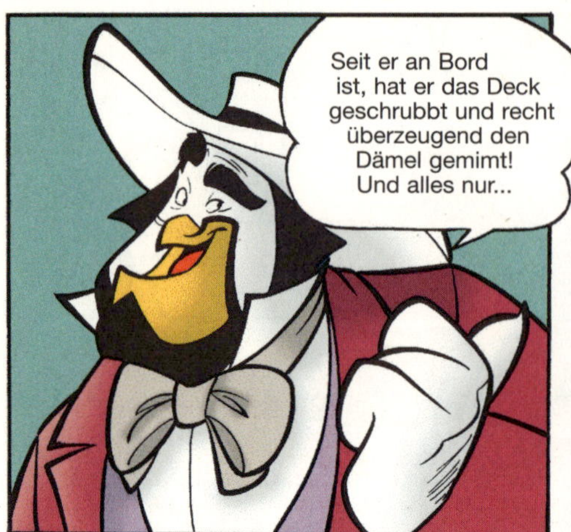
Seit er an Bord ist, hat er das Deck geschrubbt und recht überzeugend den Dämel gemimt! Und alles nur...

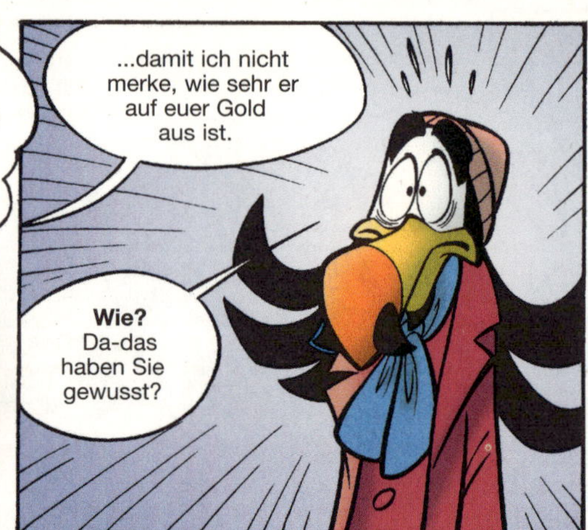
...damit ich nicht merke, wie sehr er auf euer Gold aus ist.
Wie? Da-das haben Sie gewusst?

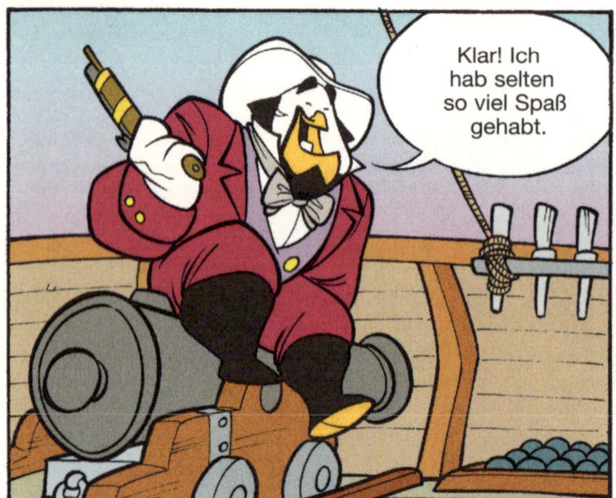
Klar! Ich hab selten so viel Spaß gehabt.

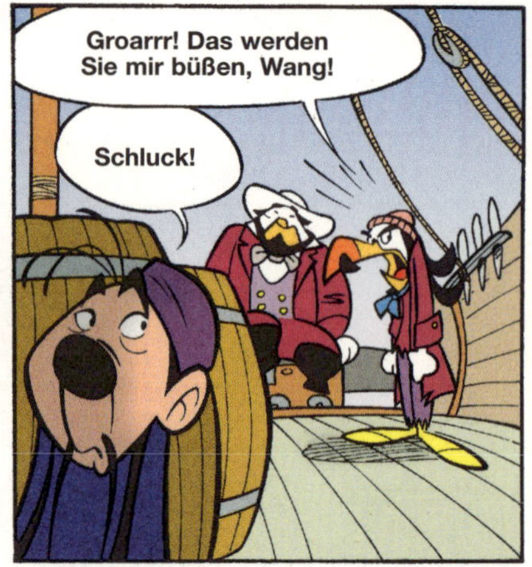
Groarrr! Das werden Sie mir büßen, Wang!
Schluck!

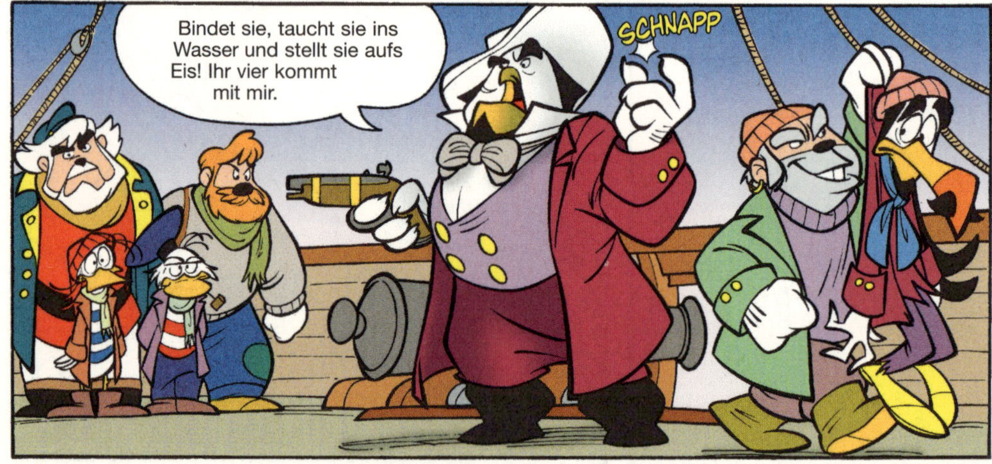
Bindet sie, taucht sie ins Wasser und stellt sie aufs Eis! Ihr vier kommt mit mir.
SCHNAPP

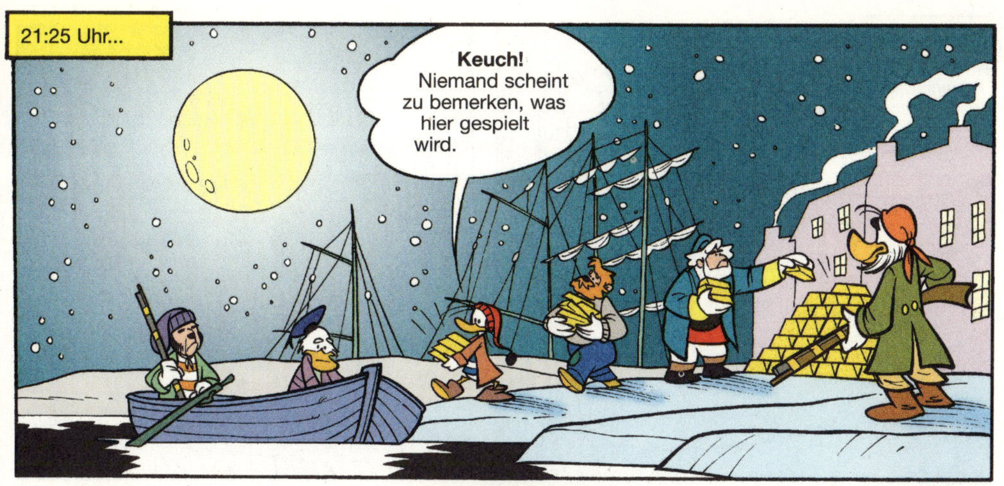
21:25 Uhr...
Keuch!
Niemand scheint zu bemerken, was hier gespielt wird.

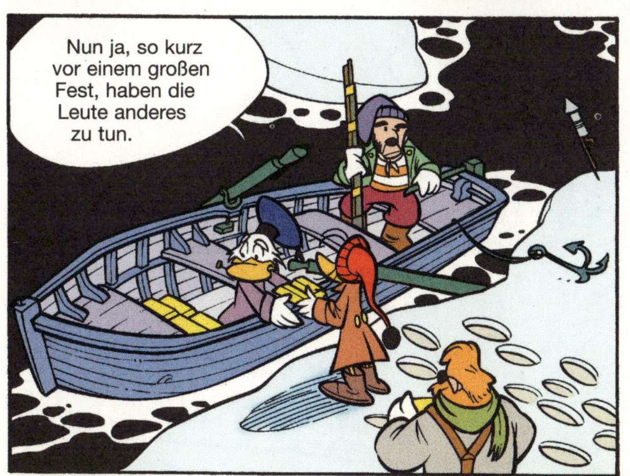
Nun ja, so kurz vor einem großen Fest, haben die Leute anderes zu tun.

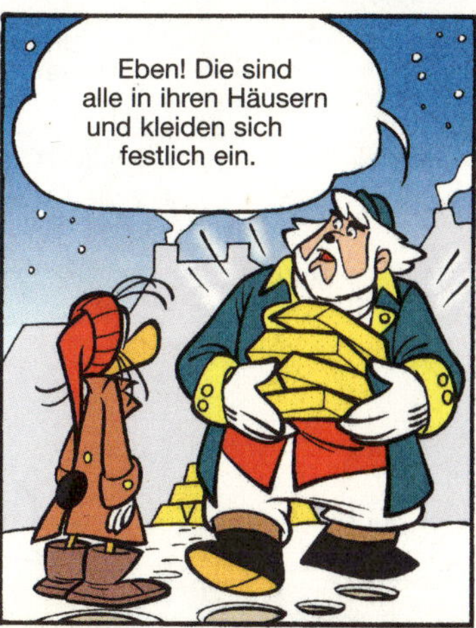
Eben! Die sind alle in ihren Häusern und kleiden sich festlich ein.

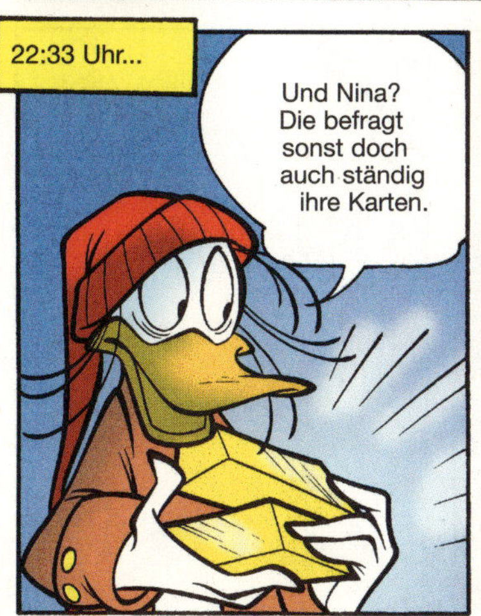
22:33 Uhr...
Und Nina? Die befragt sonst doch auch ständig ihre Karten.

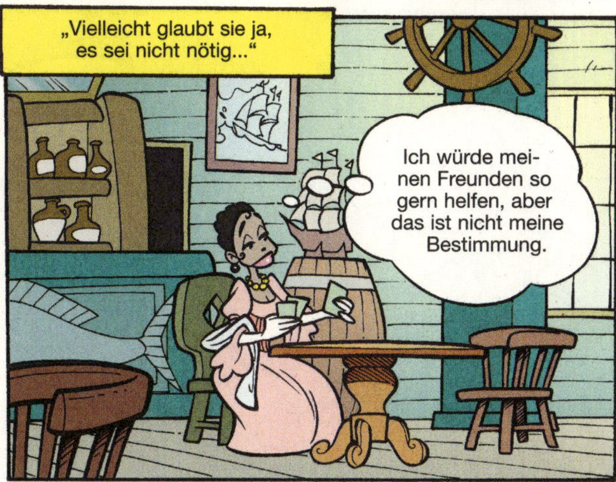
„Vielleicht glaubt sie ja, es sei nicht nötig..."
Ich würde meinen Freunden so gern helfen, aber das ist nicht meine Bestimmung.

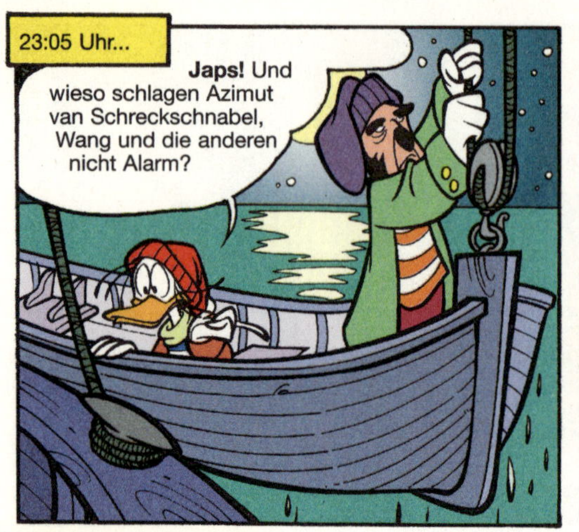
23:05 Uhr...
Japs! Und wieso schlagen Azimut van Schreckschnabel, Wang und die anderen nicht Alarm?

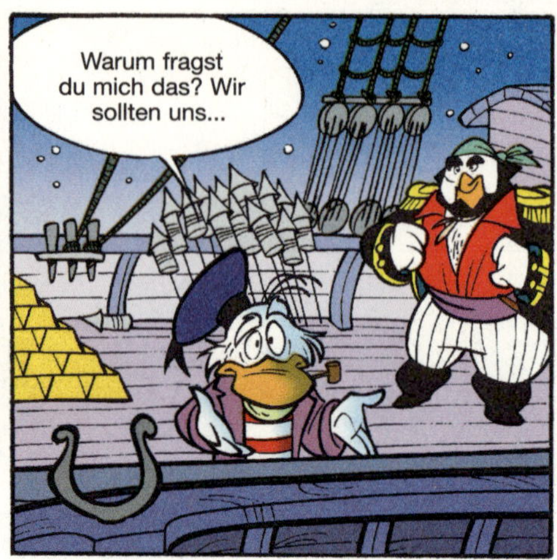
Warum fragst du mich das? Wir sollten uns...

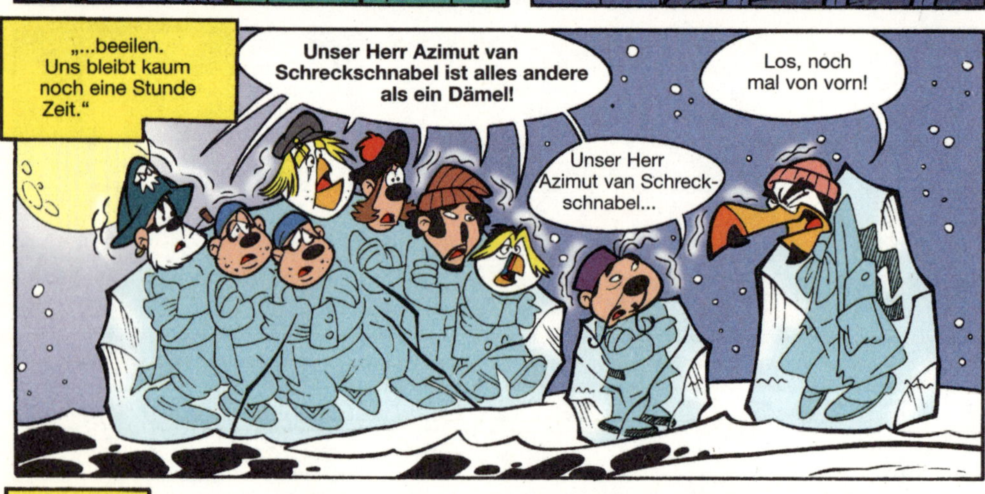
„...beeilen. Uns bleibt kaum noch eine Stunde Zeit."
Unser Herr Azimut van Schreckschnabel ist alles andere als ein Dämel!
Unser Herr Azimut van Schreckschnabel...
Los, noch mal von vorn!

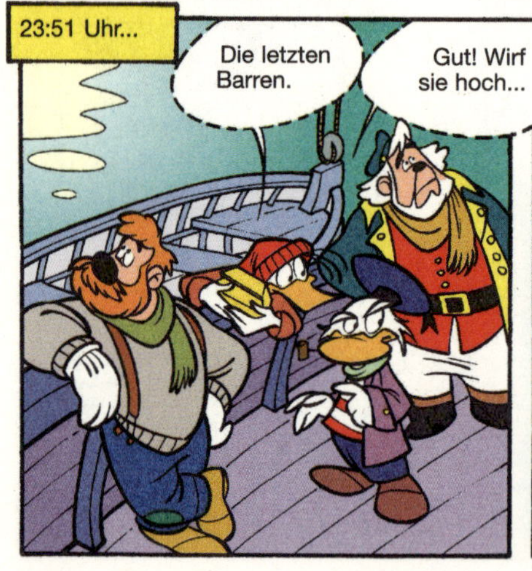
23:51 Uhr...
Die letzten Barren.
Gut! Wirf sie hoch...

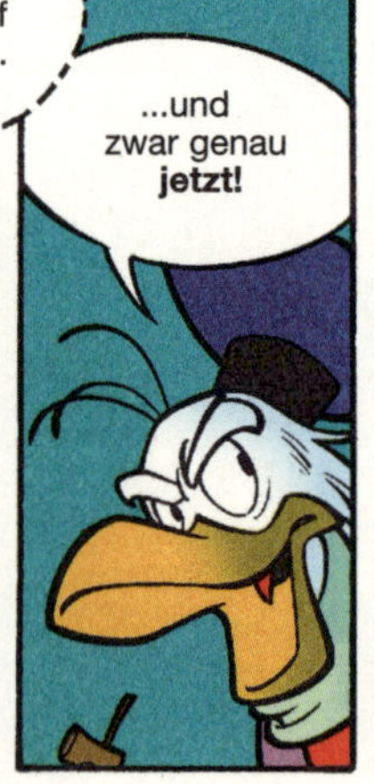
...und zwar genau **jetzt!**

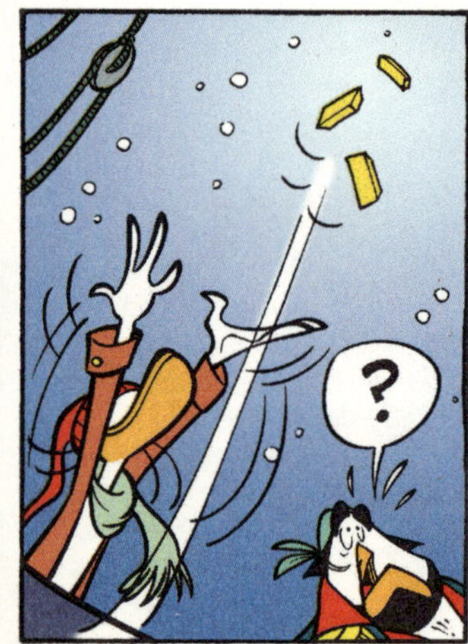
?

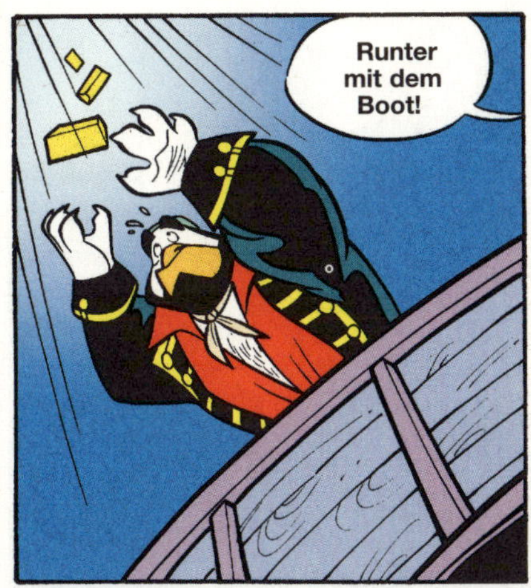
Runter mit dem Boot!

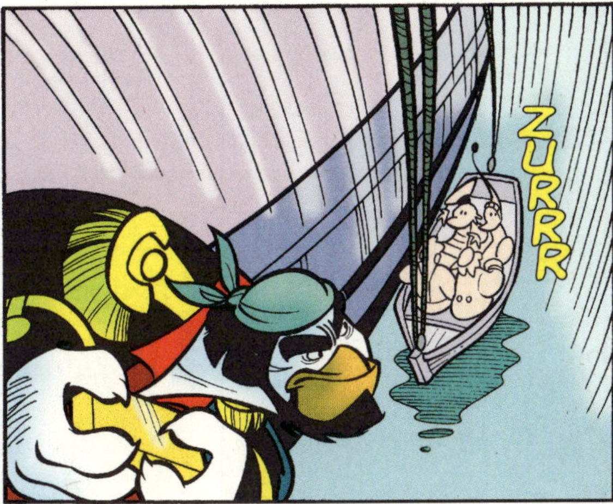
ZURRR

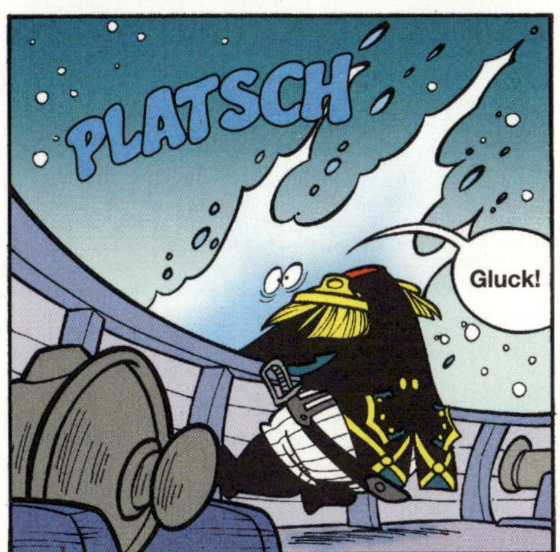
PLATSCH
Gluck!

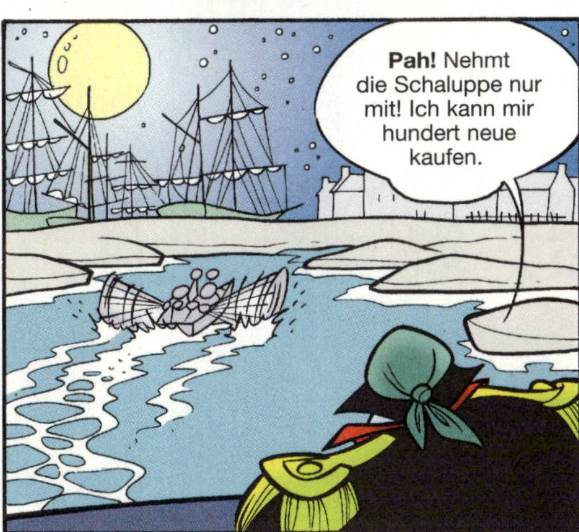
Pah! Nehmt die Schaluppe nur mit! Ich kann mir hundert neue kaufen.

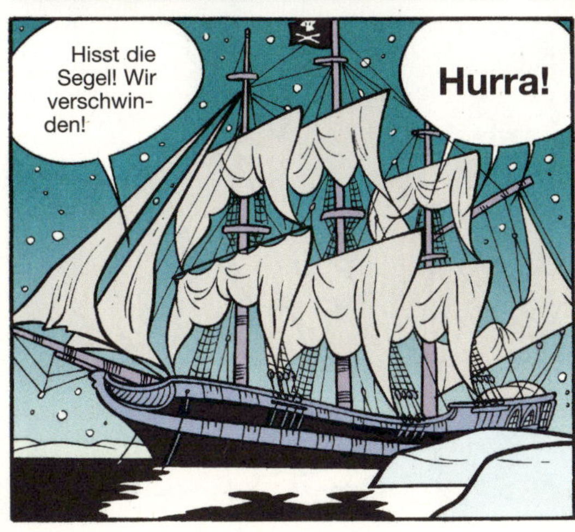
Hisst die Segel! Wir verschwinden!
Hurra!

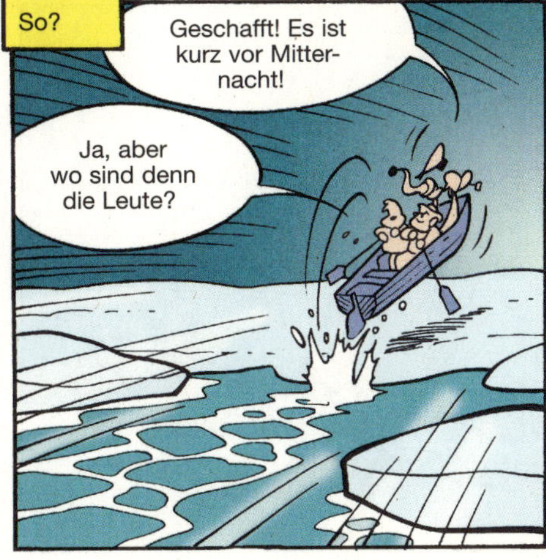
So?
Geschafft! Es ist kurz vor Mitternacht!
Ja, aber wo sind denn die Leute?

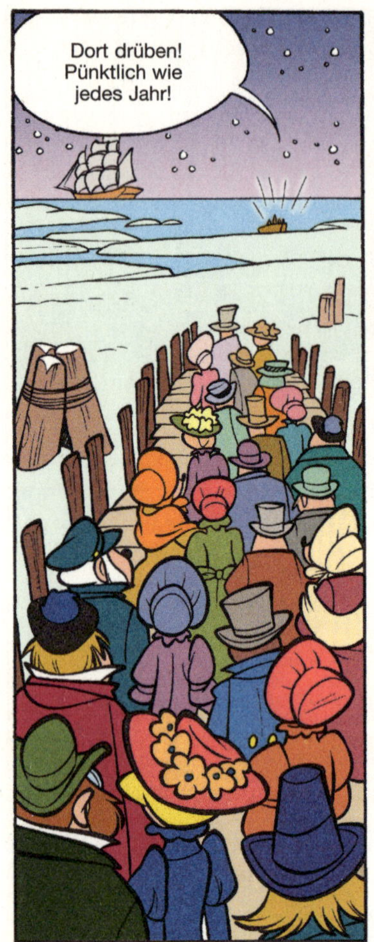
Dort drüben!
Pünktlich wie
jedes Jahr!

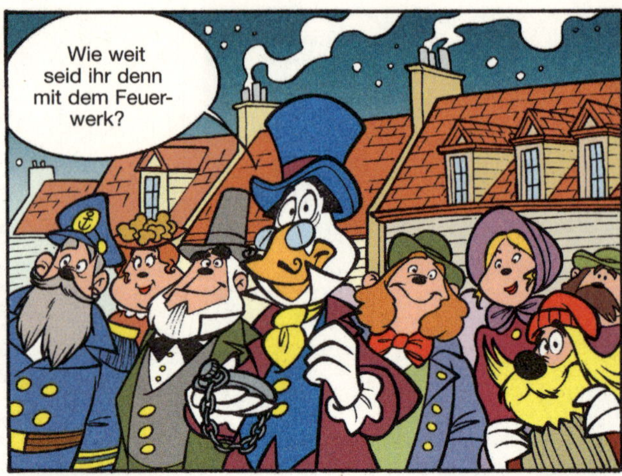
Wie weit
seid ihr denn
mit dem Feuer-
werk?

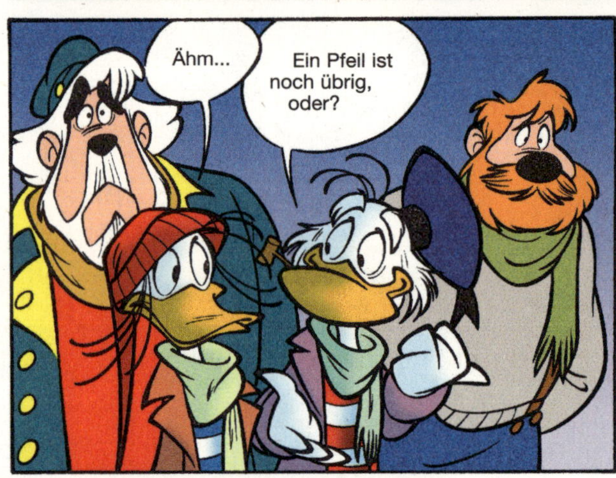
Ähm...
Ein Pfeil ist
noch übrig,
oder?

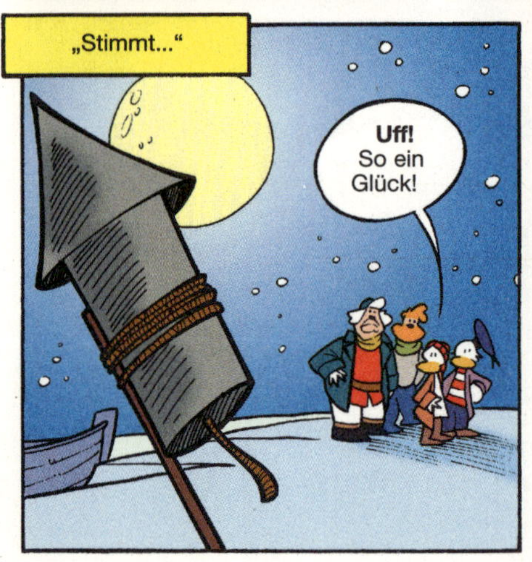
„Stimmt...“
Uff!
So ein
Glück!

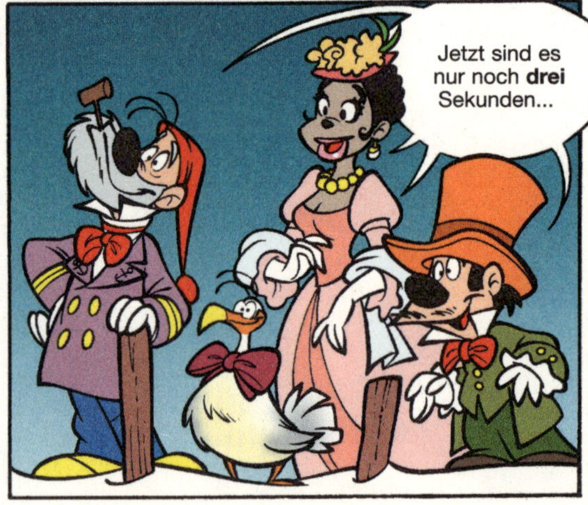
Jetzt sind es
nur noch **drei**
Sekunden...

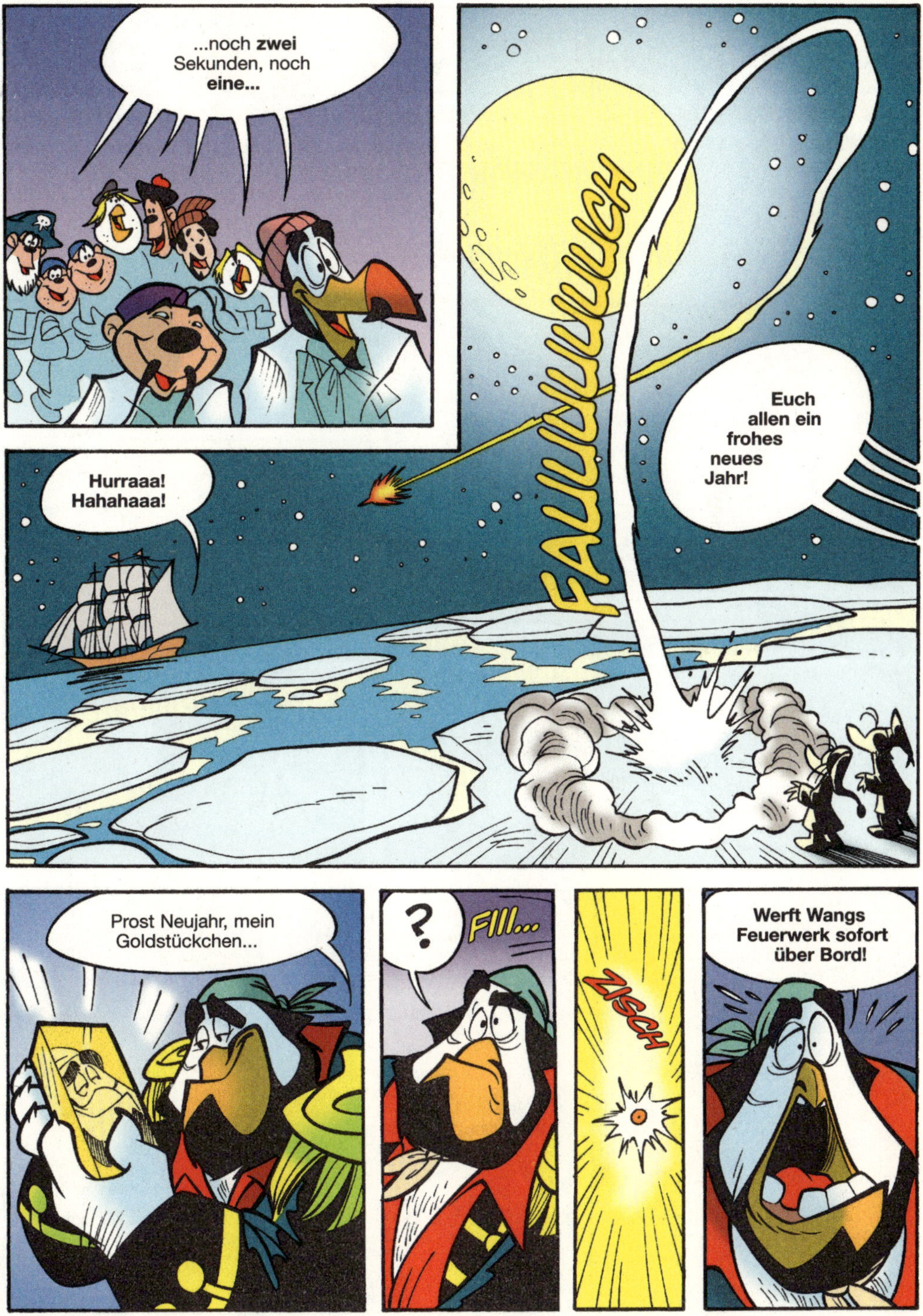

...noch **zwei** Sekunden, noch **eine...**

Hurraaa! Hahahaaa!

Euch allen ein frohes neues Jahr!

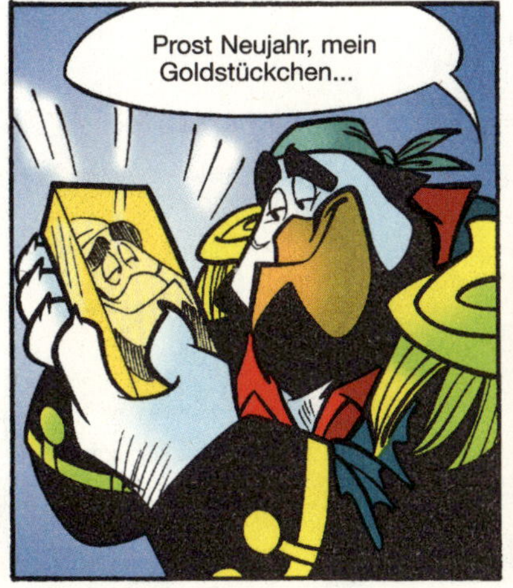

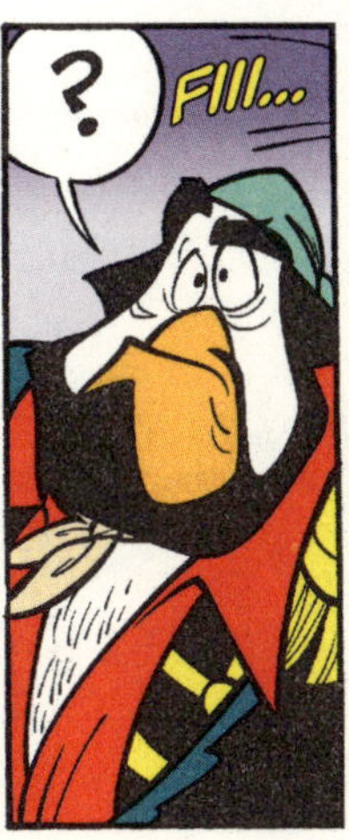

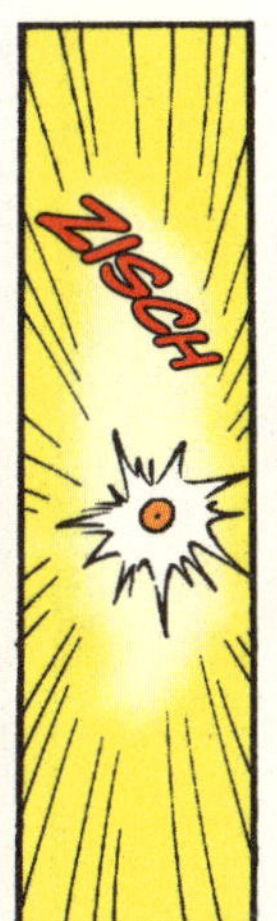

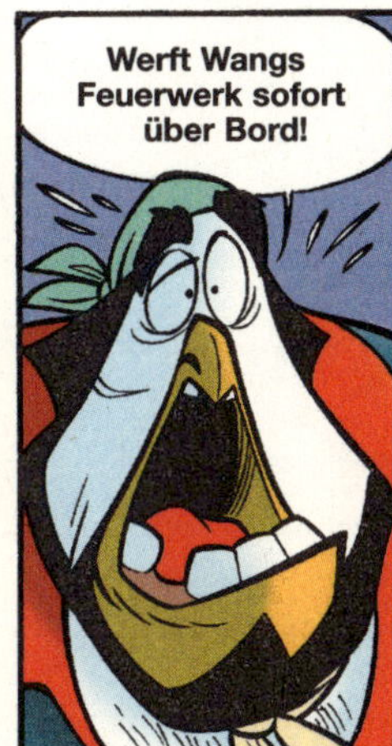

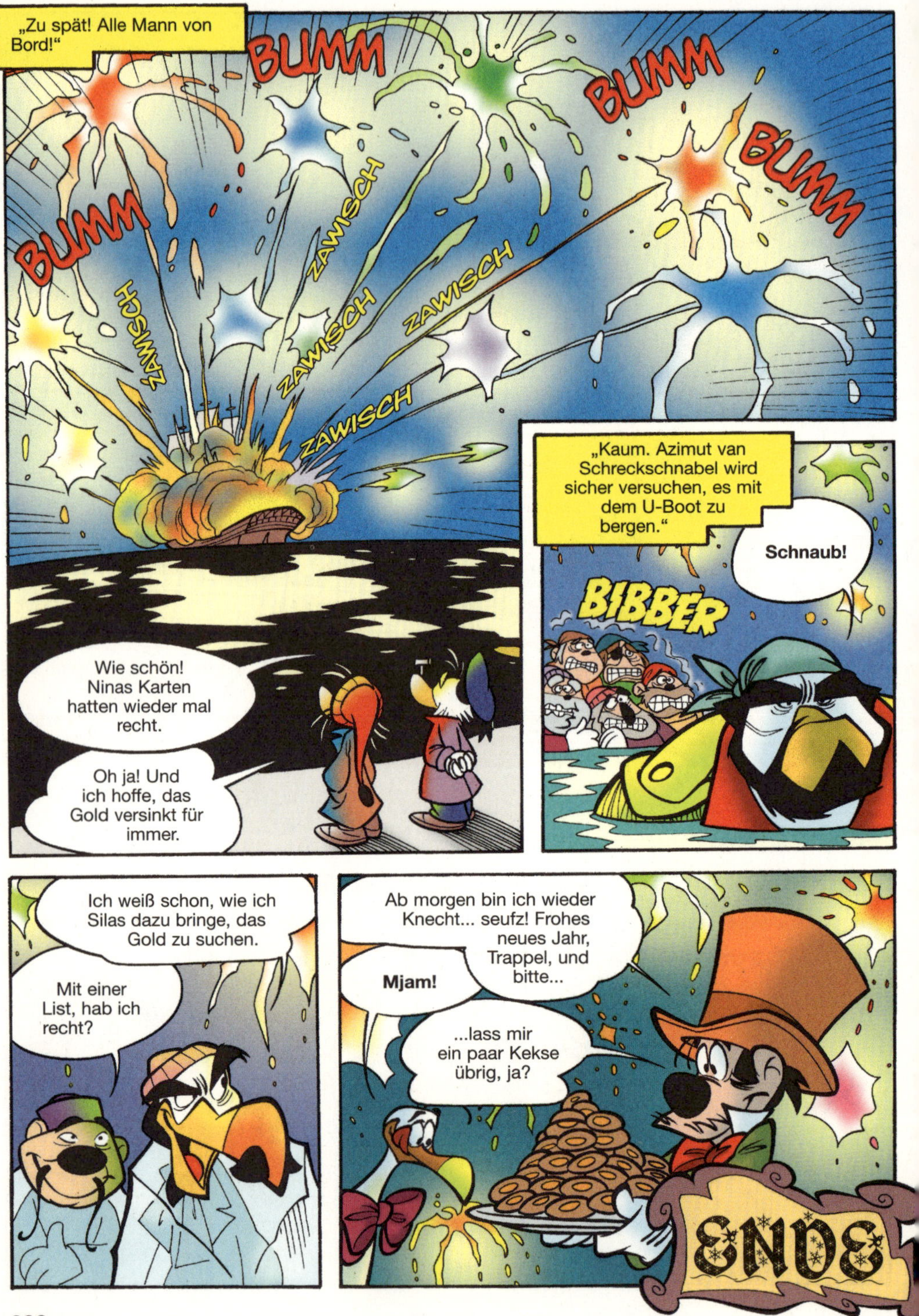

„Zu spät! Alle Mann von Bord!“

BUMM

BUMM

BUMM

BUMM

ZAWISCH

ZAWISCH

ZAWISCH

ZAWISCH

ZAWISCH

Wie schön! Ninas Karten hatten wieder mal recht.

Oh ja! Und ich hoffe, das Gold versinkt für immer.

„Kaum. Azimut van Schreckschnabel wird sicher versuchen, es mit dem U-Boot zu bergen.“

Schnaub!

BIBBER

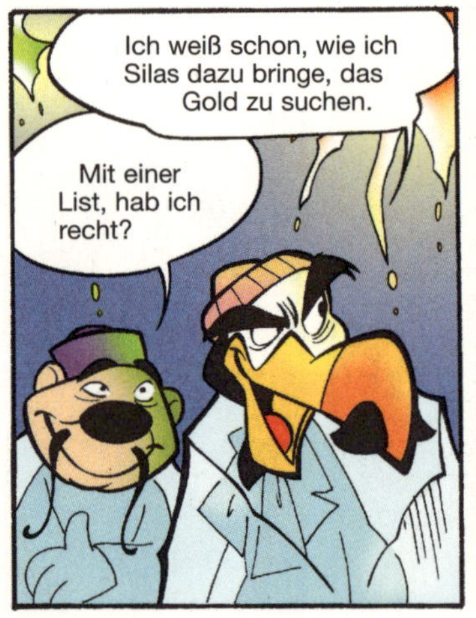

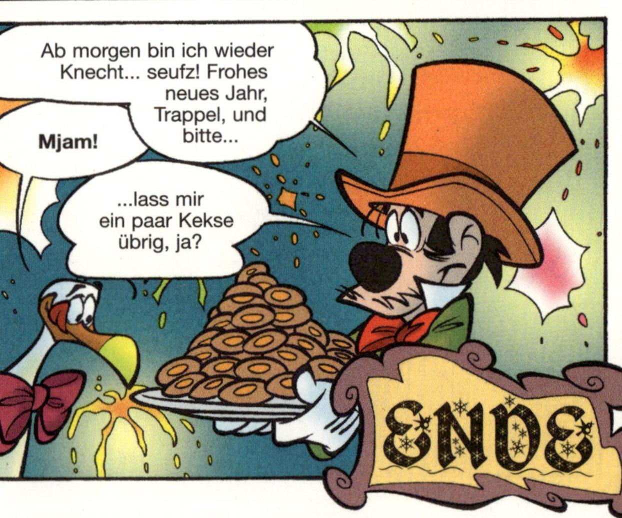

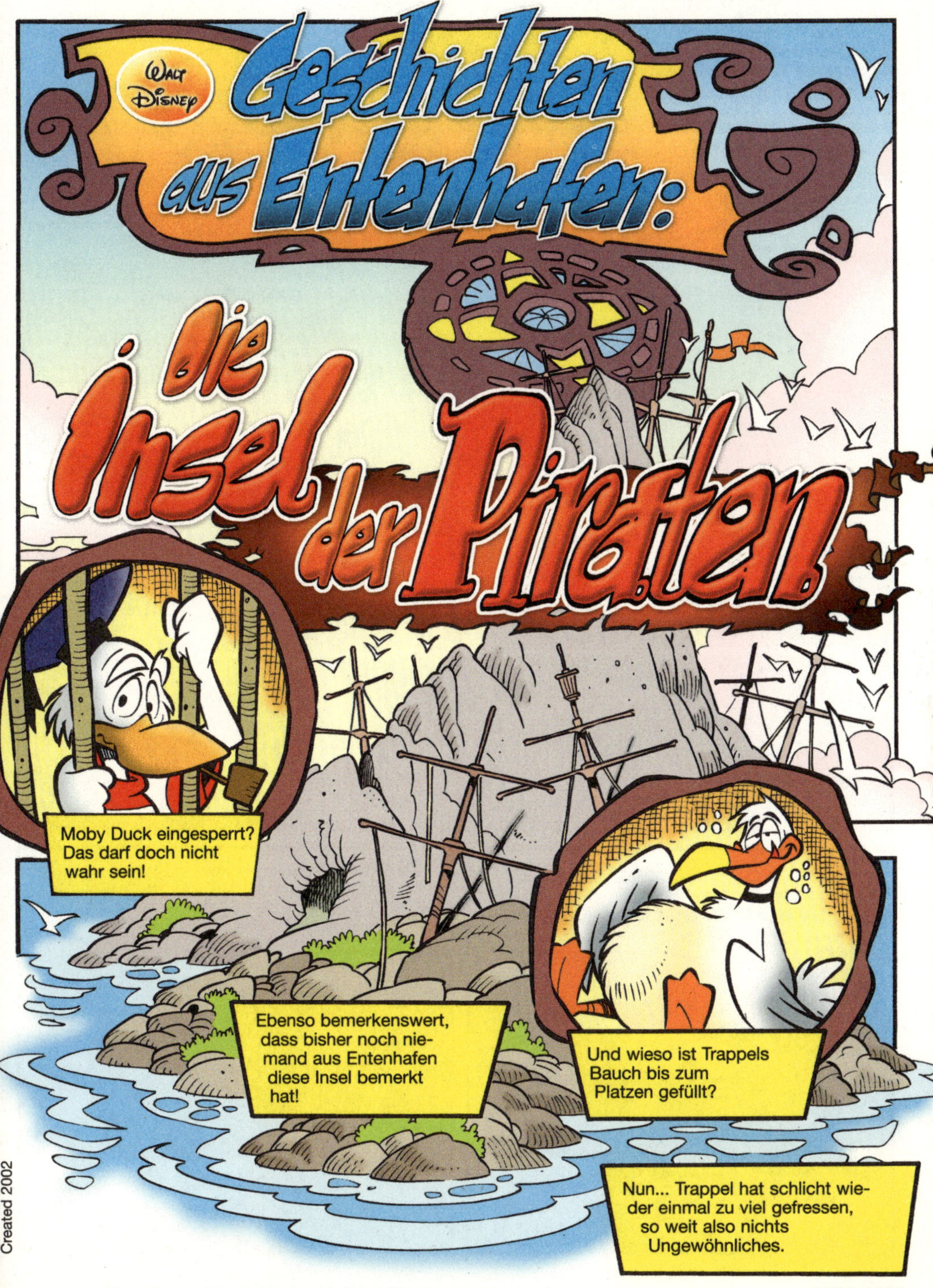

Created 2002

Augusto Macchetto (Story), **Marco Palazzi** (Zeichnungen)

I TL 2422-1

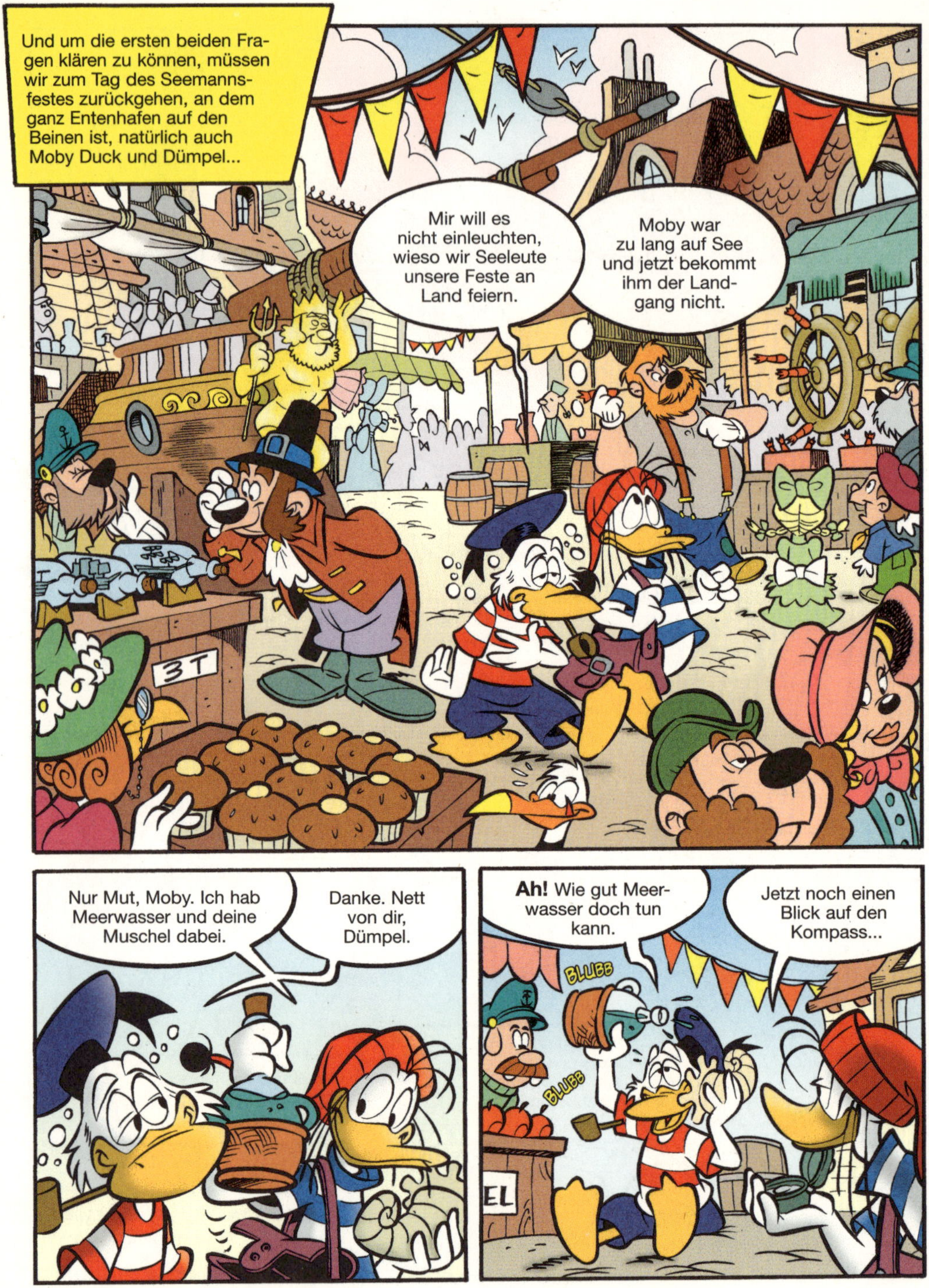

Und um die ersten beiden Fragen klären zu können, müssen wir zum Tag des Seemannsfestes zurückgehen, an dem ganz Entenhafen auf den Beinen ist, natürlich auch Moby Duck und Dümpel...

Mir will es nicht einleuchten, wieso wir Seeleute unsere Feste an Land feiern.

Moby war zu lang auf See und jetzt bekommt ihm der Landgang nicht.

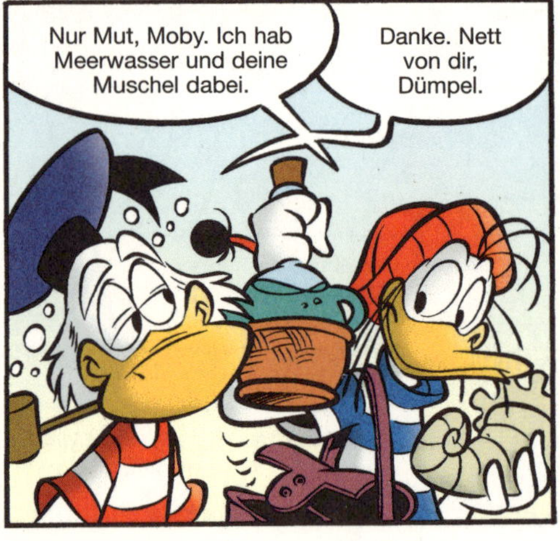

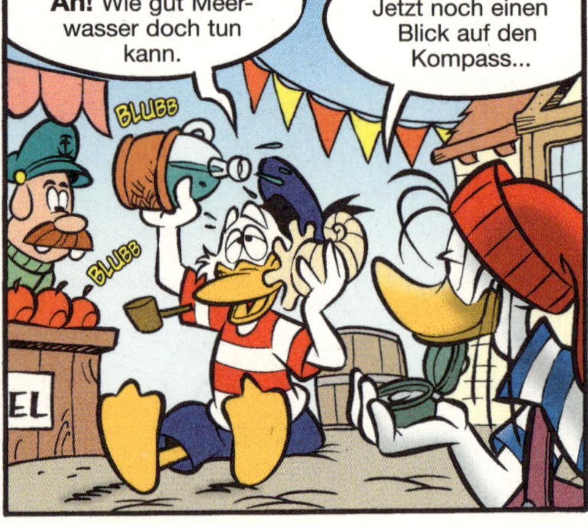

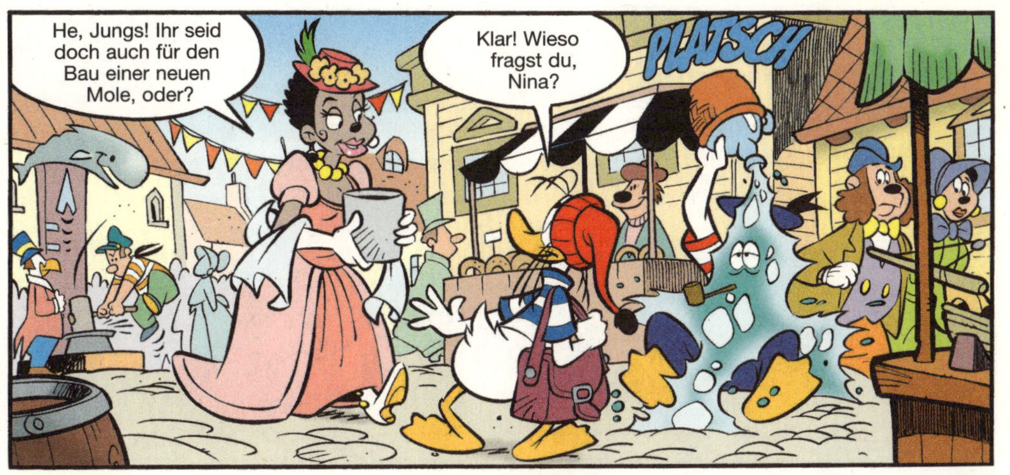
He, Jungs! Ihr seid doch auch für den Bau einer neuen Mole, oder?
Klar! Wieso fragst du, Nina?
PLATSCH

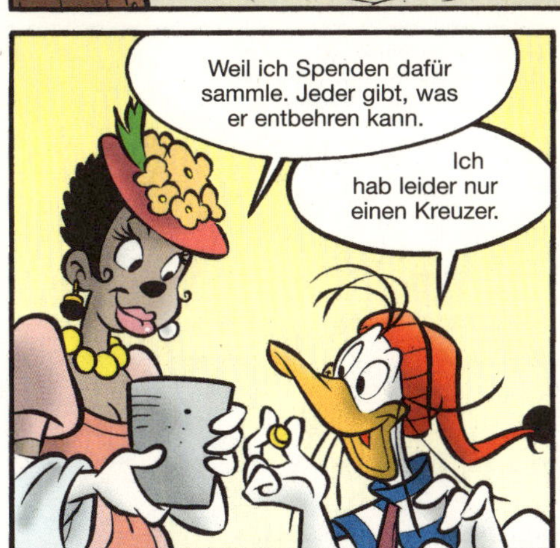
Weil ich Spenden dafür sammle. Jeder gibt, was er entbehren kann.
Ich hab leider nur einen Kreuzer.

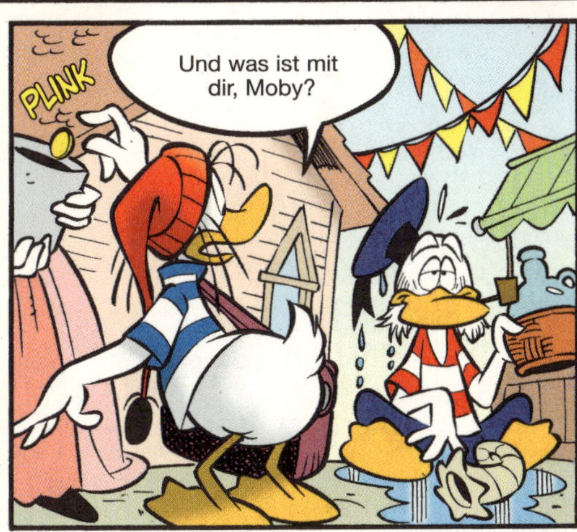
PLINK
Und was ist mit dir, Moby?

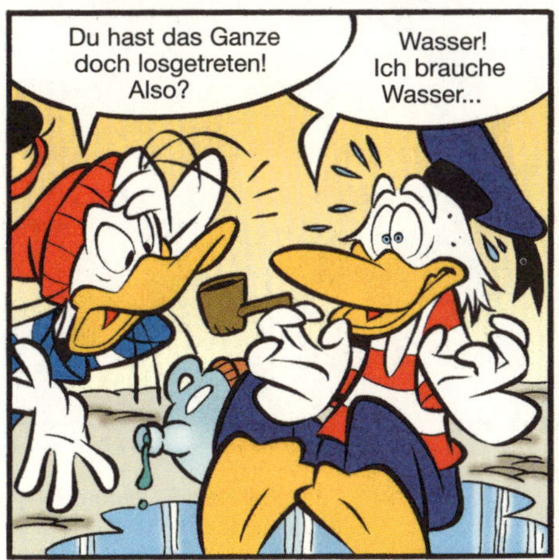
Du hast das Ganze doch losgetreten! Also?
Wasser! Ich brauche Wasser...

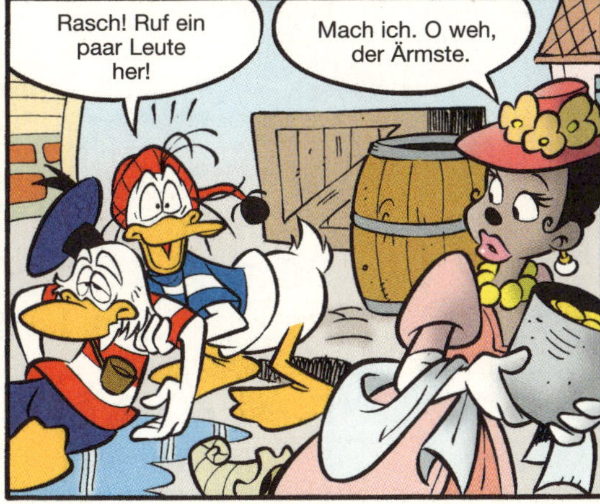
Rasch! Ruf ein paar Leute her!
Mach ich. O weh, der Ärmste.

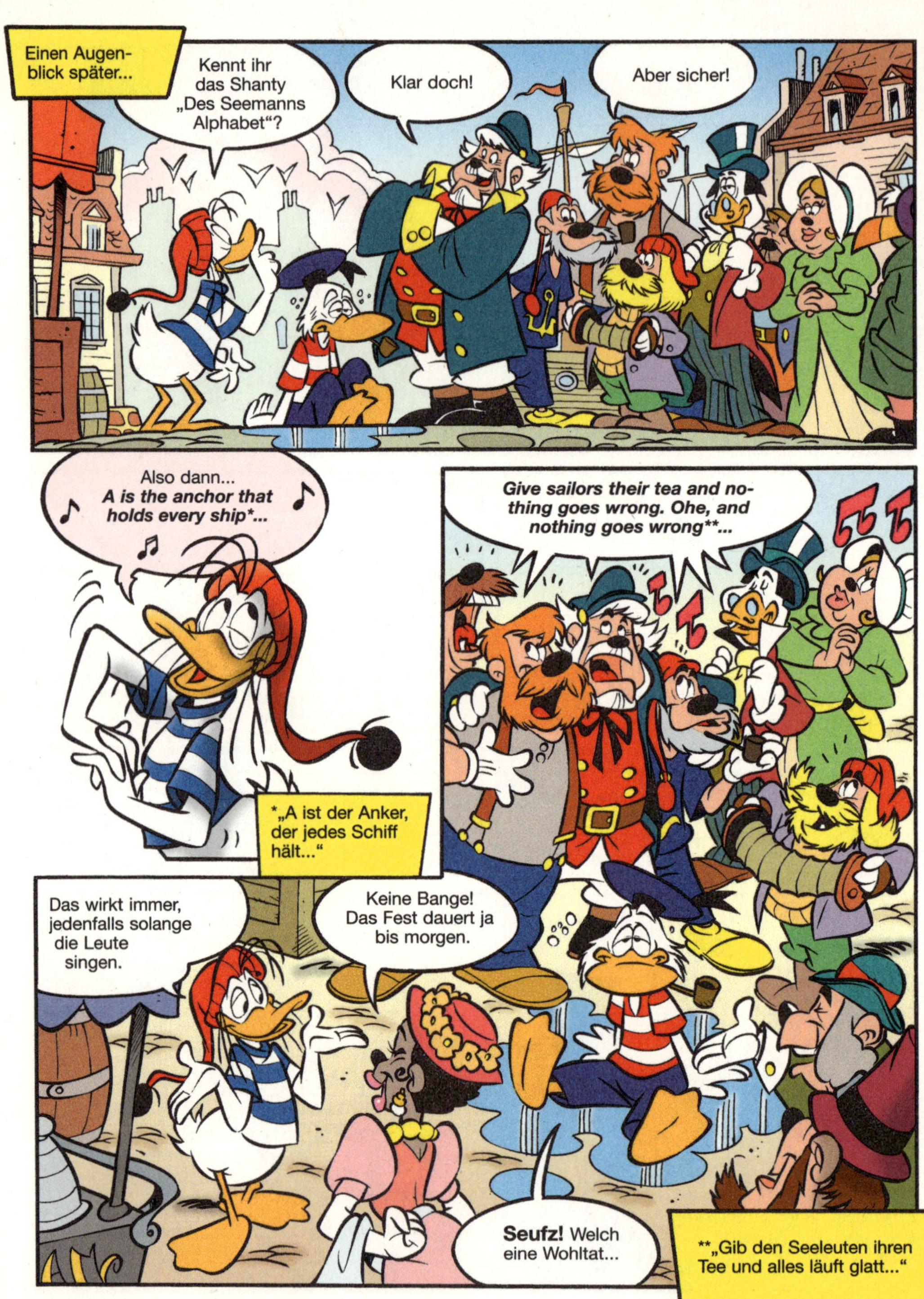

Einen Augenblick später...
Kennt ihr das Shanty „Des Seemanns Alphabet“?
Klar doch!
Aber sicher!
Also dann... A is the anchor that holds every ship*...
*„A ist der Anker, der jedes Schiff hält...“
Give sailors their tea and nothing goes wrong. Ohe, and nothing goes wrong**...
Das wirkt immer, jedenfalls solange die Leute singen.
Keine Bange! Das Fest dauert ja bis morgen.
Seufz! Welch eine Wohltat...
**„Gib den Seeleuten ihren Tee und alles läuft glatt...“

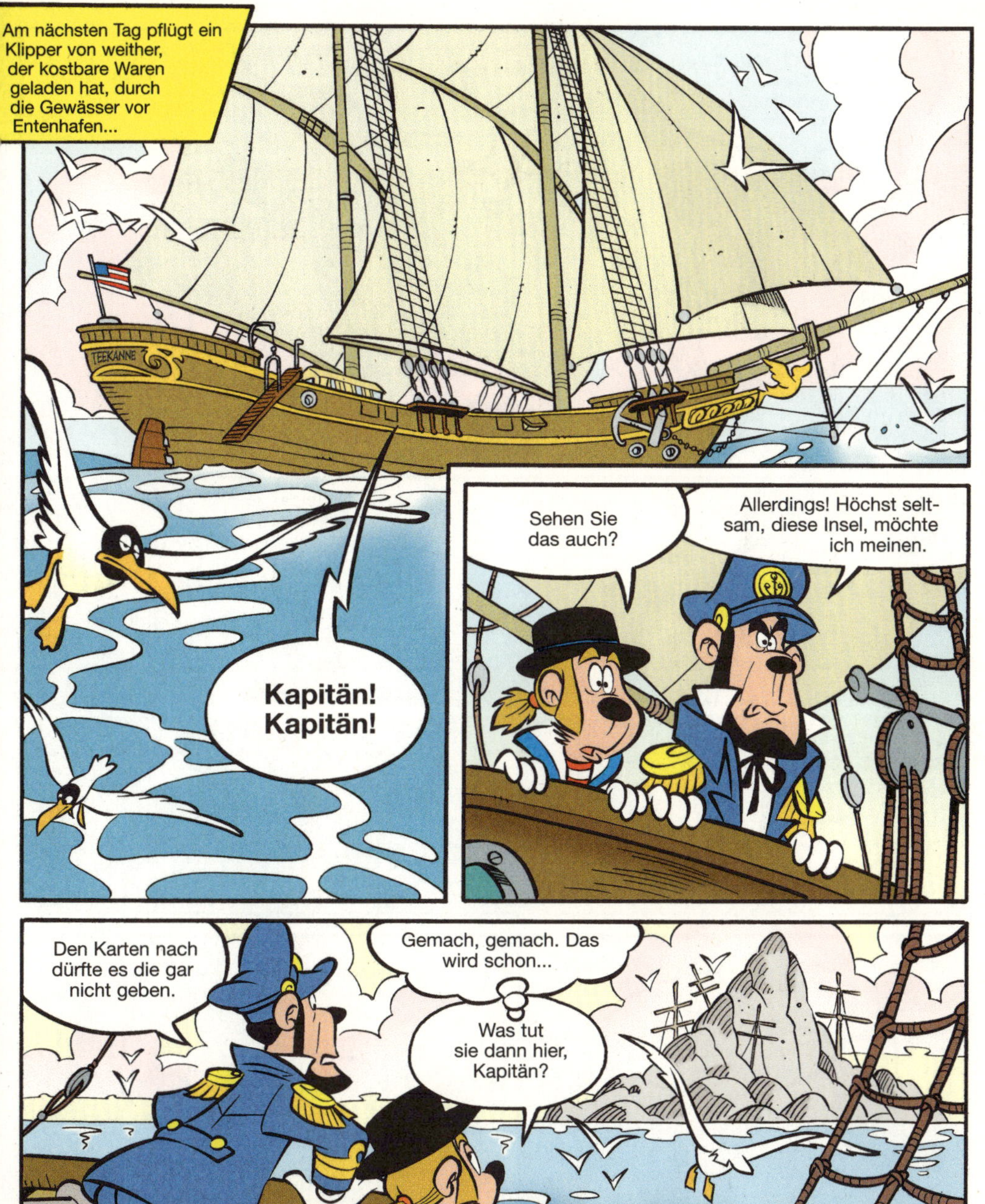
Am nächsten Tag pflügt ein Klipper von weither, der kostbare Waren geladen hat, durch die Gewässer vor Entenhafen...
TEEKANNE
Kapitän! Kapitän!
Sehen Sie das auch?
Allerdings! Höchst seltsam, diese Insel, möchte ich meinen.
Den Karten nach dürfte es die gar nicht geben.
Gemach, gemach. Das wird schon...
Was tut sie dann hier, Kapitän?

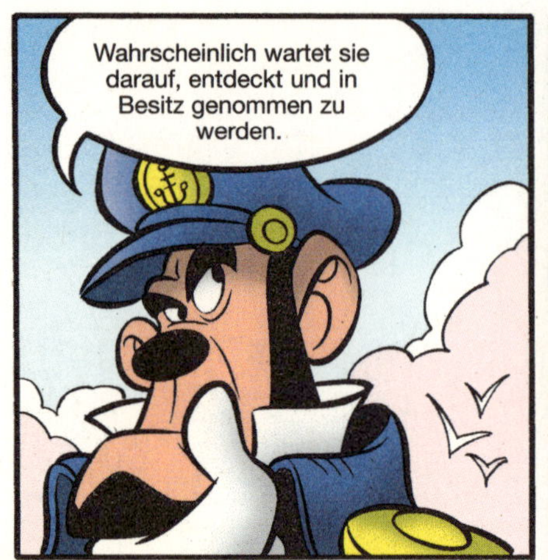
Wahrscheinlich wartet sie darauf, entdeckt und in Besitz genommen zu werden.

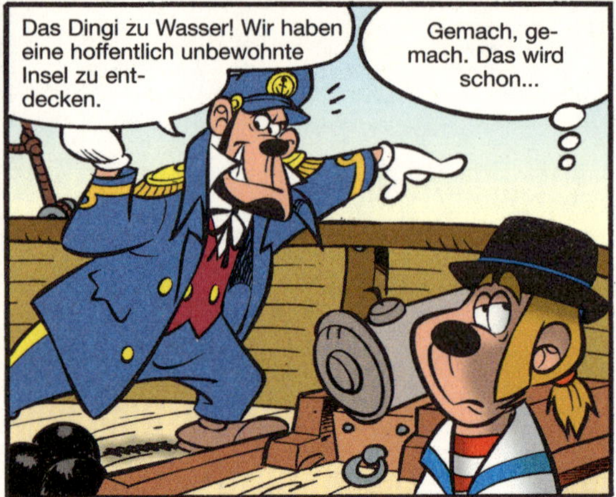
Das Dingi zu Wasser! Wir haben eine hoffentlich unbewohnte Insel zu entdecken.
Gemach, gemach. Das wird schon...

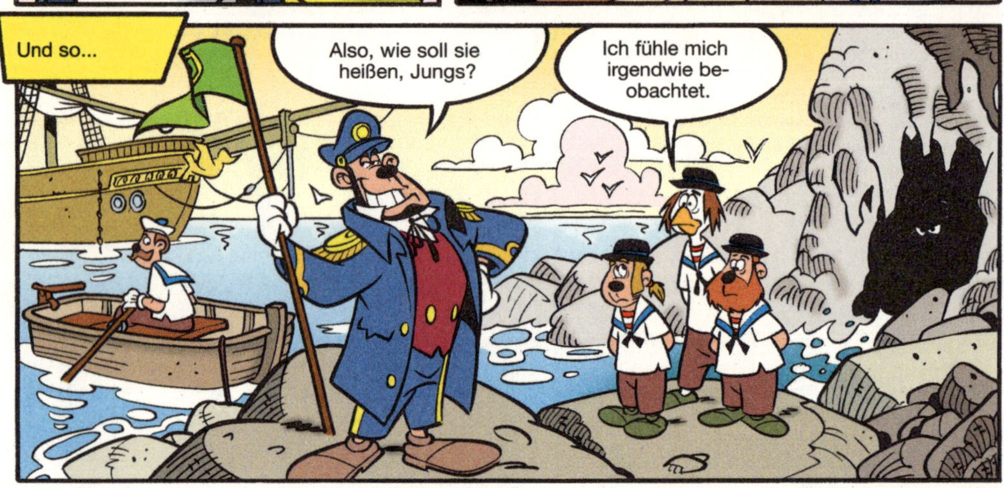
Und so...
Also, wie soll sie heißen, Jungs?
Ich fühle mich irgendwie beobachtet.

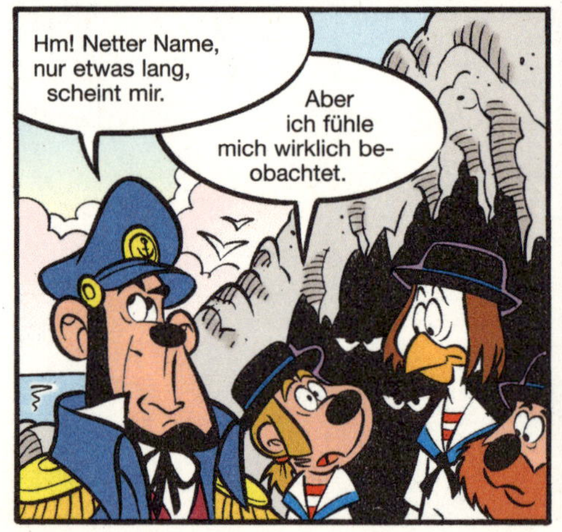
Hm! Netter Name, nur etwas lang, scheint mir.
Aber ich fühle mich wirklich beobachtet.

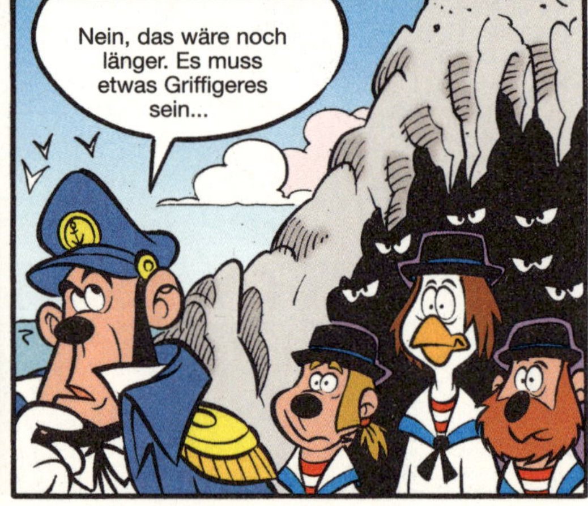
Nein, das wäre noch länger. Es muss etwas Griffigeres sein...

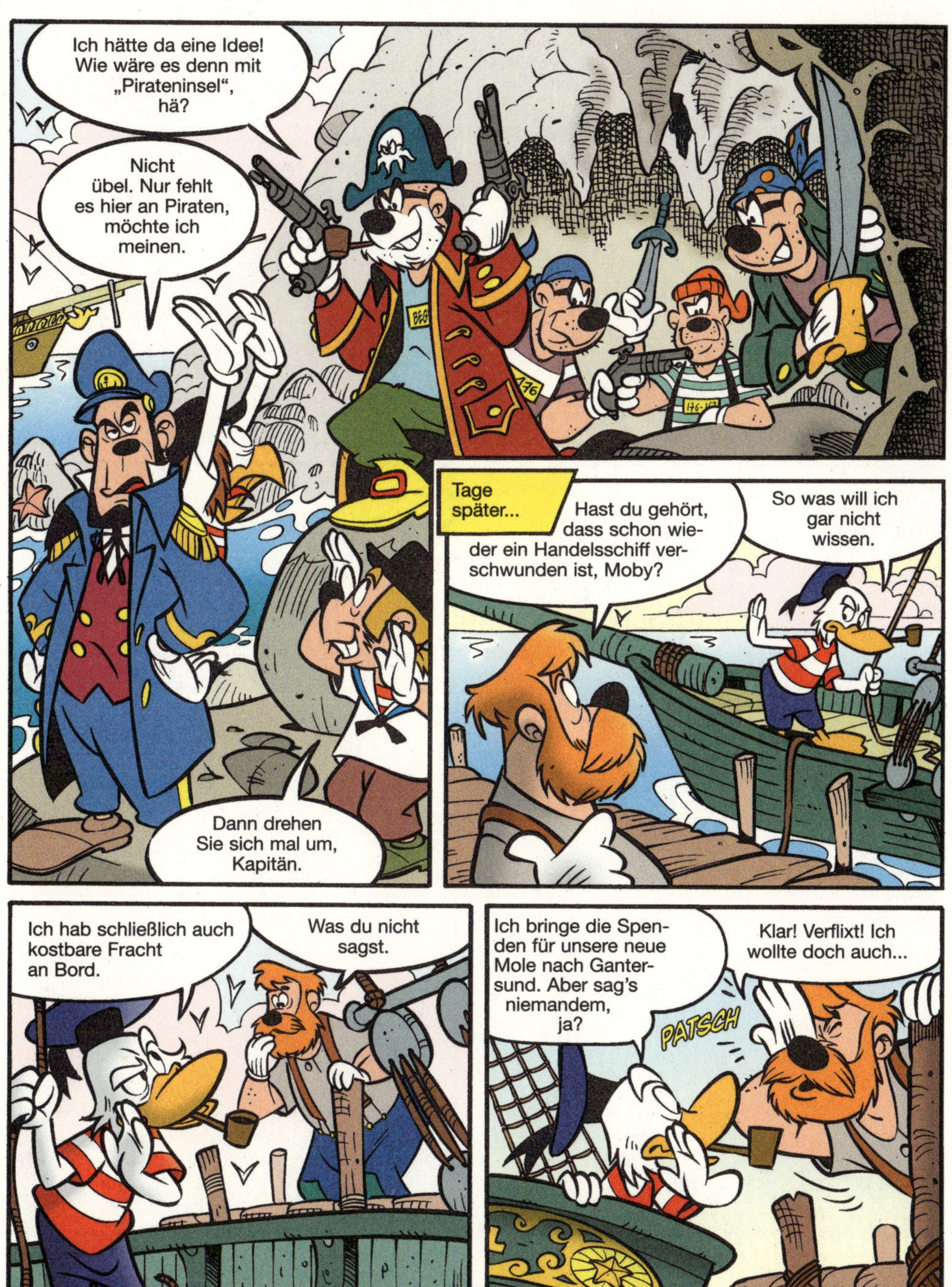
Ich hätte da eine Idee! Wie wäre es denn mit „Pirateninsel“, hä?
Nicht übel. Nur fehlt es hier an Piraten, möchte ich meinen.
Dann drehen Sie sich mal um, Kapitän.
Tage später...
Hast du gehört, dass schon wieder ein Handelsschiff verschwunden ist, Moby?
So was will ich gar nicht wissen.
Ich hab schließlich auch kostbare Fracht an Bord.
Was du nicht sagst.
Ich bringe die Spenden für unsere neue Mole nach Gantersund. Aber sag's niemandem, ja?
PATSCH
Klar! Verflixt! Ich wollte doch auch...

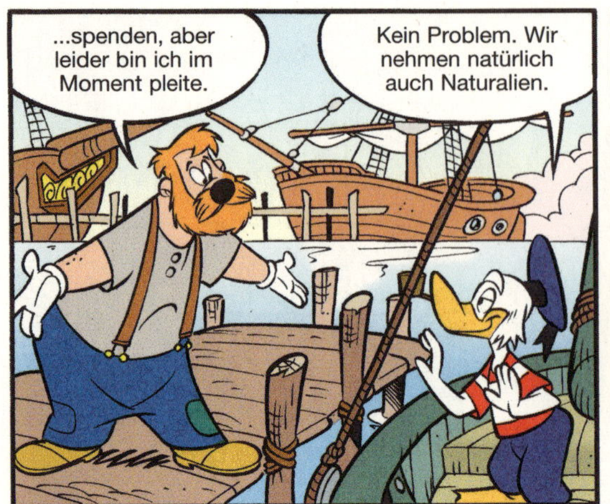
...spenden, aber leider bin ich im Moment pleite.
Kein Problem. Wir nehmen natürlich auch Naturalien.

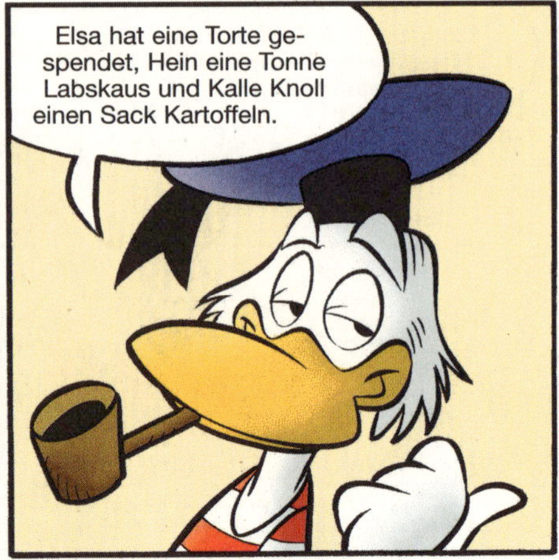
Elsa hat eine Torte gespendet, Hein eine Tonne Labskaus und Kalle Knoll einen Sack Kartoffeln.

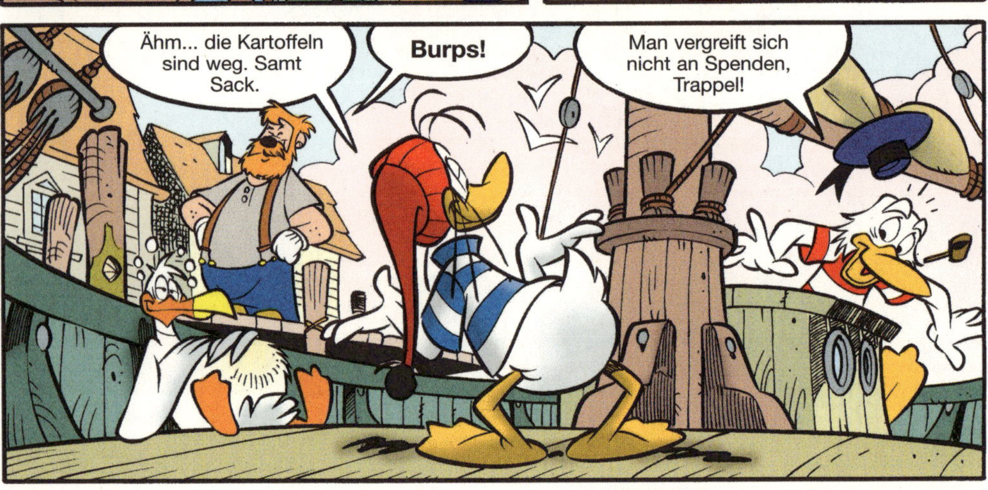
Ähm... die Kartoffeln sind weg. Samt Sack.
Burps!
Man vergreift sich nicht an Spenden, Trappel!

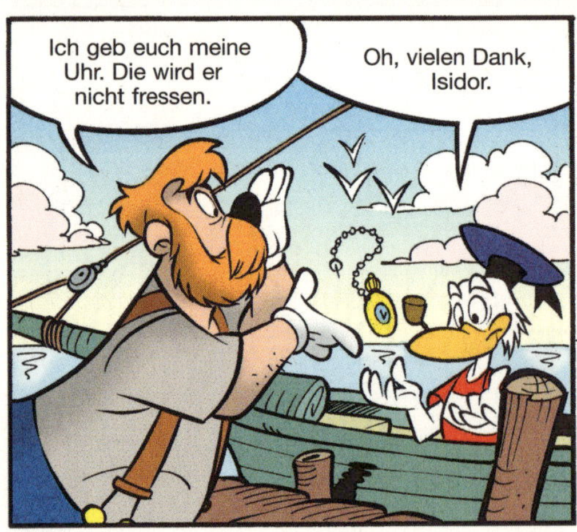
Ich geb euch meine Uhr. Die wird er nicht fressen.
Oh, vielen Dank, Isidor.

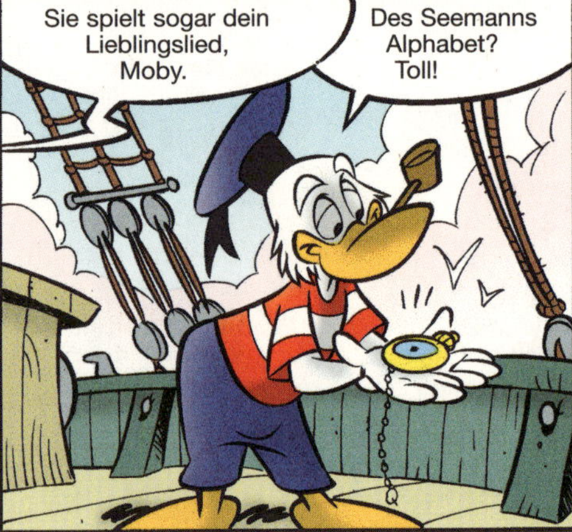
Sie spielt sogar dein Lieblingslied, Moby.
Des Seemanns Alphabet? Toll!

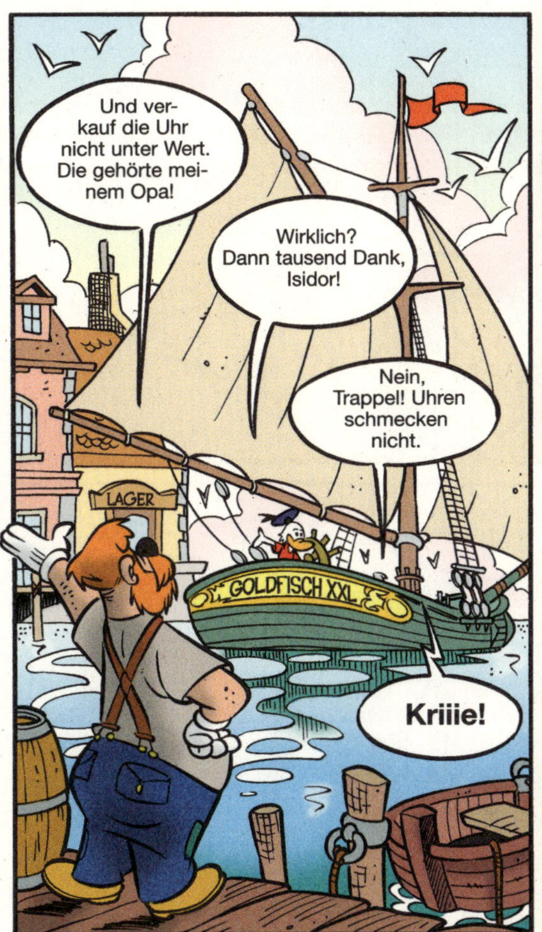
Und verkauf die Uhr nicht unter Wert. Die gehörte meinem Opa!
Wirklich? Dann tausend Dank, Isidor!
Nein, Trappel! Uhren schmecken nicht.
LAGER
GOLDFISCH XXL
Kriiie!

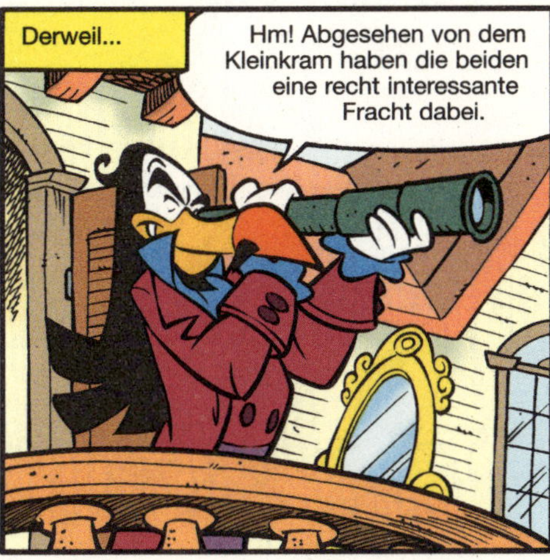
Derweil...
Hm! Abgesehen von dem Kleinkram haben die beiden eine recht interessante Fracht dabei.

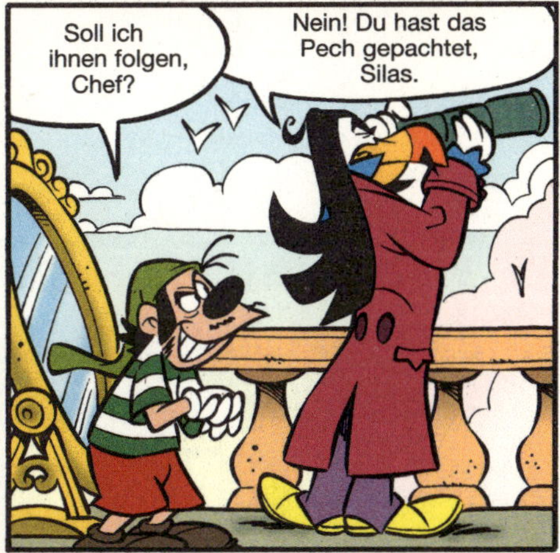
Soll ich ihnen folgen, Chef?
Nein! Du hast das Pech gepachtet, Silas.

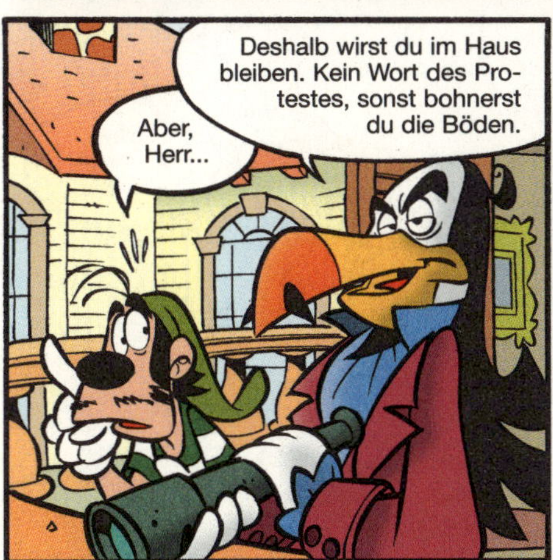
Aber, Herr...
Deshalb wirst du im Haus bleiben. Kein Wort des Protestes, sonst bohnerst du die Böden.

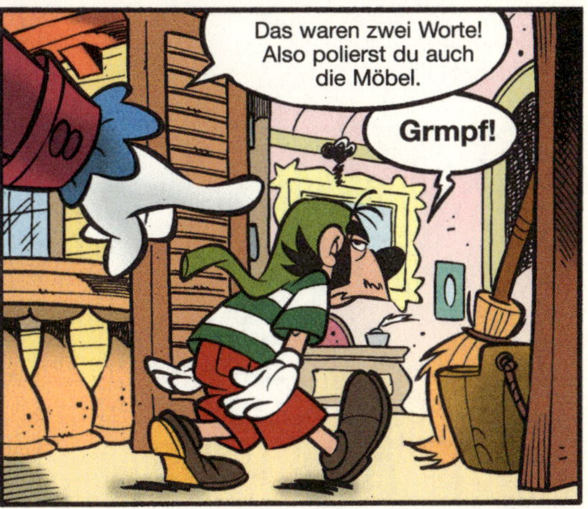
Das waren zwei Worte! Also polierst du auch die Möbel.
Grmpf!

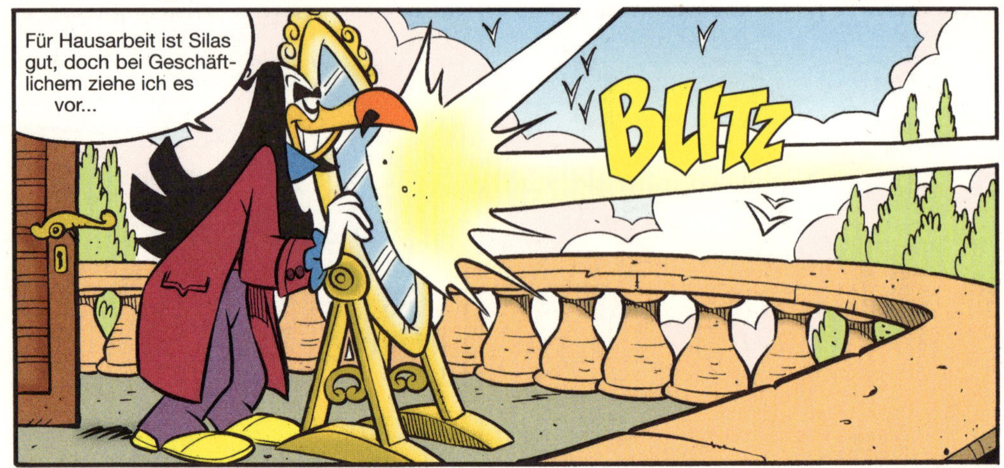
Für Hausarbeit ist Silas gut, doch bei Geschäftlichem ziehe ich es vor...
BLITZ

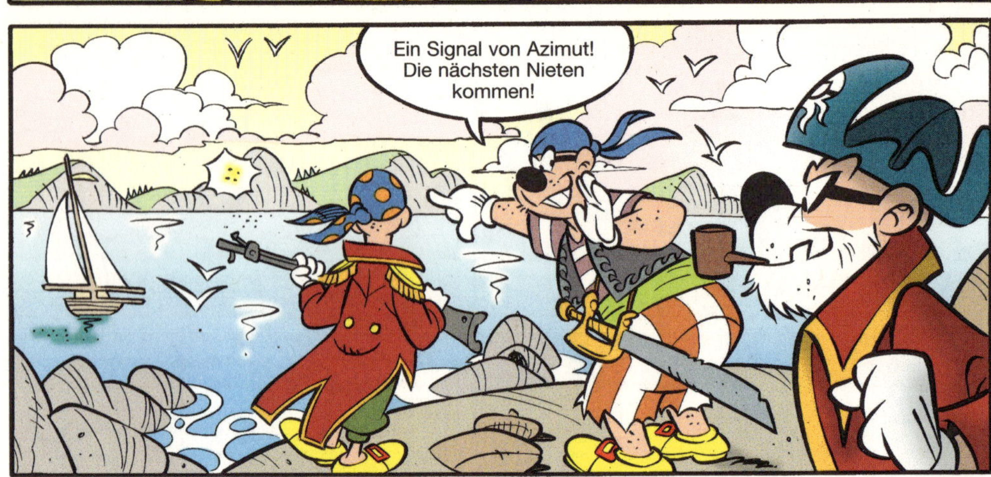
Ein Signal von Azimut! Die nächsten Nieten kommen!

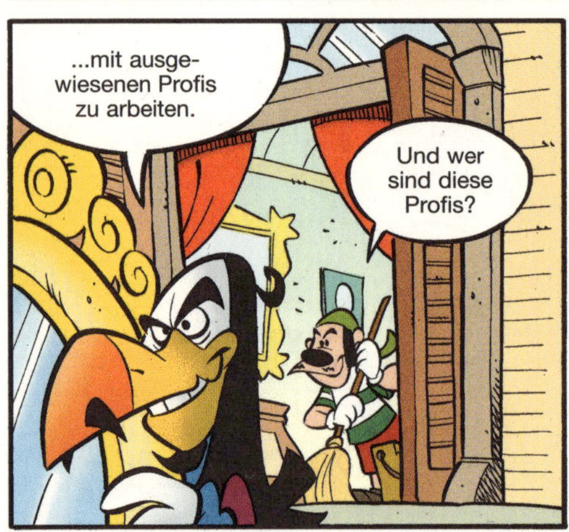
...mit ausgewiesenen Profis zu arbeiten.
Und wer sind diese Profis?

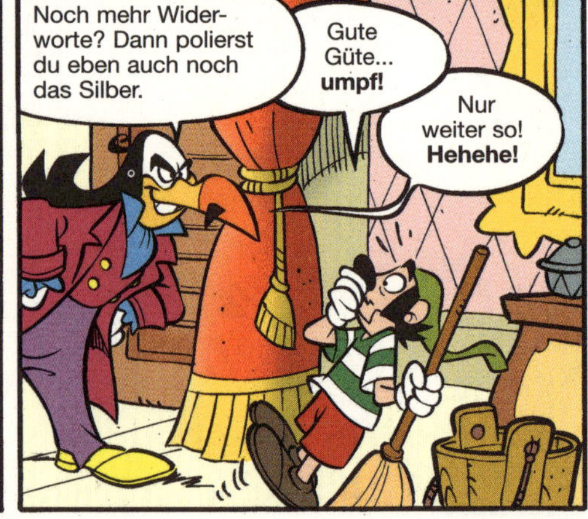
Noch mehr Widerworte? Dann polierst du eben auch noch das Silber.
Gute Güte... **umpf!**
Nur weiter so! **Hehehe!**

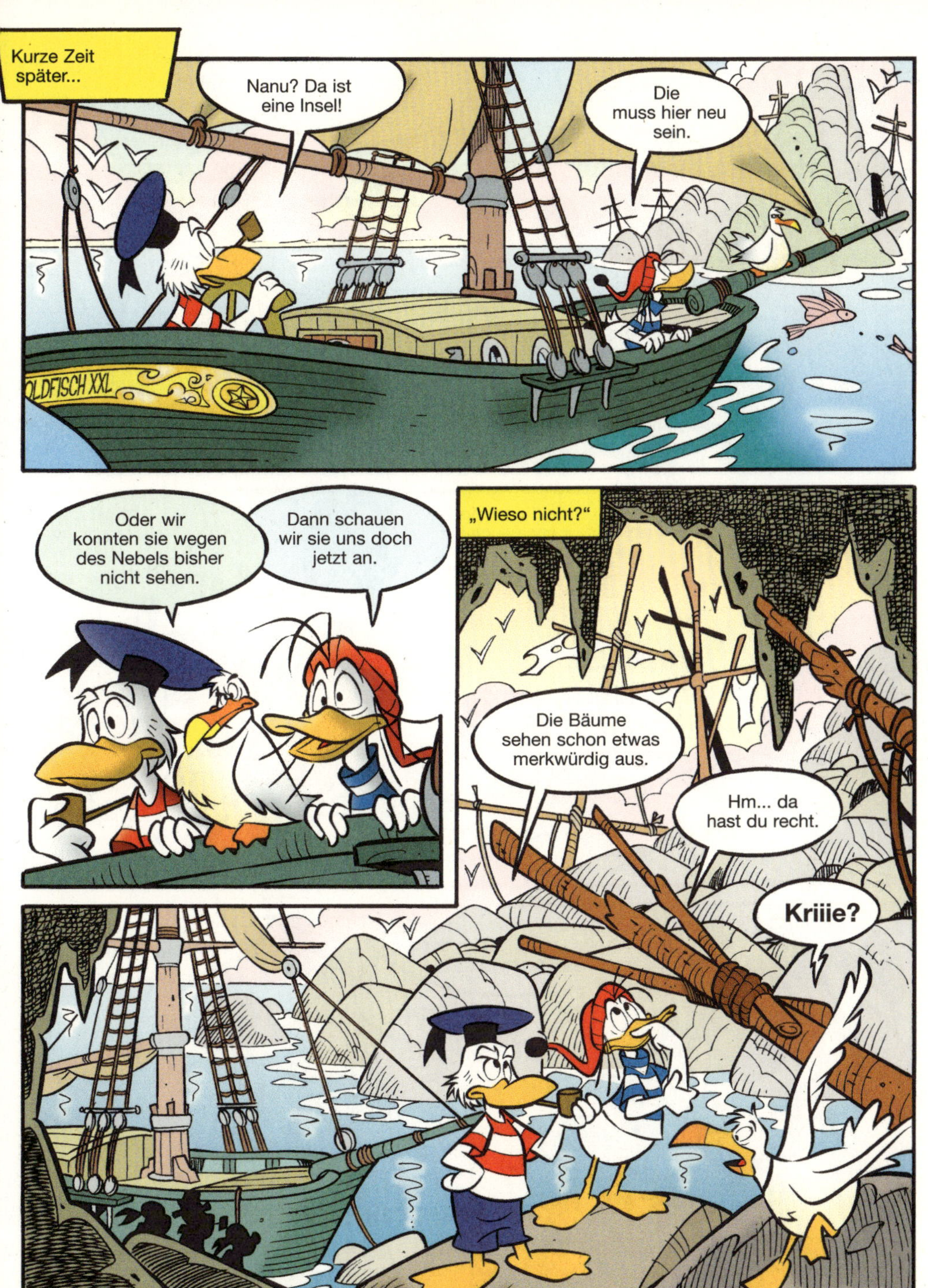
Kurze Zeit später...
Nanu? Da ist eine Insel!
Die muss hier neu sein.
OLDFISCH XXL
Oder wir konnten sie wegen des Nebels bisher nicht sehen.
Dann schauen wir sie uns doch jetzt an.
„Wieso nicht?“
Die Bäume sehen schon etwas merkwürdig aus.
Hm... da hast du recht.
Kriiie?

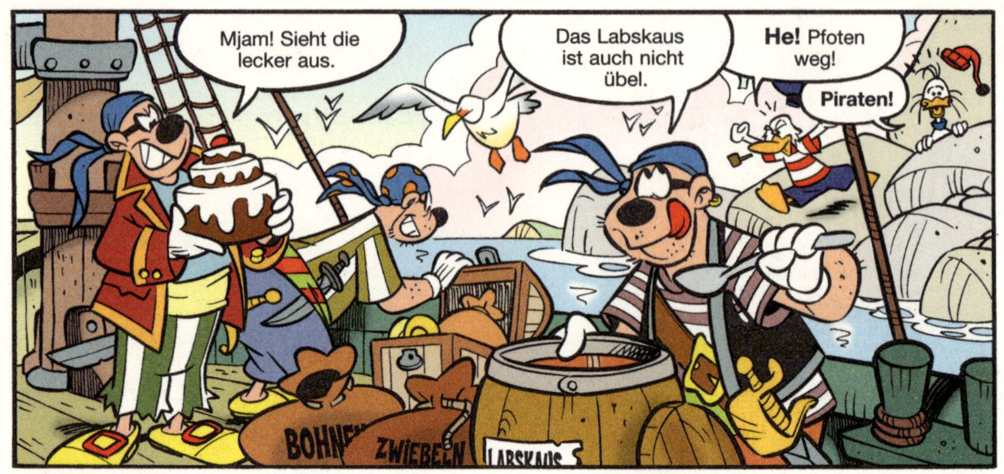
Mjam! Sieht die lecker aus.
Das Labskaus ist auch nicht übel.
He! Pfoten weg!
Piraten!
BOHNEN
ZWIEBELN
LABSKAUS

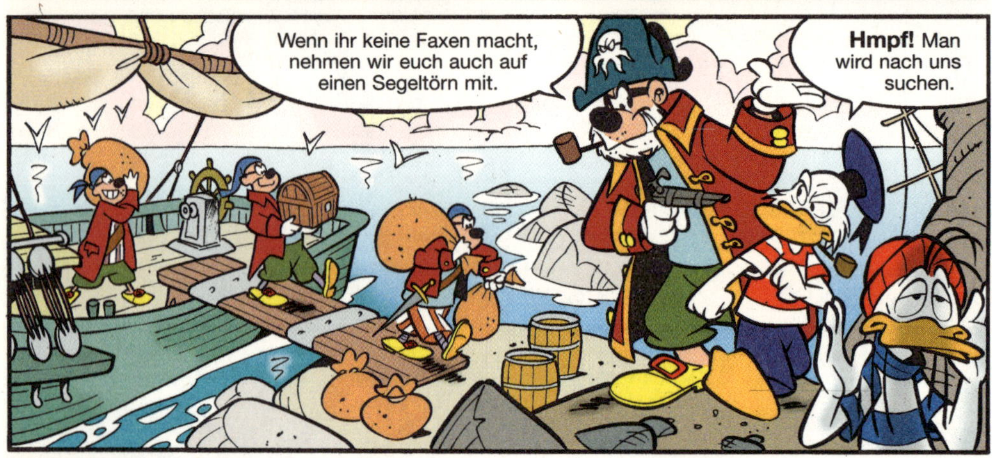
Wenn ihr keine Faxen macht, nehmen wir euch auch auf einen Segeltörn mit.
Hmpf! Man wird nach uns suchen.

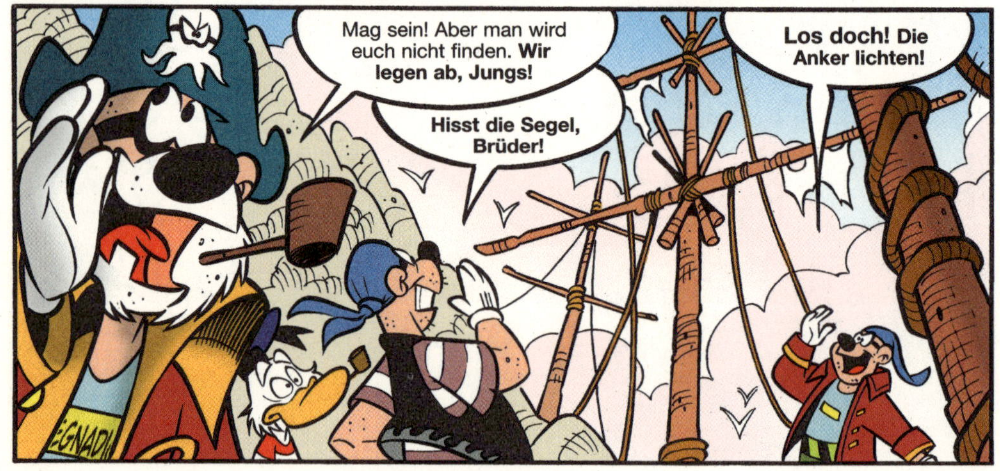
Mag sein! Aber man wird euch nicht finden. **Wir legen ab, Jungs!**
Hisst die Segel, Brüder!
Los doch! Die Anker lichten!

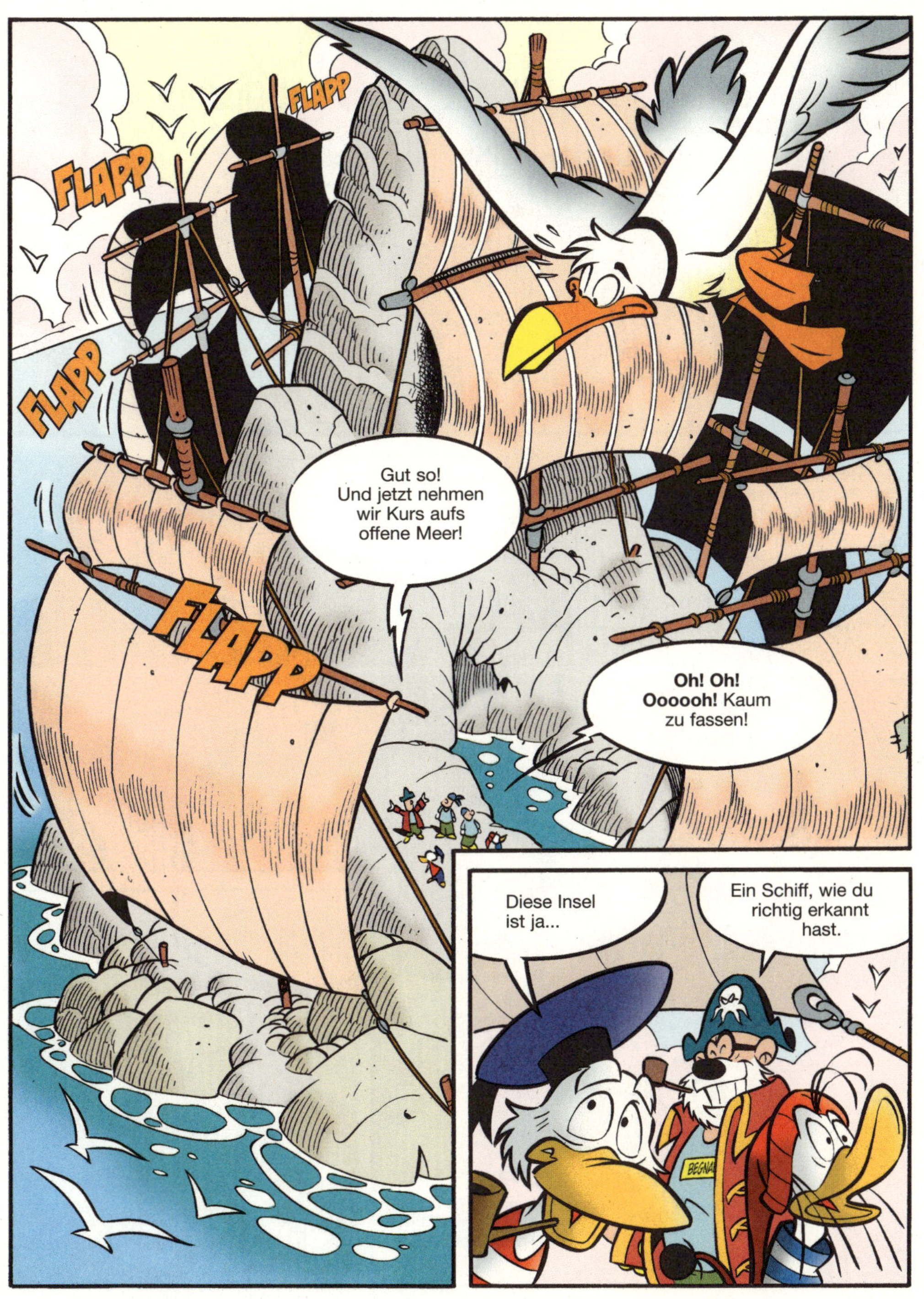
FLAPP
FLAPP
FLAPP
FLAPP
Gut so! Und jetzt nehmen wir Kurs aufs offene Meer!
Oh! Oh! Oooooh! Kaum zu fassen!
Diese Insel ist ja...
Ein Schiff, wie du richtig erkannt hast.
BEGNA

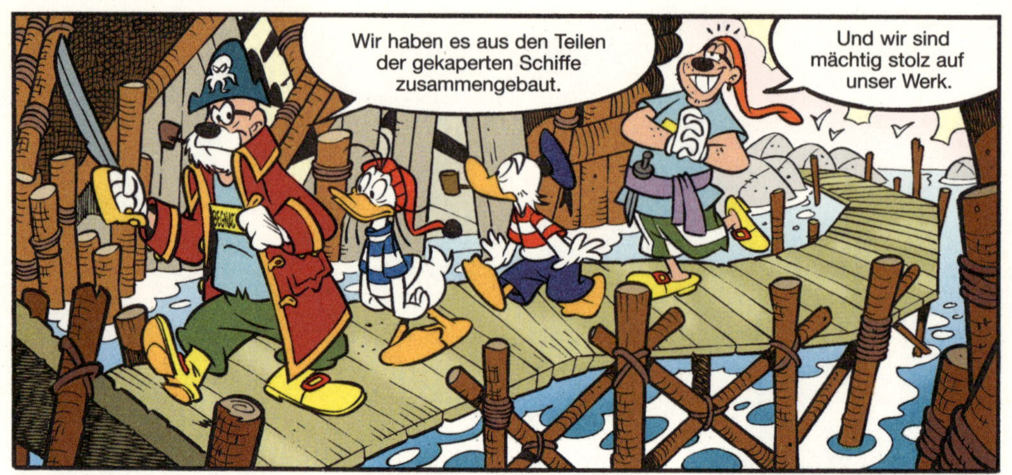

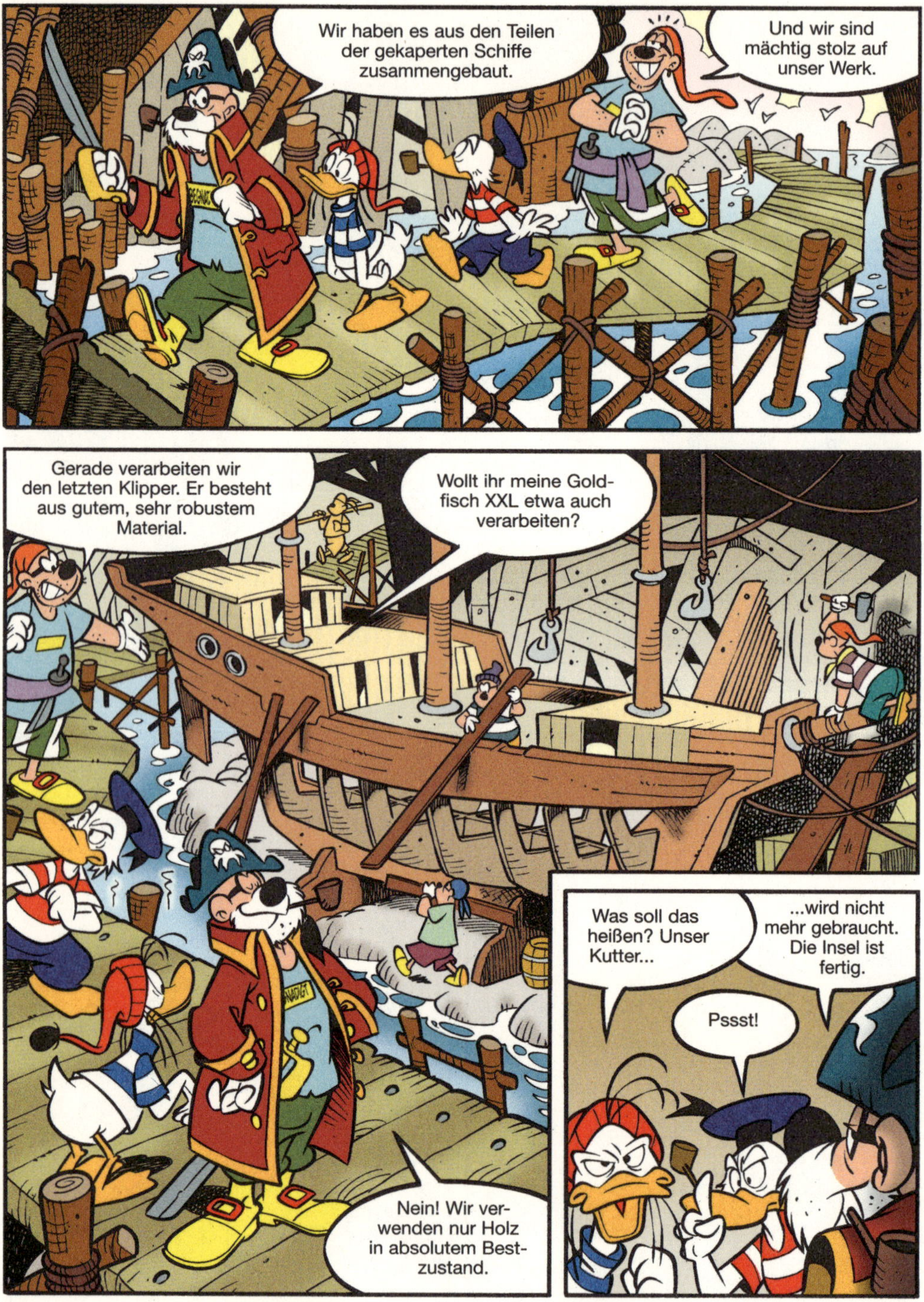

Gerade verarbeiten wir den letzten Klipper. Er besteht aus gutem, sehr robustem Material.

Wollt ihr meine Goldfisch XXL etwa auch verarbeiten?

Nein! Wir verwenden nur Holz in absolutem Bestzustand.

Was soll das heißen? Unser Kutter...

...wird nicht mehr gebraucht. Die Insel ist fertig.

Pssst!

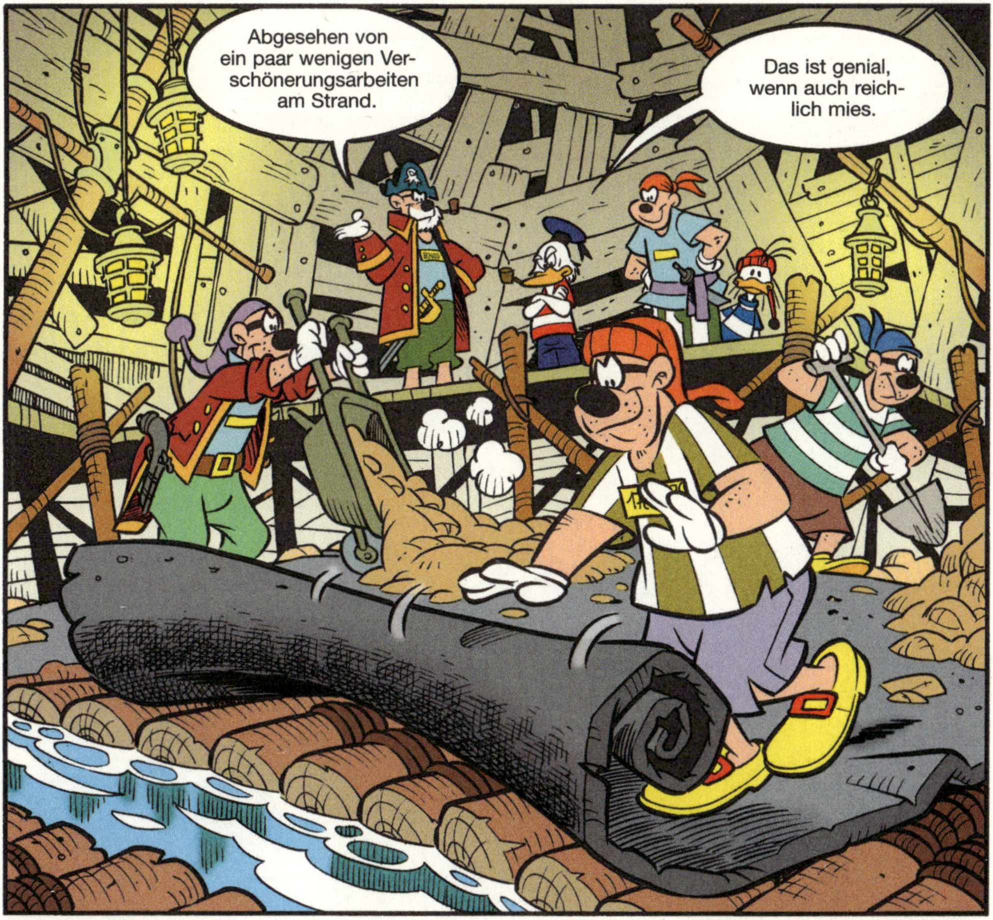

Abgesehen von ein paar wenigen Verschönerungsarbeiten am Strand.

Das ist genial, wenn auch reichlich mies.

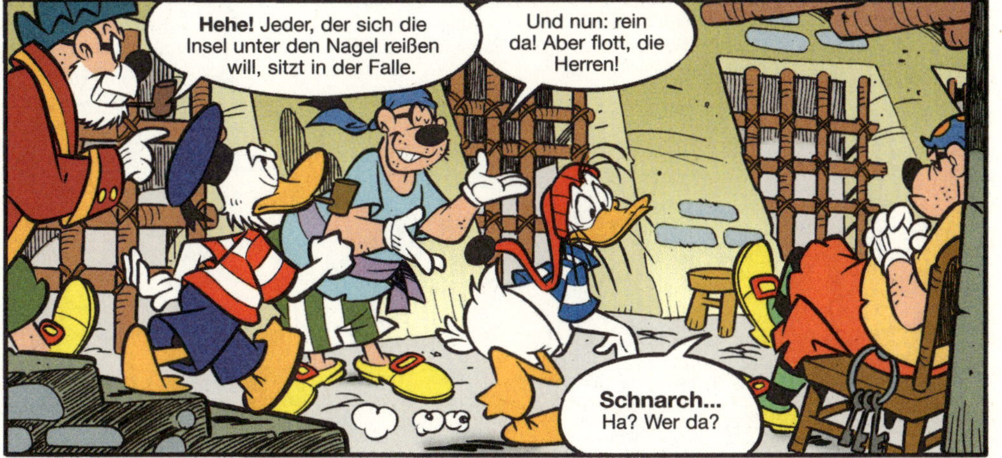

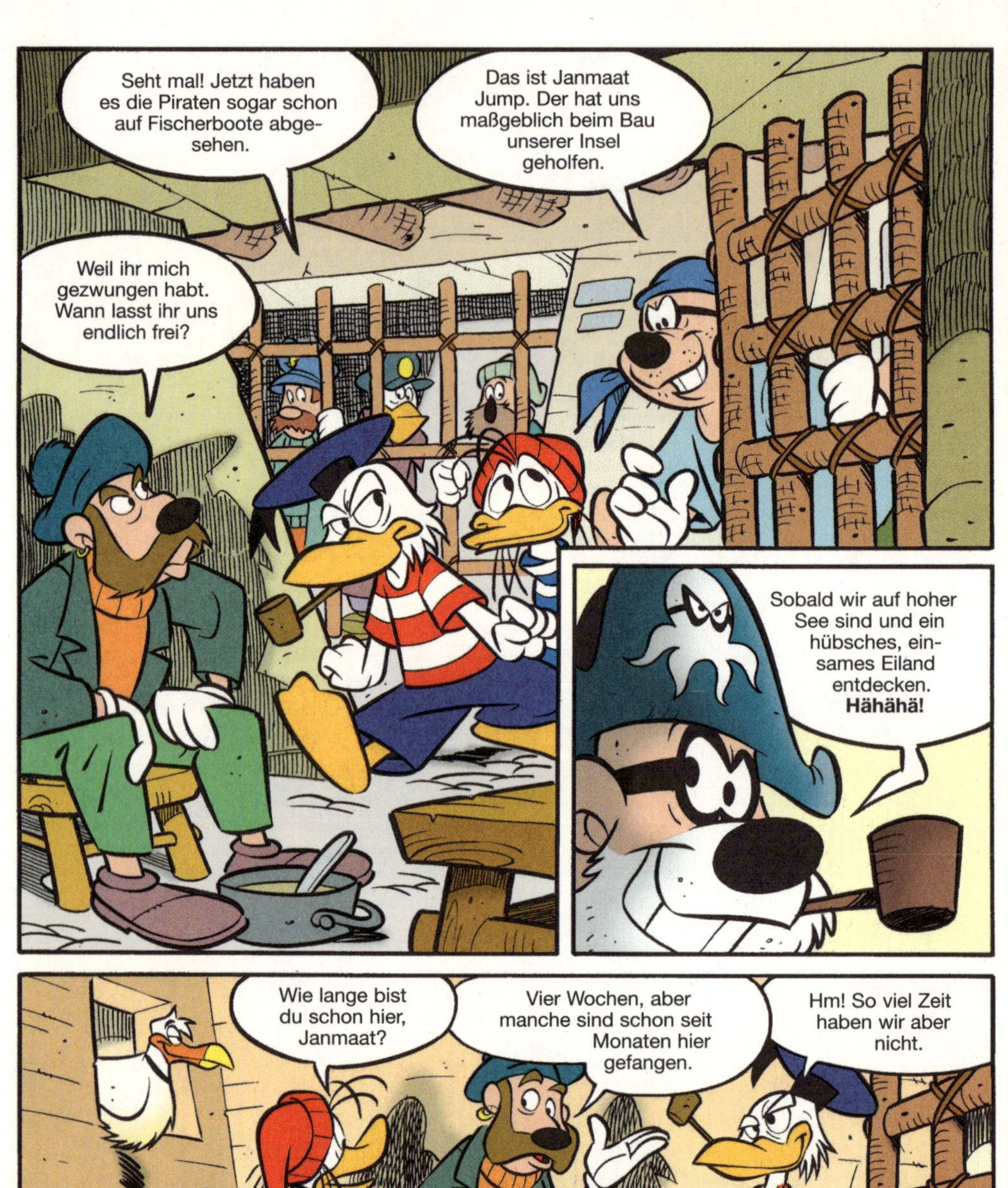
Seht mal! Jetzt haben es die Piraten sogar schon auf Fischerboote abgesehen.
Das ist Janmaat Jump. Der hat uns maßgeblich beim Bau unserer Insel geholfen.
Weil ihr mich gezwungen habt. Wann lasst ihr uns endlich frei?
Sobald wir auf hoher See sind und ein hübsches, einsames Eiland entdecken. **Hähähä!**
Wie lange bist du schon hier, Janmaat?
Vier Wochen, aber manche sind schon seit Monaten hier gefangen.
Hm! So viel Zeit haben wir aber nicht.

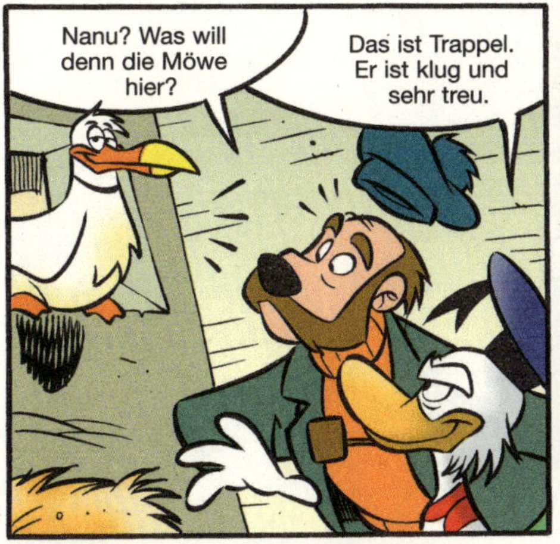
Nanu? Was will denn die Möwe hier?
Das ist Trappel. Er ist klug und sehr treu.

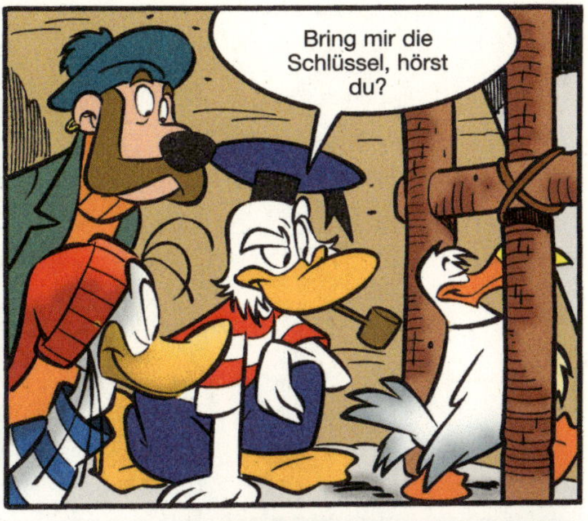
Bring mir die Schlüssel, hörst du?

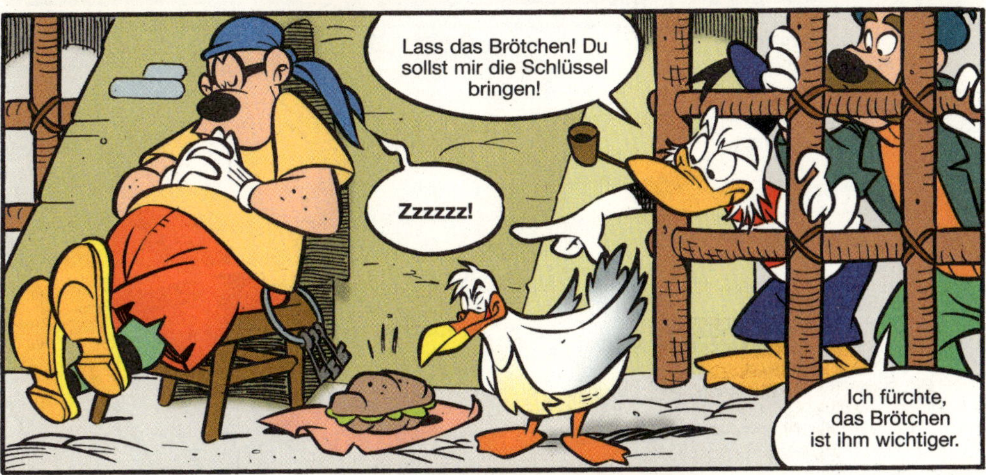
Lass das Brötchen! Du sollst mir die Schlüssel bringen!
Zzzzzz!
Ich fürchte, das Brötchen ist ihm wichtiger.

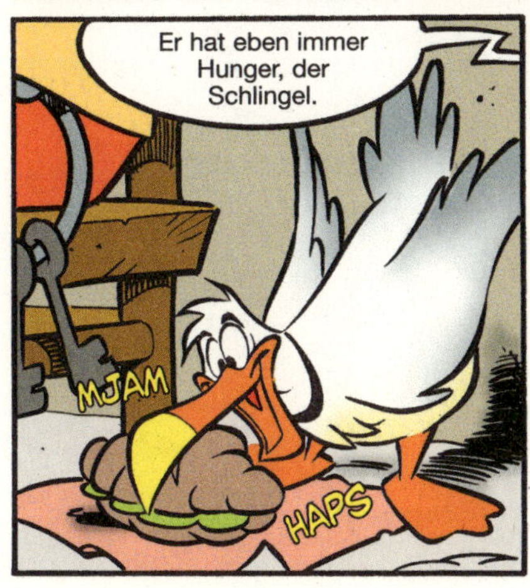
Er hat eben immer Hunger, der Schlingel.
MJAM
HAPS

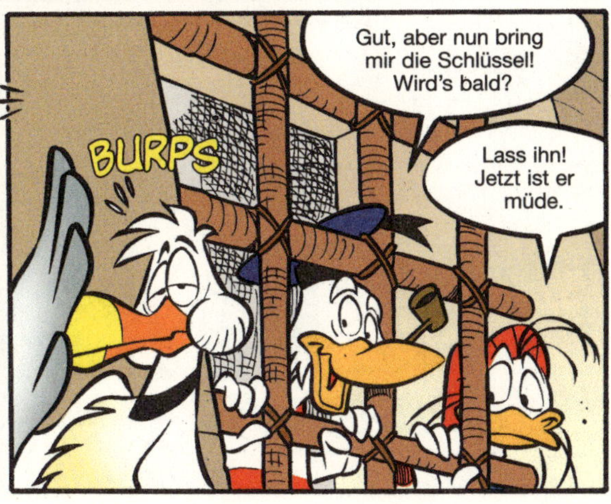
Gut, aber nun bring mir die Schlüssel! Wird's bald?
BURPS
Lass ihn! Jetzt ist er müde.

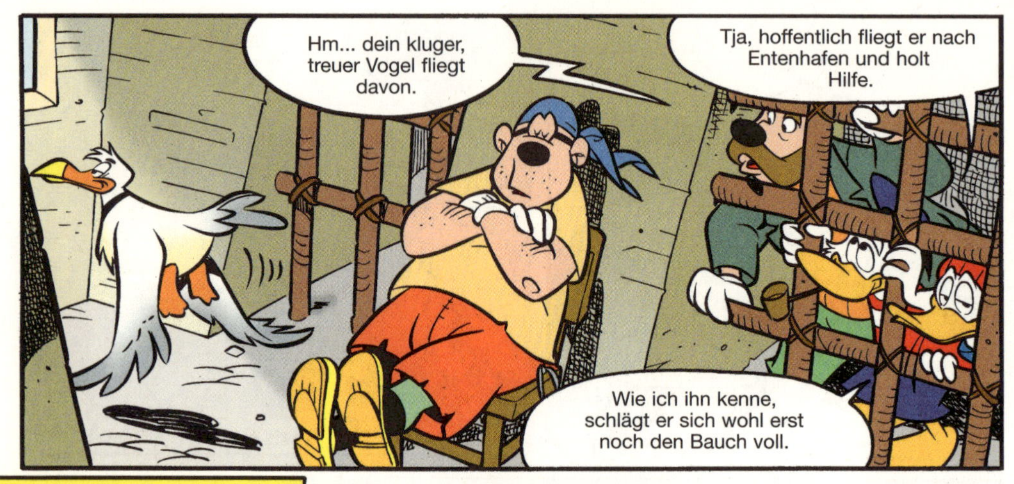
Hm... dein kluger, treuer Vogel fliegt davon.
Tja, hoffentlich fliegt er nach Entenhafen und holt Hilfe.
Wie ich ihn kenne, schlägt er sich wohl erst noch den Bauch voll.

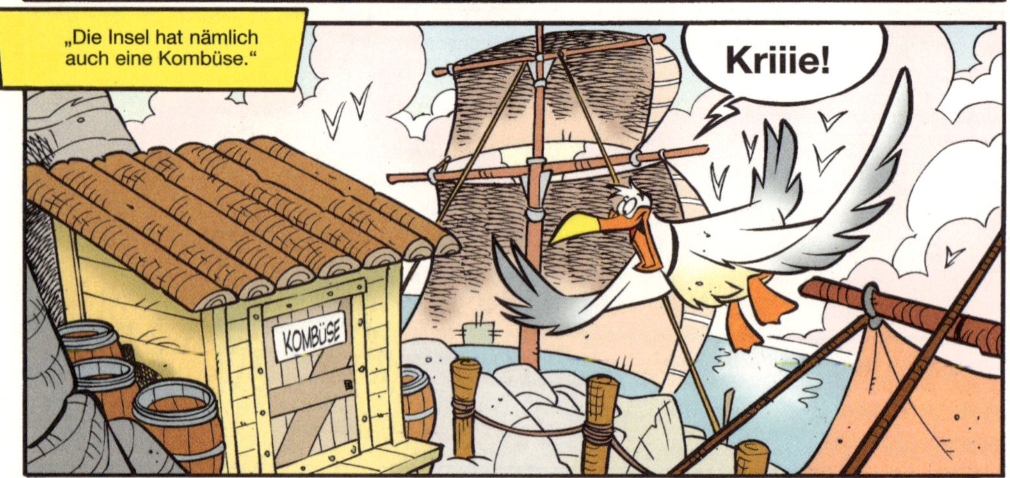
„Die Insel hat nämlich auch eine Kombüse."
Kriiie!
KOMBÜSE

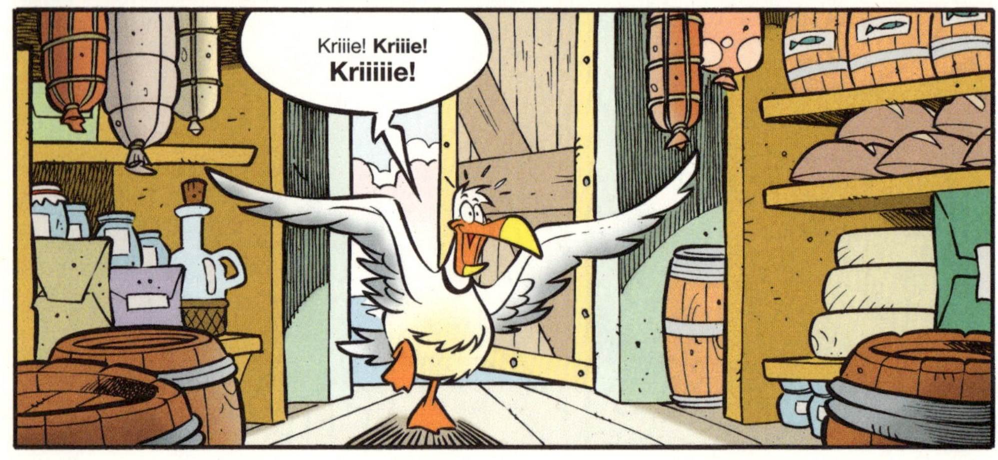
Kriiie! **Kriiie!**
Kriiiiie!

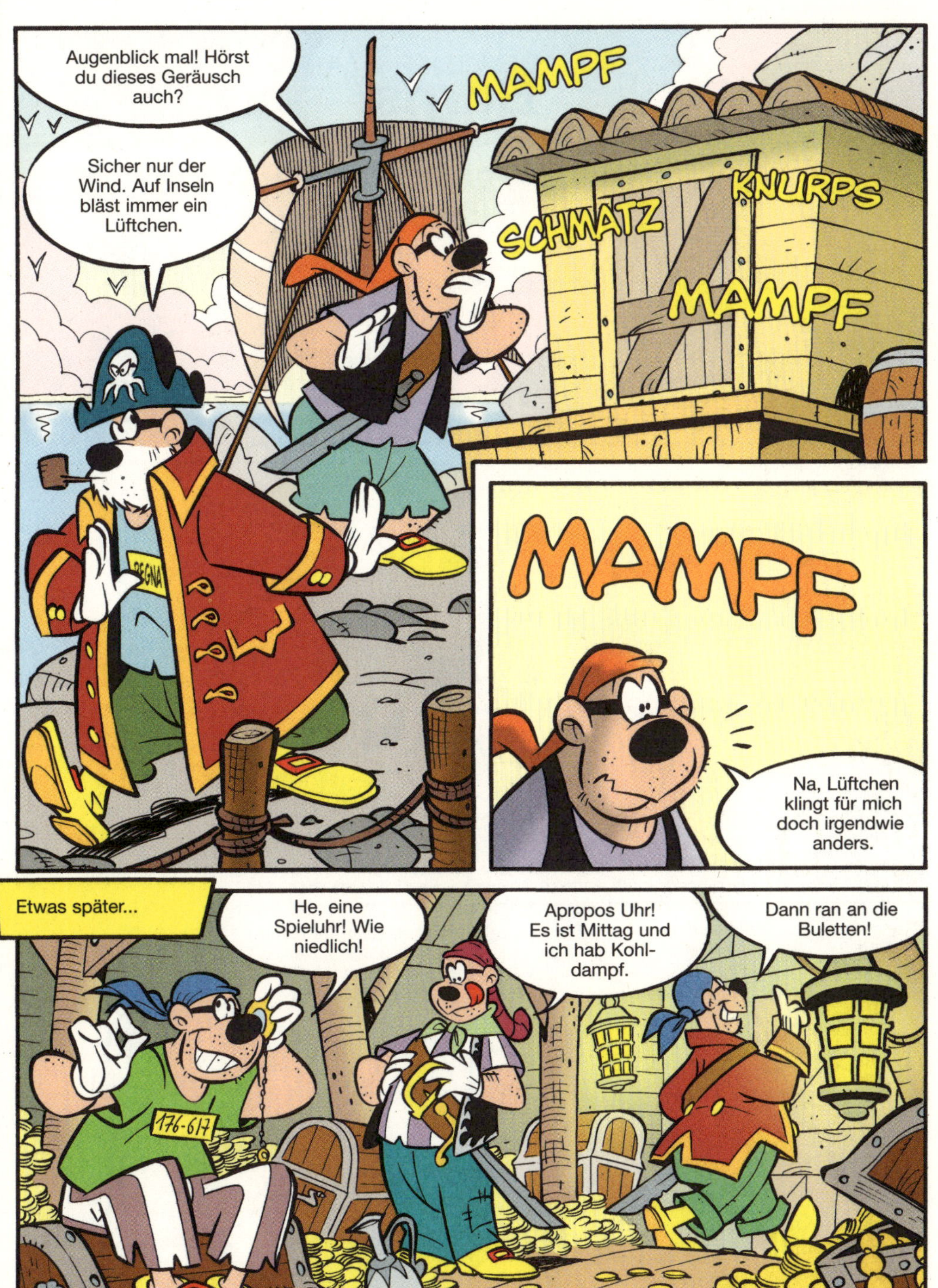

Augenblick mal! Hörst du dieses Geräusch auch?
Sicher nur der Wind. Auf Inseln bläst immer ein Lüftchen.
MAMPF
SCHMATZ
KNURPS
MAMPF
MAMPF
Na, Lüftchen klingt für mich doch irgendwie anders.
Etwas später...
He, eine Spieluhr! Wie niedlich!
176-617
Apropos Uhr! Es ist Mittag und ich hab Kohldampf.
Dann ran an die Buletten!

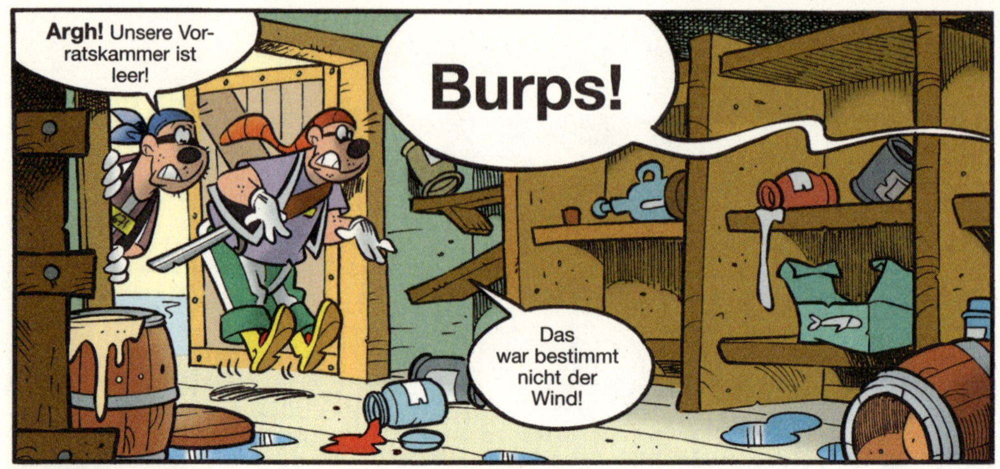
Argh! Unsere Vorratskammer ist leer!
Burps!
Das war bestimmt nicht der Wind!

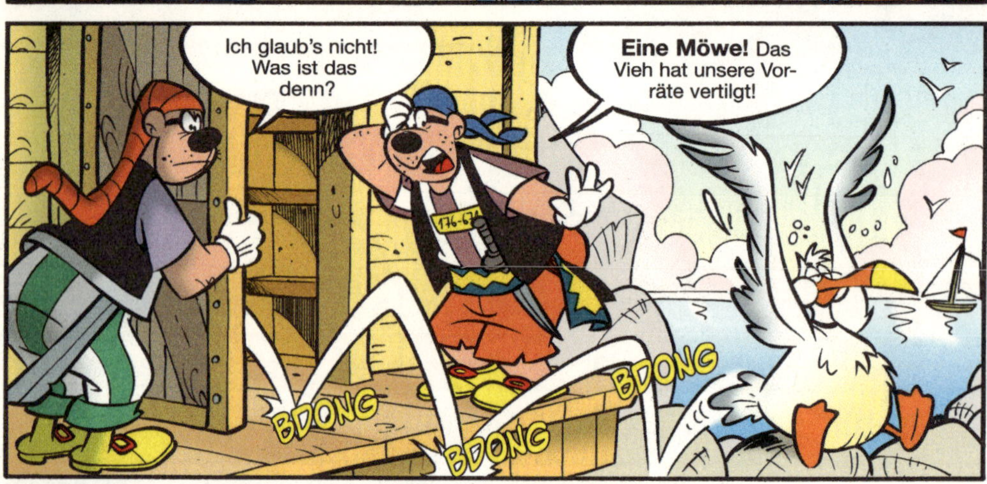
Ich glaub's nicht! Was ist das denn?
176-671
Eine Möwe! Das Vieh hat unsere Vorräte vertilgt!
BDONG
BDONG
BDONG

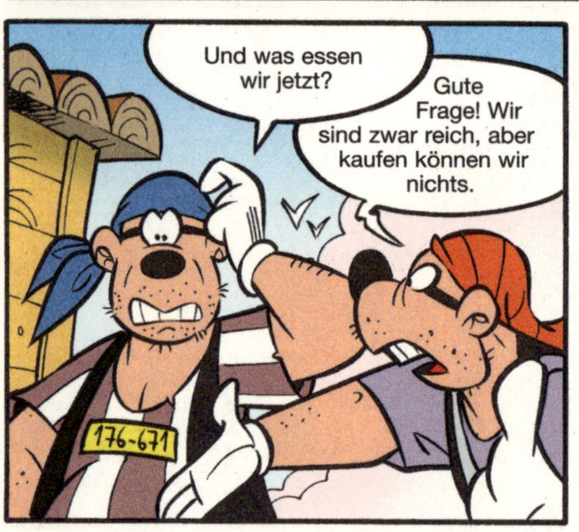
Und was essen wir jetzt?
Gute Frage! Wir sind zwar reich, aber kaufen können wir nichts.
176-671

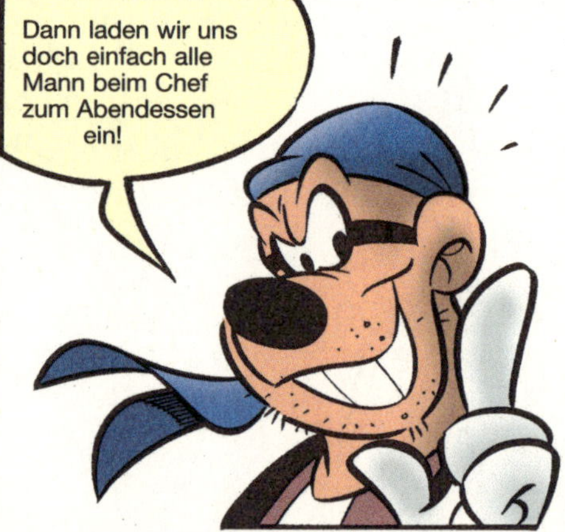
Dann laden wir uns doch einfach alle Mann beim Chef zum Abendessen ein!

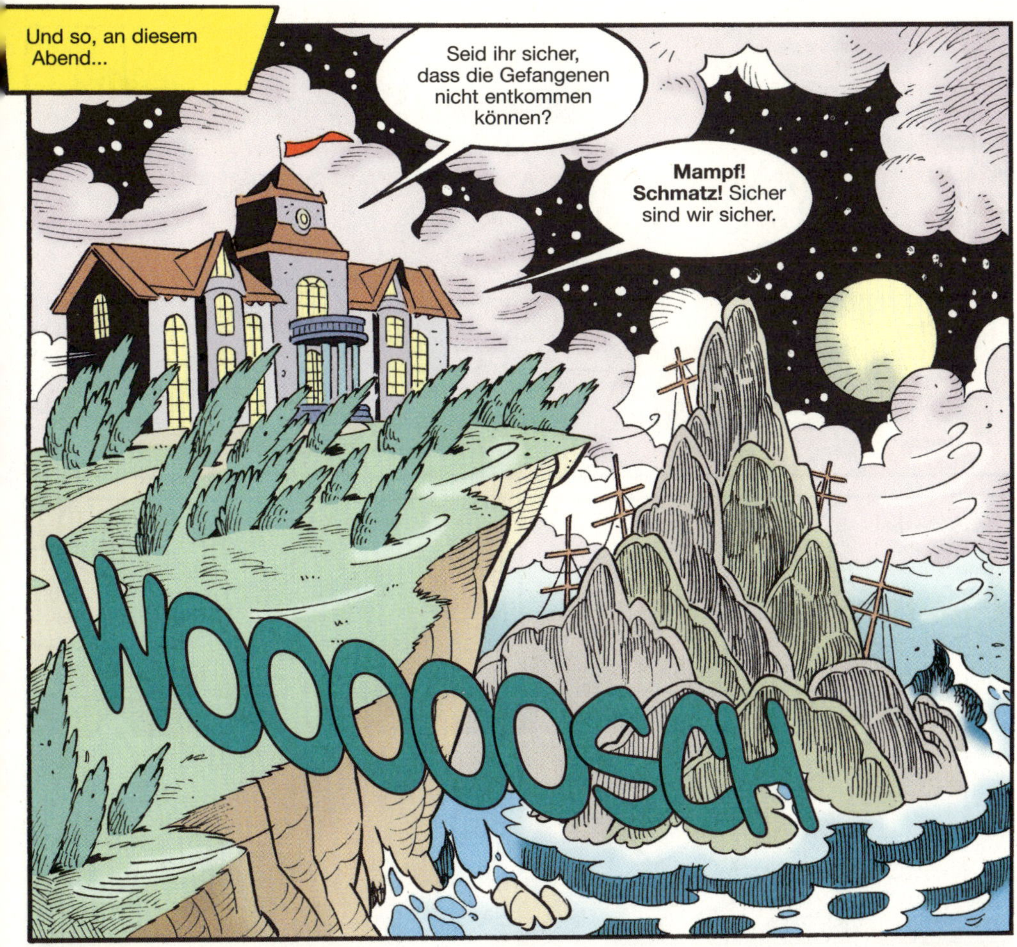

Und so, an diesem Abend...

Seid ihr sicher, dass die Gefangenen nicht entkommen können?

Mampf! Schmatz! Sicher sind wir sicher.

WOOOOOOSCH

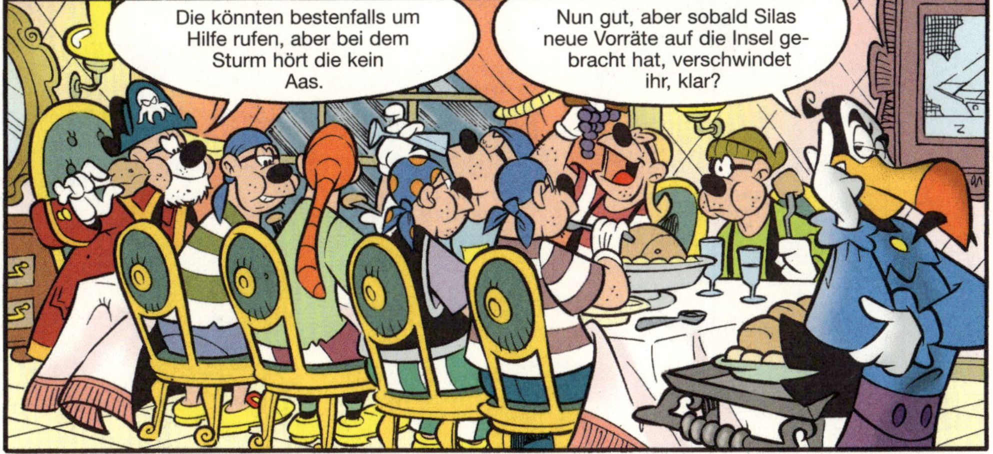

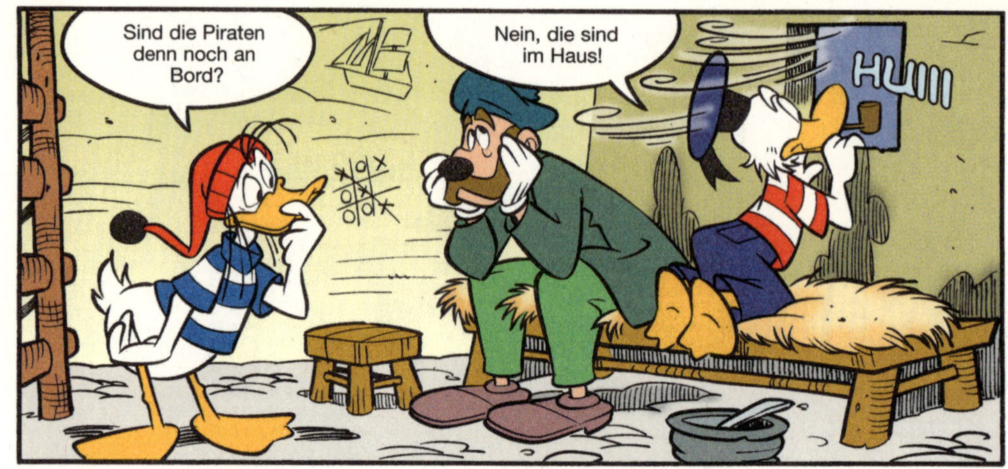
Sind die Piraten denn noch an Bord?
Nein, die sind im Haus!
HUIII

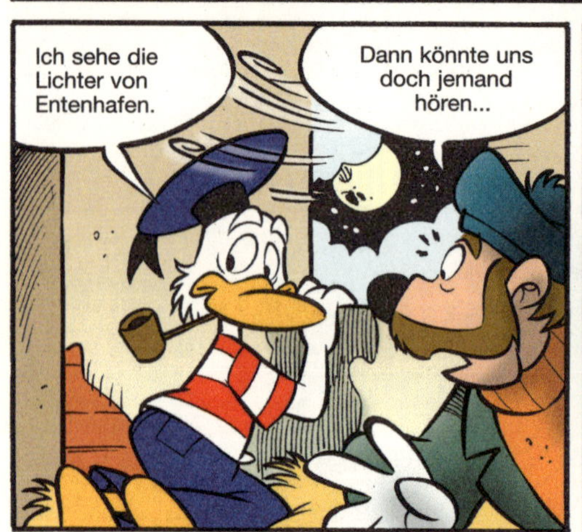
Ich sehe die Lichter von Entenhafen.
Dann könnte uns doch jemand hören...

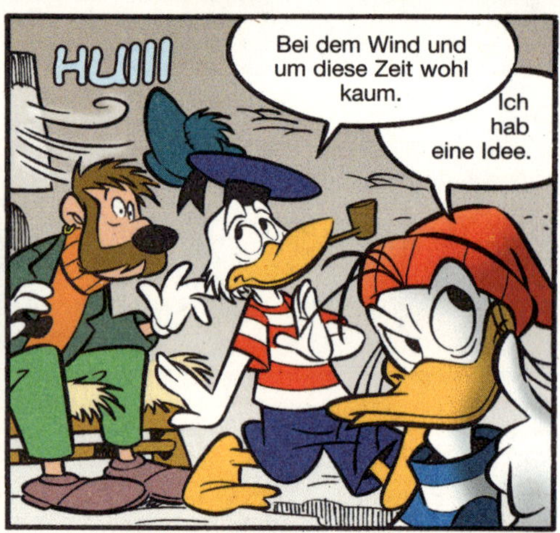
HUIII
Bei dem Wind und um diese Zeit wohl kaum.
Ich hab eine Idee.

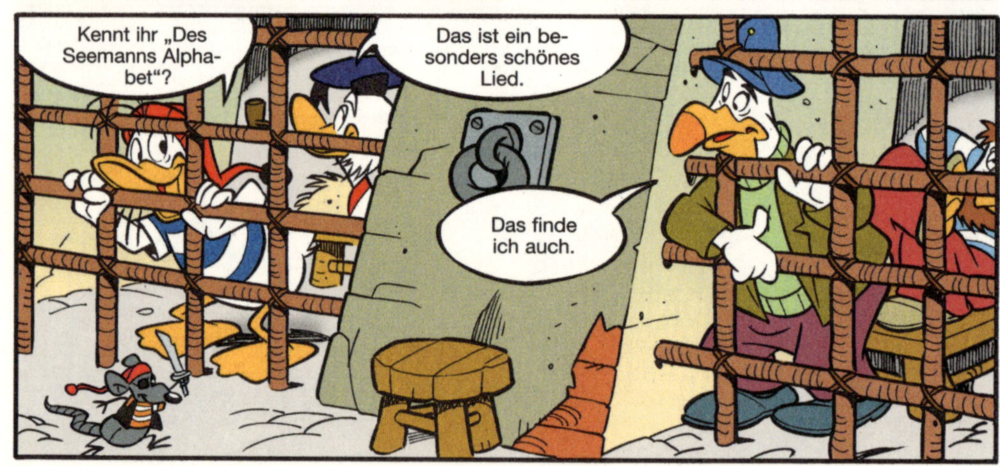
Kennt ihr „Des Seemanns Alphabet“?
Das ist ein besonders schönes Lied.
Das finde ich auch.

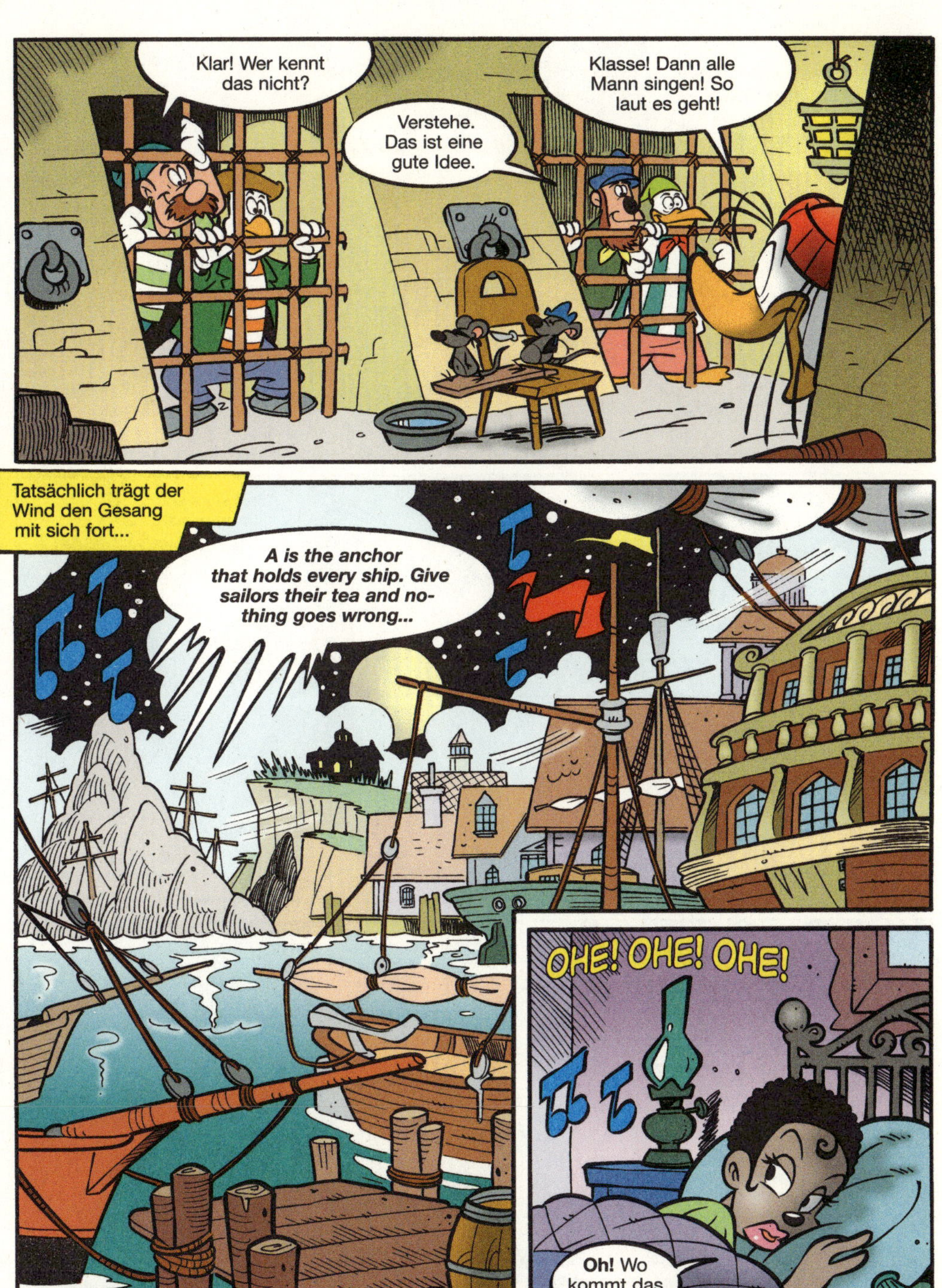
Klar! Wer kennt das nicht?
Verstehe. Das ist eine gute Idee.
Klasse! Dann alle Mann singen! So laut es geht!
Tatsächlich trägt der Wind den Gesang mit sich fort...
A is the anchor that holds every ship. Give sailors their tea and nothing goes wrong...
OHE! OHE! OHE!
Oh! Wo kommt das her?

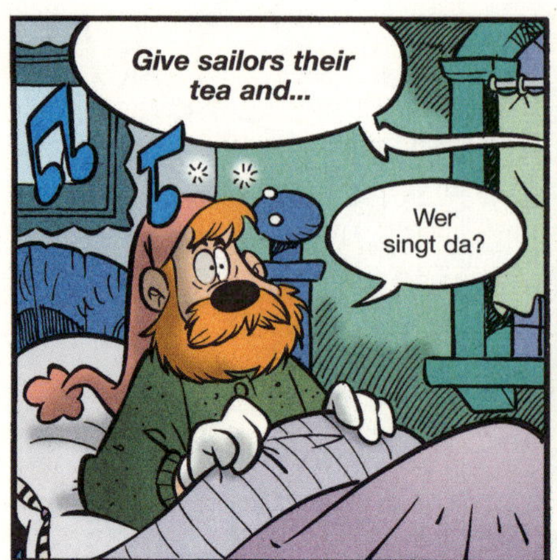
Give sailors their tea and...
Wer singt da?

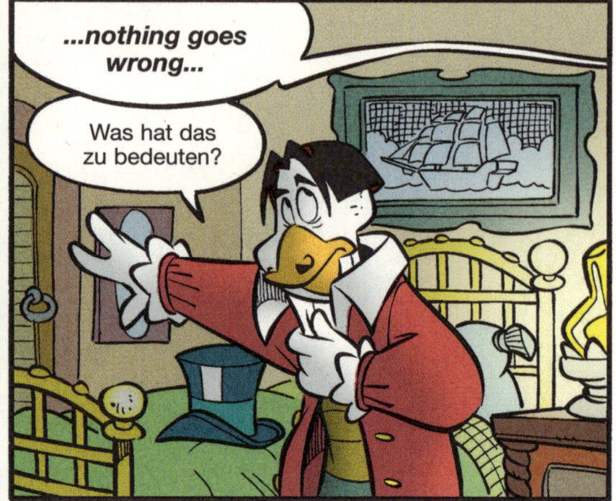
...nothing goes wrong...
Was hat das zu bedeuten?

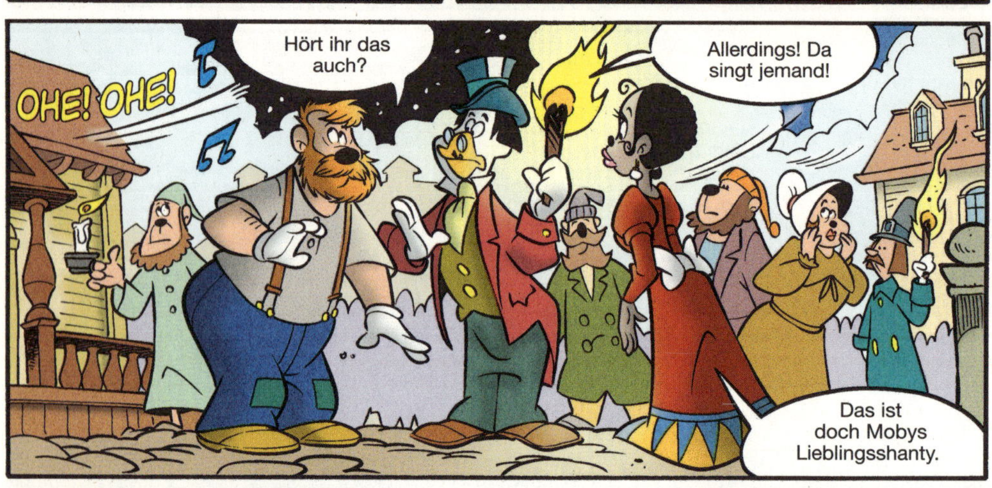
OHE! OHE!
Hört ihr das auch?
Allerdings! Da singt jemand!
Das ist doch Mobys Lieblingsshanty.

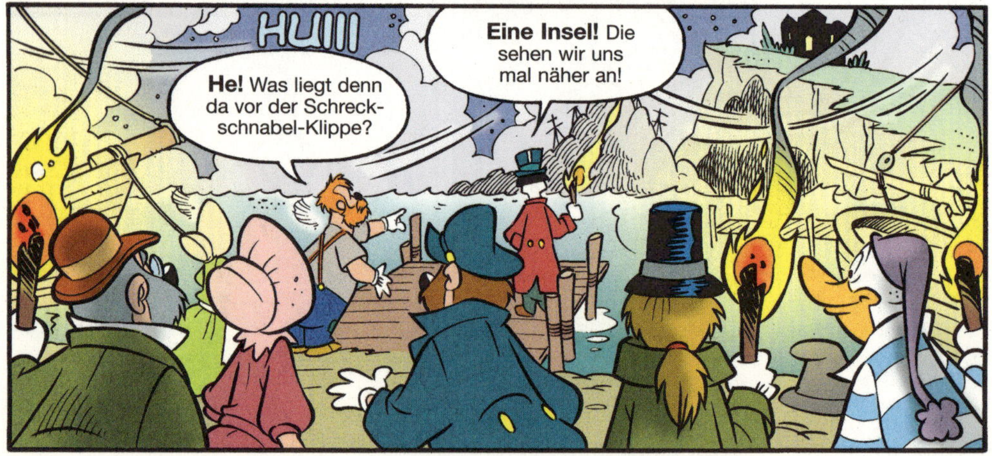
HUIII
He! Was liegt denn da vor der Schreck-schnabel-Klippe?
Eine Insel! Die sehen wir uns mal näher an!

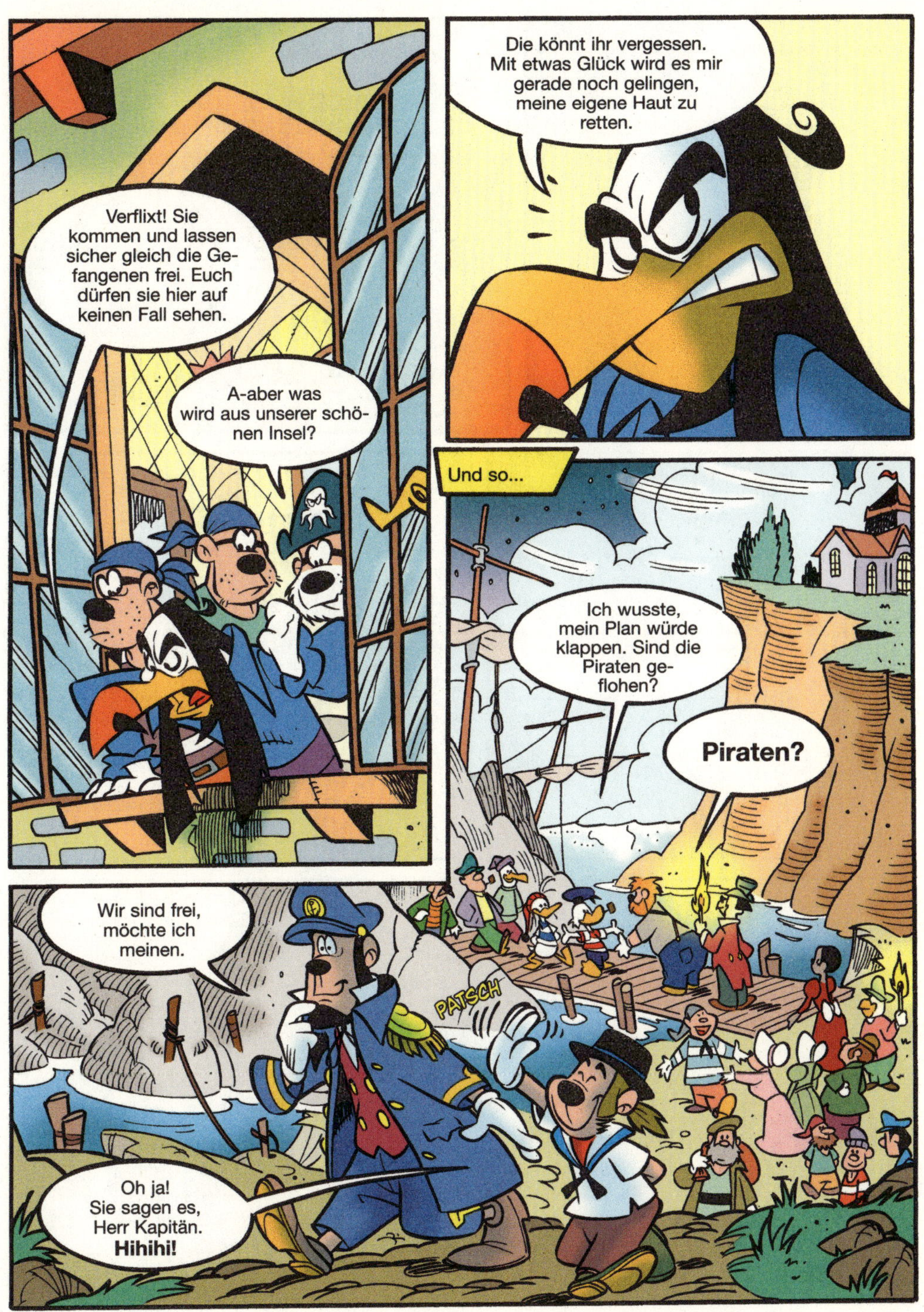
Verflixt! Sie kommen und lassen sicher gleich die Gefangenen frei. Euch dürfen sie hier auf keinen Fall sehen.
A-aber was wird aus unserer schönen Insel?
Die könnt ihr vergessen. Mit etwas Glück wird es mir gerade noch gelingen, meine eigene Haut zu retten.
Und so...
Ich wusste, mein Plan würde klappen. Sind die Piraten geflohen?
Piraten?
Wir sind frei, möchte ich meinen.
PATSCH
Oh ja! Sie sagen es, Herr Kapitän. Hihihi!

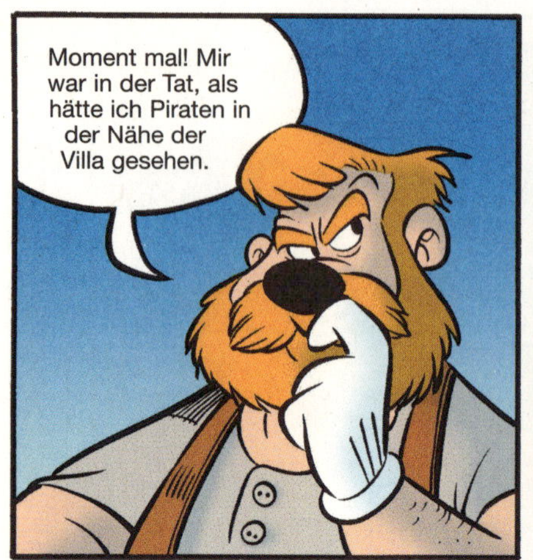
Moment mal! Mir war in der Tat, als hätte ich Piraten in der Nähe der Villa gesehen.

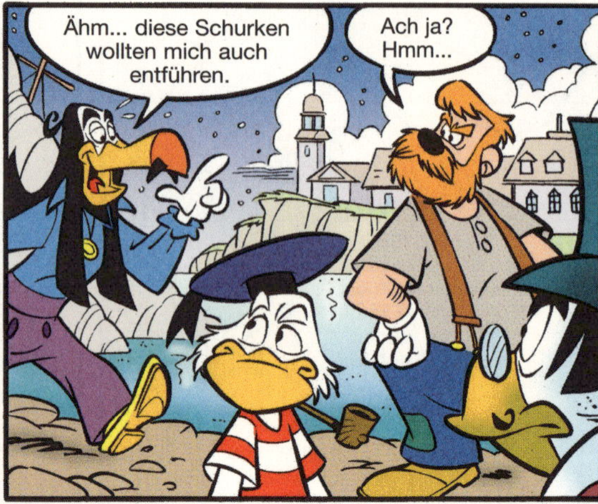
Ähm... diese Schurken wollten mich auch entführen.
Ach ja? Hmm...

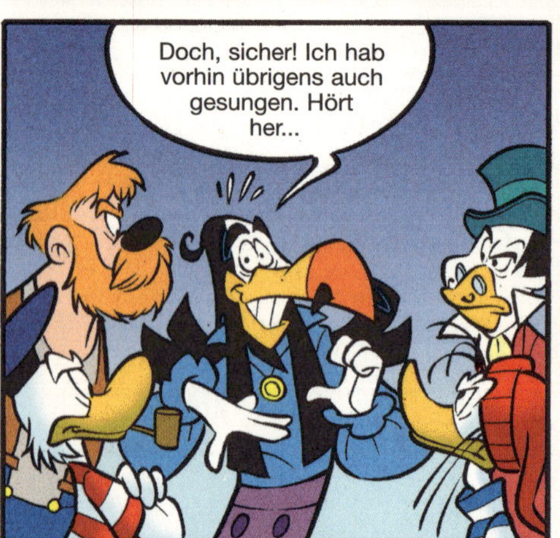
Doch, sicher! Ich hab vorhin übrigens auch gesungen. Hört her...

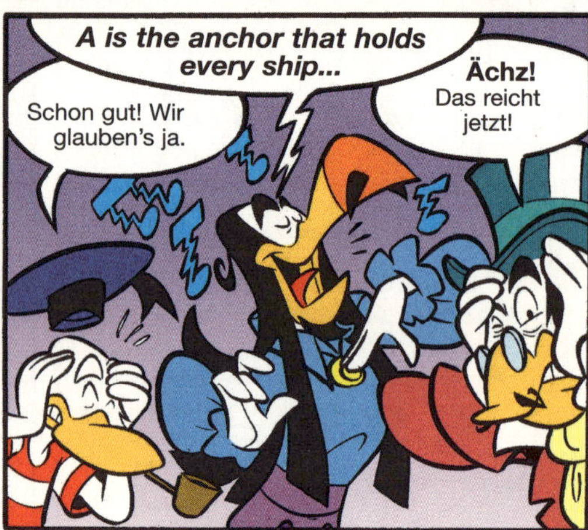
A is the anchor that holds every ship...
Schon gut! Wir glauben's ja.
Ächz! Das reicht jetzt!

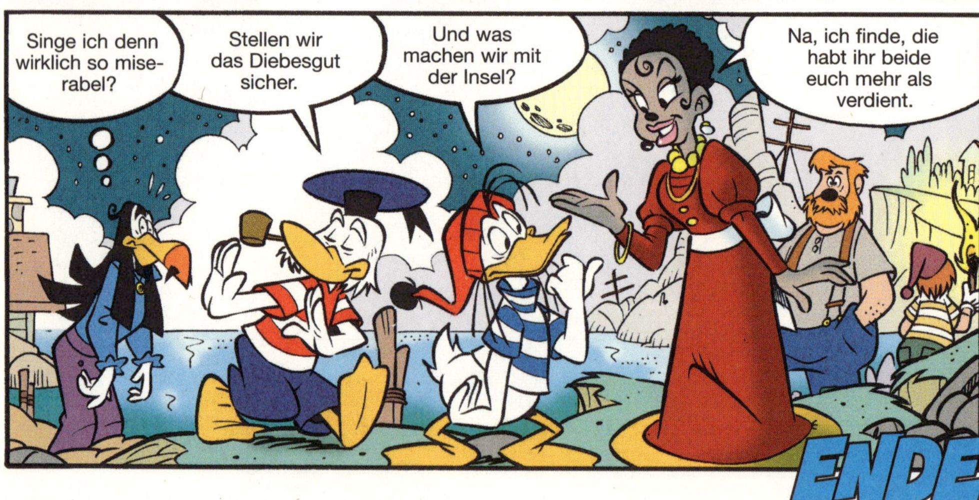
Singe ich denn wirklich so mise-rabel?
Stellen wir das Diebesgut sicher.
Und was machen wir mit der Insel?
Na, ich finde, die habt ihr beide euch mehr als verdient.
ENDE

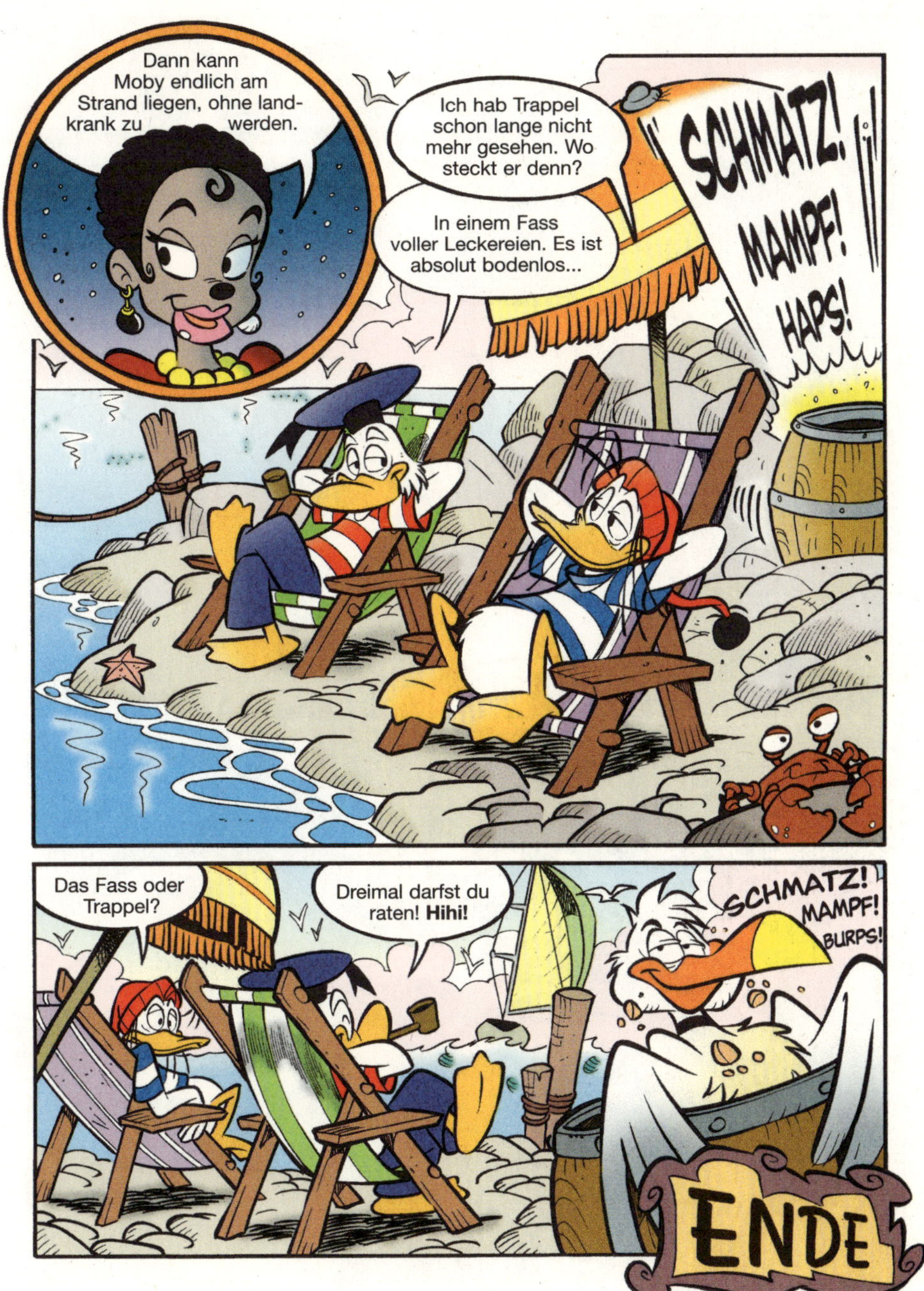
Dann kann Moby endlich am Strand liegen, ohne landkrank zu werden.
Ich hab Trappel schon lange nicht mehr gesehen. Wo steckt er denn?
In einem Fass voller Leckereien. Es ist absolut bodenlos...
SCHMATZ! MAMPF! HAPS!
Das Fass oder Trappel?
Dreimal darfst du raten! **Hihi!**
SCHMATZ! MAMPF! BURPS!
ENDE

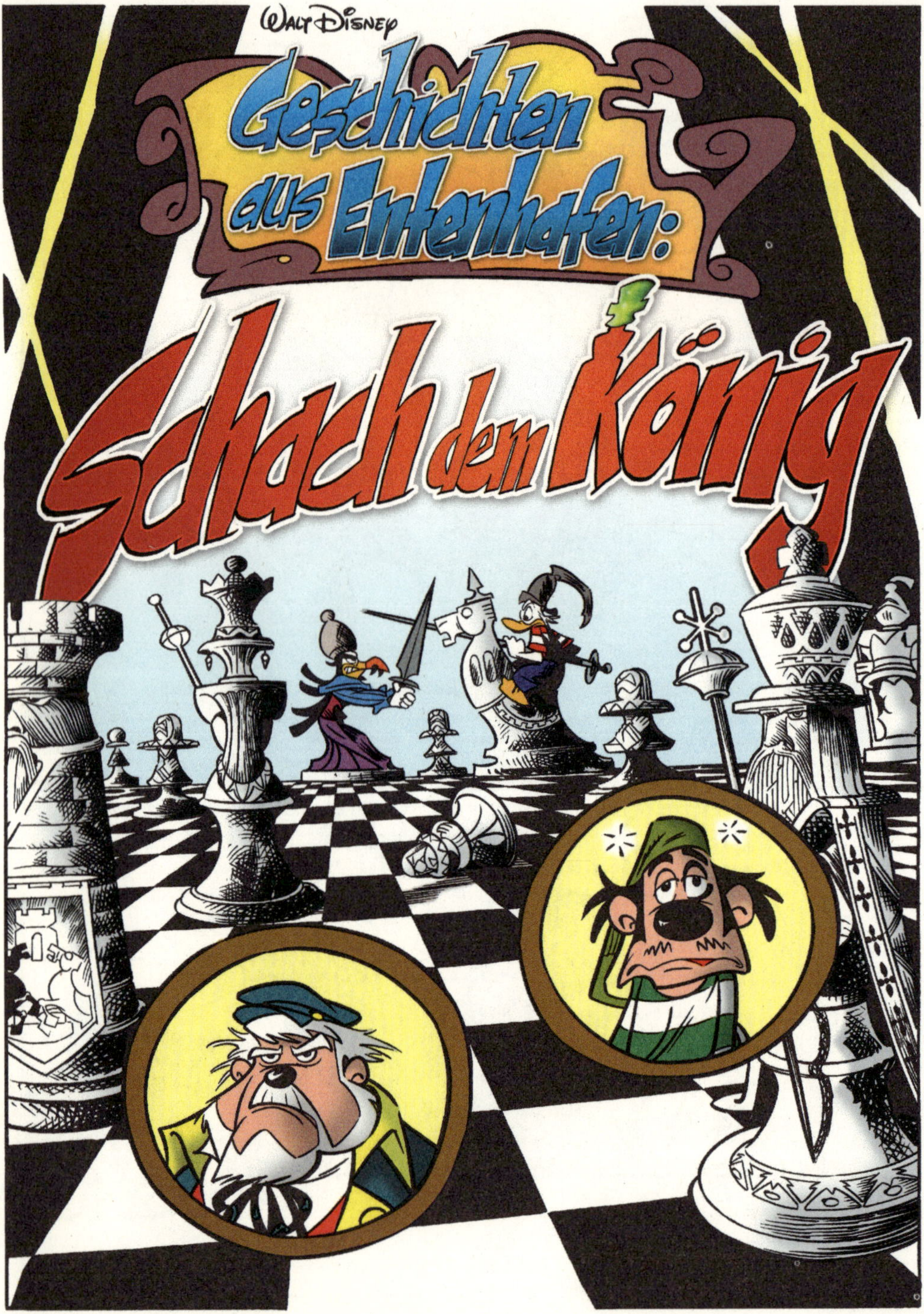

Walt Disney

Geschichten aus Entenhafen:

Schach dem König

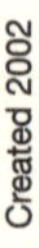

Massimiliano Valentini (Story), **Paolo Mottura** (Zeichnungen)

I TL 2432-1

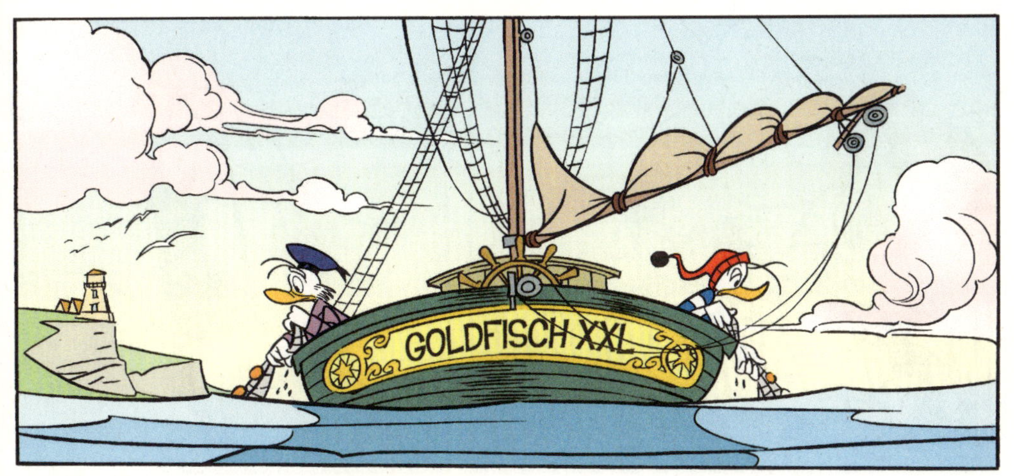
GOLDFISCH XXL

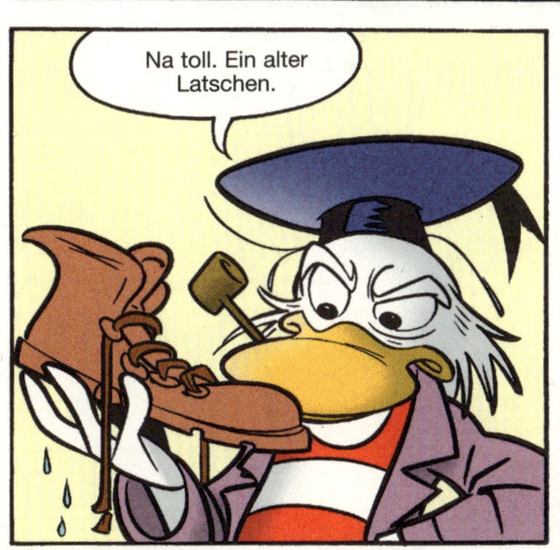
Na toll. Ein alter Latschen.

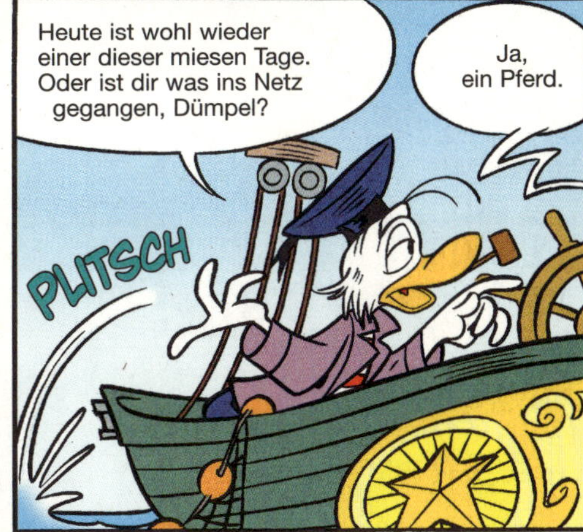
Heute ist wohl wieder einer dieser miesen Tage. Oder ist dir was ins Netz gegangen, Dümpel?
Ja, ein Pferd.
PLITSCH

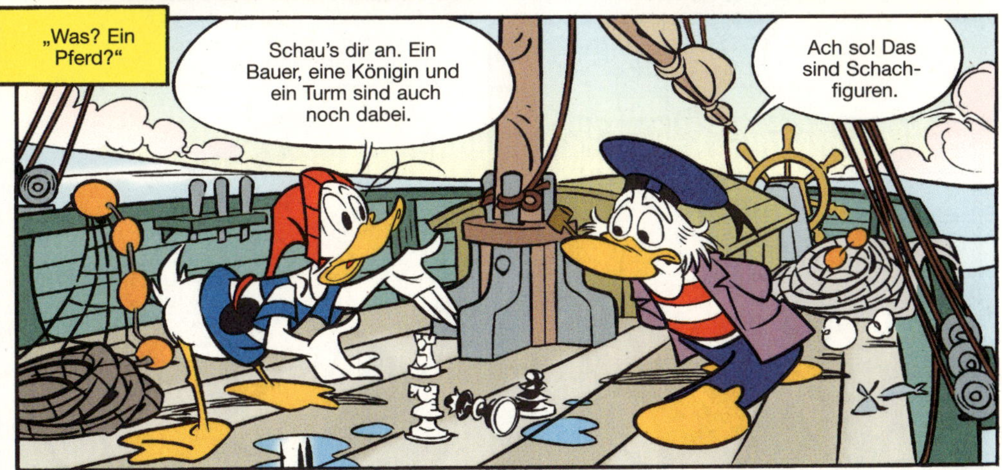
„Was? Ein Pferd?“
Schau's dir an. Ein Bauer, eine Königin und ein Turm sind auch noch dabei.
Ach so! Das sind Schachfiguren.

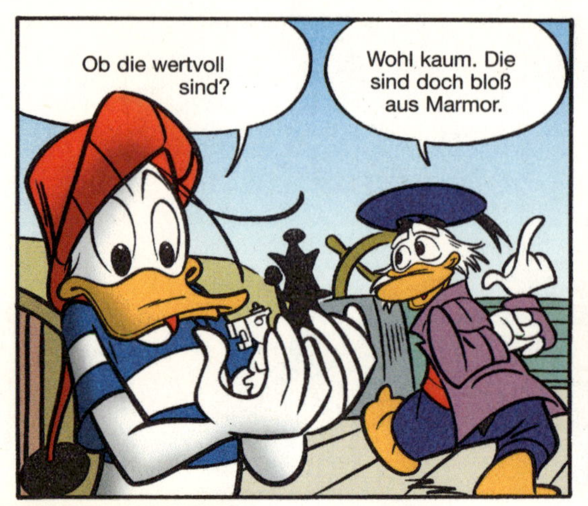
Ob die wertvoll sind?
Wohl kaum. Die sind doch bloß aus Marmor.

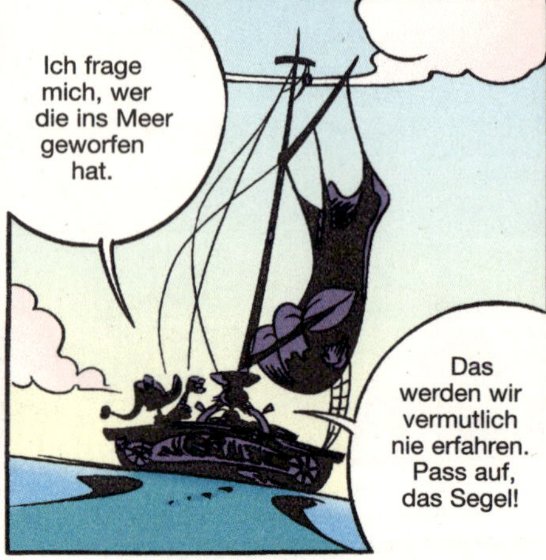
Ich frage mich, wer die ins Meer geworfen hat.
Das werden wir vermutlich nie erfahren. Pass auf, das Segel!

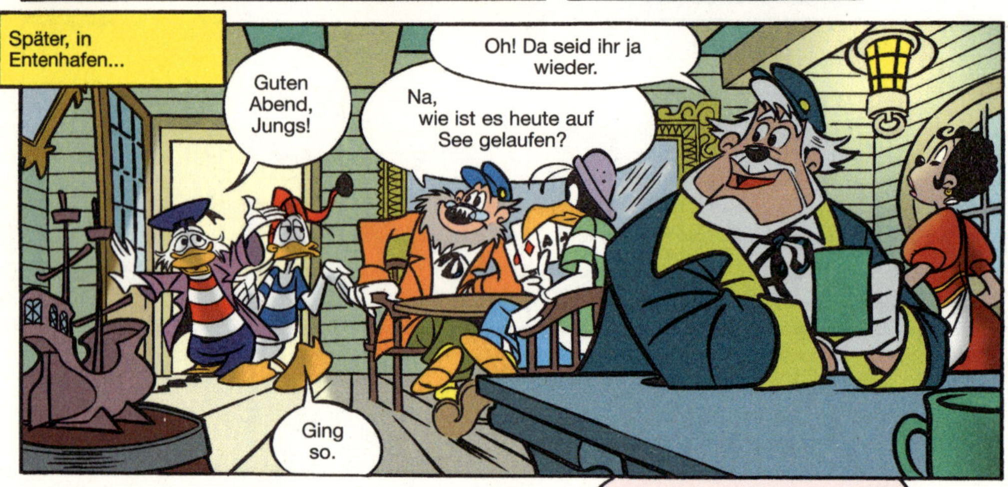
Später, in Entenhafen...
Guten Abend, Jungs!
Oh! Da seid ihr ja wieder.
Na, wie ist es heute auf See gelaufen?
Ging so.

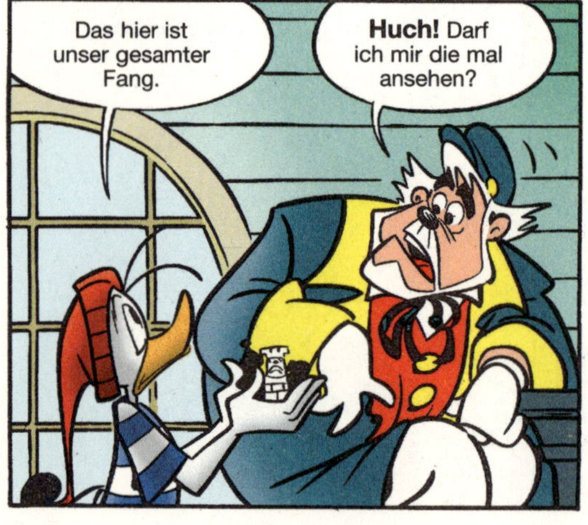
Das hier ist unser gesamter Fang.
Huch! Darf ich mir die mal ansehen?

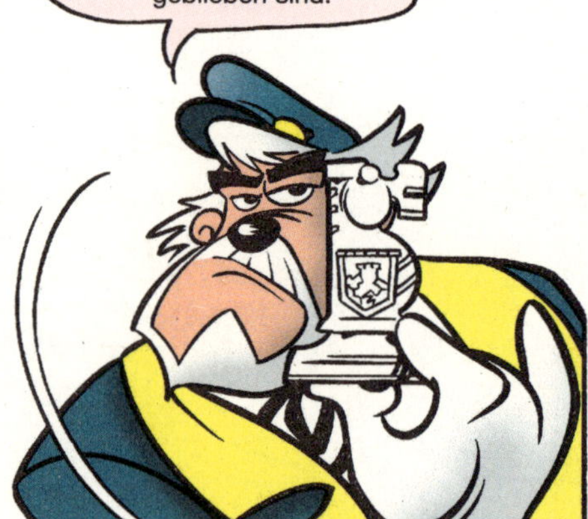
Ich hab mich immer ge-
fragt, wo die Figuren geblieben sind.

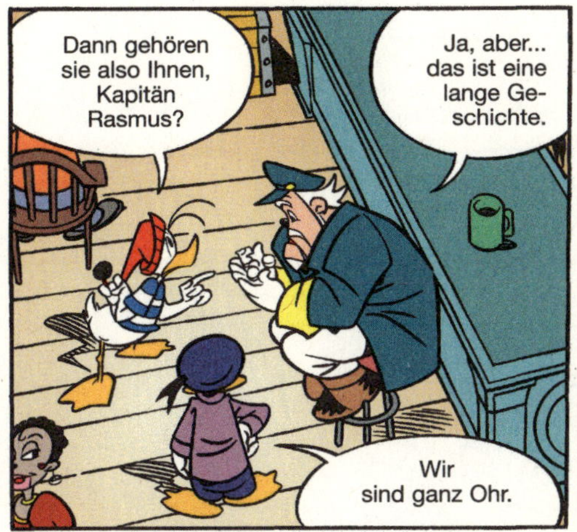
Dann gehören sie also Ihnen, Kapitän Rasmus?
Ja, aber... das ist eine lange Geschichte.
Wir sind ganz Ohr.

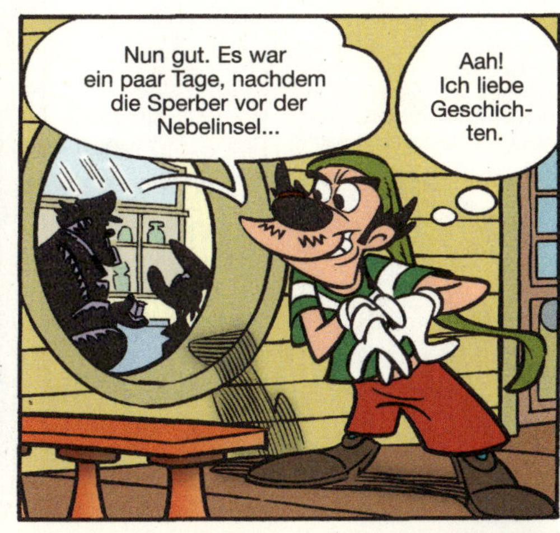
Nun gut. Es war ein paar Tage, nachdem die Sperber vor der Nebelinsel...
Aah! Ich liebe Geschichten.

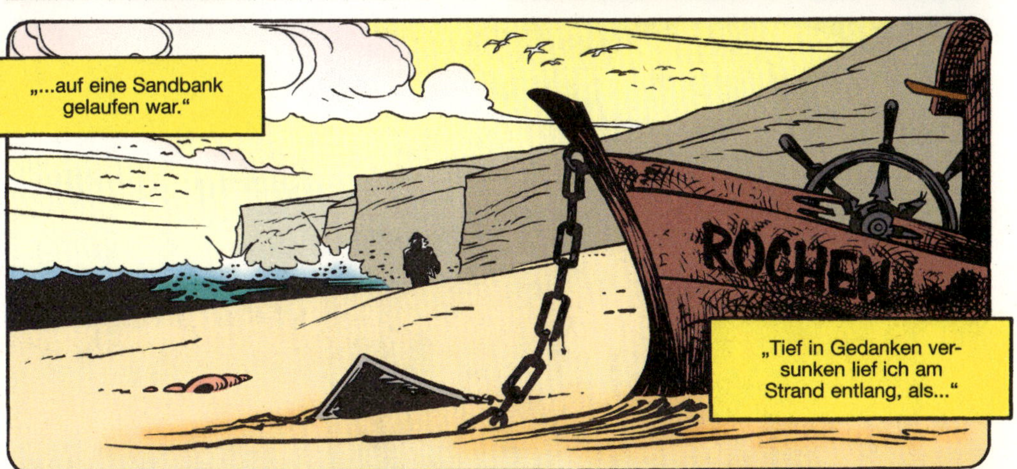
„...auf eine Sandbank gelaufen war."
ROCHEN
„Tief in Gedanken versunken lief ich am Strand entlang, als..."

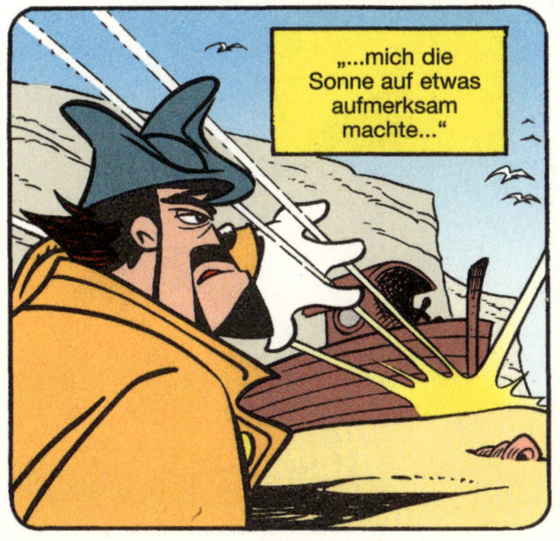
„...mich die Sonne auf etwas aufmerksam machte..."

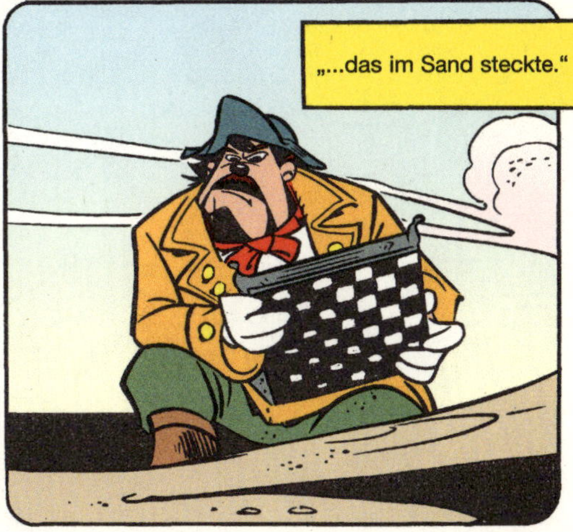
„...das im Sand steckte."

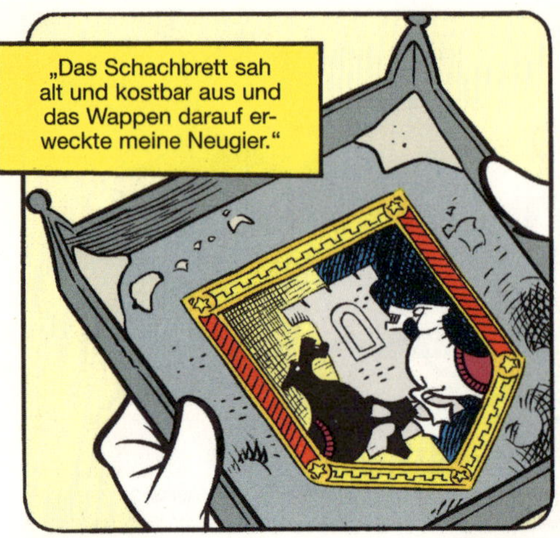
„Das Schachbrett sah alt und kostbar aus und das Wappen darauf erweckte meine Neugier.“

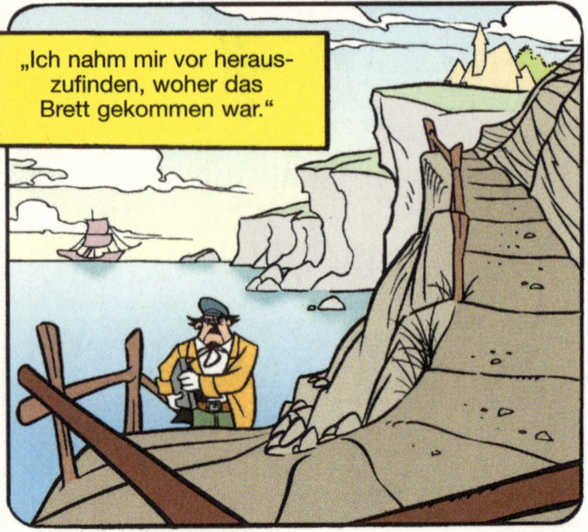
„Ich nahm mir vor herauszufinden, woher das Brett gekommen war.“

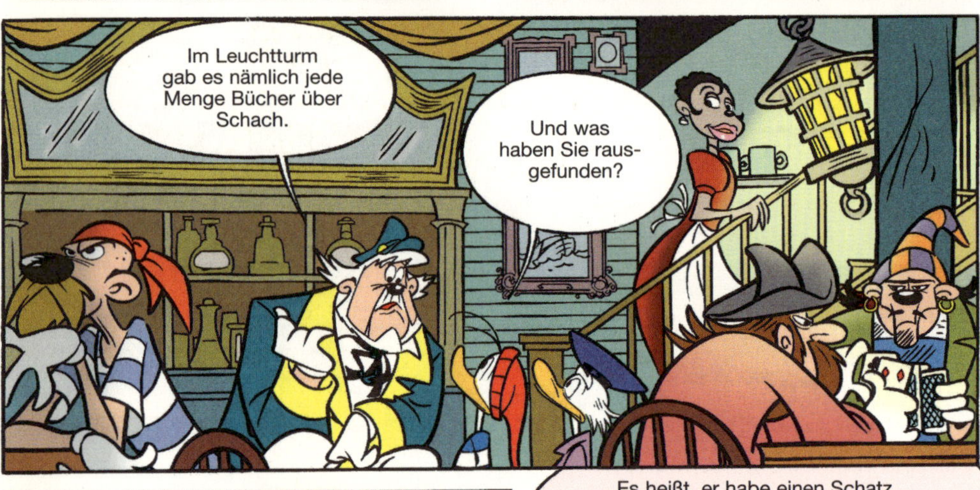
Im Leuchtturm gab es nämlich jede Menge Bücher über Schach.
Und was haben Sie rausgefunden?

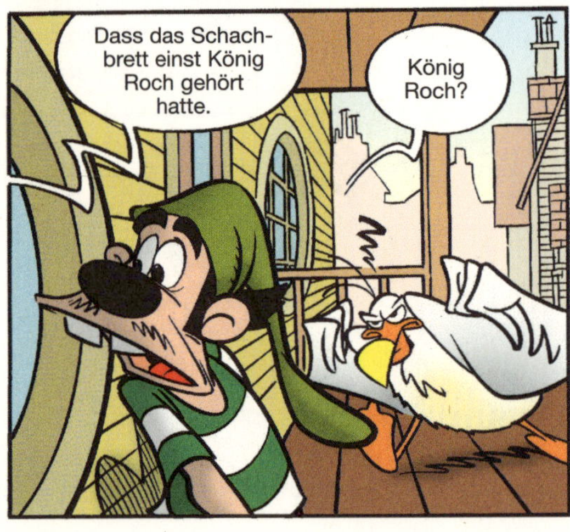
Dass das Schachbrett einst König Roch gehört hatte.
König Roch?

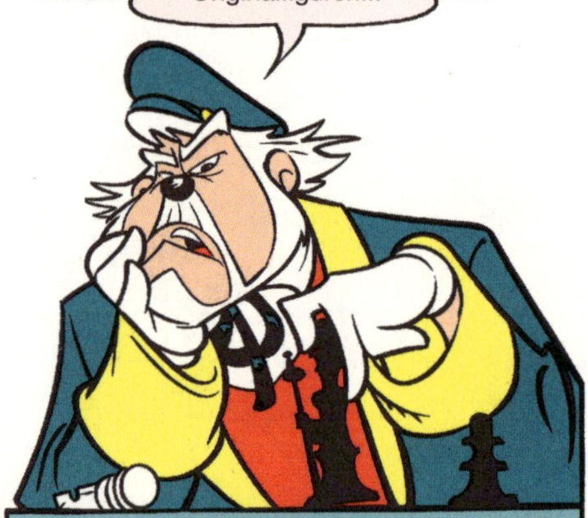
Es heißt, er habe einen Schatz versteckt. Nur wenn man die Originalfiguren...

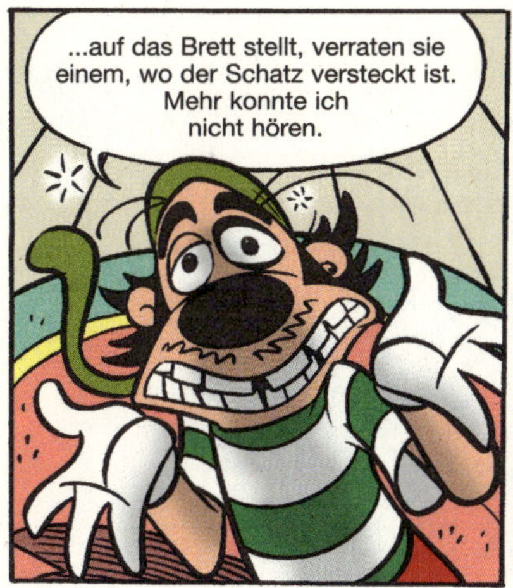
...auf das Brett stellt, verraten sie einem, wo der Schatz versteckt ist. Mehr konnte ich nicht hören.

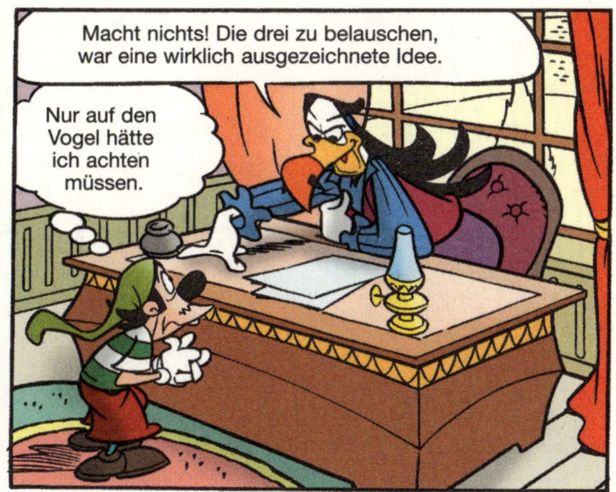
Macht nichts! Die drei zu belauschen, war eine wirklich ausgezeichnete Idee.
Nur auf den Vogel hätte ich achten müssen.

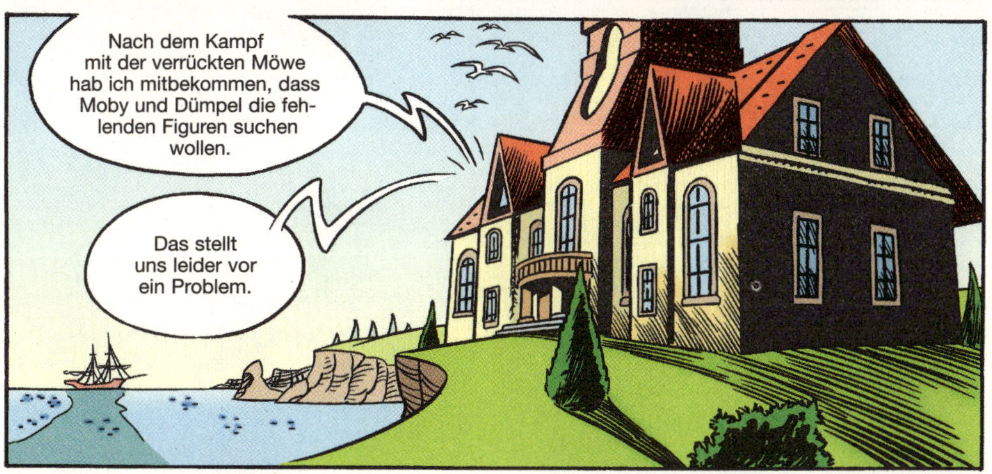
Nach dem Kampf mit der verrückten Möwe hab ich mitbekommen, dass Moby und Dümpel die fehlenden Figuren suchen wollen.
Das stellt uns leider vor ein Problem.

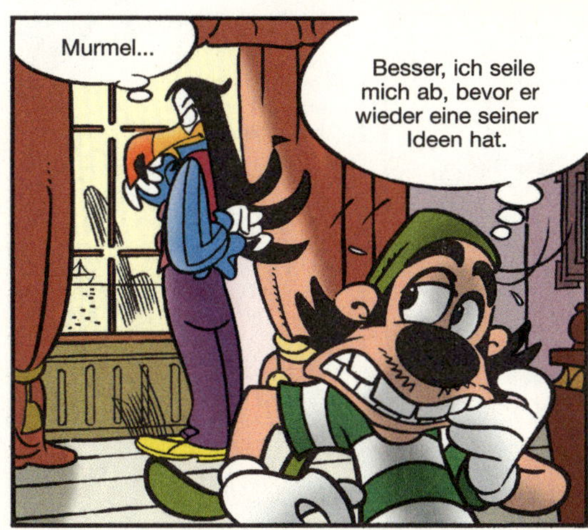
Murmel...
Besser, ich seile mich ab, bevor er wieder eine seiner Ideen hat.

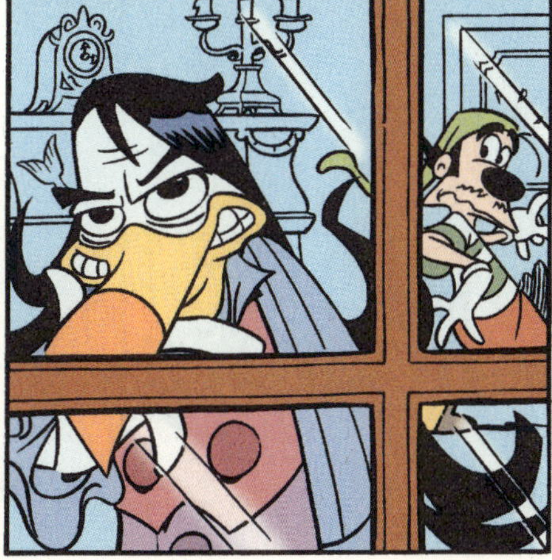

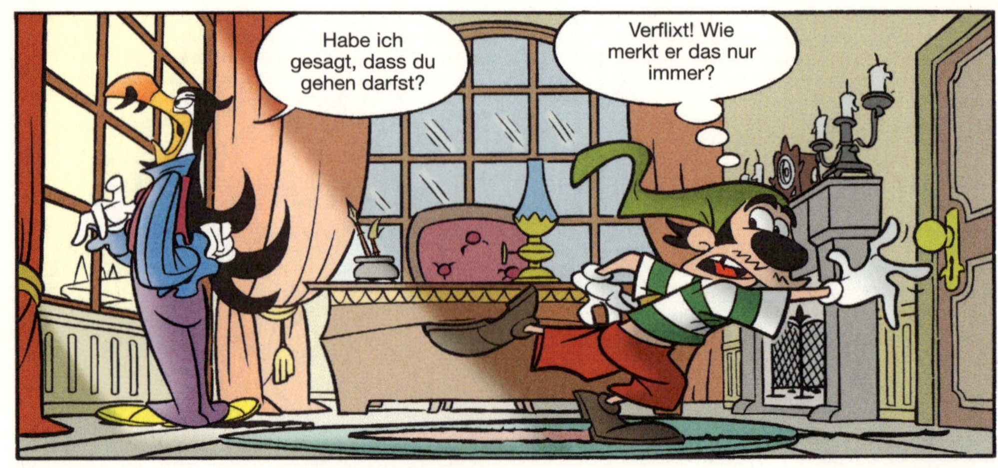
Habe ich gesagt, dass du gehen darfst?
Verflixt! Wie merkt er das nur immer?

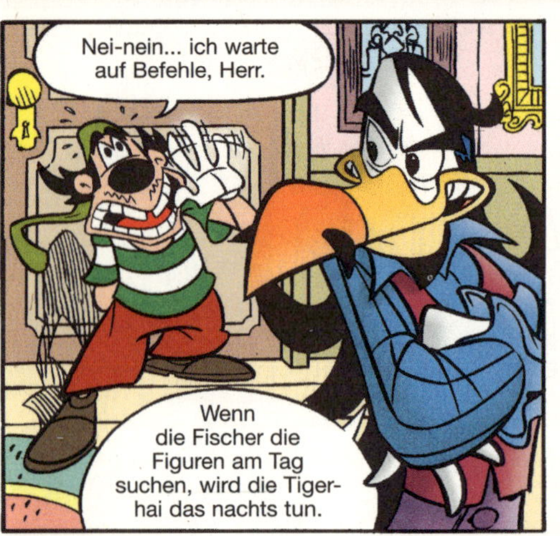
Nei-nein... ich warte auf Befehle, Herr.
Wenn die Fischer die Figuren am Tag suchen, wird die Tigerhai das nachts tun.

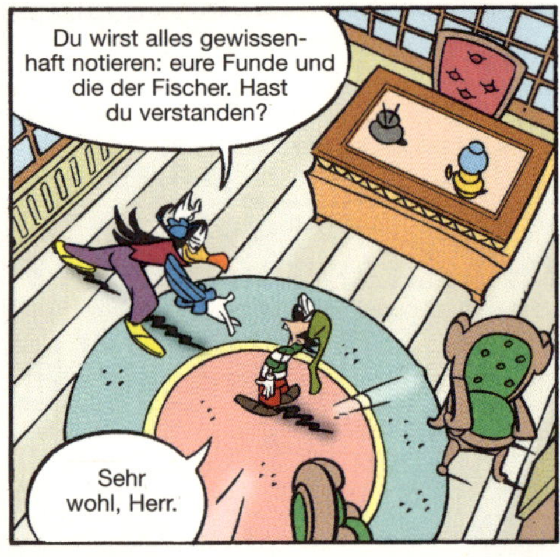
Du wirst alles gewissenhaft notieren: eure Funde und die der Fischer. Hast du verstanden?
Sehr wohl, Herr.

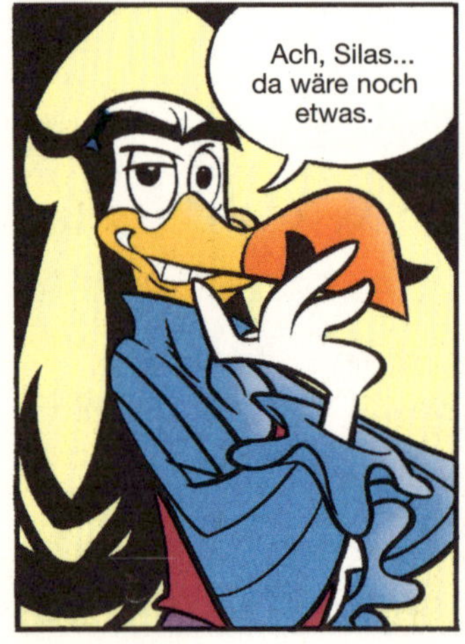
Ach, Silas... da wäre noch etwas.

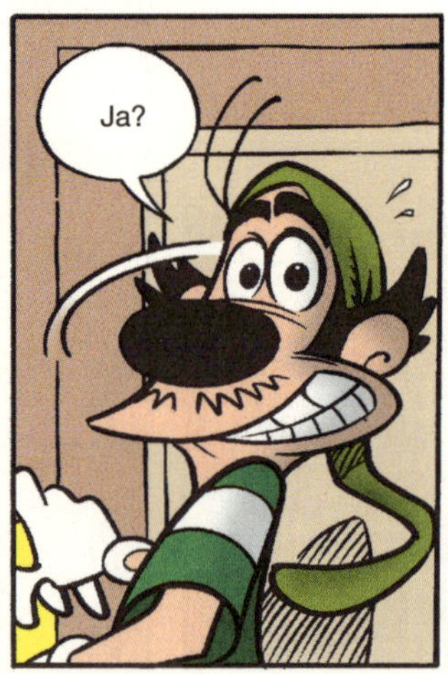
Ja?

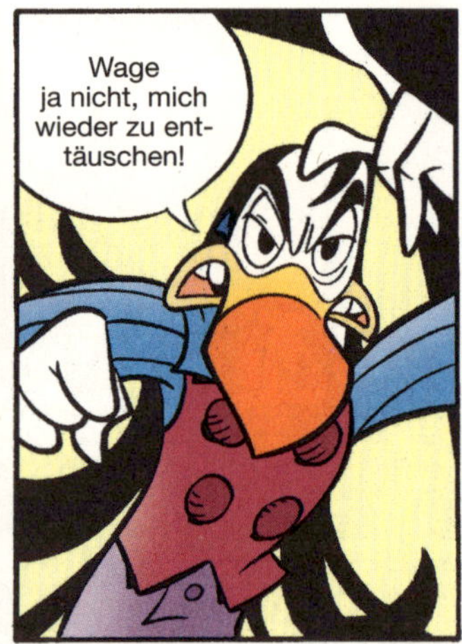
Wage ja nicht, mich wieder zu enttäuschen!

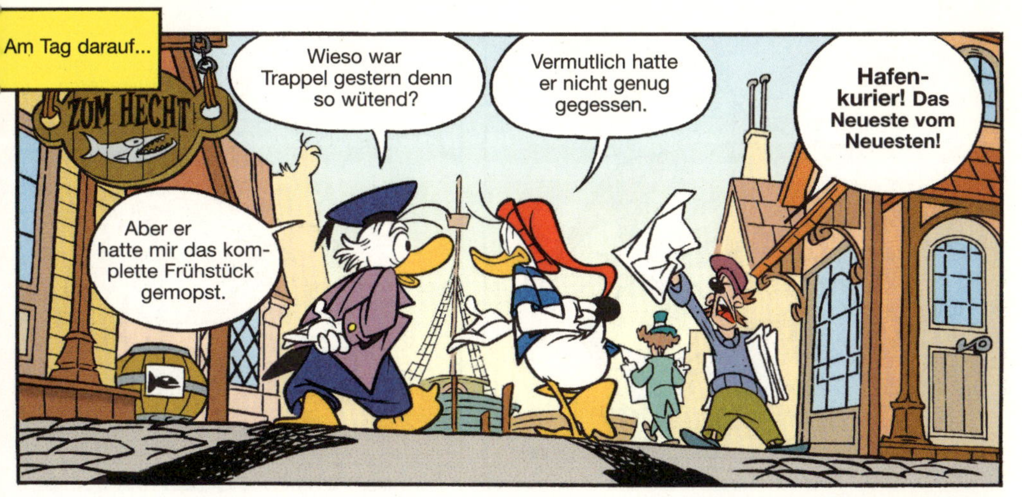
Am Tag darauf...
ZUM HECHT
Wieso war Trappel gestern denn so wütend?
Vermutlich hatte er nicht genug gegessen.
Aber er hatte mir das komplette Frühstück gemopst.
Hafen-kurier! Das Neueste vom Neuesten!

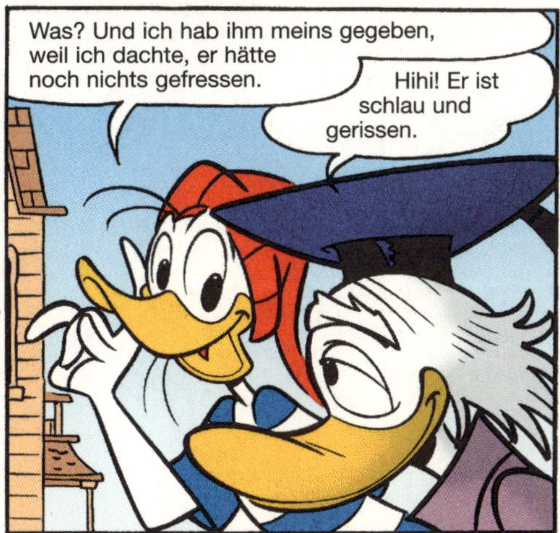
Was? Und ich hab ihm meins gegeben, weil ich dachte, er hätte noch nichts gefressen.
Hihi! Er ist schlau und gerissen.

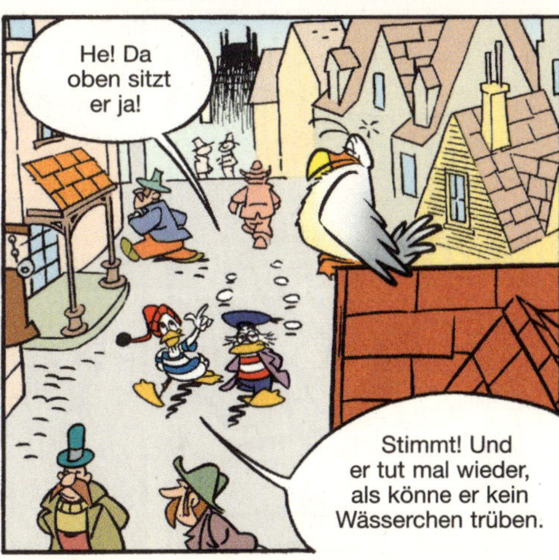
He! Da oben sitzt er ja!
Stimmt! Und er tut mal wieder, als könne er kein Wässerchen trüben.

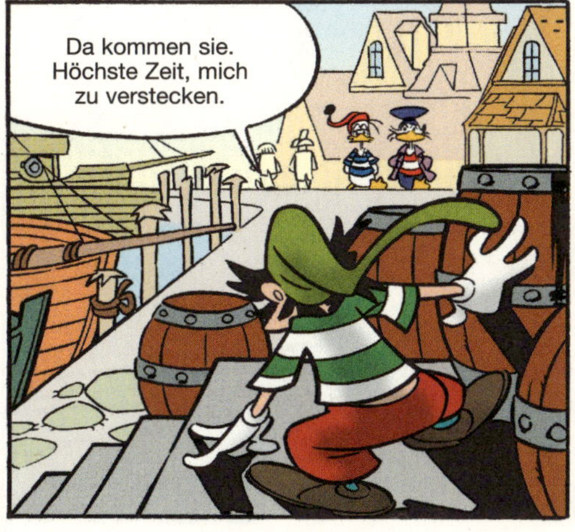
Da kommen sie. Höchste Zeit, mich zu verstecken.

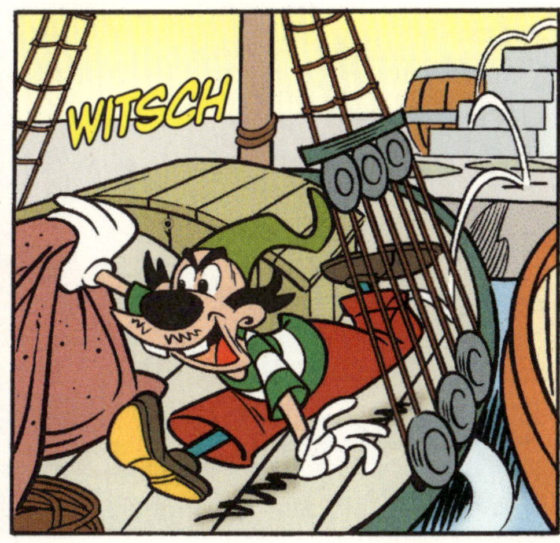
WITSCH

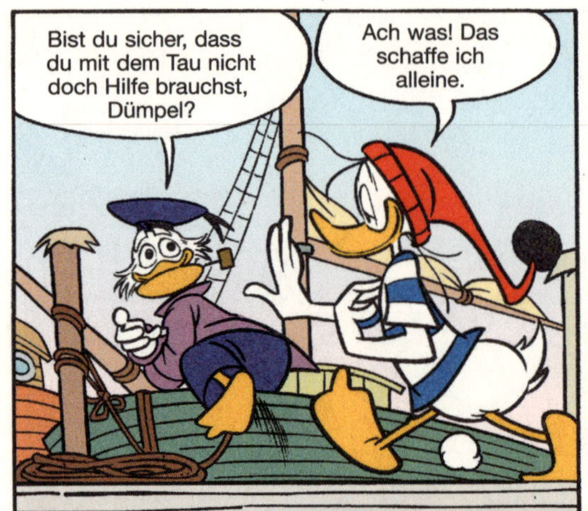
Bist du sicher, dass du mit dem Tau nicht doch Hilfe brauchst, Dümpel?
Ach was! Das schaffe ich alleine.

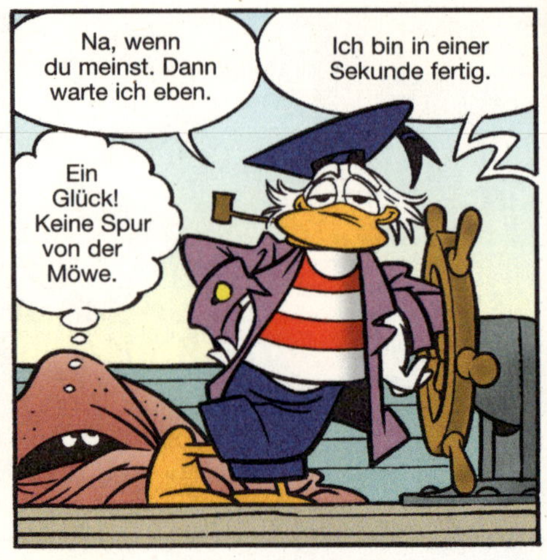
Na, wenn du meinst. Dann warte ich eben.
Ich bin in einer Sekunde fertig.
Ein Glück! Keine Spur von der Möwe.

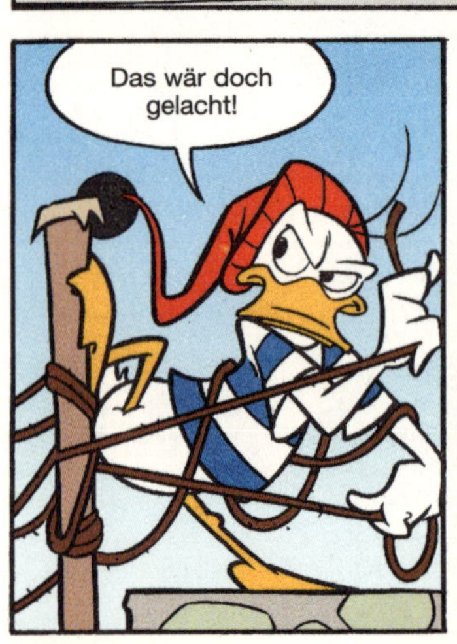
Das wär doch gelacht!

– – –

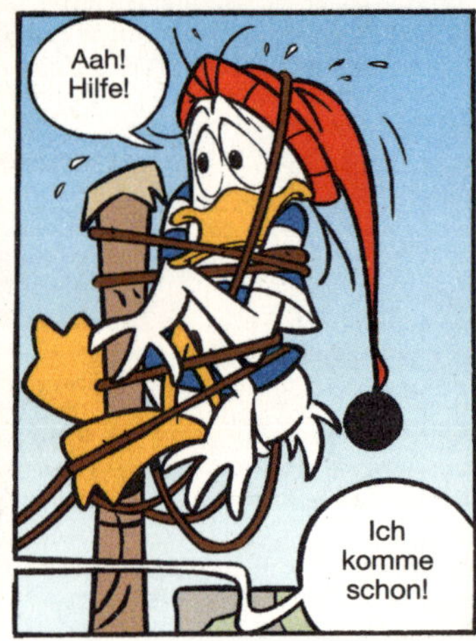
Aah! Hilfe!
Ich komme schon!

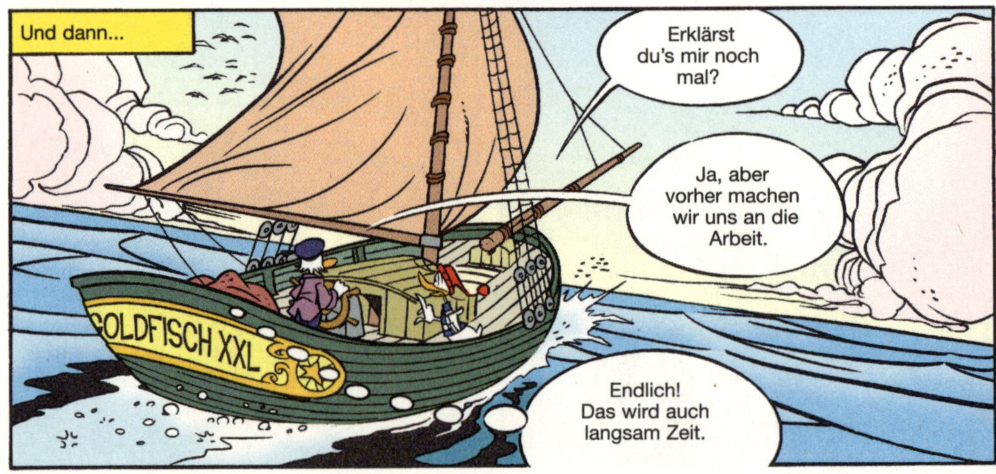
Und dann...
Erklärst du's mir noch mal?
Ja, aber vorher machen wir uns an die Arbeit.
GOLDFISCH XXL
Endlich! Das wird auch langsam Zeit.

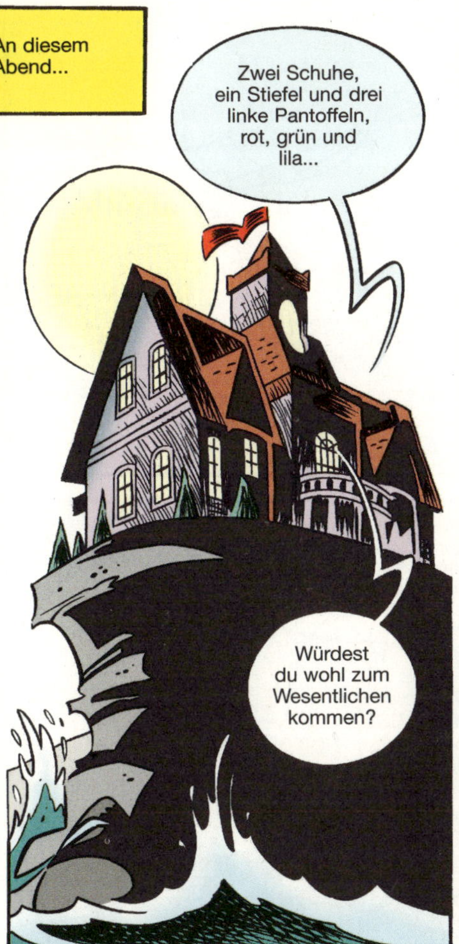
An diesem Abend...
Zwei Schuhe, ein Stiefel und drei linke Pantoffeln, rot, grün und lila...
Würdest du wohl zum Wesentlichen kommen?

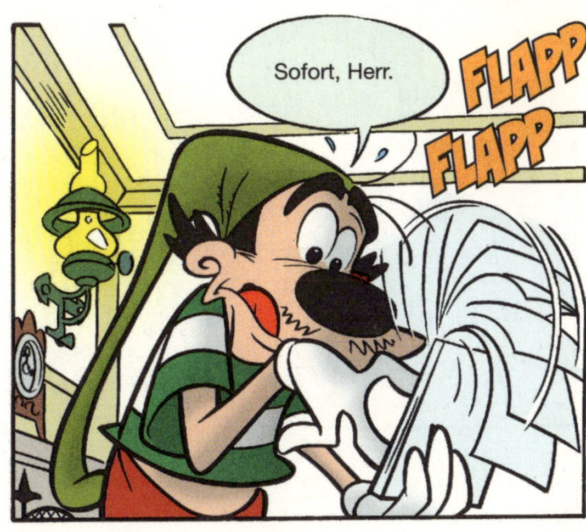
Sofort, Herr.
FLAPP
FLAPP

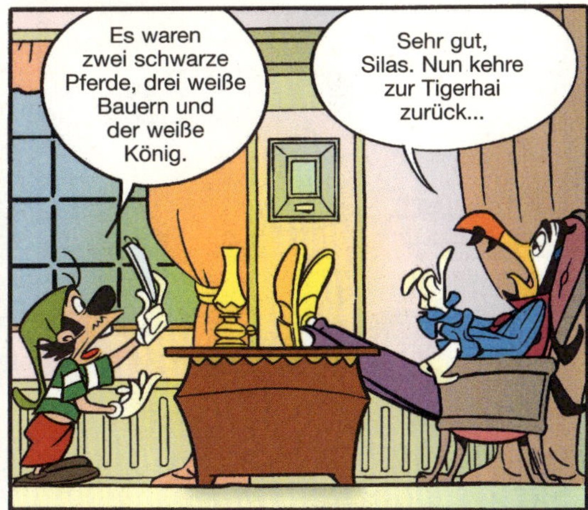
Es waren zwei schwarze Pferde, drei weiße Bauern und der weiße König.
Sehr gut, Silas. Nun kehre zur Tigerhai zurück...

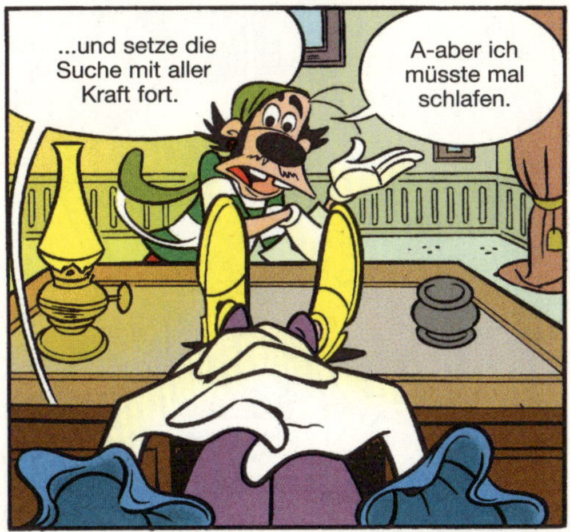
...und setze die Suche mit aller Kraft fort.
A-aber ich müsste mal schlafen.

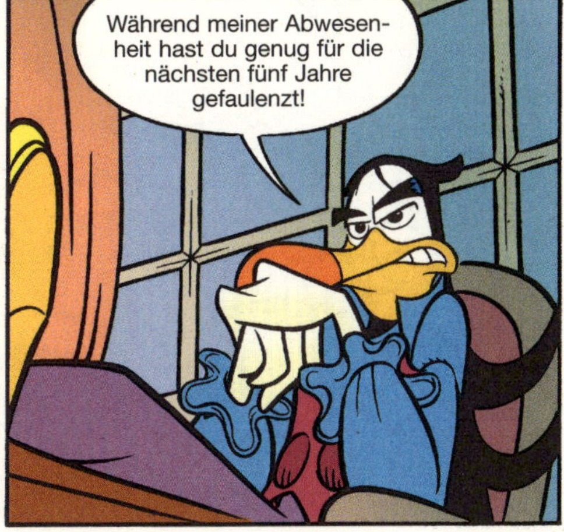
Während meiner Abwesenheit hast du genug für die nächsten fünf Jahre gefaulenzt!

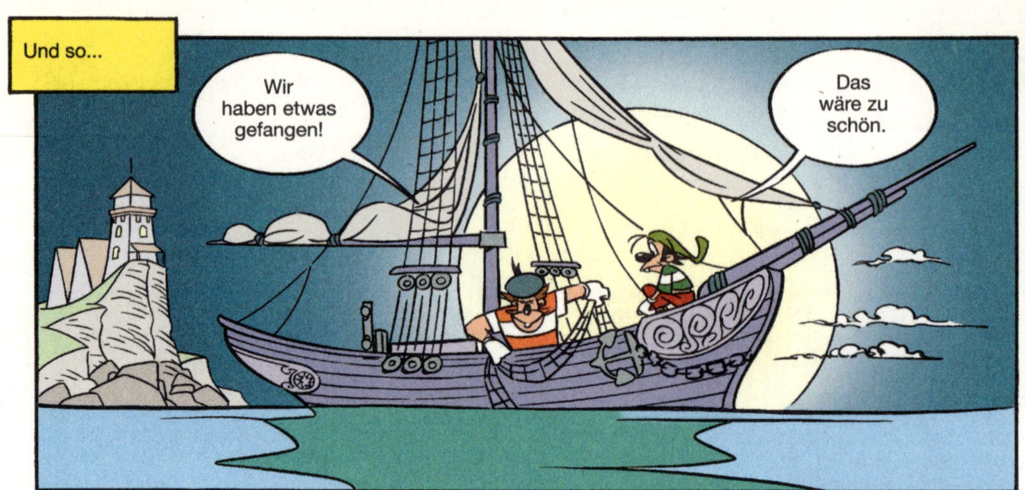
Und so...
Wir haben etwas gefangen!
Das wäre zu schön.

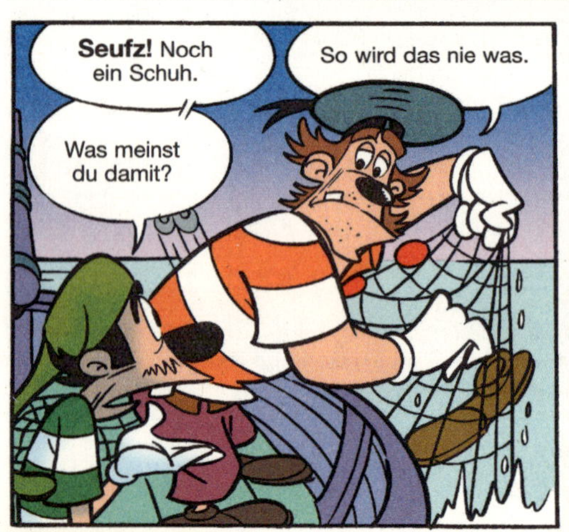
Seufz! Noch ein Schuh.
So wird das nie was.
Was meinst du damit?

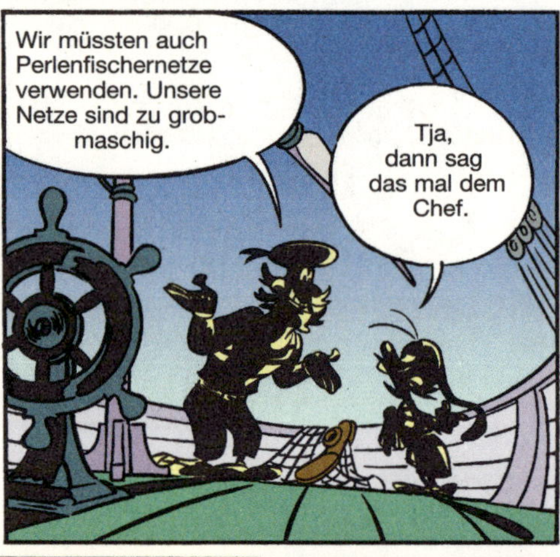
Wir müssten auch Perlenfischernetze verwenden. Unsere Netze sind zu grobmaschig.
Tja, dann sag das mal dem Chef.

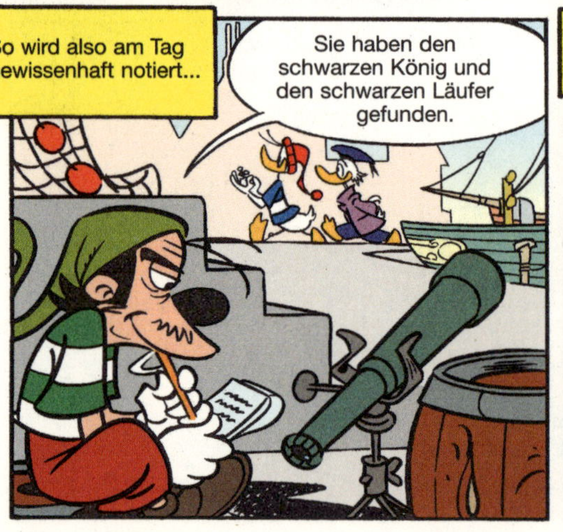
So wird also am Tag gewissenhaft notiert...
Sie haben den schwarzen König und den schwarzen Läufer gefunden.

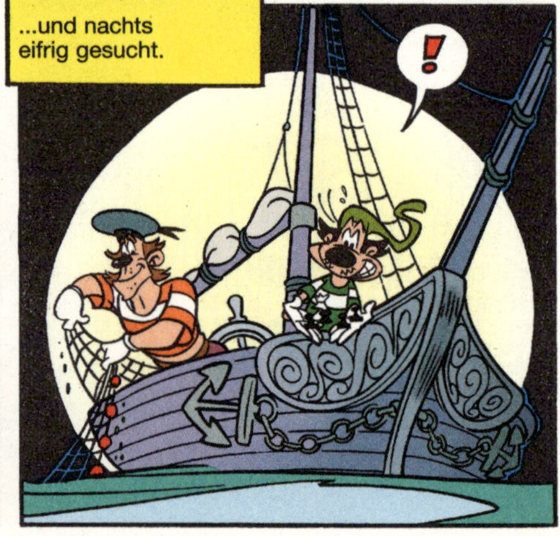
...und nachts eifrig gesucht.
!

Bis endlich...

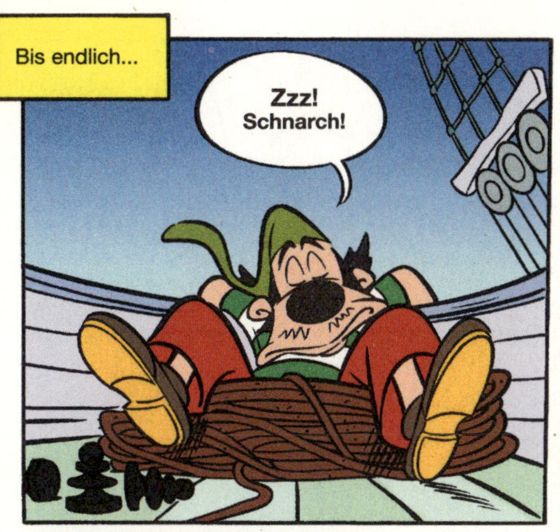

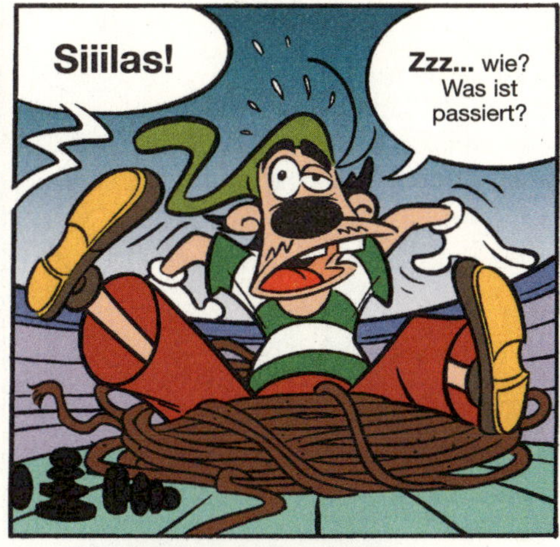

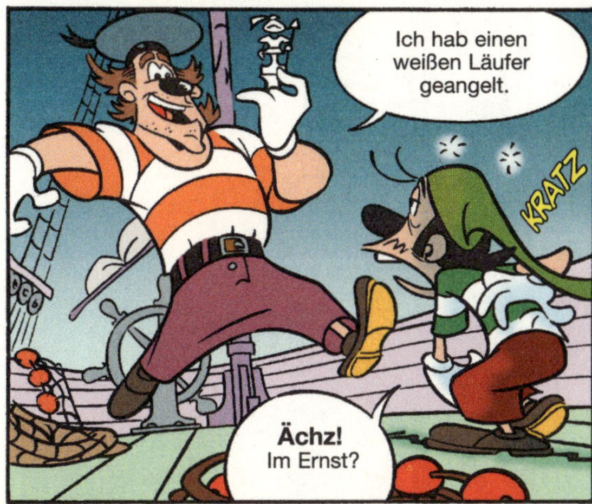

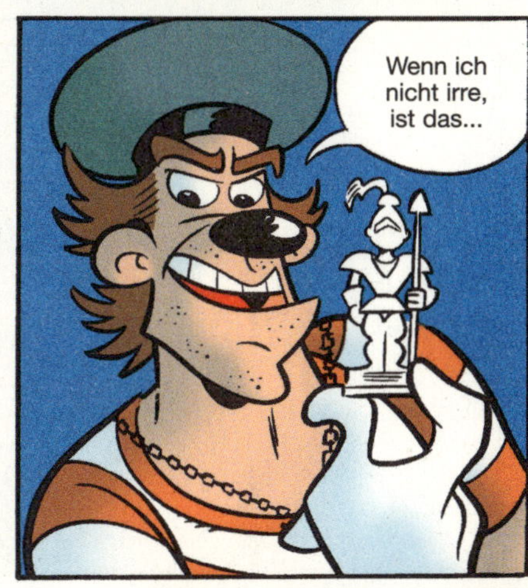

„...die letzte Figur von König Rochs Schachspiel.“

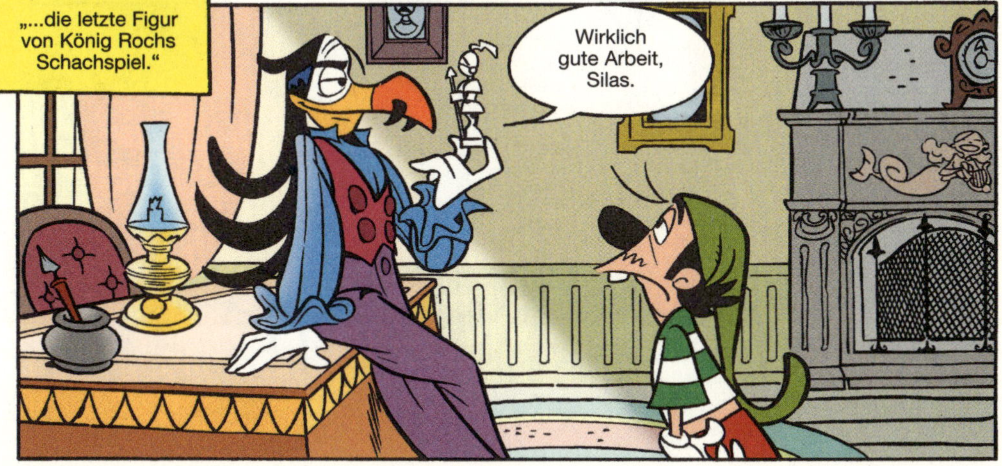

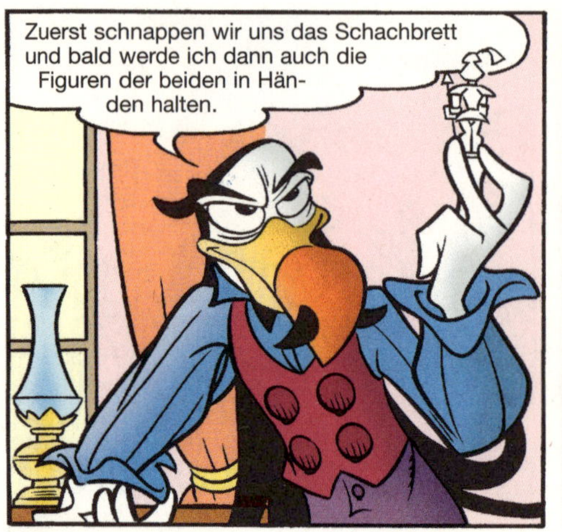
Zuerst schnappen wir uns das Schachbrett und bald werde ich dann auch die Figuren der beiden in Händen halten.

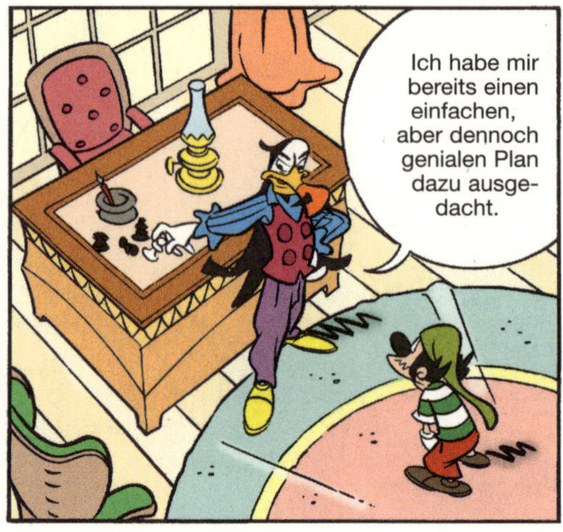
Ich habe mir bereits einen einfachen, aber dennoch genialen Plan dazu ausgedacht.

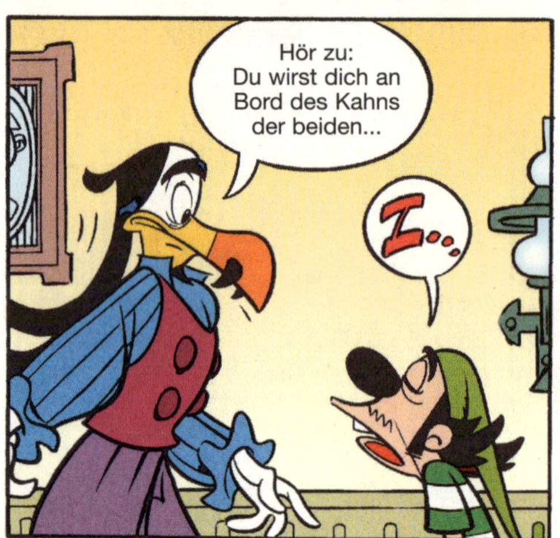
Hör zu: Du wirst dich an Bord des Kahns der beiden...
Z...

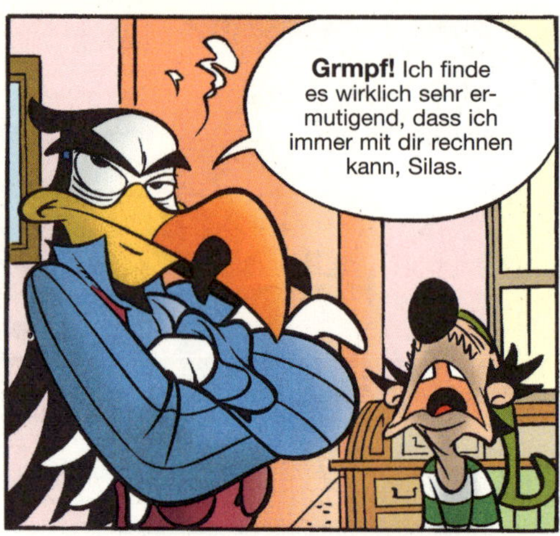
Grmpf! Ich finde es wirklich sehr ermutigend, dass ich immer mit dir rechnen kann, Silas.

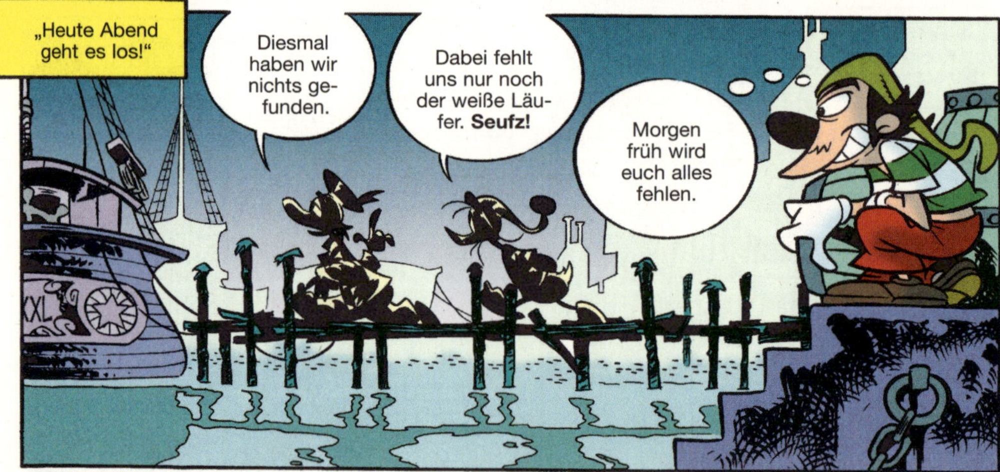
„Heute Abend geht es los!“
Diesmal haben wir nichts gefunden.
Dabei fehlt uns nur noch der weiße Läufer. **Seufz!**
Morgen früh wird euch alles fehlen.
XXL

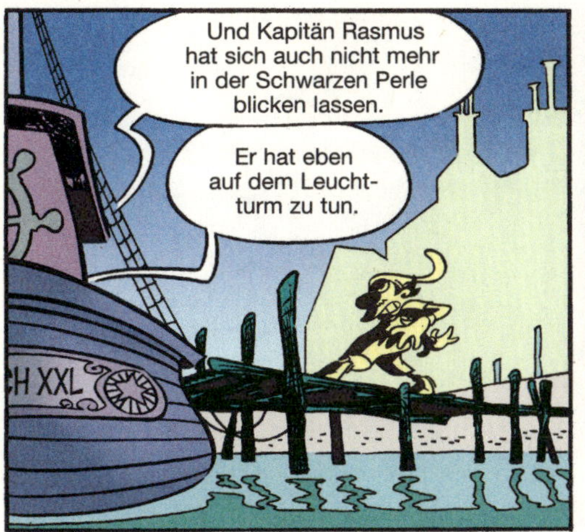
Und Kapitän Rasmus hat sich auch nicht mehr in der Schwarzen Perle blicken lassen.
Er hat eben auf dem Leuchtturm zu tun.
CH XXL

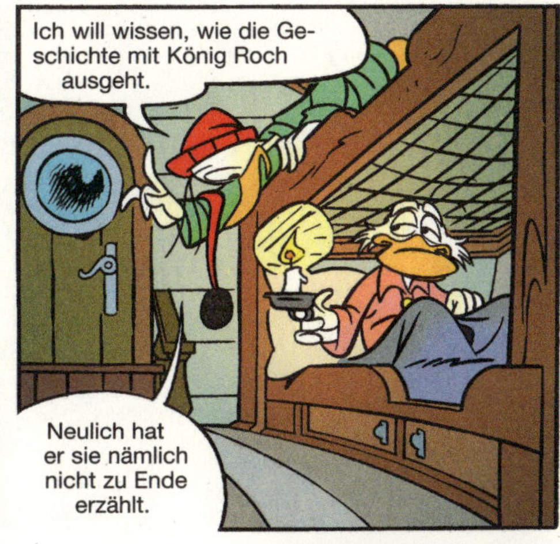
Ich will wissen, wie die Geschichte mit König Roch ausgeht.
Neulich hat er sie nämlich nicht zu Ende erzählt.

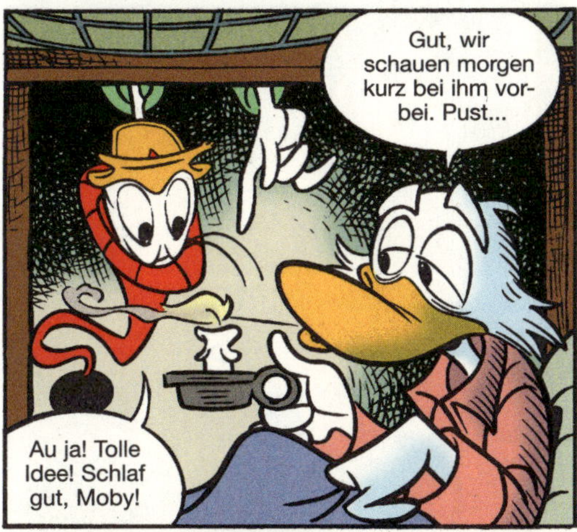
Gut, wir schauen morgen kurz bei ihm vorbei. Pust...
Au ja! Tolle Idee! Schlaf gut, Moby!

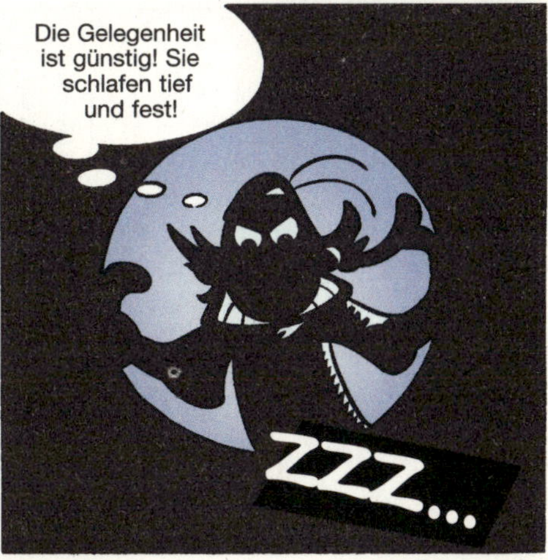
Die Gelegenheit ist günstig! Sie schlafen tief und fest!
ZZZ...

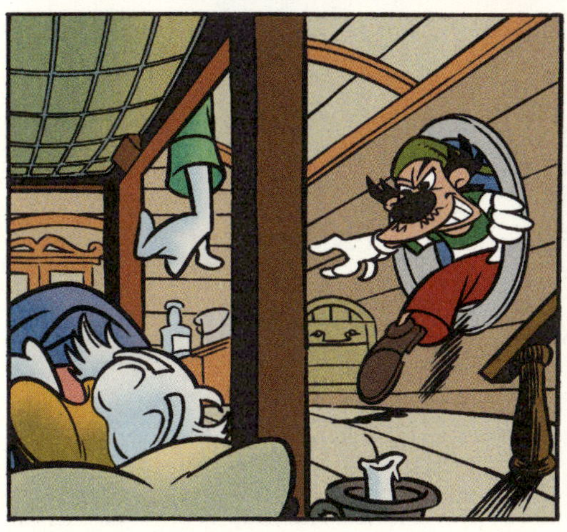

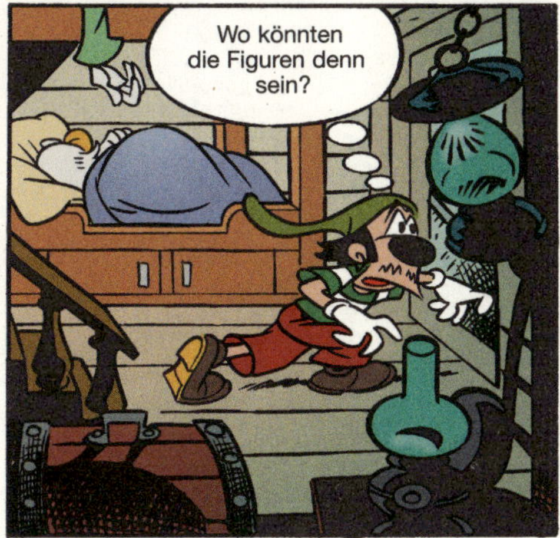
Wo könnten die Figuren denn sein?

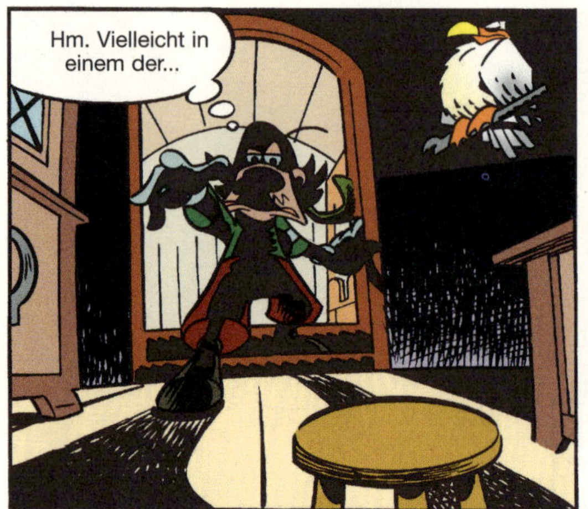
Hm. Vielleicht in einem der...

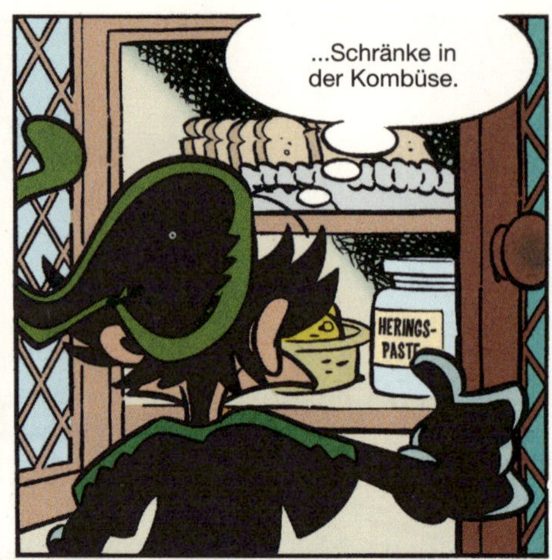
...Schränke in der Kombüse.
HERINGS-
PASTE

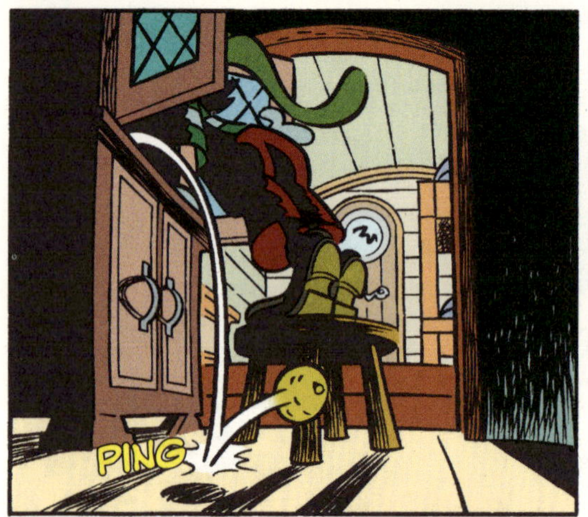
PING

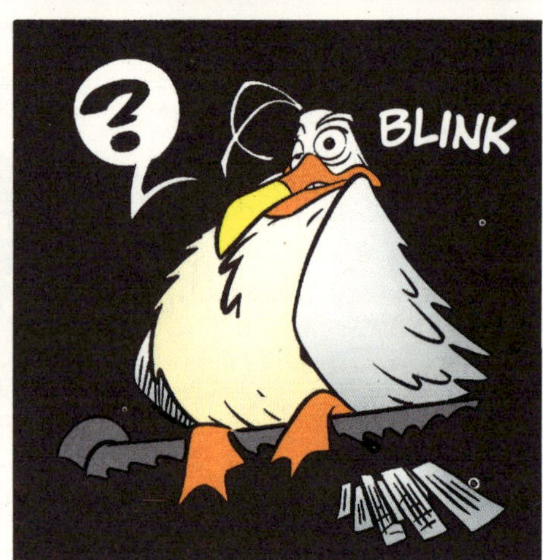
?
BLINK

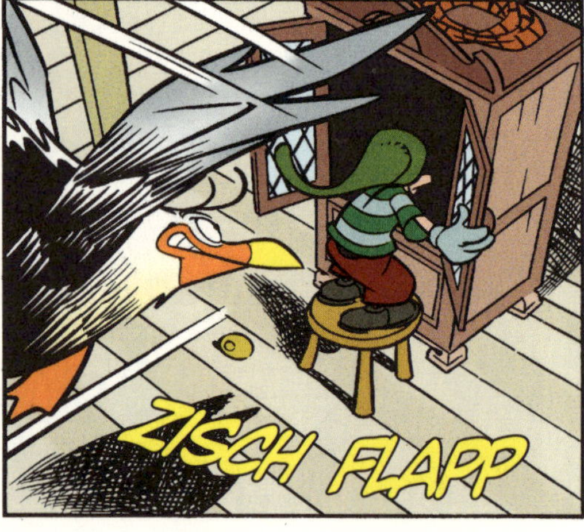
ZISCH FLAPP

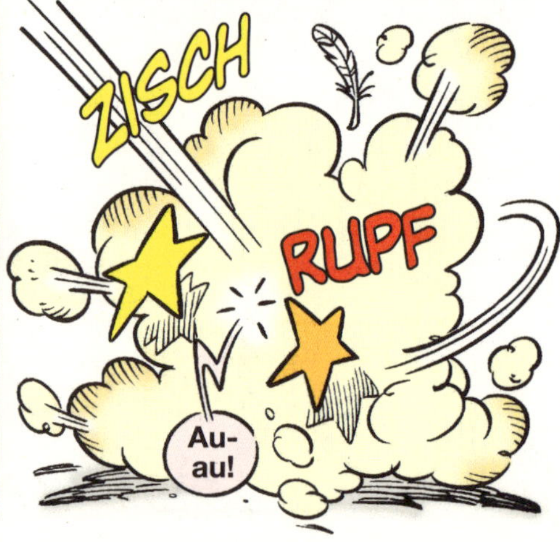
ZISCH
RUPF
Au-
au!

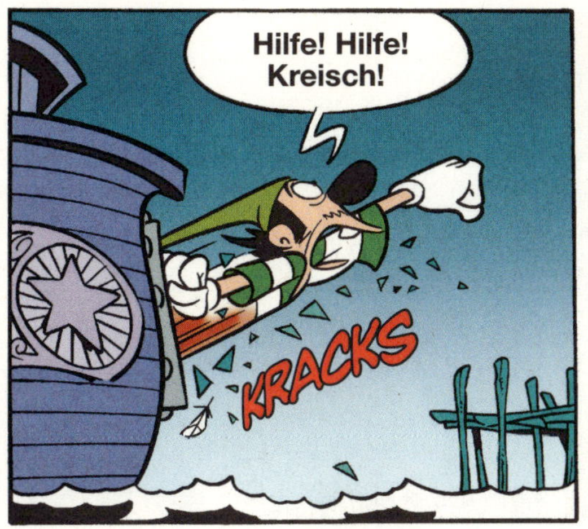
Hilfe! Hilfe! Kreisch!
KRACKS

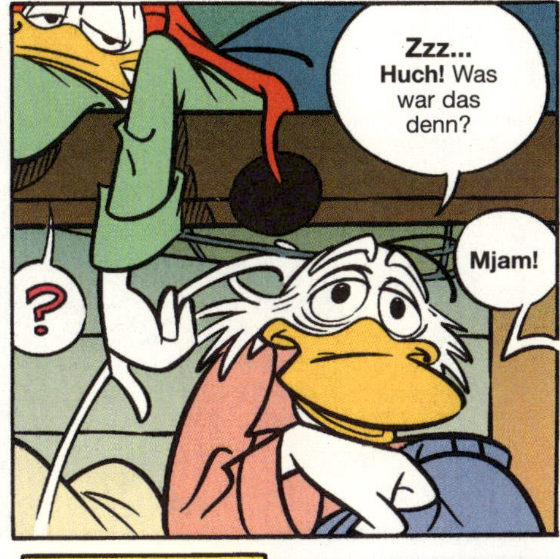
Zzz... Huch! Was war das denn?
?
Mjam!

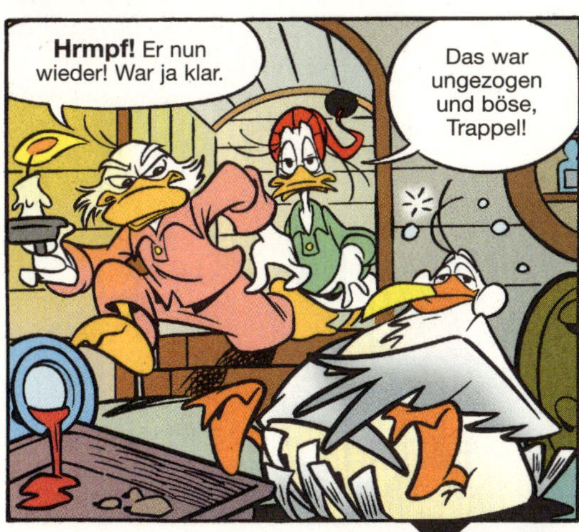
Hrmpf! Er nun wieder! War ja klar.
Das war ungezogen und böse, Trappel!

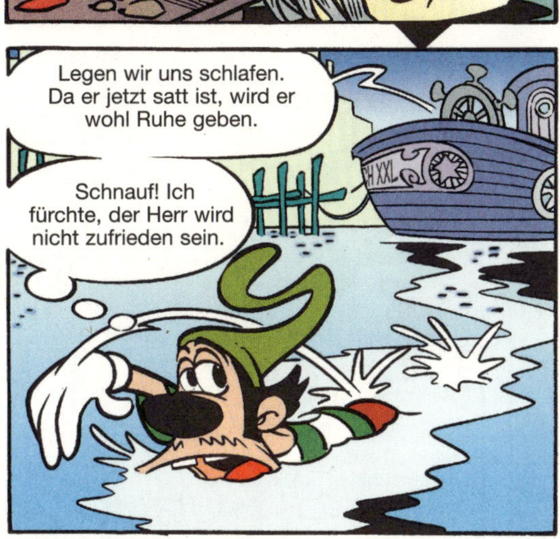
Legen wir uns schlafen. Da er jetzt satt ist, wird er wohl Ruhe geben.
Schnauf! Ich fürchte, der Herr wird nicht zufrieden sein.

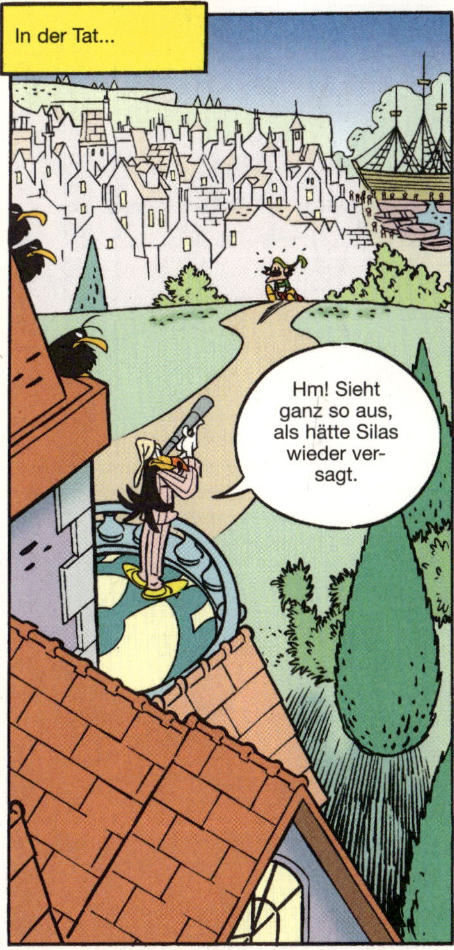
In der Tat...
Hm! Sieht ganz so aus, als hätte Silas wieder versagt.

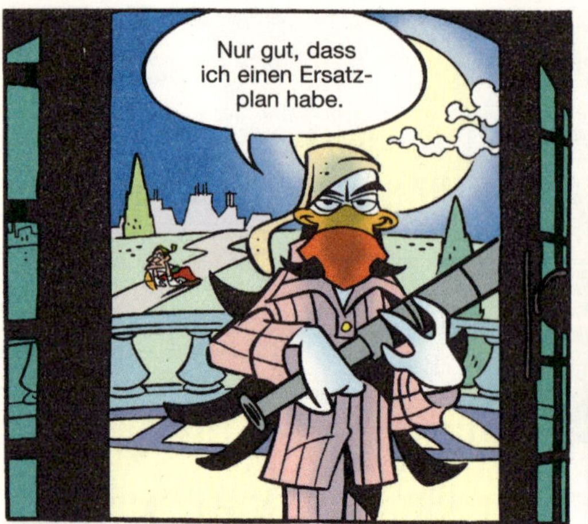
Nur gut, dass ich einen Ersatzplan habe.

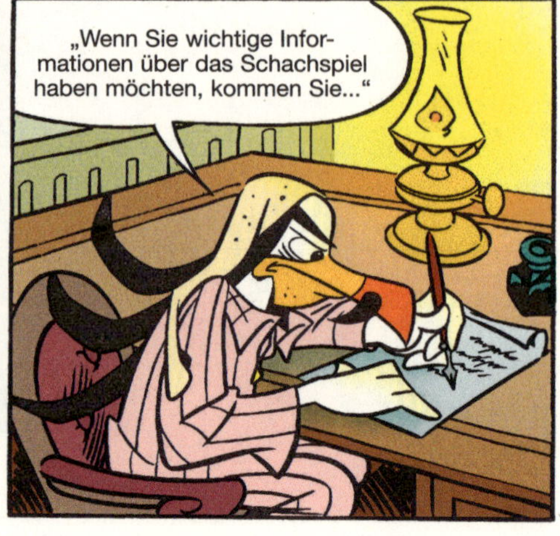
„Wenn Sie wichtige Informationen über das Schachspiel haben möchten, kommen Sie..."

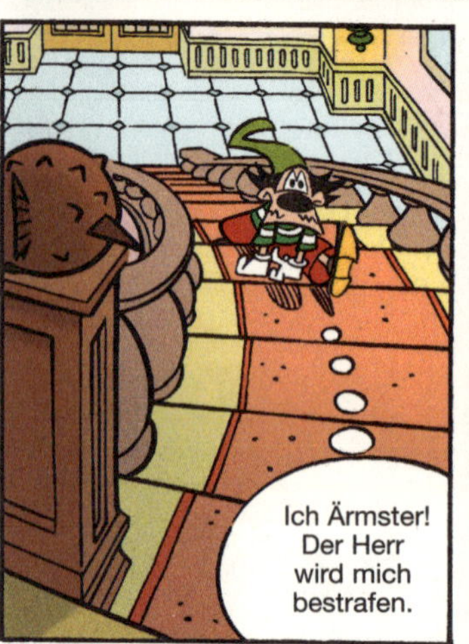
Ich Ärmster! Der Herr wird mich bestrafen.

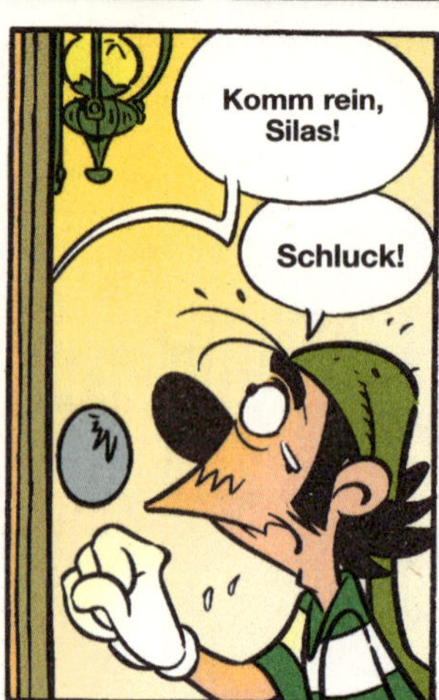
Komm rein, Silas!
Schluck!

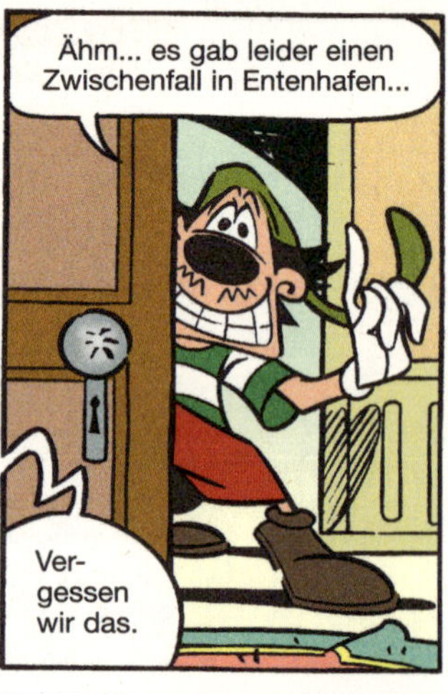
Ähm... es gab leider einen Zwischenfall in Entenhafen...
Vergessen wir das.

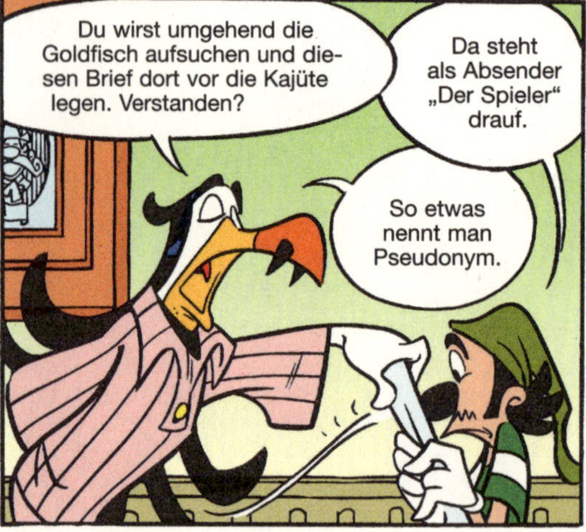
Du wirst umgehend die Goldfisch aufsuchen und diesen Brief dort vor die Kajüte legen. Verstanden?
Da steht als Absender „Der Spieler" drauf.
So etwas nennt man Pseudonym.

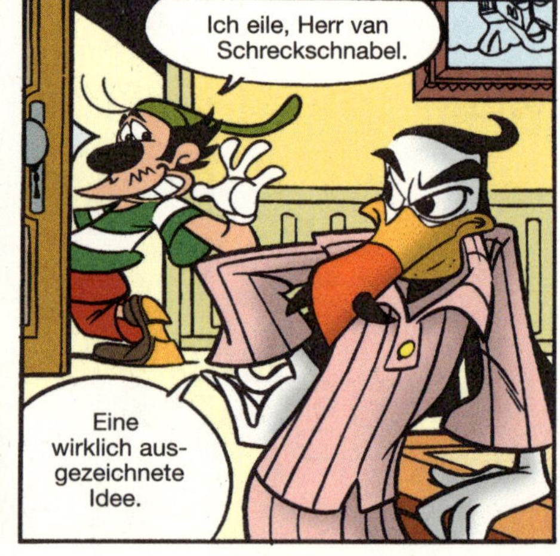
Ich eile, Herr van Schreckschnabel.
Eine wirklich ausgezeichnete Idee.

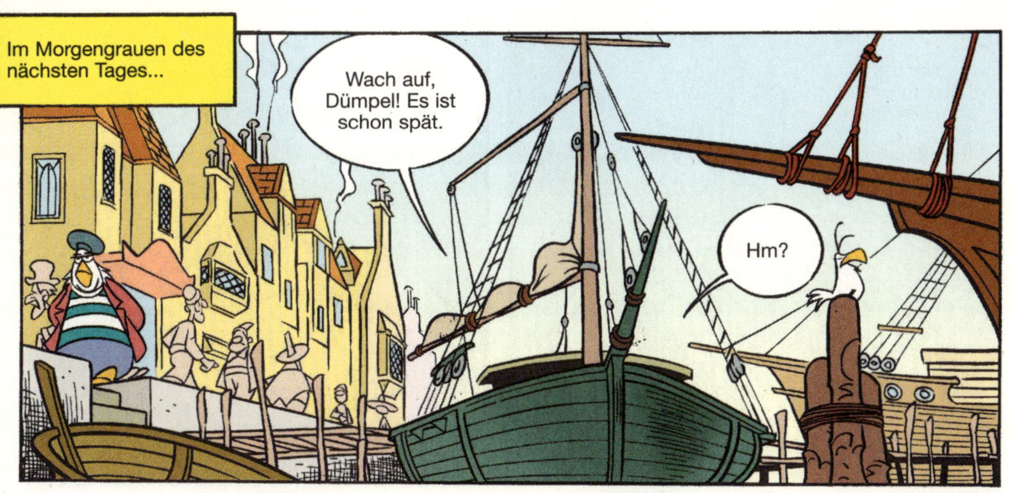
Im Morgengrauen des nächsten Tages...
Wach auf, Dümpel! Es ist schon spät.
Hm?

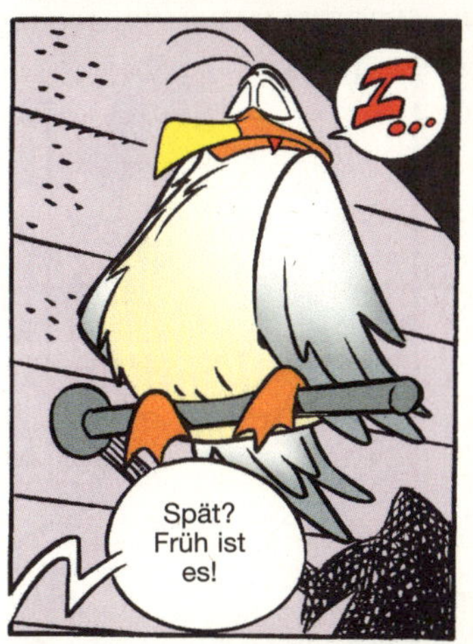
Spät? Früh ist es!

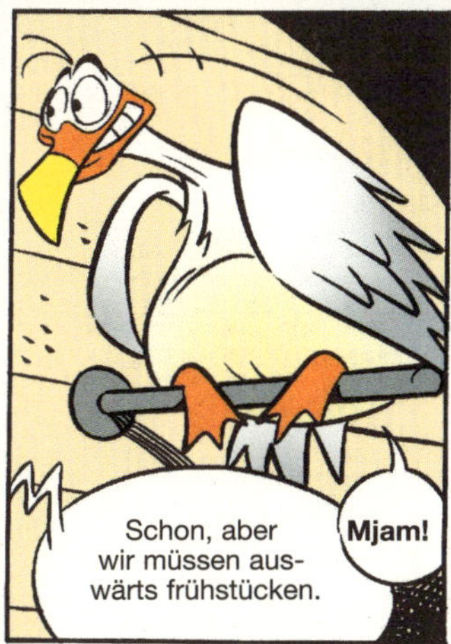
Schon, aber wir müssen auswärts frühstücken.
Mjam!

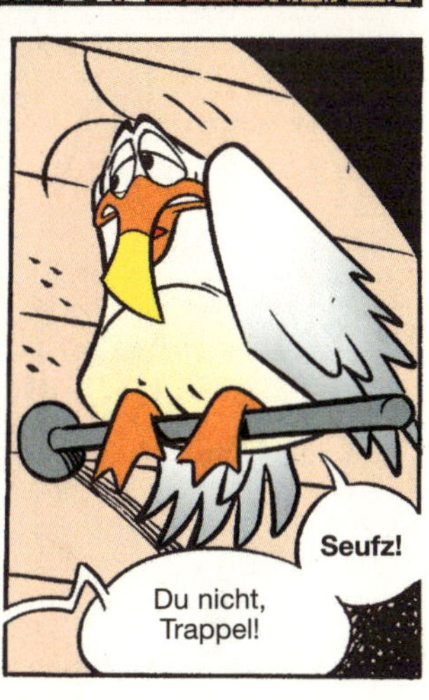
Seufz!
Du nicht, Trappel!

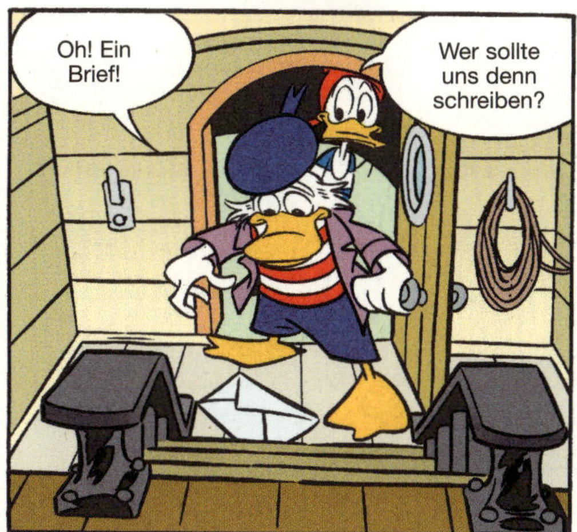
Oh! Ein Brief!
Wer sollte uns denn schreiben?

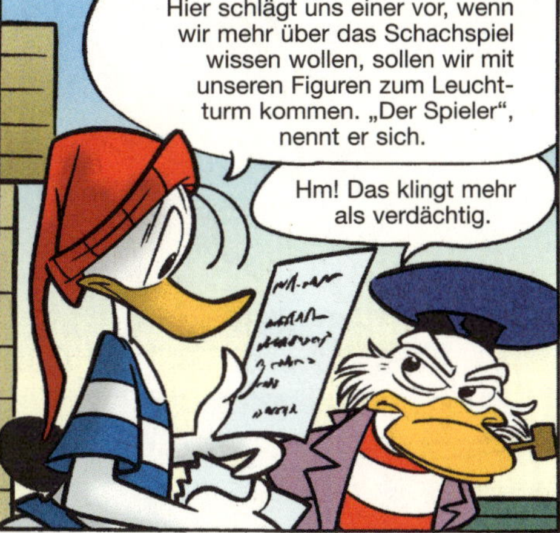
Hier schlägt uns einer vor, wenn wir mehr über das Schachspiel wissen wollen, sollen wir mit unseren Figuren zum Leuchtturm kommen. „Der Spieler", nennt er sich.
Hm! Das klingt mehr als verdächtig.

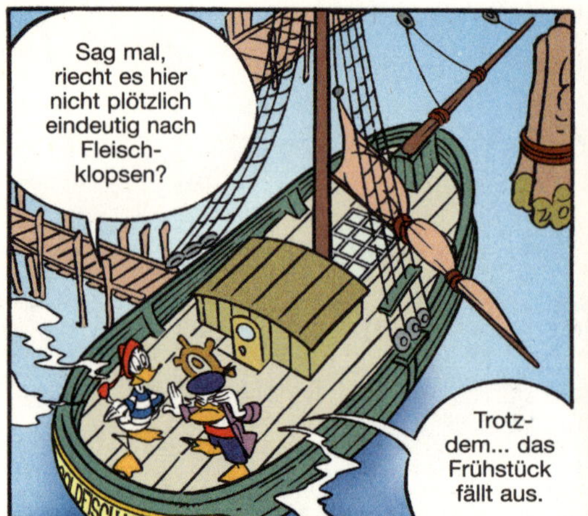
Sag mal, riecht es hier nicht plötzlich eindeutig nach Fleisch-klopsen?
Trotz-dem... das Frühstück fällt aus.
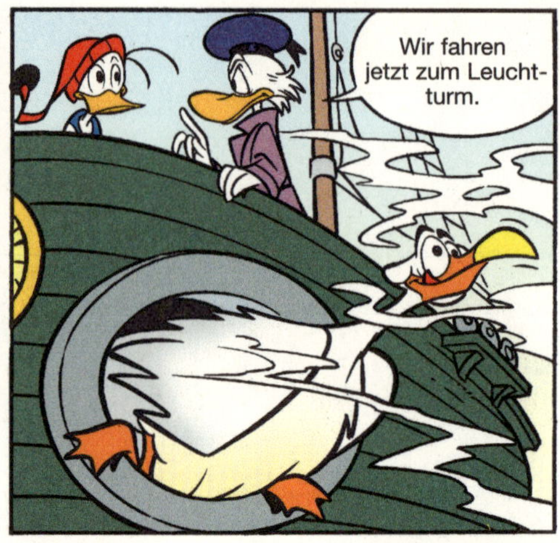
Wir fahren jetzt zum Leucht-turm.
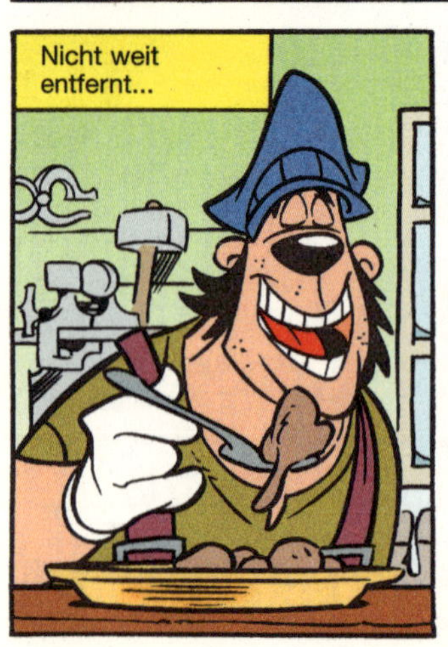
Nicht weit entfernt...
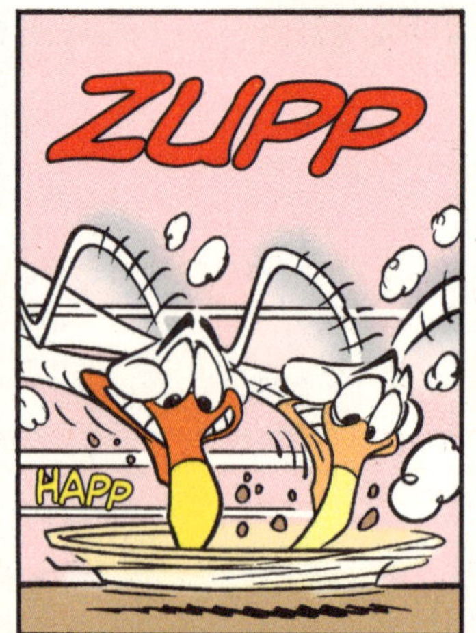
ZUPP
HAPP
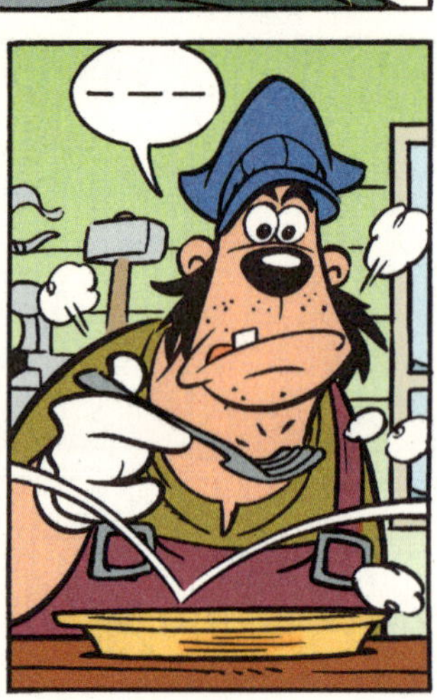
– – –
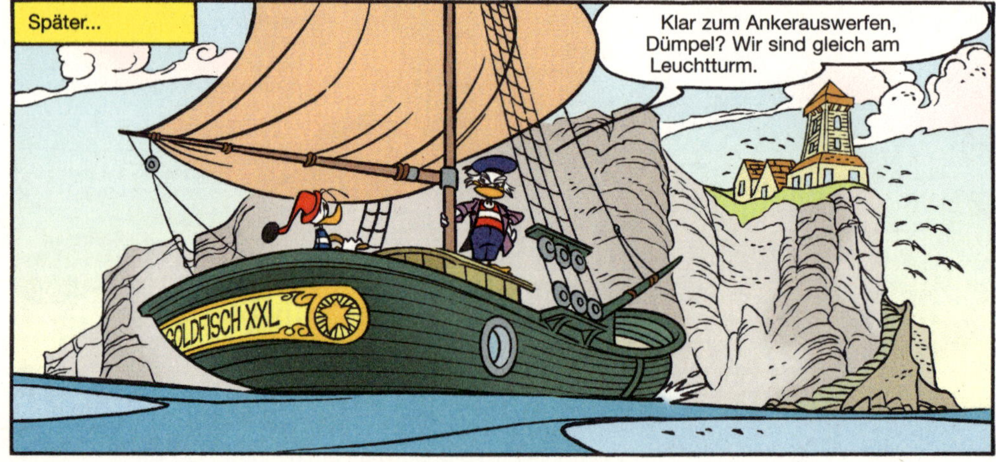
Später...
Klar zum Ankerauswerfen, Dümpel? Wir sind gleich am Leuchtturm.
GOLDFISCH XXL

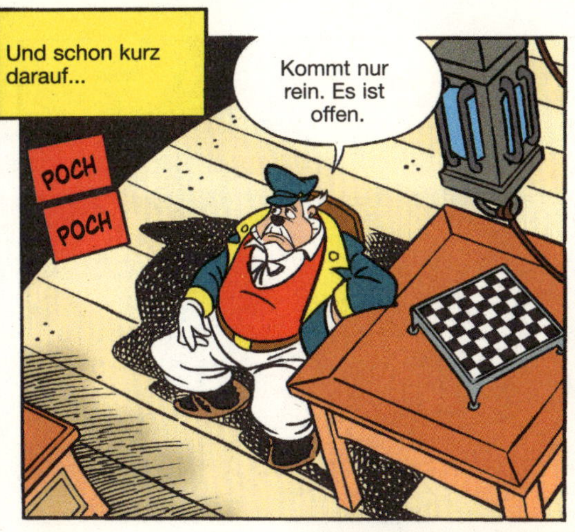
Und schon kurz darauf...
POCH
POCH
Kommt nur rein. Es ist offen.

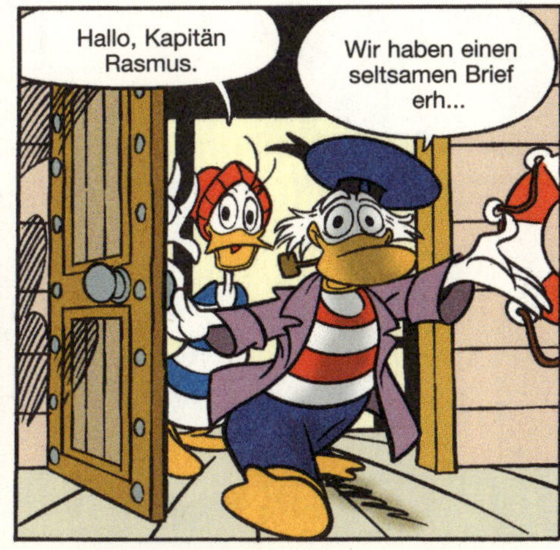
Hallo, Kapitän Rasmus.
Wir haben einen seltsamen Brief erh...

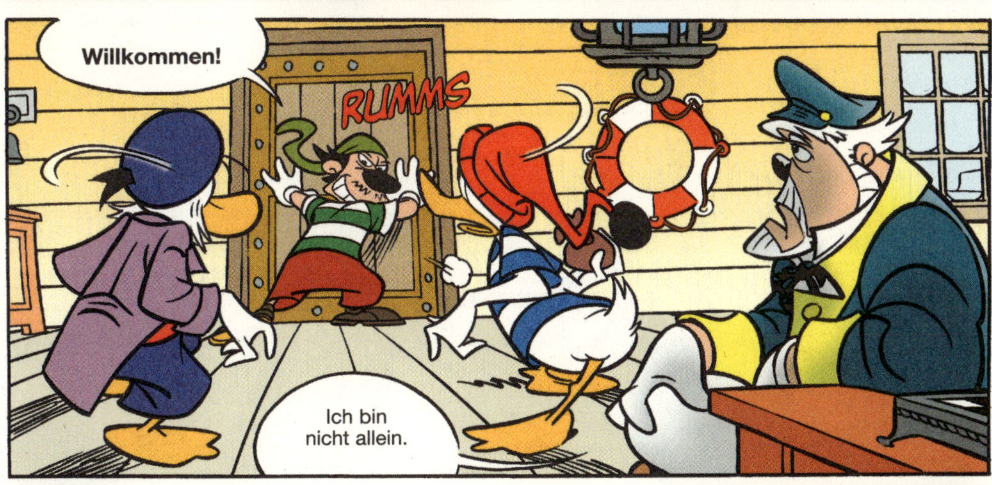
Willkommen!
RUMMS
Ich bin nicht allein.

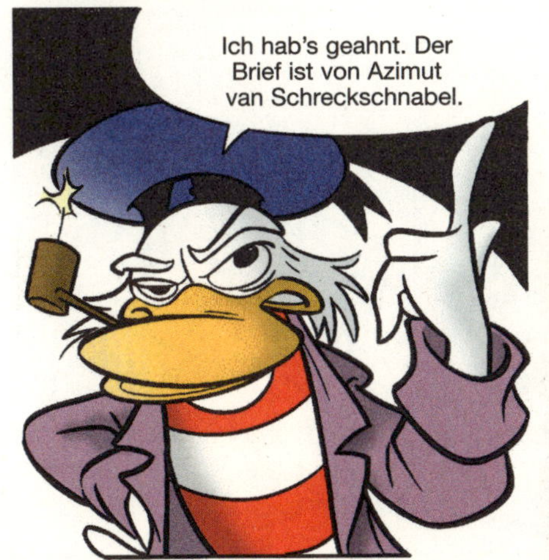
Ich hab's geahnt. Der Brief ist von Azimut van Schreckschnabel.

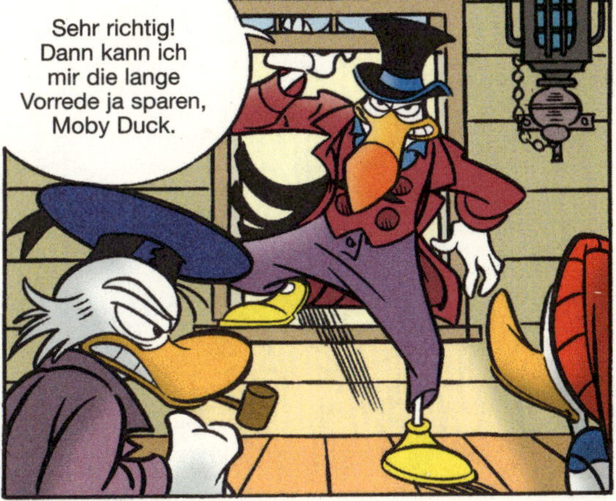
Sehr richtig! Dann kann ich mir die lange Vorrede ja sparen, Moby Duck.

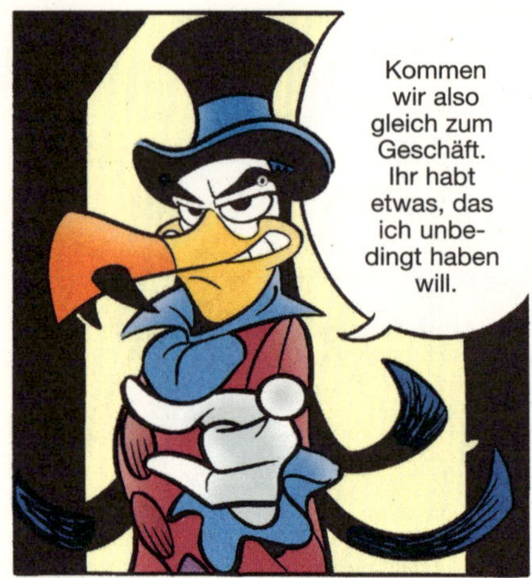
Kommen wir also gleich zum Geschäft. Ihr habt etwas, das ich unbedingt haben will.

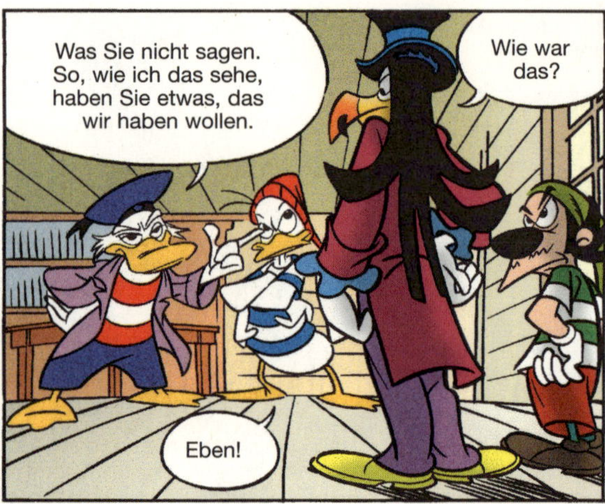
Was Sie nicht sagen. So, wie ich das sehe, haben Sie etwas, das wir haben wollen.
Wie war das?
Eben!

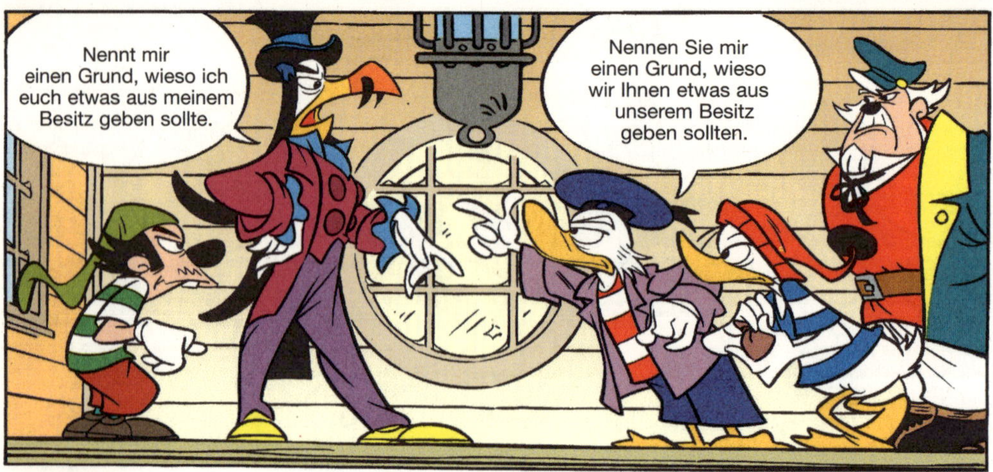
Nennt mir einen Grund, wieso ich euch etwas aus meinem Besitz geben sollte.
Nennen Sie mir einen Grund, wieso wir Ihnen etwas aus unserem Besitz geben sollten.

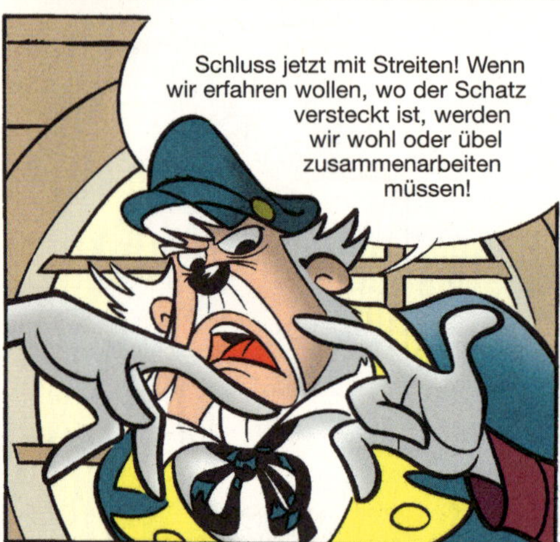
Schluss jetzt mit Streiten! Wenn wir erfahren wollen, wo der Schatz versteckt ist, werden wir wohl oder übel zusammenarbeiten müssen!

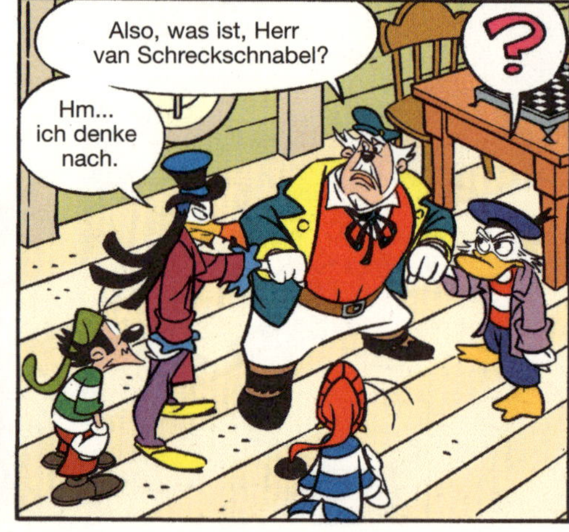
Also, was ist, Herr van Schreckschnabel?
?
Hm... ich denke nach.

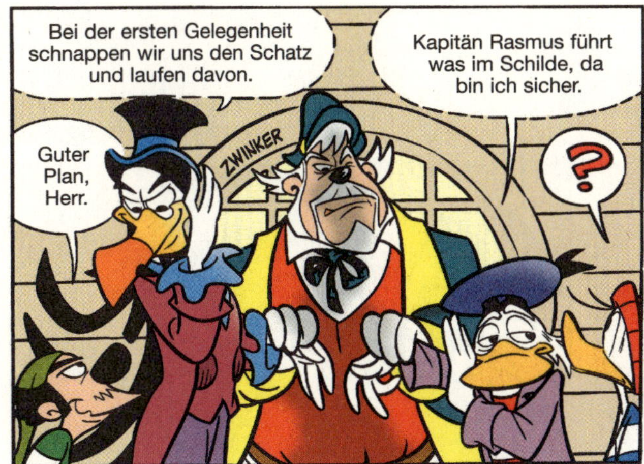
Bei der ersten Gelegenheit schnappen wir uns den Schatz und laufen davon.
Guter Plan, Herr.
ZWINKER
Kapitän Rasmus führt was im Schilde, da bin ich sicher.
?

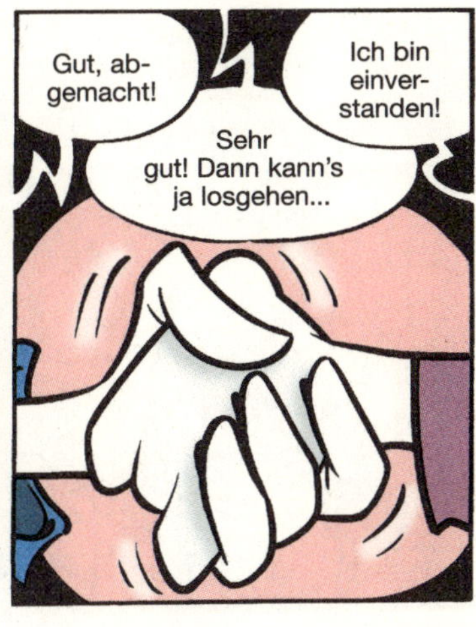
Gut, abgemacht!
Ich bin einverstanden!
Sehr gut! Dann kann's ja losgehen...

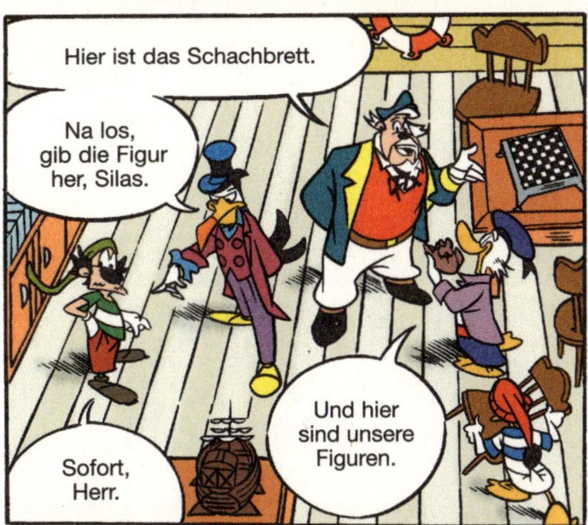
Hier ist das Schachbrett.
Na los, gib die Figur her, Silas.
Sofort, Herr.
Und hier sind unsere Figuren.

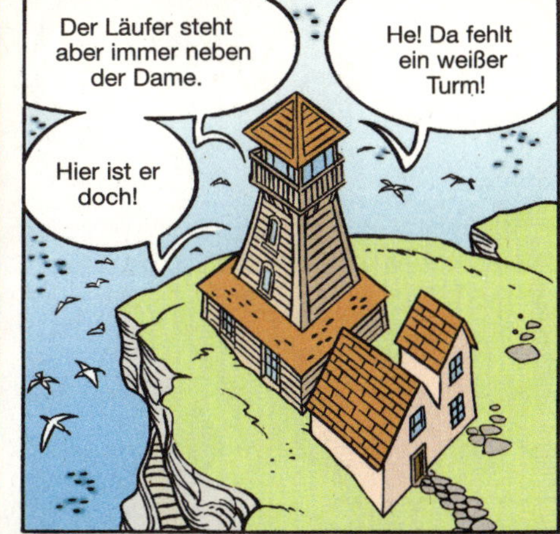
Der Läufer steht aber immer neben der Dame.
He! Da fehlt ein weißer Turm!
Hier ist er doch!

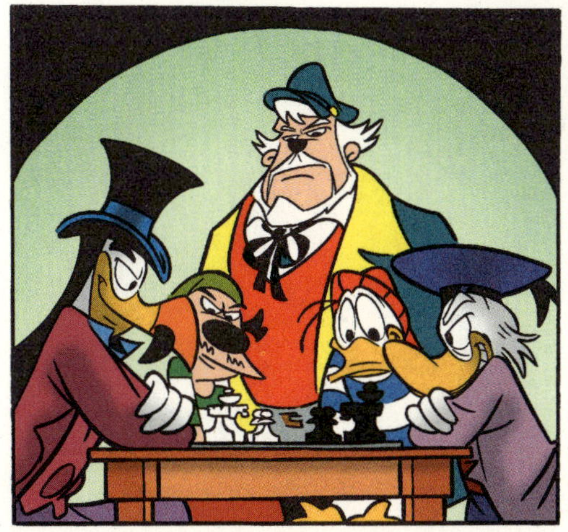

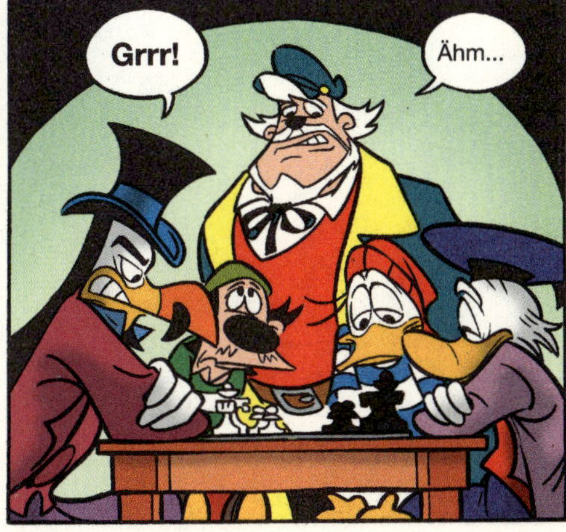
Grrr!
Ähm...

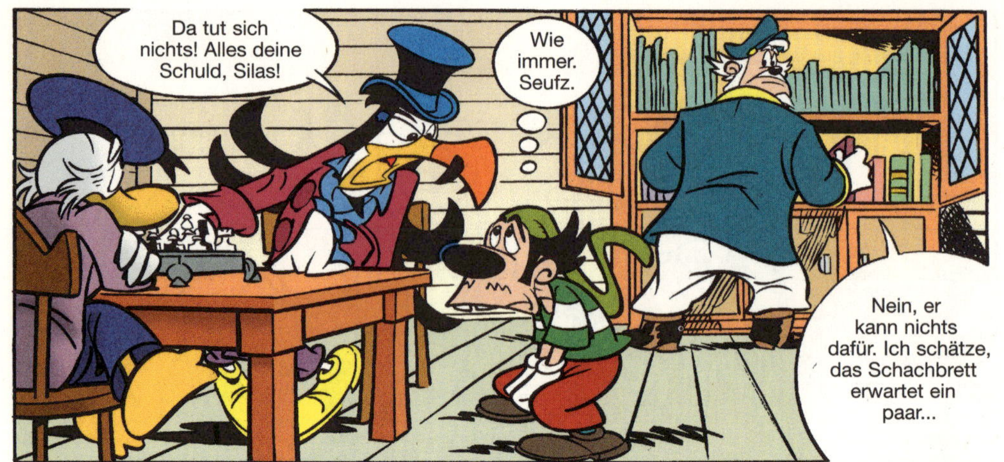

Da tut sich nichts! Alles deine Schuld, Silas!
Wie immer. Seufz.
Nein, er kann nichts dafür. Ich schätze, das Schachbrett erwartet ein paar...

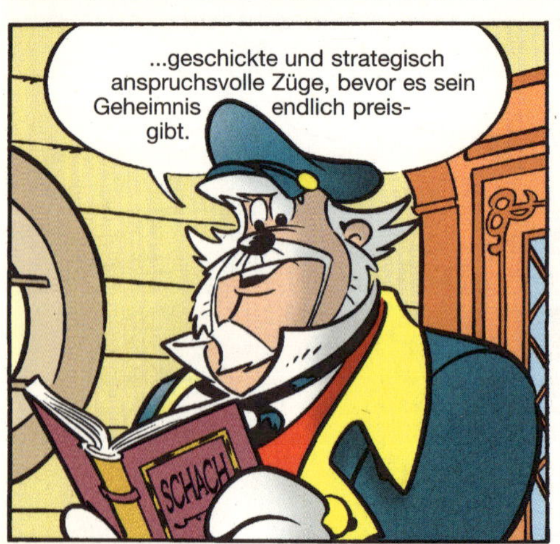

...geschickte und strategisch anspruchsvolle Züge, bevor es sein Geheimnis endlich preisgibt.
SCHACH

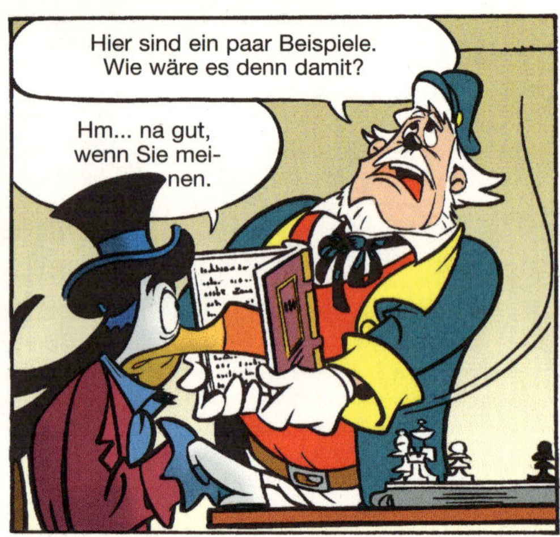

Hier sind ein paar Beispiele. Wie wäre es denn damit?
Hm... na gut, wenn Sie meinen.

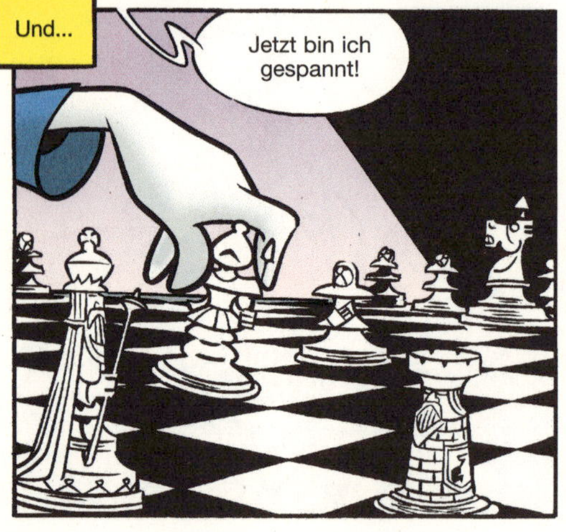

Und...
Jetzt bin ich gespannt!

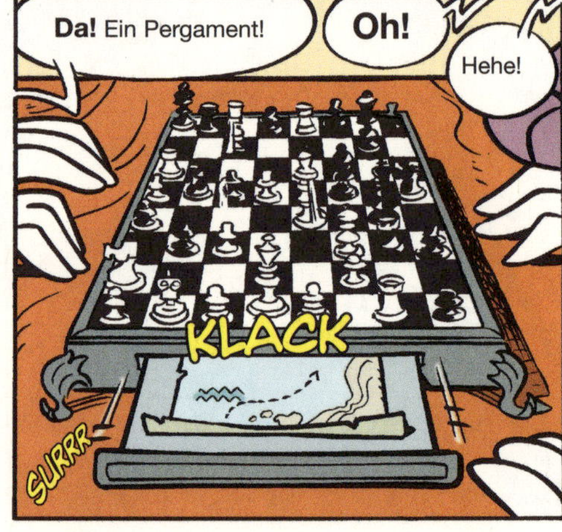

Da! Ein Pergament!
Oh!
Hehe!
KLACK
SURRR

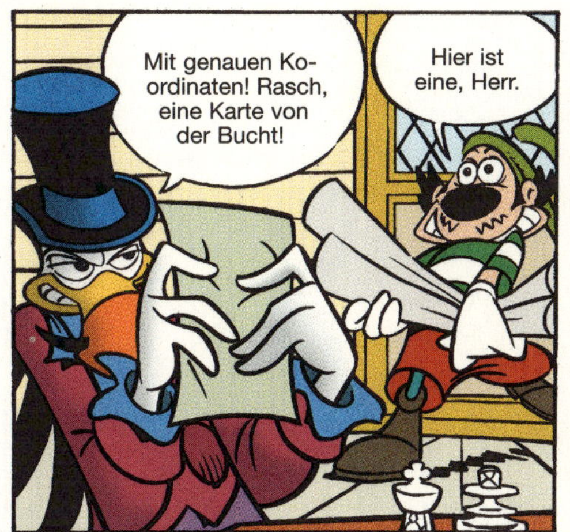
Mit genauen Koordinaten! Rasch, eine Karte von der Bucht!
Hier ist eine, Herr.

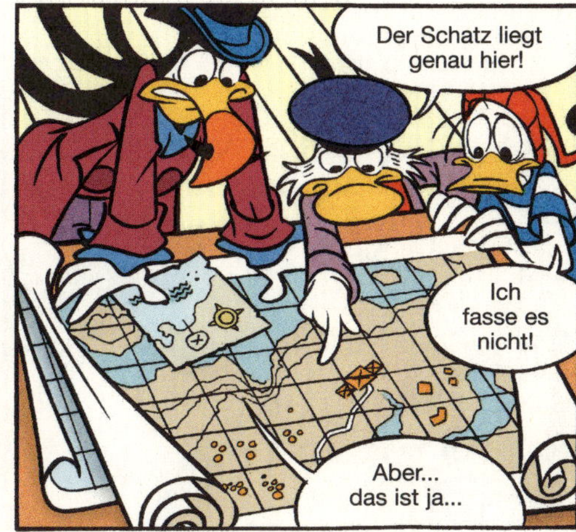
Der Schatz liegt genau hier!
Ich fasse es nicht!
Aber... das ist ja...

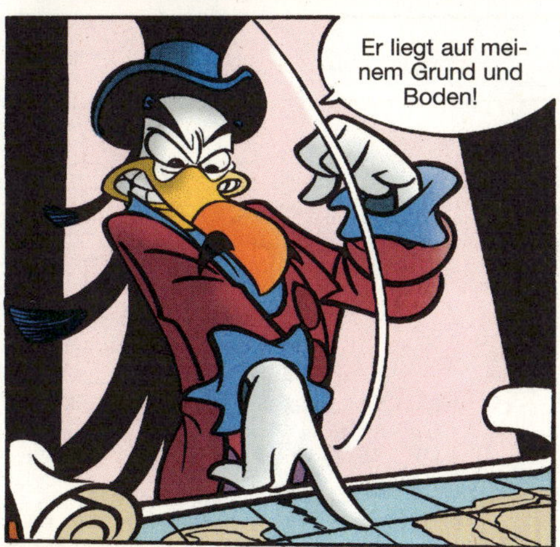
Er liegt auf meinem Grund und Boden!

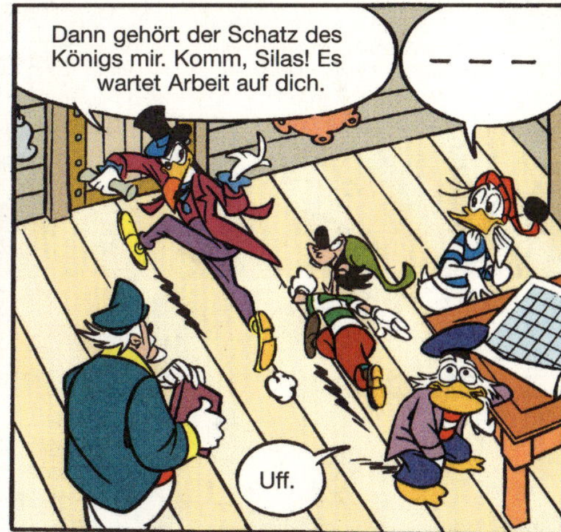
Dann gehört der Schatz des Königs mir. Komm, Silas! Es wartet Arbeit auf dich.
– – –
Uff.

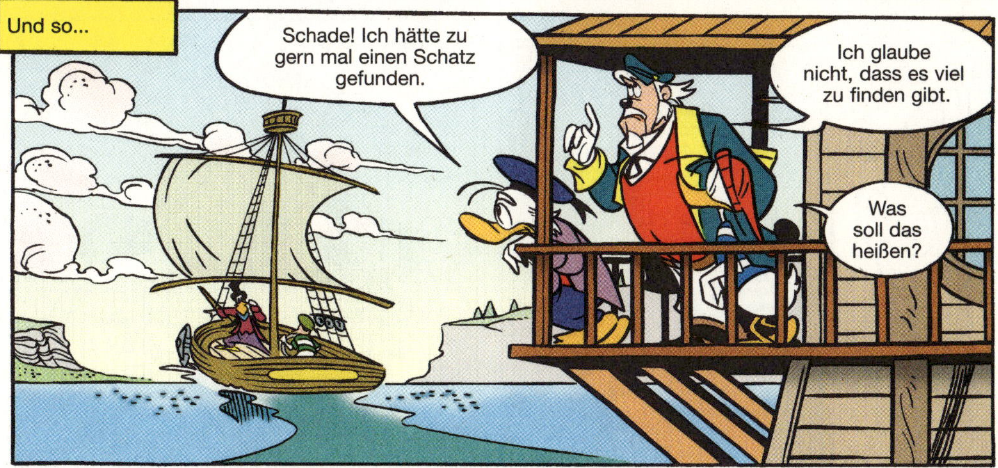
Und so...
Schade! Ich hätte zu gern mal einen Schatz gefunden.
Ich glaube nicht, dass es viel zu finden gibt.
Was soll das heißen?

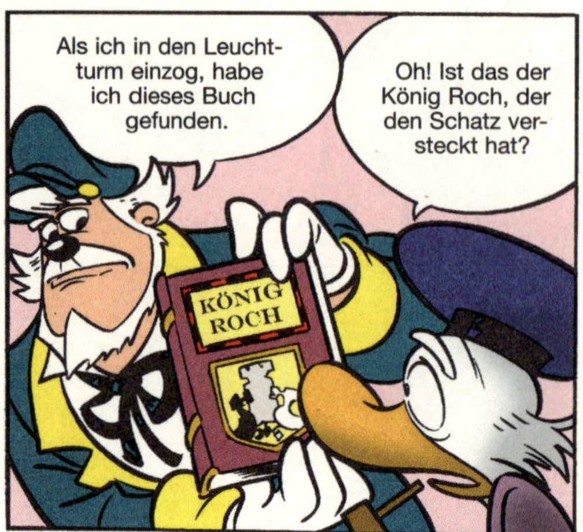
Als ich in den Leucht-
turm einzog, habe
ich dieses Buch
gefunden.
Oh! Ist das der
König Roch, der
den Schatz ver-
steckt hat?
KÖNIG
ROCH

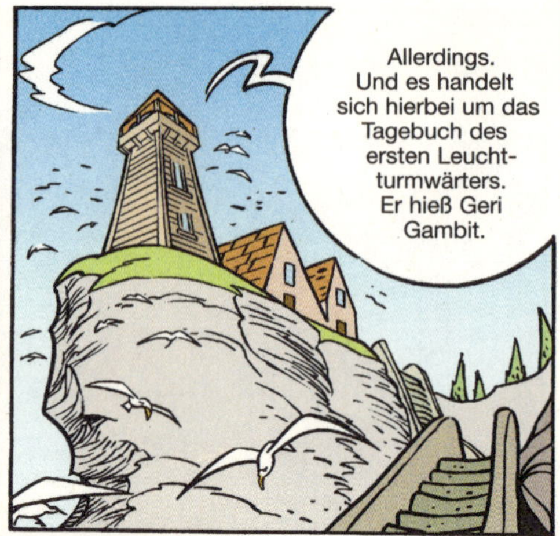
Allerdings.
Und es handelt
sich hierbei um das
Tagebuch des
ersten Leucht-
turmwärters.
Er hieß Geri
Gambit.

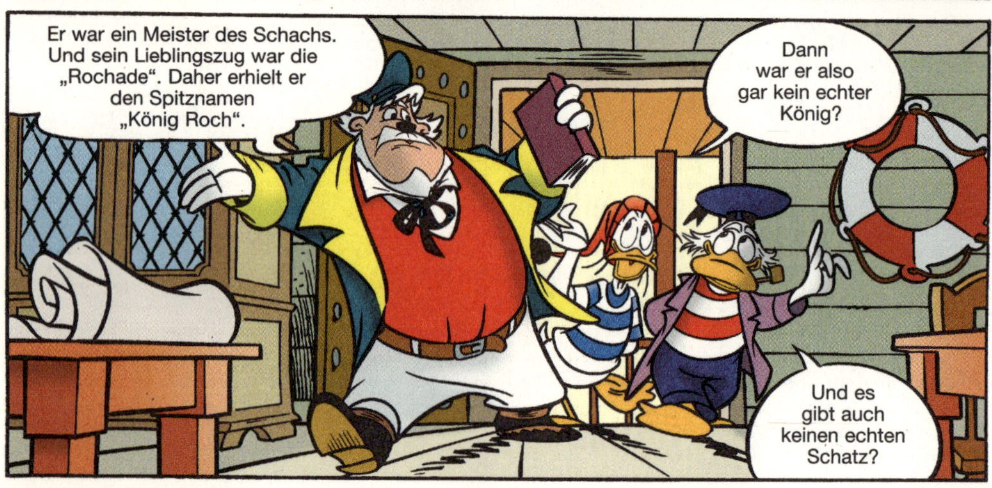
Er war ein Meister des Schachs.
Und sein Lieblingszug war die
„Rochade". Daher erhielt er
den Spitznamen
„König Roch".
Dann
war er also
gar kein echter
König?
Und es
gibt auch
keinen echten
Schatz?

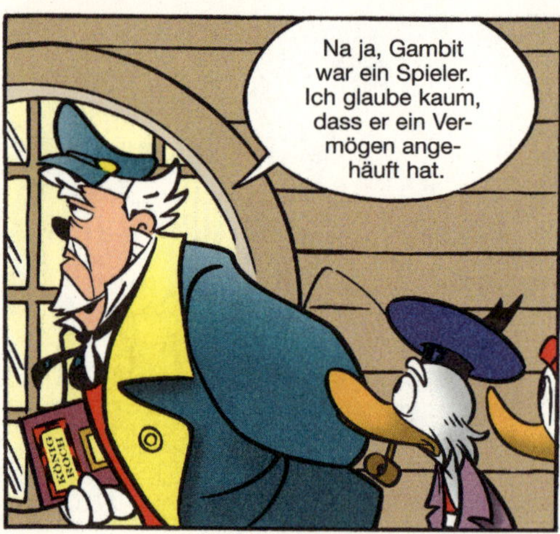
Na ja, Gambit
war ein Spieler.
Ich glaube kaum,
dass er ein Ver-
mögen ange-
häuft hat.

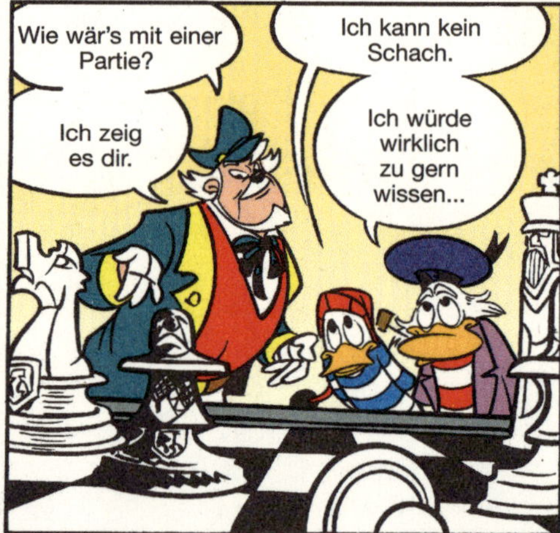
Wie wär's mit einer
Partie?
Ich zeig
es dir.
Ich kann kein
Schach.
Ich würde
wirklich
zu gern
wissen...

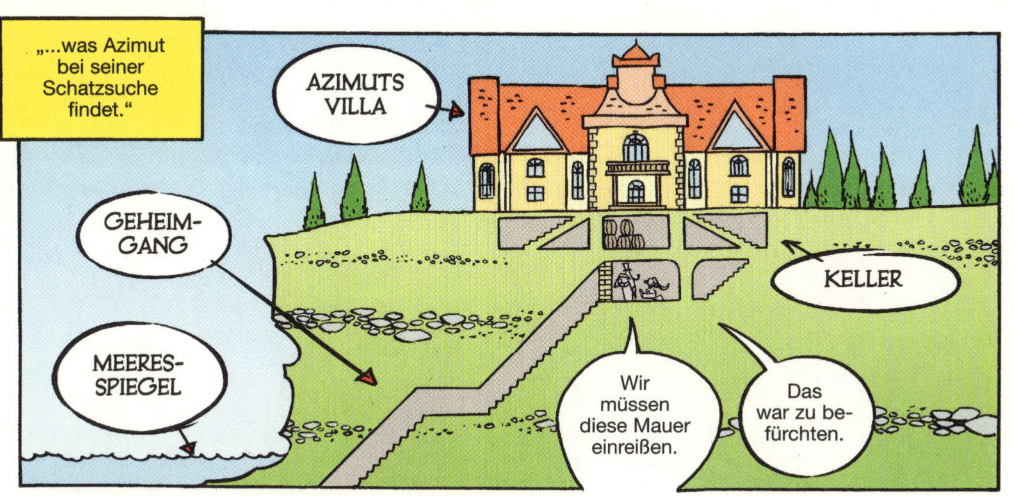
„...was Azimut bei seiner Schatzsuche findet."
AZIMUTS VILLA
GEHEIM-GANG
MEERES-SPIEGEL
KELLER
Wir müssen diese Mauer einreißen.
Das war zu befürchten.

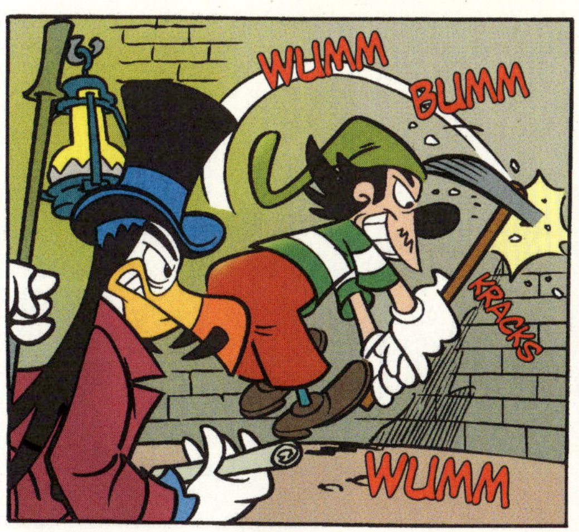
WUMM
BUMM
KRACKS
WUMM

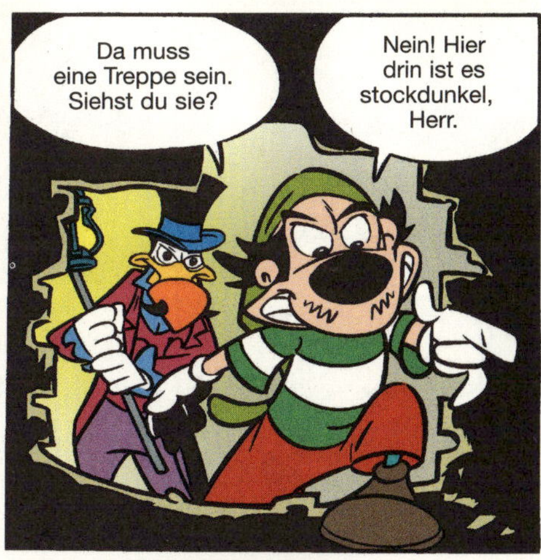
Da muss eine Treppe sein. Siehst du sie?
Nein! Hier drin ist es stockdunkel, Herr.

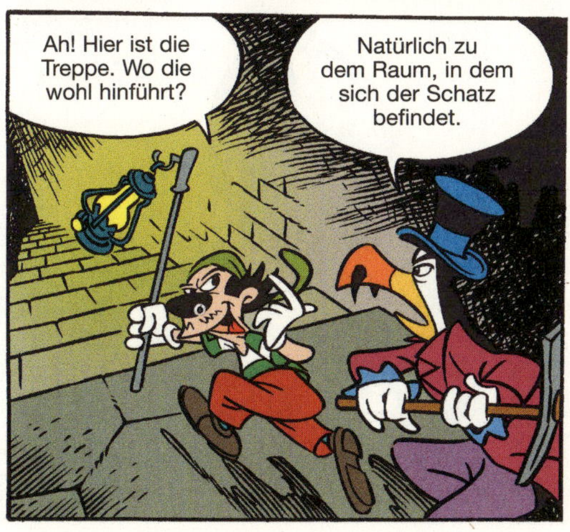
Ah! Hier ist die Treppe. Wo die wohl hinführt?
Natürlich zu dem Raum, in dem sich der Schatz befindet.

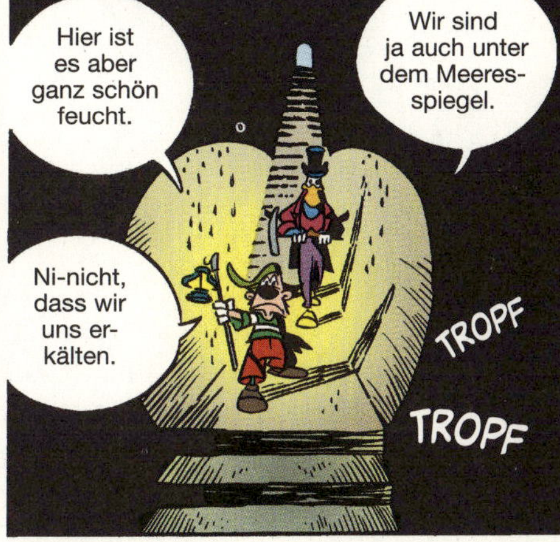
Hier ist es aber ganz schön feucht.
Wir sind ja auch unter dem Meeresspiegel.
Ni-nicht, dass wir uns erkälten.
TROPF
TROPF

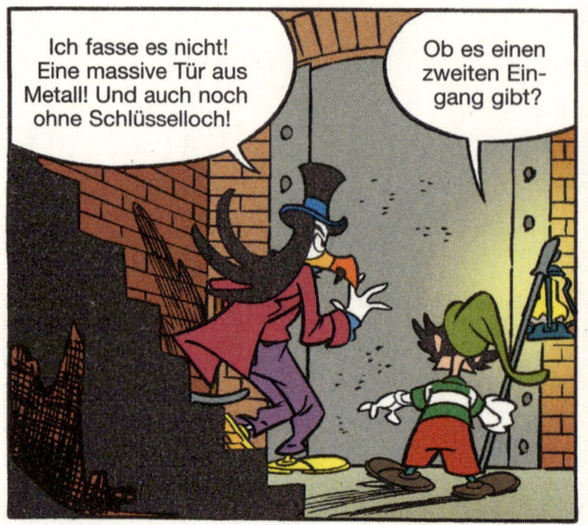
Ich fasse es nicht! Eine massive Tür aus Metall! Und auch noch ohne Schlüsselloch!
Ob es einen zweiten Eingang gibt?

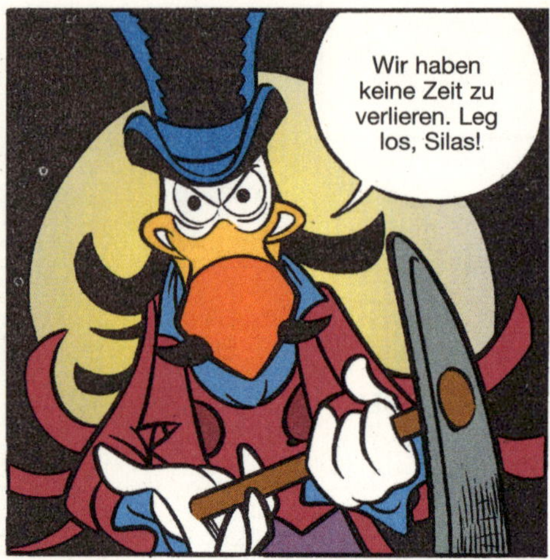
Wir haben keine Zeit zu verlieren. Leg los, Silas!

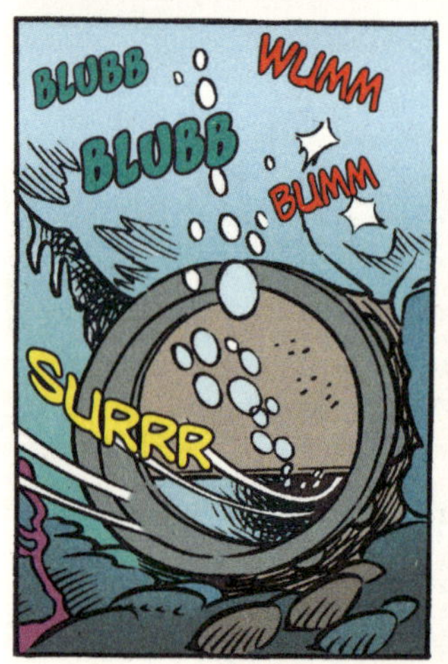
BLUBB
WUMM
BLUBB
BUMM
SURRR

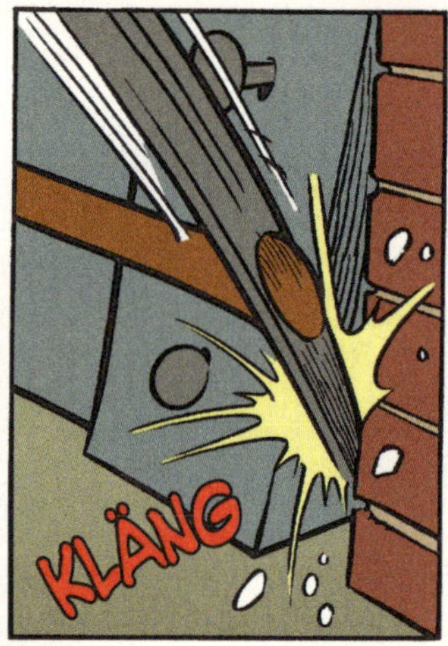
KLÄNG

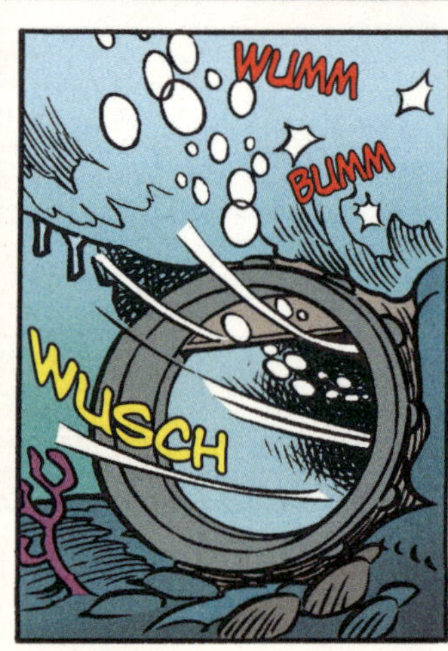
WUMM
BUMM
WUSCH

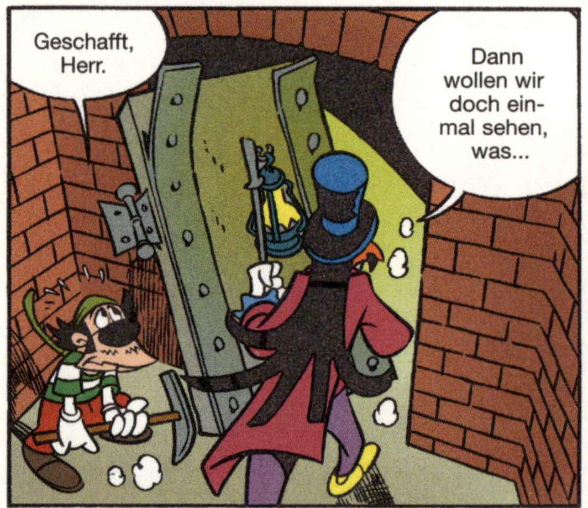
Geschafft, Herr.
Dann wollen wir doch einmal sehen, was...

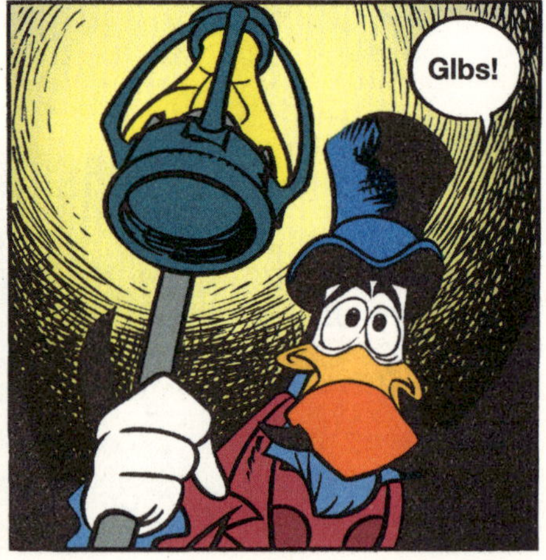
Glbs!

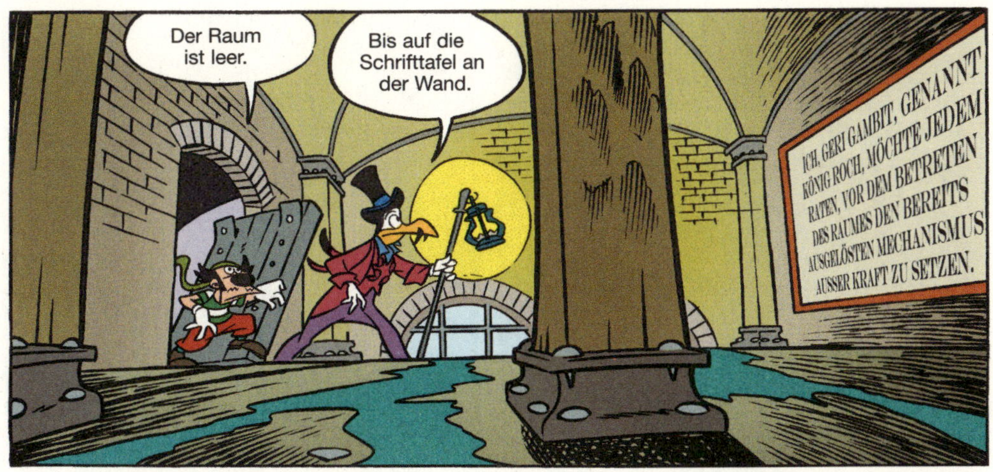
Der Raum ist leer.
Bis auf die Schrifttafel an der Wand.
ICH, GERI GAMBIT, GENANNT KÖNIG ROCH, MÖCHTE JEDEM RATEN, VOR DEM BETRETEN DES RAUMES DEN BEREITS AUSGELÖSTEN MECHANISMUS AUSSER KRAFT ZU SETZEN.

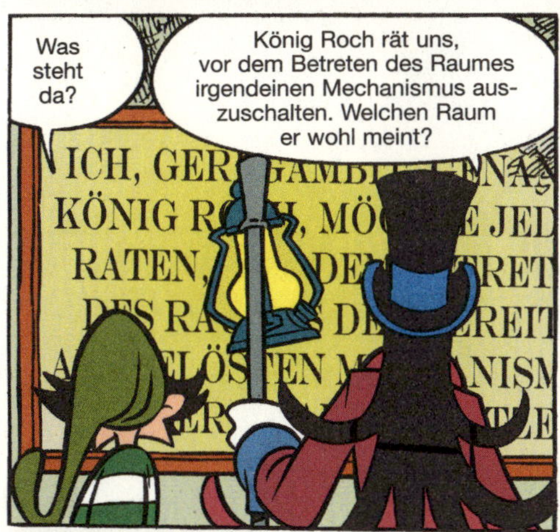
Was steht da?
König Roch rät uns, vor dem Betreten des Raumes irgendeinen Mechanismus auszuschalten. Welchen Raum er wohl meint?

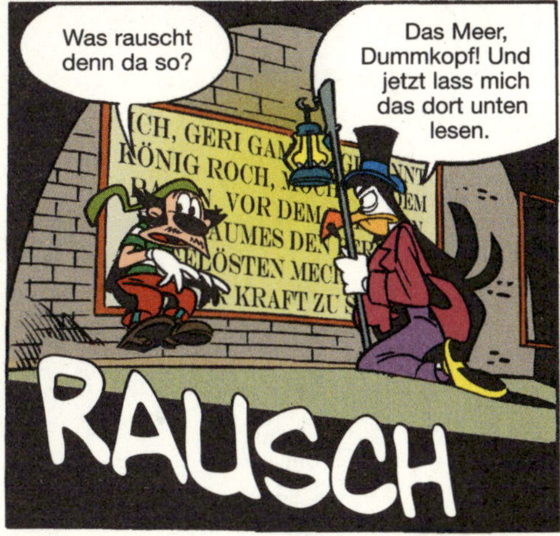
Was rauscht denn da so?
Das Meer, Dummkopf! Und jetzt lass mich das dort unten lesen.
RAUSCH

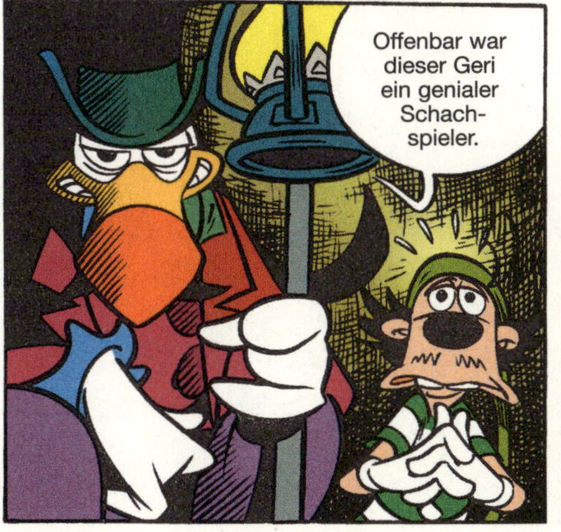
Offenbar war dieser Geri ein genialer Schachspieler.

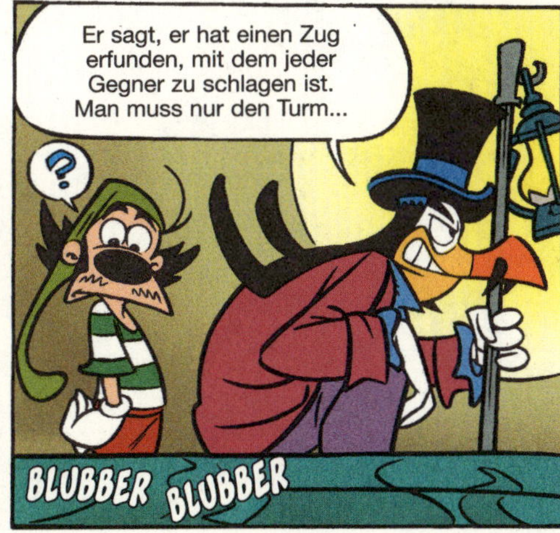
Er sagt, er hat einen Zug erfunden, mit dem jeder Gegner zu schlagen ist. Man muss nur den Turm...
?
BLUBBER BLUBBER

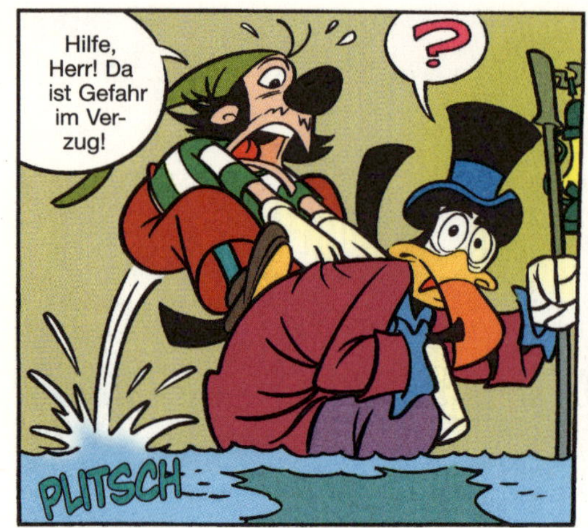
Hilfe, Herr! Da ist Gefahr im Verzug!
?
PLITSCH

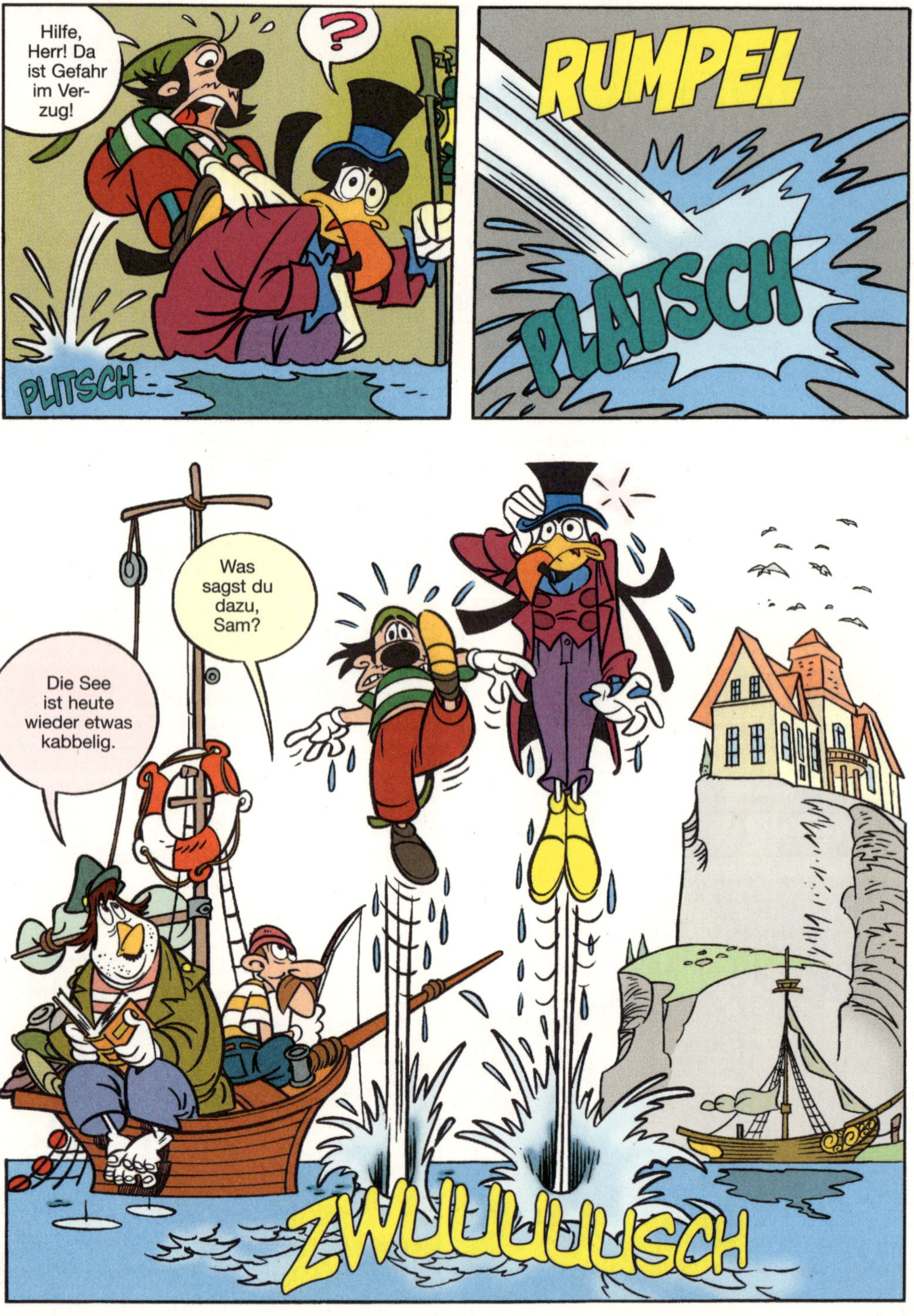

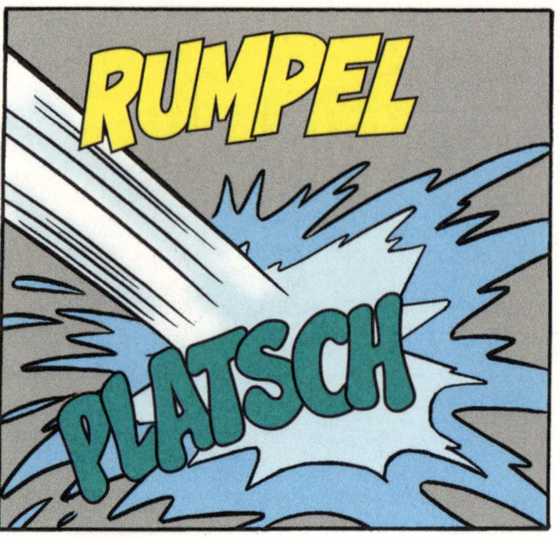
RUMPEL
PLATSCH

Was sagst du dazu, Sam?
Die See ist heute wieder etwas kabbelig.
ZWUUUUUUSCH

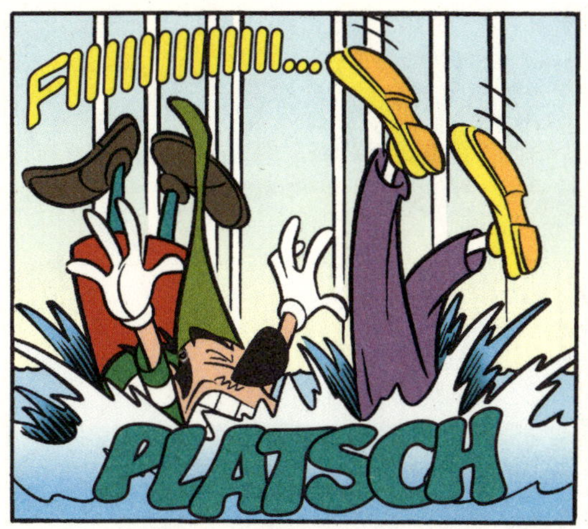

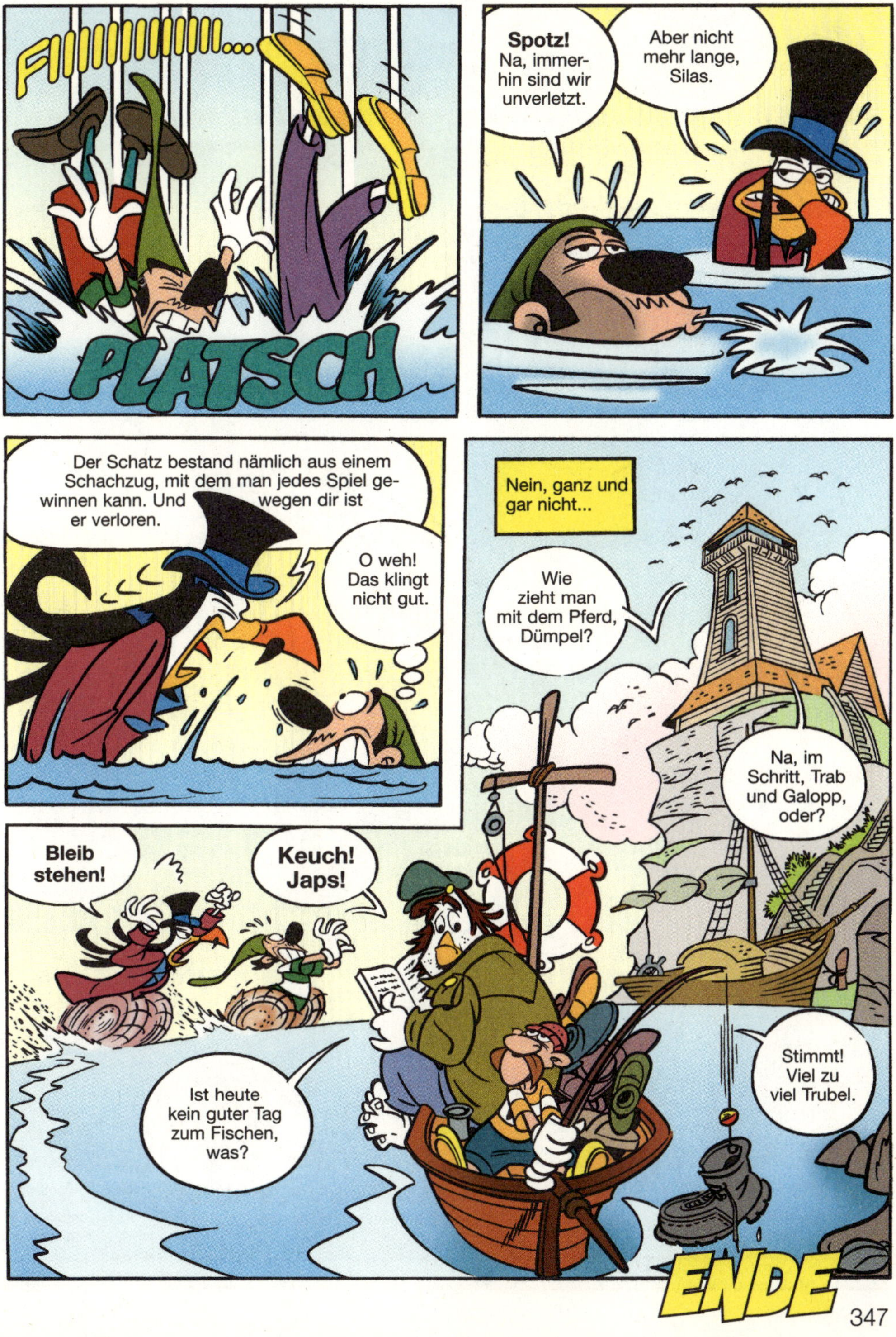

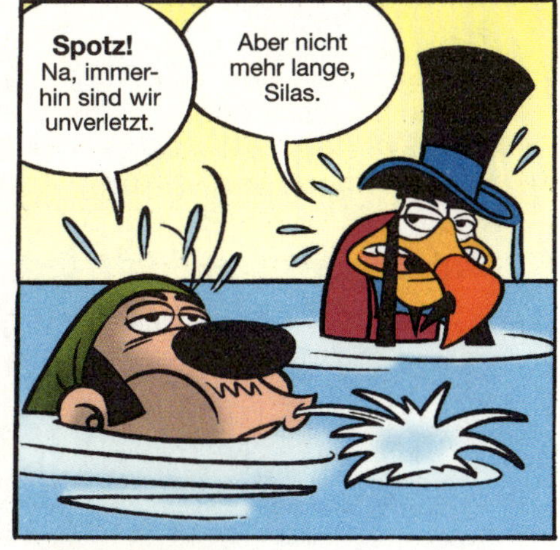

Der Schatz bestand nämlich aus einem Schachzug, mit dem man jedes Spiel gewinnen kann. Und wegen dir ist er verloren.

O weh! Das klingt nicht gut.

Nein, ganz und gar nicht...

Wie zieht man mit dem Pferd, Dümpel?

Na, im Schritt, Trab und Galopp, oder?

Bleib stehen!

Keuch! Japs!

Ist heute kein guter Tag zum Fischen, was?

Stimmt! Viel zu viel Trubel.

ENDE

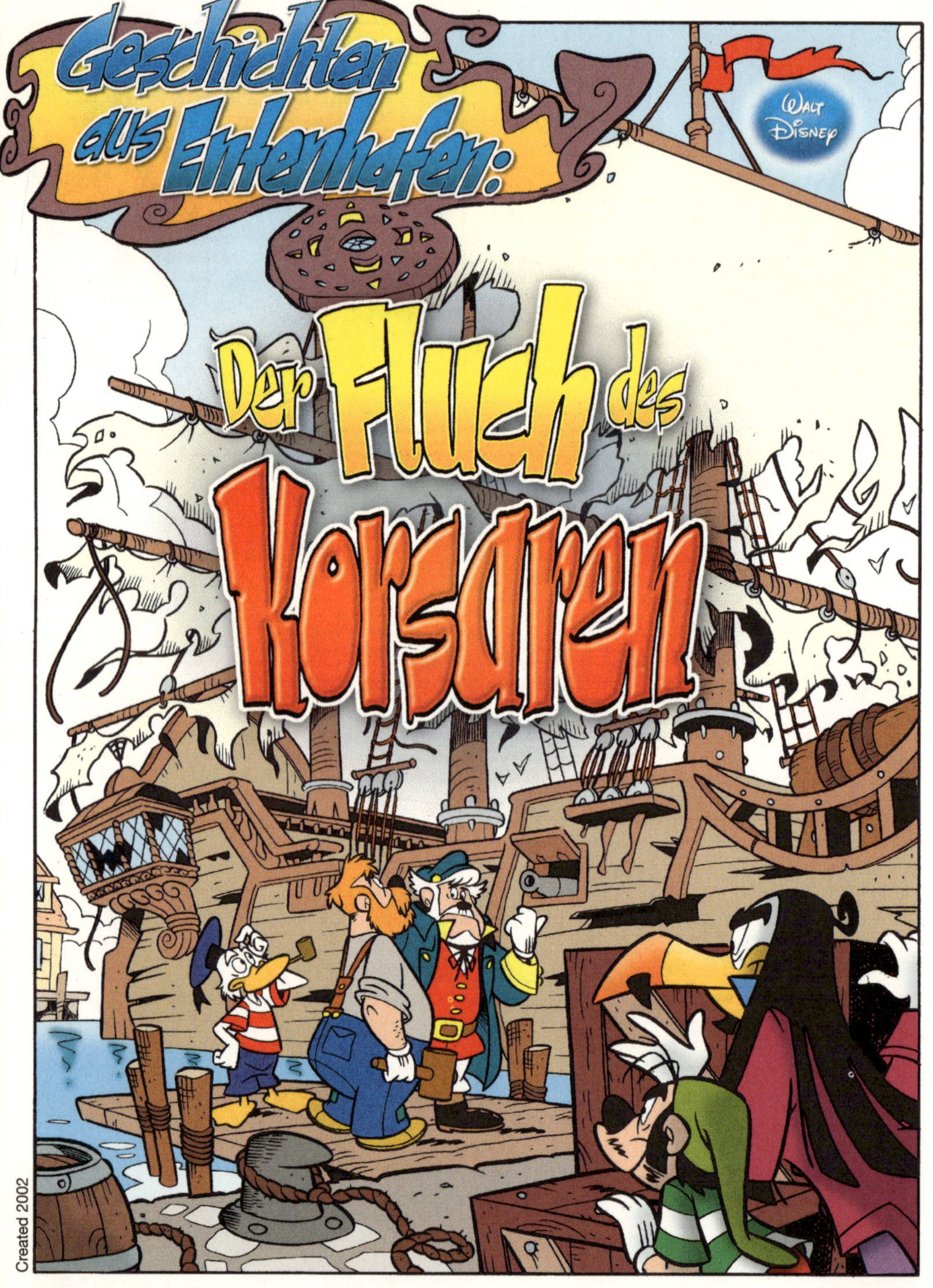

Stefano Ambrosio (Story), **Marco Palazzi** (Zeichnungen) *I TL 2435-1*

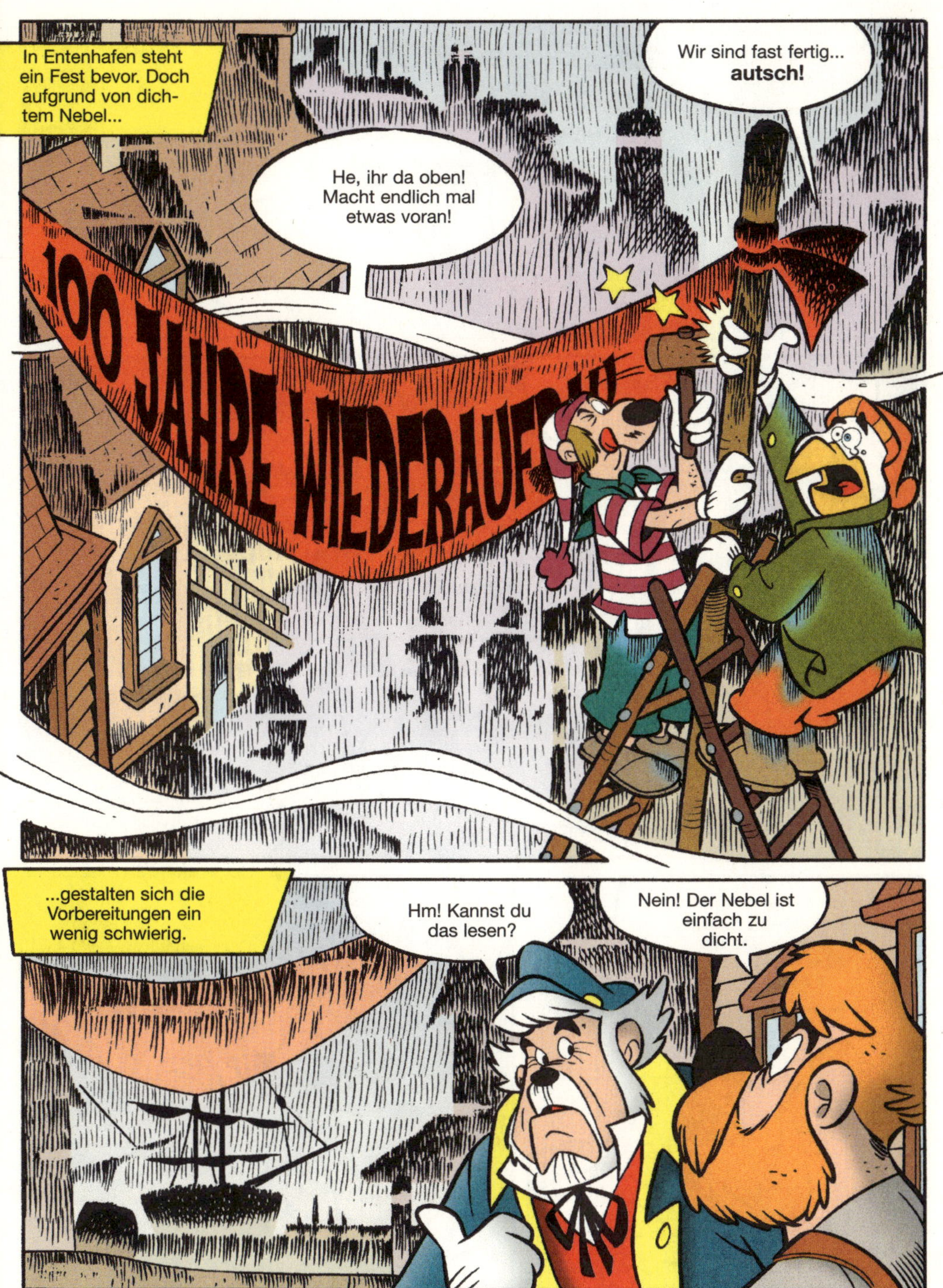

In Entenhafen steht ein Fest bevor. Doch aufgrund von dichtem Nebel...
He, ihr da oben! Macht endlich mal etwas voran!
Wir sind fast fertig... **autsch!**
100 JAHRE WIEDERAUF
...gestalten sich die Vorbereitungen ein wenig schwierig.
Hm! Kannst du das lesen?
Nein! Der Nebel ist einfach zu dicht.

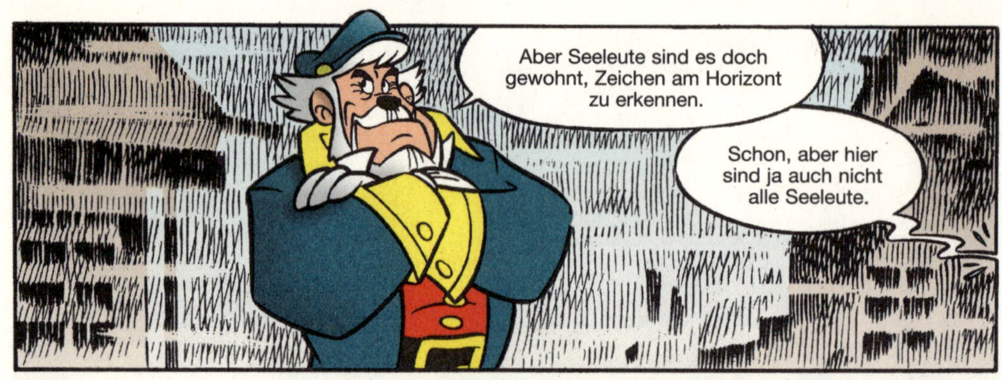
Aber Seeleute sind es doch gewohnt, Zeichen am Horizont zu erkennen.
Schon, aber hier sind ja auch nicht alle Seeleute.

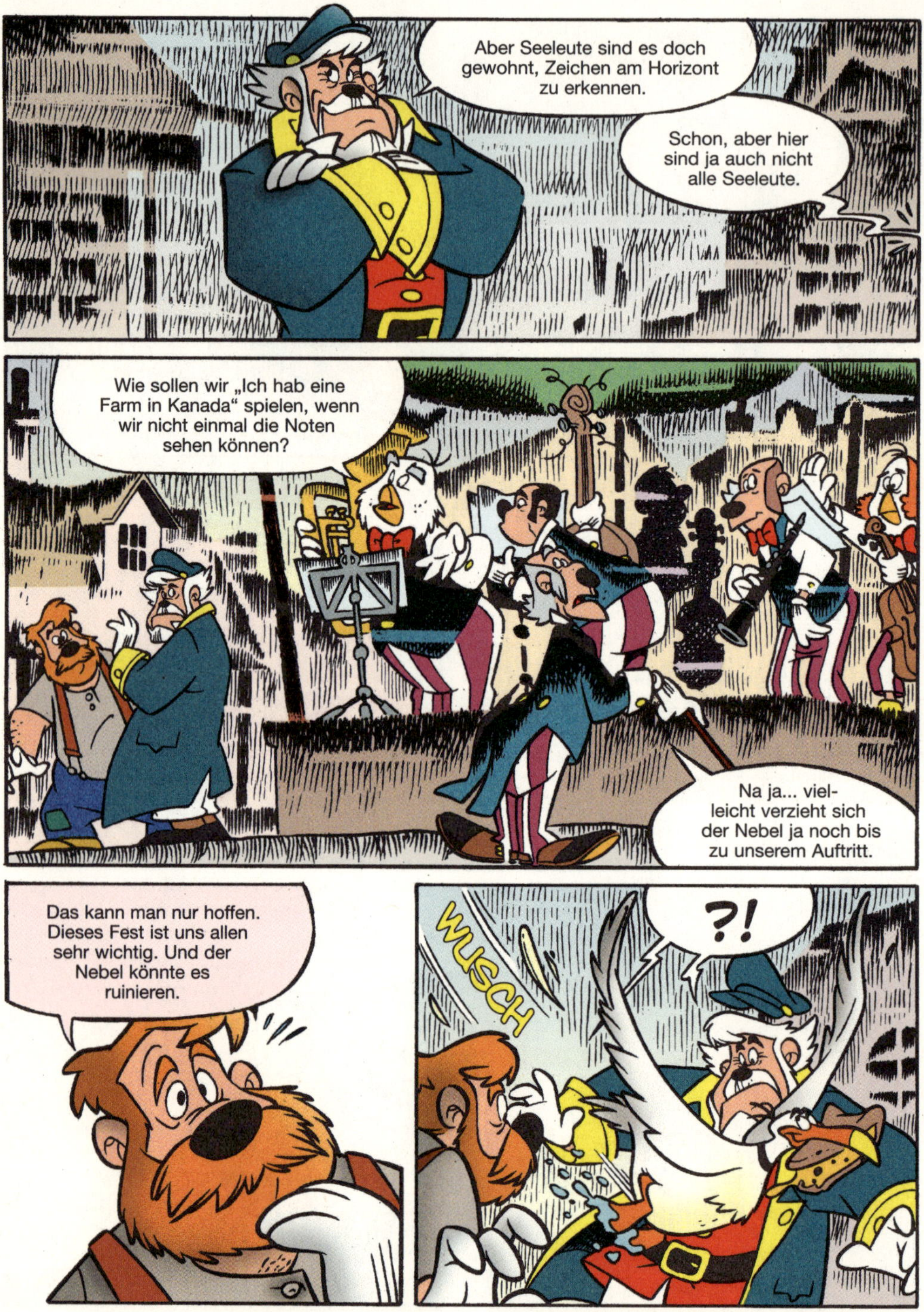

Wie sollen wir „Ich hab eine Farm in Kanada“ spielen, wenn wir nicht einmal die Noten sehen können?
Na ja... vielleicht verzieht sich der Nebel ja noch bis zu unserem Auftritt.

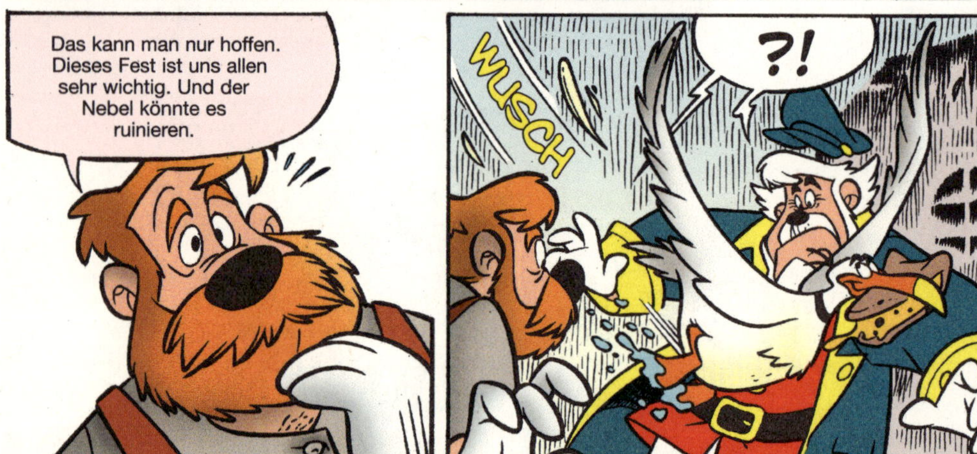
Das kann man nur hoffen. Dieses Fest ist uns allen sehr wichtig. Und der Nebel könnte es ruinieren.
WUSCH
?!

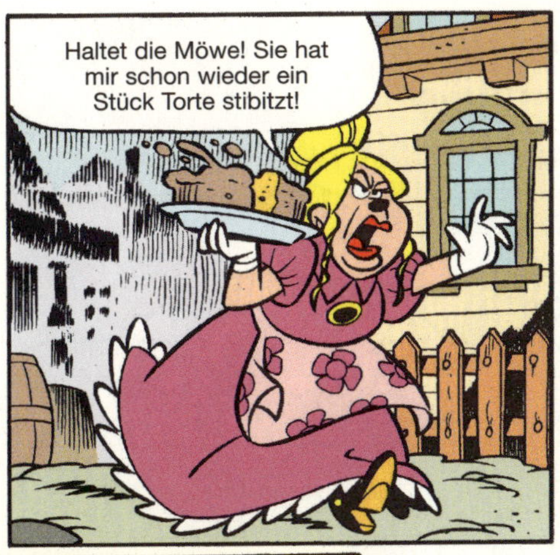
Haltet die Möwe! Sie hat mir schon wieder ein Stück Torte stibitzt!

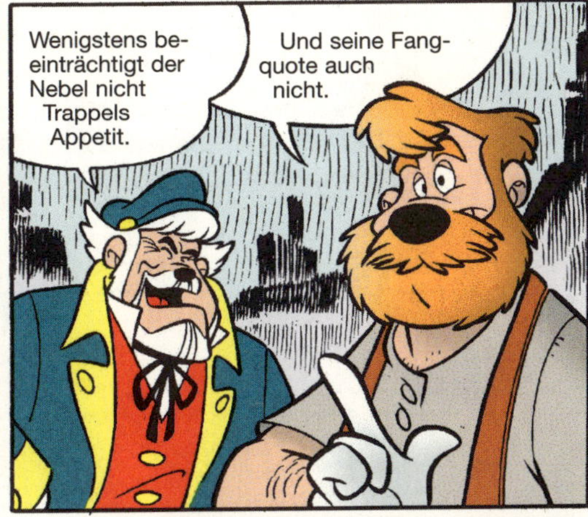
Wenigstens beeinträchtigt der Nebel nicht Trappels Appetit.
Und seine Fangquote auch nicht.

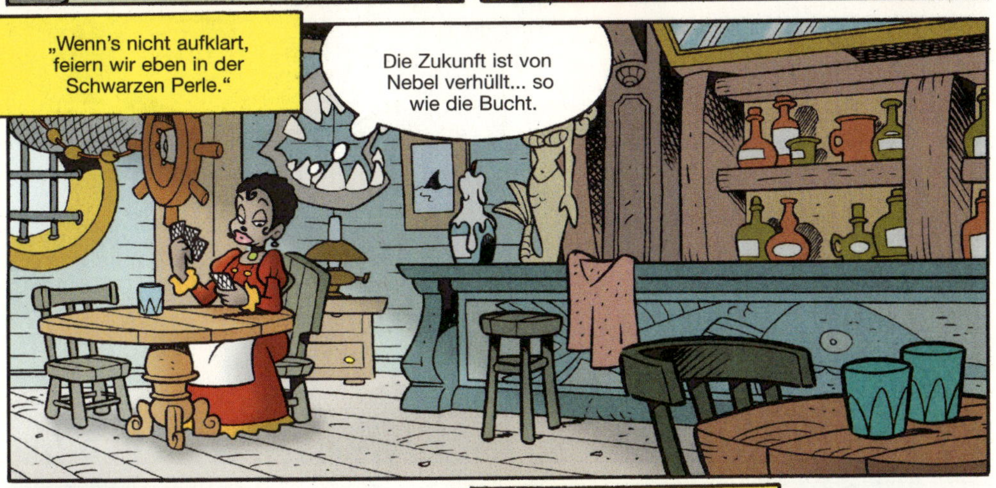
„Wenn's nicht aufklart, feiern wir eben in der Schwarzen Perle."
Die Zukunft ist von Nebel verhüllt... so wie die Bucht.

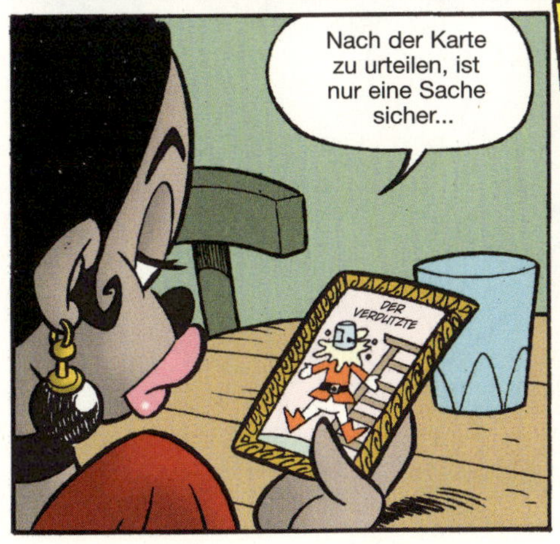
Nach der Karte zu urteilen, ist nur eine Sache sicher...
DER VERDUTZTE

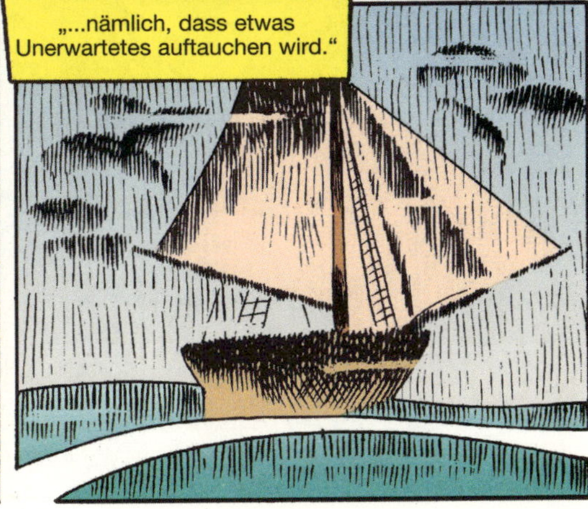
„...nämlich, dass etwas Unerwartetes auftauchen wird."

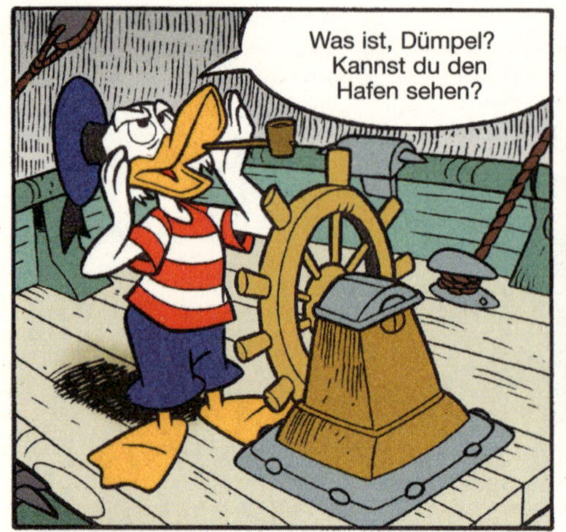
Was ist, Dümpel? Kannst du den Hafen sehen?

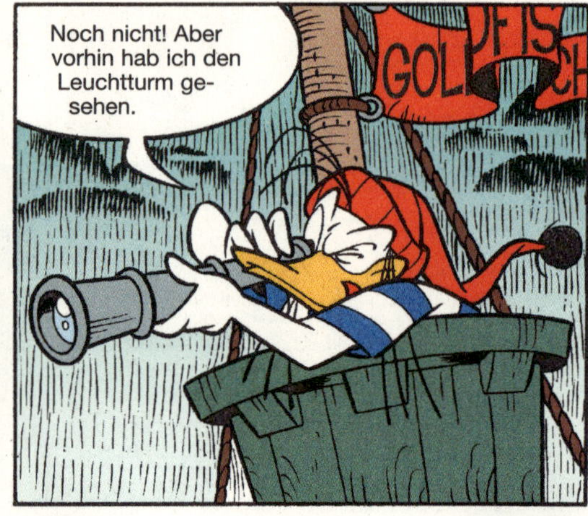
Noch nicht! Aber vorhin hab ich den Leuchtturm gesehen.
GOLDFISCH

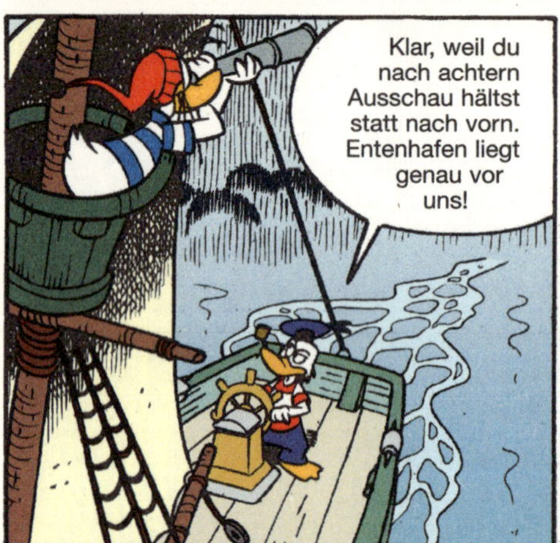
Klar, weil du nach achtern Ausschau hältst statt nach vorn. Entenhafen liegt genau vor uns!

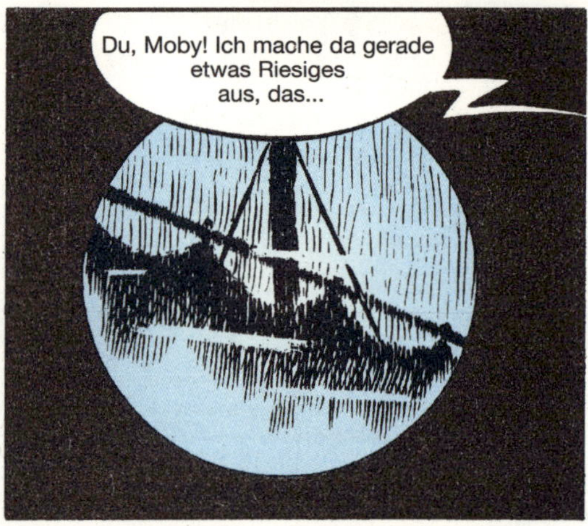
Du, Moby! Ich mache da gerade etwas Riesiges aus, das...

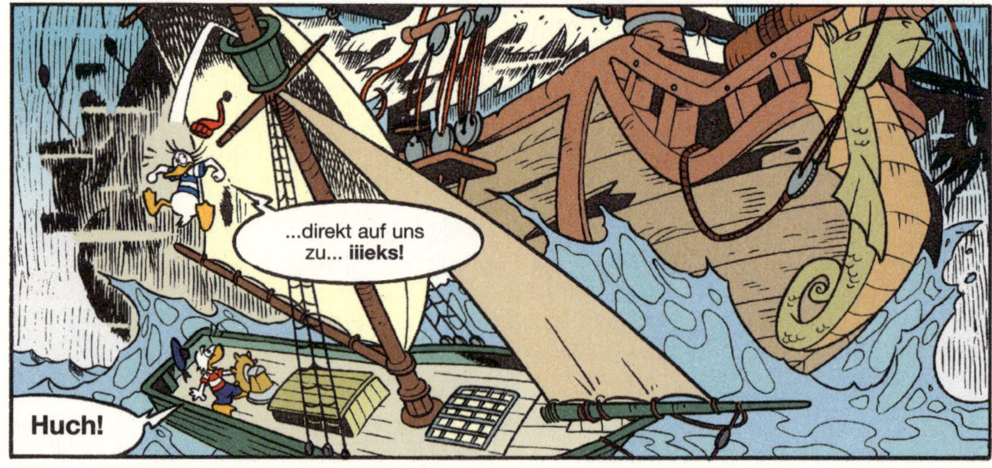
...direkt auf uns zu... **iiieks!**
Huch!

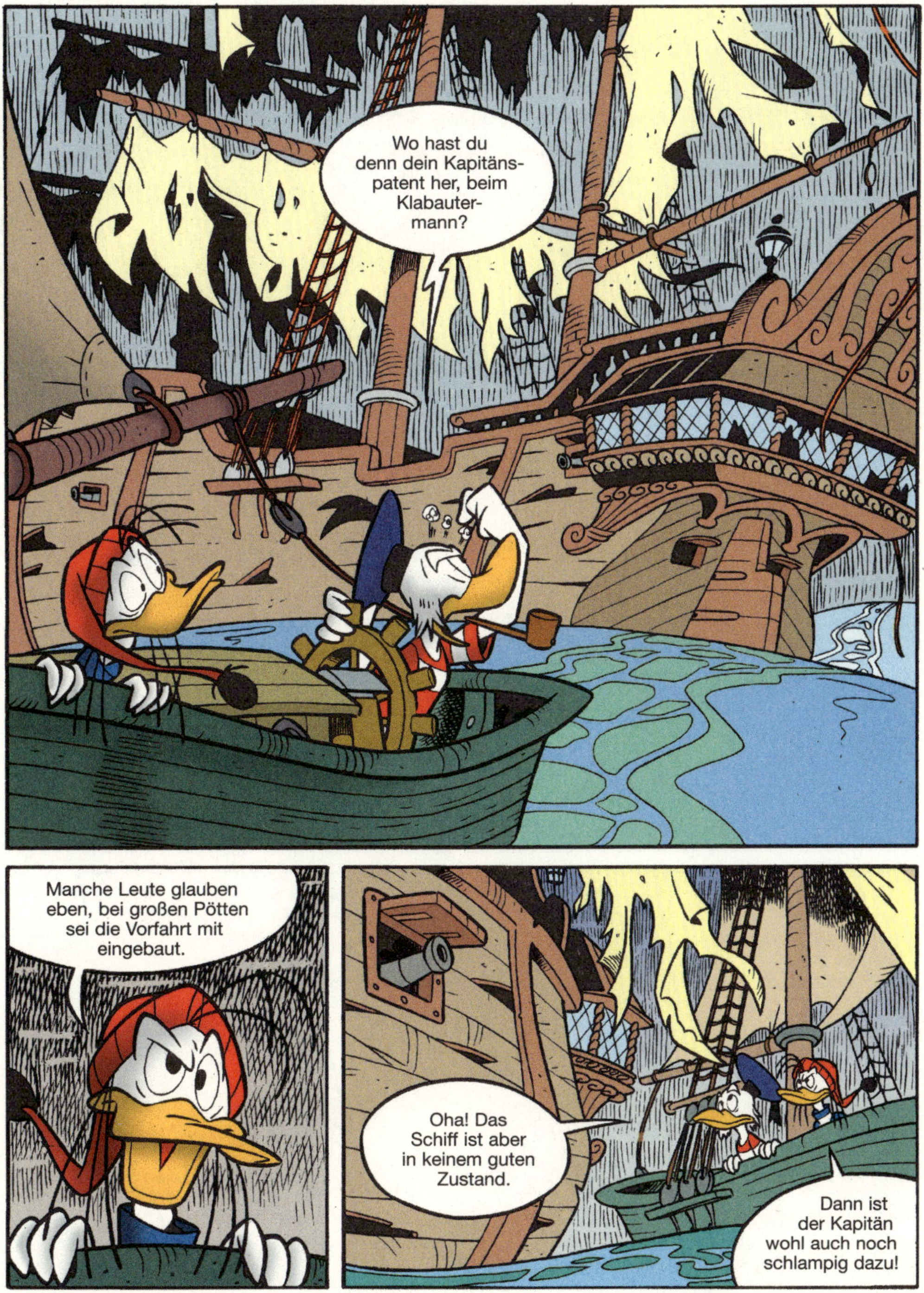

Wo hast du denn dein Kapitänspatent her, beim Klabautermann?

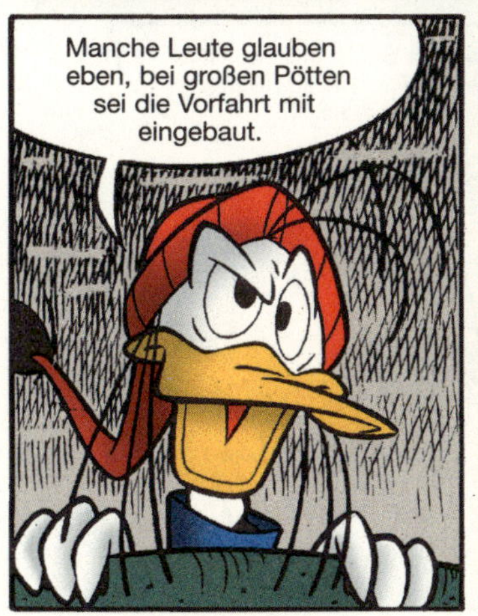

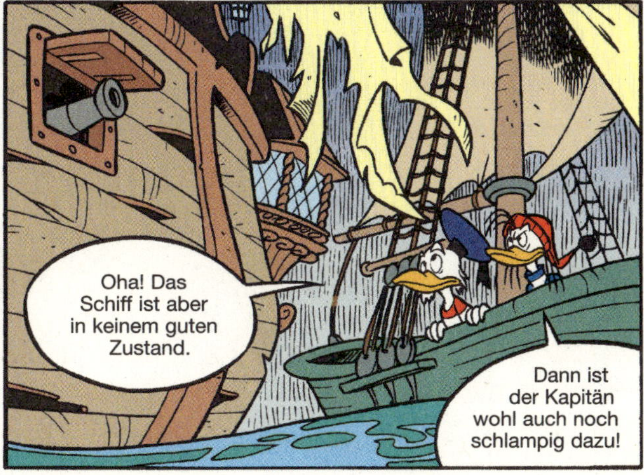

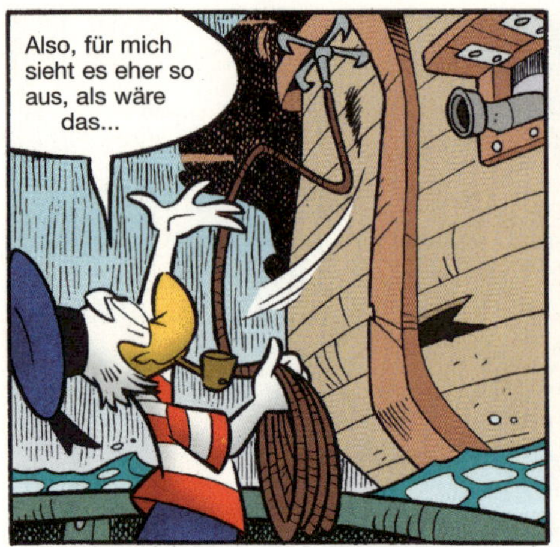
Also, für mich sieht es eher so aus, als wäre das...

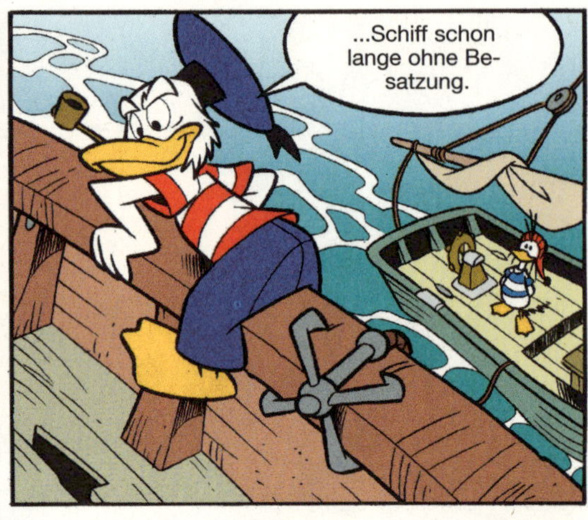
...Schiff schon lange ohne Be-satzung.

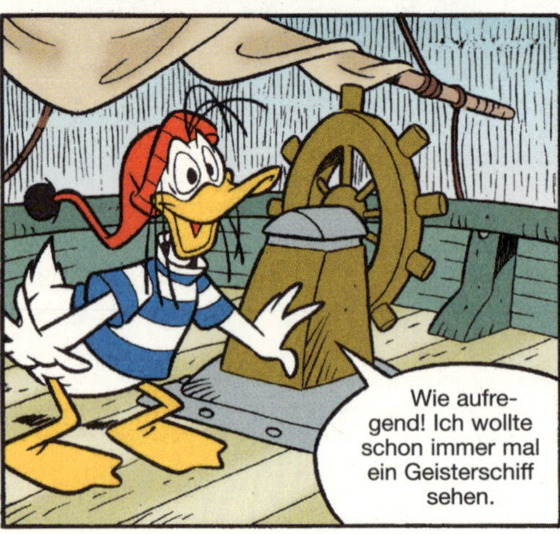
Wie aufre-gend! Ich wollte schon immer mal ein Geisterschiff sehen.

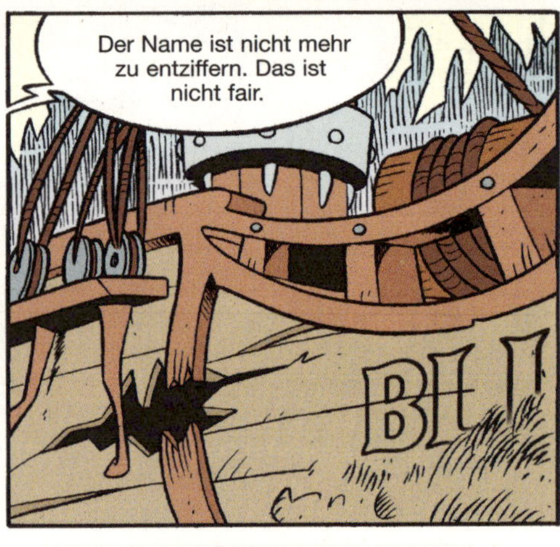
Der Name ist nicht mehr zu entziffern. Das ist nicht fair.
BL I

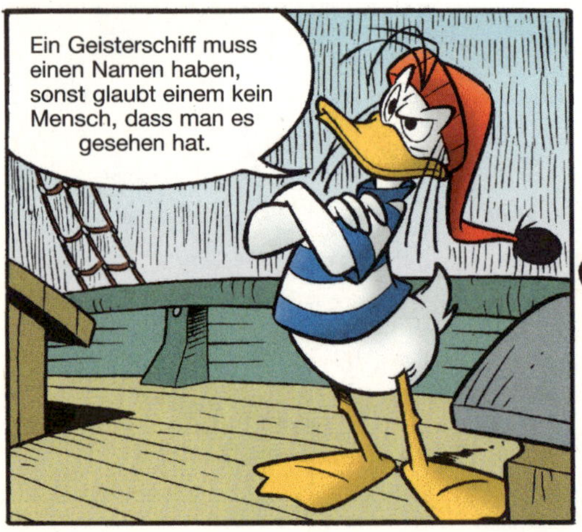
Ein Geisterschiff muss einen Namen haben, sonst glaubt einem kein Mensch, dass man es gesehen hat.

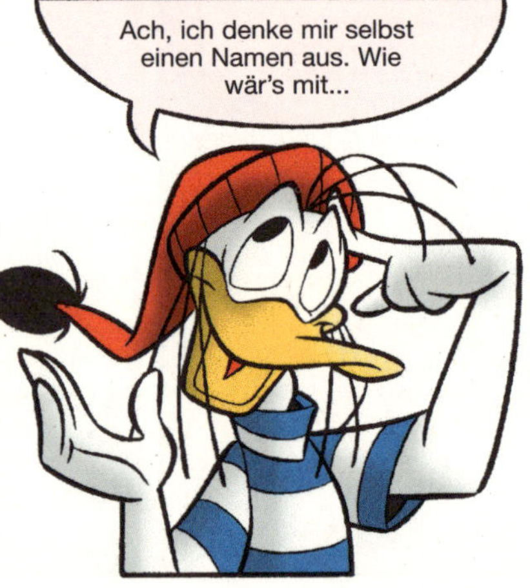
Ach, ich denke mir selbst einen Namen aus. Wie wär's mit...

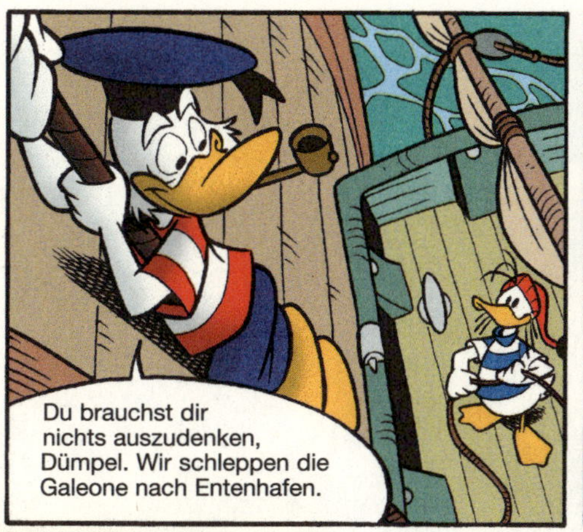
Du brauchst dir nichts auszudenken, Dümpel. Wir schleppen die Galeone nach Entenhafen.

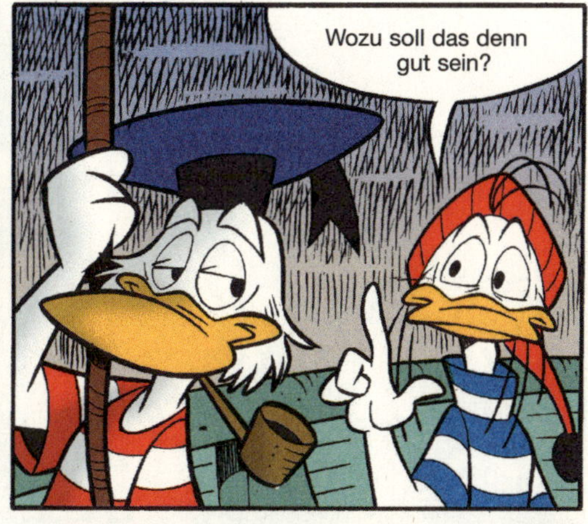
Wozu soll das denn gut sein?

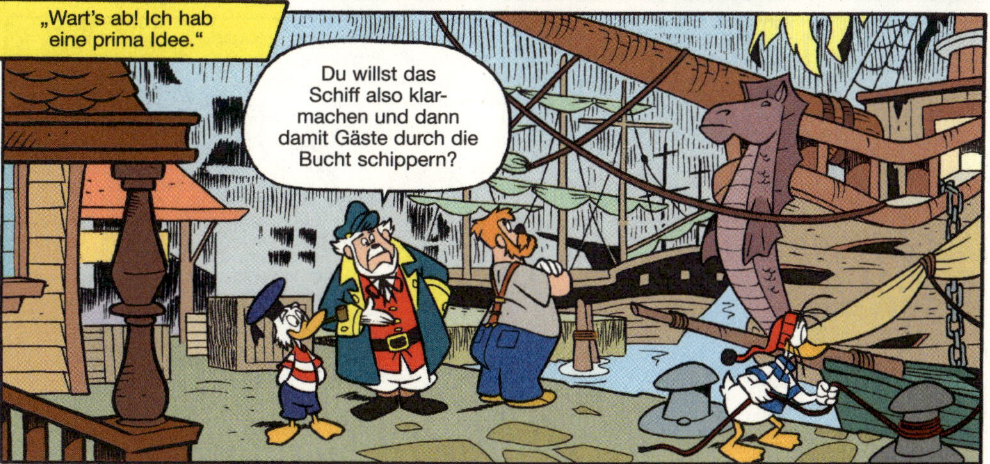
„Wart's ab! Ich hab eine prima Idee."
Du willst das Schiff also klarmachen und dann damit Gäste durch die Bucht schippern?

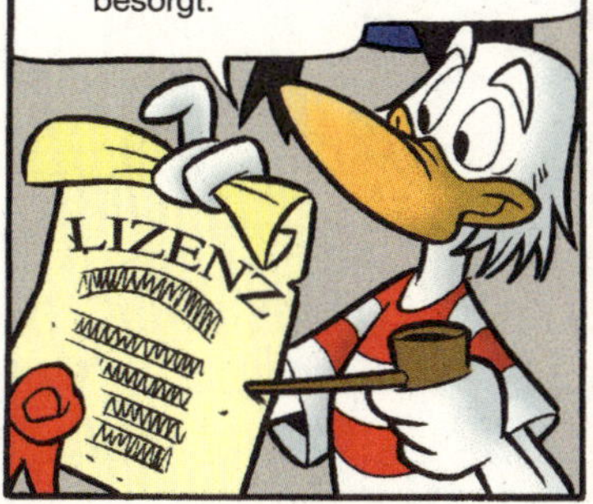
Gewiss! Nach dem Seerecht gehört ein verlassenes Schiff demjenigen, der es findet. Außerdem habe ich mir vom Hafenamt Entenhafen die Lizenz für Hafenrundfahrten besorgt.
LIZENZ

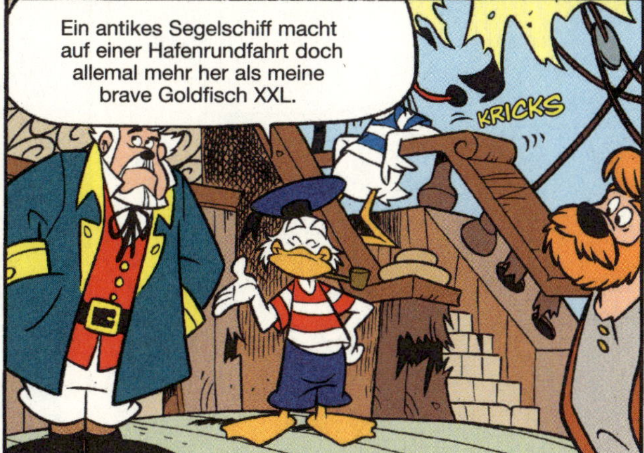
Ein antikes Segelschiff macht auf einer Hafenrundfahrt doch allemal mehr her als meine brave Goldfisch XXL.
KRICKS

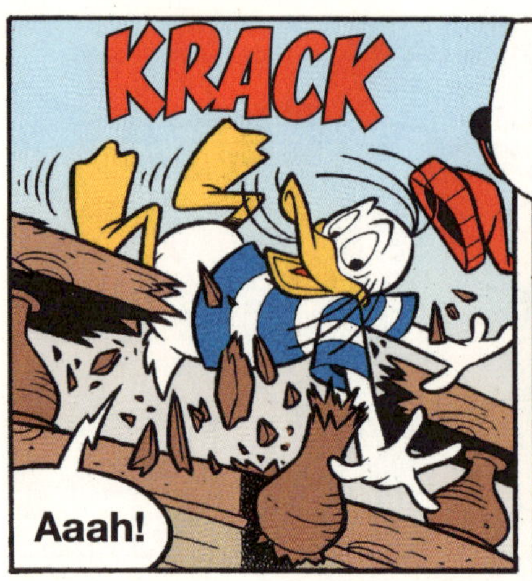
KRACK
Aaah!
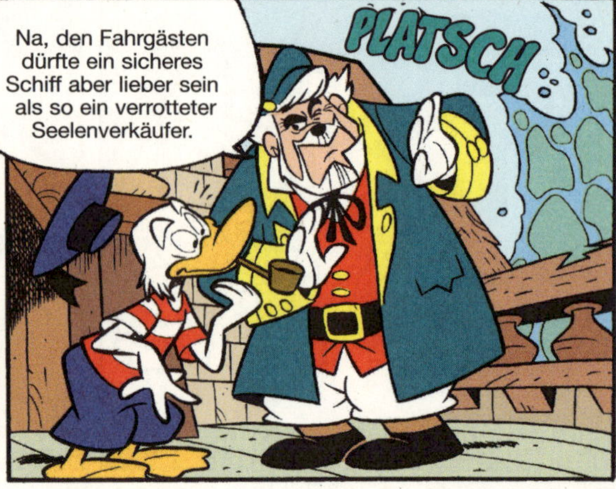
Na, den Fahrgästen dürfte ein sicheres Schiff aber lieber sein als so ein verrotteter Seelenverkäufer.
PLATSCH
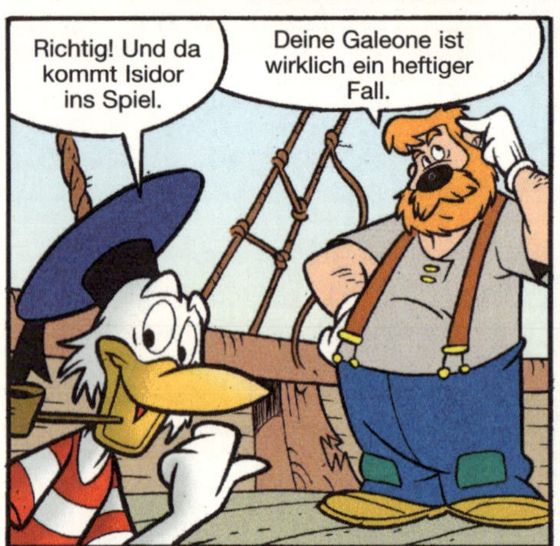
Deine Galeone ist wirklich ein heftiger Fall.
Richtig! Und da kommt Isidor ins Spiel.
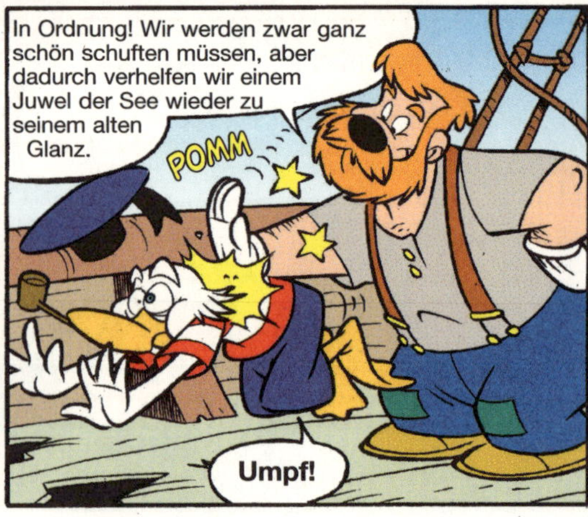
In Ordnung! Wir werden zwar ganz schön schuften müssen, aber dadurch verhelfen wir einem Juwel der See wieder zu seinem alten Glanz.
POMM
Umpf!
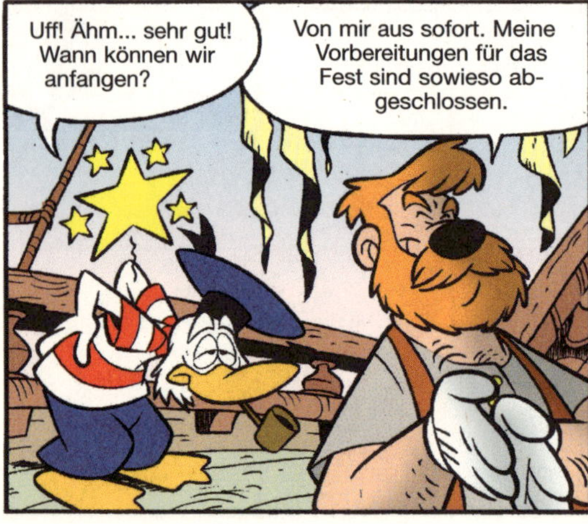
Uff! Ähm... sehr gut! Wann können wir anfangen?
Von mir aus sofort. Meine Vorbereitungen für das Fest sind sowieso abgeschlossen.
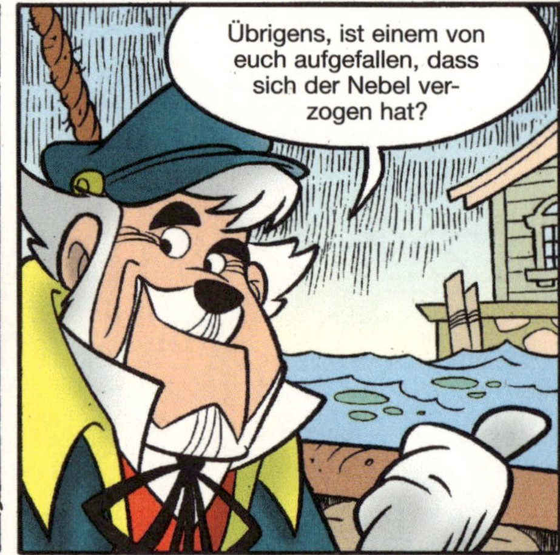
Übrigens, ist einem von euch aufgefallen, dass sich der Nebel verzogen hat?

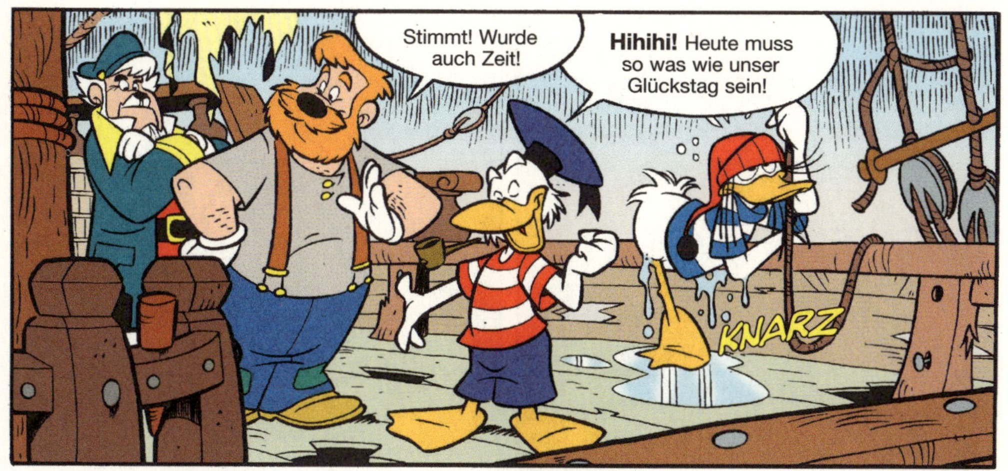
Stimmt! Wurde auch Zeit!
Hihihi! Heute muss so was wie unser Glückstag sein!
KNARZ

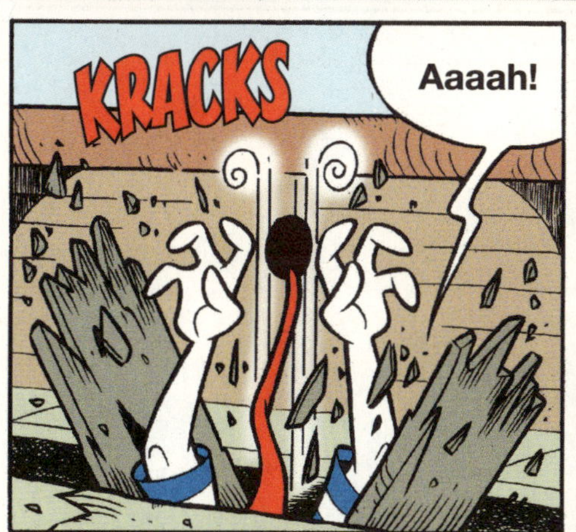
KRACKS
Aaaah!

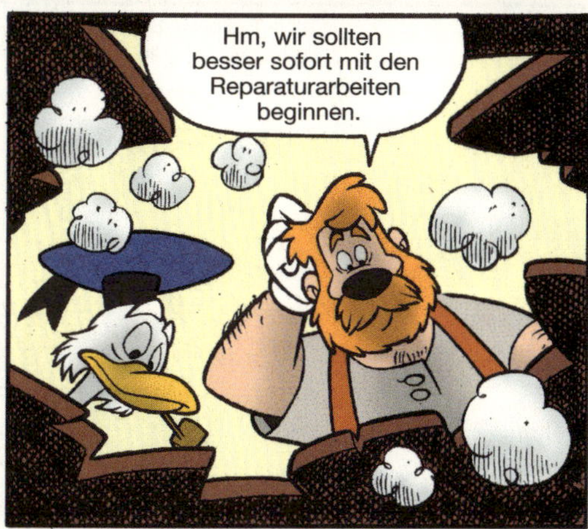
Hm, wir sollten besser sofort mit den Reparaturarbeiten beginnen.

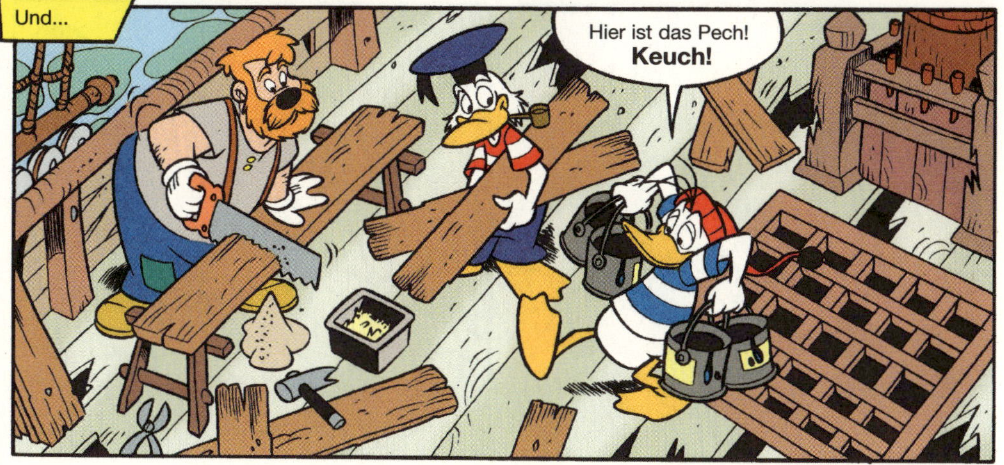
Und...
Hier ist das Pech! **Keuch!**

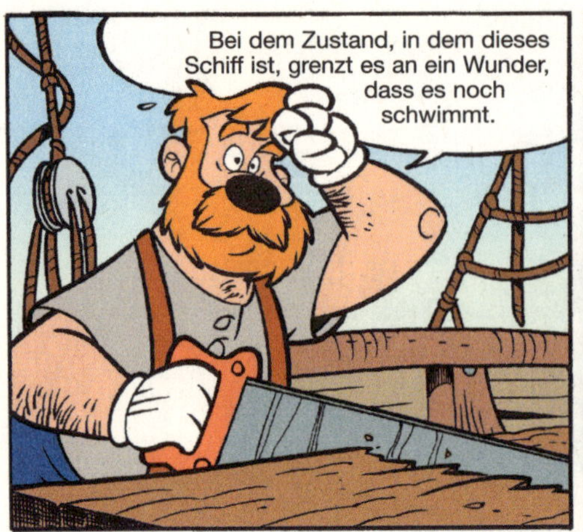
Bei dem Zustand, in dem dieses Schiff ist, grenzt es an ein Wunder, dass es noch schwimmt.

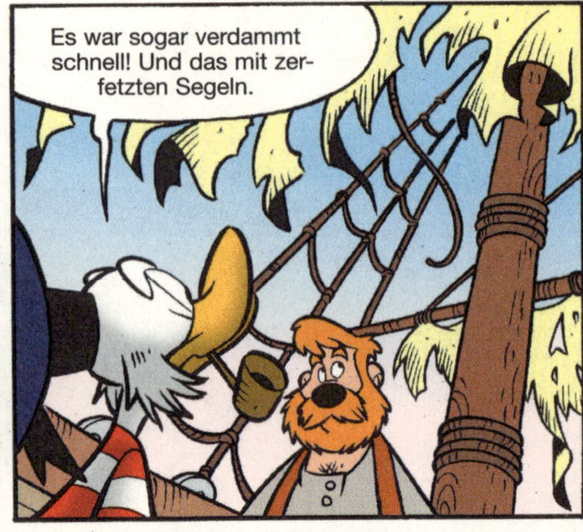
Es war sogar verdammt schnell! Und das mit zerfetzten Segeln.

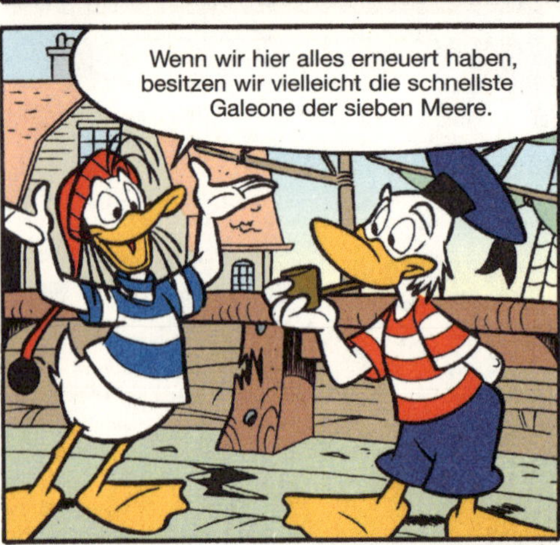
Wenn wir hier alles erneuert haben, besitzen wir vielleicht die schnellste Galeone der sieben Meere.

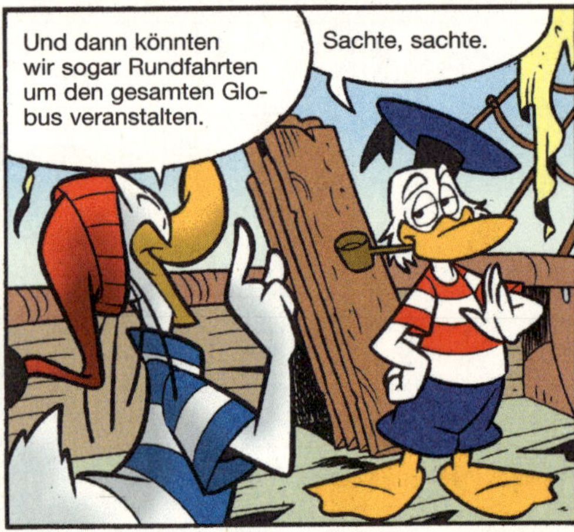
Und dann könnten wir sogar Rundfahrten um den gesamten Globus veranstalten.
Sachte, sachte.

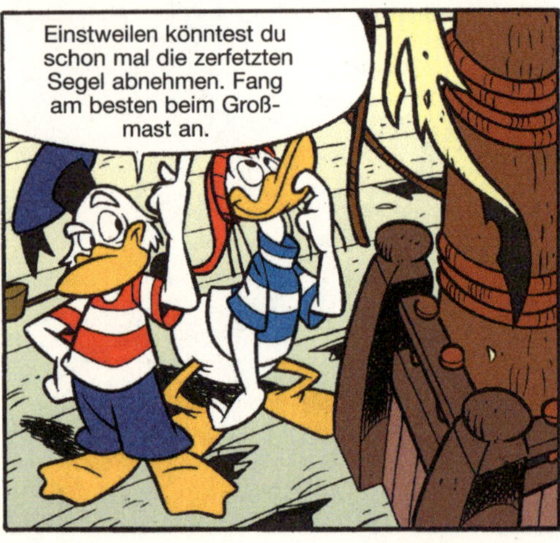
Einstweilen könntest du schon mal die zerfetzten Segel abnehmen. Fang am besten beim Großmast an.

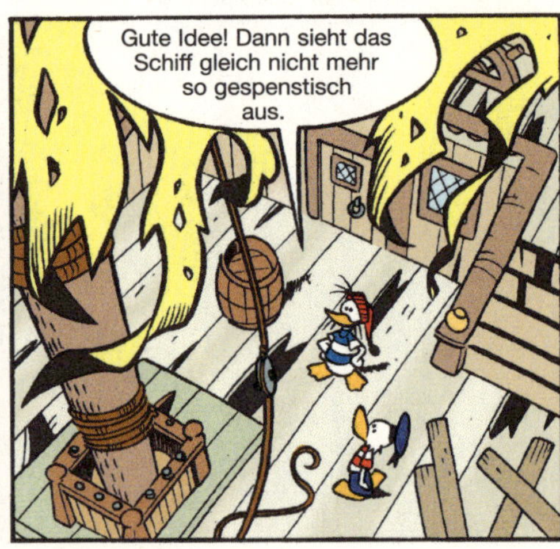
Gute Idee! Dann sieht das Schiff gleich nicht mehr so gespenstisch aus.

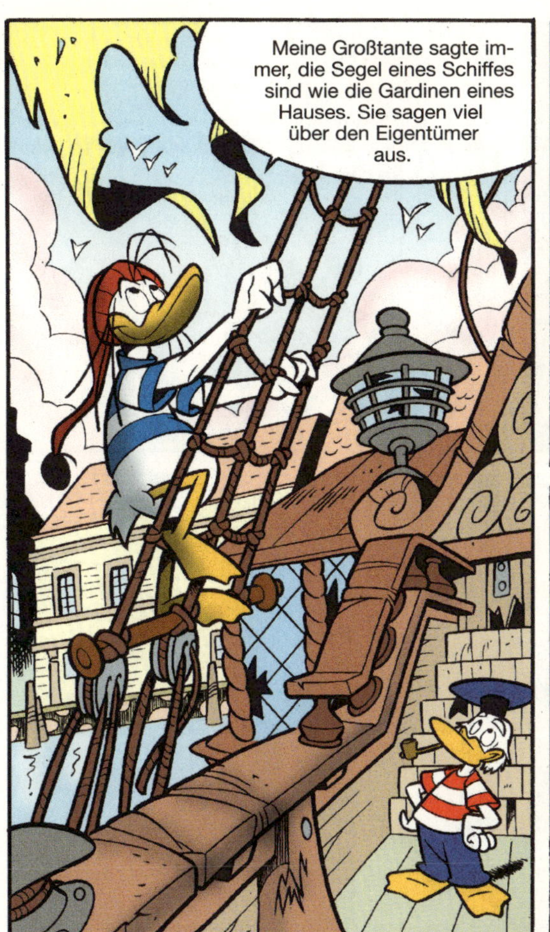
Meine Großtante sagte immer, die Segel eines Schiffes sind wie die Gardinen eines Hauses. Sie sagen viel über den Eigentümer aus.

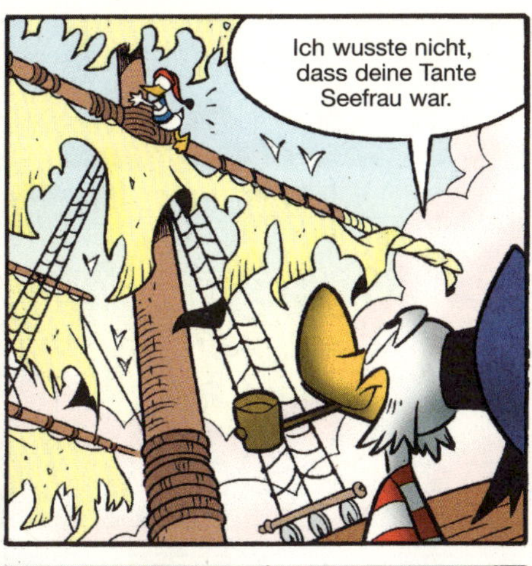
Ich wusste nicht, dass deine Tante Seefrau war.

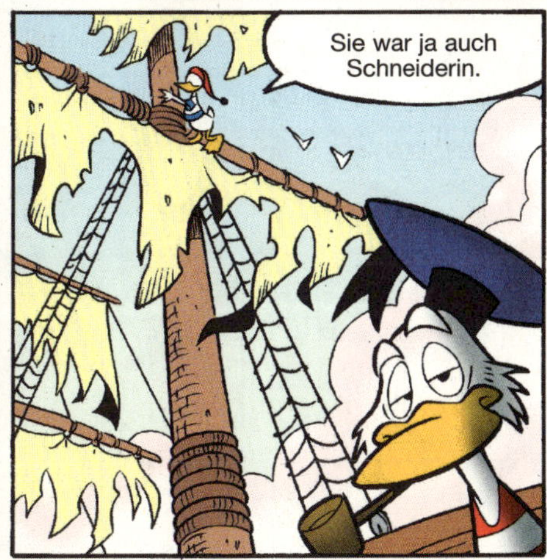
Sie war ja auch Schneiderin.

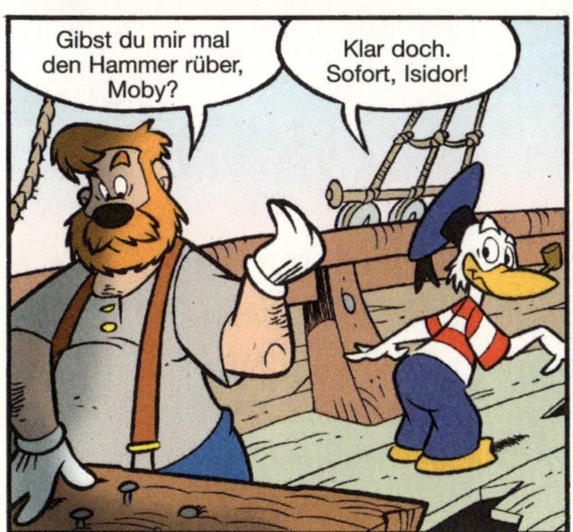
Gibst du mir mal den Hammer rüber, Moby?
Klar doch. Sofort, Isidor!

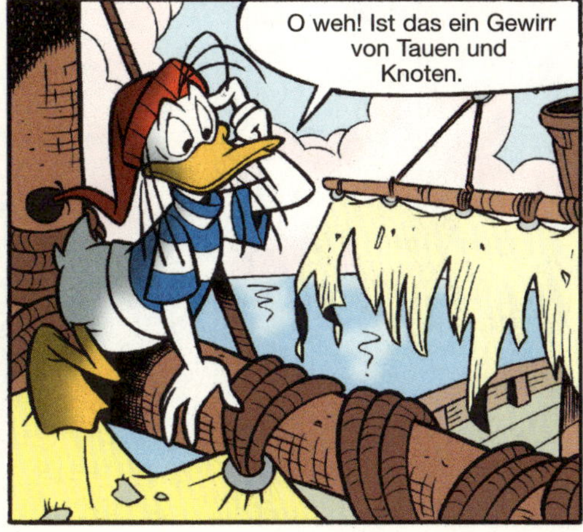
O weh! Ist das ein Gewirr von Tauen und Knoten.

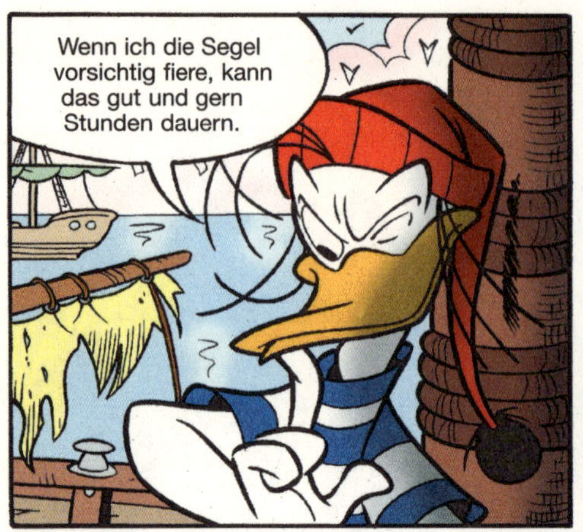
Wenn ich die Segel vorsichtig fiere, kann das gut und gern Stunden dauern.

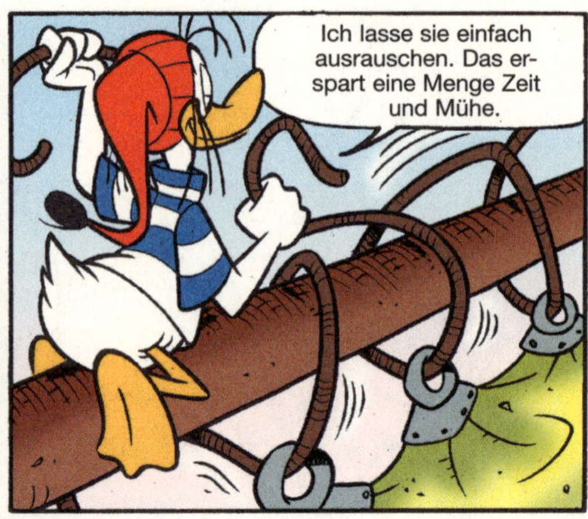
Ich lasse sie einfach ausrauschen. Das erspart eine Menge Zeit und Mühe.

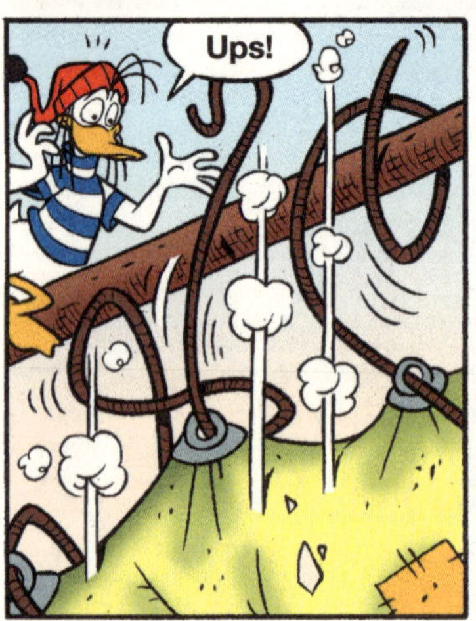
Ups!

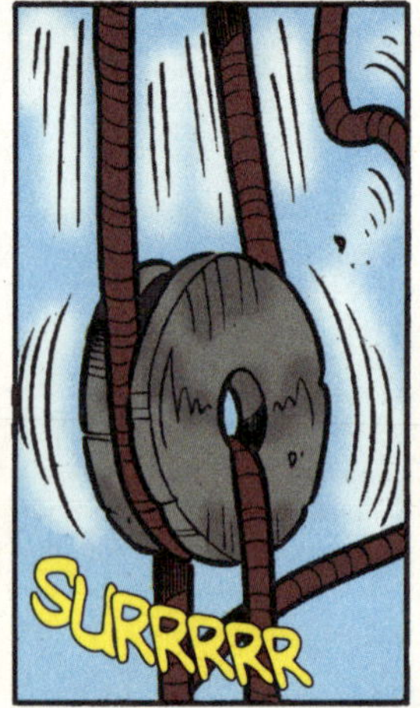
SURRRRR

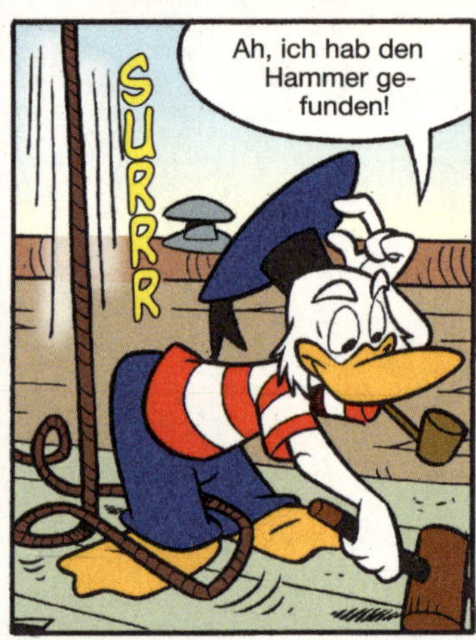
SURRR
Ah, ich hab den Hammer gefunden!

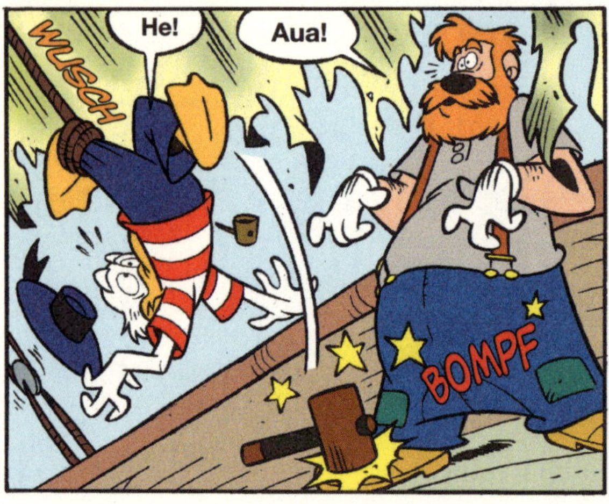
WUSCH
He!
Aua!
BOMPF

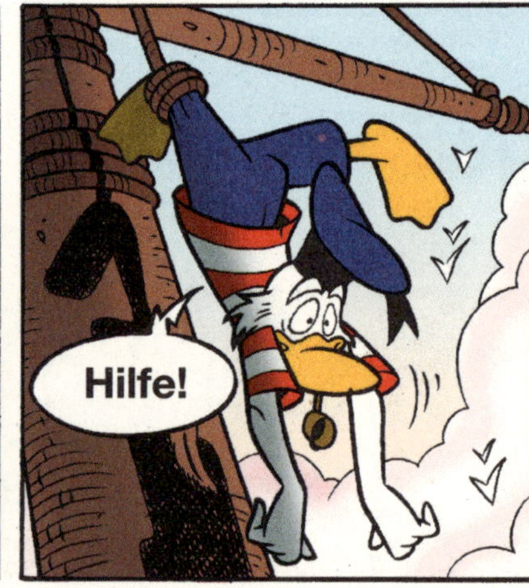
Hilfe!

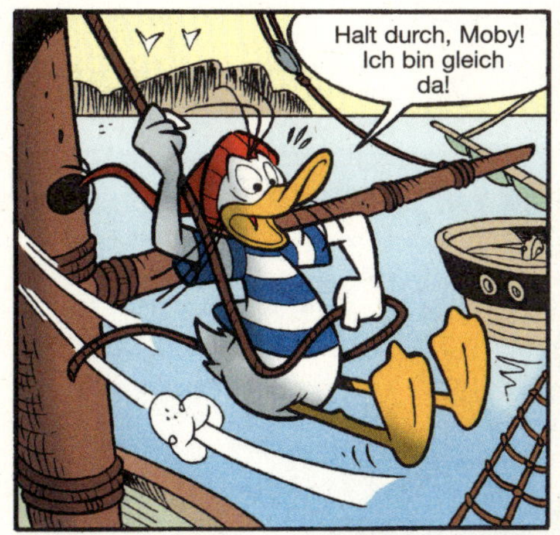
Halt durch, Moby! Ich bin gleich da!

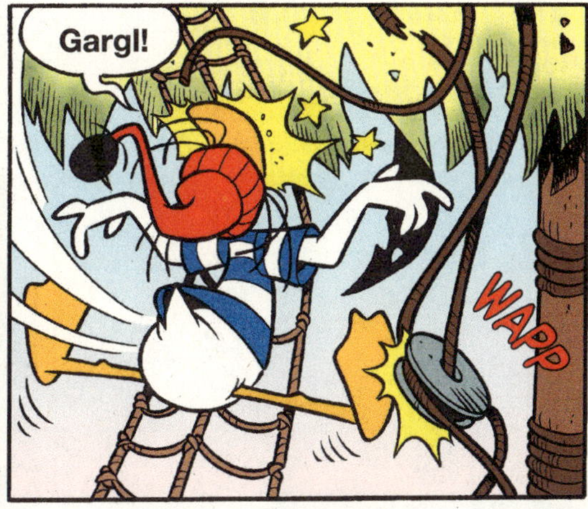
Gargl!
WAPP

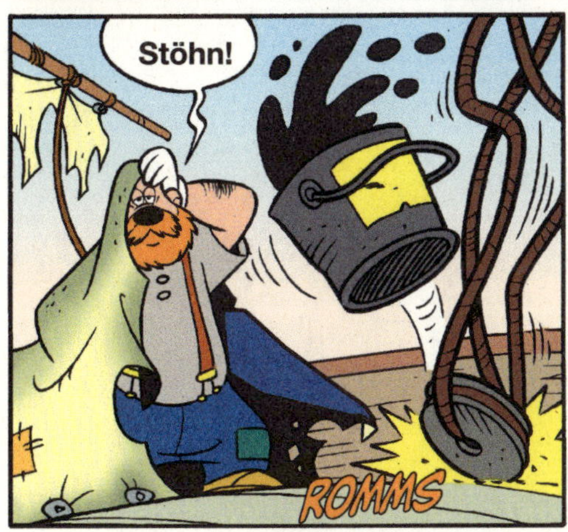
Stöhn!
ROMMS

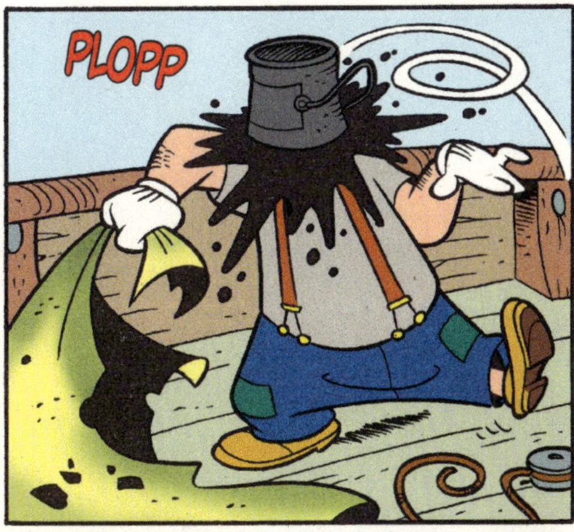
PLOPP

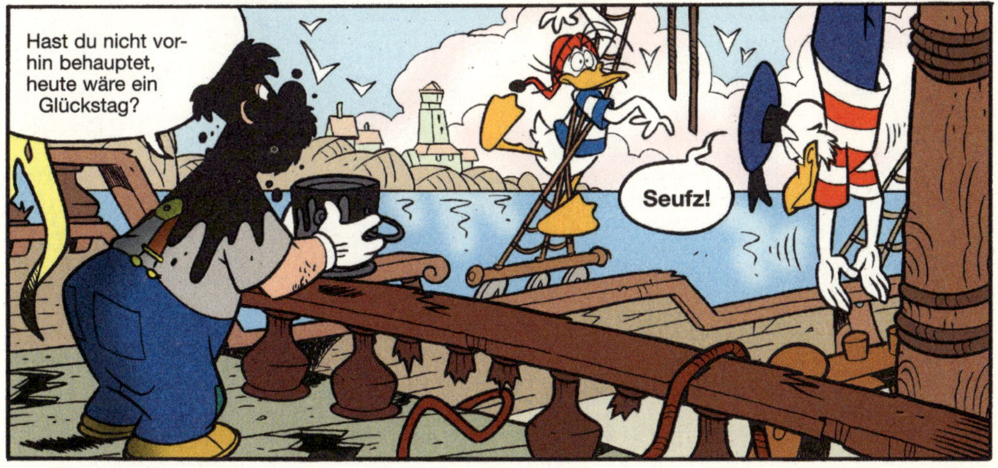
Hast du nicht vorhin behauptet, heute wäre ein Glückstag?
Seufz!

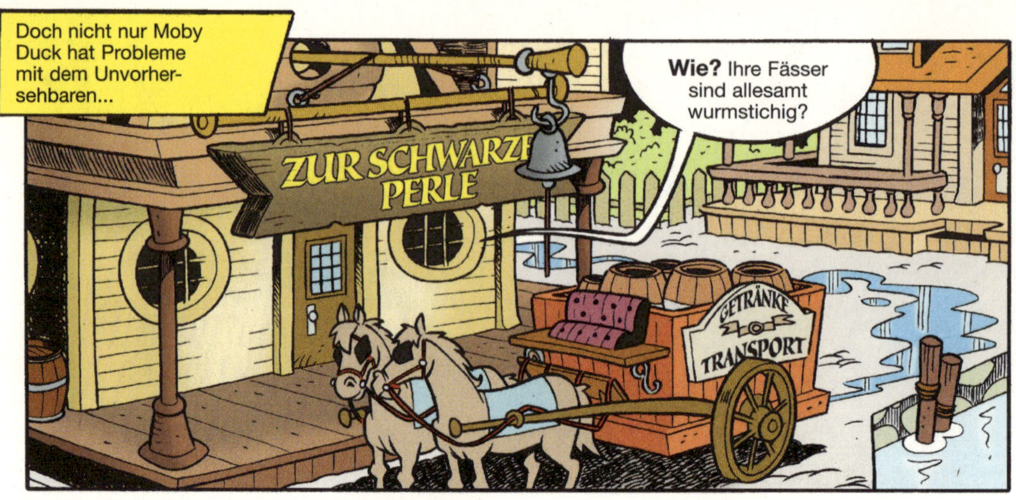
Doch nicht nur Moby Duck hat Probleme mit dem Unvorhersehbaren...
ZUR SCHWARZE PERLE
Wie? Ihre Fässer sind allesamt wurmstichig?
GETRÄNKE TRANSPORT

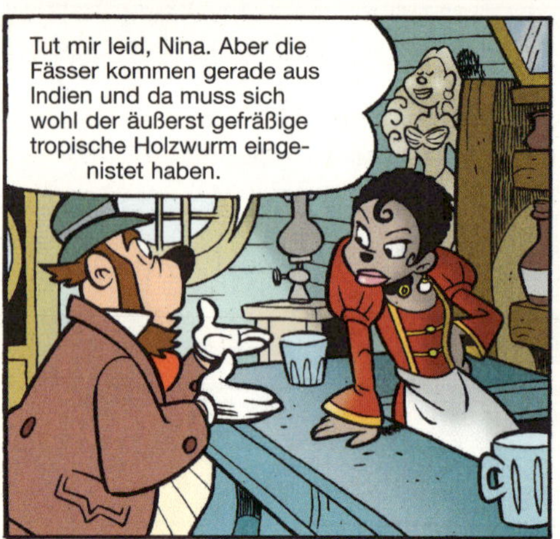
Tut mir leid, Nina. Aber die Fässer kommen gerade aus Indien und da muss sich wohl der äußerst gefräßige tropische Holzwurm eingenistet haben.

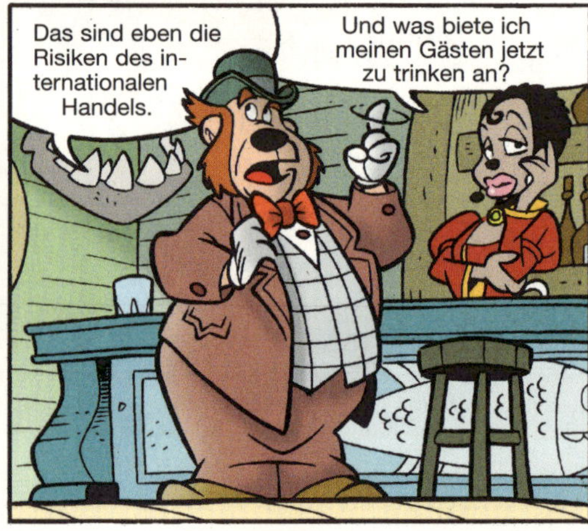
Das sind eben die Risiken des internationalen Handels.
Und was biete ich meinen Gästen jetzt zu trinken an?

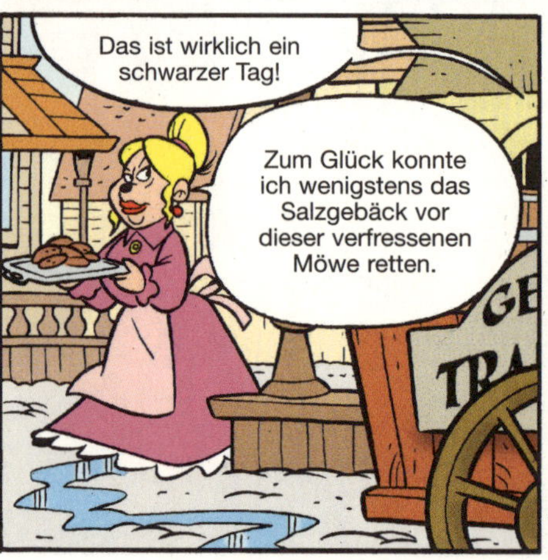
Das ist wirklich ein schwarzer Tag!
Zum Glück konnte ich wenigstens das Salzgebäck vor dieser verfressenen Möwe retten.

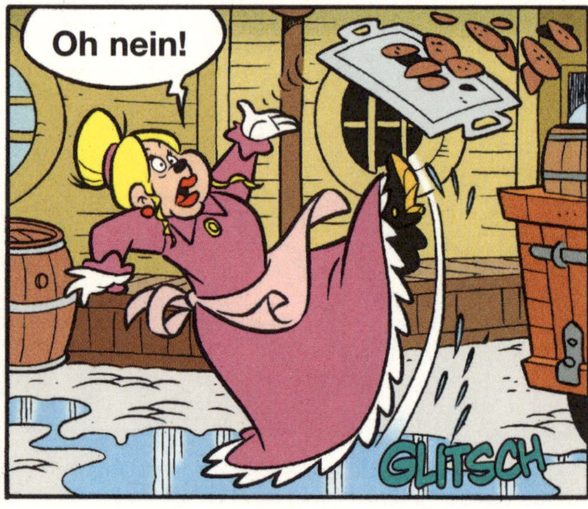
Oh nein!
GLITSCH

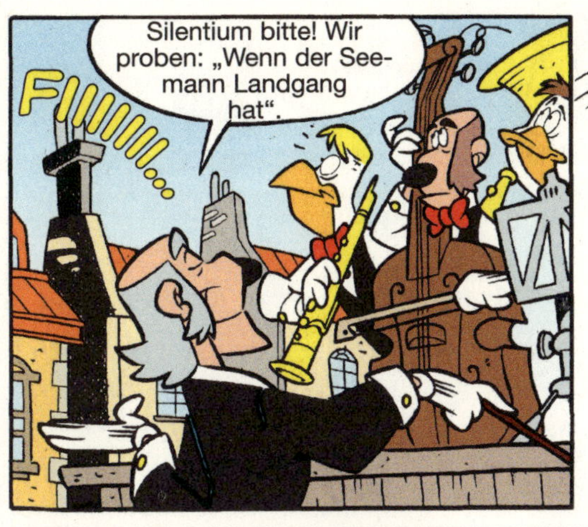
Silentium bitte! Wir proben: „Wenn der Seemann Landgang hat“.
FIIIIIII...

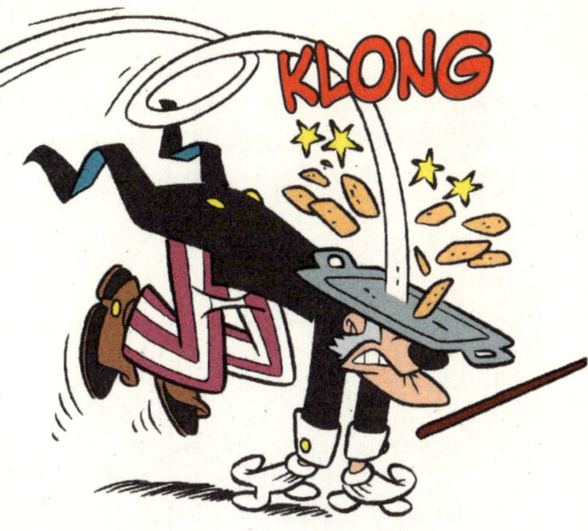
KLONG

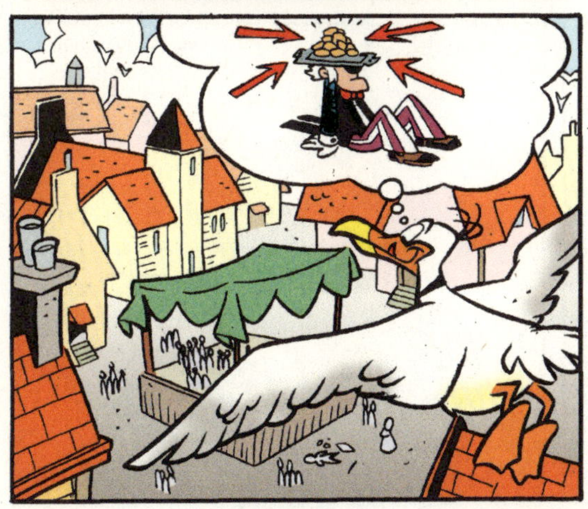

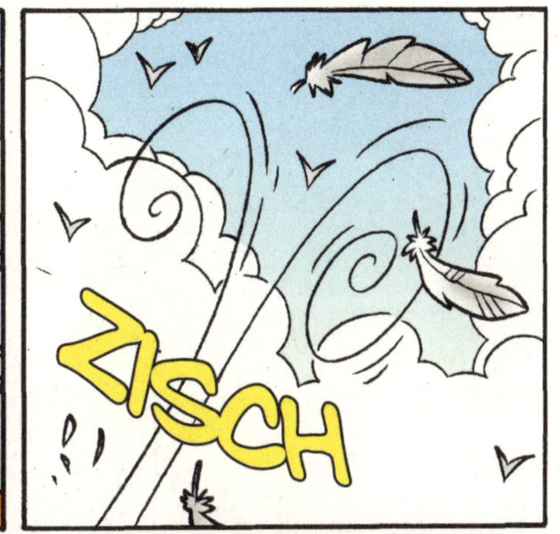
ZISCH

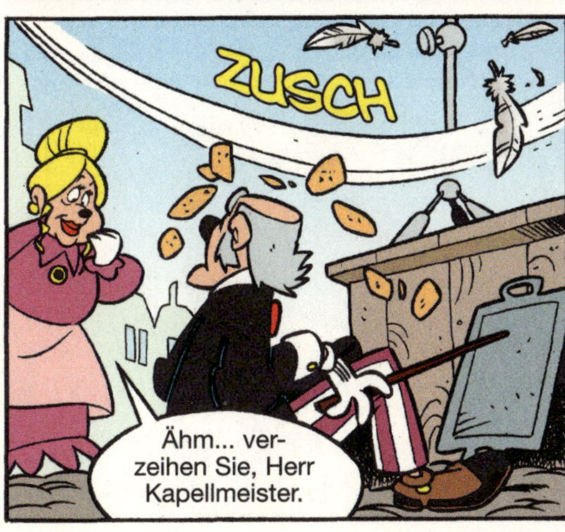
ZUSCH
Ähm... verzeihen Sie, Herr Kapellmeister.

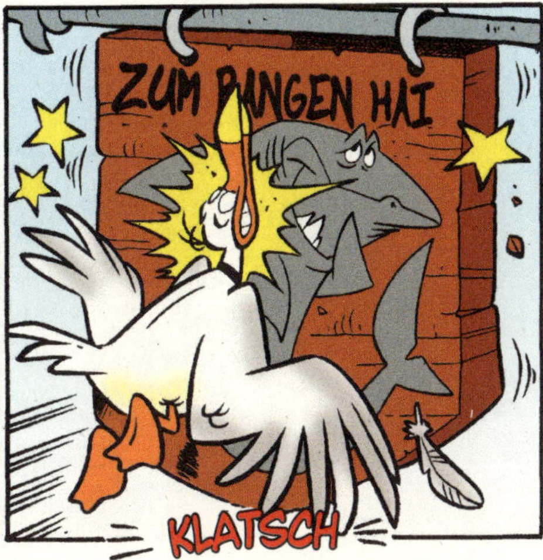
KLATSCH

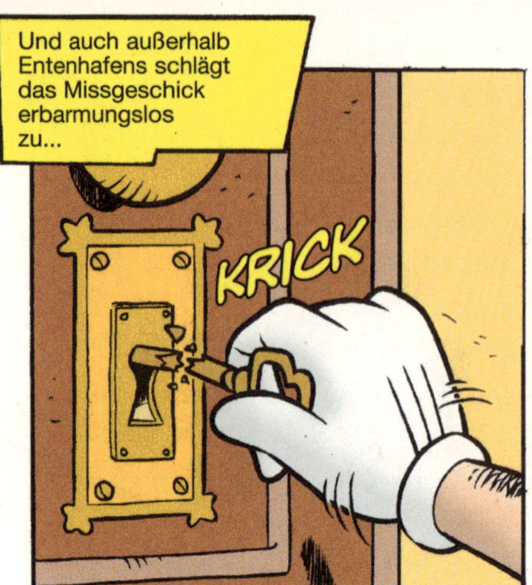
Und auch außerhalb Entenhafens schlägt das Missgeschick erbarmungslos zu...
KRICK

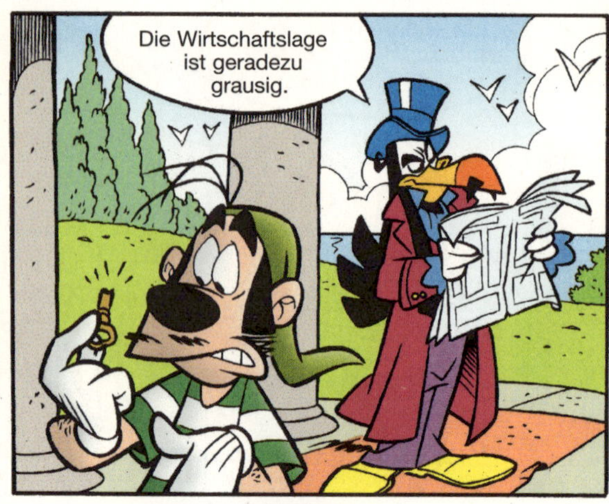
Die Wirtschaftslage ist geradezu grausig.

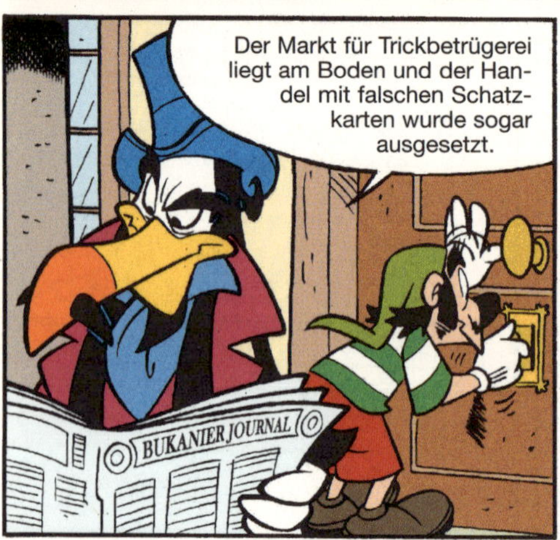
Der Markt für Trickbetrügerei liegt am Boden und der Handel mit falschen Schatzkarten wurde sogar ausgesetzt.
BUKANIER JOURNAL

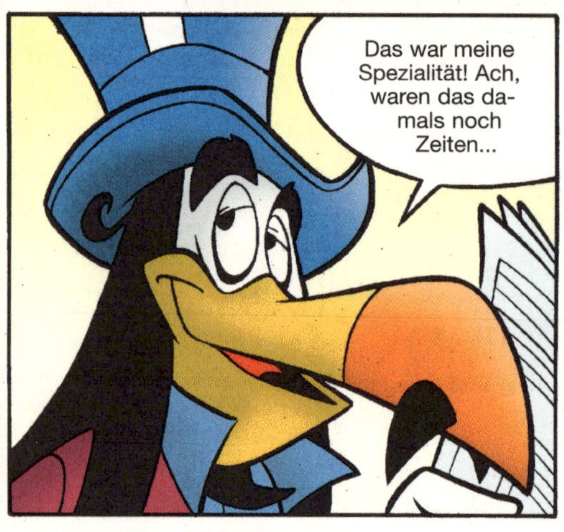
Das war meine Spezialität! Ach, waren das damals noch Zeiten...

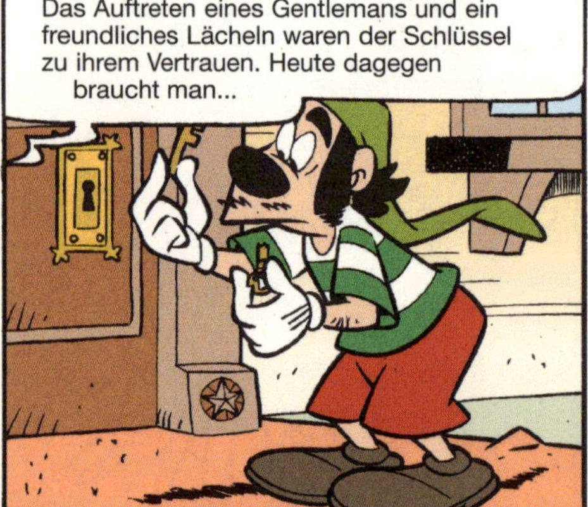
Die Leute waren nicht so misstrauisch. Das Auftreten eines Gentlemans und ein freundliches Lächeln waren der Schlüssel zu ihrem Vertrauen. Heute dagegen braucht man...

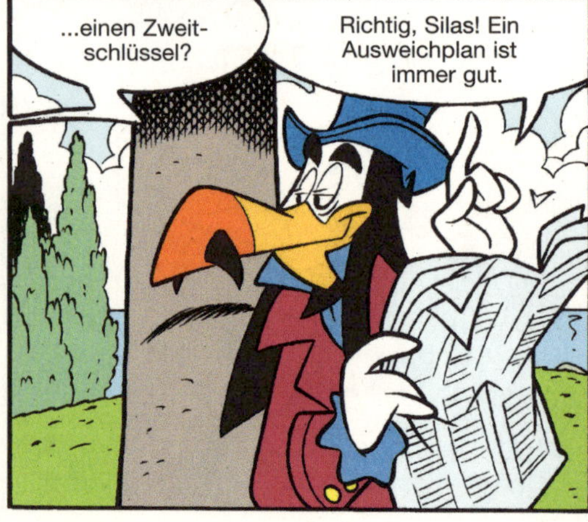
...einen Zweitschlüssel?
Richtig, Silas! Ein Ausweichplan ist immer gut.

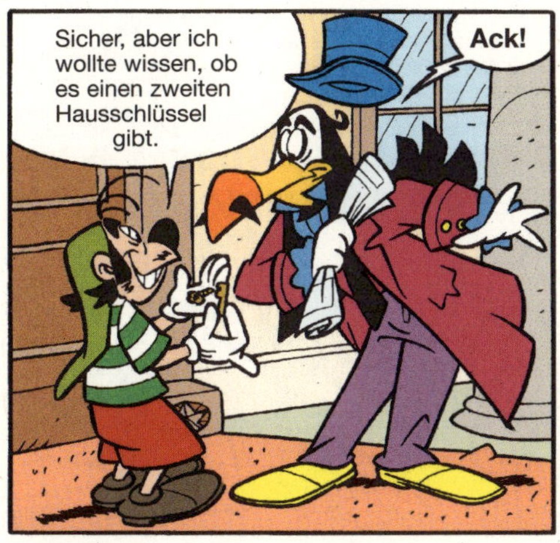
Sicher, aber ich wollte wissen, ob es einen zweiten Hausschlüssel gibt.
Ack!

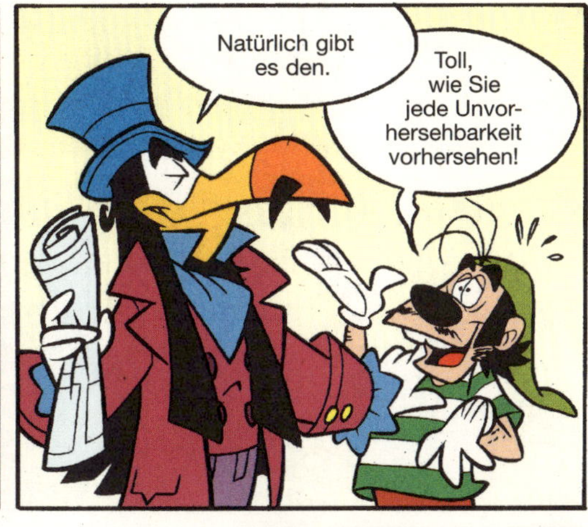
Natürlich gibt es den.
Toll, wie Sie jede Unvorhersehbarkeit vorhersehen!

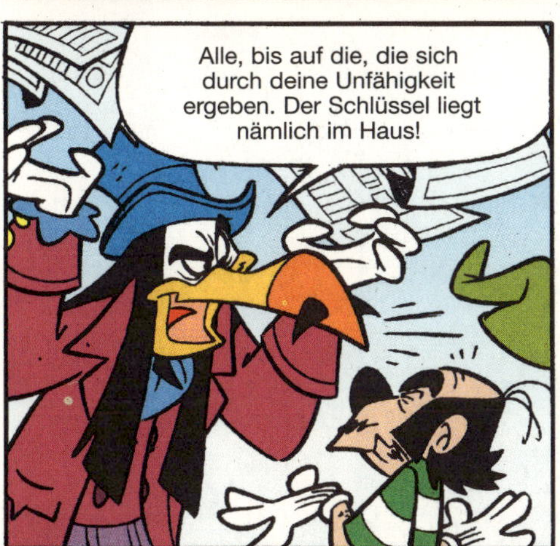
Alle, bis auf die, die sich durch deine Unfähigkeit ergeben. Der Schlüssel liegt nämlich im Haus!

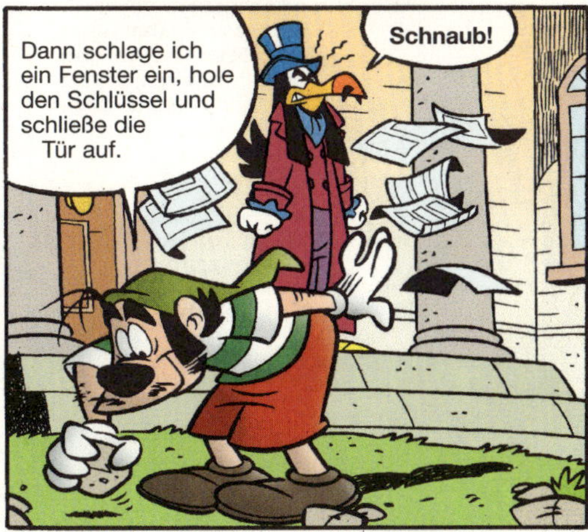
Dann schlage ich ein Fenster ein, hole den Schlüssel und schließe die Tür auf.
Schnaub!

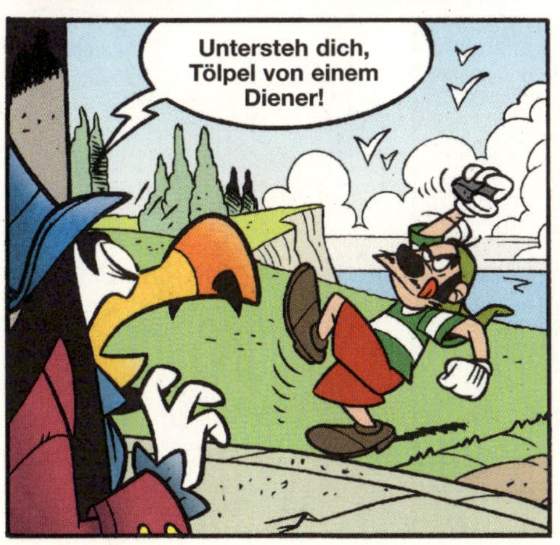
Untersteh dich, Tölpel von einem Diener!

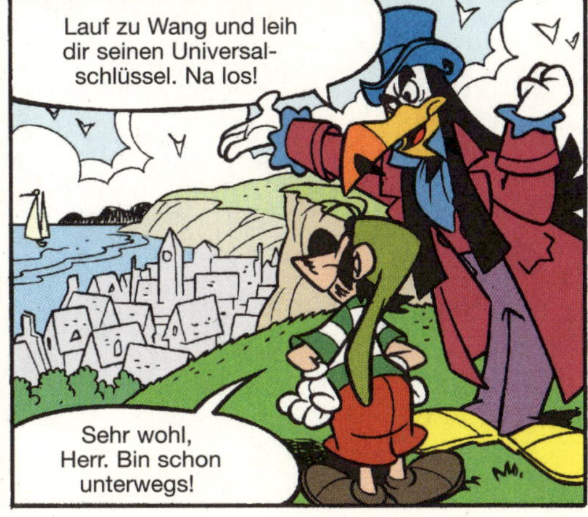
Lauf zu Wang und leih dir seinen Universalschlüssel. Na los!
Sehr wohl, Herr. Bin schon unterwegs!

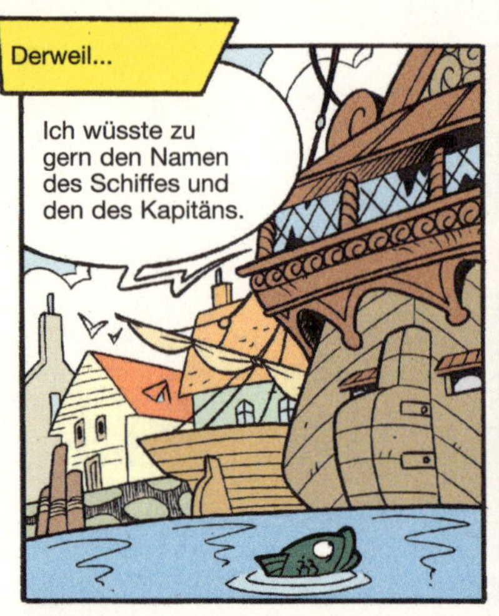
Derweil...
Ich wüsste zu gern den Namen des Schiffes und den des Kapitäns.

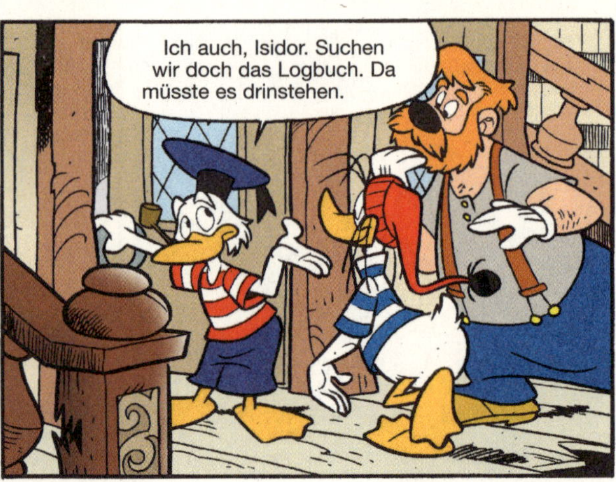
Ich auch, Isidor. Suchen wir doch das Logbuch. Da müsste es drinstehen.

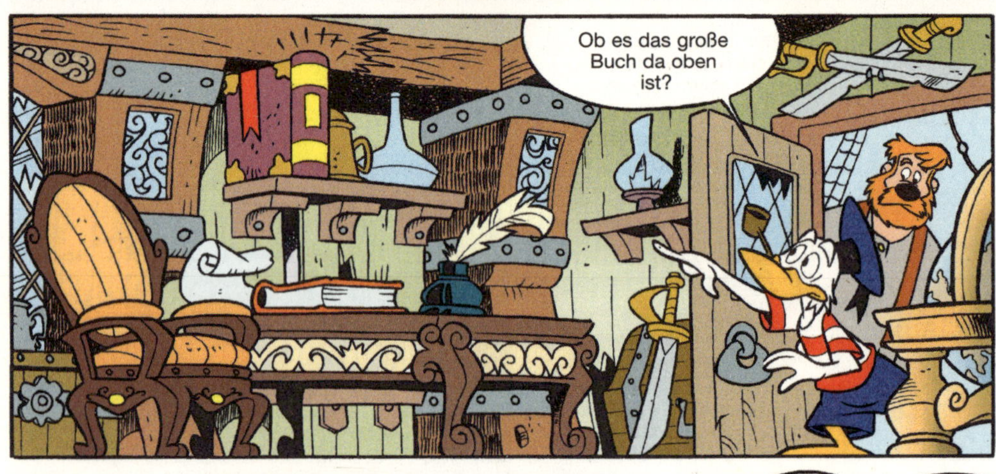
Ob es das große Buch da oben ist?

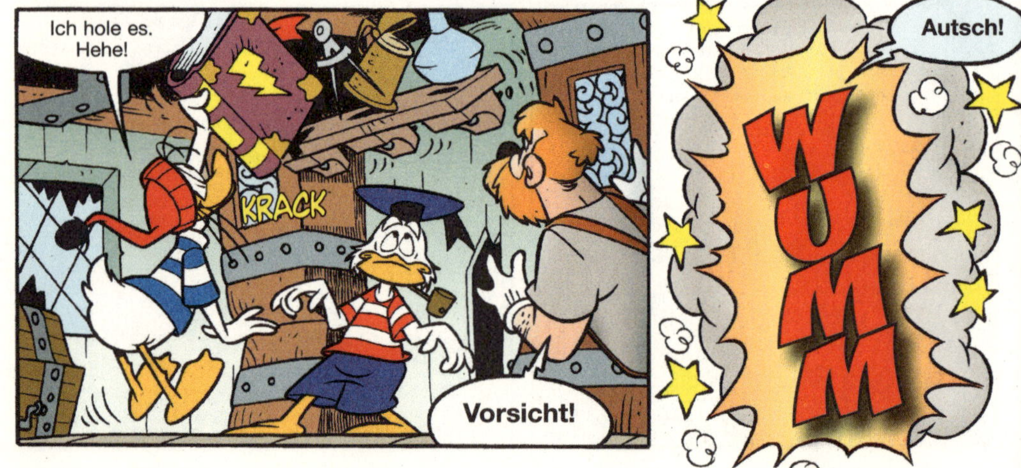
Ich hole es. Hehe!
KRACK
Vorsicht!
Autsch!
WUMM

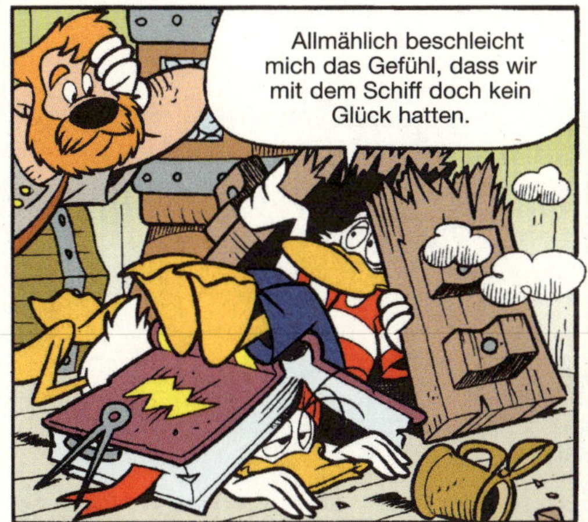
Allmählich beschleicht mich das Gefühl, dass wir mit dem Schiff doch kein Glück hatten.

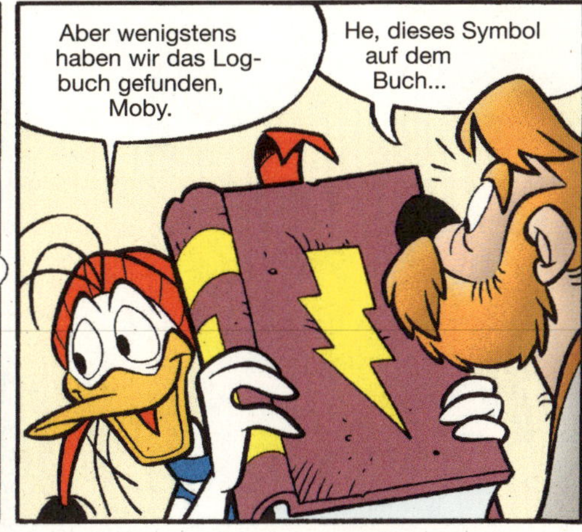
Aber wenigstens haben wir das Logbuch gefunden, Moby.
He, dieses Symbol auf dem Buch...

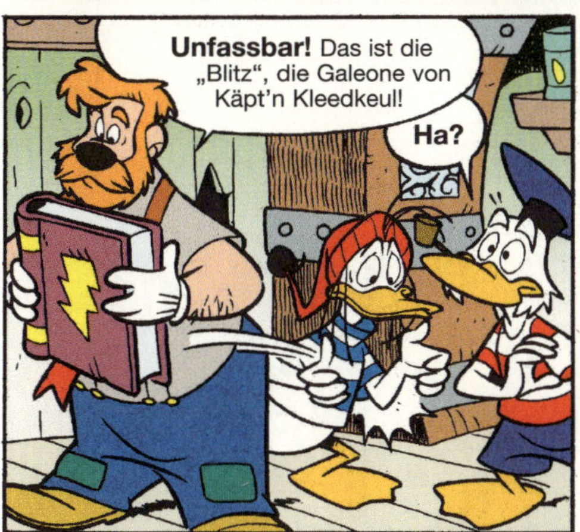
Unfassbar! Das ist die „Blitz", die Galeone von Käpt'n Kleedkeul!
Ha?

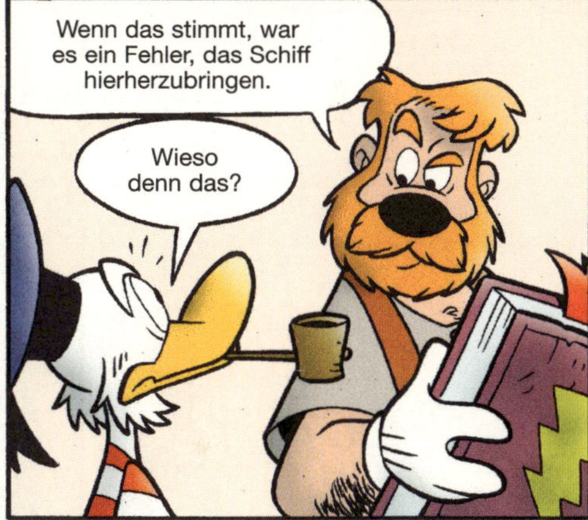
Wenn das stimmt, war es ein Fehler, das Schiff hierherzubringen.
Wieso denn das?

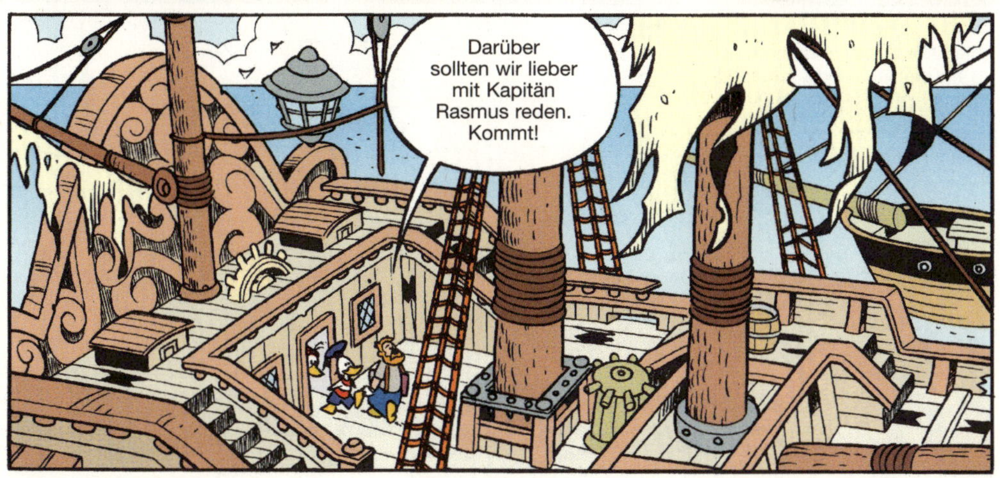
Darüber sollten wir lieber mit Kapitän Rasmus reden. Kommt!

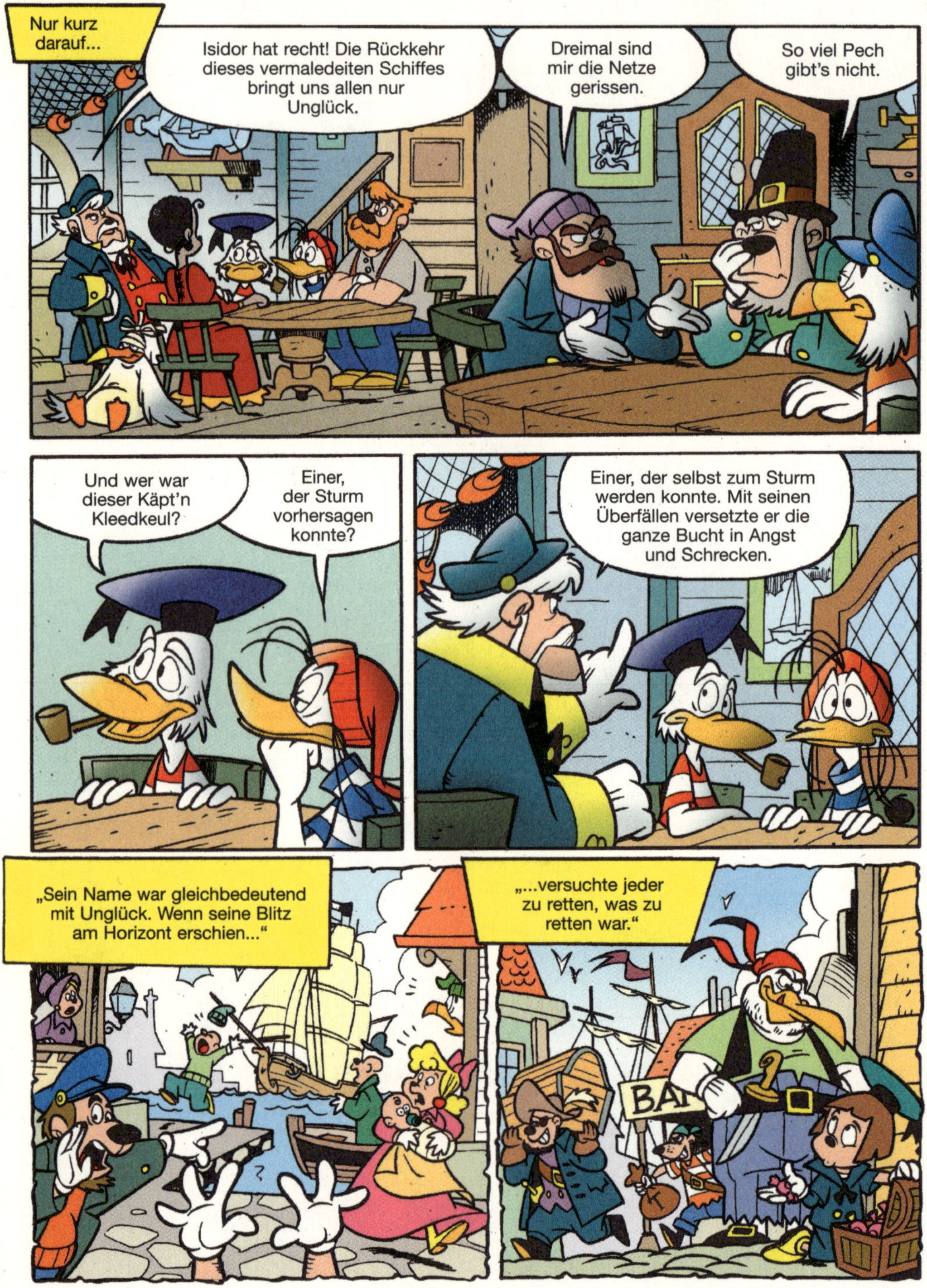

Nur kurz darauf...

Isidor hat recht! Die Rückkehr dieses vermaledeiten Schiffes bringt uns allen nur Unglück.

Dreimal sind mir die Netze gerissen.

So viel Pech gibt's nicht.

Und wer war dieser Käpt'n Kleedkeul?

Einer, der Sturm vorhersagen konnte?

Einer, der selbst zum Sturm werden konnte. Mit seinen Überfällen versetzte er die ganze Bucht in Angst und Schrecken.

„Sein Name war gleichbedeutend mit Unglück. Wenn seine Blitz am Horizont erschien..."

„...versuchte jeder zu retten, was zu retten war."

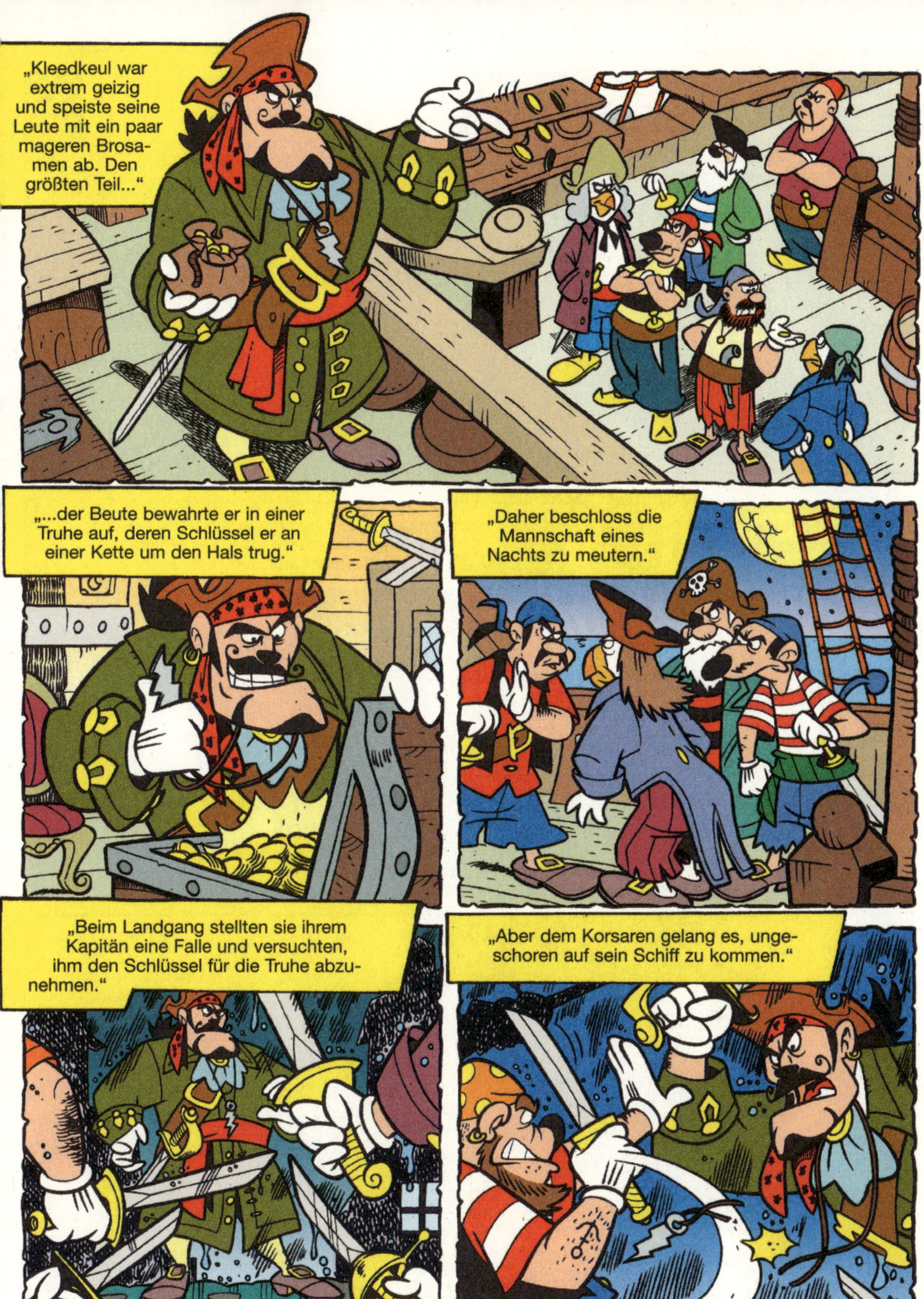
„Kleedkeul war extrem geizig und speiste seine Leute mit ein paar mageren Brosamen ab. Den größten Teil..."
„...der Beute bewahrte er in einer Truhe auf, deren Schlüssel er an einer Kette um den Hals trug."
„Daher beschloss die Mannschaft eines Nachts zu meutern."
„Beim Landgang stellten sie ihrem Kapitän eine Falle und versuchten, ihm den Schlüssel für die Truhe abzunehmen."
„Aber dem Korsaren gelang es, ungeschoren auf sein Schiff zu kommen."

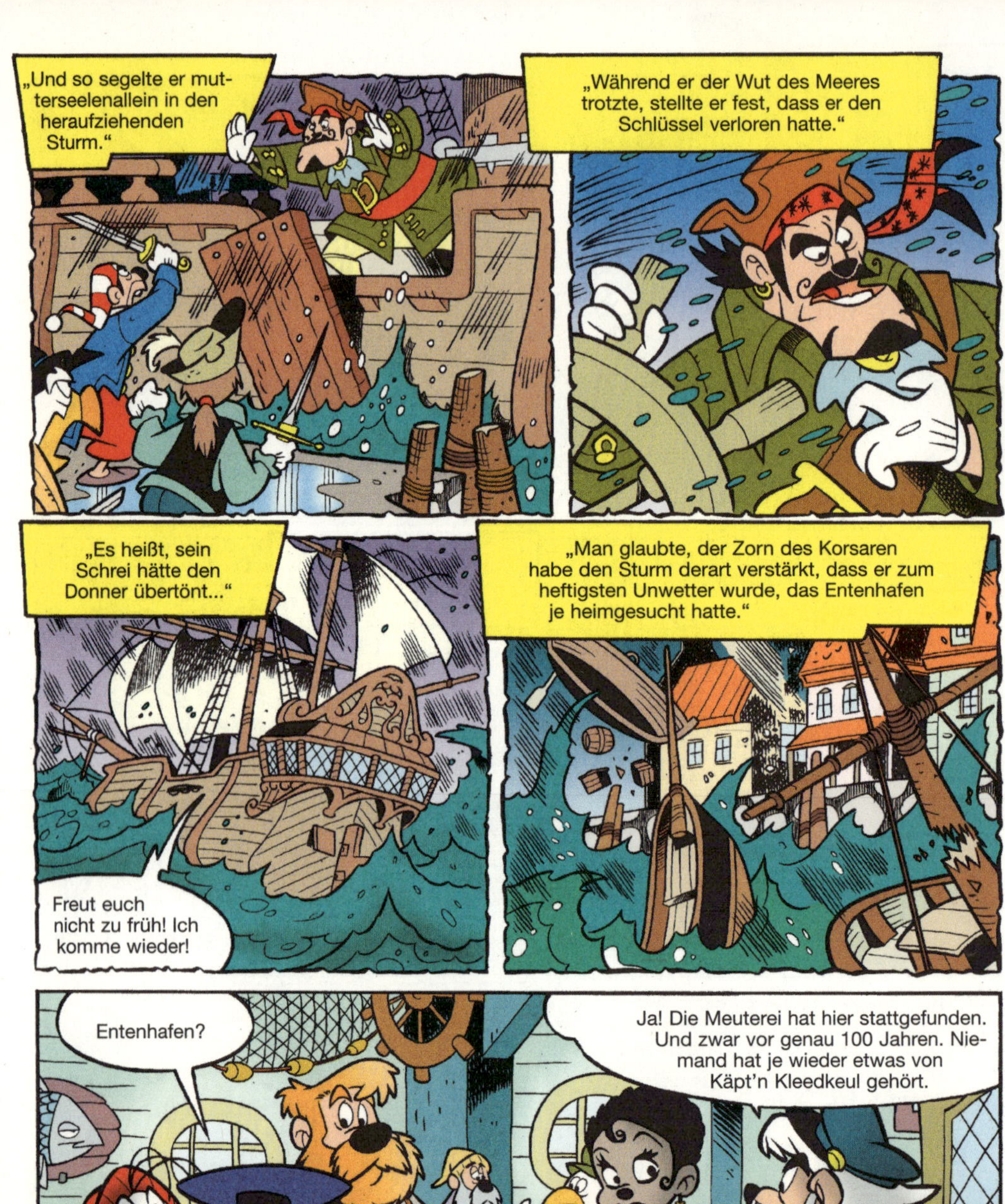
„Und so segelte er mutterseelenallein in den heraufziehenden Sturm.“
„Während er der Wut des Meeres trotzte, stellte er fest, dass er den Schlüssel verloren hatte.“
„Es heißt, sein Schrei hätte den Donner übertönt...“
Freut euch nicht zu früh! Ich komme wieder!
„Man glaubte, der Zorn des Korsaren habe den Sturm derart verstärkt, dass er zum heftigsten Unwetter wurde, das Entenhafen je heimgesucht hatte.“
Entenhafen?
Ja! Die Meuterei hat hier stattgefunden. Und zwar vor genau 100 Jahren. Niemand hat je wieder etwas von Käpt'n Kleedkeul gehört.

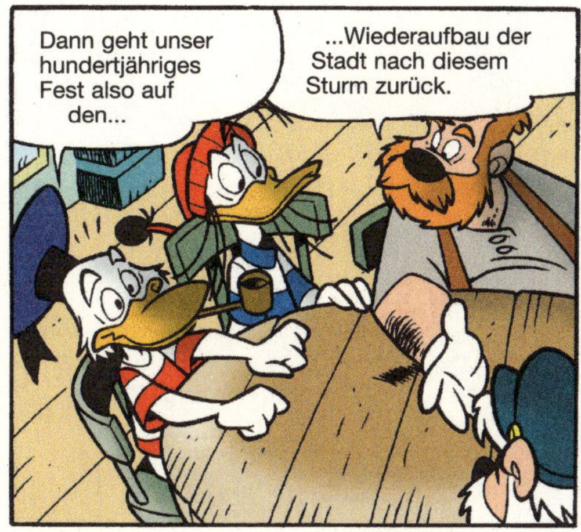
Dann geht unser hundertjähriges Fest also auf den...
...Wiederaufbau der Stadt nach diesem Sturm zurück.

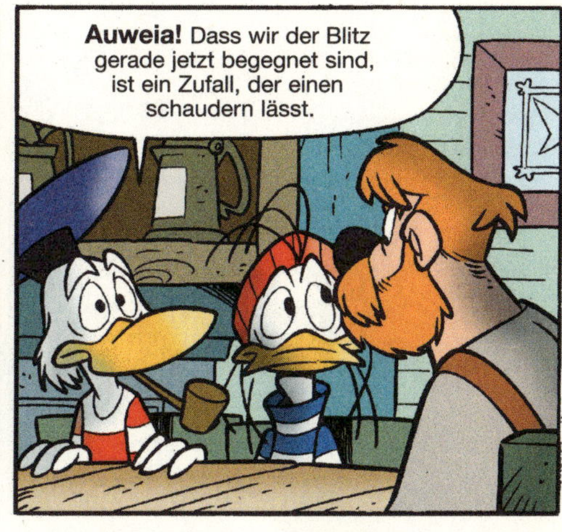
Auweia! Dass wir der Blitz gerade jetzt begegnet sind, ist ein Zufall, der einen schaudern lässt.

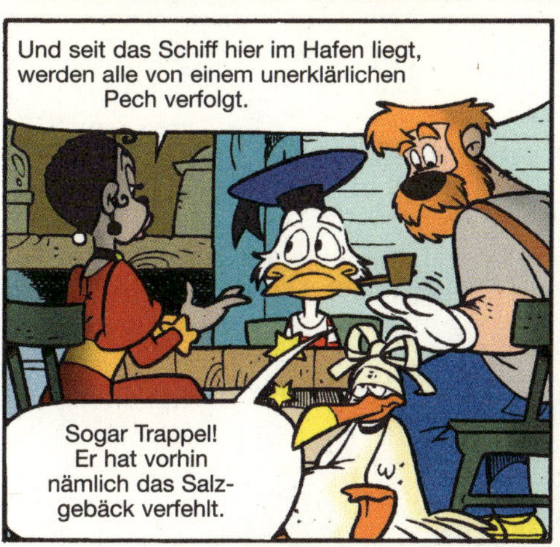
Und seit das Schiff hier im Hafen liegt, werden alle von einem unerklärlichen Pech verfolgt.
Sogar Trappel! Er hat vorhin nämlich das Salz-gebäck verfehlt.

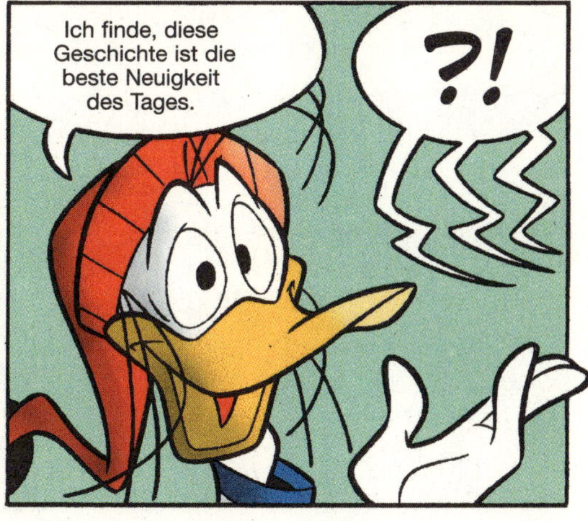
Ich finde, diese Geschichte ist die beste Neuigkeit des Tages.
?!

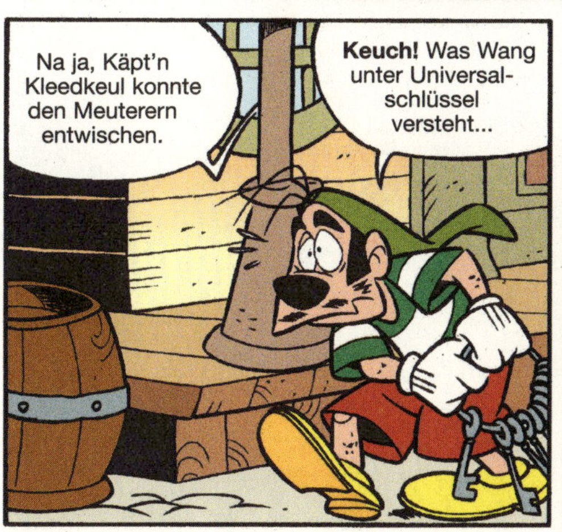
Na ja, Käpt'n Kleedkeul konnte den Meuterern entwischen.
Keuch! Was Wang unter Universal-schlüssel versteht...

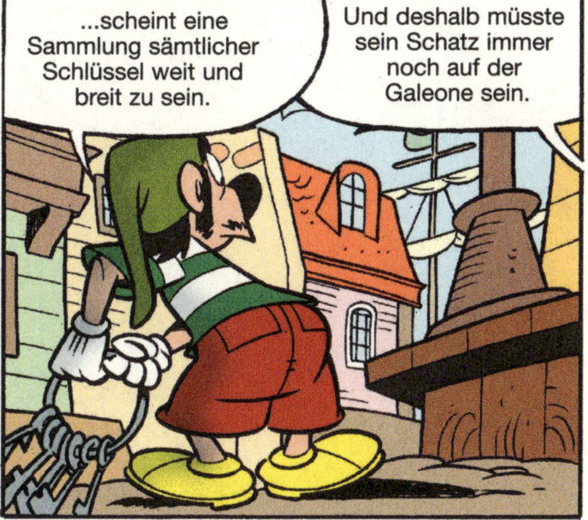
...scheint eine Sammlung sämtlicher Schlüssel weit und breit zu sein.
Und deshalb müsste sein Schatz immer noch auf der Galeone sein.

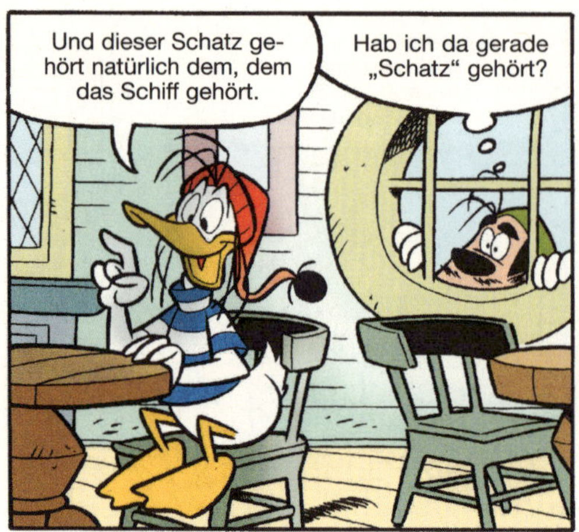
Und dieser Schatz gehört natürlich dem, dem das Schiff gehört.
Hab ich da gerade „Schatz“ gehört?

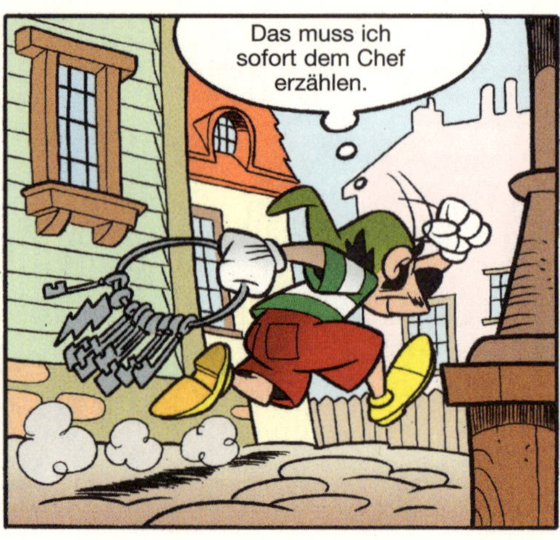
Das muss ich sofort dem Chef erzählen.

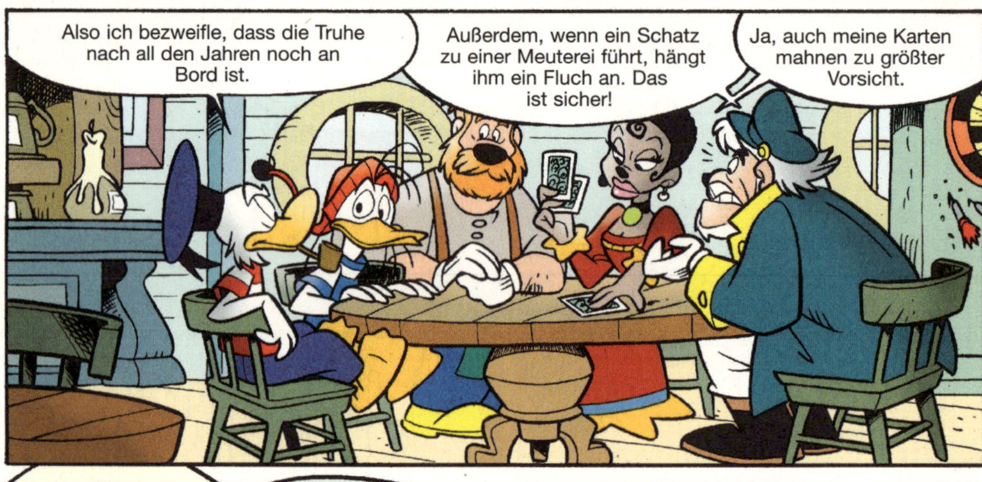
Also ich bezweifle, dass die Truhe nach all den Jahren noch an Bord ist.
Außerdem, wenn ein Schatz zu einer Meuterei führt, hängt ihm ein Fluch an. Das ist sicher!
Ja, auch meine Karten mahnen zu größter Vorsicht.

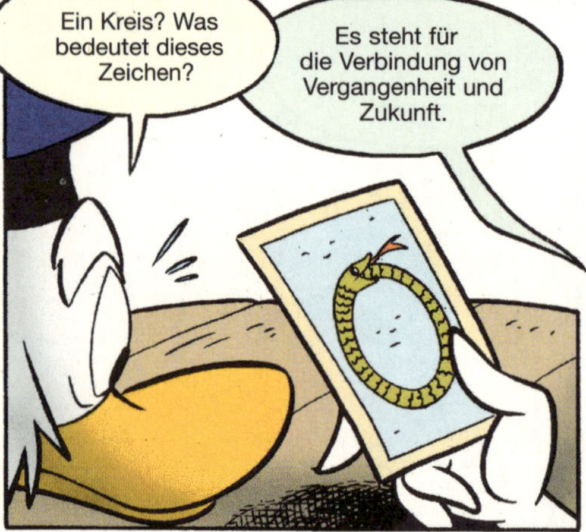
Ein Kreis? Was bedeutet dieses Zeichen?
Es steht für die Verbindung von Vergangenheit und Zukunft.

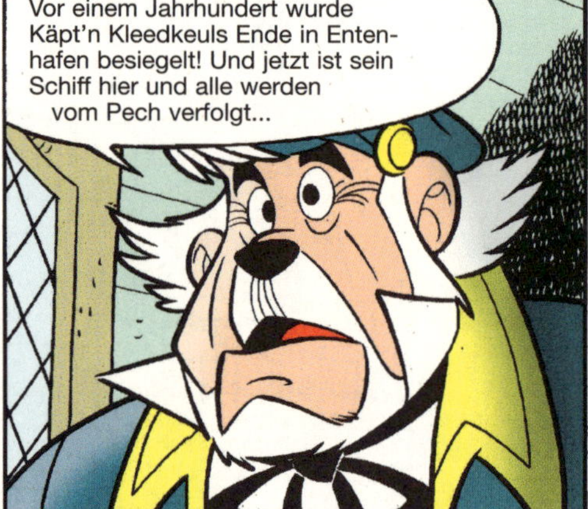
Vor einem Jahrhundert wurde Käpt'n Kleedkeuls Ende in Entenhafen besiegelt! Und jetzt ist sein Schiff hier und alle werden vom Pech verfolgt...

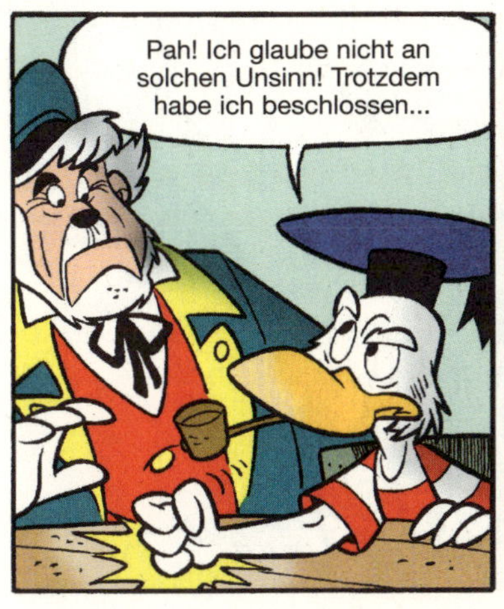
Pah! Ich glaube nicht an solchen Unsinn! Trotzdem habe ich beschlossen...

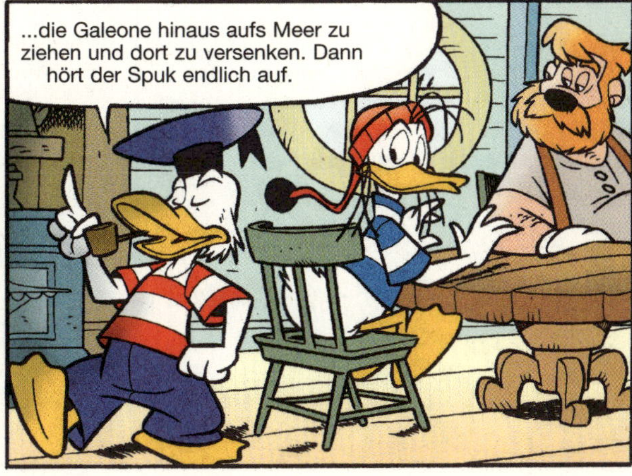
...die Galeone hinaus aufs Meer zu ziehen und dort zu versenken. Dann hört der Spuk endlich auf.

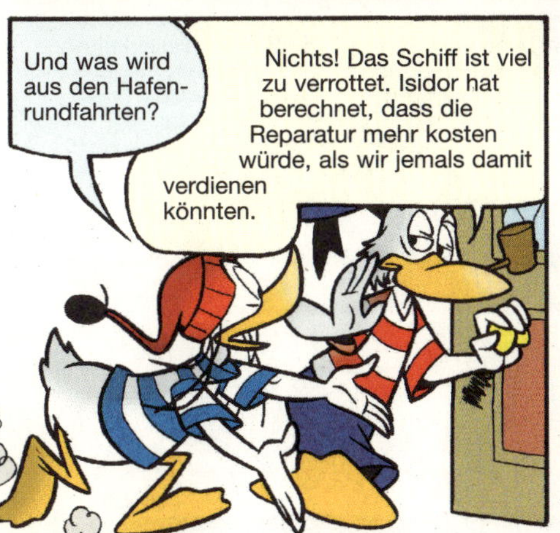
Und was wird aus den Hafen-rundfahrten?
Nichts! Das Schiff ist viel zu verrottet. Isidor hat berechnet, dass die Reparatur mehr kosten würde, als wir jemals damit verdienen könnten.

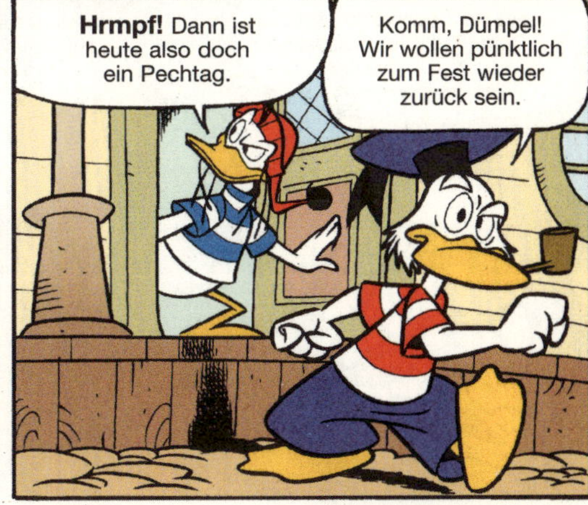
Hrmpf! Dann ist heute also doch ein Pechtag.
Komm, Dümpel! Wir wollen pünktlich zum Fest wieder zurück sein.

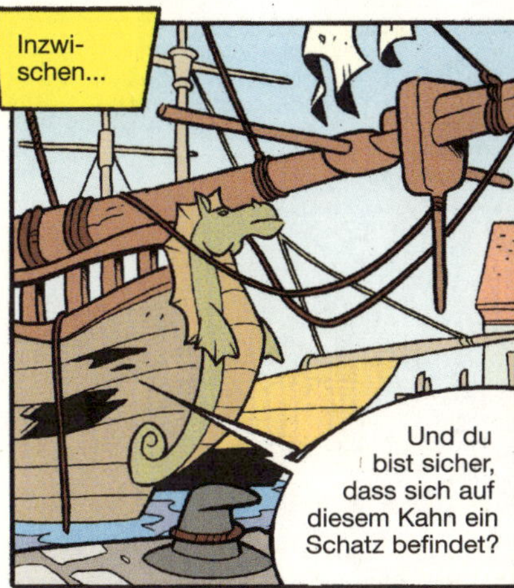
Inzwi-schen...
Und du bist sicher, dass sich auf diesem Kahn ein Schatz befindet?

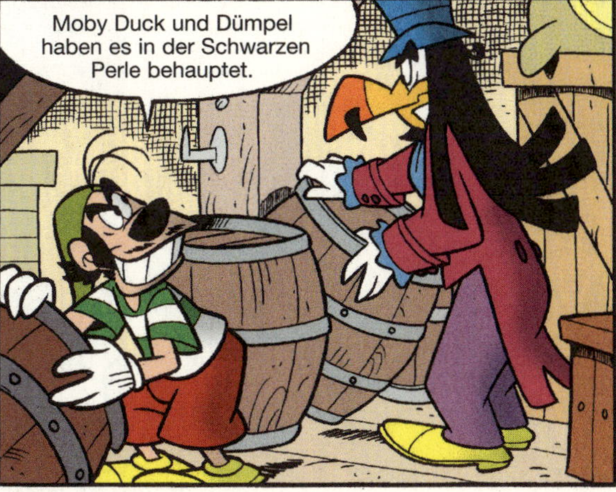
Moby Duck und Dümpel haben es in der Schwarzen Perle behauptet.

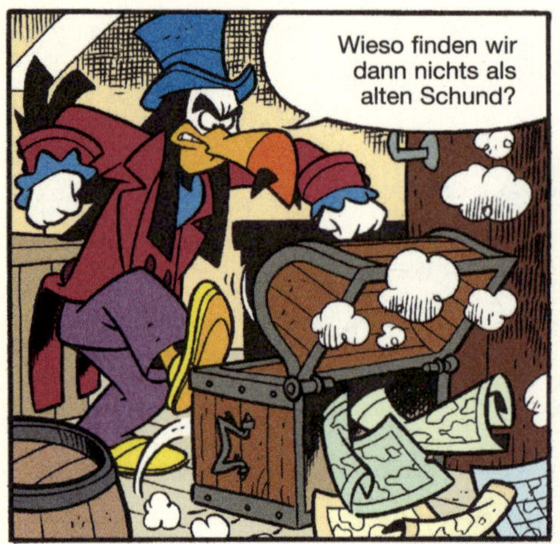
Wieso finden wir dann nichts als alten Schund?

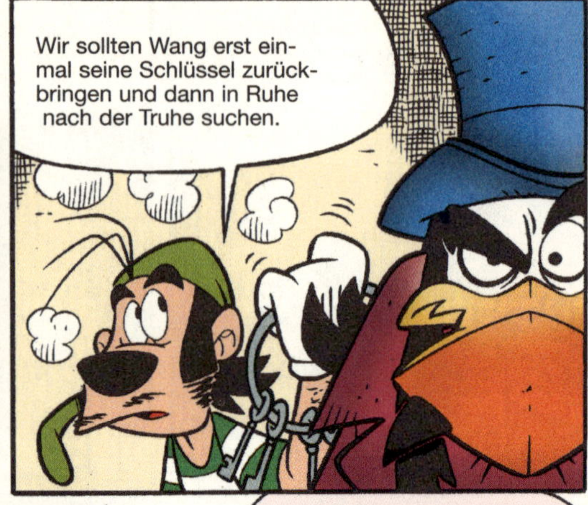
Wir sollten Wang erst einmal seine Schlüssel zurückbringen und dann in Ruhe nach der Truhe suchen.

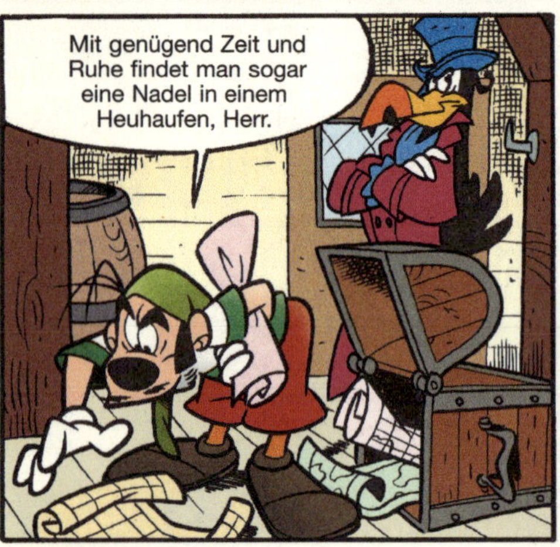
Mit genügend Zeit und Ruhe findet man sogar eine Nadel in einem Heuhaufen, Herr.

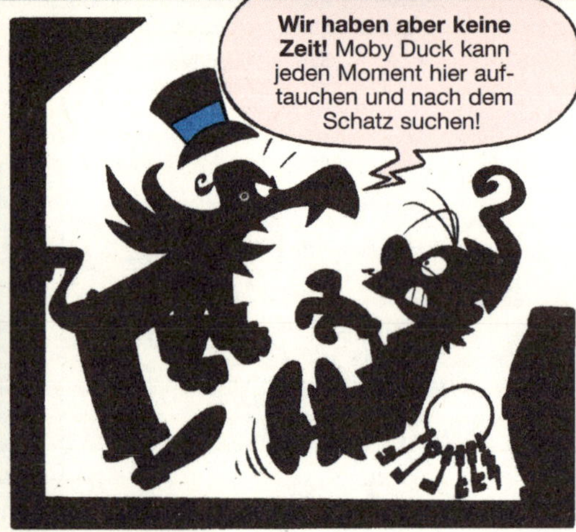
Wir haben aber keine Zeit! Moby Duck kann jeden Moment hier auftauchen und nach dem Schatz suchen!

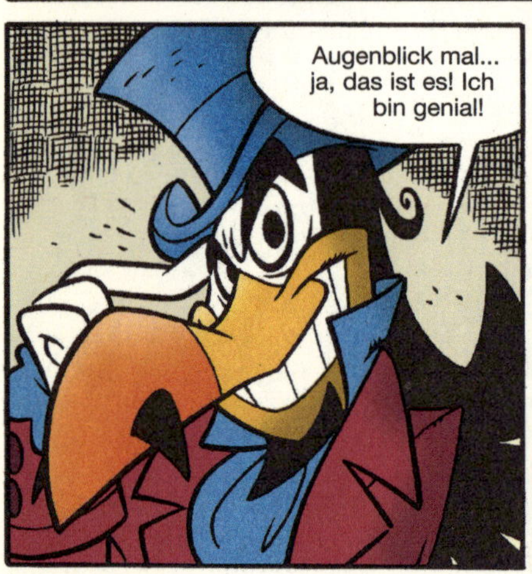
Augenblick mal... ja, das ist es! Ich bin genial!

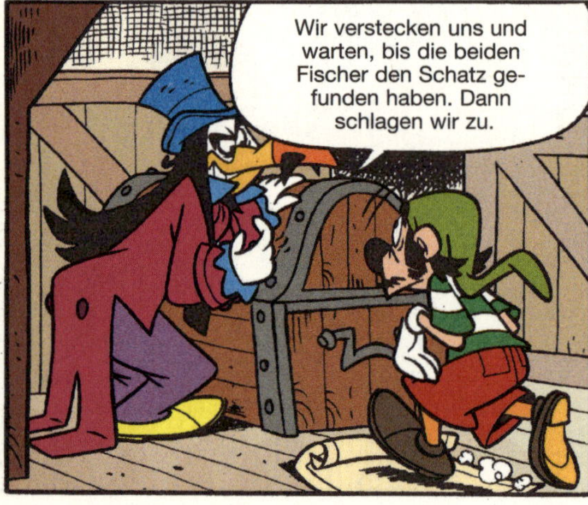
Wir verstecken uns und warten, bis die beiden Fischer den Schatz gefunden haben. Dann schlagen wir zu.

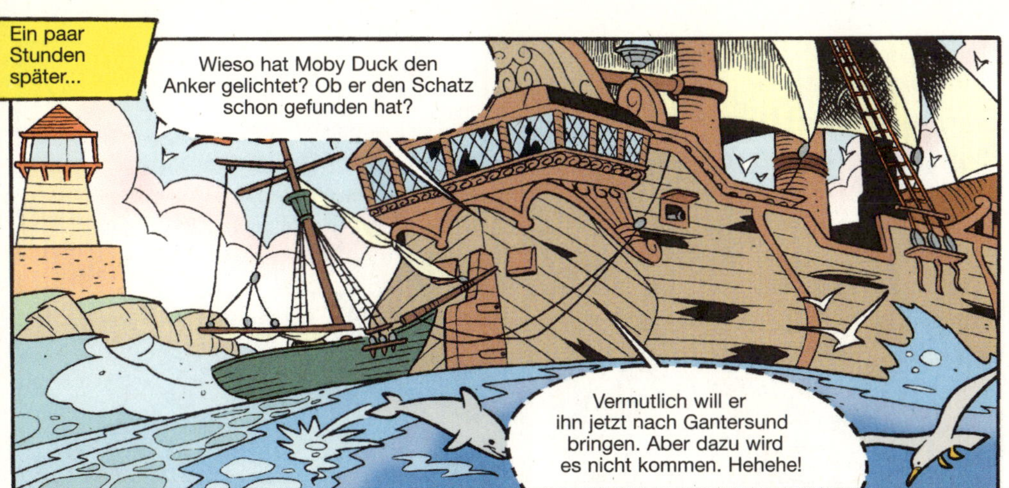
Ein paar Stunden später...
Wieso hat Moby Duck den Anker gelichtet? Ob er den Schatz schon gefunden hat?
Vermutlich will er ihn jetzt nach Gantersund bringen. Aber dazu wird es nicht kommen. Hehehe!

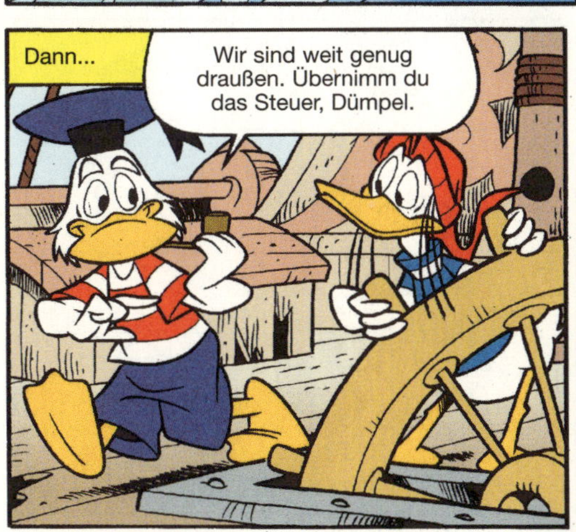
Dann...
Wir sind weit genug draußen. Übernimm du das Steuer, Dümpel.

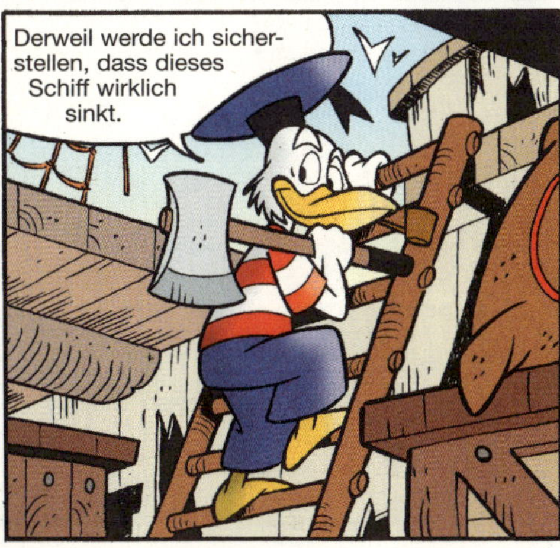
Derweil werde ich sicher-stellen, dass dieses Schiff wirklich sinkt.

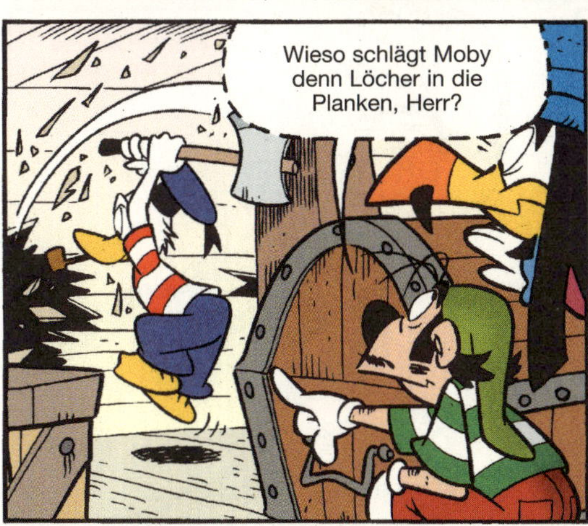
Wieso schlägt Moby denn Löcher in die Planken, Herr?

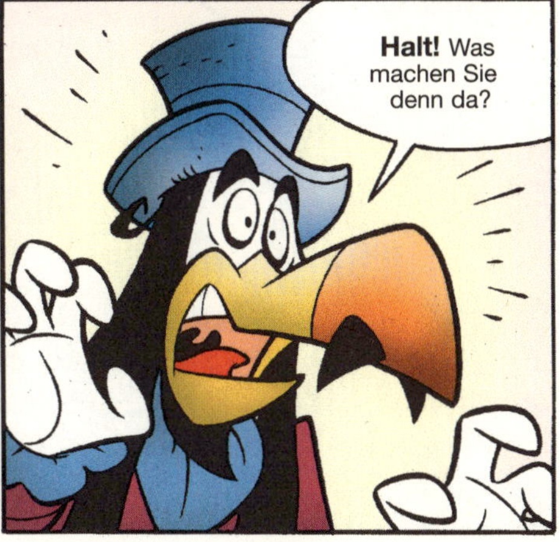
Halt! Was machen Sie denn da?

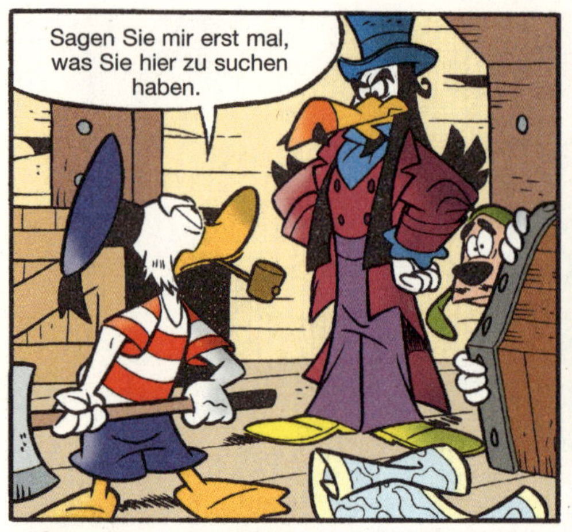
Sagen Sie mir erst mal, was Sie hier zu suchen haben.

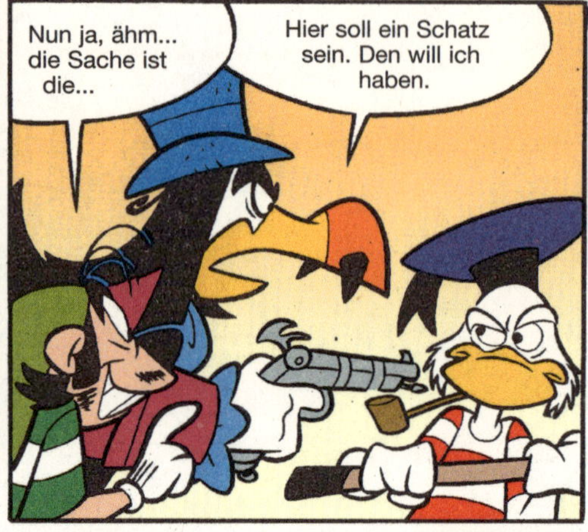
Nun ja, ähm... die Sache ist die...
Hier soll ein Schatz sein. Den will ich haben.

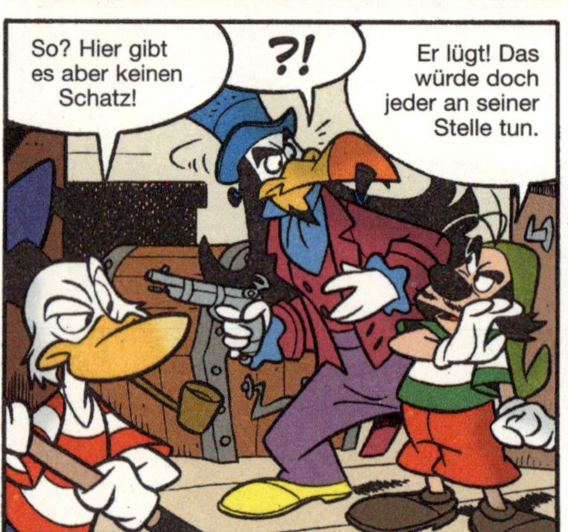
So? Hier gibt es aber keinen Schatz!
?!
Er lügt! Das würde doch jeder an seiner Stelle tun.

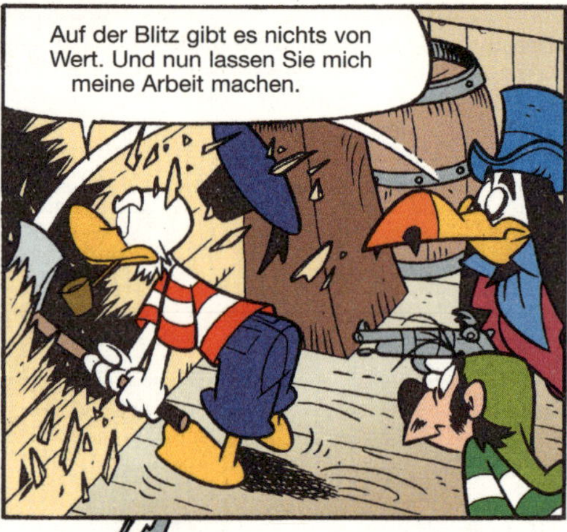
Auf der Blitz gibt es nichts von Wert. Und nun lassen Sie mich meine Arbeit machen.

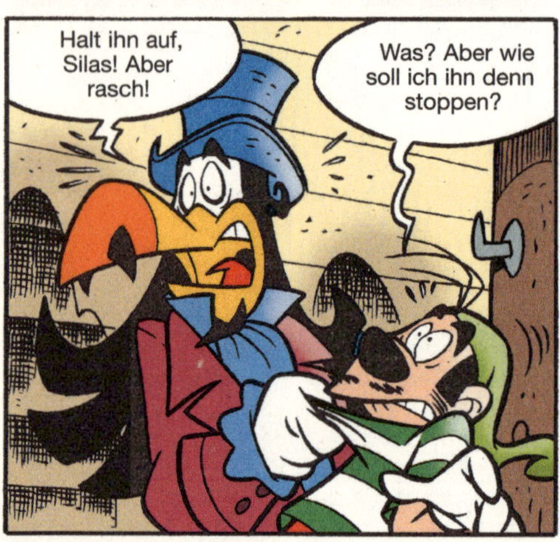
Halt ihn auf, Silas! Aber rasch!
Was? Aber wie soll ich ihn denn stoppen?

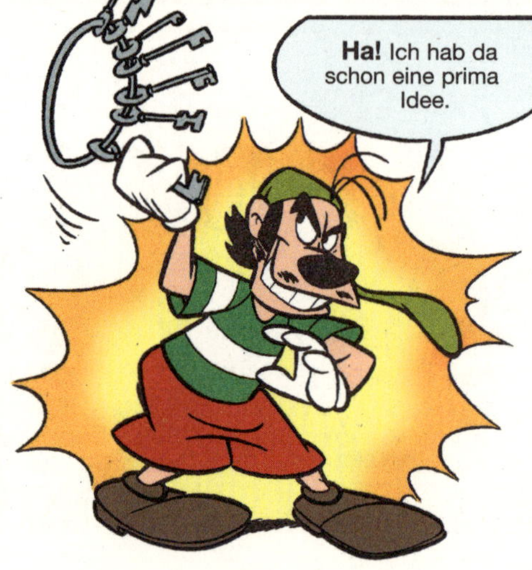
Ha! Ich hab da schon eine prima Idee.

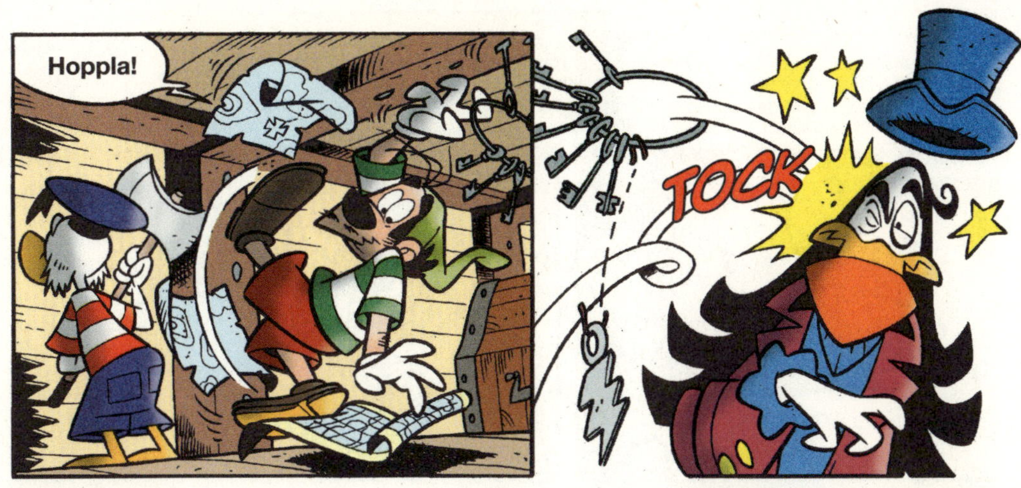
Hoppla!
TOCK

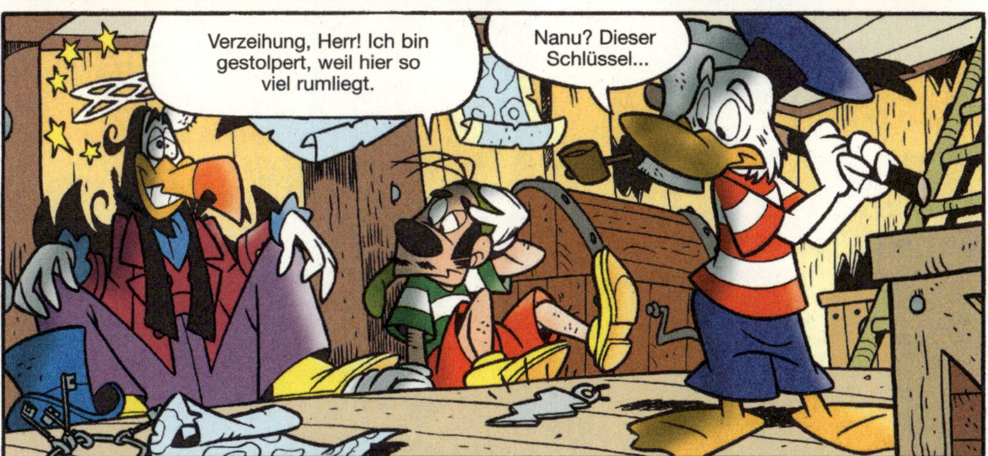
Verzeihung, Herr! Ich bin gestolpert, weil hier so viel rumliegt.
Nanu? Dieser Schlüssel...

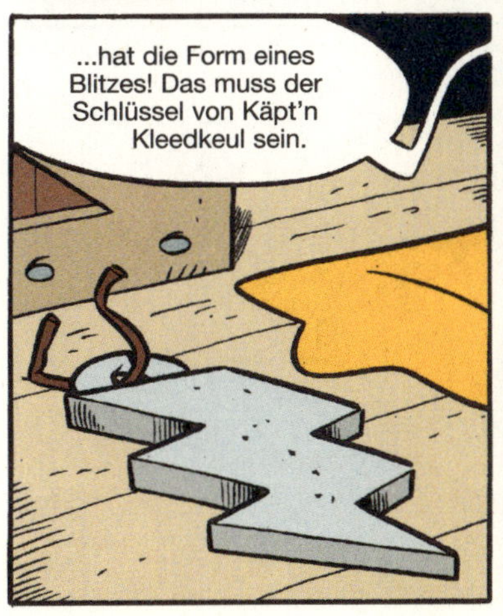
...hat die Form eines Blitzes! Das muss der Schlüssel von Käpt'n Kleedkeul sein.

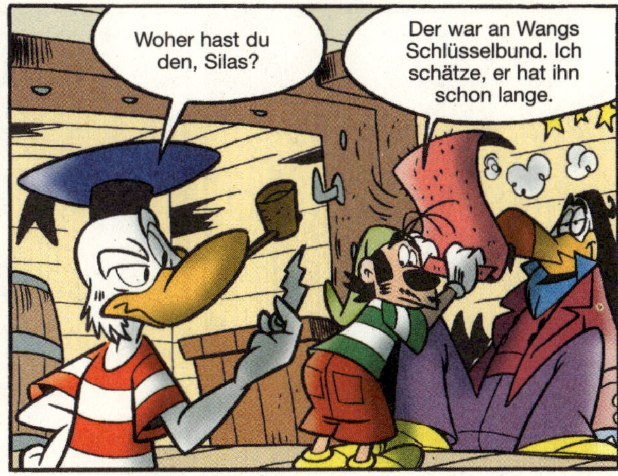
Woher hast du den, Silas?
Der war an Wangs Schlüsselbund. Ich schätze, er hat ihn schon lange.

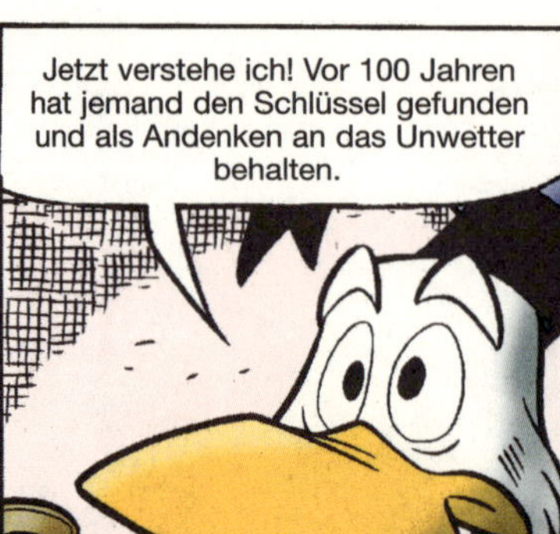
Jetzt verstehe ich! Vor 100 Jahren hat jemand den Schlüssel gefunden und als Andenken an das Unwetter behalten.

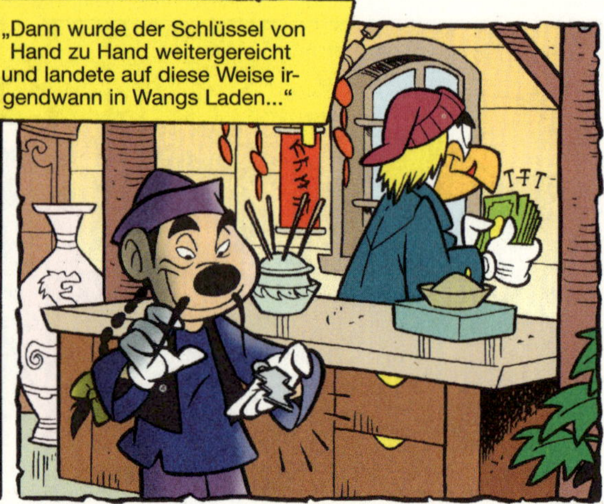
„Dann wurde der Schlüssel von Hand zu Hand weitergereicht und landete auf diese Weise irgendwann in Wangs Laden…“

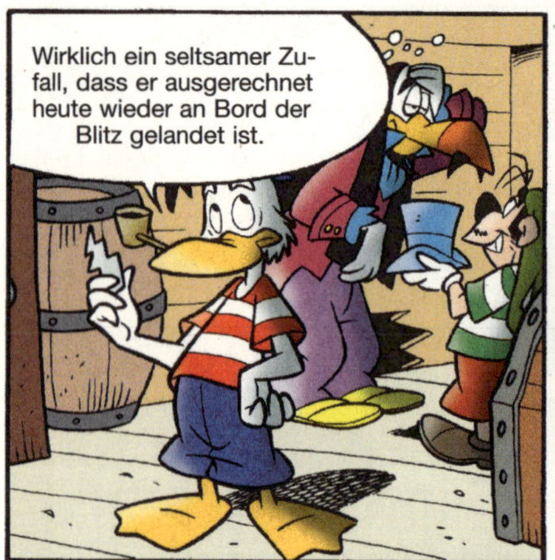
Wirklich ein seltsamer Zufall, dass er ausgerechnet heute wieder an Bord der Blitz gelandet ist.

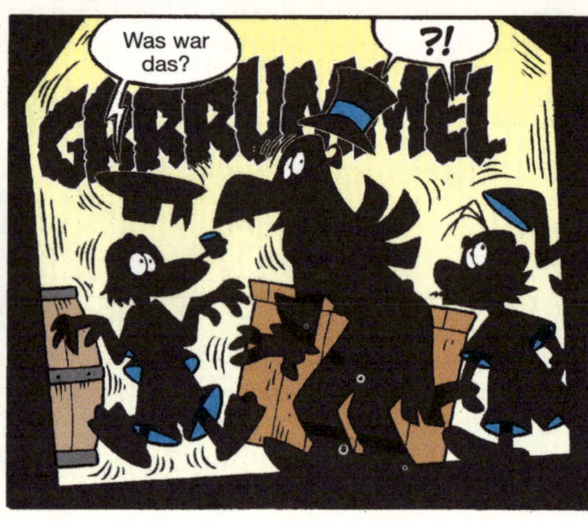
Was war das?
?!
GRRRUMMEL

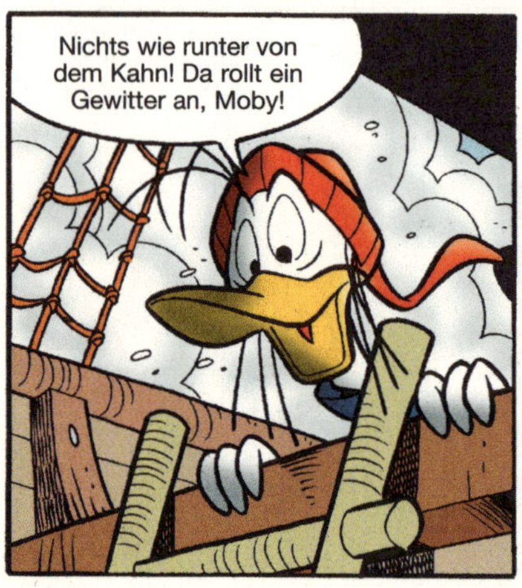
Nichts wie runter von dem Kahn! Da rollt ein Gewitter an, Moby!

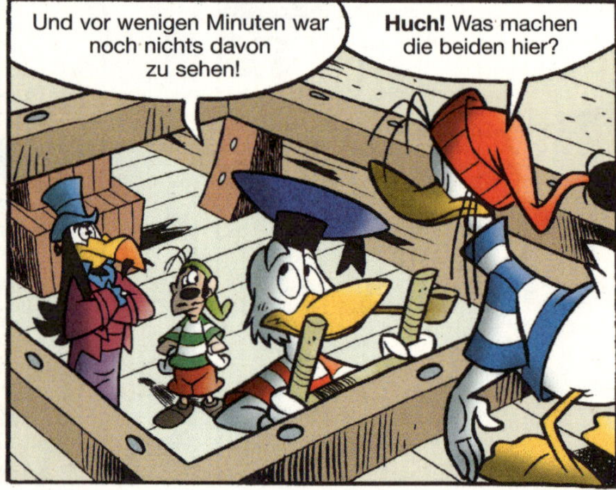
Und vor wenigen Minuten war noch nichts davon zu sehen!
Huch! Was machen die beiden hier?

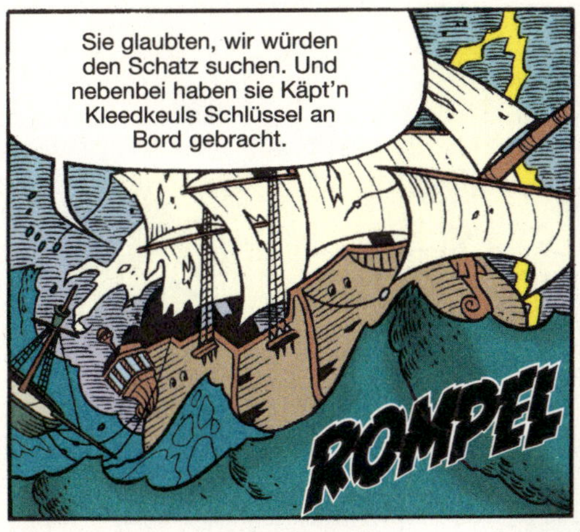
Sie glaubten, wir würden den Schatz suchen. Und nebenbei haben sie Käpt'n Kleedkeuls Schlüssel an Bord gebracht.
ROMPEL

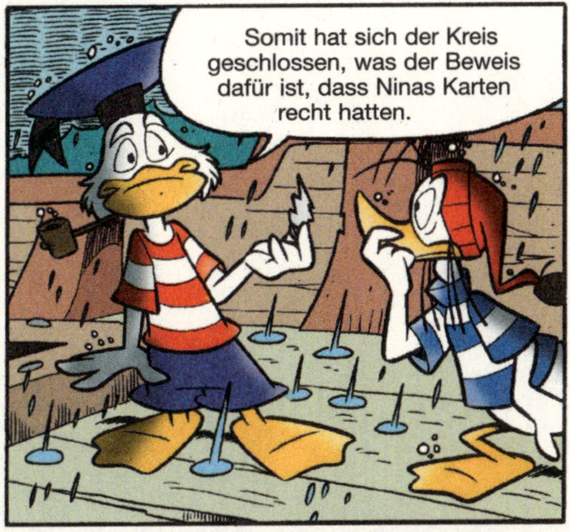
Somit hat sich der Kreis geschlossen, was der Beweis dafür ist, dass Ninas Karten recht hatten.

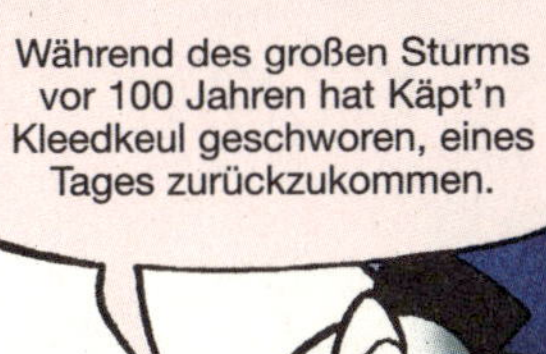
Während des großen Sturms vor 100 Jahren hat Käpt'n Kleedkeul geschworen, eines Tages zurückzukommen.

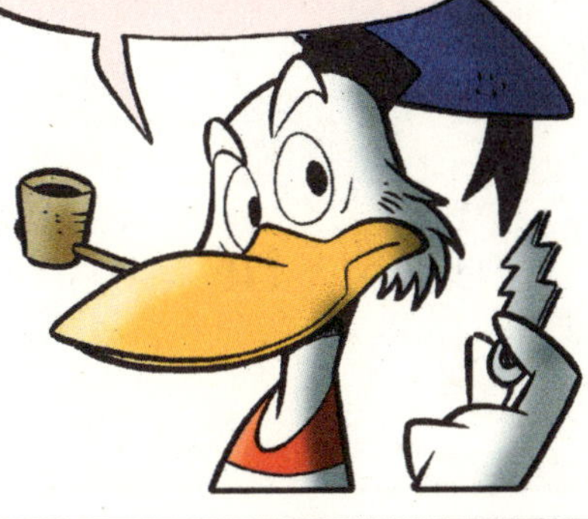

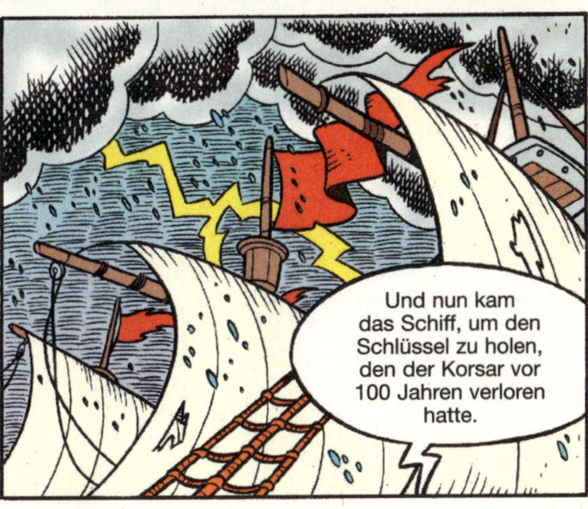
Und nun kam das Schiff, um den Schlüssel zu holen, den der Korsar vor 100 Jahren verloren hatte.

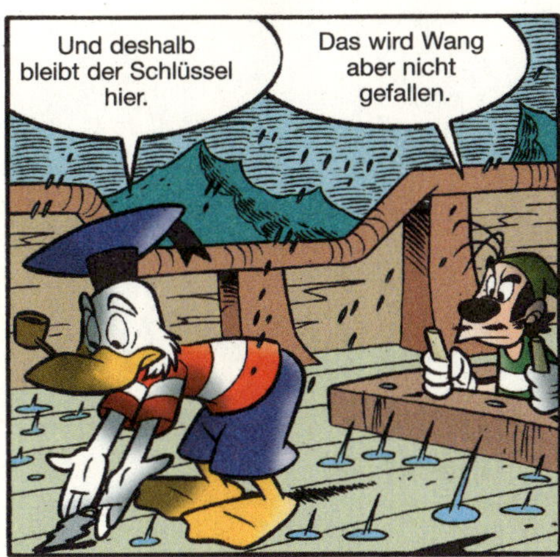
Und deshalb bleibt der Schlüssel hier.
Das wird Wang aber nicht gefallen.

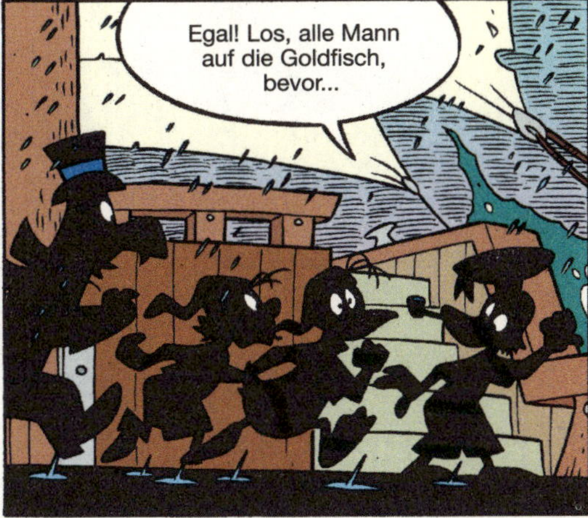
Egal! Los, alle Mann auf die Goldfisch, bevor...

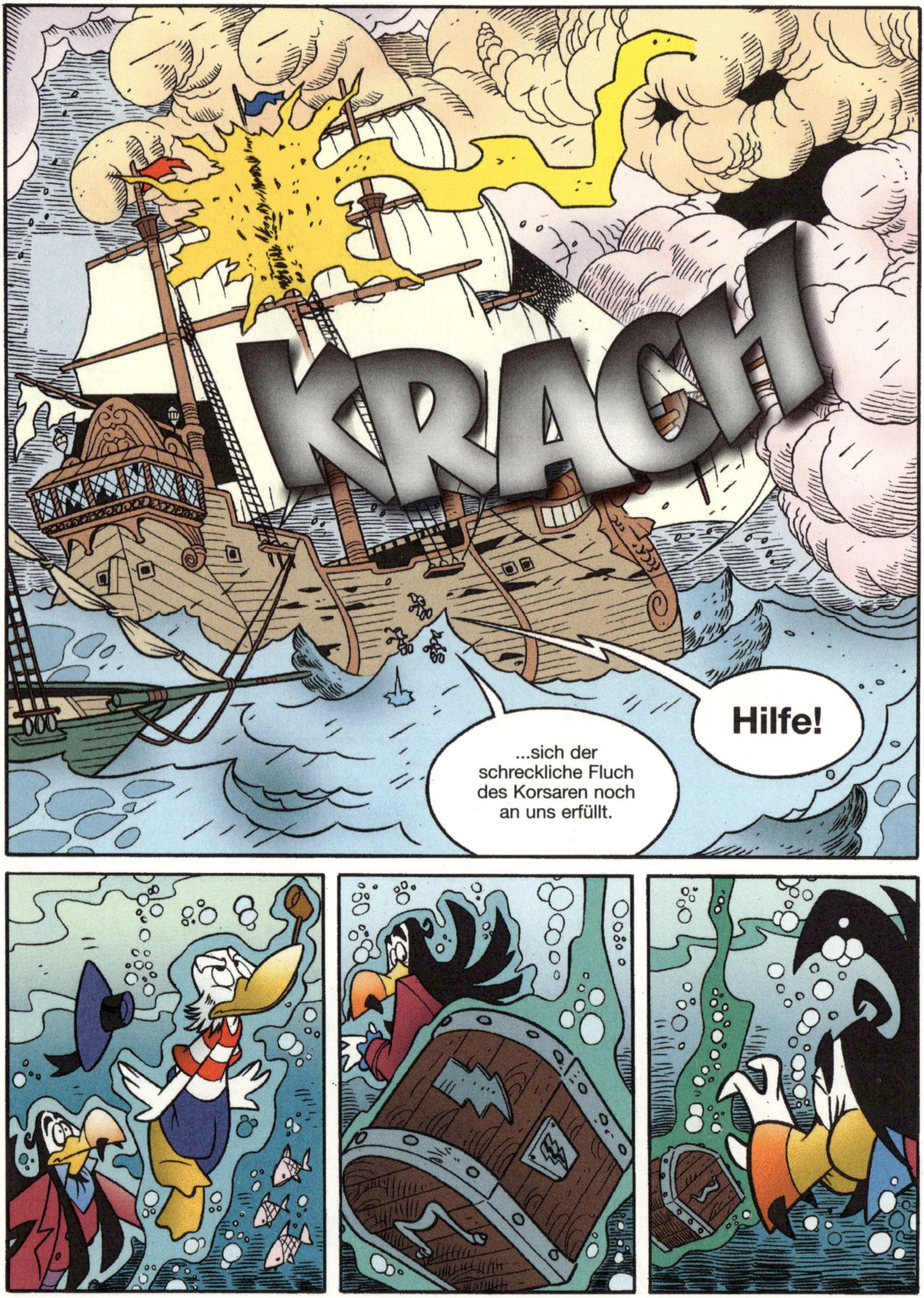

KRACH

...sich der schreckliche Fluch des Korsaren noch an uns erfüllt.

Hilfe!

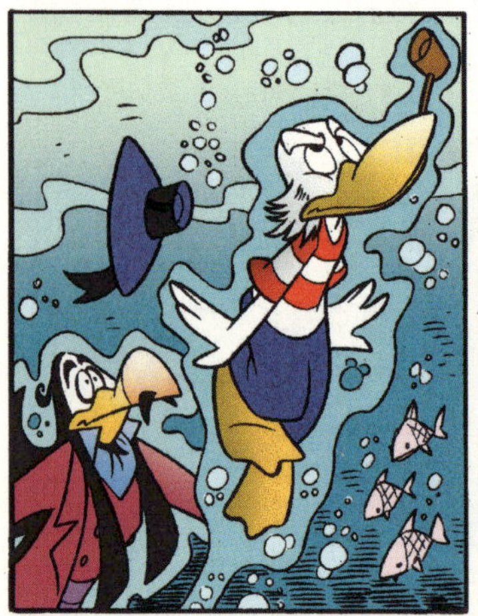

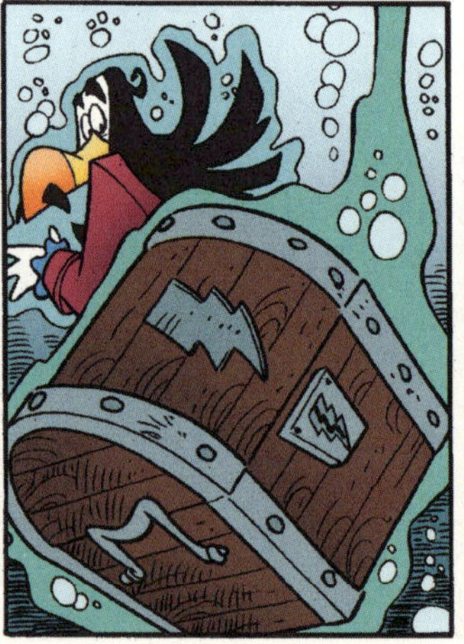

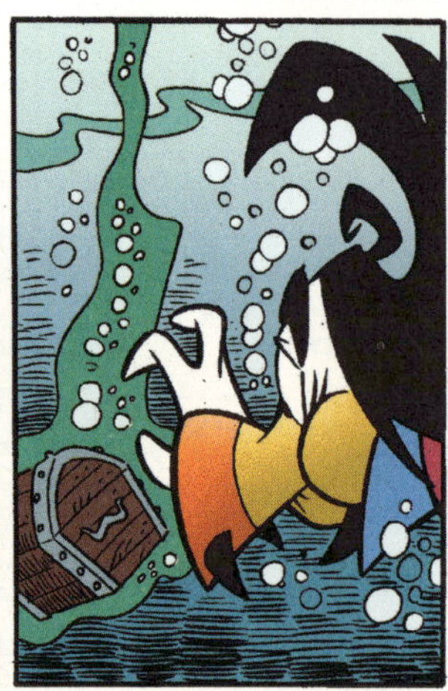

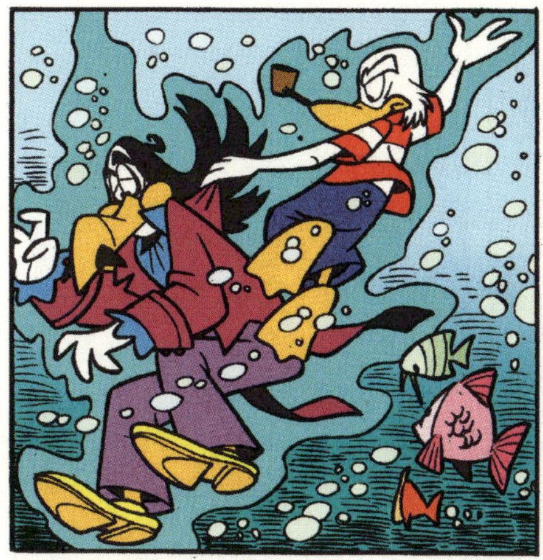

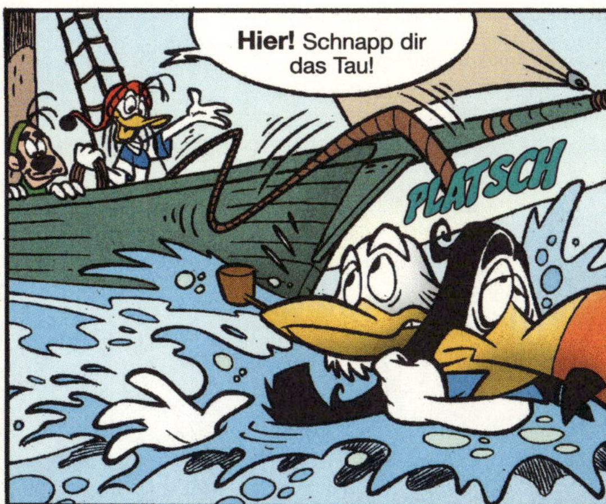
Hier! Schnapp dir das Tau!
PLATSCH

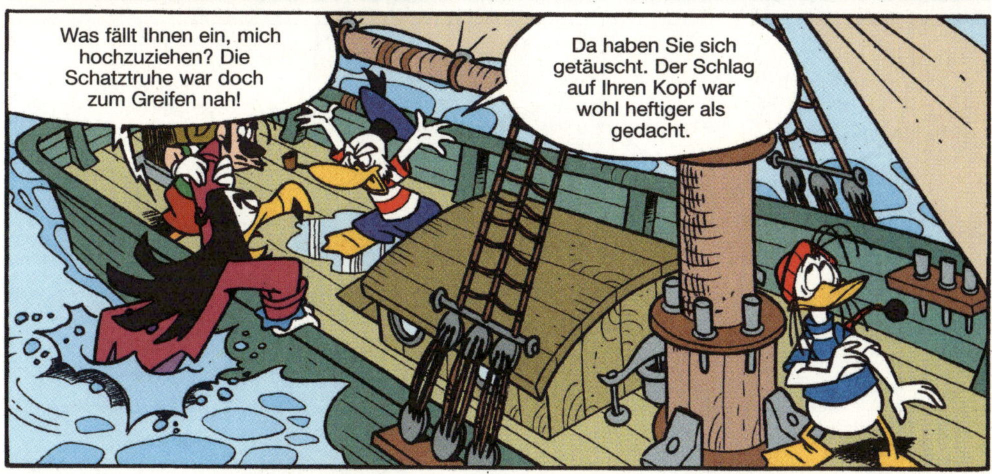
Was fällt Ihnen ein, mich hochzuziehen? Die Schatztruhe war doch zum Greifen nah!
Da haben Sie sich getäuscht. Der Schlag auf Ihren Kopf war wohl heftiger als gedacht.

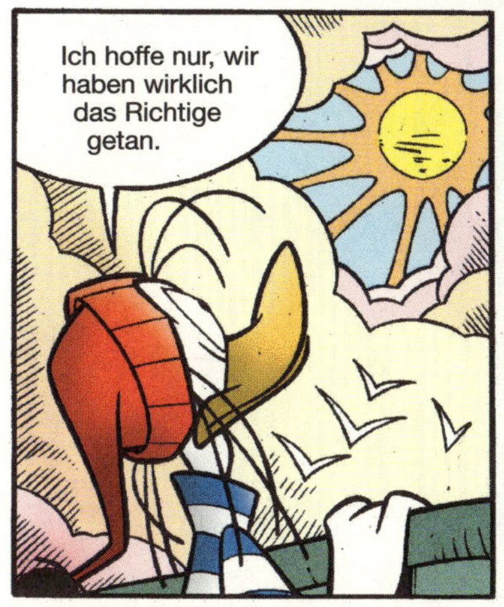
Ich hoffe nur, wir haben wirklich das Richtige getan.

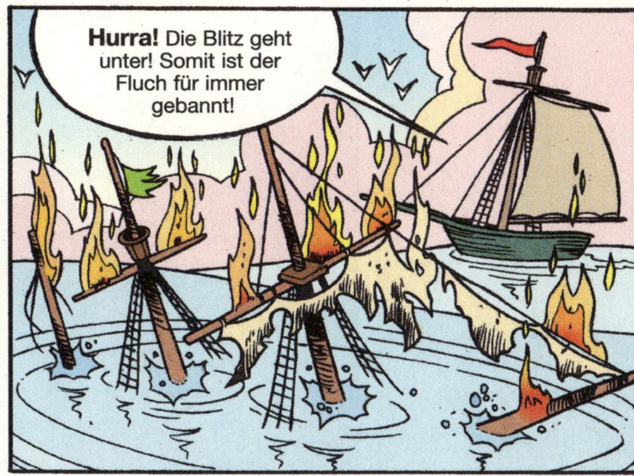
Hurra! Die Blitz geht unter! Somit ist der Fluch für immer gebannt!

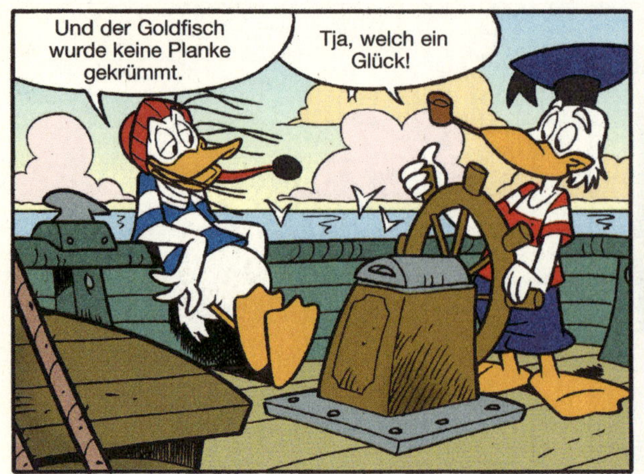
Und der Goldfisch wurde keine Planke gekrümmt.
Tja, welch ein Glück!

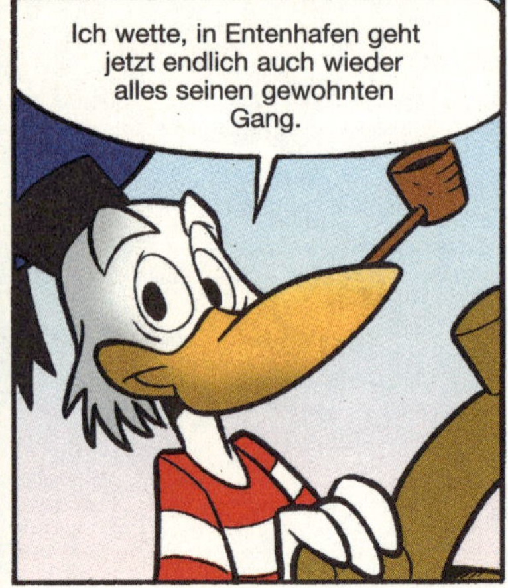
Ich wette, in Entenhafen geht jetzt endlich auch wieder alles seinen gewohnten Gang.

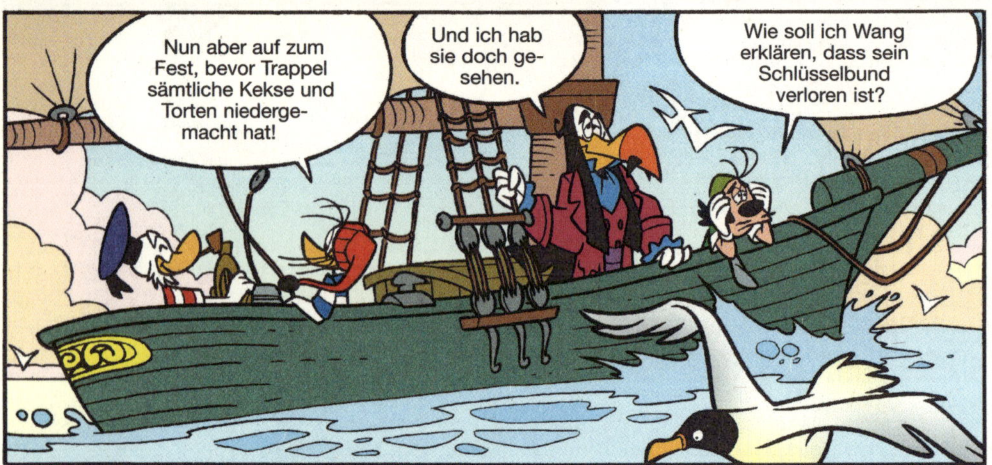
Nun aber auf zum Fest, bevor Trappel sämtliche Kekse und Torten niedergemacht hat!
Und ich hab sie doch gesehen.
Wie soll ich Wang erklären, dass sein Schlüsselbund verloren ist?

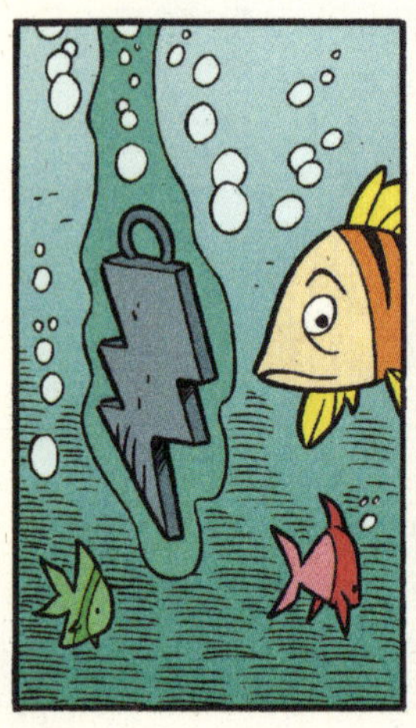

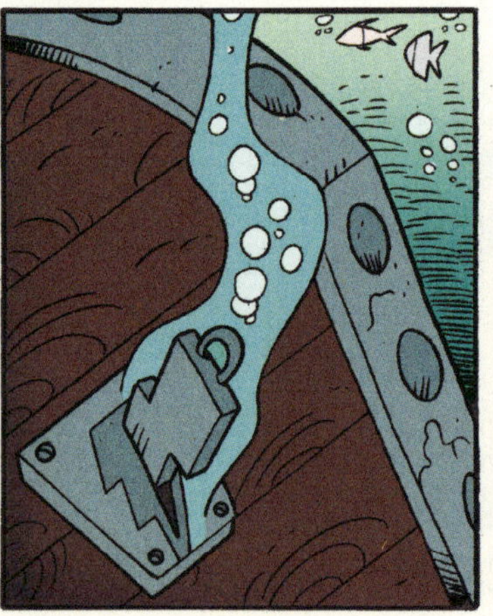

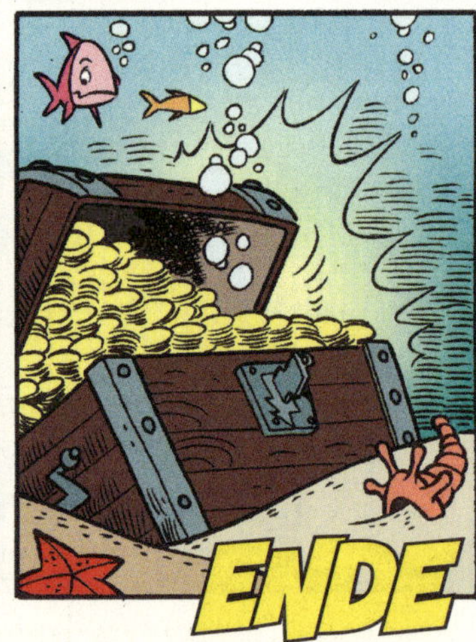
ENDE

VORSCHAU

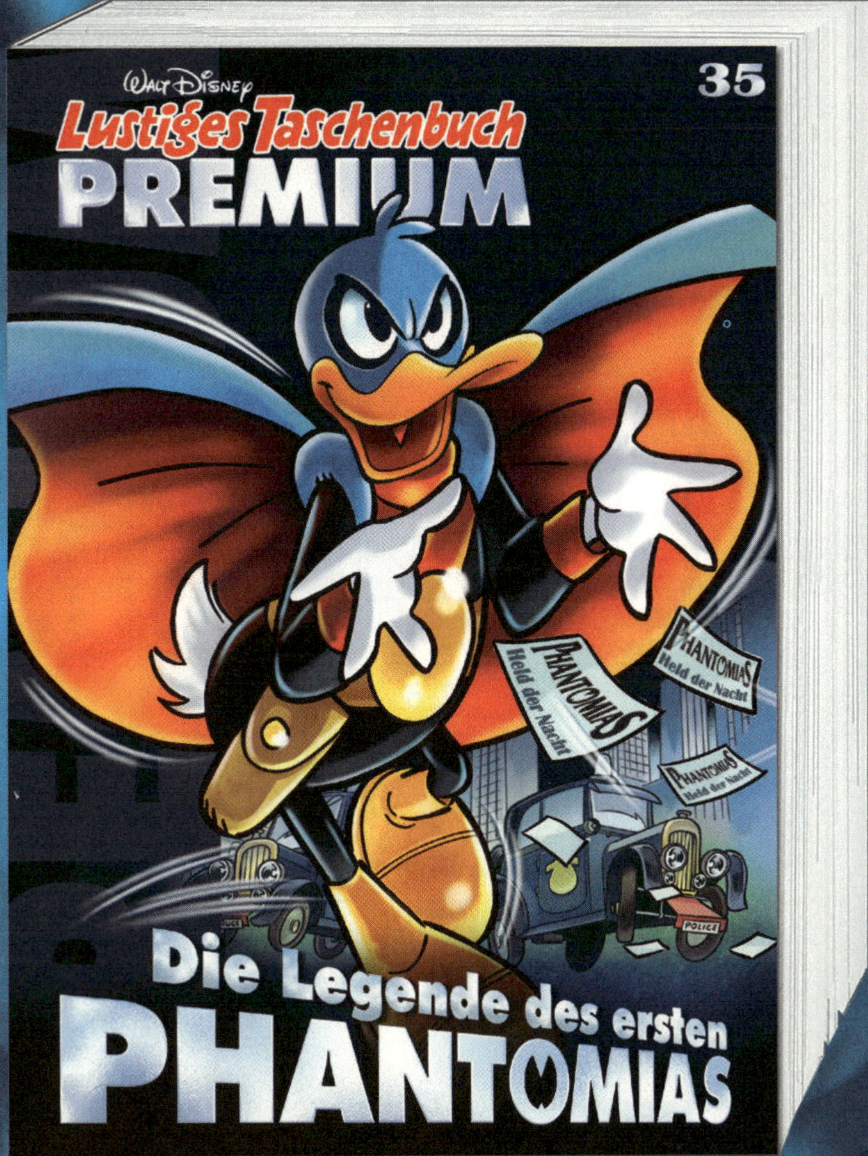

Band 35 ab 26. August 2022 im Handel!
Oder unter www.egmont-shop.de/ltb-premium

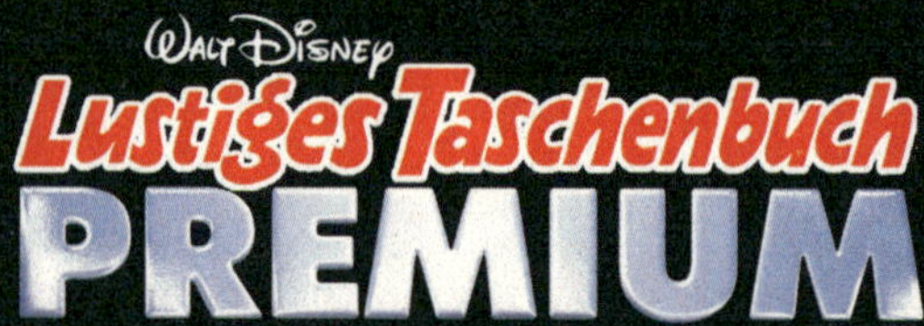

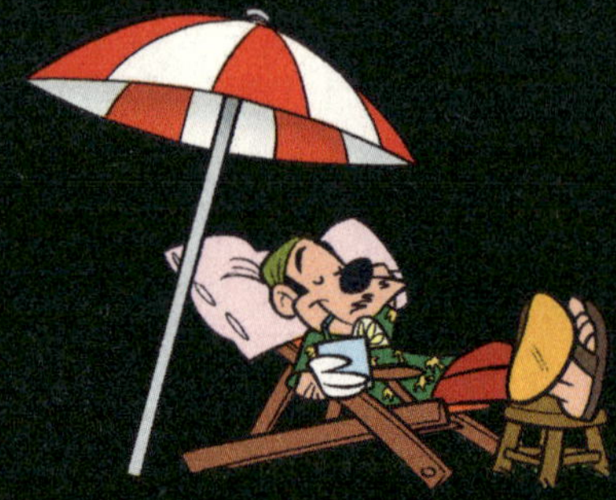

Walt Disney Lustiges Taschenbuch Premium erscheint bei
Egmont Ehapa Media GmbH, Alte Jakobstraße 83, D-10179 Berlin
Geschäftsführer: Per Gustav Kjellander
Editorial Director: Marko Andric (v.i.S.d.P.) **Redaktionsassistenz:** Madita Ruppender
Marketing und Kooperation: Jörg Risken (Publishing Director) – j.risken@egmont.de
Nora Gollek (Head of Marketing) – n.gollek@egmont.de
Christoph Bergholz (Senior Product Manager) – c.bergholz@egmont.de
Druck: GGP Media GmbH, Karl-Marx-Str. 24, D-07381 Pößneck
Anzeigenverkauf: Per Gustav Kjellander (verantwortlich)
Head of Media Sales: Dirk Eggert
Freie Mitarbeiter dieser Ausgabe: Peter Höpfner (Petit Media), Sigi Hepner,
Didier Pitschmann (Grafik), Laura Pazen (Redaktion), Kai Richter (Lektorat)

Die Redaktion arbeitet auf Grundlage der neuen amtlichen Rechtschreibregeln und hält sich bei Auswahlfällen an die vom Duden bevorzugte Schreibweise.
www.lustiges-taschenbuch.de
www.egmont-mediasolutions.de
www.egmont.de

SERVICE-BOX

LTB im Abo - www.egmont-shop.de/ltb-lesen

Leserservice Lustiges Taschenbuch Premium Leserservice, 20086 Hamburg, E-Mail: info@egmont-service.de, Tel. 030-99194680, Fax 030-99194681 (reguläre Gesprächsgebühren für einen Anruf im deutschen Festnetz gemäß Ihrem Anbieter und Tarif)

LTB Premium verpasst?
www.egmont-shop.de/comics/ltb-premium

Wo gibt es LTB Premium am Kiosk?
www.mykiosk.com

LTB Premium als eComic?
Erhältlich z. B. im AppStore, bei Google play, Amazon etc.

Viele weitere tolle Comic-Angebote:
www.egmont-shop.de

Dieser Titel enthält negative Darstellungen und/oder eine nicht korrekte Behandlung von Menschen und Kulturen. Diese Stereotype waren damals falsch und sind es noch heute. Anstatt diese Inhalte zu entfernen, ist es uns wichtig, ihre schädlichen Auswirkungen aufzuzeigen, aus ihnen zu lernen und Unterhaltungen anzuregen, die es ermöglichen, eine integrativere gemeinsame Zukunft ohne Diskriminierung zu schaffen.
Disney hat es sich zum Ziel gesetzt, Geschichten mit inspirierenden und zukunftsweisenden Botschaften zu erzählen, in denen die große Vielfalt der Menschen rund um den Globus berücksichtigt wird und niemand diskriminiert wird.
Um mehr darüber zu erfahren, wie sich Geschichten auf die Gesellschaft ausgewirkt haben, gehe auf: www.Disney.com/StoriesMatter

EGMONT
Ehapa Media

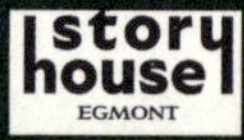

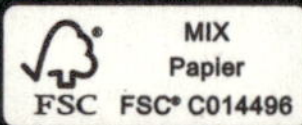